형법주해

[XII]

각칙(9)

[제355조~제372조]

편집대표 조균석
편집위원 이상원
김성돈
강수진

박영사

머 리 말

「형법주해」는 법서 출판의 명가인 박영사의 창업 70주년을 기념하기 위하여 출간되는 형법의 코멘타르(Kommentar)로서, 1992년 출간된 「민법주해」에 이어 30년 만에 이어지는 기본법 주해 시리즈의 제2탄에 해당한다.

그런 점에서 「민법주해」의 편집대표인 곽윤직 교수께서 '머리말'에서 강조하신 아래와 같은 「민법주해」의 내용과 목적은 세월은 흘렀지만 「형법주해」에도 여전히 타당하다고 생각된다.

> "이 주해서는 각 조문마다 관련되는 중요한 판결을 인용해 가면서 확정된 판례이론을 밝혀주고, 한편으로는 이론 내지 학설을 모두 그 출전을 정확하게 표시하고, 또한 논거를 객관적으로 서술하여 민법 각 조항의 구체적인 내용을 밝히려는 것이므로, (중략) 그 목적하는 바는, 위와 같은 서술을 통해서 우리의 민법학의 현재수준을 부각시키고, 아울러 우리 민법 아래에서 생기는 법적 분쟁에 대한 올바른 해답을 찾을 수 있게 하려는 데 있다."

이처럼 법률 주해(또는 주석)의 기능은 법률을 해석·운용함에 있어 도움이 되는 정보를 제공함으로써 구체적 사건을 해결하는 실무의 법적 판단에 봉사하는 데 있다고 할 수 있다. 주해서를 통해서 제공되어야 할 정보는 1차적으로 개별 조문에 대한 문리해석이다. 이러한 문리해석에 더하여, 주해서에는 각 규정들의 체계적 연관관계나 흠결된 부분을 메우는 보충적 법이론은 물론, 법률의 연혁과 외국 입법례 및 그 해석에 대한 정보가 담겨 있어야 하고, 때로는 사회문제를 해결할 수 있는 입법론이 제시되어야 한다.

그러나 무엇보다도 실무에서 중요한 역할을 하는 것은 판례이므로, 판례의 법리를 분석하고 그 의미를 체계적으로 정리하는 일은 주해서에서 빠뜨릴 수 없는 중요한 과제이다. 다만 성문법주의 법제에서 판례는 당해 사건에서의 기속력을 넘어 공식적인 법원(法源)으로 인정되지는 않으며, 판례 자체가 변경되기도 한다. 이러한 점에서 주해서는 단순한 판례의 정리를 넘어 판례에 대한 비판을 통해 판례를 보충하고 대안을 제시함으로써 장래 법원(法院)의 판단에 동원될 수 있는 법적 지식의 저장고 역할도 하여야 한다.

그런데 형사판결도 결국 형법률에 근거하여 내려진다. 형법률에 대한 법관의 해석으로 내려진 판결 및 그 속에서 선광(選鑛)되어 나오는 판례법리는 구체적인 사안과 접촉된 법률이 만들어 낸 개별적 결과이다. 그러므로 또 다른 사안을 마주하는 법관은 개별 법리의 원천으로 돌아갈 필요가 있다. 법관이 형법률을 적용함에 있어, 개별 사안에 나타난 기존의 판결이나 판례를 넘어 그러한 판례를 만들어 내는 형법률의 체계인 형법을 발견할 때 비로소 개별 법리의 원천으로 돌아가는 광맥을 찾은 것이다. 「형법주해」는 이러한 광맥을 찾는 작업에도 도움이 되고자 하였다. 즉, 「형법주해」는 판례의 눈을 통해서 형법을 바라보는 것을 넘어 형법원리 및 형법이론의 눈을 통해서도 형법을 관찰하려고 하였다.

이러한 작업은 이론만으로 이룰 수 있는 것도 아니고, 실무만으로 이룰 수 있는 것도 아니다. 이 때문에 형사법 교수, 판사, 검사, 변호사 등 62명이 뜻을 함께하여, 오랜 기간 각자의 직역에서 형법을 연구·해석하고 또 실무에 적용해 오면서 얻은 소중한 지식과 경험, 그리고 지혜를 집약함으로써, 이론과 실무의 조화와 융합을 꾀하였다.

우리의 소망은 「형법주해」가 올바른 판결과 결정을 지향하는 실무가들에게 의미 있는 이정표가 되고, 형법의 원점을 찾아가는 형법학자들에게는 새로운 생각의 장을 떠올리게 하는 단초가 되며, 형법의 숲 앞에 막 도착한 예비법률가들에는 그 숲의 전체를 바라볼 수 있는 안목을 키울 수 있도록 도와주는 안내자가 되는 것이다.

「형법주해」가 이러한 역할을 다할 수 있도록 최선의 노력을 다하였지만 부족한 부분이나 흠도 있으리라 생각된다. 모자란 부분은 개정판을 거듭하면서 시정·보충할 예정이다. 또한, 장래에는 「형법주해」가 형법의 실무적 활용에 봉사하고 기여하는 데에서 한 걸음 더 나아가 보다 높은 학문적인 차원에서의 형법 이해, 예컨대 형법의 정당성의 문제까지도 포섭할 수 있는 방안을 모색해 나갈 것을 다짐해 본다.

「형법주해」는 많은 분들의 헌신과 지원으로 출간하게 되었다. 먼저, 충실한 옥고를 집필하고 오랜 기간 정성을 다해 다듬어 주신 집필자들에게 감사드린다. 그리고 책 전체의 통일과 완성도를 높이기 위하여 각칙의 일부 조문에 한정된 것이기는 하지만, 독일과 일본의 중요 판례를 함께 검토해 주신 김성규 한국외국어대학 교수(독일)와 안성훈 한국형사·법무정책연구원 선임연구위원(일본)에게도 고마움을 전한다. 그리고 창업 70

주년 기념으로 「형법주해」의 출간을 허락해 주신 안종만 회장님과 안상준 대표님, 오랜 기간 편집위원들과 협의하면서 시종일관 열정을 보여주신 조성호 이사님과 편집부 여러 분께도 깊은 감사의 말씀을 드린다.

2023년 9월

편집대표 **조 균 석**
위원 **이 상 원**
위원 **김 성 돈**
위원 **강 수 진**

범 례

Ⅰ. 조 문

• 본문의 조문 인용은 '제○조 제○항 제○호'로 하고, 괄호 안에 조문을 표시할 때는 아래 (예)와 같이 한다. 달리 법령의 명칭 없이 인용하는 조문은 형법의 조문이고, 부칙의 경우 조문 앞에 '부칙'을 덧붙여 인용한다.

예 § 49②(iii) ← **형법 제49조 제2항 제3호**

§ 12의2 ← **형법 제12조의2**

부칙 § 10 ← **형법 부칙 제10조**

Ⅱ. 일 자

• 본문의 년, 월, 일은 그대로 표시함을 원칙으로 한다. 다만, 판례의 판시내용이나 인용문을 그대로 인용할 경우 및 ( )안에 법령을 표시하는 등 필요한 경우에는 년, 월, 일을 생략한다.

예 (본문) 1990년 1월 1일

1953년 9월 18일 법령 제177호

예 (판시 또는 괄호) "피고인이 1991. 1. 1. 어디에서 ... 하였다."

기본법(1953. 9. 18. 법령 제177호)

Ⅲ. 재판례

1. 우리나라

대판 2013. 6. 27, 2013도4279

← **대법원 2013년 6월 27일 선고 2013도4279 판결**

대판 2013. 2. 21, 2010도10500(전)

← **대법원 2013년 2월 21일 선고 2010도10500 전원합의체판결**

대결 2016. 3. 16, 2015모2898

← 대법원 2016년 3월 16일 자 2015모2898 결정

대결 2015. 7. 16, 2011모1839(전)

← 대법원 2015 7월 16일 자 2011모1839 전원합의체결정

헌재 2005. 2. 3, 2001헌가9

← 헌법재판소 2005년 2월 3일 선고 2001헌가9 결정

서울고판 1979. 12. 19, 72노1208

← 서울고등법원 1979년 12월 19일 선고 72노1208 판결

* 재판례의 인용은 헌재, 대판(또는 대결), 하급심 순으로 하고, 같은 심급 재판례가 여럿인 경우 연도 순으로 인용하되, 가급적 최초 판결, 주요 판결, 최종 판결 등으로 개수를 제한한다.

2. 외 국

- 외국의 재판례는 그 나라의 인용방식에 따른다. 다만, 일본 판례의 경우에는 '연호'를 서기연도로 바꾸는 등 다음과 같이 인용한다.

  最判 平成 20(2008). 4. 25. **刑集** 62·5·1559

  ← 最判平成20. 4. 25刑集62卷5号1559頁

  - **판례집: 刑録(대심원형사판결록), 刑集(대심원형사판례집, 최고재판소형사판례집), 裁判集(刑事)(최고재판소재판집형사), 高刑集(고등재판소형사판례집), 特報(고등재판소형사판결특보), 裁特(高等裁判所刑事裁判特報), 下刑集(하급심재판소형사재판례집), 刑月(형사재판월보), 高刑速(고등재판소형사재판속보집), 判時(判例時報), 判タ(판례타임즈), LEX/DB(TKC Law Library) 등**

Ⅳ. 문헌 약어 및 인용방식

* 같은 집필자라고 하여도 각주 번호는 조문별로 새로 붙인다.

1. 형법총칙/각칙 교과서

- 교과서 등 문헌은 가능한 한 최신의 판으로 인용한다.
- 각 조항의 주해마다 처음으로 인용하는 개소에서 판을 포함하는 서지사항을 밝히고, 그 후에 이를 다시 인용하는 경우에는 '저자, 면수'와 같은 형태로 한다.

[형법총칙]

김성돈, 형법총론(8판), 10

이재상·장영민·강동범, 형법총론(11판), § 31/2

김성돈, 10(**재인용인 경우**)

[형법각칙]

이재상·장영민·강동범, 형법각론(13판), § 31/2

이재상·장영민·강동범, § 31/12(**재인용인 경우**)

2. 교과서 외 단행본

- 교과서 외 단행본은 각 조항마다 처음 인용하는 개소에서 제목, 판, 출판사, 연도를 포함하는 서지사항을 밝히고, 그 후에 이를 다시 인용하는 경우에는 '저자, 제목, 면수'와 같은 형태로 한다.

김성돈, 기업 처벌과 미래의 형법, 성균관대학교 출판부(2018), 259

양형위원회, 2022 **양형기준**(2022), 100

김성돈, 기업 처벌과 미래의 형법, 300(**재인용인 경우**)

3. 논 문

- 각 조항의 주해마다 처음으로 인용하는 개소에서 정기간행물 등의 권·호수 및 간행연도를 포함하는 서지사항을 밝히고, 그 후에 이를 다시 인용하는 경우에는 "필자(주 ○), 인용면수"와 같은 형태로 한다.

신양균, "과실범에 있어서 의무위반과 결과의 관련", 형사판례연구 〔1〕, **한국형사판례연구회, 박영사**(1993), 62

천진호, "금지착오사례의 논증과 정당한 이유의 구체적 판단", 비교형사법연구 2-2, **한국비교형사법학회**(2000), 305

- 각 대학의 법학연구소 등에서 발간하는 정기간행물은 학교명의 약칭과 함께 인용하지만, 이미 학교명 내지 이에 준하는 표기를 포함하고 있는 경우에는 간행물 이름만으로 인용한다.

4. 정기간행물 약어

사논	**사법논집**
사연	**사법연구자료**

자료 **재판자료**
해설 **대법원판례해설**

5. 주석서

예 **주석형법 〔각칙(1)〕(5판), 104(민철기)**

6. 외국문헌

- 외국 문헌 등은 각국에서 통용되는 방식으로 인용하는 것을 원칙으로 한다.
- 외국 문헌의 경우 최초로 인용할 때에 간행연도 및 판수〔논문의 경우는, 정기간행물 및 그 권호수 등〕를 표시하고, 이후 같은 조항에서 인용할 때는 "저자〔또는 필자〕, 인용면수"의 방법으로 인용하되〔같은 필자의 문헌을 여럿 인용하는 경우에는 '(주 ○)'를 필자 이름 아래 붙인다〕, 저자의 경우는 성만 표기하는 것을 원칙으로 한다.
- 자주 인용되는 문헌은 별도로 다음과 같이 인용한다.

大塚 外, 大コン(3版)(9), 113(河村 博) ← 大塚 外, 大コンメンタール 第3版 第9卷, 인용면수(집필자)

7. 학위논문 인용방식

예 **이은모, "약물범죄에 관한 연구", 연세대학교 박사학위논문(1991), 2**
이은모, "약물범죄에 관한 연구", 10(재인용인 경우)

8. 다수 문헌의 기재 순서

- 교과서 등 같은 종류인 경우 '가, 나, 다' 순으로, 다른 종류인 경우 '교과서, 주석서, 교과서 외 단행본, 논문' 순으로 각 기재한다.

V. 법령 약어 및 인용방법

1. 법 률

(1) 본문

- 조항별로 처음 인용 시에는 법령의 제목 전체를 기재한다. 재차 인용 시에는 법제처 법령에 약칭이 있는 경우는 그 약칭을 인용하되, 처음 인용 법령을 아

래와 같이 한다.

* 현재 효력을 가지는 법률을 기준으로 작성하고, 폐지된 법률의 경우 법률명 다음에 '(폐지)'를, 조문만 변경된 경우에는 법률명 앞에 '구'를 붙인다.

예 **교통사고 처리특례법(이하, 교통사고처리법이라 한다.)**

(2) 괄호

- **일반법령(예: 의료법)을 쓰되, 약어(예시)의 경우 약어만을 인용한다.**

약어(예시)

가폭	가정폭력범죄의 처벌 등에 관한 법률
경범	경범죄 처벌법
경직	경찰관 직무집행법
공선	공직선거법
교특	교통사고처리 특례법
군형	군형법
국보	국가보안법
도교	도로교통법
독점	독점규제 및 공정거래에 관한 법률
마약관리	마약류 관리에 관한 법률
마약거래방지	마약류 불법거래 방지에 관한 특례법
민	민법
민소	민사소송법
민집	민사집행법
범죄수익	범죄수익은닉의 규제 및 처벌에 관한 법률
법조	법원조직법
변	변호사법
보안	보안관찰법
보호관찰	보호관찰 등에 관한 법률
보호소년	보호소년 등의 처우에 관한 법률
부경	부정경쟁방지 및 영업비밀보호에 관한 법률
부등	부동산등기법
부수	부정수표 단속법
부실명	부동산 실권리자명의 등기에 관한 법률

부재특조	부재선고 등에 관한 특별조치법
사면	사면법
사법경찰직무	사법경찰관리의 직무를 수행할 자와 그 직무범위에 관한 법률
상	상법
성폭방지	성폭력방지 및 피해자보호 등에 관한 법률
성폭처벌	성폭력범죄의 처벌 등에 관한 법률
성충동	성폭력범죄자의 성충동 약물치료에 관한 법률
소년	소년법
아청	아동·청소년의 성보호에 관한 법률
아학	아동학대범죄의 처벌 등에 관한 특례법
여전	여신전문금융업법
전부	전자장치 부착 등에 관한 법률
정통망	정보통신망 이용촉진 및 정보보호 등에 관한 법률
집시	집회 및 시회에 관한 법률
출관	출입국관리법
치감	치료감호 등에 관한 법률
통비	통신비밀보호법
특가	특정범죄 가중처벌 등에 관한 법률
특경	특정경제범죄 가중처벌 등에 관한 법률
폭처	폭력행위 등 처벌에 관한 법률
헌	헌법
헌재	헌법재판소법
형소	형사소송법
형집	형의 집행 및 수용자의 처우 등에 관한 법률

2. 시행령 및 시행규칙은 법률의 예를 따르고, 괄호의 경우 일반법령(예: 의료법 시행령)을 쓰되, 법률약어의 경우 '령' 또는 '규'를 붙인다.

3. 부칙 및 별표는 법률명 뒤에 약칭 없이 '부칙', '별표'로 인용한다.

4. 외국법령의 조항 인용도 우리 법령의 인용과 같은 방식으로 한다.

   예 **(괄호) 독형** § 312-b①(iii) ← **독일형법 제312조의b 제1항 제3호**

참고문헌

1 형법총론(총론 · 각론 통합 포함) 교과서

저자	서명	출판사	출판연도
강동욱	강의 형법총론	박영사	2020
	강의 형법총론(제2판)	박영사	2021
김성돈	형법총론(제5판)	성균관대학교 출판부	2017
	형법총론(제6판)	성균관대학교 출판부	2020
	형법총론(제7판)	성균관대학교 출판부	2021
	형법총론(제8판)	성균관대학교 출판부	2022
김성천	형법총론(제9판)	소진	2020
김성천 · 김형준	형법총론(제6판)	소진	2014
김신규	형법총론 강의	박영사	2018
김일수 · 서보학	새로쓴 형법총론(제11판)	박영사	2008
	새로쓴 형법총론(제12판)	박영사	2014
	새로쓴 형법총론(제13판)	박영사	2018
김태명	판례형법총론(제2판)	피앤씨미디어	2016
김형만	형법총론	박영사	2015
김혜정 · 박미숙 · 안경옥 · 원혜욱 · 이인영	형법총론(제2판)	정독	2019
	형법총론(제3판)	정독	2020
류전철	형법입문 총론편(제3판)	준커뮤니케이션즈	2020
박상기	형법강의	법문사	2010
	형법총론(제9판)	박영사	2012
	형법학(총론 · 각론 강의)(제3판)	집현재	2018
박상기 · 전지연	형법학(총론 · 각론 강의)(제4판)	집현재	2018
	형법학(총론 · 각론)(제5판)	집현재	2021
배종대	형법총론(제12판)	홍문사	2016
	형법총론(제13판)	홍문사	2017
	형법총론(제14판)	홍문사	2020
	형법총론(제15판)	홍문사	2021
성낙현	형법총론(제3판)	박영사	2020

저자	서명	출판사	출판연도
손동권 · 김재윤	형법총론	율곡출판사	2011
손해목	형법총론	법문사	1996
신동운	형법총론(제10판)	법문사	2017
	형법총론(제12판)	법문사	2020
	형법총론(제13판)	법문사	2021
안동준	형법총론	학현사	1998
오영근	형법총론(제4판)	박영사	2018
	형법총론(제5판)	박영사	2019
	형법총론(제6판)	박성사	2021
원형식	판례중심 형법총론	진원사	2014
유기천	형법학 총론강의(개정판)	일조각	1980
이상돈	형법강의	법문사	2010
	형법강론(제2판)	박영사	2017
	형법강론(제3판)	박영사	2020
	형법강론(제4판)	박영사	2023
이영란	형법학 총론강의	형설출판사	2008
이용식	형법총론	박영사	2018
	형법총론(제2판)	박영사	2020
이재상 · 장영민 · 강동범	형법총론(제10판)	박영사	2019
	형법총론(제11판)	박영사	2022
이정원	형법총론(증보판)	법지사	2001
	형법총론	신론사	2012
이주원	형법총론	박영사	2022
	형법총론(제2판)	박영사	2023
이형국	형법총론	법문사	2007
이형국 · 김혜경	형법총론(제6판)	법문사	2021
임웅	형법총론(제10정판)	법문사	2018
	형법총론(제12정판)	법문사	2021
	형법총론(제13정판)	법문사	2022
정성근 · 박광민	형법총론(전정판)	성균관대학교 출판부	2012
	형법총론(전정2판)	성균관대학교 출판부	2015
	형법총론(전정3판)	성균관대학교 출판부	2020
정성근 · 정준섭	형법강의 총론(제2판)	박영사	2019
정영석	형법총론(제5전정판)	법문사	1987

저자	서명	출판사	출판연도
정영일	형법총론(제3판)	박영사	2010
	형법강의 총론(제3판)	학림	2017
	신형법총론	학림	2018
	형법총론(제2판)	학림	2020
	형법총론 강의(제3판)	학림	2020
	형법총론(신3판)	학림	2022
정웅석 · 최창호	형법총론	대명출판사	2019
조준현	형법총론(제4정판)	법문사	2012
주호노	형법총론(제2판)	법문사	2022
진계호	형법총론(제7판)	대왕사	2003
진계호 · 이존걸	형법총론(제8판)	대왕사	2007
천진호	형법총론	준커뮤니케이션즈	2016
최병천	판례중심 형법총론	피앤씨미디어	2017
최호진	형법총론	박영사	2022
하태훈	판례중심 형법총·각론	법문사	2006
	사례판례중심 형법강의	법원사	2021
한상훈 · 안성조	형법입문	피앤씨미디어	2018
	형법개론(제3판)	정독	2022
한정환	형법총론(제1권)	한국학술정보	2010
홍영기	형법(총론과 각론)	박영사	2022
황산덕	형법총론(제7정판)	방문사	1982

2 형법각론 교과서

저자	서명	출판사	출판연도
강구진	형법강의 각론 I	박영사	1983
	형법강의 각론 I (중판)	박영사	1984
권오걸	형법각론	형설출판사	2009
	스마트 형법각론	형설출판사	2011
김선복	신형법각론	세종출판사	2016
김성돈	형법각론(제5판)	성균관대학교 출판부	2018
	형법각론(제6판)	성균관대학교 출판부	2020
	형법각론(제7판)	성균관대학교 출판부	2021
	형법각론(제8판)	성균관대학교 출판부	2022

저자	서명	출판사	출판연도
김성천 · 김형준	형법각론(제4판)	소진	2014
	형법각론(제6판)	소진	2017
김신규	형법각론	청목출판사	2015
	형법각론 강의	박영사	2020
김일수	새로쓴 형법각론	박영사	1999
김일수 · 서보학	새로쓴 형법각론(제8판 증보판)	박영사	2016
	새로쓴 형법각론(제9판)	박영사	2018
김종원	형법각론 상	법문사	1973
	형법각론 상(제3정판)	법문사	1978
김태명	판례형법각론(제2판)	피앤씨미디어	2016
김혜정 · 박미숙 · 안경옥 · 원혜욱 · 이인영	형법각론(제2판)	정독	2021
	형법각론(제3판)	정독	2023
남흥우	형법강의(각론)	고려대학교 출판부	1965
도중진 · 박광섭 · 정대관	형법각론	충남대학교 출판문화원	2014
류전철	형법각론(각론편)	준커뮤니케이션즈	2012
빅강우	로스쿨 형법각론(제2판)	진원사	2014
박동률 · 임상규	판례중심 형법각론	경북대학교출판부	2015
박상기	형법각론(전정판)	박영사	1999
	형법각론(제8판)	박영사	2011
박찬걸	형법각론	박영사	2018
	형법각론(제2판)	박영사	2022
배종대	형법각론(제10전정판)	홍문사	2018
	형법각론(제11전정판)	홍문사	2020
	형법각론(제12판)	홍문사	2021
	형법각론(제13판)	홍문사	2022
	형법각론(제14판)	홍문사	2023
백형구	형법각론	청림출판	1999
	형법각론(개정판)	청림출판	2002
서일교	형법각론	박영사	1982
손동권	형법각론(제3개정판)	율곡출판사	2010
손동권 · 김재윤	새로운 형법각론	율곡출판사	2013
	새로운 형법각론(제2판)	율록출판사	2022
신동운	형법각론(제2판)	법문사	2018
	판례백선 형법각론 1	경세원	1999
	판례분석 형법각론(증보판)	법문사	2014

저자	서명	출판사	출판연도
심재무	형법각론강의 I	신지서원	2009
오영근	형법각론(제3판)	박영사	2014
	형법각론(제4판)	박영사	2017
	형법각론(제5판)	박영사	2019
	형법각론(제6판)	박영사	2021
	형법각론(제7판)	박영사	2022
	형법각론(제8판)	박영사	2023
원형식	형법각론(상)	청목출판사	2011
	판례중심 형법각론	동방문화사	2016
원혜욱	형법각론	피데스	2017
유기천	형법학(각론강의 상·하)(전정신판)	일조각	1982
이건호	형법학개론	고려대학교 출판부	1977
	신고형법각론	일신사	1976
	형법각론	일신사	1980
이영란	형법학 각론강의	형설출판사	2008
	형법학 각론강의(제3판)	형설출판사	2013
이용식	형법각론	박영사	2019
이재상·장영민·강동범	형법각론(제11판)	박영사	2019
	형법각론(제12판)	박영사	2021
	형법각론(제13판)	박영사	2023
이정원	형법각론(보정판)	법지사	1999
	형법각론	법지사	2003
	형법각론	신론사	2012
이정원·류석준	형법각론	법영사	2019
이형국	형법각론	법문사	2007
이형국·김혜경	형법각론(제2판)	법문사	2019
	형법각론(제3판)	법문사	2023
임웅	형법각론(제9정판)	법문사	2018
	형법각론(제10정판)	법문사	2019
	형법각론(제11정판)	법문사	2020
	형법각론(제12정판)	법문사	2021
	형법각론(제13정판)	법문사	2023

저자	서명	출판사	출판연도
정성근 · 박광민	형법각론(제4판)	삼영사	2011
	형법각론(전정2판)	성균관대학교 출판부	2015
	형법각론(전정3판)	성균관대학교 출판부	2019
정성근 · 정준섭	형법강의 각론	박영사	2017
	형법강의 각론(제2판)	박영사	2022
정영석	형법각론(제4전정판)	법문사	1980
	형법각론(제5전정판)	법문사	1992
정영일	형법각론(제3판)	박영사	2011
	형법강의 각론(제3판)	학림	2017
	형법각론	학림	2019
정웅석 · 최창호	형법각론	대명출판사	2018
정창운	형법학각론	정연사	1960
조준현	형법각론	법원사	2002
	형법각론(개정판)	법원사	2005
	형법각론(제3판)	법원사	2012
조현욱	형법각론강의 (Ⅰ)	진원사	2008
주호노	형법각론	법문사	2023
진계호	신고 형법각론	대왕사	1985
	형법각론(제5판)	대왕사	2003
진계호 · 이존걸	형법각론(제6판)	대왕사	2008
최관식	형법각론(개정판)	삼우사	2017
최호진	형법각론	준커뮤니케이션즈	2014
	형법각론 강의	준커뮤니케이션즈	2015
	형법각론	박영사	2022
한남현	형법각론	율곡출판사	2014
한정환	형법각론	법영사	2018
황산덕	형법각론(제6정판)	방문사	1986

3 특별형법

저자(편자)	서명	출판사	출판연도
김정환 · 김슬기	형사특별법	박영사	2021
	형사특별법(제2판)	박영사	2022
박상기 · 신동운 · 손동권 · 신양균 · 오영근 · 전지연	형사특별법론(개정판)	한국형사정책연구원	2012

저자(편자)	서명	출판사	출판연도
박상기 · 전지연 · 한상훈	형사특별법(제2판)	집현재	2016
	형사특별법(제3판)	집현재	2020
박상기 · 전지연	형사특별법(제4판)	집현재	2023
이동희 · 류부곤	특별형법(제5판)	박영사	2021
이주원	특별형법(제5판)	홍문사	2018
	특별형법(제6판)	홍문사	2020
	특별형법(제7판)	홍문사	2021
	특별형법(제8판)	홍문사	2022

4 주석서 · 실무서 등

저자(편자)	서명	출판사	출판연도
김종원	주석형법 총칙(상 · 하)	한국사법행정학회	1988, 1990
박재윤	주석형법 총칙(제2판)	한국사법행정학회	2011
김대휘 · 박상옥	주석형법 총칙(제3판)	한국사법행정학회	2019
김윤행	주석형법 각칙(상 · 하)	한국사법행정학회	1982
박재윤	주석형법 각칙(제4판)	한국사법행정학회	2006
김신 · 김대휘	주석형법 각칙(제5판)	한국사법행정학회	2017
한국형사판례연구회	형사판례연구 (1) - (30)	박영사	1993 - 2022
법원행정처	법원실무제요 형사 〔Ⅰ〕·〔Ⅱ〕		2014
사법연수원	법원실무제요 형사 〔Ⅰ〕·〔Ⅱ〕·〔Ⅲ〕		2022

5 외국 문헌

저자(편자)	서명	출판사	출판연도
大塚 仁 外	大コンメンタール刑法 (第2版) (1) - (13)	青林書院	1999 - 2006
	大コンメンタール刑法 (第3版) (1) - (13)	青林書院	2013 - 2021
西田典之 外	注釈刑法 (1), (2), (4)	有斐閣	2010 - 2021

목 차

제40장 횡령과 배임의 죄

제41장 장물에 관한 죄

제42장 손괴의 죄

제40장 횡령과 배임의 죄

본장은 횡령과 배임의 죄에 대하여 규정하고 있다. 여기에는 내용이 서로 1
다른 두 종류의 범죄, 즉 횡령의 죄와 배임의 죄가 함께 규정되어 있다. 전자의 기본범죄인 횡령죄(§ 355①)는 자기가 보관하는 타인의 재물을 횡령하거나 반환을 거부하는 범죄이고, 후자의 기본범죄인 배임죄(§ 355②)는 타인의 사무를 처리하는 자가 임무에 위배하는 행위로써 재산상의 이익을 취득하거나 제3자로 하여금 이를 취득하게 하여 본인에게 손해를 가하는 범죄이다. 본장의 조문 구성은 아래 [표 1]과 같다.

두 범죄는 타인에 대한 신임관계를 위반한다는 점에서는 그 성질이 같지만 2
그 내용이 서로 다른 점을 고려하여, 편의상 이를 나누어 살펴본다.

[표 1] 제40장 조문 구성

<table>
<tr><th colspan="2">조 문</th><th>제 목</th><th>구성요건</th><th>죄 명</th><th>공소시효</th></tr>
<tr><td rowspan="2">§ 355</td><td>①</td><td rowspan="2">횡령, 배임</td><td>ⓐ 타인의 재물을 보관하는 자가
ⓑ 그 재물을
ⓒ 횡령하거나 그 반환을 거부</td><td>횡령</td><td>7년</td></tr>
<tr><td>②</td><td>ⓐ 타인의 사무를 처리하는 자가
ⓑ 그 임무에 위배하는 행위로써
ⓒ 재산상 이익을 취득하거나 제3자로 하여금 이를 취득하게 하여
ⓓ 본인에게 손해를 가함</td><td>배임</td><td>7년</td></tr>
<tr><td colspan="2">§ 356</td><td>업무상의 횡령과 배임</td><td>ⓐ 업무상 임무에 위배하여 § 355를 범함</td><td>업무상(횡령, 배임)</td><td>10년</td></tr>
<tr><td rowspan="2">§ 357</td><td>①</td><td rowspan="2">배임수증재</td><td>ⓐ 타인의 사무를 처리하는 자가
ⓑ 그 임무에 관하여 부정한 청탁을 받고
ⓒ 재물 또는 재산상 이익을
ⓓ 취득하거나 제3자로 하여금 취득하게 함</td><td>배임수재</td><td>7년</td></tr>
<tr><td>②</td><td>ⓐ ①의 재물 또는 재산상 이익을
ⓑ 공여</td><td>배임증재</td><td>5년</td></tr>
</table>

조 문		제 목	구성요건	죄 명	공소시효
§ 358		자격정지의 병과	§§ 355-357에 10년 이하 자격정지 병과(임의적)		
§ 359		미수범	§ 355 내지 § 357의 미수	(§ 355 내지 § 357 각 죄명)미수	
§ 360	①	점유이탈물횡령	ⓐ 유실물, 표류물 또는 타인의 점유를 이탈한 재물을 ⓑ 횡령	점유이탈물횡령	5년
	②		ⓐ 매장물을 ⓑ 횡령	매장물횡령	5년
§ 361		친족간의 범행, 동력	본장의 죄에 § 328, § 346 준용		

〔총설 1〕 횡령의 죄

Ⅰ. 의 의

1. 횡령죄의 개요

3 횡령죄는 자기가 보관하는 타인의 재물을 횡령하거나 반환을 거부하는 범죄이다. 타인이 점유하는 타인의 재물을 대상으로 하는 절도죄와 구분되는데, 횡령죄가 절도죄와 함께 각칙 제19장에 규정된 독일형법과 달리 우리나라 형법상 횡령죄는 배임죄와 함께 같은 각칙 제40장에 규정되어 있다. 통설과 판례는

두 죄가 일반법(배임죄)과 특별법(횡령죄)의 관계에 있다고 본다(이에 관한 상세는 § 355①의 VI. 2. (2) 및 § 355②의 IV. 1. 부분 참조).[1]

횡령죄는 절도죄와 비교하여 횡령한 재물의 처분에 따른 선의취득의 범위가 넓기 때문에 소유권 침해 정도가 심하다. 그럼에도 불구하고 횡령죄를 절도죄보다 가볍게 벌하는 것은 자기가 보관하는 타인의 재물을 영득하기 때문에 재물영득방법이 평화적이고 동기가 유혹적이라는 데 있다고 한다.[2] 타인의 점유를 침해하지 않고 자신이 점유하는 재물에 대하여 횡령의 의사가 표현되는 행위가 있으면 성립한다는 의미에서 '표현범(表現犯)'이라고도 한다.[3] 4

2. 구성요건 체계

형법상 횡령의 죄에는 횡령죄(§ 355①), 업무상횡령죄(§ 356), 점유이탈물횡령죄(§ 360)의 3가지 유형이 규정되어 있다. 업무상횡령죄는 불법이 가중된 구성요건에 해당한다. 점유이탈물횡령죄는 위탁에 의한 신임관계를 배신하는 죄로서의 특성이 없으므로 횡령죄의 감경적 구성요건이 아니라 그와 독립된 구성요건이다.[4] 5

횡령죄와 업무상횡령죄는 점유이탈물횡령죄와 달리 미수범을 처벌하고(§ 359), 10년 이하의 자격정지가 병과될 수 있다(§ 358). 횡령죄, 업무상횡령죄, 점유이탈물횡령죄의 3개의 죄에 대하여 친족상도례(§ 328)와 동력에 관한 규정(§ 361)이 준용된다. 6

---

1 박상기, 형법각론(8판), 365; 손동권·김재윤, 새로운 형법각론, § 24/2; 이재상·장영민·강동범, 형법각론(13판), § 20/3; 임웅, 형법각론(11정판), 480; 정영일, 형법강의 각론(3판), 206; 주호노, 형법각론, 806.

2 이영란, 형법학 각론강의(3판), 380; 이재상·장영민·강동범, § 20/2; 이정원·류석준, 형법각론, 413; 정웅석·최창호, 형법각론, 663; 최호진, 형법각론, 518.

3 정웅석·최창호, 663; 오영근, "장물죄에 관한 연구", 형사정책연구 13-2, 한국형사정책연구원(2002), 146(횡령죄가 횡령의사가 표현되면 성립하는 표현범이지만 횡령행위는 매매계약이 끝나야 종료한다).

4 신동운, 형법각론(2판), 1145(일본형법은 점유이탈물횡령죄를 감경적 구성요건으로 규정하고 있다); 오영근, 형법각론(7판), 379; 이정원·류석준, 414; 임웅, 482.

Ⅱ. 외국 입법례

1. 독 일

7 독일형법은 횡령죄(Unterschlagung)를 절도죄와 같이 '절도와 횡령의 장(각칙 제19장)'에 규정하면서(§ 246), 배임죄는 사기죄와 함께 '사기와 배임의 장(제22장)'에 규정하고 있다(§ 266). 독일형법 제246조는 제1항에서 횡령죄를 타인의 재물을 영득하는 범죄로 규정하고, 제2항에서 그 재물이 위탁물일 경우를 가중하여 처벌한다. 독일형법은 동산만을 횡령죄의 객체로 한정하므로 부동산에 대하여 횡령죄를 인정하는 우리나라와는 다르다. 또한 독일형법상 기본적 구성요건인 제1항의 비위탁물 횡령죄는 자신이 점유하지 않는 물건도 객체로 삼고 있고, 명문으로 제3자로 하여금 불법영득하게 하는 경우도 포함하며, 당해 행위가 다른 형법규정에서 더 무거운 형을 규정하고 있지 않는 한 비위탁물 횡령죄로 처벌한다고 규정하는 등 모든 형태의 불법영득행위를 포섭하여 불법한 영득행위에 대한 형벌의 공백을 해소하는 포괄적 구성요건으로서 기능한다.[5]

[표 2] 독일형법[6]

제246조(횡령) ① 타인의 동산을 자기 또는 제3자에게 위법하게 취득하게 한 자는 당해 행위가 다른 형법규정에서 더 중한 형을 규정하고 있지 아니한 경우에는 3년 이하의 자유형 또는 벌금형에 처한다. ② 제1항의 경우에 그 물건이 행위자에게 위탁된 것인 경우에는 5년 이하의 자유형 또는 벌금형에 처한다. ③ 미수범은 처벌한다. 제266조(배임) ① 법률, 관청의 위임 또는 법률행위에 의하여 부여된, 타인의 재산을 처분하거나 타인에게 의무를 지우는 권한을 남용하거나 또는 법률, 관청의 위임, 법률행위 또는 신임관계에 기하여 부과된, 타인의 재산적 이해관계를 처리한 의무에 위배하고, 이를 통하여 재산적 이해관계를 관리해 주어야 할 사람에게 손해를 가한 때에는 5년 이하의 자유형 또는 벌금형에 처한다. 〔미수범 처벌규정 없음〕

5 상세한 내용은 이정원, "우리 형법과 독일형법의 횡령죄에 대한 비교법적 고찰", 비교형사법연구 4-2, 한국비교형사법학회(2002), 281 이하 참조.

6 법무부, 독일형법(2011).

2. 일 본

일본형법은 배임죄를 사기와 공갈의 죄와 같이 규정하고(각칙 제37장), 횡령죄는 별개의 독립된 장(제38장)으로 편별하고 있다. 횡령의 장에는 우리나라 횡령죄와 같이 횡령죄를 기본적 구성요건으로, 업무상횡령죄는 가중적 구성요건으로 각 규정하고, 점유이탈물횡령죄도 같은 장에서 규정하고 있다. 8

일본형법상 횡령죄의 법정형은 징역형만 있고(§ 252①, 5년 이하 징역),[7] 업무상횡령죄는 가중처벌한다(§ 253, 10년 이하 징역). 일본의 배임죄는 징역과 벌금이 선택형으로 규정되어 있는 반면(§ 247, 5년 이하 징역 또는 50만 엔 이하 벌금), 업무상배임죄라는 가중구성요건은 없다. 횡령죄에서는 미수범 처벌규정이 없지만 배임죄에서는 미수범 처벌규정(§ 250)을 두어 미수감경이 가능하다. 이처럼 배임죄가 횡령죄보다 가볍게 처벌되므로 일본에서는 횡령죄와 배임죄의 구별이 중요한 쟁점으로 등장하게 된다.[8] 이러한 상황을 배경으로 횡령죄와 배임죄가 모두 타인의 재산에 관한 사무처리를 둘러싸고 일어나는 신임관계 위반을 특징으로 한다는 점에 착안하여 양자를 통일적으로 규율하자는 입법론이 대두되었다. 이를 조문으로 성안한 것이 1940년에 발표된 일본 개정형법가안 각칙인데, 우리나라에서 형법을 제정하면서 모델로 삼았다.[9] 우리나라 횡령죄는 위 개정형법가안과 달리 '본인에게 손해를 가할 것'이라는 요건이 없는 것 이외에는 개정형법가안과 유사하다. 9

7 참고로 2022년 6월 17일 일본형법 개정(법률 제67호)으로 징역형과 금고형이 '구금형'으로 단일화되어 형법전의 '징역', '구금', '징역 또는 구금'은 모두 '구금형'으로 개정되었고, 부칙에 의하여 공포일로부터 3년 이내에 정령으로 정하는 날에 시행 예정이다. 그러나 현재 정령이 제정되지 않아 시행일은 미정이므로, 본장에서 일본형법 조문을 인용할 때는 현행 조문의 '징역' 등의 용어를 그대로 사용한다.

8 신동운, 1065.

9 신동운, 1066-1067.

[표 3] 일본형법 및 개정형법가안

[일본형법]

第252条(횡령) ① 자기가 점유하는 타인의 물건을 횡령한 자는 5년 이하의 징역에 처한다.
② 자기의 물건이라도 공무소로부터 보관을 명령받은 경우에는 이를 횡령한 자도 전항과 같다.

第253条(업무상횡령) 업무상 자기가 점유하는 타인의 물건을 횡령한 자는 10년 이하의 징역에 처한다.

第254条(유실물등횡령) 유실물, 표류물 기타 점유를 떠난 타인의 물건을 횡령한 자는 1년 이하의 징역 또는 10만 엔 이하의 벌금이나 과료에 처한다.

第247条(배임) 타인을 위하여 그 사무를 처리하는 자가 자기 또는 제3자의 이익을 도모하거나 본인에게 손해를 가할 목적으로 그 임무에 위배되는 행위를 하여 본인에게 재산상 손해를 가한 때에는 5년 이하의 징역 또는 50만 엔 이하의 벌금에 처한다.

第250条(미수죄) 이 장[제37장 사기 및 공갈의 죄]의 죄의 미수는 벌한다.

[일본 개정형법가안]

제43장 횡령 및 배임의 죄
제442조 ① 타인의 재물을 보관하는 자가 그 물건을 횡령한 때 또는 상당한 이유 없이 그 물건의 반환을 거부하여 본인에게 재산상의 손해를 가한 때에는 5년 이하의 징역 또는 5천 엔 이하의 벌금에 처한다.
② 타인의 사무를 처리하는 자가 자기 또는 제3자의 이익을 도모하여 그 임무에 위배되는 행위를 하여 본인에게 손해를 가하고 재산상 불법의 이익을 취득하거나 제3자로 하여금 이를 취득하게 한 때에도 또한 전항과 같다.

3. 프랑스, 오스트리아 및 스위스

10 (1) 프랑스형법은 횡령의 장(제4장) 속에 횡령죄에 해당하는 내용을 배임이라는 표제하에 규정하고 있다(§ 314-1).[10]

11 (2) 오스트리아형법은 위탁물횡령에 해당하는 경우를 배임(Veruntreuung)이라는 표제하에 규정하고(§ 133), 점유이탈물횡령의 경우를 횡령(Unterschlagung)이라는 표제하에 규정하고 있다(§ 134).

12 (3) 스위스형법은 횡령죄와 배임죄를 동일한 조문(§ 138)에서 규정하고 있는데, 위탁물횡령(Veruntreuung)이라는 제목하에 제1항 제1문에서 위탁보관된 동산을 횡령하는 경우를, 제2문에서 재산상 이익을 취득하는 경우를 각각 규정하고

10 이형국·김혜경, 형법각론(2판), 409.

있으며, 제2항에서 일정한 업무자의 행위를 가중처벌하고 있다.

[표 4] 프랑스형법, 오스트리아형법 및 스위스형법

[프랑스형법][11] 제314-1조(횡령) ① 횡령은 현금, 유가증권 기타 재물에 대하여 그 반환, 관리 또는 특정한 용도에의 사용을 위임받은 자가 이를 유용하여 타인에게 손해를 가하는 것을 말한다. ② 횡령은 3년의 구금형 및 375,000유로의 벌금에 처한다.
[오스트리아형법][12] 제133조(횡령) ① 자신에게 위탁된 재물을 자신 또는 제3자가 불법하게 이득할 고의로 자신 또는 제3자에게 영득하게 한 자는 6월 이하의 자유형 또는 360일수 이하의 벌금형에 처한다. ② 3,000유로 이상의 가치의 재물을 횡령한 자는 3년 이하의 자유형에 처한다. 50,000유로 이상의 가치의 재물을 횡령한 자는 1년 이상 10년 이하의 자유형에 처한다. 제134조(점유이탈물횡령) ① 자신이 발견하였거나 착오에 의해 또는 자신의 기여없이 점유하게 된 타인의 재물을 자신 또는 제3자가 불법하게 이득할 고의로 자신 또는 제3자에게 영득하게 한 자는 6월 이하의 자유형 또는 360일수 이하의 벌금형에 처한다. ② 영득의 고의 없이 점유하게 된 타인의 재물을 점유이탈물횡령한 자도 전항의 형과 같다. ③ 3,000유로 이상의 가치의 재물에 대하여 점유이탈물횡령한 자는 2년 이하의 자유형 또는 360일수 이하의 벌금형에 처한다. 50,000유로 이상의 가치의 재물에 대하여 점유이탈물횡령한 자는 6월 이상 5년 이하의 자유형에 처한다.
[스위스형법][13] 제138조(위탁물횡령) ① 타인의 재물을 보관하는 자가 자기 또는 제3자의 불법한 이익을 위하여 이를 영득하거나 타인의 재산상 이익을 맡아서 처리하는 자가 불법하게 자기 또는 제3자의 이익을 위하여 이를 처분한 때에는 5년 이하의 자유형 또는 벌금형에 처한다. 친족이나 가족 구성원에게 손해를 가한 위탁물횡령은 고소가 있어야 공소를 제기할 수 있다. ② 관청의 구성원으로서, 관리, 후견인, 보좌인, 직업적인 재산관리인으로서, 또는 관청의 허가를 받아야 할 수 있는 직업, 영업, 상행위를 수행하면서 위의 행위를 한 자는 10년 이하의 자유형 또는 벌금형에 처한다.

11 법무부, 프랑스 형법(2011).
12 법무부, 오스트리아 형법(2009).
13 세계법제정보센터, Code pénal suisse(2020).

Ⅲ. 횡령죄의 본질

1. 학 설

(1) 영득행위설[14]

13 영득행위설은 횡령죄의 본질이 위탁받은 타인의 재물을 불법적으로 영득하는 데 있다고 한다. 자기가 보관하는 타인의 재물을 자기의 소유물처럼 사용·수익·처분하려는 불법영득의 의사가 있어야 횡령죄가 성립한다. 위탁자를 위하여 권한을 넘는 행위를 하거나 일시사용이나 손괴·은닉의 의사로 재물을 처분하는 때에는 횡령죄가 되지 않는다. 근거는 다음과 같다.

14 ① 횡령죄의 보호법익은 소유권이므로 당연히 소유권을 침해하는 의사인 불법영득의 의사가 있어야 한다.[15]

15 ② 민사상 채무불이행도 배신성을 가지는 만큼 단순히 배신성만으로는 횡령죄의 본질을 충분히 설명할 수 없다. 불법영득의사가 외부로 표출된 경우에 한하여 횡령죄가 성립하므로 불법영득의 의사는 민사상 채무불이행에 그치는 경우에는 횡령죄로 포섭되지 않게 하는 기능을 한다.

16 ③ 월권행위설에 의하면 처벌의 불균형을 초래한다. 즉, 자기가 보관하는 타인 소유의 재물을 손괴한 경우 횡령죄(5년 이하의 징역 또는 1,500만 원 이하의 벌금)가 성립한다면, 타인이 보관하는 타인 소유의 재물을 손괴하는 손괴죄(§ 366. 3년 이하의 징역 또는 700만 원 이하의 벌금)보다 무겁게 처벌하는 결과가 된다.

17 ④ 월권행위설에 의할 경우 횡령죄의 성립범위가 넓어질 수 있다. 가령 타

---

14 김선복, 신형법각론, 357; 김성돈, 형법각론(8판), 439; 김신규, 형법각론 강의(2판), 460; 김일수·서보학, 새로쓴 형법각론(9판), 286; 손동권·김재윤, § 24/3; 백형구, 형법각론, 205; 이영란, 382; 이재상·장영민·강동범, § 20/5; 이정원·류석준, 413; 이형국·김혜경, 411; 임웅, 481; 정성근·정준섭, 형법강의 각론(2판), 292; 정웅석·최창호, 664; 조준현, 형법각론(3판), 458; 주호노, 807; 진계호·이존걸, 형법각론(6판), 450; 최관식, 형법각론(개정판), 177; 최호진, 519; 주석형법 〔각칙(6)〕(5판), 196(노태악).

15 기본적으로 영득행위설의 입장을 취하면서도 불법영득의사는 필요하지 않다는 견해도 있다(오영근, 355). 즉 횡령에서의 '령(領)'은 '영득'을 의미하므로 횡령죄에서는 영득행위가 필요하지만(이 점에서 월권행위설은 부당), 이는 고의의 대상일 뿐 초과주관적 구성요건요소인 불법영득의사의 대상이 아니라고 한다. 따라서 손괴·은닉의 의사로 반환거부한 경우에는 횡령죄가 성립되지 않고(월권행위설에서는 성립 가능), 영득의 의사로 반환거부한 경우에는 영득의 고의 또는 목적과 반환거부의 고의가 있으면 횡령죄가 성립하고 불법영득의사까지 필요한 것은 아니라고 한다.

인의 재물을 보관하는 사람이 그 재물을 영득할 생각 없이 고의로 손괴하는 경우에도 신임관계가 깨진 것이므로 횡령죄가 성립하게 되지만, 영득행위설에 의하면 이 경우 손괴죄가 성립할 수는 있어도 횡령죄가 성립하지는 않는다. 또한, 횡령죄는 배임죄와 달리 손해 발생은 구성요건이 아니므로 영득행위설은 그 대신 불법영득의 의사를 요건으로 삼음으로써 횡령죄의 지나친 확대적용을 방지할 수 있다.

(2) **월권행위설**[16]

월권행위설은 횡령죄의 본질을 월권행위 또는 권한남용에서 찾는다. 위탁된 물건에 대한 권한을 초월하는 행위를 함으로써 위탁에 의한 신임관계를 깨뜨리는 데 횡령죄의 본질이 있다는 것이다. 따라서 불법영득의 의사 여부를 불문하고 신임관계를 객관적으로 해칠 만한 위탁물에 대한 모든 월권행위는 횡령행위가 된다고 본다. 불법처분설이라고도 한다. 18

월권행위설에 의하면 재물에 대한 소유권뿐만 아니라, 재물에 대한 이용관계도 보호법익을 파악할 수 있게 된다. 근거는 다음과 같다. 19

① 횡령 자체는 영득의 의미를 포함하고 있으므로 횡령죄는 위탁에 따른 권한을 초월하여 배신적 처분에 의한 영득이라고 해야 한다. 20

② 배신적 영득이 있어야 하므로 보관물의 단순한 손괴행위는 횡령이 될 수 없으나 은닉행위는 반환거부에 해당한다. 월권행위설은 재산에 대한 소유권의 침해뿐만 아니라 재산의 이용에 대한 침해행위까지도 형법적으로 보호하려는 데에 그 취지가 있다.[17] 이에 따라 일시사용 목적 또는 손괴 목적의 영득행위에 대해서도 횡령죄의 성립이 인정될 여지가 있게 된다. 21

③ 보관물에 대한 손괴가 횡령죄에 해당하더라도 그 손괴는 손괴죄처럼 단순한 손괴가 아니라 '보관의무 위반이 있는 배신적 손괴'이므로 그 불법성이 더 무겁다고 하더라도 문제될 것은 없고, 손괴죄와 단순 비교하는 것은 횡령죄의 본질을 고려하지 않은 형식논리이다. 22

16 정성근·박광민, 형법각론(전정3판), 424-425.
17 박상기, 363.

(3) **결합설**(절충설)[18]

23 결합설은 타인과의 신임관계를 위반하여 불법으로 영득하는 데 횡령죄의 본질이 있다는 것이다. 절충설에 의하더라도 불법영득의사가 없는 배신행위를 처벌할 수 없다면 영득행위설의 결론과 실제로는 큰 차이가 없다.[19]

24 기본적으로 횡령죄의 보호법익인 소유권을 침해할 의사로 불법영득의 의사가 있을 것을 요하는 영득행위설이 타당한 측면이 있다. 그러나 횡령죄의 본질을 고려할 때 신임관계의 위배라는 배신성 또한 제외된다고 보기 어렵다.[20] 따라서 두 학설의 결합을 통하여 횡령죄의 본질을 파악할 수 있다는 점에서 결합설에도 그 의의가 있다.[21]

(4) **이원설**[22]

25 횡령죄의 기본적 성격은 영득행위에서 찾되, 반환거부의 경우에는 월권행위에서 찾아야 한다는 것이다. 영득행위가 필요하지 않다는 월권행위설은 기본적으로 타당하지 않지만, 손괴·은닉의 의사로 반환거부를 한 경우에 횡령죄의 성립을 인정해야 한다. 자기가 보관하는 타인의 재물을 영득한 경우에는 배신행위와 영득행위가 있기 때문이고, 반환을 거부하는 경우에는 배신행위와 영득·손괴 또는 그 밖의 행위가 있을 수 있기 때문이다.

26 이에 대하여 타인의 재물을 손괴할 의사로 취거한 경우보다 자신이 점유하는 재산을 반환거부한 행위의 형벌이 무거운 것은 균형이 맞지 않는다는 비판이 있다. 그러나 전자는 신임관계를 배신하는 행위가 없는 반면, 후자에서는 신임관계를 배신하는 행위가 존재하기 때문에 형벌이 무거운 것이라고 할 수 있다고 반박한다.

2. 판 례

27 판례[23]는 (업무상)횡령죄가 성립하려면 타인의 재물을 보관하는 사람이 '불

---

18 김성천·김형준, 형법각론(6판), 454; 박상기, 364; 배종대, 형법각론(14판), §73/8; 정영일, 206.
19 김재현, "횡령죄의 보호의 정도와 기·미수의 구별기준", 형사법연구 25-3, 한국형사법학회(2013), 400.
20 박상기·전지연, 형법학(총론·각론 강의)(4판), 665.
21 정영일, 206.
22 도중진·박광섭·정대관, 형법각론, 513.
23 대판 1972. 12. 12, 71도2353; 대판 1990. 3. 13, 89도1952; 대판 2001. 5. 8, 99도4699; 대판

법영득의 의사로' (업무상) 임무에 위배하여 그 재물을 횡령하거나 반환을 거부하여야 한다고 하여 불법영득의 의사를 요구한다. 불법영득의 의사가 인정되지 않으면 횡령죄가 성립하지 않는다. 횡령행위의 유형으로 규정되어 있는 '반환거부'가 횡령죄를 구성하려면 단순히 그 반환을 거부한 사실만으로는 부족하고, 그 반환거부 이유와 주관적인 의사들을 종합하여 반환거부행위가 횡령행위와 같다고 볼 수 있을 정도이어야 한다고 하여, 반환거부에 정당한 사유가 있다면 불법영득의 의사가 부정된다는 판례[24]도 같은 맥락이라 할 수 있다. 판례의 태도가 결합설의 입장인가, 영득행위설의 입장인가에 관하여 견해의 대립이 있지만,[25] 사실상 결론에서 차이가 없어 실익은 적은 편이다.[26]

28 한편, 부동산 횡령에서 기수시기를 정하는 데 신임관계의 보호법익 포함 여부가 문제될 수 있다.[27] 월권행위설은 객관적으로 신임관계를 깨뜨리는 행위를 하면 기수에 이른다고 보기 때문에, 영득행위가 완료되지 않더라도 기수에 이를 수 있다는 점에서 영득행위설보다 기수시기가 앞당겨질 수 있다. 즉 횡령죄의 본질에 관하여 월권행위설을 취할 경우, 기수에 있어서는 실현설이 아니라 표현설을 취하는 것이 서로 부합하는 면이 있다. 그러나 횡령의 본질과 기수시기를 논리필연적으로 결부시켜야만 하는 것은 아니다.[28] 횡령죄의 본질에 관한 구체

2002. 2. 5, 2001도5439; 대판 2013. 8. 23, 2011도7637 등.

24 대판 1998. 7. 10, 98도126; 대판 2006. 2. 10, 2003도7487; 대판 2008. 12. 11, 2008도8279(구상금 채권의 집행 확보를 위한 반환거부); 대판 2013. 8. 23, 2011도7637(임차보증금과 차임을 체납관리비와 개발비 등의 변제에 충당할 수 있다고 믿고 반환거부).

25 일본의 통설[井田 良, 講義刑法学·各論, 有斐閣(2016), 306 등] 및 판례[最判 昭和 27(1952). 10. 17. 裁判集(刑事) 68·361]는 횡령행위는 불법영득의사를 발현하는 행위라고 하는 영득행위설의 입장이다.

26 최호진, 519.

27 신동운, 1153(부동산 횡령의 경우 부동산을 임의처분하는 계약체결이 있으면 횡령의 실행의 착수가 인정되고, 부동산에 대한 등기명의가 이전될 때 횡령죄는 기수에 이른다고 보아야 한다. 부동산을 임의로 처분하는 계약을 체결할 때 신임관계가 침해되기 시작하여 등기이전이 이루어질 때 신임관계의 침해가 완성된다고 보기 때문이다).

28 월권행위설을 취한 정창운, "횡령미수론에 관한 일고찰", 법정 15-4(1960), 31-32[乙의 위탁에 의해 乙의 금원을 은행에 보관 중인 경우 횡령의 실행착수는 위탁을 받은 甲이 예금반환 청구하였을 때이고, 기수는 은행으로부터 예금을 지급받았을 때이고 예금을 소비하였을 때가 아니다. 타인의 재물을 보관하는 자가 타인의 재물을 매각 또는 질입하는 행위가 기수가 되려면 보관물의 수수가 있어야 되고, 그 이전에 발각되면 미수에 그친다. 회사창고에서 유가증권을 차출하여 자기채무에 대한 담보로 채권자에게 제공하였을 때에는 인출 시에 기수에 이르고 담보제공행위는 불가벌적 사후행위가 된다(이는 비자금 조성의 목적이 개인적 착복 목적일 경우 자금인출 시 기

적 사례는 불법영득의 의사 부분에서 언급하기로 한다.

3. 결 어

29 위에서 살펴보는 바와 같이 횡령죄의 보호법익이 소유권인 이상, 횡령죄가 성립하기 위해서는 소유권을 참해하는 의사로서 불법영득의사가 필요한 점 등에 비추어 위 영득행위설이 타당하다.

Ⅳ. 보호법익

1. 학 설

30 다수설[29]은 횡령죄의 보호법익이 소유권이라고 본다. 횡령으로 소유권 자체가 상실되지는 않으므로 보호법익은 사실상 소유상태라는 견해,[30] 절도죄·사기죄·공갈죄 등 재산죄의 보호법익이 소유권이나 재산권이 아니라 재산인 것과 마찬가지로 횡령죄의 보호법익도 '재산'이 보호법익이라는 견해,[31] 민법 제194조의 점유매개관계로 나타난 소유권의 향유라는 견해,[32] 소유권 등 본권을 보호법익으로 한다는 견해[33] 등도 있다.

31 한편, 위탁물횡령의 경우에는 소유권에 더하여 위탁신임관계도 부차적 보호법익이 될 수 있다는 견해도 있다.[34] 본조에 위탁관계가 구성요건으로 명기되

수가 된다고 보는 판례 입장과 같다)].

29 김선복, 356; 김성돈, 438; 김성천·김형준, 455; 김신규, 459; 김일수·서보학, 285; 손동권·김재윤, § 24/1; 신동운, 1072; 원혜욱, 형법각론, 290; 이영란, 380; 이재상·장영민·강동범, § 20/5; 이정원·류석준, 412; 이형국·김혜경, 411; 임웅, 479; 정영일, 204; 조준현, 458; 진계호·이존걸, 449; 최관식, 178; 한상훈·안성조, 형법개론(3판), 553.

30 도중진·박광섭·정대관, 510; 정웅석·최창호, 663. 오영근, 354는 횡령죄의 보호법익은 민법상의 소유권이 아니라 사실상의 소유상태라고 한다. 즉, A의 재물을 B가 절취하였고 이를 C가 임차하여 장물인 정을 알지 못하는 甲에게 보관시켰는데 甲이 그 물건을 횡령한 경우, 甲의 횡령죄의 피해자는 A가 아니라 B이고, C도 피해자라고 할 수 있다고 한다.

31 백형구, 204-205. 횡령죄의 보호법익은 소유권이라는 견해가 통설이나 절도죄·사기죄·공갈죄의 보호법익이 소유권 또는 재산권이 아니고 재산인 것과 마찬가지로 횡령죄의 보호법익은 소유권이 아니라 재산이라고 보는 것이 이론적으로 타당하다고 본다.

32 배종대, § 73/3; 최호진, 518.

33 박찬걸, 형법각론(2판), 519.

34 일본의 다수설이다〔大塚 外, 大コン(3版)(13), 547(小倉哲浩)〕.

어 있지 않지만 위탁관계에 따른 보관이 요구된다고 해석되기 때문이다.

2. 이른바 '본권'에 관하여

(1) 판례는 다른 사람의 재물에 관한 소유권 등 본권을 보호법익으로 본다. 본권이란 소유권에 기초하여 물건을 간접적·잠재적으로 이용하는 것을 가능하게 하는 권리를 말한다. 예를 들어, 소유자로부터 사용대차한 사람으로부터 그 물건을 다시 사용대차한 사람이 그 물건을 영득하였을 경우에는 횡령죄가 성립하는데,[35] 본질적으로는 소유자의 소유권의 침해가 있어야 하나, 부수적으로 그로부터 사용대차를 한 사람의 본권(사용·수익권)도 침해될 수 있게 된다. 반면, 위와 같은 사용대차관계에서 행위자가 자신의 사용대주에 대한 반환을 거부하고 소유자의 반환요구에는 응한 경우와 같이 오로지 본권만 침해될 경우에는 횡령죄가 성립된다고 보기 어렵다. 따라서 본권만이 보호법익이 되는 것인지는 의문의 여지가 있다. 32

기존 판례는 횡령죄의 보호법익을 소유권 '등 본권'으로 판시하고 있고,[36] 위탁관계와 관련하여서도 재물의 소유자 '또는 그 밖의 본권자'와 사이에 법률상 또는 사실상의 위탁신임관계가 존재하여야 한다고 설시하고 있다.[37] 대법원은 리스회사 소유의 리스차량을 리스이용자로부터 위탁받아 사용하던 피고인이 이를 횡령한 사건에서 피해자를 리스이용자로 보아 횡령죄로 처벌한 원심을 단순히 수긍한 바 있는데, 소유자가 아닌 위탁행위자를 본권자로 보아 횡령죄의 피해자로 본 선례에 해당한다.[38] 또한 판례는 보호법익에 대한 위 법리를 전제로, 친족상도례 규정의 적용과 관련하여, 횡령범인이 위탁자가 소유자를 위하여 보관하고 있는 물건을 위탁자로부터 보관받아 이를 횡령한 경우에 범인과 피해 물건의 소유자 및 위탁자 쌍방 사이에 친족관계가 있을 것을 요한다고 보고 있다.[39] 33

판례는 '본권'의 개념을 명확히 설명하고 있지 않다. 민법은 물건에 대한 사 34

---

35 위탁관계는 소유자에 의하여 행하여졌을 것을 요하지 않으며, 소유자의 의사에 반하지 않으면 제3자에 의하여 이루어져도 상관없다[대판 1985. 9. 10, 84도2644(횡령죄에 있어서 타인을 위하여 재물을 보관하게 된 원인은 반드시 소유자의 위탁행위에 기인한 것임을 필요로 하지 않는다)].

36 대판 2002. 11. 13, 2002도2219; 대판 2009. 2. 12, 2008도10971; 대판 2013. 2. 21, 2010도10500(전); 대판 2019. 12. 24, 2019도9773.

37 대판 2005. 9. 9, 2003도4828; 대판 2007. 5. 31, 2007도1082; 대판 2010. 6. 24, 2009도9242.

38 대판 2010. 6. 24, 2010도2726.

39 대판 2008. 7. 24, 2008도3438.

실상 지배에 근거한 '점유권'에 대응하는 개념으로 '본권'이라는 표현을 사용하고 있고(민 § 208), '본권에 관한 소'는 '점유할 권리에 기한 청구권이 행사되는 소'를 의미한다.

35 (2) 우리 형법에 의하면, 횡령의 객체인 '타인의 재물'이라는 구성요건은 '타인 소유의 재물'을 의미한다고 해석할 수밖에 없다. 소유권 아닌 다른 권리에 대한 침해를 보호하고 있지 아니하기 때문이다. 게다가 횡령죄의 본질을 영득행위설로 파악하고, 불법영득의사를 요한다고 보고 있는 점에 비추어 보면, 횡령죄로서 침해되는 것은 위탁자가 보유한 소유권으로 보는 것이 타당하다.

36 우리 판례 역시 보호법익 및 위탁관계에 대한 위와 같은 설시에도 불구하고 명시적으로 소유자 아닌 본권자의 의미에 대해 구체적으로 설시한 바 없고, 소유자 아닌 사람으로서 위탁관계를 직접 설정한 사람을 본권자에 해당한다고 보아 피해자로 설시한 바도 없다. 친족상도례와 관련하여 위탁자와 소유자 모두에 대해 친족관계가 있어야 한다는 것은 친족상도례 규정의 취지나 횡령죄에서의 신임관계 위반이 가지는 중요성에 따른 것으로 한정적으로 이해할 수 있다. 판례가 조리, 신의칙 등에 근거한 위탁관계 성립을 폭넓게 긍정하고 있는 이상 횡령죄 처벌의 공백을 예상하기도 어려우므로, 실제 위탁행위를 한 사람을 본권자로 파악하여 횡령범인은 본권자의 권리를 침해하였다고 이론구성할 필요성도 크지 않다.

V. 보호의 정도

37 보호법익에 대한 보호의 정도에 관하여 위험범설과 침해범설이 대립한다.

1. 학 설

(1) 위험범설[40]

38 횡령죄는 다른 사람의 재물에 관한 소유권 등 본권을 그 보호법익으로 하

40 김성천·김형준, 455; 김혜경·박미숙·안경옥·원혜욱·이인영, 형법각론(3판), 399; 박상기, 362; 박찬걸, 519; 신동운, 1072; 손동권·김재윤, § 24/1; 이영란, 380(부동산 횡령에서도 매매계약만으로 기수가 되며 유효한 등기이전이 있어야 하는 것은 아니다. 같은 취지로 임웅, 479); 이재상·장영민·강동범, § 20/1; 주호노, 808. 한편 정영일, 204는 구체적 위험범으로 보는데, 학설의 명칭에도 불구하고 실질적으로는 침해범에 가깝다.

고 본권이 침해될 위험성이 있으면 그 침해의 결과가 발생되지 아니하더라도 성립하는 이른바 위태범이므로, 횡령행위의 결과가 사법(私法)상으로 무효이거나 그 재물에 대한 소유권이 침해되는 결과가 발생하는지 여부에 관계없이 횡령죄를 구성한다.[41]

① 횡령죄의 기수시기는 횡령행위가 실현되어 목적물을 영득한 때가 아니라 보관자가 영득의사를 외부적으로 표출한 때라고 보아야 한다(표현설). 39

② 횡령범이 민법상 소유권을 취득하지 않고 절도죄와 마찬가지로 횡령행위로 말미암아 소유자가 사법상 소유권을 상실하는 것은 아니므로, 소유권의 위태화라고 하는 상태만 발생할 뿐이다. 횡령은 민법상 소유권개념을 기본으로 한다. 40

③ 횡령행위의 결과를 소유권 침해로 보면, 형법이 전제해야 하는 소유권개념을 형법 스스로 정하는 결과가 된다.[42] 41

④ 횡령죄나 사기죄 등 재산범죄의 경우 재산상 손해가 구성요건으로 명시되어 있지 않다. 이는 재산범죄에서 보호법익의 침해는 사법상 권리가 종국적으로 변경되는 것을 의미하지 않기 때문이라고 볼 수 있다. 예컨대, 사기죄나 공갈죄에서 재물을 편취 또는 갈취한 경우 사법상 소유권이 상실되지 않지만 구성요건에 해당한다. 이러한 재산범죄의 경우 재산상 손해발생의 위험만으로도 구성요건이 충족된다고 보아야 하기 때문에 위험범으로 파악된다.[43] 42

(2) 침해범설[44]

① 횡령죄는 개인적 법익, 특히 재산적 법익에 관한 범죄이므로, 사회적·국가적 법익에 관한 범죄에서처럼 법익침해 전 단계에서 높은 보호를 받아야 43

---

41 대판 1975. 4. 22, 75도123; 대판 2002. 12. 13, 2002도2219[이러한 판례의 입장에 대해서는 주석형법 [각칙(6)](5판), 199(노태악)].

42 이창섭, "횡령죄의 성격과 실행의 착수 및 기수시기", 부산대 법학연구 54-3(2013), 88-89.

43 한편 다른 재산범죄와 달리 배임죄의 경우에는 현실적인 재산상 손해를 가한 경우에만 재산상 손해 요건이 충족된다고 해석하여야 한다는 대법원의 별개의견이 있다[대판 2017. 7. 20, 2014도1104(전)].

44 김선복, 356; 김성돈, 438; 김신규, 459; 김일수·서보학, 285; 도중진·박광섭·정대관, 511; 배종대, § 73/3; 백형구, 204; 오영근, 354; 이상돈, 형법각론(4판), 555; 이정원·류석준, 412; 이형국·김혜경, 411; 정성근·박광민, 425-426; 정웅석·최창호, 663; 조준현, 457; 진계호·이존걸, 449; 최관식, 178; 홍영기, 형법(총론과 각론), § 85/2; 강수진, "횡령죄의 기수시기 - 횡령죄는 위험범인가?", 고려법학 72(2014), 302; 김태명, "횡령죄의 기수시기와 장물죄의 성립여부", 형사법연구 23, 한국형사법학회(2005), 125.

하는 중대한 위험을 가진다고 보기 어렵고, 재산권은 개인적 귀속성이 높은 권리로서 보호법익이 일반적·추상적이라 할 수 없다. 이와 같은 보호법익의 속성과 횡령죄를 규율하는 법규의 기능에 비추어 횡령죄가 위험범으로서의 표지를 가진다고 볼 근거가 부족하다.[45]

44 ② 횡령죄의 보호법익을 소유권이라는 추상적 개념으로 볼 것이 아니라 소유권의 향후 또는 사실상의 소유상태로 봄으로써[46] 소유권 침해가 발생하지 않더라도 보호법익이 침해된 것으로 볼 수 있다. 형법상의 소유권 개념을 재물에 대한 권리가 아니라 소유권자가 다른 사람에 대하여 가지는 침해배제의 권리로 이해할 수 있다는 견해[47]가 있는데, 이에 따르면 횡령행위에 의하여 소유권자의 재물에 대한 사용·수익·처분 권한이 침해되는 것으로는 볼 수 없지만 소유권자가 횡령행위자에 대하여 가지는 침해배제권을 무력화시키는 결과가 되므로, 결국 횡령행위는 소유권을 침해하는 범죄가 된다. 사기죄나 공갈죄도 그 범죄로 인하여 사법상 소유권이 상실된다고 볼 수 없지만 그 행위를 통하여 초래된 재산상 손해 또는 이득이 있다고 보고 있으므로, 횡령행위로 인한 손해도 소유권에 대한 침해로 못 볼 바 아니다.[48] 이와 같이 소유권 침해 여부와 위험범이 반드시 논리필연적 결합관계에 놓여 있는 것은 아니다.

45 소유권의 침해와 소유권의 상실은 구별하여야 한다.[49] 소유권 행사의 가능성이 현실화되거나 중대하게 훼손되면 사법상 소유권을 회복할 수 있는지와 관계없이 기수에 이르게 된다.[50]

46 ③ 횡령죄는 일반적으로 개인적 법익에 관한 추상적 위험범에는 존재하지 않는 미수범 처벌규정을 두고 있는데, 미수범 처벌규정은 논리필연적은 아니지만 침해범설의 유력한 근거가 되고, 횡령죄는 추상적 위험범으로 보면 장애미수가 성립할 여지가 거의 없게 되고, 횡령죄의 기수시기를 너무 앞당기는 결과를 초래하여 과다한 처벌이라는 비판이 가해질 수 있다.

---

45 강수진(주 44), 293-295.
46 배종대, §73/3; 오영근, 354.
47 이용식, 형법각론, 153-155.
48 강수진(주 44), 292-293.
49 오영근, 354.
50 조준현, 457.

2. 판 례

(1) 판례는 횡령죄는 보호법익인 소유권 등 본권이 침해될 위험성이 있으면 그 침해의 결과가 발생되지 아니하더라도 성립하는 이른바 위태범이고,[51] 다른 사람의 재물을 보관하는 사람이 그 사람의 동의 없이 함부로 이를 담보로 제공하는 행위는 불법영득의 의사를 표현하는 횡령행위로서 사법(私法)상 무효이거나 그 재물에 대한 소유권이 침해되는 결과가 발생하는지 여부에 관계없이 횡령죄를 구성한다고 한다.[52] 47

한편 최근 배임죄에서 법률행위가 무효인 경우, 원칙적으로 배임미수에 해당한다는 전원합의체 판결이 선고된 바 있다.[53] 그러나 판례는 횡령의 경우에는 아직도 담보제공행위가 무효라 하더라도 횡령죄를 구성한다는 판시를 하고 있다.[54] 48

(2) 판례가 위험범설에 따라 횡령죄의 성립을 부정한 경우는 다음과 같다. 49

① 횡령죄나 배임죄는 모두 침해범 아닌 위태범이므로, 피고인이 업무상 보관 중인 정기예금을 자신의 개인적 채무에 대한 담보로 제공한 경우 횡령죄가 될 수 없다.[55] 50

② 채무자가 채권자에게 동산을 양도담보로 제공하고 점유개정의 방법으로 점유하고 있는 경우 채무자는 여전히 소유권자로서 자기의 물건을 보관하므로, 양도담보의 목적물을 제3자에게 처분하거나 담보로 제공하더라도 횡령죄를 구성하지 아니한다.[56] 51

③ 채무자인 피고인이 피해자에 대한 차용금채무의 이행에 갈음하여 대물변제약정을 체결하고 쇼트기 등 기계들을 양도한 후 피해자의 동의나 승낙 없이 양도담보의 목적물을 처분한 경우 횡령죄의 성립이 부정된다.[57] 52

---

51 대판 1975. 4. 22, 75도123; 대판 2002. 11. 13, 2002도2219; 대판 2009. 2. 12, 2008도10971; 대판 2013. 2. 21, 2010도10500(전); 대판 2017. 9. 7, 2017도6060.

52 대판 2002. 11. 13, 2002도2219; 대판 2009. 2. 12, 2008도10971.

53 대판 2017. 7. 20, 2014도1104(전). 본 판결 평석은 이현석, "대표권남용에 의한 약속어음 발행행위와 배임죄", 김신 대법관 재임기념 논문집, 사법발전재단(2018), 410-419; 홍승희, "대표권남용의 약속어음발행에 있어서 배임죄의 보호정도와 미수·기수성립범위", 법조 728, 법조협회(2018. 4), 630-666.

54 대판 2017. 9. 7, 2017도6060.

55 대판 1975. 4. 22, 75도123.

56 대판 1980. 11. 11, 80도2097.

57 대판 2009. 2. 12, 2008도10971.

53 (3) 반대로, 위험범설에 따라 횡령죄의 성립을 인정한 경우도 있다.

54 ① 피고인이 리스 차량을 차용금채무의 담보로 제공한 경우, 이는 신뢰관계(위탁관계)에 기초하여 타인 소유의 리스 차량을 보관할 의무가 있음에도 불구하고 이를 임의로 제3자에게 유효하게 처분한 것이므로 횡령죄가 성립한다.[58]

55 ② 피고인이 은행 대출을 받으면서 피해자 소유의 기계들을 자신의 소유인 것처럼 공장저당법에 따른 근저당권 목적물 목록에 포함시킨 경우, 이는 피해자의 소유권 등 권리에 대한 현실적인 침해 여부를 불문하고 횡령죄를 구성한다.[59]

56 한편, ③ 피고인이 피해자와의 동업재산으로 보관하던 수목을 함부로 제3자에 매도하는 계약을 체결하고 계약금을 수령·소비한 사안에서는, 수목에 대한 횡령미수죄의 성립을 인정하였다.[60]

〔김 현 석〕

58 대판 2017. 9. 7, 2017도6060.

59 대판 2002. 11. 13, 2002도2219.

60 대판 2012. 8. 17, 2011도9113. 본 판결 평석은 강수진(주 44), 300-302.

제355조(횡령, 배임)

① 타인의 재물을 보관하는 자가 그 재물을 횡령하거나 그 반환을 거부한 때에는 5년 이하의 징역 또는 1천500만원 이하의 벌금에 처한다. 〈개정 1995. 12. 29.〉

〔횡령죄〕

Ⅰ. 행위의 주체

본죄(횡령죄)[1]는 '타인의 재물을 보관하는 자'가 주체이다. 법문에는 명시되 1
어 있지 않지만 보관은 '위탁관계'에 의해야 한다고 해석한다. 따라서 본죄는 위탁관계에 의하여 재물을 보관하는 자만이 정범이 될 수 있는 진정신분범이다.[2]

---

1 본조 제1항에서 '본죄'는 원칙적으로 횡령죄의 약칭으로 사용하지만, 판례 등 일부 '업무'를 전제로 한 부분에서는 업무상횡령죄를 지칭하기도 한다.

2 김성돈, 형법각론(8판), 440; 김신규, 형법각론 강의(2판), 462; 오영근, 형법각론(7판), 357; 임웅, 형법각론(11정판), 463; 한상훈·안성조, 형법개론(3판), 555; 홍영기, 형법(총론과 각론), § 85/6; 주석형법 〔각칙(6)〕(5판), 202(노태악). 일본 판례도 같은 취지이다〔最判 昭和 27(1952). 9. 19. 刑集 6·8·1083(횡령죄의 목적물에 대한 범인의 관계가 점유라는 특수한 상태인 점, 즉 범인이 재물의 점유자라는 특수한 지위에 있는 것이 범죄의 조건이 되는 것이므로 신분에 해당한다〕.

본죄에서 '보관'의 의미를 구체화하고, 구체적 사안별로 '위탁관계'를 인정할 수 있는지를 살펴보아야 한다.

1. 보 관

(1) 개요

2 보관은 점유, 간수 또는 소지 등의 표현과 함께 '사실상 지배'라는 의미이다.[3] 그러나 본죄는 신임관계의 위반을 본질로 하므로, 본죄에서 보관이란 재물에 대한 사실상 지배 이외에 '법률상 지배'까지 포함하는 넓은 개념으로 이해하고 있다.[4]

3 절도죄의 점유는 행위의 객체로서의 의미를 가지지만, 본죄의 보관은 오히려 신분요소로 이해되어야 한다. 그러므로 본죄의 보관과 절도죄의 점유는 반드시 그 의미가 같은 것은 아니다. 본죄의 보관에는 사실상의 재물지배뿐만 아니라 법률상의 지배도 포함되는 한편, 그것이 위탁관계에 의한 점유에 제한되어야 하는 이유이다.[5]

(2) 형법상 점유

(가) 점유의 존부와 귀속

4 영득죄의 영역 내에서 특정 구성요건을 포섭하는 작업에서 누군가가 점유하고 있는가라는 '점유의 존부'와 점유가 누구에게 속하는가라는 '점유의 귀속'으로 구분하여 분석하기도 한다. 누구의 점유에도 속하지 않을 경우 점유이탈물횡령죄(§ 360) 여부가 논의될 수 있지만,[6] 누군가가 점유하고 있다면 점유의 귀속은 자기가 점유하는 물건에 대하여 의율할 수 있는 본죄와 타인이 점유하는 물건에 대하여 적용될 수 있는 절도죄를 구분하는 기준이 된다.[7]

---

3 신동운, 형법각론(2판), 1115(우리 형법은 횡령죄에서 법률상 지배력이 있는 상태까지 포함하기 위하여 일본형법이 사용하고 있는 '점유' 대신에 '보관'이라는 표현을 사용하고 있다고 한다).

4 일본형법 제252조 제1항은 "자기가 점유하는 타인의 물(物)을 횡령한 자는 5년 이하의 징역에 처한다."고 규정하고 있는데, 여기에서의 '점유'의 개념은 '사실상 지배'뿐 아니라 '법률상 지배'에까지 확장된다고 한다(예금된 금전이나 부동산이 그 전형)[西田 外, 注釈刑法(4), 458(橋爪 隆)]. 판례로는 最判 昭和 30(1955). 12. 26. 刑集 9·14·3053(등기된 부동산의 소유권 등기명의인) 등.

5 이재상·장영민·강동범, 형법각론(13판), § 20/8.

6 잘못 배달된 우편물의 경우, 그 점유는 위탁관계를 인정할 수 없다고 하여 점유이탈물횡령죄를 인정한 일본 판례로는 大判 大正 6(1917). 10. 15. 刑録 23·1113.

7 김준호, "형법상 점유의 존부와 귀속에 관한 이론적 일고찰", 저스티스 144, 한국법학원(2014),

(나) 형법상 점유의 개념

판례[8]에 의하면, 어떤 물건이 타인의 점유하에 있다고 할 것인지의 여부는, 객관적인 요소로서의 관리범위 내지 사실적 관리가능성 외에 주관적 요소로서의 지배의사를 참작하여 결정하되, 궁극적으로는 당해 물건의 형상과 그 밖의 구체적인 사정에 따라 사회통념에 비추어 규범적 관점에서 판단하여야 한다. 5

형법상 점유는 ① 시간적·장소적 작용가능성(관리범위)과 사실적 처분가능성을 의미하는 객관적·물리적 요소, ② 사실상의 처분의사 또는 지배의사를 뜻하는 주관적·정신적 요소, ③ 거래계의 경험칙에 따라 결정되는 사회적·규범적 요소로 이루어진다는 것이 일반적인 견해이다.[9] 6

(다) 민법상 점유와의 차이점

형법상의 점유는 민법상 점유와 개념적으로 일치하지 않고 사실상 재물의 지배를 뜻하는 형법상의 개념이다. ① 간접점유(민 § 197①)나 상속에 의한 점유의 이전(민 § 193)이 인정되지 않고, ② 법인은 점유의 주체가 될 수 없지만, ③ 민법상 점유가 인정되지 않는 점유보조자(민 § 195)도 형법상 점유자가 될 수 있다는 점에서 민법상 점유와 차이가 있다고 해석한다.[10] 7

(3) 형법상의 점유와 횡령죄의 보관

본죄에서의 보관의 개념도 형법상 점유의 개념과 같은 차원에서 이해할 수 있으나, 절도죄 등에서 점유와 달리 법률상 지배를 포함한다는 점에서 차이가 있다. 아래에서는 민법상 점유와 형법상 점유의 차이점을 중심으로 본죄에서의 보관의 외연에 관하여 살펴본다. 8

(가) 간접점유

민법 제194조는 점유매개자(직접점유자)에 의한 간접점유자의 점유권에 관하여 규정하고 있다. 즉, 지상권, 전세권, 질권 등의 물권이나 사용대차, 임대차, 임치 그 밖의 관계로 타인으로 하여금 점유를 하게 한 사람은 간접으로 점유권이 있다. 점유매개자는 점유를 하게 된 원인에 따라 본조가 규정하는 위탁관계 9

316.

8 대판 1999. 11. 12, 99도3801; 대판 2008. 7. 10, 2008도3252; 대판 2016. 12. 15, 2016도15492 등.

9 상세한 내용은 이재상, "형법상의 점유", 사법행정 282, 한국사법행정학회(1984), 51 이하 참조.

10 신동운, 854; 이재상·장영민·강동범, § 20/8.

가 있는 보관자가 될 수 있어 후술하는 점유보조자와는 구별된다. 한편 형법상의 점유에는 원칙적으로 간접점유가 인정되지 않지만, 본죄에서는 간접점유자의 점유도 '보관'의 개념에 속한다고 보고 있다.[11]

(나) 상속에 의한 점유의 이전 여부

10 민법 제193조에 의하면 점유권은 상속인에게 이전하지만 형사법적으로는 상속에 의한 점유이전도 인정되지 않는 것이 원칙이다. 본죄에서도 동산에 대하여는 상속으로 상속인이 보관자의 지위를 취득한다고 볼 수 없다.[12] 그러나 본죄에서는 사실상 지배도 보관에 해당하고 부동산 보관은 관념적 요소가 강하므로, 부동산에 대하여는 상속에 의한 법률관계 이전을 통하여 보관자의 지위를 취득할 수 있다.[13] 판례는 부동산 명의수탁자를 상속으로 포괄승계하면 보관자로서 지위를 취득한다고 한다.[14] 반면에 포괄승계로서 상속관계가 인정되지 않고 개별적으로 부동산 소유권을 특정승계하였을 때에는, 위탁자와 별도의 계약관계가 존재하지 않는 한 보관자가 될 수 없다.[15]

(다) 법인의 점유 여부

11 법인이 위탁관계 발생의 원인이 된 법률관계의 당사자인 경우, 누구에게 보

---

11 주석형법 〔각칙(6)〕(5판), 205(노태악). 한편 도중진·박광섭·정대관, 형법각론, 250, (주 542)에 따르면, 간접점유자는 횡령죄의 주체가 될 수 없다고 한다. 예컨대 위탁매매인인 甲이 A로부터 위탁받은 재물을 가지고 있는 경우 형법에서 간접점유를 인정하게 되면, 甲이 그 재물을 소비하거나 영득한 경우에도 타인(A)이 점유하는 타인(A)의 재물을 영득한 것이 되어 절도죄가 된다. 반면 A의 간접점유를 부인하면, 甲은 자기가 점유하는 타인의 재물을 영득한 것이 되어 횡령죄가 된다. 이와 같이 간접점유를 인정하게 되면 횡령죄가 성립될 경우가 거의 없기 때문에 형법에서는 간접점유를 인정하지 않는다고 한다. 그러나 A의 점유가 부인되어야만 甲의 점유(보관자 지위)를 인정할 수 있는 것은 아니므로, 甲이 단순한 점유보조자가 아닌 한 A의 간접점유를 인정하더라도 甲은 직접점유자로서 보관자의 지위를 갖는다고 볼 여지가 있다. 甲이 A의 재물을 위탁받아 이를 다시 B에게 위탁한 경우, 甲은 B를 통하여 재물을 보관하는 자에 해당할 수 있다.

12 도중진·박광섭·정대관, 250, (주 542)에 따르면, 乙이 히말라야 산중에서 동사한 B의 재물을 영득한 경우에 상속에 의한 점유를 인정하게 되면, 乙의 행위는 타인(B의 상속인)이 점유하는 타인(B의 상속인)의 재물을 영득한 것이 되어 절도죄가 된다. 그러나 형법에서는 상속에 의한 점유를 부인하므로 이 경우 乙의 행위는 점유를 이탈한 타인(B의 상속인)의 재물을 영득한 것이 되어 점유이탈물횡령죄가 된다.

13 대판 2000. 4. 11, 2000도565(부동산을 공동으로 상속한 사람들 중 1인이 부동산을 혼자 점유하던 중 다른 공동상속인의 상속지분을 임의로 처분하여도 그에게는 그 처분권능이 없어 본죄가 성립하지 않는다고 한 사례).

14 대판 1996. 1. 23, 95도784. 본 판결 평석은 천진호, "부동산 명의수탁자 상속인의 횡령죄 성립 여부", 형사판례연구 〔23〕, 한국형사판례연구회, 박영사(2015), 337-372.

15 대판 1983. 2. 8, 82도2502; 대판 1987. 2. 10, 86도2349.

관자의 지위가 인정되는지 문제된다. 대법원은 전원합의체 판결[16]로 배임죄가 문제된 사안에서 법인의 범죄능력을 부정하여 법인이 관련된 범죄행위에서는 실제의 행위자를 처벌하여야 한다고 판시하였다. 그 후 본죄에서도 마찬가지의 법리를 적용하고 있다.[17]

(4) 점유의 귀속이 문제되는 경우

점유와 관련하여 점유의 존부가 문제되는 경우와 점유의 귀속이 문제되는 경우로 구분해 볼 수 있다. 전자는 물리적 지배와 사실적 관리가능성의 관점에서 타인의 점유가 인정되는가를 판단하는 관점이어서 주로 절도죄와 점유이탈물횡령죄의 성립범위와 관련이 있으므로 점유이탈물횡령죄에 관한 주해 부분으로 자세한 설명을 넘기로 한다. 12

후자, 즉 점유의 귀속이 문제되는 경우는 ① 지배관계에 의한 점유, ② 수평관계에서 공동점유, ③ 상하관계에서 점유 등으로 본죄의 성립범위와 관련이 있다. 13

(가) 지배관계에 의한 점유

호텔에 비치된 비품이나 대여물건에 대한 점유는 숙박객이 아니라 호텔주인에게만 인정되는 것과 같이 어느 영역의 이용자가 아닌 지배자에게만 점유가 인정되는 경우가 있다.[18] 판례는 이용자의 점유가 인정되지 않는다는 이유로 이용자에 대하여 본죄의 성립을 부정한다.[19] 14

(나) 수평관계에서 공동점유

수인이 공동해서 재물을 점유하는 경우, 공동점유자 상호 간에 점유의 타인성이 인정되므로 본죄에서 보관자의 지위에 있다고 할 수 없다. 이는 문제된 재물이 피고인 이외의 타인의 소유에 속하는 경우는 물론이고, 비록 피고인이 공 15

---

16 대판 1984. 10. 10, 82도2595(전). 이 판결에 의하여 회사가 이중양도한 경우 소유권이전등기의무는 회사가 부담하는 것이어서 대표이사는 매수인과 사이에 사무를 처리하는 지위에 있다고 볼 수 없어 배임죄가 성립되지 않는다고 한 대판 1982. 2. 9, 80도1796 등이 변경되었다.
본 판결 해설은 손지열, "법인 대표이사의 이중분양행위와 배임죄", 해설 3, 법원행정처(1988), 267-278.

17 대판 2012. 5. 24, 2012도2826. 같은 취지의 일본 판례로는 大判 明治 38(1905). 3. 13. 刑録 11·316.

18 김준호(주 7), 327.

19 대판 1983. 2. 22, 82도3115; 대판 1994. 8. 12, 94도1487; 대판 1996. 10. 15, 96도2227, 96감도 94 등.

유자 중의 1인인 물건이라도 공유자들이 공동점유하고 있다면 본죄가 되지 않고 절도죄를 구성한다.[20]

(다) 상하관계에서 점유 - 점유보조자의 지위

16 점유보조자의 점유는 가사, 영업 그 밖의 유사한 관계에 의하여 타인의 지시를 받아 물건에 대한 사실상의 지배를 하는 것인데, 민법상 그 타인만을 점유자로 본다(민 § 195). 형사법적으로도 상점주인과 점원, 사장과 비서, 주인과 가사도우미 등 상하주종관계에서 지시 또는 업무에 따라 물건을 소지하는 사람은 보관자의 지위에 있지 않다.[21] 따라서 하위점유자가 이를 처분하면 본죄가 아니라 절도죄가 성립할 수 있다.[22] 이를 설명하는 방법으로 2가지가 있다. 하나는 이들은 공동점유자이기는 하지만 하위점유자의 점유는 상위점유자에 대하여 점유자가 될 수 없다는 견해[23]이다. 다른 방법은 공동점유의 전제를 부인하고 상위점유자만이 사실상 지배를 하는 점유자라고 설명하는 견해[24]이다.[25]

17 반면 은행이나 백화점 등에서 금전을 관리하는 출납직원은 독자적인 책임 아래 다른 사람의 협조 없이 돈을 인출할 수 있을 때에는 그 사람의 점유를 인정할 수 있다. 또한, 독자적으로 지점을 운영하는 사용인도 그 지점의 돈이나 물건에 대하여 단독으로 점유를 한다고 보아야 한다.[26] 위탁자와 화물운반자 사이의 관계에 대하여, 운행시간과 코스 등을 통하여 위탁자의 현실적인 감독과 통제가 가능하면 위탁자와 운반자의 공동점유, 불가능하면 운반자의 단독점유

---

20 대판 1982. 12. 28, 82도2058; 대판 1984. 1. 31, 83도3027; 대판 1987. 12. 8, 87도1831; 대판 1995. 10. 12, 94도2076.

21 最判 昭和 26(1951). 3. 20. 裁判集(刑事) 42·195(운송 도중의 현미에 관하여, 운송회사에 항시 고용되어 운송에 종사하는 자); 最判 昭和 27(1952). 10. 24. 裁判集(刑事) 68·655(자동차 탱크 내의 휘발유에 관하여, 이를 자유롭게 지배할 수 있는 상태가 아닌 경우의 고용된 자동차 운전수).

22 대판 1966. 1. 31, 65도1178.

23 박상기, 형법각론(8판), 252; 백형구, 형법각론, 134; 정영석. 형법각론(5전정판), 328; 황산덕, 형법각론(6정판), 261.

24 김선복, 신형법각론, 256; 김성돈, 441; 김성천·김형준, 형법각론(5판), 372; 오영근, 361; 이재상·장영민·강동범, § 16/34-35; 이정원, 형법각론, 신론사(2012), 287; 임웅, 484; 정성근·박광민, 형법각론(전정3판), 301-312; 정영일, 형법강의 각론(3판), 142; 진계호·이존걸, 형법각론(6판), 321.

25 김준호(주 7), 333에 따르면, 형법상으로도 민법 제195조와 마찬가지로 점유보조자는 점유를 인정할 수 없고, 다만 소유자와 위탁관계에 해당하는 원인에 따라 물건을 점유하게 되면 그 위탁관계를 근거로 보관자의 지위를 인정하는 것이 타당하다고 한다.

26 이재상(주 9), 55. 일본 판례로는 大判 昭和 2(1927). 2. 16. 刑集 6·43(우체국 직원이 창구에서 수령한 돈은 우체국장에게 인계하기 전까지는 보관자의 지위에 있음).

라는 견해[27]가 있다.

18 한편, 판례는 형사법적으로는 민법상의 점유보조자라고 할지라도 그 물건에 대하여 사실상 지배력을 행사하는 경우에는 형법상 보관의 주체로 볼 수 있다고 명시하고 있다.[28] 외형적으로 점유보조자라고 보이더라도 소유자나 상위 점유자로부터 예금인출, 심부름, 화물수송 등의 위탁을 통하여 독자적인 점유를 인정할 만한 특별한 위임이 있다고 볼 수 있는 경우에는 보관의 주체가 될 수 있다는 것이다.

(라) 봉함물·시정물의 보관

19 타인으로부터 봉함된 포장물이나 용기 속에 들어 있는 물건을 위탁받아 관리하는 사람이 전부 또는 내용물만 영득하는 사안에서, 그 사람의 보관자 지위를 인정할 수 있을 것인지에 관하여 여러 견해가 있다.[29] ① 위탁자 점유설이나 ② 구분설(포장물 전체는 수탁자, 내용물은 위탁자의 점유라는 견해)은 내용물을 발취(拔取)하는 행위가 절도죄에 해당하지만, ③ 수탁자 점유설[30]은 본죄가 성립한다고 한다. ④ 위탁관계의 구체적 모습에 따라 위탁자가 봉함·시정조치를 취함이 없이 물건의 관리를 위탁하는 경우에는 점유가 수탁자에게 이전하지만, 위탁자가 그러한 조치를 취하거나 관리를 의뢰함이 없이 물건의 간수나 운반만을 부탁하였다면 위탁자에게 점유가 있다는 견해(다수설),[31] ⑤ 위탁된 용기의 특성과 열쇠소지자의 접근가능성을 고려하여 용기가 부동산에 부착되어 있거나 움직일 수 없을 때에는 위탁자의 점유에 속하고, 움직일 수 있을 때에는 수탁자의 점유에 속하지만 열쇠소지자가 자유롭게 접근할 수 있는 때에는 공동점유에 속한다고 보는 견해[32] 등이 있다.

---

27 이재상·장영민·강동범, § 16/37; 임웅, 322. 이와는 달리 운반자의 단독점유라는 견해로 김일수·서보학, 새로쓴 형법각론(9판), 294; 배종대, 형법각론(14판), § 74/6.

28 대판 1968. 10. 29, 68도1222; 대판 1970. 5. 12, 70도649; 대판 1982. 3. 9, 81도3396; 대판 1982. 3. 23, 81도2455; 대판 1982. 11. 23, 82도2394; 대판 1986. 8. 19, 86도1093; 대판 2003. 9. 23, 2003도3840; 대판 2008. 9. 11, 2008도4859.

29 상세한 내용은 주석형법 [각칙(5)](5판), 379-380(김경선) 참조.

30 백형구, 133; 오영근, 242; 이영란, 형법학 각론강의(3판), 284; 임웅, 338(봉함물에 대하여 오영근, 임웅 모두 이 견해를 취함).

31 김성돈, 441; 김일수·서보학, 234; 박상기, 254; 배종대, § 61/41; 이형국·김혜경, 형법각론(2판), 317; 정성근·박광민, 304; 조준현, 형법각론(3판), 220-221; 진계호·이존걸, 307.

32 김선복, 257; 김성천·김형준, 330-331; 김신규, 326; 오영근, 242; 이재상·장영민·강동범, § 16/39;

20 오래된 판례[33]이기는 하지만, 보관계약에 따라 보관 중인 포장된 가마니 속의 정부 소유미의 점유는 정부에 있다 할 것이므로 이를 발취한 보관자의 행위는 절도죄에 해당할 것이고, 본죄에 해당한다고 볼 수 없다고 판시한 것이 있다.[34]

(5) 공동소유물의 보관

21 공동소유물을 공동소유자 중 1인이 단독으로 보관하는 경우에는 그가 점유자가 되므로 이를 처분하면 본죄에 해당하게 된다.[35] 공동소유물을 공동소유자가 공동으로 점유하고 있다면 공동점유자 중 1인은 보관자의 지위에 있지 않으므로 본죄가 성립하지 않고, 해당 재물을 처분하면 다른 점유자의 점유 침해 여부에 따라 절도죄가 성립한다.[36]

22 법이론적으로 볼 때, 공동소유자는 그 지분만을 소유하고 있을 뿐이므로 공동소유물을 분량적으로 분할하기 전에는 행위자 지분을 제외한 부분만 아니라 공유물 전체에 대하여 본죄가 성립한다. 그러나 판례는 구분소유적 공유지분 등기의 경우, 다른 사람의 지분에 한하여 본죄 성립을 긍정한다.[37]

23 공동소유물의 횡령은 보관자의 지위를 인정할 수 있는지와 함께 재물의 타인성을 긍정할 수 있는지도 함께 논의되어야 한다.[38]

24 **[동업자금이 아닌 공동명의 예금의 예금채권자에게 보관자 지위를 인정한 판결]**

만일 동업자금을 공동명의로 예금한 경우라면 채권의 준합유관계에 있다고 볼 것이나, 이 사건 예금은 피고인 등이 동업 이외의 특정 목적을 위하여 공동명의로 예치해 둠으로써 그 목적이 달성되기 전에는 공동명의 예금채권자가 단독으로 예금을 인출할 수 없도록 방지·감시하고자

임웅, 338. 오영근, 임웅은 잠금장치가 되어 위탁된 용기 내 재물에 대한 점유에 대하여 이 견해를 취하는 것으로 보인다.

33 대판 1956. 1. 27, 4288형상375.

34 일본 판례로는 最決 昭和 32(1957). 4. 25. 刑集 11·4·1427(봉함된 상자 안의 의류에 관하여 절도죄 인정).

35 대판 2004. 5. 27, 2003도6988은 구분소유자 전원의 공유에 속하는 공용부분인 지하주차장 일부를 피고인이 독점 임대하였더라도 그 피고인이 그 공용부분을 다른 구분소유자들을 위하여 보관하는 지위에 있는 것은 아니므로, 위 공용부분을 임대하고 수령한 임차료 역시 다른 구분소유자들을 위하여 보관하는 것은 아니라고 한다. 부동산의 보관이라는 관점에서 유효하게 처분할 수 있는 권한이 없기 때문이라는 이유에서이다.

36 주석형법 〔각칙(6)〕(5판), 206(노태악).

37 대판 2014. 12. 24, 2011도11084. 본 판결 평석은 이상한, "상호명의신탁관계에서의 형사책임에 대한 판례연구", 형사판례연구 〔26〕, 한국형사판례연구회, 박영사(2018), 225-251.

38 후자에 관하여는 **재물의 타인성에 관한 주해** 부분 참조.

하는 등의 목적으로 공동명의로 예금을 개설한 경우로서 하나의 예금채권이 분량적으로 분할되어 각 공동명의 예금채권자들에게 귀속되므로,[39] 피고인은 법률상 지배·처분권한이 있어 횡령죄에서의 보관자에 해당한다.[40]

[구분소유적 공유관계에서 다른 공유자의 지분에 한하여 횡령죄를 인정한 판결] 25

구분소유적 공유관계에 있어서 공유자 각자는 자신의 특정 구분 부분을 단독으로 처분하고 이에 해당하는 공유지분등기를 자유로이 이전할 수 있다.[41] 그러나 구분소유하고 있는 특정 구분부분별로 독립한 필지로 분할되는 경우에는, 각 공유자는 다른 공유자에 대한 관계에서 나머지 각 필지에 전사된 공유지분을 보관하는 자의 지위에 있게 되어 위 지분에 근저당권을 설정하는 행위는 횡령죄를 구성한다.[42]

[과반수 지분권자에게 보관자의 지위가 존재하지 않는다고 한 판결] 26

피고인들이 피해자에게 이 사건 지분 상당액을 배분하지 않고 다른 공유자들에게 배분한 것은 공유자의 과반수로써 적법하게 결정된 이 사건 건물의 사용·수익 방법에 따른 것으로서, 이 사건 지분 상당액은 이를 배분받은 다른 공유자들에게 귀속되므로, 피고인들이 피해자를 위하여 이를 보관하는 지위에 있었다고 볼 수 없다.[43]

(6) 부동산의 보관

독일형법상으로는 동산만이 본죄의 대상이 되지만, 우리나라 형법 해석으로는 부동산도 본죄의 객체가 된다. 27

(가) 처분권능

부동산은 물리적 이동이 불가능하고 부동산 물권변동은 등기가 필요한 형식주의를 채택하고 있으므로 부동산의 보관은 사실상의 지배라는 관점보다는 법률상 처분권능의 유무로 결정하여야 한다. 즉, 부동산은 동산과 달리 점유가 아니라 그 부동산을 제3자에게 처분할 수 있는 권능의 유무나 지위에 있는지 여부를 기준으로 삼아야 한다. 원인무효인 등기의 명의자는 그 부동산의 보관자라고 할 수 없다.[44] 28

---

39 대판 2004. 10. 14, 2002다55908; 대판 2005. 9. 9, 2003다7319; 대판 2008. 10. 9, 2005다72430 등. 민사판결에서 선언된 법리를 형사판결에도 그대로 수용하였다.

40 대판 2008. 12. 11, 2008도8279.

41 대판 2009. 10. 15, 2007다83632.

42 대판 2014. 12. 24, 2011도11084.

43 대판 2009. 6. 11, 2009도2461.

44 대판 1987. 2. 10, 86도1607; 대판 1989. 2. 28, 88도1368; 대판 2000. 4. 11, 2000도565; 대판

29 대부분의 판례는 '부동산을 제3자에게 유효하게 처분할 수 있는 권능의 유무를 기준으로'라고 판시하고 있으나, 부동산 처분이 반드시 법적으로 유효할 필요는 없다는 취지에서 '법률상 부동산을 제3자에게 처분할 수 있는 지위에 있는지 여부를 기준으로'라고 표현한 판례[45]도 있다.

30 부동산의 공유자 중 1인이 다른 공유자의 지분을 임의로 처분하거나 임대하여도 그에게는 그 처분권능이 없어 본죄가 성립하지 아니한다.[46] 따라서 부동산을 공동으로 상속한 사람들 중 1인이 부동산을 혼자 점유하던 중 다른 공동상속인의 상속지분을 임의로 처분하여도 그에게는 그 처분권능이 없어 본죄가 성립하지 아니한다.[47]

(나) 등기명의자 여부

31 부동산 보관자는 대체로 등기명의인이다.[48] 그러나 등기명의가 없더라도 법률상 권한에 의하여 사실상 처분할 수 있는 지위에 있으면 부동산 보관자가 된다.[49] 등기명의인인 미성년자의 친권자, 후견인, 법인의 대표이사 등이 이에 해당하고, 부동산의 처분권을 사실상 위임받아 이를 관리하는 사람도 보관자가 될 수 있다.[50]

32 등기이전에 필요한 등기서류만을 보관하는 경우라면 부동산 보관자라고 볼 수 없어 배임죄만 문제될 것이다.[51] 반면, 부동산을 처분할 수 있는 권한과 함께 그에 필요한 등기서류를 받아 보관하고 있다면 부동산을 보관하는 사람으로

2004. 5. 27, 2003도6988; 대판 2005. 6. 24, 2005도2413; 대판 2005. 9. 9, 2003도4828; 대판 2007. 5. 31, 2007도1082; 대판 2010. 6. 24, 2009도9242.

45 대판 2005. 6. 24, 2005도2413.

46 대판 2004. 5. 27, 2003도6988(구분소유자 전원의 공유에 속하는 공용부분인 지하주차장 일부를 그중 1인이 독점 임대하고 수령한 임차료를 임의로 소비한 경우, 본죄의 성립을 부정).

47 대판 2000. 4. 11, 2000도565.

48 最判 昭和 30(1955). 12. 26. 刑集 9·14·3053.

49 김일수·서보학, 291; 이재상·장영민·강동범, § 20/11; 정성근·박광민, 430.

50 대판 2010. 1. 28, 2009도1884. 이 판결 중 명의신탁 부분은 대판 2016. 5. 19, 2014도6992(전)에 의하여 폐기되었으나, 부동산의 보관자에 대한 부분은 의미가 있다.

51 김일수·서보학, 291; 오영근, 360; 이재상·장영민·강동범, § 20/11; 정성근·박광민, 430; 주석형법 [각칙(6)](5판), 209(노태악)(등기서류 자체에 대한 본죄의 성부가 문제될 여지가 있다). 이와는 달리, 일본의 통설은 본죄의 성립을 인정한다[西田 外, 注釈刑法(4), 468(橋爪 隆)]. 하급심 판례 중에는 본죄의 성립을 인정한 것[福岡高判 昭和 53(1978). 4. 24. 判時 905·123]도 있고, 배임죄의 성립을 인정한 것[福岡高判 昭和 33(1958). 3. 5. 裁特 5·4·109]도 있다.

볼 수 있다.[52]

등기명의인이라 하더라도 원인무효인 소유권이전등기의 명의자는 부동산을 제 3자에게 유효하게 처분할 수 있는 권능이 없다면 본죄의 주체가 될 수 없다.[53] 33

[부동산 경작관리권만을 위임받은 경우 등기명의자라 하여도 보관자 지위를 부정] 34

타인 소유의 토지에 관하여 그 소유권이전등기를 경료받음이 없이 그 경작관리권만을 위임받아 점유해 온 자는 그 토지 자체에 대한 보관자의 지위에 있다고 할 수 없고, 이후 허위의 보증서와 확인서를 발급받아 원인무효의 소유권이전등기를 임의로 경료하였다 하더라도 처분권능이 새로이 발생하는 것이 아니므로 마찬가지이다.[54]

[등기명의자의 보관자 지위를 인정한 경우] 35

① 피고인이 다른 동업자들과 공동으로 토지를 매수하여 이를 편의상 피고인 이름으로 소유권이전등기를 경료하여 두고서 업무상 관리한 경우 보관자의 지위에 있다.[55]

② 피고인이 종중의 회장으로부터 담보 대출을 받아달라는 부탁과 함께 종중 소유의 임야를 이전받은 경우, 비록 적법한 종중총회의 결의가 없었다고 하더라도 피고인은 위 임야나 대출금에 관하여 사실상 종중의 위탁에 따라 이를 보관하는 지위에 있다.[56]

③ 피고인이 공유지분의 명의수탁자로서 그 지분소유권이전등기를 불법영득의 의사로 거부한 경우 횡령죄가 성립한다.[57]

④ 피고인이 상속인이 됨으로써 마을주민들의 위탁으로 피고인의 조부 명의로 등기된 임야에 대하여 수탁관리자로서의 지위를 포괄승계한 것이어서, 피고인은 위 임야를 보관하는 지위를 취득하였다.[58]

[등기명의자의 보관자 지위를 부정한 경우] 36

① 보관을 위탁한 피해자가 부동산의 진정한 소유자가 아니고 진정한 소유자가 따로 있음이 밝혀진 경우, 그 진정한 소유자와 피고인 사이에서는 위탁관계가 인정될 수 없으므로 피고인이 보관자의 지위에 있다고 볼 수 없다.[59]

② 명의수탁자가 사망한 후 그 지위를 승계한 자가 그 아들인 피고인에게 그 명의의 상속등기

52 배종대, § 74/4.

53 대판 1966. 5. 24, 66도519; 대판 1989. 2. 28, 88도1368; 대판 2007. 5. 31, 2007도1082; 대판 2010. 6. 24, 2009도9242 등.

54 대판 1987. 2. 10, 86도1607.

55 대판 1987. 12. 8, 87도1690.

56 대판 2005. 6. 24, 2005도2413.

57 대판 1989. 12. 8, 89도1220.

58 대판 1996. 1. 23, 95도784.

59 대판 2007. 5. 31, 2007도1082.

를 생략한 채 바로 소유권이전등기를 경료하여 주었더라도 그로써 피고인이 바로 명의신탁자에 대하여 명의수탁자의 지위를 승계한다고 할 수 없으므로 피고인은 명의신탁자에 대한 관계에서는 신탁부동산의 수탁자, 즉 보관자라 할 수 없다.[60]

③ 물품제조 회사가 농지를 매수하여 피고인 명의로 소유권이전등기를 마침으로써 소유명의를 신탁하였는데 피고인이 그 후 이를 타인에게 처분한 경우, 물품제조 회사는 농지의 소유권을 취득할 수 없으므로 피고인은 원인무효인 소유권이전등기의 명의자에 불과하다는 이유로 보관자의 지위를 부정하였다.[61]

④ 피고인이 비농가인 A와 농지를 공동매수하여 피고인 단독 명의로 소유권이전등기를 한 경우에, A는 비농가로서 농지개혁법상 농지를 취득할 수 없으므로 피고인이 위 농지의 공유지분권을 보관하고 있다고 할 수 없다.[62]

⑤ 피고인 명의의 각 소유권이전등기는 원인무효의 등기여서 피고인은 이 사건 토지들을 유효하게 처분할 수 있는 권능이 없어 피해자들을 위해 토지들을 보관하는 자에 해당한다고 볼 수 없고 수용보상금에 대해서도 보관자의 지위를 인정할 수 없으므로, 피고인에 대한 횡령 부분을 유죄로 인정할 수 없다.[63]

(다) 미등기부동산의 보관

37 미등기부동산은 등기명의자가 존재하지 않으므로 이를 사실상 관리·지배하는 사람이 점유자가 된다.[64] 소유자의 위임에 따라 실제로 타인의 부동산을 지배·관리하면 보관자로 볼 수 있기 때문이다.

38 **[건축허가명의를 신탁받은 회사의 실질적 경영자에게 건물의 보관자 지위를 인정]**

소유권보존등기가 되어있지 않은 이 사건 건물이 실제로 피해자가 재료의 주요부분과 노력을 제공하여 건축한 피해자의 소유로서 건축허가명의만을 회사에게 신탁한 경우에, 회사의 실질적인 경영자인 피고인은 회사의 명의로 소유권보존등기를 하여 대외적으로 유효한 처분권자이므로 타인의 부동산인 위 건물을 보관하는 자가 된다.[65]

---

60 대판 1983. 2. 8, 82도2502.

61 대판 2010. 6. 24, 2009도9242.

62 대판 1982. 2. 9, 81도2936.

63 대판 2021. 6. 30, 2018도18010.

64 대판 1993. 3. 9, 92도2999. 일본 판례로는 最決 昭和 32(1957). 12. 19. 刑集 11·13·3316(공동사업으로 출자한 자금으로 건설하여 피고인이 운영하던 공장 등을 피고인 명의로 소유권보존등기를 한 사례); 東京高判 昭和 27(1952). 3. 29. 特報 29·102(미등기부동산을 매도한 후 매도인이 그 부동산에 대한 보존등기를 한 사례).

65 대판 1990. 3. 23, 89도1911.

(7) 보관방법으로서 예금

(가) 개요

타인으로부터 금전을 위탁받아 은행 예금으로 보관하는 것과 관련하여, ① 수탁자 명의로 예금하였다면 수탁자가 그 돈을 보관하는 사람의 지위에 있는지, ② 차명계좌로 예금한 경우 예금채권의 귀속자와 누구에게 보관자의 지위를 인정할 수 있는지, ③ 다른 계좌로 변경한 행위가 횡령에 해당하는지, ④ 예금에서 인출한 금전의 타인성을 인정할 수 있는지 등 구체적인 법률관계를 살펴볼 필요가 있다. 39

여기서는 보관방법으로서 예금에 관하여만 살피고, 금전 위탁에서 금전 소유권의 귀속과 이전 문제는 '**재물의 타인성**' 부분에서 상세히 살펴본다. 40

(나) 외국 사례

영국, 미국의 입법은 우리나라처럼 배임죄를 따로 규정하고 있지 않고 본죄의 객체를 넓게 규정하여(재산, 금전, 채권 등) 재산적 가치도 본죄의 포섭이 가능케 하고 있다. 미국 각 주의 판례들은 금전을 자기명의 예금계좌에 가지고 있는 것이 위탁관계(trust)에 근거했을 때, 위탁자의 법적, 특수한 이익을 수탁자가 알면서 악의적으로 반환거부한 것은 본죄에 해당한다고 한다. 41

일본은 우리나라와 같이 배임죄를 별도로 규정하고 재물만을 본죄의 객체로 규정하고 있으면서 수탁자 명의의 예금에 대해서도 보관자의 지위를 인정하고 그 예금의 무단인출에 대해서도 본죄로 처벌하고 있다.[66] 이때의 점유는 특정한 물건으로서의 화폐 자체의 점유가 아니라 일정한 금액(가치)에 대한 점유이고(재물 개념의 확장), 형법상 점유는 법률상의 처분가능성을 의미하기(점유 개념의 확장) 때문이다.[67] 42

독일의 경우에도 본죄의 객체를 재물로 규정하고 있다. 의뢰인이 변호사에게 돈을 맡긴 경우가 많이 문제되고 있는데, 학설은 배임죄(§ 266)를 적용하려고 하나, 본죄(§ 246)로 본 판결이 있다. 43

---

66 大判 大正 1(1912). 10. 8. 刑録 18·1231[촌장이 자기 명의로 은행에 보관 중인 촌(村)의 공금을 임의로 인출한 사안에서, 본죄 성립 인정]; 東京高判 昭和 51(1976). 7. 13. 東高刑時報 27·7·83[타인 명의의 당좌예금에 관하여 인출권한을 가진 사람이 임의로 수표를 발행하여 현금화한 사안에서, 본죄 성립 인정(기수시기는 수표 발행 시가 아니라 수표 결제 시)].

67 주석형법 [각칙(6)](5판), 211(노태악).

(다) 예금의 보관자

44 금전을 위탁받은 사람이 자신 명의 예금계좌에 입금하여 이를 관리하고 있다면, 수탁자가 예금에 대하여 사실상 지배를 하고 있고, 예금채권의 지배는 성질상 위탁된 금전 자체의 지배와 법률상 동일시할 수 있다는 등의 이유로 그 예금주의 점유자성을 긍정하는 것이 통설[68]과 판례이다.

(a) **예금채권의 성격 – 재물과 권리**(재물의 개념)

45 위탁자와 수탁자 사이에 금전에 대한 보관위탁관계가 있다고 하여도 그 금전이 은행에 예금되면 민사법적으로는 그 돈의 소유권은 은행에 귀속한다. 위탁자나 수탁자는 은행에 대하여 예금반환채권만 가지고 있고, 그 채권은 소유권의 대상이 아니므로 본죄의 객체인 재물에 해당하지 않는다. 그러나 예금과 현금을 거의 동일시하는 거래통념을 고려하여 형사법적으로는 예금도 현금과 마찬가지로 본죄로 규율함이 타당하다는 규범적인 요청에 따라 위탁금전이 본죄의 객체가 된다고 본다.[69]

46 이에 대한 반론으로, 본죄와 배임죄를 구분하는 기준으로 통설은 재산과 재산상 이익이라는 객체의 차이를 들고 있고, 예금채권은 권리로서 재물이 아니라 재산상 이익에 해당하므로 본죄의 객체가 될 수 없고, 이를 긍정하는 것은 죄형법정주의에 반한다는 주장이 있다.

(b) **예금명의자의 보관자성**

47 판례[70]는 "타인의 금전을 위탁받아 보관하는 자는 보관방법으로 이를 은행 등의 금융기관에 예치한 경우에도 보관자의 지위를 갖는다."고 판시한다. 다음과 같은 논거를 추단해 볼 수 있다. ① 수탁자가 위탁금전의 예금명의자가 되는 경우는 다양할 수 있지만(수탁자가 위탁자로부터 받은 금전을 금융기관에 예금하는 경우, 위탁자가 수탁자의 계좌에 직접 입금하거나 예금채권을 수탁자에게 양도해 준 경우 등이 있을 수 있음), 어느 경우이든 위탁자와의 신임관계를 깨뜨리지 말아야 하는 점은

---

68 김성돈, 442; 김일수·서보학, 292; 이재상·장영민·강동범, § 20/12; 임웅, 496; 정성근·박광민, 429.

69 東京高判 昭和 51(1976). 7. 13. 東高刑時報 27·7·83; 東京高判 昭和 59(1984). 11. 6. 高検速報 2777.

70 대판 1983. 9. 13, 82도75; 대판 1984. 2. 14, 83도3207; 대판 2000. 8. 18, 2000도1856; 대판 2008. 12. 11, 2008도8279; 대판 2009. 7. 23, 2009도2006; 대판 2011. 11. 10, 2011도10531; 대판 2015. 2. 12, 2014도11244.

위탁금전을 교부받은 경우와 동일하다. ② 예금은 금전의 보관방법에 불과하고 본죄에서 보관의 개념인 사실상 또는 법률상 지배·처분이 가능한 상태라고 볼 수 있다. ③ 일반인의 법감정에도 예금을 현금과 같이 취급하는 것이 자연스럽고 이를 달리 취급하면 오히려 법적 안정성을 해하고 처벌의 공백을 초래하여 형사정책적으로도 바람직하지 못하다.

(c) **금융실명제 관련**

48 금융실명제 시행 이후에는 금융기관으로서는 특별한 사정이 없는 한 실명확인을 한 예금명의자만을 예금주로 인정할 수밖에 없으므로,[71] 예금주만이 예금을 법률상 지배·처분할 수 있을 뿐이고 위탁자는 자신들이 예금의 예금주라고 주장할 수는 없으나, 그렇다고 하여 보관을 위탁받은 금전이 수탁자 소유로 된다거나 위탁자가 금전의 반환을 구할 수 없는 것은 아니므로, 수탁자는 예금에 대하여 보관자의 지위를 갖는다.[72] 수탁자의 금융기관에 대한 권리(전자)와 위탁자의 위탁금전에 대한 권리(후자)를 구분하여, 금융실명제에 따른 전자의 법률관계에도 불구하고 형사법적으로 후자의 법률관계는 위탁금전의 소유권이 위탁자에게 유보되어 있고, 수탁자는 위탁자를 위하여 이를 보관하고 있는 지위에 있다고 본다.

49 수탁자가 위탁금전을 자신의 명의로 예금하여 관리하는 경우만 있는 것이 아니라 제3자의 예금계좌에 위탁금전을 예금하고 이를 실질적으로 관리하는 경우에도 보관자의 지위를 갖는다.[73]

50 한편, 금융실명제에도 불구하고 차명거래, 즉 위탁자가 수탁자로부터 명의만을 차용하여 예금하면서 스스로 관리하는 경우와 그것에 덧붙여 은행과 사이에 비실명합의를 하여 출연자인 위탁자에게만 예금을 반환할 것을 약정하는 경우가 있을 수 있다. 판례[74]는 예금명의만을 빌려 예금하고 통장과 인감을 출연자가 보관·관리하였으나 예금명의자가 분실을 이유로 통장을 재발급받아 예금

71 대판 1998. 6. 12, 97다18455.

72 대판 2000. 8. 18, 2000도1856; 대판 2015. 2. 12, 2014도11244.

73 대판 2015. 9. 15, 2015도7861. 「타인의 금전을 위탁받아 보관하는 자가 보관방법으로 이를 제3자의 예금계좌에 예치한 경우에도 그 계좌를 사실상 지배하고 있다면 역시 보관자의 지위를 갖는다고 볼 수 있다.」

74 대판 2000. 8. 18, 2000도1856; 대판 2010. 7. 22, 2008도9954.

을 다른 계좌로 옮겨 보관하면서 피해자에게 반환을 거부한 사안에서, 예금명의자에게 보관자의 지위를 인정하였다.

(라) 횡령행위성 - 예금의 처분과 인출

51 수탁자가 위탁자의 동의 없이 예금을 인출하거나 동의에 따라 인출한 돈을 임의소비하는 행위와 수탁자가 예금채권 자체를 처분해 버리거나 예금인출 자체를 거부하는 행위 등은 모두 위탁자와의 신임관계를 침해하는 배신적 행위로서 횡령행위가 될 수 있다. 예금을 인출한 돈은 종전에 예금한 위탁금전과 동일시할 수 있으므로 위탁금전이 위탁자의 소유로 유보되어 있다면 마찬가지로 인출한 돈도 위탁자를 위하여 보관하고 있다고 볼 수 있다.

52 타인으로부터 위탁받은 자금을 자신 명의의 계좌에 보관하다가 자신 명의의 다른 계좌로 이체하는 행위는 위탁받은 자금의 관리방법, 이체행위를 하게 된 동기와 경위, 자금을 이체한 계좌의 용도, 이체된 자금의 사용내역 등 구체적인 사정을 종합적으로 고려하여 위탁의 취지에 반하고 유용의 범의가 인정되는 경우 횡령행위에 해당하고,[75] 그렇지 않은 경우 단순한 보관처 내지 보관방법의 변경행위에 해당한다.[76]

(8) 착오송금

53 착오로 잘못 송금되어 다른 사람의 은행계좌에 돈이 입금된 경우에도 예금명의자가 이를 보관하는 지위에 있다고 볼 수 있는지에 관하여, ① 횡령죄설,[77] ② 점유이탈물횡령죄설,[78] ③ 사기죄설[79] 등의 견해가 대립한다.

54 판례[80]는 착오송금된 돈을 영득의사로 인출하거나 다른 계좌로 이체한 경

---

75 대판 1980. 9. 24, 80도1153; 대판 2005. 10. 28, 2005도5975(착오송금된 돈을 다른 계좌로 이체한 사례).

76 대판 2016. 5. 12, 2014도2698.

77 박상기, 384.

78 김일수·서보학, 288; 이정원·류석준, 형법각론, 418(이는 위탁관계에 의하지 아니하고 자신의 점유에 들어온 재물을 영득하는 경우라고 해야 하므로 점유이탈물횡령죄가 성립하고, 사기죄를 인정하는 것은 범인이 타인의 현금카드로 타인의 계좌에서 현금을 인출하는 절도죄의 경우와 비교하여 현저한 형벌의 불균형을 초래한다); 정성근·박광민, 459.

79 이재상·장영민·강동범, § 20/15(위탁관계에 의하여 타인의 재물을 점유한 때에만 본죄가 성립되므로 이러한 때에는 사기죄가 된다); 진계호·이존걸, 454.

80 대판 1968. 7. 24, 66도1705; 대판 2005. 10. 28, 2005도5975; 대판 2006. 10. 12, 2006도3929; 대판 2010. 12. 9, 2010도891.

우 일관되게 횡령죄의 성립을 인정하고 있다. 이러한 판례의 태도에 대하여, 아무런 거래관계가 없었던 사람에 대하여도 본죄의 성립을 인정하는 것이 부당하다고 비판하는 견해가 있다.[81]

일본 판례는 의뢰인의 착오로 잘못 입금된 돈을 인출하면 사기죄가 된다고 한다. 예금명의인은 잘못 입금된 사실을 고지할 신의칙상 의무가 있음에도 이를 숨기고 예금인출 청구를 한 것이 기망행위에 해당한다는 것이다(위 ③의 사기죄설).[82] 반면, 우리나라 판례[83]는 착오로 송금된 경우 수취인과 수취은행 사이에 예금계약이 성립되었다고 보고 송금의뢰인이 수취인에 대하여 그 금액 상당의 부당이득반환청구권을 가지게 될 뿐이므로 수취인의 수취은행에 대한 기망행위를 인정하기 어렵다고 한다.[84] 55

[착오송금의 법리를 보이스피싱으로 이체된 사기피해금에 적용한 판례] 56

① 계좌명의인이 송금·이체의 원인이 되는 법률관계가 존재하지 않음에도 계좌이체에 의하여 취득한 예금채권 상당의 돈은 송금의뢰인에게 반환하여야 할 성격의 것이므로, 계좌명의인은 그와 같이 송금·이체된 돈을 보관하는 자의 지위가 인정되고, 그가 위 돈을 그대로 보관하지 않고 영득할 의사로 인출하면 횡령죄가 성립한다.[85]

---

81 송진경, "착오로 송금된 금전을 임의로 소비한 경우와 재산범죄", 형사법연구 23-1, 한국형사법학회(2011), 385-406.

82 最決 平成 15(2003). 3. 12. 刑集 57·3·322. 지불을 청구받은 예금이 착오송금으로 인한 것인지 여부는 은행이 바로 그 지불에 응할지 여부를 결정함에 있어 중요한 사항으로서, 수취인에게는 착오송금이라는 것을 고지할 신의칙의 의무가 있고, 착오송금임을 안 수취인이 이를 숨기고 예금지불을 청구하는 것은 사기죄에서의 기망행위에 해당하며, 착오송금 유무에 관한 착오는 사기죄의 착오에 해당하기 때문에 착오에 빠진 은행창구직원으로부터 수취인이 예금을 지불받은 경우에는 사기죄가 성립한다고 판시하였다. 이러한 형사판례의 취지와는 달리, 민사판례는 착오송금의 경우 수취인과 은행 사이에 송금액 상당의 유효한 예금채권이 성립한다고 판시하고 있다〔最判 平成 8(1996). 4. 26. 民集 50·5·1267〕.

83 대판 2007. 11. 29, 2007다51239. 「특별한 사정이 없는 경우에는, 송금의뢰인이 수취인의 예금구좌에 계좌이체를 한 때에는, 송금의뢰인과 수취인 사이에 계좌이체의 원인인 법률관계가 존재하는지 여부에 관계없이 수취인과 수취은행 사이에는 계좌이체금액 상당의 예금계약이 성립하고, 수취인이 수취은행에 대하여 위 금액 상당의 예금채권을 취득한다. 이때, 송금의뢰인과 수취인 사이에 계좌이체의 원인이 되는 법률관계가 존재하지 않음에도 불구하고, 계좌이체에 의하여 수취인이 계좌이체금액 상당의 예금채권을 취득한 경우에는, 송금의뢰인은 수취인에 대하여 위 금액 상당의 부당이득반환청구권을 가지게 되지만, 수취은행은 이익을 얻은 것이 없으므로 수취은행에 대하여는 부당이득반환청구권을 취득하지 아니한다.」

84 대판 2010. 5. 27, 2010도3498.

85 대판 2018. 7. 19, 2017도17494(전); 대판 2018. 8. 1, 2018도5255; 대판 2019. 1. 17, 2018도12199; 대판 2019. 4. 3, 2018도7955.

② 이러한 법리는 계좌명의인이 개설한 예금계좌가 전기통신금융사기 범행에 이용되어 그 계좌에 피해자가 사기피해금을 송금·이체한 경우에도 마찬가지로 적용된다. 이때 계좌명의인이 사기의 공범이라면 피해자와 사이에 위탁관계가 없고, 그가 위 돈을 인출하더라도 이는 사기범행의 실행행위에 불과하여 별도로 횡령죄가 될 수 없다.[86]

반면, ③ 사기범행에 이용되리라는 사정을 알지 못한 채 단순히 자신 명의 계좌의 접근매체를 양도하였을 뿐이어서 사기의 공범에 해당하지 않는 경우에는 성명불상자의 사기범행에 속은 피해자가 위 계좌로 송금하여 입금된 돈에 대하여 피고인과 위 피해자 사이에 신의칙상 보관관계가 성립한다고 할 것이므로 피고인이 이를 임의로 인출한 행위는 횡령죄를 구성한다.[87]

(9) 유가증권의 보관

(가) 증권

57 통설[88]에 의하면, 화물상환증, 창고증권, 선하증권 등 물권적 유가증권은 그것의 인도에 의하여 물건에 대한 인도의 효과가 생기는 등 물권적 효력이 있어, 그 증권의 소지자는 물건을 사실상 지배하지 않더라도 그 물건을 처분할 수 있는 지위에 있으므로 당해 물건의 점유자라고 해석한다.

58 **[예탁주식의 반환을 거부한 경우]**

피고인이 피해자들로부터 계좌 간 대체 기재의 방식으로 양수받은 예탁주식은 유체물인 유가증권으로서 횡령죄의 객체가 될 수 있고, 만약 피고인이 예탁주식의 반환을 거부하는 행위가 횡령행위와 같다고 볼 수 있을 정도에 이르렀거나 그 반환거부에 정당한 사유가 있었던 것이 아니라면, 피고인의 반환거부행위는 횡령죄를 구성한다.[89]

(나) 어음, 수표

59 판례[90]는 보관 중인 약속어음을 제3자에게 대여하거나 할인 목적으로 사용하도록 교부하는 행위 또는 제3자가 금전을 차용하는 데 대한 담보로 제공하는

---

86 대판 2018. 7. 19, 2017도17494(전). 본 판결 평석 및 해설은 김재윤, "전기통신금융사기 범행에 이용된 계좌에서 계좌명의인의 현금인출과 횡령죄 성립 여부", 법조 733, 법조협회(2019), 524-548; 배정현, "제3자 명의 사기이용계좌(이른바 대포통장) 명의인이 그 계좌에 입금된 보이스피싱 피해금을 인출한 경우 횡령죄 성립 여부", 해설 118, 법원도서관(2019), 621-645.

87 대판 2018. 7. 26, 2017도21715.

88 김성돈, 442; 김일수·서보학, 293; 손동권·김재윤, § 24/9; 오영근, 360; 이재상·장영민·강동범, § 20/12; 임웅, 490; 정성근·박광민, 429

89 대판 2007. 10. 11, 2007도6406.

90 대판 2006. 8. 25, 2006도3631.

행위 등은 약속어음을 객체로 한 횡령행위에 해당될 수 있다고 한다. 유가증권 자체의 재물성을 인정하는 취지이다.

약속어음을 할인을 위하여 교부받은 경우에 수탁자가 그 약속어음을 할인 60
하였을 때에는 그로 인하여 생긴 돈을, 그 할인이 불가능하거나 할인하여 줄 의사를 철회하였을 때에는 약속어음 그 자체를 위탁자에게 반환하여야 하고, 그 소유권은 위탁자에게 있으며 수탁자는 이를 보관하는 자가 된다. 그러나 채권 담보 목적으로 약속어음이나 수표를 교부한 경우에는 그 권리가 채권자에게 유효하게 귀속되고, 그 반환 약정은 원인관계상의 인적 항변사유에 불과하므로, 채권자는 본죄의 주체가 될 수 없다.[91]

[할인 목적 약속어음 교부] 61

① 피고인이 어음할인약정을 해제하고 이 사건 약속어음들을 돌려받기로 합의하였고 아직 약속어음의 할인이 이루어지지 아니한 경우, 피고인은 위 약속어음들의 실질적인 권리자로서 이를 반환받을 지위에 있으므로, 순차로 반환해야 할 절차를 지키지 아니하였더라도 피고인의 위 요청이 횡령죄를 구성한다고 할 수는 없다.[92]

② 피고인이 이 사건 약속어음의 할인을 부탁받고 이를 배서양도의 형식으로 교부받은 후, 이를 채권변제에 충당한다면서 할인하여 주지 않던 중 그 반환요청을 거부하고 자신의 채권자에게 이를 교부하여 채권변제에 충당한 행위는 횡령죄를 구성한다.[93]

③ 피해자는 피고인에게 이 사건 약속어음 할인을 요청하면서 이를 교부하였다가 그 반환을 요구하였는데, 피고인은 기존 약속어음금 채무를 변제하지 않으면 위 약속어음을 반환할 수 없다고 하면서 이를 반환하지 않고 계속 보관하였다가 피해자에게 위 채무를 변제하지 않으면 위 약속어음을 처분하겠다고 최고한 후 제3자에게 이를 할인하여 금원을 융통하라고 하면서 빌려준 행위는 횡령죄를 구성한다.[94]

④ 피해자는 피고인에게 할인을 부탁하며 이 사건 약속어음을 배서하여 주었고, 피고인은 이를 다시 신용금고에 배서하여 할인하고 자신의 명의로 대출을 받아 이를 피해자에게 교부하였는데, 그 후 위 어음이 부도가 되어 신용금고가 피고인에게 대출금의 변제를 요구하였고 피고인이 다시 피해자에게 어음금의 상환을 요구하였더라도, 피해자가 피고인에게 어음회수를 위한 용도로 특정하여 돈을 지급하였다면 피고인은 위 돈을 피해자를 위하여 어음을 회수하기 위하여 보관하는 자가 되고 이를 피해자의 의사에 반하여 다른 용도로 소비하였다면 횡령죄가

91 대판 2006. 8. 25, 2006도3631 등.
92 대판 1999. 7. 23, 99도1911.
93 대판 1983. 4. 26, 82도3079.
94 대판 2004. 5. 28, 2003도7509.

성립한다.[95]

62 **[채권 담보 목적 수표 발행]**

① 채권자가 그 채권의 지급을 담보하기 위하여 채무자로부터 수표를 발행·교부받아 이를 소지한 경우에는 그 수표상의 권리가 채권자에게 유효하게 귀속되므로, 위 채권자는 횡령죄의 주체인 타인의 재물을 보관하는 자의 지위에 있다고 볼 수 없다.[96]

② 피고인이 피해자에게 가계수표를 할인하여 주면서 그 담보로 피해자가 발행한 가계수표를 별도로 교부받아 이를 제3자에게 빌려준 것은 횡령죄를 구성하지 않는다.[97]

63 **[매매잔대금 담보 목적 약속어음]**

피고인은 피해자로부터 지급받아야 할 부동산 매매잔대금의 지급을 담보하기 위하여 약속어음을 발행·교부받아 소지한 것이므로, 위 어음상의 권리는 적법하게 피고인에게 귀속되었고 피고인을 단순 보관자라고 볼 수 없어 횡령죄가 성립할 수 없다.[98]

64 **[백지어음에 보충권을 넘어 보충 행사]**

발행인으로부터 일정한 금액의 범위 내에서 액면을 보충·할인하여 달라는 의뢰를 받고 액면 백지인 약속어음을 교부받아 보관하던 자가 보충권의 한도를 넘어 보충한 경우에는 새로운 별개의 약속어음을 발행한 것이므로 보관자의 지위에 있다고 할 수 없고, 위 새로운 약속어음을 임의로 사용하였더라도 횡령죄가 성립할 수는 없다.[99]

2. 위탁신임관계

(1) 개요

65 본죄의 본질이 신임관계에 기초하여 위탁된 타인의 물건을 위법하게 영득하는 데 있으므로, 본죄가 성립하기 위하여는 그 재물의 보관자가 재물의 소유자(또는 그 밖의 본권자)와 사이에 법률상 또는 사실상의 위탁신임관계가 존재하여야 한다.[100]

95 대판 1989. 11. 14, 89도968.
96 대판 1988. 1. 19, 87도2078.
97 대판 2000. 2. 11, 99도4979.
98 대판 1988. 1. 19, 87도2078.
99 대판 1995. 1. 20, 94도2760.
100 대판 2005. 6. 24, 2005도2413; 대판 2005. 9. 9, 2003도4828; 대판 2007. 5. 31, 2007도1082; 대판 2010. 6. 24, 2009도9242; 대판 2016. 5. 19, 2014도6992(전); 대판 2022. 6. 30, 2017도21285.

(2) 위탁관계의 내용

위탁신임관계는 반드시 사용대차, 임대차, 위임 등의 계약에 의하여 설정되어야 하는 것은 아니고, 사무관리, 관습, 조리, 신의칙에 의해서도 성립한다.[101] 위탁관계는 신탁자와 수탁자 사이의 명시적 계약에 의하여 성립되는 것은 아니며 묵시적 합의에 의해서도 성립할 수 있다.[102] 66

그러나 본죄의 본질이 신임관계에 기초하여 위탁된 타인의 물건을 위법하게 영득하는 데 있음에 비추어 볼 때, 위탁관계는 본죄로 보호할 만한 가치 있는 신임에 의한 것으로 한정함이[103] 타당하다.[104] 이러한 위탁관계가 있는지는 재물의 보관자와 소유자 사이의 관계, 재물을 보관하게 된 경위 등에 비추어 볼 때, 보관자에게 재물의 보관상태를 그대로 유지해야 할 의무를 부과하여 그 보관상태를 형사법적으로 보호할 필요가 있는지 등을 고려하여 규범적으로 판단해야 한다.[105] 따라서 재물의 위탁행위가 범죄의 실행행위나 준비행위 등과 같이 범죄 실현의 수단으로서 이루어진 경우, 그 행위 자체가 처벌 대상인지와 상관없이 그러한 행위를 통해 형성된 위탁관계는 본죄로 보호할 만한 가치 있는 신임에 의한 것이 아니라고 봄이 타당하다.[106] 67

---

101 대판 1985. 9. 10, 84도2644; 대판 1987. 10. 13, 87도1778; 대판 2009. 12. 10, 2008도10669; 대판 2011. 3. 24, 2010도17396; 대판 2014. 3. 13, 2012도5346; 대판 2018. 7. 19, 2017도17494(전); 대판 2022. 6. 30, 2017도21285.

102 대판 2001. 1. 5, 2000다49091; 대판 2008. 10. 23, 2007도6463; 대판 2012. 1. 27, 2011도13867 등.

103 대판 2018. 7. 19, 2017도17494(전); 대판 2021. 2. 18, 2016도18761(전); 대판 2022. 6. 30, 2017도21285.

104 그러나 이와는 달리 일본 판례는 위탁관계의 요보호성을 요구하지 않고 있다. 즉 농지의 매수인 A와의 사이에 매도인으로부터 일단 소유권을 이전받아 농지를 전용한 후 B에게 이전하기로 약정을 하고 매도인으로부터 소유권이전등기를 받은 피고인이 무단으로 이를 C에게 이전한 사안에서, 위탁관계의 성립과정에 농지법위반(제3자명의를 이용한 농지취득허가 등)이 있다는 것만으로 본죄(일형 § 252①)의 성립을 부정해야 하는 것은 아니라고 판시하였다[最判 令和 4(2022). 4. 18. 刑集 76·4·191]. 일본 판례는 이전에도 같은 취지에서, 절도범인으로부터 매각을 의뢰받은 도품의 매각대금을 영득한 경우, 본죄가 성립한다고 판시한 바 있다[最判 昭和 36(1961), 10. 10. 刑集 15·9·1580].

105 대판 2022. 6. 30, 2017도21285.

106 대판 2022. 6. 30, 2017도21285. 피고인이 의료기관을 개설할 자격이 없는 사람(이하, '무자격자') 들끼리 노인요양병원을 설립·운영하기로한 약정에 따라 교부받은 투자금을 임의로 처분하여 본죄로 기소된 사안에서, 피고인이 보관하던 투자금은 의료법 제87조, 제33조 제2항에 따라 처벌되는 무자격자의 의료기관 개설·운영이라는 범죄의 실현을 위해 교부되었으므로, 해당 금원에 관하여 피고인과 피해자 사이에 본죄로 보호할 만한 신임에 의한 위탁관계는 인정되지 않는다고

68 타인의 동산을 보관하던 사람이 임의로 이를 입질(入質)하였다가 채무를 변제하고 질물을 회수한 경우 또는 타인의 부동산을 보관하던 사람이 임의로 저당권을 설정하였다가 채무를 변제하고 등기를 말소한 경우와 같이 재물의 보관상태를 원상으로 회복한 경우에도 종전의 위탁관계가 회복되므로, 보관자가 다시 보관물의 소유권을 침해하는 행위를 한 때에는 새로운 본죄가 성립한다.[107]

69 위탁관계는 객관적으로 존재하여야 하므로 행위자가 주관적으로 위탁관계가 있다고 오해하고 자기가 보관하던 타인의 재물을 임의처분하더라도 객관적으로 위탁관계가 존재하지 않는다면, 점유이탈물횡령죄가 성립할지언정 본죄는 성립하지 않는다.[108]

(3) 위탁관계의 발생

70 위탁관계는 계약에 의하여 발생하는 것이 보통이지만 반드시 민사상 계약의 당사자일 필요는 없다.[109] 또한 위탁관계는 반드시 소유자의 위탁행위에 기인할 필요는 없고,[110] 소유자의 의사에 반하지 않으면 제3자에 의하여 이루어져도 무방하다.

71 **[사무관리, 신의칙, 조리에 의한 위탁관계를 인정한 경우]**

① 피고인 소유의 공장건물을 임차하여 입주 중이던 임차인이 이사하면서 그가 소유하거나 타인으로부터 위탁받아 보관 중이던 물건들을 피고인의 방해로 옮기지 못하고 위 공장에 그대로 두었다면, 피고인은 사무관리 또는 조리상 당연히 임차인을 위하여 위 물건들을 보관하는 지위에 있다.[111]

② 채무자가 채무총액에 관한 지불각서를 써 줄 것으로 믿고 채권자가 채무자에게 그 액면금 등을 확인할 수 있도록 가계수표들을 교부하였다면, 합의가 결렬되어 채무자가 채권자에게 지불각서를 써 주지 아니하는 경우 곧바로 그 가계수표들을 채권자에게 반환하기로 하는 조리에 의한 위탁관계가 발생한다.[112]

③ 피고인이 피해자의 몫도 포함된 주식양도대금을 지급받은 것이라면, 그는 사무관리 내지

보아, 이와 달리 피고인에게 '타인의 재물을 보관하는 자'의 지위가 인정됨을 전제로 일부 공소사실을 유죄로 판단한 원심판결을 파기하였다.

107 대판 1978. 11. 28, 78도2175.

108 김성돈, 445; 주석형법 [각칙(6)](5판), 216(노태악).

109 대판 2003. 7. 11, 2003도2077.

110 대판 1985. 9. 10, 84도2644.

111 대판 1985. 4. 9, 84도300.

112 대판 1996. 5. 14, 96도410.

신의칙상의 위탁관계에 기하여 피해자의 몫을 보관하는 자의 지위에 있다.[113]

④ 이삿짐 보관계약의 당사자가 아닌 피고인이 당초 피해자에게 보관처를 소개하였고, 피고인이 최초 이삿짐 운반 당시 직접 피해자 동생의 짐을 운반한 적이 있어 피해자 동생 내지 피해자와 연락이 가능하였으며, 이 사건 이삿짐과 관련된 일도 피고인이 직접 처리하였다는 사정 등에 비추어 신의칙 내지 조리상 위탁관계가 인정된다.[114]

[거래관행상 위탁관계를 인정한 경우] 72

① 보석가게를 운영하는 자가 손님이 구하는 물건을 다른 보석상에서 가져온 경우, 당시 피고인과 피해자는 고객확보 또는 이윤을 취하기 위하여 이 사건 다이아몬드를 수수한 것일 뿐, 매매계약을 체결한 것이라고 단정할 수는 없고, 피고인은 위 다이아몬드 대금이나 다이아몬드 자체를 피해자에게 반환하여야 할 보관자의 지위에 있다.[115]

② 대외무역거래에 있어 수출업자가 수출위탁자의 위탁을 받아 수출을 하고 그 수출물품대금을 송금받은 경우, 특별한 사정이 없는 한 그 수출대금은 수출업자가 수출위탁자를 위하여 보관하는 것이고, 이를 마음대로 소비하였다면 횡령죄를 구성한다.[116]

[법률상 의무에 기인한 위탁관계를 인정한 경우] 73

① 채권양도인이 채무자에게 채권양도 통지를 하는 등으로 채권양도의 대항요건을 갖추어 주지 않은 채 채무자로부터 채권을 추심하여 금전을 수령한 경우, 특별한 사정이 없는 한 금전의 소유권은 채권양수인이 아니라 채권양도인에게 귀속하고 채권양도인이 채권양수인을 위하여 양도채권의 보전에 관한 사무를 처리하는 신임관계가 존재한다고 볼 수 없으므로, 채권양도인이 위와 같이 양도한 채권을 추심하여 수령한 금전에 관하여 채권양수인을 위해 보관하는 자의 지위에 있다고 볼 수 없어, 채권양도인이 위 금전을 임의로 처분하더라도 횡령죄는 성립하지 않는다.[117]

---

113 대판 2006. 1. 12, 2005도7610.

114 대판 2003. 9. 23, 2003도3840.

115 대판 2002. 3. 29, 2001도6550.

116 대판 1989. 7. 11, 88도956.

117 대판 2022. 6. 23, 2017도3829(전)(피고인이 피해자와 임대차보증금반환채권에 관한 채권양도계약을 체결하고 임대인에게 채권양도 통지를 하기 전에 임대인으로부터 채권을 추심하여 남아 있던 임대차보증금을 수령하고 이를 임의로 사용한 사례). 이러한 다수의견에 대하여, ① 채권양도인이 채권양도 통지를 하기 전에 채권을 추심하여 금전을 수령한 경우에도 원칙적으로 그 금전은 채권양수인을 위하여 수령한 것으로서 채권양수인의 소유에 속한다고 보아야 하고, 채권양도인은 실질적으로 채권양수인의 재산 보호 내지 관리를 대행하는 지위에 있으므로, 채권양도인이 채무자로부터 채권을 추심하여 수령한 금전에 관하여 채권양수인을 위하여 보관하는 지위에 있다고 볼 수 있으며, 종전 판례를 변경할 경우 횡령죄에 관한 선례들과 비교하여 형사처벌의 공백과 불균형이 발생한다는 이유로, 종전 판례가 타당하므로 이를 그대로 유지하여 피고인에게 본죄의 성립을 인정할 수 있다는 반대의견과 ② 종전 판례는 여전히 타당하므로 유지되어야 하

② 비록 추심채권자인 피고인이 추심의 소를 제기, 승소하여 이 사건 금원을 직접 추심하였다 하더라도 위 금원은 피고인에게 귀속된다고 할 수 없고, 피고인이 이를 공탁하고 사유신고를 하기까지 경합채권자들을 위하여 보관하는 자의 지위에 있게 되며, 횡령죄에서 위탁관계는 법률상의 의무에 따른 것도 포함된다.[118]

74 **[그 밖의 위탁관계가 인정된 경우]**

① A 회사가 공사를 중단한 후 피고인이 공사현장을 인수하고 A 회사가 공사를 위하여 설치해 두었던 형틀을 잔여공사를 위하여 사용한 것이라면 위 형틀을 보관하고 있는 것이다.[119]

② 피해자는 피고인으로부터 이 사건 오징어를 재매수하고 피고인으로부터 물품보관증을 교부받음으로써 위 오징어에 관한 소유권을 취득하였고, 피고인은 피해자에게 물품보관증을 작성하여 교부한 후부터는 위 오징어를 보관하는 자의 지위에 있다.[120]

③ 어업면허권을 양도한 피고인이 아직 어업면허권이 자기 앞으로 되어 있음을 틈타서 화력발전소의 건설에 따른 어업권손실보상금을 수령한 경우, 보상금의 보관자에 해당한다.[121]

④ 동업계약서의 당사자는 피해자로 기재되었으나 피고인이 위 신축공사의 전반을 대리하여 모든 것을 도맡아 처리하였으므로, 피고인은 위탁관계에 의하여 동업자와의 합유에 속하는 연립주택의 분양대금을 수분양자로부터 받아 보관하는 자가 된다.[122]

⑤ 이 사건 리스계약의 체결 당시부터 피해자에게 이 사건 승용차를 반환한 때까지 피고인은 위 승용차를 운행하였고, 위 리스계약 체결 이후 매월 피해자에게 리스료를 지급하였으며, 리스계약의 해지 및 차량의 반환요구를 통보받고도 위 차량을 반환하지 아니하였으므로, 피해자에 대하여 위 승용차를 보관하는 자의 지위에 있다.[123]

나, 채권양도인이 채권양수인으로부터 채권양도의 원인이 된 계약에 따른 채권양도의 대가를 확정적으로 지급받지 못한 경우와 같이, 채권양도의 대항요건을 충족시켜 완전한 권리를 이전할 의무를 이행하지 않은 것에 정당한 항변사유가 인정되는 경우에는 종전 판례가 적용되지 않으므로 본죄가 성립하지 않는데, 이 사건의 구체적 사실관계에 의하면 형사법적으로 정당한 항변사유가 인정될 여지가 충분하여 종전 판례가 적용되지 않는 사안이므로, 피고인에게 본죄가 성립하지 않는다는 별개의견이 있다.

본 판결로 "양도인이 수령한 금전은 대내적으로 양수인의 소유에 속하고, 양도인은 양수인을 위하여 채권보전에 관한 사무를 처리하는 자로서 이를 양수인을 위하여 보관하는 지위에 있다."고 본 종전의 대판 1999. 4. 15, 97도666(전)은 변경되었다. 종전 판결의 평석은 김대휘, "횡령죄의 보관관계 - 형법과 신의칙", 형사판례연구 〔27〕, 한국형사판례연구회, 박영사(2019), 329-345; 이민걸, "지명채권양도인이 양도통지 전에 채권의 변제로서 수령한 금전을 자기를 위하여 소비한 경우 횡령죄 또는 배임죄의 성립", 형사판례연구 〔8〕, 한국형사판례연구회, 박영사(2000), 249-265.

118 대판 2003. 3. 28, 2003도313.
119 대판 1969. 12. 9, 69도1923.
120 대판 2010. 3. 11, 2009도14822.
121 대판 1993. 8. 24, 93도1578.
122 대판 2003. 7. 11, 2003도2077.
123 대판 2008. 9. 11, 2008도4859.

⑥ 피고인이 회계관계직원 등의 책임에 관한 법률 제2조에 따른 회계관계직원으로 지정되어 있지 않다고 하더라도 업무의 실질에 있어서 회계관계업무를 처리하는 경우에는 업무상횡령죄의 보관자의 지위에 있다고 보아야 한다.[124]

[위탁관계가 인정되지 않은 경우] 75

① 타인 소유의 토지에 대한 보관자의 지위에 있지 아니한 자가 원인무효의 소유권이전등기가 경료되어 있음을 이용하여 그 토지가 농지개량사업에 의하여 수로로 편입되게 함으로써 토지 소유자에게 지급될 보상금을 수령하였더라도, 이는 진정한 토지소유자의 위임에 기한 것이 아니므로 보관관계가 성립한다고 할 수 없다.[125]

② 전주(錢主)들로서는 정기예금계약의 형식을 빌어서 한 이 사건 수기통장식 예금계약이 사회통념상 필요한 보통의 주의를 기울였더라면 정상적인 예금계약이 아니라는 사실을 쉽게 알 수 있었을 것이므로 위 정기예금계약은 유효하게 성립할 수 없고, 위 피고인들이 유치한 예금이 효력이 없는 이상 위 피고인들을 보관자로 볼 여지가 없다.[126]

③ 채무자가 기존 금전채무를 담보하기 위하여 다른 금전채권을 채권자에게 양도한 후 제3채무자에게 채권양도 통지를 하지 않은 채 자신이 사용할 의도로 제3채무자로부터 변제금을 수령한 경우, 채권자와의 위탁신임관계에 의하여 위 변제금을 보관하는 자의 지위에 있지 않고, 이를 임의로 소비하더라도 횡령죄가 성립하지 않는다.[127]

④ 국가정보원장은 특별사업비 집행에 관하여 회계관계직원 등의 책임에 관한 법률 제2조 제1호 (카)목에서 정한 '그 밖에 국가의 회계사무를 처리하는 사람'에 해당하여 회계관계직원에 해당하지 아니한다.[128]

(4) 사실상 위탁관계

위탁관계는 사실상의 관계이면 충분하고, 위탁자에게 유효한 처분을 할 권한이 있는지 또는 수탁자가 법률상 그 재물을 수탁할 권리가 있는지 여부는 묻지 않는다.[129] 위탁관계가 법률상 무효이거나 취소되더라도 사실상 위탁관계가 76

124 대판 2018. 6. 28, 2016도18327.
125 대판 1987. 2. 10, 86도1607; 대판 2021. 6. 30, 2018도18010(허위의 보증서와 확인서를 발급받아 부동산소유권이전등기 등에 관한 특별조치법에 따른 소유권이전등기를 임의로 마친 사람은 그 토지에 대한 처분권능이 새로이 발생하는 것이 아니므로 토지에 대한 보관자의 지위에 있다고 할 수 없고, 그 토지의 진정한 소유자에게 지급될 보상금을 수령하였더라도 보상금의 점유 취득은 진정한 토지소유자의 위임에 따른 것이 아니므로 보상금에 대하여 어떠한 보관관계가 성립하지 않는다).
126 대판 1995. 10. 13, 95도1658.
127 대판 2021. 2. 25, 2020도12927.
128 대판 2019. 11. 28, 2019도11766.
129 대판 2005. 6. 24, 2005도2413; 대판 2008. 7. 24, 2007도621; 대판 2011. 10. 13, 2009도13751;

인정될 수 있다. 위탁관계가 사법상 유효할 필요는 없고 객관적으로 존재하는 사실상의 관계이면 충분하다. 다만, 그 위탁관계는 앞에서 살펴본 대로 횡령죄로 '보호할 만한 가치 있는 신임'에 의한 것으로 한정된다.[130]

77 관련된 대법원의 법리는 두 가지로 구분할 수 있다. ① '이사장, 대표이사, 대주주 등의 일정한 자격에 기초하여 해당 법인이나 회사를 실질적으로 지배하는 사람'에게 그 법인이나 회사의 재산에 대하여 보관자의 지위를 인정하는 법리와 ② 위탁관계는 '사실상 신임관계'에 있으면 충분하다고 하면서 법률상 신임관계가 없더라도 여러 사정을 고려하여 사실상 지배를 통한 사실상의 신임관계가 있으면 보관자의 지위를 인정하는 법리 등이다.

78 **[학교법인의 실질적 지배자인 설립자, 이사장에게 사실상 위탁관계를 인정한 경우]**

① 횡령죄의 주체는 위탁관계에 의하여 타인의 재물을 보관하는 자이고 이는 사실상의 관계이면 충분한바, 피고인은 학교법인 이사장으로써 이 사건 학교를 실질적으로 운영해 오면서 이 사건 교비전출도 지시하였으므로 사실상 보관자의 지위에 있다.[131]

② 피고인이 학교법인의 이사장으로 취임한 이래 학교법인의 운영을 주도하며 재산관리 및 수익사업을 비롯한 법인업무를 총괄하였고, 사실상 법인회계 이외에도 교비회계, 보조금 등 모든 자금을 보관, 관리하였으므로 업무상 보관자에 해당한다.[132]

③ 피고인은 학교법인 등의 설립자로서 실질적으로 교비 사용 등 위 학교 운영 전반을 총괄하는 지위에 있고, 등록금 등 교비회계를 비롯하여 모든 자금·회계 관리 업무, 학사 행정 업무 등을 총괄·지휘하고 결정하는 업무에 종사하여 보관자에 해당한다.[133]

대판 2012. 1. 27, 2011도13867; 대판 2015. 12. 10, 2013도13444. 일본 판례로는 大判 明治 36(1903). 4. 10. 刑録 9·528; 大判 明治 37(1904). 3. 22. 刑録 10·489.

130 대판 2016. 5. 19, 2014도6992(전)[(중간생략형 명의신탁에 있어서) 명의신탁자와 명의수탁자 사이에 존재한다고 주장될 수 있는 사실상의 위탁관계라는 것도 부동산 실권리자명의 등기에 관한 법률(이하, 부동산실명법이라 한다.)에 반하여 범죄를 구성하는 불법적인 관계에 지나지 아니할 뿐 이를 형법상 보호할 만한 가치 있는 신임에 의한 것이라고 할 수 없다]; 대판 2018. 7. 19, 2017도17494(전)(계좌명의인과 전기통신금융사기의 범인 사이의 관계는 횡령죄로 보호할 만한 가치가 있는 위탁관계가 아니다); 대판 2021. 2. 18, 2016도18761(전)[(양자간 명의신탁에 있어서) 명의신탁자와 명의수탁자 사이에 무효인 명의신탁약정 등에 기초하여 존재한다고 주장될 수 있는 사실상의 위탁관계라는 것은 부동산실명법에 반하여 범죄를 구성하는 불법적인 관계에 지나지 아니할 뿐 이를 형법상 보호할 만한 가치 있는 신임에 의한 것이라고 할 수 없다].

131 대판 2008. 1. 31, 2007도9632.

132 대판 2001. 7. 10, 2000도5597.

133 대판 2015. 12. 10, 2013도13444. 본 판결 평석은 강수진, "타인의 사무처리자의 횡령죄 성립에 관한 최근 대법원 판례의 검토", 고려법학 90, 고려대학교 법학연구원(2018), 81-126.

④ 피고인은 학교법인의 이사장으로서 학교법인이 설치·운영하는 A 대학 및 산학협력단의 운영에 직·간접적으로 영향력을 행사하고, A 대학 교비나 산학협력단 자금에 관하여 입출금을 지시하였으므로, 위 자금에 대하여 사실상 보관자의 지위에 있다.[134]

[회사의 실질적 운영자에게 사실상 위탁관계를 인정한 경우] 79

① 회사의 대표이사 등 회사 자금의 보관이나 운용에 관한 사실상의 사무를 처리하는 자가 회사를 위한 지출 이외의 용도로 거액의 회사 자금을 가지급금 등의 명목으로 인출·사용하면서 이자나 변제기의 약정이 없이 이사회 결의 등 적법한 절차도 거치지 아니하는 것은 통상 용인될 수 있는 범위를 벗어나 대표이사 등의 지위를 이용하여 회사 자금을 사적 용도로 임의로 대여·처분하는 것이므로 횡령죄를 구성한다.[135]

② A 주식회사의 주주총회에서 피고인 측 이사 3명이 선출됨으로써 피고인이 A 주식회사의 실질적 운영자의 지위를 취득하게 된 점 등에 비추어, 피고인은 이 사건 예금 인출 당시 이 사건 예금을 보관하는 자의 지위에 있었다고 볼 수 있다.[136]

[그 밖에 사실상 위탁관계를 인정한 경우] 80

① 횡령죄에 있어서 타인을 위하여 재물을 보관하게 된 원인은 반드시 소유자의 위탁행위에 기인한 것임을 필요로 하지 않으므로 피고인이 회사로부터 피해자 등을 대신하여 그들의 공동지분이 있는 대리점 개설보증금을 반환받아 은행에 예금하고 있었다면, 피고인은 피해자를 위하여 그 지분 상당의 금원을 보관한 것이므로 이를 임의로 인출 소비한 경우 횡령죄가 성립한다.[137]

② 피고인은 개인적인 담보대출 목적으로 이 사건 임야를 이전받은 다음 금원을 대출받아 임의로 사용하고 위 대출금 담보를 위하여 근저당권을 설정하였는데, 위 임야의 이전 과정에서 적법한 종중총회의 결의가 없었다고 하더라도 피고인은 위 임야나 위 대출금을 사실상 피해자 종중의 위탁에 따라 보관하는 지위에 있다.[138]

③ 피해자로부터 차량의 보관·관리를 위탁받은 A는 부득이한 사정으로 피고인에게 렌트카 운영을 위임하면서 차량을 위탁하였다면, 피고인은 A를 통하여 차량을 보관하는 지위에 있다고 볼 여지가 많으므로, 그 반환을 거절한 경우 횡령죄가 성립한다.[139]

---

134 대판 2011. 10. 13, 2009도13751. 본 판결 평석은 이정민, "산학협력단 자금의 유용에 대한 형사적 책임", 비교형사법연구 15-1, 한국비교형사법학회(2013), 47-72.

135 대판 2006. 4. 27, 2003도135.

136 대판 2011. 3. 24, 2010도17396.

137 대판 1985. 9. 10, 84도2644.

138 대판 2005. 6. 24, 2005도2413. 본 판결 해설은 김인겸, "부동산에 관한 횡령죄에 있어서 타인의 재물을 보관하는 자의 지위에 있는지 여부에 대한 판단 기준", 해설 56, 법원행정처(2005), 328-338.

139 대판 2013. 12. 12, 2012도16315; 대판 2014. 3. 13, 2013도15345도 같은 취지이다.

81 **[사실상 위탁관계가 없다고 판단한 경우]**

산학협력단의 자금관리업무는 대학의 기획조정실장인 피고인 본연의 업무가 아니었고, 피고인이 위 산학협력단 비자금의 조성과 관리에 개입하지 않아 이에 대하여 알지 못하고 있었으며, 산학혁력단장 등으로부터 처리를 부탁받아 위 산학협력단 비자금이 기부금 명목으로 이 사건 학교법인 계좌에 입금되게 하였을 뿐이므로, 피고인이 법률상 또는 사실상의 위탁신임관계에 의하여 위 비자금을 보관한 것으로 볼 수 없다.[140]

II. 행위의 객체 - 타인의 재물

1. 재 물

(1) 재물과 재산상 이익

82 통설에 의하면 본죄와 배임죄는 신임관계를 침해한다는 점에서는 공통점이 있으나 그 대상이 본죄는 재물, 배임죄는 재산상 이익이라는 점에서 구별된다고 한다(이에 관한 상세는 **VI. 2. (2)** 부분 참조). 본죄의 객체는 '재물'이므로 재물이 아닌 '권리'를 포함하여 '재산상 이익'은 객체가 될 수 없다.

83 형법은 '관리할 수 있는 동력은 재물로 간주한다.'는 규정을 두고(§ 346), 횡령과 배임의 죄에 이를 준용한다(§ 361). 재물과 재산상 이익을 구별하고 횡령과 배임을 별개의 죄로 규정한 현행 형법의 규정에 비추어 볼 때, 물리적으로 관리할 수 있는 동력과는 달리 사무적으로 관리가 가능한 채권이나 그 밖의 권리 등은 재물에 포함된다고 해석할 수 없다.[141]

(2) 재물성 관련 판례

84 판례에 의하면, 광물을 취득한 권리에 해당하는 광업권,[142] 자본의 구성단위 또는 주주권을 의미하는 주식,[143] 전자매출채권[144] 등은 재물에 해당하지 않고 권리에 불과하므로 본죄의 대상이 되지 않는다고 한다. 반면, 증권예탁결재

---

140 대판 2015. 2. 26, 2014도15182.

141 대판 1994. 3. 8, 93도2272(광업권); 대판 2014. 2. 27, 2011도832(전자채권). 일본 판례로는 大判 明治 42(1909). 11. 25. 刑録 15·1672(채권증서를 보관 중인 사람이 채권을 행사하여 금전을 취득한 사례).

142 대판 1994. 3. 8, 93도2272.

143 대판 2005. 2. 18, 2002도2822; 대판 2023. 6. 1, 2020도2884.

144 대판 2014. 2. 27, 2011도832.

원에 예탁되어 계좌 간 대체 기재의 방식에 의하여 양도되는 주권[145]은 유가증권에 해당하므로 재물에 해당한다.

(3) 유가증권과 그것이 표상하는 권리

통설은 창고증권, 화물상환증, 선하증권 등 물권적 유가증권을 소지하는 사람은 증권이 표상하는 물건을 보관하는 지위에 있다고 본다. 유가증권 자체의 횡령이 아니라 해당 물건의 횡령으로 해석하는 것이다. 85

반면, 판례[146]는 보관 중인 약속어음을 제3자에게 대여하거나 할인 목적으로 사용하도록 교부하는 행위 또는 제3자가 금전을 차용하는 데 대한 담보로 제공하는 행위 등은 약속어음을 객체로 한 횡령행위에 해당될 수 있다고 한다. 유가증권 자체의 재물성을 인정하는 취지로 보인다. 86

어음이나 수표와 같은 유가증권이나 주권은 고도의 유통성으로 인하여 그 자체로 가치가 있으므로 재물성을 인정하는 것은 수긍할 수 있으나, 이를 다른 증서나 매체로 확대하여 적용하는 것[147]은 신중해야 한다. 기업비밀이나 기업정보와 같은 정보 자체는 재물이 아니지만,[148] 그것이 담긴 매체는 재물에 해당한다고 해석한다면, 정보를 이메일 등으로 보낸 경우와 정보를 담은 매체를 가져간 경우에 범죄 성립의 차별이 생기고, 정보의 가치와 매체 그 자체의 가치를 동일시하는 확대해석이 되어 죄형법정주의에 어긋날 수 있기 때문이다. 87

[회사와의 신임관계에 위반하여 수표를 발행하고 그 수표를 이용하여 거래은행으로부터 회사의 예금을 인출한 경우](긍정) 88

회사와 은행 사이의 당좌예금 계약에 기하여 회사로부터 수표를 발행하는 권한을 위임받고 있는 자는 그 수표자금으로서 예치되어 있는 금원에 대하여 이를 보관하는 지위에 있으며, 회사와의 신임관계에 위반하여 수표를 발행하고 그 수표를 이용하여 거래은행으로부터 회사의 예

---

145 대판 2007. 10. 11, 2007도6406; 대판 2023. 6. 1, 2020도2884. 그러나 주권이 발행되지 않은 상태에서 주권불소지제도, 일괄예탁제도 등에 근거하여 예탁결제원에 예탁된 것으로 취급되어 계좌 간 대체 기재의 방식에 의하여 양도되는 주식은 재물이 아니므로 본죄의 객체가 될 수 없다(위 2020도2884 판결).

146 대판 2006. 8. 25, 2006도3631.

147 주석형법 [각칙(6)](5판), 232(노태악)는 권리가 화체된 문서 자체는 재물이고, 마찬가지로 기업비밀이나 기업정보가 기재된 서류 등은 재물에 해당한다고 한다. 그러면서도 그 문서에 의한 권리행사로 금전을 얻는 것은 본죄가 될 수 없다고 한다.

148 대판 1994. 5. 24, 94도763(회사 기밀 자체는 재물이 아니라는 것을 간접적으로 판시).

금을 인출하는 행위는 횡령죄를 구성한다.[149]

89 **[회사 기밀사항을 기재한 노트를 반환하지 아니하고 반출한 경우](부정)**

이 사건 노트가 피고인이 근무하던 주식회사 모나미의 영업상의 기밀사항이 기재되어 있고 그 업무내용과 관련성이 있기는 하나, 위 노트는 피고인의 개인적인 필요에 의하여 작성된 것으로서 피고인의 소유에 속하므로 피고인이 퇴직 시에 이를 위 회사에 반환하지 아니하고 가지고 나온 행위가 횡령죄를 구성한다고 할 수 없다.[150]

90 **[약속어음을 업무상 보관하던 중 그 임무에 위배하여 이를 제3자에게 대여 또는 교부하거나 금전 차용에 대한 담보로 제공한 경우](긍정)**

약속어음의 발행인이 유통시킬 의사로 어음상에 발행인의 기명·날인까지 마쳐 어음으로서의 외관을 갖춘 경우 그 약속어음은 재물에 해당하고, 이를 업무상 이유로 보관하던 중 임무에 위배하여 제3자에게 대여하거나 할인 목적으로 사용하도록 교부하는 행위 또는 금전을 차용하고 담보로 제공하는 행위 등은 횡령행위에 해당한다.[151]

91 **[회사채무 부담을 목적으로 약속어음을 발행한 경우](부정)**

횡령죄의 객체인 재물은 물리적으로 관리 가능한 것이어야 하므로, 재산상의 이익에 관하여는 횡령죄가 성립할 여지가 없다. 피고인 등이 본건 약속어음을 발행한 것은 회사의 채무부담 행위를 한 것에 불과하고 회사의 재물을 횡령한 것은 아니다.[152]

92 **[피고인이 광업권 반환을 거부한 경우](부정)**

피고인이 피해자와의 합의하에 그로부터 그 소유의 예당저수지 광구의 사금채취광업권을 명의신탁받아 보관하던 중, 피해자로부터 위 광업권을 반환하라는 요구를 받고도 그 반환요구를 거부한 경우, 광업권은 재물인 광물을 취득할 수 있는 권리에 불과할 뿐 재물 그 자체는 아니므로 횡령죄의 객체가 된다고 할 수 없다.[153]

93 **[주주총회의사록상 주주명부에 주식수를 달리 기재한 경우](부정)**

상법상 주식은 자본구성의 단위 또는 주주의 지위(주주권)를 의미하고, 주주권을 표창하는 유가증권인 주권과는 구분이 되는바, 주권은 유가증권으로서 재물에 해당하여 횡령죄의 객체가 될 수 있으나, 자본의 구성단위 또는 주주권을 의미하는 주식은 재물이 아니므로 횡령죄의 객

149 대판 1983. 9. 13, 82도75.
150 대판 1994. 5. 24, 94도763.
151 대판 2006. 8. 25, 2006도3631(약속어음 자체의 횡령 객체성을 판시한 사례).
152 대판 1961. 12. 14, 4294형상371.
153 대판 1994. 3. 8, 93도2272.

체가 될 수 없다. 따라서 피고인이 주주총회의사록에 첨부된 주주명부에 주식수를 달리 기재한 것만으로는 업무상횡령죄가 성립할 수 없다.[154]

[피고인이 피해자들로부터 계좌 간 대체 기재의 방식으로 양수받은 예탁주식의 반환을 거부한 경우](긍정) 94

피고인이 피해자들로부터 계좌 간 대체 기재의 방식으로 양수받은 예탁주식은 유체물인 유가증권으로서 횡령죄의 객체가 될 수 있고, 만약 피고인이 예탁주식의 반환을 거부하는 행위가 횡령행위와 같다고 볼 수 있을 정도에 이르렀거나 그 반환거부에 정당한 사유가 있었던 것이 아니라면, 피고인의 반환거부행위는 횡령죄를 구성한다.[155]

[전자외상매출채권을 할인한 경우](부정) 95

피고인들이 피해 회사로부터 착오로 중복하여 발행받은 채권액의 두 번째 전자외상매출채권[156]을 할인받은 후 피해 회사의 계좌에 입금된 2차 전자채권 할인금을 인출한 경우, 채권은 횡령죄의 객체가 될 수 없으므로 2차 전자채권의 할인행위는 횡령죄를 구성하지 아니하고, 2차 전자채권의 할인금도 피해 회사 소유의 금원이라고 볼 수 없으므로 이를 인출한 행위도 횡령죄를 구성하지 않는다.[157]

[약속어음을 제3자에게 대여하거나 할인 목적으로 사용하도록 교부하는 행위 또는 제3자가 금전을 차용하는 데 대한 담보로 제공한 경우](긍정) 96

약속어음의 발행인이 유통시킬 의사로 어음상에 발행인의 기명·날인까지 마쳐 어음으로서의 외관을 갖춘 경우 위와 같은 약속어음은 재물에 해당한다. 공동피고인이 피고인에게 피해 회사 명의의 백지어음을 교부한 것은 업무상횡령행위에 해당한다.[158]

---

154 대판 2005. 2. 18, 2002도2822.

155 대판 2007. 10. 11, 2007도6406.

156 대판 2014. 2. 27, 2011도832.

157 전자채권은 발행자가 아직 은행에 금원을 현실적으로 입금하기 전의 상태에서 채권자에게 발행되는 일종의 권리로서 만기가 도래하고 발행자가 은행에 발행채권액을 입금하여야만 채권액 전액을 출금할 수 있는 것으로서, 채권자가 전자채권을 은행에서 할인받거나 담보대출을 받는 것은 발행자의 전자채권 발행과는 별도로 채권자의 독자적인 거래에 의하여 이루어진다. 같은 이유로 이른바 '착오송금'의 경우와도 동일하게 의율하기 어렵다[김지환, "전자채권제도에 관한 비교법적 고찰", 상사판례연구 24-2, 한국상사판례학회(2011); 박훤일, "전자외상매출채권의 법적 규율", 인터넷과 법률 III, 법문사(2010); 신봉근, "전자채권에 관한 소고", 전북대 법학연구 29(2008); 정찬형, "전자금융거래법상 전자자금이체에 관한 연구", 고려법학 51(2008) 등 참조].

158 대판 2006. 8. 25, 2006도3631.

97 **[횡령행위가 여러 단계의 일련의 거래 과정을 거쳐 이루어지는 등의 사유로 여러 재물을 횡령의 객체로 볼 여지가 있는 경우]**

횡령행위가 여러 단계의 거래 과정을 거쳐 여러 재물을 횡령의 객체로 볼 여지가 있어 이를 확정할 필요가 있는 경우, 재물의 소유관계 및 성상, 위탁관계의 내용, 보관 방법 등 제반 사정을 종합적으로 고려하여 그 객체를 확정해야 한다. 섬유제품의 무자료 판매행위만으로 곧바로 피고인의 '섬유제품'에 대한 불법영득의사가 외부에 인식될 수 있는 정도에 이르렀다고 보기 어렵고, 섬유제품의 판매대금이 비밀리에 현금으로 공동피고인에게 전달된 때 또는 전달된 대금이 개인적인 목적으로 소비된 때 비로소 그 '판매대금'에 대한 영득의사가 외부에 표현된 것으로 볼 수 있다.[159]

98 **[자회사 계좌를 이용하여 모회사 소유의 재산을 횡령한 경우]**

횡령죄의 객체인 타인의 재물이 누구의 소유인지는 횡령죄의 성립에 영향을 미치지 아니한다. 주식회사의 주주나 대표이사 또는 그에 준하여 회사 자금의 보관이나 운용에 관한 사실상 사무를 처리하는 자가 회사 소유 재산을 사적 용도로 임의 처분한 경우 횡령죄가 성립한다. 피고인들이 피해 회사의 자회사 계좌를 이용하여 피해 회사의 납품대금을 횡령한 이 사안에서 법인격 부인 여부는 횡령죄 성부에 영향이 없다.[160]

2. 재물의 타인성

(1) 타인의 범위와 확정

99 본죄가 성립하려면 타인에게 재물의 소유권이 속하여야 한다.[161] 타인이란 행위자 이외의 법적 주체를 말한다. 자연인, 법인은 물론 비법인 사단도 포함되고, 재산을 합유 또는 총유를 하게 되는 조합이나 종중, 교회, 촌락공동체, 동창회 등도 포함된다. 행위자가 공동소유자 중 1인이어도 공동소유물에 대하여 타인성이 인정된다.[162]

100 횡령의 대상인 재물이 타인의 소유에 속한다는 점을 인정할 수 있어야 하므로 그 재물이 누구의 소유에 속하는지가 불명확한 경우에는 본죄의 책임을 지울 수 없다. 피고인이 자신의 소유물임을 증명하지 못한다고 하여 본죄의 죄

---

159 대판 2016. 8. 30, 2013도658. 본 판결 평석은 이천현, "비자금과 횡령죄의 객체 - 횡령행위가 일련의 거래과정을 거쳐 이루어지는 경우의 횡령죄 객체 -", 형사판례연구 〔25〕, 한국형사판례연구회, 박영사(2017), 377-405.

160 대판 2019. 12. 24, 2019도9773.

161 대판 1994. 11. 25, 93도2404.

162 大判 明治 44(1911)·4·17. 刑録 17·587.

책을 지는 것은 아니다. 예를 들어 종중의 토지를 횡령하였다고 하려면, 위탁관계에 있는 타인인 종중이 권리능력 있는 주체로서 실재하고 횡령의 객체인 토지가 그 종종의 소유에 속한다는 점이 인정되어야 한다.[163]

재물이 당초 타인의 소유에 속하는 재산이었다 하더라도 이후 타인이 그 재 101
물을 피고인에게 양도하거나 임의 사용을 승낙한 것이라고 볼 여지가 있는 경우, 이러한 의문에 대한 합리적인 해명이 없다면 재물의 타인성을 인정할 수 없다.[164]

(2) 소유권의 귀속의 판단기준

(가) 본죄가 성립하기 위하여는 피고인이 '타인의 재물을 보관하는 자'의 지 102
위에 있어야 하고, 여기서 타인의 재물인가의 여부는 민법, 상법, 그 밖의 실체법에 의하여 결정되어야 한다.[165] 이는 법질서에 대한 통일적 해석의 필요성과 형법의 보충성에서 비롯된다. 학설로는 소유권을 판단함에 있어 형법만의 특유한 독자적인 개념이 있을 수 없다고 설명하는 견해[166]도 있고, 그와 반대되는 견해[167]도 있다.

(나) 법률의 규정에 따라 실체법상 권리관계가 정해지는 경우, 그에 따라 소 103
유권 귀속을 판단한다. 예를 들어 부동산의 이중매매에 있어서 민법상 소유권 이전에 관하여 형식주의를 택하고 있으므로, 소유자가 제1매수인과 매매계약을 체결하고 중도금까지 수령한 상태에서 제2매수인과 매매계약을 체결하여 이전등기를 경료하는 경우, 제1매수인과의 관계에서 부동산의 소유권은 여전히 매도인에게 귀속하므로 매도인은 본죄의 주체가 아니라 배임죄의 주체가 될 수 있을 뿐이다.[168]

한편 소유권 이전에 관하여 대항요건주의를 채택하였던 구 민법하에서는 104
부동산 소유권이 제1매수인에 귀속하므로 매도인은 본죄의 주체가 되었다.[169]

---

163 대판 1983. 4. 12, 83도195; 대판 1993. 6. 22, 92도797.

164 대판 2001. 12. 14, 2001도3042.

165 대판 2003. 10. 10, 2003도3516; 대판 2010. 5. 13, 2009도1373; 대판 2010. 8. 19, 2010도2492; 대판 2016. 5. 19, 2014도6992(전).

166 이재상·장영민·강동범, §20/24.

167 오영근, 235; 허일태, "위탁금전의 소비와 형법상 고유한 소유권개념", 형사판례연구 〔12〕, 한국형사판례연구회, 박영사(2003), 10.

168 대판 1988. 12. 13, 88도750.

169 대판 1961. 11. 23, 4294형상586. 소유권 이전에 관하여 형식주의가 아닌 의사주의를 택하고 있는 일본에서도, 판례는 부동산의 이중매매는 본죄에 해당한다고 한다〔最判 昭和 30(1955). 12.

그 밖에 명의신탁이나 양도담보에서 소유권 귀속도 부동산실명법이나 가등기담보 등에 관한 법률(이하, 가등기담보법이라 한다.) 등 민사실체법에 따라 판단하고, 그에 따라 형사법적으로 의율내용이 달라질 수 있다. 부동산 입찰절차에서 입찰목적부동산의 소유권은 경락대금을 실질적으로 부담한 사람이 누구인가와 상관없이 그 명의인이 취득한다는 것이 민사법리[170]이므로, 입찰명의자가 경락대금을 분납한 사람의 동의 없이 경락받은 부동산에 근저당권을 설정하더라도 본죄가 되지 않는다.[171]

105 매매계약서에 명시된 당사자에게 계약의 효력을 귀속시키거나,[172] 토지의 전매수익을 위하여 자금을 출연하는 행위로 익명조합에 유사한 무명계약이 체결되었다고 보거나,[173] 빌라 신축 및 분양을 통하여 수익을 얻으려는 공동의 목적은 있으나 공동사업을 경영할 의사를 인정할 수 없다고 보아,[174] 그에 수반하여 얻은 재물이 타인의 소유가 아니라고 판단한 사례, 증축된 부분이 기존 건물에 부합된 것으로 보아 건물의 철거보상금이 건물 소유자에게 귀속된다고 판단한 사례[175]들도 민사실체법에 따라 소유권 귀속을 판단한 것이다.

106 (다) 만일 외국적 요소가 있다면 국제사법의 규정에 좇아 준거법을 일차적 기준으로 하여 당해 재물의 소유권 귀속관계를 정하여야 한다. 국제사법의 관련 규정에 따라 캘리포니아주의 법이 리스계약의 준거법이 되는 경우, 위 법에 의하면 리스차량의 소유권은 리스회사에 속하고, 리스이용자는 일정 기간 차량의 점유·사용의 권한을 이전받을 뿐이므로 리스계약을 환매특약부 매매 내지 소유권유보부 매매로 볼 수 없게 된다. 따라서 이러한 실체법상 권리관계에 따르면 리스이용자들은 리스회사에 대한 관계에서 리스한 차량들에 관한 보관자로서의

---

26. 刑集 9·14·33053].

170 대판 2000. 4. 7, 99다15863, 15870; 대판 2001. 9. 25, 99다19698; 대판 2002. 3. 15, 2000다7011, 7028(경매 목적 부동산의 소유권은 경락대금을 실질적으로 부담한 사람이 누구인가와 상관없이 대외적으로는 물론 대내적으로도 그 명의인이 취득한다); 대판 2005. 4. 29, 2005다664; 대판 2008. 11. 27, 2008다62687(이 경우 매수대금을 부담한 사람과 이름을 빌려준 사람 사이에는 명의신탁관계가 성립한다).

171 대판 2000. 9. 8, 2000도258.

172 대판 2010. 1. 28, 2009도11868.

173 대판 2011. 11. 24, 2010도5014.

174 대판 2016. 1. 14, 2015도16396.

175 대판 1983. 11. 8, 83도2411.

지위에 있었다고 할 것이므로, 리스이용자들이 위 차량들을 임의로 처분한 행위는 형법상 본죄의 구성요건에 해당하게 된다.[176]

(라) 사적 자치의 원칙상 실체법적 권리관계는 대부분 계약의 내용과 그 해석에 따라 형성된다. 문제된 재물의 소유권이 누구에게 있는지 여부는 당해 재물을 건넨 피해자의 의사와 이를 건네받은 피고인의 의사가 가장 중요하고, 재물을 건넨 원인과 이유가 그 의사를 추단할 수 있는 중요한 자료가 된다. 만약 그것이 피해자의 피고인에 대한 채무의 이행이었다면, 소비임치와 같은 특별한 경우를 제외하고는 소유권이 이전되는 효과를 가져오고 재물을 보관하는 관계가 형성되는 것은 아니다. 판례는 구체적인 계약의 내용과 그에 따른 권리 귀속의 민사법적 법리를 본죄에서의 재물의 타인성 판단에 참조하고 있다. 107

[계약의 해석에 따라 횡령죄의 성립을 인정한 판례] 108

피고인의 상품판매행위는 피해회사와의 계약에 따른 구체적 위임에 의한 것이고, 대금 전액을 지급할 때까지 상품의 소유권을 피해회사에 유보하기로 한 것은 그 판매대금을 곧바로 피해회사에 귀속시키려는 것이므로, 피고인은 피해회사를 위하여 상품 및 판매대금 전액을 보관하는 지위에 있고 그에 대하여 횡령죄가 성립한다.[177]

[계약의 해석에 따라 횡령죄의 성립을 부정한 판례] 109

비록 A가 토지의 전매차익을 얻을 목적으로 금원을 출자하였더라도 이후 업무집행에 관여한 적이 전혀 없을 뿐만 아니라 피고인이 아무런 제한 없이 재산을 처분할 수 있었으므로 양자 간의 약정은 '익명조합과 유사한 무명계약'에 해당하고, 피고인은 타인의 재물을 보관하는 자의 지위에 있지 않으므로 횡령죄가 성립할 수는 없다.[178]

---

176 대판 2011. 4. 28, 2010도15350. 본 판결 해설은 이미선, "장물죄에서 본범이 되는 범죄행위에 대하여 우리 형법이 적용되지 않는 경우 그 법적 평가 기준 및 장물에 해당하기 위한 요건과 횡령죄와 관련된 법률관계에 외국적 요소가 있는 경우 소유권 귀속관계 등의 판단 기준", 해설 88, 법원도서관(2011), 646-660.

177 대판 2010. 1. 14, 2009도7737.

178 대판 2011. 11. 24, 2010도5014(조합재산은 조합원의 합유에 속하므로 조합원 중 한 사람이 조합재산 처분으로 얻은 대금을 임의로 소비하였다면 횡령죄의 죄책을 면할 수 없고, 이러한 법리는 내부적으로는 조합관계에 있지만 대외적으로는 조합관계가 드러나지 않는 이른바 내적 조합의 경우에도 마찬가지이다. 그러나 조합 또는 내적 조합과 달리 익명조합의 경우에는 익명조합원이 영업을 위하여 출자한 금전 기타의 재산은 상대편인 영업자의 재산이 되므로 영업자는 타인의 재물을 보관하는 자의 지위에 있지 않고, 따라서 영업자가 영업이익금 등을 임의로 소비하였더라도 횡령죄가 성립할 수는 없다). 이와 같은 판시를 통하여 본죄의 성부는 조합의 법적 성격에 영향을 받게 됨을 알 수 있다.

110 **[프랜차이즈 계약 등에 따른 상품의 소유권 귀속]**

① 이른바 '프랜차이즈 계약'을 동업계약 관계로는 볼 수 없고, 가맹점주들이 판매하여 보관 중인 물품판매대금은 그들의 소유라 할 것이어서 이를 임의 소비한 행위는 프랜차이즈 계약상의 채무불이행에 지나지 아니하므로, 횡령죄는 성립하지 아니한다.[179]

② 본사가 자기의 이름으로 취득한 매출수익금은 일단 자신에게 귀속되고, 본사는 거기에서 필요비용을 제한 금액만큼 가맹점 가입자인 피해자에게 지급할 의무를 부담하는 데 불과하므로, 피고인이 이를 본사의 운영자금으로 사용한 행위는 가맹점 계약상의 채무불이행에 지나지 않고 업무상횡령죄는 성립하지 않는다.[180]

111 **[동산을 매수하여 점유개정의 방식으로 인도받은 경우 소유권 귀속]**

피해자는 피고인과 이 사건 오징어에 관한 수산물판매계약에 따라 이 사건 오징어를 재매수하고 피고인으로부터 물품보관증을 교부받음으로써 이 사건 오징어에 관한 소유권을 취득하였고, 피고인은 피해자에게 물품보관증을 작성하여 교부한 후부터는 피해자를 위하여 이 사건 오징어를 보관하는 자의 지위에 있다.[181]

112 **[도급계약과 자재의 소유권 귀속]**

① 수급인이 자재를 구입하여 시공키로 약정한 도급계약에서 도급인이 목재를 직접 구입하여 수급인에게 제공하였다면 공사대금에서 위 목재대금 상당액은 공제되어야 하므로, 도급인이 수급인으로부터 공사비 일부조로 목재대금 상당의 금원을 수령하더라도 이는 동액 상당의 공사비 일부를 감액하는 취지에 불과하고, 그 목재를 매수하여 소유권이 귀속되는 도급인이 이를 임의 사용하더라도 횡령죄를 구성하지 않는다.[182]

② 도급인이 제공하는 재료로 공작물을 제작·완성하기로 하는 노무도급계약에서 재료일부가 적기에 제공되지 아니하여 수급인이 공사진행의 편의상 같은 품질·수량의 다른 재료를 구입하여 공작물의 제작을 완성하였다면, 그 뒤에 도급인으로부터 제공받은 재료는 수급인의 소유에 귀속시키기로 하는 묵시적인 합의가 있었던 것으로 보아야 하고, 그 후 수급인이 이를 처분하였다 하더라도 횡령죄를 구성하지 아니한다.[183]

113 **[어음, 수표의 교부와 소유권 귀속]**

채권자가 그 채권의 지급을 담보하기 위하여 채무자로부터 수표를 발행·교부받아 이를 소지한 경우에는, 그 수표상의 권리가 채권자에게 유효하게 귀속되고, 채권자와 채무자 사이의 수표

---

179 대판 1996. 2. 23, 95도2608; 대판 1998. 4. 14, 98도292 등.
180 대판 2001. 7. 24, 2001도2447.
181 대판 2010. 3. 11, 2009도14822.
182 대판 1982. 9. 28, 82도1541.
183 대판 1983. 4. 12, 82도2410.

반환에 관한 약정은 원인관계상의 인적 항변사유에 불과하므로, 채권자는 타인의 재물을 보관하는 자의 지위에 있다고 볼 수 없다.[184]

[보관 금원의 소유권 귀속] 114

① 객선회사가 선객으로부터 징수한 선임의 일부를 보험료로 보험회사에 납부하기로 약정하고 취득한 선임은 객선회사의 소유에 속하므로 객선회사가 이를 임의소비하였다 하여도 이는 채무불이행에 불과할 뿐 업무상횡령죄를 구성하는 것은 아니다.[185]

② 피고인이 방송회사의 부산지사장으로서 광고방송청탁자로부터 광고방송요금을 징수하여 보관하는 경우 위 본사와 부산지사와의 관계는 도급계약 관계에 해당하고, 피고인이 받은 금원은 피고인의 소유에 속하며, 피고인이 이를 본사를 위하여 보관하는 것은 아니므로 그 일부를 납부하지 아니하였다 하여 횡령죄로 문책할 수 없다.[186]

③ 지입차주들이 내는 돈은 그 분리된 일부를 회사가 그대로 보관하다가 반드시 그 지입차량의 세금 등으로만 충당하도록 하는 약정이 있었다고 볼 수 없으므로 그 전부가 회사의 소유로 되고, 회사는 이 돈을 운영비, 세금, 할부금 등에 충당할 수 있다.[187]

④ 지입차주들이 일정 금액을 일괄하여 납입하는 지입료는 일단 지입회사의 소유로 되어 이를 회사가 그 운영비와 전체 차량의 제세공과금 및 보험료에 충당할 수 있는 것이므로 이를 회사가 항목유용하였다 하더라도 횡령죄가 되지 아니한다.[188]

⑤ 신원보증금은 그 고용계약과 관련하여 장래 부담하게 될지도 모르는 손해배상채무의 담보방법으로 제공되는 금전으로서 일단 그 소유권은 사용자에게 이전되는 것이라고 할 것이므로 사용자가 이를 소비했다고 해서 횡령죄를 구성한다고 할 수 없다.[189]

⑥ 물건납품을 위한 선매대금은 매수인으로부터 매도인에게 교부되면 그 소유권이 매도인에게 이전되고, 매도인은 매수인을 위하여 그 대금을 보관하는 지위에 있지 아니하므로, 이를 임의로 소비하였다 하더라도 이는 횡령죄를 구성하지 아니한다.[190]

⑦ 비록 학교라는 명칭은 사용하고 있지만 개인의 사재로서 운영되는 경우에는 학교운영을 위하여 학생들로부터 징수한 금원이나 기타 잡수입금은 일응 그 개인에게 귀속되므로, 동인이 이를 소비하였다 하더라도 횡령죄가 성립되지 아니한다.[191]

⑧ 주식회사의 대표이사가 적법하게 수령할 권한이 있는 보수를 압류당할 우려가 있자 이를 피하기 위하여 실제 근무하지 않는 근로자의 임금 명목으로 보수를 조성하여 타인의 명의로

184 대판 2000. 2. 11, 99도4979; 대판 1988. 1. 19, 87도2078.
185 대판 1960. 2. 17, 4293형상961.
186 대판 1970. 11. 30, 70도1853.
187 대판 1973. 5. 22, 73도550.
188 대판 1997. 9. 5, 97도1592.
189 대판 1979. 6. 12, 79도656.
190 대판 1986. 6. 24, 86도631.
191 대판 1979. 9. 11, 79도1151.

이를 수령하였다 하더라도 그 수령과 동시에 소유권을 취득한 것이므로, 자신의 재물인 위 보수를 소비하더라도 횡령죄에 해당한다고 볼 수 없다.[192]

115 **[매도인이 매매대금을 수령한 이후 이전등기 전에 수령한 배당금의 소유권 귀속]**

피고인은 피해자에게 이 사건 건물을 매도하고 그 소유권이전등기에 필요한 서류까지 교부하였으나 그 등기명의만이 피고인에게 남아 있었고, 내부적으로는 이미 위 건물의 사실상 처분권한이 피해자에게 귀속된 것이며, 위 건물의 변형물인 이 사건 배당금도 피해자의 소유이다. 따라서 위 배당금을 피해자를 위하여 보관하는 피고인이 이를 피해자에게 지급하지 않고 반환을 거부한 행위는 횡령죄에 해당한다.[193]

116 **[집행채무자가 제3채무자로부터 변제받은 금전의 소유권 귀속]**

집행채무자가 원래 집행공탁을 하여야 할 것을 착오로 변제공탁을 하였다고 하더라도, 그로써 수령한 금전은 자기 채권에 관하여 취득한 것으로서 그의 소유에 속하고, 그가 단지 집행채권자 또는 제3채무자의 금전을 보관하는 관계에 있다고 할 수 없다. 따라서 집행채무자가 그 금전을 집행채권자에게 반환하는 것을 거부하였다고 하여 그에게 횡령의 죄책을 물을 수는 없다.[194]

117 **[즉시 반환하기로 약정한 공탁한 금원을 회수한 경우]**

공탁금회수 즉시 반환하기로 하고 차용한 금원을 피고인 명의로 공탁하였다가 공탁금회수 청구권에 의하여 법원으로부터 회수한 금원은 공탁자인 피고인의 소유이고, 공탁금회수 즉시 채권자에게 반환하기로 하는 약정이 있었다 하더라도 횡령죄가 불성립한다는 결론에는 영향이 없다.[195]

118 **[계금의 소유권 귀속]**

① 계금이 동액인 이상 다른 금전으로서 지불 또는 인도에 충당할 수 있고 반드시 그 수취한 금전 자체를 인도하여야 하는 것이 아니므로, 피고인의 위 금전 수취와 동시에 이는 특정되고 그 소유권이 위임자에 귀속된다고 볼 수 없다. 따라서 피고인이 동 금전을 소비하더라도 채무불이행은 별론으로 하고 횡령죄가 성립할 수 없다.[196]

② 계주는 계원들과의 약정에 따라 지정된 곗날에 월불입금을 징수하여 지정된 계원에게 지급할 임무가 있고, 계주의 이러한 임무는 계주 자신의 사무임과 동시에 타인인 계원들의 사무를 처리하는 것이므로, 계주가 그 임무에 위배하여 정당한 사유 없이 곗돈을 지정된 계원에게 지급하지 아니하였다면 원칙적으로 배임죄를 구성한다.[197]

---

192 대판 2003. 10. 10, 2003도3516.
193 대판 2007. 12. 27, 2007도6650.
194 대판 2012. 1. 12, 2011도12604.
195 대판 1985. 3. 26, 84도2293.
196 대판 1958. 12. 29, 4291형상471.
197 대판 1986. 7. 22, 86도230; 대판 1987. 2. 24, 86도1744; 대판 1994. 3. 8, 93도2221; 대판

(3) 공동소유물

(가) 횡령의 대상물이 공유, 합유, 총유의 대상인 경우, 행위자가 그 공동소유자 중 1인에 해당하더라도 타인성이 인정되므로 전체에 대하여 횡령의 죄책을 진다. 119

(나) 공유재산이라도 분할하기 전에는 그에 대한 지분권을 가지는 것에 그치므로 공유물 전부가 타인의 재물이 된다. 공유물을 임대하고 받은 보증금은 이를 공유자 사이에 정산하기 전에는 공동소유에 해당하므로 공유자 중 1인이 이를 임의로 처분하면 본죄가 성립한다.[198] 공유물의 매각대금도 정산하기까지는 공유자의 공유에 속하으로 이를 임의로 소비하면 마찬가지로 본죄가 된다.[199] 120

다만 공유물을 사용·수익하는 구체적 방법은 민법 제265조에 따라 공유자 지분의 과반수로 결정할 수 있으므로 그에 따라 분배하였다면 그에 따라 소유권이 귀속되고, 비록 소수지분권자가 제외되더라도 이는 부당이득반환의 문제를 남길 뿐 본죄는 성립하지 않는다.[200] 복권 당첨금을 공평하게 나누기로 하는 묵시적 합의가 있는 경우, 당첨금 전액은 공유가 인정되어 그 반환을 거부하면 본죄가 성립할 수 있다.[201] 121

(다) 동업자금이나 조합의 수익 등은 합유물이므로 동업자들 사이에 아직 손익분배 정산을 마치지 않은 상태에서 동업자 1인이 임의로 처분하면 본죄가 성립하고,[202] 지분비율에 관계없이 횡령한 금액 전부에 대하여 본죄의 죄책을 부담한다.[203] 2인으로 구성된 조합에서 조합원 중의 한 사람이 조합에서 탈퇴하는 경우 조합재산은 남은 조합원의 단독소유로 귀속되어 탈퇴하는 조합원이 조합재산을 처분하면 본죄가 성립하나,[204] 남은 조합원이 조합재산을 처분하고 탈퇴한 조합원에게 출자금을 반환하지 않은 것은 채무불이행일 뿐 본죄가 성립하 122

1995. 9. 29, 95도1176.

198 대판 2001. 10. 30, 2001도2095.

199 대판 1983. 8. 23, 80도1161. 일본 판례로는 大判 大正 3(1914). 6. 19. 刑録 20·1261.

200 대판 2009. 6. 11, 2009도2461.

201 대판 2000. 11. 10, 2000도4335.

202 대판 1982. 9. 28, 81도2777; 대판 2013. 8. 22, 2013도6968등.

203 대판 1996. 3. 22, 95도2824; 대판 2000. 11. 10, 2000도3013; 대판 2007. 2. 22, 2006도8105; 대판 2008. 2. 14, 2007도10645; 대판 2009. 10. 15, 2009도7423; 대판 2011. 6. 10, 2010도17684.

204 대판 1975. 5. 27, 75도1014; 대판 2002. 6. 28, 2001도2707.

지는 않는다.[205]

123 (라) 법인격 없는 단체의 재산은 총유물로 재물의 타인성이 인정되어, 위 재산을 단체의 임원이 임의로 소비한 경우에는 본죄가 성립한다.[206]

124 **[합유재산]**

① 피고인 단독 명의로 등기 또는 등록되어 있더라도, 동업자 내부관계에서는 그 소유권이 합유적으로 귀속하므로 피고인이 임의로 처분한 경우 횡령죄를 구성한다.[207]

② 동업체에 속하는 재산을 다른 동업자들의 동의 없이 임의로 처분하거나 반출하는 행위는 이를 다른 동업자들에게 통지를 하였다 하더라도 횡령죄를 구성한다.[208]

③ 해지권 유보의 특약에 따라 투자원리금을 변제공탁함으로써 동업계약에 대한 해지권을 행사하기 전에 동업자금을 개인채무의 변제에 충당하였다면, 위 특약의 존재는 횡령죄의 성립에 아무런 영향이 없다.[209]

125 **[내적 조합과 익명조합]**

① 조합재산은 조합원의 합유에 속하는 것이므로 조합원 중 한 사람이 조합재산의 처분으로 얻은 대금을 임의로 소비하였다면 횡령죄의 죄책을 면할 수 없고, 이러한 법리는 이른바 내적 조합의 경우에도 마찬가지이다.[210]

② 익명조합의 경우에는 익명조합원이 영업을 위하여 출자한 금전 기타의 재산은 상대편인 영업자의 재산으로 되는 것이므로 그 영업자는 타인의 재물을 보관하는 자의 지위에 있지 않고, 따라서 영업자가 영업이익금 등을 임의로 소비하였다고 하더라도 횡령죄가 성립할 수는 없다.[211]

③ 어떠한 법률관계가 내적 조합에 해당하는지 아니면 익명조합에 해당하는지는, 당사자들의 내부관계에 있어서 공동사업이 있는지, 조합원이 업무검사권 등을 가지고 조합의 업무에 관여하였는지, 재산의 처분 또는 변경에 전원의 동의가 필요한지 등을 모두 종합하여 판단하여야 한다.[212]

④ 모든 조합원은 출자를 하여야 하나, 손실의 부담은 조합의 본질상 요구되는 것은 아니어서, 피해자 회사가 이익을 분배받기로 한 이외에 손실을 분담하지 아니하였다는 사정만으로는 양

---

205 대판 1983. 2. 22, 82도3236; 대판 1996. 5. 28, 96도140.
206 대판 1955. 2. 11, 4287형상169; 대판 2006. 4. 28, 2005도756.
207 대판 1983. 2. 22, 82도2467; 대판 2003. 10. 10, 2003도704.
208 대판 1993. 2. 23, 92도387.
209 대판 1984. 1. 24, 83도940.
210 대판 2008. 2. 14, 2007도10645; 대판 2009. 10. 15, 2009도7423; 대판 2013. 3. 14, 2012도4886.
211 대판 1971. 12. 28, 71도2032; 대판 1973. 1. 30, 72도2704; 대판 2009. 4. 23, 2007도9924.
212 대판 2008. 2. 14, 2007도10645; 대판 2010. 11. 25, 2009도7001; 대판 2011. 11. 24, 2010도5014.

자의 관계가 곧바로 익명조합에 해당한다고 단정할 수 없는바, 결국 양자의 관계는 내적 조합의 한 형태에 해당한다고 봄이 상당하다.[213]

[총유재산] 126

'부녀회'가 관련 법규나 아파트 관리규약에 근거하여 입주자대표회의의 하부조직 내지 부속조직으로 설립된 것이 아니라 아파트의 주부들에 의하여 자율적으로 결성되고 아파트에 거주하는 주부만을 회원으로 하여 회칙과 임원을 두고 아파트 내에서 입주민을 위한 봉사활동이나 수익사업을 하는 등 단체로서의 사회적 실체를 갖고 활동하는 경우, 입주자대표회의와 독립하여 법인 아닌 사단으로서 실체를 갖게 되었다고 할 것이다. 따라서 이 사건 아파트의 부녀회장인 피고인이 부녀회원들로부터 징수한 이 사건 부녀회비와 부녀회의 공동주택 관리활동으로 인한 이 사건 잡수입금은 부녀회원들의 총유재산이다. 그럼에도 원심이 이 사건 부녀회비와 이 사건 잡수입금이 입주자대표회의에 그대로 귀속되거나 입주민들 전체의 총유로 귀속된다는 전제에서 피고인이 타인 소유인 위 부녀회비와 이 사건 잡수입금을 법령상 정해진 용도 이외의 용도로 지출하였다고 보아 횡령죄가 성립한다고 본 것은 법인 아닌 사단의 성립요건 및 부녀회비와 공동주택 관리로 인한 수입의 소유권 귀속 나아가 횡령죄의 성립에 관한 법리를 오해하여 판결에 영향을 미친 잘못이 있다.[214]

(4) 회사와 지분권자

회사는 지분권자와 독립된 별개의 권리주체로서 그 이해가 항시 일치한다 127
고 할 수 없고,[215] 회사의 손해가 궁극적으로는 위 지분권자들의 손해에 귀착된다고 하더라도 회사의 재산을 지분권자의 개인용도에 소비하는 행위는 위탁의 취지에 반함이 명백하므로 본죄가 성립하며, 지분권자가 1인인 회사라 하더라도 본죄를 구성함에 문제가 없다.[216] 회사 소유 재산을 지분권자가 사적인 용도로 임의로 처분하였다면 그 처분에 관하여 형식적으로 주주총회나 이사회의 결의를 거쳤다거나,[217] 회사장부상 가수금으로 처리하였다 하더라도[218] 본죄의 죄책을 면할 수는 없다.

---

213 대판 2009. 10. 15, 2009도7423.
214 대판 2021. 1. 14, 2017도13252.
215 대판 1986. 9. 9, 86도280.
216 대판 1982. 6. 22, 82도1017; 대판 1987. 2. 24, 86도999; 대판 1989. 5. 23, 89도570; 대판 1995. 3. 14, 95도59; 대판 1996. 8. 23, 96도1525; 대판 1999. 7. 9, 99도1040; 대판 2010. 4. 29, 2007도6553 등.
217 대판 2013. 7. 11, 2011도5337.
218 대판 2006. 6. 16, 2004도7585.

128 **[합자회사와 유한회사]**

① 합자회사의 영업에 의하여 수입된 금원은 이익분배 등 적법한 처분 전까지는 회사의 재산이지 출자사원의 소유라고 할 수 없으므로 대표사원인 피고인이 회사수입금액을 소비하였다면, 회사의 손익분배를 균등하게 하기로 하였고 그가 소비한 금액이 타 사원에게 가불한 금액보다 적더라도 횡령죄의 성립에는 지장이 없다.[219]

② 유한회사의 출자지분이 실질적으로는 2인의 사원에 귀속하고 있는 경우에 그중 1인인 대표사원이 업무상 보관하던 유한회사의 소유인 현금을 그 대표사원의 개인용도에 소비하면서 다른 1인의 사원의 승낙을 얻었다고 하더라도 대표사원(행위자)과 유한회사(본인)는 별개의 인격체이고, 회사의 재산을 사원의 개인용도에 소비하는 행위는 본인의 위탁 취지에 반함이 명백하므로 횡령죄의 성립에는 아무런 영향이 없다.[220]

129 **[수개의 법인을 운영한 경우]**

① 1인의 대표이사가 주식의 상호 혹은 순차 소유관계에 있는 수개의 법인을 동시에 운영하면서 각 법인의 돈을 다른 법인을 위하여 사용한 경우, 각 법인은 별개의 법인격을 가진 소유 주체이고, 법인격을 갖춘 영리법인은 이윤의 귀속주체로서의 주주와는 엄연히 구별되어야 하므로 위 돈의 사용행위가 그 지출 법인의 이익을 위한 것이라는 등의 특별한 사정이 없는 한 업무상횡령죄를 구성한다.[221]

② 각 학교법인의 금원을 다른 학교법인을 위하여 사용한 경우, 이를 단순히 예산항목의 유용이나 장부상의 분식, 이동에 불과하다고 할 수 없고, 이러한 자금이동이 단순한 대차관계에 불과하다고 할 수도 없으므로, 이러한 행위는 횡령에 해당한다.[222]

130 **[법인의 하부조직이 보유한 재산]**

① 주식회사의 지점이나 합명회사의 분사무소는 주식회사나 합명회사와 독립된 별개의 법인격이나 권리주체가 아니라 주식회사나 합명회사에 소속된 하부조직에 불과하므로, 그 지점이나 분사무소가 보유한 재산은 그 주식회사 또는 합명회사의 소유일 뿐이고, 지점이나 분사무소 구성원들 개인의 소유가 아니다.[223]

② 사단법인의 지부나 지회가 독립된 별개의 법인격이나 권리주체가 아니라 사단법인에 소속된 하부조직에 불과하다면, 그 지부나 지회가 보관하는 재산은 사단법인의 소유일 뿐 그 지부나 지회의 소유가 되는 것은 아니다.[224]

---

219 대판 1982. 12. 28, 81도863.
220 대판 1986. 9. 9, 86도280.
221 대판 1996. 8. 23, 96도1525; 대판 2006. 9. 22, 2004도3314.
222 대판 2000. 12. 8, 99도214.
223 대판 2010. 5. 13, 2009도1373.
224 대판 2007. 9. 6, 2007도4099; 대판 2010. 5. 13, 2009도1373; 대판 2010. 8. 19, 2010도2492;

(5) 목적과 용도를 특정하여 위탁된 금전

(가) 개요

(a) 서설

위탁금전의 소유권이 누구에게 있는가에 관하여, 판례[225]는 앞서 본 바와 같이 타인의 재물인가 여부는 민법, 상법, 그 밖의 실체법에 의하여 결정되어야 한다고 판시하고 있다. 금전을 특정물로 맡긴 경우에는 위탁자에게 소유권이 있고, 반대로 소비임치인 경우에는 수탁자에게 금전의 소유권이 이전됨은 명백하다. 또한, 위탁매매와 같이 상법 제103조에 따라 위탁매매인이 위탁자로부터 받거나 위탁매매로 취득한 물건 등이 위탁자의 소유가 되는 경우에는 그에 따르면 되므로 문제가 없다. 131

(b) 학설

민사법적으로는 '금전은 그것을 점유하는 자의 소유에 속한다'고 하면서 금전의 선의취득을 부정하고 민법상 물권변동규정은 금전에는 적용되지 않는다는 견해가 다수설이다. 형사법적으로 위탁금전을 임의로 소비한 경우에 본죄에 해당할 수 있는가에 관하여 견해 대립이 있다. 132

① 배임죄설[226]은 금전이나 그 밖의 대체물이 특정물로서 위탁된 경우가 아닌 이상 물건이 아니라 가치로 파악되어야 하고, 금전의 고도의 유통성과 대체성에 비추어 용도나 목적이 특정되었다고 하더라도 점유가 이전되면 소유권도 함께 이전되었다고 보아야 한다는 것이다. 따라서 그 임의처분은 재물이 아닌 재산상 이득의 취득을 대상으로 하는 범죄로서 배임죄가 성립할 뿐이라고 한다. 133

반면, ② 횡령죄설[227]은 금전이나 그 밖의 대체물이라고 하더라도 목적과 용도가 특정된 이상 목적물의 소유권은 위탁자에게 남아있다고 보는 것이 타당하므로, 그 임의처분은 본죄가 성립한다고 한다. 134

대판 2012. 1. 27, 2010도10739.

225 대판 2003. 10. 10, 2003도3516; 대판 2010. 5. 13, 2009도1373; 대판 2010. 8. 19, 2010도2492; 대판 2016. 5. 19, 2014도6992(전) 등.

226 배종대, § 74/23; 오영근, 363; 이영란, 392; 이재상·장영민·강동범, § 20/32; 이형국·김혜경, 415; 임웅, 521.

227 김성돈, 448; 김일수·서보학, 296; 박상기, 376; 이정원·류석준, 424; 진계호·이존걸, 462; 정성근·박광민, 438; 정성근·정준섭, 형법강의 각론(2판), 300; 주호노, 형법각론, 831; 홍영기, § 85/19.

(c) 판례

135 판례는 몇 가지 법리를 선언하면서 금전이 위탁자의 소유에 속한다고 판시하고 있다. 크게 2가지인데, ① 위탁자가 수탁자에게 교부한 금전과 ② 수탁자가 위임계약에 따라 취득한 금전에 관한 것이다.

136 위 ①과 같이 위탁 시에 금전사용의 목적과 용도를 특정한 경우에 금전의 소유권은 위탁자에게 유보되어 있다는 것이 판례이다. 민사법적으로 소유권 귀속의 법적 구성을 하면 목적과 용도를 특정하여 위탁하는 취지를 선해(善解)하여 위탁자와 수탁자 사이에 위탁금전의 소유권을 이전한다는 물권적 합의가 없다고 보는 것이다.[228]

137 또한 위 ②와 같이 금전 수수가 수반되는 위임계약에 따라 취득한 금전도 위탁자에게 소유권이 있다는 것이 판례이다. 민사법적 관점에서 바라보면 금전의 현실 인도라는 요건이 충족되지 않았으나 위탁자와 수탁자 사이에 묵시적인 사전 점유개정의 합의가 있다고 보는 해석에 의하여 판례 법리를 설명할 수 있다.

(나) 판례의 분석

(a) 목적과 용도를 특정하여 위탁한 자금

138 판례는 용도를 특정하여 위탁받은 자금을 수탁자가 그 용도에 사용하지 아니하고 임의로 소비한 경우 본죄가 성립한다는 입장이다.[229] 목적과 용도를 정하여 위탁한 금전은 그 목적과 용도에 사용할 때까지 소유권이 위탁자에게 유보되어 있으므로 수탁자는 타인의 재물을 보관하는 지위에 있고, 그와 다른 용도로 사용하는 경우 '위탁의 취지 또는 보관의 취지에 반하여' 사용하는 것이 되어 본죄가 성립한다. 용도나 목적이 특정되어 보관된 금전은 그 보관 도중에 특정의 용도나 목적이 소멸되었다 하더라도, 위탁자가 이를 반환받거나 그 임의소비를 승낙하기까지는 본죄의 적용에 있어서 여전히 위탁자의 소유물

---

228 이에 대한 반론으로는 목적과 용도의 한정은 그 목적과 용도를 준수할 의무를 부과하는 의미에 불과하다는 견해가 있다. 용도의 한정이 소유권 유보이고, 용도제한에 위반하는 행위는 그 자체가 횡령이라는 주장은 배임죄보다 본죄의 법정형이 높은 일본의 학설과 판례를 무비판적으로 답습한 것이다고 한다.

229 대판 1990. 12. 3, 89도904; 대판 1994. 9. 9, 94도462 등. 일본 판례로는 最判 昭和 26(1951). 5. 25. 刑集 5·6·1186; 最判 昭和 34(1959). 2. 13. 刑集 13·2·101.

이다.[230] 위탁금전의 소유권이 위탁자에게 있다고 보는 판례들은 민법상 소유권과는 다른 형법상 소유권 개념을 인정한 것이라고 평가되기도 한다.[231]

한편 목적과 용도를 정하여 금전을 위탁한 사실 및 그 목적과 용도가 무엇 139
인지는 엄격한 증명의 대상인데,[232] 위와 같은 판례들이 '목적과 용도가 특정되었다'는 요건을 너무 쉽게 인정하여 본죄의 성립을 긍정하는 것은 단순한 민사상 채무불이행에 지나지 않는 사안을 형사소송의 영역으로 끌어들이는 문제가 있다는 지적이 있다.

반면 목적과 용도가 특정되어 위탁된 금전이라고 보기 어렵다는 이유로 본 140
죄가 성립하지 않는다며 무죄로 판단한 사례[233]도 있다. 특별히 그 금전의 특정성이 요구되지 않는 경우, 수탁자가 위탁의 취지에 반하지 않고 필요한 시기에 다른 금전으로 대체시킬 수 있는 상태에 있는 한 이를 일시 사용하더라도 본죄를 구성한다고 할 수 없고, 수탁자가 위탁의 취지에 반하여 다른 용도에 소비할 때 비로소 본죄를 구성한다.[234]

[목적과 용도의 특정을 인정하여 횡령죄 성립을 인정한 판례] 141

① 증권회사의 직원이 그 회사가 발행한 당좌수표의 부도를 막기 위하여 고객들로부터 교부받아 금융기관에 별도로 예치해 둔 주식청약증거금을 인출하여 그 회사의 당좌계정에 대체입금한 경우,[235] ② 양곡을 구입하여 달라는 부탁을 받고 교부받은 금원을 임의로 소비한 경우,[236] ③ 타인에 대한 채무의 변제를 위하여 위탁받은 금원을 함부로 자신의 위탁자에 대한 채권에 충당한 경우,[237] ④ 레미콘 대금을 지급하라는 명목으로 금원을 받았으면서도 거기에 사용하

---

230 대판 2002. 11. 22, 2002도4291; 대판 2012. 3. 15, 2011도13838(토지매입을 위하여 받은 돈을 사전 승낙 없이 회사 운영자금으로 전용한 사례).

231 대판 1999. 4. 15, 97도666(전) 중 다수의견에 대한 보충의견 참조.

232 대판 2013. 11. 14, 2013도8121(계열사 임직원인 A 등이 자신들의 계좌로 들어온 금전을 피고인들에게 위탁하면서 용도를 특정한 적이 없고 사용처를 묻거나 알려고 하지 않았으므로, 묵시적으로라도 목적과 용도를 정하여 금전을 위탁한 사실이 증명되었다고 볼 수 없다고 판시).

233 대판 2006. 3. 9, 2003도6733; 대판 2008. 12. 11, 2007도10341.

234 대판 1995. 10. 12, 94도2076; 대판 2002. 10. 11, 2002도2939; 대판 2008. 3. 14, 2007도7568; 대판 2014. 2. 27, 2013도12155; 대판 2016. 8. 25, 2016도3580 등. 특히, 위 2007도7568 및 2016도3580 판결은 금전의 특정성을 인정하기 어렵다는 사정을 무죄 판단의 주요 근거로 설시하였다.

235 대판 1979. 9. 25, 79도198; 대판 1980. 9. 30, 78도2100; 대판 1980. 10. 27, 79도184.

236 대판 1982. 3. 9, 81도572.

237 대판 1984. 11. 13, 84도1199.

지 아니하고 이를 마음대로 피고인이 받을 채권과 상계처리한 경우,[238] ⑤ 약속어음 회수용으로 용도를 특정하여 지급한 돈을 임의로 소비한 경우,[239] ⑥ 산재보험료 지불을 의뢰받아 위탁받은 금원을 임의 소비한 경우,[240] ⑦ 근관충전제 원료구입 대금으로 교부받아 보관 중인 금원을 임의로 소비한 경우,[241] ⑧ 환전하여 달라는 부탁과 함께 교부받은 돈을 위탁자에 대한 채권에 상계충당한 경우,[242] ⑨ 시세조정에 투입할 것을 목적으로 교부받은 금원을 임의 소비한 경우,[243] ⑩ 토지매입대금 명목으로 받은 돈을 임의 사용한 경우,[244] ⑪ 변호사사무장이 공탁금 목적으로 위탁받은 금원을 임의로 소비한 경우,[245] ⑫ 피해자에게 교부하여야 할 매매대금을 도로개설공사 비용으로 사용하기로 합의하고 임의로 소비한 경우,[246] ⑬ 경영권 방어를 위하여 교부한 금원을 임의 소비한 경우,[247] ⑭ 전기요금, 수도요금 명목으로 수령한 돈을 임의 소비한 경우,[248] ⑮ 펀드출자금으로 사용하도록 용도를 정하여 지급한 펀드선지급금을 투자위탁금으로 송금한 경우[249] 등에서 횡령죄의 성립을 인정하였다.

142 **[목적과 용도의 특정을 인정하지 않은 판례]**

① 통상적인 실적급여로서의 성격을 가진 시책비에 해당하여 그 목적이나 용도가 특정되어 위탁된 금전이라고 보기 어렵다.[250]

② 환경재단으로부터 받은 금원이 법령의 규정 또는 환경재단의 내부 규정 등 자금의 용도를 제한하고 있는 자료를 찾아볼 수 없어, 용도가 엄격히 제한된 자금이라고 단정하기 어렵다.[251]

③ 피고인들에게 반환한 급여 등이 회사를 위해 쓰이거나 업무추진비 등으로 정리되는 것으로 알았고, 피고인들이 착복하지는 않으리라고 생각하였다는 것으로, 이는 내심의 의사나 희망 또는 추측에 불과할 뿐 이러한 사정만으로 피고인들에게 회사를 위하여 사용해 달라는 취지로 목적과 용도를 정하여 금전을 위탁하였다고 인정하기에 부족하다.[252]

④ 매수인이 직접 선행 매매계약의 매도인에게 지급하기로 약정한 바 있다거나, 매매대금을

---

238 대판 1989. 1. 31, 88도1992.
239 대판 1989. 11. 14, 89도968.
240 대판 1990. 12. 3, 89도904.
241 대판 1995. 10. 12, 94도2076.
242 대판 1997. 9. 26, 97도1520.
243 대판 2002. 4. 12, 2002도53.
244 대판 2002. 10. 11, 2002도2939; 대판 2012. 3. 15, 2011도13838.
245 대판 2002. 11. 22, 2002도4291.
246 대판 2007. 6. 28, 2007도757.
247 대판 2008. 5. 8, 2008도1652.
248 대판 2008. 10. 9, 2008도3787.
249 대판 2014. 2. 27, 2013도12155.
250 대판 2006. 3. 9, 2003도6733.
251 대판 2013. 1. 31, 2011도1701.
252 대판 2013. 11. 14, 2013도8121.

교부받으면 이를 선행 매매계약의 매매대금으로 지급하겠다는 취지로 약정하였다고 하여도, 금전의 교부행위는 계약상 채무의 이행으로서 변제의 성질을 가지는 경우로 이를 임의로 소비하였더라도 횡령죄를 구성하지 아니한다.[253]

⑤ 남북협력기금법에 의하여 남북협력기금에서 경제협력사업자금으로 대출된 대출금이라 하여도 이러한 사정만으로 목적이나 용도가 특정된 금전이라고 보기는 어려워 횡령죄를 구성하지 아니한다.[254]

[금전의 특정성에 대한 판례] 143

골프회원권 매매중개업체를 운영하는 자가 매수의뢰와 함께 입금받아 보관하던 금원을 일시적으로 다른 회원권의 매입대금 등으로 임의로 소비한 경우, 위 매입대금은 그 목적과 용도를 정하여 위탁된 금전으로서 골프회원권 매입 시까지 그 소유권이 위탁자에게 유보되어 있으나, 다른 회사자금과 함께 보관된 이상 그 특정성을 인정하기 어렵고, 불법영득의사를 추단할 수 없으므로 횡령죄를 구성하지 아니한다.[255]

(b) 용도가 엄격히 제한된 위탁금전

판례에 의하면, 타인으로부터 용도가 엄격히 제한된 자금을 위탁받아 집행하면서 그 제한된 용도 이외의 목적으로 자금을 사용하는 것은 그 사용이 개인적인 목적에서 비롯된 경우는 물론 결과적으로 자금을 위탁한 본인을 위하는 면이 있더라도 그 사용행위 자체로서 불법영득의 의사를 실현한 것이 되어 본죄가 성립한다.[256] 144

원래 본죄에서의 불법영득의 의사는 타인의 재물을 보관하는 사람이 그 위탁 취지에 반하여 권한 없이 스스로 소유권자의 처분행위(반환거부를 포함)를 하려는 의사를 의미하므로, 보관자가 자기 또는 제3자의 이익을 위한 것이 아니라, 그 소유자의 이익을 위하여 이를 처분한 경우에는 특별한 사정이 없는 한 145

---

253 대판 2014. 1. 16, 2013도11014.

254 대판 2008. 12. 11, 2007도10341.

255 대판 2008. 3. 14, 2007도7568.

256 대판 2005. 9. 28, 2005도3929; 대판 2008. 2. 29, 2007도9755; 대판 2010. 3. 11, 2009도6482 등 참조. 용도가 엄격하게 제한되어 있는 자금을 용도 외에 사용한 경우 본죄가 성립할 수 있다는 법리를 처음 밝힌 것은 대판 1989. 10. 10, 87도1901이다. 이 사안에서는 예산 유용에서 용도가 엄격하게 제한되어 있지 않은 경우라면 불법영득의 의사가 있다고 단정할 수 없다고 판시하였다. 그 후 대판 1992. 10. 27, 92도1915에서 주택조합 조합장이 조합원들로부터 건설비용으로 받은 돈을 다른 용도(공원용지 매수)로 사용한 행위를 본죄로 인정한 이후, 용도 외 사용은 본죄가 성립한다는 입장을 계속 유지하고 있다.

위와 같은 불법영득의 의사를 인정할 수 없다.[257] 그런데 판례는 용도가 엄격히 제한된 위탁자금을 용도 외로 사용하면 결과적으로 위탁자를 위하는 면이 있더라도 위탁의 본래 취지에 반하는 것으로 보아 불법영득의사를 인정한다.

146 나아가 판례는 용도가 엄격하게 제한된 자금을 용도 외에 사용한 경우라면, ① 결과적으로 자금을 위탁한 본인을 위하는 면이 있거나,[258] ② 규약 등에서 정한 절차를 거쳤거나,[259] ③ 사후적으로 사용을 추인하는 결의가 있었다 하더라도[260] 본죄가 성립한다는 입장이다. 즉, '용도가 엄격히 제한된 자금'을 용도 외에 사용하면 본죄 성립을 인정하는 것이 일반적인 판례의 태도이다.

147 위 법리 중 위 ① 부분은, "소유자의 이익을 위하여 처분한 경우에는 특별한 사정이 없는 한 불법영득의사를 인정할 수 없다."는 판례와 외형상 상반된다고 볼 여지도 있다. 그러나 본죄는 위탁에 의한 신임관계를 위반하여 타인 소유의 물건을 불법으로 영득하는 것을 본질로 하고, 단순한 불법영득이 아니라 '배신적 영득'을 처벌하는 범죄이므로, 본죄에서 불법영득의사 유무 판단의 핵심적 기준은 '위탁의 취지에 반하는지' 여부가 된다고 보아야 한다. 그런데 '용도가 엄격히 제한된 위탁자금'을 용도 외에 사용한다는 것은 그 자체로 위탁의 취지에 반할 가능성이 높은 반면, '소유자의 이익을 위하여 처분한 경우'는 그 자체로 위탁의 취지에 반하지 않는 경우를 의미하므로, 두 유형의 판례가 저촉된다고 보이지는 않는다. 용도가 정해져 있지만 전체적인 위탁의 취지에 비추어 위탁자의 이익에 부합하게 집행되었다면 위탁의 본지에 반하지 않는다고 해석할 수 있지만, 특히 용도가 엄격히 제한된 경우에는 그 용도 이외로 사용하지 않는 것이 위탁의 본지에 반한다고 볼 여지가 크다. 따라서 구체적 사실관계에 따라, (위탁의 취지에 반하지 않게) '소유자의 이익을 위하여 처분'한 것이라고 보아 불법영득의사를 부정할 수도 있고, (위탁의 취지에 반하는 이상) '결과적으로 본인을 위하는 면이 있더라도' 불법영득의사를 긍정할 수도 있을 것이다.

148 대법원 판결에서는 ① 회계가 엄격히 분리되어 있는 경우(예: 사립학교 교비

257 대판 1982. 3. 9, 81도3009; 대판 2009. 4. 23, 2009도495; 대판 2013. 2. 15, 2011도13606.
258 대판 1997. 4. 22, 96도8; 대판 1999. 7. 9, 98도4088; 대판 2005. 9. 28, 2005도3929; 대판 2008. 2. 29, 2007도9755; 대판 2008. 5. 29, 2006도3742; 대판 2012. 5. 10, 2011도12408 등.
259 대판 2009. 7. 9, 2009도3665; 대판 2012. 5. 24, 2012도535 등.
260 대판 2006. 4. 27, 2003도4735 등.

회계자금[261])와 ② 용도가 엄격하게 정해져 위탁된 경우(예: 정부출연금,[262] 구 정리회사의 관리인이 법원의 감독을 받는 특정비용을 타에 사용한 경우[263])에는 소유자의 이익을 위한 경우라고 하더라도 예외적으로 본죄가 성립된다고 보고 있는데, 위와 같은 경우는 법령이나 규약, 내부 규정 등에 의하여 그 용도 외 사용이 엄격하게 금지되어 있는 경우로 해석된다.

[용도가 엄격히 제한된 금원으로 인정하여 횡령죄를 인정한 판례] 149

① 주택조합의 조합장이 조합원들로부터 건설비용으로 받은 돈을 조합원의 동의 없이 건축허가 가능성이 거의 없는 지역의 공원용지를 매수하는 자금으로 사용한 경우,[264] ② 재건축조합장이 건설회사 관계자에 전달한다는 명목으로 조합원들로부터 받은 금원 중 일부를 다른 용도로 사용한 경우,[265] ③ 주택조합의 업무대행업체가 조합의 운영과 조합아파트의 건축관리를 위하여 조합원들로부터 납부받은 자금을 임의로 지출한 경우,[266] ④ 은행의 업무추진비를 이북5도의 전·현직 도지사 등에게 판공비 등을 지급하거나 임직원의 수고비로 지급한 경우,[267] ⑤ 우수상인유치의 용도에 사용하도록 용도가 특정된 우수상인유치비를 일반경비로 사용한 경우,[268] ⑥ 분양계약에 따라 용도가 엄격히 제한된 상가개발비를 분양대행수수료로 사용한 경우,[269] ⑦ 상가번영회 회장이 번영회 소속 점포소유자의 관리비체납액에 관한 경매신청사건에서 배당금을 교부받아 이를 임의로 소비한 경우,[270] ⑧ 철도청과 대구광역시 등이 설립한 특수목적의 법인으로서 보유할 주식비율에 따라 납입된 자본금과 시설분담금은 법인설립과 화물취급전용역 건설을 위한 비용으로 그 용도가 엄격히 제한되어 있음에도 이를 계열회사 자금지원에 사용한 경우,[271] ⑨ 연구용역계약에 따라 사용 관리에 엄격한 제한이 있는 연구개발비를 허위계산서 발급을 위해 납품업자에게 송금[272]하거나 회사가 부담하여야 할 부담금으로 사용[273]하거나 임의로 소비한 경우,[274] ⑩ 보조금 관리에 관한 법률(이하, 보조금법이라 한다.)의 취

261 대판 2002. 5. 10, 2001도1779; 대판 2003. 5. 30, 2002도235; 대판 2008. 2. 29, 2007도9755; 대판 2012. 5. 10, 2011도12408; 대판 2022. 12. 16, 2022도11691.
262 대판 1999. 7. 9, 98도4088.
263 대판 1997. 4. 22, 96도8.
264 대판 1992. 10. 27, 92도1915.
265 대판 2010. 1. 28, 2009도5262.
266 대판 1994. 9. 9, 94도462.
267 대판 1994. 9. 9, 94도619.
268 대판 2002. 8. 23, 2002도366.
269 대판 2012. 3. 15, 2010도1378.
270 대판 2004. 8. 20, 2003도4732.
271 대판 2000. 3. 14, 99도4923.
272 대판 2009. 2. 26, 2007도7625.
273 대판 2004. 6. 25, 2002도7271.
274 대판 1999. 7. 9, 98도4088; 대판 2009. 11. 26, 2009도8670.

지에 따라 용도가 엄격히 제한될 뿐만 아니라 교비회계의 수입에 해당하여 용도가 엄격히 제한되어 있는 국고보조금을 학교법인의 행정실장이 임의로 인출한 경우,[275] ⑪ 행사경비로 금전의 용도나 목적이 엄격히 제한되어 있음에도 행사비로 사용하고 남은 금원을 임의 소비한 경우,[276] ⑫ 돌봄여행사업과 관련하여 국가가 지급한 국고보조금 및 민간대응투자금은 돌봄여행사업 이외의 다른 용도로 사용할 수 없도록 용도가 엄격하게 특정되어 보관된 금원으로 이를 보조금 사용계좌에서 일반계좌로 인출한 경우,[277] ⑬ 지방자치단체의 조례에 비추어 용도가 엄격히 제한된 사회단체보조금을 경비 부족을 메우기 위해 전용한 경우,[278] ⑭ 식자재 대금 명목으로 지급받은 보조금을 식자재 거래가 이루어지는 것처럼 보이는 외관을 가장하여 이를 운영비로 전용한 경우,[279] ⑮ 노동조합의 회칙상 용도가 엄격히 제한된 복지금을 조합운영비나 조합간부 유류비로 지급한 경우,[280] ⑯ 마을 이장이 경로당 화장실 개·보수 공사를 위하여 보관 중이던 공사비를 다른 용도로 사용한 경우[281] 등에서 횡령죄의 성립을 인정하였다.

150 **[용도가 엄격히 제한된 위탁금전과 불법영득의사의 증명]**

타인으로부터 용도가 엄격히 제한된 자금을 위탁받아 집행하면서 그 제한된 용도 이외의 목적으로 자금을 사용하는 것은 그 자체로서 불법영득의 의사를 실현하여 횡령죄가 성립하겠지만, 피고인이 불법영득의사의 존재를 인정하기 어려운 사유를 들어 그 돈의 행방이나 사용처에 대한 설명을 하고 있고 이에 부합하는 자료도 있다면, 함부로 그 위탁받은 돈을 불법영득의사로 횡령하였다고 인정할 수는 없다.[282]

151 **[선박건조 선수금을 계열사 지원금으로 사용한 경우]**

회사의 경영자가 회사를 위하여 자금을 지출함에 있어, 법령의 규정 또는 회사 내부의 규정에 의해 그 자금의 용도가 엄격하게 제한되어 있는 것이 아닐 뿐 아니라 그 자금을 집행하기 위한 회사 내부의 정상적인 절차도 거쳤다면, 원래 사용될 이외의 목적으로 자금을 지출하였다는 사정만으로 불법영득의 의사를 단정할 수 없다. 회사가 위 계좌관리약정에 따라 그 약정상 채무를 부담한다는 사정만으로 회사 내부에서 위 선수금에 대한 용도가 선박건조용으로 엄격하게 제한되어 있었다고 단정할 수 없다. 또한 회사 자금집행자가 정상적인 회계처리를 거쳐 계열사에 자금지원한 것이라면, 업무상횡령죄에 있어서의 불법영득의 의사가 있었다고 단정하기 어렵다.[283]

---

275 대판 2004. 12. 24, 2003도4570.
276 대판 2006. 11. 9, 2004도3131; 대판 2010. 3. 11, 2007도7191.
277 대판 2017. 6. 15, 2014도754.
278 대판 2010. 9. 30, 2010도987.
279 대판 2018. 10. 4, 2016도16388.
280 대판 2007. 2. 22, 2006도2238; 대판 2010. 9. 30, 2010도2774.
281 대판 2010. 9. 30, 2010도7012.
282 대판 2006. 8. 24, 2006도3272; 대판 2009. 4. 23, 2009도495; 대판 2011. 5. 26, 2011도1904.
283 대판 2012. 5. 24, 2012도535.

(6) 금전 수수를 수반하는 사무처리의 수임인이 수령한 금전

(가) 개요

민법 이론으로는 금전이 가치의 표상으로서 유통되고 있는 경우에는 그 점유 152
가 있는 곳에 소유권도 있고, 금전 수수의 당사자 사이에는 부당이득반환청구권의 문제만 남는다. 그러나 형법에서는 금전 거래의 당사자 사이에서 정적(靜的) 안전의 보호 측면에서 금전 소유권의 귀속을 논하는 것이므로 달리 해석할 필요가 있다.

이에 관하여 판례는 다음과 같이 판시한다. "횡령죄는 타인의 재물을 보관 153
하는 자가 그 재물을 횡령하는 것을 처벌하는 범죄이므로 횡령죄가 성립되기 위하여는 횡령의 대상이 된 재물이 타인의 소유일 것을 요한다. 금전의 수수를 수반하는 사무처리를 위임받은 자가 그 행위에 기하여 위임자를 위하여 제3자로부터 수령한 금전은 목적이나 용도를 한정하여 위탁된 금전과 마찬가지로 달리 특별한 사정이 없는 한 그 수령과 동시에 위임자의 소유에 속하고, 위임을 받은 자는 이를 위임자를 위하여 보관하는 관계에 있다고 보아야 한다. 여기서 수령한 금전이 사무처리의 위임에 따라 위임자를 위하여 수령한 것인지는 수령의 원인이 된 법률관계의 성질과 당사자의 의사에 의하여 판단되어야 한다."[284]

이러한 판례의 입장은 위임계약의 특성상 수임자가 취득한 금전의 소유권 154
을 위임자에게 귀속시키는 것이 당사자의 일반적 의사에 부합하다는 점에 근거를 두고 있다. 다만 위탁관계의 처리 중에 취득한 금전의 경우 그 소유권의 귀속은 당사자의 합의에 의하여 정할 수 있는 것이고, 항상 위임자의 소유에 속한다고 볼 이유는 없다.

(나) 타인의 소유라고 인정한 사례

① 위임인 소유 부동산을 담보로 제공하고 대출을 받도록 위임받은 경우,[285] 155
② 물건의 매도를 위임받은 경우,[286] ③ 수표 할인을 위임받은 경우,[287] ④ 문

---

284 대판 2016. 1. 28, 2015도17851.

285 대판 1996. 6. 14, 96도106. 본 판결 평석은 최철환, "횡령죄에서의 대체물보관자의 지위", 형사판례연구 〔5〕, 한국형사판례연구회, 박영사(1997), 232-246.

286 대판 1995. 11. 24, 95도1923; 대판 2003. 9. 26, 2003도3394(부동산 매도 위임); 대판 2004. 3. 12, 2004도134(부동산 매도 위임); 대판 2005. 8. 19, 2005도3681(부동산 매도 위임); 대판 2003. 6. 24, 2003도1741(버스 매도 위임) 등도 같은 취지이다.

287 대판 1998. 4. 10, 97도3057. 약속어음금의 추심의뢰를 받고 그 어음금을 수령한 경우 타인의 재물을 보관하는 것에 해당한다고 본 판례로는 대판 1983. 10. 25, 83도1520.

화예술진흥법에 의하여 입장료와 함께 문화예술진흥기금 모금을 위임받은 극장 경영자의 경우,[288] ⑤ 여객자동차 운수사업법에 의한 터미널사업자로서 법률 규정에 따라 운송사업자인 버스회사로부터 승차권 판매를 위탁받은 경우,[289] ⑥ 전속계약에 의하여 연예인으로부터 출연료를 수령을 위임받은 경우[290]는 타인의 소유가 인정된다.

(다) 타인의 소유임이 인정되지 않은 사례

156 ⓐ 피해자 방송회사의 지사장으로서 광고방송 청탁자로부터 징수한 광고방송요금,[291] ⓑ 객선회사가 선객으로부터 징수한 선임의 일부를 보험료로 보험회사에 납부하기로 약정하고 취득한 선임,[292] ⓒ 프랜차이즈 가맹점주가 판매한 물건의 판매대금,[293] ⓓ 가맹점계약에서 본사가 취득한 판매대금,[294] ⓔ 당사자 사이에 별도의 채권, 채무가 존재하여 수령한 금전에 관한 정산절차가 남아 있는 등 위임자에게 반환하여야 할 금액을 쉽게 확정할 수 없는 사정이 있는 경우,[295] ⓕ 건물에 대한 과반수 지분을 가진 공유자들이 과반수 지분권에 기하여 건물의 사용·수익에 대한 결정에 따라 위 건물의 임대수익을 분배하면서 피해자를 제외한 경우[296]는 타인의 소유임이 인정되지 않는다.

(라) 판례의 유형화

157 기본적으로는 위임관계의 법적 성질과 당사자들의 의사에 달려 있다고 할 것인데, 이에 따라 판례를 다음과 같이 유형화할 수 있다.

158 **[위임인 소유 물건의 처분 대가 또는 위임인 제공 용역의 대가 등(위 ①, ②, ③, ⑤)]**
특별한 사정이 없는 한 수임인의 수령과 동시에 위임인에게 소유권이 귀속된다는 것이 당사자들의 의사라고 할 것이므로, 수임인은 횡령죄의 주체(보관자)가 될 것이다. 다만 위 ⓐ 사안(광고방송대금의 징수)의 경우 해당 판례는 횡령죄의 주체가 될 수 없다고 보았으나, 그 후 판례의 흐름으로 보면 횡령죄의 주체로 볼 여지도 상당하다.

288 대판 1997. 3. 28, 96도3155.
289 대판 2004. 4. 9, 2004도671.
290 대판 2006. 8. 25, 2006도1481; 대판 2013. 10. 24, 2013도4425.
291 대판 1970. 11. 30, 70도1853.
292 대판 1960. 2. 17, 4293형상961.
293 대판 1998. 4. 14, 98도292.
294 대판 2001. 7. 24, 2001도2447.
295 대판 2005. 11. 10, 2005도3627.
296 대판 2009. 6. 11, 2009도2461.

[수령한 금전에 수임인의 몫도 섞여 있어 구체적 정산이 필요한 경우(위 ⓒ, ⓓ, ⓔ)] 159

이러한 경우 전체적인 약정 내용을 종합하여 당사자의 의사를 판단하여야 할 것이지만, 당사자 사이의 정산관계가 복잡하면 할수록 수임자가 취득한 금전을 바로 위임자의 소유로 귀속시키기로 하는 합의의 가능성은 점점 낮아진다고 보아야 한다. 정산금에 대하여 다툼이 있는 경우, 수임자가 위임자의 주장 금액을 전액 지급하지 않는 한 언제나 형사처벌의 위험을 안게 되는데, 이는 당사자의 합리적 의사에 반할 여지가 크다. 한편, 위 ④ 사안(문화예술진흥기금)과 ⑥ 사안(연예인 출연료)은 수임인이 수령한 금전 중 위임인의 몫이 명확하게 특정되어 구체적 정산이 필요 없다는 점이 고려된 것이다.

[택시기사의 임금체계에 따른 운송수입금 소유권 귀속] 160

① 운송회사와 소속 근로자 사이에 근로자가 운송회사로부터 일정액의 급여를 받으면서 당일 운송수입금을 전부 운송회사에 납입하되, 월 단위로 정산하여 그 운송수입금이 사납금을 초과하는 경우에는 그 초과금액을 운송회사와 근로자에게 일정 비율로 배분하여 정산하고, 사납금에 미달되는 경우에는 그 부족금액을 근로자의 급여에서 공제하여 정산하기로 하는 약정이 체결되었다면, 운송수입금 전액은 운송회사의 관리와 지배 아래 있으므로 근로자가 이를 임의로 소비하였다면 횡령죄를 구성한다.[297]

② 사납금을 초과하는 운송수입금에 대하여는 피고인이 업무상 보관자의 지위에 있지 아니하고 불법영득의 의사가 있다고 할 수 없지만, 사납금 범위 내의 입금부족액에 대하여는 피고인이 업무상 보관하는 지위에 있고 불법영득의 의사도 있다.[298]

③ 피해자 회사가 운영한 성과급제란 수습직 기사들이 매달 운송수입금 중 일정 금액만 회사에 입금하고 나머지를 갖는 형태로서 사납금제와 실질이 같으므로, 피고인이 성과급 지급기준 금액을 초과하는 돈을 입금한 이상, 나머지 운송수입금에 대하여는 피고인이 피해자 회사를 위하여 업무상 보관하는 자의 지위에 있다고 할 수 없다.[299]

(7) 위탁판매

상법 제103조(위탁물의 귀속)에 따르면, 위탁매매인이 위탁자로부터 받은 물건이나, 유가증권, 위탁매매로 인하여 취득한 물건, 유가증권 또는 채권은 위탁자의 소유 또는 채권으로 본다. 이는 실질적(경제적)으로 위탁자에게 귀속하면서 형식적(법률적)으로 위탁매매인에게 귀속하는 소유권 또는 채권을 위탁매매인의 채권자와의 관계에서는 실질관계를 중시하여 위탁자에게 귀속하는 것으로 의제 161

297 대판 2014. 4. 30, 2013도8799. 본 판결 해설은 최창훈, "운송회사 근로자의 운송수입금 임의소비와 횡령죄의 성립 여부", 해설 100, 법원도서관(2014), 389-399.
298 대판 2008. 6. 12, 2008도2985.
299 대판 2008. 12. 24, 2008도8423.

하여 위탁자를 보호하기 위한 규정이다.

162 위탁매매인이 위탁자의 소유에 속하는 위탁품이나 그 판매대금을 임의로 사용·소비한 때에는 본죄가 성립한다.[300] 위탁판매에서 위탁품의 소유권은 위탁자에게 속하고, 그 판매대금은 다른 특약이 없는 한 수령과 동시에 위탁자에게 귀속하므로 수탁자가 이를 보관하는 지위에 있기 때문이다.[301]

163 **[횡령죄가 성립하는 경우]**

① 피고인이 피해자의 위임을 통해 제공받은 토지매입자금으로 토지매매거래를 포괄적으로 대리하여 온 경우, 토지매수인들로부터 지급받아 피해자를 위하여 보관하던 금원을 매도인에게 지급하지 아니하고 임의로 소비하였다면, 피해자로부터 직접 교부받은 금원이 아니더라도 횡령죄가 성립한다.[302]

② 금전의 수수를 수반하는 사무처리를 위임받은 자가 위임자를 위해 수령한 금전은 원칙적으로 위임자의 소유에 속하고, 수임자는 이를 위임자를 위하여 보관하는 지위에 있다.[303]

③ 피고인은 피해자 회사로부터 승차권 판매를 위탁받아 승객들에게 승차권을 판매하였는데, 그 판매대금은 피해자 회사의 소유에 속하므로 횡령죄가 성립한다.[304]

④ 금은방을 운영하는 피고인이 피해자로부터 매매를 위탁받아 그 결과로 취득한 금이나 현금은 피해자의 소유이므로, 이를 개인적 용도로 사용하면 횡령죄를 구성한다.[305]

164 **[횡령죄가 성립하지 않는 경우]**

① 통상 위탁판매에서 판매대금은 위탁자의 소유에 속하나, 위탁자와의 사이에 판매대금에서 각종 비용을 공제한 이익금을 반분하기로 하는 약정이 있었는데 양자 간에 비용의 지출에 관한 다툼이 있는 경우, 그 정산관계가 밝혀지지 않는 한 위탁판매 후 곧바로 그 판매대금을 위탁자의 소유로 보아 횡령죄가 성립한다고는 할 수 없다.[306]

② 위탁판매인과 위탁자 간에 판매대금에서 각종 비용이나 수수료 등을 공제한 이익을 분배하기로 하는 등 그 대금처분에 관하여 특별한 약정이 있는 경우에는, 그 정산관계가 밝혀지지 않는 한 위탁물을 판매하여 이를 소비하여도 곧바로 횡령죄가 성립한다고 할 수 없다.[307]

300 대판 1990. 3. 27, 89도813.
301 대판 1986. 6. 24, 86도1000.
302 대판 1982. 9. 28, 82도1486.
303 대판 2003. 9. 26, 2003도3394.
304 대판 2004. 4. 9, 2004도671.
305 대판 2013. 3. 28, 2012도16191.
306 대판 1982. 11. 23, 82도1887.
307 대판 1990. 3. 27, 89도813.

(8) 명의신탁

명의신탁 부동산에 관하여 수탁자의 처분행위가 본죄 또는 배임죄에 해당 165
하는지에 관한 대법원 판례를 정리하면 아래 [표 1]과 같다.

[표 1] 수탁자의 처분행위와 횡령죄 또는 배임죄 여부

	양자간 등기 명의신탁	중간생략등기 명의신탁	선의의 계약명의신탁	악의의 계약명의신탁
횡령죄	[무죄] 〔2016도18761 (전)〕	[무죄] 〔2014도6992 (전)〕	[무죄] (98도4347)	[무죄] (2010도10515, 2011도7361)
	신탁자: 소유권 없음, 수탁자와 위탁관계 인정되지 않음	신탁자: 소유권 없음, 수탁자와 위탁관계 인정되지 않음	신탁자: 소유권 없음 매도인: 소유권 없음 (※ 수탁자 소유권 취득)	신탁자: 부동산 이전받아 취득할 수 있는 권리 기타 법적 가능성 없음 매도인: 수탁자의 말소등기의무 또는 유효한 처분가능성이 근거가 될 수 없음
배임죄			[신탁자에 대하여 무죄] (2003도6994)	[무죄] (2011도7361)
			수탁자의 부당이득반환의무는 통상의 채무, 명의신탁약정 및 위임약정은 무효 (부동산실명법 이후 등기 사안)	신탁자: 수탁자의 부당이득반환의무는 근거가 될 수 없음 매도인: 수탁자의 말소등기의무 또는 유효한 처분가능성이 근거가 될 수 없음

(가) 양자간 등기명의신탁

양자간 등기명의신탁은 부동산의 소유자가 그 등기명의를 타인에게 신탁하 166
기로 하는 명의신탁약정을 맺고 그 등기를 수탁자에게 이전하는 형식의 명의신탁을 말한다. 이와 같은 명의신탁약정은 부동산실명법 제4조[308] 제2항 본문에 따라 무효이고〔종중, 배우자 및 종교단체에 대한 특례규정(부실명 § 8[309]) 있음〕, 신탁자

308 부동산실명법 제4조(명의신탁약정의 효력) ① 명의신탁약정은 무효로 한다.
② 명의신탁약정에 따른 등기로 이루어진 부동산에 관한 물권변동은 무효로 한다. 다만, 부동산에 관한 물권을 취득하기 위한 계약에서 명의수탁자가 어느 한쪽 당사자가 되고 상대방 당사자는 명의신탁약정이 있다는 사실을 알지 못한 경우에는 그러하지 아니하다.
③ 제1항 및 제2항의 무효는 제3자에게 대항하지 못한다.

309 부동산실명법 제8조(종중, 배우자 및 종교단체에 대한 특례) 다음 각 호의 어느 하나에 해당하는

는 수탁자를 상대로 소유권에 기해 말소등기 또는 진정명의회복을 위한 이전등기 청구를 할 수 있다. 등기를 보유한 수탁자의 처분행위는 제3자의 선의·악의를 불문하고 유효하다(부실명 §4③).[310] 이때 수탁자가 위 부동산을 임의 처분한 경우, 본죄가 성립하는지 문제된다.

(a) 학설

167 이에 대해서는, ① 본죄의 성립을 긍정하는 긍정설, ② 부정하는 부정설, ③ 본죄의 불능미수설이 대립한다. 위 ①의 긍정설은 수탁자에의 소유권이전등기가 무효이므로 그 부동산의 소유권은 신탁자에게 귀속하고 수탁자는 부동산 보관자에 해당하여 본죄가 성립한다고 하고,[311] 위 ②의 부정설은 이는 불법원인급여에 해당하여 수탁자에게 소유권이 귀속하므로 본죄가 성립하지 않는다고 하고,[312] 위 ③의 불능미수설은 신탁자와 수탁자 사이의 위탁관계가 형법상 보호할 가치가 있는 신뢰관계에 기초한 것이 아니므로 기수범은 될 수 없으나 행위반가치는 존재하므로 불능미수로 다루는 것이 타당하다고 한다.[313]

(b) 판례

168 종래 판례는 양자간 등기명의신탁 사안에서 부동산실명법 시행 전후를 불문하고 수탁자의 처분행위가 본죄에 해당한다고 판시하였다. 즉, 부동산실명법 시행 이후 명의신탁 사안에서, 수탁자가 임의로 그 부동산에 관하여 근저당권을 설정하였다면 신탁자에 대한 본죄가 성립하고, 그 명의신탁이 부동산실명법 시행 이후에 이루어졌더라도 마찬가지라고 판시하였고,[314] 부동산실명법 시행 이전 명의신탁 사안에서도 명의수탁받은 사람이 이를 임의로 처분하였다면 명의

경우로서 조세 포탈, 강제집행의 면탈(免脫) 또는 법령상 제한의 회피를 목적으로 하지 아니하는 경우에는 제4조부터 제7조까지 및 제12조제1항부터 제3항까지를 적용하지 아니한다.

1. 종중(宗中)이 보유한 부동산에 관한 물권을 종중(종중과 그 대표자를 같이 표시하여 등기한 경우를 포함한다) 외의 자의 명의로 등기한 경우
2. 배우자 명의로 부동산에 관한 물권을 등기한 경우
3. 종교단체의 명의로 그 산하 조직이 보유한 부동산에 관한 물권을 등기한 경우

310 명의수탁자의 처분행위의 유효성은 계약명의신탁, 중간생략등기형 명의신탁의 경우에도 동일하다.

311 김신규, 474; 배종대, §74/27; 손동권·김재윤, 새로쓴 형법각론, §24/35; 이재상·장영민·강동범, §20/27; 이형국·김혜경, 468; 임웅, 489.

312 박상기·전지연, 형법학(총론·각론)(5판), 680. 형법상 보호할 가치가 없어 본죄가 성립하지 않는다는 견해도 있다[정웅석·최창호, 형법각론, 685].

313 김일수·서보학, 300.

314 대판 1999. 10. 12, 99도3170.

신탁자에 대한 본죄가 성립하며, 그 명의신탁이 부동산실명법 시행 전에 이루어졌고 같은 법이 정한 유예기간 이내에 실명등기를 하지 아니함으로써 그 명의신탁약정 및 물권변동이 무효로 된 후에 처분행위가 이루어졌다고 하여 달리 볼 것이 아니라고 판시하였다.[315]

그러나 2021년 2월 18일 종전의 판례를 변경하여, 본죄에 해당하지 않는다고 판시하였다. 즉, 부동산실명법을 위반하여 명의신탁자가 그 소유인 부동산의 등기명의를 명의수탁자에게 이전하는 이른바 양자간 명의신탁의 경우, 계약인 명의신탁약정과 그에 부수한 위임약정, 명의신탁약정을 전제로 한 명의신탁 부동산 및 그 처분대금 반환약정은 모두 무효이고, 나아가 명의신탁자와 명의수탁자 사이에 무효인 명의신탁약정 등에 기초하여 존재한다고 주장될 수 있는 사실상의 위탁관계라는 것은 부동산실명법에 반하여 범죄를 구성하는 불법적인 관계에 지나지 아니할 뿐 이를 형법상 보호할 만한 가치 있는 신임에 의한 것이라고 할 수 없으므로, 부동산실명법을 위반한 양자간 명의신탁의 경우 명의수탁자가 신탁받은 부동산을 임의로 처분하여도 명의신탁자에 대한 관계에서 본죄가 성립하지 아니한다고 판시하였다.[316] 169

[신탁자에 대한 횡령죄 불성립] 170

① 양자간 명의신탁의 경우, 명의수탁자는 명의신탁자에 대한 관계에서 '타인의 재물을 보관하는 자'의 지위에 있지 않으므로, 명의수탁자가 신탁받은 부동산을 임의로 처분하여도 명의신탁자에 대한 관계에서 횡령죄가 성립하지 않는다. 위 법리는 부동산 명의신탁이 같은 법 시행 전에 이루어졌고 같은 법에서 정한 유예기간 내에 실명등기를 하지 아니함으로써 그 명의신탁약정 및 이에 따라 행하여진 등기에 의한 물권변동이 무효로 된 후에 처분행위가 이루어진 경우에도 마찬가지이다.[317]

② 양자간 명의신탁의 경우, 명의신탁자와 명의수탁자 사이에 무효인 명의신탁약정 등에 기초

---

315 대판 2000. 2. 22, 99도5227. 위 판례는 본죄를 인정하는 근거를 명시적으로 언급하고 있지 않다. 신탁자가 수탁자와의 관계에서 여전히 소유권을 보유하고 있는 점(재물의 타인성), 명의신탁약정은 법률상 무효이지만, 신탁자와 수탁자 사이의 사실상의 위탁관계까지 부정되는 것은 아니며 수탁자는 신탁부동산을 반환할 의무가 있고, 신탁자는 반환받을 법률상의 권리를 가지고 있으므로 수탁자에게 본죄의 위탁관계 등 주체성이 인정되는 점을 근거로 삼고 있는 것으로 이해된다[김희수, "중간생략등기형 명의신탁에서 신탁부동산의 임의처분시 횡령죄의 성립 여부", 사법 37, 사법발전재단(2016), 436].

316 대판 2021. 2. 18, 2016도18761(전)(관여 법관 전원 일치); 대판 2021. 3. 11, 2019도1721.

317 대판 2021. 2. 18, 2016도18761(전).

하여 존재한다고 주장될 수 있는 사실상의 위탁관계라는 것은 부동산실명법에 반하여 범죄를 구성하는 불법적인 관계에 지나지 아니할 뿐 이를 형법상 보호할 만한 가치 있는 신임에 의한 것이라고 할 수 없고, 말소등기의무의 존재나 명의수탁자에 의한 유효한 처분가능성을 들어 명의수탁자가 보관자의 지위에 있다고 볼 수 없으므로, 명의수탁자가 신탁받은 부동산을 임의로 처분하여도 횡령죄가 성립하지 아니한다.[318]

(나) 계약명의신탁

171 신탁자가 수탁자와 명의신탁약정을 맺고, 수탁자가 매매계약의 당사자가 되어 매매계약을 체결한 후 그 등기를 수탁자 앞으로 이전하는 형식의 명의신탁을 의미한다. 매도인이 그 사정을 알지 못한 경우를 선의의 계약명의신탁, 안 경우를 악의의 계약명의신탁이라고 한다.

(a) 선의의 계약명의신탁

172 매도인과 수탁자 사이에는 부동산실명법 제4조 제2항 단서에 따라 수탁자가 소유권을 유효하게 취득하고 매도인과 신탁자 사이에서는 계약관계가 존재하지 아니하므로 어떠한 청구권도 인정되지 않는다. 신탁자와 수탁자 사이에 명의신탁약정 및 부수된 위임약정도 무효이고, 수탁자의 소유권 취득으로 인해 부당이득반환 관계가 인정된다. 그 부당이득반환의 범위와 관련하여, 부동산실명법 시행 전 등기가 마쳐진 사안에서는 부동산 자체를 반환하여야 하는 반면,[319] 부동산실명법 시행 후 명의신탁 약정 및 등기가 이루어진 사안에서는 부동산 매수대금 및 취득세, 등록세 상당[320]을 각 반환할 의무가 있다.

173 선의의 계약명의신탁 관계에서 수탁자가 명의신탁 부동산을 임의로 처분하

---

318 대판 2021. 3. 11, 2019도1721.

319 대판 2002. 12. 26, 2000다21123(위 유예기간이 경과하기 전까지는 명의신탁자는 언제라도 명의신탁 약정을 해지하고 당해 부동산에 관한 소유권을 취득할 수 있었던 것이므로, 명의수탁자는 부동산실명법 시행에 따라 당해 부동산에 관한 완전한 소유권을 취득함으로써 당해 부동산 자체를 부당이득하였다고 보아야 할 것이고, 부동산실명법 제3조 및 제4조가 명의신탁자에게 소유권이 귀속되는 것을 막는 취지의 규정은 아니므로 명의수탁자는 명의신탁자에게 자신이 취득한 당해 부동산을 부당이득으로 반환할 의무가 있다); 대판 2008. 11. 27, 2008다62687.

320 대판 2005. 1. 28, 2002다66922(그 계약명의신탁약정이 부동산실명법 시행 후인 경우에는 명의신탁자는 애초부터 당해 부동산의 소유권을 취득할 수 없었으므로, 위 계약명의신탁약정의 무효로 인하여 명의신탁자가 입은 손해는 당해 부동산 자체가 아니라 명의수탁자에게 제공한 매수자금이고, 따라서 명의수탁자는 당해 부동산 자체가 아니라 명의신탁자로부터 제공받은 매수자금 상당액을 부당이득한 것이다); 대판 2010. 10. 14, 2007다90432(취득세, 등록세 등의 취득비용도 포함된다는 취지).

더라도 신탁자와의 관계에서 본죄의 죄책을 지지 않는다는 것이 통설[321]과 판례이다. 다만 배임죄의 성립과 관련하여, 학설상 ① 명의신탁약정이 무효일지라도 신탁자와 수탁자의 사실상의 신임관계까지 무효는 아니므로 수탁자는 신탁자의 사무를 처리하는 자로서 배임죄는 성립한다는 긍정설[322]과 ② 명의신탁 자체가 무효이므로 위 부동산을 보호하는 사무는 배임죄의 보호대상이 될 수 없다는 부정설[323]이 대립하는데, 판례는 부정설의 입장이다.

[신탁자 및 매도인에 대한 횡령죄 모두 불성립] 174

이른바 매도인 선의의 계약명의신탁에 있어서 부동산에 관한 매매계약에 기하여 당해 부동산의 소유권이전등기를 수탁자 명의로 경료한 경우 그 물권변동은 유효하고, 한편 신탁자와 수탁자 사이의 명의신탁 약정은 무효이므로, 결국 수탁자는 전소유자인 매도인뿐만 아니라 신탁자에 대한 관계에서도 유효하게 당해 부동산의 소유권을 취득한 것이므로, 타인의 재물을 보관하는 자라고 볼 수 없다.[324]

[신탁자에 대한 배임죄 불성립, 다만 매매대금에 대한 부당이득반환의무 인정] 175

① 이른바 매도인 선의의 계약명의신탁에서 수탁자를 신탁자와의 신임관계에 기하여 신탁자를 위하여 신탁부동산을 보전·관리하는 지위에 있는 자로 볼 수 없다.[325]

② 수탁자가 계약명의신탁의 약정에 따라 취득한 부동산에 대하여 신탁자의 반환요구를 거절하고 소유권이전등기를 경료하였다 하여 업무상배임죄가 성립할 수 없다.[326]

(b) 악의의 계약명의신탁

악의의 계약명의신탁에서 매도인과 수탁자 사이에서는 부동산실명법 제4조 제2항에 따라 수탁자의 등기는 무효이고, 매도인이 소유권을 여전히 보유하게 되며 부동산 매매계약은 원시적 불능이므로 무효가 된다. 매도인은 수탁자를 상대로 이전등기말소청구 또는 진정명의회복을 위한 소유권이전등기청구를 할 수 있다. 176

반면, 매도인과 신탁자 사이에는 계약관계가 없으므로 신탁자에게 어떠한 청구권도 인정되지 않는다. 신탁자는 수탁자와의 명의신탁계약이 무효이므로 177

321 김성돈, 464; 김일수·서보학, 303; 오영근, 369; 이재상·장영민·강동범, § 20/30; 임웅, 491.
322 김성돈, 465; 배종대, § 74/31; 이재상·장영민·강동범, § 20/30; 임웅, 491.
323 김성돈, 466; 오영근, 370; 이형국·김혜경, 473; 정웅석·최창호, 689.
324 대판 2000. 3. 24, 98도4347.
325 대판 2001. 9. 25, 2001도2722; 대판 2002. 4. 12, 2001도2785.
326 대판 2004. 4. 27, 2003도6994.

수탁자를 대위하여 수탁자 명의 이전등기의 말소를 구할 수 없고, 수탁자에 대하여 금전 부당이득반환청구를 할 수밖에 없다.

178 악의의 계약명의신탁에서 수탁자가 명의신탁 부동산을 임의로 처분하더라도 본죄가 성립되지 않는다는 것이 통설[327]과 판례이다. 다만 배임죄의 성립과 관련하여, 학설상 ① 신탁자에 대한 사실상의 신임관계를 배반한 것이므로 배임죄는 성립한다는 긍정설[328]과 ② 명의신탁 자체가 무효이므로 위 부동산을 보호하는 사무는 배임죄의 보호대상이 될 수 없고 매도인과도 아무런 신임관계가 없으므로 배임죄가 성립하지 않는다는 부정설[329]이 대립하는데, 판례는 부정설의 입장이다.

179 **[신탁자에 대한 횡령죄 불성립]**

이른바 매도인 악의의 계약명의신탁에 있어서 명의수탁자 명의의 소유권이전등기는 무효이고, 당해 부동산의 소유권은 매도인이 그대로 보유하게 된다. 나아가 명의신탁자는 부동산 자체를 매도인으로부터 이전받아 취득할 수 있는 권리 기타 법적 가능성을 가지지 못한다. 따라서 명의수탁자가 명의신탁자에 대한 관계에서 횡령죄의 '타인의 재물을 보관하는 자'의 지위에 있다고 볼 수 없다.[330]

180 **[신탁자 및 매도인 모두에 대하여 횡령죄와 배임죄 각 불성립]**

① 신탁자에 대한 횡령죄 및 배임죄 관련 부분

부동산의 소유권은 매도인이 그대로 보유하게 되므로, 명의수탁자는 명의신탁자에 대한 관계에서 횡령죄에서 '타인의 재물을 보관하는 자'의 지위에 있다고 볼 수 없고, 명의수탁자가 명의신탁자에 대하여 매매대금 등을 부당이득으로 반환할 의무를 부담하더라도 배임죄에서 '타인의 사무를 처리하는 자'의 지위에 있다고 보기도 어렵다.

② 매도인에 대한 횡령죄 및 배임죄 관련 부분

명의수탁자는 매도인에 대하여 소유권이전등기말소의무를 부담하게 되나, 이는 원인무효이므로 명의수탁자는 매도인의 소유권에 기한 방해배제청구에 대한 상대방으로서 응할 처지에 있음에 불과하고, 매도인과 명의수탁자 사이에 위 처분행위를 유효하게 만드는 신임관계가 존재한다고 볼 수 없으므로, 명의수탁자가 매도인에 대한 관계에서 횡령죄의 보관자 또는 배임죄의

327 김성돈, 466; 김일수·서보학, 302; 배종대, §74/30; 손동권·김재윤, §24/41; 오영근, 370. 본죄가 성립한다는 견해도 있다(임웅, 490).

328 김신규, 476; 김일수·서보학, 302; 배종대, §74/30; 손동권·김재윤, §24/41.

329 오영근, 369.

330 대판 2012. 12. 13, 2010도10515. 본 판결 평석은 박상기, "계약명의신탁과 수탁자의 법적 책임", 형사재판의 제문제(7권), 사법발전재단(2014), 123-147.

사무처리자의 지위에 있다고 볼 수 없다.[331]

(다) 중간생략등기형 명의신탁

181 중간생략등기형 명의신탁이란 신탁자가 수탁자와 명의신탁계약을 맺고, 신탁자가 매매계약의 당사자가 되어 매도인과 매매계약을 체결하되, 다만 등기는 매도인으로부터 수탁자 앞으로 직접 이전하는 형식의 명의신탁으로 3자간 등기명의신탁이라고도 한다. 계약명의가 수탁자 앞으로 되어 있어도 계약당사자를 신탁자로 볼 수 있다면 이는 중간생략등기형 명의신탁이 되고, 반대로 계약당사자를 수탁자로 본다면 이는 계약명의신탁이 된다. 판례[332]는 이를 계약당사자가 누구인지를 확정하는 문제로 파악하고, 계약에 따른 법률효과를 누구에게 직접 귀속시킬 의도로 계약을 체결하였는가를 기준으로 양자를 구분한다.

182 매도인과 수탁자 사이에서는 부동산실명법 제4조 제2항 본문에 따라 수탁자 명의의 등기는 무효이고, 매도인이 소유권을 여전히 보유하게 된다. 매도인은 수탁자를 상대로 이전등기의 말소청구 또는 진정명의회복을 위한 이전등기청구를 할 수 있다. 신탁자와 수탁자 사이의 명의신탁약정은 무효이므로 해지를 이유로 한 이전등기청구는 불가능하고 신탁자는 매도인을 대위하여 수탁자에 대하여 말소등기청구 또는 진정명의회복을 위한 이전등기청구를 할 수 있다.[333] 다만, 수탁자를 상대로 부당이득반환을 원인으로 한 소유권이전등기청구는 인정되지 않는다.[334]

183 이와 같은 3자간 중간생략등기형 명의신탁으로 소유권명의를 가지게 된 수탁자가 위 부동산을 임의 처분한 경우, 본죄가 성립할 것인가가 문제된다.

(a) 학설

① 횡령죄 긍정설

184 본죄는 성립하되, 피해자를 누구로 보느냐에 따라 견해가 나뉜다. ⓐ 신탁자에 대하여 본죄가 성립한다는 입장,[335] ⓑ 신탁자와 매도인 모두에 대하여 본

331 대판 2012. 11. 29, 2011도7361. 본 판결 해설은 우인성, "악의의 계약명의신탁에 있어 명의수탁자의 보관물 임의처분 시 범죄성립 여부", 해설 94, 법원도서관(2013), 685-721.

332 대판 2010. 10. 29, 2010다52799.

333 대판 2002. 11. 22, 2002다11496.

334 대판 2008. 11. 27, 2008다55290, 55306.

335 배종대, § 74/28.

죄가 성립한다는 입장,[336] ⓒ 신탁자에 대해서는 본죄가 성립하지 아니하나 여전히 소유권을 가진 매도인에 대하여는 본죄가 성립한다는 입장[337] 등이 있다.

② 횡령죄 부정설

185 ⓐ 부동산실명법에 반하는 불법한 명의신탁약정이므로 본죄의 보호대상이 되는 신임관계를 인정할 없기 때문에 본죄가 성립할 수 없다는 견해,[338] ⓑ 본죄의 성립은 같은 이유로 부정하지만 수탁자의 부동산 처분은 신탁자에 대한 신뢰관계의 배신행위로서 재산상 손해를 끼친 배임행위로 보는 것이 옳다는 견해[339] 등이 있다.

(b) 판례

186 종전에는 수탁자가 수탁부동산을 처분한 경우, 신탁자에 대하여 본죄가 성립한다고 하였으나,[340] 이후 견해를 변경하여 본죄의 성립을 부정하였다.[341]

187 즉, 명의신탁자는 소유권이전등기청구권을 가질 뿐 소유권을 가지지 아니하고 명의수탁자 역시 명의신탁자에 대하여 직접 신탁부동산의 소유권을 이전할 의무를 부담하지 아니하므로 명의신탁자에 대한 관계에서는 '타인의 재물을 보관하는 자'로 볼 수 없고, 또 명의신탁자와 명의수탁자 사이에 그 위탁신임관계를 근거지우는 계약인 명의신탁약정 또는 이에 부수한 위임약정이 무효임에도 불구하고 본죄 성립을 위한 사무관리·관습·조리·신의칙에 기초한 위탁신임관계가 있다고 할 수도 없을 뿐만 아니라, 사실상의 위탁관계라는 것도 부동산실명법에 반하여 범죄를 구성하는 불법적인 관계에 지나지 않을 뿐 이를 형법상 보호할 만한 가치 있는 신임에 의한 것이라고 할 수 없으며, 명의수탁자의 신탁부동산 임의 처분행위에 대하여 형사처벌의 필요성이 있다는 사정은 죄형법정주의 원칙과 형벌법규 유추해석금지 원칙에 배치된다고 판시하였다.

336 손동권·김재윤, § 24/37.
337 김신규, 475; 이재상·장영민·강동범, § 20/29; 임웅, 490; 이형국·김혜경, 470.
338 이정원·류석준, 415.
339 김일수·서보학, 302.
340 대판 2001. 11. 27, 2000도3463 등.
341 대판 2016. 5. 19, 2014도6992(전)(관여 법관 전원 일치). 본 판결 평석은 강동범, "등기명의신탁에서 신탁부동산의 임의처분과 횡령죄의 성부", 법조 718, 법조협회(2016. 8), 601-620.

[양도담보 목적으로 이루어진 중간생략등기형 명의신탁] 188

명의신탁자가 건축주에게 토지를 매도하면서 그 대금채권을 담보하기 위하여 건축주가 원시적으로 소유권을 취득할 건물에 관한 양도담보계약을 체결하고, 부동산실명법을 위반하여 명의수탁자와 맺은 명의신탁약정에 따라 건축허가명의자를 명의수탁자로 함으로써 완성된 건물에 관하여 명의수탁자 명의의 소유권보존등기를 마치는 중간생략등기형 명의신탁을 한 경우 명의신탁자는 담보목적의 범위 내에서도 건물의 소유권을 가지지 아니하고, 명의신탁자와 명의수탁자 사이에 형법상 보호할 가치 있는 위탁신임관계를 인정할 수도 없으므로, 명의수탁자가 건물을 임의로 처분하여도 명의신탁자에 대한 관계에서 횡령죄가 성립하지 아니한다.[342]

(라) 그 밖의 관련 판례

부동산의 경우 보관자의 지위는 그 부동산을 제3자에게 유효하게 처분할 수 있는 권능의 유무를 기준으로 결정하여야 하므로, 원인무효인 소유권이전등기의 명의자는 본죄의 주체인 '타인의 재물을 보관하는 자'에 해당한다고 할 수 없다. 189

① 임야의 진정한 소유자와는 무관하게 신탁자로부터 임야 지분을 명의신탁받아 지분이전등기를 경료한 수탁자가 신탁받은 지분을 임의로 처분한 경우, 법률상 또는 사실상의 위탁신임관계가 성립하였다고 할 수 없고, 위 임야 지분에 대한 처분권한이 없는 수탁자는 이를 보관하는 자의 지위에 있다고도 할 수 없으므로, 그 처분행위가 신탁자나 또는 소유자에 대하여 위 임야 지분을 횡령한 것이라 할 수 없다.[343] 190

② 농지의 명의신탁 당시에는 신탁자가 농지매매증명을 발급받을 수 없었으나 그 후 사정변경으로 신탁자가 명의신탁을 해지하고 그 반환을 구할 수 있게 된 경우, 그 시점부터 수탁자가 신탁자를 위하여 위 농지를 보관하는 자의 지위에 서게 된다.[344] 191

③ 물품제조 회사가 농지를 매수하여 피고인 명의로 소유권이전등기를 마침 192

---

342 대판 2016. 7. 29, 2014도15028.

343 대판 2007. 5. 31, 2007도1082. 본 판결 해설은 김현용, "부동산의 횡령에 있어서, 보관을 위탁한 피해자가 부동산의 진정한 소유자가 아니고 진정한 소유자가 따로 있음이 밝혀진 경우, 그 진정한 소유자와 피고인 사이에서는 위탁관계가 인정될 수 없는 상태에서 횡령죄가 성립한다고 볼 수 있는지 여부(소극) 및 원인무효인 등기명의자에 불과한 피고인이 부동산의 보관자의 지위에 있다고 볼 수 있는지 여부(소극)", 해설 70, 법원도서관(2007), 258-270.

344 대판 1998. 7. 28, 97도3283. 본 판결 해설은 김창보, "농지의 명의신탁자가 농지매매증명을 발급받을 수 있게 된 이후 수탁자가 그 농지를 임의처분한 경우, 횡령죄의 성부", 해설 31, 법원도서관(1999), 552-559.

으로써 소유명의를 신탁하여 두었는데 피고인이 그 후 이를 타인에게 처분함으로써 횡령한 경우 물품제조 회사는 농지의 소유권을 취득할 수 없으므로, 피고인은 원인무효인 소유권이전등기의 명의자에 불과할 뿐 본죄가 성립할 수 없다.[345]

(9) 동산의 담보

(가) 동산 양도담보

193 (a) 점유개정(민 § 189) 방식에 의한 동산 양도담보의 경우, 양도담보 목적물인 동산의 소유권은 채무자에게 남아 있고, 채권자는 담보목적의 범위 내에서만 양도담보권이라는 제한물권을 취득하는 데 그친다. 이 경우에 그 동산의 소유권이 대내적으로는 여전히 채무자에게 유보된 것이므로, 채무자가 양도담보 목적물을 제3자에게 처분하거나 담보로 제공하더라도 본죄를 구성하지 아니한다.[346]

194 (b) 점유개정 방식에 의한 동산 양도담보에서 대외적으로 채무자는 무권리자가 된다. 채무자가 다시 다른 채권자와 이중의 양도담보 설정계약을 체결하고 점유개정의 방법으로 인도를 하더라도 현실의 인도가 없어 선의취득이 인정되지 않으므로 결국 뒤의 채권자는 양도담보권을 취득할 수 없다. 따라서 채무자가 위 양도담보 목적물을 임의로 제3자에게 처분하더라도 뒤의 채권자에 대한 관계에서는 배임죄가 성립하지 않는다.[347]

195 대법원은 종전에는 금전채권을 담보하기 위하여 채무자 소유의 동산에 관하여 이른바 약한 의미의 양도담보가 설정되어 채무자인 양도담보설정자가 그 동산을 점유하는 경우에는 채권자에 대하여 채권담보의 약정에 따른 사무를 처리하는 자의 지위에 있게 되므로, 채무자가 양도담보된 동산을 처분하는 등 부당히

---

345 대판 2010. 6. 24, 2009도9242.

346 대판 1980. 11. 11, 80도2097.

347 대판 1990. 2. 13, 89도1931(최초의 양도담보권자에게 손해가 발생할 우려가 없다는 취지); 대판 2004. 6. 25, 2004도1751(성형사출기를 점유개정의 방식으로 2중으로 양도담보로 제공한 사례); 대판 2007. 2. 22, 2006도6686(어선원부 등은 행정상 편의를 위하여 소유자를 등록하는 공부에 불과하고 그로써 사법상 권리변동이 이루어지는 것은 아니므로, 어선원부상 소유자명의 변경만으로는 양도담보권자에게 재산상 손해가 발생할 위험이 없어 배임죄가 성립하지 않는다); 대판 2009. 2. 12, 2008도10971(대물변제의 형식을 빌려 실질적으로 이 사건 기계에 양도담보권을 설정한 다음 은행에 공장근저당권의 목적으로 제공하더라도 본죄도 성립하지 않고, 저당권의 효력도 미칠 수 없으므로 피해자에게 손해가 없어 배임죄로도 처벌할 수 없다).

위 2004도1751 판결의 해설은 정한익, "점유개정에 의하여 이중으로 양도담보설정계약을 체결한 후 양도담보설정자가 목적물인 동산을 임의로 처분한 경우, 2차로 설정계약을 체결한 채권자에 대한 관계에서도 배임죄를 구성하는지 여부", 해설 50, 법원도서관((2004), 689-702.

그 담보가치를 감소시키는 행위를 한 경우,[348] 담보된 동산이 자동차인 경우 이를 점유하는 채무자가 이를 처분하는 등 부당히 그 담보가치를 감소시키는 행위를 한 경우,[349] 배임죄가 성립한다고 하였다. 그러나 최근 견해를 바꾸어 채무자가 채권자인 양도담보권자에 대하여 담보물의 담보가치를 유지·보전할 의무 내지 담보물을 타에 처분하거나 멸실, 훼손하는 등으로 담보권 실행에 지장을 초래하는 행위를 하지 않을 의무를 부담하게 되었더라도, 이를 들어 채무자가 통상의 계약에서의 이익대립관계를 넘어서 채권자와의 신임관계에 기초하여 채권자의 사무를 맡아 처리하는 것으로 볼 수 없고, 따라서 '채무자를 타인의 사무를 처리하는 자'에 해당한다고 볼 수 없다는 이유로 배임죄의 성립을 부정하였다.[350] 나아가 위와 같은 법리는 권리이전에 등기·등록을 요하는 동산에 관한 양도담보설정계약에도 마찬가지로 적용되므로, 자동차 등에 관하여 양도담보설정계약을 체결한 채무자는 채권자에 대하여 그의 사무를 처리하는 지위에 있지 아니하므로, 채무자가 채권자에게 양도담보설정계약에 따른 의무를 다하지 아니하고 이를 타에 처분하였다고 하더라도 배임죄가 성립하지 아니한다고 판시하였다.[351]

(c) 점유개정 방식에 의한 동산 양도담보에서 특별한 사정이 없는 한, 채권자는 양도담보물권을 취득하는 데 지나지 않으나, 그 동산을 다른 사유에 의하여 보관하게 된 채권자가 이를 임의로 처분할 경우에는 본죄의 주체가 될 수 있다. 196

담보목적물을 보관하던 담보권자가 실제의 피담보채권 이외에 자신의 제3 197
자에 대한 기존의 채권까지 변제받을 의도로 이를 피담보채권에 포함하여 변제가 이루어지지 아니할 경우 반환하지 않겠다고 주장하다가, 타인에게 담보목적물을 매각하거나 담보로 제공하여 피담보채무 이외의 채권까지도 변제충당한 경우에는 정당한 담보권의 행사라고 볼 수 없고, 불법영득의 의사가 인정된다.[352]

---

348 대판 1983. 3. 8, 82도1829.

349 대판 1989. 7. 25, 89도350.

350 대판 2020. 2. 20, 2019도9756(전). 본 판결 평석은 강수진, "동산양도담보권 설정자의 담보물관리의무와 배임죄에서의 타인의 사무 - 대법원 2020. 2. 20. 선고 2019도9756 판결에 관한 비판적 검토", 고려법학 100(2021), 225-277.

351 대판 2022. 12. 22, 2020도8682(전)(자동차 양도담보설정계약을 체결한 채무자가 채권자에게 소유권이전등록의무를 이행하지 않은 채 제3자에게 담보목적 자동차를 처분한 행위에 대하여 배임죄로 기소된 사례).

352 대판 2007. 6. 14, 2005도7880. 본 판결 해설은 손봉기, "동산 담보권자가 담보권의 범위를 벗어나서 담보물의 반환을 거부하거나 처분한 경우 횡령죄를 구성하는지 여부", 해설 70, 법원도서관

198 한편 양도담보권자인 채권자가 제3자에게 담보목적물을 매각한 경우, 제3자는 정산절차 종결 여부와 관계없이 양도담보 목적물을 인도받음으로써 소유권을 취득하므로, 채권자가 양도담보 목적물을 목적물반환청구권을 양도하는 방법으로 제3자에게 처분한 후 그 목적물을 취거하게 한 경우에는, 절도죄를 구성할 여지가 없다.[353]

(나) 소유권유보부 매매

199 소유권유보부 매매와 관련된 문제는 특히 동산의 할부매매에서 매수인에게 매매목적물이 인도된 후 할부 등으로 매매대금을 지급할 경우, 매매대금을 완제할 때까지 소유권을 매도인에게 유보하는 특약이 체결될 때 발생한다.

200 피고인이 피해회사로부터 상품을 양도받고 그 대금을 모두 지급하기 전까지는 피해회사가 위 상품에 대한 소유권을 가지기로 하는 상품거래계약은 피해회사의 구체적 위임에 따라 대금의 지급방법까지 구체적으로 지정하고 그 판매대금을 곧바로 피해회사에 귀속시키려고 한 것이므로, 피고인이 판매대금을 전액 지급하기 전까지는 피해회사를 위하여 상품 및 판매대금 전액을 보관하는 지위에 있어, 그 판매대금에서 피해회사에 지급한 부분을 공제한 나머지 금액에 대하여 본죄가 성립한다.[354]

(10) 자동차 횡령

(가) 기본법리

201 종래 소유권 이전에 등록을 요하는 자동차 등의 경우, "타인의 재물을 보관하는 자의 지위는 일반 동산의 경우와는 달리 자동차에 대한 점유의 여부가 아니라 자동차를 제3자에게 유효하게 처분할 수 있는 권능의 유무에 따라 결정하여야 한다."는 취지의 판례[355]가 있었다. 이는 "부동산에 관한 횡령죄에 있어서 타인의 재물을 보관하는 자의 지위는 동산의 경우와는 달리 부동산에 대한 점

(2007), 245-257.

353 대판 2008. 11. 27, 2006도4263. 본 판결 해설은 김태업, "동산의 양도담보권자가 채무자의 점유 아래 있는 담보목적물을 매각하고 목적물반환청구권을 양도한 다음 매수인으로 하여금 목적물을 취거하게 한 경우, 절도죄의 성립 여부", 해설 78, 법원도서관(2009), 558-590.

354 대판 2010. 1. 14, 2009도7737. 일본 판례도 본죄의 성립을 인정하고 있다[最決 昭和 55(1980). 7. 15. 判時 972·129].

355 대판 2006. 12. 22, 2004도3276; 대판 1978. 10. 10, 78도1714.

유의 여부가 아니라 부동산을 제3자에게 유효하게 처분할 수 있는 권능의 유무에 따라 결정하여야 한다."는 법리[356]를 자동차 등에도 확대 적용한 것이다.

다른 한편, "횡령죄에서의 재물의 보관이라 함은 재물에 대한 사실상 또는 법률상 지배력이 있는 상태"라는 취지의 판례[357]를 자동차 등 등록이 필요한 물건에도 적용하여 본죄의 성립을 인정한 판례가 오히려 아래와 같이 주류를 이루고 있었다.[358] 이에 따라 실무에서는 렌트차량, 리스차량 등에 있어서의 임차인 및 리스이용자가 이를 '사실상' 처분하거나 담보로 제공하는 경우를 모두 횡령으로 의율하고 있었다. 이들이 소유자(렌트카 회사, 리스회사)에게 정당한 사유 없이 반환하지 않는 경우도 역시 횡령(반환거부)으로 의율하고 있다. 이는 차량을 일반 동산과 같이 취급하는 입장으로 이해할 수 있다. 202

그러다가 대법원 전원합의체 판결[359]을 통해 전자(법률상 유효하게 처분할 수 있는 사람, 즉 등록명의자만이 차량의 보관자라고 해석하는 판례)는 폐기되었다. 그 종류를 불문하고 등록에 의하여 소유권이 이전하는 차량은 부동산의 성격과 동산의 성격을 모두 가지고 있으나, 단순한 점유이전만으로 거래의 대상이 되고 담보가치가 평가되는 것이 현실인 점을 반영한 판례 변경이다. 이른바 대포차량으로서 처분하는 경우(예컨대, 밀수출이나 번호판 변경)에는 부동산의 성질보다는 일반 동산 203

---

356 대판 2000. 4. 11, 2000도565(부동산을 공동으로 상속한 사람들 중 1인이 부동산을 혼자 점유하던 중 다른 공동상속인의 상속지분을 임의로 처분하여도 그에게는 그 처분권능이 없어 본죄가 성립하지 아니함); 대판 2004. 5. 27, 2003도6988; 대판 2005. 6. 24, 2005도2413.

357 대판 2008. 9. 11, 2008도4859.

358 대판 2010. 6. 24, 2010도2726(리스차량 담보권자의 처분 사례); 대판 2011. 4. 28, 2010도15350(리스차량 장물취득 사례); 대판 2011. 9. 29, 2011도3519(렌트카 담보제공 사례); 대판 2012. 5. 24, 2011도11500(리스차량 담보제공 사례); 대판 2012. 7. 12, 2012도4033(리스차량 반환 거부 사례); 대판 2013. 12. 12, 2012도16315(렌트카 반환거부 사례); 대판 2014. 3. 13, 2014도422(매매위탁 보관 중 처분 사례); 대판 2014. 7. 24, 2014도3413(리스중기 해외반출 사례); 대판 2014. 9. 4, 2014도6873(렌트카 담보 제공 사례).

359 대판 2015. 6. 25, 2015도1944(전)(소유권의 취득에 등록이 필요한 타인 소유의 차량을 인도받아 보관하고 있는 사람이 이를 사실상 처분하면 횡령죄가 성립하며, 그 보관 위임자나 보관자가 차량의 등록명의자일 필요는 없다). 같은 취지로는 대판 2023. 6. 1, 2023도1096(자동차에 대한 소유권의 득실변경은 등록을 함으로써 그 효력이 생기고 등록이 없는 한 대외적 관계에서는 물론 당사자의 대내적 관계에서도 소유권을 취득할 수 없는 것이 원칙이지만, 당사자 사이에 소유권을 등록명의자 아닌 자가 보유하기로 약정하였다는 등의 특별한 사정이 있는 경우에는 그 내부관계에 있어서는 등록명의자 아닌 자가 소유권을 보유하게 된다).

위 2015도1944 전원합의체 판결 해설은 민철기, "차량의 등록명의자가 아닌 지입차주가 차량의 보관자의 지위에 있다고 볼 수 있는지 여부", 해설 104, 법원도서관(2015), 361-383.

으로서의 성질이 더 강하고, 부동산과 달리 차량에 대한 절도죄를 인정하고 있는 점도 고려되었다고 볼 수 있다. 또한 등록명의를 이전받는 형식의 법률적 보관에만 한정할 필요는 없고, 점유이전에 의한 사실상의 보관도 그로 인하여 사실상의 소유권 침해·상실이 발생할 수 있는 이상 보관의 개념에 포함될 수 있기 때문이기도 하다.

(나) 지입차량의 경우

204 지입차량의 소유권 귀속에 관한 논의는 다음과 같다. 대외적 관계에서 지입자동차의 소유권은 등록명의자인 지입회사에 있다.[360] 지입차주와 지입회사의 내부적 관계에서 소유권자가 누구인가는 양자 간 약정의 내용에 따라 결정된다. 만일 지입차주에게 소유권을 유보하기로 하는 약정이 있다면, 지입차주를 내부적 관계에서 소유권자로 본다.[361] 그러한 약정이 없는 경우에는, ① 지입차주에게 소유권이 있다고 보는 견해[362]와 ② 지입회사에게 소유권이 있다고 보는 견해[363]가 대립된다. 민사판례는 내부적 관계에서는 지입차주에게 소유권이 귀속된다는 것이 주류이지만,[364] 권리행사방해죄에 관한 형사판례에서는 지입회사가 소유권을 갖는다고 판시하거나[365] 이를 전제로 판단한 것[366]이 많다.

205 앞서 본 바와 같이 형사판례들 사이에서도 서로 상충되는 법리가 설시된 적이 있지만, 지입차주의 지입차량 처분행위에 관하여 대판 2015. 6. 25, 2015도1944(전)은 내부적 관계에서 지입회사에 소유권이 있고, 지입차주는 타인의

---

360 대판 1989. 9. 12, 88다카18641; 대판 1989. 11. 14, 89도773; 대판 2000. 10. 13, 2000다20069; 대판 2007. 1. 25, 2006다61055.

361 대판 2003. 5. 30, 2000도5767(택시 지입 사례); 대판 2013. 2. 28, 2012도15303(명의신탁 자동차 사례).

362 강민성, "실제와 부합하지 않는 명의 내지 형식에 의하여 발생하는 몇가지 문제점들에 대한 고찰", 대전지방변호사회지 2(2002), 206-207; 김영구, "자동차 지입제도와 관련된 몇가지 법률문제", 검찰 50, 대검찰청(1973), 209-210.

363 이주원, "여객자동차 운수사업법 제81조 7호에서 유상운송 제공행위를 처벌하는 자가용 자동차의 의미", 해설 66, 법원도서관(2007), 560.

364 대판 1989. 9. 12, 88다카18641; 대판 2003. 4. 8, 2002다71566; 대판 2011. 1. 27, 2010다85324.

365 대판 2003. 5. 30, 2000도5767은 "(지입) 택시의 소유권을 지입차주가 보유하기로 약정하는 등의 특별한 사정이 없는 한 (내부적) 소유권이 지입회사에 귀속한다."는 취지로 판시하였다.

366 권리행사방해죄로 기소된 사안에서 지입회사에게 소유권이 귀속됨을 전제로 지입차주에게는 무죄를, 지입회사에게는 유죄를 인정한 선례가 많다(대판 1985. 9. 10, 85도899; 대판 1974. 11. 12, 74도1632; 대판 2003. 6. 27, 2002도6088; 대판 2010. 10. 14, 2008도6578 등).

재물을 보관하는 지위에 있다고 판시하면서 그와 다른 위 선례들을 변경하였다.

(다) 관련 선례의 정리

렌트차량의 임차인, 리스차량의 리스이용자, 지입차량의 지입차주 또는 그로부터 사용을 위임받은 사람이 임의로 담보제공·처분 등을 하는 경우에는 본죄가 성립한다는 선례가 주류를 이루었고, 위 전원합의체에 의하여 그와 다른 판례들이 변경되었다. 반면, 아래와 같이 차량에 대한 본죄 성립을 부정한 판례도 있다. 206

(a) 본죄를 부정한 경우

[미등록 수입차를 리스한 사람의 임의 처분] 207

피고인이 수입하여 보관하고 있던 미등록 상태의 차량에 대해 피해자 회사와 리스계약을 체결한 후 이를 보관하다가 임의로 제3자에게 매도하였는데, 매도 당시 미등록 상태였던 이상 피해자 회사는 소유권자가 아니므로 횡령죄가 성립할 수 없다.[367]

[리스차량을 담보로 제공한 경우 소유자가 아닌 사람을 피해자로 하여 기소된 사안] 208

리스이용자 A가 현대캐피탈(소유자)로부터 리스한 차량을 A의 승낙에 따라 사용하고 있던 피고인이 임의로 이를 B에게 담보로 제공한 경우, 위 리스차량이 A의 소유가 아니고, 피고인이 소유자에 대한 관계에서 보관자의 지위에 있다고 보기 어렵다.[368]

(b) 자동차의 가치 감소로 인한 배임죄 성립 여부

저당권설정자가 담보목적물인 자동차를 제3자에게 매도하여 그 소유자가 달라지더라도 저당권에는 영향이 없으므로, 원칙적으로 매도 사실만으로는 배임죄에 해당하지 아니한다.[369] 한편 자동차를 담보로 제공하고 점유하는 채무자가 부당히 그 담보가치를 감소시키는 행위를 한 경우 배임죄를 구성한다는 판례가 있었으나,[370] 대판 2020. 10. 22, 2020도6258(전)로 변경되어 판례는 위와 같은 경우에도 배임죄는 성립하지 않는다고 보고 있다. 209

367 대판 2011. 4. 14, 2010도15438.

368 대판 2014. 5. 16, 2013도13910.

369 대판 2008. 8. 21, 2008도3651.

370 대판 1989. 7. 25, 89도350; 대판 2012. 9. 13, 2010도11665(피고인이 자신의 모친 명의를 빌려 자동차를 매수하면서 A 회사에서 필요한 자금을 대출받고 자동차에 저당권을 설정하였는데 저당권자인 A 회사의 동의 없이 이를 성명불상의 제3자에게 양도담보로 제공하면서 차량포기각서까지 작성해주어, 추급권 행사가 불가능하게 될 수 있었음을 알면서도 그 담보가치를 실질적으로 상실시킨 사례).

Ⅲ. 객관적 구성요건 - 횡령행위

1. 횡령행위의 의의

210 우리 형법은 본죄에 해당하는 행위로서 횡령과 반환거부를 규정하고 있다. 판례에 의하면 횡령행위는 불법영득의 의사를 표현하거나 실현하는 일체의 행위를 말한다. 본죄에서 불법영득의 의사라 함은 자기 또는 제3자의 이익을 꾀할 목적으로 임무에 위배하여 보관하는 타인의 재물을 자기의 소유인 경우와 같이 처분을 하는 의사를 말하고, 이러한 불법영득의 의사는 외부에 인식될 수 있는 객관적 행위를 통하여 실현되어야 하므로 단순한 내심의 의사만으로는 횡령행위에 해당한다고 볼 수 없다.[371]

211 한편 본죄의 본질에 관하여 영득행위설의 입장에서 영득의사가 표출 또는 표현되면 충분하고 실제로 실현될 필요는 없지만 단순한 내심의 의사만으로는 부족하다고 보는 다수설(표현설) 및 실제로 영득의사가 실현될 것을 요한다는 견해(실현설)는 특히 횡령행위의 기수시기에 관하여 논의되는데,[372] 이러한 견해의 대립은 횡령행위의 의의와 반드시 논리적으로 연결되어 있는 것으로는 보이지 않는다. 양자는 영득의사가 단순한 내심의 의사를 넘어서 어느 정도로 표현 내지 실현되어야 하는지 여부에 관한 시기적인 부분에 있어 차이를 보일 뿐, 단순한 임의 처분(횡령) 및 반환거부만으로는 곧바로 횡령행위를 인정할 수 없다는 점에 있어서는 그 전제를 같이 하기 때문이다.

212 객관적 구성요건으로서 횡령행위는 적극적으로 재물을 횡령하는 것과 소극적으로 반환을 거부하는 것으로 대별할 수 있다. 다만, 본죄에서는 행위자가 이미 재물을 점유하고 있다는 점에서 행위자가 적극적으로 점유를 취득하는 행위를 할 필요가 없으므로 재물을 보관하는 지위에서 언제 어떤 행위로 불법영득의 의사가 있다고 평가받을 수 있을지는 명확하지 않다. 이와 같이 횡령행위는 실제로 다양하게 나타날 수밖에 없고 이를 정형화하기 곤란하므로, 개별 사례별로 판단할 수밖에 없다.

371 대판 2016. 8. 30, 2013도658 등. 일본 판례로는 大判 明治 43(1910). 8. 9. 刑録 16·1452; 大判 昭和 6(1931). 12. 14. 刑集 10·751.

372 두 견해의 대립에 관하여는 **횡령의 기수시기** 부분에서 상술.

2. 횡령행위의 태양

횡령행위는 사실행위이든, 법률행위이든 모두 포함한다. 부작위에 의한 횡령도 인정한다. 한편 횡령을 실현하기 위하여 기망수단을 사용하거나 다른 범죄를 저지르면서 횡령행위와 유사한 결과가 초래되는 경우 죄책관계가 문제되는데, 이는 다른 죄와의 관계 또는 불가벌적 사후행위의 관련 부분에서 상술한다. 213

(1) 사실행위의 모습

사실행위에는 보관물을 '소비'하는 이외에 '반출', '은닉', '가공'하는 행위를 포함한다. 오토바이를 반환하지 않고 타고 가버리는 행위나 동업재산을 함부로 가져가 버린 행위 등이 이에 해당한다. 보관 중인 원사를 계약에 정한 바와 다른 용도로 사용할 목적으로 가공을 한 경우에도 마찬가지이다. 그러나 보관물을 단순히 손괴하는 행위는 불법영득의사의 표현이라고 보기 어려우므로 이에 해당하지 않는다.[373] 이는 본죄의 본질에 관한 영득의사설에 따를 때 횡령의 개념에서 단순 손괴는 제외되고, 월권행위설에 의하더라도 은닉행위와 달리 이른바 '배신적 영득' 요건이 결여되므로 본죄가 성립하지 않는다. 214

[심부름용 오토바이를 타고 그대로 도주한 경우] 215

피해자가 그 소유의 오토바이를 타고 심부름을 다녀오라고 하여서 그 오토바이를 타고 가다가 마음이 변하여 이를 반환하지 아니한 채 그대로 타고 가버렸다면, 횡령죄를 구성함은 별론으로 하고 적어도 절도죄를 구성하지는 아니한다.[374]

[동업재산을 다른 동업자들의 동의 없이 임의로 처분하거나 반출한 사안] 216

① 동업체에 속하는 재산을 다른 동업자들의 동의 없이 임의로 처분하거나 반출하는 행위는 이를 다른 동업자들에게 통지를 하였다 하더라도 횡령죄를 구성한다.[375]

② 조합재산인 젖소를 단독으로 처분하기 위하여 끌고 간 경우에 횡령죄가 성립한다.[376]

[자기가 점유하는 피해자 소유 원사에 대하여 불법영득의사로 가공행위를 한 경우] 217

피고인은 피해자와의 사이에 수출용 조오셋트 임직 계약을 체결하고 그 원료인 원사를 피해자로부터 공급받아 보관 중 임의로 시판용 이태리 깔깔이를 제직하여 판매할 의사로 위 원사 전

---

373 주석형법 〔각칙(6)〕(5판), 284(노태악).
374 대판 1986. 8. 19, 86도1093.
375 대판 1993. 2. 23, 92도387.
376 대판 1975. 5. 27, 75도1014.

부를 연사하여 그 일부를 제직하였고 이는 원상회복이 불가능하므로, 피고인이 자기가 점유하는 피해자 소유의 원사를 불법영득할 의사로 가공한 이상 횡령죄는 기수가 된다.[377]

218 **[법인의 변칙적인 회계처리가 장부상 분식에 불과한 경우]**

횡령행위에서 은닉이란 타인의 재물의 보관자가 위탁의 본지에 반해 그 재물을 발견하기 곤란한 상태에 두는 것을 말한다.[378] 법인이 변칙적인 회계처리 등으로 비자금을 조성하였다는 것만으로는 원칙적으로 불법영득의사를 인정할 수 없다. 이는 회사 이외의 제3자가 발견하기 곤란하게 하기 위한 장부상의 분식에 불과하기 때문이다.[379]

(2) 법률적 처분행위

(가) 행위태양

219 횡령행위의 대표적 유형으로 사실행위 이외에 법률적 처분행위가 있다. 보관물의 매도, 증여, 교환 등 전체 처분행위와 대여 또는 담보제공과 같은 부분 처분행위로 대별할 수 있다. 부동산의 경우에 저당권이나 지상권을 설정하거나 가등기 또는 등기를 경료하는 행위가 이에 해당하고, 동산은 양도담보로 제공하는 행위가 이에 포함된다.

220 본죄의 성립시기(착수, 기수)와 관련하여 계약의 청약만으로 충분한지,[380] 계약이 체결되어야 하는지, 그에 따른 이행행위까지 있어야 하는지 등에 관하여 견해 대립이 있을 수 있다. 본죄를 위험범으로 파악하는 경향이 강할수록 착수시기를 앞당기는 해석을 할 수 있겠지만, 개별 사례별로 불법영득의 의사를 실현하였다고 볼 수 있을 만한 외부적 행위가 있는지를 판단할 수밖에 없다.

221 **[공동으로 보관하는 금원을 임의로 제3자에게 대여한 경우]**

이 사건 금원은 피고인이 A 등을 위하여 보관하되 그들에게 지급될 때까지의 관리는 피고인과 A 등이 공동으로 하기로 하였는데, 피고인이 이를 임의로 제3자에게 사채로서 대여한 행위는 불법영득의 의사가 인정되므로 횡령죄가 성립한다.[381]

---

377 대판 1981. 5. 26, 81도673.

378 대판 1999. 9. 17, 99도2889.

379 대판 1999. 9. 17, 99도2889; 대판 2010. 12. 9, 2010도11015; 대판 2013. 4. 25, 2011도9238. 이에 대한 상세한 내용은 '**비자금**' 관련 주해 부분 참조.

380 주석형법 [각칙(6)](5판), 284(노태악).

381 대판 1980. 5. 27, 80도132.

(나) 법률행위의 효력 관련

법률적 처분행위가 무효이거나 취소사유가 있어도 본죄의 성립에 영향이 없다. 그러나 아예 어떠한 법률적 효과가 발생할 수 없는 행위,[382] 당초 처분행위의 실현가능성이 없으므로 소유권 침해를 인정할 수 없는 경우[383] 등은 본죄가 성립할 수 없다는 견해가 있다. 당연무효인 경우에는 본죄의 미수가 되고, 취소할 수 있는 경우에는 본죄가 성립한다는 견해[384]도 있다. 222

판례는 종래 법률행위가 무효인 경우 본죄가 성립하지 않는다는 취지의 판시를 해 오다가,[385] 본죄는 다른 사람의 재물에 관한 소유권 등 본권을 그 보호법익으로 하고 본권이 침해될 위험성이 있으면 그 침해의 결과가 발생되지 아니하더라도 성립하는 이른바 위태범이므로, 다른 사람의 재물을 보관하는 사람이 그 사람의 동의 없이 함부로 이를 담보로 제공하는 행위는 불법영득의 의사를 표현하는 횡령행위로서 사법상 그 담보제공행위가 무효이거나 그 재물에 대한 소유권이 침해되는 결과가 발생하는지 여부에 관계없이 본죄를 구성한다고 판시하였다.[386] 위 판결은 본죄에 관하여는 본죄가 위태범임을 다시 확인하고 횡령행위가 사법상 무효이더라도 불법영득의사를 실현하는 행위인 이상 본죄가 성립한다는 점을 명확히 한 데 그 의의가 있다.[387] 223

한편 판례는 배임죄에 관하여는 법률행위가 사법상 무효라도 배임죄의 성립을 꾸준히 인정하여 왔는데,[388] 최근 대법원 전원합의체 판결은 약속어음 발행이 임무위반인 경우에도 약속어음 발행이 무효일 뿐만 아니라 그 어음이 유통되지도 않았다면 회사에 현실적으로 손해가 발생하였다거나 실해 발생의 위험이 발생하였다고도 볼 수 없으므로 배임미수죄로 처벌하여야 한다고 보았다.[389] 무효인 어음행위에 대하여도 배임죄의 기수를 인정했던 판결[390]을 변경한 것인 224

382 손동권·김재윤, § 24/42.
383 정성근·박광민, 441.
384 이영란, 392.
385 대판 1978. 11. 28, 75도2713(공장저당법에 따라 무효인 공장 근저당권을 설정한 사례).
386 대판 2002. 11. 13, 2002도2219.
387 한창훈, "횡령죄가 위태범인지 여부 및 보관중인 타인의 재물을 담보로 제공하는 행위가 사법상 무효인 경우 횡령죄가 성립하는지 여부", 해설 43, 법원도서관(2002), 6.
388 대판 1999. 6. 22, 99도1095 등.
389 대판 2017. 7. 20, 2014도1104(전).
390 대판 2012. 12. 27, 2012도10822.

데, 본죄에 관하여는 아직 미수와 기수를 엄격히 구분하는 취지의 판시는 이루어지지 않은 것으로 보인다.

(3) 부작위에 의한 횡령행위

225 부작위에 의하여 영득의사가 표현될 수 있으므로 부작위에 의한 횡령행위도 인정할 수 있다.[391] 판례는 입찰업무를 담당하는 법원공무원이 자신이 맡고 있는 입찰사건의 입찰보증금이 계속적으로 횡령되고 있는 사실을 알았다면 이를 제지하고 즉시 상관에게 보고하는 등의 방법으로 그러한 사무원의 횡령행위를 방지해야 할 법적인 작위의무를 지는 것이 당연하므로, 자신의 작위의무를 이행함으로써 결과 발생을 쉽게 방지할 수 있었음에도 새로운 횡령범행을 방조 용인한 것을 작위에 의한 법익 침해와 동등한 형법적 가치가 있는 것이라고 하여 부작위에 의한 횡령을 인정한다.[392]

226 일본에서는 사법경찰관이 사건의 증거물로서 제출받은 재물을 영득할 의사로 자기의 책상서랍에 넣어 두고 검사에게 송부하지 않은 때에는 본죄가 성립한다는 판례[393]가 있다. 이에 대하여 본죄의 재산범적 성격에 비추어 무리하게 확장해석을 적용하는 것은 죄형법정주의와의 관계에서 허용될 수 없다는 비판이 있을 수 있다.

(4) 불법영득의사를 표현 또는 실현하는 행위

227 횡령행위는 불법영득의 의사를 표현하거나 실현하는 일체의 행위를 말하므로, 전형적인 횡령행위에 해당하는 것 이외에 거래상 일어날 수 있는 다양한 영역에서 불법영득의사의 존부가 논의될 수 있다. 아래에서는 그중에서 부동산에 대한 횡령행위와 대표이사의 회사재산에 관한 횡령행위에 관하여 살펴본다.[394]

---

391 김성돈, 454; 배종대, §74/33; 오영근, 365; 이재상·장영민·강동범, §20/34; 임웅, 516; 주호노, 850; 주석형법 [각칙(6)](5판), 285(노태악).

392 대판 1996. 9. 6, 95도2551.

393 大判 昭和 10(1935). 3. 25. 刑集 14·325(사법경찰관이 피의자로부터 임의제출을 받은 손목시계와 현금을 영득의사로 영치절차를 거치지 않고 검찰청에도 송치하지 않은 사례). 그 밖에 부작위에 의한 횡령행위를 인정한 판결로는 最判 昭和 27(1952). 10. 17. 裁判集(刑事) 68·361(총포등소지금지령에 의하여 보관허가신청절차를 취해 주도록 의뢰받아 칼 등을 보관 중, 소정기일까지 신청하지 않고 이후 자신을 위하여 그대로 가지고 있었던 사례)이 있다.

394 사용용도에 재량이 일정범위 내에서 인정되는 예산의 항목 유용이나 판공비 또는 업무추진비의 지출, 반대로 사용목적과 용도가 엄격히 제한되는 학교법인의 교비회계나 특별수선충당금의 지출, 비자금의 조성과 사용, 변호사 선임료 등 소송비용의 지출, 상법상 가장납입 등에 관하여는 **불법영득의사** 부분 참조.

3. 부동산의 횡령행위

(1) 부동산의 경우 적극적 처분행위 외에 소극적인 반환거부도 본죄가 될 수 있다.[395] 부동산을 처분하는 행위 이외에 담보로 제공하는 행위도 횡령행위에 해당한다. 부동산에 근저당권을 설정하는 것은 담보제공 상당의 재산상 이익을 취하는 것이 종국적인 목적이 되지만, 부동산에 대하여 본죄를 인정하는 우리나라에서 근저당권 설정을 불법영득의 의사를 실현하는 행위로 보아 횡령행위로 인정한다. 담보목적의 가등기도 마찬가지이다. 한편 판례는 회사 대표이사가 회사의 부동산을 담보로 제공하는 행위는 배임죄로 처벌하는데, 이는 대표이사에게는 보관자의 지위가 인정되지 않는 데에 따른 차이에 기인한다. 228

부동산의 근저당권은 여러 번 설정할 수 있다. 종래 판례는 본죄가 재물죄라는 특성에 근거하여 최초의 근저당권 설정행위로 부동산 전체에 대하여 본죄가 성립하고 그 이후에 다시 근저당권을 설정한 행위는 불가벌적 사후행위로 보았으나,[396] 이후 전원합의체 판결로 일정한 경우 사후 근저당권 설정행위가 본죄가 될 수 있다고 보아 견해를 변경하였다.[397] 229

[임의로 근저당권을 설정한 후 다시 임의로 제3자에게 매도한 사안] 230

타인의 부동산을 보관 중인 자가 그 부동산에 근저당권설정등기를 경료함으로써 일단 횡령행위가 기수에 이르렀다 하더라도, 그 후 같은 부동산에 별개의 근저당권을 설정하여 새로운 법익침해의 위험을 추가함으로써 그 위험을 증가시키거나 이를 매각함으로써 새로운 법익침해의 결과를 발생시켰다면 별도로 횡령죄를 구성한다.[398]

---

395 대판 2010. 2. 25, 2010도93(공동상속 부동산을 상속지분대로 분배해 달라는 요구를 거부한 이후에 제3자 명의로 근저당권을 설정한 사례); 대판 2014. 5. 29, 2013도9951(반환거부는 근저당권과 달리 부동산 전체에 대하여 본죄가 성립되므로 그 이후 처분행위는 불가벌적 사후행위가 된다고 한다. 상세한 내용은 **불가벌적 사후행위** 부분 참조).

396 대판 2000. 3. 24, 2000도310. 본 판결 평석은 김대웅, "횡령한 부동산에 대한 횡령죄의 성립 여부", 형사판례연구 〔18〕, 한국형사판례연구회, 박영사(2010), 146-173.

397 대판 2013. 2. 21, 2010도10500(전)(피해자 A 종중으로부터 토지를 명의신탁받아 보관 중이던 피고인 甲이 개인 채무 변제에 사용할 돈을 차용하기 위해 위 토지에 근저당권을 설정하였는데, 그 후 피고인 甲, 乙이 공모하여 위 토지를 B에게 매도한 사례). 본 판결 평석은 김봉수, "'횡령 후 처분행위'에 대한 형법적 평가", 형사판례연구 〔25〕, 한국형사판례연구회, 박영사(2017), 197-228; 백원기, "횡령죄의 본질과 불가벌적 사후행위에 관한 비판적 고찰", 형사판례연구 〔23〕, 한국형사판례연구회, 박영사(2015), 301-396; 이경렬, "'명의수탁자의 처분과 횡령'의 불가벌적 사후행위", 형사판례연구 〔22〕, 한국형사판례연구회, 박영사(2014), 139-174.

398 대판 2013. 2. 21, 2010도10500(전).

231 **[부동산 반환거부 이후의 근저당권설정행위: 불가벌적 사후행위]**

다른 공동상속인들을 위하여 이 사건 임야를 보관하고 있는 피고인 甲이 그들로부터 그 반환요구를 받고도 이를 거부하였다면 이는 객관적으로 불법영득의 의사를 외부에 발현시키는 행위로서 이미 횡령죄는 완성되었고, 그 횡령행위의 완성 후에 타인에게 근저당권설정등기를 경료해 준 행위는 불가벌적 사후행위로서 별도의 횡령죄를 구성하지 않는다.[399]

232 (2) 지상권의 경우 비록 담보물권이 아닌 용익물권임에도 불구하고 판례는 꾸준히 본죄의 성립을 인정해왔다.[400]

233 (3) 미등기 부동산의 경우, 그 부동산을 관리하는 사람이 피해자의 승낙 없이 보존등기를 하였다면 본죄가 성립한다.

234 **[미등기건물의 관리를 위임받아 보관하던 사람이 임의로 보존등기를 경료한 경우]**

미등기건물의 관리를 위임받아 보관하고 있는 피고인이 임의로 그 건물에 대하여 자신의 명의로 보존등기를 하거나 동시에 타인에게 근저당권설정등기를 마쳤다면, 이는 객관적으로 불법영득의 의사를 외부에 발현하는 행위로서 횡령죄에 해당한다.[401]

4. 대표이사의 회사재산 횡령(사적 용도 사용)

(1) 판례 법리

235 대표이사가 회사의 재산을 임의로 처분하는 등 불법으로 영득하는 행위는 횡령행위가 된다. 판례는 크게 3가지 판시를 내고 있다.

(가) 대표이사 등이 통상 용인될 수 있는 범위를 벗어난 행위를 한 경우

236 회사의 대표이사가 회사를 위한 지출 이외의 용도로 거액의 회사 자금을 가지급금 등의 명목으로 인출, 사용함에 있어서 이자나 변제기의 약정이 없이 이사회 승인 등 적법한 절차도 거치지 아니하는 것은 통상 용인될 수 있는 범위를 벗어나 대표이사 등의 지위를 이용하여 회사 자금을 사적인 용도로 임의로 대여, 처분하는 것과 다름 없어 본죄를 구성한다고 볼 수 있다.[402] 외형상 회사가 대표이사에게 대여하는 형식을 취하였다고 하더라도 그것이 통상 용인될 수

---

399 대판 2010. 2. 25, 2010도93.

400 대판 1982. 11. 23, 81도1694. 한편, 채권자와 부동산양도담보설정계약을 체결한 피고인이 그 소유권이전등기 경료 전에 임의로 기존의 근저당권자인 제3자에게 지상권설정등기를 경료한 경우 배임죄가 성립한다(대판 1997. 6. 24, 96도1218).

401 대판 1993. 3. 9, 92도2999.

402 대판 2006. 4. 27, 2003도135; 대판 2010. 5. 27, 2010도3399; 대판 2013. 1. 24, 2012도10629 등.

있는 범위를 벗어났다면 불법영득의 의사를 인정할 수 있는데, 통상 용인될 수 있는지를 판단하는 기준의 예시로 판례는 이자와 변제기의 약정, 적법한 내부절차 등을 들고 있다.

(나) 대표이사 등이 회사 자금을 사적 용도로 사용한 경우

주식회사는 주주와 독립된 별개의 권리주체로서 그 이해가 반드시 일치하는 것은 아니므로, 주주나 대표이사 등 회사 자금의 보관이나 운용에 관한 사실상의 사무를 처리하는 사람이 회사 소유 재산을 제3자의 자금 조달을 위하여 담보로 제공하는 등 사적인 용도로 임의 처분하였다면, 그 처분에 관하여 주주총회나 이사회의 결의가 있었는지 여부와는 관계없이 본죄의 죄책을 면할 수는 없다.[403] 자금 사용의 용도가 사적 사용임이 명확하게 드러나는 경우에는, 주주총회나 이사회 결의와 같은 형식적인 지출절차를 취하였다고 하더라도 불법영득의사를 인정할 수 있다는 취지이다. 237

(다) 회사의 대표이사가 업무상 보관 중인 금전이 회사장부상 위 대표이사의 가수금으로 처리되어 있다 하더라도 위 대표이사가 회사 소유의 자금인 위 금전을 개인용도에 임의 소비하였다면 이는 업무상횡령죄를 구성한다.[404] 즉, 대표이사가 회사에 대하여 가수금을 갖고 있었다고 하더라도 이를 (사전) 변제받는 것이 아니라면 그러한 자금의 회계처리에도 불구하고 횡령의 죄책을 면하지 못하는 것이다. 238

(2) 판례에 나타난 개별 사안들

[가지급금 등으로 인출하거나 비자금으로 조성한 돈을 개인적 용도로 사용한 사안] 239

① 피고인이 회사 자금을 부정인출하면서 대외 장부상에는 매출액을 누락시키거나 각종 비용을 과다계상함으로써 이익발생을 허위로 줄여서 기재한 반면, 실제 발생한 이익은 내부 비밀장부에 주주가 지급금으로 지출내역을 밝힌 후, 위 부정인출한 자금을 회사와 관계가 없는 피고인의 개인적인 용도로 사용한 행위는 업무상횡령이 된다.[405]

---

403 대판 2005. 8. 19, 2005도3045; 대판 2010. 12. 23, 2008도8851; 대판 2011. 3. 24, 2010도17396; 대판 2012. 6. 28, 2012도2628; 대판 2019. 12. 24, 2019도9773; 대판 2022. 4. 28, 2022도1271.

404 대판 1988. 7. 26, 88도936; 대판 2006. 6. 16, 2004도758 등.

405 대판 1989. 5. 23, 89도570(가지급금의 지출이 바로 횡령이 되는 것은 아니지만, 비자금으로 조성된 자금을 회사와 아무런 관계가 없는 개인적인 용도로 사용한 경우에는 본죄가 성립한다고 판단한 사례).

② 피고인이 자신의 지시를 받은 직원의 급여를 허위로 과다계상한 후 그 차액을 빼돌리는 방법으로 비자금을 조성한 다음, 정당한 변제절차를 거치지 않은 채 그 일부를 피고인의 아들에게 유학자금 명목으로 송금하여 개인적인 용도로 사용한 경우 횡령죄가 성립한다.[406]

③ 피고인이 수회 가지급금 등의 명목으로 변칙 회계처리하여 인출하거나 비자금으로 조성한 주식회사의 운영자금을 자신의 주식취득자금 또는 주택분양대금 등의 개인적 용도에 임의로 사용한 행위는 횡령죄를 구성한다.[407]

④ 피고인은 이 사건 주가조작의 범행 당시에 관련 회사 자금의 관리 및 집행 등의 사무 전반을 사실상 처리하여 왔는데, 그가 자금인출의 과정 및 용도 등에 비추어 위 회사 자금을 인출하여 주가조작에 사용한 행위는 업무상횡령죄를 구성한다.[408]

⑤ 주주 등이 주식회사 소유 자금을 차용금이라는 명목으로 함부로 인출하여 개인채무 변제 등 사적인 용도로 사용하였다면, 이는 주식회사 제도의 목적에 비추어 볼 때 주주총회나 이사회의 결의에 관계없이 횡령죄를 구성할 수 있다.[409]

240 **[대표이사가 차용하여 장부상 가수금으로 처리한 회사 자금을 임의로 소비한 경우]**

① 피고인이 A 주식회사의 대표이사로 업무상 보관하던 금원이 그가 차용한 것이고 회사장부상 가수금으로 처리되어 있다 할지라도, 위 금원이 위 회사 소유의 자금인 이상 피고인이 이를 개인용도에 임의로 소비한 것은 업무상횡령죄를 구성한다.[410]

② 회사의 실제 운영자인 피고인이 개인적으로 조달하여 회사에 입금하고 '대표이사 가수입금'으로 회계처리한 자금은 회사 소유로 보아야 하고, 피고인이 가장거래를 통해 위 자금을 회사에서 유출하여 보관하다가 이를 개인용도로 사용한 행위는 업무상횡령죄를 구성한다.[411]

241 **[회사의 재산을 개인적 용도로 담보로 제공한 경우]**

① 피고인 乙이 주식회사의 주식을 매도하면서 피고인 甲으로 하여금 매수인 측에 양도성예금증서를 교부하게 하여, 매수인 측이 이를 위 회사의 자금으로 준비한 1차 중도금 상당의 대출

406 대판 2012. 12. 13, 2010도4807.

407 대판 2000. 3. 14, 99도4923(대표이사라도 회사자금을 회사 목적 외에 사용하면서 가지급금 명목으로 회계처리하여 인출하는 경우 본죄가 성립한다는 취지).

408 대판 2006. 4. 27, 2003도135(명목만 대표이사 가지급금이지, 실질은 회사 돈을 회사에게는 아무런 도움이 되지 않는 피고인의 동서에게 함부로 빌려준 셈이 되므로 본죄가 성립한다는 취지).

409 대판 2007. 10. 11, 2007도6012.

410 대판 1988. 7. 26, 88도936.

411 대판 2012. 2. 23, 2011도15413(대표이사 가수금의 반환으로서 절차를 갖추지 못하여 회사자금의 횡령이라는 취지). 한편 회사에 대한 개인적 채권을 가진 대표이사가 회사자금으로 자신의 채권 변제에 충당한 경우 불법영득의사가 인정되지 않는다는 판례(대판 2002. 7. 26, 2001도5459 등)가 있으나, 이는 회사 채무의 변제를 위한 자금의 인출·사용이라는 사실관계가 인정되는 것을 전제로 적용될 수 있는 법리이므로, 이 사건과 같이 회사 채무의 변제라는 형식과 실질을 전혀 갖추지 못한 사안에는 원용하기에 적절치 않다고 본다.

금에 대한 담보로 제공케 한 행위는 횡령죄를 구성한다.[412]
② 사채업자로부터 그 인수대금을 차용하는 과정에서 그 차용금 변제를 위한 담보 제공 및 일부 이자 등의 지급조로 A 주식회사 명의의 은행 계좌에서 자기앞수표를 인출하여 사채업자에게 교부한 행위는 업무상횡령죄에 해당한다.[413]

[그 밖의 횡령행위의 태양] 242

① 타인을 위하여 금전 등을 보관·관리하는 자가 개인적 용도로 사용할 자금을 마련하기 위하여, 과다하게 부풀린 금액으로 공사계약을 체결하기로 공사업자 등과 사전에 약정하고 그에 따라 과다 지급된 공사대금 중의 일부를 공사업자로부터 돌려받는 행위는, 그 타인에 대하여 과다하게 부풀려 지급된 공사대금 상당액의 횡령이 된다.[414]
② 회사 운영자나 대표 등이 내부 절차를 거쳐 고문 등을 위촉하고 급여를 지급한 행위가 업무상횡령으로 인정되기 위해서는 그 위촉의 필요성이나 정당성이 명백히 결여되거나 그 지급되는 급여가 합리적인 수준을 현저히 벗어나는 경우이어야 한다.[415]
③ 조합규약 및 조합원들의 의사에 반함을 알면서도 업무집행조합원이 회사의 대표이사로서 보관 중이던 위 신호제지의 주식을 처분한 경우에 횡령죄가 성립한다.[416]
④ 피고인이 영업상 보관하던 피해 회사 소유의 제품판매대금을 수금 취지대로 피해 회사에 입금하지 아니한 채 피고인의 개인통장에 입금·사용한 경우에 횡령죄가 성립한다.[417]
⑤ 피고인이 회사의 자금을 이체한 피고인 또는 이사 등 명의의 계좌는 모두 증권계좌 또는 이와 연결된 은행계좌이므로 이는 주식투자를 위한 예치금으로서 언제든지 사용될 수 있었고, 이사회 등의 결의나 승인을 받은 적이 없으며 이를 회사의 경영진이 알지 못하였으므로, 피고인에게 위 자금에 대한 불법영득의 의사가 인정된다.[418]
⑥ 피고인들이 피해 회사의 자회사 계좌를 이용하여 피해 회사의 납품대금을 횡령한 경우, 법인격 부인 여부에 따라 횡령죄의 성립이 좌우되는 것은 아니다.[419]
⑦ A 주식회사의 자금 관리를 사실상 담당하던 피고인이 대표이사의 결재나 승인 등 적법한 내부절차를 거치지 않은 채 공범의 지시에 따라 공범이 사실상 지배하는 다른 회사의 법인계좌로 A 주식회사의 자금을 송금하고 지인들의 자금 대여 요청에 응하여 A 주식회사의 자금을 임의로 처분한 행위는 특정경제범죄법위반(횡령)죄(횡령액 50억 원 이상)를 구성한다.[420]

---

412 대판 2005. 8. 19, 2005도3045.
413 대판 2012. 6. 28, 2012도2628.
414 대판 2015. 12. 10, 2013도13444.
415 대판 2013. 6. 27, 2012도4848.
416 대판 2008. 10. 23, 2007도6463.
417 대판 2009. 12. 24, 2007도2484.
418 대판 2014. 12. 24, 2014도11263.
419 대판 2019. 12. 24, 2019도9773.
420 대판 2022. 4. 28, 2022도1271.

243 **[불법영득의 의사를 추단할 수 있는 경우]**

주식회사의 대표이사가 회사의 금원을 인출하여 사용하였는데 그 사용처에 관한 증빙자료를 제시하거나 그 인출사유와 금원의 사용처에 관하여 납득할 만한 합리적인 설명을 하지 못하고 있다면, 그의 불법영득의 의사를 추단할 수 있다.421

244 **[횡령죄가 인정되지 않는 사안]**

① 피고인이 위 회사에 대하여 양도대금채권을 가지고 있고, 위 추심금 중 일부를 그 채권의 변제에 충당하였다면, 이는 대표이사의 권한 내에서 한 회사채무의 정당한 이행행위로서 유효하고, 불법영득의 의사가 인정되지 아니하여 횡령죄가 될 수 없다.422

② 피고인이 받은 돈이 배임수재 죄책에 따라 추징되어야 하는지 횡령 죄책에 따라 회사에 반환되어야 하는지 확정될 때까지 위 돈을 회사에 입금하여 놓기로 하여 회사에 입금하고 가수금으로 회계처리하였다가, 배임수재 판결이 확정되자 회사 계좌에서 인출하여 추징금으로 납부하고 '가수금 반환' 등으로 회계처리를 한 경우, 배임수재 재판에서 선처를 받기 위하여 위 돈을 회사에 입금한 면이 있다고 하더라도 회계처리 내역과 달리 그 돈을 회사에 확정적으로 귀속시켰다고 보기는 어렵고, 적법한 회계처리를 거쳐 가수금채무의 이행행위로 위 돈을 인출하여 사용한 것이므로 불법영득의사 역시 인정되지 않는다.423

5. 반환거부

(1) 횡령행위로서 반환거부

245 우리 형법은 일본이나 독일의 경우와 달리 '반환거부'를 본죄의 구성요건행위의 한 태양으로 규정하고 있다. 1940년 일본형법가안에 존재하던 '반환의 거부'가 일본형법에는 들어가지 않았으나 우리 형법에는 규정되었다.

246 일본형법가안은 '상당한 이유 없이 그 물건의 반환을 거부하여 본인에게 재산상 손해를 가한 때'라는 표현을 사용하는데, 이는 본죄의 배임죄적 성격을 부각한 것이다. 이러한 입법역사에 비추어 우리 형법의 '반환거부'는 횡령행위와는 구별되는 행위태양으로 보아 배임죄적 성질이 인정되어 물건의 사용가치가 그 행위객체가 될 수 있다는 견해도 있을 수 있다.

247 한편 반환거부를 횡령행위의 일환으로 명시적으로 규정하지 않은 일본에서도 타인의 물건을 점유하는 사람이 위탁의 본지에 위배하여 그 물건을 자기의

421 대판 2012. 1. 27, 2011도14247.

422 대판 1999. 2. 23, 98도2296.

423 대판 2019. 1. 10, 2018도16469.

수중에 억류(抑留)하여 소유자의 반환청구를 응하지 않는 경우에는, 물건의 소유권에 대한 사실상의 침해를 인정할 수 있기 때문에 본죄가 성립한다.[424]

(2) 반환거부의 의의와 판단기준

반환의 거부란 보관물에 대해서 소유권자의 권리를 배제하는 의사표시를 하는 행위를 의미한다. 타인의 재물을 자기 소유라고 주장하면서 소를 제기하거나 상대방의 소에 대하여 항변을 제출하는 행위 등도 횡령의 불법영득의 의사가 객관적으로 표현된 행위라고 평가할 수 있다.[425] 248

판례는 반환거부의 이유와 주관적인 의사들을 종합하여 반환거부행위가 횡령행위와 같다고 볼 수 있을 정도이어야 하고, 그 거부에 정당한 이유가 있다면 불법영득의 의사를 인정할 수 없다고 한다.[426] 반환을 거부할 만한 정당한 이유의 여부는 유치권 등 반드시 적법한 권리를 가졌는지 여부만으로 판단하는 것이 아니라, 제반사정을 종합하여 그것이 사회통념상 부당한 것이 아니라고 인정되는 경우를 널리 포함하여 판단한다. 반환거부에 이르게 되는 과정에 절차상의 적법 여부에 의문이 제기될 수 있는 경우라도, 행위자의 주관적 판단이 객관적으로 사회통념상 심히 부당한 것이 아니라고 인정되는 경우에는 횡령의 범의를 부인하는 것으로 볼 수 있다.[427] 249

한편 불법영득의 의사는 '타인의 재물을 보관하는 자'가 그 취지에 반하여 정당한 권원 없이 스스로 소유권자와 같이 이를 처분하는 의사를 말하는 것이므로, 비록 반환을 거부하였다고 하더라도 그 반환거부에 정당한 사유가 있어 이를 반환하지 아니하였다면 불법영득의 의사가 있다고 할 수 없다.[428] 250

424 大判 大正 7(1918). 7. 5. 刑録 24·909(자신이 점유하는 타인의 부동산을 자신의 것이라고 주장하며 소유자에의 반환 및 등기부상의 명의이전청구를 거부하는 행위).

425 주석형법 [각칙(6)](5판), 284(노태악).

426 대판 1986. 10. 28, 86도1516; 대판 1988. 8. 23, 88도1213; 대판 1989. 3. 14, 88도2437; 대판 1992. 11. 27, 92도2079; 대판 1993. 6. 8, 93도874; 대판 1998. 7. 10, 98도126; 대판 2002. 9. 4, 2000도637; 대판 2004. 4. 9, 2004도671; 대판 2005. 7. 29, 2005도685; 대판 2006. 2. 10, 2003도7487; 대판 2008. 12. 11, 2008도8279; 대판 2022. 12. 9, 2021도2088.

427 독일에서도 영득의사의 인정과 관련해서, 반환의무를 지는 물건을 반환하지 않는 것만으로는 그것이 단지 무관심에 기인하거나 의무의행을 망각한 경우도 있을 수 있는 점에서, 곧바로 영득의사가 인정될 수는 없다고 보는데, 판례 가운데에는 보관물을 장기간 사용하고 있는 경우에는 영득의사가 인정될 수 있다고 본 것이 있다(BGH, 17.03.1987 - 1 StR 693/86).

428 대판 1998. 7. 10, 98도126; 대판 2005. 7. 29, 2005도685; 대판 2006. 2. 10, 2003도7487 등.

(가) 반환거부에 의한 본죄의 성립을 긍정한 사례(불법영득의사 긍정)

(a) 리스물건인 승용차의 반환거부

251 ① 리스계약이 해지된 후 리스회사가 피고인에게 리스물건인 자동차의 반환을 요구하였음에도 피고인이 리스계약상의 연대보증채무를 면제해 줄 것을 요구하면서 그 반환을 거부한 것은 위 자동차에 대한 불법영득의 의사를 실현하는 횡령행위가 된다.[429]

252 ② 현대캐피탈은 피고인에게 적법한 리스계약의 계약해지에 따른 차량 반환 및 연체된 미지급 리스료의 지급을 명확하게 요청하였으나, 피고인은 연체 리스료를 납부하지도 않고 정당한 이유 없이 피해자 회사의 반환요구에도 불응한 채 위 차량을 반환하지 않고 무단으로 계속 사용하였으므로 불법영득의 의사가 인정된다.[430]

253 ③ A는 부득이한 사정으로 피고인에게 렌트카 업체의 운영을 위임하면서 이 사건 차량을 위탁하였고, 피고인은 피해자로부터 이 사건 차량의 보관·관리를 위탁받은 A를 통하여 위 차량을 보관하는 지위에 있으므로 본죄가 성립한다.[431]

254 ④ 주식회사의 실질적 운영자인 피고인은 이 사건 차량에 관한 임대차계약이 임대료 연체를 이유로 해지된 후, 피해자로부터 위 차량의 반환을 요구받았음에도 피해자에게 아무런 연락도 취하지 아니하고 위 차량을 계속하여 사용하였고, 달리 반환을 거부할 정당한 이유가 있다고 볼 수 없으므로 불법영득의사가 인정된다.[432]

(b) 그 밖의 사안

255 ① 피고인과 피해자를 포함한 4명 사이에는 공동 구매한 복권 4장 중 어느 복권이 당첨되더라도 당첨금을 공평하게 나누거나 공동으로 사용하기로 하는 묵시적인 합의가 있어 그 당첨금 전액은 위 4명의 공유이므로, 피고인은 피해자의 당첨금 반환요구에 따라 그의 몫을 반환할 의무가 있는데 이를 거부하여 불법영득의사가 인정된다.[433]

---

429 대판 1998. 10. 2, 98도22469.
430 대판 2012. 5. 24, 2012도2826.
431 대판 2013. 12. 12, 2012도16315.
432 대판 2014. 3. 13, 2013도15345.
433 대판 2000. 11. 10, 2000도4335.

② 피고인은 피해자 회사와의 사이에 승차권판매대금의 지급 여부에 관하여 다툼이 있는 위 금원을 공제한 나머지 금원만을 송금한 후, 그 이후의 승차권판매대금에 대하여는 반환을 거부할 상당한 사유가 없음에도 불구하고 피해자 회사가 위 금원의 수령사실을 인정하지 아니한다는 이유로 그 이후의 승차권판매대금의 지급을 거절하였고, 이러한 반환거부는 정당한 이유가 있다고 볼 수 없으므로 횡령행위에 해당한다.[434] 256

③ 이 사건 사업은 실질적으로 피해자가 단독으로 운영하였으므로 피해자의 단독 소유이고, 피고인이 익명조합관계의 영업자의 지위에 있다는 등 위 사업의 소유권을 주장하며 피해자의 이 사건 지게차 반환요구를 거부한 것은 업무상횡령죄를 구성한다.[435] 257

④ 피고인이 자신이 위탁받아 보관하고 있던 재물이 없어졌는데도 그 행방이나 사용처를 제대로 설명하지 못한다면 일단 피고인이 이를 임의 소비하여 횡령한 것이라고 추단할 수 있다고 할 것이고, 그 위탁관계는 사무관리에 의하여도 발생할 수 있다. 피고인이 피해자들로부터 이 사건 불상을 팔아달라는 부탁을 받았는지 여부는 분명하지 아니하나 이 사건 불상을 보관하고 있었음은 명백한데, 피고인은 위 피해자들로부터 이 사건 불상의 반환을 요구받고도 이를 반환하지 아니하였고, 그 행방에 관하여 납득할 만한 설명을 하지 못하고 있으므로 본죄의 불법영득의사가 인정된다.[436] 258

(나) 반환거부에 의한 본죄의 성립을 부정한 사례(불법영득의사 부정)

비록 반환을 거부하였더라도 그 반환을 거부할 정당한 권리(예: 유치권, 동시이행항변권 등)가 있는 경우 불법영득의사를 인정하기 어려울 것이다. 259

한편 판례는, 보관자가 반환을 거절할 권리를 가진 경우, 반환하지 아니한 데에 보관자의 과실이 없는 경우, 반환을 거부할 법률상 근거가 부족한 경우, 적법한 절차를 밟았다고 볼 수는 없는 경우 등에도 그 행위가 객관적으로 보아 사회통념상 심히 부당하다고 할 정도가 아닌 때에는 불법영득의사를 부정하기도 하였다. 이러한 유형으로는 착오에 따른 반환거부, 사실상의 반환장애사유에 260

434 대판 2004. 4. 9, 2004도671.
435 대판 2009. 4. 23, 2007도9924.
436 대판 2009. 12. 10, 2008도10669.

따른 반환지연, 정당한 권리자에 대한 반환의사를 전제로 한 잠정적 반환거부, 다른 용도에 사용하기 위한 반환거부 등이 있다.

(a) 반환을 거부할 법적 권리(선의취득, 유치권, 동시이행항변권 등)가 있는 경우

261 **[동산(극장 내 비품)의 선의취득]**

피고인이 극장의 운영권 및 일체의 비품을 극장 허가명의자로서 위 극장을 직접 운영하던 자로부터 매수하고 이를 인도받아 선의취득한 경우, 위 극장 내 비품인 동산에 대한 당초 소유자의 반환요구를 거절하였더라도 횡령죄가 성립할 수 없다.[437]

262 **[채권 변제 시까지 동산을 유치한 사안]**

피고인이 A에 대하여 채권을 가지고 있어 그 변제를 받기까지는 보관 중인 이 사건 전자오르간 등 물건을 반환할 수가 없다면서 이를 유치한 경우, 피고인에게 불법영득의 의사가 있다고 단정할 수는 없다.[438]

263 **[피고인의 동업자가 업체를 매도하였으나 피고인 몫을 지급하지 않아 피고인이 정산받을 때까지 시설을 유치하고 매수인에게 반환을 거부한 사안]**

피고인과 식료품제조공장을 동업으로 경영하던 甲이 이를 피해자에게 매도하여 그 대금을 전액 수령하고도 피고인에게 정산금을 지급하지 아니하였고, 피해자도 임의로 甲에게 잔대금을 지급하였다면, 피고인이 동업관계의 청산에 따른 자신의 몫을 정산받을 때까지 그 시설을 유치하고자 반환을 거부한 행위는 횡령죄가 될 수 없다.[439]

264 **[연체임료 지급 시까지 임차인의 물건을 유치한 사안]**

점포 임차인인 피해자가 피고인(임대인)으로부터 임차한 점포에서 식품대리점을 운영하다가 기간 만료 전 점포를 비우면서 그곳에 두고 나간 물건들을 보관하고 있는 임대인이 피해자로부터 연체 월세를 지급받기 전까지 피해자에게 그 물건을 반환할 수 없다고 한 경우, 횡령죄가 인정되지 않는다.[440]

265 **[하수급자가 도급인의 자재를 유치한 사안]**

① 피고인이 피해자부터 신축공사를 수급한 A 회사로부터 철골공사를 하수급하여 공사 일부를 진행하였으나 공사비를 제대로 받지 못하자, 이를 받을 때까지 납품받은 피해자 소유의 자재를 유치하기 위하여 반환을 거부한 경우 횡령죄가 성립할 수 없다.[441]

---

437 대판 1983. 12. 13, 83도2642.
438 대판 1986. 2. 25, 86도2.
439 대판 1990. 3. 13, 89도1952.
440 대판 1992. 11. 27, 92도2079.
441 대판 2005. 7. 29, 2005도685.

② 공사대금을 초과한 금원을 지급받은 하수급인에 대하여 그 초과 지급분을 반환하지 않았다고 주장하면서 보관 중인 하수급인 소유 공구의 반환을 거절한 경우, 횡령죄가 인정되지 않는다.[442]

[금형틀에 대한 상사유치권을 행사한 사안] 266

피고인은 이 사건 금형틀의 반환을 거부할 당시 피해자에 대하여 금형제작계약에 기한 물품대금채권을 가졌으므로 위 금형틀에 관하여 상사유치권을 행사할 수 있었고, 정당한 이유 없이 불법영득할 의사로 그 반환을 거부하였다고 볼 수 없다.[443]

[보수를 변제받을 때까지 유치한 사안] 267

주식회사의 대표자인 피고인이 위 회사의 공장 창고에 피해자 회사들의 위탁에 따라 이 사건 시가 불상의 금형들을 보관하고 있었는데, 피고인은 A 회사와 위 금형들을 보관한 것에 관하여 상당한 보수를 변제받을 때까지 위 금형들을 유치할 수 있는 권리가 있으므로, 피고인이 그 반환을 거부한 것에는 정당한 사유가 있다.[444]

[동업자에게 세금 등 각종 비용 부담이 확정될 때까지 수익금 분배를 거부한 사안] 268

동업제품의 판매나 유통 과정에서 피고인이 세금 등 각종의 물류비용을 부담할 의무는 없으며, 오히려 동업자들 간에는 수익을 정산할 의무가 있으므로, 피고인은 세금 등 비용의 부담에 관한 부분이 확정될 때까지 반환을 거절할 정당한 사유가 있다.[445]

(b) 행위자의 주관적 판단이 사회통념상 심히 부당한 것이 아니라고 인정되는 경우

[보관 중인 건축자재가 하수급인(위탁자)의 소유가 아니라 그가 타인으로부터 빌려 온 것임을 알지 못하였고, 하수급인이 공사 중단 후 자취를 감추고 있어 소유자를 가릴 수 없기 때문에 보관을 계속하면서 소유자의 반환요구를 거절한 사안[446]] 269

[아파트 명의수탁자가 이사를 위하여 전세금을 요구한 사안] 270

피해자가 이 사건 아파트를 매수하면서 피고인 앞으로 소유권이전등기를 경료하였고, 피고인은 피해자의 회사에 재직하면서 위 아파트에 거주하였는데, 피해자가 그 반환을 요구하자 피고인이 전세금을 마련하기 위하여 피해자를 협박하여 구속되었다면, 이로 인한 반환의 지연행위가 불법영득의사를 실현하는 횡령행위라고 볼 수 없다.[447]

---

442 대판 1986. 10. 28, 86도1516.
443 대판 2009. 2. 12, 2008도9983.
444 대판 2015. 2. 26, 2014도11552.
445 대판 2017. 10. 12, 2017도10005.
446 대판 1989. 3. 14, 88도2437.
447 대판 1993. 6. 8, 93도874.

271 **[교회분열 시 교회재산 반환거부]**

교회가 분열된 후 상대방이 피고인 등에 대하여 한 제명출교처분이 무효라고 볼 여지가 있는 상태에서, 피고인 등이 교회가 분열되기 전의 교인들의 총의 없이 교회재산의 반환을 청구할 수는 없다는 취지의 내용증명 우편을 발송하고 이 사건 물건들의 반환을 거부한 것이라면, 피고인에게 불법영득의사가 있다고 단정할 수는 없다.[448]

272 **[진정한 소유자에 대한 의견 표명]**

보관자의 지위에 있는 등기명의자가 명의이전을 거부하면서 부동산의 진정한 소유자가 밝혀진 후에 명의이전을 하겠다는 의사를 표시한 경우, 불법영득의 의사를 인정할 수 없다.[449]

273 **[회사채무 담보나 대물변제로 교부할 목적으로 버스회수권의 반환을 거부한 사안]**

버스회사 대표이사인 피고인이 인수하여 보관하던 버스회수권을 회사 채무에 대한 담보나 대물변제조로 교부할 의사로 회사 직원의 반환요구를 거부한 경우, 그 절차의 적법 여부에 대하여는 의문이 제기될 수 있더라도 객관적으로 사회통념상 심히 부당한 것이라고 할 수는 없으므로 피고인의 불법영득의 의사를 단정하기는 어렵다.[450]

274 **[조합원들이 조합과 시행사를 상대로 소송을 제기하여 손해를 주장하면서 조합원이 납부한 개발부담금의 반환을 거부한 사안]**

지역주택조합장인 피고인이 피해자들의 대표와 공동명의로 예금계좌를 개설하여 조합원들로부터 개발부담금을 수령하여 보관하던 중, 피해자 조합원들이 그 반환을 요구하며 소송을 제기하여 발생한 손해에 대한 구상금채권의 집행확보를 위한다는 명목으로 반환을 거부한 경우, 피고인들에게 횡령죄가 성립하지 않는다.[451]

275 **[구분점포의 임대 및 관리 업무의 처리를 위임받은 관리업체의 대표이사가 연체 관리비 등의 변제에 충당한다는 이유로 임대차보증금과 차임의 반환을 거부한 사안]**

구분소유자들에게 부과된 관리비, 특별관리비, 개발비 중 이 사건 상가의 유지·보수와 활성화, 회사의 운영 등에 필요한 부분은 원래 부담하여야 할 채무에 해당하고, 이 사건 임차인들로부터 받은 임대차보증금, 차임 등은 이 사건 상가의 공사비 지급, 임대차 종료 시의 임대차보증금 반환 등에 사용된 것으로 보인다. 따라서 피고인은 이 사건 임대차보증금과 차임을 피해자들의 체납 관리비, 개발비 등의 변제에 충당할 수 있다고 믿고서 피해자들의 반환요구를 거절하였을 여지가 충분하므로, 불법영득의 의사로 이를 횡령하였다고 볼 수 없다.[452]

---

448 대판 1998. 7. 10, 98도126.
449 대판 2002. 9. 4, 2000도637.
450 대판 2006. 2. 10, 2003도7487.
451 대판 2008. 12. 11, 2008도8279.
452 대판 2013. 8. 23, 2011도7637.

(3) 상계 주장과 본죄의 성립 여부

(가) 판례 법리

금전의 수수를 수반하는 사무처리를 위임받은 사람이 그 행위에 기하여 위임자를 위하여 제3자로부터 수령한 금전도 목적이나 용도를 한정하여 위탁된 금전의 경우와 마찬가지로 그 위임의 취지대로 사용하지 않고 마음대로 피고인의 위임자에 대한 채권에 상계충당하는 것은, 상계정산하기로 하였다는 특별한 약정이 없는 한, 당초 위임한 취지에 반하는 것으로서 본죄를 구성한다.[453] 276

횡령의 범행을 한 사람이 물건의 소유자에 대하여 별도의 금전채권을 가지고 있었다 하더라도 횡령 범행 전에 상계 정산하였다는 등 특별한 사정이 없는 한, 그러한 사정만으로 이미 성립한 본죄에 영향을 미칠 수는 없다.[454] 277

(나) 이론적 근거

위와 같이 본죄에서 상계 주장을 쉽게 받아들일 수 없는 것은 결국 당사자 사이에 묵시적인 상계금지특약을 인정하여 그와 같은 상계가 적법하다고 볼 수 없다는 것인데, 그 이론적 근거는 다음과 같다. 278

보관자가 상계의 의사표시를 한 경우 민사법적으로 상계가 허용되는 범위 내에서는 본죄에서의 불법영득의사를 인정할 수 없다. 만일 이를 인정하게 되면 상계권을 부당하게 제한하게 되고, 민법상 상계가 허용되는 경우에도 형법상 본죄로 처벌하게 되어 법질서의 통일성을 파괴하는 결과를 초래한다. 민사적으로 적법·유효한 행위를 형사적으로 불법한 범죄행위로 평가할 수 없다.[455] 279

목적과 용도를 특정하여 금전을 위탁하는 경우에는, 수탁자가 위탁자에 대한 채권이 있음을 이유로 위탁의 취지에 반하게 소비·사용하거나 반환을 거부하였다면 불법영득의 의사를 인정할 수 있다. 이러한 경우 특별한 사정이 없는 한 묵시적으로나마 상계금지의 특약까지 포함되어 있다고 봄이 당사자의 의사에 부합하기 때문이다.[456] 금전수수를 수반하는 사무처리의 위임을 받은 경우에 280

453 대판 2002. 9. 10, 2001도3100; 대판 2005. 8. 19, 2005도3681; 대판 2007. 2. 22, 2006도8939 등.

454 대판 1995. 3. 14, 95도59(업무상횡령죄); 대판 2012. 6. 14, 2010도9871(업무상횡령죄) 등.

455 이주원, "횡령죄에 있어서의 상계충당과 불법영득의사의 존부", 안암법학 30(2009), 93.

456 이주원(주 455), 94는 원래의 특정된 목적과 용도로 사용 가능한 경우에는 수탁자의 위탁자에 대한 채무는 그 금전을 위탁받은 목적과 용도에 사용하여야 하는 채무('하는 채무')이고, 위탁자의 수탁자에 대한 채무는 금전지급채무로서 전형적인 '주는 채무'이므로 상계요건인 채무 목적의 동종성이 없어 채무의 성질상 상계를 허용하지 아니하는 때에 해당하는 것도 그 근거로 든다.

도 그 위임에 기하여 수령한 금전에 대해서 상계금지의 특약이 있다고 볼 여지가 많다.

281 다만 금전수수를 수반한 사무처리의 경우는, 목적과 용도가 특정된 경우만큼 상계금지 특약의 존재가 강하게 추정되는 것은 아니라고 볼 필요가 있다. 금전의 용도를 특정하여 위임한 경우와 달리, 금전수수 사무처리의 위임은 그 형태와 유형이 매우 다양할 수 있으므로, 구체적 상황에 부합하게 당사자의 의사를 해석하여야 한다. 예를 들어 수금 사무의 위임, 물건의 매도 위탁 등의 경우에는 상계금지 특약의 존재를 인정하기 쉽다고 보이는 반면, 금전의 수수와 지출이 혼합된 사무를 위임하는 경우 등에는 특약의 존재를 인정하는 데 신중하여야 한다.

282 또한 상계는 기본적으로 자동채권자의 권리이므로, 상계금지 특약이 있었는지가 명확하지 아니한데도 '금전의 수수를 수반하는 사무처리를 위임받은 경우'에 해당한다는 이유로 상계정산의 특약이 없는 한 상계가 금지된다는 논리는 오히려 원칙과 예외가 바뀐 것이라는 비판이 가능하다. 따라서 '금전수수를 수반하는 사무처리를 위임받은 사안'의 유형으로서 수령한 금전의 반환에 관하여 상계금지 특약의 존재가 명확하지 않고, 자동채권의 존재를 어느 정도 인정할 수 있으며, 피해자에게 미리 상계의 뜻을 밝힌 경우라면, 불법영득의사를 쉽게 인정하지 말아야 한다.

283 현실적으로는 상계충당 주장이 제기된 사안의 유형은 대부분 금전의 반환 거부가 아니라 임의 소비에 의한 횡령 사안이다. 횡령행위 당시에는 적법한 상계권의 행사(피해자에 대한 의사표시)도 하지 않고 있다가, 수사 또는 재판 과정에 이르러 비로소 사후적으로 반대채권이 있다면서 상계충당 주장을 하는 사례가 다수이고, 피고인이 주장하는 자동채권의 존재 자체가 명확하지 않은 경우도 많다. 그러므로 상계권이 부당하게 침해되지 않고 민사법적 상계범위와 저촉되지 않도록 여러 사정을 고려하여 수탁자가 상계를 할 수 있는 상황이었는지, 묵시적 상계금지 특약을 인정하는 것이 합리적인지 등을 사안별로 판단할 수밖에 없다.

284 판례는 그 보관 도중에 특정의 용도나 목적이 소멸되었다 하더라도, 위탁자가 이를 반환받거나 그 임의 소비를 승낙하기까지는 본죄의 적용에 있어서 여

전히 위탁자의 소유물이라고 하므로, 반환하여야 할 상황에서도 묵시적 상계금지 특약이 있다고 볼 수 있다는 입장이다.[457]

(다) 본죄의 성립을 긍정한 사례(불법영득의사 긍정)

① 매매계약의 매수인의 대리인이 매도인으로부터 반환대금 및 위약금조로 금원을 받아 보관하던 중 이를 임의 소비하였다면, 대리인이 위 매수인에 대하여 채권이 있었다고 하더라도 그 충당에 관하여 위임이 없는 이상 위 소비는 본죄가 성립한다.[458] 285

② 피고인이 A로부터 B에게 채무변제하라고 교부받은 금원을 A의 피고인에 대한 채무의 변제에 충당한 것은 당초의 금원 위탁의 취지를 위반하여 본죄를 구성하고, 위탁자에 대한 채권의 존부는 본죄의 성립에 영향이 없다.[459] 286

③ 피고인이 교회신축공사를 감독하면서 위 교회로부터 레미콘 대금을 지급하라는 명목으로 금원을 받았음에도 이를 마음대로 피고인이 받을 채권과 상계처리하였다면, 상계정산의 약정이 없는 한 위 금원을 위탁한 취지에 반하므로 본죄를 구성한다.[460] 287

④ 피해자로부터 산재보험료 지불을 의뢰받아 그 돈을 보관하던 중 이를 임의 소비한 행위는 본죄를 구성하고, 설령 피고인이 피해자에 대하여 주식매매잔금 채권을 가지고 있다고 하여도 본죄 성립에 영향이 없다.[461] 288

⑤ 환전하여 달라는 부탁과 함께 교부받은 돈을 그 목적과 용도에 사용하지 않고 마음대로 피고인의 위탁자에 대한 채권에 상계충당한 행위는 상계정산의 약정이 없는 한 당초 위탁한 취지에 반하는 것으로서 본죄를 구성한다. 상계할 수 있는 반대채권이 있어 그에 상계충당하였다는 것만으로는 반환거절의 정당한 사유가 되지 못한다.[462] 289

⑥ 피고인이 거래처로부터 판매대금으로 수금한 금원을 피해자 회사의 승낙 없이 개인용도로 임의 소비한 경우, 설사 피고인 주장과 같이 피해자 회사 290

457 대판 2002. 11. 22, 2002도4291; 대판 2012. 3. 15, 2011도13838 등.
458 대판 1970. 12. 29, 70도2387(다만, 피고인이 이른바 '사후 상계'를 주장한 것은 아님).
459 대판 1984. 11. 13, 84도1199.
460 대판 1989. 1. 31, 88도1992.
461 대판 1990. 12. 3, 89도904.
462 대판 1997. 9. 26, 97도1520.

A 지점의 관행에 따라 가판(일명 가매)을 하고 그 대금을 대납하여 피해자 회사에 대한 대금반환채권이 있다고 하더라도, 상계정산하기로 하는 특별한 약정이 없는 한 업무상횡령죄의 성립에는 영향이 없다.[463]

291 ⑦ 피고인이 피해자와 상호 투자 후 물건 매각대금 중 피해자 몫 250만 원을 보관하던 중 이를 임의 소비한 경우, 피해자가 피고인에 대하여 채무를 부담하는지 여부가 명확하지 않을 뿐 아니라 변제충당 등에 관한 합의가 있었다고 볼 수 없어 임의 소비 내지 반환거부에 정당한 사유가 없으므로 불법영득의 의사가 인정된다.[464]

292 ⑧ 피고인이 A 회사 대표이사로서 B 회사와 위탁판매약정을 맺고 B 회사 제조 화장품을 위탁판매하여 오던 중 마치 판매대금이 B 회사에 입금된 것처럼 조작하고 이를 A 회사로 입금시켜 임의 소비한 경우, 두 회사 사이에 상계정산 약정 또는 상계의 의사표시도 없는데 B 회사에 귀속된 판매대금을 임의 소비한 것은 본죄에 해당한다.[465]

(라) 본죄의 성립을 부정한 사례(불법영득의사 부정)

293 ① 회사에 대하여 개인적인 채권을 가지고 있는 대표이사가 회사를 위하여 보관하고 있는 회사 소유의 금전으로 자신의 채권의 변제에 충당하는 행위는 자기거래행위에 해당하지 아니하므로, 대표이사가 이사회의 승인 등의 절차를 거치지 않았더라도 이는 권한 내에서 한 회사채무의 이행행위로서 유효하고, 본죄의 죄책을 물을 수 없다.[466]

294 ② 주류업체 이사 甲이 주류 납품거래를 해오던 A를 상대로 주류대금청구소송을 제기하여 진행하던 중, A로부터 甲이 관리하는 주류회사 명의 계좌로 470만 원이 착오로 송금되어 A가 "다른 회사에 보내려던 것을 잘못 보냈다."며 甲에게 이를 돌려달라고 하였으나, '110만 원은 원래 받아야 할 주류대금'이라며 이를 제외한 나머지 360만 원만 반환한 경우, 위 110만 원에 대해서는 '물품대금채권을 자동채권으로 해 상계권을 행사한다'는 의사를 충분히 밝힌 것으로 보이

463 대판 2002. 9. 10, 2001도3100.
464 대판 2005. 8. 19, 2005도3681.
465 대판 2007. 2. 22, 2006도8939.
466 대판 1999. 2. 23, 98도2296. 본 판결 평석은 이용식, "횡령·배임죄와 이사의 자기거래", 상사판례연구 IV, 박영사(2000), 228-246.

므로, 甲이 불법영득의사를 가지고 반환을 거부한 것으로 단정하기 어렵다.[467]

6. 횡령액

(1) 횡령액의 법적 성격과 피해자별 특정

본죄에서 횡령액에 대하여는 구성요건요소라는 견해[468]와 단순 양형요소라 295
는 견해가 있다.[469] 판례는 형법상 횡령죄에서는 횡령액을 양형요소로 파악하지만 특정경제범죄 가중처벌 등에 관한 법률(이하, '특정경제범죄법'이라 한다.) 위반죄[470]에서는 이득액이 구성요건요소에 해당하므로 엄격하고 신중하게 산정되어야 한다고 판시한다. 횡령액이 양형요소에 해당하더라도 양형기준이 이에 기초하여 유형을 구분하여 각각의 형량범위를 정하고 있으므로 그에 관한 적정한 산정은 실무상 매우 중요하다. 제355조 제1항의 횡령죄는 타인의 재물을 보관하는 자가 재물을 횡령하거나 반환을 거부함으로써 성립하고 재물의 가액이 얼마인지는 문제되지 아니하는 데 비하여, 횡령으로 인한 특정경제범죄법위반죄에 있어서는 횡령한 재물의 가액이 5억 원 이상 또는 50억 원 이상이라는 것이 범죄구성요건의 일부로 되어 있고 그 가액에 따라 그 죄에 대한 형벌도 가중되어 있으므로, 이를 적용함에 있어서는 횡령한 재물의 가액을 엄격하고 신중하게 산정함으로써 범죄와 형벌 사이에 적정한 균형이 이루어져야 한다는 죄형균형원칙 및 형벌은 책임에 기초하고 그 책임에 비례하여야 한다는 책임주의 원칙이 훼손되지 않도록 유의하여야 한다.[471]

---

467 대판 2022. 12. 29, 2021도2088.

468 이상원, "횡령죄의 이득액과 가벌적 후행행위(상)", 저스티스 131, 한국법학원(2012), 179.

469 주석형법 〔각칙(6)〕(5판), 295(노태악).

470 특정경제범죄법 제3조(특정재산범죄의 가중처벌) ① 「형법」 제347조(사기), 제347조의2(컴퓨터등 사용사기), 제350조(공갈), 제350조의2(특수공갈), 제351조(제347조, 제347조의2, 제350조 및 제350조의2의 상습범만 해당한다), 제355조(횡령·배임) 또는 제356조(업무상의 횡령과 배임)의 죄를 범한 사람은 그 범죄행위로 인하여 취득하거나 제3자로 하여금 취득하게 한 재물 또는 재산상 이익의 가액(이하 이 조에서 "이득액"이라 한다)이 5억원 이상일 때에는 다음 각 호의 구분에 따라 가중처벌한다.

1. 이득액이 50억원 이상일 때: 무기 또는 5년 이상의 징역
2. 이득액이 5억원 이상 50억원 미만일 때: 3년 이상의 유기징역

② 제1항의 경우 이득액 이하에 상당하는 벌금을 병과(倂科)할 수 있다.

471 대판 2009. 6. 11, 2009도2880; 대판 2012. 8. 30, 2012도6394; 대판 2013. 5. 9, 2013도2857. 위 2013도2857 판결의 평석은 박형준, "근저당권설정에 의한 횡령행위와 특정경제범죄 가중처벌

296 특정경제범죄법 제3조 제1항에 정한 이득액은 단순일죄의 이득액이나 혹은 포괄일죄가 성립되는 경우의 이득액의 합산액을 의미하는 것이지 경합범으로 처벌될 수죄에 있어서 그 이득액을 합한 금액을 말한다고 볼 수는 없으므로,[472] 횡령행위를 포괄하여 특정경제범죄법위반(횡령)죄로 의율하려면 원칙적으로 피해자 및 피해자별 피해액에 관한 공소사실의 특정을 요한다.[473]

(2) 금전과 대체물

297 금전과 같은 대체물의 경우, 본죄는 실제로 소비 등 처분을 한 금액에 관하여 성립한다. 그러나 대체물의 경우에도 이른바 '특정물'로 위탁된 경우라면, 수탁물 전체 금액에 대하여 성립할 것이다.[474] 한편 약속어음을 보관하던 중에 자신을 위한 용도로 임의로 현금으로 할인한 경우, 횡령액은 어음할인에 의하여 실제로 취득한 현금액이 아니라 횡령한 약속어음의 액면금액 상당액이라고 하여야 한다.[475]

(3) 합유물과 공유물

(가) 합유물

298 본죄의 객체는 자기가 점유하는 '타인의 재물'이고, 여기서 '타인'은 법인격 없는 단체 또는 조합 등을 포함한다. 대표적인 예로, 동업자(조합원)가 동업재산(출자금, 수익금, 판매대금, 운영자금 등)을 처분하거나 소비하면 본죄에 해당한다.[476] 손익분배의 정산이 이루어지지 아니한 때에는 지분비율에 관계없이 임의로 소비한 금액 전부에 대하여 본죄의 죄책을 부담한다. 손익분배의 정산이 끝난 후

등에 관한 법률 제3조의 이득액 산정기준", 민사재판의 제문제 23, 한국사법행정학회(2015), 1058-1071.

472 대판 1989. 6. 13, 89도582.

473 대판 2011. 2. 24, 2010도13801(피고인이 관리하는 여러 회사 명의의 계좌에서 금전을 인출하여 횡령하였고, 그 돈이 모두 사실상 동일한 회사의 것이라고 볼 만한 자료가 없는 등의 사정이 있는 경우 피해자별 피해액의 특정이 필요하다); 대판 2014. 2. 27, 2013도12155(이 사건에서는 피해자별 피해액을 특정하지 아니하더라도 되는 특별한 사정을 인정하였다. 즉 피고인이 사용한 계좌에 피해자인 2개의 회사 자금이 구분되지 않고 입금되어 피해자별 피해액을 특정할 수 없고, 그 구성비율을 어떻게 해석하더라도 이득액이 피해자별로 50억 원 이상이 되어 특정경제범죄법 제3조 제1항 제1호에 의하여 처벌될 수 있다면 피해자별 피해액을 특정하지 아니한 것이 법적용에 영향을 미치는 것이 아니다).

474 大判 明治 43(1910). 9. 27. 刑録 16·1556.

475 대판 1983. 11. 8, 83도2346.

476 대판 1982. 9. 28, 81도2777; 대판 2009. 10. 15, 2009도7423.

상대방 몫의 반환을 거부하였거나 이를 횡령한 경우에는, 지분비율에 따른 피해자의 몫이 피해금액이 될 것이다.

동업자의 한 사람은 임의로 동업자들의 합유에 속하는 동업재산을 처분할 권한이 없는 것이므로, 동업자의 한 사람이 동업재산을 보관 중 임의로 횡령하였다면 지분비율에 관계없이 임의로 횡령한 금액 전부에 대하여 본죄의 죄책을 부담한다.[477] 다만 채권단의 대표가 채무자로부터 각 채권자의 채권액에 비례하여 분배하라는 취지로 교부받은 돈을 모두 자기의 채권액 변제에 충당한 경우에는, 자기의 채권비율에 따른 분배액을 초과한 금액만을 횡령하였다고 보아야 할 것이다.[478] 299

(나) 공유물

공유자가 공유물을 보관하는 경우, 그 분할 전에는 공유물 전체에 대한 지분을 가지는 것에 지나지 않으므로 횡령행위자의 지분비율에 상관없이 공유물 전부에 대하여 본죄가 성립하고, 이는 공유하는 금액의 경우에도 같다.[479] 한편 공유토지에 관하여 과반수지분권을 가진 사람이 그 공유토지의 특정된 한 부분을 배타적으로 사용·수익할 것을 정하는 것은 공유물의 관리방법으로서 적법하다고 할 것이므로, 예컨대 피고인들이 공유자의 과반수로써 적법하게 결정된 건물의 사용·수익 방법에 따라 피해자에게 그 지분 상당액을 배분하지 않고 다른 공유자들에게 배분한 것은, 피고인들이 피해자를 위하여 지분 상당액을 보관하는 지위에 있었다고 볼 수 없어 본죄가 성립하지 않는다.[480] 300

(4) 전체가치설과 실질가치설

대법원은 배임죄에 대하여는 1인 회사의 주주가 자신의 개인채무를 담보하기 위하여 회사 소유의 부동산에 대하여 근저당권설정등기를 마쳐주어 배임죄가 성립한 이후 그 부동산에 대하여 새로운 담보권을 설정해주는 행위는 선순 301

---

477 대판 1996. 3. 22, 95도2824; 대판 2000. 11. 10, 2000도3013(피해자의 투자금에서 손해분담 금액과 이미 회수한 금액을 공제하는 방법으로 횡령액을 산정하면 안 되고, 동업재산 중 동업사업 이외의 다른 용도로 임의 소비한 금액을 밝혀 횡령금액을 산정하여야 한다); 대판 2007. 2. 22, 2006도8105; 대판 2008. 2. 14, 2007도10645; 대판 2009. 10. 15, 2009도7423; 대판 2011. 6. 10, 2010도17684; 대판 2013. 8. 22, 2013도6968; 대판 2014. 1. 23, 2013도12410.

478 대판 1985. 2. 13, 84도2521.

479 대판 2000. 11. 10, 2000도3013 등. 일본 판례로는 大判 明治 44(1911). 2. 9. 刑録 17·59.

480 대판 2009. 6. 11, 2009도2461.

위 근저당권의 담보가치를 공제한 나머지 담보가치 상당의 재산상 이익을 침해하는 행위로서 별도의 배임죄가 성립된다고 하였다.[481] 이는 배임죄가 재산상 이득을 대상으로 하였기 때문이다. 그러나 본죄는 재물죄로서 불법영득의사의 표현이나 실현이 있으면 그 재물 자체에 대하여 본죄가 성립된다는 이유로 횡령행위로 인한 실질적인 이득이 아니라 재물 자체를 이득으로 보았다.

302 이에 종래 판례는 부동산 명의수탁자가 부동산에 근저당권을 설정하는 방법으로 이를 횡령한 경우, 그 채권최고액의 과다나 시가와의 현저한 격차에도 불구하고 부동산 전부에 대한 횡령으로 보아 그 이후의 추가 근저당권이나 매도행위는 불가벌적 사후행위에 해당한다고 보았으나,[482] 이후 전원합의체 판결로 판례를 변경하여 예상할 수 없는 새로운 위험을 추가함으로써 법익침해에 대한 위험을 증가시키거나 선행 처분행위와는 무관한 방법으로 법익침해의 결과를 발생시키는 경우에는 별도로 본죄가 성립하게 되었다.[483]

303 이와 같은 변화는 재산범죄의 이득액을 취득한 재산 전체를 기준으로 파악하는 전체가치설(위 전원합의체 판결과 같은 취지)과 실제로 취득한 재산의 가액 또는 소유권능 일부의 횡령을 인정하는 실질가치설 내지 실제가치설[484]이 대립하는 흐름 속에서 나타났는데, 아래에서는 소유권이전등기와 근저당권설정등기로 구분하여 그동안의 판례들을 간략히 살펴본다.

(5) 부동산 처분

304 부동산 처분으로 인한 재산범죄에서 이득액의 산정에 관하여, 전원합의체 판결은 부동산 소유권을 이전받아 편취한 행위에 특정경제범죄법 제3조 제1항을 적용할 경우, 그 부동산의 시가 상당액에서 근저당권의 채권최고액 범위 내에서의 피담보채권액, 압류에 걸린 집행채권액, 가압류에 걸린 청구금액 범위

481 대판 2005. 10. 28, 2005도4915.

482 대판 1996. 11. 29, 96도1755 등.

483 대판 2013. 2. 21, 2010도10500(전)(처음 근저당권 설정 이후의 추가적인 근저당권 설정행위는 선행 처분행위로 예상할 수 없는 새로운 위험을 추가함으로써 법익침해에 대한 위험을 증가시키거나 선행 처분행위와는 무관한 방법으로 법익침해의 결과를 발생시키는 경우라면 별도로 본죄를 구성한다는 취지). 본 판결 평석은 최영룡, "타인을 기망하여 제3자 앞으로 근저당권을 설정케 한 자가 그로 인하여 취득하는 재산상 이익의 내용 및 그 가액 산정 방법", 형사재판의 제문제(3권), 박영사(2000). 103-118.

484 이상원, "횡령인가 불가벌적 사후행위인가", 형사재판의 제문제(7권), 사법발전재단(2014), 114, 117. 이 견해에 따르면 부동산 시가 범위 내의 채권최고액을 횡령의 이득액으로 보게 된다.

내에서의 피보전채권액 등을 뺀 실제의 교환가치를 그 부동산의 가액으로 보아야 한다고 판시하였다.[485] 사기죄에 관한 위 전원합의체 판결의 법리는 배임죄에도 그대로 적용되고,[486] 본죄에서도 마찬가지이다. 즉, 본죄에 있어서 피해액은 그 부동산의 실제 재산적 가치액 상당이라 할 것이고, 피해액의 일정한 액수 그 자체를 가중적 구성요건으로 규정하고 있는 특정경제범죄법 제3조 제1항의 적용을 전제로 하여 그 부동산의 가액을 산정함에 있어서는, 그 부동산에 아무런 부담이 없는 때에는 그 부동산의 시가 상당액이 곧 그 가액이라고 볼 것이지만, 그 부동산에 선순위의 근저당권설정등기가 경료되어 있거나 압류 또는 가압류 등이 이루어져 있는 때에는 특별한 사정이 없는 한 아무런 부담이 없는 상태에서의 그 부동산의 시가 상당액에서 선순위 근저당권의 채권최고액 범위 내에서의 피담보채권액, 압류에 걸린 집행채권액, 가압류에 걸린 청구금액 범위 내에서의 피보전채권액 등을 뺀 실제의 교환가치를 그 부동산의 가액으로 보아야 한다.[487]

(6) 담보의 제공

근저당권을 설정하여 재산범죄를 저지른 경우, 이득액의 산정에 관한 판례 법리는 사기죄에서 먼저 나왔다. 판례는 근저당권을 설정해 준 사람이 그로 인하여 얻는 재산상 이익은 그 부동산을 담보로 이용할 수 있는 이익이고, 그 가액은 채권최고액 상당이지만, 부동산 시가에서 선순위 근저당권의 채권최고액을 공제한 잔액을 한도로 한다고 판시하였다.[488] 이후, 타인의 재산을 담보로 제공하는 방법으로 본죄를 범한 경우 그로 인한 횡령액의 산정에 관한 법리도 사기죄와 마찬가지로 재물 전체가 아니라 담보가치 상당이라는 판례가 나왔다. 동산 횡령에 관한 선행 판례부터 시작하여 이후 부동산 횡령에 관한 판례에도 같은 취지가 담기게 된 것이다. 305

동산 횡령에 관한 선행 판례를 보면, 할부로 구입한 기계들을 그 대금완납 306

---

485 대판 2007. 4. 19, 2005도7288(전). 본 판결 해설은 박길성, "부동산을 편취한 경우에 특정경제범죄 가중처벌 등에 관한 법률 제3조의 적용을 전제로 그 부동산의 가액을 산정함에 있어, 부동산의 시가 상당액에서 근저당권 등에 의한 부담에 상당하는 금액을 공제하여야 하는지", 해설 70, 법원도서관(2008), 619-650.

486 대판 2007. 5. 31, 2005도3102; 대판 2011. 6. 30, 2011도1651.

487 대판 2011. 2. 24, 2010도6880.

488 대판 2000. 4. 25, 2000도137.

전에 은행에 대한 담보로 제공한 행위가 본죄에 해당할 경우 그로 인한 횡령액은 위 기계제공 행위에 의하여 담보되는 피담보채무액이고,[489] 피해자 소유의 주식을 담보로 제공한 행위가 본죄에 해당할 경우에는 담보제공된 주식 전체의 가액이 아니라 그 주식을 담보로 하여 대출받은 금원 상당액을 특정경제범죄법 제3조 제1항의 이득액으로 본다.[490] 물건 전체가 본죄의 영득 대상이고 그 물건 전체에 소유권 침해의 위험이 발생되었다고 평가되는 이상 이득액도 담보로 제공된 주권 전체 시가 상당이라고 볼 여지도 있으나, 책임주의 원칙상 행위자의 책임은 물건 전체가 아니라 담보제공으로 얻는 대출금 상당의 교환가치에 한정된다고 보아야 하기 때문이다.

307 이와 같은 동산에 관한 이득액 산정 법리는 부동산에 대하여도 그대로 타당하므로, 부동산에 대한 근저당권 설정으로 인한 횡령의 이득액은 피담보채무액 또는 채권최고액이 된다. 특정경제범죄법 제3조 제1항의 적용과 관련하여, 피고인이 근저당권설정등기를 마치는 방법으로 부동산을 횡령함으로 인하여 취득한 구체적인 이득액은 부동산의 시가 상당액에서 이미 설정된 피담보채무액을 공제한 잔액이 아니라 부동산을 담보로 제공한 피담보채무액 내지 그 채권최고액이라고 봄이 상당하다.[491]

(7) 과다하게 부풀려 지급된 공사대금 중 일부를 되돌려 받은 경우

308 타인을 위하여 금전 등을 보관·관리하는 사람이 개인적 용도로 사용할 자금을 마련하기 위하여, 적정한 금액보다 과다하게 부풀린 금액으로 공사계약을 체결하기로 공사업자 등과 사전에 약정하고 그에 따라 과다 지급된 공사대금 중의 일부를 공사업자로부터 되돌려 받는 행위는 그 타인에 대한 관계에서 횡령에 해당하고,[492] 과다하게 부풀려 지급된 공사대금이 횡령액이 된다.[493]

---

489 대판 2009. 6. 11, 2009도2880.

490 대판 2012. 8. 30, 2012도6394.

491 대판 2013. 5. 9, 2013도2857[명의수탁자가 시가 724,379,000원의 부동산에 채권최고액 434,000,000원(당시 피담보채무 220,000,000원)의 근저당권이 설정되어 있는 상태에서 피해자의 승낙 없이 채권최고액 266,000,000원의 근저당권을 설정하여 횡령한 사안에서, 이득액이 부동산 시가에서 기설정 피담보채무액을 공제한 잔액 504,379,000원이라는 판단한 것은 부당하다는 취지. 이득액의 산정에 따라 법정형이 달라지고 공소시효 완성 여부에 영향을 미친 사례].

492 대판 2010. 5. 27, 2010도3399.

493 대판 2015. 12. 10, 2013도13444(백석대 총장 교비 횡령 사건). 본 판결 평석은 강수진, "타인의 사무처리자의 횡령죄 성립에 관한 최근 대법원 판례의 검토", 고려법학 90(2018), 81-126.

① 피고인은 어린이집의 원장으로서 피해자를 위하여 금전 등을 보관·관리하는 지위에 있는데, 특별활동비를 과다하게 부풀려 특별활동 운영계약을 체결하고 그에 따라 과다 지급된 특별활동비 중 일부를 돌려받았으므로, 과다하게 부풀린 특별활동비 상당액을 횡령한 것으로 볼 수 있다.[494] 309

② 공무원이 관공서에 필요한 공사의 시행이나 물품의 구입을 위하여 수의계약을 체결하면서 해당 공사업자 등으로부터 돈을 수수한 경우, 그 돈의 성격을 공무원의 직무와 관련하여 수수된 뇌물로 볼 것인지, 아니면 적정한 금액보다 과다하게 부풀린 금액으로 계약을 체결하기로 공사업자 등과 사전 약정하여 이를 횡령(국고손실)한 것으로 볼 것인지 여부는 돈을 공여하고 수수한 당사자들의 의사, 해당 계약 자체의 내용 및 성격, 계약금액과 수수된 금액 사이의 비율, 수수된 돈 자체의 액수, 그 계약이행을 통해 공사업자 등이 취득할 수 있는 적정한 이익, 공사업자 등이 공무원으로부터 공사대금 등을 지급받은 시기와 돈을 공무원에게 교부한 시간적 간격, 공사업자 등이 공무원에게 교부한 돈이 공무원으로부터 지급받은 바로 그 돈인지 여부, 수수한 장소 및 방법 등을 종합적으로 고려하여 객관적으로 평가하고 판단해야 할 것이다.[495] 310

(8) 위탁자에 대한 채권 보유액과 사후변상액 등의 공제 여부

피고인이 임의 횡령 이후에 이를 반환하거나 변상·보전하는 의사가 있다 하더라도 불법영득의 의사를 인정함에는 지장이 없으며, 그와 같이 사후에 변상하거나 보전한 금액을 횡령금액에서 공제해야 하는 것도 아니다.[496] 피고인이 업무상 보관하고 있던 분양대금을 아파트 분양비용으로 사용하였고, 그 돈은 추후 정산할 때 피고인이 건설회사로부터 수령할 분양수수료 중에서 공제될 성질의 것이어서 결과적으로 피고인이 그로 말미암아 개인적인 이득을 취하거나 건설회사에 실질적인 손해가 발생한 바 없다 하더라도 위와 같은 사정은 본죄의 성부에 아무런 영향이 없다고 할 것이다.[497] 311

---

494 대판 2018. 10. 25, 2017도934.
495 대판 2007. 10. 12, 2005도7112.
496 대판 2010. 5. 27, 2010도3399; 대판 2011. 9. 8, 2011도7902; 대판 2012. 1. 27, 2011도14247.
497 대판 2003. 2. 28, 2002도3281.

(9) 횡령액 산정이 어려운 경우

(가) 경제적인 가치 산정 자체가 불가능한 경우

312 횡령액을 산정할 수 없다는 이유만으로 횡령 범행 자체를 부정할 수는 없다. 피고인이 피해자 발행의 백지어음을 보관하다가 타인의 채무에 대한 담보로 제공한 것이라면 그 행위 당시 피담보채권의 발생 여부와 액수를 확정할 수 없으므로 횡령으로 인한 이득액은 경제적 가치를 금전으로 환산할 수 없다.[498] 다만 횡령으로 인한 이득액을 구체적으로 산정할 수 없는 경우에는, 심증적으로 피해규모가 크다고 짐작되더라도 이득액을 기초로 형벌을 가중하는 특정경제범죄법 제3조 제1항을 적용할 수 없다.[499]

313 한편 배임의 경우에도 같은 법리가 적용되는데, 이는 횡령의 경우에도 참조할 수 있을 것이다.

314 ① 피고인들이 조합이 전세임차한 건물을 보증금과 상계, 근저당권채무의 인수, 다른 자산의 처분 등을 통하여 매수한 행위가 조합의 자본금을 현저히 초과하는 액수를 지급하고 매수한 것이 되어 배임에 해당한다고 판단되는 경우, 이로 말미암아 입게 된 재산상 손해는 매입가액이 될 수 없고, 건물을 매입함으로써 받을 채권이 소멸되고 오히려 채무를 부담하게 되어 그만큼 조합의 자금을 그 본래의 목적인 금융업무에 사용할 수 없게 되는 유동성의 장애이므로 그 가액을 구체적으로 산정할 수 없다.[500]

315 ② 회사가 매입한 비상장주식의 실거래가격이 시가에 근접하거나 적정한 가격으로 볼 수 있는 범위 내에 속하여 실거래가격과의 차이가 명백하지 않은 경우라고 하더라도, 그 거래의 주된 목적이 비상장주식을 매도하려는 매도인의 자금조달에 있고 회사로서는 그 목적 달성에 이용된 것에 불과하다고 보이는 등의 특별한 사정이 있다면, 비상장주식을 현금화함으로써 매도인에게 유동성을 증가시키는 재산상의 이익을 취득하게 하고 반대로 회사에 그에 상응하는 재산상의 손해로서 그 가액을 산정할 수 없는 손해를 가한 것으로 볼 수 있다.

---

498 대판 2003. 6. 24, 2003도1456.

499 대판 2001. 11. 13, 2001도3531; 대판 2003. 6. 24, 2003도1456; 대판 2008. 5. 29, 2005도4640; 대판 2012. 8. 30, 2012도5220; 대판 2013. 1. 24, 2012도10629; 대판 2015. 9. 10, 2014도12619.

500 대판 2001. 11. 13, 2001도3531.

다만, 기업의 경영과 자금운영에 구체적 위험을 초래하지 않았음에도 단지 현금 유동성의 상실만을 이유로 배임죄의 성립요건인 재산상 위험이 발생하였다고 인정하는 것은 신중을 기하여야 한다.[501]

③ 표준감가상각잔존율에 의하여 산정되는 중고차의 가격은 시장에서 형성 316
되는 시가와는 무관하므로 유사매매사례가액이나 감정가액 등 시가로 인정될 수 있는 다른 가액이 있는지, 위 표준감가상각잔존율에 의한 가액이 시가를 나타낸다고 볼 특별한 사정이 있는지 여부 등을 더 심리하여 그 시가를 기준으로 업무상배임으로 인한 재산상 이익의 가액을 산정하였어야 하고, 이 부분에 관한 검사의 증명이 부족하다면 그 재산상 이익의 가액을 산정할 수 없다고 보아야 한다.[502]

④ 급부 간 대가관계가 존재한다고 하더라도 그 거래의 주된 목적이나 내 317
용, 거래의 규모와 본인인 회사의 재무상태 등 여러 사정에 비추어 회사를 실질적으로 지배하는 사람에 대한 자금조달 등의 목적에 이용된 것에 불과하다고 인정되거나 기업의 경영과 자금운영에 구체적 위험을 초래하는 등의 특별한 사정이 있다면, 그 거래로 인하여 상대방에게 유동성을 증가시키는 재산상의 이익을 취득하게 하고 반대로 회사에 그에 상응하는 재산상의 손해로서 그 가액을 산정할 수 없는 손해를 가한 것으로 볼 수 있다.[503]

⑤ 피고인이 실질적으로 소유·지배하는 A 주식회사 명의로 빌딩을 매입하 318
면서 은행에서 매입자금을 대출받고 B 주식회사로 하여금 대출금채무에 연대보증하게 함으로써 B 회사에 손해를 가하였다고 하여 특정경제범죄법위반(배임)으로 기소된 사안에서, 빌딩은 일본 동경 중심가의 상업적 요지에 있는 건물로 대출 당시 부동산 가격과 임대료의 상승이 예측되고 있었던 점 등 제반 사정을 종합하면, 연대보증 당시 주채무자인 A 회사가 이미 채무변제능력을 상실한 상태 또는 사실상 변제능력을 상실한 것과 같다고 평가될 정도의 상태에 있었다고 단정하기 어렵고, 오히려 A 회사가 상당한 정도의 대출금채무를 자력으로 임의 변제할 능력을 갖추고 있었던 것으로 볼 수 있어 배임행위로 취득한 재산

501 대판 2008. 5. 29, 2005도4640.
502 대판 2012. 8. 30, 2012도5220.
503 대판 2013. 1. 24, 2012도10629.

상 이익의 가액(이득액)을 산정할 수 없는 경우에 해당한다고 판시하였다.[504]

(나) 경제적인 가치 산정 자체는 가능한 경우

319 채권자단의 단장이 채무자로부터 채권자들에게 분배해 달라는 취지로 받은 금원을 횡령한 경우, 횡령액은 자기의 채권비율에 따른 분배액을 초과한 금액에 한정된다.[505] 보관하던 약속어음을 현금으로 할인한 경우, 그 할인 자체를 불법영득의사의 실현으로서 본죄에 해당한다고 보면 할인금이 아니라 어음 액면금이 횡령액이 된다.[506]

320 한편 타인의 소유에 속하는 재물과 자신의 소유에 속하는 재물이 불가분일체의 재물을 이루는 경우, 이를 점유한 사람이 임의로 자기를 위하여 처분하였다면 당해 재물 전체에 대하여 본죄가 성립한다는 견해가 있다.[507] 또한 타인을 위하여 금전차용을 해주기 위한 담보물로 사용하라는 취지로 위탁받은 물건을 위탁자를 위한 담보로 제공하면서 동시에 자신이 금전을 차용하기 위한 담보물로도 제공한 경우, 자신을 위한 담보권이 목적물 중 어느 부분에 설정된 것인지 명백하지 않을 때에는 목적물 전체에 대하여 본죄가 성립한다는 견해가 있다.[508]

321 조성된 전체 비자금 중 개인적 목적과 용도로 지출·사용된 금액 부분을 따로 구분하여 특정하기 어려운 이상, 피고인이 불법영득의사를 가지고 비자금을 횡령함으로써 취득한 재물의 금액 규모가 이 부분 공소사실 기재 금액 전액이라거나 또는 적어도 특정경제범죄법 제3조 제1항 제2호에서 정한 이득액의 하한인 5억 원 이상이라는 구성요건 사실이 증명되었다고 볼 수도 없다.[509]

---

504 대판 2015. 9. 10, 2014도12619.
505 대판 1985. 2. 13, 84도2521.
506 대판 1983. 11. 8, 83도2346.
507 주석형법 〔각칙(6)〕(5판), 296(노태악).
508 주석형법 〔각칙(6)〕(5판), 298(노태악).
509 대판 2017. 5. 30, 2016도9027.

Ⅳ. 주관적 구성요건 - 불법영득의 의사

1. 고의와 불법영득의사

(1) 고의

본죄에서 주관적 구성요건으로서 고의는 객관적 구성요건에 대한 인식과 그 위험에 대한 용인을 의미한다는 점에서 다른 범죄와 동일하다. 자기가 보관하는 타인의 재물을 횡령하거나 반환을 거부한다는 점에 대한 고의가 필요하다. 그 인식의 정도는 미필적이라도 되지만, 검사가 이를 증명하여야 한다.[510] 322

(2) 불법영득의사의 체계적 지위

본죄에서 불법영득의 의사의 요부와 그 의미에 관하여 견해가 대립한다. ① 절도죄와 달리 불법영득의사를 개념적으로 인정하지 않는 견해,[511] ② 불법영득의사가 필요하지만 이는 고의의 한 내용으로 파악하는 견해,[512] ③ 불법영득의사를 고의와 구분되는 별도의 초과주관적 불법요소로 이해하는 견해[513] 등으로 나뉜다. 323

'목적'과 같은 초과주관적 구성요건과 일반적 구성요건인 '고의'는 다음과 같은 점에서 차이가 있다. 고의의 내용이 현실적으로 실현되지 않으면 미수범에 불과하게 되지만, '행사할 목적'이나 '판매할 목적'과 같은 초과주관적 구성요건일 경우에는 그것이 현실적으로 실현되지 않더라도 기수범이 될 수 있다.[514] 324

판례는 불법영득의사를 실현 또는 표현하는 행위를 횡령행위라고 이해하여 불법영득의 의사를 본죄의 고의 내용에 포함하고 있다고 보는 견해[515]가 다수 325

---

510 대판 2014. 7. 10, 2012도3058. 피해자 회사 직원이 하도급업체와 물품대금을 부풀리고 이를 되돌려 받는 방법으로 수령한 자금을 횡령한 사안에서, 당시 여러 사정을 고려하여 하도급업체의 대표이사에게 위 직원이 횡령행위를 할 수도 있다는 점에 대한 인식이 있었다거나 나아가 위 직원의 횡령범행이 발생할 위험을 용인하는 내심의 의사가 있었다고 단정하기 어렵다고 판시하였다.

511 김성돈, 456; 박상기, 385; 이영란, 394; 이정원·류석준, 428; 임웅, 516; 정성근·박광민, 436; 성낙현, "횡령의 객관적 구성요건의 실체", 법조 589, 법조협회(2005), 32.

512 김성천·김형준, 480; 김일수·서보학, 309; 백형구, 210; 이상돈, 형법강론(4판), 565; 이재상·장영민·강동범, § 20/38; 이형국·김혜경, 420; 진계호·이존걸, 469

513 주호노, 860; 김준성, "불법영득의사의 내용과 적용범위", 형사법연구 24-3, 한국형사법학회(2012), 201.

514 이정원, "재산범죄에서의 불법영득의 의사와 불법이득의 의사에 관한 연구", 비교형사법연구 1, 한국비교형사법학회(1999), 178.

515 이경렬, "재산범죄와 불법영득의 의사", 법조 578, 법조협회(2004), 70.

이다. 판례는 횡령행위와 불법영득의사와의 관계를 크게 두 가지로 나누어 판시하고 있는데, 횡령행위가 불법영득의사를 '실현'하는 행위로 판시한 것[516]과 본죄의 성립에 불법영득의 의사가 확정적으로 외부에 '표현'될 것으로 판시한 것[517]으로 구분된다.

326 한편 본죄의 본질에 관한 월권행위설과 영득행위설의 차이는 불법영득의사의 요부와 직접 관련이 없다는 견해가 있다. 어느 견해를 취하든 불법영득의 의사가 필요하다고 할 수 있기 때문이다. 이 견해에 따라 월권행위설을 취하더라도 불법영득의사를 초과주관적 구성요건요소로 체계지우면 횡령행위에 해당하기 위하여 불법영득의사가 있어야 할 필요는 없지만, 본죄가 성립하려면 별도로 불법영득의사가 필요하다고 할 수 있다. 반면, 영득행위설을 취하면서 불법영득의사를 본죄의 고의와 다른 별도의 주관적 구성요건으로 위치시킬 수는 없다고 한다.[518]

327 같은 맥락에서 본죄에서는 횡령의 개념 자체가 영득을 내포하고 있으므로 불법영득의 의사는 고의의 내용에 포섭된다는 견해도 있다.[519] 위 견해와 같이 불법영득의사를 고의의 한 내용으로 보는 견해에 의하면, 논리적으로 영득행위설과 연계되는 것으로 보인다. 비록 영득행위설의 입장에서는 고의 이외에 주관적 구성요건으로서 불법영득의 의사가 필요하다고 설명하는 것이 일반적이나, 영득행위설의 입장에서도 절도죄 등과 달리 불법영득의사의 개념을 인정하지 않거나[520] 고의 외의 초과주관적 불법요소로 파악하는 견해[521] 등으로 다양하게 나뉘기 때문이다.

328 한편 독일형법은 명문상 본죄를 영득죄로 규정하는 반면, 우리 형법은 본죄를 영득죄로 명문상 규정하고 있지는 않다. 위와 같이 불법영득의사를 어떤 종류의 구성요건요소로 보든, 본죄의 본질에 관한 월권행위설과 영득행위설 중 어떤

516 대판 2002. 11. 26, 2002도5130; 대판 2000. 3. 14, 99도4923; 대판 1998. 2. 13, 97도1962; 대판 1994. 9. 9, 94도998.

517 대판 2002. 11. 13, 2002도2219; 대판 1982. 4. 13, 80도537; 대판 1981. 5. 26, 81도673; 서울고판 1995. 10. 11, 95노1810.

518 이경렬(주 515), 69-70.

519 김성돈, 456.

520 오영근, 371.

521 김성천·김형준, 480.

견해를 취하든 그 성립에 불법영득의사가 요구된다는 점은 명백한바, 본죄의 본질을 어떻게 파악할 것인지에 대한 견해 대립 및 영득행위설의 다양한 입장들 중 어떤 것을 취하더라도 범죄의 성부에 결과적인 차이가 있는 것은 아니다.[522]

(3) 불법영득의사의 증명

(가) 본죄에서의 불법영득의 의사는 타인의 재물을 보관하는 자가 위탁의 329
취지에 반하여 자기 또는 제3자의 이익을 위하여 권한 없이 그 재물을 자기의 소유인 것처럼 사실상 또는 법률상 처분하는 의사를 의미한다.[523] 위와 같은 불법영득의사는 내심의 의사에 속하고 피고인이 이를 부인하는 경우, 이러한 주관적 요소로 되는 사실은 사물의 성질상 그와 상당한 관련성이 있는 간접사실 또는 정황사실을 증명하는 방법에 의하여 이를 입증할 수밖에 없다.[524] 불법영득의사를 실현하는 행위로서의 횡령행위가 있다는 점은 검사가 법관에게 합리적인 의심을 할 여지가 없을 정도의 확신을 주는 증명력을 가진 엄격한 증거에 의하여 증명하여야 하고, 이러한 증거가 없다면 피고인의 이익으로 판단할 수밖에 없다.[525]

(나) 판례에 의하면, 다음과 같은 사례에서는 불법영득의 의사를 인정하기 330
어렵다.

① 피고인이 돈의 행방이나 사용처에 대하여 불법영득의사의 존재를 인정 331
하기 어려운 사유를 들어 설명하고 이에 부합하는 자료도 있다면, 일단 위탁받은 돈을 다른 용도로 소비한 후 동액의 돈을 별도로 입금 또는 반환한 것이라는 등의 사정이 인정되지 않는 한 함부로 돈을 불법영득의사로 인출하여 횡령하였다고 인정할 수 없다.[526]

② 피고인들을 유죄로 인정하기 위해서는 자금 인출행위가 그 인출금을 재 332
단의 자금으로 별도 관리하기 위한 것이 아니라 불법영득의사의 실행으로 한 것이고, 그 결과 위 예치금도 재단을 위하여 보관한 것이 아니라는 점이 입증되어야 할 것이다. 그런데 이 사건 인출금은 이사장 자신을 위한 불법영득의사로

---

522 주석형법 〔각칙(6)〕(5판), 305-306(노태악).
523 대판 2017. 6. 19, 2015도19591.
524 대판 2010. 6. 24, 2008도6755; 대판 2017. 6. 19, 2015도19591.
525 대판 1984. 9. 9, 94도998; 대판 2009. 2. 26, 2007도4784; 대판 2017. 6. 19, 2015도19591.
526 대판 1994. 9. 9, 94도998.

써 관리하고 있음이 달리 입증되지 아니하므로 여전히 재단의 관리하에 있다고 볼 수 있다. 따라서 피고인들의 자금 인출행위를 바로 불법영득의사를 실현하는 횡령행위라고 단정할 수 없다.[527]

333 (다) 반면에, 판례에 의하여 불법영득의사를 추단할 수 있는 사례는 다음과 같다.

334 피고인이 주장하는 사용처에 사용되었다는 점을 인정할 수 있는 자료가 부족하고 오히려 개인적인 용도에 사용하였다는 점에 대한 신빙성 있는 자료가 많은 경우에는, 피고인이 위 돈을 불법영득의 의사로써 횡령한 것으로 추단할 수 있다. 피고인이 주장하는 보관금의 행방이나 사용처에 대한 주장을 납득할 수 없고, 오히려 위 보관금을 개인적인 용도에 지출한 사실이 충분히 인정되므로 본죄가 성립한다.[528]

2. 불법영득의사의 내용

(1) 경제적 이득을 취할 의사 요부

335 절도죄에서 불법영득의사는 경제적 용법으로 사용하는 것을 말한다고 해석한다. 그러나 본죄에서는 경제적 용법으로 사용하는 행위 이외에 법률상 처분하는 행위도 불법영득의사의 내용이 된다. 판례는 위탁의 취지에 반하여 자기의 소유물과 같이 이를 지배하고 처분한다는 인식이 있으면 충분하고, 경제적 이득을 취할 의사를 필요로 하는 것은 아니다고 한다.[529] 본죄는 그 목적물을 이용하여 어떠한 경제적 가치를 달성하려는 목적과 무관하게 그 목적물 자체에 관하여 소유자와 마찬가지로 사실상 혹은 법률상 지배하려는 의사만 있으면 성립할 수 있게 되는 것이다.

---

527 대판 1998. 2. 13, 97도1962. 본 판결 평석은 서명수, "법인의 비자금과 횡령죄", 형사재판의 제문제(3권), 박영사(2000), 140-152.

528 대판 2000. 3. 14, 99도457.

529 대판 1982. 4. 13, 80도537(분리)(횡령죄에 있어서 소위 불법영득의 의사에는 원심판시와 같이 타인의 재물을 불법적으로 영득한다는 의사 따위는 이를 필요로 하는 것이 아니고 따라서 횡령죄에 있어서는 손해의 발생이나 그 귀속 또는 이를 보전할 의사의 유무 등은 도시 이를 따질 필요조차 없는 것이다). 위 판례는 가장납입에 관한 판시가 포함되어 있었는데, 가장납입에 관한 판시는 대판 2004. 6. 17, 2003도7645(전)에 의하여 변경되었다.

(2) 사후에 이를 반환하거나 변상 · 보전하는 의사가 있는 경우

소유자로서 처분하려는 의사가 있는 이상 사후에 이를 반환하거나 변상·보전하려는 의사가 있었다고 하더라도 본죄는 성립한다.[530] 이와 같이 사후에 횡령액을 반환하거나 변상·보전하려는 의사가 있는 경우에 관하여, ① 회사 직원이 회사 돈을 일시적으로 유용한 경우 제때에 회사에 다시 불입할 수 있을 것으로 믿었다면 사용 횡령이 되어 처벌할 수 없다는 견해[531]와 ② 그런 행위에 가벌성이 없는 정도가 아니라면 불법영득의사가 있다는 견해[532]가 대립한다. 336

(3) 제3자를 위한 영득의사

형법은 강도죄, 사기죄, 공갈죄, 배임죄에서 '제3자로 하여금' 영득하게 하는 것을 구성요건으로 명시하고 있지만 본죄에서는 그렇지 않다. 하지만 판례는 앞서 살펴본 바와 같이, "횡령죄에 있어서의 불법영득의 의사라 함은 타인의 재물을 보관하는 자가 자기 또는 제3자의 이익을 꾀할 목적으로 업무상의 임무에 위배하여 보관하는 타인의 재물을 자기의 소유인 경우와 같이 사실상 또는 법률상 처분하는 의사를 의미하고, 반드시 자기 스스로 영득하여야만 하는 것은 아니다."라고[533] 판시한다.[534] 337

이에 대하여 형법에 명문의 규정이 없더라도 본죄에서 제3자로 하여금 영득하게 하는 경우에도 '재물보관자의 처분행위'가 개입되기 때문에 '제3자로 하여금' 영득하게 하는 경우에도 본죄가 성립한다고 볼 수 있다고 이해하는 견해[535]가 있다. 더 나아가 본죄의 불법영득이 되는 제3자의 영득은 그 제3자가 그 사정을 알지 못하는 보관자의 도구이거나 보관자의 이익을 위한 대리인으로서 재물을 수령하는 경우와 같이 보관자 자신이 영득하는 것과 동일하게 평가되는 범위로 한정하고, 그 이외의 경우에는 다만 임무위배로서 배임죄가 되는가 338

530 대판 1996. 9. 6, 95도2551.
531 배종대, § 74/39.
532 주석형법 [각칙(6)](5판), 306(노태악).
533 대판 1996. 9. 6, 95도2551; 대판 1999. 7. 9, 98도4088; 대판 2000. 3. 14, 99도4923; 대판 2000. 12. 27, 2000도4005; 대판 2004. 10. 27, 2003도6738; 대판 2008. 8. 21, 2007도9318; 대판 2009. 2. 26, 2007도4784; 대판 2009. 10. 15, 2009도5655 등.
534 일본 판례도 같은 입장이다[最判 昭和 24(1949). 3. 8. 刑集 3·3·276].
535 김준성(주 513), 200; 문형섭, "횡령죄와 배임죄 - 명확한 구분을 위한 제언", 법조 560, 법조협회(2003), 18-19.

의 문제로 판단하자는 견해[536]도 있다.

339 **[투자금을 주식 매입, 대여, 부동산 자금 등으로 사용한 경우]**

피고인이 자신 또는 회사 임직원 명의의 차명계좌에 입금시켜 관리하는 일반자금을 이사회의 결의 등 법령이나 정관에서 정한 절차를 거치지 아니한 채 자의적으로 인출하여 피고인 또는 차명주주 명의로 주식을 매입하고, 피고인 개인 명의로 다른 사람에게 대여하거나 부동산을 취득하는 자금 등으로 사용하였고, 그 사용내역을 회사장부에 기재하지 아니한 채 개인적으로 사용하였다면 불법영득의 의사가 인정된다.[537]

340 **[국고에 손실을 미칠 것을 인식한 경우]**

피고인이 국방회관의 관리소장으로 위 회관의 회계사무를 처리하는 업무에 종사하던 중 국고에 손실을 미칠 것을 인식하면서 위 회관의 수익금을 횡령하였다면 불법영득의사가 인정된다.[538]

341 **[회사 소유의 공진단을 농협 임직원에게 제공한 경우]**

피고인은 농협중앙회 임·직원에게 A 주식회사 소유의 공진단을 개인적인 용도로 사용함으로써 불법영득의 의사로 이를 횡령하였다.[539]

342 **[무자료거래를 통하여 판매한 섬유제품의 판매대금을 회사에 귀속시키지 않은 경우]**

무자료거래를 통하여 섬유제품을 판매하여 비자금을 조성한 다음 대표자가 개인적으로 이를 사용한 경우에, 섬유제품을 판매한 행위만으로는 회사의 이익에 반한다고 볼 수 없어 그 섬유제품에 대한 불법영득의사를 인정하기 어렵다. 그러나 그 판매대금을 회사에 귀속시키지 않은 행위는 회사의 이익에 반하므로 그 판매대금에 대한 불법영득의 의사를 인정할 수 있다.[540]

343 **[제3자의 이익을 위한 횡령]**

피고인 乙이 A 회사의 계좌에서 B 회사의 계좌로 송금한 후, 이를 C로 하여금 즉시 다른 계좌로 이체 및 인출하게 하여 반환받은 금원은, A 회사가 아니라 그 대표이사인 피고인 甲의 지인들이 대부분 사용하였으므로, 이는 자기 또는 제3자의 이익을 위하여 불법영득의사를 실현하

---

536 문형섭(주 535), 18-19는 "재물의 보관자가 자신의 이익을 위하여 제3자로 하여금 그 재물을 취득하게 하는 경우, 다시 말하면 처분행위자의 이익으로 귀속될 제3자의 영득은 처분행위자의 영득이 행해진 후의 사실관계에 불과하다고 할 측면이 있다. 그 경우에는 굳이 '제3자로 하여금 영득하게 하는 것도 횡령이 된다'는 사실이 구성요건에 명시되지 않았더라도 횡령죄가 된다고 할 수 있다. 그와는 달리 보관자의 이익과 무관하여 그의 영득과 동일한 가치판단을 할 수 없는 제3자의 영득은 횡령죄의 불법영득에서 제외하는 것이 죄형법정주의에 부합한다."고 한다.

537 대판 2000. 12. 27, 2000도4005.

538 대판 2004. 10. 27, 2003도6738.

539 대판 2009. 10. 15, 2009도5655.

540 대판 2016. 8. 30, 2013도658.

는 횡령행위에 해당한다.[541]

[비자금이 오로지 피고인이 개인적으로 유용할 목적으로만 비자금으로 조성되었다고 단정할 수 는 없는 경우] 344

이 사건 금원 전체가 오로지 피고인이 개인적으로 유용할 목적으로만 비자금으로 조성되었다고 단정할 수는 없고, 비자금을 인출하여 사용하였다는 점이 인정될 수 없는 이상 피고인이 사용처에 관하여 증빙자료를 제시하지 못하고 납득할 만한 합리적인 설명을 하지 못하였다고 하여 횡령죄의 성립을 인정할 수는 없다.[542]

[비자금 사용내역이 회사 운영 과정에서 통상적으로 발생하는 비용 등 개인적인 이익 도모가 아닌 회사의 원활한 운영 등을 목적으로 한 경우] 345

비자금 사용내역은 모두 그 외형상 회사 운영 과정에서 통상적으로 발생하는 비용에 대한 지출이거나, 임직원 등에 대한 경조사 비용, 복리후생증진 비용, 명절 선물비용 등에 대한 지출 등으로 보이는바, 이는 회사의 운영자금 지출 내지 회사 경영상의 필요에 의한 지출로서 불법영득의사를 인정하기 어렵다.[543]

(4) 본인을 위한 영득의사

본죄에서 불법영득의 의사는 '자기 또는 제3자의 이익'을 도모할 목적으로 그 임무에 위배하여 타인의 재물을 사실상 또는 법률상 처분하는 의사를 뜻한다. 그와 달리 '소유자의 이익'을 위하여 제품을 처분한 경우에는 특별한 사정이 없는 한 불법영득의 의사를 인정할 수 없다.[544] 346

다만 타인으로부터 용도가 엄격히 제한된 자금을 위탁받아 집행하면서 그 제한된 용도 이외의 목적으로 자금을 사용하는 것은, 그 사용이 개인적인 목적에서 비롯된 경우는 물론 결과적으로 자금을 위탁한 본인을 위하는 면이 있더라도 그 사용행위 자체로서 불법영득의 의사를 실현한 것이 되어 본죄가 성립한다.[545] 347

541 대판 2017. 9. 21, 2017도7843.

542 대판 2008. 8. 21, 2007도9318.

543 대판 2009. 2. 26, 2007도4784.

544 대판 1982. 3. 9, 81도3009; 대판 1997. 9. 30, 97도1863; 대판 2011. 5. 26, 2011도1904; 대판 2017. 2. 15, 2013도14777; 대판 2017. 6. 19, 2015도19591. 일본 판례로는 大判 大正 15(1926). 4. 20. 刑集 5·136[사찰의 주지가 주무관청의 인가 등을 받지 않고 불상(佛像)의 소유자인 사찰을 위하여 불상을 매각한 사례]; 大判 大正 15(1926). 11. 26. 刑集 5·551; 最判 昭和 33(1958). 9. 19. 刑集 12·13·3047; 最判 昭和 33(1958). 9. 19. 刑集 12·13·3127.

545 대판 2009. 7. 9, 2009도3665 등.

348 한편 본인을 위한다는 의사로 하더라도 그 처분행위가 위법한 목적을 가진 경우나 법령에서 명백하게 이를 금지하고 있다면 불법영득의사는 인정된다고 보아야 할 경우가 있고,[546] 반면 법령위반행위라고 하더라도 경미한 절차위반 정도라면 바로 본인을 위한다는 의사가 부정되지는 않는다.[547]

(가) 불법영득의 의사가 인정되는 경우

349 **[회사의 이사가 회사의 이익을 도모할 목적보다는 후보자 개인의 이익을 도모하거나 그 밖의 다른 목적으로 보관 중인 회사 재산을 처분한 경우]**

회사의 이사가 보관 중인 회사 재산을 처분하여 그 대금을 공직선거에 입후보한 타인의 선거자금으로 지원한 경우, 그것이 회사의 이익을 도모할 목적으로 합리적인 범위 내에서 이루어졌다면 그 이사에게 횡령죄에 있어서 요구되는 불법영득의 의사가 있다고 할 수 없을 것이나, 그것이 회사의 이익을 도모할 목적보다는 그 후보자 개인의 이익을 도모할 목적이나 기타 다른 목적으로 행하여졌다면, 그 이사는 불법영득의 의사가 인정되므로 회사에 대하여 횡령죄의 죄책을 면하지 못한다고 할 것이다.[548]

350 **[이사가 회사의 업무를 집행하면서 회사의 자금으로서 뇌물을 공여한 경우]**

① 회사의 이사 등이 업무상의 임무에 위배하여 보관 중인 회사의 자금으로 뇌물을 공여하였다면, 이는 뇌물공여 상대방의 이익을 도모할 목적이나 기타 다른 목적으로 행하여진 것이라고 봄이 상당하므로, 회사에 대하여 업무상횡령죄의 죄책을 진다.[549]

② 피고인 乙이 A 회사의 임원인 피고인 甲에게 부정한 청탁을 하고 업무상 보관 중이던 회사 비자금을 제공한 행위가 유죄로 인정되므로, 피고인 乙은 위 지출에 대하여 업무상횡령죄의 죄책을 진다.[550]

---

546 最判 昭和 30(1955). 12. 9. 刑集 9·13·2627; 最判 昭和 34(1959). 2. 13. 刑集 13·2·101.

547 大判 大正 15(1926). 4. 20. 刑集 5·136; 最決 平成 13(2001). 11. 5. 刑集 55·6·546[회사의 경리부장과 차장이 회사에 대한 주식매점세력에 대항할 목적으로 제3자에게 매점방해공작을 의뢰하면서 업무상 보관 중인 현금을 위 공작자금·보수 등으로 교부한 사안에서, '오로지' 본인을 위하는 의사로 행한 경우에는 불법영득의사를 인정할 수 없고(일반론), 나아가 "행위의 객관적 성질의 문제와 행위자의 주관의 문제는 본래 서로 다른 것으로, 예컨대 상법이나 그 밖의 법령에 위반하는 행위이더라도 행위자의 주관에서는 이를 오로지 회사를 위하여 한다는 의식하에 행하는 것도 있을 수 없는 것은 아니므로, 그 행위가 상법이나 그 밖의 법령에 위반한다는 것만 가지고 바로 행위자의 불법영득의사를 인정할 수는 없다."고 판시하면서도, 위 경리부장 등에 대하여 오로지 회사를 위한 의도만으로 행한 것은 아니라는 이유로 업무상횡령죄를 인정한 원심의 판단을 수긍하였다].

548 대판 1999. 6. 25, 99도1141(선거자금 지원). 같은 취지로는 대판 2005. 5. 26, 2003도5519(정치자금 기부); 대판 2009. 12. 10, 2007다58285(대표이사가 보관 중인 회사 재산을 처분하여 그 대금을 정치자금으로 기부).

549 대판 2005. 5. 26, 2003도5519; 대판 2005. 10. 28, 2003다69638.

550 대판 2013. 4. 25, 2011도9238; 대판 2013. 10. 31, 2013도8853(같은 법리가 업무상횡령뿐 아니라 배임증재에도 적용된다고 판시).

[학교법인 이사장이었던 자가 부외부채를 대위변제하고 그 회수를 위하여 학교법인의 재산을 담보로 제공한 경우] 351

학교법인의 이사장이었던 자가 근무 당시 학교법인이 부담하는 부외부채를 자신의 자금으로 변제한 후 그 자금회수를 위하여 보관 중이던 학교법인 소유의 양도성 예금증서를 어음할인에 대한 담보로 제공한 경우, 그 부외부채가 학교법인이 승인한 채무가 아니고 그 변제도 승낙 없이 임의로 한 것이므로 불법영득의 의사가 인정된다.[551]

[상가홍보 및 상가활성화에 필요한 용도들로 그 사용대상이 엄격히 정하여진 개발비를 선수관리금 등으로 사용한 사안] 352

① 타인으로부터 용도가 엄격히 제한된 자금을 위탁받아 집행하면서 그 제한된 용도 이외의 목적으로 자금을 사용하는 것은, 개인적인 목적에서 비롯된 경우는 물론 결과적으로 본인을 위하는 면이 있더라도 그 사용행위 자체로서 횡령죄가 성립한다.[552]

② 상가의 수분양자들이 분양대금과 별도로 납부한 개발비는 그 사용대상이 엄격히 정하여져 있었고, 이 사건 상가자치운영위원들인 피고인들은 개발비 중 일부를 그 용도에 어긋나게 선수관리비 명목으로 지급하였으므로, 비록 상가의 수분양자들을 위하는 면이 있더라도 피고인들에게 업무상횡령죄를 인정할 수 있다. 또한 사업시행자가 수분양자들로부터 선수관리비를 확보하지 못한 상태에서 상가를 개점하였고, 당시 공실 점포의 비율이 높아 관리비가 제대로 징수되지 않았다는 등과 같은 사정만으로는 정당행위 또는 추정적 승낙에 해당한다고 볼 수 없다.[553]

[상가의 원활한 개점 및 활성화에 필요한 용도로 사용하도록 엄격하게 제한되어 있는 상가개발비를 분양수수료에 대한 부가세로 사용한 경우] 353

이 사건 상가의 수분양자들이 분양대금과는 별도로 납부한 상가개발비는 그 사용용도가 제한되어 있고, 사업시행사의 임원들인 피고인들이 상가개발비 중 일부를 그 용도에 어긋나게 분양대행수수료, 행사비, 광고·홍보비 등으로 사용하였으며, 그 부가가치세 부분도 상가개발비에서 지급될 수는 없으므로 업무상횡령죄가 성립한다.[554]

(나) 불법영득의 의사가 인정되지 않는 경우

[학교에서 교사들로 하여금 신입생 모집활동을 하게 하고 그 비용으로 재단이사 및 학교장 등의 양해 아래 차액금을 사용한 사례] 354

피고인은 특수한 전수학교에서 신입생이 입학정원에 미달되어 학교에서 교사들로 하여금 신입생 모집활동을 하게 하고 그 비용으로 재단이사 및 학교장 등의 양해 아래 위 지급 차액금을

551 대판 2000. 2. 8, 99도3982.
552 대판 2004. 8. 20, 2003도4732; 대판 2009. 7. 9, 2009도3665.
553 대판 2011. 7. 28, 2009도5852.
554 대판 2012. 3. 15, 2010도1378.

사용한 것이므로 불법영득의 의사가 있었다고 보기 어렵다.[555]

355 **[위임자가 부동산의 매도를 위임하면서 수임인에게 필요한 경비를 지출하여 위임받은 사무를 처리할 것도 함께 위임하였거나 미리 승낙한 경우]**

위임자가 부동산의 매도를 위임하면서 수임인에게 매수인으로부터 수령한 대금에서 필요한 경비를 지출하여 위임받은 사무를 처리할 것도 함께 위임하였거나 미리 승낙한 경우, 수임인이 수령한 매매대금을 위임자에게 지급하지 아니한 채 위임받은 사무를 처리하기 위한 경비로 직접 지출하더라도 불법영득의 의사를 인정할 수 없다.[556]

356 **[피해자 운영 주유소의 세무기장료로 사용한 경우]**

보관자가 소유자의 이익을 위하여 이를 처분하는 경우에는 원칙적으로 불법영득의 의사를 인정할 수 없다. 따라서 피고인이 피해자가 운영하던 주유소의 세무기장료로 지출한 금원은 피해자의 이익을 위한 것이므로 불법영득의사를 인정하기 어렵다.[557]

357 **[사단법인의 자금으로 임차보증금을 지출한 경우]**

피고인이 관할 교육청 담당직원 안내에 따라 사단법인의 기본재산을 사단법인의 임차보증금 명목으로 지출하였고, 그 사용처, 사용목적, 경위, 결과 등에 관하여 납득할 만한 합리적인 설명을 하고 충분한 증빙자료를 제출하고 있는 이상, 피고인의 각 인출행위 등을 피고인 또는 제3자의 이익을 위한 횡령행위라고 볼 수는 없다.[558]

358 **[공용부분의 관리규약에 따라 특별수선충당금을 전기료로 사용한 경우(불법영득의사 인정)와 일상관리의 범위를 넘는 공사대금으로 사용한 경우(불법영득의사 부정)]**

피고인이 대표이사로 근무한 회사는 이 사건 상가건물의 관리운영을 위하여 관리규약을 제정하였고, 구분소유자들로부터 관리비와는 별도로 용도가 엄격히 특정된 특별수선충당금과 개발비를 징수하였는데, 피고인이 이를 그 용도에 반하여 직원급여나 전기료 등으로 사용하거나 자신이 차용한 행위는 업무상횡령죄를 구성한다. 다만 회사가 시행한 각 공사는 방재실에 새로운 녹화장치를 설치하거나 에너지절약 및 파손방지를 위하여 냉동기를 대대적으로 수리하는 등 그 비용이 많이 들고, 공용부분에 대한 일상관리의 범위를 넘는 것이어서, 관리규약에서 정한 용도 외의 지출이었다고 보기는 어려우므로, 이는 업무상횡령죄에 해당한다고 볼 수 없다.[559]

555 대판 1982. 3. 9, 81도3009.
556 대판 1997. 9. 30, 97도1863.
557 대판 2004. 5. 14, 2004도1161.
558 대판 2009. 4. 23, 2009도495.
559 대판 2009. 7. 9, 2009도3665.

[수표를 빌려 거래처에 지급할 계약금으로 사용하고 수표 결제일에 액면금 상당액을 발행처에 송금한 경우] 359

피고인이 A 회사의 자금을 B 회사에 송금한 것은 A 회사의 C 회사에 대한 공장용지 매수대금 결제를 위한 것이므로, 이를 A 회사가 아닌 피고인 또는 제3자의 이익을 위하여 불법영득의사를 실현하는 횡령행위라고 평가할 수는 없다.[560]

[동업사업을 위한 대출금 이자를 지급한 경우] 360

A 회사의 신한은행에 대한 대출금 관련 이자는 공동재산인 동업재산에서 지출하도록 정하고 있는 용도의 범위 안에 있으므로, 피고인이 그 이자를 지급하였다는 것은 불법영득의사의 존재를 인정하기 어렵다.[561]

[서울차이나타운이 추진하던 차이나타운 건설사업과 관련하여 이에 투자하려는 중국인 투자자들을 접대하는 데 사용하였다고 볼 수 있는 경우] 361

피고인이 A의 자금 및 매각대금을 피해자 회사를 위하여 업무상 보관하던 중 그 일부를 임의로 소비하였으나, 이를 피해자 회사의 대주주인 B 측의 승낙을 얻어 위 돈을 이 사건 건설사업과 관련하여 중국인 투자자들을 접대하는 데 사용하였다고 볼 수 있는 등 그 범죄의 증명이 있다고 볼 수는 없다.[562]

[자금거래의 편의를 위하여 가지급금으로 피고인 계좌에 송금한 후에 투자업체로 송금한 경우] 362

이 사건 투자사업 등에 자금을 투자 내지 대여하는 방법의 일환으로 일단 피고인 계좌에 이 사건 가지급금 등을 입금한 뒤 이를 다시 이 사건 투자사업체에 송금하는 등의 방식으로 지출하였을 가능성이 있고 그에 관한 거래 자료도 있으며, 합리적인 경영 판단의 범위 내에서 위 자금거래가 이루어진 것이라면, 이는 위탁 취지나 이익에 반하지 않으므로 피고인이 불법영득의사로 횡령하였다고 단정할 수 없다.[563]

[장례식장 전기요금의 일부를 의료재단을 위하여 사용한 경우] 363

피고인이 장례식장 전기요금을 피고인의 계좌로 송금받아 보관하던 중 이를 임의로 사용하였으나, 그중 일부를 비공식급여 등 이 사건 의료재단을 위하여 사용하였다고 볼 여지가 상당하므로, 그와 같은 사용이 인정되는 범위 내에서는 피고인이 위 전기요금을 불법영득의 의사로 횡령하였다고 볼 수 없다.[564]

560 대판 2010. 5. 13, 2009도14936.
561 대판 2011. 5. 26, 2011도1904.
562 대판 2013. 2. 14, 2010도17074.
563 대판 2013. 5. 23, 2013도1389.
564 대판 2014. 3. 27, 2012도7328.

364 **[피해자에게 근저당권을 허위로 설정하였다는 사실을 말하면서 배당을 받게 되면 이를 나누자고 하였으나 배당받지 못한 경우]**

이 사건 근저당권설정의 경위와 목적, 객관적 상황, 이 사건 전후 피고인의 태도 등을 종합하여 피고인에게 자기나 제3자의 이익만을 꾀하고 피해자의 소유권을 침해할 불법영득의사가 없었다고 볼 여지가 충분하므로, 피고인의 행위로 인하여 피해자의 소유권이 침해될 위험이 발생했다는 이유만을 들어 횡령죄가 성립할 수는 없다.[565]

365 **[공공단체 예산 집행자가 예산책정이 없는 간격을 메꾸기 위해 예산을 유용한 경우]**

공공단체의 예산을 집행할 직책에 있는 자가 긴급을 요하는 사항으로 예산책정이 없어 그 간격을 메꾸기 위하여 예산을 유용한 경우 불법영득의사가 부정된다.[566]

366 **[횡령의 미필적 고의에 대한 입증책임의 부담 주체: 검사]**

피고인이 거래를 전담해 온 A에게 속아 피해자 회사의 해외 업무 관련 자금 마련이나 거래처에 대한 자금결제를 위하여 피해자 회사의 업무 지시에 따르는 것으로 알고 허위의 세금계산서를 발행하여 과다하게 지급받은 대금을 A가 요구하는 방법에 따라 돌려 준 것으로 볼 여지도 충분하므로, 피고인에게 횡령에 대한 인식이나 미필적 고의가 있었다고 단정하기 어렵고, 그 입증책임은 검사에게 있다.[567]

(5) 단순 손괴·은닉의 의사

367 단순한 손괴·은닉의 의사만으로는 불법영득의사를 구성하지 않는다. 본죄의 본질에 대한 영득행위설에 따르면 당연한 결론이고, 월권행위설에서도 단순한 손괴·은닉행위는 본죄가 성립하지 않는다고 본다.[568] 그러나 경우에 따라 손괴·은닉할 의사가 소유자를 배제할 의사로 표현되었다고 볼 정도라면 불법영득의사를 인정할 여지가 있다.

(6) 일시사용의 의사

368 일시사용의 목적으로 권한을 넘어 보관물을 유용한 경우에는 불법영득의 의사가 없다고 보아야 할 것이다. 그러나 즉시 복구할 의사로 일시사용한 경우가 아니라면 후에 반환, 변상, 전보할 의사와 또 그럴만한 자력이 있더라도 불법영득의사는 인정된다고 보아야 한다.[569] 다만, 이러한 경우 주관적 의사의 문제라

---

565 대판 2016. 8. 24, 2014도15834.
566 대판 1972. 12. 12, 71도2353.
567 대판 2014. 7. 10, 2012도3058.
568 정성근·박광민, 425; 주석형법 [각칙(6)](5판), 314(노태악).
569 대판 2000. 2. 8, 99도3982 등.

기보다는 객관적 행위에 대한 평가의 문제가 될 것이다. 즉, 사용행위의 객관적 태양, 시간, 사회·경제적 의미에 비추어 소유자의 위탁 취지에 반하는 일시사용이라면 주관적으로 단순한 일시사용의 목적이라고 하더라도 본죄의 성립을 긍정할 수 있다. 예컨대, 단시간 사용만이 허락된 자동차를 8일 동안 타고 돌려준 행위[570]나 자기가 보관하고 있는 회사의 기밀자료를 복사하기 위하여 일시 회사 밖으로 가지고 갔다가 이를 반환하는 행위[571] 등이 이에 해당할 것이다.

한편 금전과 같은 불특정물을 소비한 경우, 소비임치의 의사표시가 분명하 369
거나 또는 수탁자가 위탁의 취지에 반하지 않게 동액의 다른 금전으로 대체시킬 수 있는 사정하에서라면 이를 일시 유용하더라도 본죄의 성립을 부정함이 타당하다.[572]

3. 예산의 항목 유용

(1) 예산유용과 본죄의 성부

용도가 엄격하게 제한되어 있는 자금을 용도 외에 사용한 경우 본죄가 성 370
립할 수 있다는 법리를 처음 밝힌 것은 대판 1989. 10. 10, 87도1901이다. 이는 회계 담당 공무원이 예산을 지정용도 외로 인출·소비한 것만으로 불법영득의사를 인정할 수는 없으므로, 예산을 필요경비에 유용한 것인지 전혀 허용되지 않는 용도로 사용한 것인지 여부를 가려보지 않은 원심은 심리미진의 위법이 있다고 판단한 사안이다.

공공단체의 예산을 집행할 직책에 있는 사람이 자신의 이익을 위한 것이 371
아니고 행정상 필요한 경비의 부족을 메우기 위하여 여유 있는 다른 항목의 예산을 유용한 경우, 예산의 항목 유용 자체가 위법한 목적을 가지고 있었다거나 (**아래 [표 2]의 ②의 ⓐ**), 용도가 엄격하게 제한되어 있는 경우 (**아래 [표 2]의 ②의 ⓑ**) 에는 그 지출이 아무리 공공단체 등을 위한 지출이라 하더라도 불법영득의 의사를 부정할 수 없겠으나, 그것이 본래 책정되었거나 영달되어 있어야 할 필요경비이기 때문에 일정한 절차를 거치면 그 지출이 허용될 수 있었던 경우

570 大阪高判 昭和 46(1971). 11. 26. 高刑集 24·4·741.
571 東京高判 昭和 60(1985). 12. 4. 刑月 17·12·1171.
572 김일수·서보학, 295-296; 주석형법 〔각칙(6)〕(5판), 314(노태악).

(**아래 [표 2]의 ②의** ⓒ)에는, 그 간격을 메우기 위하여 이에 유용하였더라도 행정책임은 별론으로 하고 바로 불법영득의 의사가 있었다고 단정할 수는 없는 것이다.

372 예산 항목 유용에 관한 위 법리는 대판 1995. 2. 10, 94도2911; 대판 2005. 2. 25, 2004도8307; 대판 2007. 8. 23, 2007도4400; 대판 2007. 12. 28, 2006도9100; 대판 2009. 11. 26, 2007도8945 등에서 반복되고 있다. 특히, 대판 2002. 2. 5, 2001도5439; 대판 2002. 11. 26, 2002도5130 등은 예산의 용도가 엄격하게 제한되어 있지 아니하였다는 등의 이유를 명시하면서 본죄를 무죄로 판단하였다.

(2) 판례의 정리

(가) 불법영득의사를 인정할 수 없다고 판단한 사례

373 ① 고아원 경영자인 피고인이 구호용으로 받은 양곡을 처분하여 원아를 위한 백미와 부식물을 구입한 경우에 불법영득의 범의를 인정하기 어렵다.[573]

374 ② 피고인이 도지사의 지시에 따라 시설용 소맥분을 구호용 소맥분으로 전용하여 공주읍에 대한 배정분의 소맥분을 납품한 사실 없이 판매대금을 지급받았다 하더라도, 공주군 자체로서는 재산상 손해가 없으므로 업무상횡령죄를 인정하지 아니한다.[574]

375 ③ 교직원과 합의하에 피고인 명의로 예입하여 두었던 학교의 공금 일부를 인출하여 학교의 양수자금으로 지급한 경우, 공공단체의 예산을 집행할 직책에 있는 사람이 긴급을 요하는 사항으로 그에 대한 예산책정이 없었으므로 그 간격을 메꾸기 위하여 이에 그 예산을 유용하였을 경우에는 불법영득의 의사가 없다.[575]

376 ④ 경비를 지출하고도 그 영수증을 발급받지 못하거나 감독기관으로부터 인정받기 어려운 경조비, 접대비 등의 잡지출에 대하여 번역료, 항공권판매보상금 등 잡수입금으로 이를 충당하고 동 잡지출계정은 일반경리장부와는 별도로 장부를 만들어 변태지출하고, 직원들에게 봉급을 지급하지 않고도 지급한 것처

573 대판 1955. 5. 20, 4288형상39.
574 대판 1972. 5. 23, 71도2334.
575 대판 1972. 12. 12, 71도2353.

럼 경리장부에 기재하고 그 금액을 장부계정에 입금시켜 경비로 사용한 경우, 장부상의 자금이동에 불과하므로 피고인이 A 법인의 변태지출된 경비나 봉급명목의 돈을 횡령한 것이라고 볼 수는 없다.[576]

⑤ 면의 총무계장과 회계사무보조가 군으로부터 영달된 예산을 항목대로 377
지출하지 아니하고, 관련 공무원이나 직원 등에 대한 접대비, 찻값, 식대, 애경사 부조금, 면사무소 비품구입비, 청사도장 내지 수리비, 정원 외로 채용한 급사 월급, 면장의 사적 경비 등으로 사용한 경우, 영달된 예산을 지정용도 이외로 인출하여 임의 소비하였다는 것만으로 바로 그 잔액에 대한 불법영득의 의사를 인정할 수는 없는 것이므로, 원심은 당해 금원을 본래 허용될 수 있는 면의 지정 외 필요경비에 유용한 것인지 그렇지 아니하고 부정한 영득의 의사로 또는 전혀 허용되지 않는 용도로 사용한 것인지 여부를 가려서 그 횡령액수에 따른 죄책을 인정하였어야 할 것이다.[577]

⑥ 새마을금고 이사장이 사무실 운영비가 부족하여 금고에 설치할 전산시 378
스템을 구매하면서 발주처로부터 할인금 명목으로 교부받은 금원을 금고의 별도 수입금으로 계상하지 아니하고 이사장 딸 명의로 개설하여 관리되는 개인 예금통장에 입금해 두었다가 사무실 운용을 위하여 지출한 경우, 불법영득의 의사가 있었다고 볼 수 없다.[578]

⑦ 대표자인 피고인이 예비비 중 비상대책위원회 활동자금을 전용하여 특 379
별판공비, 기관운영판공비, 회의비 등으로 사용한 경우, 예비비는 용도가 엄격하게 제한되어 있지 아니하고, 전용지출에 관하여도 공동위원들과 양해가 되어 있었으므로, 이사회의 전용결의가 이루어지지 아니한 사정만으로 바로 불법영득의사를 인정할 수 없다.[579]

⑧ 피고인이 출장을 간 것처럼 허위 서류를 제출하여 출장비를 교부받아 380
업무상 보관하던 중 이를 임의 소비하였으나, 출장비로 구입한 사무실 비품 사진, 지출 용도 관련 직원들의 진술서 등을 제출하였고, 그 항목 유용의 목적이

576 대판 1984. 4. 26, 82도1674.
577 대판 1989. 10. 10, 87도1901.
578 대판 1995. 2. 10, 94도2911.
579 대판 2002. 2. 5, 2001도5439.

위법하거나 그 용도가 엄격하게 제한되었다고 볼만한 자료가 없으므로 불법영득의사를 단정할 수 없다.[580]

381 ⑨ 주식회사 지점장이 지점운영비를 애초 작성했던 품의서와는 다르게 사용하기는 하였으나 결국 위 각 지점을 운영하는 데 사용하였다고 보이므로, 위와 같은 사정만으로는 피고인이 개인적으로 운영비를 소비했다거나 피고인에게 불법영득의 의사가 있었다고 단정할 수 없다.[581]

382 ⑩ 화물공제조합 운영위원장이 퇴직하는 직원들에게 전별금을 지급하고 이를 회계 편의상 '홍보 및 접대비' 항목으로 변칙적인 회계처리를 하였으나, 직원들의 경조사비 등은 관례상 판공비로 지급하여 왔으므로 원래 사용 가능한 필요경비를 전용한 것에 불과할 뿐, 피고인 또는 제3자의 이익을 위하여 지출한 것으로 보기는 어렵다.[582]

383 ⑪ 이사직무집행정지 가처분결정이 신청된 경우, 필요한 한도 내에서 법인의 대표자가 법인 경비에서 당해 가처분 사건의 피신청인인 이사의 소송비용을 지급하더라도 이는 법인의 업무수행을 위한 것에 해당하여 본죄를 구성한다고 볼 수 없다.[583]

384 ⑫ 사업협동조합 이사장이 위탁비가 입금된 통장에서 금원을 인출하여 이사직무집행정지 가처분신청사건의 응소를 위한 변호사 선임료 등으로 사용하였다는 사정만으로 곧바로 불법영득의 의사를 가지고 예산을 유용한 것으로 단정할 수 없다.[584]

385 ⑬ 상가 관리업체의 대표이사(피고인)가 구분소유자들(피해자들)을 대신하여 구분점포의 임대차계약을 체결하고 임차인들로부터 임대차보증금과 차임을 받아 보관하던 중 관리비, 특별관리비, 개발비에 충당한다는 명목으로 그 반환을 거부한 경우, 위 관리비 등은 적법한 절차를 거쳐 부과되었다면 피해자들의 채무로 인정될 수 있었고, 피고인이 위 차임 등을 관리비 등의 변제에 충당할 수 있다고 믿고 그 반환요구를 거절하였을 여지가 충분하므로 불법영득의사를 인

580 대판 2002. 11. 26, 2002도5130. 본 판결 평석은 허일태(주 167), 254-275.
581 대판 2005. 2. 25, 2004도8307.
582 대판 2007. 8. 23, 2007도4400.
583 대판 2003. 5. 30, 2003도1174.
584 대판 2007. 12. 28, 2006도9100.

정할 수 없다.[585]

⑭ 입주자대표회의 동대표들이 하자보수보증의 이행으로 지급받아 업무상 보관하던 하자보수비를 변호사 선임료, 하자조사비, 공사비 등 용도 외로 사용하였으나, 이 사건 변경계약 체결 및 중도금 지급 당시에는 관리규약상 용도 외 사용이 금지되지는 않았고, 구분소유자들 또는 입주민들의 의사나 위탁의 취지에 부합하는 것으로 볼 여지가 있으므로, 피고인들에게 불법영득의 의사가 있었다고 단정하기는 어렵다.[586] 386

⑮ 입주자대표회의 회장이 하자보수 손해배상청구소송 이후 입주자대표회의를 거쳐 위판결에 의한 승소금 중 일부를 포상금으로 지급받은 경우, 지급요건인 '현저한 공로'가 있는지 여부는 입주자대표회의에 결정권한이 있으므로, 그 결의가 합리적 범위를 벗어났다거나 피고인의 행위가 불법영득의사에 의한 것이라고 단정하기 어렵다.[587] 387

⑯ 피고인들이 비록 아파트 관리위원회 회칙에 위배하여 관리기금에서 금원을 단기차입금 명목으로 인출했다 하더라도, 종전에도 대여 사례가 있었고 피고인들이 그 이자를 변제하여 왔으며 집행위원들의 동의가 있었다면, 위 인출을 위원회의 재산권의 처분행위라고 할 수 없고, 피고인들에게 불법영득의 의사가 있었다고도 볼 수 없다.[588] 388

(나) 불법영득의사를 인정한 사례

① A 지역 골프연습장 부지에 아파트를 건축하기 위하여 조합을 결성하고 건축비를 조합원으로부터 받아 건축허가의 가능성도 거의 없는 B 지역의 공원용지를 매수하는 자금으로 사용한 경우, 조합 등의 단체에 있어서 그 자금의 용도가 엄격하게 제한되어 있는 경우에는 그 용도 외의 사용은 그것이 조합을 위한 것이라고 하더라도 그 사용행위 자체로서 불법영득의 의사를 실현한 것이 되어 불법영득의 의사를 부정할 수 없다.[589] 389

② 허위의 영수증을 지출결의서에 첨부하여 A 은행의 예산 중 업무추진비 390

585 대판 2013. 8. 23, 2011도7637.
586 대판 2017. 4. 13, 2015도5286.
587 대판 2016. 5. 27, 2013도12309.
588 대판 1990. 5. 8, 90도599.
589 대판 1992. 10. 27, 92도1915.

를 인출하여 비자금을 조성하고 그중 일부를 이북5도의 전 현임 도지사, 전·현임 도민회장, 비상근이사 등에게 판공비 또는 명절 무렵의 인사 명목으로, A 은행의 임원과 실 국장들에게 명절 무렵의 수고비 명목으로 각 지출한 경우, 업무추진비의 본래 용도와는 관계없이 개인적인 목적으로 지출한 것에 지나지 아니한다.[590]

391 ③ 회사의 운영에 필요한 비용에 대하여 법원의 지출허가를 받기 어렵기 때문에 염료 구입대금으로 지출할 것처럼 법원을 기망한 후 이를 빼돌려서 판공비(임직원의 활동비, 생산장려금 등)에 사용한 경우, 회사의 경영자가 자금을 지출함에 있어 그 자금의 용도가 엄격히 제한되어 있는 경우에 그 용도 외의 사용은 그것이 회사를 위한 것이라도 그 사용행위 자체로서 불법영득의 의사를 실현한 것이다.[591]

392 ④ 환경부와 연구용역계약을 체결하고 지급받은 연구개발비를 반환하지 않고 임의 사용하거나 개인적인 주식취득자금 또는 대여금으로 사용한 경우, 엄격하게 용도가 제한되어 있는 연구개발비를 개인적으로 유용한 이상, 피고인의 불법영득의사를 부정할 수 없다.[592]

393 ⑤ 대학교 행정실장이 국고보조금을 집행하면서 전액을 사용한 것처럼 허위의 계약서 및 지출결의서를 작성한 후 남은 금액을 인출하여 자신의 부동산 구입대금으로 유용한 경우, 위 국가보조금은 그 용도가 엄격히 제한된 자금으로 봄이 상당하므로 불법영득의 의사가 인정된다.[593]

394 ⑥ 아파트 입주자대표회의 회장이 관리규약으로 특별수선충당금 등에 편입하도록 규정되어 있는 아파트 단지 내 상행위 수수료를 다른 용도로 사용한 경우, 위법한 예산지출에 관하여 입주자대표회의 의결을 하였다 하더라도 본죄의 성립에 지장이 없고, 그 의결에 따른 예산집행이라고 하여 횡령행위가 정당화될 수 없다.[594]

395 ⑦ 과학기술부로부터 지원받아 업무상 보관 중이던 교내 벤처회사 연구비

590 대판 1994. 9. 9, 94도619.
591 대판 1997. 4. 22, 96도8.
592 대판 1999. 7. 9, 98도4088.
593 대판 2004. 12. 24, 2003도4570.
594 대판 2006. 4. 27, 2003도4735.

를 허위 세금계산서를 교부받고 납품업자에게 돈을 송금한 후 되돌려 받아 사적으로 소비한 경우, 납품업자들의 계좌에 금원을 송금한 때에 업무상횡령죄는 기수에 이른다.[595]

396 ⑧ 급량비 예산에 관한 허위의 지출결의서 등을 작성하게 하는 방법으로 부대예산 중 급량비의 차액을 발생시키고 이를 이용하여 양주를 다량 구입한 행위는 양주의 종류와 수량, 구매금액, 구입 경위 및 방법, 구입 후 사용정황 등에 비추어 이를 개인적인 용도로 사용하기 위한 불법영득의사를 인정할 수 있고 그와 같이 구입한 양주의 일부를 전출하는 부하들에게 선물로 주거나 회식 자리에서 사용하였다고 하여도 이는 범행 후의 사정일 뿐 범죄 성립에 영향이 없다.[596]

(다) 판단기준

397 대표적 선례로 볼 수 있는 대판 1989. 10. 10, 87도1901의 법리를 분석해 보면 다음 [표 2]와 같이 구성해 볼 수 있다.

[표 2] 대판 1989. 10. 10, 87도1901 법리

<table>
<tr><td colspan="2">① 자기 자신의 이익을 위하여 사용한 경우</td><td>본죄 성립</td></tr>
<tr><td rowspan="3">② 근무 기관의 경비에 사용한 경우</td><td>ⓐ 예산의 항목 유용 자체가 위법한 목적을 가지고 있는 경우</td><td rowspan="2">본죄 성립
그 지출이 아무리 본인인 공공단체 등을 위한 지출이더라도 본죄의 죄책(불법영득의사)을 인정</td></tr>
<tr><td>ⓑ 예산의 용도가 엄격하게 제한되어 있는 경우</td></tr>
<tr><td>ⓒ 본래 책정되거나 영달되어 있어야 할 필요경비이기 때문에 일정한 절차를 거치면 그 지출이 허용될 수 있었던 때</td><td>그 간격을 메우기 위하여 유용하였더라도 행정책임을 지는 것은 별론으로 하고, 바로 불법영득의사가 있었다고 단정할 수는 없음</td></tr>
</table>

398 예산 집행의 특성이나 개별적인 특별한 사정을 인정할 경우에는 예산의 유용에 해당하더라도 위와 같은 법리에 따라 불법영득의 의사를 부정한 사례가 많다. 반면, 불법영득의 의사를 인정한 사례들은 용도가 엄격히 제한되어 있거나 목적과 용도를 특정하여 위탁된 자금을 그 범위를 벗어나 사용한 것들이다. 용도가 법령에 의하여 엄격히 특정된 자금은 다른 절차를 아무리 거치더라도

595 대판 2009. 2. 26, 2007도7625.

596 대판 2018. 6. 28, 2016도18327.

전용의 승인을 얻을 가능성이 없고, 반대로 일정한 절차를 거쳐 지출을 허용받을 수 있는 예산항목은 용도가 엄격히 특정된 자금이라고 할 수 없기 때문이다.

399 한편, 영리를 목적으로 하며 활동영역이 광범위한 일반 사기업의 경우와 관계당국의 엄격한 관리·감독을 받는 금융기관, 비영리 공익법인, 공법인, 지방자치단체 등 단체의 성격에 따라 예산 용도의 특정성에 대한 평가를 달리할 수 있을 것이다.

4. 판공비 또는 업무추진비의 지출

(1) 판례의 기본법리

400 판공비는 사전적으로 '공무를 처리하는 데에 드는 비용, 또는 그런 명목으로 주는 돈'이라고 정의되고, 업무추진비와 같은 개념으로 볼 수 있는데, 일반적으로 업무추진비는 대외활동 관련 경비, 자료수집 및 각종 접대비, 그 밖의 잡사업비를 위한 항목으로 책정된다.[597]

401 법인이나 단체에서 임직원에게 업무를 수행하는 데에 드는 비용 명목으로 정관이나 그 밖의 규정에 의해 지급되는 이른바 판공비 또는 업무추진비에 관하여 판례는 다음과 같이 판시하고 있다. 즉, 직무수행에 드는 경비를 보전해 주는 실비변상적 급여의 성질을 가지고 있고, 정관이나 그 지급기준 등에서 업무와 관련하여 지출하도록 포괄적으로 정하고 있을 뿐 그 용도나 목적에 구체적인 제한을 두고 있지 않을 뿐만 아니라, 이를 사용한 후에도 그 지출에 관한 영수증 등 증빙자료를 요구하고 있지 않은 경우에는, 임직원에게 그 사용처나 규모, 업무와 관련된 것인지 여부 등에 대한 판단이 맡겨져 있고, 그러한 판단은 우선적으로 존중되어야 한다는 것이다.[598] 지방자치단체의 업무추진비에 관하여도 같은 취지로 판시하고 있다.[599]

402 어떤 금전의 용도가 추상적으로 정하여져 있다 하여도 그 구체적인 사용 목적이나 사용처, 사용 시기 등에 관하여 보관자에게 광범위한 재량을 가지고 이를 사용할 권한이 부여되어 있고, 지출한 후에 그에 관한 사후보고나 증빙자

597 김태업, "용도가 추상적으로 정해진 보관금과 업무상횡령죄의 불법영득의사에 관한 입증책임자(=검사) 및 입증방법", 해설 84, 법원도서관(2010), 700(대판 2010. 6. 24, 2007도5899 해설).
598 대판 2010. 6. 24, 2007도5899.
599 대판 2010. 6. 24, 2008도6755; 대판 2010. 6. 24, 2008도6756.

료의 제출도 요구되지 않는 성질의 것이라면, 그 보관자가 위 금전을 사용한 다음 그 행방이나 사용처를 제대로 설명하지 못하거나 증빙자료를 제출하지 못하고 있다고 하여 함부로 불법영득의 의사를 추단하여서는 아니되고,[600] 그 금전이 본래의 사용 목적과는 관계없이 개인적인 이익을 위하여 지출되었다거나 합리적인 범위를 넘어 과다하게 이를 지출하였다는 등 불법영득의 의사를 인정할 수 있는 사정을 검사가 입증하여야 한다.[601]

기밀비[602]는 법인의 업무와 관련하여 지출한 접대비의 일종으로서 정관, 사 403
규, 주주총회, 이사회의 결의 등으로 그 지급기준이 정해지고 일정한 한도 내에서는 접대비로 간주되어 손금에 산입되므로, 피고인을 업무상횡령죄로 처벌하기 위하여는 회사의 업무와 관련 없이 지출하였다는 점이 입증되어야 한다.[603]

(2) 개별 사례

① 전국화물자동차공제조합의 대구지부 운영위원장인 피고인이 퇴직하는 404
직원에게 전별금을 지급하고 이를 '홍보 및 접대비' 항목으로 회계 처리하였으나, 사적인 이익을 위하여 지출한 것으로 보기는 어렵다고 한 원심판결을 수긍한 사례,[604] ② 피고인 甲이 A 회사의 자금을 접대비, 업무추진비 명목으로 지출하거나 인출하였고 피고인 乙에게 교통비(업무출장비), 회의비 등 명목으로 지급하였으나 이는 '이사 등의 보수'에 포함되지 않으므로 주주총회의 결의를 거칠 필요가 없어, 그 접대비 등을 A 회사의 업무와 관련하여 합리적인 범위 내에서 지출한 것인지 여부 등을 심리하여 배임에 해당 여부를 판단하여야 한다는 사례[605]가 있다.

한편, ③ 은행장이 업무추진비에서 이북5도 전·현직 도지사 등에게 판공비 405
를, 은행의 임원·간부들에게 수고비 등을 지급한 것을 업무상횡령죄에 해당한다고 한 사례,[606] ④ 대학교수로서 주택산업연구원의 원장인 피고인이 위 연구

600 대판 2013. 6. 13, 2011도524.
601 대판 2010. 6. 24, 2007도5899; 대판 2010. 6. 24, 2008도6755; 대판 2010. 6. 24, 2008도6756.
602 판공비와 유사한 개념으로 지출내용을 명시하지 않아도 되는 비용으로 법률적으로 지출 등이 주임자의 재량에 맡겨진 '특별판공비'라 할 수 있다.
603 대판 2005. 2. 18, 2002도2822.
604 대판 2007. 8. 23, 2007도4400.
605 대판 2009. 1. 15, 2008도9410.
606 대판 1994. 9. 9, 94도619.

원에서 지급된 판공비 지출용 법인신용카드를 사용하여 판공비를 지출한 사안에서, 구체적으로 인정되는 사정에 비추어 업무관련성이 인정되지 않는다고 판단한 사례[607]도 있다.

406 회사의 일반 자금을 보관하다가 사용처가 밝혀지지 않은 경우에는 본죄의 성립이 쉽게 인정되지만, 위와 같은 판시에 의하면, 판공비의 경우는 그렇지 않고 사적 사용이 밝혀진 경우에야 본죄가 성립된다는 취지로 이해된다.

5. 특별수선충당금 및 보조금

(1) 특별수선충당금에 대한 판례 법리

407 특별수선충당금은 아파트 주요시설 교체 및 보수를 위하여 별도로 적립한 자금으로서 원칙적으로 그 범위 내에서 사용하도록 용도가 엄격히 제한된 자금이다.

408 이에 관한 판례는 특별수선충당금으로 적립된 자금을 사용하는 경우와 특별수선충당금으로 적립하여야 하는 자금을 사용한 경우로 구분할 수 있다. 전자의 경우, 관리회사가 자금을 사용한 경우와 달리 입주자대표회의의 회장이 입주자의 의사에 따라 용도 외에 사용한 경우에 불법영득의사를 인정하기 어렵다는 사례가 있다.

(2) 특별수선충당금으로 적립된 자금의 사용[608]

(가) 관리회사

409 ① 관리회사에 소속된 피고인들이 구분소유자들로부터 특별수선충당금의 명목으로 금원을 납부받아 업무상 보관하던 중 이를 임의로 용도 외(일반경비)로 사용한 경우, 위 특별수선충당금은 장기적 유지·보수와 노후 부분의 대체를 위하여 별도로 수립된 장기수선계획에 따라 징수되어 그 용도와 목적이 엄격히 특정된 것이므로 본죄가 성립한다.[609]

---

607 대판 2006. 5. 26, 2003도8095(이는 업무상배임죄에 해당하나 업무상횡령죄로 의율하여 처단하였다고 하여 판결에 영향을 미치는 위법이 있다고 할 수 없다고 판시).

608 민사판결 중에도 입주자대표회의(원고)가 전 대표자(피고)에 대하여 횡령금 반환을 청구한 사건에서, 용도가 엄격히 제한된 장기수선충당금의 용도 외 사용(일반관리비, 판공비 등으로 사용)이 본죄에 해당함을 전제로, 불법행위로 인한 횡령금액(장기수선충당금) 상당의 손해배상책임을 인정한 사례가 있다(대판 2015. 4. 23, 2014다89386).

609 대판 2004. 5. 27, 2003도6988.

② 상가 관리회사의 대표이사인 피고인이 관리규약이 정한 내용에 따라 용도가 엄격히 제한된 특별수선충당금과 상가개발비를 그 용도에 어긋나게 직원 급여, 전기료 등으로 사용한 행위는 업무상횡령죄를 구성한다. 다만, 일부 대규모 공사에 사용된 특별수선충당금 부분은 용도 외의 지출로 볼 수 없어 본죄가 성립하지 아니한다.[610] 410

(나) 입주자대표회의

① 입주자대표회의 회장이 장기수선충당금을 장기수선계획상 수선주기가 도래하지 않은 공사대금 등으로 지출한 경우, 비록 의결을 통한 조정절차 또는 사용계획서 작성 등의 절차를 거치지 않았으나 위 계획의 내용에 변압기 교체 공사가 포함되어 있었고, 위 수선주기를 앞당겨 조정한다는 내용의 결의가 있었던 사정 등에 비추어, 변압기 교체 공사대금 부분에 대하여는 불법영득의사를 인정할 수 없다.[611] 411

② 입주자대표회의 회장이 별도로 적립·관리하던 특별수선충당금 계좌를 해지하고 일반관리비 계좌로 입금한 후 이를 방수공사계약의 대금으로 지급하였으나, 이는 전유 부분의 피해를 복구하기 위한 것으로서 그 용도를 벗어났다고 단정하기에 부족하고, 주민 전체의 의사에 반한다고 보기도 어려우므로 불법영득의사가 인정될 수 없다.[612] 412

③ 입주자대표회의의 회장이 아파트의 심각한 하자로 인한 법적 대응이 필요한 상황에서 특별수선충당금을 손해배상청구소송 관련 비용으로 지출하였는데, 이는 구분소유자들 또는 입주민들로부터 포괄적인 동의를 얻어 위 금원을 위탁의 취지에 부합하는 용도에 사용하였거나, 그들의 이익을 위하여 사용하는 것이라고 인식하였을 여지가 있으므로, 불법영득의사가 인정될 수 없다.[613] 413

(3) 특별수선충당금으로 적립하여야 할 자금의 사용

① 상가관리협의회 회장은 장기수선충당금으로 적립해야 할 시설 임대료 등을 그 용도와 달리 소송비용으로 사용하였는데, 이는 관리규약에 따라 그 용도가 엄격하게 제한된 것이므로 용도 외 사용행위 자체로서 불법영득의 의사를 414

610 대판 2009. 7. 9, 2009도3665.
611 대판 2015. 5. 14, 2014도15983.
612 대판 2016. 1. 28, 2015도5027.
613 대판 2017. 2. 15, 2013도14777.

실현한 것이다.[614]

415 ② 피고인들이 아파트 관리소장이자 입주자대표회의 회장으로 근무하던 중, 아파트 주민복지관 내 시설의 임대료 수입을 용도가 엄격히 제한된 장기수선충당금으로 적립하지 않고 다른 명목으로 적립하다가 위 시설의 비품 및 기존시설을 인수하는 비용으로 지출한 것은, 그 자체로 불법영득의사를 실현하는 것이므로 본죄가 성립한다.[615]

(4) 보조금의 특정, 용도변경 등

416 피고인이 영유아 보호자들로부터 지급받은 보육료와 필요경비는 일단 피고인의 소유로 되고, 영유아 보호자들이 목적과 용도를 한정하여 위탁한 금원에 해당한다고 볼 수 없다. 반면에, 피고인이 국가와 지방자치단체로부터 교부받은 보조금은 어린이집의 설치·운영에 필요한 범위로 목적과 용도를 한정하여 위탁한 금원에 해당한다고 볼 수 있다. 한편, 어린이집 명의로 개설한 예금계좌에는 위 보조금 외에, 보육료와 필요경비로 지급받아 피고인의 소유로 된 금원, 차입금 등 다른 성격의 금원이 혼화되어 있어 본죄의 객체가 될 수 있는 위 보조금은 일반 자금과 혼화되어 특정할 수 없게 되었다.[616] 피고인이 위와 같이 어린이집 명의의 예금계좌에 보관되어 있는 자금을 일부 개인적 용도에 사용하였다고 하더라도, 목적과 용도를 한정하여 위탁한 금원을 다른 용도에 사용한 것이라고 단정하기는 어렵다.[617]

417 보조금법 제22조(용도 외 사용 금지)는 보조사업자와 간접보조사업자에게 각 보조금과 간접보조금의 용도 외 사용금지의무를 부과하고, 이를 위반한 경우 제41조 위반죄로 처벌한다(동법 §41(i)). 반면 보조금법 제23조(보조사업의 내용 변경 등)는 사업내용 변경에 관하여 보조사업자에게만 중앙관서의 장의 승인을 받을 의무를 부과하고, 보조사업의 내용을 변경하는 행위만을 처벌한다(동법 §42①). 따라서 보조사업자 아닌 피고인들이 국토해양부장관의 승인을 받지 않고 '간접보조사업'의 내용을 변경하였다고 하더라도 이는 보조금법위반죄가 되지 아니한다.[618]

---

614 대판 2012. 4. 26, 2012도521.
615 대판 2017. 6. 29, 2015도2635.
616 대판 2010. 3. 25, 2009도8769; 대판 2011. 2. 24, 2010도8648.
617 대판 2018. 7. 26, 2016도781.
618 대판 2017. 9. 7, 2016도11103.

6. 비자금의 조성과 사용

(1) 개요

부외자금(장부외 자금)은 법인의 회계장부상에 올라 있는 법인의 공적 자금이 아니라 법인의 운영자나 관리자가 법인회계로부터 분리시켜 별도로 관리하는 법인의 자금을 말하는 것으로 이해되고 있는데, 이는 소위 비자금과 거의 같은 성격으로 이해할 수 있다. 판례상으로는 1980년대에는 부외자금이라는 표현을 쓴 일이 있으나,[619] 그 이후에는 비자금이라는 용어를 사용하고 있다. 비자금이라 함은 정상적으로 회계처리 되지 않는 자금을 지칭하는 것으로, 임직원의 판공비, 거래처에 대한 수수료, 뇌물, 정치자금 등으로 사용된다.[620] 418

판례에 의하면, 원칙적으로 비자금의 조성 자체로는 횡령이 될 수 없지만 예외적으로 비자금 조성행위로 본죄가 성립할 수도 있고, 비자금 조성이 횡령이 될 수 없는 경우에도 비자금을 사용하는 단계에서 그 용처 등에 비추어 비로소 본죄를 인정할 수 있다고 한다. 한편, 비자금의 조성행위와 비자금의 사용행위 사이에는 기본적 사실관계의 동일성을 인정하기 어려워 양자 사이에 공소장변경도 할 수 없다.[621] 419

(2) 비자금 조성 단계

(가) 법인의 대표이사나 경리 담당 임직원이 변칙적인 회계처리 등으로 법인자금을 인출하여 비자금을 조성하였다는 것만으로는 회사에 손해를 입힐 위험성이 발생하였음을 인정하기 어렵고, 또한 불법영득의사를 인정할 수 없다.[622] 예를 들어, 비자금 조성행위가 당해 비자금의 소유자인 법인 이외의 제3자가 이를 발견하기 곤란하게 하기 위한 장부상의 분식에 불과하거나 법인의 운영에 필요한 자금을 420

619 대판 1988. 11. 22, 88도1523; 대판 1988. 5. 24, 88도542.

620 서상문, "기업의 비자금 조성 및 사용에 대한 형사책임", 법학논문집 35-3, 중앙대 법학연구원(2011), 85

621 대판 2009. 2. 26, 2007도4784. 피고인들은 어느 특정한 사용목적을 위하여 비자금을 조성, 사용하기로 결심하고 그에 따른 일련의 과정으로서 특별히 비자금을 조성하여 그 조성된 비자금을 해당 특정 목적으로 사용한 것이 아니라, 향후 정상적인 회계처리절차에 의하지 아니한 채 A 회사의 자금을 사용할 필요가 있을 때를 대비하여 일반적, 포괄적, 지속적으로 비자금을 조성하여 왔고, 그와 같이 조성, 관리하고 있던 비자금을 그때그때 필요에 따라 A 회사를 위하여, 또는 개인이나 제3자를 위하여 이를 사용하여 온 사례이다.

622 대판 1998. 2. 13, 97도1962; 대판 1999. 9. 17, 99도2889; 대판 2006. 8. 24, 2006도3039.

조달하는 수단으로 인정되는 경우에는 불법영득의 의사를 인정하기 어렵다.[623]

421 ① 피고인이 조성한 비자금이 회사의 장부상 일반자금 속에 은닉되어 있었다 하더라도 이는 당해 비자금의 소유자인 회사 이외의 제3자가 이를 발견하기 곤란하게 하기 위한 장부상의 분식에 불과하여 그것만으로 피고인의 불법영득의 의사를 인정할 수는 없다.[624]

422 ② 새마을금고의 임원인 피고인 등이 위 금고의 직원들로 하여금 고객들이 맡긴 정기예탁금을 정상거래시스템이 아닌 부외거래시스템에 입금하게 하는 행위 자체로 위 금고의 공식적인 자금에서 벗어난 별도의 비자금을 조성하는 행위로 볼 수는 없다.[625]

423 ③ 피고인이 대기업인 피해 회사의 최고경영자로서 경영상의 필요에 따라 통상적인 회계처리가 곤란한 현금성 경비로 충당하기 위하여 비자금을 조성하고, 그러한 목적으로 그중 상당액을 사용하였을 가능성이 있으므로 그 구체적인 사용처 등에 관한 객관적인 자료가 제시되지 않았다고 하여 이를 횡령한 것으로 보기는 어렵다.[626]

424 ④ 비자금 중 일부는 회사의 영업상 필요에 의한 접대비, 현금성 경비 등으로 사용되어 왔을 가능성이 있고 배임증재 등 불법적인 용도로 사용된 것이라고 인정할 만한 자료도 부족한 경우, 피고인이 피해 회사와는 아무런 관련이 없이 개인적 용도로 착복할 목적으로 비자금을 조성하여 그 조성행위 자체로써 불법영득의 의사가 실현되었다고 볼 수 없다.[627]

425 (나) 그러나 법인의 운영자 또는 관리자가 법인을 위한 목적이 아니라 법인과 아무런 관련이 없거나 개인적인 용도로 착복할 목적으로 법인의 자금을 빼내어 별도로 비자금을 조성하였다면, 그 조성행위 자체로써 불법영득의 의사가 실현된 것으로 본죄가 성립한다.[628] 비자금 조성행위가 법인을 위한 목적이 아니고 행위자가 법인의 자금을 빼내어 착복할 목적으로 행하여졌음이 '명백히'

623 대판 1999. 9. 17, 99도2889; 대판 2010. 12. 9, 2010도11015.
624 대판 1999. 9. 17, 99도2889.
625 대판 2010. 12. 9, 2010도11015.
626 대판 2017. 5. 30, 2016도9027.
627 대판 2019. 2. 14, 2017도19568.
628 대판 2006. 6. 27, 2005도2626; 대판 2009. 2. 12, 2006도6994; 대판 2010. 12. 9, 2010도11015; 대판 2011. 2. 10, 2010도12920.

밝혀진 경우, 비자금 조성행위 자체로써 불법영득의 의사가 실현된 것으로 보는 판례[629]도 있다.[630]

① 피고인의 불법영득의사는 공사현장의 소장이나 경리직원들이 피고인의 지시에 따라 건설회사로부터 받은 선급금에서 비자금을 현금으로 인출·조성한 다음 이를 따로 보관하도록 한 시점에서 객관적으로 명백히 표현되어 본죄가 기수에 이른 것이다.[631] 426

② 정상적인 지출로는 충당할 수 없는 노조관계자 또는 관계 공무원에 대한 향응접대비, 한국산업기술시험원 원장이 틈틈이 요구하는 활동비 등으로 사용하기 위하여 거래업체에 대금을 과다계상하여 지급한 후 과다계상한 금액을 돌려받는 수법으로 이른바 비자금을 조성한 경우, 비자금을 조성할 당시 이미 불법영득의사가 객관적으로 표현되었으므로 그 비자금 조성행위 자체가 횡령행위에 해당한다.[632] 427

③ 감정평가법인 지사에서 근무하는 감정평가사들이 접대비 등으로 나누어 사용할 목적으로 감정평가법인을 위하여 보관 중이던 돈의 일부를 비자금으로 조성한 경우, 당초의 비자금 조성 목적 등에 비추어 비자금 조성 당시 피고인들의 불법영득의사가 객관적으로 표시된 것이므로, 위 비자금 조성행위는 업무상 횡령죄에 해당한다.[633] 428

④ 피고인은 피해 회사의 자금을 자기 또는 제3자인 다른 계열사들의 이익을 위하여 자기의 소유 자금인 것처럼 처분할 의사로 부외자금을 조성한 것이므로, 위 부외자금의 조성행위 당시 피고인의 불법영득의사가 실현된 것으로 볼 수 있고, 위 계열회사 전부가 위 피고인의 1인 회사라고 하더라도 달리 볼 수 없다.[634] 429

---

629 대판 2006. 6. 27, 2005도2626; 대판 2007. 7. 26, 2007도4164.

630 대판 1998. 2. 13, 97도1962(재단법인의 자금을 인출하여 재단이사장과 이사들의 명의로 금융기관에 예치·보관한 것이 횡령행위에 해당한다고 본 원심판결을 채증법칙 위반 등을 이유로 파기한 사례).

631 대판 2006. 6. 27, 2005도2626(극동건설 관련 사건)(비자금 조성행위가 횡령에 해당하는 요건을 최초로 판시한 판례로, 4년 동안 비용 과다계상 방법으로 117억 상당의 현금을 조성하여 금고에 은밀히 보관하면서 피고인의 골동품, 주택 관리 보수, 피고인 일가의 각종 세금 등의 용도로 약 80억을 지출한 사례).

632 대판 2009. 2. 12, 2006도6994.

633 대판 2010. 5. 13, 2009도1373.

634 대판 2011. 2. 10, 2010도12920.

430 ⑤ 피해자 회사가 외국의 군수업체로부터 지급받은 중개수수료를 제3자 명의의 계좌로 인출하여 장기간에 걸쳐 상당한 규모의 비자금을 조성한 것은 그 조성행위 자체로 불법영득의 의사가 실현된 것으로서 본죄에 해당한다.[635]

431 ⑥ 대학총장인 피고인이 부설기관인 유치원 원장의 연봉을 부풀려 비자금을 조성한 경우, 본죄가 성립한다.[636]

432 (다) 한편 행위자에게 법인의 자금을 빼내어 착복할 목적이 있었는지는, 그 법인의 성격과 비자금의 조성 동기, 방법, 규모, 기간, 비자금의 보관방법 및 실제 사용용도 등 제반 사정을 종합적으로 고려하여 판단하여야 한다.[637]

(3) 비자금 사용 단계

433 비자금 조성행위 자체만으로 불법영득의사가 실현되었다고 보기 어려운 경우에도, 조성된 비자금을 개인적으로 사용할 경우 구체적인 사용 단계에서 본죄가 기수에 이르게 된다.[638]

(가) 법률상 허용되지 않는 용도로 사용한 경우

434 비자금을 정치자금, 뇌물, 배임증재 등의 자금으로 사용한 경우에도, 판례는 불법영득의사의 존부 문제로 다루고 있다.

435 원칙적으로는 회사를 위한 뇌물공여인 경우 회사의 이익을 도모할 목적으로 회사 자금을 사용하였다면 불법영득의사를 인정할 수 없게 되지만,[639] 대법원 판례는 뇌물공여의 경우 오로지 회사를 위한 목적인지 여부를 제한적으로

---

635 대판 2018. 3. 29, 2017도14014.

636 대판 2015. 2. 26, 2013도11281.

637 대판 2009. 2. 12, 2006도6994(비자금 조성횡령의 판단기준에 관한 법리를 최초로 판시한 사례); 대판 2010. 12. 9, 2010도11015; 대판 2011. 2. 10, 2010도12920; 대판 2013. 4. 25, 2011도9238.

638 대판 2006. 8. 24, 2006도3039(피고인들이 A 회사의 자금을 인출하여 차명계좌에 보관한 행위가 그 인출금을 법인의 자금으로 별도 관리하기 위한 것이 아니라 불법영득의사의 실행으로 한 것이라고 인정할 수 있을 만큼 합리적인 의심을 할 여지가 없을 정도로 입증되었다고 보기는 부족하고, 공소제기된 바와 같은 용도로 그 일부를 개인적으로 사용함으로써 불법영득의사가 명백히 표현되었다고 볼 것이어서 그 구체적인 사용 시에 비로소 횡령행위가 기수에 이르렀다고 봄이 상당하다); 대판 2009. 4. 9, 2008도9574.

639 비자금이나 뇌물을 정치자금으로 사용하는 것은 회사의 이익을 도모하는 것으로 보는 것이 일반적이므로 본죄 성립을 인정하는 것은 부당하다는 견해가 많다[서상문(주 620), 84-85; 안경옥, "비자금 조성행위 형사처벌에 대한 한·독 판례 비교 및 검토", 형사법의 신동향 41, 대검찰청(2013), 119; 오영근, "2013년도 형법판례 회고", 형사판례연구 [22], 한국형사판례연구회, 박영사(2014), 545-546].

보아 불법영득의사를 인정하고 있는 선례가 여러 건 있다. 반사회성이 가장 강한 뇌물과 배임수재의 경우는 본죄 성립을 긍정하고, 정치자금의 경우에는 합리적 범위를 벗어난 한도에서 본죄 성립을 긍정한다.

[이사가 보관 중이던 회사 재산을 처분하여 타인의 선거자금으로 지원한 경우] 436

회사의 이사가 보관 중인 회사 재산을 처분하여 그 대금을 공직선거에 입후보한 타인의 선거자금으로 지원한 경우, 회사의 이익을 도모할 목적보다는 그 후보자 개인의 이익을 도모할 목적이나 기타 다른 목적으로 행하여졌다면 횡령죄가 성립한다.[640]

[동아건설 정치자금 기부 사건] 437

이 사건 부외자금의 정치자금 교부행위는 회사의 이익을 위한 목적보다는 개인 목적을 위한 것이라고 봄이 상당하므로 피고인들에게 불법영득의 의사가 인정된다.[641]

[회사의 이사 등이 업무상의 임무에 위배하여 보관 중인 회사의 자금으로 뇌물을 공여한 경우] 438

회사의 이사 등이 업무상의 임무에 위배하여 보관 중인 회사의 자금으로 뇌물을 공여하였다면, 이는 오로지 회사의 이익을 도모할 목적이라기보다는 뇌물공여 상대방의 이익을 도모할 목적이나 기타 다른 목적으로 행하여진 것이라고 보아야 하므로, 그 이사 등은 회사에 대하여 업무상횡령죄의 죄책을 면하지 못한다.[642]

(나) 비자금의 사용처 등을 근거로 본죄 성립을 인정한 경우

[이사회의 결의 등 법령이나 정관에서 정한 절차 등을 거치지도 아니한 채 피고인의 구두지시 등에 의하여 자의적으로 인출하여 개인 활동비 등으로 사용한 경우] 439

피고인이 관리하는 일반자금을 이사회의 결의 등 법령이나 정관에서 정한 절차를 거치지도 아니한 채 피고인의 구두지시 등에 의하여 자의적으로 인출하여 피고인 개인 또는 차명주주 명의로 주식을 매입하거나 다른 사람에게 대여하고, 부동산을 취득하는 자금 등으로 사용한 후, 그 사용내역을 회사장부에 정상적으로 기재하지도 아니하였다면, 피고인에게 횡령죄의 범의 및 불법영득의 의사가 있다.[643]

---

640 대판 1999. 6. 25, 99도1141.

641 대판 2005. 5. 26, 2003도5519(재정 결핍이 심한 동아건설 명의로 70여명에게 합계 8억 원의 정치자금을 기부한 사안에서, 정치자금법위반죄에 대하여는 무죄 취지로 파기환송하면서, 합리적인 범위를 넘어서는 정치자금 기부는 회사를 위한 것으로 볼 수 없다는 이유로 본죄를 인정한 원심을 수긍한 사례).

642 대판 2013. 4. 25, 2011도9238(대표이사가 해운선박회사 임원에게 리베이트를 지급한 사례); 대판 2013. 10. 31, 2013도8853(노동조합 해산에 협조해 주는 대가로 노조위원장 개인에게 불법적인 성격의 돈을 지급한 사례).

643 대판 2000. 12. 27, 2000도4005.

440 **[비자금을 조성하여 관리하던 중 직원 유족에게 특별위로금을 지급하고 천도제비용을 지출한 경우]**

피고인이 비자금을 조성하여 관리하던 중 직원 유족에게 특별위로금을 지급하고 천도제비용을 지출한 것은 피해 회사를 위한 용도로 보기 어려우므로 업무상횡령죄가 성립한다.[644]

441 **[특별한 용도가 없더라도 우선 교비회계에 입금된 자금을 허위의 노임 명목으로 지출한 후 이를 현금으로 인출하여 지출이 필요하다고 판단한 용도에 사용한 경우]**

피고인이 자신이 설립한 각 대학교에 입금된 등록금 등 교비회계에 속하는 수입을 특별한 용도가 없더라도 우선 교비회계에 입금된 자금을 허위의 노임 명목으로 지출하게 한 후 이를 현금으로 인출하고, 다시 이를 그때그때 자신이 지출해야 한다고 판단한 용도에 사용하였으므로 그 인출 당시 불법영득의사가 발현된 것이다.[645]

442 **[경영자문료를 실제로 필요한 것보다 부풀린 경우]**

은행장이 은행 소유 자금을 은행을 위한 목적이 아니라 비자금 조성 자금을 보정, 정산할 목적으로 경영자문료를 실제 필요한 것보다 부풀린 경우, 피고인의 업무상횡령 범행은 은행 소유 자금이 A 명의 계좌로 넣어진 때에 불법영득의사가 실현되어 기수에 이르렀다.[646]

443 **[산학협력단 비자금을 기부금 명목으로 학교법인 계좌에 입금되게 한 경우]**

산학협력단 법인과는 아무런 관련이 없거나 A 등이 개인적인 용도로 착복할 목적으로 법인의 자금을 빼내어 별도로 비자금을 조성하였다고 인정하기 어려우므로, 비자금 조성행위 자체를 업무상횡령행위라고 볼 수는 없고, A 등이 피고인에게 처리를 부탁하고 이를 현금으로 인출하여 위 산학협력단 비자금을 기부금 명목으로 별개 법인인 학교법인 계좌에 입금되게 한 것이 업무상횡령행위에 해당한다.[647]

(다) 비자금의 사용처 등을 근거로 본죄 성립을 부정한 경우

444 **[이사회 결의를 거쳐 직원 격려금, 노조관계비용, 축·부의금 등으로 사용한 경우]**

비자금을 조성한 후 이사회의 결의를 거쳐 이를 명절에 영업소, 출장소 직원들에 대한 격려금 지급을 위하여 사용하거나 노조관계비용, 축·부의금 등으로 사용한 경우, 위와 같은 비용지출은 회사 경영을 위한 것이므로 피고인들에게 불법영득의사가 있었다고 단정할 수 없다.[648]

644 대판 2013. 4. 11, 2012도6292.
645 대판 2016. 5. 24, 2015도17597.
646 대판 2017. 3. 9, 2014도144.
647 대판 2015. 2. 26, 2014도15182.
648 대판 2004. 8. 20, 2004도3140.

[피고인들이 사단법인 소유 자금을 법인 명의 아닌 다른 계좌에 입금하여 관리하였으나, 위 법인을 위하여 보관한 것이 아니라는 점까지 인정하기에는 부족한 경우] 445

피고인들이 비자금으로 관리함으로써 횡령하였다고 기소한 금액 중 상당한 액수가 실제로 이 사건 사단법인 및 사회복지법인을 위하여 지출된 사정이 확인되는 이상, 피고인들이 이른바 비자금 통장을 만들어 위 각 법인의 자금을 관리하였다고 하여도 그 자금이 위 각 법인의 관리범위를 벗어난 것으로 단정할 수는 없다.[649]

[비자금을 직원·거래처 등에 대한 경조사 비용, 휴가 비용, 명절 선물비용 등으로 지급한 경우] 446

각 비자금 사용의 주된 목적은 개인적인 이익을 위한 것이 아니라 회사의 운영자금 내지 경영상의 필요에 의한 지출, 즉 회사의 원활한 운영과 임직원의 관리, 거래처와의 관계 유지 등을 위한 것으로서, 피고인들의 불법영득의사를 인정하기 어렵다.[650]

[회사 인수를 도와준 사람에게 대가로 지급한 경우] 447

피고인이 위 돈을 공동피고인에게 지급한 것이 배임증재에 해당하여 위법하다고 하더라도, 피고인이 이를 개인적인 용도로 사용한 것이 아니라는 등의 사정이 있는 이상, 피고인에게는 불법영득의사가 없으므로 업무상횡령의 죄책을 물을 수 없다.[651]

[경락받은 건물을 점거한 임차인에게 이사비 명목으로 보상금을 지급한 경우] 448

회사로서는 회사의 공식자금으로 경매기간 동안 임차인들이 상가를 유지·관리하기 위하여 지출한 비용을 보전할 필요가 있었고, 위 보상금은 신속하고 원활하게 건물을 명도받기 위하여 필요한 것이었으며, 피고인이 이를 공식 회계처리를 거치지 않고 비자금 내지 대표이사의 가지급금 등으로 지출한 것은 다른 임차인들과의 관계에서 새로운 분쟁이 발생할 것을 우려한 것이므로, 불법영득의 의사를 인정하기 어렵다.[652]

[회사의 법정관리인으로 재직할 당시 지사장으로부터 받은 미화를 해외 공사 관련 비용으로 사용한 경우] 449

피고인이 회사의 법정관리인으로 재직할 당시 받은 품위유지비 가운데 상당액을 리비아 대수로 공사 관련 비용 등 회사를 위한 용도로 사용한 경우, 그 출처가 비자금이라고 하더라도 이를 전달받을 당시부터 불법영득의사가 있었다고 볼 수 없다.[653]

---

649 대판 2009. 2. 12, 2008도9989.
650 대판 2009. 2. 26, 2007도4784.
651 대판 2010. 4. 15, 2009도6634.
652 대판 2011. 12. 22, 2010도1544.
653 대판 2013. 3. 14, 2012도1341.

450 **[개인자금을 회사를 위하여 지출한 후 비자금으로 보전받았을 가능성이 있는 경우]**

피고인의 증권계좌에 입금된 비자금보다 다른 비자금 관리계좌로 다시 출금된 금액이 더 많고, 피고인이 먼저 자신의 개인자금을 회사를 위하여 지출한 후 이를 비자금으로 보전받으면서 증권계좌를 이용하였을 가능성도 있으므로, 이 사건 비자금 조성행위나 지출 및 송금행위만으로 불법영득의 의사가 실현된 것으로 보기 어렵다.[654]

451 **[부외자금의 조성 목적이 피고인들의 개인적 사용에 있었다고 보지 아니한 경우]**

부외자금은 A 명의의 예금계좌에 입금되거나 A가 현금으로 받아 이를 집행하였고, 위 예금계좌는 직원 B가 보관·관리하였는데, 만약 부외자금의 조성 목적이 피고인들의 개인적 사용에 있었다면 이를 보관시키지 않았을 것이고, 피고인은 사용하고 남은 부외자금을 위 예금계좌에 입금하여 반환하였는데, B는 이를 공동사용·관리계좌에 다시 입금하였으므로 횡령사실을 인정하기에 부족하다.[655]

(라) 비자금의 사용처에 대한 증명 관련

452 **[피고인들이 회사의 비자금을 사용한 사실은 인정하면서도 이를 회사를 위하여 인출, 사용하였다고 주장하면서 불법영득의사의 존재를 부인하는 경우의 판단방법]**

피고인들이 회사의 비자금을 사용한 사실은 인정하면서도 그 비자금을 회사를 위하여 인출, 사용하였다고 주장하면서 불법영득의사의 존재를 부인하는 경우, 해당 비자금 사용의 주된 목적이 개인적인 용도에 사용하기 위한 것이라고 볼 수 있는지 여부 내지 불법영득의사의 존재를 인정할 수 있는지 여부에 대하여 판단하여야 한다.[656]

453 **[부외자금 조성 당시 착복할 목적이 있었는지에 관하여 합리적인 의심의 여지가 없을 정도로 증명되었다고 보기 어려운 경우]**

이 사건 부외자금이 조성된 기간 동안 피고인이 그 부외자금 액수를 초과하는 일반 격려금의 지급을 위하여 개인재산을 출연하기까지 하였으므로, 위 부외자금이 조성될 당시 피고인에게 그 자금을 빼내어 착복할 목적이 있었는지에 관하여 합리적인 의심의 여지가 없을 정도로 입증이 되었다고 보기 어렵다.[657]

454 **[피고인이 인출금을 재단의 자금으로 보관하고 있었다고 주장하면서도 그 자금의 유통과정과 분산보관의 내역을 명백히 밝히지 못하고 있는 경우]**

자금을 관리한 자가 재단의 자금관리를 최종적으로 관장하는 재단 이사장이고 그 인출금을 이

654 대판 2013. 4. 25, 2011도9238.
655 대판 2015. 1. 29, 2014도1099.
656 대판 2011. 12. 22, 2011도12041; 대판 2009. 2. 26, 2007도4784 등.
657 대판 2015. 9. 10, 2014도12619.

사장 자신을 위한 불법영득의사로써 관리하고 있음이 달리 입증되지 아니한 경우라면 그 자금은 여전히 재단의 관리하에 있는 것으로 볼 수 있고, 피고인들의 자금 인출행위가 바로 그 인출금 전액에 대한 횡령행위라고 단정할 수 없다.[658]

(마) 비자금과 배임죄

비자금 조성과 사용행위와 관련하여, 본죄에서는 주로 불법영득의사 인정 여부가 문제가 되나,[659] 배임죄와 관련하여서는 고의 및 회사에 재산상 손해를 가하였는지 여부 등이 문제될 것이다.[660] 455

비자금이 회사의 장부상 일반자금 속에 은닉되어 있는 경우와 조성된 비자금을 회사의 공식적인 회계처리에서 누락시켜 회사의 일반자금과 분리시킨 경우를 구별하여 후자는 회사 이외의 자를 위하여 사용할 수 있는 위험성이 발생하므로 업무상배임죄가 성립한다는 견해도 있으나,[661] 하급심 판례는 양자를 구분할 필연적인 이유가 없다고 한다.[662] 456

대법원은 회사의 이사 등이 침체된 소속회사의 영업을 활성화함으로써 회사의 발전을 꾀하기 위하여 소위 부외자금이 필요하다고 판단하고 그 부외자금을 조달함에 있어서는, 채권매매알선업에 종사하는 A와의 사이에 위 회사가 채권을 매수 또는 매도할 때 실제로는 당시 수익율에 따르되 매수할 때는 그보다 비싼 가격으로 기장하고 매도할 때는 그보다 싼 가격으로 기장한 다음, 그 차액을 다시 위 A로부터 돌려받기로 하는 방법에 의하여 조달하기로 하여 그와 같이 조성된 부외자금을 소속회사를 위하여 전액 지출하였다면, 이사 등은 위와 같은 부외자금의 조성 및 그 소비과정에서 위 회사에 재산상 손해를 발생시키거나 발생시킬 염려가 있다는 인식이 있었다고 보여지지는 않는다고 판시하여 배임죄의 성립을 부정한 바 있다.[663] 457

658 대판 1998. 2. 13, 97도1962.
659 안경옥(주 639), 150.
660 주석형법 〔각칙(6)〕(5판), 320(노태악).
661 김태우, "기업 비자금 관련 고찰", 대전지방변호사회지 3(2005), 159.
662 서울중앙지판 2006. 12. 29, 2006고합386.
663 대판 1988. 5. 24, 88도542.

7. 변호사 선임료 등 소송비용의 지출

(1) 판례의 기본법리

458 단체의 비용으로 지출할 수 있는 변호사 선임료는 원칙적으로 단체 자체가 소송당사자가 된 경우에 한한다 할 것이므로 단체의 대표자 개인이 당사자가 된 민·형사사건의 변호사 비용은 단체의 비용으로 지출할 수 없고, 다만 예외적으로 분쟁에 대한 실질적인 이해관계는 단체에게 있으나 법적인 이유로 그 대표자의 지위에 있는 개인이 소송이나 그 밖의 법적 절차의 당사자가 된 경우, 대표자로서 단체를 위해 적법하게 행한 직무행위 또는 대표자의 지위에 있음으로 말미암아 의무적으로 행한 행위 등과 관련하여 분쟁이 발생한 경우 등과 같이 당해 법적 분쟁이 단체와 업무적인 관련이 깊고, 당시의 여러 사정에 비추어 단체의 이익을 위하여 소송을 수행하거나 고소에 대응하여야 할 특별한 필요성이 인정되는 경우에는, 단체의 비용으로 변호사 선임료를 지출할 수 있다.[664]

459 반대로 법인 자체가 소송당사자가 된 경우에는 원칙적으로 그 소송의 수행이 법인의 업무수행이라고 볼 수 있으므로 그 변호사 선임료를 법인의 비용으로 지출할 수 있을 것이나, 그 소송에서 법인이 형식적으로 소송당사자가 되어 있을 뿐 실질적인 당사자가 따로 있고 법인으로서는 그 소송의 결과에 있어서 별다른 이해관계가 없다고 볼 특별한 사정이 있는 경우에는, 그 소송의 수행이 법인의 업무수행이라고 볼 수 없어 법인의 비용으로 이를 위한 변호사 선임료를 지출할 수 없다.[665]

460 대표자가 관계법령에 위반함으로써 형사재판을 받게 되었다면 그의 개인적인 변호사 비용을 법인자금으로 지급한다는 것은 이를 정당시할 만한 특별한 사정이 없는 한 횡령에 해당하고, 주주총회나 이사회의 의결을 거쳤다 하더라도 이는 내재적 한계를 넘는 것으로 본죄가 성립하나, 그러한 사정을 고의나 불법영득의사의 판단요소로 고려할 수 있다.[666]

---

664 대판 2006. 10. 26, 2004도6280; 대판 2009. 9. 24, 2009도3982; 대판 2012. 12. 26, 2011도13629; 대판 2013. 4. 11, 2011도9315; 대판 2013. 6. 13, 2011도524 등.

665 대판 2008. 6. 26, 2007도9679.

666 대판 2003. 5. 16, 2003도819; 대판 2006. 9. 8, 2005도9861; 대판 2009. 9. 24, 2009도3982; 대판 2012. 9. 27, 2012도7713; 대판 2013. 4. 11, 2011도9315 등.

(2) 본죄의 성립을 긍정한 사례

(가) 개요

대표자가 형사사건과 관련하여 단체의 자금으로 변호사 비용을 지출한 경우에는, 대표자의 직무집행정지가처분, 업무방해금지가처분 사건 등과 관련하여 변호사 비용을 지출한 경우보다 그 지출을 정당화할 만한 특별한 사정의 존재를 더욱 엄격히 요구하고 있다. 461

대표자에 대한 형사사건 중 단체의 자금으로 대응할 수 없다고 본 사안으로는, ① 탈세,[667] ② 명예훼손[668] 및 노동쟁의조정법위반,[669] ③ 공갈,[670] ④ 횡령[671] 및 사립학교법위반,[672] ⑤ 방문판매등에관한법률위반,[673] ⑥ 사문서위조 및 폭력행위등처벌에관한법률위반,[674] ⑦ 무고 및 위증[675] 등이 있다. 462

(나) 관련 판례

① 공갈의 고소 및 공소사실의 내용은 재건축조합 조합장으로서의 적법한 업무집행에 관련된 것이 아니라 조합장 개인의 위법행위에 관한 것일 뿐이므로, 가사 그 고소사실에 대한 혐의가 분명하지 않고 조합장의 업무집행을 방해하는 데 고소의 주목적이 있었다 하더라도 본죄가 성립한다.[676] 463

② 대표이사가 회사를 위한 탈세행위로 인하여 형사재판을 받는 경우, 그 변호사 비용과 벌금을 회사에서 부담하는 것이 관례라 하여도 그러한 행위가 사회상규에 어긋나지 아니한다고 할 만큼 사회적으로 용인되어 보편화된 관례라고 할 수 없다.[677] 464

③ 학교자금을 횡령하였다는 부분과 그 밖의 피의사실 중 상당 부분이 검찰에서 혐의없음 처분되었고, 그 기소된 부분 중에서도 국고보조금 횡령 부분 465

---

667 대판 1990. 2. 23, 89도2466.
668 대판 2011. 11. 10, 2010도12535; 대판 2012. 12. 26, 2011도13629.
669 대판 2003. 5. 30, 2002도235.
670 대판 2006. 10. 26, 2004도6280. 본 판결 해설은 최철환, "단체 대표자 개인을 위한 변호사 비용 지출과 횡령죄 성부", 해설 66, 법원도서관(2007), 331-348.
671 대판 2012. 12. 26, 2011도13629.
672 대판 2003. 5. 30, 2002도235; 대판 2013. 5. 24, 2012도6450; 대판 2015. 2. 26, 2013도11281 등.
673 대판 2006. 9. 8, 2005도9861.
674 대판 2006. 6. 27, 2006도1187.
675 대판 2007. 12. 13, 2007도7930.
676 대판 2006. 10. 26, 2004도6280.
677 대판 1990. 2. 23, 89도2466.

등이 무죄로 확정되었지만, 사립학교법위반죄의 거의 대부분이 유죄로 인정되는 점에 비추어 그 형사사건의 대부분이 적법한 업무수행으로 밝혀지고, 그 외 부분에서 부수적으로 일부 위법한 업무수행이 있었던 경우라고 보기도 어려우므로, 그 고발된 피의사실 중 무죄로 밝혀진 부분이 유죄로 밝혀진 부분보다 더 많은 것으로 평가된다고 하더라도 그 변호사 비용을 법인자금으로 지출한 것은 업무상횡령에 해당한다.[678]

466 ④ 재건축조합장이 자신의 위법행위에 관한 형사사건의 변호인을 선임하는 것을 재건축조합의 업무라고 볼 수 없으므로, 그가 재건축조합의 자금으로 자신의 변호사 비용을 지출하였다면 이는 횡령에 해당하고, 이사 및 대의원회의 승인을 받았다 하여도 재건축조합의 업무집행과 무관한 조합장 개인의 형사사건을 위하여 변호사 선임료를 지출하는 것이 위법한 이상 위 승인은 내재적 한계를 벗어나는 것이다.[679]

(3) 본죄의 성립을 부정한 사례

(가) 개요

467 대표자의 적법한 직무행위 등과 관련하여 분쟁이 발생한 경우와 같이 당해 법적 분쟁이 단체와 업무적인 관련이 깊고, 단체의 이익을 위하여 그 사건에 대응하여야 할 특별한 필요성이 있는 경우에 한하여 단체의 비용으로 대표자 개인의 변호사 비용을 지출할 수 있다. 단체와의 업무적 관련성, 단체의 대응 필요성 등은 대표자에게 적용된 죄명 자체가 아닌 그 사건의 구체적인 내용에 따라 결정된다. 형사사건이 혐의없음 또는 무죄판결로 종결된 사정은 대표자의 직무집행의 적법성을 추단하게 한다는 점에서 단체와의 업무적 관련성을 긍정할 요소로 평가할 수 있다. 형사사건의 결과가 단체의 업무수행에 직접적인 영향을 미치는 경우 그 사건에 대하여 단체가 대응할 필요성을 긍정하는 요소로 평가할 수 있다.

468 단체의 자금으로 대응할 수 있다고 본 사안으로는, ① 근로기준법위반,[680] ② 횡령,[681] ③ 업무방해[682] 등이 있다.

---

678 대판 2006. 6. 2, 2005도1419.
679 대판 2006. 10. 26, 2004도6280.
680 대판 2009. 2. 12, 2008다74895.
681 대판 2009. 9. 24, 2009도3982.
682 대판 2011. 9. 29, 2011도4677.

(나) 관련 판례

① 법인의 이사를 상대로 한 이사직무집행정지가처분결정이 된 경우, 이사 469
의 직무집행이 정지당함으로써 사실상 법인의 업무수행에 지장을 받게 될 것은 명백하므로 법인 경비에서 당해 가처분 사건의 피신청인인 이사의 소송비용을 지급하더라도 법인의 경비를 횡령한 것이라고 볼 수 없다.[683]

② 상가관리운영위원회의 운영위원장이 그에 대하여 제기된 직무집행정지 470
가처분 신청에 대응하기 위하여 선임한 변호사의 선임료를 상가 관리비에서 지급한 경우, 위 각 사건 당시 피고인의 운영위원장 자격의 부존재가 객관적으로 명백하여 항쟁의 여지가 없었다고 보기 어려우므로, 변호사 선임료를 지급한 것은 이 사건 운영위원회의 업무수행을 위하여 필요한 비용을 지급한 것에 해당하고, 관리비를 횡령한 것이라고 볼 수 없다.[684]

③ 아파트 입주자대표회의 회장이던 피고인이 반대파 입주민들이 피고인을 471
횡령 등으로 고소하자 그 변호사 선임비로 위 피해보상금 중 일부를 지출한 것은, 업무집행과 관련하여 전체 입주민들의 이익을 위한 정당한 지출행위라고 인식하고 한 행위로서 업무상횡령의 범의를 인정하기 어렵다.[685]

④ 피고인이 아파트 입주자대표회의 회장이었던 자신 등을 상대로 제기된 472
업무방해금지가처분 소송과 손해배상청구 소송과 관련하여 아파트 관리비의 예비비 항목에서 변호사 선임료를 지출한 것은 입주자대표회의 업무의 인수인계를 거부하는 전임자로부터 그 업무를 인수받고 그 업무수행의 지장을 막기 위한 것이므로, 횡령의 고의나 불법영득의 의사가 있었다고 보기 어렵다.[686]

⑤ 입주자대표 자격의 존부, 적법한 대표선출을 위한 의사정족수 등이 문 473
제된 소송에서 유죄가 인정될 경우 다른 대표들의 자격과 기존에 입주자대표회의가 처리해 온 업무의 효력 등이 연쇄적으로 문제될 수 있다는 점에서, 이와 관련하여 소송비용을 지출하는 것은 단체의 업무수행에 필요한 비용을 지급한 것이라고 봄이 상당하다.[687]

683 대판 1990. 6. 26, 89도1102; 대판 2003. 5. 30, 2003도1174; 대판 2007. 12. 28, 2006도9100.
684 대판 2019. 5. 30, 2016도5816.
685 대판 2009. 9. 24, 2009도3982.
686 대판 2003. 5. 16, 2003도819.
687 대판 2011. 9. 29, 2011도4677.

474 ⑥ 해고된 직원들이 피고를 근로기준법위반으로 형사고소하자 피고가 원고 협회 예산으로 변호사 보수를 지불한 경우, 원고 협회는 위 형사사건의 결과에 대해서 실질적인 이해관계가 있다고 볼 수 있고 검찰에서 무혐의 처분까지 받은 일도 있으므로, 피고가 관계 법령을 위반하여 위 변호사 보수를 원고의 예산으로 지출하였다고 볼 수 없다.[688]

475 ⑦ 이 사건 고소사건은 피고인의 유죄가 인정될 경우 종전 정비용역계약의 해지 및 신규 정비용역계약의 체결의 효력 등에 연쇄적으로 영향을 미칠 수 있다는 점에서 이 사건 추진위원회와 업무상의 관련이 깊고 그에 대응할 필요성이 있으므로, 피고인은 위 추진위원회의 비용으로 위 고소사건에 관한 변호사 선임료를 지출할 수 있다.[689]

8. 상법상 가장납입

(1) 의의

476 실제로 주금을 납입하지 않았음에도 불구하고, 주금을 납입하는 형식적 절차를 모두 거쳐 회사 설립등기 또는 증자등기를 마치는 것을 주금의 가장납입이라고 한다. 주금의 가장납입은 ① 발기인 등이 납입금취급 금융기관과 통모하여 그 금융기관으로부터 금원을 차용하여 주식대금에 충당하되 그 차용금을 변제하기 전에는 회사가 납입된 주식대금의 지급을 청구할 수 없기로 하는 통모가장납입(預合)과 ② 제3자로부터 금원을 차용하여 주식대금을 납입하고 신주발행 절차를 마친 직후 납입금을 인출하여 차용금을 변제하는 가장납입(見金)으로 구분할 수 있다. 우리나라에서는 납입금보관증명 제도를 두고 있으므로 주로 위 ②의 방법에 의한 가장납입이 사용되고 있다.[690]

---

688 대판 2009. 2. 12, 2008다74895.

689 대판 2012. 9. 27, 2012도7713.

690 이민걸, "가장납입과 형사책임", 형사재판의 제문제(5권): 이용우 대법관 퇴임기념 논문집, 박영사(2005), 324. 안종열, "가장납입과 업무상횡령죄의 성부", 재판과 판례 23, 대구판례연구회(2014), 322는 실무상 찍기와 꺾기의 2가지 방식이 있다고 한다. 즉, 입금된 돈을 전액 인출하여 사채업자에게 변제하는 경우(찍기)와 증자대금의 일부를 사채업자에게 변제하고 나머지는 발행된 주식을 교부하여 사채업자가 이를 매도하여 자금을 회수하는 경우(꺾기)가 있다고 한다. 후자의 경우, 꺾기한 금액만 가장납입에 해당하고 나머지 금액은 별도의 담보제공, 원금보장, 이자지급 등에 관한 약정이 수반된다.

(2) 법적 효력

가장납입에 따른 주금납입 및 주식발행의 민사법적 효력에 관하여 판례는 일관하여 유효하다고 한다.[691] 학설은 무효설이 다수설이다. 477

형사법적 죄책에 관하여 판례는, 당초 타인으로부터 금원을 차용하여 주금을 가장납입한 직후 이를 인출하여 차용금변제에 사용한 경우 본죄에 해당한다고 하였다가,[692] 대판 2004. 6. 17, 2003도7645(전)으로 견해를 변경하였다. 즉, 가장납입한 돈을 인출한 경우에 상법상[693] 납입가장죄(상 § 628①)[694] 및 공정증서원본불 478

---

691 대판 1983. 5. 24, 82누522[소위 견금이 주금납입의 가장수단으로 이용되었다고 하더라도 이러한 주관적 의도(내심적 사정)는 주금납입의 효력을 좌우할 수 없다. 같은 취지 대판 1997. 5. 23, 95다5790]; 대판 1985. 1. 29, 84다카1823(주금의 가장납입에 있어서 그 절차가 완료된 후에 회사는 주주에 대하여 체당 납입한 주금의 상환을 청구할 수 있다); 대결 1994. 3. 28, 93마1916(설사 주주가 주금을 가장납입하였다 하더라도 그 효력이 인정되므로 그 주주를 차명주주와 동일시 할 수는 없다); 대판 1998. 12. 23, 97다20649(주주들이 주식인수인으로서 가장납입의 형태로 주금을 납입한 이상 그들은 바로 회사의 주주이고, 그 후 주금 상당액을 납입하지 아니하였다고 하더라도 주주로서의 지위를 상실하게 된다고는 할 수 없으며, 신의성실의 원칙에 반한다고 할 수 없다); 대판 2001. 3. 27, 99두8039(수증자 명의의 신주 인수 및 신주 인수대금 납입이 가장납입의 방법으로 적법하게 마쳐졌고 그 대금이 실제로는 증여된 것이라면 수증자의 증여세 납부의무와 국가의 조세채권이 적법하게 성립한 것이고, 그 후 승소판결이 그대로 확정되어도 증여가 부존재하거나 무효가 아닌 이상 증여세 과세처분에 아무런 영향을 미칠 수 없다); 대판 2004. 3. 26, 2002다29138(가장납입의 경우에도 주금납입이 유효하므로 주식인수인이나 주주의 주금납입의무도 종결된 것이다); 대판 2016. 9. 23, 2016두40573(주금을 가장납입한 후 납입금을 인출하여 차입금을 변제한 경우에는 특별한 사정이 없는 한 납입금 상당액이 사외로 유출된 것이다) 참조.

692 대판 1982. 4. 13, 80도537; 대판 2003. 8. 22, 2003도2807.

693 상법 제628조(납입가장죄등) ① 제622조제1항에 게기한 자가 납입 또는 현물출자의 이행을 가장하는 행위를 한 때에는 5년 이하의 징역 또는 1천500만원 이하의 벌금에 처한다.
② 제1항의 행위에 응하거나 이를 중개한 자도 제1항과 같다.

694 가장납입죄를 인정한 판례들[대판 1997. 2. 14, 96도2904; 대판 1999. 10. 12, 99도3057; 대판 2001. 8. 21, 2000도5418; 대판 2004. 6. 17, 2003도7645(전)]과 달리 가장납입죄를 인정하지 않는 사례도 있다. 상법상 납입가장죄는 주식회사의 자본충실을 기하려는 데 그 목적으로 두고 있으므로 설립등기된 다음날 납입주금 전액을 인출하였다 하더라도 회사를 위하여 그 돈을 썼다면 납입가장죄가 성립하지 아니한다(대판 1977. 11. 8, 77도2439; 대판 1999. 10. 12, 99도3057)는 것이다. 같은 취지에서 이미 주식납입금 이상의 자본을 투자하여 회사의 공장건설과 기계시설 등을 하여 회사의 자산을 만들어 놓았고, 또한 그 인출금을 회사의 운영자금으로 사용한 경우(대판 1979. 12. 11, 79도1489), 이미 회사의 대표이사인 피고인으로부터 주식납입금 상당에 해당하는 자산을 양도받기로 되어 있어 그 양수자금으로 사용한 것으로 볼 수 있는 경우(대판 2001. 8. 21, 2000도5418), 이미 주식회사가 주식납입금 상당에 해당하는 자산을 가지게 되었고, 그 인출금을 그 자산의 취득과정에서 발생한 대차관계를 정산하는 데에 사용한 경우(대판 1999. 10. 12, 99도3057), 회사가 주식인수인 소유의 다른 회사의 주식을 양수하기로 하고 인출금을 그 대금으로 지급하였고, 그 주식인 인출금 상당의 가치가 있는 경우(대판 2005. 4. 29, 2005도856)

실기재죄(§ 228①)와 불실기재공정증서행사죄(§ 229)가 성립할 뿐, 본죄가 성립하지는 않는다는 것이다.

479 주식회사의 설립업무 또는 증자업무를 담당한 사람과 주식인수인이 사전 공모하여 제3자로부터 납입금액을 차입하여 주금을 납입하고 납입금보관증명서를 발급받아 회사의 설립등기절차 또는 증자등기절차를 마친 직후 이를 인출하여 위 차용금채무의 변제에 사용하는 경우, 주금의 납입 및 인출의 전 과정에서 회사의 자본금에는 실제 아무런 변동이 없으므로 불법영득의 의사가 있다고 보기 어렵고, 상법상 납입가장죄의 성립을 인정하는 이상 회사 자본이 실질적으로 증가됨을 전제로 한 업무상횡령죄가 성립한다고 할 수는 없다.[695]

480 사채업자를 동원하여 유상증자를 추진하면서 주식납입금으로 사채를 직접 변제한 경우 이외에도 사채업자가 인수하기로 한 주식납입대금 일부를 양도성 예금증서, 자기앞수표 등 현금성 유가증권으로 바꾸어 투자손실에 대한 담보조로 사채업자에게 교부한 경우에도 동일하게 판단하고 있다.[696]

481 본죄와 마찬가지로 배임죄도 성립하지 않는다는 것이 판례의 기본 입장이다.[697] 그러나 사안의 내용에 따라 전형적인 가장납입이라 볼 수 없는 사례에서 배임죄를 인정하는 경우도 있다.[698]

482 이러한 판례의 태도에 대하여 민사와 형사에서 효력의 통일성이 결여되어 있다는 비판이 있다. 유효설을 일관하여야 한다는 견해(형사판례 변경을 주장)[699]와 무효설을 일관하여야 한다는 견해(민사판례 변경을 주장)[700]가 대립한다.[701]

등에는, 납입가장죄가 성립하지 아니한다고 판단하였다.

695 대판 2004. 6. 17, 2003도7645(전). 본 판결 해설은 장상균, "상법상 납입가장죄와 업무상횡령죄", 해설 50, 법원도서관(2004), 736-752.

696 대판 2006. 9. 22, 2004도3314; 대판 2012. 8. 30, 2012도3648 등.

697 대판 2004. 5. 13, 2002도7340; 대판 2004. 5. 14, 2004도518; 대판 2004. 6. 17, 2003도7645(전); 대판 2007. 9. 6, 2005도1847; 대판 2011. 10. 27, 2011도8112(전환사채를 발행한 사례).

698 대판 2007. 6. 14, 2006도4554(일반공모방식에 의하여 유상증자가 이루어지고, 투자자의 주식매각 시 발생할 수 있는 손실을 보전해 주기로 하는 약정을 체결한 사례); 대판 2015. 12. 10, 2012도235(전환사채를 발행한 사례).

699 김태진, "가장납입에 관한 새로운 해석론", 상사법연구 32-1(통권 78), 한국상사법학회(2013), 327; 양기진, "가장납입의 효력에 관한 법적 검토", 법학논집 21-2, 이화여대 법학연구소(2016), 99; 이정민, "회사설립시 최저자본금제도의 폐지와 납입가장죄의 재검토", 고려법학 73(2014), 163.

700 허일태, "가장납입과 형사책임", 형사법연구 23, 한국형사법학회(2005), 288.

701 김태진(주 699), 337. 일본은 가장납입에 대하여 공정증서원본불실기재 및 불실기재공정증서행

(3) 실질적인 자본 증가 여부

실질적으로 회사의 자본을 증가시켜 회사의 자본금을 형성한 경우에 해당 483
하면 업무상횡령죄가 성립하지만, 형식적으로만 증자의 외형을 갖춘 경우에 해당하면 업무상횡령죄는 성립하지 않고 납입가장죄 등만이 성립될 수 있다. 납입된 주금이 회사에 일단 귀속되어 회사 자본이 실질적으로 증가한 것으로 볼 수 있는지 여부는 그 주금의 납입 경위, 납입된 주금의 보관 및 인출 형태와 경위 등 제반 사정을 종합하여 판단하여야 한다.[702]

구체적인 판단기준으로, ① 납입대금을 차용하는 약정에서 이미 주식납입 484
대금의 전부 또는 일부를 증자절차 직후 출금하여 변제 또는 담보로 제공하기로 약정하고 이를 이행한 경우에는 실질적으로 회사의 자본이 증가되지 않았다고 볼 가능성이 크다.[703] 반면에, ② 주식인수대금의 차입이 아니라 주식인수에 대한 투자인 경우에는 그 투자약정상의 손실보상금 또는 이자의 담보를 위하여 주식납입금을 인출하여 제공하는 것은 실질적으로 회사의 자본을 증가시켰다고 볼 가능성이 크다.[704] 그리고 ③ 본죄의 성립을 부인한 판결들의 사안은 모두 등기 절차가 종료된 후 즉시 주금납입대금을 인출한 경우이므로, 주금납입대금을 즉시 인출하지 않은 것도 실질적으로 회사의 자본이 증가하였다고 판단할 수 있는 기준들 중 하나가 될 수 있을 것이다.

(4) 사안별 검토

(가) 실질적 자본 증가를 인정한 사례

[가장납입을 위한 수수료 횡령] 485

피고인이 피해자 회사의 회장으로 재직하면서 피해자 회사의 자금을 자신이 납입해야 할 유상증자 대금이나 피고인이 인수한 회사의 인수대금으로 사용하는 등 개인적인 용도에 임의로 유용한 사실이 인정되고, 위 자금은 피고인이 개인적으로 유입시킨 돈이라고 볼 수 없으므로 업무상횡령죄가 성립한다.[705]

사죄를 인정하지만 가장납입에 의한 주식발행을 민사적으로 무효로 보기 때문에 민사법과 형사법적 효력에서 불통일의 문제는 없다고 한다.

702 대판 2011. 9. 8, 2011도7262.
703 대판 2006. 9. 22, 2004도3314.
704 대판 2007. 6. 14, 2006도4554.
705 대판 2006. 5. 26, 2006도1711.

486 **[유상증자 및 전환사채발행을 위한 주금납입]**

피고인이 사채업자와의 개인적 약정에 따라 손실보전을 위한 담보 명목으로 회사 계좌에서 인출한 자기앞수표를 사채업자에게 교부한 경우, 사채업자가 납입한 유상증자대금 및 전환사채발행자금이 회사 계좌에 정상적으로 입금되어 신주 및 전환사채가 발행된 만큼 이는 실질적으로 회사의 자본을 증가시킨 것이므로, 위와 같은 행위는 주금납입을 가장한 것으로 볼 수 없고 업무상횡령죄에 해당한다.[706]

487 **[가장납입을 위한 사채이자 등 비용 횡령]**

피고인이 가장납입을 위하여 개인적으로 사채를 차입하는 과정에서 발생한 이자 등 비용을 지급하기 위하여 회사자금을 지출하는 것은 개인이 차용한 사채의 이자 등 비용을 지급한 것으로서 회사자금을 임의로 유용한다는 의사가 있다고 보아야 하므로, 이에 대한 불법영득의 의사를 인정할 수 있다.[707]

488 **[가장납입에 의한 유상증자]**

사채업자와의 차용계약에 따라 유상증자등기를 마친 직후 인출되어 현금담보금 명목으로 제공된 금원은 실질적으로 가장된 방법에 의한 증자에 불과하여 회사의 자본금으로서의 실체를 형성하지 않은 것이므로 이 부분 공소사실은 무죄이다. 한편, 나머지 금원은 시세조정행위 등에 사용되는 등 사채업자와의 차용계약에 따라 즉시 반환이 예정된 일시 차용금이라고 볼 수 없어 회사의 자본금으로서의 실체를 형성한 것이므로 이 부분 공소사실은 유죄이다.[708]

(나) 실질적 자본 증가를 부정한 사례

489 **[차입금의 납입을 통한 회사설립 직후 납입액의 인출]**

주식회사의 설립 또는 증자업무를 담당한 자와 주식인수인이 사전 공모하여 제3자로부터 납입금액을 차입하여 주금을 납입하고 납입금보관증명서를 발급받아 회사의 설립 또는 증자등기를 마친 직후 이를 인출하여 위 차용금채무의 변제에 사용하는 경우, 회사의 자본금에는 실제 아무런 변동이 없으므로 불법영득의사가 있다고 보기 어렵고, 상법상 납입가장죄가 성립하는 이상 업무상횡령죄가 성립한다고 할 수 없다.[709]

490 **[양도성예금증서로 환가하여 제공한 주식납입대금]**

피고인이 A에게 양도성예금증서의 형태로 바꾸어 제공한 주식납입대금은 실질적으로 가장된 방법에 의한 증자에 불과하여 회사의 자본금으로서의 실체를 형성한 바가 없다. 따라서 그 납

---

706 대판 2011. 5. 26, 2011도2842.
707 대판 2011. 9. 29, 2011도8110.
708 대판 2013. 8. 22, 2013도4843.
709 대판 2004. 12. 10, 2003도3963.

입 이전에 이미 즉시 인출이 예정된 위 금원을 약정에 따라 A에게 제공한 피고인에게 불법영득의 의사가 존재한다고 볼 수 없다.[710]

[가장납입에 의한 신주발행] 491

회사의 대표이사가 납입을 가장하여 주금이 납입된 상태에서 자기 또는 제3자에게 신주를 발행한 후 그 주식인수인이 그 신주인수대금을 실제로 회사에 납부하지 아니한다 하더라도, 그로 인하여 회사에게 동액 상당의 자본이 감소하는 등의 재산상 손해가 발생한 것으로는 보기 어려우므로 업무상배임죄에 해당한다고 할 수 없다.[711]

[가장납입에 의한 유상증자] 492

피고인이 A 등과 공모하여 제3자 배정 방식으로 유상증자를 실시하는 과정에서 납입자금을 임의로 인출하여 바로 양도성예금증서를 매입한 뒤 사채업자로부터 인수자금을 빌리는 데 담보로 제공하더라도, 가장된 방법에 의한 증자에 불과하며 회사의 자본금에는 실제 아무런 변동이 없으므로 불법영득의사가 인정되기 어렵다.[712]

[가장납입에 의한 전환사채권 발행] 493

가장납입에 의한 전환사채권 발행행위와 전환청구에 의한 주식발행행위를 전체적으로 평가하여, 피고인들이 가장납입에 의하여 전환사채권을 발행하고 곧 그 발행 목적대로 전환청구를 하여 주식을 발행함으로써 회사는 전환사채대금 채무를 부담하지 않게 되었을 뿐만 아니라 발행된 주식대금 상당의 자본이 감소하였다고 볼 수도 없어 회사에 재산상 손해가 발생하지 않았으므로 업무상배임죄에 해당할 수 없다.[713]

[찍기로 납입된 청약대금을 인출하여 제공] 494

양도성예금증서의 자금 출처인 금원은 계좌에 입금되기 전에 이미 즉시 인출될 것이 예정되어 실질적으로 가장된 방법에 의한 대위변제에 불과하여 회사의 자금으로서 실체를 형성한 바가 없으므로, 위 금원을 양도성예금증서의 형태로 제공한 피고인들에게 불법영득의사가 존재한다고 볼 수 없다.[714]

(5) 전환사채 관련 판례

상법 제628조 제1항의 납입가장죄와 관련하여, 판례는 가장납입죄는 회사 495

---

710 대판 2006. 9. 22, 2004도3314.
711 대판 2007. 9. 6, 2005도1847.
712 대판 2009. 6. 25, 2008도10096.
713 대판 2011. 10. 27, 2011도8112.
714 대판 2013. 4. 11, 2012도15585.

의 자본에 충실을 기하려는 상법의 취지를 해치는 행위를 처벌하려는 것인데, 전환사채는 발행 당시에는 사채의 성질을 갖는 것으로서 사채권자가 전환권을 행사한 때 비로소 주식으로 전환되어 회사의 자본을 구성하게 될 뿐만 아니라, 전환권은 사채권자에게 부여된 권리이지 의무는 아니어서 사채권자로서는 전환권을 행사하지 아니할 수도 있으므로, 전환사채의 인수 과정에서 그 납입을 가장하였다고 하더라도 납입가장죄는 성립하지 아니한다는 것이다.[715]

496 업무상배임죄와 관련된 판례는 다음과 같이 판시한다. 즉, 전환사채의 발행업무를 담당하는 사람과 전환사채 인수인이 사전 공모하여 제3자로부터 전환사채 인수대금에 해당하는 금액을 차용하여 전환사채 인수대금을 납입하고 전환사채 발행절차를 마친 직후 이를 인출하여 위 차용금채무의 변제에 사용하는 등 실질적으로 전환사채 인수대금이 납입되지 않았음에도 전환사채를 발행한 사안에서, 처음에는 판례가 배임죄 성립을 인정하지 않았다. 원심은 이 사건 가장납입에 의한 전환사채권 발행행위는 주식발행을 목적으로 한 행위로 가장납입에 의한 전환사채권 발행행위와 전환청구에 의한 주식발행행위는 처음부터 계획된 것이므로 이를 전체적으로 보아 업무상배임죄를 구성하는지 평가함이 타당하고, 주식발행이라는 목적을 달성하기 위한 수단으로 한 가장납입에 의한 전환사채권 발행행위를 주식 발행행위와 구분하여 따로 업무상배임죄를 구성하는지 평가할 것은 아니라고 전제하면서, 피고인들이 가장납입에 의하여 전환사채권을 발행하고 그 전환사채권을 발행한 목적대로 곧 그 전환청구를 하여 주식을 발행함으로써 회사는 전환사채대금 채무를 부담하지 않게 되었을 뿐만 아니라 발행된 주식대금 상당의 자본이 감소하였다고 볼 수도 없어 회사에 재산상 손해가 발생한 것으로는 볼 수 없으므로 위 행위가 업무상배임죄에 해당한다고 할 수 없다고 판단하였는데, 대법원은 이를 정당하다고 판시하였다.[716]

497 그 후 판례는 위 사안을 전환사채의 발행이 주식 발행의 목적을 달성하기 위한 수단으로 이루어졌고, 실제로 그 목적대로 곧 전환권이 행사되어 주식이 발행됨에 따라 실질적으로 신주인수대금의 납입을 가장하는 편법에 불과하다고 평가될 수 있는 등의 특별한 사정이 있는 사안으로 보고, 그러한 사정이 없다면

715 대판 2008. 5. 29, 2007도5206.
716 대판 2011. 10. 27, 2011도8112.

전환사채의 발행업무를 담당하는 사람은 회사에 대하여 전환사채 인수대금이 모두 납입되어 실질적으로 회사에 귀속되도록 조치할 업무상의 임무를 위반하여, 전환사채 인수인으로 하여금 인수대금을 납입하지 않고서도 전환사채를 취득하게 하여 인수대금 상당의 이득을 얻게 하고, 회사로 하여금 사채상환의무를 부담하면서도 그에 상응하여 취득하여야 할 인수대금 상당의 금전을 취득하지 못하게 하여 같은 금액 상당의 손해를 입게 하였으므로, 이로써 업무상배임죄의 죄책을 진다고 판시하였다.[717]

9. 불법원인급여

(1) 개요

민법 제746조가 규정하는 불법원인, 즉 선량한 풍속 기타 사회질서에 반하는 경우에 해당하여 위탁자가 수탁자에 대하여 재물의 반환청구를 할 수 없는 경우 본죄가 성립하는지 여부에 관하여 견해가 대립한다. 498

(2) 학설의 대립

(가) 긍정설[718]

긍정설은 다음과 같은 논거로 본죄의 성립을 긍정한다. ① 민법상 불법원인급여에 대한 반환청구권이 인정되지는 않지만 자연채무로서 존재하고 위탁자가 소유권을 상실하는 것은 아니므로 급여한 물건은 타인의 재물이라 할 수 있다. ② 위탁관계는 사실상의 관계이면 충분하므로 불법원인급여라도 위탁자와 수탁자 사이에 신임관계가 존재하고, 수탁자인 점유자는 여전히 타인의 재물을 보관하는 지위에 있으며, 본죄의 불법을 형성하는 신뢰관계의 위반은 불법원인급여를 횡령하는 경우에도 인정된다. ③ 범죄의 성부는 민법이론에 완전히 종속될 수 없고 형법의 독자적 목적에 따라 판단하여야 하고, 부정설에 의하면 신뢰관계 위반이 있음에도 처벌할 수 없다는 형사정책상의 문제가 있다. 499

---

717 대판 2015. 12. 10, 2012도235.

718 임웅, 510; 홍영기, § 85/39; 박정난, "불법원인급여의 형사법적 제문제 - 횡령죄를 중심으로", 형사법의 신동향 29, 대검찰청(2010), 489(판례가 취하는 '반사적 소유권 취득론'을 비판하면서 '독자적 형사책임론'을 강조).

(나) 부정설[719]

500 부정설은 다음과 같은 논거로 본죄의 성립을 부정한다.[720] ① 불법원인급여의 경우 위탁자는 반환청구권을 상실하기 때문에 수탁자는 위탁자에 대하여 재물을 반환할 법률상의 의무가 없고 수탁자에게 소유권이 귀속되므로 재물의 타인성을 인정할 수 없다. ② 불법원인급여에서 신뢰관계는 법적으로 보호할 가치가 없기 때문에 수탁자가 타인의 재물을 보관하는 지위에 있다고 볼 수 없다. ③ 반환의무가 없는 사람에게 형법이 제재를 가하여 반환을 강제하는 것은 법질서의 통일성을 깨뜨리는 결과가 된다.

(다) 절충설

501 절충설은 크게 2가지 견해로 나뉜다.

(a) 불법원인급여와 불법원인위탁으로 구분하여 설명하는 견해

502 절충설은 불법원인 '급여'와 불법원인 '위탁'을 구별하여, 소유권을 이전하는 '급여'의 경우(예컨대, 공무원에게 뇌물을 제공한 경우)에는 수급자가 이를 소비·처분하여도 본죄의 성립을 인정할 여지가 없고, 소유권을 이전하지 않는 '위탁'의 경우(예컨대, 뇌물로 전달할 자금을 착복한 경우)만을 논의의 대상으로 삼는다.

503 대략 3가지 견해로 다시 구분된다. ① 위탁물의 소유권이 여전히 위탁자에게 있고 신뢰관계가 존재하므로 본죄가 성립한다는 견해,[721] ② 보호가치 없는 신뢰관계에 해당하므로 본죄가 성립하지 않는다는 견해,[722] ③ 보호가치 있는

719 김성돈, 452; 김혜정·박미숙·안경옥·원혜욱·이인영, 형법각론(3판), 409; 박찬걸, 형법각론(2판), 523; 배종대, § 74/13; 손동권·김재윤, § 24/19; 오영근, 358; 원혜욱, 형법각론, 294; 이정원·류석준, 419; 정성근·정준섭, 형법강의 각론(2판), 298; 주호노, 848; 김선복, "불법원인급여에 있어서 횡령죄의 성부", 비교형사법연구 5-1, 한국비교형사법학회(2003), 635(불법원인에 의하여 재물을 위탁한 경우 위탁자와 수탁자 사이의 신뢰관계는 민법과 형법에 의하여 보호되지 않으므로 본죄는 성립하지 않지만, 윤락의 대가와 같이 이미 행하여진 급부의 대가로서 급부하는 재물의 소유권은 수급자에게 귀속되는 반면, 뇌물 전달 목적으로 금전을 교부한 경우와 같이 일정한 행위를 부탁하거나 장래의 급부에 대한 대가로서 급부한 재물은 급여자의 소유이어서 점유이탈물에 해당하므로 이를 횡령하면 점유이탈물횡령죄가 성립하고, 다만 그 재물이 금전일 경우에는 고도의 유통성으로 인하여 수탁자의 소유에 속하고 점유이탈물에 해당하지 않아 처벌할 수 없다); 조현욱, "불법원인급여와 횡령죄의 성립 여부", 형사법연구 18, 한국형사법학회(2002), 282(불법원인급여에서 급여자와 수탁자 사이의 신임관계는 존재하므로 소유권의 귀속에 따라 본죄의 성부를 결정해야 하고, 법질서의 통일성에 근거하여 불법원인급여물에 대하여 타인성을 인정할 수 없다).

720 본죄의 성립은 부정하지만, 점유이탈물횡령죄가 성립한다는 견해도 있다(이상돈, 557).

721 권순철, "불법원인급여와 횡령죄", 비교형사법연구 2, 한국비교형사법학회(2000), 203.

722 강동범, "소위 불법원인급여와 횡령죄의 성부", 형사판례연구 〔1〕, 한국형사판례연구회, 박영사

신뢰관계에 기초하지 않기 때문에 본죄의 기수범은 될 수 없지만 법익평온 상태의 교란 정도의 결과반가치와 행위반가치가 인정되므로 본죄의 불능미수가 성립한다는 견해[723] 등이다.

이에 대하여는, 소유권이 이전되는 불법원인급여에서 본죄의 성부가 문제되는 경우는 거의 없고 실제로 문제되는 것은 불법원인급여가 소유권 이전을 목적으로 하는 것인지가 불명확한 경우이므로 양자를 구분할 필요가 없다는 점, 반환청구의 가능 여부는 민법 제746조의 해석·적용에 의하여 결정할 문제이지 소유권을 이전하는 급여와 그렇지 않은 위탁의 구분에 따라 소유권 귀속이 달라지는 것은 아니라는 점 등의 비판[724]이 있다. 또한 위 ③의 불능미수설에 대하여는, 민사상 반환청구가 불가능하다면 결과반가치는 없고 이를 알면서 행위한 사람에게 행위태양의 반가치도 없으며 의도반가치만 있을 뿐인데 형법에 이를 기초로 삼아야 할 필요가 없다는 점, 보호가치 없는 신뢰관계는 보호가치가 있다고 오인하고 재물을 영득하였다고 볼 수 없어 불능미수의 성립요건인 수단이나 대상의 착오를 인정할 수 없다는 점 등의 비판이 있다.[725] 504

한편 공무원이 뇌물로 받은 돈을 소비하는 행위를 본죄로 의율하는 경우는 거의 없으나, 알선증뢰와 같이 공무원에게 뇌물로 전달해 주겠다고 하면서 받은 돈을 소비하는 경우에는 본죄 성부가 문제될 수 있다. 이렇게 반환을 전제로 하지 않은 급여는 위탁관계를 전제로 하는 본죄에서 문제되는 사례가 극히 드물고, 실제로 문제되는 사례에서 절충설이 긍정설 또는 부정설과 결론을 같이 하게 된다. 505

(b) **불법성을 비교하여 판단하는 견해**[726]

불법원인급여에서 원칙적으로 재물의 소유권은 수령자에게 이전하므로 본죄는 성립할 여지가 없지만, 예외적으로 수익자의 불법성이 급여자의 그것보다 현저히 크기 때문에 급여자의 반환청구가 허용되는 때에는 본죄가 성립한다. 다 506

(1993), 194-196(대판 1988. 9. 20, 86도628 평석).

723 김일수·서보학, 291.

724 김성돈, 452; 김신규, 467.

725 김선복(주 719), 642-643; 장영민, "불법원인급여와 횡령죄", 형사판례연구 〔3〕, 한국형사판례연구회, 박영사(2000), 273;

726 김신규, 467; 이재상·장영민·강동범, § 20/21; 김봉수, "불법원인급여와 형사책임", 형사법연구 27-4, 한국형사법학회(2005), 80-82.

만, 이에 대하여는 그 판단기준이 다양하고 모호하므로 불법성을 비교하여 소유권 귀속의 문제를 결정하는 것은 대단히 어렵고 자의성을 배제할 수 없다는 비판이 있다.[727]

(3) 판례

(가) 판례의 입장

507 종래 대판 판례는 불법원인급여물에 대해서도 물권적 청구권을 인정하였다.[728] 그러나 전원합의체 판결로 종래의 입장을 변경하여 불법원인급여물에 대한 물권적 청구권의 행사를 부정하였다.[729] 그 이후 불법원인급여에 해당할 경우 급여자가 원인행위가 법률상 무효임을 내세워 상대방에게 부당이득반환청구를 할 수 없고, 또 급여한 물건의 소유권이 자기에게 있다고 하여 소유권에 기한 반환청구도 할 수 없어서 결국 급여한 물건의 소유권은 급여를 받은 상대방에게 귀속된다는 이유로, 증뢰 또는 배임증재의 목적으로 전달한 돈을 임의로 소비하더라도 본죄가 성립하지 않는다고 판시하였다. 다만 수익자의 불법성이 급여자의 그것보다 현저히 큰 데 반하여 급여자의 불법성은 미약한 경우 급여자의 반환청구가 허용된다고 하면서, 포주가 윤락녀와 사이에 윤락녀가 받은 화대를 포주가 보관하였다가 분배하기로 약정하고도 보관 중인 화대를 임의로 소비한 경우, 제반 사정에 비추어 포주의 불법성이 윤락녀의 불법성보다 현저히 크다는 이유로 본죄를 구성한다[730]고 판시하였다.[731]

---

727 김선복(주 719), 644. 반면에, 김봉수(주 726), 80은 이중매매에서 제2매수인의 배임죄 성부의 판단표지로서 악의와 적극가담 등의 구체적 기준을 설정한 것과 같이 불법원인급여에서 불법성 비교기준을 재정립할 필요성을 역설하고 있다.

728 대판 1977. 6. 28, 77다728. 같은 취지로는 대판 1960. 9. 15, 4293민상57.

729 대판 1979. 11. 13, 79다483(전).

730 대판 1999. 9. 17, 98도2036.

731 일본과 독일의 경우는 다음과 같다.

(1) 일본의 경우, 불법원인급여로서 민법상 반황청구권이 없더라도 소유권까지 잃는 것은 아니므로 본죄가 성립한다는 것이 판례의 입장이다[最判 昭和 23(1948). 6. 5. 刑集 2·7·641(증뢰자금 횡령 사건)]. 그런데 위 최고재판소 판결 이후에 "증여자에게 있어 급부한 물건의 반환을 청구할 수 없게 된 때는, 그 반사적 효과로서 목적물의 소유권은 증여자의 손에서 벗어나 수증자에게 귀속되게 된다고 해석된다."는 취지의 민사판결이 선고되었고[最判 昭和 45(1970). 10. 21. 民集 24·11·1560], 그 후 불법원인급여물에 대하여 본죄를 인정한 판례는 공간(公刊)된 바가 없다고 한다. 통설은 부정설의 입장이다[井田 良, 講義刑法学·各論, 有斐閣(2016), 305 등].

(2) 독일의 경우, 통설 및 판례는 위법한 목적으로 물건을 위탁한 경우에도 위탁관계를 인정한

판례의 입장을 정리하면 다음과 같다. 508

첫째, 불법원인급여에 해당하는 경우 보관자는 타인의 재물을 영득한 것이 아니기 때문에 원칙적으로 본죄가 성립하지 않는다. 불법원인은 그 원인되는 행위가 선량한 풍속 기타 사회질서에 위반하는 경우를 말하는 것으로서, 법률의 금지에 위반하는 경우라 할지라도 그것이 선량한 풍속 기타 사회질서에 위반하지 않는 경우에는 이에 해당하지 않는다. 둘째, 불법원인급여라고 하더라도 수익자의 불법성이 급여자의 불법성보다 현저히 큰 데 비하여 수익자의 불법성은 미약한 경우에는, 공평의 원칙이나 신의성실의 원칙에 비추어 반환청구가 허용된다고 볼 것이고, 따라서 수익자가 재물을 임의로 처분하면 본죄가 성립한다는 것이다. 이때 불법성의 비교는 구체적 사정을 종합하여 판단하여야 한다.[732] 이에 대하여는 수익자와 급여자의 불법성을 비교 형량하는 것은 자의적 해석에 의하여 법적 안정성을 해할 우려가 있다거나,[733] 형법에서 과실상계가 인정되지 않는다면 불법상계도 인정하지 말아야 한다[734]는 비판이 있다. 509

(나) 불법원인급여에 해당하는지 여부

부당이득의 반환청구가 금지되는 사유로 민법 제746조가 규정하는 불법원인이라 함은 그 원인되는 행위가 선량한 풍속 기타 사회질서에 위반하는 경우를 말하는 것으로서, 법률의 금지에 위반하는 경우라 할지라도 그것이 선량한 풍속 기타 사회질서에 위반하지 않는 경우에는 이에 해당하지 않는다.[735] 민법 제746조가 불법의 원인으로 인하여 재산을 급여한 때에는 그 이익의 반환을 청구하지 못한다고 규정한 뜻은, 그러한 급여를 한 사람은 그 원인행위가 법률상 무효임을 내세워 상대방에게 부당이득반환청구를 할 수 없음은 물론 급여한 물건의 소유권이 자기에게 있다고 하여 소유권에 기한 반환청구도 할 수 없다는 데 있으므로, 결국 그 물건의 소유권은 급여를 받은 상대방에게 귀속될 뿐이 510

다. 예컨대, 절취품을 사들일 자금을 맡긴 경우를 들 수 있다. 그런데 위탁자가 소유권자의 이익에 반하는 행동을 하는 경우에는 위탁관계가 인정되지 않는다고 한다. 예컨대 절도범인이 절취품의 보관을 의뢰하였는데 보관자가 이를 영득한 경우, 본죄는 성립하지 않는다(BGH, 04.12.1953 - 2 StR 220/53).

732 주석형법 [각칙(6)](5판), 228(노태악).

733 정성근·박광민, 435.

734 오영근, 359.

735 대판 2001. 5. 29, 2001다1782; 대판 2010. 12. 9, 2010다57626, 57633.

다.[736] 그리고 민법 제746조에서 말하는 '불법'이 있다고 하려면, 급여의 원인이 된 행위가 그 내용이나 성격 또는 목적이나 연유 등으로 볼 때 선량한 풍속 기타 사회질서에 위반될 뿐 아니라 반사회성·반윤리성·반도덕성이 현저하거나, 급여가 강행법규를 위반하여 이루어졌지만 이를 반환하게 하는 것이 오히려 규범목적에 부합하지 아니하는 경우 등에 해당하여야 한다.[737]

511 한편 특정범죄를 직접 처벌하는 형법 등을 보충함으로써 중대범죄를 억제하기 위한 형사법 질서의 중요한 일부를 이루고 있는 범죄수익은닉의 규제 및 처벌 등에 관한 법률(이하, 범죄수익은닉규제법이라 한다.)에 의하여 직접 처벌되는 행위를 내용으로 하는 계약은 그 자체로 반사회성이 현저하다고 볼 수 있는 반면,[738] 이미 반사회적 행위에 의하여 조성된 재산을 소극적으로 은닉하기 위하여 임치에 이른 것만으로는 그것이 곧바로 사회질서에 반하는 법률행위라고 볼 수는 없고,[739] 자금의 조성과정에 반사회적 요소가 있었다 하더라도 그 후 이를 맡긴 행위 자체에 대하여 또 다른 범죄행위의 자금으로 사용할 것을 지시하는 등의 특별한 사정이 없는 한 이를 반사회질서행위라고 볼 수 없다.[740]

512 한편, 개별 사안에서 불법원인에 해당하는가에 관하여 다수의 민사판례가 축적되어 있다.[741] 판례는 ① 원고가 불법적인 방법으로 영구장애 3급의 허위진단을 받아 보험금을 부정 수령하기 위한 목적으로 피고들에게 교부한 금원,[742] ② 건설공사를 하도급받은 대가로 지급받은 리베이트,[743] ③ 은행 부지점장에게 불법으로 지급보증서를 작성하여 주는 것에 대한 대가로 교부받은 돈,[744] ④ 금전소비대차계약의 형식을 띠고 있기는 하지만 실질적으로는 증권거래법에 위반되는 시세조종행위에 제공할 주가조작자금의 투자와 이익분배에 관한 약정의 성격을 갖는 돈[745] 등을 불법원인급여로 인정하였다.

736 대판 1979. 11. 13, 79다483(전); 대판 1999. 6. 11, 99도275.
737 대판 2017. 3. 15, 2013다79887, 79894.
738 대판 2017. 4. 26, 2016도18035.
739 대판 2001. 4. 10, 2000다49343.
740 대판 2012. 11. 29, 2011도5822.
741 사례 소개는 김봉수(주 726), 67 이하 참조.
742 대판 2014. 6. 12, 2014다204291.
743 대판 2014. 5. 29, 2012다116499.
744 대판 2013. 7. 12, 2013다27794.
745 대판 2013. 7. 12, 2013다27794.

(다) 본죄를 인정한 경우

[포주의 불법성이 윤락녀의 불법성보다 현저히 큰 경우] 513

포주인 피고인이 피해자의 윤락행위에 대한 대가로 받은 화대를 보관하던 중 그 절반을 피해자에게 반환하지 아니하고 생활비 등으로 임의로 소비한 경우, 피고인 측의 불법성이 피해자 측의 그것보다 현저하게 크므로, 민법 제746조 본문의 적용은 배제되어 피고인이 보관한 화대의 소유권은 여전히 피해자에게 속하며, 피해자는 그 전부의 반환을 청구할 수 있고, 피고인이 이를 임의로 소비한 행위는 횡령죄를 구성한다.[746]

[반사회적 행위에 의하여 조성된 재산을 소극적으로 은닉하기 위한 목적으로 보관한 돈을 임의로 처분한 경우] 514

법률행위의 목적인 권리의무의 내용이 반사회질서적인 경우뿐만 아니라, 법률적으로 이를 강제하거나 그 법률행위에 반사회질서적인 조건 또는 금전적 대가가 결부됨으로써 반사회질서적 성질을 띠게 되는 경우 및 표시되거나 상대방에게 알려진 법률행위의 동기가 반사회질서적인 경우에도 불법원인급여에 해당될 수 있다.[747] 그러나 노○우가 피고에게 이미 반사회적 행위에 의하여 조성된 비자금 중 일부를 소극적으로 은닉하기 위하여 임치한 것만으로는 사회질서에 반한다고 볼 수 없다.

[피고인이 병원을 대신하여 제약회사들로부터 기부금 명목의 금원을 제공받은 다음 이를 병원을 위하여 보관하던 중 임의로 처분한 경우] 515

재단법인 병원 소속 수녀이던 피고인이 위 병원에 의약품을 납품하는 제약회사들로부터 약품 매출액에 비례하여 기부금을 교부받아 보관하던 중 그 일부를 임의소비한 경우, 피고인이 위 금원을 병원을 위하여 보관한 것일 뿐이라면 이를 선량한 풍속 기타 사회질서에 반하는 행위로서 불법원인급여에 해당한다고 보기는 어려우므로, 위 병원이 그 반환을 구하지 못한다고 할 수 없고 피고인에게 횡령죄가 성립한다.[748]

[비의료인이 개설한 병원에 투자한 금원을 임의로 처분한 경우] 516

피해자가 피고인에게 지급한 투자금은 동업약정에 따라 치과의원의 개설을 용도로 한 것이므로, 그중 일부를 개인 용도로 사용한 피고인의 행위는 횡령죄에 해당한다. 위 약정은 강행법규인 의료법 제30조 제2항에 위반하여 무효이지만, 그 내용 등에 비추어 피해자가 피고인에게

---

746 대판 1999. 9. 17, 98도2036. 본 판결 평석은 장영민(주 725), 266-282.

747 대판 1994. 3. 11, 93다40522; 대판 2000. 2. 11, 99다56833.

748 대판 2008. 10. 9, 2007도2511. 참고로 본 판결 이후인 2010년 5월 27일 의료계 리베이트 쌍벌제가 도입되었다. 예컨대, 의료법 제88조 제2호는 제23조의5(부당한 경제적 이익등의 취득 금지)를 위반한 자는 3년 이하의 징역이나 3천만 원 이하의 벌금에 처하고, 취득한 경제적 이익등은 몰수하고, 몰수할 수 없을 때에는 그 가액을 추징하도록 규정하고 있다.

지급한 투자금이 불법원인급여에 해당한다고 할 수 없다.[749]

517 **[통장을 재발급받은 것을 기화로 정기예금을 만기 해약한 후 피고인 명의의 다른 계좌들로 옮겨 보관하면서 피해자에게 그 반환을 거부한 경우]**

피고인이 피해자의 돈을 피고인 명의로 은행에 각 정기예금하고 피해자가 그 통장과 인감을 보관하고 있었는데, 피고인이 그 통장 등 분실을 이유로 통장을 재발급받은 것을 기화로 위 각 정기예금이 만기에 이르자 해약한 후 피고인 명의의 다른 계좌들로 옮겨 보관하면서 피해자에게 그 반환을 거부한 행위는 횡령죄에 해당한다.[750]

518 **[사행행위의 영업을 위하여 교부한 금원과 집기를 보관하던 중 임의로 처분한 경우]**

등급분류 받은 내용과 달리 변조한 게임기를 제공하고 상품권을 환전해주는 등의 방법으로 사행행위의 영업을 하기 위한 목적으로 피해자가 피고인에게 이 사건 금원 및 집기들을 교부하여 위탁한 행위는 선량한 풍속 기타 사회질서에 반하는 행위이고, 피해자의 불법성이 피고인의 그것에 비하여 현저히 미약하다고 할 수 없어, 결국 피해자의 위 행위는 보호받을 수 없다.[751]

519 **[시세조정 등 범죄행위를 통해 취득한 범죄수익을 교부받아 보관하던 중 임의로 처분한 경우]**

횡령죄에 있어 타인을 위하여 재물을 보관하게 된 원인은 반드시 소유자의 위탁행위에 기한 것임을 필요로 하지는 않는다.[752] A 등이 피고인에게 교부한 범죄수익의 조성과정에 반사회적 요소가 있었다 하더라도, 그 후 A 등이 피고인에게 위 자금을 맡긴 행위 자체를 이용하여 주가조작과 같은 또 다른 범죄행위의 자금으로 사용할 것을 지시하는 등의 특별한 사정이 없는 한 이를 반사회질서 행위라고 볼 수 없다.[753]

520 **[동업 상대방이 성매매업소를 운영한다는 사실이 인정되지 아니한 상황에서 그 동업자금을 임의로 처분한 경우]**

성매매알선 등 행위에 관하여 동업계약을 체결한 당사자 일방이 상대방에게 그 동업계약에 따라 성매매의 수단으로 이용되는 선불금 등 명목으로 사업자금을 제공하였다면, 그 사업자금 역시 불법원인급여에 해당하여 반환을 청구할 수 없다. 피고인이 성매매알선 등 행위를 하였다거나, 피해자가 이를 알면서 동업계약에 따라 위 돈을 지급하였다고 쉽게 단정할 수 없으므로, 불법원인급여에 해당한다고 볼 수 없다.[754]

---

749 대판 2008. 12. 11, 2008도8611. 대판 2015. 7. 23, 2015다12420도 같은 취지이다.
750 대판 2010. 7. 22, 2008도9954(전 국회의원 차명계좌 사건).
751 대판 2012. 4. 26, 2011도5389.
752 대판 1985. 9. 10, 84도2644.
753 대판 2012. 11. 29, 2011도5822.
754 대판 2013. 8. 14, 2013도321.

[실거래 가장을 목적으로 송금받은 돈을 임의로 소비한 경우] 521

조세범처벌법 등에 위반되는 허위 세금계산서 발급 및 그에 따른 실거래 가장을 목적으로 피해자로부터 송금받은 돈을 임의로 처분한 경우에 횡령죄가 인정된다.[755]

['에스크로(Escrow) 및 자문 계약'을 체결한 후 계약에 따라 50억 원을 송금받아 보관하던 중 20억여 원을 임의로 소비한 경우] 522

A가 범행을 통하여 모집한 투자금을 피고인에게 송금하면 피고인이 이를 A가 지정하는 외국환거래 회사를 통하여 B 회사에 전달하고, 피고인이 변호사로서 그 전달 과정에 부수되는 자문업무를 수행한다는 '에스크로 및 자문 계약'을 체결한 후, A로부터 투자금을 송금받아 보관하던 중 일부를 임의로 소비한 경우, A의 위 투자금의 교부가 불법원인급여에 해당하지 않으므로 피고인에게 횡령죄가 성립한다.[756]

(라) 본죄를 인정하지 않은 경우

[절도범인으로부터 장물보관을 의뢰받은 후 임의로 처분한 경우] 523

절도범인으로부터 장물보관을 의뢰받고 그 정을 알면서 이를 인도받아 보관하고 있다가 자기 마음대로 이를 처분하였다 하여도 장물보관죄가 성립되는 때에는 그 후의 횡령행위는 불가벌적 사후행위에 불과하고 별도로 횡령죄가 성립하지 않는다.[757]

[조합으로부터 공무원에게 뇌물로 전달하여 달라고 금원을 임의로 처분한 경우] 524

민법 제746조는 급여를 한 사람은 상대방에게 부당이득반환청구 내지 소유권에 기한 반환청구를 할 수 없어서 결국 급여한 물건의 소유권은 상대방에게 귀속된다는 것인바,[758] 피고인이 조합으로부터 공무원에게 뇌물로 전달하여 달라고 금원을 교부받은 것은 불법의 원인으로 인하

---

755 대판 2016. 5. 12, 2016도701.

756 대판 2017. 10. 31, 2017도11931.

757 대판 1976. 11. 23, 76도3067. 일본 판례 중에는 ① 절취품(도품)의 매각을 의뢰받아 매각한 대금을 영득한 사안에서, ⓐ 위탁자에게 반환청구권은 없으나 '타인의 재물'이므로 본죄가 성립한다고 한 판례[最判 昭和 36(1961). 10. 10. 刑集 15·9·1580]가 있는 반면, ⓑ 도품의 매각 위탁은 공서양속에 위반하여 무효이므로 본죄가 성립하지 않는다고 한 판례[大判 大正 8(1919). 11. 19. 刑録 25·1133]가 있고, ② 위탁을 의뢰받은 절취품을 보관 중 영득한 사안에서, 위탁자는 소유자가 아니고 불법원인급여로서 반환청구권이 없으며, 장물보관죄의 성립으로 이미 소유자의 재물에 대한 추구권이 침해되었으므로 본죄가 성립하지 않는다고 한 판례[大判 大正 11(1922). 7. 12. 刑集 1·393]가 있다. 이에 대하여 학설은 본죄 성립 긍정설, 부정설, 점유이탈물횡령죄 성립설 등이 있다. 그리고 ③ 절취품이라는 사정을 모르고 보관 후 나중에 그 사정을 알고 영득한 사안에서, 다수의 판례는 본죄의 성립을 긍정[大判 昭和 13(1938). 9. 1. 刑集 17·648]하고 있으나, 위탁자의 이익상황은 수탁자가 절취품인지 알았는지 여부와 관계가 없으므로 본죄가 성립한다는 것은 의문이라는 견해[西田 外, 注釈刑法(4), 477(橋爪 隆)]도 있다.

758 대판 1979. 11. 13, 79다483(전).

여 지급받은 것으로서 이를 뇌물로 전달하지 않고 타에 소비하였다고 해서 타인의 물건을 보관하던 중 횡령하였다고 볼 수는 없다.759

525 **[뇌물공여 또는 배임증재의 목적으로 전달하여 달라고 교부받은 금전을 임의로 처분한 경우]**
피고인 甲이 피고인 乙로부터 뇌물공여 또는 배임증재의 목적으로 전달하여 달라고 교부받은 금전은 불법원인급여물에 해당하여 그 소유권은 피고인 甲에게 귀속되므로, 그가 위 금전을 전달하지 않고 임의로 소비하였더라도 횡령죄가 성립하지 않는다.760

526 **[배임증재의 목적으로 전달하여 달라고 교부한 금원]**
피고인이 피해자로부터 교부받은 각 금원은 배임증재의 목적으로 전달하여 달라고 교부받은 것이어서 불법원인급여물에 해당하고, 그 소유권은 피고인에게 귀속되므로, 피고인이 이를 임의로 소비하였다고 하더라고 횡령죄가 성립하지 않는다.761

527 **[공무원들에 대한 뇌물공여의 목적으로 전달받은 금원을 임의로 처분한 경우]**
피고인이 A로부터 공무원들에 대한 뇌물공여의 목적으로 교부받은 금전은 불법원인급여물에 해당하여 피고인에게 귀속되는 것으로서, 피고인이 위 금전을 공무원들에게 전달하지 않고 임의로 소비하였더라도 횡령죄가 성립하지 않는다.762

528 **[범죄수익 등의 은닉범행 등을 위해 교부받은 수표를 임의로 현금으로 교환한 경우]**
피고인이 A로부터 이 사건 수표를 교부받은 원인행위는 이를 현금으로 교환해 주고 대가를 지급받기로 하는 계약으로서, 범죄수익은닉규제법 제3조 제1항 제3호에 의하여 형사처벌되는 범죄수익의 은닉행위를 법률행위의 내용 및 목적으로 하는 것이므로 선량한 풍속 기타 사회질서에 위반되므로, 이 사건 수표는 불법원인급여물에 해당하여 그 소유권이 피고인에게 귀속되며, 피고인에게 횡령죄가 성립하지 않는다.763

529 **[다단계 상습사기 관련 범죄수익금을 보관하던 중 임의 처분한 경우]**
피고인이 이 사건 금원을 교부받은 원인행위는 위 금원의 보관을 위탁하는 계약으로서, 범죄수익은닉규제법 제3조 제1항 제1호, 제3호가 정한 범죄수익의 은닉행위를 법률행위의 목적인 권리의무의 내용으로 하는 것이므로 선량한 풍속 기타 사회질서에 위반된다. 따라서 이 사건 금

---

759 대판 1988. 9. 20, 86도628. 본 판결 평석 및 해설은 강동범, "소위 불법원인급여와 횡령죄의 성부", 형사판례연구 〔1〕, 한국형사판례연구회, 박영사(1993), 181-196; 박장우, "불법원인급여와 횡령죄의 성부", 해설 10, 법원행정처(1989), 443-456.
760 대판 1999. 6. 11, 99도275. 본 판결 평석은 장영민(주 725), 266-282.
761 대판 2007. 8. 23, 2006도9488.
762 대판 2009. 2. 12, 2008도10664. 대판 2004. 3. 26, 2003도5218 등을 비롯하여 일관된 태도이다.
763 대판 2017. 4. 26, 2016도18035.

원은 불법원인급여물에 해당하여 그 소유권이 피고인에게 귀속되므로, 피고인이 이를 임의로 소비하였더라도 횡령죄가 성립하지 않는다.[764]

[금융다단계 사기 범행을 통하여 취득한 범죄수익 등인 무기명 양도성예금증서를 건네받아 현금으로 교환한 후 임의로 소비한 경우] 530

피고인이 범죄수익 등의 은닉을 위해 교부받은 무기명 양도성예금증서는 불법의 원인으로 급여한 물건에 해당하여 그 소유권이 피고인에게 귀속되므로, 피고인이 위 예금증서를 교환한 현금을 임의로 소비하였더라도 횡령죄가 성립하지 않는다.[765]

[명의수탁자가 신탁받은 부동산을 임의로 처분한 경우] 531

명의신탁자와 명의수탁자 사이에 위탁신임관계를 근거 지우는 계약인 명의신탁약정 또는 이에 부수한 위임약정이 무효임에도 불구하고 횡령죄 성립을 위한 사무관리·관습·조리·신의칙에 기초한 위탁신임관계가 있다고 할 수는 없고, 사실상의 위탁관계라는 것도 형법상 보호할 만한 가치 있는 신임에 의한 것이라고 할 수 없다. 따라서 이른바 중간생략등기형 명의신탁에서, 명의신탁자는 신탁부동산의 소유권을 가지지 아니하고 명의신탁자의 재물을 보관하는 자라고 할 수 없으므로, 명의수탁자가 신탁받은 부동산을 임의로 처분하여도 명의신탁자에 대한 횡령죄가 성립하지 아니한다.[766]

10. 그 밖의 사례

(1) 본죄를 인정한 경우

[일반수요자에게 직접 판매할 수 없음에도 직접 판매한 경우] 532

피고인들은 영업소에 보관 중인 피해자 회사 소유의 시멘트를 출급의뢰서 소지자에게 출고하는 직무를 담당하고 있을 뿐, 이를 일반수요자들에게 직접 판매할 권한이 없음에도 불구하고, 피고인들이 위 시멘트를 일반수요자에게 직접 판매한 후 그 대금으로 A 회사의 대리점에서 그 판매가격보다 저렴한 가격으로 출고의뢰서를 구입하여 정당하게 출고된 것처럼 장부를 정리하는 방법으로 그 차액 상당의 이득을 취득하기로 한 경우, 불법영득의 의사가 인정되어 업무상 횡령죄가 성립한다.[767]

---

764 대판 2017. 4. 26, 2017도1270.
765 대판 2017. 10. 26, 2017도9254.
766 대판 2016. 5. 19, 2014도6992(전).
767 대판 1986. 10. 14, 85도2698.

533 **[단위노동조합으로부터 수령한 연맹의무금을 상위조합에 그대로 송금하지 않고 분실운영비 등으로 사용한 경우]**

피고인이 각 단위노동조합으로부터 일정한 금액을 연맹의무금으로 특정하여 받아 보관하였고, 그 금액은 상위조합인 전국자동차노동조합연맹에 그대로 송금하여야 하는데도 이를 분실운영비 등으로 사용하였다면, 이는 그 보관취지에 반하는 것이 되어 불법영득의 의사가 있었던 것이고, 비록 그 후에 이를 반환하거나 변상·보충할 의사가 있었다 하더라도 업무상횡령죄의 성립에는 아무런 영향이 없다.[768]

534 **[용역계약에 따라 관리집행하는 정부출연금을 용도 외로 사용]**

피고인이 이 사건 용역계약에 따라 관리·집행하게 된 정부출연금은 그 용도가 엄격히 제한되어 있는데, 집행하지 아니한 출연금을 반환하지 않고 임의 사용하거나 개인적인 주식취득자금 또는 대여금으로 사용한 것은 불법영득의 의사가 인정된다.[769]

535 **[대구광역시의 법인설립과 화물취급전용역 건설을 위한 비용으로 그 용도가 엄격히 제한된 자금 용도 외 사용]**

피고인들이 주식회사의 자금난이 심화되자 이를 해소하기 위하여, 용도가 엄격히 제한된 특수목적법인의 자본금과 시설분담금 등을 위 주식회사에 대한 대여금으로 유용한 경우, 위 자본금 등을 그 용도에 사용하지 아니하고 임의로 인출하여 계열회사의 자금지원에 사용한 행위는 그 자체로 불법영득의사를 실현한 횡령행위이다.[770]

(2) 본죄를 인정하지 않은 경우

536 **[이사 명의로 예치관리하는 재단의 자금을 인출한 경우]**

피고인들은 위 인출금을 자신과 이사 3인의 명의로 금융기관에 예치하여 관리하고 있었고, 그 자금인출행위가 유죄로 인정되기 위해서는 이를 불법영득의사의 실행으로 한 것이고, 그 결과 위 예치금도 재단을 위하여 보관한 것이 아니라는 점이 입증되어야 한다. 그런데 재단 이사장이 그 인출금을 자신을 위한 불법영득의사로써 관리하고 있음이 달리 입증되지 아니한 경우라면 그 자금은 여전히 재단의 관리하에 있다고 볼 수 있으므로, 위 자금인출행위가 횡령행위에 해당한다고 단정할 수 없다.[771]

537 **[조합의 자금을 연합회로 이관한 경우]**

피고인이 A 연합회 이사회의 결의에 따라 위 금원을 특별판공비로 사용한 행위가 업무상횡령죄

---

768 대판 1989. 3. 14, 88도1278.
769 대판 1999. 7. 9, 98도4088.
770 대판 2000. 3. 14, 99도4923.
771 대판 1998. 2. 13, 97도1962.

에 해당하기 위하여는 그 전제로서 피고인이 B 조합의 위 자금을 A 연합회에 이관한 행위가 횡령행위에 해당하여야 한다. 그런데 위 행위는 본인인 B 조합을 위한 것으로서 대표청산인으로서의 임무에 위배되지 않은 것이거나, 적어도 불법영득의 의사가 없었다고 볼 여지가 충분하다.[772]

[재단의 자금을 보관하던 중 이를 재원으로 하여 묘원 확장을 위한 토지 구입을 비롯한 재단의 신규사업을 검토 및 추진한 경우] 538

피고인들의 자금 인출행위는 법인세 신고를 앞두고 급격한 세액의 증가를 피하기 위하여 시작된 것으로서 개인적인 영득의 목적에서 직접 비롯한 것은 아니며, 피고인은 위 인출금을 사적으로 소비한 바 없을 뿐 아니라 이를 재단을 위하여 쓰겠다고 수회 공언하였고, 재단의 신규사업을 검토 및 추진하였다고 주장하면서 이를 뒷받침하는 자료를 제출하였으므로, 이를 바로 횡령행위에 해당한다고 단정할 수 없다.[773]

[교회분열 전의 교인들의 총의가 없이 교회재산의 반환을 청구할 수는 없다는 취지의 내용증명 우편을 발송하고 그 반환을 거부한 경우] 539

피고인 등에 대한 위 제명출교처분이 헌법상의 재판기관에 의하여 이루어진 것이 아니어 무효라고 볼 여지가 있는 상태에서, 피고인 등이 분열 전 교인들의 총의가 없이 교회재산의 반환을 청구할 수는 없다는 취지의 위 내용증명 우편을 발송하고 그 반환을 거부한 것이라면, 불법영득의사가 있었다고 단정할 수는 없다.[774]

[수익금 반환요구 거절에 정당한 사유가 있는 경우] 540

동업자들 사이에 세금 등 물류비용을 포함한 수익을 정산할 의무가 있고 그 부담 부분이 확정될 때까지 수익금의 반환요구를 거절할 수 있는 정당한 사유가 있는 경우, 불법영득의 의사를 인정할 수 없다.[775]

---

772 대판 2002. 2. 5, 2001도5439.

773 대판 1998. 2. 13, 97도1962.

774 대판 1998. 7. 10, 98도126.

775 대판 2017. 10. 12, 2017도10005(보강식품을 운영하던 피고인이 피해자들과 가맹사업의 동업계약을 체결한 후, 그 수익금 중 피해자들의 지분비율에 해당하는 돈을 세금 등 각종 물류비용 등의 정산을 핑계로 정당한 이유 없이 반환을 거부하고, 동업계약에 따라 생산원가가 하락함으로써 피해자들에게 지급하여야 할 수익금이 증가하였음에도 이 부분에 관한 수익금을 임의로 소비하여 횡령한 사례).

V. 기수시기 및 횡령 후의 처분행위

1. 미수와 기수시기

(1) 개요

541 본죄의 미수를 처벌할 것인지 여부는 범죄의 본질과 관련하여 여러 논의가 있으나 결국은 입법정책에 의하여 결정된다.[776] 일본에서는 미수범 처벌규정을 두지 않고 있는 반면, 독일형법에서는 우리와 같이 처벌규정을 두고 있다. 미수범 처벌규정의 적용에서 횡령행위의 실행의 착수시기가 문제된다.

542 한편 위험범은 추상적 위험범과 구체적 위험범이라는 두 가지 종류로 구분되는데, 추상적 위험범은 구성요건상으로 위험발생을 요구하고 있지 않은 반면, 구체적 위험범은 위험의 발생을 명시하고 있다는 점에 차이가 있다. 구체적 위험범은 위험의 현실적 발생을 요구하므로 일종의 결과범으로 보는 것이 보통이다. 본죄에 관하여는 그 구성요건상 위험발생이 명시되어 있지 않음에도 구체적 위험범으로 볼 수 있는지, 언제를 기수시기로 볼 것인지에 관한 논의가 있다.[777]

(2) 학설

(가) 표현설과 실현설

543 학설로는 ① 주관적 구성요건요소로서의 불법영득의사가 외부적으로 표현되는 때에 기수가 된다는 표현설[778]과 ② 불법영득의사가 외부적으로 표현되는 때에 실행의 착수가 있고 객관적으로 실현되었을 때에 기수가 된다는 실현설[779]이 대립한다.

544 위 ①의 표현설은 불법영득의사가 외부적·객관적으로 표현되기만 하면 바로 기수가 되므로 본죄의 미수는 이론상으로는 가능할지라도 실제상으로는 인정하기 어렵다고 한다. 매매계약을 체결하거나 매매의 의사를 표시하는 청약에

---

776 주석형법 [각칙(6)](5판), 614(노태악).

777 김재현, "횡령죄의 보호의 정도와 기·미수의 구별기준", 형사법연구 25-3, 한국형사법학회(2013), 399.

778 김선복, 374; 김성천·김형준, 485; 김신규, 479; 김혜정·박미숙·안경옥·원혜옥·이인영, 421; 박상기, 387; 손동권·김재윤, § 24/44; 이재상· 장영민·강동범, § 20/36; 이영란, 396; 임웅, 519; 정영일, 217; 정웅석·최창호, 678; 홍영기, § 85/42.

779 김성돈, 455; 김일수·서보학, 308; 박찬걸, 형법각론, 536; 배종대, § 74/36; 백형구, 210; 오영근, 373; 정성근·박광민, 442; 진계호·이존걸, 469; 최관식, 형법각론(개정판), 186.

의하여도 횡령은 이미 기수가 되기 때문이다. 따라서 표현설은 본죄의 미수는 중지미수 또는 불능미수의 경우에만 가능하다고 설명한다.[780] 예컨대 우편배달부가 우편물 속에 돈이 들어 있는 것으로 알고 봉투를 뜯었다가 돈을 꺼내지 않고 다시 봉하거나, 자기의 소유물이나 무주물을 타인의 재물로 오신하고 영득한 경우를 든다.

반면에 위 ②의 실현설에 의하면, 주인의 심부름으로 수금한 돈을 가지고 도주하던 중에 되돌아오거나 역에서 차표를 사다가 발각된 경우,[781] 자기가 보관하는 타인의 예금통장을 들고 은행에 가서 예금을 인출하기 위하여 은행원에게 제시하거나 예금인출을 청구하는 경우,[782] 혹은 자기 명의로 보관하는 부동산에 관하여 매매계약을 체결하는 경우에 미수로 인정할 여지가 있다. 예금의 인출, 동산의 인도, 부동산에 관한 등기 등으로 본죄의 기수가 되기 때문이다. 545

(나) 부동산 횡령의 기수시기

부동산 횡령의 기수시기에 관하여는, ⓐ 실현설에서는 물론 기본적으로 표현설이 타당하다고 하면서도 위험범의 입장에서 신임관계를 부차적 보호법익으로 보고 부동산을 임의로 처분하는 계약을 체결할 때 신임관계가 침해되기 시작하여 등기이전이 이루어질 때 신임관계의 침해가 완성된다고 보아 등기명의가 이전될 때 기수에 이른다고 보는 등기시설,[783] ⓑ 위험범과 표현설의 입장에서도 단순한 매매의 의사표시만으로 법익침해의 위험성을 야기하는 표현이라고 평가될 수는 없고, 부동산소유권 이전을 위하여 등기서류를 넘겼을 때 기수가 되는 것으로 인정하는 것이 더욱 합리적일 것으로 판단된다는 등기서류 교부시설,[784] ⓒ 매매계약의 체결이나 부동산 부동산 소유권 이전을 위하여 등기서류를 넘겼을 때 횡령의 의사가 명백히 표출되었으므로 매매계약의 체결 또는 매 546

780 김선복, 375; 김성천·김형준, 485; 김신규, 479; 이영란, 369; 임웅, 505; 이재상·장영민·강동범, § 20/37; 정영일, 217. 한편 손동권·김재윤, § 24/45는 본죄를 위험범으로 이해하더라도 실행착수 이후 위험발생 이전의 시간적 간격은 얼마든지 인정될 수 있기 때문에 보통의 미수범 형태로도 성립될 수 있다고 한다.

781 김성돈, 456.

782 박상기, 387은 표현설을 취하면서도 예금통장의 제시만으로는 미수만 인정할 수 있다고 한다.

783 김일수·서보학, 308; 오영근, 342, 360; 이상돈, 563(표현설); 정성근·박광민, 442. 한편 한정환, 형법각론, 521은 같은 맥락에서 선박, 자동차 등 등록에 의하여 소유권이 이전되는 동산의 경우, 그 등록을 기준으로 기수 여부를 판단한다고 한다.

784 손동권·김재윤, § 24/45.

매의 의사를 표시하는 청약에 의하여 기수가 된다는 계약시설[785]이 대립한다.

(다) 보호법익의 보호 정도와의 관계

547 논리적으로만 보면, 보호법익의 보호 정도에 관하여 위험범설을 취하는 견해는 위 ①의 표현설을, 침해범설에서는 위 ②의 실현설을 채택할 가능성이 높다.[786] 그러나 위험범설과 실현설을 취하는 견해[787]도 있는데, 영득은 사실상의 영득을 의미하며 불법영득의사의 실현이 반드시 소유권 침해를 말하는 것이 아니라 소유권에 대한 위험발생을 의미한다고 한다. 이 견해는 기수시기를 판단할 때 물권행위를 고려하여 구성요건적 결과가 동산은 인도, 부동산은 등기가 있을 때 발생하므로 그때 기수에 이른다고 한다. 또한, 채권행위와 물권행위가 동시에 행해지지 않은 한 부동산 횡령의 착수시기는 계약체결 시가 아니라 중도금 수령 시로 해석한다.

548 반대로 침해범설과 표현설을 취하는 견해[788]도 있다. 이 견해는 보호법익이 사실상 소유상태이므로 점유 자체에 대한 위험보다는 소유상태에 대한 침해를 강조하고, 절도죄와 달리 행위자가 이미 재물을 점유하고 있다는 점에 근거하여 표현설이 타당하다고 한다. 또한, 침해범으로 이해한다면 표현설에 따를지라도 미수의 성립은 가능하다고 한다.

(3) 판례

(가) 추상적 위험범설을 취한 판례

549 대법원은 종래 횡령죄를 위험범이라고 보고, 불법영득의사가 확정적으로 외부에 표현된 때[789] 또는 불법영득의사가 외부에 인식될 수 있는 객관적인 행위가 있을 때[790]라고 판시한다.[791] 이들은 대체로 표현설의 견해를 취하고 있다

785 이영란, 380; 이재상·장영민·강동범, § 20/37; 임웅, 494

786 김성돈, 455; 최호진, 561. 강수진, "횡령죄의 기수시기 - 횡령죄는 위험범인가?", 고려법학 72(2014), 298.

787 이창섭, "횡령죄의 성격과 실행의 착수 및 기수시기", 부산대 법학연구 54-3(2013), 93. 이 견해에 대하여는 추상적 위험의 발생과 행위의 완성을 혼동하였다는 비판이 있다[강수진(주 786), 299].

788 정웅석·최창호, 663, 678-679.

789 대판 2007. 6. 14, 2005도7880.

790 대판 1981. 5. 26, 81도673(피고인이 피해자와 수출용포리에스텔 죠오셋트 임직계약을 체결하고 그 원료인 원사를 공급받아 보관 중 임의로 죠오셋트가 아닌 시판용 이태리 깔깔이를 제직하여 타에 판매할 의사로 위 원사를 연사한 경우에는 본죄의 기수가 된다); 대판 1993. 3. 9, 92도2999(이미 타인의 재물을 점유하고 있으므로 점유를 자기를 위한 점유로 변개하는 의사를 일으

고 평가받고 있다.[792] 한편 횡령행위는 불법영득의사를 실현하는 일체의 행위를 말한다고 판시하여,[793] 실현설에 입각한 듯한 표현도 사용하고 있다.[794] 특히, 부동산횡령의 기수시기는 등기(소유권보존등기,[795] 소유권이전등기,[796] 가등기,[797] 근저당권설정등기[798])를 한 때라고 한다. 부동산의 특성에 기초하여 사회통념에 따라 판단기준을 설정한 것으로 생각된다.

키면 곧 영득의 의사가 있었다고 할 수 있지만, 단순한 내심의 의사만으로는 횡령행위가 있었다고 할 수 없다); 대판 1998. 2. 24, 97도3282; 대판 2004. 12. 9, 2004도5904; 대판 2010. 2. 25, 2010도93.

791 일본형법은 본죄의 미수죄 처벌규정을 두지 않고 있는데, 판례는 횡령행위는 불법영득의 의사를 외부에 발현하는 행위가 있으면 기수가 되고, 반드시 목적물에 대하여 소비, 교환, 증여 등의 처분행위가 있어야 하는 것은 아니라고 한다〔最判 昭和 27(1952). 10. 17. 裁判集(刑事) 68·361 등〕.

792 주석형법 〔각칙(6)〕(5판), 301-302(노태악).

793 대판 2015. 6. 25, 2015도1944(전).

794 대판 1987. 2. 24, 86도999(회사의 자금을 인출하여 임의로 처분함으로써 본죄는 기수에 달한다). 한편 대판 1978. 11. 28, 75도2713은, "공장저당법에 따라 공장재단을 구성하는 기계를 타인에게 양도담보로 제공하였다 하여도 공장저당법의 강행성에 비추어 위 양도는 무효이므로 양도인이 위 기계에 대하여 다시 근저당권을 설정한 행위는 횡령죄를 구성하지 아니한다."고 판시하고 있다.

795 대판 1993. 3. 9, 92도2999. 「미등기건물의 관리를 위임받아 보관하고 있는 자가 임의로 건물에 대하여 자신의 명의로 보존등기를 마치는 것은 객관적으로 불법영득의 의사를 외부에 발현시키는 행위로서 횡령죄에 해당한다.」

796 대판 2006. 10. 13, 2006도4034. 「피고인이 명의신탁받아 보관 중이던 토지를 임의로 매각하여 이를 횡령한 경우에 그 매각대금을 이용하여 다른 토지를 취득하였다가 이를 제3자에게 담보로 제공하였다고 하더라도 이는 횡령한 물건을 처분한 대가로 취득한 물건을 이용한 것에 불과할 뿐이어서 명의신탁 토지에 대한 횡령죄와 별개의 횡령죄를 구성하지 않는다.」

797 대판 1978. 11. 28, 78도2175. 「타인의 재물을 공유하는 자가 공유자의 승낙을 받지 않고 공유대지를 담보에 제공하고 가등기를 경료한 경우 횡령행위는 기수에 이르고 그후 가등기를 말소했다고 하여 중지미수에 해당하는 것이 아니며 가등기말소 후에 다시 새로운 영득의사의 실현행위가 있을 때에는 그 두개의 횡령행위는 경합범 관계에 있다.」

798 대판 1985. 9. 10, 85도86(타인 소유의 부동산을 보관 중인 명의수탁자가 위 신탁관계에 위반하여 이를 담보로 제공하고 근저당권을 설정하는 경우에는 후에 이를 반환하였는지 여부에 관계없이 위 부동산에 관한 근저당권설정등기를 마치는 때에 위 부동산에 관한 횡령죄의 기수가 된다); 대판 2013. 2. 21, 2010도10500(전)(타인의 부동산을 보관 중인 자가 불법영득의사를 가지고 그 부동산에 근저당권설정등기를 경료함으로써 일단 횡령행위가 기수에 이르렀다 하더라도 그 후 같은 부동산에 별개의 근저당권을 설정하여 새로운 법익침해의 위험을 추가함으로써 법익침해의 위험을 증가시키거나 해당 부동산을 매각함으로써 기존의 근저당권과 관계없이 법익침해의 결과를 발생시켰다면, 이는 당초의 근저당권 실행을 위한 임의경매에 의한 매각 등 그 근저당권으로 인해 당연히 예상될 수 있는 범위를 넘어 새로운 법익침해의 위험을 추가시키거나 법익침해의 결과를 발생시킨 것이므로 특별한 사정이 없는 한 별도로 본죄를 구성한다).

(나) 구체적 위험범설을 취한 판례

550 판례 중에는 본죄를 구체적 위험범으로 본 다음 횡령미수죄를 인정한 하급심 판결[799]이 정당하다고 본 것도 있다.[800] 이 하급심 판례는 본죄의 기수가 되기 위해서는 소유권이 본권 침해에 대한 구체적 위험이 발생하는 수준에 이를 것을 요하는데, 어떠한 행위에 의하여 구체적인 위험이 발생하였는지 여부는 해당 재물의 속성, 재산권 확보방법, 거래실정 등의 제반사정을 고려하여 합리적으로 판단하여야 한다고 판시하여 기수판단의 기준을 제시하였다.

551 위 대법원 판결의 평가를 둘러싸고는 다양한 견해가 있다.

552 ① 기존의 추상적 위험범과 표현설이 가지는 문제점을 지적하면서 이를 해결하기 위해 구체적 위험범설을 채택하고 구체적 위험이 실현되었는지를 판단하는 기준을 제시하고 있는 점에서 중요한 의미를 가지며, 횡령미수를 인정한 것은 거래의 실질과 물권변동에 관한 형식주의에 부합하는 매우 타당한 결론이라고 평가하는 견해가 있다.[801] 또한, ② 위 판례에 대하여 미수를 인정하는 근거로 구체적 위험범의 법리를 차용하고 있으나 불법영득의사를 외부적으로 표현하는 행위만으로는 실행의 착수는 인정할 수 있을지언정 기수는 성립할 수 없다고 보면 충분히 미수를 인정할 수 있다고 한다고 보는 견해,[802] ③ 우리나라 형법이 본죄와 배임죄를 동일한 조문에 규정하여 신임관계의 침해를 본질적 요소로 파악하고 독일형법과 달리 부동산을 본죄의 객체로 인정하고 있다는 점에서 본죄의 미수범을 인정한 판례는 타당하다는 견해[803]도 있다.

553 한편, ④ 횡령을 구체적 위험범으로 보는 위 판례 법리는 저당권설정 방법의 횡령의 경우 저당권설정이 추상적 위험만 발생시키는 행위일 뿐인데도 저당권설정만으로 횡령의 기수로 판단하는 기존의 선례와 논리적 정합성 문제가 생

799 춘천지법 영월지판 2010. 3. 23, 2009고단474(피고인이 수목에 관하여 합유자인 피해자를 배제한 채 피고인의 단독 소유인 것처럼 행세하면서 제3자에게 매도하고 즉석에서 그 계약금을 교부받아 임의로 사용한 사례).

800 대판 2012. 8. 17, 2011도9113(본죄로 기소되었으나 횡령미수를 인정). 본 판결 평석은 김봉수, "횡령죄의 미수범 성립여부", 형사판례연구 〔21〕, 한국형사판례연구회, 박영사(2013), 225-251; 이용식, "횡령죄의 기수성립에 관한 논의 구조 - 횡령죄의 구조 -", 형사판례연구 〔21〕, 한국형사판례연구회, 박영사(2013), 253-285.

801 강수진(주 786), 302.

802 김태명, "횡령죄의 기수시기와 장물죄의 성립여부", 형사법연구 23, 한국형사법학회(2005), 433.

803 신동운, 1134.

길 수 있다는 견해[804]도 있다.

(다) 관련 판례

① 법인의 운영자 또는 관리자가 법인을 위한 목적이 아니라 법인과는 아무런 관련이 없거나 개인적인 용도로 착복할 목적으로 법인의 자금을 빼내어 별도로 비자금을 조성하였다면, 그 조성행위 자체로써 불법영득의 의사가 '실현'된 것이므로[805] 조성행위 시에 기수에 이른다. 554

② 학교의 교비계좌 등에서 인출한 자금으로 비자금을 조성한 행위 자체로써 불법영득의사가 '실현'되어 본죄가 기수에 이르게 되었다면, 그 인출되었던 자금이 다시 당해 학교의 교비계좌에 입금되었다 하더라도 그러한 사정은 아무런 영향이 없다.[806] 555

③ 범죄수익은닉규제법 제3조는 당해 중대범죄의 범죄행위가 기수에 이르러 범죄의 객체인 '범죄수익'이 특정 가능한 상태여야 하므로, 업무상횡령죄가 특정경제범죄법 제3조 제1항에 해당하여 중대범죄인 경우에는 기수에 이르러야만 비로소 재산을 범죄수익이라고 할 수 있고, 아직 기수에 이르지 아니한 상태에서는 범죄수익이라고 할 수 없다.[807] 556

2. 횡령 후의 처분행위 – 횡령과 불가벌적 사후행위

(1) 개요

불가벌적 사후행위는 선행범죄에 의하여 획득한 위법한 이익을 확보하거나 사용·처분하는 사후행위가 별개의 구성요건에 해당하지만 그 불법이 선행범죄의 불법평가에 포함되어 있기 때문에 따로 처벌되지 않는다고 평가되는 경우를 말한다. 그 본질에 관하여 보충관계(다수설), 흡수관계, 포괄일죄, 인적 처벌조각사유, 범죄복합형태, 부진정실체적 경합 등 여러 견해가 있다. 또 선행행위를 557

804 우인성, "횡령죄의 불가벌적 사후행위에 관한 판례의 변경", 사법 24, 사법발전재단(2013), 360 참조.

805 대판 2009. 2. 21, 2006도6994; 대판 2010. 12. 9, 2010도11015.

806 대판 2016. 5. 24, 2015도17597.

807 대판 2006. 8. 24, 2006도3039(회사의 대표이사와 경리이사가 변칙회계처리로 법인자금을 인출하여 차명계좌에 입금·관리한 경우, 위 자금의 관리상태 등에 비추어 위 행위만으로 불법영득의사가 명백히 표현되었다고 볼 수 없으므로 위 인출한 법인자금이나 차명계좌에 입금한 자금은 범죄수익은닉규제법에 정한 '범죄수익'에 해당하지 않는다고 본 사례).

공소시효 등으로 처벌할 수 없을 때 후행행위를 처벌할 수 있는지에 관하여, 불가벌설, 가벌설, 구분설(선행행위가 위법성 또는 책임 조각으로 불가벌인 경우에만 후행행위 처벌 가능하다는 견해로 다수설) 등이 있다. 후행행위 자체로는 범죄에 해당하므로 후행행위에만 가담하는 사람은 공범으로 처벌된다.[808] 본죄에서 불가벌적 사후행위가 문제된 사례들을 살펴보면 아래와 같다.

(2) 횡령 이후 장물취득

558 판례에 의하면, 장물의 보관을 위탁받아 장물보관죄가 성립하는 때에는 이미 소유자의 소유물추구권이 침해되었으므로 보관자가 위탁자의 의사에 반하여 불법으로 장물을 영득하더라도 불가벌적 사후행위가 되고, 따로 본죄를 구성하지 않는다.[809] 학설도 이 견해가 다수설[810]이지만, 장물보관죄와 본죄의 실체적 경합으로 보는 소수설[811]도 있다.

(3) 횡령 이후 추가 횡령행위

(가) 부동산 횡령

(a) 종전 논의

559 종래 판례[812]는 부동산 명의수탁자가 신탁자의 승낙 없이 A에게 근저당권을 경료하였다가 그 말소와 동시에 B에게 소유권이전등기 또는 별도의 근저당권을 설정한 사안에서, 선행 근저당권 설정행위가 본죄에 해당하는 이상 후행 등기경료 행위는 불가벌적 사후행위에 해당하여 별도의 본죄를 구성하지 않는다고 판시하여 왔다. 이는 본죄의 객체는 재산상 이득이 아니라 재물이고, 전체가치설의 입장에서 최초 횡령행위로 재물 전체에 대한 본죄가 성립하므로, 상태범인 본죄의 특성상 선행행위로 평가된 범위 내에서는 이중으로 본죄가 성립할 수 없다는 점에 근거한다.[813]

---

808 상세한 내용은 김정한, "불가벌적 사후행위의 본질과 처벌에 관한 실무적 고찰", 인권과 정의 429, 대한변호사회(2012), 49 참조.

809 대판 2004. 4. 9, 2003도8219(피고인이 A의 부탁을 받고 그가 절취하여 온 금반지 2개를 보관하고 있다가 이를 자기 마음대로 처분하여 횡령한 사례).

810 배종대, § 74/44; 신동운, 1141; 이영란, 399; 이형국·김혜경, 421; 진계호·이존걸, 475.

811 백형구, 211; 임웅, 521.

812 대판 1999. 4. 27, 99도5; 대판 1999. 11. 26, 99도2651; 대판 2000. 3. 24, 2000도310 등.

813 이상원, "횡령죄의 이득액과 가벌적 후행행위(하)", 저스티스 132, 한국법학원(2012), 240; 조현욱, "명의수탁자의 보관부동산 후행 처분의 불가벌적 사후행위 해당여부", 법학논총 42, 경북대 법학연구원(2013), 193.

선행행위가 근저당권 설정일 경우에 그 이후의 저당이나 처분이 종래 판례가 판시한 바와 같이 불가벌적 사후행위로 보는 것에 대하여 다소 비판적인 견해[814]가 꾸준히 제기되어 왔다. 한편 선행 근저당권 설정행위가 배임죄에 해당하는 경우에는, 판례[815]가 후행 근저당권 설정행위도 배임죄가 성립한다고 판시하여 본죄에 관한 종래 판례와 대비가 되었다. 560

(b) **판례 변경**

그러다가 대법원은 전원합의체 판결[816]로 종래 판례의 견해를 변경하기에 이르렀다. 판례는 후행 처분행위가 이를 넘어서서, 선행 처분행위로 예상할 수 없는 새로운 위험을 추가함으로써 법익침해에 대한 위험을 증가시키거나 선행 처분행위와는 무관한 방법으로 법익침해의 결과를 발생시키는 경우라면, 이는 선행 처분행위에 의하여 이미 성립된 본죄에 의해 평가된 위험의 범위를 벗어나는 것이므로 특별한 사정이 없는 한 별도로 본죄를 구성한다고 판시하였다.[817] 561

---

814 ① 권창국, "횡령행위 후의 횡령죄 성립가능성에 관한 검토", 형사재판의 제문제(6권), 박영사(2009), 358-359, 362(위탁관계가 회복되지 않은 경우 후행행위는 단순히 횡령물의 처분이어서 처음부터 불가벌적 사후행위가 아니며, 위탁관계가 회복된 경우 후행행위가 불가벌적 사후행위가 되고 후행행위만 기소되거나 선행행위가 공소시효 완성, 책임조각사유 등으로 처벌할 수 없게 된 때에만 처벌할 수 있다); ② 김대웅, "횡령한 부동산에 대한 횡령죄의 성립 여부", 형사판례연구 [18], 한국형사판례연구회, 박영사(2010), 160-163, 166-168(근저당권 설정으로 인한 횡령죄의 취득객체는 재산상 이익이고 이에 따라 후행행위도 본죄가 성립될 수 있으며 양자는 특수한 형태의 포괄일죄 관계에 있다); ③ 문영식, "횡령죄와 배임죄의 구별", 형사법의 신동향 34, 대검찰청(2012), 306-307, 310(선행행위가 교환가치의 전부나 대부분을 영득한 경우에만 횡령행위에 해당하고, 이에 이르지 않은 경우에는 배임행위에 해당하며 후행행위가 배임죄를 구성한다); ④ 방기태, "수탁부동산의 영득행위와 불가벌적 사후행위 - 횡령죄를 중심으로", 청연논집 8, 사법연수원(2011), 495, 499(후행행위가 선행행위의 손해액을 상당한 정도로 넘어서거나 매도에까지 이를 정도로 소유권을 침해하는 경우, 원칙적으로 불가벌적 사후행위가 아니고 새로운 본죄로 처벌하여야 하며 선행행위의 공소시효 완성이 후행행위에 영향을 미치지 않는다); ⑤ 이상원(주 813), 250(실질가치설의 입장에서 재물 일부에 대한 영득을 인정할 수 있으므로 일부 횡령 이후 남은 부분을 계속 보관하는 사람은 그 부분을 다시 횡령할 수 있다); ⑥ 정웅석, "명의신탁과 불가벌적 사후행위", 형사법의 신동향 8, 대검찰청(2007), 168, 171(근저당권 설정으로 재물 전체에 대한 본죄가 성립한다고 하면서도 후행행위가 근저당권 설정이면 불가벌적 사후행위이고 매도행위이면 별개의 본죄가 성립하며 공소시효도 별개로 진행된다).

815 대판 2005. 10. 28, 2005도4915.

816 대판 2013. 2. 21, 2010도10500(전).

817 일본 최고재판소도 처음에는 후행 처분행위는 불가벌적 사후행위이므로 본죄가 성립하지 않는다고 하였으나[最判 昭和 31(1956). 6. 26. 刑集 10·6·874], 판례를 변경하여 횡령죄가 성립한다고 판시하였다[最判 平成 15(2003). 4. 23. 刑集 57·4·467]. 새로운 판례는 위탁받아 점유하던 타인 소유 부동산을 임의로 저당권을 설정한 뒤 다시 소유권이전등기를 마쳐준 사안에서, 여전

562 이러한 견해 변경은 기존 판례의 법리가 본죄의 객체인 재물에 관한 법리적 논의에 기반을 두고 있다고 하더라도 일반인의 상식에 부합하지 아니하고, 특정경제범죄법 적용에서 불합리한 처벌의 불균형이 초래되며,[818] 타인을 기망하여 부동산에 근저당권을 설정받는 행위로 본죄가 성립하는 경우 그 이득액을 피담보채무액 또는 채권최고액으로 보는 판례 법리[819]가 제시되는 등의 변화가 있다는 점 등에서 비롯되었다.[820]

(c) 불가벌적 사후행위가 되는 경우

563 선행행위가 부동산 전체에 대하여 영득하였다고 평가할 수 있는 보존등기, 매매, 반환거부 등일 경우, 그 행위가 횡령에 해당하면 그 이후의 근저당권 설정행위 등은 이미 침해된 법익을 다시 침해한다는 점에서는 이론이 없다.

564 즉, ① 미등기건물의 관리를 위임받아 보관하고 있는 사람이 피해자의 승낙 없이 건물을 자신의 명의로 보존등기를 한 때 이미 본죄는 완성되었다 할 것이

히 타인 소유 부동산을 점유한다는 사실은 변함이 없고, 이를 임의로 소유권이전등기를 마쳐준 행위는 횡령행위에 해당하므로 후행행위는 본죄에 해당한다고 판시하였는데, 이는 불가벌적 사후행위 여부가 아니라 선행행위·후행행위가 각자 본죄의 성립요건을 충족하는지 여부를 기준으로 판단한 것으로 평가된다. 한편 새로운 판례 사안에서는 검사가 후행행위만을 기소하여 선행행위와 후행행위의 죄수에 관한 판단은 없었는데, 학설상 ① 두 죄는 실체적 경합관계라는 견해도 있으나, ② 두 죄의 객체가 동일하므로 법익침해의 동일성이 인정되고, 같은 부동산을 점유하고 있는 것이 반복해서 횡령행위를 하는 계기가 되었다는 점에서 범의의 계속성도 인정되므로 포괄일죄라는 것이 통설의 입장이다[井田 良, 講義刑法学·各論, 有斐閣(2016), 311 등].

818 기존 판례를 형식적으로 적용하면, 7억 원의 근저당설정 후에 1억원의 근저당권을 설정한 경우에는 특정경제범죄법이 적용되고 그 반대인 경우에는 형법상 본죄가 적용되는 결과가 된다.

819 위 2010도10500 전원합의체 판결 이전에 대판 2007. 4. 19, 2005도7288(전)(부동산 편취 범행이 특정경제범죄법으로 의율되어 그 이득액을 산정할 경우, 부동산의 시가 상당액에서 근저당권의 채권최고액 범위 내에서의 피담보채권액, 압류에 걸린 집행채권액, 가압류에 걸린 청구금액 범위 내에서의 피보전채권액 등을 뺀 실제의 교환가치를 그 부동산의 가액으로 보아야 한다); 대판 2009. 6. 11, 2009도2880(소유권유보부 매매로 취득한 기계를 담보로 제공한 행위가 형법상 본죄에 해당할 경우 그로 인한 횡령액이 위 기계제공 행위에 의하여 담보되는 피담보채무액을 초과하여 5억 원 이상에 이른다는 점에 관한 입증이 없거나 부족하다고 보아 이를 무죄로 인정한 것은 정당하다); 대판 2012. 8. 30, 2012도6394(피고인이 보관 중이던 피해자 회사 소유의 주식을 담보로 제공한 행위가 횡령죄에 해당하는 사안에서 특정경제범죄법 제3조 제1항의 횡령행위로 인하여 취득한 재물의 가액은 위와 같이 담보제공된 주식 전체의 가액이 아니라 그 주식을 담보로 하여 대출받은 금원 상당액이다) 등이 선고되었다. 한편 위 2010도10500 전원합의체 판결 이후에, 대판 2013. 5. 9, 2013도2857(근저당설정 방법으로 부동산을 횡령한 행위로 인한 이득액은 피담보채무액 내지 그 채권최고액이라고 보아야 한다)이 뒤따랐다. 이와 같은 판례 변경은 횡령액의 산정방식과도 밀접하게 관련되어 있다. 이는 횡령부동산의 가치의 분할을 염두에 둔 것이기 때문이다.

820 우인성(주 804), 337.

므로, 횡령행위의 완성 후 근저당권설정등기를 한 행위는 피해자에 대한 새로운 법익의 침해를 수반하지 않는 불가벌적 사후행위로서 별도로 본죄를 구성하지 않는다.[821] ② 피고인이 보관 중이던 토지를 임의로 매각하여 이를 횡령한 경우에, 그 매각대금을 이용하여 다른 토지를 취득하였다가 이를 제3자에게 담보로 제공하였다고 하더라도 이는 횡령한 물건을 처분한 대가로 취득한 물건을 이용한 것에 불과할 뿐이어서 위 토지에 대한 본죄와 별개로 본죄를 구성하지 않는다.[822] ③ 재물의 보관자가 그 재물에 대하여 반환거부를 하였다면 재물 전체에 대하여 본죄가 성립하므로 그 이후 제3자에게 근저당권을 설정하는 행위[823] 또는 이를 처분하는 행위[824]는 불가벌적 사후행위에 해당한다.

그러나 먼저 근저당권을 설정하여 본죄가 성립하더라도 그 이후에 반환거부를 하였다면 별도로 본죄가 성립할 수 있다.[825] 처음에 근저당권 채권최고액 상당의 침해 위험이 발생하였다가 부동산 전체의 반환을 거부당하는 새로운 위험이 추가되었으므로 새로운 횡령행위에 해당한다고 보는 것 같다. 565

(나) 금전 횡령

피고인이 회사 자금으로 자기앞수표로 인출하여 자신의 개인채무의 담보로 제공함으로써 선행 횡령행위가 기수에 이르렀다 하더라도, 다시 회사 자금을 인출하여 위 채무를 현실로 변제하였다면 불가벌적 사후행위로 볼 수 없고, 별도로 본죄를 구성한다(횡령 성립, 횡령 성립).[826] 마찬가지로 피고인이 피해자 회사로 하여금 개인 채무에 연대보증하게 하여 배임죄가 성립한 이후 회사자금으로 위 채무를 변제한 경우, 별도로 본죄가 성립한다(배임 성립, 횡령 성립).[827] 선행 배임행위만으로는 연대보증채무를 부담하였을 뿐이고 그와 별도로 회사의 자금을 인출하면 별도로 본죄가 성립하고, 그 자금으로 연대보증채무를 변제하였다고 하더라도 영향이 없다는 것이다. 566

821 대판 1993. 3. 9, 92도2999.
822 대판 2006. 10. 13, 2006도4034.
823 대판 2010. 2. 25, 2010도93(공동상속 부동산을 상속지분대로 분배해 달라는 요구를 거부한 이후에 제3자 명의로 근저당권을 설정한 사례).
824 대판 2014. 5. 29, 2013도9951.
825 대판 2015. 1. 29, 2014도12022.
826 대판 2015. 10. 15, 2015도9900.
827 대판 2011. 4. 14, 2011도277.

567 반면에, 피고인 개인 채무의 담보로 자신의 채권자에게 피해자 소유의 예금에 질권을 설정한 다음 채권자의 예금인출에 동의를 해 준 경우, 선행 질권 설정행위로 배임죄가 성립하지만 후행의 예금인출 동의행위는 불가벌적 사후행위에 해당한다(배임 성립, 배임 불성립).[828] 질권자는 민법 제353조에 의하여 질권의 목적이 된 채권을 직접 청구할 수 있다는 이유로 예금인출 동의행위는 이미 배임행위로써 이루어진 질권설정행위의 사후조처에 불과한 것으로 평가할 수 있지만, 담보로 제공한 자기앞수표를 반환받기 위하여 새로운 자금을 인출하여 지급하는 행위는 새로운 법익침해를 발생시키는 별도의 범행이라고 본 것이다.

568 회사가 펀드 운영사에 지급하여야 할 펀드출자금을 정해진 시점보다 선지급하도록 하여 배임죄를 범한 다음, 그 펀드출자금을 보관하는 자와 공모하여 펀드출자금을 임의로 인출하여 사용하는 행위는 다른 새로운 보호법익을 침해하는 행위로서 배임 범행의 불가벌적 사후행위가 되는 것이 아니라 별죄로서 본죄를 구성한다(배임 성립, 횡령 성립).[829] 선행 배임행위로 이자상당액의 손해가 발생할 뿐 투자금 자체에 대한 손해는 없었기 때문이다.

569 횡령한 학교법인의 자금을 다시 교비회계에 입금한 이후 다시 이를 임의로 인출하는 행위는 불가벌적 사후행위가 아니라 별도로 본죄에 해당한다(횡령 성립, 횡령 성립).[830]

(4) 사기죄와 본죄의 관계

(가) 불가벌적 사후행위로 인정한 경우[831]

570 판례는 다음 사례에서 후행행위를 사기죄의 불가벌적 사후행위로 인정하였다.

571 ① 피고인이 피해자로부터 약속어음을 편취한 다음, 이를 피해자에 대한

---

828 대판 2012. 11. 29, 2012도10980.

829 대판 2014. 12. 11, 2014도10036.

830 대판 2016. 5. 24, 2015도17597.

831 사기죄 성립 이후에 별도의 배임죄가 성립하지 않는다는 사례로는 대판 2011. 5. 13, 2011도1442(피고인이 피해자로부터 돈을 빌리더라도 변제할 의사가 없으면서도 피해자를 기망하여 차용금을 편취하면서 그 담보로 공사대금채권을 양도하였으나 채무자에게 양도통지를 하지 않은 상태에서 공사대금을 변제받아 소비한 사례); 대판 2017. 2. 15, 2016도15226(가등기를 말소하면 금리가 낮은 곳으로 대출은행을 변경한 다음 다시 가등기를 해주겠다고 피해자를 기망하여 가등기를 말소하여 그 재산상 이득을 편취하고, 대출은행을 변경한 다음 다시 가등기를 설정해 주지 않고 제3자 명의로 근저당권 등을 설정한 사례) 등이 있다.

자신의 채권에 충당한 행위는 불가벌적 사후행위에 해당한다.[832]

② 피고인이 위조한 서류를 이용하여 공탁관을 기망하여 공탁금을 출급받음으로써 피공탁자인 종친회를 피해자로 한 사기죄가 성립하고, 피고인이 그 후 종친회에 대하여 공탁금의 반환을 거부하였더라도 그 행위는 새로운 법익의 침해를 수반하지 않는 불가벌적 사후행위에 해당할 뿐이고, 별도로 본죄가 성립하지 않는다.[833] 572

③ 전기통신금융사기(이른바 보이스피싱 범죄)의 범인이 피해자의 자금을 사기이용계좌로 송금·이체받아 이를 점유하고 있다고 하여 피해자와의 어떠한 위탁관계나 신임관계가 존재한다고 볼 수 없을 뿐만 아니라, 그 후 범인이 사기이용계좌에서 현금을 인출하였더라도 새로운 법익을 침해한다고 보기도 어려우므로, 위와 같은 인출행위는 사기의 피해자에 대하여 별도로 본죄를 구성하지 아니한다. 이러한 법리는 사기범행에 이용되리라는 사정을 알고서 자신 명의 계좌의 접근매체를 양도함으로써 사기범행을 방조한 종범이 사기이용계좌로 송금된 피해자의 자금을 임의로 인출한 경우에도 마찬가지로 적용된다.[834] 573

(나) 별도로 본죄를 인정한 경우

다음 사례에서는 판례는 선행 사기행위와 별도로 후행행위가 본죄가 된다고 한다.[835] 574

① 회사의 대표이사가 수분양자를 기망하여 분양금을 편취하고 이를 횡령한 575

---

832 대판 1983. 4. 26, 82도3079.

833 대판 2015. 9. 10, 2015도8592.

834 대판 2017. 5. 31, 2017도3045; 대판 2017. 5. 31, 2017도3894. 위 2017도3045 판결에 대한 해설은 이진혁, "전기통신금융사기(보이스피싱 범죄)와 횡령죄의 성립 여부", 해설 112, 법원도서관(2017), 356-377, 위 2017도3894 판결에 대한 평석은 원혜욱, "전기통신금융사기에 사용된 계좌에서 현금을 인출한 행위에 대한 횡령죄 성립여부", 법조 724, 법조협회(2017), 580-610.

835 사기죄 이외에 배임죄가 별도 성립한다는 사례로는, 대판 1987. 4. 28, 83도1568(피고인이 근무하는 치안본부에 유류를 공급하는 업체를 기망하여 유류를 빼돌린 행위는 공급업체에 대하여 사기죄를 구성하는 경우라도 치안본부와 사이에 배임죄가 성립한다); 대판 2010. 11. 11, 2010도10690(건물에 관하여 전세임대차계약을 체결할 권한이 없음에도 임차인들을 속이고 전세임대차계약을 체결하여 그 임차인들로부터 전세보증금 명목으로 돈을 교부받은 행위는 건물주인 A가 민사적으로 임차인들에게 전세보증금반환채무를 부담하는지 여부와 관계없이 사기죄에 해당하고, 건물에 관하여 전세임대차계약이 아닌 월세임대차계약을 체결하여야 할 업무상 임무를 위반하여 전세임대차계약을 체결하여 그 건물주인 피해자 A로 하여금 전세보증금반환채무를 부담하게 한 행위는 위 사기죄와 별도로 업무상배임죄에 해당하고, 실체적 경합관계에 있다) 등이 있다.

경우, 수분양자에 대하여 사기죄가 성립하고, 그와 별도로 분양대금이 회사에 귀속되므로 이를 보관하다가 횡령한 행위는 사기범행과 침해법익을 달리하므로 불가벌적 사후행위에 해당하지 않고 별도로 본죄가 성립한다.[836]

576 ② 주식회사의 대표이사가 타인을 기망하여 신주를 인수하게 한 후 그로부터 납입받은 신주인수대금을 횡령한 것은 사기죄의 불가벌적 사후행위가 아니라 별도로 본죄를 구성한다.[837]

Ⅵ. 죄수 및 다른 죄와의 관계

1. 죄 수

(1) 개요

577 본죄의 죄수는 기본적으로 위탁관계의 수를 기준으로, 소유관계와 횡령행위의 수를 함께 고려한다. 수인으로부터 위탁받은 재물을 1개의 행위로 횡령한 경우 상상적 경합범, 1인으로부터 위탁받은 수인 소유의 재물을 횡령한 경우 일죄, 하나의 위탁관계로 받은 재물을 수회에 걸쳐 횡령한 때에는 실체적 경합범에 해당한다(다만, 범의와 행위태양이 단일한 연속된 행위인 경우에는 포괄일죄에 해당할 여지가 있음).[838] 위탁관계, 소유관계, 횡령행위의 수를 기준으로 구분된 죄수관계는 아래 [표 3]과 같다.

[표 3] 횡령행위의 죄수관계

구분	1개의 횡령행위		수개의 횡령행위	
	수인의 소유	1인의 소유	수인의 소유	1인의 소유
수개의 위탁	상상적 경합[839]	상상적 경합	실체적 경합	실체적 경합
하나의 위탁	일죄	일죄	실체적 경합	실체적 경합

836 대판 1989. 10. 24, 89도1605.

837 대판 2006. 10. 27, 2004도6503.

838 독일에서는 일단 영득행위가 행해진 후에 재차 동일한 보관물에 대해 영득행위를 행할 수 있는 것인지에 관해 논의가 있다. 학설상으로는 영득의 반복이 가능하고, 죄수에 있어서 이른바 공벌적 사후행위로 보면 충분하다는 견해가 있다. 판례 가운데에는 구성요건상 영득의 반복은 인정되지 않는다고 본 것이 있다(BGH, 07.12.1959 - GSSt 1/59).

839 대판 2011. 7. 28, 2009도8265.

위 구분에 따르면, 횡령행위가 하나인 경우 위탁관계의 수에 따라 상상적 경합범이 되거나 일죄가 된다. 이에 따르면 횡령행위가 하나인 경우에는 피해품이 동일인의 소유이든 수인의 소유이든 아무런 차이가 없게 되고 오로지 위탁관계의 수에 의하여 죄수가 결정되는데, 이는 본죄가 절도죄와 달리 점유관계의 침해를 전제로 하지 아니한다는 점에 비추어 부당한 측면이 있다. 예를 들어, 수개의 회사 소유의 자금을 지분 비율을 알 수 없는 상태로 구분 없이 함께 보관하던 사람이 그 자금 중 일부를 예금인출 방법으로 횡령한 경우, 수개의 횡령된 자금에 대하여 지분 비율을 알 수 없는 공동소유자의 지위에 있다고 할 것이니 수개의 회사는 모두 본죄의 피해자에 해당한다.[840] 이 경우 위와 같은 구분에 따르면 단일한 위탁관계라는 이유만으로 경합범 가중은 불가능하다. 578

한편 만약 위와 같은 예금 인출행위가 이체한도 제한 등 사유로 분할하여 반복적으로 이루어지는 경우에는 후술하는 포괄일죄에 해당할 여지가 높으나, 만약 그 범의가 상이하다는 등의 특별한 사정이 있어 포괄일죄로 의율할 수 없다면, 단번에 많은 액수를 횡령한 경우에는 불가능한 경합범 가중이 일정 액수를 일정한 기간에 나누어 횡령한 경우에는 가능한 상황이 발생한다. 579

(2) 포괄일죄

포괄일죄는 일반적으로 수 개의 행위의 ① 침해법익이 하나이고, ② 범죄의 태양을 같이 하며, ③ 하나의 범의에 의한, ④ 연속된 행위인 경우로 정의된다. 횡령행위가 수개인 경우에는 위탁관계의 수나 소유자의 수를 불문하고 실체적 경합범이 되는 것이 원칙이나, 범의의 단일성이나 횡령행위의 유사성 등에 따라 포괄일죄가 될 수 있는 것이다(그러한 의미에서 구성요건을 달리하고 있는 배임이나 사기는 본죄와 포괄일죄를 구성할 수 없음[841]).[842] 한편, 포괄일죄에서 개개 행위의 구체적 범행일시나 액수, 소비처 등을 공소장이나 유죄판결에 적시하지 않아도 무방하다.[843] 580

840 대판 2012. 1. 27, 2011도15161 등.
841 대판 1988. 2. 9, 87도58.
842 最判 昭和 30(1955). 10. 14. 刑集 9·11·2192.
843 대판 1996. 5. 28, 96도803.

581 **[직할시세, 구세 및 국세를 횡령한 경우]**

피고인 등이 횡령한 이 사건 세금에는 포함된 직할시세, 구세 및 국세는 각기 과세주체나 근거규정이 서로 다르므로, 그 피해자 내지 피해법익별로 구분하여 별개의 죄가 성립한다. 이 경우 같은 직할시세 또는 같은 구세 중에서 구체적인 세목을 달리하거나, 도중에 공범자에 변동이 있고 때로는 단독범인 경우도 있다 하더라도, 그것이 단일하고 계속된 범의하에 행하여진 것이라면 포괄일죄가 된다. 피고인이 횡령한 직할시세의 합계가 50억 원 이상이 되는 경우 특정경제범죄법 제3조 제1항 제1호가 적용된다.[844]

582 **[경매입찰보증금을 횡령한 경우: 포괄일죄]**

경매입찰보증금은 법원보관금의 일종으로서 편의상 사건별, 납부자별로 관리되지만, 그 개별당사자들이 소유권자라고 할 수 없고, 국가가 소유권을 취득하여 이를 집달관에게 소비임치시켰다고 볼 수 없으며, 오히려 동 집달관이 국가를 위해 이를 보관하는 것이므로, 이 사건 횡령의 피해자는 국가로 보아야 한다. 결국, 이 사건 횡령의 경우는 그 범의가 계속되고 단일하며, 피해법익도 동일하여 포괄일죄가 된다.[845]

583 **[수개의 정부기관에서 의뢰받은 정부과제 출연금을 횡령한 경우: 실체적 경합범]**

A 주식회사와 위 정부 산하기관들 사이에는 9개의 정부과제별로 별개의 정부출연금 위탁관계가 성립한다. 따라서 A 주식회사의 대표이사 또는 자금담당 임원으로서 이 사건 정부출연금을 보관하는 지위에 있는 위 피고인들이 위탁의 취지에 반하여 자금을 처분하는 경우에도, 정부과제별로 별개인 위탁신임관계를 침해하는 것이 되어 그로 인한 피해법익이나 범의의 단일성이 인정되기 어렵다.[846]

(3) 특정경제범죄 가중처벌 등에 관한 법률

584 특정경제범죄법은 횡령행위를 통해 영득한 금액에 따라 그 법정형을 구분하는데, 이는 경합범으로 처벌될 수죄의 영득액 합계가 아닌 단순일죄나 포괄일죄의 영득액 합계를 의미한다. 한편 특정경제범죄법으로 의율하려면, 포괄일죄의 경우와 달리 원칙적으로 피해자 및 피해자별 피해액에 관한 공소사실의 특정이 필요하다.[847]

---

844 대판 1995. 9. 5, 95도1269.
845 대판 1996. 9. 6, 95도2551.
846 대판 2011. 7. 28, 2009도8265.
847 대판 2011. 2. 24, 2010도13801.

2. 다른 죄와의 관계

(1) 사기죄와의 관계

(가) 개요

사기로 편취한 재물을 횡령하거나 그 과정에서 배임행위를 한 경우 불가벌적 사후행위가 되는지, 사기죄와 별도로 본죄 또는 배임죄가 성립하는지에 관하여는 **불가벌적 사후행위** 부분에서 논술하였다. 여기서는 본죄와 사기죄가 관련되는 사안에서 불가벌적 사후행위 논리와 관련 없이 다른 이유로 사기죄가 성립하지 않은 사례를 언급한다. 585

자기가 점유하는 타인의 재물을 횡령함에 있어 기망수단을 쓴 경우에는 일반적으로 본죄만이 성립하고 사기죄는 성립하지 않는다.[848] 왜냐하면, 이런 경우는 소유권 포기 등과 같이 본인의 재산적 처분행위에 의한 재물의 교부가 반드시 수반되지 않기 때문이다. 586

반면 배임죄의 경우, 판례는 그와 달리 보고 있다. 신용협동조합 전무가 예금인출서 등을 위조하여 예금을 인출한 경우, 사기죄와 배임죄는 모두 성립하고, 상상적 경합의 관계에 있다는 것이다.[849] 배임죄는 자기가 점유하는 재물만을 대상으로 하지 않으므로 기망의 방법으로 피해자의 처분행위를 유발하여 임무위배행위를 할 수 있다는 것이 그 이유로 추측된다. 587

예금주를 유인하여 예금을 하게 하고 그 돈을 은행에 입금하지 아니하고 임의로 사용한 경우, 예금주와 은행 사이에 유효한 예금계약이 성립하였으므로 예금주에게 아무런 피해가 없어 그에 대한 사기죄는 성립할 여지가 없고, 예금으로 받은 위 돈의 유용행위만이 본죄의 처벌대상이 된다.[850] 588

---

848 대판 1980. 12. 9, 80도1177(피고인이 매각대금 중 금 300,000원을 영득하기 위하여 금 300,000원에 매각하였다고 피해자를 기망하여 금 300,000원만 위탁자에 교부하고 나머지 금 300,000원을 불법영득하였어도 피해자에 있어 그 300,000원을 초과하여 매각하여도 그 초과분에 대한 청구권을 포기한다는 재산적 처분행위를 아니한 본건에 있어서는 사기죄로 단죄할 수 없다). 일본 판례로는 大判 明治 43(1910)·2·7. 刑録 16·175.

849 대판 2002. 7. 18, 2002도669(전). 본 판결 평석은 이창한, "업무상배임행위에 사기행위가 수반된 경우, 사기죄와 업무상배임죄의 관계", 21세기사법의 전개(송민 최종영 대법원장 재임기념), 박영사(2005), 533-539.

850 대판 1987. 12. 22, 87도2168.

(나) 관련 판례

589 **[매각대금을 속여 횡령한 경우: 사기죄 불성립]**

자기가 점유하는 타인의 재물을 횡령함에 있어 기망수단을 쓴 경우에는 재산적 처분행위가 없기 때문에 일반적으로 본죄만이 성립하고 사기죄는 성립하지 아니한다. 피고인이 피해자 소유 임야의 매각을 위임하여 수령한 매득금 중 일부를 영득하여 이를 횡령한 경우, 피해자가 그 초과분의 청구권을 포기한다는 처분행위를 하지 않았으므로 사기죄가 성립할 수 없다.[851]

590 **[피해자를 유인하여 예금하게 한 경우: 사기죄 불성립]**

피고인들이 공모하여 예금주가 예금하는 돈을 몰래 유용하기로 하고, 피고인 甲의 예금유인행위에 따라 A가 은행에 예금하러 오게 한 다음 피고인 乙이 은행 직원에게 위 돈을 받아 예금주 몰래 변태처리하게 하더라도, 위 A와 은행 사이의 예금계약은 유효하게 성립한 것이므로 사기죄는 성립할 여지가 없다. 피고인 甲은 피고인 乙이 업무상횡령행위를 용이하게 하도록 가공한 것에 불과하다.[852]

591 **[금융기관 임원이 예금인출서 위조하여 담당 직원을 기망하여 예금인출금 명목으로 돈을 교부받은 경우: 사기죄와 배임죄의 상상적 경합범]**

신용협동조합의 전무인 피고인이 조합의 담당직원을 기망하여 예금인출금 또는 대출금 명목으로 금원을 수회 교부받아 업무상배임행위에 사기행위가 수반된 경우, 사기죄는 임무위배를 구성요소로 하지 아니하고, 업무상배임죄는 기망적 요소를 구성요건요소로 하지 아니하여 양 죄는 구성요건을 달리하는 별개의 범죄이므로, 1개의 행위에 관하여 양 죄의 구성요건이 모두 구비된 경우 상상적 경합관계로 볼 것이다.[853]

592 **[저당권을 약속하면서 금원을 편취한 후 제3자에게 근저당권을 설정한 경우: 사기죄와 배임죄의 실체적 경합범]**

부동산에 피해자 명의의 근저당권을 설정하여 줄 의사가 없음에도 피해자를 속이고 근저당권 설정을 약정하여 금원을 편취한 경우라 할지라도, 이러한 약정은 취소되지 않는 한 여전히 유효하여 피해자 명의로 근저당권설정등기를 하여 줄 임무가 발생하는 것이고, 이를 위반하여 제

---

851 대판 1980. 12. 9, 80도1177.

852 대판 1987. 12. 22, 87도2168(예금계약이 성립하여 피해자에게 아무런 피해가 발생하지 않아 사기죄가 성립하지 않는다는 사례). 금융기관에 예금된 돈을 횡령하였다는 행위와 그 전단계로 기망으로 예금을 하게 한 행위는 후자가 전자를 위한 예비행위로 볼 수 있는바, 위 판례에 따르면 후자는 별도의 범죄행위가 자체가 되지 않는 것으로 보인다.

853 대판 2002. 7. 18, 2002도669(전)(신용협동조합 전무로서 조합자금의 보관 및 관리, 예금 및 대출업무 등을 총괄하면서, 1998. 11.부터 2000. 6.까지 사이에 조합원의 예금 인출청구서, 금전소비대차약정서 등을 위조한 후 이를 위 조합 담당직원에게 제출하는 방법으로 담당직원을 기망하여 위 예금 및 대출금을 수령한 사례).

3자 명의로 근저당권설정등기를 마친 경우, 이러한 배임행위는 사기죄와는 전혀 다른 새로운 보호법익을 침해하므로 별죄를 구성한다.[854]

(2) 배임죄와의 관계

(가) 개요

본죄와 배임죄는 타인에 대한 신임관계를 위반한다는 점에 있어 그 본질을 같이하나, 객체에 따라 구분하는 견해가 일반적이다. 본죄의 객체가 재물임에 반하여 배임죄의 객체는 재산상 이익이라는 점에서 구분되기 때문에, 본죄와 배임죄는 일견 일반법과 특별법의 관계에 있는 것으로 보인다.[855] 판례[856]도 같은 취지이다. 이에 따르면, 어느 행위가 본죄 또는 배임죄의 성립이 문제될 경우에는 본죄의 성립 여부를 먼저 심사하여야 하고, 본죄가 성립하면 배임죄의 성립 여부는 문제되지 않는다.[857] 593

한편 두 죄의 관계를 어떻게 볼 것인가와 관련하여, 두 죄의 행위의 객체만을 가지고 비교·검토하는 것은 적절하지 않다는 견해도 있다.[858] 즉, 두 죄의 구성요건이 행위의 객체 이외에 다른 부분에서도 차이가 있기 때문에, 먼저 두 죄의 행위의 객체와 관련하여 재물과 재산상 이익의 관계를 검토한 후에는 행위의 주체와 다른 구성요건요소를 비교하여 두 범죄가 어떻게 구별될 수 있는 것인지 검토해 보아야 한다는 것이다. 594

이를 구체화하면, ① 본죄처럼 재물만을 대상으로 하는 범죄와 달리, 재산 595

---

854 대판 2008. 3. 27, 2007도9328.

855 김선복, 358; 김신규, 459; 도중진·박광섭·정재관, 510; 박상기 365; 이재상·장영민·강동범, § 20/3.

856 대판 1961. 12. 14, 4294형상371(본죄는 재물을 횡령함으로써 성립하는 것이고, 재산상의 이익에 관하여는 배임죄는 성립할지언정 본죄는 성립의 여지가 없는 것이며, 즉 본죄는 배임죄의 특별규정으로 개개의 재물에 관하여 성립하는 것이라고 해석함이 타당하다); 대판 2004. 6. 17, 2003도7645(전)(업무상배임죄에 대한 관계에서 특별관계에 있는 업무상횡령죄의 성립을 전제로 하여 일련의 동일한 행위를 두고 업무상횡령죄 외에 업무상배임죄가 별도로 성립하지 아니한다고 본 원심의 판단에는 잘못이 있으나, 재산상 이득을 취한다는 의사가 없어 배임이 될 수 없다는 결론은 정당하다).

일본 판례의 주류는 처분행위의 명의나 계산이 자기(행위자)의 명의·계산으로 행해지는 경우에는 횡령이고, 본인(타인)의 명의·계산으로 행해지는 경우에는 횡령에 해당하지 않고 배임죄가 문제된다고 한다[大判 昭和 9(1934). 7. 19. 刑集 13·983; 大判 昭和 10(1935). 7. 3. 刑集 14·745; 最判 昭和 33(1958). 10. 10. 刑集 12·14·3246 등].

857 손동권·김재윤, § 24/2.

858 임웅, 530-531.

상 이익에는 재물을 배제한다는 명문의 규정이 없으므로 배임죄의 재산상 이익에 재물이 배제된다고는 볼 수 없다는 견해도 가능하다.[859] 다시 말해 재산범죄의 행위의 객체는 재물과 재물을 제외한 재산상의 이익이라고 한다면 두 죄는 상호 배타적이라고 할 수 있으나, 배임죄의 행위의 객체로서의 재산상 이익에 재물을 배제할 이유는 없다고 할 것이다. 오히려 배제하는 것이 적절하지 않다는 점에서 재산상 이익에 재물이 포함될 수 있다고 해석하여야 한다.[860] 그것은 배임죄의 보호법익이 '전체로서의 재산'으로, 재산상태의 증가를 가져오는 일체의 이익이나 가치는 재물형태이든 재산상의 이득의 형태이든 상관없기 때문이다.[861] 또한, ② 원칙적으로 객체가 재물인가 재산상의 이익인가에 따라 두 죄를 구별하되, 위탁재물에 대한 권한초월(보관의무위반)의 처분이 있는 때에는 본죄, 권한의 범위 내에서 권한남용의 처분이 있는 때에는 배임죄가 된다고 하는 견해도 있다.[862]

596 **[배임죄로 의율해야 할 사안에서 횡령죄를 적용한 경우: 파기사유 아님]**

원심이 피고인의 위 행위를 업무상배임죄가 아닌 업무상횡령죄로 의율하여 처단한 것은 잘못이나, 양 죄는 모두 신임관계를 기본으로 하고 있는 재산범죄로서 죄질이 동일하고, 그 형벌도 같은 조문에 규정되어 있어 경중의 차이가 없으므로, 원심의 위와 같은 잘못은 결과에 영향이 없는 것이다.[863]

597 **[업무상배임과 업무상횡령의 공소사실: 기본적 사실관계의 동일성 부정]**

피고인들의 이 사건 비자금의 사용으로 인한 업무상횡령의 점과 이 사건 비자금의 조성으로 인한 업무상배임의 점은 그 기본적 사실관계가 동일하다고 보기 어렵다. 피고인들이 향후 필요 시를 대비하여 일반적, 포괄적, 지속적으로 비자금을 조성하였기 때문이다. 따라서 원심이 공소장변경신청을 허가한 조치는 수긍하기 어려우나, 추가된 선택적 공소사실에 대하여 판단을 하지 아니하였으므로 그 결론은 정당하다.[864]

---

859 허일태, "위탁금전과 형법상 소유권개념", 비교형사법연구 5-1, 한국비교형사법학회(2003), 270.

860 따라서 입법론상으로 배임죄의 구성요건에 재물도 행위의 객체로 명시하는 것이 더 바람직하다고 본다[김재윤, "횡령죄와 배임죄의 관계 - 문형섭 선생의 횡령죄와 배임죄의 관계에 대한 이해를 중심으로", 법학논총 30-1, 전남대 법학연구소(2010), 143-144; 이석배, "횡령죄와 배임죄의 관계", 동아법학 46(2010), 385; 임웅, "재산범죄에 있어서 '재물'과 '재산상의 이익' 개념에 대한 비판적 고찰", 형사법연구 21-4, 한국형사법학회(2009), 370].

861 허일태(주 859), 273.

862 정성근·박광민, 423.

863 대판 2006. 5. 26, 2003도8095.

864 대판 2009. 2. 26, 2007도4784.

[배임행위 성립 후 횡령행위 성부: 별도의 횡령죄 성립] 598

회사의 사무를 처리하는 자가 회사로 하여금 자신의 채무에 관하여 연대보증채무를 부담하게 함으로써 배임죄가 성립한 다음, 회사의 금전을 보관하는 자의 지위에서 자신의 채무를 변제하려는 의사로 회사의 자금을 임의로 인출한 후 개인채무의 변제에 사용한 행위는 별도로 횡령죄를 구성하고, 그 인출금이 선행 임무위배행위로 인하여 회사가 부담하게 된 연대보증채무의 변제에 사용되었다 하더라도 마찬가지이다.[865]

[횡령죄를 공소장변경 없이 배임죄로 처벌한 경우: 위법 아님(공소장변경 불요설)] 599

법원은 공소사실의 동일성이 인정되는 범위 내에서 공소사실보다 무겁지 않은 범죄사실이 인정되는 경우 피고인의 방어권 행사에 실질적 불이익을 초래할 염려가 없으면 공소장변경 없이 직권으로 공소사실과 다른 범죄사실을 인정할 수 있다.[866] 횡령죄와 배임죄는 모두 신임관계를 기본으로 하고 같은 죄질의 재산범죄이므로, 법원은 횡령죄로 기소된 공소사실에 대하여 공소장변경 없이 배임죄를 적용할 수 있다.[867]

(나) 두 죄의 관계 측면에서의 검토

(a) 특별·일반관계

전술한 바와 같이 본죄와 배임죄가 특별·일반관계라는 것이 다수설[868]과 판례가 취하는 태도이다. 두 죄 모두 신뢰의 위반이 그 본질이며 단지 객체에 있어 차이가 있으므로, 두 죄를 일반법과 특별법의 관계로 보자는 것이다. 따라서 어느 행위가 횡령인지 배임인지 문제가 될 때에는 본죄부터 검토하게 된다. 600

(b) 택일관계

형법이 재물과 재산상의 이익을 명확히 구별하여 규정하고 있기 때문에 재산의 하위개념으로 재물과 재산상의 이익을 상호 배척의, 택일적인 것으로 보아야 하며 재물을 재산상 이익의 특수한 형태로 볼 수 없다는 것이다.[869] 이 견해에 따르면, 재물이지만 '타인성'이 없어 본죄가 부정되는 경우에는 배임죄의 성립 여부를 별도로 논할 필요가 없다고 한다. 즉, 본죄가 성립하면 배임죄가 성립할 여지 601

865 대판 2011. 4. 14, 2011도277.
866 대판 2008. 5. 29, 2007도7260.
867 대판 2015. 10. 29, 2013도9481.
868 김일수·서보학, 385; 박상기, 652; 손동권·김재윤, § 24/2; 오영근, 402; 이재상·장영민·강동범, § 20/3; 정성근·박광민, 423-424; 정영일, 269.
869 신동운, "횡령죄와 배임죄의 관계", 한국형사법학의 새로운 지평: 유일당 오선주 교수 정년기념논문집, 형설출판판사(2001), 334-335.

가 없으며, 배임죄가 성립하면 본죄가 성립할 여지가 없는 것이다.[870]

(c) 독립관계

602 두 죄는 구성요건에 차이가 있어 서로 다른 별개의 독립된 범죄이지만, 범죄사실이 두 구성요건에 모두 해당될 수 있는 경우에는 그 부분에 한해서 택일관계로 보아야 한다는 견해이다.[871]

603 다만 배임죄의 행위객체에 재물도 포함된다면, 본죄와 배임죄는 객체가 아닌 행위의 주체나 다른 구성요건 요소를 통해 두 죄를 구별해야 할 것이다. 먼저 행위의 주체와 관련하여, 배임죄의 '타인의 사무처리자'는 타인이 처리해야 할 사무를 그 타인의 위해 대신 처리하는 관계로, 배임죄의 성립범위를 제한하기 위해 재산상의 사무가 주된 의무이고, 행위자에게 독립성과 활동의 자유가 인정되는 사무로 제한한다.[872]

604 반면에 횡령죄의 '타인의 재물을 보관하는 자'는 재물이 타인의 소유라는 점과 보관이라는 재물에 대한 법률상·사실상의 지배를 인정하는 위탁관계가 있기만 하면 충분하다. 그러므로 본죄의 보관자의 지위와 배임죄의 타인의 사무처리자의 지위는 구별될 수 있다. 본죄와 배임죄가 행위의 객체뿐만 아니라 행위의 주체에서도 구별되고, 여기서 검토하지는 않았지만 다른 구성요건요소(배임죄의 손해발생과 행위자의 이익취득 요건 등)를 통해서도 구별되어진다면, 본죄와 배임죄는 독자적인 범죄인, 더 이상 특별관계가 아닌 독립관계로 평가하는 것이 적절하다고 하겠다.

(다) 배임죄 측면에서의 검토

605 배임죄의 본질에 관하여 배신설과 권한남용설이 대립한다. 배신설에 의하면, 배임죄와 본죄는 신임관계를 침해한다는 배신성에 그 본질이 있다는 것은 같고, 행위의 객체를 달리할 뿐이라고 본다. 이와 달리 권한남용설에 의하면, 횡령과 배임은 침해방법의 성질에 의하여 구별된다. 즉 배임은 법률행위에 의하여, 횡령은 사실행위에 의하여 성립된다는 것이다. 그러나 횡령행위는 본죄의 구성요건으로서의 횡령행위란 불법영득의사를 실현하는 일체의 행위를 말하는

---

870 이정원·류석준, 409.

871 안경옥(주 639), 139; 이석배(주 860), 384; 허일태(주 859), 272.

872 김재윤(주 860), 146-147.

것이므로[873] 사실행위에 국한시킬 이유가 없다.

(바) 구별 실익

우리 형법은 법정형, 업무에 따른 가중 처벌 및 미수범 처벌 등에 있어서 양자를 동일하게 취급하고 있는바, 그 구별실익이 무엇인지 문제된다. 우선, 본죄가 성립하는 경우 그로 인하여 취득한 재물을 장물에 해당하게 되나, 배임죄가 성립하는 경우에는 소유권침해를 내용으로 하는 영득죄에 해당하지 아니하므로 장물죄가 성립하지 않는다는 점이 가장 큰 구별실익으로 보인다. 606

한편, 양자의 구별 실익을 특정경제범죄법의 적용 여부에 있다고 보는 견해도 있다.[874] 예를 들어, 시가가 5억 원 이상인 재물의 판매를 위임받은 사람이 그 시가보다 부당하게 낮은 가격, 예컨대 3억 원에 판매한 경우, 본죄를 적용할 경우 위와 같이 판매한 재물의 시가를 그 영득액으로 보아 특정경제범죄법이 적용되나, 배임죄를 적용할 경우 그 시가와 실제 판매가격 3억원의 차액 2억원, 즉 행위자가 얻은 재산상 이익을 그 이득액으로 보아 형법을 적용하게 된다는 것이다. 607

또한 본죄의 경우 재물 전체에 대한 횡령행위가 되어 다시 그 재물을 처분하는 것은 불가벌적 사후행위에 해당하여 처벌할 수 없는 반면, 배임죄는 재산상 이익을 취득객체로 하는 범죄이므로 행위객체가 동일하더라도 배임행위를 할 때마다 별도의 배임죄가 성립할 수 있다는 점에서 구별실익을 찾는 견해도 있다.[875] 다만 이 견해는 대판 2013. 2. 21, 2010도10500(전)에서 본죄가 성립한 이후에도 다시 본죄가 성립할 수 있다고 종전의 견해를 변경함으로써, 적어도 판례의 관점에서는 더 이상 그 의미를 잃게 되었다. 608

(3) 장물죄와 관계

(가) 장물보관죄와의 관계

절도범인으로부터 장물보관을 의뢰받고 그 사정을 알면서 이를 인도받아 보관하고 있다가 자기 마음대로 이를 처분한 경우,[876] 판례[877]는 장물보관죄(§ 362①) 609

---

873 대판 1998. 2. 24, 97도3282; 대판 2004. 12. 9, 2004도5904; 대판 2010. 2. 25, 2010도93.

874 허일태(주 859), 271.

875 문영식, "횡령죄와 배임죄의 구별", 형사법의 신동향 34, 대검찰청(2012), 295-296.

876 이와는 달리 장물보관을 의뢰받을 때에 장물인 사정을 모르고 그 후에 이를 보관하고 있다가 자기 마음대로 이를 처분한 경우, 일본 하급심판례 중에는 본죄가 성립한다고 한 것[東京高判 昭

가 성립되는 때에는 이미 그 소유자의 소유물추구권을 침해하였으므로 그 후의 횡령행위는 불가벌적 사후행위에 불과하여 별도로 본죄가 성립하지 않는다고 한다.

610 한편 업무상의 과실로 장물을 보관하던 중 처분한 경우에도, 마찬가지로 업무상과실장물보관죄(§364)의 가벌적 평가에 포함되고 별도로 본죄를 구성하지 않는다.[878]

(나) 장물취득죄와의 관계

611 장물취득죄에 있어서 장물의 개념에 관하여는 추구권설(재산죄인 범죄행위에 의하여 영득된 재물로서 피해자가 법률상 추구할 수 있는 것)과 위법상태유지설(재산권의 침해를 내용으로 하는 범죄에 의하여 취득한 재산이라는 것)이 대립되는데, 통설과 판례[879]는 추구권설을 취하고 있다(이에 대한 상세는 **각칙 제41장 [총설] V.** 참조). 한편 장물죄가 성립하기 위하여는 본범의 행위가 기수에 달하였음을 요구하는바, 이와 같은 '장물의 선재성(先在性)'이 장물죄의 요건이므로, 본범의 행위가 미수의 단계에 있는 한 장물죄 소정의 행위가 행하여졌다고 하더라도 이는 본범의 공범을 구성하는 경우가 있음에 그친다.[880]

612 이때 물건의 보관자인 甲이 그 물건을 乙에게 매도하고 乙이 횡령의 사정을 알면서 이를 매수하였을 때, 乙은 횡령죄의 공범이 되는가 아니면 장물취득죄가 되는가에 관하여 학설이 대립한다.

613 ① 제1설은 甲의 매도신청에 의하여 불법영득의사가 현실화되면 乙의 매수의 의사표시를 기다리지 않고 甲에 대하여 본죄는 기수에 달하므로 그 물건은 장물이 되고, 사정을 알면서 매수한 乙은 장물취득죄가 된다는 견해[881]이고, ② 제2설은 횡령에 의한 재물의 영득과 장물의 취득이 시간적으로 중복되는 경우

和 24(1949). 10. 22. 高刑集 2·2·203]이 있으나, 통설은 장물의 위탁은 수탁자가 장물이라는 사정을 알았으면 장물보관죄가 성립하는 것이므로 객관적으로는 범죄행위의 위탁에 해당하여 본죄에서 보호해야 할 위탁관계라고는 할 수 없으므로 본죄는 성립하지 않고 점유이탈물횡령죄가 성립한다는 견해[高橋則夫, 刑法各論(3版), 成文堂(2018), 389]도 있다.

877 대판 1976. 11. 23, 76도3067.

878 대판 2004. 4. 9, 2003도8219.

879 대판 1972. 2. 22, 71도2296; 대판 2000. 3. 10, 98도2579.

880 주석형법 [각칙(5)](4판), 533(성낙송).

881 김일수·서보학, 313; 배종대, §74/44; 정성근·정준섭, 306.

이므로 乙은 본죄의 공범이 될 뿐이라는 견해[882]이다.[883]

614 한편, 판례는 설령 본범이 피고인에게 금원을 교부한 행위 자체가 횡령행위라고 하더라도 본범의 본죄가 기수에 달하는 것과 동시에 그 금원은 장물이 되는 것이므로 본범이 피고인에게 금원을 교부하는 행위 자체가 횡령행위가 된다며, 본범에게는 횡령행위, 장물범에게는 장물의 취득행위가 된다는 취지로 판시하여 위 제1설과 결론을 같이 하는 것으로 보인다.[884] 이러한 판례의 태도에 대하여, 장물죄는 반드시 본범에 대하여 본죄가 종료한 이후가 아니라 기수에 이른 이후에 성립할 수 있다고 주장할 여지가 있다. 본죄가 상태범인 이상 논리적으로 그 실행행위의 종료시기와 기수시기가 일치하고 장물죄는 그 본질상 본범과는 독립한 범죄이고 본범에 대한 공범은 될 수 없는 이상 장물취득죄와 본범의 공범이 중복되는 문제점이 발생하므로, 장물죄는 상태범인 본범과의 관계에서 본범의 실행행위가 종료되거나 또는 기수에 이른 이후에 성립할 수 있다고 해야 한다.[885]

615 살피건대, 위 사례의 경우 매매는 매도신청과 매매계약 및 실제의 이전행위 등 단계별로 그 범행이 이루어지므로 본죄의 기수시기, 즉 불법영득의사가 객관적으로 외부에 표현된 때가 언제인지가 문제되고, 매도신청으로 불법영득의사가 객관적으로 외부에 표현된 것으로 본다면 위 ①의 제1설이 타당하나, 재물이 이전됨으로써 불법영득의사가 객관적으로 외부에 표현된 것으로 본다면 위 ②의 제2설이 타당할 수 있다. 참고로, 미등기건물의 보관자가 자신 명의로 보존등기를 한 경우[886] 본죄의 기수를 인정한 판례에 대하여 등기경료 시가 아닌 등기신청 시에 기수에 이르렀다고 볼 여지가 있으나, 위 판례에서는 정확한 기수

882 김성돈, 460; 김신규, 481; 이재상·장영민·강동범, § 20/44.

883 그 밖에 甲의 매도신청만으로는 횡령의 기수가 아니고 이에 대한 乙의 매수의사표시로 횡령의 방조를 인정할 수 있고, 그 후 현실의 매도로 횡령이 기수가 되어 장물을 취득하게 되므로 본죄의 방조범과 장물취득죄의 상상적 경합이 된다는 견해가 있을 수 있다(회사직원의 공금횡령행위에 대하여 구체적인 공모를 하지는 않았지만 그가 정상적이 아닌 부정한 방법으로 금원을 마련하여 송금하는 사정을 미필적으로나마 인식하고 있으면서도 이를 계속하여 묵인한 채 송금을 받은 경우, 횡령행위에 대한 방조 또는 장물취득행위에 해당한다고 판시한 대판 2001. 5. 8, 2001다2181 참조).

884 대판 2004. 12. 9, 2004도5904.

885 김태명(주 802), 14.

886 대판 1993. 3. 9, 92도2999.

시점이 쟁점으로 다루어지지는 않았다.

616 여기에서, 횡령행위와 장물취득행위가 동시에 이루어지는 경우 과연 장물취득죄가 성립할 수 없는 것인지가 문제된다. 이 점에 관하여 일본에서는, 횡령의 시점에 있어서 재물은 장물이 되기 때문에 본범의 죄와 장물의 성립시기는 동시에 있는 것이 되고, 판례도 이 점을 인정하고 있으며,[887] 다만 장물죄의 성립시기가 이것과 어긋나는 경우도 당연히 있는데, 장물죄가 성립하는 이상 본죄의 공범은 아니라고 보고 있다.

617 **[상속등기와 아울러 매매를 가장하여 피고인 앞으로 소유권이전등기를 경료한 경우: 이후 매도 상대방은 장물취득죄 성립]**

종중이 그 소유의 토지를 피고인의 조부 A에게 위탁관리케 하고 동인 명의로 토지사정을 받은 것인데 A가 사망하자 그 상속인인 피고인의 부 B가 상속등기와 아울러 매매를 가장하여 피고인 앞으로 소유권이전등기를 경료하였다면 그로써 B의 종중에 대한 횡령행위는 이미 완성하였고, 피고인이 위 토지를 매각한 경우 장물취득죄의 성립은 별론으로 하고 종중에 대한 횡령죄를 구성한다고 볼 수는 없다.[888]

618 **[정상적이 아닌 부정한 방법으로 금원을 마련하여 송금하는 사정을 미필적으로나마 인식하고 있으면서도 이를 묵인한 채 송금을 받은 경우: 횡령방조 또는 장물취득]**

피고인이 회사직원의 공금횡령행위에 대하여 구체적인 공모를 하지는 않았지만 그가 부정한 방법으로 금원을 마련하여 송금하는 사정을 미필적으로나마 인식하면서도 이를 묵인한 채 송금을 받은 경우, 횡령의 방조 또는 장물취득행위에 해당한다.[889]

619 **[타인 소유의 이삿짐을 보관하는 지위에 있는 甲이 乙에게 이를 판매한 경우: 본범의 횡령죄와 장물범의 장물취득죄 성립[890]]**

620 **[장물인 현금을 금융기관에 예금의 형태로 보관하였다가 이를 반환받기 위하여 동일한 액수의 현금을 인출하거나 이체한 경우: 장물성 인정]**

장물인 현금을 금융기관에 예금의 형태로 보관하였다가 이를 반환받기 위하여 동일한 액수의 현금을 인출한 경우에 예금계약의 성질상 인출된 현금은 표시되는 금전적 가치에는 변동이 없으므로 장물로서의 성질이 그대로 유지된다. 또한 예금의 형태로 보관하던 장물인 금전이 다

887 大判 大正 2(1913). 6. 12. 刑録 19·714.
888 대판 1984. 4. 24, 83도2116.
889 대판 2001. 5. 8, 2001다2181.
890 대판 2003. 9. 23, 2003도3840.

른 예금계좌로 이체된 경우에도, 그 보관에 있어 가액이 명확하게 구분되는 한도 내에서는 원칙적으로 장물로서의 성질을 잃지 아니한다.[891]

[수급인으로부터 공사현장에서 사용 중이던 철근을 위임받아 보관하던 중 함부로 양도한다는 사실을 알았다고 보기 어려운 경우: 장물취득죄 불성립] 621

수급인이 공사현장에서 사용 중이던 철근을 A에게 사용을 위임한 채 공사를 중단하고 A가 이를 보관하면서 공사를 계속하던 중 이를 피고인에게 함부로 양도한 경우, A가 횡령한다는 점을 알면서 피고인이 이를 양수하였다고 보기는 어렵다.[892]

[피고인이 피고인의 예금계좌에 입금된 편취금을 인출한 경우: 장물취득죄 불성립] 622

장물취득죄에 있어서 '취득'이라 함은 장물의 점유를 이전받음으로써 그 장물에 대하여 사실상 처분권을 획득하는 것을 의미하고,[893] 본범의 사기행위는 피고인이 예금계좌를 개설하여 피해자로부터 피고인의 예금계좌로 돈을 송금받아 취득함으로써 종료되는 것이고, 그 후 피고인이 자신의 예금계좌에서 위 돈을 인출하였다 하더라도 이는 예금명의자로서 은행에 예금반환을 청구한 결과일 뿐,[894] 본범으로부터 위 돈에 대한 점유를 이전받아 사실상 처분권을 획득한 것은 아니므로, 피고인의 위와 같은 인출행위를 장물취득죄로 벌할 수는 없다.[895]

[수탁자로부터 취득한 경우: 장물성 부정] 623

① 신탁행위에 있어서는 법리상 수탁자가 외부관계에 있어서는 소유자로 간주되는 것이므로 이를 취득한 제3자로서는 그 정을 알고 있는지 여부를 불문하고 수탁자가 그 소유자로서 이를 처분하는 것으로 받아들여야 하는 것이어서 그 물건은 이를 매수하는 제3자에 대한 관계에서는 장물성을 구비하는 것이라 할 수 없을 것이다. 따라서 원심이 피고인들에 대한 이 사건 장물취득죄를 유죄로 인정하지 않았음은 결과에 있어 상당하다.[896]

② 절도범인으로부터 장물보관의뢰를 받은 자가 그 정을 알면서 이를 인도받아 보관하고 있다가 임의처분하더라도 장물보관죄가 성립되는 때에 이미 그 소유자의 추구권을 침해하였으므로 그 후의 횡령행위는 불가벌적 사후행위에 불과하여 별도로 횡령죄가 성립하지 않는다.[897]

---

891 대판 2016. 10. 13, 2014도8334.
892 대판 1989. 12. 26, 88도1640.
893 대판 2003. 5. 13, 2003도1366.
894 대판 2009. 3. 19, 2008다45828(전).
895 대판 2010. 12. 9, 2010도6256.
896 대판 1979. 11. 27, 79도2410.
897 대판 1976. 11. 23, 76도3067.

624 **[장물인 횡령금이 마이너스 계좌에 입금되어 일부가 마이너스 대출금 상환에 사용된 경우: 장물성 부정]**

장물인 횡령금이 마이너스 계좌에 입금되어 일부가 마이너스 대출금 상환에 사용되는 경우, 마이너스 대출금 상환에 사용된 횡령금은 그 금전적 가치가 이미 소비되어 장물성을 상실하는 것이고, 이후 추가 입금 또는 마이너스 대출금을 더하여 동액이 장물범의 계좌로 이체된다고 하더라도 장물성이 회복된다고 볼 수는 없다.[898]

(다) 예금계좌로 보관된 금원의 장물성 여부

625 횡령한 재물인 현금을 예금계좌에 보관하였다가 이를 다른 사람의 계좌로 이체한 경우, 장물은 영득죄에 의하여 취득한 물건 자체를 말하는 것이고 장물의 처분대가나 교환물은 장물이 아니므로, 예금계좌에 보관된 금원은 원칙적으로 장물에 해당하지 아니한다.[899]

626 그러나 재산범죄에 의하여 취득한 물건이 금전인 경우에는 원래 금전이 그 가액에 의한 유통에 본질적 기능이 있는 점에 비추어 볼 때, 그 보관 내지 소지 형태가 수표나 예금 혹은 현금 등으로 바뀌더라도, 그 보관이나 소지 또는 관리에 있어 가액이 명확히 구분되는 한도 내에서는 장물로서의 성질을 잃지 않는다고 보는 예외적인 경우도 있다.[900]

627 다만 본죄 자체가 형법상 재물죄로 구성되어 있으면서도 관리 중인 타인의 예금통장에서 예금을 인출하는 것과 같이 실질적으로 '가치의 보관'과 '가치의 영득'을 인정하고 있는데, 그럼에도 불구하고 장물죄에 있어 다시 재물성을 엄격히 따지는 결과로 귀속되므로 위와 같은 판례의 태도는 설득력이 없다고 볼 여지도 있다.

628 **[장물인 수표나 현금을 계좌로 입금하였다가 현금으로 인출한 경우: 장물성 인정]**

원칙적으로 장물의 처분대가나 교환물은 장물성을 상실하나, 장물이 금전인 경우에는 그 가액에 의한 유통에 본질적 기능이 있으므로, 그 보관 내지 소지 형태가 바뀌더라도 그 가액이 명확히 구분되는 한도 내에서는 장물로서의 성질이 유지된다.[901]

---

898 대판 2016. 10. 13, 2014도8334.

899 대판 1972. 2. 22, 71도2296.

900 대판 1999. 9. 17, 98도2269; 대판 2005. 10. 28, 2005도5975.

901 대판 2000. 3. 10, 98도2579. 본 판결 평석은 여훈구, "장물인 현금 또는 자기앞수표의 예금과 장물성의 상실 여부", 형사판례연구 〔9〕, 한국형사판례연구회, 박영사(2001), 299-314.

[장물인 현금이 본범의 예금계좌에 입금되었다가 다른 계좌를 거쳐 피고인 계좌로 이체된 후 현 금으로 인출한 경우: 장물성 인정] 629

장물인 금전의 개성에 특별한 가치가 있는 경우가 아닌 한, 보관 형태가 예금으로 바뀌더라도 가액이 명확히 구분되는 한도 내에서는 그 장물성을 잃지 않는다.[902]

[본범이 위탁한 횡령금을 차명계좌들을 통해 수차례 입출금을 반복한 경우, 그 입출금한 금원: 장물성 인정] 630

피고인이 횡령한 금원이 차명계좌들을 이용한 수차례의 입출금을 통하여 환전이 되거나, 자기앞수표가 현금으로 교환되었더라도 그 장물성은 그대로 유지된다.[903]

[장물인 현금을 예금계좌에 입금하였는데 기존 예금과 혼장된 경우: 장물성 인정, 장물인출의사에 따라 장물취득 성부 결정] 631

장물인 현금을 예금계좌에 입금하였는데 기존 예금과 혼장(混藏)된 경우 예금으로 보관된 금원 중 객관적으로 '장물성이 유지'되는지, 주관적으로 '그 장물을 인출할 의사였는지'에 관한 사실인정 여부에 따라 장물취득죄의 성부가 결정된다. 예금계좌에 입금되어 다른 예금과 혼장되더라도 그 보관에 있어 가액이 명확히 구분되는 한 장물성 자체는 인정되고, 본범 및 장물범의 진술내용이나 금원 입출금 경위 등을 고려하여 그 장물 자체를 인출할 의사였는지를 가려야 한다.[904]

(라) 그 밖에 상정할 수 있는 사례

(a) 장물을 잔고가 없는 예금계좌에 입금한 후 일부를 인출하여 사용하고, 이후 장물 아닌 금원을 추가 입금한 후, 장물과 동일한 금액을 이체 또는 인출한 경우

이 경우 그 이체금이나 인출금의 장물성이 문제된다. 예를 들어, 1,000만 원을 횡령하여 잔고가 없는 예금계좌(잔고 0원)에 입금하였다가, 그중 500만 원을 인출하여 사용한 후 바로 장물이 아닌 500만 원을 추가 입금하여 1,000만 원 632

902 대판 2004. 7. 22, 2004도2536(A가 편취한 약속어음 할인금을 B 예금계좌로 송금하고, B는 A가 송금한 위 금액을 피고인의 예금계좌로 송금하였으며, 피고인이 위 돈을 현금으로 인출한 사안에서, 피고인의 현금인출 행위가 장물취득죄를 구성한다고 본 사례. 이체받은 행위가 아니라 이체받은 후 현금을 인출한 행위를 장물취득행위로 구성한 경우로서, 예금계좌에 이체받은 금원의 장물성을 인정).

903 대판 2002. 4. 12, 2002도53(본범인 A가 재직 중인 증권회사의 고객예탁금을 횡령하여 피고인에게 보관을 위탁하였고, 피고인이 그 금원을 여러 개의 차명계좌를 통해 입출금을 반복한 사안에서, 대판 1999. 9. 17, 98도2579의 법리를 그대로 인용함).

904 대판 2000. 3. 10, 98도2579.

을 피고인 계좌로 이체한 경우에 그 이체금의 장물성이 문제된다. 이 경우는 장물 중 일부가 소비되었음이 명백하므로, 소비된 액수만큼 장물이 감소한 것을 볼 수 있고, 추가 입금되어 예금 잔고가 복귀되었다 하더라도 그 예금 중 이미 소비된 장물과 동일성이 유지되는 부분은 존재하지 않는 것인바, 장물범이 취득한 장물은 '보관에 있어 가액이 명확히 구분되는 한도 내의 금액'으로서 '장물을 소비하고 남은 잔액'에 한정될 것이다.

(b) 장물이 잔고가 있는 예금계좌에 입금되어 기존 예금과 혼장되고, 장물 액수 이상의 잔고를 유지하면서 장물을 사용한 후, 장물과 동액을 이체 또는 인출한 경우

633 이 경우는 그 사용행위가 '기존 예금의 인출·사용행위인지', 혹은 '장물 중 일부 금액의 인출·사용인지'에 관한 구체적인 사실관계에 따라 '사용행위 이후 잔액이 장물로서의 성질을 유지하는지' 여부를 판단하여야 할 것이다. 금전으로서의 장물성 유지에 관한 판례 법리를 그대로 적용하여, '보관'에 있어 가액이 명확히 구분될 수 있는지에 여부에 따라 그 이체금 혹은 인출금의 장물성 여부를 결정하여야 한다.

(c) 이른바 '마이너스 계좌'에 입금한 경우

634 장물이 이른바 마이너스 계좌에 입금되어 기존 마이너스 대출금이 상환된 후 장물과 동일한 금액이 인출되거나 이체된 경우, 그 이체금이나 인출금의 장물성이 문제된다. 예를 들어, 1,000만 원을 횡령하여 잔고 '-500만 원'인 계좌에 입금하였다가 바로 1,000만 원을 피고인 계좌로 이체한 경우(이때 잔고가 다시 '-500만 원'으로 복귀)가 문제된다. 이 경우는 장물이 마이너스 계좌에 입금되어 마이너스 대출금 상환에 이용되었다는 점에서, 예금으로 보관된 장물을 인출하여 사용한 위 경우와 동일하게 볼 수 있다. 즉, 장물이 '마이너스 대출금 상환'에 사용(소비)되었음이 명백하므로, 장물로서의 가액이 상환 액수만큼 감소한 것이다. 설령 마이너스 가용한도가 남아 있다고 하더라도, 이미 소비되었으므로 장물의 가치가 유지된다고 볼 수 없고, 장물로서 '보관'되어 있다고 할 수도 없다. 결국, 마이너스 계좌에 '예금'의 형태로 보관된 금액만이 장물로서 보관되는 것이고, 이 경우 역시 전술한 금전으로서의 장물성 유지에 관한 법리를 그대로 적용하여 '보관'에 있어 가액이 명확히 구분될 수 있는지에 따라 장물성 유지 여부

를 판단할 것이다.

(4) 그 밖의 범죄와의 관계

(가) 공갈죄와의 관계

본죄는 불법영득의 의사 없이 목적물의 점유를 시작한 경우라야 하고, 타인을 공갈하여 재물을 교부케 한 경우에는 공갈죄(§ 350)를 구성하는 외에 그것을 소비하고 타에 처분하였다 하더라도 본죄를 구성하지는 않는다.[905] 635

(나) 공무상보관물무효죄와의 관계

집행관의 위탁에 의하여 봉인한 물건을 보관하는 사람이 이를 다른 장소로 옮기거나 매각한 때에는 본죄와 공무상보관물무효죄(§ 142)의 상상적 경합이 된다.[906] 그러나 동산 양도담보의 경우에는 대내적으로 그 목적물의 소유권은 여전히 채무자에게 남아 있고 채권자에게는 담보의 목적 범위 내에서만 그 권리가 이전되는 것으로 볼 것이므로, 채무자가 그 채무의 변제를 위하여 이를 처분하여도 그 행위 자체를 횡령이라고 볼 수 없다.[907] 636

(다) 강제집행면탈죄와의 관계

강제집행면탈죄(§ 327)에 있어서 은닉이라 함은 강제집행을 면탈할 목적으로 강제집행을 실시하는 사람으로 하여금 채무자의 재산을 발견하는 것을 불능 또는 곤란하게 만드는 것을 말하는 것으로서, 진의에 의하여 재산을 양도하였다면 설령 그것이 강제집행을 면탈할 목적으로 이루어진 것으로서 채권자의 불이익을 초래하는 결과가 되었다고 하더라도 강제집행면탈죄의 허위양도 또는 은닉에는 해당하지 아니한다 할 것이며, 이와 같은 두 죄의 구성요건 및 강제집행면탈죄에 있어 은닉의 개념에 비추어 보면, 타인의 재물을 보관하는 자가 보관하고 있는 재물을 영득할 의사로 은닉하였다면 이는 본죄를 구성하는 것이고, 채권자들의 강제집행을 면탈하는 결과를 가져온다 하여 이와 별도로 강제집행면탈죄를 구성하는 것은 아니다.[908] 637

---

905 대판 1986. 2. 11, 85도2513.

906 주석형법 〔각칙(6)〕(5판), 347(노태악). 본죄와 봉인파괴죄(일형 § 98)의 상상적 경합을 인정한 일본 판례로는 最決 昭和 36(1961). 12. 26. 刑集 15·12·2046.

907 대판 1983. 8. 23, 80도1545. 다만 이 판결은 양도담보의 경우 본죄 성부에 관한 판결이고, 공무상보관물무효죄 성부가 쟁점으로 다루어지지는 않은 것으로 보인다.

908 대판 2000. 9. 8, 2000도1447.

638 한편 강제집행면탈의 주체를 채무자로 국한해서 보게 되면, 타인의 재물을 보관하는 제3자에게 본죄의 성립 여부는 문제되지 않는다는 견해가 있다.[909] 그러나 이 경우 보관자는 채무자가 아니므로 애초부터 채무자인 위탁자와 강제집행면탈죄의 공범이 되는 것에 불과하므로, 강제집행면탈죄의 성부에서 나아가 별도로 본죄의 성부를 논할 실익이 없게 된다.

(라) 범죄수익은닉의 규제 및 처벌 등에 관한 법률 위반죄와의 관계

639 범죄수익은닉규제법 제3조에 규정된 범죄수익 등의 은닉·가장죄의 객체가 되는 '범죄수익'은 범죄수익규제법 제2조 제2호 (가)목의 '중대범죄의 범죄행위에 의하여 생긴 재산 또는 그 범죄행위의 보수로서 얻은 재산'을 의미하는 것으로서, 당해 중대범죄의 범죄행위가 기수에 이르러 '범죄행위에 의하여 생긴 재산'이라는 범죄의 객체가 특정 가능한 상태에 이르러야 비로소 '범죄수익'이라 할 수 있으므로, 업무상횡령죄가 특정경제범죄법 제3조 제1항에 해당하여 중대범죄인 경우에 있어서는 업무상횡령죄가 기수에 이르러야만 비로소 그 횡령행위에 의하여 생긴 재산을 범죄수익이라고 할 수 있고, 아직 기수에 이르지 아니한 상태에서는 '범죄수익'이라고 할 수 없다.[910]

640 그리고 횡령금을 적법하게 취득한 재산으로 가장할 목적으로 은닉한 경우, 은닉행위는 횡령의 범행에 당연히 수반되거나 예상되는 행위라고 볼 수 없고, 범죄수익은닉규제법위반죄는 본죄와 그 구성요건이나 보호법익을 달리하므로, 별도로 범죄수익은닉규제법위반죄가 성립하고,[911] 두 죄는 실체적 경합관계이다.

(마) 뇌물죄와의 관계

641 공무원이 관공서에 필요한 공사의 시행이나 물품의 구입을 위하여 수의계약을 체결하면서 해당 공사업자 등으로부터 돈을 수수한 경우, 그 돈의 성격을 공무원의 직무와 관련하여 수수된 뇌물로 볼 것인지, 아니면 적정한 금액보다 과다하게 부풀린 금액으로 계약을 체결하기로 공사업자 등과 사전 약정하여 이

---

909 박상기, 391; 이영란, 400.

910 대판 2006. 8. 24, 2006도3039(회사의 대표이사와 경리이사가 변칙회계처리로 법인자금을 인출하여 차명계좌에 입금·관리한 경우, 위 자금의 관리상태 등에 비추어 위 행위만으로 불법영득의사가 명백히 표현되었다고 볼 수 없으므로 위 인출한 법인자금이나 차명계좌에 입금한 자금은 범죄수익은닉규제법에 정한 '범죄수익'에 해당하지 않는다고 본 사례).

911 대판 2020. 2. 6, 2018도8808.

를 횡령(국고손실)한 것으로 볼 것인지 여부는, 돈을 공여하고 수수한 당사자들의 의사, 해당 계약 자체의 내용 및 성격, 계약금액과 수수된 금액 사이의 비율, 수수된 돈 자체의 액수, 그 계약이행을 통해 공사업자 등이 취득할 수 있는 적정한 이익, 공사업자 등이 공무원으로부터 공사대금 등을 지급받은 시기와 돈을 공무원에게 교부한 시간적 간격, 공사업자 등이 공무원에게 교부한 돈이 공무원으로부터 지급받은 바로 그 돈인지 여부, 수수한 장소 및 방법 등을 종합적으로 고려하여 객관적으로 평가하여 판단해야 할 것이다.[912] 전 대통령과 국정원장들이 국고를 횡령하기로 공모하면서 횡령금을 모두 전 대통령에게 귀속시키기로 합의하였고, 국정원장들이 2013년 5월부터 2016년 7월까지 전 대통령에게 금원을 교부하였다 하더라도 이는 전 대통령이 국고를 직접 횡령한 것으로 평가될 뿐 국정원장들이 뇌물로서 전 대통령에게 교부한 것으로 볼 수 없으므로 이에 대한 뇌물수수방조 또한 인정될 수 없다.[913]

한편 횡령 범행으로 취득한 돈을 공범자끼리 수수한 행위가 공동정범들 사이의 범행에 의하여 취득한 돈을 공모에 따라 내부적으로 분배한 것에 지나지 않는다면, 별도로 그 돈의 수수행위에 관하여 뇌물죄가 성립하는 것은 아니다.[914] 642

(바) 공인중개사의업무및부동산거래신고에관한법률위반죄와의 관계

피고인에 대하여 '공인중개사 자격이 없고 중개사무소 개설등록을 하지 않았는데도 甲, 乙과 공모하여 부동산 매매계약을 중개한 대가로 A에게서 甲, 乙 및 피고인의 수고비 합계 2천만 원을 교부받아 중개행위를 하였다'는 공인중개사의업무및부동산거래신고에관한법률위반 공소사실로 벌금 500만 원의 약식명령이 발령되어 확정되었는데, 그 후 피고인이 '피해자 A에게서 甲, 乙에 대한 소개비 조로 2천만 원을 교부받아 A를 위하여 보관하던 중 임의로 사용하여 횡령하였다.'는 공소사실로 기소된 사안에서, 확정된 약식명령의 공소사실에 의하면 중개수수료로 취득한 2천만 원은 피고인 등의 소유로 확정적으로 귀속되고, 그 이후 이를 소비하는 것은 불가벌적 사후행위에 해당하는데, 공소가 제기된 횡령 643

912 대판 2007. 10. 12, 2005도7112. 본 판결 해설은 김연하, "공무원이 수의계약을 체결하면서 공사업자로부터 수수한 돈의 뇌물성 유무를 판단하는 기준", 해설 74, 법원도서관(2008), 385-401.
913 대판 2019. 11. 28, 2019도1056.
914 대판 2019. 11. 28, 2019도11766.

의 공소사실은 피고인이 2천만 원을 교부받은 이후에도 이것이 여전히 A의 소유로 남아 있어 피고인은 이를 보관하는 자임을 전제로 하고 있어 확정된 약식명령의 공소사실과 양립할 수 없는 관계에 있고, 양자의 행위 객체인 금품이 A가 교부한 2천만 원으로 동일한 점에 비추어 양자는 행위태양이나 피해법익 등을 서로 달리하지만 규범적으로는 공소사실의 동일성이 인정된다는 이유로, 확정된 약식명령의 기판력이 횡령의 공소사실에 미친다고 보아 면소를 선고한 원심의 조치는 정당하다.[915]

Ⅶ. 처 벌

644 5년 이하의 징역 또는 1천 500만 원 이하의 벌금에 처한다.

645 본죄에는 10년 이하의 자격정지를 병과할 수 있고(§358), 미수범은 처벌한다(§359).

646 본죄에 대해서는 친족 간의 범행에 관한 규정(§324)이 준용된다(§361).

〔김 현 석〕

915 대판 2012. 5. 24, 2010도3950. 본 판결 해설은 박영호, "공인중개사 아닌 자가 중개수수료를 수수한 행위로 약식명령이 확정된 경우에 중개수수료를 횡령하였다는 범죄행위로 다시 처벌할 수 있는지 여부", 해설 92, 법원도서관(2012), 961-984.

〔총설 2〕 배임의 죄

Ⅰ. 의 의

1 배임죄는 타인의 사무를 처리하는 자가 임무에 위배하는 행위로써 재산상의 이익을 취득하거나 제3자로 하여금 취득하게 하여 본인에게 재산상의 손해를 가함으로써 성립하는 범죄이다.

2 배임죄는 재산권을 보호법익으로 하는 재산죄 중에서 재산상의 이익만을 객체로 하는 순수한 이득죄이고, 본인에 대한 신임관계를 위반하여 재산권을 침해하는 것을 내용으로 하는 범죄이다.

3 신임관계 또는 신의성실에 위배하여 타인의 재산을 침해하는 이득범죄로서의 특성상 배임죄의 구성요건은 추상적·포괄적으로 규정되어 있다. 행위의 주체로서 타인의 사무처리자인지를 판단하기 위하여 본인과의 신임관계 유무, 타인의 사무성 유무 등에 대한 규범적 해석이 필요하며, 재산상 이익의 취득이나 가해(加害) 요건이 충족되었는지에 대한 경제적 관점에서의 평가가 필요하다.

4 구성요건의 추상성·포괄성은 사기죄나 횡령죄 등 다른 재산범죄로 처벌할 수 없는 다양한 재산권 침해행위에 대하여 배임죄를 적용하여 처벌하는 것을 가능하게 한다.[1] 특히 배임죄를 통하여 전통적인 소유권 개념뿐만 아니라 담보권 등 새롭게 등장하는 다양한 권리 침해를 처벌할 수 있게 되었고, 배임죄는 기업범죄나 주식 등 자본시장 관련 범죄 등 첨단 경제범죄에 대한 보충적 규정

1 신동운, 형법각론(2판), 1234.

(일반규정)으로서 기능하기도 한다.[2]

5 그러나 배임죄의 지나친 확대적용은 민사상 채무불이행과의 구별을 어렵게 하여 민사의 형사화를 초래하고, 자유로운 경제생활, 특히 주식회사 등 기업의 경제활동에 대하여 형벌이 지나치게 개입함으로써 일방 당사자에게 부당한 의무를 부과하는 결과를 야기하기도 한다. 따라서 죄형법정주의의 관점에서 배임죄의 구성요건을 합리적으로 해석할 필요가 있다.

Ⅱ. 본 질

6 배임죄의 본질을 어떻게 보는지에 따라 타인의 사무성 인정범위, 임무위배의 내용에 대한 해석론 등 배임죄의 처벌범위에 대하여 다른 결론이 도출된다.

1. 배신설

7 통설은 배임죄의 본질은 대내관계에서 신의성실의 의무 내지 신임관계를 위반하여 타인의 재산을 침해하는 것이라고 한다.[3] 판례도 "타인의 사무를 처리하는 자라 함은 양자 간의 신임관계에 기초를 둔 타인의 재산보호 내지 관리의무가 있음을 그 본질적 내용으로 하는 것이므로 배임죄의 성립에 있어 행위자가 대외관계에서 타인의 재산을 처분할 적법한 대리권이 있음을 요하지 아니한다."고 하여 배신설의 입장이다.[4]

8 그 근거로는, 배임죄에 관한 입법의 연혁, 규정의 형태, 구성요건의 문언 등을 종합하여 볼 때 타인과 사무처리자 사이의 관계를 중심으로 배임죄를 이해

---

2 일본 학계에서는 이러한 배임죄의 특성에 대하여, 재산 보유의 정적 안전을 보호하는 범죄인 절도죄, 강도죄를 제1세대(범죄), 교환경제로서의 재산활용을 보호하는 범죄인 사기죄를 제2세대, 재산의 조직적 활용을 내부자로부터 보호하는 범죄인 배임죄를 제3세대 범죄라고 설명하기도 한다〔大塚 外, 大コン(3版)(13), 208(鳥戸 純)〕.

3 김성돈, 형법각론(5판), 443; 김일수·서보학, 새로쓴 형법각론(9판), 385; 배종대, 형법각론(14판), §76/7-8; 신동운, 1235; 이재상·장영민·강동범, 형법각론(12판), §21/7; 이정원·류석준, 형법각론, 438; 임웅, 형법각론(12정판), 541; 정성근·박광민, 형법각론(전정2판), 463; 주호노, 형법각론, 911; 진계호·이존걸, 형법각론(6판), 484; 황산덕, 형법각론(6정판), 325(Welzel은 배임죄의 구성요건이 보증인적 의무의 위반으로 손해를 가한다는 점에서 부진정부작위와 동일한 구조를 가지고 있다고 본다).

4 대판 1999. 9. 17, 97도3219. 일본 판례로는 大判 大正 12(1923). 3. 21. 刑集 2·242.

하는 것이 배임죄의 본질에 더 부합하고, 다양한 재산침해행위에 대처하기 위한 범죄유형에 주목한 입법적 결단이라는 점을 고려해보아도 배신설의 입장에서 배임죄를 이해하는 것이 더 타당하다는 점 등을 들고 있다.

배신설에 의하여 배임죄의 본질을 파악하게 되면, 배임죄의 성립을 위하여 대외적인 대리권이 필요하지 않고, 배임행위도 법률행위에 국한되지 않고 사실행위에 의하여도 가능하게 된다. 그리고 횡령죄나 배임죄는 모두 위탁자의 신뢰를 배신한다는 배신성을 본질로 하고, 횡령죄는 재물을, 배임죄는 재산상 이익을 객체로 한다는 점에서 구별할 수 있게 된다. 9

배신설에 의하여 배임죄의 본질을 파악하는 견해도, 신의성실의 원칙에 입각한 일반적인 행위임무를 모두 배임죄의 근거가 되는 타인의 사무에 포함시킴으로써 처벌범위가 지나치게 확대될 위험이 있다는 점에 대하여는 부정하지 않는다. 배신설의 논리를 일관한다면, 모든 민사상 채무불이행은 본인의 재산을 보호해야 할 신의성실의무에 대한 위배를 의미하므로 배임죄의 처벌 대상이 될 가능성이 있게 된다. 그럼에도 불구하고 행위의 주체의 범위를 제한적으로 해석하는 등 구성요건의 해석에 있어서 적용범위를 법치국가적으로 제한하는 문제에만 게을리하지 않는다면, 배신설의 입장이 배임죄의 특성을 가장 잘 나타내준다고 설명한다.[5] 그밖에 배신설의 입장을 지지하면서도, 배임죄에서 요구되는 신뢰관계를 재산관리의무로 보고, 단순한 계약이행에서 요구되는 일반적 의무가 아니라 거래상 중요한 신뢰관계로 한정하고, 독립적으로 활동할 수 있는 사무처리자에 대해서만 배임죄를 인정하는 등 제한적 배신설을 주장하거나,[6] 배임죄가 성립하기 위해서는 배신 이외에 재산상 이익의 취득도 있어야 하므로 배신이라는 용어만으로는 부족하고 배신과 이득까지 포함하는 배신·이득설에 의하여 그 본질을 파악하여야 한다는 견해[7]도 있다. 10

2. 권한남용설

권한남용설은 배임죄를 대외관계에서 타인의 사무를 처리할 법적 처분권한 11

5 배종대, §76/8; 임웅, 541.
6 정성근·박광민, 464.
7 오영근, 형법각론(6판), 384.

을 가진 사람이 권한을 남용하여 타인에게 손해를 가하는 범죄라고 한다. 즉, 배임죄의 본질은 법적 대리권의 남용에 있다는 것이다. 이 견해에 의하면, 배임죄는 법적 대리권이 있을 것을 전제로 하므로 사실상의 신임관계에 있는 사람은 행위의 주체에서 제외되고, 배임행위는 법률행위를 통해서만 가능하며 순수한 사실행위에 의한 재산침해행위는 배임죄가 될 수 없다. 횡령죄와 배임죄의 구별은 침해방법의 성질에 의하여 구별되는데, 횡령죄는 월권적 처분행위에 의해 위탁에 기초한 신임관계를 파괴하는 사실행위임에 반하여, 배임은 대리권 남용에 의하여 타인에게 손해를 가하는 법률행위가 된다.[8] 그리고 두 죄는 택일관계에 놓이게 된다.

12 이 견해는 배신설과 달리 배임죄의 성립범위가 지나치게 확대될 위험을 방지하고, 횡령죄와 배임죄의 구별을 명확히 할 수 있다는 장점이 있다. 그러나 법적 대리권이 없는 행위 및 사실행위에 의한 배임행위를 배임죄의 성립범위에서 배제시킴으로써, 배임죄가 전통적으로 신임관계를 위반하는 범죄라는 특징을 고려하지 않고[9] 배임죄의 인정범위를 지나치게 제한하는 문제점을 가지고 있다고 평가된다.

13 권한남용설(Mißbrauchstheorie)은 중세기 이래 바이에른형법에 이르기까지 배신설(Treubruchstheorie)의 취지에 따른 성실의무위반죄로 인정되던 배임죄의 성격에 대하여 빈딩(Binding)이 "재산 관리자가 법률상 인정되는 권력적 지위를 남용하여 타인의 침해하는 범죄"라고 주창한 이래, 프랑크(Frank)가 이를 수정하여 대리권남용설(Theorie des Vollmachtsbrauchs)로 주장하였던 내용이다.[10] 그러나 오늘날 독일형법은 배임죄의 규정에 남용 구성요건뿐만 아니라 배신 구성요건까지 포함하여 순수한 사실상의 신뢰관계도 타인 재산 보호의무의 근거가 된다고 보고 있으며, 권한남용설과 배신설은 배임죄의 역사적 형성과정에서 전개되었던 학설의 대립이라고 이해되고 있다.[11] 우리나라에서는 현재 권한남용설을 따르는 견해는 찾아볼 수 없다.

---

8 김일수·서보학, 385.

9 배종대, § 76/5.

10 문형섭, "배임죄의 본질과 주체의 범위", 법조 544, 법조협회(2002. 1), 7-8.

11 이정원, "배임죄의 구조와 문제점", 전북대학교 법학연구 34(2011), 131-132.

3. 사무처리설

배임죄의 본질을 타인의 재산을 보호해야 할 법률상의 의무위반에 의한 재산 침해라고 보는 견해이다.[12] 배신설의 입장에서 성실의무의 범위가 막연하여 처벌 범위가 지나치게 넓어진다는 비판을 회피하기 위하여 프로이덴탈(Freudenthal)이 주장한 견해이다. 행위자의 대내적 의무위반을 배임죄로 본다는 점에서 기본적으로 배신설에 근거를 두고 있지만, 재산관리의무를 법률상의 재산보호의무에 한정한다는 점에서 배신설과 구별된다.[13] 사무처리설에 의하면 권한남용설보다는 배임죄의 성립범위가 넓게 되지만 배신설보다는 그 범위가 좁아지게 되는데, 사무처리설에 대하여는 권한남용설의 문제점과 마찬가지로 행위자의 의무를 법률상의 의무로 한정할 이유가 없다는 비판이 있다.[14] 14

Ⅲ. 보호법익과 보호의 정도

1. 보호법익

배임죄의 보호법익은 ① 사기죄와 마찬가지로 전체로서의 재산으로서 소유권 그 밖의 본권 및 재산상의 이익이라고 보는 견해가 다수설이다.[15] 배임죄의 성립에 재산상의 손해 발생을 필요로 하고 손해 발생 여부는 배임행위 전후의 전체 재산을 비교해야 한다는 것을 그 이유로 한다. 이에 대하여, ② 보호법익은 법률상의 일정한 권리로 파악하는 것이 바람직하므로 배임죄의 보호법익은 재산권으로 파악하고, 여기에서 재산권은 재산상 이익을 말하고 재물을 제외한 15

---

12 문형섭(주 10), 20; 허일태, "부동산 이중매매와 배임죄", 형사법연구 15, 한국형사법학회(2001), 331.

13 독일 판례 가운데에는 재산보호의무가 배임죄(Untreue)(§ 266①)를 구성하는 요소로서의 권한남용의 전제가 되는 점에서, 신용카드의 남용에 대하여 신용카드 소지자는 신용카드회사에 대해 재산보호의무를 지지 않는 점을 근거로 배임죄의 성립을 부정한 것이 있다(BGH, 13.06.1985 - 4 StR 213/85). 현재 신용카드의 남용은 1986년의 법 개정에 따라 도입된 제266조의b(Mißbrauch von Scheck- und Kreditkarten)에 의하여 처벌된다.

14 배종대, § 76/6.

15 김성돈, 442; 김일수·서보학, 384; 박상기·전지연, 형법학(총론·각론), 691; 박찬걸, 형법각론(2판), 549; 신동운, 1234; 오영근, 382; 이형국·김혜경, 형법각론(2판), 481; 임웅, 539; 정성근·박광민, 461; 정성근·정준섭, 형법강의 각론(2판), 317; 정웅석·최창호, 형법각론, 695; 진계호·이존걸, 483; 최호진, 형법각론, 574.

다고 설명하는 견해도 있다.[16]

16 배임죄는 배임행위로 인하여 타인에게 재산상 손해를 가하여야 성립하는 범죄로서, 재산상의 손해는 전체 재산가치의 감소 여부를 경제적 관점에서 판단하므로, 보호법익은 전체로서의 재산으로 파악하는 위 ①의 다수설의 견해가 타당하다고 본다.

2. 보호의 정도

17 보호법익이 보호받는 정도에 대하여, 판례는 "배임죄는 현실적인 재산상 손해액이 확정될 필요없이 재산상 권리의 실행을 불가능하게 할 염려있는 상태 또는 손해 발생의 위험이 있으면 성립되는 위태범"이라고 하여,[17] 위험범설을 일관하고 있다(다만 재산상 손해 요건과 관련하여 최근 구체적 위험범설의 입장에서 손해 발생의 위험 여부를 판단하고 있는 것으로 평가되고 있는데,[18] 이에 대한 상세는 **배임죄 주해의 I. 3. (2). (나)** 부분 참조).

18 학설 중에는, ① 판례의 태도와 같이 위험범으로 보는 견해도 있으나,[19] ② 다수설은 배임죄를 침해범으로 이해한다.[20] 침해범설에 의하면 ⓐ 위험범설은 '본인에게 손해를 가한 때'라고 규정한 배임죄 구성요건의 문언 해석에 정면으로 반하고, ⓑ 배임죄의 성격을 재산죄로 이해하고 보호법익을 재산권이라고 이해하는 이상 죄의 성립을 위해서는 재산의 침해, 즉 손해의 발생을 필요로 하며, ⓒ 형벌은 필요최소한의 범위에서 최후수단으로 고려되어야 하므로, 재산범죄의 형법적 해결을 되도록 축소해야 한다는 관점[21]에서 보더라도 가벌성의 폭과 정도를 엄격하게 제한하는 침해범설이 타당하다고 설명한다.

---

16 배종대, § 76/3; 손동권·김재윤, 형법각론(2판), 449; 이재상·장영민·강동범, § 21/1도 재산권을 보호법익으로 하는 재산죄라고 설명한다.

17 대판 1975. 12. 23, 74도2215; 대판 1989. 4. 11, 88도1247; 대판 2000. 4. 11, 99도334.

18 김성돈, 442; 주석형법 [각칙(6)](5판), 355(노태악).

19 추상적 위험범으로 보는 견해는 유기천, 형법학(각론강의 상)(전정신판), 291; 이재상·장영민·강동범, § 21/1. 구체적 위험범으로 보는 견해는 박상기, 형법각론(8판), 397; 박찬걸, 550; 정영일, 형법각론(3판), 402.

20 손동권·김재윤, 449; 이상돈, 형법강론(4판), 569; 이형국·김혜경, 482; 정성근·정준섭, 317; 정웅석·최창호, 695; 최호진, 574; 홍영기, 형법(총론과 각론), § 88/2.

21 이주원, "특정경제범죄 가중처벌 등에 관한 법률위반(배임)죄에서 이득액 개념의 합리적 재해석", 인권과 정의 436, 대한변호사협회(2013. 9), 56.

침해범설과 위험범설의 차이는 '손해 발생의 위험'만 있는 경우에 나타난다. 19
그 경우 위험범설에 의하면 배임죄의 기수가 되지만, 침해범설에 의하면 미수범의 성립만 가능할 뿐이다. 물론 배임죄의 미수범을 처벌하지 않는 독일형법과는 달리 우리 형법은 기수와 미수 모두 처벌한다는 점에서, 실제 처벌에서 그 차이가 크지는 않다고 할 수 있다. 그러나 특정경제범죄 가중처벌 등에 관한 법률(이하, 특정경제범죄법이라 한다.) 제3조의 적용대상에서는 배임죄의 미수범은 제외되어 있어, 침해범설인지 위험범설인지에 따라 특정경제범죄법의 적용 여부에 있어서는 결론을 달리할 수 있다.[22]

Ⅳ. 연혁과 입법례

1. 연 혁

로마법이나 게르만법에는 배임죄에 해당하는 규정이 존재하지 않았다고 한 20
다. 1532년 카로리나형법(§170)에서 위탁물횡령에 횡령과 배임을 분리하지 않은 채 규정한 것을 배임죄의 효시로 보고 있으며, 1810년 나폴레옹형법전 제408조 이하의 신용남용죄에 유사한 개념으로 규정되었다. 1813년 바이에른형법에서는 배임죄를 "타인에 대한 특별한 신뢰와 성실의무를 지는 관계에서 고의로 그러한 의무에 위반하는 행위를 한 자는 그러한 불성실 때문에 처벌된다."는 포괄적인 범죄로 규정하였고,[23] 1851년 프로이센형법에서는 배임죄를 사기죄의 한 유형으로 규정하기 시작하였으나 여전히 배임죄와 횡령죄가 완전히 분리되지는 않았다. 1870년 북부 독일연방 형법전에는 단순한 재산가치의 횡령이 불가벌로 되는 것을 해소할 목적으로 '권한의 남용'도 배임행위로 추가하였으며, 이 규정의 형식은 그대로 1871년의 제국형법전에 도입되었다고 한다.[24] 이후 1933년 독일형법에서 배임을 전체 재산에 대한 기본적 형태의 범죄로 취급하면서 사기죄와 같은 장에 규정하여 현행 독일형법에까지 이르고 있으며, 일본형법도 그의

22 이주원(주 21), 55-56.
23 문형섭(주 10), 7.
24 이정원·류석준, 436.

영향을 받아 유사하게 규정하고 있다.[25]

21 우리 형법은 1953년 제정형법 당시부터 횡령죄와 배임죄를 같은 장, 같은 조문에 규정해 오고 있다. 이는 1940년 일본 개정형법가안이 횡령죄와 배임죄가 모두 신임관계위반을 본질로 한다는 점에 착안하여 횡령죄와 배임죄를 '횡령과 배임의 죄'라는 동일한 장에 규정한 것에서 영향을 받았다고 설명되고 있다.[26] 그러나 정작 일본은 개정형법가안을 채택하지 않고 현재까지도 사기죄와 함께 규정된 종래의 배임죄 규정을 유지하고 있다.[27]

2. 입법례

(1) 독일

22 독일형법[28]은 배임죄를 '사기와 배임'의 장(각칙 제22장)에 규정하여 전체 재산에 대한 범죄로 파악하고 있다.

23 독일형법상 배임죄는 권한남용 유형과 의무위반 유형으로 구별된다. 독일형법 제266조 제1항은 "법률, 관청의 위임 또는 법률행위에 의하여 인정된 타인의 재산을 처분하거나 타인에게 의무를 부과할 권한을 남용하거나 법률, 관청의 위임, 법률행위 또는 신용관계 등에 의하여 부과되는, 타인의 재산상 이익을 꾀해야 할 의무에 위반하고, 그로 인하여 재산상 이익을 보호하여야 할 자에게 손해를 가한 자는 5년 이하의 자유형 또는 벌금형에 처한다."고 규정하고 있다. 이는 신임관계나 임무위배행위의 유형을 나누지 않고 있는 우리 형법과 구별된다. 또한 우리 형법은 미수범을 처벌하는 반면 독일형법은 미수범을 처벌하지 않고, 독일형법은 재산상 손해를 가한 때 이외에 재산상 이익의 취득은 요건으로 하지 않는다는 점에서 우리 배임죄의 구성요건과 구별된다.

(2) 일본

24 일본형법은 배임죄를 '사기 및 공갈의 죄'의 장(각칙 제37장)에 함께 규정한다.

25 일본형법 제247조는 "타인을 위하여 그 사무를 처리하는 자가 자기 또는

25 배종대, § 76/2; 이재상·장영민·강동범, § 21/3.
26 신동운, 1146-1147.
27 이정원·류석준, 437.
28 법무부, 독일형법(2008. 5) 참조.

제3자의 이익을 도모하거나 본인에게 손해를 가할 목적으로 그 임무에 위배하는 행위를 하여 본인에게 재산상 손해를 가한 때는 5년 이하의 징역 또는 50만엔 이하의 벌금에 처한다."고 규정하고 있다. 일본형법도 우리 형법과 마찬가지로 미수범을 처벌하나, 자기 또는 제3자의 이익을 도모하거나 본인에게 손해를 가할 목적을 요구하는 목적범이고, 재산상 이익의 취득을 요건으로 하지 않는다는 점에서 우리 형법과 구별된다.

(3) 스위스

스위스형법은 각칙 제2장 '재산에 대한 범죄행위'의 장에서 횡령죄와 배임죄를 동일한 조문에서 규정하고 있다. 26

스위스형법[29] 제138조 제1항은 "자신에게 위탁된 타인의 동산을 자기 또는 타인으로 하여금 위법하게 재산적 이익을 얻게 하기 위하여 영득한 자, 자신에게 위탁된 재산적 가치를 자기 또는 타인의 수요를 위하여 위법하게 사용한 때는 5년 이하의 자유형 또는 벌금에 처한다. 친족 또는 가족구성원에 대하여 범한 배임은 고소에 의해서만 형사소추된다."고 규정하고 있다. 27

V. 규정 체계

형법은 횡령의 죄와 같은 장(각칙 제40장)에 기본적 구성요건으로서 배임죄(§ 355②)와 불법가중적 구성요건으로 업무상배임죄(§ 356), 그리고 배임수증재죄(§ 357)를 규정한다. 다만 배임수증재죄는 타인의 사무처리자가 부정한 청탁을 받고 재물을 수수하는 행위를 처벌하는 것으로, 공무원범죄로서의 뇌물죄에 상응하는 범죄로서, 배임죄와는 별개의 성격을 가지는 독자적인 범죄로 이해되고 있다. 28

배임죄 또는 업무상배임죄로 인하여 취득하거나 제3자로 하여금 취득하게 한 재산상 이익의 가액이 5억 원 이상일 때에는 특정경제범죄법 제3조에 의하여 가중처벌된다. 상법 제622조는 회사의 발기인, 업무집행사원 등이, 상법 제623조는 사채권집회의 대표자 등이 행위의 주체가 된 경우에 대하여 특별배임 29

---

29 한국형사정책연구원, 스위스 형법전(2009) 참조.

죄 규정을 두고 있으나,[30] 업무상배임죄와 법정형에 큰 차이가 없어 특별규정으로서의 역할을 하지 못한다는 평가를 받고 있다.[31]

30 배임수증재죄에 대한 특별규정으로서, 금융회사 등 임직원의 수증재행위에 대하여 특정경제범죄법 제5조와 제6조에 특별규정을 두고 있다. 특정경제범죄법, 금융회사 등 임직원의 수증재죄 규정은 형법상 뇌물의 죄와 그 구조가 유사하다. 단순수증재 행위뿐만 아니라 제3자수재(§ 5②), 증재물전달(§ 6②)도 처벌하며, 배임수증재죄와는 달리 수수한 금품 등의 가액에 따른 가중처벌 규정도 있다(§ 5④).

31 본죄의 미수범은 처벌되며(§ 359), 자격정지의 형을 병과할 수 있다(§ 358).

〔강 수 진〕

---

30 상법 제622조(발기인, 이사 기타의 임원등의 특별배임죄) ① 회사의 발기인, 업무집행사원, 이사, 집행임원, 감사위원회 위원, 감사 또는 제386조제2항, 제407조제1항, 제415조 또는 제567조의 직무대행자, 지배인 기타 회사영업에 관한 어느 종류 또는 특정한 사항의 위임을 받은 사용인이 그 임무에 위배한 행위로써 재산상의 이익을 취하거나 제삼자로 하여금 이를 취득하게 하여 회사에 손해를 가한 때에는 10년 이하의 징역 또는 3천만원 이하의 벌금에 처한다.
② 회사의 청산인 또는 제542조제2항의 직무대행자, 제175조의 설립위원이 제1항의 행위를 한 때에도 제1항과 같다.
제623조(사채권자집회의 대표자 등의 특별배임죄) 사채권자집회의 대표자 또는 그 결의를 집행하는 자가 그 임무에 위배한 행위로써 재산상의 이익을 취하거나 제삼자로 하여금 이를 취득하게 하여 사채권자에게 손해를 가한 때에는 7년 이하의 징역 또는 2천만원 이하의 벌금에 처한다.
제624조(특별배임죄의 미수) 전2조의 미수범은 처벌한다.

31 주석형법 [각칙(6)](5판), 190(노태악).

제355조(횡령, 배임)

② 타인의 사무를 처리하는 자가 그 임무에 위배하는 행위로써 재산상의 이익을 취득하거나 제3자로 하여금 이를 취득하게 하여 본인에게 손해를 가한 때에도 전항의 형과 같다.

〔배임죄〕

Ⅰ. 객관적 구성요건

1. 행위의 주체 – 타인의 사무를 처리하는 자

1 본죄(배임죄)[1]는 타인의 사무를 처리하는 자가 행위의 주체가 되는 진정신분범이다.

2 '타인의 사무를 처리하는 자'란 타인과의 대내관계에 있어서 신의성실의 원칙에 비추어 타인의 사무를 처리할 신임관계가 있다고 인정되는 사람이다. 본죄의 본질에 관한 배신설(통설)은 권한남용설이나 사무처리설과 달리 행위의 주체에 대

1 본조 제2항에서 '본죄'는 원칙적으로 배임죄의 약칭으로 사용하지만, 판례 등 일부 '업무'를 전제로 한 부분에서는 업무상배임죄를 지칭하기도 한다.

하여 법률적 대리권이나 재산관리의무의 존재를 요구하지 않는다. 따라서 계약관계 등 사회경제적 관계에서 발생하는 신임관계에 기초한 각종 의무부담자가 모두 본죄의 행위의 주체로 될 가능성이 있는데, 일체의 신뢰위반이 모두 본죄의 처벌대상이 될 위험을 제거하기 위해서는 '타인의 사무처리자'에 대한 해석론상의 명확한 경계 설정이 중요하며,[2] 죄형법정주의의 명확성 원칙이나 보충성 원칙에 비추어 제한해석을 하여야 한다는 데에 대부분 학자들이 의견을 같이 하고 있다.[3]

3 사무처리자의 지위가 발생하는 근거가 되는 신임관계를 거래의 신의칙이나 사회윤리적 신임관계에까지 확대하여 이해하는 이상, 신임관계의 근거 및 내용에 대한 해석론을 통하여 타인의 사무처리자의 성립 범위를 제한하기는 어렵다. 따라서 해석론상의 제한은 주로 사무의 타인성, 즉 '자기'의 사무에 대응하는 개념으로서 '타인'의 사무의 범위를 어떻게 이해할 것인가에 초점이 맞추어져 있다.

(1) 사무처리의 근거 - 신임관계

4 타인의 사무처리자가 되기 위해서는 타인과 행위의 주체 사이에 신임관계가 존재하여야 한다. 신임관계는 법령(친권자, 후견인, 파산관재인, 집행관, 법인 대표자 등), 계약 또는 법률행위(위임, 도급, 고용, 임치 등)뿐만 아니라 사무관리, 조리, 관습 등 신의칙에 의하여 발생하는 사회윤리적 신뢰관계, 사실상의 신임관계도 포함한다.[4] 예를 들어, 사실상 학교법인의 경영을 주도하고 학교자금을 보관·관리하는 학교법인의 이사가 학교재산에 대한 임대차계약을 체결한 경우,[5] 사무처리자가 사임 후 사무처리자의 자격에서 보관하고 있던 예치금을 후임자에게 인계해주어야 할 임무가 있는 경우,[6] 사무처리자가 해임된 후 사무인계 전에 관련 소송에 관한 사무를 처리하게 된 경우[7] 등에도 사실상의 신임관계가 인정되는 경우 타인의 사무처리자가 될 수 있다.[8]

---

2 강수진, "부동산 대물변제예약의 채무자와 배임죄에서의 타인의 사무처리자", 고려법학 76(2015. 3), 235.

3 김성돈, 형법각론(5판), 445; 배종대, 형법각론(14판), § 77/3; 정영일, 형법강의 각론(3판), 227; 황산덕, 형법각론(6정판), 325.

4 大判 昭和 13(1938). 11. 21. 刑集 17·861.

5 대판 2000. 3. 14, 99도457.

6 대판 2009. 2. 12, 2008도10915.

7 대판 1999. 6. 22, 99도1095. 본 판결 평석은 안경옥, "'사실상의 신임관계'에 기초한 배임죄 처벌의 한계", 형사판례연구 [9], 한국형사판례연구회, 박영사(2001), 279-298.

8 大判 明治 44(1911). 4. 21. 刑録 17·622.

그러나 신의칙에 의한 신임관계를 인정하는 경우 본죄의 처벌 범위가 지나치게 확대될 수 있으므로 이를 제한적으로 해석할 필요가 있다. 이를 위하여 타인의 재산상 이익을 보호해야 할 보증인적 지위를 인정하는 것과 같이 일정한 영역 속에 들어오는 사람의 사무처리에 한하여 신임관계를 인정할 필요가 있다는 견해[9]가 있다. 신임관계의 내용이 적용자의 윤리의식, 정치적·정책적 목표에 따라 다르게 나타날 수 있으므로 가능한 한 신의칙의 내용을 구체화하여야 한다는 견해,[10] 일정한 지위에서 의무를 부담하는 범위로 한정하는 견해[11] 등도 신임관계의 범위를 제한함에 있어 참고할 만하다. 5

판례는 ① 유치권자들과 아파트에 대한 점유위탁계약을 체결하였다가 해지된 피고인이 아파트 관련 인도소송에서 재판상 자백을 함으로써 유치권자들에게 재산상 손해를 가하였다고 기소되어 원심에서 유죄판결이 선고된 사안에서, 피고인이 재판상 자백을 한 시점이 위탁계약 해지 후 2년이 경과된 시점이고, 유치권자들이 피고인을 소송에서 배제시키기 위해 제3자에게 소송수계를 하도록 하거나 이미 당해 소송의 경과를 파악하고 있었던 점 등에 비추어 신임관계가 이미 종료되었다고 하여 본죄의 성립을 부정하고,[12] ② 피고인과 A의 채권을 담보하기 위한 것이지만 피고인의 단독 명의로 근저당권이 설정된 경우, 변제할 이익이 없는 제3자는 위 A의 채권을 변제하였어도 채권자의 승낙이 없으면 채권자를 대위할 수 없는 것이므로, 피고인은 근저당권을 대위행사할 수 있는 지위에 있지 아니하는 제3자의 사무를 처리하는 자에 해당하지 않는다고 하고,[13] ③ 가상자산 관리자의 착오나 가상자산 운영 시스템의 오류 등으로 법률상 원인관계 없이 다른 사람의 가상자산 전자지갑에 가상자산이 이체된 경우, 가상자산을 이체받은 사람은 부당이득반환의무를 부담하게 될 수 있지만 이는 당사자 사이의 민사상 채무에 지나지 않고, 이러한 사정만으로 가상자산을 이체 6

9 김성돈, 445-456; 주석형법 〔각칙(6)〕(5판), 361(노태악).
10 배종대, § 77/9.
11 정성근·박광민, 형법각론(전정2판) 470.
12 대판 2017. 2. 3, 2016도3674. 본 판결 해설은 지귀연, "1. 배임죄에서 타인의 사무를 처리하는 자 및 임무위배행위의 기준 2. 유치권자로부터 점유를 위탁받아 부동산을 점유하는 자가 부동산의 소유자로부터 인도소송을 당하여 재판상 자백을 한 경우, 재판상 자백이 손해 발생의 구체적·현실적인 위험을 초래하기에 이르렀는지 판단하는 기준", 해설 112, 법원도서관(2017), 406-426.
13 대판 1983. 11. 8, 83도1553.

받은 사람이 신임관계에 기초하여 가상자산을 보존하거나 관리하는 지위에 있다고 볼 수 없다고 한다.[14]

7 금융기관의 임직원과 예금주 사이에는 타인의 사무처리의 기초가 되는 신임관계가 있다고 할 수 있는가? 판례는 예금은 은행 등 법률이 정하는 금융기관을 수치인으로 하는 금전의 소비임치계약으로서, 그 예금계좌에 입금된 금전의 소유권은 금융기관에 이전되고, 예금주는 그 예금계좌를 통한 예금반환채권을 취득하는 것이므로, 금융기관의 임직원은 예금주로부터 예금계좌를 통한 적법한 예금반환 청구가 있으면 이에 응할 의무가 있을 뿐, 예금주와 사이에서 그의 재산관리에 관한 사무를 처리하는 자의 지위에 있다고는 할 수 없다고 한다.[15]

---

14 대판 2021. 12. 16, 2020도9789(원심은 신의칙에 따른 신뢰관계를 인정). 「가. 가상자산 권리자의 착오나 가상자산 운영 시스템의 오류 등으로 법률상 원인관계 없이 다른 사람의 가상자산 전자지갑에 가상자산이 이체된 경우, 가상자산을 이체받은 자는 가상자산의 권리자 등에 대한 부당이득반환의무를 부담하게 될 수 있다. 그러나 이는 당사자 사이의 민사상 채무에 지나지 않고 이러한 사정만으로 가상자산을 이체받은 사람이 신임관계에 기초하여 가상자산을 보존하거나 관리하는 지위에 있다고 볼 수 없다. 또한 피고인과 피해자 사이에는 아무런 계약관계가 없고 피고인은 어떠한 경위로 이 사건 비트코인을 이체받은 것인지 불분명하여 부당이득반환청구를 할 수 있는 주체가 피해자인지 아니면 거래소인지 명확하지 않다. 설령 피고인이 피해자에게 직접 부당이득반환의무를 부담한다고 하더라도 곧바로 가상자산을 이체받은 사람을 피해자에 대한 관계에서 배임죄의 주체인 '타인의 사무를 처리하는 자'에 해당한다고 단정할 수는 없다. (중략)

다. 가상자산은 국가에 의해 통제받지 않고 블록체인 등 암호화된 분산원장에 의하여 부여된 경제적인 가치가 디지털로 표상된 정보로서 재산상 이익에 해당한다(대법원 2021. 11. 11. 선고 2021도9855 판결 참조). 가상자산은 보관되었던 전자지갑의 주소만을 확인할 수 있을 뿐 그 주소를 사용하는 사람의 인적사항을 알 수 없고, 거래 내역이 분산 기록되어 있어 다른 계좌로 보낼 때 당사자 이외의 다른 사람이 참여해야 하는 등 일반적인 자산과는 구별되는 특징이 있다. 이와 같은 가상자산에 대해서는 현재까지 관련 법률에 따라 법정화폐에 준하는 규제가 이루어지지 않는 등 법정화폐와 동일하게 취급되고 있지 않고 그 거래에 위험이 수반되므로, 형법을 적용하면서 법정화폐와 동일하게 보호해야 하는 것은 아니다.

라. 원인불명으로 재산상 이익인 가상자산을 이체받은 자가 가상자산을 사용·처분한 경우 이를 형사처벌하는 명문의 규정이 없는 현재의 상황에서 착오송금 시 횡령죄 성립을 긍정한 판례를 유추하여 신의칙을 근거로 피고인을 배임죄로 처벌하는 것은 죄형법정주의에 반한다. 이 사건 비트코인이 법률상 원인관계 없이 피해자로부터 피고인 명의의 전자지갑으로 이체되었더라도 피고인이 신임관계에 기초하여 피해자의 사무를 맡아 처리하는 것으로 볼 수 없는 이상, 피고인을 피해자에 대한 관계에서 '타인의 사무를 처리하는 자'에 해당한다고 할 수 없다.」

다만, 위 판결은 무단으로 출금·이체된 회사 자금이 반환된 것처럼 허위의 회계처리를 함으로써 횡령 범행을 은폐하기 위한 목적으로 계좌에 입금 내역을 남긴 후 다시 곧바로 이체한 행위에 대하여는 별개의 횡령행위를 구성한다고 보기 어렵다는 이유로 무죄를 선고한 원심판결을 수긍하였다.

15 대판 2008. 4. 24, 2008도1408; 대판 2017. 8. 24, 2017도7489.

또한, 수산업협동조합 영업과장인 피고인 및 저축과장인 A가 취급한 적금대출 업무는 수산업협동조합법 소정의 신용사업의 일종으로서 이루어지는 금융업무이고, 소비대차의 성질을 띤 것으로서 이로 인하여 위 조합과 대출받는 자 사이에는 채권·채무관계가 발생할 뿐이고, 따라서 위 적금대출사무는 위 조합의 업무에 속하는 것이지 결코 대출을 받는 사람인 타인의 사무에 속한다고 볼 수 없어 피고인 등이 배임죄의 주체가 될 수 없다.[16]

사무처리의 근거가 된 법률행위가 무효인 경우, 원칙적으로 신임관계 자체가 발생하였다고 볼 수 없으므로 타인의 사무처리자가 될 수 없다고 보는 것이 타당하다.[17] ① 불륜관계를 지속하는 대가로 소유권이전등기를 경료해 주기로 약정한 증여계약은 선량한 풍속과 사회질서에 반하여 무효이므로 증여로 인한 소유권이전등기의무가 인정되지 않는 이상 타인의 사무처리자에 해당되지 아니하고,[18] ② 농지를 취득할 수 없는 사람에게 농지를 매도한 계약,[19] ③ 국토이용관리법상 규제지역 내 토지에 관한 거래계약의 허가를 받지 아니하고 토지를 매도한 계약,[20] ④ 체비지를 대상으로 한 납세 담보 제공의 약정[21]은 무효이므로 신임관계 자체가 발생하였다고 볼 수 없다. 8

그러나 선량한 풍속 기타 사회질서에 반하는 것이 아닌 한, 법적 형식이나 행위능력의 결여 등을 이유로 한 무효인 경우 사실상 신임관계를 인정할 수 있다.[22] 그리고 사실상 신임관계란 부진정부작위범의 보증인 지위와 같이 타인의 재산상 이익을 보호해야 할 특별한 보증인적 지위에 있는 경우로 설명되고 있다.[23] 9

---

16 대판 1987. 6. 23, 87도873.

17 김일수·서보학, 새로쓴 형법각론(12판), 388; 오영근, 형법각론(6판), 385; 정영일, 229.

18 대판 1986. 9. 9, 86도1382.

19 대판 1979. 3. 27, 79도141.

20 대판 1992. 10. 13, 92도1070. 본 판결 해설은 김호윤, "국토이용관리법 소정 규제구역내의 토지 매매에 대하여 거래허가를 받지 아니한 상태에서 이중매도한 경우 배임죄의 성부", 해설 18, 법원행정처(1993), 883-889.

21 대판 2010. 5. 27, 2007도11279. 본 판결 해설은 김양섭, "체비지를 국세담보에 제공한다는 의사표시와 체비지대장에 '국세담보에 제공하였음'이라고 기재하였다면 체비지에 관하여 담보물권이 설정되어 체비지 소유자가 국가에 대하여 타인의 사무를 처리하는 자에 해당하는지 여부", 해설 84, 법원도서관(2010), 738-761.

22 김성돈, 446; 이재상·장영민·강동범, 형법각론(13판), § 21/10; 임웅, 형법각론(12정판), 543-544.

23 이재상·장영민·강동범, § 21/10; 정영일, 229.

10 판례는 ① 피고인이 타인과 사이에 법률적으로 유효한 친생자관계 및 양친자관계가 존재하지 않는다고 하더라도 부동산 처분 당시 호적상 친모로 등재되어 있는 등 신의성실의 원칙에 따라 타인의 사무를 처리할 신임관계가 존재한다고 하고,[24] ② 교회의 대표자인 피고인이 총유의 교회 재산을 처분함에 있어 교인총회의 결의나 별도의 정관이나 규약에 특별한 정함도 없이 계약을 체결하여 재산처분행위에 채권적 효력이 없는 사정이 있다고 하더라도, 매도인이 피고인 개인으로 되어 있어 타인의 권리에 대한 매매계약의 성질을 가지고 있고, 피고인으로서는 제1매수인 앞으로 소유권이전등기를 경료할 수 있도록 교인총회를 소집하여 처분결의가 있을 수 있도록 하는 등 매수인을 위한 등기협력임무가 이행가능한 지위에 있으면 배임죄의 성립이 가능하다고 보았다.[25]

11 한편, 반드시 제3자에 대한 대외관계에서 그 사무에 관한 대리권이 존재할 것을 요하지 않으며, 업무상배임죄에 있어서의 업무의 근거는 법령, 계약, 관습의 어느 것에 의하건 묻지 않고, 사실상의 것도 포함한다. 피고인이 학교법인의 이사에 불과하여 학교법인의 재산에 관한 사무를 처리하는 주체가 될 수 없다는 주장에 대하여 판례는, 대학교 총장으로서 대학교 업무 전반을 총괄함과 동시에 학교법인의 이사로서 이사회에 상당한 영향력을 행사하고 있는 피고인이 이사회에 참석하여 명예총장에 추대하는 결의에 찬성하고, 이사회의 결의에 따라 대학교의 총장으로서 대학교의 교비로써 자신의 아버지인 명예총장의 활동비 및 전용 운전사의 급여를 지급한 경우, 업무상배임죄의 주체가 될 수 있다고 하였다.[26]

(2) 사무처리의 내용

(가) 재산상 사무여야 하는지

12 타인이 처리하는 사무는 공적 사무인지 사적 사무인지 가리지 않는다. 판례는 공무원의 구매자재 검수업무,[27] 정부양곡의 수매·가공·보관 및 방출업무를 보조하는 군청직원의 업무,[28] 정부가 관리하는 조절사료의 배정을 위한 공무

24 대판 2002. 6. 14, 2001도3534.
25 대판 1993. 4. 9, 92도2431.
26 대판 2003. 1. 10, 2002도758.
27 대판 1974. 11. 12, 94도1138.
28 대판 1975. 11. 25, 73도1881.

원의 양돈농가실태조사업무[29] 등에 대하여 본죄의 성립을 인정하였다. 공적 사무의 처리자가 반드시 공무원이 되어야 하는 것은 아니고, 일시적 사무인지 계속적 사무인지도 가리지 않는다. 법률행위에 관한 사무뿐만 아니라 사실행위에 관한 사무도 포함한다.

그런데 의사가 환자를 치료하는 사무 또는 변호사가 형사사건의 변호를 맡아 소송을 수행하는 사무와 같이 비재산적 사무도 여기에 포함되는지 문제된다. 이에 대해서는, ① 본죄는 재산죄이고, 타인의 재산보호가 신임관계에 기초한 사무의 본질이 되어야 하며, 그렇지 않으면 본죄의 성립범위가 부당하게 확대될 위험이 있으므로 재산상 사무로 제한하여야 한다는 견해(제한설),[30] ② 구성요건상 재산상 이익이 요구되고 있으므로 적어도 재산상 이해관계를 가지는 사무여야 한다는 견해(부분적 제한설),[31] ③ 재산상 사무로 제한해석할 이유가 없고, 불법이득의 의사 등 다른 구성요건에 의하여 제한할 수 있으므로 본죄의 성립범위가 확대될 위험도 없다는 점에서 재산상 사무일 필요가 없다는 견해(무제한설)[32]가 있다. 13

구성요건의 문언상 타인의 사무가 재산상 사무일 것을 요구하고 있지는 않지만, 본죄의 재산죄로서의 성격이나 지나친 처벌 범위 확대의 위험성 등을 고려하면, 타인의 사무는 타인의 재산 보호가 신임관계의 전형적·본질적 내용이 14

29 대판 1978. 8. 22, 78도958.

30 김성돈, 446; 김신규, 형법각론 강의, 488; 김일수·서보학, 387; 김혜정·박미숙·안경옥·원혜욱·이인영, 형법각론(3판), 438; 박상기·전지연, 형법학(총론·각론)(5판), 695; 박찬걸, 형법각론(2판), 551; 배종대, § 77/5; 손동권·김재윤, 새로운 형법각론(2판), 454; 이상돈, 형법강론(14판), 571; 이재상·장영민·강동범, § 21/11; 이정원·류석준, 형법각론, 441; 이형국·김혜경, 형법각론(2판), 487; 정성근·박광민, 469; 정성근·정준섭, 형법강의 각론(2판), 320; 주호노, 형법각론, 914; 진계호·이존걸, 형법각론(6판), 489; 최호진, 형법각론, 580; 한상훈·안성조, 형법개론(3판), 569; 주석형법 [각칙(6)](5판), 368(노태악).

31 오영근, 386; 정영일, 228; 홍영기, 형법(총론과 각론), § 88/14; 황산덕, 326. 그런데 이 견해를 취하는 학자들의 구체적인 결론은 약간 다르다. 정영일 교수의 경우, 적어도 재산상 이해관계를 갖는 사무이면 족하다는 견해를 취하지만, 형사사건을 수임한 변호사나 치료를 맡은 의사도 행위의 결과 재산상 이익을 취한 경우 본죄가 성립한다고 하여 결론적으로는 무제한설과 같은 입장을 취하고 있다. 오영근 교수의 경우, 자본주의 사회에서 재산과 관계없이 이루어지는 사무는 많지 않다고 하면서, 변호사의 소송이나 의사의 환자에 대한 사무가 예를 들어 재산소송 또는 입원비 관련 사무인 경우 등 재산상 이해관계와 관계있는 경우에는 본죄의 성립을 인정할 수 있다는 입장을 취하고 있어서 결론적으로는 오히려 제한설의 입장과 유사한 것으로 보인다.

32 임웅, 545.

되어야 할 것이다. 그러한 점에서 사무의 내용을 재산상 사무로 제한하는 위 ①의 제한설의 태도가 타당하다. 비재산적 사무를 본죄에서의 타인의 사무로 인정하는지에 대한 명시적인 판례는 없으나, 판례는 일관하여 본죄에 있어서 타인의 사무라 함은 신임관계에 기초를 둔 타인의 재산의 보호 내지 관리의무가 있을 것을 그 본질적인 내용으로 한다는 취지로 판시해 오고 있는바, 위 ①의 제한설의 입장으로 해석된다.[33]

(나) 독립된 사무처리여야 하는지

15 타인의 사무처리는 위탁·신임관계에 의하여 어느 정도 독립성 내지 재량이 인정되어야 하며, 단순히 타인의 지시를 받아 기계적으로 사무를 처리하는 경우는 본죄에서의 사무처리라고 할 수 없다.[34] 필요한 독립성의 정도는 구체적인 경우 사무의 종류와 내용, 시간적 계속성 등을 종합하여 판단할 것인데, 반드시 고유의 권한으로 사무처리를 할 필요는 없고, 보조기관으로서 직·간접적으로 사무처리를 하였다고 하더라도 사무처리에 해당할 수 있다.[35] 예를 들어, 구 예산회계법(2016. 10. 4. 폐지되고, 국가재정법으로 통합)상 재무관 및 세입징수관인 국장을 보조하는 전신전화국 과장,[36] 감정기관의 직원[37]도 타인의 사무처리자가 될 수 있다.

16 **[대판 1976. 7. 13, 74도717]**

감정의뢰인이 감정기관에게 감정을 의뢰하고 그 의뢰를 받은 감정기관이 그 직원으로 하여금 감정을 실시케 하는 경우, 그 감정을 실시하는 직원은 그가 속하는 감정기관에 대하여 정당하게 감정할 임무를 부담함과 동시에 그 감정기관에 감정을 의뢰한 자에 대하여도 감정기관의 직원으로서 정당하게 감정할 임무를 부담한다 할 것인바, 원판시와 같이 피고인이 위 지소 감정담당 직원으로서 문화재관리국장이 위 지소장에 대하여 의뢰한 본건 감정을 그 지소장의 지시에 따라 실시하였다는 것이니, 위 피고인은 감정의뢰인인 문화재관리국장에 대하여도 위 부동산의 시가를 정당하게 감정할 임무를 부담한다 할 것이므로 위 문화재관리국장, 즉 국가에 대한 관계에 있어서 배임죄의 구성요건인 소위 타인의 사무를 처리하는 자라고 아니할 수 없다.

---

33 판례가 공무를 사무의 범위에 포함시키고, 방송국의 프로듀서가 방송될 곡을 선곡하는 사무도 타인의 사무로 해석하고 있는 것(대판 1991. 6. 11, 91도688)에 비추어, 위 ①의 제한설보다는 위 ②의 부분적 제한설로 이해하는 견해도 있다[박성수, "배임죄와 타인의 사무를 처리하는 자", 법조 46-4(통권 487), 법조협회(1997) 참조].

34 김일수·서보학, 388; 배종대, § 77/11; 오영근, 387; 이재상·장영민·강동범, § 21/15.

35 대판 1999. 7. 23, 99도1911; 대판 2002. 7. 12, 2002도2067; 대판 2004. 6. 24, 2004도520.

36 대판 1982. 7. 27, 81도203.

37 대판 1976. 7. 13, 74도717.

직장의 상사가 범법행위를 하는 데 가담한 부하의 경우, 직무상 지휘·복종 관계에 있다 하여 범법행위에 가담하지 않을 기대가능성이 없다고 할 수 없다.[38] 또한, 대외관계에서 그 사무에 관한 권한을 가질 필요는 없고 직접 사무를 담당하는 사람이 아니라도 무방하다.[39] 직접 업무를 담당하는 사람이 아니더라도 그 업무 담당자의 상급기관으로서 실행행위자의 행위가 피해자 본인에 대한 배임행위에 해당한다는 것을 알면서도 실행행위자의 배임행위를 교사하거나 또는 배임행위의 전 과정에 관여하는 등으로 배임행위에 적극 가담한 경우에는 본죄의 주체가 된다.[40] 17

반면, 사무처리자의 독립보조자가 타인에 대한 관계에 있어서는 사무처리의 의무를 부담하지 않고 사무처리자에 대한 관계에 있어서는 의무를 부담하는 경우에는 타인의 사무처리자가 될 수는 없을 것이다.[41] 18

① 국세의 체납으로 압류한 물건을 공매처분하는 세무공무원은 체납세액의 확보와 충당을 위하여 성실한 직무수행을 할 의무가 있는바, 이는 어디까지나 국가에 대한 임무이지 공매대상인 압류물품의 소유자에 대한 사무처리자는 아니고,[42] ② 피고인이 국가공무원으로서 수몰지구대책사업소장직을 겸하면서 수몰지구의 토지소유자들에 대한 피해보상금 중 일부를 영달받아 지급함에 있어, 해발 31미터 이상의 저지대 토지소유자로부터 고지대 토지소유자로 순차 지급하라는 지시를 일부 어겨 일부 고지대 토지소유자에게 먼저 지급하고 저지대 토지소유자에 대한 보상금 지급을 하지 아니하였다 하더라도, 피고인은 문제의 피해보상금지급사무에 관하여 이해관계 있는 수몰지구 토지소유자들로부터의 위임에 의하여 그 위임취지에 따라서 사무를 처리하여야 할 임무가 있는 사람이라고는 할 수 없으며,[43] ③ 한국전력공사의 지방출장소장인 피고인이 초과징수된 전기요금을 전기수용자에게 환급처리하는 임무는 한국전력공사의 사무를 처리하는 19

38 대판 1999. 7. 23, 99도1911.

39 정영일, 229. 일본 판례로는 大判 大正 4(1915). 2. 20. 刑録 21·131; 大判 昭和 8(1933). 7. 20. 刑集 12·1360; 大判 昭和 17(1942). 11. 30. 法律新聞 4824·7; 最決 昭和 60(1985). 4. 3. 刑集 39·3·131.

40 대판 2004. 7. 9, 2004도810.

41 박성수(주 33), 146.

42 대판 1975. 11. 25, 75도2619.

43 대판 1970. 7. 28, 70도1426.

직원으로서의 임무이므로, 피고인이 그 환급사무의 처리를 태만히 하였다고 하여도 한국전력공사에 대한 임무위배행위는 될지언정 위 전기수용자에 대한 임무위배행위는 될 수 없다고 할 것이고,[44] ④ 토지소유자에게 원매인을 소개한 사람은 매매계약체결 사무에 관하여 본죄의 주체가 될 수 없다.[45] 또한, ⑤ 한국외환은행의 매각 관련 신주발행 업무가 위 은행 이사회의 결정사항으로 그 대표이사 또는 이사의 사무에 속하는 점, 재정경제부 금융정책국장으로서의 업무집행은 국가나 정부, 국민을 위하여 부담하는 공무일 뿐 달리 특별한 사정이 없는 한 위 은행에 대하여 부담하는 사무의 처리라고 볼 수는 없는 점 등에 비추어, 재정경제부 금융정책국장이 위 신주발행에서 위 은행이나 그 주주들에 대한 사무처리자의 지위에 있다고 볼 수는 없다고 하였다.[46]

(3) 타인의 사무

20 대내적 신임관계에 있는 사람이라고 하더라도 그에게 부여된 의무가 타인의 사무로서의 성격을 가져야 하며, 자기의 사무이면 의무위반이 본죄를 구성하지 않는다.[47]

21 여기에서 사무의 타인성이란 당사자 관계의 본질적 내용이 단순한 채권관계상의 의무를 넘어서 그들 간의 신임관계에 기초하여 타인의 재산을 보호 또는 관리하는 데 있는 것을 의미한다.[48]

22 사무의 처리가 타인에게 이익이 되어 타인에 대하여 이를 처리할 의무를 부담하는 경우라도 일반적인 계약의무의 이행과 같이 자기의 거래를 완성하기 위한 자기의 사무를 본질적 내용으로 한다면 이는 타인을 '위하여' 사무를 처리하는 자일뿐, 본죄에서의 타인의 사무처리자로 볼 수는 없다.[49] 민사상 채무불이행 사안에서 채무의 이행을 강제하기 위하여 채무자에게 형벌을 부과하는 것은 허용되어서는 안 되고,[50] 모든 계약에는 상대방의 재산상 이익을 보호해야 할 신의칙상 의무가 포함되어 있는데 이러한 계약상 이행의무는 원칙적으로 자

44 대판 1984. 7. 10, 84도883.
45 대판 1990. 5. 8, 89도1524.
46 대판 2010. 10. 14, 2010도387.
47 大判 明治 44(1911). 4. 21. 刑録 17·622.
48 대판 2009. 2. 26, 2008도11722 등.
49 김성돈, 448; 신동운, 1243. 대판 2011. 1. 20, 2008도10479(전)도 같은 입장이다.
50 大塚 外, 大コン(3版)(13), 236(鳥戸 純).

기의 사무라고 하여야 하며,[51] 본죄의 본질은 타인의 재산 보호를 위한 신임관계에 대한 위배에 있다고 보아야 하므로 단순 채무불이행을 본죄로 처벌할 수는 없기 때문이다.[52]

23 예를 들어, ① 건축공사대금 지급을 위하여 건축공사 수급인으로부터 가옥 매매권한을 위임받고 매매대금 중 일부를 수급인에게 공사대금으로 지급하기로 합의한 건축주가 매매대금을 수급인에게 지급하지 않고 전부 임의 소비하였다고 하더라도, 매매대금 중 일부를 수급인에게 공사대금으로 지급해야 할 의무는 단순한 채권적 급부의무에 불과하여 자기의 사무이지 타인의 사무가 아니다.[53] ② 아파트 분양사업 시행자가 시공사와 아파트 건축공사 도급계약을 체결하면서 분양수입금을 공동명의로 개설한 예금계좌로만 수령하고 그 분양수입금으로 공사대금을 지급하기로 특약하였음에도, 시행사가 이를 어기고 분양수입금을 공동명의 예금계좌에 입금하지 아니한 채 이를 자신의 기존 채무의 변제 등에 사용한 경우에도, 아파트의 분양수입금으로 시공사에 공사대금을 지급하는 사무는 시행사 자신의 사무에 속하는 것이므로 본죄를 구성한다고 볼 수 없다.[54] 또한, ③ 건설업자가 피해자들로부터 다세대주택 분양대금의 선지급 명목으로 피해자들 소유 대지의 소유권을 이전받았다면, 건설업자가 피해자들에 대하여 위 다세대주택에 관한 소유권이전등기를 경료해 줄 임무는 타인의 사무에 해당한다고 볼 수 있으나, 위 대지를 담보로 대출받은 돈을 위 다세대주택의 건설 목적 범위 내에서 관리·사용하여야 할 임무는 단순한 채무에 불과하지 피해자들의 재산관리 내지 보전의 사무라고 볼 수 없으므로 본죄에서의 타인의 사무를 처리하는 자에 해당한다고 할 수 없고,[55] ④ 부동산을 경락한 피고인이 그 경락허가결정이 확정된 뒤에 그 경매부동산의 소유자들에게 대하여 그 경락을 포기하겠노라고 약속하여 놓고 그 경매법원에서 경락대금 지급명령이 전달되자 위의 약속을 어기고 그 경락대금을 완납함으로써 그 경락부동산에 대한 소유권을 취득한 경우에도, 피고인은 소유자들에 대하여 자기가 그 경락부동산을 취득

51 이재상·장영민·강동범, § 21/13.
52 임웅, 545-546.
53 대판 1976. 5. 11, 75도2245.
54 대판 2008. 3. 13, 2008도313.
55 대판 2007. 10. 11, 2007도6161.

하지 아니하겠노라는 민법상의 채무를 부담하고 있는 데 불과하다 할 것이고, 타인의 사무를 처리하는 자에 해당한다고 말할 수는 없다.[56]

24 한편 사무의 본질적 내용이 타인 재산의 보호 또는 관리에 있는 것으로서 타인의 사무에 해당한다면, 그것이 동시에 자기의 거래를 완성하기 위한 자기의 사무로서의 성격이 있다고 하더라도 본죄에서의 타인의 사무를 처리하는 자에 해당한다고 보아야 할 것이다. 대법원 역시 같은 관점에서, 부동산 매매계약에서 중도금을 수령한 매도인은 매수인에 대하여 매수인의 재산보전에 협력하여 재산적 이익을 보호·관리할 신임관계에 있고 그때부터 매도인은 타인의 사무처리자에 해당한다고 판시하여,[57] 부동산 이중매매에 대하여 본죄 성립을 긍정해 오고 있다.

25 그런데 자기의 거래를 완성하기 위한 자기의 사무이면서 동시에 타인 재산의 보호 또는 관리를 본질적인 내용으로 하는 타인의 사무에 해당하여 본죄의 행위주체성을 인정할 수 있는 사안과, 단순히 타인을 '위한' 사무에 불과할 뿐 본질적으로는 자기 거래의 완성을 위한 자기의 사무에 해당하는 것이어서 본죄의 성립을 부정하여야 할 사안을 구별하는 것은 간단한 문제가 아니다. 부동산 이중매매에 관한 대판 2018. 5. 17, 2017도4027(전)의 반대의견은 매도인의 재산권 이전의무는 부동산 매매계약에 따른 각자의 자기의 사무일 뿐 타인의 사무에 해당한다고 볼 수 없다고 하면서, 본죄 성립을 긍정하는 다수의견에 반대하였다. 최근 대법원은 부동산 이중저당 행위에 대하여는 본죄를 부정하는 취지로 판례를 변경하였다.[58]

(가) 타인의 의미

26 타인은 범인 이외의 다른 사람으로서 자연인뿐만 아니라 법인, 법인격 없는 단체, 국가나 지방자치단체도 타인에 해당할 수 있다. 그리고 본죄의 구성요건 중 '본인에게 손해를 가한 때'에서의 '본인'과 동일한 의미로 이해된다.[59] 또한, '타인' 또는 '본인'은 본죄에서 보호되는 사무의 귀속 주체가 된다. 판례는, 피고

56 대판 1969. 2. 25, 69도46.
57 대판 2018. 5. 17, 2017도4027(전) 등.
58 대판 2020. 6. 18, 2019도14340(전). 이에 대한 상세는 I. 1. (3). (나). (b). 2) **부동산 이중저당** 참조.
59 신동운, 1240-1241.

인이 A와 공동으로 토지를 매수하여 그 지상에 물류창고 사업을 하는 내용의 동업약정을 하고 동업재산으로서 위 토지에 관한 매매계약을 체결한 경우, 피고인과 A는 2인 이상이 상호출자하여 공동사업을 경영할 것을 약정한 것으로서, 민법 제703조가 정한 조합계약을 체결한 것이고, 피고인이 분담한 부동산의 소유권이전등기 등 업무에 관하여 피고인은 동업체인 조합에 대하여 선량한 관리자의 주의로써 그 사무를 처리해야 할 의무가 있으므로, 피고인은 동업자 A의 사무를 처리하는 자가 아니라, '조합의 사무를 처리하는 자'의 지위에 있다고 하였다.[60]

주식회사와 주주, 이사 사이의 관계에서 타인의 의미가 문제되는 경우가 있다. 27

먼저, 주식회사와 주주, 유한회사와 그 사원은 별개의 법인격을 가진 존재 28
이고, 회사의 손해가 주주나 사원의 손해와 일치한다고 볼 수도 없으므로 동일인이라고 볼 수 없다. 주식회사의 주식이 사실상 1인 주주에 귀속하는 이른바 1인 회사의 경우에도 주주는 회사에 대한 관계에서 타인의 사무처리자가 될 수 있고,[61] 회사의 임원이 행한 임무위배행위에 대하여 사실상 1인 사원, 대지분을 가진 사원의 양해를 얻었다고 하더라도 본죄의 성립에는 지장이 없다.[62]

한편, 주식회사 이사의 신주발행행위 또는 전환사채 발행행위를 통하여 기 29
존 주주의 이익을 침해하는 결과가 발생하였다고 하더라도, 주식회사의 이사는 회사에 대한 선관주의의무 내지 충실의무에 기하여 회사의 사무를 처리하는 지위에 있다고 할 수 있지만, 주식회사와 별개인 주주들에 대한 관계에서 직접 그들의 사무를 처리하는 자의 지위에 있다고 볼 수는 없다.[63]

[대판 2004. 5. 13, 2002도7340] 30

신주발행은 주식회사의 자본조달을 목적으로 하는 것으로서 신주발행과 관련한 대표이사의 업무는 회사의 사무일 뿐이므로 신주발행 과정에서 대표이사가 납입된 주금을 회사를 위하여 사

---

60 대판 2011. 4. 28, 2009도14268. 본 판결 평석은 김경수, "민법상 조합계약을 체결한 후 배임행위를 한 경우 그 피해자 및 재산상 손해의 산정방법", 해설 88, 법원도서관(2011), 628-645.

61 대판 1983. 12. 13, 83도2330(전). 본 판결 평석은 김일수, "일인회사의 주주 겸 대표이사의 업무상 배임", 한국형법학 여정 30년: 심온김일수교수정년기념논문집, 문형사(2011), 65-105.

62 대판 2006. 11. 9, 2004도7027; 대판 2011. 3. 10, 2008도6335.

63 대판 2004. 5. 13, 2002도7340; 대판 2004. 6. 14, 2003도7645(전); 대판 2010. 10. 14, 2010도387 등.

용하도록 관리·보관하는 업무 역시 회사에 대한 선관주의의무 내지 충실의무에 기한 것으로서 회사의 사무에 속하는 것이고, 신주발행에서 대표이사가 일반 주주들에 대하여 그들의 신주인수권과 기존 주식의 가치를 보존하는 임무를 대행한다거나 주주의 재산보전행위에 협력하는 자로서 타인의 사무를 처리하는 자의 지위에 있다고는 볼 수 없다. (중략) 따라서 신주발행에 있어서 대표이사가 납입의 이행을 가장한 경우에는 상법 제628조 제1항에 의한 가장납입죄가 성립하는 이외에 따로 기존 주주에 대한 업무상배임죄를 구성한다고 할 수 없다.

31 이사가 주식회사의 지배권을 기존 주주의 의사에 반하여 제3자에게 이전하는 것은 기존 주주의 이익을 침해하는 행위일 뿐 지배권의 객체인 주식회사의 이익을 침해하는 것으로 볼 수는 없다 할 것인바, 주식회사의 이사는 주식회사의 사무를 처리하는 자의 지위에 있다고 할 수 있지만, 주식회사와 별개인 주주들에 대한 관계에서 직접 그들의 사무를 처리하는 자의 지위에 있는 것은 아니다.[64]

(나) 타인의 사무의 구체적 검토

32 타인의 사무처리의 대표적인 유형은 위임, 고용 등의 관계에서 타인의 재산을 관리·보전하는 임무를 부담하는 사람이 타인을 대신하여 일정한 권한을 행사하는 경우이다. 또한, 판례는 등기협력의무와 같이 매매나 담보권 설정 등에 있어서 자기의 거래를 완성하기 위한 자기의 사무임과 동시에 상대방의 재산보전에 협력할 의무가 있는 경우에도 그 타인의 재산 보호가 신임관계의 전형적·본질적 내용이 되면 타인의 사무성을 인정한다.[65]

(a) 타인의 재산관리에 관한 사무를 대행할 의무

33 사무의 타인성이 인정되는 전형적인 유형은 회사의 대표이사 등이 회사 재산의 보전·관리에 관한 사무를 위탁받아 대신 처리하는 경우와 같이 타인의 재산관리에 관한 사무를 대행하는 경우이다.

---

64 대판 2009. 5. 29, 2007도4949(전). 본 판결 평석은 황정인, "전환사채의 저가발행과 배임죄", 형사판례연구 〔18〕, 한국형사판례연구회, 박영사(2010), 174-222.

65 대판 1983. 2. 8, 81도3137(대지매도대금 채권자에 대하여 건물소유자가 부담하는 처분상의 제한의무는 타인의 사무가 아니라고 한 사례); 대판 2005. 3. 25, 2004도6890(피해자가 피고인에게 나중에 국유지 불하를 받아달라고 하면서 피해자 명의로 국유재산대부계약이 체결된 토지 등의 관리를 부탁하였다면 이는 국유재산을 불하받아 주는 사무처리 및 이와 관련된 사무처리를 위임한 것이라고 볼 수 있고, 이러한 위임관계가 단순한 민사상 채무를 부담하는 경우에 그치는 것이 아니라, 위임계약에 따라 타인의 재산관리에 관한 사무를 대행하는 관계라고 보아, 본죄에 있어서 '타인의 사무'에 해당한다고 한 사례). 위 81도3137 판결 해설은 이규홍, "배임죄에 있어서의 「타인의 사무」의 의미", 해설 2, 법원행정처(1988), 223-232.

① A 주식회사의 대표이사는 자신과 딸이 발행주식 전부를 소유하고 있는 B 회사 건물 신축 과정에서 은행에서 받은 대출금 등 채무를 A 회사가 연대보증하게 함에 있어 A 회사에 대한 타인의 사무처리자이다.[66] 34

② A 회사의 대표이사가 외국회사와의 대리점 계약관계를 계속 유지·발전하여야 할 업무상 임무가 있음에도 불구하고, A 회사는 관공서를 상대로 하는 사업을 하기는 적당하지 않으며 자기는 대표이사직을 곧 사임할 것이라고 말하며 외국회사로 하여금 대리점 계약의 해지를 통고케 하고, 그 해지통고서를 접수하고서도 은닉하여 A 회사가 해명을 하는 등의 기회를 잃게 하여 대리점 계약이 종료되게 하고, 새로이 대표이사로 재직하게 된 B 회사와 대리점 계약을 체결하게 함으로써 B 회사에게 이득을 취득케 하고 A 회사에 손해를 입힌 경우에는 업무상배임에 해당한다.[67] 35

③ 회사의 대표이사 등 전환사채 발행업무를 담당하는 사람은 회사에 대하여 전환사채 인수대금이 모두 납입되어 실질적으로 회사에 귀속되도록 조치할 업무상 임무를 부담한다.[68] 36

④ 기업의 영업비밀을 사외로 유출하지 않기로 서약한 회사의 직원은 경제적인 대가 등을 이유로 경쟁업체에 영업비밀을 유출하는 행위를 해서는 안 될 의무가 있고,[69] 회사 직원이 영업비밀이나 영업상 주요한 자산인 자료를 적법하게 반출하여 그 반출행위가 업무상배임죄에 해당하지 않는 경우라도, 퇴사 시에 그 영업비밀 등을 회사에 반환하거나 폐기할 의무가 있음에도 경쟁업체에 유출하거나 스스로의 이익을 위하여 이용할 목적으로 이를 반환하거나 폐기하지 아니하였다면, 이러한 행위는 업무상배임죄에 해당한다.[70] 37

⑤ 고객과 증권회사와의 사이에 매매거래에 관한 위탁계약이 성립되기 이전에는 증권회사는 매매거래 계좌설정 계약 시 고객의 예탁금을 고객의 주문이 있는 경우에 한하여 그 거래의 결제 용도로만 사용하여야 하고, 고객의 주문 없이 무단매매하여 고객의 계좌에 손해를 가하지 아니하여야 할 의무를 부담하는 38

66 대판 2015. 11. 26, 2014도17180.
67 대판 1983. 12. 23, 83도2389.
68 대판 2015. 12. 10, 2012도235.
69 대판 1999. 3. 12, 98도4704.
70 대판 2016. 7. 7, 2015도17628; 대판 2020. 2. 27, 2016도14642.

사람으로서, 고객과의 신임관계에 기초를 두고 고객의 재산관리에 관한 사무를 대행하는 타인의 사무처리자의 지위에 있다.[71]

39 ⑥ 공사잔대금 채권 확보조로 부동산에 관한 소유권이전등기 소요서류 일체를 임치받아 보관하던 공사업자는 부동산 소유자를 위하여 선량하게 보관하고 있다가 잔대금이 청산되면 이를 즉시 반환하여야 할 타인의 사무처리자이며,[72] 담보목적으로 피고인 명의로 가등기가 경료된 부동산에 대하여 피담보채무가 채무자의 변제공탁으로 인하여 소멸하였는데도 피고인 앞으로 본등기를 경료함과 동시에 제3자 앞으로 가등기를 경료하여 준 경우에는 본죄가 성립한다.[73] 한편 위임받은 타인의 사무가 부동산 소유권이전등기의무인 경우에는, 매도인의 임무위배행위로 인하여 매수인의 소유권이전등기청구권이 이행불능되거나 이행불능에 빠질 위험성이 있으면 본죄는 성립되고, 매도인과 매수인 사이에 소유권이전등기절차를 이행하기로 하는 재판상화해가 성립된 경우에도 마찬가지라고 할 것이다.[74]

40 ⑦ 신용카드 정보통신부가사업회사[밴(VAN) 사업자]인 A 회사와 가맹점 관리대행계약, 대리점계약, 단말기 무상임대차계약, 판매장려금계약을 체결하고 A 회사의 대리점으로서 카드단말기의 판매 및 설치, 가맹점 관리업무 등을 수행하는 B 주식회사 대표이사인 피고인이 A 회사를 대신하여 가맹점을 모집·유지 및 관리하는 것은 본래 A 회사의 사무로서 피고인에 대한 인적 신임관계에 기하여 그 처리가 피고인에게 위탁된 것이고, 이는 단지 피고인 자신의 사무만에 그치지 아니하고 A 회사의 재산적 이익을 보호 내지 관리하는 것을 본질적 내용으로 하며, 그 업무가 피고인 자신의 계약상 의무를 이행하고 A 회사로부터 더 많은 수수료 이익을 취득하기 위한 피고인 자신의 사무의 성격을 일부 가지고 있다고 하더라도 달리 볼 것은 아니므로, 피고인은 A 회사의 가맹점 관리업무를 대행하는 타인의 사무를 처리하는 자의 지위에 있다.[75]

---

71 대판 1995. 11. 21, 94도1598.
72 대판 1973. 3. 13, 73도181.
73 대판 1990. 8. 10, 90도414.
74 대판 2007. 7. 26, 2007도3882.
75 대판 2012. 5. 10, 2010도3532. 본 판결 해설은 한경환, "배임죄에 있어서 '타인의 사무를 처리하는 자'의 의미", 해설 92, 법원도서관(2012), 874-899.

⑧ 채권담보 목적으로 타인 소유의 부동산의 매도처분에 필요한 서류 일체를 교부받아 보관하는 사람이 그 변제가 있기까지 그 서류를 보관하였다가 채무자에게 반환할 의무는 타인의 사무에 해당한다.[76] 41

⑨ 조합의 대출담당자인 피고인이 조합에 처와 모친 소유의 토지를 담보로 제공하고 그들 명의로 대출을 받은 다음, 위임장 등을 위조하여 담보로 제공된 위 토지에 설정된 근저당권설정등기를 말소하였다면, 사실상 담보를 상실한 것과 다를 바 없는 손해가 발생하였으므로 역시 본죄가 성립한다.[77] 42

⑩ 낙찰계의 계주는 계원들의 위임에 의하여 지정된 곗날에 계원으로부터 월불입금을 징수하여 그 회에 탈 계원에게 이를 지급할 의무를 지는데, 이는 타인의 사무에 해당하므로 월불입금을 징수하고서도 이를 해당 계원에게 지급하지 않고 소비한 때에는 본죄를 구성한다.[78] 계주가 계원의 위임을 받아 계불입금을 납부받고 입찰을 시행하여 낙찰계원에게 계금을 급부할 임무가 있는 경우에 그 임무에 위배하여 계주 마음대로 계원의 이름을 모용하여 낙찰받아 그 계금을 자의로 소비한 때에도 본죄가 성립한다.[79] 그러나 계가 파계된 경우에는 계불입금의 청산의무는 있을지언정 계 존속을 전제로 한 계금지급의무는 인정할 여지가 없는 것이므로, 계주가 파계 후에 계원들로부터 계가 존속하는 것처럼 계금을 징수하는 것이 계원들과 사이에 사기죄가 성립함은 별론으로 하고 본죄가 성립하지는 아니하고,[80] 계주가 당해 계원에 대한 반대채권이 있어 상계한 경우에는 계주의 계금지급의무는 소멸되었다고 할 것이므로 계주가 계원에 대하여 계금지급을 거절한 행위는 본죄를 구성하지 아니한다.[81] 또한, 중간계주가 따로 있어 그가 그의 책임하에 모집한 계원이 있는 경우에는 총계주를 타인의 사무처리자로 볼 수 없다.[82] 43

⑪ 이른바 지입제는 자동차운송사업면허 등을 가진 운송사업자와 실질적으로 자동차를 소유하고 있는 차주 간의 계약으로 외부적으로는 자동차를 운송사 44

76 대판 1969. 12. 9, 69도1647.
77 대판 2014. 6. 12, 2014도2578.
78 대판 1994. 3. 8, 93도2221; 대판 1995. 9. 29, 95도1176 등.
79 대판 1986. 7. 22, 86도230.
80 대판 1982. 11. 9, 82도2093.
81 대판 1984. 6. 26, 84도849.
82 대판 1983. 4. 12, 82도2460; 대판 1984. 2. 28, 83도3279.

업자 명의로 등록하여 운송사업자에게 귀속시키고 내부적으로는 각 차주들이 독립된 관리 및 계산으로 영업을 하며 운송사업자에 대하여는 지입료를 지불하는 운송사업형태를 말한다. 따라서 지입차주가 자신이 실질적으로 소유하거나 처분권한을 가지는 자동차에 관하여 지입회사와 지입계약을 체결함으로써 지입회사에 그 자동차의 소유권등록 명의를 신탁하고 운송사업용 자동차로서 등록 및 그 유지 관련 사무의 대행을 위임한 경우에는, 특별한 사정이 없는 한 지입회사 측이 지입차주의 실질적 재산인 지입차량에 관한 재산상 사무를 일정한 권한을 가지고 맡아 처리하는 것으로서 당사자 관계의 전형적·본질적 내용이 통상의 계약에서의 이익대립관계를 넘어서 그들 사이의 신임관계에 기초하여 타인의 재산을 보호 또는 관리하는 데에 있으므로, 지입회사 운영자는 지입차주와의 관계에서 '타인의 사무를 처리하는 자'의 지위에 있다.[83]

(b) **타인의 재산보전에 협력할 의무**

45 본죄의 본질인 '타인에 대한 신뢰 위반을 통한 재산권의 침해'는 민법상 계약이나 그 밖의 의무위반으로 인한 손해 발생과 유사한 불법 구조를 가지고 있기 때문에 어떠한 경우를 형법상 처벌대상으로 할 것인지에 관한 경계 설정이 중요하다.[84] 특히 매매, 임대차, 소비대차 등 쌍무계약에서 일방 당사자가 부담하는 의무는 원칙적으로 자기의 거래를 완성하기 위한 자기의 사무이므로, 그중 어떠한 범위의 의무위반자를 본죄에서의 타인의 사무처리자로 해석할 것인지가 문제된다.

46 대법원은 '타인의 사무처리'로 인정되려면, 두 당사자 관계의 본질적 내용이 단순한 채권관계상의 의무를 넘어서 그들 간의 신임관계에 기초하여 타인의 재산을 보호 내지 관리하는 데 있어야 한다고 하고,[85] 타인의 재산관리에 관한 사무의 전부 또는 일부를 대행하는 의무를 부담하는 사람 이외에 타인의 재산보전행위에 협력할 의무가 있는 사람도 타인의 사무처리자로 보고 있다.

47 이처럼 대법원이 타인의 재산보전에 협력할 의무를 타인의 사무로 보고 일정한 범위의 채무불이행에 대해서까지도 본죄로 처벌하는 것에 대해서는 반대

83 대판 2021. 6. 24, 2018도14365; 대판 2021. 6. 30, 2015도19696.
84 강수진(주 2), 235.
85 대판 2008. 4. 24, 2008도1408; 대판 2009. 2. 26, 2008도11722 등.

하는 견해도 많다. 비판론은 행위자의 협력 없이 상대방이 권리를 얻는 것이 불가능하다는 것은 다른 모든 채권관계에 동일하며, 특별히 부동산 매매나 담보권 설정에만 협력 없이 권리를 이전받지 못하는 어려움이 있는 것은 아니므로, 타인의 사무에 타인의 재산보전에 협력하는 경우를 포함시키는 것은 규정의 정당한 해석범위를 넘어선다고 한다.[86] 또한, 재산보전에 협력할 의무는 독일형법상 본죄에서의 재산상 이익을 보호할 의무, 일본형법상 본죄에서의 타인을 위한 의무와 유사한 개념으로 등기협력의무 위반과 같은 일정한 채무불이행을 본죄로 처벌하는 것을 합리화하기 위해 도입된 억지 논리에 불과하고, 타인의 사무와 타인을 위한 사무라는 관념은 명백히 다름에도 타인을 '위한' 사무가 타인'의' 사무가 된다는 것은 금지된 유추해석이라고 주장한다.[87]

타인의 재산보전에 협력할 의무로서 타인의 사무처리자로서의 지위가 인정 48
되는 대표적인 경우가 부동산 이중매매에서 중도금을 수령한 매도인이다.

1) 부동산 이중매매

가) 타인의 사무 인정 여부에 관한 학설과 판례

부동산의 이중매매란, 예를 들어 甲(매도인)이 A(제1매수인)에게 부동산을 매 49
도하고 아직 소유권이전등기를 마쳐 주지 않은 상태에서 이를 다시 B(제2매수인)에게 매도하고 B에게 소유권이전등기를 경료한 경우를 말한다. 이때 매도인의 제1매수인에 대한 형사책임이 문제되는데, 부동산 물권변동에서 의사주의를 취한 구 민법 아래에서는 매도인에 대하여 횡령죄 성립을 문제삼을 수 있었으나, 형식주의를 취하는 현행 민법 아래에서는 부동산에 대한 등기이전이 없는 이상 등기명의자인 매도인이 여전히 실질적인 물권자로 인정되므로 매도인이 타인의 재물을 보관하는 자라고 할 수 없고, 따라서 횡령죄의 성립은 어렵다고 보고 있으므로,[88] 본죄의 성립 여부가 문제된다.

부동산 매매계약에서 매도인은 매수인에 대하여 부동산 소유권을 취득할 50
수 있도록 등기를 이전해 줄 의무가 있는데, 등기이전의무는 매도인 자신의 재

86 이재진, "배임죄에 관한 연구: 타인의 사무를 처리하는 자를 중심으로", 한양대 박사학위논문(2010), 65-66.

87 문형섭, "채무불이행과 배임죄(재론)", 법학논총 27-2, 전남대 법률행정연구소(2007), 323-324.

88 손동권·김재윤, 470.

산처분행위로서 자기의 사무로서의 성격을 가지고 있으므로, 이중매매가 본죄가 되기 위해서는 매도인의 등기이전의무가 자기의 사무로서의 성격을 가짐과 동시에 본질적으로 타인의 재산을 보호 내지 관리하는 의무로서의 성격을 가지는 것으로 평가될 수 있어야 한다.

51 판례는 현행 민법 시행 이래 일관되게 부동산 매도인이 매수인으로부터 계약금과 중도금까지 수령한 이상 특단의 약정이 없다면 잔금 수령과 동시에 매수인 명의로의 소유권이전등기에 협력할 임무가 있으므로, 이를 다시 제3자에게 처분함으로써 제1매수인에게 잔대금 수령과 상환으로 소유권이전등기절차를 이행하는 것이 불가능하게 되었다면 본죄의 책임을 면할 수 없다고 하여, 제1매수인에 대한 소유권이전등기 협력의무를 근거로 본죄를 긍정해 왔다.[89]

52 ① 다수설도 본죄 성립을 긍정하는데, 구체적으로는 ⓐ 중도금 내지 잔금을 수령한 매도인은 계약금을 수령한 매도인과는 달리 이행에 착수한 것이 되어 임의로 계약을 해제할 수 없고, 매수인에 대한 등기 이전을 해 줌으로써 매수인의 소유권 보전에 협력할 신의칙상 신임관계가 발생한다는 견해,[90] ⓑ 계약의 일방적 해제가 불가능한 단계인 중도금 지급 시까지 매매계약 당사자 쌍방간에 형성된 신뢰관계를 근거로 타인의 사무를 인정하는 견해,[91] ⓒ 매도인과 매수인에게 인정되는 잠정적인 물권적 관계를 근거로 타인의 사무성을 인정하는 견해,[92] ⓓ 매도인이 매수인에 대하여 가지는 지배적인 지위를 근거로 타인의 사무를 인정할 수 있다는 견해[93] 등이 있다.

---

89 대판 1988. 12. 13, 88도750; 대판 2018. 5. 17, 2017도4027(전) 등. 본죄의 성립을 인정한 일본 판례로는 大判 昭和 7(1932). 10. 31. 刑集 11·1541; 最判 昭和 31(1956). 12. 7. 刑集 10·12·1592; 最決 昭和 38(1963). 7. 9. 刑集 17·6·608; 最決 平成 15(2003). 3. 18. 刑集 57·3·356.

90 김신규, 499; 김일수·서보학, 391; 배종대, §77/15; 신동운, 1284-1285; 이재상·장영민·강동범, §21/32; 이형국·김혜경, 495; 임웅, 539; 정성근·박광민, 479; 정영일, 232-233; 진계호·이존걸, 503; 최호진, 603; 한상훈·안성조, 573.

91 박상기, 409.

92 손동권, "배임죄 성립에 있어 동산과 부동산 사이의 차이문제", 형사법연구 25-4, 한국형사법학회(2013), 314. 매도인의 중도금 수령만으로는 부족하고 잔금 수령 후 매수인에게 등기서류를 교부한 단계가 되어야 물권적 합의 및 물권적 기대권에 기초하여 협력의무가 생긴다고 보는 견해는 김종원, 형법각론(상), 238.

93 이용식, "대물변제예약 부동산의 이중매매와 배임죄의 형사불법적 구조", 형사판례연구 〔23〕, 한국형사판례연구회, 박영사(2015), 236-239.

한편, ② 매도인의 의무가 타인의 사무가 될 수 없다고 보고 본죄 성립을 부정하는 견해는, ⓐ 등기협력의무는 매도인의 의무이지 타인의 사무가 될 수 없고,[94] ⓑ 매수인은 형벌이 아니라 민사상 손해배상제도와 중도금 보호제도를 마련하여 보호하는 것이 형법의 보충성 원칙에 맞고,[95] ⓒ 중도금만 지급된 단계에서는 어떠한 재산권도 매수인에게 이전되지 않으므로 보전할 재산 자체가 존재하지 않으며,[96] ⓓ 중도금이 지불되는 등 일정한 단계에서 일방적인 해약이 불가능하게 한 것은 이행에 착수한 사람의 손해를 방지하려는 취지이지 이를 가지고 형법상 본죄가 성립할 수 있는 특별한 신뢰관계라고 할 수는 없고,[97] ⓔ 똑같은 논리라면 후매수인에 대해서도 본죄가 성립하여야 하는데 선매수인에 대한 의무불이행만 처벌하는 것은 형평성에 맞지 않으며,[98] ⓕ 제1매수인과의 계약이행만 강제하는 결과가 되어 사적 자치 및 형법의 보충성에 반한다[99]는 등의 논거를 제시한다.[100] 53

대법원도 동산 이중양도에 관한 전원합의체 판결[101]과 대물변제예약 부동산의 처분에 관한 판결[102]에서 각 본죄의 성립을 부정하는 다수의견에 대한 보충의견을 통해 등기협력의무를 타인의 사무로 보고 부동산 이중매매를 본죄로 처벌해 온 판례의 태도를 비판하는 견해를 제시하였다. 54

동산 이중양도에 관한 위 2008도10479 전원합의체 판결의 다수의견에 대한 대법관 3명의 제1 보충의견에 의하면, 종래 물권변동에 관하여 의사주의를 채택한 의용민법 아래에서 부동산 이중매매를 범죄시해 오던 태도를 형식주의로 전 55

---

94 이정원·류석준, 457; 허일태, "부동산 이중매매와 배임죄", 형사법연구 15, 한국형사법학회(2001), 334.

95 오영근, 383.

96 문형섭, "배임죄의 본질과 주체의 범위", 법조 544, 법조협회(2002. 1), 24.

97 문형섭(주 87), 332.

98 이정원, "배임죄의 구조와 문제점", 전북대 법학연구 34(2011), 139; 허일태(주 94), 335-336.

99 주지홍, "부동산이중매매에 있어서 배임죄 적용결과 민사법질서에 미치는 부정적 영향", 법학연구 51-2(통권 64), 부산대 법학연구소(2010), 338-340. 유사한 견해로서 강동욱, "형사법상 부동산 이중매매 매도인에 관한 논의의 검토", 법학논총 29-1, 국민대 법학연구소(2016), 31.

100 이상 배임죄 긍정설과 부정설의 구체적 논거의 정리는 강수진, "부동산 이중매매를 배임죄로 처벌하는 것은 타당한가? - 배임죄 불성립론에 대한 검토를 중심으로", 형사법의 신동향 49, 대검찰청(2015), 350-360에서 수정, 재인용한다.

101 대판 2011. 1. 20, 2008도10479(전).

102 대판 2014. 8. 21, 2014도3363.

환한 현재까지도 그대로 유지하여 본죄로 처벌하려고 하는 것은 민사법의 기본원리와 어긋난 형벌법규의 해석이고, 기본적으로 자기의 사무에 불과한 계약상 채무의 이행을 등기협력의무와 같은 작위적 개념을 이용하여 타인의 사무로 변질시킴으로써 본죄의 적용범위를 부당히 확대시켰으며, 중도금 수수시기, 방법, 액수 등에 관한 사항을 확인하지 않은 채 매도인이 중도금을 수수하였다는 사실 자체만으로 매도인 자신의 재산을 마치 타인의 재산과 같이 취급하여 매수인을 위하여 그 재산을 보호·관리해야 한다고 해석하는 것은 매수인에 비하여 매도인에게 지나치게 과도한 의무를 지우는 것으로서 쌍무계약의 본질에 반하는 측면이 있다고 하였다.

56 또한 대물변제예약 부동산의 처분에 관한 위 2014도3363 판결의 다수의견에 대한 보충의견에서는, 등기협력의무는 등기절차이행의무와 그 내용이 전혀 다르지 않고 이는 매도인이 등기에 필요한 서류를 가지고 등기소에 출석하거나 혹은 등기에 필요한 서류를 등기권리자인 매수인에게 제공하는 것에 불과하므로 이는 타인을 위한 사무에 해당할 뿐 타인의 사무가 될 수 없고, 타인의 사무라고 볼 수 없는 등기협력의무를 매개로 본죄로 처벌하는 것은 민사상 채무불이행 사안을 형사처벌하겠다는 의지의 표현에 불과하다고 하였다.

57 그러나 대법원은 2018년 5월 17일 부동산 이중매매에 관한 전원합의체 판결을 통해 본죄 성립을 긍정하는 입장을 다시 한번 확인하였다.

58 **[대판 2018. 5. 17, 2017도4027(전)[103]의 다수의견]**

부동산 매매부동산 매매계약에서 계약금만 지급된 단계에서는 어느 당사자나 계약금을 포기하거나 그 배액을 상환함으로써 자유롭게 계약의 구속력에서 벗어날 수 있다. 그러나 중도금이 지급되는 등 계약이 본격적으로 이행되는 단계에 이른 때에는 계약이 취소되거나 해제되지 않는 한 매도인은 매수인에게 부동산의 소유권을 이전해 줄 의무에서 벗어날 수 없다. 따라서 이러한 단계에 이른 때에 매도인은 매수인에 대하여 매수인의 재산보전에 협력하여 재산적 이익을 보호·관리할 신임관계에 있게 된다. 그때부터 매도인은 배임죄에서 말하는 '타인의 사무를

103 본 판결 평석은 김혜정, "부동산 이중매매에서 배임죄의 성립여부에 대한 판단", 법조 732, 법조협회(2019), 809-850; 배정현, "부동산 이중매매와 배임", 김신 대법관 재임기념 논문집, 사법발전재단(2018), 420-431; 윤태석, "배임죄가 성립하는 부동산이중매매에 있어서 이익과 손해에 관한 검토 - 대법원 2018. 5. 17. 선고 2017도4027 전원합의체 판결에 대한 비판적 견해 -", 법조 741, 법조협회(2020), 331-349; 홍진영, "법경제학의 시각에서 바라본 부동산 이중매매의 형사처벌", 자율과 공정: 김재형 대법관 재임기념 논문집 II, 사법발전재단(2022), 85-122.

처리하는 자'에 해당한다고 보아야 한다. 그러한 지위에 있는 매도인이 매수인에게 계약 내용에 따라 부동산의 소유권을 이전해 주기 전에 그 부동산을 제3자에게 처분하고 제3자 앞으로 그 처분에 따른 등기를 마쳐 준 행위는 매수인의 부동산 취득 또는 보전에 지장을 초래하는 행위이다. 이는 매수인과의 신임관계를 저버리는 행위로서 배임죄가 성립한다.

그 이유는 다음과 같다.

① 배임죄는 타인과 그 재산상 이익을 보호·관리하여야 할 신임관계에 있는 사람이 신뢰를 저버리는 행위를 함으로써 타인의 재산상 이익을 침해할 때 성립하는 범죄이다. 계약관계에 있는 당사자 사이에 어느 정도의 신뢰가 형성되었을 때 형사법에 의해 보호받는 신임관계가 발생한다고 볼 것인지, 어떠한 형태의 신뢰위반 행위를 가벌적인 임무위배행위로 인정할 것인지는 계약의 내용과 이행의 정도, 그에 따른 계약의 구속력 정도, 거래 관행, 신임관계의 유형과 내용, 신뢰위반의 정도 등을 종합적으로 고려하여 타인의 재산상 이익 보호가 신임관계의 전형적·본질적 내용이 되었는지, 해당 행위가 형사법의 개입이 정당화될 정도의 배신적인 행위인지 등에 따라 규범적으로 판단해야 한다. 이와 같이 배임죄의 성립 범위를 확정함에 있어서는 형벌법규로서의 배임죄가 본연의 기능을 다하지 못하게 되어 개인의 재산권 보호가 소홀해지지 않도록 유의해야 한다.

② 우리나라에서 부동산은 국민의 기본적 생활의 터전으로 경제활동의 근저를 이루고 있고, 국민 개개인이 보유하는 재산가치의 대부분을 부동산이 차지하는 경우도 상당하다. 이렇듯 부동산이 경제생활에서 차지하는 비중이나 이를 목적으로 한 거래의 사회경제적 의미는 여전히 크다.

③ 부동산 매매대금은 통상 계약금, 중도금, 잔금으로 나뉘어 지급된다. 매수인이 매도인에게 중도금을 지급하면 당사자가 임의로 계약을 해제할 수 없는 구속력이 발생한다(민법 제565조 참조). 그런데 매수인이 매도인에게 매매대금의 상당부분에 이르는 계약금과 중도금까지 지급하더라도 매도인의 이중매매를 방지할 보편적이고 충분한 수단은 마련되어 있지 않다. 이러한 상황에서도 매수인은 매도인이 소유권이전등기를 마쳐 줄 것으로 믿고 중도금을 지급한다. 즉 매수인은 매도인이 소유권이전등기를 마쳐 줄 것이라는 신뢰에 기초하여 중도금을 지급하고, 매도인 또한 중도금이 그러한 신뢰를 바탕으로 지급된다는 것을 인식하면서 이를 받는다. 따라서 중도금이 지급된 단계부터는 매도인이 매수인의 재산보전에 협력하는 신임관계가 당사자 관계의 전형적·본질적 내용이 된다. 이러한 신임관계에 있는 매도인은 매수인의 소유권 취득 사무를 처리하는 자로서 배임죄에서 말하는 '타인의 사무를 처리하는 자'에 해당하게 된다. 나아가 그러한 지위에 있는 매도인이 매수인에게 소유권을 이전하기 전에 고의로 제3자에게 목적부동산을 처분하는 행위는 매매계약상 혹은 신의칙상 당연히 하지 않아야 할 행위로서 배임죄에서 말하는 임무위배행위로 평가할 수 있다.

④ 대법원은 오래전부터 부동산 이중매매 사건에서, 매도인은 매수인 앞으로 소유권이전등기를 마칠 때까지 협력할 의무가 있고, 매도인이 중도금을 지급받은 이후 목적부동산을 제3자에게 이중으로 양도하면 배임죄가 성립한다고 일관되게 판결함으로써 그러한 판례를 확립하여

왔다. 이러한 판례 법리는 부동산 이중매매를 억제하고 매수인을 보호하는 역할을 충실히 수행하여 왔고, 현재 우리의 부동산 매매거래 현실에 비추어 보더라도 여전히 타당하다. 이러한 법리가 부동산 거래의 왜곡 또는 혼란을 야기하는 것도 아니고, 매도인의 계약의 자유를 과도하게 제한한다고 볼 수도 없다. 따라서 기존의 판례는 유지되어야 한다.

59 물론 위와 같은 다수의견의 태도에 대하여, 형법의 문언에 반하거나 그 문언의 의미를 피고인에게 불리하게 확장하여 형사법의 대원칙인 죄형법정주의를 도외시한 해석이고, 동산 이중매매와 부동산 대물변제예약 사안에서 본죄 성립을 부정하는 대법원 판례의 흐름과도 맞지 않는다는 이유로 반대하는 의견도 있었다. 반대의견의 내용은 다음과 같다.

60 **[대판 2018. 5. 17, 2017도4027(전)의 다수의견에 대한 반대의견]**

배임죄에서 '타인의 사무'는 먼저 문언의 통상적 의미에 비추어 볼 때, 타인에게 귀속되는 사무로서 사무의 주체가 타인이어야 한다. 즉 본래 타인이 처리하여야 할 사무를 그를 대신하여 처리하는 것이어야 한다. 나아가 배임죄의 본질은 본인과의 내부관계 내지 신임관계에서 발생하는 본인의 재산적 이익을 보호할 의무를 위반하여 타인의 재산권을 침해하는 데에 있다는 점을 고려하면, 신임관계에 기초하여 위와 같은 의미의 '타인의 사무'를 처리하게 된 것이어야 하고, 사무 자체의 내용이나 신임관계의 본질적 내용이 타인의 재산적 이익을 보호·관리하는 것이어야 한다. 따라서 계약의 일방 당사자가 상대방에게 계약의 내용에 따른 의무를 성실하게 이행하고, 그로 인해 상대방은 계약상 권리의 만족이라는 이익을 얻는 관계에 있더라도 그 의무의 이행이 위와 같은 의미의 '타인의 사무'에 해당하지 않는다면, 그것은 '자기의 사무'에 불과할 뿐이다.

부동산 매매계약이 체결된 경우, 계약체결과 동시에 그 계약의 효력으로 매도인에게는 부동산 소유권이전의무가 발생하고, 매수인에게는 매매대금 지급의무가 발생한다. 매도인이나 매수인의 이러한 의무는 매매계약에 따른 각자의 '자기의 사무'일 뿐 '타인의 사무'에 해당한다고 볼 수 없다. 매도인의 재산권이전의무나 매수인의 대금지급의무는 매매계약에 의하여 발생한 것으로 본래부터 상대방이 처리하여야 할 사무도 아니고, 신임관계에 기초하여 상대방에게 위탁된 것이라고 볼 수도 없으며, 계약상대방의 재산적 이익을 보호·관리하는 것이 매매계약의 전형적·본질적 내용이라고도 볼 수 없기 때문이다. 매매계약에서 당사자들은 각자의 계약상 권리의 만족을 위해 상대방에게 그 반대급부를 이행하여야 하는 대향적 거래관계에 있을 뿐이다. 설사 매도인에게 등기협력의무가 있다거나 매수인의 재산취득사무에 협력할 의무가 있다고 주장해도 그 '협력의무'의 본질은 소유권이전의무를 달리 표현한 것에 지나지 않으니 그 부당함은 마찬가지이다.

만약 매도인에게 매수인의 재산보전에 협력할 의무가 있다고 가정하면, 쌍무계약의 본질에 비추어 상대방인 매수인에게도 매도인의 재산보전에 협력할 의무가 있다고 보아야 균형이 맞다. 그러나 판례는 잔금을 지급하기 전에 소유권을 먼저 이전받은 매수인이 부동산을 담보로 대출을 받아 매매잔금을 지급하기로 한 약정을 이행하지 않고 다른 용도로 근저당권을 설정한 사안에서 매수인인 피고인에게 배임죄가 성립하지 않는다고 판단하여 이를 부정한 바 있다. 다수의견에 따르면 계약 당사자 사이의 대등한 법적 지위의 보장을 전제로 하는 쌍무계약에서 매도인과 매수인의 상대방에 대한 재산보전에 협력할 의무의 유무를 달리 보는 이유에 대한 납득할 만한 설명을 할 수 없다.

또한 다수의견에 따르면, 매도인이 제2매수인으로부터 중도금을 받았다면 제2매수인에 대한 관계에서도 마찬가지로 그 재산보전에 협력하여 재산적 이익을 보호·관리할 신임관계에 있다고 보아야 한다. 그런데 판례는 매도인이 제2매수인에게 소유권이전등기를 마쳐 준 경우에는 제1매수인에 대한 관계에서 배임죄의 성립을 인정하는 반면, 제1매수인에게 소유권이전등기를 마쳐 준 경우에는 제2매수인으로부터 중도금 또는 잔금까지 받았다고 하더라도 그에 대한 관계에서는 배임죄가 성립하지 않는다고 본다. 소유권이전등기를 마쳐 물권을 취득하기 전에는 채권자로서 대등한 법적 지위를 보장받아야 할 제1매수인과 제2매수인에 대하여 배임죄 성립에 있어서 보호 정도를 달리할 논리적 근거는 어디에서도 찾아볼 수 없다.

한편 다수의견과 같이 매수인의 재산보전에 협력할 의무가 있음을 이유로 매도인이 '타인의 사무를 처리하는 자'에 해당하여 그를 배임죄로 처벌할 수 있다고 본다면, 이는 대법원이 종래 동산 이중매매 사건에서 선고한 판시와 배치된다.

나) 타인의 사무가 되는 시기

매도인이 계약금을 받은 단계에서는 언제든지 계약금의 배액을 상환하고 61
계약을 해제할 수 있다(민 § 565①). 따라서 계약금만 수령한 매도인의 계약이행 의무는 자기의 사무이고, 이중매매에서 매도인이 매수인의 사무를 처리하는 자로서 본죄의 주체가 되기 위하여는 매도인이 계약금을 받은 것만으로는 부족하고 적어도 중도금을 받는 등 매도인이 더 이상 임의로 계약을 해제할 수 없는 상태에 이르러야 한다.[104] 판례는 매매계약 당시 합의한 계약금이 매매대금 총액에 비하여 다소 과다하다는 사정만으로 매도인이 그 배액을 상환하여 매매계약을 해제할 권한을 유보하지 아니한 것으로 볼 수는 없고, 이러한 경우 합의한 계약금 전부를 지급받지 못한 매도인은 타인의 사무처리자가 아니라고 한다.[105]

---

104 대판 1980. 5. 27, 80도290; 대판 1984. 5. 15, 84도315; 대판 1986. 7. 8, 85도1873; 대판 2003. 3. 25, 2002도7134 등.

105 대판 2007. 6. 14, 2007도379.

62 매도인이 중도금을 수령하면, 매도인은 매수인이 응하지 않는 한 계약을 해제할 수 없고 계약의 이행에 착수해야 한다. 따라서 매도인은 매수인의 소유권 취득에 협력해야 할 신의칙에 따른 신임관계가 발생하며, 매수인은 이와 같은 신임관계에 근거하여 타인의 사무를 처리하는 지위에 있게 되고, 이중매매를 통해 제1매수인이 부동산 소유권을 취득하지 못하게 하였다면 본죄의 죄책을 지게 된다. 다수설[106] 및 판례[107]의 태도이다.

63 이중매매의 매도인의 본죄 성립을 긍정하면서도, 매도인이 중도금을 받은 것만으로는 부족하고 잔금의 수령과 등기서류의 교부로써 사회통념상 소유권을 선매수인에게 이전하는 의사가 당사자 간에 표명된 단계, 즉 물권적 기대권을 취득한 때에 본죄의 주체가 된다는 견해도 있다.[108]

다) 부동산 이중매매의 구체적 유형

a) 유형의 검토

64 본죄의 성립이 긍정되는 부동산 이중매매에는, ① 매도인이 매수인과 자기의 부동산에 대하여 매매계약을 체결하고 중도금까지 수령하였음에도 그 부동산을 다시 제3자에게 매도하고 제3자 앞으로 소유권이전등기를 경료해 주는 경우 이외에도, ② 제3자에게 가등기나 근저당권 설정등기, 전세권 설정등기를 해주는 경우, ③ 대물변제로 양도한 경우, ④ 기부약정과 같은 증여계약에 기하여 부동산에 관한 소유권이전등기의무를 부담하는 매도인이 부동산을 다시 제3자에게 매도한 경우,[109] ⑤ 무허가건물의 양도인이 중도금 또는 잔금까지 수령한 상태에서 양수인의 의사에 반하여 제3자에게 그 무허가건물을 이중으로 양도하는 경우[110]가 포함된다.

65 또한 판례는, 제1매수인에 의하여 처분금지가처분이 되어 있어 결과적으로 제2매수인의 등기가 말소될 운명에 있다거나 이미 말소된 경우에도 그것만으로 실해발생의 위험이 발생하지 않았다고 볼 수는 없으므로 본죄의 성립에 영향을

106 김성돈, 464-465; 김일수·서보학, 391; 배종대, §77/16; 신동운, 1285; 이재상·장영민·강동범, §21/32; 임웅, 559; 정성근·박광민, 479; 정영일, 232-233.

107 대판 2018. 5. 17, 2017도4027(전) 등.

108 김종원, 238; 박찬걸, 578.

109 대판 2007. 3. 29, 2006도6674.

110 대판 2005. 10. 28, 2005도5713.

미칠 수 없다고 하고,[111] 피고인들이 담보권 실행을 위한 경매절차가 진행 중인 호텔을 피해자 측에 매도하면서 소유권 확보방안으로 이에 관한 최선순위 근저당권과 소유권이전청구권 가등기를 이전하여 주기로 한 약정에 따라 중도금까지 수령하였는데도, 가등기를 피고인들이 실질적으로 지배하는 A 회사 및 B 회사에 이전한 사안에서, 피고인들과 A 회사, B 회사의 관계에 비추어 가등기의 등기명의를 회복하여 피해자에게 이전등기해 주는 것이 불가능하지는 않지만, 제반 사정에 비추어 이로 인해 피해자의 피고인들에 대한 가등기이전등기청구권이 이행불능에 빠질 위험성이 발생하였다는 이유로 본죄의 성립을 인정하였다.[112]

b) 제1매매계약이 무효인 경우

제1매매계약은 사법상 유효하여야 하며, 만일 계약이 무효이거나 취소, 해 66
제되어 매수인이 그 이행을 청구할 수 없게 된 경우에는, 매도인은 타인의 사무를 처리하는 자에 해당하지 않는다.

① 통정 허위표시에 의한 부동산 매매계약서를 작성하고 가등기를 경료한 67
경우,[113] ② 분양계약이 조건불성취로 효력이 발생하지 아니한 경우[114] 등에는 소유권이전등기의무가 없다고 보아야 할 것이므로 이를 제3자에게 처분하였다고 하더라도 본죄가 성립하지 않는다. ③ 내연의 처와의 불륜관계를 지속하는 대가로서 부동산에 관한 소유권이전등기를 경료해주기로 약정한 경우, 위 부동산 증여계약은 선량한 풍속과 사회질서에 반하는 것으로서 무효이어서 위 증여로 인한 소유권이전등기의무가 인정되지 아니하는 이상 타인의 사무처리자라고 볼 수 없고, 위 등기의무를 이행하지 않는다 하더라도 본죄를 구성하지 않는다.[115] ④ 매도인이 부동산을 매도한 후 그 매매계약을 해제하고 이를 다시 제3자에게 매도한 경우, 그 매매계약의 해제가 해제요건을 갖추지 못하여 부적법하더라도 매도인이 그 해제가 적법한 것으로 믿고 그 믿음에 정당한 이유가 있다면 매도인에게 본죄의 범의를 인정할 수 없지만, 적법한 해제사유로 믿고 그 믿음에 정당한 사유가 있었다고 보여지지 아니하는 경우에는 배임의 범의가 인정

111 대판 1969. 9. 30, 69도1001; 대판 1973. 1. 16, 72도2494; 대판 1990. 10. 16, 90도1702.
112 대판 2011. 6. 30, 2011도1651.
113 대판 1983. 7. 12, 82도2941.
114 대판 1984. 7. 24, 84도815.
115 대판 1986. 9. 9, 86도1382.

된다.[116] ⑤ 제1매수인과의 매매계약이 적법하게 해제된 경우는 물론, 적법하게 해제되지 않았다고 하더라도 제1매수인이 당초 계약내용에 없던 새로운 요구조건을 내세우는 등 계약을 이행할 의사가 없는 것으로 믿음에 정당한 사유가 있을 때에는, 매도인이 이를 다시 매도한 경우에 본죄가 성립하지 아니한다.[117]

68 또한, ⑥ 토지거래허가구역 내 토지 매매에 관한 소정의 허가를 받은 바 없다면 그 매매는 물권적 효력은 물론 채권적 효력도 없는 것이어서 매도인을 타인의 사무처리자라고 할 수 없고,[118] ⑦ 피고인이 토지거래허가를 받도록 협력할 의무가 있다 하더라도 이는 아직 타인의 사무로 볼 수 없으며,[119] ⑧ 토지거래허가구역 내에서 토지에 관한 거래허가가 없으면 건물만이라도 매매하였을 것이라고 볼 수 있는 특별한 사정이 없는 한 토지와 그 지상의 건물은 법률적인 운명을 같이한다고 볼 것이고, 토지에 대한 거래허가가 있어 그 매매계약이 유효한 것으로 확정되지 아니한 상태에서 건물부분의 매매계약만 유효한 것으로 보아 매도인에게 건물만에 대한 이전등기의무가 있다고 할 수도 없다.[120] ⑨ 농가가 아니고 농지를 자경하거나 자영할 의사도 없어 농지개혁법상 농지를 취득할 수 없는 사람에 대하여 농지를 매도한 계약은 무효이어서 매도인은 소유권이전등기절차를 이행할 의무가 없으므로, 매도인이 그 농지를 제3자에게 이중으로 양도하여도 본죄는 성립하지 아니한다.[121]

69 다만, ① 교회의 대표자인 피고인이 총유의 교회 재산을 처분함에 있어 교인총회의 결의나 별도의 정관이나 규약에 특별한 정함도 없이 계약을 체결하여 재산처분행위에 채권적 효력이 없는 사정이 있다고 하더라도, 매도인이 피고인 개인으로 되어 있어 타인의 권리에 대한 매매계약의 성질을 가지고 있고, 피고인으로서는 제1매수인 앞으로 소유권이전등기를 경료할 수 있도록 교인총회를 소집하여 처분결의가 있을 수 있도록 하는 등 매수인을 위한 등기협력임무가 이행가능한 지위에 있으면 본죄의 성립이 가능하다.[122]

---

116 대판 1990. 11. 13, 90도153; 대판 2007. 3. 29, 2006도6674.
117 대판 1992. 10. 13, 92도1046.
118 대판 1992. 10. 13, 92도1070 등.
119 대판 1995. 1. 20, 94도697; 대판 1996. 2. 9, 95도2891.
120 대판 1994. 6. 28, 94도1279.
121 대판 1979. 3. 27, 79도141.
122 대판 1993. 4. 9, 92도2431. 이에 대하여는 위 **II. 1. (1) 사무처리의 근거** 참조.

또한, ② 농지매매에 관하여 소재지 관서의 증명이 없는 경우 매매에 의한 물권변동의 효과가 발생할 수는 없으나 농지매매 당사자 사이에 채권계약으로서의 매매계약은 유효하게 성립할 수 있는 것이므로, 농지매매에 관하여 소재지 관서의 증명이 없다거나 당장 이를 발급받을 수 있는 형편에 있지 않다는 이유만으로 매매계약이 당연무효라거나, 이전등기에 협력할 임무가 없고 이중으로 매도하였더라도 본죄에 해당하지 아니한다고 할 수는 없다.[123] 70

c) 제2매수인에 대한 사무

제2매수인 등 후매수인과 매매계약을 체결하고 중도금을 수령한 후 제1매수인에게 소유권이전등기를 마쳐준 경우, 매도인이 후매수인에 대하여 타인의 사무처리자로서 본죄가 성립하지 않는지 문제된다. 부동산을 매도하면 매수인에게 소유권을 이전해 줄 의무가 부과되는데 이중으로 매매계약을 체결한 후 제1매수인에게 소유권이전의무를 이행하였다면 자신의 의무를 이행한 것에 지나지 않으며, 후매수인에 대한 관계에서 임무를 위법하게 위배하였다고는 할 수 없으므로 본죄는 성립하지 아니한다.[124] 판례도 같다.[125] 71

만약 매도인이 금전 편취의 목적으로 후매수인과 계약을 체결하고 일정액의 대금을 수령한 후 선매수인에게 등기를 경료하였다면, 사기죄가 성립할 수 있을 것이다.[126] 72

라) 실행의 착수와 기수

매도인이 제1매수인으로부터 중도금을 수령함으로써 타인의 사무를 처리하는 자의 지위에 있게 된다고 하더라도, 부동산 이중매매로 인한 본죄의 실행의 73

123 대판 1991. 7. 9, 91도846.

124 신동운, 1286-1287. 이와는 달리 본죄가 성립한다는 견해(최호진, 606; 홍영기, § 89/3)도 있다.

125 대판 1992. 12. 24, 92도1223; 대판 2009. 2. 26, 2008도11722; 대판 2010. 4. 29, 2009도14427. 이에 대하여 대판 2018. 5. 17, 2017도4027(전)의 반대의견은 "다수의견에 따르면, 매도인이 제2매수인으로부터 중도금을 받았다면 제2매수인에 대한 관계에서도 마찬가지로 그 재산보전에 협력하여 재산적 이익을 보호·관리할 신임관계에 있다고 보아야 한다. 그런데 판례는 매도인이 제2매수인에게 소유권이전등기를 마쳐 준 경우에는 제1매수인에 대한 관계에서 배임죄의 성립을 인정하는 반면, 제1매수인에게 소유권이전등기를 마쳐 준 경우에는 제2매수인으로부터 중도금 또는 잔금까지 받았다고 하더라도 그에 대한 관계에서는 배임죄가 성립하지 않는다고 본다. 소유권이전등기를 마쳐 물권을 취득하기 전에는 채권자로서 대등한 법적 지위를 보장받아야 할 제1매수인과 제2매수인에 대하여 배임죄 성립에 있어서 보호 정도를 달리할 논리적 근거는 어디에서도 찾아볼 수 없다."고 한다.

126 진계호·이존걸, 504.

착수시기는 범죄실행의 개시 시기를 언제로 보아야 할 것인지에 따라 결정되어야 할 것이다. 실행의 착수시기에 관한 다수설인 주관적 객관설에 따르면, 실행의 착수시기는 행위자의 주관적 범죄계획에 따라 그대로 진행되는 경우 직접 구성요건이 실현될 수 있는 구성요건에 해당하는 실행행위와 밀접한 행위가 있는지를 기준으로 한다.[127] 따라서 중도금을 수령한 매도인이 단지 매수인에 대한 소유권이전등기에 협력하지 않고 있는 상태에서는 배임죄의 실행에 착수하지 않았다고 할 것이고, 민사상 문제에 그치는 것으로 볼 수 있을 것이다.

74 학설은 실행의 착수시기를 ① 제2매수인과 매매계약을 한 때로 보는 견해,[128] ② 제2매수인으로부터 중도금을 지급받은 때로 보는 견해,[129] ③ 제2매수인을 위한 등기 이전에 착수한 때로 보는 견해[130]로 나뉜다. 판례는 제2매수인으로부터 중도금을 수령한 때 실행의 착수가 있는 것으로 보고 있다.[131] 실행의 착수시기를 등기이전에 착수한 때로 보는 위 ③의 견해는, 제2매수인으로부터 중도금만 수령한 단계에서는 아직 누구에게 등기를 이전해 줄 것인지 선택할 수 있으므로 실행의 착수를 인정하기 어렵다고 설명한다.

75 본죄의 기수시기에 관하여는, 통설[132]과 판례[133]는 제2매수인에게 소유권이전등기를 마친 때로 보고 있다.

마) 악의의 후매수인에 대한 공범 성립의 문제

76 매도인의 이중매매 사실을 알면서 매수한 악의의 후매수인을 본죄의 공범으로 처벌할 수 있는지에 대하여, 판례는 매도인의 배임행위에 가담하였으므로 제33조와 제30조에 의하여 본죄의 공범이 성립한다고 판시한 적도 있다.[134] 그

127 이재상·장영민·강동범, 형법총론(11판), § 27/29.

128 홍영기, § 89/5.

129 김일수·서보학, 394; 배종대, § 77/16; 손동권·김재윤, 412; 신동운, 1286; 정영일, 233; 진계호·이존걸, 503.

130 김성돈, 465; 김신규, 499; 오영근, 397; 이재상·장영민·강동범, § 21/33; 이형국·김혜경, 495; 임웅, 560; 정성근·박광민, 479; 정성근·정준섭, 328; 정웅석·최창호, 형법각론, 723; 최호진, 605.

131 대판 1983. 10. 11, 83도2057; 대판 1984. 8. 21, 84도691; 대판 2003. 3. 25, 2002도7134; 대판 2010. 4. 28, 2009도14427 등.

132 김신규, 499; 박상기·전지연, 703; 손동권·김재윤, 472; 이재상·장영민·강동범, § 21/33; 이형국·김혜경, 495; 정성근·정준섭, 392; 정웅석·최창호, 723; 최호진, 605; 홍영기, § 89/5.

133 대판 1984. 11. 27, 83도1946; 대판 1985. 10. 8, 83도1375 등.

134 대판 1966. 1. 31, 65도1095.

러나 그 이후 먼저 매수한 사람을 해할 목적으로 양도를 교사하는 등의 방법으로 양도행위에 적극 가담한 경우에만 공범의 죄책을 진다고 판단[135]한 이래, 매도인의 배임행위를 알고 있었다는 점만으로는 부족하고 매도인의 배임행위를 교사하거나 전 과정에 관여하는 등 배임행위에 적극 가담할 것을 필요로 한다고 한다.[136] 다수설 역시 판례와 같이 공범 성립을 위해서는 적극 가담행위를 요구하고 있으며,[137] 이에 대하여 본죄의 성립에 손해의 의사가 필요한 것은 아니므로 이미 매도한 사실을 알면서 매도인과 공모하여 이를 매수한 때에는 본죄의 공범으로 처벌하는 것이 타당하다는 견해[138]도 있다.

[대판 2009. 9. 10, 2009도5630] 77

업무상배임죄의 실행으로 인하여 이익을 얻게 되는 수익자 또는 그와 밀접한 관련이 있는 제3자를 배임의 실행행위자에 대한 공동정범으로 인정하기 위하여는 우선 실행행위자의 행위가 피해자 본인에 대한 배임행위에 해당한다는 점을 인식하였어야 하고, 나아가 실행행위자의 배임행위를 교사하거나 또는 배임행위의 전 과정에 관여하는 등으로 배임행위에 적극 가담할 것을 필요로 한다.

원심이 인정한 사실과 기록에 의하면, 앞서 본 바와 같이 피고인이 원심 공동피고인으로부터 이 사건 수분양권을 매수할 당시에는 그 매매계약이 이중매매에 해당한다는 사실을 알지 못하였던 사실, 피고인이 그 후 이중매매 사실을 알고 원심 공동피고인으로부터 이미 지급한 매매대금을 반환받고자 하였으나 그중 8,200만 원을 돌려받지 못하게 되자, 공소외인 등을 상대로 소송을 제기하여 피고인과 공소외인을 대리한 원심 공동피고인 사이에 임의조정이 이루어졌고, 이를 기초로 인천광역시를 상대로 한 소송을 거쳐 이 사건 토지에 대한 소유권이전등기까지 경료하게 된 사실 등을 알 수 있는바, 이를 위 법리에 비추어 살펴보면, 이 사건 수분양권 매수 당시 그 매매계약이 이중매매에 해당한다는 사실을 알지 못했던 피고인이 자신의 민사상 권리를 실현하기 위하여 공소외인을 상대로 제기한 민사소송 중 임의조정이 이루어지는 과정에서, 원심이 인정한 바와 같이 피고인이 원심 공동피고인과 접촉한 정황 및 원심 공동피고인이 피고인에게 협조한 사실이 인정된다고 하더라도, 이는 피고인이 이 사건 수분양권에 대한 매수인으로서의 권리를 행사하는 과정에서 발생한 것에 불과하고, 피고인이 원심 공동피고인의 배임행위를 교사하거나 원심 공동피고인의 배임행위의 전 과정에 관여하는 등으로 원심 공동피고인의 배임행위에 적극 가담한 경우에 해당한다고 보기는 어렵다.

---

135 대판 1975. 6. 10, 74도2455.
136 대판 1983. 7. 12, 82도180; 대판 2009. 9. 10, 2009도5630.
137 김성돈, 466; 김일수·서보학, 391; 신동운, 1287; 임웅, 561; 정성근·박광민, 479; 정영일, 233.
138 이재상·장영민·강동범, §21/35.

78 악의의 후 매수인에 대하여 장물취득죄가 성립할 수 있는지에 관하여, 이중매매된 부동산은 본죄에 제공된 재물이지 본죄에 의하여 영득된 재물로서 장물은 아니므로 장물취득죄는 성립할 수 없다고 본다(통설[139]·판례[140]).

바) 죄수

79 부동산 이중매매로 인한 본죄의 죄수는 타인의 사무의 내용이 되는 등기협력의무의 수에 의하여 결정된다.[141] 판례는 피해자들에 대하여 각 별도로 아파트에 관하여 소유권이전등기절차를 이행하여 주어야 할 업무상 임무가 있는 경우, 피해자의 보호법익은 각각 독립한 것이므로, 범의가 단일하고 제3자 앞으로 각 소유권이전등기 및 근저당권설정등기를 한 행위의 시기가 근접해 있으며 피해자들이 소유권이전등기를 받을 동일한 권리를 가진 사람이라고 하여도 위 범행은 포괄1죄라고 볼 수 없고, 피해자별로 독립한 수개의 업무상배임죄가 성립한다고 하였다.[142]

80 한편, 주택조합 아파트 건립 예정 부지에 관한 등기명의가 건설회사 앞으로 이전·경료되어 있는 상태에서 그 건설회사 이사의 임무위배행위에 의하여 그 등기가 타 회사 앞으로 이전된 것이라면, 그로 인한 그 부동산 시가 상당 손해가 실질적으로 각 주택조합원들에게 돌아간다 하더라도 업무상배임의 단순1죄만 성립하는 것이지 피해자별로 독립한 수개의 죄가 성립하는 것은 아니라고 하였다.[143]

81 부동산 이중매매와 관련하여, 서로 다른 타인에 대한 사무를 처리하는 자가 여러 개의 임무위배행위에 해당하는 행위를 한 경우, 본죄 또는 업무상배임죄의 죄수관계가 문제될 수 있다. 예를 들어, 회사의 이사처럼 타인(회사)의 사무를 처리하는 자가 임무위배행위로서 회사 소유의 부동산에 대한 매매계약을 체결하고 매수인(A)으로부터 중도금을 수령하였는데, 그 후 다시 다른 매수인(B)과 매매계약을 체결하고 후 매수인(B)에게 소유권이전등기를 마쳐준 경우, 이사의

139 김성돈, 466; 배종대, §77/17; 이재상·장영민·강동범, §21/38; 정영일, 233. 장물죄의 성립을 부정하면서 그 근거로 본죄로 취득한 재산상 이익은 장물이 될 수 없다는 견해로는 신동운, 1287; 정성근·박광민, 479.

140 대판 1975. 12. 9, 74도2804; 대판 1983. 11. 8, 82도2119.

141 주석형법 [각칙(6)](5판), 539(노태악).

142 대판 1993. 6. 22, 93도743; 대판 1994. 5. 13, 93도3358.

143 대판 1995. 2. 17, 94도3297.

배임행위의 죄수관계가 문제된다.

먼저 회사의 이사는 회사에 대한 관계에서, 업무상의 임무에 위배하여 A와 회사 소유의 부동산에 대한 매매계약을 체결함으로써 회사에 대한 업무상배임죄의 실행에 착수하였고, 종국적으로 B에게 소유권이전등기를 경료함으로써 회사에 대한 업무상배임죄는 기수에 이르렀다고 할 것이다. 82

다음으로 A에 대한 관계에서는, 부동산에 관하여 매매계약을 체결하고 중도금을 수령하였으므로 A에게 소유권이전등기를 경료하여 줄 협력의무를 부담하고, 이는 타인의 사무에 해당한다고 볼 수 있다. 이사와 A 사이에 회사 소유 부동산에 대한 매매계약을 체결한 행위는 회사에 대한 배임행위의 내용을 구성하는 것이고, A는 일응 회사에 대한 업무상배임행위의 수익자의 지위에 있다고 볼 수 있다. 그렇다고 하더라도 이사는 A와 부동산 매매계약을 체결하고 중도금을 수령한 이상, A에 대하여 소유권이전등기를 경료하여 줄 별개의 사실상의 신임관계가 발생하였다고 보아야 할 것이다. 따라서 A에 대한 신임관계에 위배하여 B에게 소유권이전등기를 경료하여 주었다면, 이는 A에 대하여 별도로 부동산 이중매매로 인한 본죄가 성립한다고 할 것이다. 판례는 본인에 대한 배임행위와 제3자에 대한 기망행위가 동시에 이루어지는 경우, 예컨대 건물관리인인 피고인이 건물주로부터 월세 임대차계약체결 업무를 위임받고도 임차인들을 속여 그 보증금을 편취한 경우, 임차인에 대한 사기죄와 건물주에 대한 업무상배임죄가 성립하고, 그 관계는 실체적 경합범관계에 있게 된다고 하였다.[144] 83

다만, A가 이사의 회사에 대한 배임행위를 교사하는 등 회사에 대한 업무상배임죄에 적극 가담하여 이사와 공동정범의 죄책을 부담하는 경우에는, 이사와 A는 회사에 대한 업무상배임죄에 있어서 공범의 관계에 있을 뿐, 이사가 A에 대하여 타인의 사무처리자로서 부동산 소유권이전등기에 협력할 의무를 부담한다고 보기는 어려울 것이다. 따라서 그와 같은 경우에는 A에 대하여 부동산 이중매매로 인한 본죄의 죄책을 부담하지 않는다고 보아야 한다. 84

144 대판 1987. 4. 28, 83도1568; 대판 2010. 11. 11, 2010도10690. 위 2010도10690 판결 평석은 류전철, "배임죄와 사기죄의 경합관계", 형사판례연구 〔19〕, 한국형사판례연구회, 박영사(2011), 210-235.

마) 제2매수인에 대한 사기죄 성립 문제

85 매도인이 제1매수인과의 매매계약을 일방적으로 해제할 수 없는 처지에 있음을 고지하지 않고 제2매수인과 매매계약을 체결한 경우, 제2매수인에 대한 사기죄가 성립할 수 있는지 문제된다.

86 이에 대하여 판례는, 부동산을 매매함에 있어서 매도인이 매수인에게 매매와 관련된 어떤 구체적인 사정을 고지하지 아니함으로써, 장차 매매의 효력이나 매매에 따르는 채무의 이행에 장애를 가져와 매수인이 매매목적물에 대한 권리를 확보하지 못할 위험이 생길 수 있음을 알면서도, 매수인에게 그와 같은 사정을 고지하지 아니한 채 매매계약을 체결하고 매매대금을 교부받는 한편, 매수인이 그와 같은 사정을 고지받았더라면 매매계약을 체결하지 아니하거나 매매대금을 지급하지 아니하였을 것임이 경험칙상 명백한 경우에는 신의성실의 원칙상 매수인에게 미리 그와 같은 사정을 고지할 의무가 매도인에게 있다고 할 것이므로, 매도인이 매수인에게 그와 같은 사정을 고지하지 아니한 것은 사기죄의 구성요건이 기망에 해당한다고 할 것이지만, 매매로 인한 법률관계에 아무런 영향도 미칠 수 없는 것이어서 매수인의 권리실현에 장애가 되지 아니하는 사유까지 매도인이 매수인에게 고지할 의무가 있다고 볼 수는 없다고 하였다. 따라서 부동산의 이중매매에 있어서 매도인이 제1의 매매계약을 일방적으로 해제할 수 없는 처지에 있었다는 사정만으로는 바로 제2의 매매계약의 효력이나 그 매매계약에 따르는 채무의 이행에 장애를 가져오는 것이라고 할 수 없음은 물론, 제2의 매수인의 매매목적물에 대한 권리의 실현에 장애가 된다고 볼 수도 없는 것이므로 매도인이 제2의 매수인에게 그와 같은 사정을 고지하지 아니하였다고 하여 제2의 매수인을 기망한 것이라고 평가할 수는 없다고 하였다.[145]

2) 부동산 이중저당

87 부동산 이중저당은 채무자(甲)가 차용금에 대한 담보목적으로 채권자(A)에게 자기 소유 부동산에 선순위 저당권을 설정해 주기로 약정한 다음 아직 저당권 설정등기를 마치지 않은 상태에서, 제3자(B)로부터 다시 금원을 차용하고 제3자(B)에게 선순위 저당권설정등기를 마쳐준 경우를 말한다. 이외에 저당권을 설정

145 대판 1991. 12. 24, 91도2696; 대판 2008. 5. 8, 2008도1652.

해주기로 약정한 다음 제3자에게 목적물을 처분[146]하거나 양도담보 등으로 제공하는 경우도 이중저당의 한 유형으로 볼 수 있을 것이다.

가) 부동산 이중저당과 사기죄에 관한 논의

이중저당에 대하여는 먼저 甲에 대하여 사기죄를 인정할 수 있는지의 논의가 있다. ① 사기죄 성립을 인정하는 견해는 甲이 B에게 저당권설정계약의 존재를 고지하지 아니하여 B로 하여금 착오에 빠지게 하고 그로 인하여 A에게 손해를 가하여 재산상 이익을 취득한 이상 사기죄가 성립한다고 한다.[147] 그러나 ② 대다수의 학자들은 사기죄의 성립을 부정한다. 즉, ⓐ 甲이 A와 저당권설정계약을 한 것만으로는 B에 대하여 신의칙상 고지의무가 발생한다고 볼 수 없으므로 기망행위가 존재하지 않는다거나,[148] ⓑ 피기망자인 B와 피해자인 A가 일치하지 않는 경우에는 피기망자가 적어도 A의 재산을 처분할 수 있는 사실상의 지위에 있어야 사기죄가 성립하는데 B는 A와 아무런 관계에 없다거나,[149] ⓒ 사기죄에서 기망행위는 그것이 거래에 있어서 신의칙에 반하는 정도에 이를 것을 요하는데 B는 유효하게 저당권을 취득한 이상 기망행위가 있다고 보기 어렵고,[150] ⓓ B에 대한 기망과 A의 손해 발생 사이에 인과관계가 없다[151]는 등의 이유로 사기죄의 성립을 부정한다. 물론, 甲이 A에 대하여 선순위 저당권을 설정해줄 의사가 없음에도 불구하고 선순위 설정등기를 약속하고 A로부터 금원을 차용하였다면 A에 대한 사기죄 성립은 가능하다. 88

나) 부동산 이중저당과 본죄에 관한 논의

다음으로, 甲은 A로부터 금전을 차용하고 그 담보로 저당권을 설정해 주기로 하였으므로 저당권설정등기를 이행할 의무를 부담하는데, 이와 같은 의무를 A의 재산보전에 협력할 신의칙상 의무로서 타인의 사무에 해당한다고 보고 본죄의 성립을 인정할 것인지가 문제된다. 89

146 대판 2011. 11. 10, 2011도11224.
147 이건호, 신고 형법각론, 348.
148 임웅, 563.
149 김성돈, 467; 김신규, 497; 이재상·장영민·강동범, § 21/28.
150 김신규, 497; 이재상·장영민·강동범, § 21/28; 진계호·이존걸, 502.
151 김성돈, 467.

a) 종전의 논의

90 2020년 변경되기 이전의 판례[152] 및 다수설[153]은 부동산 이중저당의 경우에도, 부동산 이중매매에서의 본죄 성립에 관한 논의에 준하여 본죄의 성립을 긍정하였다. 甲이 A와 저당권 설정계약을 체결하고 금전을 차용함으로써 A에 대한 저당권설정등기에 협력해야 할 신의칙상 의무가 있고, 이는 자기 사무임과 동시에 타인의 사무가 되므로, 甲이 B에게 근저당권설정등기를 마쳐준 경우 본죄가 성립한다는 것이다. 변경 전 판례는 부동산에 피해자 명의의 근저당권을 설정하여 줄 의사가 없음에도 피해자를 속이고 근저당권 설정을 약정하여 금원을 편취한 경우라 할지라도, 이러한 약정은 사기 등을 이유로 취소되지 않는 한 여전히 유효하여 피해자 명의의 근저당권설정등기를 하여 줄 임무가 발생하는 것이고, 그럼에도 불구하고 임무에 위배하여 그 부동산에 관하여 제3자 명의로 근저당권설정등기를 마친 경우 이러한 배임행위는 금원을 편취한 사기죄와는 전혀 다른 새로운 보호법익을 침해하는 행위로서 사기 범행의 불가벌적 사후행위가 되는 것이 아니라 별죄를 구성한다고 판시하였다.[154]

91 다만 저당권은 여러 사람에게 순번에 따라 설정해 줄 수 있으므로 이중저당 자체는 법률적으로 유효하고, B에게 선순위 저당권을 설정해 줌으로써 A가 후순위 저당권자가 되더라도 담보로 제공된 부동산에 충분한 담보가치가 남아 있어 A에 대한 담보능력 상실의 위험이 발생하지 않는다면, A에게 재산상 손해가 발생하였다고 볼 수 없으므로 본죄의 성립이 부정될 수 있다.[155]

92 한편, 타인에 대하여 근저당권설정의무를 부담하는 사람이 제3자에게 근저당권을 설정하여 주는 배임행위로 인하여 취득하는 재산상 이익 내지 그 타인의 손해는 그 타인에게 설정하여 주기로 한 근저당권의 담보가치 중 제3자와의 거래에 대한 담보로 이용함으로써 상실된 담보가치 상당으로서, 이를 산정함에 있어 제3자에 대한 근저당권 설정 이후에도 당해 부동산의 담보가치가 남아 있

---

152 대판 2008. 3. 27, 2007도9328 등. 일본 판례도 저당권설정권자가 설정등기에 관하여 저당권자에게 협력해야 할 임무는 '주로 타인인 저당권자을 위하여 부담하는 것'이라는 이유로 본죄의 성립을 인정하고 있다[最判 昭和 31(1956). 12. 7. 刑集 10·12·1592].

153 김일수·서보학, 390; 김성돈, 467-468; 배종대, § 77/19; 이재상·장영민·강동범, § 21/29; 임웅, 563; 정영일, 233-234; 진계호·이존걸, 502.

154 대판 2008. 3. 27, 2007도9328.

155 김성돈, 468.

는 경우에는 그 부분을 재산상 이익 내지 손해에 포함시킬 수 없다는 것이다.[156] 전세권설정의무를 부담하는 사람이 제3자에게 근저당권을 설정하여 준 경우 역시 그 행위가 배임죄에 해당하는지 여부를 판단하기 위해서는, 제3자에게 근저당권을 설정하여 준 당시 그 부동산의 시가 및 선순위담보권의 피담보채권액을 계산하여 그 행위로 인하여 당해 부동산의 담보가치가 상실되었는지를 밝혀 손해발생 여부를 판단하여야 한다고 하였다.[157]

(b) 2020년 전원합의체 판결 이후의 논의

대법원은 대판 2020. 6. 18, 2019도14340(전)[158]을 통하여 종전의 판례를 변경하고 이중저당행위에 대하여 본죄 성립을 부정하였다.[159] 위 전원합의체 판결의 다수의견은, 채무자가 금전채무를 담보하기 위하여 저당권설정계약에 따라 채권자에게 그 소유의 부동산에 관하여 저당권을 설정할 의무를 부담하게 되었다고 하더라도 이를 들어 채무자가 통상의 계약에서 이루어지는 이익대립관계를 넘어서 채권자와의 신임관계에 기초하여 채권자의 사무를 맡아 처리하는 것으로 볼 수 없다고 하여 본죄의 성립을 부정하였다. 즉 채무자가 채권자에 대하여 부담하는 저당권 설정의무는 계약에 따라 부담하는 채무자 자신의 의무이므로, 채무자를 채권자에 대한 관계에서 타인의 사무를 처리하는 자라고 할 수 없다는 것이다. 그리고 같은 취지로, 甲이 A에 대한 차용금 채무를 변제하지 못하여 임야 등에 대하여 가등기를 마쳐주기로 한 약정에 위배하여 제3자에게 근저당권을 설정해 준 사안에서, 대법원은 본죄의 성립을 부정하였다.[160] 93

위 전원합의체 판결의 다수의견에 대해서는 아래와 같은 취지의 반대의견(대법관 4명)이 있다. 94

[대판 2020. 6. 18, 2019도14340(전)의 반대의견] 95

1) 종래 대법원은 타인의 재산관리에 관한 사무를 대행하는 경우 외에도 매매, 담보권 설정 등 거래를 완성하기 위한 자기의 사무인 동시에 상대방의 재산보전에 협력할 의무의 이행인 경우에도 일관하여 이를 배임죄에서 말하는 타인의 사무에 해당한다고 보아 왔다. 대법원 2018. 5.

156 대판 2009. 9. 24, 2008도9213.
157 대판 1990. 4. 24, 89도2281; 대판 2006. 6. 14, 2004도5102.
158 대판 2020. 6. 18, 2019도14340(전).
159 대판 2020. 10. 10, 2016도8447.
160 대판 2020. 10. 10, 2016도8447.

17. 선고 2017도4027 전원합의체 판결은 부동산 이중매매를 배임죄로 인정하는 종전 판례를 유지하였다. 나아가 부동산에 관한 권리이전의 신뢰관계 및 그에 대한 보호 필요성은 매매계약뿐만 아니라 부동산에 관한 권리의 이전·설정을 목적으로 하는 다른 법률관계에서도 마찬가지로 인정된다고 보아 배임죄의 성립을 긍정하여 왔다. 다수의견은 거래관계에서 발생하는 당사자 간의 신임관계를 보호하기 위하여 타인의 재산보전에 협력할 의무가 있는 경우에는 배임죄의 주체가 되는 '타인의 사무를 처리하는 자'에 해당한다고 보아 온 대법원의 판례와 논리적으로 일관되지 않고, 담보계약에 기초한 신임관계도 배임죄에 의하여 보호되어야 할 법익이 될 수 있다는 점을 도외시한 것으로 찬성할 수 없다.

2) 저당권설정계약을 체결한 채무자가 담보로 제공하기로 한 부동산을 제3자에게 처분한 경우, 이는 배임죄 성립 여부에서 부동산 이중매매의 경우와 조금도 다를 바 없다. 오히려 매매의 경우 매도인이 중도금만 받은 단계에서는 매수인의 소유권이전등기청구에 대하여 매도인이 잔금과의 동시이행 항변을 주장할 수 있는 반면, 차용금을 지급받은 채무자가 금전채무에 대한 담보로서 저당권설정계약을 체결한 경우에는 채권자의 의무이행이 모두 완료되어 채권자가 저당권설정등기를 청구하면 채무자는 그러한 항변조차 하지 못하고 저당권설정등기에 응할 수밖에 없다. 후자에서 채무자의 지위는 매매잔금까지 수령한 부동산 매도인의 지위와 유사하여 배임죄의 '타인의 사무를 처리하는 자'로서의 성격은 전자의 경우보다 한층 강하다고 볼 수 있다.

3) 우리나라에서 부동산이 경제생활에서 차지하는 비중이나 이를 목적으로 한 거래의 사회경제적 의미가 여전히 크다는 점을 고려해보더라도 이 사건처럼 채무자가 채권자로부터 돈을 차용하여 저당권을 설정해주기로 약정한 후 제3자에게 대상 부동산을 처분하는 행위는 그 불법성이나 비난가능성이 부동산 이중매매의 경우보다 결코 가볍다고 단정할 수 없다. 그런데도 부동산 이중매매의 경우와 달리 돈을 빌린 채무자가 약속대로 채권자에게 저당권을 설정해줄 사무가 단지 채무자의 개인적인 사무에 불과하고 채권자의 채권보전과 무관하다고 보게 되면, 부동산을 담보로 하는 금전소비대차에서의 신뢰관계를 근본적으로 훼손할 뿐 아니라 이러한 거래가 담당하는 역할과 기능에 예상하기 어려운 혼란을 초래할 우려가 있다.

4) 담보물권이 피담보채무에 대하여 부종성을 갖는다고 해서 이를 배임죄에서 말하는 타인의 사무를 판단하는 기준과 결부시키는 것은 타당하지 아니하다. 특히 이 사건에서 문제되는 근저당권은 소멸에 관한 부종성이 배제되어 있어 피담보채권이 확정될 때까지는 변제 등으로 채권이 소멸하더라도 근저당권의 존속에 아무런 영향을 미치지 않는다. 대물변제예약과 달리 담보계약을 통해 채권자가 취득한 담보권은 그 자체로 독립한 재산적 가치가 있을 뿐 아니라 담보물의 담보가치에 대한 채권자의 신뢰 또한 형사법에 의해 보호되어야 할 고유한 법률상 이익에 해당한다. 부동산 이중매매의 사안에서 소유권이 사용가치와 교환가치, 두 가치를 모두 아우르는 것이라면, 부동산 이중저당의 사안에서는 소유권의 내용적·질적인 교환가치가 파악된다는 점만이 다를 뿐이다.

5) 동산 이중양도담보에 관한 2020. 2. 20. 선고 2019도9756 전원합의체 판결은 동산 양도담

보권 설정 이후 담보권설정자의 담보물에 관한 유지·보관의무 등을 타인의 사무로 볼 수 있는지가 쟁점이었다. 반면 이 사건의 쟁점은 저당권을 설정해 줄 의무 즉, 채권자의 권리취득에 협력할 채무자의 의무가 당사자의 신임관계의 전형적·본질적 내용이 될 수 있는지 여부이다.

대법원이 위와 같이 부동산 이중저당에 대하여 본죄 성립을 부정함으로써, 부동산에 관한 권리를 이전해 줄 것을 내용으로 하는 계약을 체결한 당사자가 그 의무에 위반하여 이를 제3자에게 처분한 경우 중, 매매계약을 체결한 매도인에 대하여만 제1매수인에 대한 타인의 사무처리자로서의 지위를 인정하고, 나머지, 예를 들어 근저당권 설정의무자 또는 양도담보권 설정의무자의 경우에 대하여는 타인의 사무처리자로서의 지위를 부정하는 결과가 되었다.[161] 이는 타인의 사무의 내용 중 하나인 '타인의 재산보전에 협력할 의무'의 인정범위가 축소되었다는 것을 의미하기도 한다. 부동산 거래에 관한 대법원의 이와 같은 태도에 대하여는, 본죄의 성립 범위를 지나치게 축소시킴으로써 형사법에 의하여 보호되어야 할 개인의 재산권이나 신임관계마저도 그 보호범위에서 제외시키는 문제를 초래할 수 있다는 비판도 가능할 것으로 보인다. 96

3) 부동산 대물변제예약 또는 양도담보 설정계약을 체결한 채무자의 사무

가) 부동산 대물변제예약

부동산 이중매매나 이중저당과 유사한 경우로서, 부동산에 관하여 대물변제예약이나 양도담보 설정계약을 체결한 채무자가 이를 임의로 처분한 경우 본죄의 성립 여부가 문제된다. 97

먼저 대물변제예약 후 임의 처분에 대하여, 대법원은 채권담보 목적으로 부동산 대물변제예약을 체결한 채무자가 그 부동산을 제3자에게 처분한 사안에서 과거 본죄 성립을 긍정하였던 판결[162]을 폐기하고, 본죄의 성립을 부정한 바가 98

---

161 위 2019도14340 전원합의체 판결 이후에 같은 취지의 판결로는 대판 2020. 7. 9, 2015도3820(채무자가 금전채무에 대한 담보로 부동산에 관하여 양도담보설정계약을 체결하고 이에 따라 채권자에게 소유권이전등기를 해 줄 의무가 있음에도 제3자에게 그 부동산을 처분한 경우); 대판 2020. 12. 20, 2016도8447(피해자에게 가등기를 마쳐 주기로 한 약정에 위배하여 제3자에게 임야에 근저당권을 설정해준 경우); 대판 2021. 7. 15, 2020도3514(담보목적으로 전세보증금반환채권을 양도해주기로 약정하였음에도 그 양도의 통지 전에 제3자에게 전세권근저당권을 설정해준 경우). 한편 뒤에서 살펴보는 바와 같이, 부동산에 대하여 대물변제예약 후 임의 처분한 채무자에 대하여는 이미 타인의 사무처리자로서의 지위를 부정한 바 있다.

162 대판 2000. 12. 8, 2003도4293(폐기) 등.

있다.[163]

99 위 판결의 다수의견은, ① 대물변제예약에 기하여 부동산의 소유권을 이전해줄 의무는 예약 당시에 확정적으로 발생하는 것이 아니라 채무자가 차용금을 제때에 반환하지 못하여 채권자가 예약완결권을 행사한 후에야 비로소 문제되는 것이고, ② 채무자는 예약완결권이 행사된 이후에도 얼마든지 금전채무를 변제하여 당해 부동산에 관한 소유권이전등기절차를 이행할 의무를 소멸시키고 그 의무에서 벗어날 수 있으며, ③ 채권자는 당해 부동산을 특정물 그 자체보다는 담보물로서의 가치를 평가하고 이로써 기존의 채권을 변제받는데 주된 관심이 있으므로, 채무자의 채무불이행으로 인하여 대물변제예약에 따른 소유권등기를 이전받는 것이 불가능하게 되는 상황이 초래되어도 채권자는 채무자로부터 금전적 손해배상을 받음으로써 대물변제예약을 통해 달성하고자 한 목적을 사실상 이룰 수 있고, ④ 대물변제예약의 궁극적 목적은 차용금 반환채무의 이행 확보에 있고 채무자가 대물변제예약에 따라 부동산에 관한 소유권이전등기절차를 이행할 의무는 그 궁극적 목적을 달성하기 위해 채무자에게 요구되는 부수적 내용이어서 이를 가지고 본죄에서 말하는 신임관계에 기초하여 채권자의 재산을 보호 또는 관리하여야 하는 타인의 사무에 해당한다는 등의 이유로 대물변제예약에 따라 부동산 소유권을 이전해줄 의무는 특별한 사정이 없는 한 자기의 사무라고 보았다.

100 이에 대하여 반대의견[164]은, 다음과 같은 근거를 제시하며 본죄의 성립을 부정하는 다수의견을 비판한다. ① 판례의 축적을 통하여, 등기협력의무 등 거래 상대방의 재산보전에 협력하여야 할 의무가 있는 사람이 고의로 임무를 위반하여 상대방에게 회복하기 어려운 손해를 입힌 경우에는 본죄로 처벌받을 수

163 대판 2014. 7. 21, 2014도3363(전). 본 판결 평석은 강수진, "부동산 대물변제예약의 채무자와 배임죄에서의 타인의 사무처리자", 고려법학 76(2015), 227-271; 류전철, "배임죄에서 '타인의 사무'의 해석과 민사법리의 관계", 형사판례연구 〔24〕, 한국형사판례연구회, 박영사(2016), 431-456; 백원기, "대물변제예약체결 채무자 소유 부동산의 제3자에 대한 처분행위는 배임죄에 해당하는가", 형사판례연구 〔24〕, 한국형사판례연구회, 박영사(2016), 457-498; 이현석, "채권 담보를 목적으로 대물변제예약을 체결한 채무자가 대물로 제공하기로 한 부동산을 제3자에게 처분한 행위가 배임죄에 해당하는지 여부", 양승태 대법원장 재임 3년 주요 판례 평석, 사법발전재단(2015), 488-500.

164 대판 2014. 7. 21, 2914도3363(전)의 다수의견에 대한 대법관 4명의 반대의견 참조.

있다는 것이 우리 사회의 확립된 법원칙으로서 자리매김하게 되었고, ② 담보계약을 체결한 채권자와 채무자 사이에는 담보계약 자체로부터 피담보채권의 발생원인이 된 법률관계와는 별도의 독자적인 신임관계가 발생한다고 보아야 하며, ③ 담보목적으로 부동산에 관한 대물변제예약을 체결한 채무자가 신임관계를 위반하여 당해 부동산을 제3자에게 처분함으로써 채권자로 하여금 부동산의 소유권 취득을 불가능하게 하거나 현저히 곤란하게 하였다면 이러한 행위는 대물변제예약에서 비롯되는 본질적·전형적 신임관계를 위반한 것으로서 본죄에 해당한다고 보아야 한다는 것이다.

학자들 중에서도 위 2014도3393 전원합의체 판결에 대하여, 부동산 이중매 101
매에서 본죄의 성립을 인정하고 있는 판례의 태도[165]와 일관하지 않고,[166] 부동산 대물변제예약을 체결한 채무자가 그 부동산을 제3자에게 처분함으로써 채권자로 하여금 부동산 소유권 취득을 불가능하게 하거나 현저히 곤란하게 하였다면 이러한 행위는 대물변제예약에서 비롯되는 본질적·전형적 신임관계를 위반한 것으로서 본죄에 해당한다고 보아야 한다는 이유로,[167] 비판하는 견해가 있다. 또한 부동산 거래관계의 특성상 대물변제예약에서의 채무자는 채권자의 담보권실행을 불가능하게 할 위험을 끼칠 수 있는 우월적 내지 지배적 지위에 있고, 대물변제예약에 의하여 채권자는 담보권을 취득하고 장차 예약완결권을 행사하는 등으로 담보권을 실행할 수 있으리라는 강한 신뢰를 가지게 되는데, 이는 타인의 사무에 해당된다고 평가하여야 한다는 견해도 있다.[168]

한편 위 2014도3393 전원합의체 판결에 찬성하는 견해로서, 부동산 권리관 102
계에 있어서 타인의 사무가 되는 등기협력의무를 계약의 해제가 불가능한 단계에 발생하는 의무로서 그 의무에 위반하는 경우 단순히 권리를 취득하기 불가능한 정도를 넘어 다른 방법으로 손해를 보전받는 것이 무의미하거나 상대방에

165 대판 2018. 5. 17, 2017도4027(전) 등.

166 정성근·박광민, 466.

167 김일수·서보학, 392.

168 이용식, "대물변제예약 부동산의 이중매매와 배임죄의 형사불법적 구조 - 배임죄 해석의 나아갈 방향에 대한 논란", 형사판례연구 〔23〕, 한국형사판례연구회, 박영사(2015), 236-245. 이중매매와 대물변제예약 후 처분은 민사법적 관점에서 차이가 있을 수 있으나, 본죄 성립 여부는 민사법적 관점이 아니라 형법적 시각에서 그 불법 구조를 파악하여야 한다고 한다.

게 막대한 피해를 야기하고 의무위반을 방치하면 사회 전체적으로도 경제적 손실이 크다는 점에 대한 사회적 합의가 형성되어 있다는 실질을 가지고 있는 의무로 해석한다면, 채권담보를 위한 부동산 대물변제예약상의 의무는 계약의 목적, 대상, 당사자 의사나 사회적 합의라는 측면에서 이중매매 등에서 인정되는 등기협력의무와 같은 정도의 타인의 재산보전에 협력할 의무로 보기 어렵다고 설명하는 견해도 있다.[169]

나) 양도담보 설정계약

103 양도담보 등 담보권 설정계약을 체결한 채무자가 담보권 설정계약을 이행할 의무에 위반하여 담보목적물을 처분하는 등의 행위를 한 경우, 채무자를 타인의 사무처리자로 보고 본죄로 처벌할 수 있는가가 문제된다.

104 부동산 이중매매나 이중저당에서 채무자가 등기에 협력할 의무를 타인의 사무로 보고 본죄의 성립을 긍정하는 견해에 의하면, 담보권설정계약상의 채무자가 의무에 위반하여 담보목적물을 처분하는 행위도 본죄에 해당한다고 보는 것이 논리적이다. 반대로, 등기협력의무를 대향적인 급부의무를 부담하는 채무자의 계약상의 자기 사무로 이해하는 본죄 성립 부정론[170]에 따르면, 담보권 설정계약상의 의무 역시 타인의 사무가 될 수 없다고 볼 것이다.

105 종전 판례는, ① 채권의 담보로 근저당권설정등기를 하여 줄 의무 있는 사람이 이를 이행하지 않고 제3자에게 대물변제로 소유권이전등기를 경료한 경우[171]나, ② 채권자들과 부동산에 대한 양도담보 설정계약을 체결한 후 그에 따른 등기절차를 이행하기 전 제3자에게 처분행위를 한 경우,[172] 본죄가 성립한다고 하였다. 또한, ③ 채권자와 부동산 양도담보 설정계약을 체결하고 그 소유권이전등기를 경료하기 전 임의로 기존 근저당권자인 제3자에게 지상권설정등기를 경료해 준 경우, 그 지상권 설정이 새로운 채무부담행위에 기한 것이 아니라 기존의 저당권자가 가지는 채권을 저당권과 함께 담보하는 의미밖에 없다고 하더라도 이로써 양도담보권자의 채권에 대한 담보능력 감소의 위험이 발생한 이상

169 강수진(주 2), 251-265. 다만, 대물변제예약 중 지급에 갈음하는 대물변제약정의 경우에는 부동산 이중매매와 유사한 구조로서 타인의 사무성을 인정하여야 한다고 한다.

170 문형섭(주 96), 24; 허일태(주 94), 334.

171 대판 1971. 11. 15, 71도1544.

172 대판 2010. 9. 9, 2010도5975.

본죄를 구성한다고 하고,[173] ④ 주택에 대한 전세권설정계약을 맺고 전세금의 중도금까지 지급받고도 임의로 타에 근저당권설정등기를 경료해 줌으로써 전세금 반환채무에 대한 담보능력 상실의 위험이 발생되었다면 본죄가 성립한다고 하고,[174] ⑤ 피해자와 체결한 부동산에 관한 매매계약을 합의해제하면서 매매대금 반환채무를 담보하기 위하여 위 부동산에 근저당권설정등기를 마쳐주기로 약정하였음에도 위 부동산을 제3자에게 매도하여 소유권이전등기를 마쳐준 경우 본죄가 성립[175]한다고 하였다.

그러나 위에서 살펴본 바와 같이 최근 위 2019도14340 전원합의체 판결에서 대법원은 이중저당에 대한 본죄 성립을 부정하고, 이와 같은 법리는 채무자가 금전채무의 담보로 부동산에 관하여 양도담보 설정계약을 체결하고 이에 따라 채권자에게 소유권이전등기를 해줄 의무가 있음에도 제3자에게 그 부동산을 처분한 경우에도 적용된다고 판시하였다. 따라서 양도담보 설정계약을 체결한 채무자의 임의처분행위 역시 이중저당과 마찬가지로 본죄 성립을 부정하는 것으로 판례의 태도가 변경되었다고 이해하여야 할 것이다.[176] 106

최근 대법원은 채무자가 금원을 차용하면서 그 담보목적으로 전세보증금 반환채권 중 일부를 양도해 주기로 약정하였음에도 그 양도의 통지를 하기 전에 제3자에게 전세권근저당권을 설정하여 줌으로써 채권자에게 재산상 손해를 가한 사안에서, 채무자는 채권자에 대한 관계에서 타인의 사무를 처리하는 자에 해당하지 않는다고 판시하였다.[177] 채권양도담보계약에 따라 채무자가 부담하는 담보목적 채권의 담보가치를 유지·보전할 의무 등은 담보목적을 달성하기 위한 것에 불과하며, 채권양도담보계약의 체결에도 불구하고 당사자 관계의 전형적·본질적 내용은 여전히 피담보채권인 금전채권의 실현에 있기 때문에, 이는 채무자 자신의 사무에 해당할 뿐이라고 하였다. 107

173 대판 1997. 6. 24, 96도1218.

174 대판 1993. 9. 28, 93도2206.

175 대판 2011. 11. 10, 2011도11224.

176 독일의 판례에 따르면, 담보계약을 체결한 것만으로는 통상의 계약상 의무의 범위를 넘는 특별한 재산보호의무는 생기지 않는 것이 원칙이다. 독일의 판례 가운데에는, 상품의 소유권을 유보하면서 상품의 매각수익을 인도하는 약정을 준수하지 않은 사안에서 본죄의 성립을 부정한 것이 있다(BGH, 05.07.1968 - 5 StR 262/68).

177 대판 2021. 7. 15, 2020도3514.

4) 양도담보 등 담보권 설정자의 사무

가) 종래 판례의 태도

108 종래 판례는, ① 예탁금 회원제로 운영되는 골프장 회원권을 다른 채무에 대한 담보목적으로 양도한 경우에 회원권 양도의 당사자 사이에 양도인은 양수인을 위하여 회원권 보전에 관한 사무를 처리하는 자가 되므로 이를 이중으로 제3자에게 매도한 경우 본죄가 성립하고,[178] ② 수입업자가 신용장 개설은행에게 양도담보로 제공한 수입물품이 통관되어 들어온 경우 그는 신의칙상 양도담보권자인 개설은행이 담보목적을 달성할 수 있도록 개설은행에 대한 신용장대금 변제시까지 물품을 보관해야 하는 타인의 사무처리자에 해당하며,[179] ③ 금융기관에 대한 피담보채무를 이행인수하면서 공장저당법에 의하여 공장저당권이 설정된 공작기계를 함께 양수한 사람이 제3자에게 그 목적물을 임의로 처분한 경우 본죄가 성립하고,[180] ④ 근저당권설정자가 그 근저당권의 목적이 되는 토지에 식재된 수목을 처분하는 등으로 부당히 그 담보가치를 감소시키는 행위를 한 경우 본죄가 성립한다[181]고 하였다.[182]

109 또한, ⑤ 자동차 저당권설정자가 저당권자의 동의 없이 자동차를 매도하거나 제3자에게 양도담보로 제공하는 등 처분하는 경우에, 자동차의 교환가치는 그 저당권에 포섭되고 저당권설정자가 자동차를 매도하여 그 소유자가 달라지더라도 저당권에는 영향이 없으므로 특별한 사정이 없는 한 저당권설정자가 단

---

178 대판 2012. 2. 23, 2011도16385.

179 대판 1998. 11. 10, 98도2526. 이 판례는 아래에서 보는 대판 2020. 2. 20, 2019도9756(전)에 의하여 변경되었다.

180 대판 2003. 7. 11, 2003도67. 이 판례는 대판 2020. 10. 22, 2020도6258(전)에 의하여 변경되었다.

181 대판 2007. 1. 11, 2006도4215.

182 아래에서 보듯이 대법원은 최근 동산(골재생산기기인 크러셔)을 양도담보로 제공하고 은행으로부터 대출을 받은 후 그 동산을 관리하고 있던 중 제3자에게 매각함으로써 은행에 피해를 가한 사안에서 본죄의 성립을 부정하였다[대판 2020. 2. 20, 2019도9756(전)]. 위 전원합의체 판결은 위 98도2526 판결을 명시적으로 변경하였으나, 위 나머지 판결들은 언급하지 않고 있다. 다만, 위 2019도9756 전원합의체 판결의 취지는, 전형적인 양도담보 설정계약상 담보권설정자와 담보권자 간 계약의 전형적·본질적 내용은 대출금 채무의 변제와 이를 위한 담보에 있고, 통상의 계약상 이익대립관계를 넘어 피해자(담보권자)의 사무를 맡아 처리하는 것으로 볼 수 없는 이상, 담보권설정자를 타인의 사무를 처리하는 자에 해당한다고 볼 수 없다는 것이다. 따라서 위 나머지 판결들도 특별한 사정이 없는 한 위 2019도9756 전원합의체 판결의 취지에 따라 본죄 성립이 부정되는 것으로 그 취지가 변경된 것으로 이해하여야 할 것이다.

순히 그 저당권의 목적인 자동차를 다른 사람에게 매도한 것만으로는 본죄에 해당하지 아니하나,[183] 신원을 정확히 알 수 없는 제3자에게서 돈을 차용하고 담보로 자동차를 인도하면서 차량포기각서까지 작성해 주었고, 이후 차용금을 변제하지 아니하였을 뿐만 아니라 저당권자에 대한 대출금 변제도 중단하였으며, 저당권자가 자동차에 대한 저당권을 실행하기 위하여 자동차 인도명령을 받았으나 소재파악이 되지 않아 집행불능에 이르렀고, 정상적인 거래관계였다면 마땅히 수반되어야 할 양도인의 인감증명서 교부 등 자동차관리법이나 그 밖의 관계 법령에 따른 이전등록에 필요한 조치도 전혀 이루어지지 않았던 사정 등을 종합할 때, 피고인의 행위는 적어도 미필적으로나마 저당권자의 자동차에 대한 추급권 행사가 불가능하게 될 수 있음을 알면서도 그 담보가치를 실질적으로 상실시키는 것으로서 본죄가 성립되는 특별한 사정이 있는 경우에 해당한다고 하였다.[184]

다만 채무자가 제3자 소유의 부동산을 채무의 담보로 제공하기로 한 약정 110
에 따라 채권자를 위하여 그 부동산에 근저당권설정등기를 마쳐준 경우, 이로써 채무자는 담보제공약정상의 의무를 이행한 것이 되고, 그 후 위 근저당권설정등기를 임의로 말소하여서는 안되는 것은 물권의 대세적 효력의 당연한 귀결로서 채무자를 포함한 모든 사람이 부담하는 의무이며 채무자가 그 담보제공약정에 따라 채권자의 재산의 관리보호를 위하여 특별히 부담하는 의무는 아니므로, 채무자가 등기관계서류를 위조하여 근저당권설정등기를 말소하였다 하더라도 이는 문서에 관한 범죄를 구성할 뿐이고 달리 본죄를 구성한다고 할 수 없다고 하였다.[185]

그러나 아래에서 보는 바와 같이 최근 대법원은 담보권 설정자의 담보가치 111
유지·보전의무를 타인의 사무가 아니라고 보고 본죄의 성립을 부정하는 것으로 판례를 변경하고 있다.

---

183 대판 2008. 8. 21, 2008도3651.

184 대판 2012. 9. 13, 2010도11665. 이 판례는 대판 2020. 10. 22, 2020도6258(전)에 의하여 변경되었다.

185 대판 2007. 8. 24, 2007도3408. 전세권설정등기까지 마친 전세권자가 그 후 등기관계 서류를 위조하여 전세권자 명의를 피고인으로 변경하여 이전등기한 경우, 마찬가지 이유로 본죄의 성립을 부정하였다(대판 2010. 5. 27, 2009도5738).

나) 동산 양도담보 설정자의 사무

a) 동산 양도담보 설정자의 임의처분 행위

112 동산 양도담보의 경우, 부동산과 달리 점유개정을 통하여 양도담보설정자인 채무자가 계속 목적물을 점유하면서 이를 제3자에게 처분함으로써 담보권을 침해할 위험이 크다. 양도담보설정자가 목적물을 점유개정의 방법으로 계속 점유하고 있던 중 변제기 전 무단으로 이를 제3자에게 처분하는 경우가 문제된다.

113 이 경우, ① 양도담보의 법적 성질을 담보물권설, 즉 담보권자가 목적물의 소유권을 취득하는 것이 아니라 양도담보권이라는 일종의 담보물권만을 취득할 뿐이고 양도담보설정자는 이러한 담보물권의 제한을 부담하는 소유권을 여전히 보유한다고 이해하는 견해에 의하면, 자기 물건의 처분이므로 횡령죄는 성립하지 않고 본죄가 성립할 수 있다고 본다.[186] 한편, ② 양도담보권자가 대외적 관계에 있어서는 목적물의 소유권을 취득하지만 그 재산권을 담보하는 목적 범위 내에서만 행사하여야 할 채권 계약상의 구속을 받고 있으며, 대내적 관계에서는 소유권이 양도담보설정자에게 있다고 보는 신탁적 소유권이전설에 의하여 양도담보의 법적 성질을 이해하는 경우에도, 다수의 학자들은 채권자와 채무자 사이의 대내적 관계에서는 채무자가 여전히 소유권을 보유하므로, 채무자의 임의처분행위는 횡령죄가 되지 않고 본죄가 성립한다고 보았다.[187] ③ 소수설이기는 하지만, 신탁적 소유권이전설을 따르게 되면 목적물의 소유권이 채권자에게 이전하므로 채무자에게는 목적물 처분권이 없고, 따라서 채무자의 목적물 처분은 횡령죄를 구성한다는 견해도 있다.[188] 또한, ④ 채무자가 점유개정에 의하여 재물을 점유하던 중 이를 처분하는 등의 행위를 통하여 담보가치를 감소시킨 경우에도 채무자의 채권자에 대한 주된 의무는 채무변제에 한정되므로, 이 경우에도 채무자에 대해서는 단순한 채무불이행 이외에 본죄의 성립을 인정할 수 없

186 정영일, 231-232; 이상태, "양도담보목적물의 처분과 형법상 죄책", 일감법학 32, 건국대학교 법학연구소(2015. 10), 98.

187 김성돈, 435; 김일수·서보학(8판 증보판)(여기에서만 본 교과서를 인용함), 298; 김덕중, "동산 양도담보와 형사책임 - 판례를 중심으로 -", 전북대학교 법학연구 36(2012. 9), 119. 양도담보의 법적 성질과의 관련성은 분명하지 아니하나 본죄가 성립한다고 설명하는 견해로는 신동운, 1171; 오영근(4판)(여기에서만 본 교과서를 인용함), 349.

188 박상기, 형법각론(8판), 374; 정영일, 232. 대판 2020. 2. 20, 2019도9756(전)의 별개의견도 횡령죄가 성립한다고 설명하고 있다.

다는 견해도 있다.[189]

관례는 종래 신탁적 소유권이전설에 따라 채무의 담보를 위하여 동산이나 주식을 채권자에게 양도하기로 약정하였거나 양도담보로 제공한 채무자가 담보목적물을 처분한 경우 본죄가 성립한다고 보았다가,[190] 최근 견해를 바꾸어 이 경우 채무자가 채권자인 양도담보권자에 대하여 담보물의 담보가치를 유지·보전할 의무 내지 담보물을 타에 처분하거나 멸실·훼손하는 등으로 담보권 실행에 지장을 초래하는 행위를 하지 않을 의무를 부담하게 되었더라도, 이를 들어 채무자가 통상의 계약에서의 이익대립관계를 넘어서 채권자와의 신임관계에 기초하여 채권자의 사무를 맡아 처리하는 것으로 볼 수 없고, 따라서 채무자를 타인의 사무를 처리하는 자에 해당한다고 볼 수 없다는 이유로 본죄의 성립을 부정하였다.[191] 다수의견의 구체적인 논거는 다음과 같다. 114

[대판 2020. 2. 20, 2019도9756(전)] 115

1) 배임죄는 '타인의 사무를 처리하는 자'라는 신분을 요하는 진정신분범이다. 따라서 배임죄의 성립을 인정하기 위해서는 피고인의 행위가 타인의 신뢰를 위반한 것인지, 그로 인한 피해가 어느 정도인지를 따지기에 앞서 당사자 관계의 본질을 살펴 그가 '타인의 사무를 처리하는 자'에 해당하는지를 판단하여야 한다. 채무자가 계약을 위반하여 그 의무를 이행하지 않는 등 채권자의 기대나 신뢰를 저버리는 행위를 하고, 그로 인한 채권자의 재산상 피해가 적지 않아 비난가능성이 높다거나, 채권자의 재산권 보호를 위하여 처벌의 필요성이 크다는 이유만으로 배임죄의 죄책을 묻는 것은 죄형법정주의 원칙에 반한다.

2) 금전채무 관계에서 채권자가 채무자의 급부이행에 대한 신뢰를 바탕으로 금전을 대여하고 채무자의 성실한 급부이행에 의해 채권의 만족이라는 이익을 얻게 된다 하더라도, 채권자가 채무자에 대한 신임을 기초로 그의 재산을 보호 또는 관리하는 임무를 부여하였다고 할 수 없고, 금전채무의 이행은 어디까지나 채무자가 자신의 급부의무의 이행으로서 행하는 것이므로 이를

189 이정원·류석준, 448. 이 견해는 장래 채권의 집행을 위하여 확보된 법적 권리의 대상이 된 자기의 물건을 손괴·은닉한 행위로서 권리행사방해죄가 성립한다고 한다.

190 대판 1983. 3. 8, 82도1829; 대판 1998. 11. 10, 98도2526; 대판 2007. 6. 15, 2006도3912; 대판 2010. 2. 25, 2009도13187; 대판 2010. 11. 25, 2010도11293; 대판 2011. 11. 22, 2010도7923; 대판 2015. 6. 24, 2015도2999 등. 위 판례들은 대판 2020. 2. 20, 2019두9756(전)에 의하여 폐기되었다.

191 대판 2020. 2. 20, 2019도9756(전)(동산을 양도담보로 제공한 채무자가 제3자에게 담보에 제공된 동산을 처분한 경우 본죄가 성립하는지 여부가 문제 된 사례). 본 판결 평석은 강수진, "동산 양도담보권 설정자의 담보물관리의무와 배임죄에서의 타인의 사무 - 대법원 2020. 2. 20. 선고 2019도9756 판결에 관한 비판적 검토", 고려법학 100(2021), 225-277.

두고 채권자의 사무를 맡아 처리하는 것으로 볼 수 없다. 따라서 채무자를 채권자에 대한 관계에서 '타인의 사무를 처리하는 자'에 해당한다고 할 수 없다.

채무자가 금전채무를 담보하기 위하여 그 소유의 동산을 채권자에게 양도하기로 약정하거나 양도담보로 제공한 경우에도 마찬가지이다. 채무자가 양도담보설정계약에 따라 부담하는 의무, 즉 동산을 담보로 제공할 의무, 담보물의 담보가치를 유지·보전하거나 담보물을 손상, 감소 또는 멸실시키지 않을 소극적 의무, 담보권 실행 시 채권자나 그가 지정하는 자에게 담보물을 현실로 인도할 의무와 같이 채권자의 담보권 실행에 협조할 의무 등은 모두 양도담보설정계약에 따라 부담하게 된 채무자 자신의 급부의무이다. 또한 양도담보설정계약은 피담보채권의 발생을 위한 계약에 종된 계약으로, 피담보채무가 소멸하면 양도담보설정계약상의 권리의무도 소멸하게 된다. 양도담보설정계약에 따라 채무자가 부담하는 의무는 담보목적의 달성, 즉 채무불이행 시 담보권 실행을 통한 채권의 실현을 위한 것이므로 담보설정계약의 체결이나 담보권 설정 전후를 불문하고 당사자 관계의 전형적·본질적 내용은 여전히 금전채권의 실현 내지 피담보채무의 변제에 있다. 따라서 채무자가 위와 같은 급부의무를 이행하는 것은 채무자 자신의 사무에 해당할 뿐이고, 채무자가 통상의 계약에서의 이익대립관계를 넘어서 채권자와의 신임관계에 기초하여 채권자의 사무를 맡아 처리한다고 볼 수 없으므로 채무자를 채권자에 대한 관계에서 '타인의 사무를 처리하는 자'라고 할 수 없다.

3) 채무자가 그 소유의 동산을 점유개정 방식으로 양도담보로 제공하는 경우 채무자는 그의 직접점유를 통하여 양도담보권자에게 간접점유를 취득하게 하는 것이므로, 채무자가 담보목적물을 점유하는 행위에는 '보관자'로서 담보목적물을 점유한다는 측면이 있고, 채무자는 그 과정에서 담보물을 처분하거나 멸실·훼손하는 등의 행위를 하여서는 아니 될 의무를 부담한다. 그러나 그와 같은 의무는 점유매개관계가 설정되는 법률관계에서 직접점유자에게 공통적으로 인정되는 소극적 의무에 불과하다. 이러한 소극적 의무가 있다는 사정만으로는 직접점유자에게 신임관계에 기초하여 간접점유자의 재산상 이익을 보호·관리할 의무가 있고 그러한 보호·관리의무가 당사자 관계의 전형적·본질적 내용을 이루는 것이라고 볼 수 없다. 점유매개관계를 설정한 직접점유자가 '타인의 사무를 처리하는 자'의 지위에 있는지를 판단하기 위해서는 그 점유매개관계의 기초가 되는 계약관계 등의 내용을 살펴보아야 하고, 점유매개관계의 기초가 되는 계약관계 등의 내용상 직접점유자의 주된 급부의무 내지 전형적·본질적 급부의무가 타인의 재산상 사무를 일정한 권한을 가지고 맡아 처리하는 것이어야 '타인의 사무를 처리하는 자'라고 할 수 있다.

앞서 본 바와 같이 양도담보설정계약에서 당사자 관계의 전형적·본질적인 내용은 채무자의 채무불이행 시 처분정산의 방식이든 귀속정산의 방식이든 담보권 실행을 통한 금전채권의 실현에 있다. 채무자 등이 채무담보 목적으로 그 소유의 물건을 양도한 경우 반대의 특약이 없는 한 그 물건의 사용수익권은 양도담보설정자에게 있다. 동산을 점유개정 방식으로 양도담보에 제공한 채무자는 양도담보 설정 이후에도 여전히 남아 있는 자신의 권리에 기하여, 그리고 자신의 이익을 위하여 자신의 비용 부담 하에 담보목적물을 계쏙하여 점유·사용하는 것이지, 채권자인 양도담보권자로부터 재산관리에 관한 임무를 부여받았기 때문이 아니다. 따라서 이러한 측면에서도 채무자가 양도담보권자의 재산을 보호·관리하는 사무를 위탁받아 처리하는 것이라고 할 수 없다.

참고로, 위 판례의 별개의견[192]은 동산 양도담보에 관한 신탁적 양도설의 입장에서, 채권자가 채권담보의 목적 범위에서만 소유권을 행사할 채권적 의무를 부담하더라도, 담보목적물의 소유권은 당사자 사이에 소유권을 양도한다는 합의와 점유개정에 의한 인도에 따라 완전히 채권자에게 이전하므로, 점유개정에 따라 양도담보 목적물을 직접 점유하는 채무자는 '타인의 재물을 보관하는 자'에 해당하고, 그가 채권자의 허락 없이 제3자에게 담보목적물을 양도하는 등 처분한 경우에는 횡령죄가 성립한다고 보고 있다. 116

위 판례의 반대의견[193]은, 채무자가 동산에 관하여 점유개정 등으로 양도담보권을 설정함으로써 채권자가 양도담보권을 취득한 이후 채무자의 담보물 보관의무 및 담보가치 유지의무는 '타인의 사무'에 해당한다는 이유로 본죄의 성립을 긍정한다. 117

위 판례 이후 대법원은, ① 채무자가 금전채무를 담보하기 위하여 그 소유 118

192 대법관 2명의 별개의견의 요지는, ① 채무자가 채권담보의 목적으로 점유개정 방식으로 채권자에게 동산을 양도하고 이를 보관하던 중 임의로 제3자에게 처분한 경우 횡령죄가 성립한다고 보아야 하고, ② 동산 양도담보는 동산소유권을 이전하는 형태의 양도담보로서, 그 법적 구성을 어떻게 할 것인지에 관해서는 논란이 있지만, 현재까지 일관된 판례에 따라 신탁적 양도, 즉 채권담보를 목적으로 소유권을 이전하는 행위로 봄이 타당하며(동산 양도담보에 대해서는 '가등기담보 등에 관한 법률'이 적용되지 않음), ③ 동산 양도담보를 신탁적 양도로 보는 이상, 그 기능이나 경제적 목적이 채권담보이고, 그에 따라 채권자가 채권담보의 목적 범위에서만 소유권을 행사할 채권적 의무를 부담하더라도, 담보목적물의 소유권은 당사자 사이에 소유권을 양도한다는 합의와 점유개정에 의한 인도에 따라 완전히 채권자에게 이전하므로, 점유개정에 따라 양도담보 목적물을 직접 점유하는 채무자는 '타인의 재물을 보관하는 자'에 해당하고, 그가 채권자의 허락 없이 제3자에게 담보목적물을 양도하는 등 처분한 경우에는 횡령죄가 성립한다는 것이다.

193 대법관 1명의 반대의견의 요지는, ① 동산 담보에 관하여는 담보권이 설정되기 전 단계에서 담보권을 설정해 줄 계약상 의무인지, 담보권이 설정되어 상대방에게 귀속된 이후 담보물을 보호·관리할 의무인지에 따라 달리 판단하여야 하고, ② 양도담보로 제공된 동산을 점유개정의 방법으로 인도받은 채권자는 정산절차를 마치기 전이라도 제3자에 대한 관계에서는 담보목적물의 소유자로서 그 권리를 행사할 수 있는 등 강력한 권리를 가지므로, 채권자가 담보권과 관련하여 행사하는 권리의 내용은 '채권자의 사무'로서의 성격이 강하게 드러나며, ③ 이 사건 양도담보계약의 내용에 의하면 채무자가 양도담보권 설정 후 담보물을 보관하고 담보가치를 유지할 의무는 채권자의 대리인으로서 갖는 의무로서 전형적인 '타인의 사무'가 된다는 것이다.

의 동산을 채권자에게 동산·채권 등의 담보에 관한 법률에 따른 동산담보로 제공함으로써 채권자인 동산담보권자에 대하여 부담하게 되는 담보물의 담보가치를 유지·보전할 의무 또는 담보물을 타에 처분하거나 멸실·훼손하는 등으로 담보권 실행에 지장을 초래하는 행위를 하지 않을 의무는 타인의 사무가 아니라고 하고,[194] ② 채무자가 금전채무를 담보하기 위하여 자동차 등 특정동산 저당법 등에 따라 그 소유의 동산에 관하여 채권자에게 저당권을 설정해 주기로 약정하거나 저당권을 설정한 경우, 채무자가 부담하는 의무, 즉 동산을 담보로 제공할 의무, 담보물의 담보가치를 유지·보전하거나 담보물을 손상, 감소 또는 멸실시키지 않을 소극적 의무, 담보권 실행 시 채권자나 그가 지정하는 자에게 담보물을 현실로 인도할 의무와 같이 채권자의 담보권 실행에 협조할 의무 등은 모두 저당권설정계약에 따라 부담하게 된 채무자 자신의 급부의무라고 하고,[195] ③ 자기 또는 타인의 금전채무를 담보하기 위하여 주식을 채권자에게 양도담보로 제공한 채무자 또는 양도담보설정자가 양도담보설정계약에 따라 부담하는 의무, 즉 주식을 담보로 제공할 의무, 주식의 담보가치를 유지·보전하거나 주식을 감소 또는 멸실시키지 않을 소극적 의무 등은 모두 채무자 등이 양도담보설정계약에 따라 부담하게 된 자신의 의무일 뿐이므로, 채무자 등이 통상의 계약에서의 이익대립관계를 넘어서 채권자와의 신임관계에 기초하여 채권자의 사무를 맡아 처리하는 것으로 볼 수 없고, 따라서 채무자 등을 본죄의 주체인 타인의 사무를 처리하는 자에 해당한다고 할 수 없다[196]고 하면서, 본죄 성립을 부정하였다.

119 또한, ④ 미납대금 채무와 관련하여 자동차를 양도담보로 제공하기로 약정한 피고인이 자동차에 관하여 등록명의를 이전해주어야 할 의무에 위반하여 자동차를 제3자에게 임의로 매도한 사안에서도 대법원은, 자동차 등에 관하여 양도담보설정계약을 체결한 채무자는 채권자에 대하여 그의 사무를 처리하는 지위에 있지 아니하므로 채무자가 채권자에게 양도담보설정계약에 따른 의무를 다하지 아니하고 이를 타에 처분하였다고 하더라도 본죄가 성립하지 않는다고

194 대판 2020. 8. 27, 2019도14770(전).
195 대판 2020. 10. 22, 2020도6258(전); 대판 2020. 11. 26, 2020도10862.
196 대판 2021. 1. 28, 2014도8714.

판시하였다.[197]

b) 동산의 이중양도담보

동산의 이중양도담보의 경우 본죄 성립 여부도 문제된다. 120

먼저, 양도담보 설정자(甲)가 동산을 제1채권자(A)에게 양도담보로 제공하고 점유개정의 방법으로 계속 점유하던 중 다시 이를 제2채권자(B)에게 점유개정의 방법으로 양도담보로 제공한 경우, A에 대한 본죄가 성립하는지에 대하여, 통설[198]·판례는 본죄의 성립을 부정한다. 그 이유로는 B는 A에 대하여 배타적으로 자기의 담보권을 주장할 수 없다거나,[199] B는 그 동산을 선의취득할 수 없다는[200] 등으로 설명한다. 만약 B가 甲으로부터 동산을 현실적으로 인도받고 기타 선의취득 요건을 갖추었다면 B는 동산을 선의취득하게 되고, 위와 같은 경우 甲은 A에 대하여 양도담보 목적물을 양도담보의 취지에 맞게 유지, 관리하여야 할 의무를 위배한 것이 되어 본죄가 성립한다는 견해[201]도 있다. 121

다음으로, 양도담보 설정자(甲)가 제1채권자(A)와 제2채권자(B)에게 차례로 점유개정의 방법으로 자기 소유의 동산을 양도담보로 제공한 후 다시 그 동산을 제3자에게 임의로 처분한 경우가 문제된다. 이 경우에도 B는 양도담보권을 취득하지 못하였으므로 甲은 B에 대하여 타인의 사무를 처리하는 자가 아니라고 할 것이어서 B에 대한 본죄는 성립하지 않는다고 본다.[202] 기존의 학설은 A에 대한 본죄는 성립할 수 있다고 보았다.[203] 그러나 본죄가 성립한다는 종래의 입장을 변경하여, 채무의 담보를 위하여 동산이나 주식을 채권자에게 양도하기 122

197 대판 2022. 12. 22, 2020도8682(전). 위 전원합의체 판결로 대판 1989. 7. 25, 89도350 등 본죄가 성립한다고 한 종래의 대법원 판결들은 변경되었다.

198 김성돈, 468; 오영근, 399; 이재상·장영민·강동범, § 21/29; 정영일, 232; 최호진, 612.

199 대판 1989. 4. 11, 88도1586; 대판 1990. 2. 13, 89도1931; 대판 2000. 6. 23, 99도65066.

200 대판 2007. 2. 22, 2006도6686; 대판 2005. 2. 18, 2004도37430(현실의 인도가 아닌 점유개정의 방법으로는 선의취득이 인정되지 아니하므로 결국 뒤의 채권자는 적법하게 양도담보권을 취득할 수 없다). 같은 취지로 대판 2004. 10. 28, 2003다30463; 대판 2004. 12. 24, 2004다45943).

201 명순구, "점유개정에 의한 동산의 이중양도담보 - 대법원 2000. 6. 23. 선고 99다65066 판결에 대한 비판적 평가", 고려법학 40(2003), 6, 548; 이상태(주 186), 100.

202 대판 2004. 6. 25, 2004도1751. 본 판결 해설은 정한익, "점유개정에 의하여 이중으로 양도담보 설정계약을 체결한 후 양도담보설정자가 목적물인 동산을 임의로 처분한 경우, 2차로 설정계약을 체결한 채권자에 대한 관계에서도 배임죄를 구성하는지 여부", 해설 50, 법원도서관(2004), 689-702.

203 김성돈, 468; 주석형법 [각칙(6)](5판), 557(노태악).

로 약정하였거나 양도담보로 제공한 채무자가 그 담보물을 타에 처분한 경우에도 채무자를 타인의 사무를 처리하는 자에 해당한다고 볼 수 없다는 이유로 본죄의 성립을 부정하는 최근 판례[204]의 입장에 의하면, 원칙적으로 A에 대하여도 본죄는 성립하지 않게 될 것이다. 그리고 甲이 B에게 목적물이 이미 양도담보된 사실을 고지해야 할 의무가 있다고 보고, 甲에 대하여 부작위에 의한 사기죄의 성립은 가능하다고 보는 견해도 있다.[205]

다) 질권설정자의 사무

123 지명채권에 권리질권을 설정한 사람이 질권자의 동의 없이 질권의 목적된 권리를 소멸하게 하는 등의 행위를 한 경우, 타인의 사무처리자로서 본죄가 성립할 수 있는지 문제된다.

124 판례는 ① 임차인이 전세자금 명목으로 대출받으면서 담보로 임대인에 대한 전세보증금반환채권 전부에 대하여 근질권을 설정해 주고 임대인이 이를 승낙하여 권리질권자가 대항력을 취득하였는데, 그 후 임차인이 임대인으로부터 전세보증금을 수령하여 소비한 사안에서, 본죄의 성립을 부정하였다.[206] 그 근거로는, 타인에 대한 채무의 담보로 제3채무자에 대한 채권에 대하여 권리질권을 설정한 경우 질권설정자는 질권자의 동의 없이 질권의 목적된 권리를 소멸하게 하거나 질권자의 이익을 해하는 변경을 할 수 없고(민 § 352), 질권설정자가 제3채무자에게 질권설정의 사실을 통지하거나 제3채무자가 이를 승낙한 때에는 제3채무자가 질권자의 동의 없이 질권의 목적인 채무를 변제하더라도 이로써 질권자에게 대항할 수 없으며(민 § 349①), 질권자는 여전히 제3채무자에 대하여 직접 그 채무의 변제를 청구하거나 변제할 금액의 공탁을 청구할 수 있으므로, 이러한 경우 질권설정자가 질권의 목적인 채권의 변제를 받았다고 하여 질권자에 대한 관계에서 타인의 사무를 처리하는 자로서 그 임무에 위배하는 행위를 하여 질권자에게 어떤 손해를 가하거나 손해발생의 위험을 초래하였다고 할 수

204 대판 2020. 2. 20, 2019도9756(전). 이에 대하여는 위에서 살펴본 바와 같이 횡령죄가 성립한다는 별개의견과, 본죄가 성립한다는 반대의견이 있다.

205 김성돈, 468; 주석형법 [각칙(6)](5판), 557(노태악).

206 대판 2016. 4. 29, 2015도5665. 본 판결 해설은 임혜진, "전세보증금반환채권에 권리질권을 설정하고 질권자에게 대항력까지 갖추어 준 임차인이 전세보증금을 직접 반환받은 경우, 배임죄의 성립 여부", 해설 108, 법원도서관(2016), 398-409.

없다는 것을 들고 있다.

125 유사하게, ② 채무변제의 방법으로 임대차보증금반환채권을 양도하고 대항요건(민 § 450①. 채무자에의 통지 또는 채무자의 승낙)까지 구비해 준 채권양도인이 임대인과 임대차보증금을 감액하고 잔액보증금을 수령한 경우, 채권양도는 여전히 유효하고 피해자의 채권은 소멸하지 아니하므로 채권양도인에 대하여 양수인의 사무를 처리하는 자의 지위에 있다고 할 수 없다고 하였다.[207]

126 채권양도인이 채권양도 통지를 하기 전(前)에 타에 채권을 이중으로 양도하여 채무자에게 그 양도통지를 하는 등 대항요건을 갖추어줌으로써 (원래의) 양수인이 채무자에게 대항할 수 없게 된 경우, 종래 대법원은 채무자에 대하여 타인의 사무처리자로서의 지위를 긍정하였으나,[208] 최근 판례를 변경하여 타인의 사무처리자로서의 지위를 부정하고, 더 나아가 채권양도인이 양도한 채권을 추심하여 수령한 금전에 관하여 채권양수인을 위해 보관하는 자의 지위에 있다고도 볼 수 없다고 하여 횡령죄의 성립 역시 부정하였다.[209]

127 **[대판 2022. 6. 23, 2017도3829(전)]**

채권양도인이 채무자에게 채권양도 통지를 하는 등으로 채권양도의 대항요건을 갖추어 주지

---

207 대판 1984. 11. 13, 84도698.

208 대판 1999. 4. 15, 97도666(전)[아래 대판 2022. 6. 23, 2017도3829(전)로 변경]. 이 판결의 사안에서 피고인은 양도통지 전 채무자로부터 채권을 추심하여 금전을 수령한 후 이를 임의로 처분하였고, 이에 대하여 대법원은 양도인인 피고인은 위 추심한 금전에 대하여 채권양수인의 재물을 보관하는 자의 지위에 있다고 보아 횡령죄의 성립을 인정하였다. 대법원은 이 판결에서, 채권양도인은 채무자에게 채권양도 통지를 하거나 채무자로부터 채권양도 승낙을 받음으로써 양수인으로 하여금 채무자에 대한 대항요건을 갖출 수 있도록 해줄 의무를 부담하고, 여기에는 양도인이 채권양도 통지를 하기 전에 타에 채권으로 이중으로 양도하고 대항요건을 갖추어주는 등의 행위를 하지 않음으로써 양수인으로 하여금 원만하게 채권을 추심할 수 있도록 하여야 할 의무도 당연히 포함되며, 양도인의 이와 같은 적극적·소극적 의무는 이미 양수인에게 귀속된 채권을 보전하기 위한 것이고 그 채권의 보전 여부는 오로지 양도인의 의사에 매여 있기 때문에 이를 타인의 사무가 된다고 보았다.

본 판결 평석은 이민걸, "지명채권 양도인이 양도통지 전에 채권의 변제로서 수령한 금전을 자기를 위하여 소비한 경우 횡령죄 또는 배임죄의 성립", 형사판례연구 [8], 한국형사판례연구회, 박영사(2000), 249-265.

209 대판 2022. 6. 23, 2017도3829(전). 본 판결 평석은 윤소현·이창원, "지명채권 양도인이 양도통지전 변제받아 소비한 경우의 죄책: 대법원 2022. 6. 23. 선고 2017도3829 판결을 중심으로", 법학논총 42-3, 전남대학교 법학연구소(2022), 371-395; 최문수, 채권양도인이 채권양도의 대항요건 미충족 상태에서 채무자로부터 채권을 추심하여 수령한 금전을 임의로 사용한 경우 횡령죄의 성립 여부", 사법 61, 사법발전재단(2022), 549-581.

않은 채 채무자로부터 채권을 추심하여 금전을 수령한 경우, 특별한 사정이 없는 한 금전의 소유권은 채권양수인이 아니라 채권양도인에게 귀속하고 채권양도인이 채권양수인을 위하여 양도 채권의 보전에 관한 사무를 처리하는 신임관계가 존재한다고 볼 수 없다. 따라서 채권양도인이 위와 같이 양도한 채권을 추심하여 수령한 금전에 관하여 채권양수인을 위해 보관하는 자의 지위에 있다고 볼 수 없으므로, 채권양도인이 위 금전을 임의로 처분하더라도 횡령죄는 성립하지 않는다. (중략)
종전 판례는 채권양도인이 채권양수인을 위하여 채권의 보전에 관한 사무를 처리하는 자의 지위에 있고, 이러한 채권양도인의 사무처리를 통하여 채권양수인이 유효하게 채권을 추심할 수 있는 신임관계가 인정된다고 보아, 이를 근거로 횡령죄에서 보관자 지위를 인정하였다. 그러나 채권양도인은 채권양수인과 사이에 채권양도계약 또는 채권양도의 원인이 된 계약에 따른 채권·채무관계에 있을 뿐이고, 채권양수인을 위하여 타인의 사무를 처리하는 자의 지위에 있다고 볼 수 없다.

매매, 교환 등과 같이 당사자 일방이 재산권을 상대방에게 이전할 것을 약정하고 상대방이 대가를 지급할 것을 약정함으로써 효력이 생기는 계약의 경우, 쌍방이 계약의 내용에 따른 이행을 할 채무는 특별한 사정이 없는 한 '자기의 사무'임이 원칙이다.[210] 또한 '타인의 사무를 처리하는 자'라고 하려면, 타인의 재산관리에 관한 사무의 전부 또는 일부를 타인을 위하여 대행하는 경우와 같이 당사자 관계의 전형적·본질적 내용이 통상의 계약에서 이익대립관계를 넘어서 그들 사이의 신임관계에 기초하여 타인의 재산을 보호하거나 관리하는 데에 있어야 한다. 이익대립관계에 있는 통상의 계약관계에서 채무자의 성실한 급부이행에 의해 상대방이 계약상 권리의 만족 또는 채권의 실현이라는 이익을 얻게 되는 관계에 있다거나, 계약을 이행할 때에 상대방을 보호하거나 배려할 부수적인 의무가 있다는 것만으로는 채무자를 타인의 사무를 처리하는 자라고 할 수 없고, 위임 등과 같이 계약의 전형적·본질적인 급부의 내용이 상대방의 재산상 사무를 일정한 권한을 가지고 맡아 처리하는 경우에 해당해야 한다.[211] 이러한 법리에 근거하여 대법원은 부동산 임차권의 양도, 일반 동산의 매매, 권리이전에 등기·등록을 필요로 하는 동산의 매매, 주권 발행 전 주식의 양도, 수분양권의 매매 등의 사안에서, 양도인이 권리이전계약에 따라 양수인에게 부담하는 권리이전의무는 자기의 사무에 지나지 않으므로, 양도인은 양수인을 위한 타인의 사무를 처리하는 자가 아니라고 판단하였다.[212] 나아가 대법원은 당사자 관계의 전형적·본질적 내용이 신임관계에 기초하여 계약 상대방의 재산을 보호·관리하는 데 있지 않은 이상 계약의 이행 단계에 따라 계약 상대방에게 계약 목적인 물건이나 권리가 귀속되었다고 하더라도 계약상 급부의무를 타인의 사무로 볼 수 없다는 전제에서, 동산 양

210 대판 2011. 1. 20, 2008도10479(전) 등 참조.
211 대판 2020. 2. 20, 2019도9756(전); 대판 2020. 8. 27, 2019도14770(전) 등 참조.
212 대판 1991. 12. 10, 91도2184; 대판 2011. 1. 20, 2008도10479(전); 대판 2020. 6. 4, 2015도6057; 대판 2020. 10. 22, 2020도6258(전); 대판 2021. 7. 8, 2014도12104 등 참조.

도담보설정계약 등을 체결한 채무자가 담보 목적물의 임의 처분 등으로 담보가치를 감소·상실시키는 행위에 대하여 채권자의 담보권 취득 전후를 묻지 않고 배임죄의 성립을 부정하였다.[213] 같은 취지에서 주권 발행 전 주식 양도의 경우 지명채권 양도와 같이 양도인과 양수인의 의사 합치만으로 권리의 이전·귀속이 이루어지지만, 양도인이 양도된 주식에 관하여 양수인에게 회사 이외의 제3자에 대한 대항요건을 갖추어 주어야 할 계약상 채무를 부담한다 하더라도 이는 자기의 사무이고 타인의 사무로 볼 수 없다고 보아 대항요건을 갖추어 주지 않은 상태에서 주식을 다른 사람에게 처분한 행위에 대해 배임죄의 성립을 부정하였다.[214]

채권양도계약에 따른 채권양도인의 지위도 이와 달리 볼 수 없다. 채권양도인과 채권양수인의 양도에 관한 의사 합치에 따라 채권이 양수인에게 이전되고, 채권양도인은 채권양도계약 또는 채권양도의 원인이 된 계약에 기초하여 채권양수인이 목적물인 채권에 관하여 완전한 권리나 이익을 누릴 수 있도록 할 의무를 부담한다. 즉, 채권양도인은 채무자에게 채권양도 통지를 하거나 채무자로부터 승낙을 받음으로써 채권양수인이 채무자에 대한 대항요건을 갖추도록 할 계약상 채무를 진다. 이와 같이 채권양도인이 채권양수인으로 하여금 채권에 관한 완전한 권리를 취득하게 해 주지 않은 채 이를 다시 제3자에게 처분하거나 직접 추심하여 채무자로부터 유효한 변제를 수령함으로써 채권 자체를 소멸시키는 행위는 권리이전계약에 따른 자신의 채무를 불이행한 것에 지나지 않는다. 따라서 채권양도인이 채권양수인에게 채권양도와 관련하여 부담하는 의무는 일반적인 권리이전계약에 따른 급부의무에 지나지 않으므로, 채권양도인이 채권양수인을 위하여 어떠한 재산상 사무를 대행하거나 맡아 처리한다고 볼 수 없다. 채권양도인과 채권양수인은 통상의 계약에 따른 이익대립관계에 있을 뿐 횡령죄의 보관자 지위를 인정할 수 있는 신임관계에 있다고 할 수 없다.

변경된 판례의 취지에 의하면, 질권설정자가 대항요건을 갖추어주지 않은 질권자에 대하여 부담하는 적극적·소극적 의무 역시 자기의 사무에 해당하고, 그 의무에 위배한 행위를 통하여 손해를 초래한 경우에도 본죄는 성립하지 않는다고 할 것이다. 128

한편, ③ 신탁계약상의 수익권에 대하여 권리질권을 설정한 권리질권설정자에 대하여 본죄의 성립을 긍정한 판례가 있다.[215] 피고인은 피해자로부터 토지를 매수하고 먼저 소유권이전등기를 넘겨받은 다음 매매대금 지급을 담보하기 위하여 토지를 신탁회사에 처분신탁하고, 신탁계약상의 처분대금 등에 대한 수익권에 관하여 피해자에게 권리질권을 설정해 주었다. 그러나 매매대금 일부 129

213 대판 2020. 2. 20, 2019도9756(전); 대판 2020. 8. 27, 2019도14770(전) 등 참조.
214 대판 2020. 6. 4, 2015도6057 등 참조.
215 대판 2010. 8. 26, 2010도4613.

가 미지급된 상태에서 일부 토지에 관한 신탁계약을 해지하고 이를 제3자에게 처분하였다. 이에 대하여 대법원은, 피고인은 신탁회사와 사이에서 신탁계약에 따른 신탁관계를 유지하면서 처분대금을 받아 피해자에게 매매대금을 지급하여야 할 의무가 있고, 이러한 의무는 단순한 채권관계를 넘어 피해자의 재산을 보호 또는 관리하기로 하는 고도의 신임관계를 기초로 한 것으로서 이 사건 매매계약의 본질적 내용이라고 보았다. 이 사건 매매대금 채무를 담보하기 위하여 설정된 질권설정계약에서 피담보채무의 지급기일이 도래하는 경우 질권자는 수탁자에게 요청하여 신탁부동산에 대한 근저당권 설정 등 채권보전조치를 하거나 질권설정자로부터 수익자의 지위를 양도받기로 약정까지 하였으므로, 피고인은 위 지급기일 이후에는 피해자가 신탁부동산에 관한 근저당권을 취득하도록 협조하거나 피해자에게 신탁계약에서의 수익자 지위를 양도하여야 하는 의무가 있는 점 등에 비추어 볼 때, 피고인은 이 사건 매매계약 및 질권설정계약에 의하여 발생한 신임관계를 기초로 하여 신탁계약을 유지하고 그 신탁계약의 목적 달성에 적극적으로 협조함으로써 피해자의 매매대금 채권 또는 권리질권이라는 재산의 보호 또는 관리를 위하여 협력하여야 하는 지위, 즉 타인의 사무를 처리하는 자에 해당한다는 것이다.[216]

5) 양도담보 등 담보권자의 사무

가) 부동산 양도담보권자의 사무

a) 변제기 전 처분

130 부동산 양도담보권자의 변제기 전 처분행위에 대하여, 판례는 양도담보권자가 채권담보의 목적으로 소유권이전등기 또는 가등기를 마친 경우, 양도담보의 채무자는 채권자가 담보권의 실행을 위하여 양도담보의 목적물 처분을 종료할 때까지 피담보채무를 변제하여 목적물을 도로 찾아올 수 있고, 양도담보의 피담보채권이 채무자의 변제 등에 의하여 소멸하면 양도담보권자는 담보목적물의 소유자이었던 담보설정자에게 그 권리를 회복시켜줄 의무를 부담하게 되고,

216 일본 판례는 융자에 대한 담보로 주식에 질권을 설정한 사람이 주권을 질권자에게 교부(대항요건)한 후 법원에 허위신청을 하여 제권판결을 받아 주권을 실효시킨 사안에서, 융자금 변제 전까지는 질권자에게 담보가치를 보전할 임무가 있으므로 질권설정자는 타인의 사무를 처리하는 자에 해당한다며 본죄의 성립을 인정하였다[最決 平成 15(2003). 3. 18. 刑集 57·3·356].

이러한 의무는 타인의 재산을 보전하는 타인의 사무라고 한다.[217]

따라서 채권담보 목적으로 부동산의 소유권이전등기를 경료받은 채권자가 그 변제기일 이전에 그 임무에 위배하여 이를 제3자에게 처분한 경우 변제기일까지 채무자의 변제가 없었다 하더라도 본죄가 성립하고,[218] 담보목적의 가등기권자가 소유자로부터 채무변제공탁 사실을 통고받고서도 자신에게 본등기를 경료함과 동시에 제3자 앞으로 가등기를 경료하여 준 경우에도 본죄가 성립한다고 한다.[219] 131

이에 대하여 통설[220]은, 양도담보권자인 채권자가 변제기 전에 목적부동산을 임의로 처분한 경우에는 채무자 소유의 부동산을 불법영득한 것이 되므로 횡령죄에 해당한다고 본다. 특히 1984년 1월 1일부터 시행된 가등기담보 등에 관한 법률(이하, 가등기담보법이라 한다.)은 채권자가 담보목적 부동산에 관하여 이미 소유권이전등기를 마친 경우에는 청산기간이 지난 후 청산금을 채무자에게 지급한 때에 담보목적 부동산의 소유권을 취득한다고 규정하므로(§ 4②[221] 전단), 채권자는 변제기 전에 유효하게 부동산의 소유권을 취득하지 못하고 채무자에게 소유권이 여전히 남아있으며, 그 결과 채권자가 자신의 명의로 소유권이전등기가 되어 있는 담보목적 부동산을 임의로 제3자에게 처분하면 횡령죄가 성립한다고 설명한다. 132

b) 변제기 후 처분

부동산 양도담보권자의 변제기 후의 처분행위가 본죄를 구성하는지에 대하여, 먼저 판례의 태도를 살펴보면 다음과 같다. 133

① 채권소멸 후의 양도담보권자의 처분에 대하여는 본죄 성립을 인정한다. 양도담보의 채무자는 채권자가 담보권의 실행을 위하여 양도담보의 목적물 처 134

217 대판 1988. 12. 13, 88도184.

218 대판 1992. 7. 14, 92도753; 대판 2007. 1. 25, 2005도7559.

219 대판 1990. 8. 10, 90도414.

220 김성돈, 436; 김일수·서보학, 297; 신동운, 1168; 오영근, 362; 이재상·장영민·강동범, § 20/26; 이정원·류석준, 444; 임웅, 516; 정영일, 230.

221 가등기담보 등에 관한 법률 제4조(청산금의 지급과 소유권의 취득) ② 채권자는 담보목적부동산에 관하여 이미 소유권이전등기를 마친 경우에는 청산기간이 지난 후 청산금을 채무자등에게 지급한 때에 담보목적부동산의 소유권을 취득하며, 담보가등기를 마친 경우에는 청산기간이 지나야 그 가등기에 따른 본등기(本登記)를 청구할 수 있다.

분을 종료할 때까지 피담보채무를 변제하여 목적물을 도로 찾아올 수 있고, 양도담보의 피담보채권이 채무자의 변제 등에 의하여 소멸하면 양도담보권자는 담보목적물의 소유자이었던 담보설정자에게 그 권리를 회복시켜 줄 의무를 부담하게 되는데, 그 이행을 타인의 재산을 보전하는 타인의 사무라고 하고,[222] 담보목적으로 피고인 명의로 가등기가 경료된 피해자 소유의 부동산에 대하여 피해자의 아들로부터 채무가 변제공탁된 사실을 통고받고서도 피고인 앞으로 본등기를 경료함과 동시에 제3자 앞으로 가등기를 경료하여 준 경우에는 본죄가 성립한다고 한다.[223]

135 한편, ② 대법원은 양도담보권자가 정산의무를 이행하지 아니하는 행위나 적정가격에 처분할 의무에 위반한 행위는 본죄를 구성하지 아니한다고 하였다. 양도담보가 처분정산형의 경우이건 귀속정산형의 경우이건 간에 담보권자가 변제기 경과 후에 담보권을 실행하여 그 환가대금 또는 평가액을 채권원리금과 담보권 실행비용 등의 변제에 충당하고 환가대금 또는 평가액의 나머지가 있어 이를 담보제공자에게 반환할 의무는 담보계약에 따라 부담하는 자신의 정산의무이므로 그 의무를 이행하는 사무는 곧 자기의 사무처리에 속하는 것이라 할 것이고, 이를 부동산 매매에 있어서의 매도인의 등기의무와 같이 타인인 채무자의 사무처리에 속하는 것이라고 볼 수는 없어, 그 정산의무를 이행하지 아니한 행위는 본죄를 구성하지 않는다고 하였다.[224] 또한, 담보권자가 담보권을 실행하기 위하여 담보목적물을 처분함에 있어 시가에 따른 적절한 처분을 하여야 할 의무는 담보계약상의 민사채무일 뿐 그와 같은 형법상의 의무가 있는 것은 아니므로, 이를 부당하게 염가로 처분하였다고 하더라도 본죄를 구성하지 않는다고 보았다.[225]

136 이에 대하여 학설은, ⓐ 가등기담보법이 청산기간을 별도로 두고 있고 청산기간 내에 채권자로 하여금 담보권 실행을 금하고 있으므로 청산절차를 종료하기 전에는 변제기 전과 같은 양자 간의 신뢰관계가 그대로 유지되기 때문에 결국 청산금 지급 전의 양도담보권자의 처분행위나 부당하게 염가로 처분하는 행위로

222 대판 1988. 12. 13, 88도184.
223 대판 1990. 8. 10, 90도414.
224 대판 1985. 11. 26, 85도1493(전); 대판 1986. 7. 9, 85도554.
225 대판 1989. 10. 24, 87도126; 대판 1997. 12. 23, 97도2430.

인하여 채무자에게 청산할 청산금이 없게 된다면 본죄에 해당한다는 견해,[226] ⓑ 가등기담보법이 예정하고 있는 청산절차를 거치지 않고 임의로 제3자에게 처분하였다면 특별한 사정이 없는 한 원칙적으로 채권자는 청산절차가 보장하는 범위 내에서 채무자가 소유권을 회복하려는 사무를 배신한 것으로 본죄가 성립하고, 가등기담보법이 정하는 절차 중 권리취득에 의한 사적 실행의 방법으로 청산절차를 거쳤다면 비록 시가에 미치지 못하는 금액으로 정산하였다고 하더라도 민사상의 부당이득반환청구 또는 채무불이행으로 인한 손해배상청구가 가능함은 별론으로 본죄나 횡령죄는 성립하지 않는다는 견해,[227] ⓒ 채권자가 담보권의 실행차원에서 목적물을 처분한 경우라면 불법영득의 의사가 없으므로 횡령죄나 본죄가 성립하지 않는다는 견해,[228] ⓓ 채권자가 목적물을 부당하게 염가처분하거나 청산금의 잔액을 채무자에게 환가하지 않더라도 담보권의 실행은 채권자의 '자기사무'이므로 본죄가 성립하지 않는다는 견해,[229] ⓔ 가등기담보법이 적용되는 경우에는 변제기 이후의 담보권 실행이라도 청산금 지급 전의 처분은 채무자 소유의 부동산을 처분하는 것이어서 횡령죄에 해당한다는 견해,[230] ⓕ 목적 부동산을 처분하여 받은 대금 중 채무자에게 지급해야 할 청산금의 지급을 거절하는 채권자는 청산금에 대하여 횡령죄의 책임을 질 수 있다는 견해[231] 등이 있다.

③ 양도담보권자가 변제기 후 정산절차를 거치기 이전에 담보목적 부동산 137
에 대하여 제3자에게 가등기를 설정한 행위는 본죄를 구성한다고 보았다. 채권자가 채권담보의 목적으로 부동산에 가등기를 경료하였다가 그 후 변제기까지 변제를 받지 못하게 되어 그 가등기에 기한 소유권이전의 본등기를 경료한 경우에는, 당사자들이 달리 특별한 약정을 하지 아니한 한 그 본등기도 채권담보의 목적으로 경료된 것으로서 정산절차를 예정하고 있는 이른바 약한 의미의 양도담보가 된 것으로 보아야 할 것이고, 약한 의미의 양도담보가 이루어진 경우에는 채무의 변제기가 도과된 후라고 하더라도 채권자가 담보권을 실행하여

226 김일수·서보학, 387.
227 주석형법 〔각칙(6)〕(5판), 554(노태악).
228 김성돈, 437; 임웅, 516-517.
229 김성돈, 437; 배종대, § 74/16; 정영일, 231.
230 박상기, 372; 오영근, 362(청산목적 이외로 부동산을 임의처분한 경우에는 횡령죄가 성립할 수 있다); 이재상·장영민·강동범, 400.
231 김일수·서보학, 297.

정산절차를 마치기 전에는 채무자는 언제든지 채무를 변제하고 채권자에게 가등기 및 가등기에 기한 본등기의 말소를 청구할 수 있는 것이며, 양도담보권자가 변제기 후에 담보권실행을 위하여 담보물을 정당한 가격으로 타에 처분하거나 자기가 그 소유권을 인수하려면 그 대금으로써 피담보채권의 원리금에 충당하고 잔액이 있으면 이를 채무자에게 반환하는 등의 정산을 필하지 않은 상태에서는 아직 그 피담보채권이 소멸되었다고는 볼 수 없으므로,[232] 정산절차를 거치기 전에 담모목적인 부동산에 관하여 제3자에게 가등기를 설정한 행위는 본죄를 구성한다고 하였다.[233]

138 위 판결에 대하여, 가등기담보법 시행 이후 처음으로 대법원이 변제기가 도과한 후라고 하더라도 정산절차를 거치기 이전의 양도담보권자의 담보부동산 처분행위가 본죄를 구성한다고 판시함으로써 종전의 견해와 다른 입장을 취한 것이라고 이해하는 견해[234]도 있다. 그러나 위 판결은 정산절차를 이행하기 전 양도담보 목적물을 처분한 사안으로서, 변제기 도과 후 단순히 정산절차를 이행하지 않거나 정산절차의 이행과정에서 염가로 처분한 사안과는 구별된다고 보아야 한다. 즉 정산의무 자체의 불이행으로 인하여 문제된 사안이라고는 볼 수 없으므로, 대법원이 양도담보권자의 정산의무를 자기의 사무가 아닌 타인의 사무로 보고 견해를 바꾸어 그와 같은 결론을 내렸다고 보기는 어렵다고 생각된다. 오히려 변제기 전 처분행위와 유사하게, 양도담보권자는 양도담보의 피담보채권이 채무자의 변제 등에 의하여 소멸하면 양도담보권자는 담보목적물의 소유자이었던 담보설정자에게 그 권리를 회복시켜 줄 의무를 부담하고, 이러한 의무는 타인의 재산을 보전하는 타인의 사무가 되므로, 변제기 이후라고 하더라도 정산절차를 거치기 전에 제3자에게 가등기를 설정하는 등 목적 부동산을 처분

232 가등기담보법이 적용되는 부동산 양도담보의 경우, 가등기담보권의 사적 실행에 있어서 채권자가 청산금의 지급 이전에 본등기와 담보목적물의 인도를 받을 수 있다거나 청산기간이나 동시이행관계를 인정하지 아니하는 처분정산형의 담보권 실행은 허용하지 않는다고 해석되고 있다(대판 2002. 4. 23, 2002다81856).

233 대판 2002. 6. 28, 2002도1703.

234 박동률, "가등기담보법 시행과 부동산 양도담보권자의 처분행위의 죄책", 법학논고 32, 경북대학교 법학연구원(2010. 2), 375. 이 견해도 변제기 후의 저당권설정 등 처분행위에 대해서만 대법원이 태도를 변경하였다고 설명하고 있고, 적정가격 처분의무위반이나 정산의무불이행에 대해서는 여전히 본죄의 성립을 부정하고 있다고 설명한다.

하는 행위는 본죄가 성립하는 것이라고 이해할 수 있을 것이다.

나) 동산 양도담보권자의 사무

동산의 양도담보는 금전채무를 담보하기 위하여 채무자가 그 소유의 동산을 채권자에게 양도하되 점유개정의 방법으로 채무자가 이를 계속 점유하는 경우인데, 특별한 사정이 없는 한 그 동산의 소유권은 여전히 채무자에게 남아있고 채권자는 양도담보권을 취득할 뿐이다. 139

채권자는 동산을 점유하고 있지 않고 있으므로 횡령죄나 본죄의 주체가 될 수 없는데, 만약 채권자가 채무자와의 합의 등 다른 사유로 목적물의 점유를 이전받아 보관하고 있던 중 변제기가 도래하기 전에 이를 임의로 처분하였다면 이는 횡령죄를 구성할 수 있을 뿐이다.[235] 140

변제기 이후에 채권자가 담보권을 실행하기 위하여 동산인 담보목적물을 처분하는 행위는 목적물의 소유권이 채권자에게 귀속되므로 횡령죄가 되지 않는다. 채무자에게 소유권을 인정할만한 특별한 사정이 있는 경우라고 하더라도 변제기 이후 채권자의 처분행위는 정당한 담보권의 행사에 해당하여 불법영득의사를 인정하기도 어렵다.[236] 다만 판례는, 담보권자는 그 담보권의 범위 내에서 담보권을 행사할 수 있을 것인데, 담보권자가 담보목적물을 보관하고 있음을 기화로 실제의 피담보채권 이외에 자신의 제3자에 대한 기존의 채권까지 변제받을 의도로, 채무자인 담보제공자와 사이의 소비대차 및 담보설정관계를 부정하고 그 담보목적물이 자신과 제3자 사이의 소비대차 및 담보설정계약에 따라 제공된 것으로서 실제의 피담보채권 외에 제3자에 대한 기존의 채권까지도 피담보채권에 포함되는 것이라고 주장하면서 그것까지 포함하여 변제가 이루어지지 아니할 경우 반환하지 않을 것임을 표명하다가 타인에게 담보목적물을 매각하거나 담보로 제공하여 피담보채무 이외의 채권까지도 변제충당한 경우에는 정당한 담보권의 행사라고 볼 수 없고, 위탁의 취지에 반하여 자기 또는 제3자의 이익을 위하여 권한 없이 그 재물을 자기의 소유인 것같이 처분하는 것으로서 불법영득의 의사가 인정된다고 한다.[237] 141

235 대판 1989. 4. 11, 88도906.

236 신동운, 1174.

237 대판 2007. 6. 14, 2005도7889. 본 판결 해설은 손봉기, "동산 담보권자가 담보권의 범위를 벗어

142 채권자가 담보목적물을 부당하게 저렴한 가격으로 처분하거나 청산금 잔액을 지급하지 않는 경우에도, 담보권의 실행은 채권자 자신의 사무에 해당하므로 본죄는 성립하지 않는다고 할 것이다.[238]

6) 그 밖에 재산보전에 협력할 의무가 문제되는 경우

가) 면허, 허가권 등 양도인의 사무

143 판례는 ① 이른바 주류제조면허의 양도계약은 변태적인 것이기는 하나 세무관서의 사무처리 관례에 의하여 뒷받침되고 있는 것이므로, 이를 양도하고 대금까지 지급받은 사람은 양수인이 면허를 얻는 데 필요한 모든 협력을 할 의무가 있다고 할 것이고, 이와 같은 협력의무의 이행은 양수인이 면허를 얻는 데 있어서 그 전제로서 반드시 필요로 하는 것이어서 양도인의 자기자신의 사무인 동시에 양수인이 면허신청을 하여 면허를 얻는 사무의 일부를 이루고 있는 양수인의 사무가 된다고 하여 타인의 사무성을 인정하였다.[239]

144 또한, ② 직무발명에 대한 특허를 받을 수 있는 권리 등을 사용자 등에게 승계한다는 취지를 정한 약정 또는 근무규정의 적용을 받는 종업원 등은 사용자 등이 이를 승계하지 아니하기로 확정되기 전까지는 임의로 위와 같은 승계 약정 또는 근무규정의 구속에서 벗어날 수 없는 상태에 있는 것이어서, 종업원 등이 그 발명의 내용에 관한 비밀을 유지한 채 사용자 등의 특허권 등 권리의 취득에 협력하여야 할 의무는 자기 사무의 처리라는 측면과 아울러 상대방의 재산보전에 협력하는 타인 사무의 처리라는 성격을 동시에 가지게 되므로, 이러한 경우 종업원 등은 본죄의 주체인 '타인의 사무를 처리하는 자'의 지위에 있다.[240]

145 그밖에, ③ 다방의 임대차가 종료되면 다방허가명의를 변경해 주기로 약정한 사람이 명의환원 약정을 부인하고 자신이 영업허가 명의자라고 주장하면서 영업장소를 이전하고 다방의 상호를 변경하고 임대인의 명의변경 요구를 거부하는 경우,[241] ④ 캬바레 영업허가권의 명의수탁자가 이를 임의 처분하고 그 명의

나서 담보물의 반환을 거부하거나 처분한 경우 횡령죄를 구성하는지 여부", 해설 70, 법원도서관(2008), 245-257.

238 김성돈, 436; 주석형법 〔각칙(6)〕(5판), 559(노태악).

239 대판 1979. 11. 27, 79도3962; 대판 1984. 5. 8, 83도3084.

240 대판 2012. 11. 15, 2012도6676.

241 대판 1981. 8. 20, 80도1176.

를 타인에게 이전하려고 한 경우,[242] ⑤ 동업계약에 의하여 해사채취권을 명의수탁받은 피고인이 이를 임의로 매도한 경우,[243] ⑥ 토석채취허가권을 이중매매한 경우,[244] ⑦ 온천개발을 목적으로 설립된 회사의 대표이사가 그 회사가 명의신탁의 방법으로 사실상 보유하고 있던 온천발견자의 지위를 그 임무에 위배하여 아무런 대가 없이 타에 양도한 경우[245]에, 각 본죄의 성립을 인정하였다.

나) 지명채권의 이중양도

판례는 채무변제의 방법으로 임대차보증금반환채권을 양도하고 대항요건까지 구비해 준 채권양도인이 임대인과 임대차보증금을 감액하고 잔액보증금을 수령한 경우, 채권양도는 여전히 유효하고 피해자의 채권은 소멸하지 아니하므로 채권양도인에 대하여 양수인의 사무를 처리하는 자의 지위에 있다고 할 수 없다고 하였다.[246] 146

한편 대법원은, 채권양도인이 채권양도 통지를 하기 전에 타에 채권을 이중으로 양도하여 채무자에게 그 양도통지를 하는 등 대항요건을 갖추어 줌으로써 (원래의) 양수인이 채무자에게 대항할 수 없게 된 경우, 채권양도인에 대하여 타인의 사무처리자로서의 지위를 긍정하고 횡령죄가 성립한다고 보았던 종래 판례[247]를 변경하고, 타인의 사무처리자로서의 지위 및 횡령죄 성립을 부정하였다 (위 4). **다). 질권설정자의 사무** 부분 참조).[248] 147

채권양도담보계약을 체결한 채무자가 대항요건을 갖추어 주기 전에 담보목적 채권을 타에 이중으로 양도하고 제3채무자에게 그 채권양도통지를 한 사안에서, 마찬가지로 대법원은 채권양도담보계약에 따라 채무자가 부담하는 '담보목적 채권의 담보가치를 유지·보전할 의무'를 이행하는 것은 채무자 자신의 사무에 해당할 뿐이고, 채무자가 통상의 계약에서의 이익대립관계를 넘어서 채권자와의 신임관계에 기초하여 채권자의 사무를 맡아 처리한다고 볼 수 없으므로, 채무자를 채권자에 대한 관계에서 타인의 사무를 처리하는 자에 해당한다고 할 148

242 대판 1981. 7. 28, 81도966.
243 대판 1992. 10. 27, 91도2346.
244 대판 1979. 7. 10, 79도961.
245 대판 2000. 11. 24, 99도822.
246 대판 1984. 11. 13, 84도698.
247 대판 1999. 4. 15, 97도666(전).
248 대판 2022. 6. 23, 2017도3829(전).

수 없다고 하였다.[249]

다) 동산의 이중양도

149 동산은 인도를 공시방법으로 하며, 현실의 인도 이외에도 간이인도, 점유개정에 의한 인도, 반환청구권의 양도에 의한 인도가 인정된다.

150 종래의 다수설은 자동차나 항공기, 소형어선, 모터보트 등 물권변동을 위하여 등기·등록을 요하는 동산의 경우, 매도인이 중도금을 수령한 이후에 매매목적물인 동산을 제3자에게 처분하였다면 부동산 이중매매와 같은 이유로 본죄가 성립한다고 보았다.[250] 판례는 명인방법에 의한 거래가 인정되는 수목에 대하여 매도인은 매수인 명의로의 명인방법의 실시에 협력할 임무가 있다고 하여, 이중매매한 매도인에 대하여 본죄의 성립을 인정하였다.[251]

151 그런데 최근 대법원은 권리이전에 등기·등록을 요하는 동산에 대한 매매계약에서도 동산 이중양도행위가 본죄에 해당하지 아니한다고 한 대판 2011. 1. 20, 2008도10479(전)이 동일하게 적용된다고 하였다. 즉 자동차 등의 매도인은 매수인에 대하여 그의 사무를 처리하는 지위에 있지 아니하여, 매도인이 매수인에게 소유권이전등록을 하지 아니하고 타에 처분하였다고 하더라도 마찬가지로 본죄가 성립하지 아니한다는 것이다.[252] 이 판례에서 명시적으로 명인방법에 의한 거래가 인정되는 수목의 이중매매에 관한 위 판결(대판 1993. 9. 28, 93도2059)을 변경하지는 아니하였으나, 명인방법에 의한 거래가 인정되는 수목의 이중매매 역시 등기·등록을 요하는 동산과 마찬가지로 더이상 본죄로 처벌되기 어렵다고 할 것이다.

152 다음으로, 매도인이 동산을 제1매수인에게 매도하고 점유개정(민 § 189)에 의하여 계속 목적물을 점유하고 있던 중 이를 다시 제2매수인에게 매도하고 현실의 인도를 해 준 경우, 제2매수인에 대한 매도행위는 타인의 재물을 보관하는 지위에서 타인의 물건을 매도한 것으로서 횡령죄를 구성한다고 본다.[253]

153 그리고 점유매개자(A)를 통하여 동산을 점유하고 있는 매도인이 제1매수인

249 대판 2021. 7. 15, 2015도5184(요양급여채권); 대판 2021. 7. 15, 2020도3514(전세금반환채권).
250 주석형법 〔각칙(6)〕(5판), 539-540(노태악).
251 대판 1993. 9. 28, 93도2069.
252 대판 2020. 10. 22, 2020도6258(전).
253 김일수·서보학, 392; 오영근, 398; 임웅, 565; 주석형법 〔각칙(6)〕(5판), 540(노태악).

에게 동산에 대한 반환청구권의 양도에 의한 인도(민 § 190)를 한 후, 점유매개자(A)에게 양도통지를 하기 전 다시 제2매수인에게 목적물에 대한 반환청구권을 양도한 경우, 반환청구권의 양도만으로 소유권은 제1매수인에게 이전되고 점유매개자에 대한 통지는 양도의 대항요건에 불과하므로, 매도인은 제1매수인 소유의 동산을 법률상 지배하는 보관자의 지위에 있게 되고, 다시 제2매수인에게 반환청구권을 양도하는 행위는 횡령죄를 구성한다고 본다.[254]

문제되는 것은 매도인이 제1매수인과 동산에 관한 매매계약을 체결하고 중도금 내지 잔금을 수령한 후 아직 현실의 인도(민 § 188①)나 간이인도(민 § 188②)를 마치지 않은 상태에서 다시 목적물을 제2매수인에게 매도하고 제2매수인에게 점유를 이전해주는 경우이다. 154

이에 대하여는 매도인이 제1매수인으로부터 중도금을 수령한 단계에서는 계약의 이행에 착수한 것이 되어 매도인이 계약을 일방적으로 해제할 수 없는 효과가 발생하고, 매도인은 제1매수인의 소유권취득에 협력해야 할 신의칙상의 신임관계에 서게 되고, 이는 자기의 사무이면서 타인의 사무가 되어 본죄의 주체가 될 수 있으며, 따라서 매도인이 그 이후 제2매수인에게 동산을 이중으로 매도하고 인도를 하였다면 제1매수인에 대한 관계에서 본죄가 성립한다는 견해가 있다.[255] 155

그러나 판례는 본죄의 성립을 부정한다. 판례는 피고인이 자신 소유의 인쇄기를 A 소유의 인쇄업체에 위탁하여 보관하던 중 이를 피해자 B에게 매도하는 계약을 체결하고 피해자로부터 계약금 및 중도금을 지급받았음에도, 피고인의 A에 대한 기존 채무를 매매대금으로 갈음하기로 하고 A에게 인쇄기를 양도한 사안에서, 매도인은 매수인에게 계약에 정한 바에 따라 그 목적물인 동산을 인도함으로써 계약의 이행을 완료하게 되고 그때 매수인은 매매목적물에 대한 권리를 취득하게 되는 것이므로, 매도인에게 자기의 사무인 동산인도채무 외에 별도로 매수인의 재산의 보호 내지 관리 행위에 협력할 의무가 있다고 할 수 없고, 동산매매계약에서의 매도인은 매수인에 대하여 그의 사무를 처리하는 지위에 있지 아니하므로, 매도인이 목적물을 매수인에게 인도하지 아니하고 이를 타 156

254 김성돈, 456; 오영근, 398; 임웅, 565; 주석형법 [각칙(6)](5판), 541(노태악).
255 김일수·서보학, 391; 임웅, 564.

에 처분하였다 하더라도 본죄가 성립하는 것은 아니라고 판시하였다.[256]

157 위 전원합의체 판결의 반대의견은, 매매계약의 당사자 사이에 중도금을 수수하는 등으로 계약의 이행이 진행되어 다른 특별한 사정이 없는 한 임의로 계약을 해제할 수 없는 단계에 이른 때에는 그 계약의 내용에 좇은 채무의 이행은 채무자로서의 자기 사무의 처리라는 측면과 아울러 상대방의 재산보전에 협력하는 타인 사무의 처리라는 성격을 동시에 가지게 되므로, 이러한 경우 그 채무자는 본죄의 주체인 '타인의 사무를 처리하는 자'의 지위에 있고, 이러한 지위에 있는 자가 그 의무의 이행을 통하여 상대방으로 하여금 그 재산에 관한 완전한 권리를 취득하게 하기 전에 이를 다시 제3자에게 처분하는 등 상대방의 재산취득 혹은 보전에 지장을 초래하는 행위는 상대방의 정당한 신뢰를 저버리는 것으로 비난가능성이 매우 높은 전형적인 임무위배행위에 해당한다고 한다. 또한 다수의견은 본질적으로 유사한 사안을 합리적 근거 없이 달리 취급하는 것으로서 형평의 이념에 반하며, 재산권의 이중매매 또는 이중양도의 전반에 걸쳐 본죄의 성립을 인정함으로써 거래상 신뢰관계의 보호에 기여하여 온 대법원 판례의 의미를 크게 퇴색시키는 것이라고 하였다.[257]

(다) 자기의 사무와 타인의 사무의 구별

158 이상에서 부동산의 이중매매 등 타인의 재산보전에 협력할 의무로서 타인의 사무가 되는 몇 가지 법률관계를 검토해 보았다. 그러나 여전히 계약관계 등에서 발생한 의무가 타인의 사무인지, 아니면 일반적인 계약상 의무로서 자기의 사무에 불과한 것인지 구별하기는 쉽지 않다.

159 판례가 타인의 사무를 부정한 사례를 좀 더 살펴보면 다음과 같다.

(a) 임대차계약 관련 의무

160 임대차계약에 따른 임차인의 임대료지급의무,[258] 임대인의 임차인에 대한 목적물 사용수익의무나 임차보증금 반환의무[259]는 타인의 사무에 속하지 않는다.

161 ① 피고인이 임차인과 아파트에 관한 임대차계약을 체결하면서 자신이 소

---

256 대판 2011. 1. 20, 2008도10479(전).
257 위 2008도10479 전원합의체 판결 중 대법관 5명의 반대의견.
258 대판 1971. 7. 20, 71도1116.
259 대판 2002. 11. 8, 2002도3788.

유권을 취득하는 즉시 임차인에게 알려 임차인이 전입신고를 하고 확정일자를 받아 1순위 근저당권자 다음으로 대항력을 취득할 수 있도록 하기로 약정하였는데, 그 후 임차인에게서 전세금 전액을 수령하고 소유권을 취득하였음에도 취득 사실을 고지하지 않고 다른 2, 3순위 근저당권을 설정해 주었다고 하더라도 피고인이 '타인의 사무를 처리하는 자'의 지위에 있지 않다.[260]

② 건물주인이 한국전력주식회사와 계약에 의하여 건물주인 명의로 나온 162
전기요금청구서에 의하여 전기요금을 납부할 의무가 있고 건물임차인들과는 건물주가 그들의 실제사용 해당 전기요금을 부담시켜 징수하기로 약정한 경우에는, 건물주인이 한국전력주식회사에 전기요금을 납부하는 것은 자기의 사무처리이고, 따라서 건물주인의 고용인이 건물임차인들로부터 건물주인의 지시에 의하여 해당 전기사용요금을 징수하였다 하여 건물임차인들의 위임에 의한 전기요금을 한국전력주식회사에 납부하는 사무처리자라고 볼 수 없다.[261]

(b) 임차권의 양도·수여, 수분양권 이전, 부동산관리처분 신탁계약 등 관련 의무

① 점포임차권 양도계약을 체결한 후 계약금과 중도금까지 지급받았다 하 163
더라도 잔금을 수령함과 동시에 양수인에게 점포를 명도하여 줄 양도인의 의무는 위 양도계약에 따른 민사상의 채무에 지나지 아니하여 이를 타인의 사무로 볼 수 없고,[262] ② 피고인이 임대인 A와의 음식점 임대차계약에 의한 임차인의 지위를 피해자 B에게 양도함으로써 이에 따라 이 양도사실을 임대인 A에게 통지하고 위 B가 갖는 임차인의 지위를 상실하지 않게 할 의무가 있다고 하여도, 이러한 임무는 피고인이 임차권 양도인으로서 부담하는 채무로서 피고인 자신의 의무일 뿐이지 부동산 매도인이 부담하는 소유권이전등기협력의무와 같이 자기의 사무임과 동시에 양수인의 권리취득을 위한 사무의 일부를 이룬다고 볼 수 없는 것이다.[263]

③ 피고인이 A에게 건물 사용권을 부여하고 피해자에 의한 임대보증금과 164

260 대판 2015. 11. 26, 2015도4976.
261 대판 1975. 10. 23, 75도2623.
262 대판 1986. 9. 23, 86도811; 대판 1990. 9. 25, 90도1216.
263 대판 1991. 12. 10, 91도2184.

임대료 수익행위를 인용해야 할 소극적 의무를 부담함에 그치는 경우는 피고인 본인의 사무이지 타인의 사무가 아니고,[264] ④ 건물공사대금채무의 변제의 방편으로 채권자에게 건물을 타에 임대하여 임대차보증금과 임료로서 공사금채권에 충당하도록 수익권을 부여하기로 약정한 경우, 위 약정은 채무변제의 방편으로 임대차보증금과 임대료 수익행위를 인용하여야 할 소극적 의무를 내용으로 하는 것으로서, 타인의 재산을 보전할 임무부담행위도 아니고, 채권의 실현에 특별히 채무자의 협력의무를 수반하는 것도 아닌 단순한 채권적인 수인의무에 불과하다.[265]

165 ⑤ 특별한 사정이 없는 한 수분양권 매도인이 수분양권 매매계약에 따라 매수인에게 수분양권을 이전할 의무는 자신의 사무에 해당할 뿐이므로 매수인에 대한 관계에서 타인의 사무를 처리하는 자가 아니다. 따라서 수분양권 매도인이 수분양권 또는 이에 근거하여 향후 소유권을 취득하게 될 목적물을 미리 제3자에게 처분하였더라도 본죄가 성립하지 아니한다.[266]

166 ⑥ 신탁회사와 신축아파트에 대한 부동산관리처분 신탁계약을 체결하고 소유권이전등기까지 경료해 준 위탁자가 임의로 신탁목적물을 제3자에게 매도하여 제3자로 하여금 아파트를 임대하고 보증금을 받게 한 경우, 신탁계약의 목적은 소유권이전등기를 마침으로써 이미 달성되었고, 위탁자가 신탁목적물인 이 사건 아파트를 계속 점유·사용하면서 그 보존 및 관리의 비용을 부담하고 이 사건 아파트의 가치를 유지하는 것은 기본적으로 위탁자 자신을 위한 그의 사무라고 할 것이므로, 신탁목적물의 가치를 저감하는 행위를 하여서는 안된다는 신탁회사에 대한 의무는 단순히 신탁계약상의 채무에 그치고 타인의 사무에 해당한다고 볼 수는 없다.[267]

(c) 구두로 약정한 증여의 이행의무

167 서면에 의하지 아니한 증여계약이 행하여진 경우, 당사자는 그 증여가 이행되기 전까지는 언제든지 이를 해제할 수 있으므로 증여자가 구두의 증여계약에 따라 수증자에 대하여 증여 목적물의 소유권을 이전하여 줄 의무를 부담한

264 대판 1982. 9. 14, 80도1816.
265 대판 1982. 9. 27, 81도2777; 대판 1987. 4. 28, 86도2490.
266 대판 2021. 7. 8, 2014도12104.
267 대판 2009. 2. 26, 2008도11722.

다고 하더라도 그 증여자는 수증자의 사무를 처리하는 자의 지위에 있다고 할 수 없다.[268]

(d) **청산회사 청산인의 채권자에 대한 의무**

168 청산회사의 대표청산인이 처리하는 채무의 변제, 재산의 환가처분 등 회사의 청산업무는 청산인 자신의 사무 또는 청산회사의 업무에 속하는 것이므로, 청산인은 회사의 채권자들에 대해 직접 그들의 사무를 처리하는 자가 아니다.[269]

(e) **부동산 명의수탁자의 명의신탁자 또는 매도인에 대한 의무**

169 ① 신탁자와 수탁자가 명의신탁약정을 맺고 그에 따라 수탁자가 당사자가 되어 명의신탁약정이 있다는 사실을 알지 못하는 소유자와 사이에서 부동산에 관한 매매계약을 체결한 계약명의신탁의 경우, 수탁자는 신탁자에 대한 관계에서도 신탁부동산의 소유권을 완전히 취득하고 단지 신탁자에 대한 명의신탁약정의 무효로 인한 부당이득 반환의무만을 부담할 뿐인바, 그와 같은 부당이득 반환의무는 명의신탁약정의 무효로 인하여 수탁자가 신탁자에 대하여 부담하는 통상의 채무에 불과할 뿐 아니라 신탁자와 수탁자 간의 명의신탁약정이 무효인 이상, 특별한 사정이 없는 한 신탁자와 수탁자 간에 명의신탁약정과 함께 이루어진 부동산 매입의 위임약정 역시 무효라고 할 것이므로, 수탁자가 신탁자와의 신임관계에 기하여 신탁자를 위하여 신탁부동산을 관리한다거나 신탁자의 허락 없이 이를 처분하여서는 아니되는 의무를 부담하는 등으로 타인의 사무를 처리하는 자의 지위에 있다고 볼 수 없다.[270]

170 ② 매도인이 악의인 계약명의신탁 역시, 명의수탁자는 명의신탁자와의 관계에서 명의신탁자에 대하여 매매대금 등을 부당이득으로 반환할 의무를 부담한다고 하더라도 이를 두고 배임죄에서 '타인의 사무를 처리하는 자'의 지위에 있다고 보기 어렵고, 매도인과의 관계에서도, 명의수탁자는 매도인에 대하여 소유권이전등기말소의무를 부담하게 되나, 위 소유권이전등기는 처음부터 원인무효여서 명의수탁자는 매도인이 소유권에 기한 방해배제청구로 말소를 구하는 것에 대하여 상대방으로서 응할 처지에 있음에 불과하고, 그가 제3자와 한 처분

268 대판 2005. 12. 9, 2005도5962.
269 대판 1990. 5. 25, 90도6.
270 대판 2004. 4. 27, 2003도6994.

행위가 부동산 실권리자명의 등기에 관한 법률(이하, 부동산실명법이라 한다.) 제4조 제3항에 따라 유효하게 될 가능성이 있다고 하더라도 이는 거래상대방인 제3자를 보호하기 위하여 명의신탁약정의 무효에 대한 예외를 설정한 취지일 뿐 매도인과 명의수탁자 사이에 위 처분행위를 유효하게 만드는 어떠한 신임관계가 존재함을 전제한 것이라고는 볼 수 없으므로, 말소등기의무의 존재나 명의수탁자에 의한 유효한 처분가능성을 들어 명의수탁자가 매도인에 대한 관계에서 '타인의 사무를 처리하는 자'의 지위에 있다고 볼 수도 없다.[271]

171 ③ 신탁자가 수탁자와 명의신탁약정을 맺고 신탁자가 매매계약의 당사자가 되어 매도인과 매매계약을 체결하되 등기는 매도인으로부터 수탁자 앞으로 직접 이전하는 형식의 명의신탁, 즉 3자간 명의신탁 또는 중간생략등기형 명의신탁의 경우 역시, 명의신탁자로서는 매도인에 대한 소유권이전등기청구권을 가질 뿐 신탁부동산의 소유권을 가지지 아니하고, 명의신탁자를 사실상 또는 실질적 소유권자라고 형법적으로 평가하는 것은 부동산실명법이 명의신탁약정을 무효로 하고 있음에도 불구하고 무효인 명의신탁약정에 따른 소유권의 상대적 귀속을 인정하는 것과 다름이 없어서 부동산실명법의 규정과 취지에 명백히 반하여 허용될 수 없으며, 명의신탁자와 명의수탁자 사이에 형법상 보호할 만한 가치있는 신임에 의한 사실상의 위탁관계가 존재한다고 볼 수 없는 점 등을 근거로 명의수탁자가 신탁받은 부동산을 임의로 처분하여도 명의신탁자에 대한 관계에서 횡령죄가 성립하지 아니한다는 판례[272]의 취지에 따르면, 계약명의신탁의 경우와 마찬가지로 명의신탁자 또는 매도인에 대하여 타인의 사무처리자의 관계에 있다고 볼 수도 없을 것이다.

(f) 그 밖의 약정을 이행할 의무가 문제된 경우

172 ① 경락인이 부동산 소유자들과 사이에 경락을 포기하겠다는 약속을 어기고 경락대금을 납부하여 소유권을 취득해버린 경우,[273] ② 가옥을 매도하고 그

271 대판 2012. 11. 29, 2011도7361. 본 판결 해설은 우인성, "악의의 계약명의신탁에 있어 명의수탁자의 보관물 임의처분 시 범죄성립 여부", 해설 94, 법원도서관(2013), 685-721.

272 대판 2016. 5. 19, 2014도6992(전); 대판 2016. 5. 26, 2015도89; 대판 2016. 8. 24, 2014도6740. 위 2014도6992 전원합의체 판결 평석은 김희수, "중간생략등기형 명의신탁에서 신탁부동산의 임의 처분 시 횡령죄 성립 여부", 사법 37, 사법발전재단(2016), 425-476.

273 대판 1969. 2. 25, 69도46.

매매대금 중 일부를 채권자에게 지급하기로 하였음에도 이를 지급하지 않고 임의 소비한 경우,[274] ③ 운수회사의 대표자가 지입차주와의 사이에 기존의 지입계약을 합의 해지하되 일정기간 경과 후 부활시켜 주기로 한 약정을 위반한 경우,[275] ④ 건축공사를 정액도급받은 수급인이 설계도에 따라 시공하지 않은 경우,[276] ⑤ 공사 시공 도중 방치한 경우,[277] ⑥ 제3채무자인 은행이 전부명령을 받은 채권자에게 예금액을 지급하지 아니하는 행위,[278] ⑦ 할부구입한 자동차의 할부대금을 지급하지 아니한 경우,[279] ⑧ 상표권의 양도인이 상표권이전의무의 이행을 거부하고 상표를 계속 사용하는 경우[280]는 모두 타인의 사무가 아닌 자기의 사무에 관한 것으로서 본죄가 성립하지 않는다고 하였다.

이 외에도 약정에 따른 의무가 타인의 사무인지 자기의 사무인지를 구별하기 어려운 경우가 많은데, 약정의 실질적 내용을 확정한 후 타인의 사무가 아닌 자기의 사무로서 민사상의 채무불이행에 불과하다고 판시한 사례들을 구체적으로 살펴보면 다음과 같다. 173

① 골프시설의 운영자가 일반회원들을 위한 회원의 날을 없애고, 일반회원들 중에서 주말예약에 대하여 우선권이 있는 특별회원을 모집함으로써 일반회원들의 주말예약권을 사실상 제한하거나 박탈하는 결과가 되었다고 하더라도, 이는 일반회원들에 대한 회원가입계약에 따른 민사상의 채무를 불이행한 것에 불과하고, 골프시설의 운영자가 일반회원들의 골프회원권이라는 재산권리에 관한 사무를 대행하거나 그 재산의 보전행위에 협력하는 지위에 있다고는 할 수 없으므로 본죄의 주체인 타인의 사무를 처리하는 자에 해당하지 아니한다.[281] 174

② 자금투자와 공사시공 및 거래행위를 각각 담당키로 한 동업계약이 완료된 후 그 정산과정에서 공사 및 거래담당 동업인이 자금만을 투자한 동업자에게 투자금원을 반환하고 이익 또는 손해를 부담시키는 내용의 정산의무나 그 175

274 대판 1976. 5. 11, 75도2245.
275 대판 1978. 10. 10, 78도1714.
276 대판 1982. 6. 22, 82도45.
277 대판 1970. 2. 10, 69도2021.
278 대판 1983. 7. 12, 83도1405.
279 대판 1983. 11. 8, 83도2493.
280 대판 1984. 5. 29, 83도2930.
281 대판 2003. 9. 26, 2003도763.

정산과정에서 행하는 채권의 추심과 채무의 변제 등의 행위는 모두 공사시공 동업자 자신의 사무이지 자금을 투자한 다른 동업자를 위하여 하는 타인의 사무라고 볼 수는 없다. 따라서 피고인의 채권양도행위는 본죄에 있어서 타인의 사무를 처리하는 자로서의 임무위배행위라고 할 수는 없다.[282]

176 ③ 피고인이 피해자에게 돈을 차용하면서 그 담보로 피고인 소유의 부동산을 타에 매도하거나 그 부동산에 관하여 이미 설정된 근저당권 이외에는 타에 추가로 담보설정하지 않겠다는 내용의 지불증을 작성한 후 이를 공증까지 하였음에도 이에 위배하여 A에게 근저당설정등기를 경료하여 주었다 하여도, 위와 같은 약정은 피고인이 자기 소유의 부동산을 추후 매도하거나 타에 담보제공하지 않겠다는 내용에 불과하여 그런 약정에 따른 임무는 단순한 민사상의 채무를 부담하는 경우에 해당할 뿐, 이로 인하여 피고인이 본죄에서 말하는 타인의 사무를 처리하는 자에 해당한다고는 할 수 없다.[283]

177 ④ 공동사업약정에 따라 대출금으로 한우를 사육하여 판매한 다음 그 대금으로 A 회사에 대한 대출원금 및 이자를 변제하기로 하고, 그 대출원리금 채무를 담보하기 위하여 한우를 A 회사에 양도담보 목적물로 제공하고, 한우의 폐사로 인한 손해발생 위험에 대비하여 B 회사를 피보험자로 하는 가축보험계약을 체결한 후 채무상환기간 동안 이를 유지할 의무를 부담하는 경우, 가축보험계약을 체결·유지하기로 약정하고 그것이 궁극적으로 A 회사에게도 이익이 된다고 하더라도, 위 가축보험계약의 체결·유지의무는 당사자 사이의 약정에 의하여 비로소 발생하는 민사상 채무에 불과하고 타인의 사무에 해당하지 않는다. 따라서 B 회사가 위 가축보험계약을 임의로 해지하였다고 하더라도 업무상배임죄가 성립하지 않는다.[284]

178 ⑤ 투자금 반환채무의 변제를 위하여 담보로 제공한 임차권 등의 권리를 제3자에게 양도한 경우, 채무자가 위와 같은 임차권 등의 권리를 그대로 유지할

---

282 대판 1992. 4. 14, 91도2390. 이에 따르면 본 사안은 통상적인 민법상 조합관계(민법 제703조)라기보다는, 피해자가 익명조합원이 되고 피고인이 영업자가 되는 상법상의 익명조합관계의 경우로 볼 수 있다. 본 판결 해설은 정갑주, "익명조합에 있어서 영업자와 배임죄의 주체", 해설 17, 법원행정처(1992), 921-930.

283 대판 1984. 12. 26, 84도2126.

284 대판 2014. 2. 27, 2011도3482.

계약상 의무가 있다고 하더라도 이는 기본적으로 투자금 반환채무의 변제의 방법에 관한 것이고, 성실한 이행에 의하여 채권자가 계약상 권리의 만족이라는 이익을 얻는다고 하여도 이를 가지고 통상의 계약에서의 이익대립관계를 넘어서 본죄에서 말하는 신임관계에 기초하여 채권자의 재산을 보호 또는 관리하여야 하는 '타인의 사무'에 해당한다고 볼 수 없다고 하였다.[285]

⑥ 아파트 건축공사 시행사가 시공사와 아파트 건축공사 도급계약을 체결하면서 분양대금을 공동명의로 개설한 예금계좌로만 수령하고 그 분양수입금으로 공사대금 등을 지급하기로 특약한 경우, 위 특약은 시행사의 수급인인 시공사에 대한 공사대금 채무의 변제를 확보하는 방편으로 약정한 것에 불과할 뿐이고, 위 아파트의 수분양자로부터 분양수입금을 수령할 권한 자체는 여전히 시행사에 있으며, 그 분양수입금으로 시공사에 공사대금을 지급하는 사무는 시행사 자신의 사무에 속하는 것이므로 시행사의 위 행위는 시공사에 대한 단순한 민사상의 채무불이행에 불과할 뿐 본죄를 구성한다고 볼 수 없다.[286] 179

⑦ 피고인이 무한책임사원인 A 합자회사와 B 회사 사이에 체결된 시험연구용역계약은 피고인이 자신의 책임하에 연구개발계획을 수립하여 자신이 특허권을 가지고 있는 축산분뇨처리장치 기술을 음식물쓰레기 자원화 처리에도 적용하여 연구한 결과인 보고서를 B 회사에 제출하는 것을 핵심 내용으로 하고 있으며, 그 결과 제출 후에도 피고인이 무한책임사원인 A 회사가 여전히 그 결과에 대한 특허출원권을 가지고, 오히려 B 회사가 이러한 연구 결과와 관련하여 취득한 피고인의 비밀을 누설하여서는 아니 되며, 피고인과 B 회사 경영자 사이에 체결된 이 사건 합의계약 내용도 피고인이 그때까지의 연구결과만을 정리한 보고서를 B 회사에 제출하되, 다만 B 회사가 이에 대한 연구개발을 계속 진행하고자 하는 경우에는 피고인이 이에 따른 기술적 지도를 하여야 하나, 이에 대한 연구개발이 완료될 경우에도 피고인은 여전히 그 결과에 대한 특허출원권을 가지고 있음을 알 수 있어, 위 계약에 근거하여 연구업무를 충실하게 진행할 뿐만 아니라 이중계약, 연구비밀누설 등의 행위로 인해 B 회사가 손해를 180

---

285 대판 2015. 3. 26, 2015도1301. 본 판결 평석은 한경환, "담보로 제공한 임차권의 양도와 배임죄", 김신 대법관 재임기념 논문집, 사법발전재단(2018), 400-409.

286 대판 2008. 3. 13, 2008도373.

입지 아니하도록 신의성실의 원칙에 따라 업무를 수행해야 할 피고인의 의무는 B 회사의 재산을 관리·보전할 임무부담행위가 아닌 단순한 계약상 채무에 불과하다 할 것이다.[287]

181 ⑧ 피고인들과 A 사이의 출판계약이 해지되어 출판권이 위 A에게 이양이 되었으므로 피고인들에게 책자의 인쇄지형을 폐기하든가 후일에 대비하여 잘 보관해 둘 의무가 있다고 하더라도, 이는 오로지 피고인들의 사무이지 위 A의 사무가 될 수 없다.[288]

182 ⑨ 아파트 수분양권매매계약의 매도인으로서는 원칙적으로 수분양자 명의변경에 관한 분양자 측의 동의 내지 승낙을 얻어 수분양자 명의변경절차를 이행하면 계약상 의무를 다한 것이 되고, 그 수분양권에 근거하여 목적물에 관한 소유권을 취득한 다음 매수인 앞으로 소유권이전등기를 마쳐 줄 의무까지는 없으므로, 수분양권매매계약에 따른 당사자 관계의 전형적·본질적 내용이 통상의 계약에서의 이익대립관계를 넘어서 그들 사이의 신임관계에 기초하여 타인의 재산을 보호 또는 관리하는 데에 있다고 할 수 없어, 특별한 사정이 없는 한 수분양권매도인이 수분양권매매계약에 따라 매수인에게 수분양권을 이전할 의무는 자신의 사무에 해당할 뿐이므로, 수분양권매도인이 위와 같은 의무를 이행하지 아니하고 수분양권 또는 이에 근거하여 향후 소유권을 취득하게 될 목적물을 미리 제3자에게 처분하였다고 하더라도 본죄가 성립하는 것은 아니다.[289]

183 **[대판 2011. 4. 28, 2011도3247]**

일정한 신임관계의 고의적 외면에 대한 형사적 징벌을 핵심으로 하는 배임의 관점에서 보면, 부동산 매매에서 매수인이 대금을 지급하는 것에 대하여 매도인이 계약상 권리의 만족이라는 이익이 있다고 하여도 대금의 지급은 어디까지나 매수인의 법적 의무로서 행하여지는 것이고, 그 사무의 처리에 관하여 통상의 계약에서의 이익대립관계를 넘는 신임관계가 당사자 사이에

287 대판 2008. 6. 26, 2007도7060.

288 대판 1989. 1. 17, 87도2604.

289 대판 2021. 7. 8, 2014도12104(피고인들이 대리인을 통해 피해자에게 아파트 수분양권을 매도하는 계약을 체결하였음에도 농협으로부터 대출을 받으면서 위 수분양권에 근거하여 취득하게 될 아파트를 담보로 제공하는 후취담보약정을 체결한 행위가 배임미수죄로 기소된 사안에서, 분양권매매계약에 따라 피해자에게 수분양권을 이전해 주어야 할 의무는 민사상 자신의 채무이고 이를 타인의 사무라고 할 수 없으므로, 피고인들이 타인의 사무를 처리하는 자의 지위에 있다고 볼 수 없다고 보아 유죄로 판단한 원심을 파기한 사례).

발생한다고 할 수 없다. 따라서 그 대금의 지급은 당사자 사이의 신임관계에 기하여 매수인에게 위탁된 매도인의 사무가 아니라 애초부터 매수인 자신의 사무라고 할 것이다.

또한 매도인이 대금을 모두 지급받지 못한 상태에서 매수인 앞으로 목적물에 관한 소유권이전등기를 경료하였다면, 이는 법이 동시이행의 항변권 등으로 마련한 대금 수령의 보장을 매도인이 자신의 의사에 기하여 포기한 것으로서, 다른 특별한 사정이 없는 한 대금을 받지 못하는 위험을 스스로 인수한 것으로 평가된다. 그리고 그와 같이 미리 부동산을 이전받은 매수인이 이를 담보로 제공하여 매매대금 지급을 위한 자금을 마련하고 이를 매도인에게 제공함으로써 잔금을 지급하기로 당사자 사이에 약정하였다고 하더라도, 이는 기본적으로 매수인이 매매대금의 재원을 마련하는 방편에 관한 것이고, 그 성실한 이행에 의하여 매도인이 대금을 모두 받게 되는 이익을 얻는다는 것만으로 매수인이 신임관계에 기하여 매도인의 사무를 처리하는 것이 된다고 할 수 없다.

이러한 법리에 비추어 보면, 이 사건에서 비록 피고인이 이 사건 매매계약에 기하여 소유권이전등기를 받은 바로 당일 이를 담보로 제공하여 자금을 융통하였고 그 후에도 다시 같은 일이 있었다고 하여도, 또한 그 융통한 자금을 매도인 A에게 매매대금으로 지급하지 아니하였다고 하여도, 그것을 타인의 사무를 처리하는 자가 그 임무에 위배하는 행위를 한 것으로 볼 수 없다.

단순히 계약의 내용을 이행할 의무로서 자기의 사무인지, 민사상 채무를 넘어 당사자 사이의 신임관계에 기초하여 타인의 재산을 보호 내지 관리하는 타인의 사무인지는 구체적 사안에 따라 개별적으로 해결하는 수밖에 없을 것이나, 다음과 같이 판례를 바탕으로 구체화된 구별기준을 제시하려는 시도가 있다. 184

첫 번째는, 쌍무계약에서 계약당사자 일방에 부여된 주된 의무는 '자기의 사무'이고, 일방당사자의 주된 의무에 더하여 부가적인 의무가 존재하고 그 의무가 타인을 위한 성격을 가진다고 하더라도 그 내용이 소극적인 수인의무에 불과하다면 이 역시 '자기의 사무'이나, 일정한 범위의 수인의무 또는 협력의무 중 그 의무의 이행 없이는 상대방의 권리취득이 불가능하게 되는 정도에 해당하는 수인의무 내지 협력의무는 '타인의 사무'에 해당한다고 보는 견해이다.[290] 185

두 번째는, 타인의 기존 재산의 보전에 협력하는 사무, 계약의 목적이 된 권리가 상대방에게 귀속된 후 그 재산권의 보전에 협력하는 사무, 그리고 '귀속된' 재산이 아니라도 타인에게 '귀속될' 재산과 관련된 사무로서 그 사무의 목적 달성을 위해서는 타인과 협력하여 공동으로만 수행할 수 있는 경우에는 타인의 186

290 강수진(주 2), 239-242.

사무가 된다고 보는 견해이다.[291]

187 그 외에도, 타인의 사무인가 자기의 사무인가의 판단에 있어서는 이를 사실적·실질적 관점에서 파악하여 소유권 또는 소유권에 준하는 권리가 타인에 존재한다고 할 수 있는 경우에 한하여 타인의 사무로 취급해야 한다는 견해가 있다.[292]

(4) 법인의 행위 주체성

188 법인의 범죄능력을 부정하는 판례[293]와 다수설[294]의 태도에 의하면, 법인이 타인의 사무를 처리해야 할 의무를 부담한다고 하더라도 본죄의 행위의 주체가 될 수는 없다. 그렇다면 이 경우 법인의 대표이사가 타인의 사무처리자가 될 수 있는가?

189 대법원은 종래 부동산 이중매매 사안에서 회사가 소유권이전등기를 하여줄 의무를 부담하는 것이고 그 회사의 대표기관은 타인의 사무처리자로서의 지위가 없다고 판시하였다가,[295] 전원합의체 판결로 그 태도를 변경하였다. 즉, 본죄에서 타인의 사무를 처리할 의무의 주체가 법인이 되는 경우라도 법인은 다만 사법상의 의무주체가 될 뿐 범죄능력이 없는 것이며, 그 타인의 사무는 법인을 대표하는 자연인인 대표기관의 의사결정에 따른 대표행위에 의하여 실현될 수 밖에 없어 그 대표기관은 마땅히 법인이 타인에 대하여 부담하고 있는 의무내용대로 사무를 처리할 의무가 있다 할 것이므로, 법인이 처리할 의무를 지는 타인의 사무에 관하여는 법인이 본죄의 주체가 될 수 없고, 그 법인을 대표하여 사무를 처리하는 자연인인 대표기관이 바로 타인의 사무를 처리하는 자, 즉 본죄의 주체가 되는 것[296]이라고 하였다. 이에 대하여는 '타인의 사무처리자'라는 신분이 없는 대표기관을 신분범죄인 본죄의 주체로 인정하는 문제점이 있다는

291 문채규, "배임죄의 주체에 관한 판례이론의 분석과 검토", 법학연구 57-4(2016. 11), 126-132. 그러나 타인과의 공동사무를 타인의 사무로 인정하는 것, 특히 부동산 이중매매에서 등기협력의무를 타인의 사무로 보는 것에 대하여는 비판하고 있다.

292 강동욱, "형사상 배임죄의 입법례와 주체에 관한 고찰", 법학논총 37-1, 단국대학교 법학연구소(2013), 171. 이 견해에 따르면 대법원도 '타인의 권리'에 대한 사무를 타인의 사무라고 하고 있고[대판 2011. 1. 20, 2008도10479(전)], 일본의 판례 역시 소유자 또는 권리자를 위해 점유 내지 권리를 보전해 둘 의무가 있는 경우에 타인의 사무에 해당한다고 보고 있다고 한다.

293 대판 1984. 10. 10, 82도2595(전).

294 김성돈, 형법총론(8판), 172; 배종대, 형법총론(16판), §50/27.

295 대판 1982. 2. 9, 80도1796; 대판 1983. 2. 22, 82도1527.

296 대판 1984. 10. 10, 82도2595(전). 본 판결 해설은 손지열, "법인 대표이사의 이중분양행위와 배임죄", 해설 3, 법원행정처(1988), 267-278.

비판이 있다.[297]

2. 임무에 위배하는 행위

(1) 의의

본죄는 타인의 사무를 처리하는 자가 그 임무에 위배하는 행위로써 재산상의 이익을 취득하거나 제3자로 하여금 이를 취득하게 하여 본인에게 손해를 가한 때에 성립한다. 여기에서 임무에 위배하는 행위란 타인의 사무처리자가 임무에 위배하는 방법으로 사무를 처리하는 것을 말한다. 보다 구체적으로는, 당해 사무의 내용·성질 등 구체적 상황에 비추어 법률의 규정, 계약의 내용 또는 신의성실의 원칙상 당연히 할 것으로 기대되는 행위를 하지 않거나 당연히 하지 말아야 할 것으로 기대되는 행위를 함으로써 본인에게 대한 신임관계를 저버리는 일체의 행위를 의미한다.[298] 190

(2) 판단기준

임무에 위배했는지 여부는, 그 사무의 성질과 내용 및 행위 시의 구체적인 상황 등을 고려하여 법규 또는 계약뿐만 아니라 신의성실의 원칙에 비추어 판단한다.[299] 구체적으로는, 거래의 목적, 계약체결의 경위와 내용, 거래대금의 규모, 회사의 재정상태 등 제반사정을 고려한다거나,[300] 사무의 성질·내용·구체적 행위상황을 고려하여 통상의 사무집행범위를 일탈하였는가를 중심으로 하여,[301] 먼저 사무처리의 성질이나 내용을 결정하는 법령·법률행위·관습·업무집행규정·정관·위임계약 등을 검토하여 그 사무의 성질·내용을 명백히 하고, 다음으로 처리해야 할 사무의 성질·내용에 따라 신의칙에 의한 통상의 업무집행을 일탈하였는지에 따라 배임행위에 해당하는지를 판단한다거나,[302] 재산관리의무가 계약이나 법률에 191

297 김성돈, 151. 위 82도2595 전원합의체 판결의 반대의견에서도 사법상의 의무주체와 범죄주체를 따로 파악하려는 점, 임무위반행위가 없는 사람을 처벌함으로써 본죄의 구성요건을 확대왜곡한다는 점 등을 지적하고 있다.

298 대판 1994. 9. 9, 94도902 등. 일본 판례로는 大判 大正 13(1924). 11. 11. 刑集 3·788; 大判 昭和 7(1932). 11. 24. 刑集 11·1703.

299 김성돈, 450; 배종대, §77/23; 이재상·장영민·강동범, §21/17; 임웅, 551.

300 정영일, 235.

301 배종대, §77/23; 정성근·박광민, 471-472.

302 정성근·박광민, 471-472.

의한 그것이 인정하는 권한을 남용하는 행위가 신의성실원칙에서 나온 경우에는 신의성실에 어긋난 행동이 임무위반이 된다[303]는 등의 기준이 제시되고 있다.

192 본죄의 본질을 배신설에 의하여 이해하게 되면, 임무위배행위 역시 본인에 대한 신뢰관계 위반을 중심으로 판단하게 된다. 단순히 규정 위반이나 권한 초월이 곧바로 임무위배행위가 되는 것은 아니지만, 형식적 규정 위반이나 법률적 권한의 초과나 남용이 있어야만 배임행위가 되는 것은 아니고, 본인에 대한 손해 가능성 및 배임의 고의를 중심으로 임무에 위배하는 행위인지 여부를 판단하게 된다.[304] 또한 신임관계의 취지에 따른 행위라면 결과적으로 본인에게 손해가 발생하였더라도 임무위배행위에 해당한다고 볼 수 없겠지만,[305] 본인을 위한다는 의사를 가지고 행위를 하였다고 할지라도, 그 목적과 취지가 법령이나 사회상규에 위반된 위법한 행위로서 용인할 수 없는 경우에는 행위의 결과가 일부 본인을 위하는 측면이 있다고 하더라도 본인과의 신임관계를 저버리는 행위로서 배임행위가 된다고 할 것이다.[306]

193 본죄의 객관적 구성요건으로서 '임무에 위배하는 행위'에 해당하는지는 범죄성립 요건으로서 독자적인 의미를 가지기는 어렵다. 대개는 구체적인 사안에서 앞서 살펴본 '타인의 사무'에 해당하는지 여부 및 다음에서 살펴볼 '재산상의 이익을 취득하거나 제3자로 하여금 이를 취득하게 하여 본인에게 손해를 가하는' 행위인지 여부와 종합하여 본죄의 성립 여부를 결정하는 요소로서 기능한다. 임무위배가 있다는 것은 손해가 발생했다는 것과 표리의 관계가 있고 이를 분리할 수 없으므로, 임무위배행위라 함은 형식적으로 법령을 위반한 모든 경우를 의미하는 것이 아니고, 경제적·실질적 관점에서 본인에게 재산상의 손해가 발생할 위험이 있는 행위를 의미하는 것이라는 견해[307]도 이러한 관점에서 이해할 수 있다. 최근 대법원 판례 역시 본죄의 성격을 추상적 위험범이 아닌 구체적 위험범으로 이해하고, 임무위배행위 여부와 재산상 손해 발생 요건을 종합적으로 심사하여 본죄의 성립 여부를 판단하는 입장으로 이해되고 있다.

303 배종대, §77/23.
304 주석형법 [각칙(6)](5판), 398(노태악).
305 신동운, 1249.
306 대판 2002. 7. 22, 2002도1696 등.
307 이주원, "배임죄에서의 임무위배행위", 형법판례 150선, 박영사(2016), 278.

[대판 2008. 6. 19, 2006도4876(전)][308] 194

업무상배임죄는 업무상 타인의 사무를 처리하는 자가 임무에 위배하는 행위를 하고 그러한 임무위배행위로 인하여 재산상의 이익을 취득하거나 제3자로 하여금 이를 취득하게 하여 본인에게 재산상의 손해를 가한 때 성립하는바, 임무위배행위가 있다고 하여 본인에게 재산상 손해가 당연히 발생하지는 아니하므로 임무위배행위와는 별도로 재산상 손해의 발생 여부를 판단하여야 한다. 이 재산상의 손해에는 현실적인 손해가 발생한 경우뿐만 아니라 재산상 실해 발생의 위험을 초래한 경우도 포함되고, 재산상 손해의 유무에 대한 판단은 법률적 판단에 의하지 아니하고 경제적 관점에서 파악하여야 한다.

따라서 금융기관의 임·직원이 대출규정을 위반하여 대출함으로써 그 임무에 위배되는 행위를 하였다고 하더라도 그 대출행위를 업무상배임죄로 처벌하려면 그로 인하여 금융기관에 현실적인 손해가 발생하였거나 재산상 실해 발생의 위험, 즉 경제적 관점에서 재산상 손해가 발생한 것과 사실상 같다고 평가될 정도의 위험이 발생하였다고 판단되어야 한다.

그런데 구 새마을금고법(2007. 5. 25. 법률 제8485호로 개정되기 전의 것, 이하 같다) 제26조의2 제1항은 "금고의 동일인에 대한 대출은 출자금총액과 적립금 합계액의 100분의 20 또는 총자산의 100분의 1 중 큰 금액을 초과하지 못한다. 다만, 주무부장관이 정하는 기준에 따라 연합회장의 승인을 얻은 경우에는 그러하지 아니하다."라고 규정하고 있고, 같은 법 제66조 제2항 제1호에서는 새마을금고의 임·직원이 위 규정에 위반하여 동일인 대출한도를 초과하여 대출한 때에는 형사처벌하도록 규정하고 있다. 이렇게 구 새마을금고법에서 동일인에 대한 대출한도를 정하고 이를 초과하여 대출한 임·직원을 처벌하는 규정을 둔 취지는 국민의 자주적 협동조직을 바탕으로 우리나라 고유의 상부상조 정신에 입각하여 자금 조성과 그 이용, 회원의 경제적·사회적·문화적 지위 향상 등을 목적으로 설립된 새마을금고가 특정 소수 대출채무자에게 과도하게 편중 대출하는 것을 규제하여 회원들에게 골고루 대출이 이루어질 수 있도록 함으로써 회원 대다수에게 대출 혜택을 부여함과 아울러 대출채무자에 대하여 통상의 대출한도를 미리 정함으로써 대출 당시에는 대출채무자의 변제능력이나 자력에 별다른 문제가 없더라도 향후 사정변경으로 그 대출금의 회수가 곤란해지는 경우 등을 고려하여 새마을금고의 재정 부실화 가능성을 낮추어 새마을금고의 자산 건전성을 확보·유지하고자 하는 데 있는 것이다.

이와 같이 새마을금고의 동일인 대출한도 제한규정은 새마을금고 자체의 적정한 운영을 위하여 마련된 것이지 대출채무자의 신용도를 평가해서 대출채권의 회수가능성을 직접적으로 고려하여 만들어진 것은 아니므로 동일인 대출한도를 초과하였다는 사실만으로 곧바로 대출채권을 회수하지 못하게 될 위험이 생겼다고 볼 수 없다. 그리고 구 새마을금고법상 비회원에 대한 대출도 가능하고(법 제27조), 새마을금고연합회장의 승인을 얻은 경우에는 동일인에 대하여 대출한도를 초과하여 대출하는 것도 가능한 점(법 제26조의2)에 비추어 보면 동일인 대출한도를

308 본 판결 해설은 유헌종, "동일인대출한도 초과대출행위와 업무상배임죄에서의 재산상 손해", 해설 76, 법원도서관(2008), 641-667.

초과하였다는 사정만으로는 다른 회원들에 대한 대출을 곤란하게 하여 새마을금고의 적정한 자산운용에 장애를 초래한다는 등 어떠한 위험이 발생하였다고 단정할 수도 없다.

따라서 동일인 대출한도를 초과하여 대출함으로써 구 새마을금고법을 위반하였다고 하더라도, 대출한도 제한규정 위반으로 처벌함은 별론으로 하고, 그 사실만으로 특별한 사정이 없는 한 업무상배임죄가 성립한다고 할 수 없고, 일반적으로 이러한 동일인 대출한도 초과대출이라는 임무위배의 점에 더하여 대출 당시의 대출채무자의 재무상태, 다른 금융기관으로부터의 차입금, 기타 채무를 포함한 전반적인 금융거래상황, 사업현황 및 전망과 대출금의 용도, 소요기간 등에 비추어 볼 때 채무상환능력이 부족하거나 제공된 담보의 경제적 가치가 부실해서 대출채권의 회수에 문제가 있는 것으로 판단되는 경우에 재산상 손해가 발생하였다고 보아 업무상배임죄가 성립한다고 하여야 할 것이다.[309]

195 **[대판 2016. 9. 23, 2016도3957]**

피고인들이 이 사건 선체고정음탐기(이하 "음탐기) 구매사업을 총괄하던 방위사업청 팀장, 부장들로서 공모하여, A 회사가 제안한 이 사건 음탐기의 제안서 평가결과 작전운용성능 등을 충족하는지 여부와 관련하여 시험평가 자료의 제시가 불충분하다는 등의 이유로 '조건부 충족' 판정을 받았고 그 후 시험평가를 거칠 때까지도 자료 제출이 제대로 이루어지지 않았음에도, 사업관리실무위원회에 상정할 기종결정(안)의 기재사항 중 '필수조건 및 선택조건의 충족 여부'를 기재함에 있어, 이 사건 음탐기에 대한 기종결정(안)을 통과시킬 목적으로 마치 이 사건 음탐기가 제안서 평가 시 '조건부 충족' 처리된 사실이 없거나 그 사유가 해소된 것처럼 제안서 평가결과를 모두 '충족'이라고 기재하여 기종결정(안)을 허위로 작성하고, 이와 같이 기종결정 직전 단계인 시험평가 시까지 성능입증자료 제출이 이루어지지 않은 이상 이 사건 음탐기는 요구조건 미충족임이 확인되었으므로 그 구매절차를 중단하는 등 구매절차를 적법하게 진행하여야 할 업무상 임무가 있었음에도 이에 위반하여, 이 사건 음탐기의 성능입증자료 제출 시기를 연기하여 주고 허위의 기종결정(안)을 작성함으로써 방위사업청으로 하여금 성능 미달의 이 사건 음탐기에 관하여 A 회사와 납품계약을 체결하게 하여, 결국에는 A 회사에 미화 3,401,000달러 상당의 재산상 이익을 취득하게 하고 피해자 대한민국에 동액 상당의 재산상 손해를 가하였다고 기소된 사안이다.

이에 대하여 대법원은, 이 사건 음탐기 구매사업이 실패한 원인 중 하나로 기존의 노후함인 평택함, 광양함에 설치된 B 사의 구형 음탐기 정도의 사양이 새로 발주하는 통영함에 탑재할 음탐기에 대한 군 요구성능으로 제시되어 방위사업청 상륙함사업팀이 작성한 제안요청서(안)에

---

309 이 판결로써 새마을금고의 임·직원이 단순히 동일인 대출한도를 초과하여 대출하였다는 사정을 근거로 하여 대출금에 대한 회수 가능 여부나 담보의 적정 여부 등을 따져보지 아니한 채 당해 새마을금고에 재산상 손해를 가한 것이라고 판시한 대법원 판례(대판 2003. 5. 16, 2002도2030; 대판 2004. 8. 20, 2004도3926; 대판 2004. 11. 25, 2004도5332; 대판 2006. 7. 28, 2005도6586 등)의 취지는 변경되었다.

도 그대로 반영된 점이 지적되기는 하나, 상륙함사업팀장인 피고인 乙이나 함정사업부장인 피고인 丙이 군 요구성능 작성 과정에 의도적으로 개입하여 B 사의 음탐기를 취급하는 A 회사의 입찰 참여를 용이하게 하거나 관련 절차를 유리하게 진행하려고 그와 같이 충분하지 못한 요구성능으로 제안요청서를 작성하였다고 볼 만한 증거는 찾을 수 없다고 하여 무죄를 선고하였다. 그리고 다음과 같이 이유를 설시하였다.

이 사건 음탐기의 군 요구성능 자체가 높은 수준이 아니었던 데다가 이미 평택함 등에 탑재된 음탐기 납품 실적이 있던 B사의 업그레이드 제품으로 제안된 이 사건 음탐기가 그 성능을 제대로 발휘하지 못할 것이라고 예상하였다거나 문제가 많은 장비라는 사실을 알고 있으면서도 피고인 乙, 피고인 丙이 다른 어떤 의도를 가지고 무리하게 절차를 진행하였다고 볼 만한 정황도 발견할 수 없다. (중략)

방위사업관리규정(2009. 8. 5. 방위사업청훈령 제101호로 개정된 것)에 의하면, 기종결정(안)에 포함하여야 하는 내용 중 하나로 '대상 장비의 조건충족 상태, 필수조건 및 선택조건 충족 여부'가 규정되어 있고(제223조 제7항 제3호), 「무기체계 구매사업 제안서 및 기종결정 평가지침」(2009. 8. 20. 방위사업청지침 제2009-54호로 개정된 것)도 기종결정(안)에는 위 내용이 포함되어야 하고(제18조 제2항 제3호) '통합사업관리팀장은 시험평가결과, 협상결과 및 비용요소평가결과를 근거로 기종결정(안)을 작성한다'고 규정하고 있다(제18조 제1항). 그런데 제안서 평가는 제안서가 제출된 장비를 '시험평가 및 협상 대상 장비'로 선정할 것인지 여부를 결정하는 절차이고, 위 규정에서 '대상 장비'라 함은 이러한 제안서 평가를 거쳐 시험평가 및 협상의 대상으로 선정된 장비를 말한다. 또한 위 지침은 기종결정(안)을 시험평가결과 등을 근거로 작성하도록 하고 있을 뿐이므로, 결국 위 규정 및 지침의 '필수조건 및 선택조건 충족 여부'는 시험평가 과정에서 그러한 조건이 충족되었는지를 기재하도록 한 것이고, 그 이전 단계인 제안서 평가과정에서 평가된 내용은 이미 대상 장비의 선정 단계를 지나 기종결정을 하는 데 이 기종결정(안)에 제안서 평가결과를 기재하는 이상, 제안서 평가 당시 조건부 충족된 항목이 존재하였다는 점을 기재하는 것이 사업관리실무위원회 위원들에게 기종결정(안) 심의와 관련하여 더욱 정확한 정보를 제공하는 것이라고 볼 여지가 없는 것은 아니지만, 위와 같은 사정에 비추어 보면 피고인 乙이 기종결정(안)에 제안서 평가결과를 모두 '충족'이라고 기재한 것에 이 사건 음탐기를 납품한 A 회사에 유리하게 편의를 봐 주려는 등 어떤 숨은 의도가 있었다고 쉽게 단정하기는 어려워 보인다. 오히려 원심도 인정하였듯이 기종결정(안)에 제안서 평가결과를 기재하는 방식과 관련하여 명확한 업무처리지침 내지 관행은 없었던 것으로 보이고, 피고인 乙은 기종결정(안)의 작성실무를 담당한 F와 함께 기존의 선례를 참조하여 기종결정(안)을 작성하였던 것으로 보일 뿐이다.

나아가 기종결정(안)에는 시험평가결과의 상세한 기재는 물론 일부 항목에 대한 시험성적서를 '납품 전까지' 제출받기로 하였다는 취지가 명확히 드러나 있으므로 위원회 위원들이 기종결정을 하는 데 충분한 정보를 제공받지 못하였다고 볼 수도 없다. (중략)

무엇보다도 피고인 乙, 피고인 丙이 A 회사를 운영한 E나 이 사건 음탐기 사업의 이른바 에이전트로서 당시의 해군참모총장 D의 해군사관학교 동기인 피고인 甲으로부터 금품이나 향응 등을 제공받았다는 등의 정황이 드러나지 않은 상태에서, 검사가 밝히고 있는 피고인 乙, 피고인 丙의 범행 동기, 즉 피고인 丙은 진급을 위하여 D의 동기인 피고인 甲의 청탁을 받고 이 사건 범행에 이르렀다거나, 피고인 乙은 군 위계질서상 상급자인 피고인 丙의 부당한 지시를 어길 수 없어 기종결정(안)을 허위로 작성하는 등 배임행위에 이르렀다는 점은 검사가 제출한 증거를 살펴보아도 단순한 가능성을 넘어 합리적 의심의 여지없이 충분히 증명되었다고 보기 어렵다. 오히려 검사가 들고 있는 피고인 乙의 진술이나 C, G의 진술 등을 살펴보면, 해군으로서는 이 사건 음탐기 구매사업의 예산불용 등을 방지하고 적기 전력화를 위해 연내에 사업을 추진하여 계약을 성사시켜야 한다는 압박감이 있었던 것으로 보이고, 그에 관한 해군지휘부의 관심이 당시 방위사업청에서 근무하고 있었지만 해군 소속의 현역 소장이었던 피고인 丙 및 대령이었던 피고인 乙 등 이 사건 음탐기 구매사업을 담당하던 해군 담당자들에게 상당한 부담으로 작용하였을 것으로 보일 뿐이다.

결과적으로 성능 미달의 이 사건 음탐기가 납품된 것과 관련하여 검사 주장대로 피고인 乙이 이 사건 음탐기 구매사업의 통합사업관리팀장으로서 최종적인 관리책임을 져야 한다고 보더라도, 원심판결 이유와 적법하게 채택된 증거들로부터 알 수 있는 위와 같은 제반 사정을 감안하면 피고인 乙은 물론 피고인 丙 등 담당자들이 업무처리상 치밀함 등이 부족하였다고 탓하는 것은 별론으로 하고, 그로부터 피고인 乙, 피고인 丙의 허위공문서작성 및 배임의 범의가 당연히 도출된다고는 볼 수 없다.

(3) 행위태양의 검토

196 임무위배행위의 행위태양은 매우 다양하다. 매매, 대출, 담보권설정 등 법률행위뿐만 아니라 영업비밀 또는 영업상 중요한 자산인 자료를 경쟁업체에 유출하는 경우,[310] 대학교 총장을 명예총장으로 추대하고 활동비 및 전용운전사의 급여를 지급하는 경우,[311] 채무변제를 담보하기 위하여 예금통장을 제공하고, 변제하지 못할 경우 위 통장계좌로 입금받을 예정인 부가가치세 환급금으로 대체하기로 약정하고도 통장으로 입금된 환급금을 임의로 다른 계좌로 입금하여 출금하는 경우[312] 등 사실행위도 임무위배행위가 될 수 있다.

197 반드시 작위에 한하지 아니하고 부작위에 의한 배임행위도 가능하다. 예를 들

310 대판 2008. 4. 24, 2006도9089.
311 대판 2003. 1. 10, 2002도758.
312 대판 2010. 8. 19, 2010도6280.

어, 채권추심을 위탁받은 사람이 그것을 게을리함으로써 시효가 완성된 경우,[313] 지하철공사 직원들이 지하철의 직원들을 무임승차시켜 운행한 경우,[314] 타인의 사무를 처리하는 자가 타인에 대한 소송의 소장부본 및 변론기일 소환장을 송달받고도 그 제소사실을 정산위원회에 알려주지도 아니하고 스스로 응소하지 아니하는 행위,[315] 회사를 위하여 계약의 이행에 관한 업무를 전담하여 처리할 임무가 있는 대표이사가 경영권 다툼 등을 이유로 고의로 계약의 이행을 위한 컨베이어 제작업무를 처리하지 않음으로써 계약이 해제되도록 하는 경우[316] 등이 부작위에 의한 배임행위가 될 수 있다.

임무위배행위가 법률상 유효인가 무효인가 여부도 관계없다.[317] 다만, 임무위배행위가 법률상 무효인 경우 재산상 손해의 유무와 관련하여 본죄의 성립 여부가 문제될 수 있는데, 이는 다음에서 살펴볼 '**재산상 손해**' 항목에서 자세히 검토한다. 198

(4) 구체적 사례

쌍무계약에서 계약당사자에게 부여된 계약상의 의무는 타인의 재산을 보전하기 위한 것이라고 하더라도 일반적으로 자기의 사무이지 타인의 사무가 아니다. 따라서 부동산 매매계약에서 중도금을 지급받은 매도인이 이중매매를 하는 경우 등 타인의 사무성이 인정되는 몇 가지 예외를 제외하고는, 계약상 의무불이행 또는 의무위반행위는 임무위배행위에 해당하지 아니한다.[318] 이와 같이 단순한 채무위배행위(채무불이행)는 본죄에서의 임무위배행위와 구별되어야 할 것이지만,[319] 배신설의 입장에서 본죄를 이해하게 되면 어떠한 행위가 임무위배행위에 해당하는지는 개별적인 사무의 성질 및 본인과의 신임관계를 중심으로 구체적으 199

313 배종대, § 77/24.
314 대판 1990. 9. 28, 90도602; 대판 1991. 3. 27, 90도2528.
315 대판 1999. 6. 22, 99도1095. 본 판결 평석은 안경옥, "'사실상의 신임관계'에 기초한 배임죄 처벌의 한계", 형사판례연구 [9], 한국형사판례연구회, 박영사(2001), 279-298.
316 대판 2007. 7. 26, 2005도6439.
317 대판 1995. 12. 22, 94도3013; 대판 2001. 9. 28, 99도2639.
318 배신설의 관점에서 보면 채무불이행도 널리 배임행위에 해당하지만, 이 경우 본죄의 과도한 성립범위를 제한하는 것은 '타인의' 사무처리자라고 하는 행위의 주체이므로, 채무불이행을 배임행위라고 할 수 있다고 하더라도 계약이행의무는 '자기의' 사무이므로 본죄의 주체가 될 수 없다고 설명하는 견해도 있다(임웅, 552).
319 김일수·서보학, 389.

로 판단할 것이므로, 단순 채무위배행위와 구별되는 본죄에서의 임무위배행위를 정형화·유형화하여 검토하기는 어렵다.[320] 아래에서는 판례에서 인정된 사안을 중심으로 대표적인 임무위배행위 및 관련 쟁점을 구체적으로 살펴본다.

(가) 재산관리자의 금원 부당지출 등 임무위배행위 일반

200 타인 재산의 보호 내지 관리업무를 담당하는 사람이 법령, 업무규정 등에 반하여 부당하게 타인의 재산을 처분하거나 부당한 담보설정, 부당지원 또는 부당대출을 시행하는 경우가 임무위배행위의 대표적인 유형이다.

(a) 재산관리 임무 위반

201 물품매도사무를 처리하는 사람이 부당하게 싼 가격으로 매도하는 행위와 같이, 재산관리자가 타인 재산에 대하여 임의 처분, 부정지출, 부당대출 등을 하는 경우 임무위배행위가 될 수 있다.

202 ① 친분관계가 있는 중간업체를 유통과정에 의도적으로 끼워 넣음으로써 피해자 조합에 유통비용이 증가하거나 유통과정을 최소화함으로써 얻을 수 있는 기대이익을 상실하는 재산상 손해를 입게 한 경우,[321] ② 댐건설지원사업소에서 사업소 소장을 보좌하여 댐건설에 따른 보상업무를 담당하는 사람이 보상신청을 한 토지가 간접보상의 대상이 될 수 없다는 사정을 알면서도 보상이 이루어지지 않도록 하는 조치를 취하지 아니한 채 일련의 보상절차를 진행함으로써 보상금이 지급되도록 한 경우,[322] ③ 피해자 회사의 대표이사나 이사로서 지역주택조합 조합원 모집업무를 하게 됨을 기화로 사업부지 내지 토지를 소유하지 아니한 자신들의 가족 내지 지인들을 지주조합원으로 취급하거나 주주공급 또는 직원공급이라는 명목으로 일반조합원의 분담금보다 저렴한 가격에 분양권을 공급한 경우,[323] ④ 농협 조합장으로서 임무에 위배하여 조합으로 하여금 사업컨설팅이나 부동산 임대대행, 부동산 중개에 관한 전문성이나 자격을 갖추지 않은 회사에게 특혜를 주는 용역계약을 체결하고 대금을 지급하게 하는 경우,[324] ⑤ 주택개량재개발조합의 간부가 보류시설의 잔여가구를 처분하는 경우

320 신동운, 1250.
321 대판 2013. 10. 24, 2013도7312.
322 대판 2005. 7. 29, 2004도5685.
323 대판 2012. 8. 20, 2011도15052.
324 대판 2017. 9. 12, 2015도602.

처분의 대상, 절차 및 가격을 재개발조합 총회 또는 대의원회의 결의로써 정하도록 하였음에도 이를 거치지 않고 분양받은 행위,[325] ⑥ 종중 임원이 종중 소유 재산의 관리·처분에 관한 사무로서 타인에게 종중의 자금을 대여함에 있어 충분한 담보를 제공받는 등 상당하고도 합리적인 채권회수조치를 취하지 아니한 채 만연히 종중의 자금을 대여해 준 경우,[326] ⑦ 학교법인 이사장이 관련 법령 또는 정관 규정의 취지에 의하여 학교법인 명의로는 임의로 채무를 부담하는 행위를 하여서는 아니 된다는 사실을 잘 알면서도 그러한 임무에 위반하여 자금사정이 악화되어 있던 의료법인의 금융기관에 대한 채무를 사실상 인수하면서 약속어음에 배서 연대보증행위를 한 경우,[327] ⑧ 대학교수가 피해자 법인으로부터 교부받아 소지하고 있던 판공비 지출용 법인 신용카드를 업무와 무관하게 개인적 용도로 사용한 경우,[328] ⑨ 토지구획정리사업 조합장이 지출하여야 할 비용이 아님에도 불구하고 조합이 그 비용을 지출하도록 대의원회의 결의를 받아 해당 비용을 지출한 경우[329] 등이 여기에 해당한다.

(b) 위임에 따른 임무 위반

예금통장에서 돈의 인출을 의뢰받은 사람이 의뢰인의 의사에 반하여 의뢰받은 돈보다 많은 돈을 인출하는 행위 역시 임무위배행위가 된다.[330] 유사하게, 예금주인 현금카드 소유자로부터 일정액의 현금을 인출해 달라는 부탁과 함께 카드를 건네받은 것을 기화로 그 위임을 받은 금액을 초과하여 현금을 인출한 경우, 그 차액 상당에 대하여 컴퓨터등사용사기죄(§ 347의2)가 성립하는데,[331] 위임인에 대하여는 본죄가 성립한다고 본다.[332] 203

그리고 ① 증권회사 직원이 고객의 동의를 얻지 않고 주식을 매입한 경우,[333] 204

325 대판 2005. 5. 27, 2003도6671.
326 대판 2007. 12. 28, 2007도6554.
327 대판 2005. 8. 25, 2005도3410.
328 대판 2006. 5. 26, 2003도8095.
329 대판 2009. 8. 20, 2008도12112.
330 대판 1972. 3. 28, 72도297.
331 대판 2006. 3. 24, 2005도3516. 본 판결 해설은 이동신, "예금주인 현금카드 소유자로부터 일정액의 현금을 인출해 오라는 부탁과 함께 현금카드를 건네받아 그 위임받은 금액을 초과한 현금을 인출한 행위가 컴퓨터 등 사용사기죄를 구성하는지 여부", 해설 62, 법원도서관(2006), 391-423.
332 이주원, 특별형법(8판), 738.
333 대판 1995. 11. 21, 94도1598.

② 계주가 계금을 순번이 된 계원에게 정당한 사유 없이 지급하지 아니한 경우,[334] ③ 조합 대표자가 조합이 매수하여 명의신탁하여 둔 부동산을 자신의 개인 합의금 명목으로 제3자에게 양도하고 소유권이전등기를 마친 경우,[335] ④ 피해자와 공동으로 토지를 매수하여 그 지상에 창고사업을 하는 내용의 동업약정을 하고 동업재산이 될 토지에 관한 매매계약을 체결한 다음 매도인에게 계약금을 지급하였는데, 그 이후 소유권이전등기 업무를 처리하면서 피해자 몰래 매도인과 사이에 위 매매계약을 해제하고 피해자를 배제하는 내용의 새로운 매매계약을 체결한 다음 제3자 명의로 소유권이전등기를 미친 경우,[336] ⑤ 조합의 대출업무 및 채권관리업무 담당자가 조합에 자신의 처와 모친 소유의 토지를 담보로 제공하고 그들 명의로 대출을 받은 다음 위임장 등을 위조하여 담보로 제공된 위 토지에 설정된 근저당권설정등기를 말소한 경우,[337] ⑧ 펀드매니저가 피해자들과의 투자일임계약에서 정한 운용한도를 초과하고자 증권사 브로커와 '채권 파킹 거래'[338]를 하고, 그로 인한 증권사 손실을 보전하기 위하여 추가로 피해자들의 투자일임 재산으로 채권 파킹, 파킹 해소, 손실 이전 거래 등을 한 경우[339] 등, 타인과의 위임계약 등의 취지에 반하여 타인의 재산을 임의로 처분함으로써 타인에게 재산상 손해를 가하는 경우도 있다.

(c) 자기거래 등을 통한 임무 위반

205 타인의 사무처리자가 자기거래 등을 통하여 재산상 이익을 취득하고 타인에게 손해를 가하는 유형의 임무위배행위도 있다.

206 ① 피고인이 자신이 인수합병을 중개하고 실질적으로 경영권을 장악하게 된 A 회사의 대외적인 신용도를 높일 목적으로, 조작된 거래로써 거액의 매매차익을 달성한 것처럼 회사의 수익을 가장하고 BIS 비율을 조작하여 회사의 자

334 대판 1987. 2. 24, 86도1744; 대판 1995. 9. 29, 95도1176.
335 대판 2014. 2. 13, 2011도16763.
336 대판 2011. 4. 28, 2009도14268.
337 대판 2014. 6. 12, 2014도2578.
338 '채권 파킹 거래'란 펀드매니저의 지시에 따라 증권사 브로커가 증권사의 계산으로 채권을 매수하여 증권사의 계정에 보관(parking)한 후, 손익 정산을 전제로 펀드매니저가 다시 그 채권을 매수하거나 이를 다른 곳에 매도하도록 증권사 브로커에게 지시함으로써 그 보관을 해소하는 일련의 거래를 포괄하는 채권 거래 방식을 말한다.
339 대판 2021. 11. 25, 2017도11612.

본충실 정도를 왜곡한 행위는 그 위법성의 정도가 매우 중하여 법령과 사회상규상 용인될 수 없는 것이고, 결과적으로 회사의 채권자와 주주들에게 해를 가하는 행위임에도 위 조작행위에 도움을 준 회사에게 대가로 이른바 파킹료를 지급하기로 약정한 경우,[340] ② 피해자 조합의 주택건설사업의 시행을 대행하는 사람이 그 임무에 위배하여 모친 명의로 용역계약을 체결한 후 피해자 조합이 추진하는 공동주택 신축사업의 용적율 문제 등을 해결하기 위한 실질적인 노력은 하지 아니한 채 건설교통부로부터 형식적인 서면회신을 수령하고서 즉시 성공보수금 명목으로 2억 원을 수령한 경우,[341] ③ 아파트 하자보수추진위원회 총무인 피고인이 시공업자와 이중의 계약서를 작성하여 사실은 시공업자로 하여금 공사도급금액 금 140,000,000원에 하자보수공사를 하게 하였음에도 금 300,973,873원에 시공하게 한 것처럼 계약서를 작성하도록 하고 실제 공사대금을 제외한 나머지 돈을 리베이트 형식으로 취득한 경우,[342] ④ 재단법인 이사장이 재단법인의 설립취지에 어긋나게 기본재산을 사용할 의도로 기본재산을 매수하려는 A와 사이에, 주무관청의 허가가 필요하여 사실상 불가능한 기본재산의 직접적인 매도방식이 아닌 이사진 등을 교체하는 방법으로 재단법인의 운영권을 넘긴 후, 교체된 이사진 등에 의하여 재단법인의 목적을 변경함으로써 사실상 기본재산을 매각하는 효과를 얻되, 그 절차를 이행 또는 협력하는 대가로 30억 원을 받기로 약정을 체결하고 그 대가 중 일부를 수령한 경우[343] 등이 구체적인 예이다.

(d) 모험거래

재산관리자의 일반적 임무위배행위와 구별되는 것으로서 모험거래에 관한 논의가 있다. 모험거래란 타인의 사무처리자의 거래행위가 타인에게 미칠 손익에 대한 전망이 불투명함에도 불구하고 주식이나 외환거래, 투자 등의 거래를 본인의 계산으로 하는 투기적 성격의 거래를 말한다.[344] 모험거래를 할 수 있는 권한의 유무 및 범위는 본인과 행위자 사이의 내부관계에 의하여 결정된다. 내 207

340 대판 2002. 7. 22, 2002도1696.
341 대판 2011. 8. 18, 2009도7813.
342 대판 1999. 4. 7, 99도883.
343 대판 2001. 9. 28, 99도2639.
344 김성돈, 452; 김일수·서보학, 390; 이재상·장영민·강동범, § 21/19; 정성근·박광민, 473.

부관계에 비추어 모험거래가 일체 금지되어 있다면 모험거래는 임무위배행위에 해당할 수 있을 것이나, 본인이 모험거래를 사전에 동의 또는 승낙한 경우에는 임무위배행위라고 할 수 없을 것이다.[345] 이때 동의나 승낙은 사후에 있어서는 안 되고 사전에 있어야 함은 피해자승낙의 일반이론과 같다.[346] 증권회사 직원이 고객이 맡긴 돈으로 고객의 동의 없이 임의로 주식을 매입하여 고객에게 손해가 발생한 경우에는 임무위배행위에 해당하며,[347] 친권자나 후견인은 피성년자나 피후견인의 재산에 대하여 원칙적으로 모험거래를 할 수 없다고 본다.[348] 그러나 모험거래라고 하더라도 통상의 거래 관행을 벗어나지 아니하고 본인의 추정적 승낙이 있다고 인정되는 경우라면 임무위배행위라고 할 수 없다.

(나) 불량대출, 부정대출 등 금융기관에 대한 임무위배행위

208 불량대출이나 부실대출이란 금융회사의 임직원이 대출을 함에 있어 담보가 없거나 대출채권의 회수를 확실하게 하기 위한 충분한 담보를 제공받는 등 상당하고 합리적인 조치를 강구함이 없이 만연히 대출하는 경우를 말한다.[349] 불량대출에 해당하는 행위가 있으면 대개 해당 채권이 결과적으로 회수되지 않거나 회수의 확실성이 없는 일부 채권이 발생하는 등 재산상 손해로 보이는 결과는 발생하게 된다. 이와 같은 경우 불량대출에 해당하는 행위가 본죄에서의 임무위배행위에 해당하는지, 배임의 고의를 인정할 수 있는지, 그리고 경영판단과 관련된 것은 아닌지 등의 문제가 주로 논의된다.

209 금융기관의 임원이나 종업원이 대출 등 금융업무를 처리하는 경우에는 대출채권의 안전한 회수를 확보하기 하기 위하여 법령이나 정관, 내규 등에서 정한 절차를 준수하고, 인적·물적 담보를 제공받는 등 회수불능사태를 초래하지 않도록 필요하고도 상당한 조치를 다하여야 할 의무가 있다고 할 것이다.

210 판례는 금융기관인 은행은 이윤추구만을 목표로 하는 영리법인인 일반의 주식회사와는 달리 예금자의 재산을 보호하고 신용질서 유지와 자금중개 기능의

345 대판 1983. 11. 8, 83도2309.
346 오영근, 390. 이때의 동의를 구성요건해당성을 조각하는 양해로 설명하는 견해로는 김성돈, 450; 김신규, 493; 이재상·장영민·강동범, § 21/20; 임웅, 553.
347 대판 1995. 11. 21, 94도1598.
348 김성돈, 453.
349 이주원, 특별형법(8판), 403.

효율성 유지를 통하여 금융시장의 안정 및 국민경제의 발전에 이바지해야 하는 공공적 역할을 담당하는 위치에 있으므로, 은행의 그러한 업무의 집행에 임하는 이사는 일반의 주식회사 이사의 선관의무에서 더 나아가 은행의 그 공공적 성격에 걸맞는 내용의 선관의무까지 다할 것이 요구된다고 한다. 따라서 금융기관의 이사가 선량한 관리자의 주의의무에 위반하여 자신의 임무를 해태하였는지 여부는 그 대출 결정에 통상의 대출담당 임원으로서 간과해서는 안 될 잘못이 있는지의 여부를 금융기관으로서의 공공적 역할의 관점에서 대출의 조건과 내용, 규모, 변제계획, 담보의 유무와 내용, 채무자의 재산 및 경영상황, 성장가능성 등 여러 가지 사항에 비추어 종합적으로 판정해야 한다고 한다.[350] 이는 일반 회사의 이사보다도 더 강화된 선관주의의무를 요구하는 것으로 볼 수 있다.[351]

통상적으로 금융기관의 직원들이 대출을 함에 있어 대출채권의 회수를 확 211
실하게 하기 위하여 충분한 담보를 제공받는 등 상당하고도 합리적인 조치를 강구함이 없이 만연히 대출을 해 주었다면 임무위배행위에 해당한다.[352] 은행의 지점장 등 대출업무를 담당하는 사람이 그 업무취급에 관한 은행의 관계규정을 위반하여 담보물에 대한 대출한도액을 초과하여 대출하거나 담보로 할 수 없는 물건을 담보로 하여 대출을 하는 등 이른바 불량대출을 하였을 경우에 그것이 본죄를 구성하려면, 그와 같은 대출행위가 배임이 된다는 인식하에 대출금 채권의 확보를 위한 조치를 하지 아니하여 회수의 확실성이 없는 채권을 발생하게 함으로써 은행에 재산상의 손해를 가하는 등의 요건을 갖추어야 할 것이므로, 그 대출이 정상적인 방법으로 회수할 수 없게 된 은행채권을 회수하기 위하여 이루어진 경우에 있어서는 그 대출을 위하여 제공받는 물적·인적 담보에 의한 회수의 가능성과 그렇게 대출함으로써 회수할 수 없게 된 채권을 회수할 수 있는가를 은행의 대출관계 규정이나 업무관행에 따른 통상의 업무집행범위에 비

350 대판 2002. 3. 15, 2000다9086.

351 구회근, "회사 임원의 업무상 배임죄에 관한 판례 분석", 기업소송연구 3, 기업소송연구회(2005), 20-21.

352 대판 1980. 9. 9, 79도2637; 대판 2002. 6. 28, 2000도3716; 대판 2002. 7. 26, 2001도4947; 대판 2003. 2. 11, 2002도5679; 대판 2003. 10. 10, 2003도3516; 대판 2004. 3. 26, 2003도7878; 대판 2007. 4. 12, 2007도1033 등. 위 법리는 회사의 대표이사나 실제운영자의 경우에도 마찬가지로 적용된다[대판 2023. 6. 1, 2022도13079(회사 대표이사와 실제운영자 A, A의 배우자 B가 공모하여 A의 연대보증만으로 회사의 자금을 B에게 대여한 사례)].

추어 구체적인 상황에 따라 실질적으로 판단하여야 할 것이다. 그러므로 비록 담보물에 대한 대출한도액을 초과하여 대출하거나 담보로 할 수 없는 물건을 담보로 하여 대출하였다 하더라도, 그 대출에 따른 물적·인적 담보를 확보하여 그렇게 대출한 것이 회수할 수 없는 채권을 회수하여 실질적으로 은행에 이익이 되고 그것이 통상적인 업무집행범위에 속하는 것으로 용인될 수 있는 것이라면, 그 대출로 인하여 회수의 확실성이 없는 일부 채권이 발생하였다 하여 이를 가지고 대출업무 담당자로서의 채권확보조치를 하지 아니한 임무위반행위에 해당하고 또 그와 같은 임무위반의 인식이 있었다고 볼 수 없다[353]고 하였다.

(a) 임무위배행위를 인정한 사례

212 판례는 ① 신용협동조합의 전무로서 조합의 대출업무를 관장하여 오던 중 A로부터 조합 정관상 1인당 대출한도를 초과하여 금원을 대출하여 달라는 부탁을 받고 담보도 제대로 확보하지 않은 채 금원을 대출해준 경우,[354] ② 상호저축은행 임원이 아파트 시공업체인 A 주식회사의 신용상태 등을 감안한 적정 대출한도를 검토하지 아니하고 별다른 물적 담보도 확보하지 아니한 채, 실질적으로 A 회사가 아파트 건축사업 시행사들 명의로 받은 신용대출을 승인해 준 경우,[355] ③ 동일인 대출한도를 초과하여 대출함으로써 상호저축은행법을 위반하였다고 하더라도 대출한도 제한규정 위반으로 처벌함은 별론으로 하고, 그 사실만으로 특별한 사정이 없는 한 업무상배임죄가 성립한다고 할 수 없으나, 일반적으로 이러한 동일인에 대한 대출한도 초과대출이라는 임무위배의 점에 대하여 대출 당시의 대출채무자의 재무상태, 다른 금융기관으로부터의 차입금, 기타 채무를 포함한 전반적인 금융거래상황, 사업현황 및 전망과 대출금의 용도, 소요기간 등에 비추어 볼 때 채무상환능력이 부족하거나 제공된 담보의 경제적 가치가 부실하여 대출채권의 회수에 문제가 있는 것으로 판단되는 경우에는 재산상 손해가 발생하였다고 보아 업무상배임죄가 성립하는데, 피고인들이 A 주

353 대판 1987. 4. 4, 85도1339; 대판 2008. 2. 14, 2007도7716.

354 대판 1997. 9. 26, 97도1469(대출한도 초과, 담보 미확보).

355 대판 2011. 8. 18, 2009도7813(무담보). 일본 판례도 실질적으로 도산상태에 있었던 기업에 적자전보자금을 무담보로 추가 융자해준 사안에서, 은행 임원의 임무위배 여부에 관하여 경영판단의 원칙이 적용될 수 있다고 하면서도 본죄를 인정하였다[最決 平成 21(2009). 11. 9. 刑集 63·9·1117].

식회사의 신용·재무상태, 매출액 등을 감안한 적정한 대출한도에 대하여 구체적으로 검토하지 아니하고 별다른 물적 담보도 확보하지 아니한 채 시행사들 명의로 합계 100억 원의 신용대출을 승인해준 경우,[356] ④ 중소기업진흥이라는 특정한 목적을 위하여 조성되어 중소기업 합리화사업의 실천계획의 승인을 받은 적격 중소기업 등에게 저리로 대출하도록 그 용도가 법정되어 있는 자금을 부적격 업체를 위하여 부당하게 지출되도록 한 경우,[357] ⑤ 농어촌공사가 구 한국농어촌공사 및 농지관리기금법에서 정한 농지매매사업 등을 수행하기 위하여 정부로부터 위탁받아 운용하는 농지관리기금을 농지매매사업의 지원대상에 해당하지 아니하는 농지를 매입하는 데 사용하거나 지원요건을 갖추지 아니한 농업인을 위하여 부당하게 지원하게 한 경우,[358] 본죄에서의 업무위배행위가 된다고 하였다.

또한, ⑥ 상호저축은행 임직원은 상호저축은행의 영업정지가 예상되는 등 향후 예금채권자들에 대한 예금지급 여부가 불투명한 상황에서 특정 예금채권자들만을 우대하여 예금을 우선적으로 인출할 수 있게 하는 등의 방법으로 불공정하게 예금 지급 업무를 처리하여서는 아니 될 업무상 임무가 있는데, 피고인들이 A 저축은행 및 B 상호저축은행의 영업정지가 임박한 상황에서 특정 예금채권자들에게 영업정지 예정 사실을 알려주어 이들로 하여금 예금을 인출할 수 있도록 한 행위는 임무위배행위에 해당한다고 하였다.[359] 213

(b) 임무위배행위를 부정한 사례

대출관계 규정 등에 위반한 대출이 실행되었다고 하여 곧바로 임무위배행위가 되지는 않고, 실질적인 관점에서 임무위배행위 여부를 판단한다. 214

① 기존의 신용대출금을 부도로 회수할 수 없게 되자 이를 회수하기 위하여 또는 추정손실로 분류되거나 대손상각처리된 기존 연체대출채권을 일부라도 회수하기 위하여 대출이 이루어진 사안에서, 비록 담보물에 대한 대출한도액을 초과하여 대출하거나 담보로 할 수 없는 물건을 담보로 하여 대출하였다 하더 215

356 대판 2011. 8. 18, 2009도7813(대출한도 초과, 상환능력 부족, 부실담보). 같은 취지로 대판 2008. 6. 19, 2006도4876(전).
357 대판 1997. 10. 24, 97도2042(부적격업체 대출). 같은 취지로 대판 2007. 4. 27, 2007도1038.
358 대판 2015. 8. 13, 2014도5713(비대상자 지원).
359 대판 2013. 1. 24, 2012도10629.

라도, 그 대출에 따른 인적·물적 담보를 확보하여 그렇게 대출한 것이 회수할 수 없는 채권을 회수하여 실질적으로 은행에 이익이 되고 그것이 통상적인 업무집행범위에 속하는 것으로 용인될 수 있는 것이라면, 그 대출로 인하여 회수의 확실성이 없는 일부 채권이 발생하였다 하여 이를 가지고 대출업무 담당자로서의 채권확보조치를 하지 아니한 임무위반행위에 해당하고 또 그와 같은 임무위반의 인식이 있었다고 볼 수 없다고 판시하였다.[360]

216 ② 그룹을 회생시킬 방안으로 구제금융을 실행한 사안에서, 부정한 사례금의 수수나 정실관계 등이 개제되었다는 증거가 없을 뿐만 아니라 계열기업의 도산을 막고 정상적인 영업활동을 지원해주려는 것 이외에 별다른 범죄의 동기가 발견되지 아니한 경우, 계열기업의 자본구조가 취약하고 상환자원이 부족하며 기업경영이 위기에 처해있는 상황에서 신규여신을 하였다는 점만으로 피고인에게 업무상배임죄의 범의가 있었다고 단정할 수 없다고 하였다.[361]

217 ③ 금융기관이 거래처의 기존대출금에 대한 원리금 및 연체이자에 충당하기 위하여 위 거래처가 신규대출을 받은 것처럼 서류상 정리하였더라도 금융기관이 실제로 위 거래처에게 대출금을 새로 교부한 것이 아니라면, 그로 인하여 금융기관에게 어떤 새로운 손해가 발생하는 것은 아니라고 할 것이므로 따로 업무상배임죄가 성립된다고 볼 수 없다.[362]

218 ④ 제3자 인수 및 구제금융에 의해 당해 거래처의 실적회복의 가망성이 어느 정도 확실하다고 예상했고, 필요 최소한도의 대출에 제한하였으며, 담보를 최대한 취득하기 위해 노력하였고, 당해 거래처의 경영에 대한 유효·적절한 지도를 하기 위하여 직원을 파견하는 등 채권확보를 위한 상당한 조치를 취하였다고 보여지므로, 비록 피고인들이 충분한 담보의 취득 없이 여신관련 규정에 위반하

---

360 대판 1987. 4. 4, 85도1339; 대판 2008. 2. 14, 2007도7716. 유사한 취지로 대판 2011. 12. 8, 2010도7372.

361 대판 1987. 3. 10, 81도2026.

362 물론, 이러한 경우 금융기관이 실제로 거래처에 대출금을 새로 교부한 경우에는, 거래처가 그 대출금을 임의로 처분할 수 없다거나 그 밖에 어떠한 이유로든 그 대출금이 기존 대출금의 원리금으로 상환될 수밖에 없다는 등의 특별한 사정이 없는 한, 비록 새로운 대출금이 기존 대출금의 원리금으로 상환되도록 약정되어 있다고 하더라도 그 대출과 동시에 이미 손해발생의 위험은 발생하였다고 보아야 할 것이므로 업무상배임죄가 성립한다고 한다(대판 2003. 10. 10, 2003도3516; 대판 2010. 1. 28, 2009도10730; 대판 2013. 10. 17, 2013도6826).

면서 위 회사들에게 대출함으로 인하여 결과적으로 위 은행에 손해가 발생하였다 하더라도 이는 제3자 인수에 따른 종잣돈(씨드 머니)의 제공 및 금융조건의 완화로서 금융기관의 통상의 업무범위를 일탈했다고는 할 수 없으며, 피고인들이 주주총회에서 부실운영에 대한 책임추궁을 피하기 위한 개인적인 목적보다는 궁극적으로 은행의 이익을 위하여 기존 대출금의 회수를 도모하려는 목적에서 기업의 도산을 막고 정상적인 영업활동을 지원해 주려다 발생한 손해일 뿐 자기의 이익을 위한 것이라고는 볼 수 없을 뿐만 아니라, 당시 그 대출행위가 위 은행에 손해를 가하고 위 회사들에게 재산상의 이익을 취득하게 한다는 인식, 인용하에서 행해진 행위라고도 볼 수 없다고 하였다.[363]

이처럼 본죄를 부정한 판례를 살펴보면, 임무위배행위에 해당하는지를 독자적으로 판단하기보다는 임무위반에 대한 인식, 배임의 고의, 그리고 당해 행위가 새로운 손해 발생을 초래한다고 볼 수 있는지 등을 중심으로 실질적인 관점에서 본죄의 성립 여부를 판단하고 있다. 219

(다) 이사의 회사에 대한 임무위배행위

(a) 이사의 회사에 대한 의무와 임무위배행위 일반

이사는 법령과 정관의 규정에 따라 성실하게 회사에 최선의 이익이 되도록 직무를 수행하여야 할 선량한 관리자로서의 주의의무(선관주의의무)와 충실의무[364]를 부담한다. 또한, 경업금지의무(상 § 397②), 회사와의 이사회 승인 없는 자기거래 금지의무(상 § 398), 감시의무(상 § 393②), 퇴직 후 비밀유지의무(상 § 382의4) 등을 부담한다. 220

이와 같이 회사에 대하여 타인의 사무처리자의 지위에 있는 이사가 회사재산의 보전·관리에 관한 업무를 처리하는 중 회사에 대한 선관주의의무 내지 충실의무 등에 위반하는 행위를 한 경우 본죄에서의 임무위배행위에 해당할 수 있는데, 판례에서 인정하고 있는 선관주의의무 내지 충실의무위반의 일반적 유 221

363 대판 2000. 6. 27, 2000도1155.

364 선관주의의무란 자신의 직업, 자신이 속한 사회적·경제적 지위에서 일반적으로 요구되는 정도의 주의의무를 말한다(상 § 382②, 민 § 681). 충실의무란 법령과 정관의 규정에 따라 회사를 위하여 그 직무를 충실하게 수행하여야 할 의무로서(상 § 382의3), 이사가 회사의 업무를 처리함에 있어 일심전력을 다하고, 특히 회사와 이사의 이해관계가 충돌하는 경우에는 회사의 이익을 우선시킬 의무를 말한다[구회근(주 351), 20-21].

형을 살펴보면 다음과 같다.

222 ① A 주식회사의 대표이사인 피고인이 외국회사와의 대리점 계약관계를 계속 유지·발전하여야 할 업무상 임무가 있음에도 불구하고 외국회사 중역 등에게 A 회사가 관공서를 상대로 하는 사업을 하기는 적당하지 않으며 자기는 대표이사직을 곧 사임할 것이라고 말하여, 외국회사로 하여금 대리점 계약의 해지를 통고케 하고 그 해지통고서를 접수하고서도 은닉하여 A 회사가 해명을 하는 등의 기회를 잃게 하여 대리점 계약이 종료되게 하고, 새롭게 피고인이 대표이사로 재직하게 된 B 회사와 대리점 계약을 체결하게 하는 행위,[365] ② 회사에 필요한 물품을 납품받음에 있어 할인된 가격으로 납품가격을 정할 수 있었음에도 납품과정에서 자신이 이익을 취득할 의도로 납품업자에게 가공의 납품업체를 만들게 한 뒤 그 납품업체로부터 할인되지 않은 가격으로 납품을 받은 행위,[366] ③ A 회사 대표이사인 피고인이 B 건설사와 주상복합건물 신축공사 도급계약을 체결하고 B 건설사에 지급해야 할 채무액을 확정하지도 않은 채, A 회사 소유 전 재산인 상가와 아파트를 분양가의 70퍼센트로 정산하여 대물변제하기로 약정하고 소유권이전등기를 경료해 준 행위,[367] ④ 주식회사의 1인 주주이자 실질적인 대표이사인 피고인이 상속세 납부자금 마련을 주된 목적으로 하는 주식매매계약이라는 개인적 거래에 수반하여 회사의 유일한 재산인 회사 소유의 부동산에 관하여 매수인 명의로 소유권이전청구권 가등기를 경료해 준 행위,[368] ⑤ 주식회사 대표이사가 주주들에게 법인의 가지급금을 지급함에 따라 가지급금에 대한 인정이자를 계산하여 익금에 산입하여야 함에도 주주들로부터 인정이자를 회수하지 않고 회수한 것처럼 회계서류를 조작한 경우,[369] ⑥ A 회사 및 B 회사 모두의 자산관리자인 C 회사의 대표이사인 피고인이 A 회사의 수익을 B 회사에 불법적으로 이전한 경우,[370] ⑦ 주식회사의 대표이사가 이사회

365 대판 1983. 12. 13, 83도2349.
366 대판 2009. 10. 15, 2009도5655.
367 대판 2011. 2. 24, 2010도6880.
368 대판 2005. 10. 28, 2005도4915.
369 대판 2005. 9. 29, 2003도4890.
370 대판 2011. 3. 10, 2008도6335. 이 판결에서 대법원은, 유한회사와 그 사원은 별개의 법인격을 가진 존재로서 동일인이라 할 수 없고, 유한회사의 손해가 항상 사원의 손해와 일치한다고 할 수도 없으므로, 1인 사원이나 대지분을 가진 사원도 본인인 유한회사에 손해를 가하는 임무위배

결의 없이 수분양자의 지위양도계약에 관한 업무집행행위를 한 경우,[371] ⑧ 주식회사의 임원이 공적 업무수행을 위해서만 사용이 가능한 법인카드를 개인 용도로 계속적·반복적으로 사용한 경우,[372] ⑨ A 주식회사는 수백만 명의 고객보험금으로 운영되는 금융기관이고, 1996 회계연도에는 누적 결손금이 약 9,232억 원, 1997 회계연도에는 누적 결손금이 약 1조 2,031억 원에 이를 정도로 이미 부실화되어 보험계약자에게 보험금 지급을 위해 준비하여야 할 최소한의 책임준비금마저 부족한 상태였으므로, 대표이사인 피고인이 선교재단 또는 학교법인 등에 기부를 할 경우에는 위 회사의 설립목적, 기부금의 성격, 그 기부금이 회사에 끼치는 이익, 그로 인한 회사의 손해 등을 합목적적으로 판단하여 보험계약자, 주주 또는 회사채권자에게 손해를 가하지 아니하는 범위 내에서 이사회 결의 등의 절차를 거쳐 기부하여야 함에도 불구하고, 그 임무에 위배하여 이사회 결의도 거치지 아니한 채 피고인의 처 B가 이사장으로 있는 C 재단에 3억 원을 임의로 기부하는 등 그 무렵부터 1999. 1. 29.경까지 사이에 합계 167억 1,000만 원을 기부한 경우,[373] ⑩ 재무구조가 열악한 회사의 대표이사가 자신과 개인적 연고가 있을 뿐 회사와는 연관성이 거의 없는 제3자에게 회사의 자산으로 거액의 기부를 한 경우[374] 등이 임무위배행위에 해당한다.

다만 회사의 기부행위와 관련하여, 주식회사가 그 재산을 대가 없이 타에 기 223
부, 증여하는 것은 주주에 대한 배당의 감소를 가져오게 되어 결과적으로 주주에게 어느 정도의 손해를 가하는 것이 되지만, 그것이 배임행위가 되려면 그 회사의 설립목적, 기부금의 성격, 그 기부금이 사회에 끼치는 이익, 그로 인한 주주의 불이익 등을 합목적적으로 판단하여, 그 기부행위가 실질적으로 주주권을 침해한 것이라고 인정되는 정도에 이를 것을 요한다고 하여, C 주식회사의 경영자인

행위를 한 경우에는 본죄의 죄책을 진다고 하고, 피고인의 배임행위가 A 회사의 1인 사원 동의하에 이루어진 것이라도 달리 볼 수 없다고 하였다.

371 대판 2004. 5. 14, 2001도4857.

372 대판 2014. 2. 21, 2011도8870.

373 대판 2005. 6. 10, 2005도946(구체적 범죄사실은 환송 후 서울고판 2006. 1. 13, 2005노1269 참조).

374 대판 2012. 6. 14, 2010도9871. 피해자 회사의 채무현황, 자산상태, 자본금과 매출 및 당기순이익의 규모 등을 종합하여 볼 때, 기업의 사회적 역할을 감당하는 정도를 넘는 과도한 규모로서 상당성을 결여한 금원을 기부함으로써 피해자 회사를 채무 상환이 곤란한 재정적 상태에 처하게 한 행위로서 업무상배임죄에 해당한다고 판시하였다.

피고인이 그 주주인 A 학교법인에 대하여 그 주식비율보다 적은 비율로 기부금을 배분한 사안에서, A 학교법인이 거의 전재산을 출연하여 B 학교법인을 설립, 육성하여 왔고 당시 B 학교법인은 학교신설 등으로 재정이 몹시 궁핍하였음에 반하여 A 학교법인은 재정상태가 양호하였으며, 그 기부금액이 회사의 이익금에 대비하여 과다한 금액이라고 할 수 없는 점 등에 비추어, 위와 같이 주식비율에 비하여 다소 적게 기부금을 배분한 행위가 배임행위에 해당한다고는 할 수 없다고 판시한 사례도 있다.[375]

(b) 자금대여, 보증, 배서, 주식 등 인수, 계열사 지원 등 행위와 경영판단의 원칙

1) 경영판단의 원칙의 의의

224 회사에 대한 임무위배행위 유형 중 자금을 대여하거나, 보증, 배서하는 행위, 주식 등을 인수하거나 계열회사에 대한 각종 지원행위, 그리고 아래 항목에서 보는 주식이나 채권을 발행하거나 거래하는 행위 등은 회사의 경영과 관련하여 고도의 전문적 판단이 요구되는 영역, 이른바 경영행위인 경우가 많다. 일반적인 임무위배행위 유형은 법령, 업무집행규정, 계약 등을 기초로 하여 본인에 대한 신뢰관계 위반을 중심으로 임무위반 여부를 판단한다. 그런데 이사 등의 경영행위는 대단히 추상적인 법규나 방침에 따를 수밖에 없는 반면, 기업활동에서 이윤의 증대는 어느 정도 투기적이고 모험적인 요소를 가지고 있을 수밖에 없으므로, 임무위반 여부를 가리는 것이 과실범에서의 주의의무위반에 대한 심사만큼 복잡하게 된다.[376] 자본주의의 핵심을 이루는 기업의 성공을 위해서는 위험을 감수하는 적극적 경영이 필요하다는 점에서, 실패한 경영행위가 곧바로 본죄가 되는 것에는 신중을 기하여야 할 것이다. 다른 한편으로는, 우리나라 회사 지배구조의 불완전성, 민사적 구제수단의 부족 등을 감안하여 볼 때, 기업의 경영을 맡은 임원들이 개인적 이익을 추구하여 기업과 국가 경제에 막대한 손해를 가한 경우에 형벌이 유효한 규제 수단이 될 수도 있다.[377]

225 결국 이사의 경영행위에 해당하는 유형 중 어떠한 경우가 본죄에서의 임무

---

375 대판 1985. 7. 23, 85도480.

376 강동욱, "이사 등의 경영행위에 대한 배임죄의 성립범위", 한양법학 24-1(2013. 2), 7.

377 한석훈, "경영판단행위의 형사 규제 - 경영판단원칙의 입법화 방안을 중심으로", 상사법연구 35-1, 한국상사법학회(2016), 10.

위배행위가 되는지에 관한 예측가능한 행위규범이 제기될 필요가 있는데, 그 판단기준으로서 대표적으로 논의되고 있는 법리가 미국 판례법에서 발전되어 온 경영판단의 원칙(Business Judgement Rule)이다.

경영판단의 원칙이란 경영자가 주관적으로 기업의 최대 이익을 위하여 성실하게 경영상 판단을 하였고 그 판단과정이 공정하다고 볼 만한 절차적 요건을 갖추었다면, 잘못된 판단으로 기업에 손해가 발생하였다고 하더라도 경영자의 경영상의 판단을 존중하여 그로 인한 책임을 면하도록 하는 법리로 이해되고 있다.[378] 미국 판례법상 경영판단의 원칙은 성실하게(in good faith) 경영판단을 한 경영자는, ① 경영판단 대상과 이해관계가 없이(is not interested), ② 경영자가 그 상황에서 적절하다고 합리적으로(reasonably) 믿을 수 있는 정도로 경영판단 대상에 관한 정보를 수집하고(in informed), ③ 경영자가 기업에 최대이익(the best interests)이 되는 경영판단이라고 공정하게(rationally) 믿은 경우라면, 그 주의의무를 이행한 것이 된다고 한다. 경영자의 경영판단은 이러한 주의의무를 이행한 것으로 추정(presumption)되므로 그 책임을 추궁하려는 사람이 경영자의 각 항목 위반 사실을 포함하여 주의의무위반 및 그로 인하여 회사에 손해를 발생시킨 사실을 증명할 책임을 부담한다고 한다. 이러한 경영판단원칙은 위법적(violate the law) 경영판단에는 적용되지 않는다고 하고, 독자적이고 의식적인 경영판단(conscious exercise of judgement)을 한 경우에만 인정된다고 한다.[379] 226

독일도 2005년에 주식법 제93조 제1항 제1문에 "기업가적 결정이 적절한 정보에 근거하여 회사의 이익을 위하여 한 것으로 합리적으로 인정될 수 있는 경우이면 이사의 의무위반은 없는 것이다."고 하고, 제93조 제2항 제2문에 "그 주의의무에 관한 증명책임을 이사가 부담한다."고 규정하였는데, 이는 미국과 유사한 경영판단의 원칙을 입법화한 것으로 평가받고 있다.[380] 일본은 이사의 선관주의의무 위반 여부를 판단함에 있어, 경영자의 사실인식 과정에 특별한 부주의가 없고 해당 업계 통상적 경영자의 경영판단으로서 그 의사결정의 추론과 227

378 김성돈, 453; 배종대, § 77/25a; 정성근·박광민, 472; 최호진, 594; 주석형법 [각칙(6)](5판), 403 (노태악).

379 이에 대한 자세한 논의는 한석훈(주 377), 12-15 참조.

380 한석훈(주 377), 16-20.

정과 내용에 현저한 불합리가 없는 경우, 경영판단의 재량범위 내 행위로 되어 선관주의의무에 위배되지 않는 것으로 이해되고 있다고 한다.[381] 일본 최고재판소는 은행의 대표이사가 실질적으로 도산상태에 빠진 기업그룹에 대하여 객관성을 인정할 수 있는 재건, 정리계획이 없었음에도 무담보대출을 한 사안에 대하여 임무위배행위를 인정하면서, 이른바 경영판단원칙을 언급하고, 추상적으로 그 적용 가능성을 긍정한 바 있다.[382]

2) 경영판단의 원칙의 본죄 해석론에의 적용

228 경영행위에 대한 본죄 성립 여부 등 형사법 영역에서도 경영판단의 원칙을 도입하여야 할 것인지, 도입한다면 범죄체계론상 어떻게 이론화할 것인지에 대하여는 견해가 나뉘어 있다.

229 ① 고의범인 본죄의 해석론으로서 순수한 의미의 경영판단의 원칙을 도입하기는 어렵고, 다만 그 취지를 감안하여 배임의 고의를 인정함에 있어 엄격하게 해석할 필요가 있다는 견해,[383] ② 본죄의 성립요건 중 임무위배행위 요건은 경영자가 기울여야 할 주의의무의 내용과 관련하여 판단할 수 있는 것인데, 경영판단의 원칙은 그 주의의무의 대상이나 범위를 정하는 것이므로 본죄의 성립 여부를 판단함에 있어서 도입할 필요가 있다는 견해,[384] ③ 경영판단의 특성을 형법에 투영함으로써 본죄의 포괄적인 구성요건을 구체화하고 그 판단기준을 세분화할 수 있다는 의미에서 경영판단의 원칙을 도입할 필요가 있다는 견해,[385] ④ 경영판단 원칙은 실체법적으로는 경영영역에서 의도적 불법이득의사(불법이득목적)가 있는 경우에만 본죄를 인정하는 해석원칙으로 기능하고, 소송법적으로는 추정의 원칙과 유사하게 입증책임분배의 원칙으로도 기능한다는 견해,[386] ⑤ 경영판단행위가 경영판단원칙에 따른 절차적·주관적 사항을 구비하

---

381 한석훈(주 377), 22-24.

382 最決 平成 21(2009). 11. 9. 刑集 63·9·1117. 이에 대한 상세한 설명으로는 大塚 外, 大コン(3版)(13). 318-321(鳥戸 純); 도중진, "일본의 기업활동과 배임죄에 관한 최근 판례의 동향", 법학논총 36-1, 전남대학교 법학연구소(2016. 3), 963-964 참조.

383 주석형법 [각칙(6)](제5권), 405(노태악). 유사한 견해로는, 김성돈, 453; 신동운, 1272-1273.

384 정성근·박광민, 472-473.

385 이규훈, "업무상배임죄와 합법적 기업활동의 경계에 관한 판례의 경향", 형사법실무연구 II(자료 133), 법원도서관(2016), 440-441.

386 이상돈, "형법상 경영판단 원칙의 지평확대", 고려법학 74(2014. 9), 255.

였는지는 '고의' 판단 이전에 '임무위배행위' 판단 단계에서 문제되는 1차적 심사 대상이라고 하는 견해,[387] ⑥ 경영판단에 따른 행위는 아예 배임행위라고 할 수 없고, 경영판단에 따른 행위인지는 경영상의 판단에 이르게 된 경위와 동기, 판단대상인 사업의 내용, 기업이 처한 경제적 상황, 손실발생의 개연성과 이익 획득의 개연성 등 제반 사정에 비추어 개별적으로 판단하여야 한다는 견해,[388] ⑦ 경영판단의 원칙을 도입하여 이사 등의 경영행위에 대하여 본죄의 성립을 부정하고자 하는 기본적인 의도는 타당하지만, 형법상 본죄의 면책사유로 직접 도입하고자 하는 시도는 적절치 않고, 경영판단의 원칙은 본죄의 성부를 판단하는 여러 요소 중 하나라고 보는 견해,[389] ⑧ 경영판단의 원칙은 이사 등의 경영상의 과실이 있었느냐의 여부가 문제될 때 위력을 발휘하는 것인데, 본죄는 고의가 있을 때에만 성립하므로 실제로 형사법에서 경영판단의 원칙을 수용할 실익이 없다는 견해,[390] ⑨ 이사 등의 경영행위에 대한 본죄의 성부는 경영판단의 원칙의 구체적 의미와 형법상 구성요건 유형화를 통해서가 아니라 형법상 본죄의 구성요건적 해석을 통하여 해결하여야 한다는 견해[391] 등이 그것이다.

230 대법원은 본죄의 성립 여부에 대한 심사에 있어서 경영판단의 내용에 대하여 사법적 심사를 자제하고자 하는 미국 판례법상 경영판단의 원칙을 정면으로 받아들이지는 않고 있지만, 본죄의 성립요건 중 '임무위배행위' 내지 '배임의 고의' 인정 범위를 제한할 수 있는 근거로 사용하고 있는 것으로[392] 보인다.[393]

---

387 한석훈(주 376), 46-51.

388 오영근, 391.

389 강동욱, "경영판단원칙과 배임죄", 선진상사법률연구 62, 법무부(2013. 4), 73-74.

390 강동범, "이사의 경영판단과 업무상 배임", 법학논집 14-3, 이화여자대학교 법학연구소(2010), 49-50.

391 박미숙, "경영판단과 배임죄의 성부", 형사판례연구 〔15〕, 한국형사판례연구회, 박영사(2007), 214.

392 김성돈, 453; 박상기·전지연, 형법학(총론·각론)(5판), 707; 오영근, 391; 정성근·박광민, 472-473; 주석형법 〔각칙(6)〕(5판), 406(노태악).

393 경영판단의 원칙을 '배임의 고의' 인정의 문제로 보는 것에 반대하는 견해도 있다. 이 견해는 배임인 행위와 배임이 아닌 행위는 논리적으로 고의·과실 여부 판단에 앞서 이루어져야 한다는 점, 고의 귀속을 위한 판단인자로 제시되고 있는 것은 임무위배성을 판단하는 간접사실과 중첩된다는 점, 경영판단의 원칙을 구성하는 정보의무는 배임행위를 판단하는 독립적인 기준이 될 수 있다는 점 등을 그 근거로 한다〔임철희, "경영판단과 배임고의-그 "법리"의 오용, 남용, 무용", 형사법연구 30-2, 한국형사법학회(2018), 283 이하 참조〕.

231 **[대판 2004. 7. 22, 2002도4229]**[394]

일반적으로 업무상배임죄의 고의는 업무상 타인의 사무를 처리하는 자가 본인에게 재산상의 손해를 가한다는 의사와 자기 또는 제3자의 재산상의 이득의 의사가 임무에 위배된다는 인식과 결합하여 성립되는 것이며, (중략) 경영상의 판단과 관련하여 기업의 경영자에게 배임의 고의가 있었는지 여부를 판단함에 있어서도 위와 마찬가지의 법리가 적용되어야 함은 물론이지만, 기업의 경영에는 원천적으로 위험이 내재하여 있어서 경영자가 아무런 개인적인 이익을 취할 의도 없이 선의에 기하여 가능한 범위 내에서 수집된 정보를 바탕으로 기업의 이익에 합치된다는 믿음을 가지고 신중하게 결정을 내렸다 하더라도 그 예측이 빗나가 기업에 손해가 발생하는 경우가 있을 수 있는바, 이러한 경우에까지 고의에 관한 해석기준을 완화하여 업무상 배임죄의 형사책임을 묻고자 한다면 이는 죄형법정주의의 원칙에 위배되는 것임은 물론이고 정책적인 차원에서 볼 때에도 영업이익의 원천인 기업가 정신을 위축시키는 결과를 낳게 되어 당해 기업뿐만 아니라 사회적으로도 큰 손실이 될 것이다.

따라서 현행 형법상의 배임죄가 위태범이라는 법리를 부인할 수 없다 할지라도, 문제된 경영상의 판단에 이르게 된 경위와 동기, 판단대상인 사업의 내용, 기업이 처한 경제적 상황, 손실발생의 개연성과 이익획득의 개연성 등 제반 사정에 비추어 자기 또는 제3자가 재산상 이익을 취득한다는 인식과 본인에게 손해를 가한다는 인식(미필적 인식을 포함)하의 의도적 행위임이 인정되는 경우에 한하여 배임죄의 고의를 인정하는 엄격한 해석기준은 유지되어야 할 것이고, 그러한 인식이 없는데 단순히 본인에게 손해가 발생하였다는 결과만으로 책임을 묻거나 주의의무를 소홀히 한 과실이 있다는 이유로 책임을 물을 수는 없다 할 것이다.

232 헌법재판소는 업무상배임 조항이 이사 등의 경영행위와 관련하여 주의의무나 충실의무 위반에 대하여 민사책임과 별도로 형사상 업무상배임죄의 죄책을 묻는 것은 사적 자치가 보장되어야 하는 기업활동의 영역을 국가의 형벌권이 과도하게 간섭하는 과잉입법으로서 과잉금지원칙에 위배되는 것이라는 청구인들의 주장에 대하여, "대법원은, 기업의 경영에는 원천적으로 위험이 내재하고 있어 경영자가 아무런 개인적 이익을 취할 의도 없이 선의에 기하여 가능한 범위 안에서 수집한 정보를 바탕으로 기업의 이익에 합치된다는 믿음을 가지고 신중하게 내렸다 하더라도 그 예측이 빗나가 기업에 손해가 발생할 경우가 있는데 이런 경우까지 업무상배임죄의 형사책임을 묻는다면 죄형법정주의의 원칙에 위배된다고 하면서, 이른바 '경영상의 판단'에 관한 법리를 수용하여 기업 경

394 본 판결 평석은 이규훈, "업무상 배임죄와 경영판단", 형사판례연구 〔13〕, 한국형사판례연구회, 박영사(2005), 304-353.

영인의 업무상배임의 고의 판단을 할 때 엄격한 해석기준을 적용하고 있다."고 하면서, 업무상배임 조항이 국가형벌권 행사에 관한 입법재량의 범위를 벗어난 과잉입법이라고 보기 어렵다고 판시하였다.[395] 이 역시 판례가 형사법 영역에서도 경영판단의 원칙을 판단기준으로 차용하고 있다는 점을 확인해주는 부분이라고 할 것이다.

다만, 위 2002도4229 판례가 제시하고 있는 해석기준(경영상 판단에 이르게 된 경위와 동기, 판단대상인 사업의 내용, 기업이 처한 경제적 상황, 손실발생의 개연성, 이익획득의 개연성 등)은 경영판단의 내용까지 합리적이어야 한다는 점에서 경영판단의 '내용'이 아닌 '절차'를 보는 미국 판례법상 경영판단의 원칙과는 명확히 구별된다.[396] 그리고 구체적인 경영행위에 대하여 본죄 성립 여부가 문제된 경우, 사후에 경영판단의 '내용'의 합리성 여부를 어떠한 기준으로 판단할 수 있는지는 명확하지 아니하다. 판례의 해석기준에 대한 몇 가지 설명을 소개하면 다음과 같다. 233

첫째, 처음부터 경영판단의 여지가 배제된 경우와 그렇지 않은 경우를 나누어 설명하는 견해이다.[397] ① 먼저, 업무처리의 내용, 방법, 시기 등이 법령이나 당해 구체적 사정하에서 일의적(一義的)인 것으로 규정되어 경영판단의 여지가 배제된 경우에는, 미리 정해진 특정한 조치를 취하지 아니하여 손해가 발생하였다면 본죄의 고의는 당연히 인정된다. ② 다음으로, ⓐ 경영자가 아무런 개인적인 이익을 취할 의도 없이 선의에 의하여, ⓑ 가능한 범위 내에서 수집된 정보를 바탕으로, ⓒ 기업의 이익에 합치된다는 믿음을 가지고 신중하게 결정을 내렸으나, ⓓ 그 예측이 빗나가 기업에 손해가 발생하는 경우에는 본죄의 고의를 인정할 수 없다고 한다. ③ 마지막으로, 경영자가 당해 기업이나 경영자 개인이 정치적인 이유 등으로 곤란함을 겪고 있는 상황에서 그 상황을 벗어나기 위해서, 비록 기업에 재산상 손해를 가하는 결과가 초래되더라도 이를 용인할 수밖에 없다는 인식하에 의도적으로 결정을 내린 경우에는 본죄의 고의가 인정된다고 한다. 234

둘째, 1단계로 경영판단의 법리를 적용하지 아니하고 곧바로 본죄가 성립 235

395 헌재 2015. 2. 26, 2014헌바99.

396 최준선, "경영판단에 대한 배임죄 규정의 적용제한", 기업법연구 31-1, 한국기업법학회(2017. 3), 397.

397 신동운, 1273.

하는 유형 여부를 검토하고, 1단계에 해당하지 않는 경우 2단계로 경영판단 인자의 검토를 통해 임무위배나 배임의 고의가 있었는지를 확정할 수 있다는 견해이다.[398] 1단계에 해당되는 사례로는 법령위반으로 곧바로 본죄가 성립하거나,[399] 정형화된 구성요건적 상황이 존재하여 임무위배나 배임의 고의를 바로 인정할 수 있는 경우가 있다고 한다.[400] 그리고 2단계는 다시 계열사나 관계회사와의 거래 유형과, 개인적 이해관계에 의한 거래 유형으로 나눌 수 있다고 한다. 2단계에서는 경영판단의 법리를 적용하여 경영판단 인자를 검토하는데, 판례상 나타난 인자로는 '개인적 이해관계', '본인의 이익', '재량 범위', '적정한 주의', '재량의 남용', '규정 위반'을 들고 있다.

236 셋째로는, 임무위배행위 유형을 절차하자형 임무위배행위와 리스크판단오류형 임무위배행위로 나누고, 절차하자형은 경영판단의 원칙의 수용가능성이 약한 반면, 리스크판단오류형은 절차하자형보다 경영판단의 원칙의 수용가능성이 강하고, 리스크 판단 시 합리적으로 수집가능한 정보인지 여부는 당해 경영판단의 중요성, 정보수집에 사용한 시간 및 비용, 당해 사항을 조사한 자 등을 고려한다고 보는 견해도 있다.[401]

237 아래에서는 이사의 임무위배행위 유형 중 회사의 자금대여, 보증, 배서, 계열사 등 지원행위와 관련하여, 판례가 임무위배행위로 인정한 사례와, 경영상의 판단으로서 배임의 고의를 부정하는 등 임무위배성을 부정한 사례를 나누어 살펴본다.

3) 임무위배행위로 인정된 경우

238 ① 회사의 대표이사가 이사회의 승인 없이 A의 금원 차용행위에 대하여 보증을 하는 행위,[402] ② 회사 임원이 대주주들이 개인적 용도에 사용할 자금이라

---

398 이규훈(주 385), 456-464 참조.

399 예를 들어, 대판 2011. 10. 27, 2009도14464. 위 판례의 사안은 상호저축은행이 상호저축은행법 및 정관을 위반하여 특수목적법인을 이용하여 골프장 건설사업을 시행하기 위하여 은행의 자금을 지출한 경우이다.

400 예를 들어, 대판 2006. 11. 9, 2004도7027. 위 판례의 사안은 기업인수에 필요한 자금을 마련하기 위하여 인수자가 금융기관으로부터 대출을 받고 피인수회사의 자산을 담보로 제공하는 경우이다. 이때 인수자가 담보제공으로 인한 위험부담에 상응하는 대가를 지급하는 등의 반대급부를 제공하지 않았다면, 이는 허용되는 경영활동의 범위를 넘어선다고 보았다.

401 이정민, "경영판단원칙과 업무상 배임죄", 형사정책연구 18-4, 한국형사정책연구원(2007), 174-182.

402 대판 1983. 10. 25, 83도2099.

는 점을 알면서 회사 명의의 약속어음을 작성·교부한 행위,[403] ③ 주식회사가 어음수표의 할인을 업으로 하는 것도 아니고 그 경영상태도 좋지 않은데도 대표이사가 이사회의 결의도 없이 별다른 담보를 설정받지도 않은 채 고리로 어음할인을 한 행위,[404] ④ 회사의 이사가 이미 채무변제능력을 상실하여 한계상황에 계열사에 대하여 자금대여나 지급보증을 해 줄 경우 이를 회수하지 못하거나 보증 책임을 지게 되어 회사에 손해가 발생하리라는 점을 충분히 인식하면서도 별다른 채권보전조치도 없이 지급보증 또는 자금대여를 한[405] 경우,[406] ⑤ 주식회사의 이사가 타인 발행의 약속어음에 회사 명의로 배서할 경우 그 타인이 어음금의 지급능력이 없어 그 배서로 인하여 회사에 손해가 발생하리라는 점을 알면서 배서한 경우,[407] ⑥ 회사의 대표이사가 경영진이 외부의 회사지배권 쟁탈 기도에 즈음하여 자신들이 사실상 지배하는 경영발전위원회 등의 주식지분 비율을 높여 회사 경영권을 계속 보전할 목적으로 회사자금으로 경영발전위원회 등에게 자금지원을 한 경우,[408] ⑦ 회사의 임직원들이 대주주가 소유한 다른 회사의 비상장주식을 회사로 하여금 매수하게 한 경우,[409] ⑧ 회사의 이사가 그 회사의 이사, 주주 등 특수관계자와 사이에 교환의 방법으로 그 회사가

403 대판 1983. 3. 8, 82도2873.

404 대판 1989. 8. 8, 89도25.

405 대판 1999. 6. 25, 99도1141; 대판 2000. 3. 14, 99도4923; 대판 2003. 4. 8, 2002도6020; 대판 2006. 11. 10, 2004도5167; 대판 2009. 7. 23, 2007도541; 대판 2010. 11. 25, 2009도9144; 대판 2013. 4. 11, 2012도15585; 대판 2013. 9. 26, 2013도5214; 대판 2014. 7. 10, 2013도10516 등.

406 대판 2010. 10. 28, 2009도1149.「자금을 대여한 법인의 임원이 회계처리를 적정하게 하지 아니함으로써 다른 법인에 자금을 대여한 사실 자체를 은폐한 경우, 그러한 부적정한 회계처리는 자금대여와 관련된 배임의 고의를 뒷받침하는 유력한 요소로 평가할 수 있는 것이므로, 그러한 부적정한 회계처리에도 불구하고 배임죄의 성립을 부정하려면 당해 법인과 다른 법인과의 관계, 자금대여의 경위와 목적, 자금대여의 방법 등 제반 사정을 종합적으로 고려하여 보다 신중하게 판단할 필요가 있다.」

407 대판 2000. 5. 26, 99도2781.

408 대판 1999. 6. 25, 99도1141.

409 대판 2005. 4. 29, 2005도856.「특정 회사의 이사 또는 주주 등 내부자가 주도적으로 자신이 보유 중인 다른 회사의 주식을 특수관계에 있는 회사에 매도하는 경우에 있어서, 비록 사전에 이사회결의와 같은 내부적인 의사결정과정을 거쳤다 할지라도 그 거래의 목적, 계약체결의 경위 및 내용, 거래대금의 규모 및 회사의 재무상태 등 제반 사정에 비추어 그것이 회사의 입장에서 볼 때 경영상의 필요에 의한 정상적인 거래로서 허용될 수 있는 한계를 넘어 주로 주식을 매도하려는 내부자의 개인적인 이익을 위한 것에 불과하다면, 그와 같은 거래는 그 내부자에게 이익을 얻게 하고 회사에 손해를 가하는 행위로서 회사에 대한 배임행위에 해당한다.」

보유 중인 다른 회사 발행의 주식을 양도하고 그 특수관계자로부터 제3의 회사 발행의 주식을 취득하는 경우,[410] ⑨ A 그룹 소속 B 회사가 골프장 건설사업을 진행 중인 비상장회사 C의 주식 전부를 보유하고 C 회사를 위하여 수백 억의 채무보증을 한 상태에서, B 회사의 대표이사와 이사들이 C 회사의 주식 전부를 주당 1원으로 계산하여 A 그룹 대표이사 등에게 매도한 행위,[411] ⑩ A 그룹 소속 B 고속과의 합병에 따라 C 건설회사가 취득하게 된 자사주를 가격이나 매매조건에 대한 흥정 없이, 경영권 프리미엄에 대한 아무런 평가나 할증도 하지 아니한 채 전일 종가에, 그것도 대금의 10퍼센트만 지급받고 명의개서를 해주고 나머지 90퍼센트는 2년간 2회에 걸쳐 지급하는 조건으로 그룹 회장인 대표이사이자 대주주에게 매각한 행위,[412] ⑪ 주식회사의 대표이사가 이미 자본금이 모두 잠식됨으로써 그 발행주식의 실질가치가 0원으로 평가되고 있고 보험금 지급여력이 없는 등 그 재무구조가 상당히 불량한 상태에 있는 회사인 A 회사의 재정상태를 잘 알고 있으면서도 다른 계열회사인 B 회사의 자금으로 A 회사가 발생하는 신주를 액면가격으로 인수한 행위,[413] ⑫ 대기업 회장 등 기업의 경영진이 정치적으로 난처한 상황에서 벗어나기 위해 자회자 및 협력회사 등으로 하여금 특정 회사의 주식을 매입수량, 가격 및 매입 시기를 미리 정하여 매입하게 한 행위,[414] ⑬ A 주식회사의 대표이사인 피고인들이 자력으로는 거액의 채무를 변제할 수 없는 상황에 처한 B 주식회사가 대출받아 기존채무 변제에 사용하지 않고 이익실현 여부가 불확실할 뿐만 아니라 원금 손실의 우려까지 있는 주식투자에 사용한다는 사실을 알면서도 B 회사로 하여금 대출을 받을 수

410 대판 2008. 5. 29, 2005도4640(거래의 목적, 계약체결의 경위 및 내용, 거래대금의 규모 및 회사의 재무상태 등 사정에 비추어 그것이 회사의 입장에서 볼 때 경영상의 필요에 의한 정상적인 거래로서 허용될 수 있는 한계를 넘어 주로 교환거래를 하려는 특수관계자의 개인적인 이익을 위한 것에 불과하다면, 그와 같은 거래는 임무위배행위에 해당. 이 사건 주식교환의 목적이 피고인 甲으로 하여금 현금의 부담없이 SK주식을 취득하게 하는데에 있었고, 피고인 甲의 SK그룹 산하 직속조직인 구조본이 교환계약의 내용을 실질적으로 결정하였으며, SK씨앤씨는 이사회조차 정식으로 개최하지 않고 이사회 의사록만 작성하였던 점, SK씨앤씨의 회사이익을 고려하는 절차를 제대로 거치지 아니한 점 등을 참작).

411 대판 2008. 5. 15, 2005도7911.

412 대판 2008. 5. 15, 2005도7911.

413 대판 2004. 6. 24, 2004도520.

414 대판 2007. 3. 15, 2004도5742.

있도록 甲 회사의 예금을 담보로 제공한 경우,[415] ⑭ 주식회사의 임원이나 회계책임자가 당해 회사의 주식을 매수하여 대주주가 되려고 하는 사람에게 미리 대주주대여금 명목으로 회사자금을 교부하여 그 돈으로 주식매수대금을 지급하게 하는 행위,[416] ⑮ A 주식회사 대표이사인 피고인이 A 회사를 우회상장하기 위한 방안으로 B 주식회사 대표이사 C와 포괄적 주식교환계약을 체결하면서, A 회사의 매출액을 부풀려 허위계상한 회계자료를 평가기관에 제공하는 방법으로 A 회사의 주식가치가 과대평가되도록 하여 주식교환비율을 정한 다음, B 회사의 대표이사로 취임한 후 위 계약에 따라 주식교환을 실시함으로써 B 회사에 손해를 가한 경우,[417] ⑯ 정리회사의 공동관리인으로 선임된 사람들이 정리계획의 내용에 반하거나 정리법원의 허가 없이 제3자에게 정리회사의 자금을 대여하거나 재산을 담보로 제공하여 제3자에 대한 지배력을 확보한 행위[418] 등에 대하여 임무위배행위로 인정하였다.

[대판 2007. 3. 15, 2004도5742][419] 239

기업의 경영에는 원천적으로 위험이 내재하여 있어서 경영자가 아무런 개인적인 이익을 취할 의도 없이 선의에 기하여 가능한 범위 내에서 수집된 정보를 바탕으로 기업의 이익에 합치된다는 믿음을 가지고 신중하게 결정을 내렸다 하더라도 그 예측이 빗나가 기업에 손해가 발생하는 경우가 있을 수 있는바, 이러한 경우에까지 고의에 관한 해석기준을 완화하여 업무상배임죄의 형사책임을 물을 수는 없다고 할 것이나,[420] 기업의 경영자가 문제된 행위를 함에 있어 합리적으로 가능한 범위 내에서 수집한 정보를 근거로 하여 당해 기업이 처한 경제적 상황이나 그 행위로 인한 손실발생과 이익획득의 개연성 등의 제반 사정을 신중하게 검토하지 아니

---

415 대판 2010. 11. 25, 2009도9144.

416 대판 2008. 2. 8, 2006도483. 「(위와 같은 행위는) 대주주가 되려는 자의 개인적인 이익을 도모하고 회사의 부실을 초래하는 것으로서, 그 대여행위가 회사의 이익을 위한 것임이 명백하고 회사 내부의 정상적인 의사결정절차를 거쳤으며 그로 인하여 회사의 자금운용에 아무런 어려움이 발생하지 않을 뿐만 아니라 대여금 회수를 위한 충분한 담보도 확보되어 있다는 등의 특별한 사정이 없는 한 업무상배임죄(경우에 따라서는 업무상횡령죄, 대판 2005. 3. 24, 2004도8963 참조)에 해당하고, 또 그와 같은 방법으로 회사의 대주주가 된 자가 회사 임원 등의 배임행위를 교사하거나 배임행위의 전 과정에 관여하는 등으로 적극 가담한 경우에는 업무상배임죄의 공동정범이 된다고 할 것이다.」

417 대판 2012. 11. 15, 2010도11382.

418 대판 2009. 7. 23, 2008도8933.

419 본 판결 해설은 엄상필, "상법 제625조 제4호에 정한 "회사의 영업범위 외에서 투기행위를 하기 위하여 회사재산을 처분한 때"의 의미 및 판단 기준", 해설 70, 법원도서관(2007), 553-570.

420 대판 2004. 7. 22, 2002도4229 참조.

한 채, 당해 기업이나 경영자 개인이 정치적인 이유 등으로 곤란함을 겪고 있는 상황에서 벗어나기 위해서는 비록 경제적인 관점에서 기업에 재산상 손해를 가하는 결과가 초래되더라도 이를 용인할 수밖에 없다는 인식하에 의도적으로 그와 같은 행위를 하였다면 업무상배임죄의 고의는 있었다고 봄이 상당하다. (중략)

위와 같은 이 사건 주식매수의 동기와 목적, 매매계약에 이르게 된 경위와 그 내용, 매매대금의 규모, 피고인들과 자회사 등과의 관계 등 제반 사정에 비추어 보면, 피고인들은 기업의 경영자로서 자회사 등이 처한 경제적 상황, B 주식회사의 사업전망, 그 주식의 매입으로 인한 손실발생 또는 이익획득의 개연성 등을 신중하게 검토한 후 경영상의 판단에 이르게 된 것이라기보다는 A 주식회사 또는 피고인들 개인이 정치적으로 난처한 상황에서 벗어나기 위하여 자회사 등으로 하여금 주식매도인 C가 요구하는 가격과 수량 그대로 이 사건 주식을 매입하게 하였고, 이에 따라 자회사 등의 대표이사들도 B 주식회사 주식의 적정가액과 향후 전망에 대한 신중한 검토 없이 피고인들에 의하여 매입수량과 가격이 미리 지정된 이 사건 주식을 지정된 날짜에 자회사 등이 매입하게 한 것으로서, 피고인들로서는 위와 같은 자회사 등의 대표이사들의 행위가 회사재산을 보호하여야 할 업무상 임무에 위배되고 나아가 이 사건 주식의 매입으로 인하여 자회사 등에게 현실적인 재산상 손해를 가하거나 적어도 재산상 실해 발생의 위험을 초래한다는 점을 미필적으로나마 인식하고 있었다고 보는 것이 정상적인 경험칙에 부합한다 할 것이며, 설령 피고인들에게 장차 이 사건 주식의 가치가 상승하여 자회사 등이 이익을 얻게 될 수도 있다는 기대 내지 의사가 있었다고 하더라도 이는 부수적일 뿐이고 이 사건 주식매입으로 인하여 자회사 등에게 재산상 손해를 가한다는 가해의 의사가 주된 것이었다고 봄이 상당하다.

240 [대판 2007. 11. 15, 2007도6075]

철도청 산하 한국철도교통진흥재단의 이사인 피고인이 러시아 사할린 유전인수사업('이 사건 인수사업')을 추진하는 과정에서 A 회사로부터 유전개발업체인 B 회사 주식을 인수함으로써 철도재단에 재산상 손해를 가한 행위가 배임죄에 해당하는지가 문제되었다.

대법원은, 이 사건 인수사업 추진 경위, 이 사건 인수사업과 관련하여 인수할 B 회사 유전의 사업성·경제성, 국내외 유수 기업의 사업 참여 가능성, 인수 자금 확보방안 등과 관련하여 이를 평가하고 판단하기 위해 필요한 검토 내지 검증의 정도, 피고인이 실제 행한 검토와 검증 노력의 정도, 사업 추진과 관련하여 철도청 내부와 우리은행 등 관련 외부 기관의 문제 제기에 대하여 피고인이 보인 태도와 그 문제점 보완 노력의 정도, 철도청 내부 회의 등에서 피고인이 보고한 확인되지 않고 검증되지 않은 내용과 그 보고 내용이 사업추진 결정과 그 이후 사업 추진과정에 미친 영향, 철도재단이 이 사건 인수사업에 관하여 35%지분 참여 정도의 수준에 있었다가 95% 지분을 보유하게 되어 사실상 유일한 사업 추진 주체가 되는 것으로 사정이 중대하게 변경된 시점을 전후하여 피고인이 이 사건 사업 추진의 전망과 사업성 평가, 인수 자금

마련 내지 국내외 유수 기업 참여 등을 통한 B 회사 주식인수계약 이행 가능성 판단과 이를 위한 실행 과정에서 보였던 태도와 그 이후 철도재단의 사업 추진과정 등을 종합하여 이 사건 인수사업 추진은 임무위배행위에 해당한다고 판시하였다.

4) 임무위배행위로 인정되지 않은 경우

임무위배행위 여부가 문제되는 이사의 행위에 대하여는 결국 구체적·개별적으로 판단할 수밖에 없을 것이다. 이에 대하여는 법령, 정관, 내규, 주주총회 또는 이사회의 결의 등에 위반하고 있는가와 같은 형식적인 기준은 물론, 선관주의의무나 충실의무의 위반 여부, 실질적으로 회사에 불이익을 주는 행위인지 여부 등을 종합적으로 고려하여 판단할 수 있다.[421] 주식회사의 이사 등 회사 경영진에 의한 경영 관련 행위에 대하여 위 대판 2004. 7. 22, 2002도4229에서 문제된 경영상의 판단에 이르게 된 경위와 동기, 판단대상인 사업의 내용, 기업이 처한 경제적 상황, 손실발생의 개연성과 이익획득의 개연성 등 제반 사정에 비추어 자기 또는 제3자가 재산상 이익을 취득한다는 인식과 본인에게 손해를 가한다는 인식(미필적 인식을 포함)하의 의도적 행위임이 인정되는 경우에 한하여 본죄의 고의를 인정하는 엄격한 해석기준을 도입하여 본죄의 성립 여부를 판단한 이래, 대법원은 이른바 경영판단의 원칙을 차용하여 판단하고 있다. 241

가) 보증, 보증보험계약 인수 등

① **대판 2004. 7. 22, 2002도4229** 보증보험회사가 영업으로 보증보험계약을 인수한 행위와 관련하여, 대한보증보험은 담보력이 부족한 기업이나 개인의 신용을 보완해 줌으로써 국가경제 발전에 기여하기 위한 목적으로 설립된 보증보험회사로서 대출금에 대하여 전액회수를 전제로 대출업무를 영위하는 일반 시중은행과 달리 보증보험회사는 보증한 회사채의 지급 불능 등으로 인한 보험사고가 발생할 위험이 어느 정도 있음을 전제로 하므로, 기본적으로 보증보험회사의 경영자가 보증금액의 상환이 확실한 경우에 한하여 보증을 인수할 임무가 있다고는 할 수 없다고 하면서, 개별 보증보험계약 인수행위의 구체적 사실관계에 비추어 배임의 범의를 부정하였다.[422] 242

421 강동욱(주 375), 5-6.
422 유사한 취지로 대판 2004. 10. 28, 2002도3131.

243 ② **대판 2004. 6. 24, 2004도520** 회사의 대표이사가 타인의 채무를 회사 이름으로 지급보증 또는 연대보증함에 있어 그 타인이 단순히 채무초과 상태에 있다는 이유만으로 곧바로 임무위배행위가 된다고 단정할 수 없다. 타인인 이 사건 회사는 법정관리 중이기는 하나 꾸준하게 영업이익을 내고 법정관리의 계속에 특별히 문제가 있었던 사정은 보이지 않으며, 이 사건 연대보증은 이 사건 회사의 계열회사가 이미 연대하고 있던 공익채무에 대하여 추가로 보증한 것이고, 이 사건 회사는 채권자에게 채권최고액 150억 원의 근저당권과 350억 원 상당의 예금 및 적금에 대한 질권을 설정하기로 한 점 등, 보증 경위, 이 사건 회사가 정리채무와 공익채무의 변제를 제대로 이행하고 있었는지, 보증 당시 회사정리절차가 폐지될 가능성이 있었는지, 그러한 사정을 피고인들이 알고 있었는지 여부 등을 더 심리하여야 한다고 하면서, 본죄를 유죄로 인정한 원심을 파기하였다.[423]

244 ③ **대판 2013. 12. 26, 2013도7360** 피고인 甲은 A 회사 및 B 회사의 대표이사로 재직하면서 A 회사 그룹의 운영 전반을 관리하고, 피고인 乙은 A 회사의 계열사인 C 회사의 대표이사, 피고인 丙은 B 회사의 투자사업부 팀장인데, 피고인 甲, 丙은 F가 설립한 D 회사가 도시개발사업에 관하여 상호저축은행으로부터 170억 원의 대출을 받는 것을 돕기 위하여 피해자 B 회사로 하여금 D 회사의 대출금 채무에 연대보증하도록 하였다. 그리고 피고인 甲, 乙은 F가 운영하는 E 회사의 방배동 아파트 건설사업에 필요한 자금대여를 부탁받고 담보 없이 C 회사로 하여금 E 회사에 85억 원을 대여하도록 하였다. 위와 같은 연대보증 및 자금대여 행위가 배임행위인지가 문제되었다. 이에 대하여 대법원은 이 사건 연대보증이나 대여가 단순한 채무보증이나 금전대여가 아니라 그룹 전체의 이익을 고려한 투자로서의 성격이 강하고, 당시 B 회사가 금융기관이 아닌 일반기업으로 담보가 부족한 제3자가 대출받는 데 연대보증을 할 경우 그 자금 사용처를 통제·감독하여야 한다고 정한 대내외 규정이 없고, F가 단순한 채무초과 상태를 넘어 채무변제 능력을 상실한 상태였다고 보기는 어려운 점, B 회사와 같은 일반기업이 담보가 부족한 제3자가 대출받는 데 연대보증을 할 경우 차주의 자금 사용처를 통제·감독하여야 한다고 정한 대내외의 규정이 마련되어 있었다고 볼 자료가 없는 점, 이

423 유사한 취지로 대판 2014. 11. 27, 2013도2858.

른바 브릿지론 대출의 실무에서 연대보증인은 차주로부터 자금통제권을 반드시 확보하여야 한다는 상관행이 존재하는지 및 만약 존재한다고 하더라도 피고인들이 그러한 상관행의 존재를 알고 있었는지 여부를 알 수 없는 점 등을 종합하여 보면, 위와 같은 상관행의 존재를 전제로 위 피고인들이 이를 인식하고 있었다거나, 위 피고인들이 F가 대출금을 약정에 반하여 다른 사업체에 사용할 것을 알고 있었다거나 혹은 피고인들과 F 사이에 위 연대보증과 관련하여 부정한 대가가 수수되었다는 등의 특별한 사정이 없는 한, 단지 위 피고인들이 대출금 사용처를 통제·감독하기 위한 조치 없이 B 회사로 하여금 연대보증하게 하였다는 사정을 주된 이유로 하여 위 피고인들의 행위를 업무상배임죄에 있어서의 임무위배행위에 해당한다거나 배임의 고의가 있었다고 단정하여서는 안 된다고 하였다.

나) 주식 인수 등 행위

① 대판 2010. 1. 14, 2007도10415 B 주식회사 대표이사 등인 피고인들이 245
부실회사인 A 회사의 유상증자에 참여하면서 A 회사의 발행주식을 적정가액보다 고가로 인수한 행위가 배임행위에 해당하는지에 대하여, B 주식회사는 신규수익원 창출 및 수익안정화를 위하여 A 회사의 기술력, 지명도, 브랜드가치 등을 종합적으로 검토한 다음 A 회사를 인수하였고, 이 사건 유상증자 참여결정은 부실회사인 A 회사를 인수할 당시 이미 계획되었던 투자를 실행하기 위한 것이지 A 회사 인수결정에 대한 주주들의 책임추궁에 대한 우려나 피고인들의 경제적 이해관계에서 비롯된 것이 아니며, A 회사는 유상증자로 확보한 자금을 기존의 채무변제나 대금결제에 지출하여 경영을 정상화시켰던 사정 등에 비추어 피고인들에게 배임의 고의가 있었다거나 B 회사 임원으로서의 임무를 위배하였다고 단정하기 어렵다고 하였다.

② 대판 2011. 7. 28, 2010도7546 농협중앙회의 임직원인 피고인들이 다른 246
채권은행들과 함께 A 계열사에 대한 워크아웃을 추진하는 과정에서 회수 가능성이 의문시되는 A 계열사 발행의 신규 CP를 매입한 행위가 문제되었다. 이에 대하여, 농협중앙회의 특정금전신탁계정을 통하여 A 계열사의 기존 CP를 매입한 단위조합 등의 반발에 따라 A 계열사에 대한 워크아웃이 중단될 가능성이 있었고, 그 경우 농협중앙회의 A 계열사에 대한 246억 원 상당의 채권에 손실이 예상되는 상황에서 여러 리스크의 증가를 회피하고 A 계열사에 대한 워크아

웃이 순조롭게 진행될 경우 장차 수익을 얻을 수 있을 것으로 예상되었기 때문에 피고인들이 甲회 계열사의 신규 CP를 매입한 것으로 볼 여지가 충분하고, 그 밖의 여러 사정들을 종합하여 보면 피고인들에게 배임의 고의가 있었다고 인정하기 어렵다고 판단하였다.

다) 계열사 간 지원행위와 기업집단의 공동이익

247 대법원은 그룹 계열사들의 생산활동에 필요한 철강재 등 원자재를 통합 구매해 어음 결제 방식으로 계열사에 공급한 사안에 대하여, 계열사 지원이 계열회사들의 공동이익을 위한 합리적인 경영판단의 재량범위 내에서 행해진 것이라면 본죄가 성립하지 않는다고 판시하였다.[424] 이전에는 계열회사 사이의 지원행위가 본죄에 해당하는지 여부를 판단함에 있어 기업집단이라는 사정은 특별히 고려되지 않았고, 경영판단의 일반 법리에 의하여 판단해 왔다. 그리고 대부분의 사안에서 자력으로 채무를 변제할 능력이 없는 계열회사에 대하여 별다른 채권 보전조치 없이 자금대여나 지급보증 등 지원행위를 한 경우, 오로지 법인격 독립론의 입장에서 재산상 손해가 인정되면 본죄의 성립을 인정해 왔다. 그에 대하여 위 판결은 기업집단의 공동이익이라는 개념을 도입하여 경영판단의 원칙의 내용을 구체화하고, 이에 따라 배임의 고의를 부인하였다는 점에서 의미를 가진다.[425]

248 **[대판 2017. 11. 9, 2015도12633]**

기업집단의 공동목표에 따른 공동이익의 추구가 사실적, 경제적으로 중요한 의미를 갖는 경우라도 기업집단을 구성하는 개별 계열회사는 별도의 독립된 법인격을 가지고 있는 주체로서 각자의 채권자나 주주 등 다수의 이해관계인이 관여되어 있고, 사안에 따라서는 기업집단의 공동이익과 상반되는 계열회사의 고유이익이 있을 수 있다. 이와 같이 동일한 기업집단에 속한 계열회사 사이의 지원행위가 기업집단의 차원에서 계열회사들의 공동이익을 위한 것이라 하더라도 지원 계열회사의 재산상 손해의 위험을 수반하는 경우가 있으므로, 기업집단 내 계열회사 사이의 지원행위가 합리적인 경영판단의 재량 범위 내에서 행하여졌는지는 신중하게 판단하여야 한다. 따라서 동일한 기업집단에 속한 계열회사 사이의 지원행위가 합리적인 경영판단의

424 대판 2017. 11. 9, 2015도12633. 본 판결 평석은 이완형, "기업집단 내 계열회사 간 지원행위의 업무상배임죄 성립 여부", 사법 43, 사법발전재단(2018), 547-586.

425 이완형, "배임죄에서 계열사 지원행위와 경영판단의 한계", BFL 91, 서울대학교 금융법센터(2018. 9), 86-105 참조.

재량 범위 내에서 행하여진 것인지를 판단하기 위해서는 앞서 본 여러 사정들과 아울러, 지원을 주고 받는 계열회사들이 자본과 영업 등 실체적인 측면에서 결합되어 공동이익과 시너지 효과를 추구하는 관계에 있는지, 이러한 계열회사들 사이의 지원행위가 지원하는 계열회사를 포함하여 기업집단에 속한 계열회사들의 공동이익을 도모하기 위한 것으로서 특정인 또는 특정회사만의 이익을 위한 것은 아닌지, 지원 계열회사의 선정 및 지원 규모 등이 당해 계열회사의 의사나 지원 능력 등을 충분히 고려하여 객관적이고 합리적으로 결정된 것인지, 구체적인 지원행위가 정상적이고 합법적인 방법으로 시행된 것인지, 지원을 하는 계열회사에 지원행위로 인한 부담이나 위험에 상응하는 적절한 보상을 객관적으로 기대할 수 있는 상황이었는지 등까지 충분히 고려하여야 한다. 위와 같은 사정들을 종합하여 볼 때 문제 된 계열회사 사이의 지원행위가 합리적인 경영판단의 재량 범위 내에서 행하여진 것이라고 인정된다면 이러한 행위는 본인에게 손해를 가한다는 인식하의 의도적 행위라고 인정하기 어렵다.

라) 그 밖의 경영판단 행위

① 대판 2007. 1. 26, 2004도1632 축협중앙회 회장인 피고인 등이 단위조 249
합들로부터 상환준비예치금 및 정기예치금을 예치받아 상호금융특별회계라는 계정과목에 편입하여 투자운용을 하고 단위조합들에게 이자를 지급하여 오고 있었는데, 자산운용 수익률이 -4.7%로 저하되고 약 2,273억 원의 손실액이 발생하였음에도 단위조합들에게 (이자율 인하조치를 시행하지 아니하고) 약 8.4%의 이자를 지급한 행위가 배임에 해당하는지가 문제되었다. 이에 대하여 대법원은 상호금융특별회계의 관리방법, 피고인들이 상호금융자금의 이자율 인하를 검토하다가 이를 유보한 경위 등을 종합하여 배임의 범의를 인정하기 어렵다고 판단하였다. 또한, 이윤추구와 아울러 공공적 역할도 담당하는 각종 금융기관의 경영자가 금융거래와 관련한 경영상 판단을 함에 있어서 그 업무처리의 내용, 방법, 시기 등이 법령이나 당해 구체적 사정하에서 일의적인 것으로 특정되지 않는 경우에는, 결과적으로 특정한 조치를 취하지 아니하는 바람에 본인에게 손해가 발생하였다는 사정만으로 책임을 물을 수는 없다고 하였다.[426]

426 원심은 보다 구체적으로, "축협중앙회의 회장은 상호금융특별회계에 예치한 상호금융특별회계 자금의 운용으로 인한 손익상황에 따라 그 이자율을 변동하여 조정할 권한이 있고, 축협중앙회의 회장 및 신용담당 부회장인 위 피고인들은 위 자금의 관리자로서 축협중앙회의 상호금융특별회계 자금의 운용으로 인하여 원본손실이 발생할 경우 그 이자율의 조정 등을 통하여 그 손실의 규모를 줄여 축협중앙회에 손해가 발생하지 아니하도록 조치하여야 할 의무가 있다 할 것이다. 그러나, 축협중앙회가 상호금융특별회계 자금을 운용함에 있어서 이자율을 어느 시점에 또는 어떠한 조건 하에서 변경결정을 하여야 하는지에 관하여는 아무런 규정이 없는바, 매 회계연도의

250 ② 대판 2009. 2. 26, 2008도522 A 회사의 대표이사 또는 이사들이 A 회사가 운영하는 골프장을 이용하면서 회사내규인 '회원예우에 관한 규정'에 따라 해당 비용을 면제받은 행위가 상법상 특별배임죄에 해당하는지에 대하여 대법원은, 일반적으로 법인의 정관이나 그에 따른 세부사업을 위한 규정 등 단체 내부의 규정은 특별한 사정이 없는 한 그것이 선량한 풍속 기타 사회질서에 위반되는 등 사회관념상 현저히 타당성을 잃은 것이거나 결정절차가 현저히 정의에 어긋난 것으로 인정되는 경우 등을 제외하고는 일응 유효한 것으로 볼 수 있는 점, 회사의 대주주 및 임직원, 기타 관계자들에 대하여 회사 시설의 사용이나 그에 관한 비용지불 등에 관하여 객관적, 합리적으로 수긍할 수 있는 범위 내에서 어느 정도의 우대규정을 두고 이를 적용하는 것은 회사의 자율적인 운영권의 범주 내에 해당한다고 할 수 있는 점, 위와 같은 우대규정의 마련·적용을 통하여 회사의 운영상의 효율성 제고, 임원들의 사기진작 및 우수임원 유치, 대외적인 이미지 향상 내지 회사홍보, 회사의 무형적 가치 상승 등의 효과를 가져올 가능성도 있는 점 등을 고려하여 보면, 이 사건과 같이 A 회사의 대표이사 또는 이사인 피고인들이 종전 규정이나 개정 규정에 의하여 위 골프장 이용에 따른 비용을 면제받은 행위가 이사로서의 임무에 위배되는 행위에 해당하는지 여부 내지 그에 관하여 피고인들의 배임의 고의가 인정되는지 여부를 판단함에 있어서는, 위와 같은 각 규정의 적용을 통하여 단순히 회사에게 금전적인 수입의 감소가 발생하고 피고인들에게 동액 상당의 금전적 이익이 발생하였는지 여부만을 기준으로 살필 것이 아니라, 구체적으로 위 각 규정의 제정 및 개정의 시기·동기·경위·절차, 피해자 주식회사의 영업 규모나 방식, 재정상태, 골프장 이용객 수, 관련 업계의 관행, 종전 규정이나 개정 규정의 효력 여하 및 피고인들이 위 각 규정을 적용하지 말아야 할 법령상 또는 신의칙상 의무가 있는지 여부, 위 각 규정에서 정하고 있는 비용면제의 범위 및 정도가 객관적, 합리적으

결산시점에 이르러 1년 단위로 수지상등이 되도록 정산을 하는 방법으로 운영하여야 할 상호금융자금의 성격상, 상호금융특별회계 자금의 운용에 있어 전월의 운용수익에 손실이 있다 하더라도, 그 다음달에 즉시 이자율을 인하하지 아니하고 이미 정해놓은 이자율에 따라 단위조합에 이자를 지급한 것만으로는 바로 배임행위에 해당한다고 단정하기는 어렵고, 각 회계연도 전체를 통틀어 이자의 지급이 통상의 정도를 넘어 각 단위조합에 부당한 이익을 취득하게 하고 축협중앙회에 손해를 끼치는 것으로 볼 수 있을 것인지에 관한 전체적인 평가를 하여 그 배임 여부를 판단하여야 할 것이다."라고 판시하였다(서울고판 2004. 2. 12, 2003노1645).

로 수긍할 수 있는 범위 내에 해당한다고 볼 수 있는지 여부, 위 각 규정의 적용 결과 감소될 수입의 정도와 발생이 예상되는 무형적, 잠재적 이익의 정도, 실제로 피고인들이 위 각 규정에 의하여 비용을 면제받은 시기, 빈도, 액수 등 및 위 골프장 이용 경위 및 동반자, 당시의 피해자 주식회사의 경영상태, 기타 제반 사정들에 관하여 심리를 한 후, 종합적으로 판단하여야 한다고 하여 임무위배행위 해당성 및 고의를 부정하였다.

③ 대판 2009. 6. 11, 2008도4910 피해자 A 자동차 B 정비사업소 주식회사의 1인 이사인 피고인이 A 자동차 주식회사로부터 이 사건 임대차계약과 운영협약을 해지한다는 통보를 받은 후, 계약해지의 효력과 부당성에 대하여 다투지 아니한 채 B 회사의 폐업신고를 하고, 주요한 영업재산인 정비업 허가를 다른 회사에 양도한 행위가 임무위배행위에 해당하는지가 문제되었다. 이에 대하여, B 회사는 A 자동차로부터 건물, 부지 및 정비시설을 임대받고 자동차관리사업 등록을 제공받아 정비용역만을 제공하는 형태의 법인으로, 다른 업체와는 거래를 하지 않고, 영업시설, 영업대상 등을 모두 A 자동차에 의존하고 있어 사실상 A 자동차에 종속되는 것이나 다름이 없어 A 자동차와의 영업이 유지될 수 없다면 존립할 수 없고, 계약해지의 적법 여부는 객관적으로 명백하게 인식할 수 있는 것이라고 보기 어렵고, 법률전문가의 신중한 검토를 거쳐도 그 결론을 쉽게 내기 어려운 사안이며, 피고인으로서는 A 자동차가 주장하는 해지사유가 정당하다고 판단하였을 것으로 보이며, 피고인으로서는 이 사건 해지의 무효를 법적으로 다투는 경우 장기간의 소송을 거쳐야 하고 승소 여부도 불확실하며 최종판결 시까지 영업이 불가하였을 뿐만 아니라 소송이 종료되기 전에 사업권 보장기간이 도과됨이 거의 확실시되는 상황에서 회사 소속 직원들의 생계 등 여러 사정을 고려하여 위와 같은 결정에 이르게 된 점 등 여러 사정을 고려하여 보았을 때 배임의 고의가 있었다고 단정하기 어렵다고 하였다. 251

④ 대판 2012. 1. 12, 2010도15129 한국방송공사 사장인 피고인이 공사와 과세관청 사이의 조세소송 관련 사무를 처리하는 과정에서 환급금을 이용한 재정적자의 일시적 해소를 통한 경영책임의 회피 및 사장직 연임 등의 개인적 이익을 위하여 공사의 이익에 명백하게 반하는 불합리한 내용의 조정안을 제시하면서 무리하게 조정을 추진함으로써 공사에게 재산상 손해를 가하였다는 공소 252

사실에 대하여, 이 사건 조세소송에서 조정을 추진한 동기와 과정, 조정안의 내용 등 여러 사정을 종합하여 피고인이 공사에게 보다 유리한 내용으로 조정안을 관철하지 못한 것이 배임행위에 해당한다고 보았다.

253 ⑤ 대판 2022. 4. 14, 2017도19635(이른바 제일모직 – 삼성물산 합병 사건) 삼성물산의 주주인 국민연금공단의 기금운용본부장 및 투자위원회 위원장인 피고인이 삼성물산과 제일모직 사이의 합병비율을 1(제일모직) : 0.35(삼성물산)로 하는 합병계약의 체결에 찬성함으로써 국민연금공단에 손해를 가하였다고 기소된 사안에서, 피고인에게 기금운용본부장 및 투자위원회 위원장으로서 법령에 정한 의결권행사 기준이 준수되도록 할 임무, 공단에 최대한 이익이 되는 조건으로 합병이 성사되도록 캐스팅보트 활용하여 중간배당을 요구하거나 반대의결로 합병비율의 개선을 요구하는 등 필요한 조치를 할 임무, 투자위원회 위원들이 보건복지부의 부당한 압력에 영향을 받지 않고 자율적·독립적으로 판단할 수 있도록 할 업무상 임무가 있음에도 불구하고, 피고인이 투자위원회 일부 위원에게 찬성을 권유하고, 담당자로 하여금 조작된 합병시너지 수치로 설명하도록 하는 등으로 합병안건의 찬성 의결을 유도하고, 공정한 절차에 의한 투자위원회 회의를 거쳐 합병안건에 대하여 반대의결하거나 전문위원회에 부의하는 등으로 합병비율개선을 요구할 수 있었음에도 이를 하지 아니한 것이 임무위배행위에 해당한다고 인정한 원심판결이 정당하다고 판단하였다.

(c) 전환사채 등의 저가발행행위의 임무위배성

254 회사의 이사가 시가보다 현저하게 낮은 방법으로 신주, 전환사채나 신주인수권부사채 등을 발행한 경우가 임무위배행위에 해당하는지 문제된다. 전환사채 등의 저가발행행위는 해당 행위가 상법상의 자본금에 영향을 미치는 거래, 이른바 자본거래와 관련되었다는 점에서 앞서 본 이사의 자기거래 또는 부당한 자금대여 등을 통한 임무위배행위와 구별된다. 그리고 자본거래행위의 임무위배성을 판단할 때에는 회사의 자본충실 등 상법상의 가치가 중요한 척도로 등장할 수밖에 없다.[427] 이에 따라 신주나 전환사채 발행행위와 같은 자본거래와 관련한 이사의 행위는 회사에 손해를 야기하지 않고 회사에 대한 임무위배행위

427 송호신, "자본거래에 대한 상법의 논리와 형사책임 법리의 구성", 한양법학 22-1, 425; 이철송, "자본거래와 임원의 형사책임", 인권과 정의 359, 대한변호사협회(2006. 7), 97.

도 되지 않는다는 본죄 적용부정설[428]의 입장도 있으며, 주로 상법학자들 사이에 본죄 적용의 당부, 이사의 임무위배의 내용, 재산상 손해의 내용 및 정도에 대한 논의가 이루어지고 있다.[429]

대법원은 전환사채 등의 저가발행행위로 인한 회사의 손해 발생을 인정하고, 본죄의 성립을 긍정하는 입장이다. 255

① 비등록·비상장 법인의 대표이사가 시세차익을 얻을 의도로 주식 시가보다 현저히 낮은 금액(3,000원)을 전환가격으로 한 전환사채를 발행하고 제3자의 이름을 빌려 이를 인수한 사안에서, 전환사채의 발행을 전후하여 이루어진 거래사례 및 인터넷상의 주식시세가 1만 원 내지 3만 원에 이른 사실을 참작하여 적정한 시가는 1만 원으로 평가하고, 발행 당시 회사에 긴급한 자금조달의 필요성이 없었고 단지 대표이사가 주식전환으로 인한 시세차익을 얻을 의도로 발행하였다고 보아, 위와 같은 저가발행행위를 임무위배행위로 판단하였다.[430] 256

그 후 ② 삼성에버랜드 주식회사(이하, 에버랜드라고 한다.) 경영진의 전환사채 저가발행행위가 문제된 사안에서는, 보다 구체적으로 전환사채 저가발행행위의 임무위배성 판단기준과 내용, 손해의 개념 등을 판시하였다. 위 사안에서 판례는 주주배정 방식과 제3자 배정방식을 나누어, ⓐ 제3자 배정방식에 있어서는 저가발행행위의 임무위배성을 인정하고 본죄의 성립을 긍정한 반면, 주주배정 방식에서는 본죄의 성립을 부정하였다. 즉 회사가 주주배정의 방법으로 신주 등을 발행하는 경우에는 발행가액 등을 반드시 시가에 의하여야 하는 것은 아니므로, 원칙적으로 액면가를 하회하여서는 아니된다는 제약 외에는 주주 전체의 이익, 회사의 자금조달의 필요성, 급박성 등을 감안하여 경영판단에 따라 자유로이 그 발행조건을 정할 수 있다고 보아야 하고, 따라서 시가보다 낮게 발행가액 등을 정함으로써 주주들로부터 가능한 최대한의 자금을 유치하지 못하였다 257

---

428 이철송(주 427), 96-116 참조.

429 대표적인 논의로 송호신(주 427), 403-435; 이철송(주 427), 96-116; 장덕조 "전환사채의 저가발행과 회사의 손해, 그리고 주주의 손해", 법조 632, 법조협회(2009. 5), 79-120; 최문희, "경영자의 배임죄와 회사법상 이사의 의무", 저스티스 112, 한국법학원(2009. 8), 37-79 참조.

430 대판 2001. 9. 28, 2001도3191. 또한, 전환권을 행사하여 인수한 주식 중 일부를 회사 직원들에게 전환가격 상당의 돈을 받고 배분하였다고 하더라도 업무상배임죄의 성립에 영향이 없다고 하였다.

고 하더라도 임무위배행위가 되는 것은 아니라고 하였다. 그러나 ⓑ 제3자 배정방식의 경우에는, 제3자는 신주 등을 인수함으로써 회사의 지분을 새로 취득하게 되므로 그 제3자와 회사와의 관계를 주주의 경우와 동일하게 볼 수는 없다고 하였다. 제3자에게 시가보다 현저하게 낮은 가액으로 신주 등을 발행하는 경우에는, 시가를 적정하게 반영하여 발행조건을 정하거나 또는 주식의 실질가액을 고려한 적정한 가격에 의하여 발행하는 경우와 비교하여 그 차이에 상당한 만큼 회사의 자산을 증가시키지 못하게 되는 결과가 발생하므로, 회사법상 공정한 발행가액과 실제 발행가액과의 차액에 발행주식 수를 곱하여 산출된 액수만큼 회사가 손해를 입은 것으로 보아야 하고, 이는 이사의 임무위배행위에 해당하는 것이라고 하였다.[431]

258 그리고 ③ 제3자 배정의 형식을 취한 삼성에스디에스(SDS) 신주인수권부사채 저가발행 사건에서도 같은 이유로 본죄가 성립하는 것으로 보았다.[432]

259 아래에서는 에버랜드 경영진의 전환사채 저가발행 사건의 사실관계와 쟁점을 좀 더 자세히 살펴본다.

260 **[대판 2009. 5. 29, 2007도4949(전)]**[433]

사실관계는 다음과 같다. 에버랜드는 비상장회사로서 1996. 10. 30. 이사회를 열어 전환사채의 발행을 결의하였다(이사회에는 총 17명의 이사 중 8명 참석[434]). 전환사채 발행 당시 에버랜드의 법인주주들은 9개였는데, 대부분 삼성그룹의 다른 계열사 또는 계열사였다가 계열분리된 회사였고, 개인 주주들은 삼성그룹의 회장을 비롯하여 삼성그룹의 전·현직 임원이었다. 전환사채 총액은 약 100억 원, 자금의 사용 목적은 시설자금, 전환조건은 전환사채 총액을 전환가액으로 나눈 주식 수를 기명식 보통주식으로 발행하며, 전환가액은 7,700원, 1996. 11. 14. 기

---

431 대판 2009. 5. 29, 2007도4949(전).

432 대판 2009. 5. 29, 2008도9436.

433 본 판결 평석은 송옥렬, "신주의 저가발행에서 이사의 임무위배", 민사판례연구 33-1, 박영사(2011), 703-741; 최문희(주 429), 37-79; 황정인, "전환사채의 저가발행과 배임죄", 형사판례연구 [18], 한국형사판례연구회, 박영사(2010), 174-222.

434 이사회의 의사결정 자체가 정족수 미달로 무효임에도 전환사채 발행절차를 진행한 것이 본죄에서의 임무위배에 해당하는 것이 아닌지에 대해서는, 본죄에서 임무위배행위라 함은 형식적으로 법령을 위반한 모든 경우를 의미하는 것이 아니고, 문제된 구체적인 행위유형 또는 거래유형 및 보호법익 등을 종합적으로 고려하여 경제적 실질적 관점에서 본인에게 재산상의 손해가 발생할 위험이 있는 행위라고 하면서, 이 사건 전환사채의 발행절차를 중단하지 아니하고 이를 진행한 것이 회사의 재산보호의무위반으로서의 임무위배에 해당한다고 볼 수 없다고 하였다.

준의 주주에게 기존 지분비율대로 우선 배정하되 실권 시에는 이사회의 결의에 의하여 제3자에게 배정하고, 전환사채 청약 및 납입일은 1996. 12. 3.로 정하였다. 에버랜드는 이 같은 내용으로 전환사채 배정기준일 통지 및 전환사채 안내를 발송하였다. 청약 및 납입만기일까지 주주들 중 계열사 1개 주주만 인수청약을 하고 나머지(지분 97.06%) 주주들은 인수청약을 하지 않았다. 이에 에버랜드 이사회는 1996. 12. 3. 주주들이 실권한 전환사채를 삼성그룹 회장의 장남을 포함하여 특수관계인 4인에게 배정하기로 결의하였고, 위 4인은 같은 날 인수청약 및 인수대금 납입을 완료하였다. 이후 이들은 곧바로 전환권을 행사하여 에버랜드의 주주가 되었다. 위와 같이 전환사채의 저가발행으로 회사에 차액 상당 손해가 발생한 부분에 대하여 배임죄로 기소되었다.

이에 대하여 대법원은 이 사건 전환사채 발행은 주주배정 방식에 의한 것으로서, 이사가 시가보다 낮게 발행가액 등을 정함으로써 주주들로부터 가능한 최대한의 자금을 유치하지 못하였다고 하여 임무위배행위에 해당하는 것은 아니라고 하였다. 구체적인 이유는 다음과 같다.

① 신주 등 발행행위의 임무위배성 판단에 있어서 주주배정 방식과 제3자배정 방식의 차이에 대한 판시 내용

회사가 주주들에게 지분비율에 따라 신주 등을 유상으로 발행하는 경우에, 회사로서는 그 인수대금만큼 자금이 유입됨으로써 자본 및 자산의 증가가 이루어지는데 주주들로서는 신주 등을 인수하더라도 기존에 보유하던 지분비율에는 아무런 영향이 없고 단지 보유 주식 수만 늘어나는 것이므로 실질적으로는 기존 주식의 분할과 주주들의 추가 출자가 동시에 이루어지는 셈이라고 할 것이다. 그리고 주주는 회사에 대하여 주식의 인수가액에 대한 납입의무를 부담할 뿐 인수가액 전액을 납입하여 주식을 취득한 후에는 주주 유한책임의 원칙에 따라 회사에 대하여 추가 출자의무를 부담하지 않는 점, 회사가 준비금을 자본으로 전입하거나 이익을 주식으로 배당할 경우에는 주주들에게 지분비율에 따라 무상으로 신주를 발행할 수 있는 점 등에 비추어 볼 때, 회사가 주주배정의 방법, 즉 주주가 가진 주식 수에 따라 신주, 전환사채나 신주인수권부사채(이하 '신주 등'이라 한다)의 배정을 하는 방법으로 신주 등을 발행하는 경우에는 발행가액 등을 반드시 시가에 의하여야 하는 것은 아니다. 따라서, 회사의 이사로서는 주주배정의 방법으로 신주를 발행하는 경우 원칙적으로 액면가를 하회하여서는 아니 된다는 제약 외에는 주주 전체의 이익, 회사의 자금조달의 필요성, 급박성 등을 감안하여 경영판단에 따라 자유로이 그 발행조건을 정할 수 있다고 보아야 하므로, 시가보다 낮게 발행가액 등을 정함으로써 주주들로부터 가능한 최대한의 자금을 유치하지 못하였다고 하여 배임죄의 구성요건인 임무위배, 즉 회사의 재산보호의무를 위반하였다고 볼 것은 아니다.

그러나 주주배정의 방법이 아니라 제3자에게 인수권을 부여하는 제3자 배정방법의 경우, 제3자는 신주 등을 인수함으로써 회사의 지분을 새로 취득하게 되므로 그 제3자와 회사와의 관계를 주주의 경우와 동일하게 볼 수는 없다. 제3자에게 시가보다 현저하게 낮은 가액으로 신주 등을 발행하는 경우에는 시가를 적정하게 반영하여 발행조건을 정하거나 또는 주식의 실질가

액을 고려한 적정한 가격에 의하여 발행하는 경우와 비교하여 그 차이에 상당한 만큼 회사의 자산을 증가시키지 못하게 되는 결과가 발생하는데, 이 경우에는 회사법상 공정한 발행가액과 실제 발행가액과의 차액에 발행주식수를 곱하여 산출된 액수만큼 회사가 손해를 입은 것으로 보아야 한다. 이러한 회사의 손해는, 시가보다 낮은 가격으로 발행된 신주와 기존 주주들이 보유하고 있던 구주가 주주평등의 원칙에 따라 동등하게 취급됨으로 말미암아 구주의 실질가치가 희석됨으로써 기존 주주들이 입는 손해와는 그 성질과 귀속 주체를 달리하며 그 평가방법도 일치하지 아니하므로, 신주 등의 저가발행으로 인한 회사의 손해와 주주의 손해는 마땅히 구별되어야 할 성질의 것이다.

이와 같이 현저하게 불공정한 가액으로 제3자 배정방식에 의하여 신주 등을 발행하는 행위는 이사의 임무위배행위에 해당하는 것으로서 그로 인하여 회사에 공정한 발행가액과의 차액에 상당하는 자금을 취득하지 못하게 되는 손해를 입힌 이상 이사에 대하여 배임죄의 죄책을 물을 수 있다. 다만, 회사가 제3자 배정의 방법으로 신주 등을 발행하는 경우에는 회사의 재무구조, 영업전망과 그에 대한 시장의 평가, 주식의 실질가액, 금융시장의 상황, 신주의 인수가능성 등 여러 사정을 종합적으로 고려하여, 이사가 그 임무에 위배하여 신주의 발행가액 등을 공정한 가액보다 현저히 낮추어 발행한 경우에 해당하는지를 살펴 이사의 업무상배임죄의 성립 여부를 판단하여야 한다.

② 주주배정 방식과 제3자 배정방식을 구별하는 기준에 대한 다수의견의 판시 내용

신주 등의 발행에서 주주 배정방식과 제3자 배정방식을 구별하는 기준은 회사가 신주 등을 발행하는 때에 주주들에게 그들의 지분비율에 따라 신주 등을 우선적으로 인수할 기회를 부여하였는지 여부에 따라 객관적으로 결정되어야 할 성질의 것이지, 신주 등의 인수권을 부여받은 주주들이 실제로 인수권을 행사함으로써 신주 등을 배정받았는지 여부에 좌우되는 것은 아니다. 회사가 기존 주주들에게 지분비율대로 신주 등을 인수할 기회를 부여하였는데도 주주들이 그 인수를 포기함에 따라 발생한 실권주 등을 제3자에게 배정한 결과 회사 지분비율에 변화가 생기고, 이 경우 신주 등의 발행가액이 시가보다 현저하게 낮아 그 인수권을 행사하지 아니한 주주들이 보유한 주식의 가치가 희석되어 기존 주주들의 부가 새로이 주주가 된 사람들에게 이전되는 효과가 발생하더라도, 그로 인한 불이익은 기존 주주들 자신의 선택에 의한 것일 뿐이다. 또한, 회사의 입장에서 보더라도 기존 주주들이 신주 등을 인수하여 이를 제3자에게 양도한 경우와 이사회가 기존 주주들이 인수하지 아니한 신주 등을 제3자에게 배정한 경우를 비교하여 보면 회사에 유입되는 자금의 규모에 아무런 차이가 없을 것이므로, 이사가 회사에 대한 관계에서 어떠한 임무에 위배하여 손해를 끼쳤다고 볼 수는 없다.

그리고 상법상 전환사채를 주주배정방식에 의하여 발행하는 경우에도 주주가 그 인수권을 잃은 때에는 회사는 이사회의 결의에 의하여 그 인수가 없는 부분에 대하여 자유로이 이를 제3자에게 처분할 수 있는 것인데(상법 제513조의3, 제419조 제4항, 제469조), 단일한 기회에 발행되는 전환사채의 발행조건은 동일하여야 하므로, 주주배정으로 전환사채를 발행하는 경우에

주주가 인수하지 아니하여 실권된 부분에 관하여 이를 주주가 인수한 부분과 별도로 취급하여 전환가액 등 발행조건을 변경하여 발행할 여지가 없다. 그러므로 주주배정의 방법으로 주주에게 전환사채인수권을 부여하였지만 주주들이 인수청약하지 아니하여 실권된 부분을 제3자에게 발행하더라도 주주의 경우와 같은 조건으로 발행할 수밖에 없고, 이러한 법리는 주주들이 전환사채의 인수청약을 하지 아니함으로써 발생하는 실권의 규모에 따라 달라지는 것은 아니다.

③ 지배권 이전을 목적으로 한 전환사채의 발행이 이사의 임무위배행위에 해당하는지에 대한 다수의견의 판시내용

이사가 주식회사의 지배권을 기존 주주의 의사에 반하여 제3자에게 이전하는 것은 기존 주주의 이익을 침해하는 행위일 뿐 지배권의 객체인 주식회사의 이익을 침해하는 것으로 볼 수는 없다 할 것인바, 주식회사의 이사는 주식회사의 사무를 처리하는 자의 지위에 있다고 할 수 있지만 주식회사와 별개인 주주들에 대한 관계에서 직접 그들의 사무를 처리하는 자의 지위에 있는 것은 아니다. 더욱이 경영권의 이전은 지배주식을 확보하는 데 따르는 부수적인 효과에 불과한 것인바, 회사 지분비율의 변화가 기존 주주 스스로의 선택에 기인한 것이라면 이사에게 지배권 이전과 관련하여 임무위배가 있다고 할 수 없다.

④ 주주 배정방식과 제3자 배정방식의 구별기준에 대한 반대의견의 판시 내용

신주 등의 발행이 주주 배정방식인지 여부는, 발행되는 모든 신주 등을 모든 주주가 그 가진 주식 수에 따라서 배정받아 이를 인수할 기회가 부여되었는지 여부에 따라 결정되어야 하고, 주주에게 배정된 신주 등을 주주가 인수하지 아니함으로써 생기는 실권주의 처리에 관하여는 상법에 특별한 규정이 없으므로 이사는 그 부분에 해당하는 신주 등의 발행을 중단하거나 동일한 발행가액으로 제3자에게 배정할 수 있다. 그러나 주주 배정방식으로 발행되는 것을 전제로 하여 신주 등의 발행가액을 시가보다 현저히 저가로 발행한 경우에, 그 신주 등의 상당 부분이 주주에 의하여 인수되지 아니하고 실권되는 것과 같은 특별한 사정이 있는 때에는, 그와 달리 보아야 한다. 주주 배정방식인지 제3자 배정방식인지에 따라 회사의 이해관계 및 이사의 임무 내용이 달라지는 것이므로, 회사에 대한 관계에서 위임의 본지에 따른 선관의무상 제3자 배정방식의 신주 등 발행에 있어 시가발행의무를 지는 이사로서는, 위와 같이 대량으로 발생한 실권주에 대하여 발행을 중단하고 추후에 그 부분에 관하여 새로이 제3자 배정방식에 의한 발행을 모색할 의무가 있고, 그렇게 하지 아니하고 그 실권주를 제3자에게 배정하여 발행을 계속할 경우에는 그 실권주를 처음부터 제3자 배정방식으로 발행하였을 경우와 마찬가지로 취급하여 발행가액을 시가로 변경할 의무가 있다고 봄이 상당하다. 이와 같이 대량으로 발생한 실권주를 제3자에게 배정하는 것은, 비록 그것이 주주 배정방식으로 발행한 결과라고 하더라도, 그 실질에 있어 당초부터 제3자 배정방식으로 발행하는 것과 다를 바 없고, 이를 구별할 이유도 없기 때문이다. 그러므로 신주 등을 주주 배정방식으로 발행하였다고 하더라도, 상당 부분이 실권되었음에도, 이사가 그 실권된 부분에 관한 신주 등의 발행을 중단하지도 아니하고 그 발행가액 등의 발행조건을 제3자 배정방식으로 발행하는 경우와 마찬가지로 취급하여 시가로 변

경하지도 아니한 채 발행을 계속하여 그 실권주 해당부분을 제3자에게 배정하고 인수되도록 하였다면, 이는 이사가 회사에 대한 관계에서 선관의무를 다하지 아니한 것에 해당하고, 그로 인하여 회사에 자금이 덜 유입되는 손해가 발행하였다면 업무상배임죄가 성립한다.

⑤ 실권주 발생 시 처리방법과 이사의 의무에 대한 다수의견과 반대의견의 판시 내용

[다수의견] 상법상 전환사채를 주주 배정방식에 의하여 발행하는 경우에도 주주가 그 인수권을 잃은 때에는 회사는 이사회의 결의에 의하여 그 인수가 없는 부분에 대하여 자유로이 이를 제3자에게 처분할 수 있는 것인데, 단일한 기회에 발행되는 전환사채의 발행조건은 동일하여야 하므로, 주주배정으로 전환사채를 발행하는 경우에 주주가 인수하지 아니하여 실권된 부분에 관하여 이를 주주가 인수한 부분과 별도로 취급하여 전환가액 등 발행조건을 변경하여 발행할 여지가 없다. 주주배정의 방법으로 주주에게 전환사채인수권을 부여하였지만 주주들이 인수청약하지 아니하여 실권된 부분을 제3자에게 발행하더라도 주주의 경우와 같은 조건으로 발행할 수밖에 없고, 이러한 법리는 주주들이 전환사채의 인수청약을 하지 아니함으로써 발생하는 실권의 규모에 따라 달라지는 것은 아니다.

[반대의견] 상법에 특별한 규정은 없지만, 일반적으로 동일한 기회에 발행되는 전환사채의 발행조건은 균등하여야 한다고 해석된다. 그러나 주주에게 배정하여 인수된 전환사채와 실권되어 제3자에게 배정되는 전환사채를 '동일한 기회에 발행되는 전환사채'로 보아야 할 논리필연적인 이유나 근거는 없다. 실권된 부분의 제3자 배정에 관하여는 다시 이사회 결의를 거쳐야 하는 것이므로, 당초의 발행결의와는 동일한 기회가 아니라고 볼 수 있다. 그 실권된 전환사채에 대하여는 발행을 중단하였다가 추후에 새로이 제3자 배정방식으로 발행할 수도 있는 것이므로, 이 경우와 달리 볼 것은 아니다. 그리고 주주 각자가 신주 등의 인수권을 행사하지 아니하고 포기하여 실권하는 것과 주주총회에서 집단적 의사결정 방법으로 의결권을 행사하여 의결하는 것을 동일하게 평가할 수는 없는 것이므로, 대량의 실권이 발생하였다고 하여 이를 전환사채 등의 제3자 배정방식의 발행에 있어서 요구되는 주주총회의 특별결의가 있었던 것으로 간주할 수도 없다. 그러므로 신주 등을 주주배정방식으로 발행하였다고 하더라도, 상당 부분이 실권되었음에도 불구하고, 이사가 그 실권된 부분에 관한 신주 등의 발행을 중단하지도 아니하고 그 발행가액 등의 발행조건을 제3자배정방식으로 발행하는 경우와 마찬가지로 취급하여 시가로 변경하지도 아니한 채 발행을 계속하여 그 실권주 해당부분을 제3자에게 배정하고 인수되도록 하였다면, 이는 이사가 회사에 대한 관계에서 선관의무를 다하지 아니한 것에 해당하고, 그로 인하여 회사에 자금이 덜 유입되는 손해가 발행하였다면 업무상배임죄가 성립한다고 보아야 할 것이다.

261 위와 같은 대법원의 입장에 대하여는, 주주와 회사를 법리적으로 구별하여 1인 회사의 경우에도 본죄와 횡령죄를 인정하고, 이사는 회사에 대하여 충실의무를 부담할 뿐 주주에 대하여는 직접적으로 의무를 부담하지 않는다는 기존

판례의 태도에 비추어 볼 때, 주주배정 방식과 제3자 배정방식 사이에 회사에 대한 손해 유무에 차이가 있을 수 없음에도 불구하고 주주배정 방식에 있어서는 마치 회사의 이익과 주주 전체의 이익을 동일시할 수 있는 것처럼 설명하면서 임무위배성을 부인하고, 이사가 신주인수권을 발행함에 있어서도 회사에 대한 충실의무를 부담한다는 측면을 간과하고 실권주 처리 방식에 대하여 지나치게 형식적인 기준에 따라 임무위배성을 부인하였다는 비판이 제기된다.[435]

(d) 차입매수(LBO) 형태의 기업인수와 배임죄의 성부

차입매수 또는 차입인수(Leveraged Buyout)(이하, '차입매수'라고 한다.)란 일반적으로 기업인수를 위한 자금의 상당 부분에 관하여 피인수회사의 자산을 담보로 제공하거나 그 상당 부분을 피인수기업의 자산으로 변제하기로 하여 차입한 자금으로 충당하는 방식의 기업인수 기법을 일괄하여 부르는 경영학상의 용어[436]이다. 거래의 현실에서 차입매수의 구체적인 태양은 다양하지만, 차입매수의 통상적인 절차는, ① 기업을 인수하려는 측이 대상기업을 정하고, ② 자금을 구하는 절차에서 자금대여자인 차주(借主)(loan provider)를 구하여 차주와 인수대상회사의 자산 처리에 대한 약속을 한 후 돈을 빌리고, ③ 인수대상 회사의 경영권을 취득하고, ④ 약속대로 담보를 제공하는 절차로 이루어지게 된다.[437] 차입매수가 일의적인 법적 개념이 아니고, 우리 법체계에서 차입매수 자체를 따로 규율하는 법률이 존재하지 않지만, 차입매수 과정에서 피인수회사에 대하여 타인의 사무를 처리하는 자의 지위에 있게 되는 사람(주로 피인수회사의 대표이사나 이사 등 경영진)가 피인수회사의 자산을 담보로 제공하는 등의 행위를 통하여 피인수회사에 대하여 선관주의의무 등 임무에 위배하는 행위를 하고, 이로 인하여 피인수회사에게 재산상 손해를 가할 가능성이 존재한다는 점에서, 본죄의 구성요건에 해당하는지 문제된다. 262

대법원은 대판 2006. 11. 9, 2004도7027에서 이른바 담보제공형 차입매수에 대하여 본죄의 성립을 인정한 이래, 차입매수행위에 대하여 본죄의 성립 가 263

435 송옥렬(주 433), 712-737; 최문희(주 429), 48-55(실권주 처리방법과 이사의 임무내용과 관련하여 일본 하급심 판례와 학설을 중심으로 한 검토내용), 69-76 참조.

436 대판 2010. 4. 15, 2009도6634.

437 최승재, "대법원판결로 보는 차입매수와 배임죄", 법과 기업연구 5-3, 서강대학교 법학연구소, (2015. 12), 43.

능성을 인정하고 있다. 또한 차입매수를 따로 규율하는 법률이 없는 이상 일률적으로 차입매수방식에 의한 기업인수를 주도한 관련자들에게 본죄가 성립한다거나 성립하지 아니한다고 단정할 수 없고, 본죄의 성립 여부는 차입매수가 이루어지는 과정에서의 행위가 본죄의 구성요건에 해당하는지 여부에 따라 개별적으로 판단되어야 한다[438]고 판시하고 있다.

264 결국, 문제된 차입매수가 본죄를 구성하는지는 본죄의 일반적인 구성요건요소에 포섭될 수 있는지에 대한 검토와 함께 경영판단의 원칙, 모험거래로서의 특성, 더 나아가 기업인수거래에서 사용되는 특수한 금융기법이라는 인수금융으로서의 성격 등이 종합적으로 고려되어야 할 것이다. 다양한 거래 방식에 따른 차입매수를 유형화하기는 어렵겠으나, 지금까지 본죄의 성부가 문제된 거래형태들을 중심으로 ① 담보제공형, ② 합병형, ③ 유상감자 및 배당형, ④ 복합형으로 나누어,[439] 본죄의 성립 여부가 문제된 대표적인 판례들을 살펴보면 다음과 같다.

265 **[대판 2006. 11. 9, 2004도7027[440] - 이른바 '신한 사건', 위 ①의 담보제공형 차입매수 유형에 대하여 배임죄의 성립을 인정한 사안][441]**

[사실관계] 피고인은 회사정리절차가 진행 중인 A 주식회사를 인수하기 위하여 서류상 회사인 B 회사를 설립하고 대표이사로서 C 종금으로부터 350억 원을 대출받으면서 그 담보를 위하여 B 회사가 A 회사의 유상증자에 참여하여 취득하게 될 A 회사의 신주 520만 주에 대하여 C 종금에게 근질권을 설정하여 주고, B 회사가 A 회사를 인수한 후에 A 회사의 소유인 이 사건 담보부동산에 대하여 C 종금에 근저당권을 설정하여 주기로 약정하였다. 위 약정에 따라 B 회사는 위 대출금으로 인수한 A 회사의 신주 520만 주에 대하여 C 종금에 대하여 근질권을 설정해 주었다가 피고인이 A 회사의 대표이사로 선임된 다음 이 사건 담보부동산에 대하여 여러 차례에 걸쳐 근저당권을 설정하여 주고, 위 C 종금으로부터 위 신주를 반환받았다. 이와는 별도로

438 대판 2010. 4. 15, 2009도6634.

439 이와 같은 네 가지 유형의 분류는 대판 2006. 11. 9, 2004도7027 이래 대법원의 판단을 받은 여러 유형의 차입매수 사안들을 가능한 한 유형화함으로써 본죄의 성립 여부에 대한 예측가능성 및 규범력을 높이기 위한 목적으로 학자들에 의하여 이루어진 것으로 이해된다. 관련된 설명으로는, 김성돈, 456-458; 이정민, "LBO와 업무상배임죄", 아주법학 9-3(2015), 316-319; 최승재(주 437), 43-55 참조.

440 본 판결 평석은 이용식, "차입매수(LBO)에 대한 형사책임", 법학논집 14-3, 이화여자대학교 법학연구소(2010. 3), 83-114 참조.

441 같은 취지로 대판 2008. 2. 28, 2007도5987(위 2004도7027 판결의 환송 후 판결).

피고인은 B 회사의 대표이사로서 한미은행으로부터 320억 원을 대출받으면서 B 회사가 인수하는 A 회사에 대한 정리채권 및 정리담보권 합계 620억 원 상당을 한미은행에 담보로 제공하고, 회사정리절차가 종결된 후 당시 A 회사가 보유하고 있던 예금 합계 333억여 원 중 320억 원을 인출하여 한미은행에 예금하며 위 예금에 근질권을 설정하여 주는 대신에 위 정리채권 등을 반환받기로 약정하였다. 위 약정에 따라 피고인은 A 회사의 대표이사로 선임된 다음 한미은행에 예금 320억 원에 대하여 근질권을 설정해주고 위 정리채권 등에 대한 담보를 해지하였다. 위와 같이 피고인은 서류상 회사인 A 회사가 A 회사의 주식 및 A 회사에 대한 정리채권 등을 인수하기 위하여 금융기관으로부터 대출받은 자금에 관하여 A 회사의 자산을 담보로 제공하였으면서도, A 회사의 담보 제공 부담에 상응하는 반대급부를 제공하거나 최소한 위 대출금이 상환될 때까지 B 회사가 인수한 주식, 채권 등이 임의로 처분되지 못하도록 A 회사 또는 금융기관에 담보로 제공하는 등의 조치를 취하지 아니하였다.

[판시 내용] 기업인수에 필요한 자금을 마련하기 위하여 그 인수자가 금융기관으로부터 대출을 받고 나중에 피인수회사의 자산을 담보로 제공하는 방식을 사용하는 경우, 피인수회사로서는 주채무가 변제되지 아니할 경우에는 담보로 제공되는 자산을 잃게 되는 위험을 부담하게 되므로 인수자만을 위한 담보제공이 무제한 허용된다고 볼 수 없고, 인수자가 피인수회사의 위와 같은 담보제공으로 인한 위험부담에 상응하는 대가를 지급하는 등의 반대급부를 제공하지 않고 임의로 피인수회사의 재산을 담보로 제공하게 하였다면, 인수자 또는 제3자에게 담보 가치에 상응한 재산상 이익을 취득하게 하고 피인수회사에게 그 재산상 손해를 가하였다고 봄이 상당하다. 부도로 인하여 회사정리절차가 진행 중인 주식회사의 경우에도 그 회사의 주주나 채권자들의 잠재적 이익은 여전히 보호되어야 하므로, 피인수회사가 회사정리절차를 밟고 있는 기업이라고 하더라도 위와 같은 결론에는 아무런 영향이 없다. 피고인이 위 담보 제공 후 A 회사의 경영 정상화를 위하여 노력하였다는 사정은 위법하게 이루어진 담보제공에 관한 배임의 고의를 부정할 사유가 되지 못한다.

[대판 2010. 4. 15, 2009도6634 - 이른바 '한일합섬 사건', 위 ②의 합병형 차입매수 유형에 대하여 배임죄의 성립을 부정한 사안] 266

동양그룹 소속 A 회사는 법원의 회생절차 중에 있는 대상회사(한일합섬)의 매각입찰에 참가하여 우선협상대상자로 선정된 후 투자계약을 체결하고, 특수목적회사로 B 회사를 설립하여 B 회사가 대상회사의 신주를 인수하고, 소수주주들의 주식을 공개매수하는 등으로 실질적으로 91.5%의 지분을 취득하였다. 인수자금으로 한국산업은행 등으로 4,667억 원을 대출받았으며, 그 담보로 인수주식에 대한 근질권설정 등을 하였다. 그리고 A 회사로부터도 1,002억 원의 자본투자를 받았다. B 회사는 대상회사의 회사채 2,000억 원, 신주 3,002억 원을 인수하는 방식으로 대상회사를 인수하였다. 그 후 대상회사는 회생절차종결 결정을 받았으며, 동양그룹은 대상회사의 이사진을 새로 구성하여 경영권을 넘겨받았다. 그 후 바로 인수한 회사채 2,000억 원을 상환받아 한국산업은행의 대출금을 변제하고, 이어서 A 회사가 B 회사, 그리고 대상회사와 순차적으로 합병한 후 당초 대상회사가 보유하고 있던 현금 1,800억 원 등으로 인수대금 채무 잔액 2,667억 원을 변제하였다.

검사는 대상회사의 인수과정에서 차입한 대출금 채무 중 상당 부분을 대상회사의 현금성 자산을 이용해 상환하기 위한 목적으로, 재무구조가 A 회사보다 견고할 뿐만 아니라 부채가 거의 없었던 대상회사와 그에 비하여 재무구조가 상대적으로 부실하였던 A 회사를 합병시킴으로써 A 회사에 재산상 이익을 취득하게 하고 대상회사에 손해를 가하였다는 내용으로 공소를 제기하였다.

이에 대하여 항소심 법원은, 합병의 본질과 그 효과 및 상법상 합병비율, 주주총회의 특별결의, 합병에 반대하는 주주들의 주식매수청구권, 채권자 보호절차 등을 통하여 합병에 반대하는 주주들이나 채권자들이 보호받을 수 있는 제도가 마련되어 있는 점 등을 이유로 대상회사가 1,800억 원 상당 내지 법인격 소멸에 따른 현금 유동성 상실이라는 손해를 입었다고 볼 수 없다고 하여 무죄를 선고하였다.[442]

이에 대하여 대법원은, "이른바 차입매수 또는 LBO란 일의적인 법적 개념이 아니라 일반적으로 기업인수를 위한 자금의 상당 부분에 관하여 피인수회사의 자산을 담보로 제공하거나 그 상당 부분을 피인수기업의 자산으로 변제하기로 하여 차입한 자금으로 충당하는 방식의 기업인수 기법을 일괄하여 부르는 경영학상의 용어로, 거래현실에서 그 구체적인 태양은 매우 다양하다. 이러한 차입매수에 관하여는 이를 따로 규율하는 법률이 없는 이상 일률적으로 차입매수방식에 의한 기업인수를 주도한 관련자들에게 배임죄가 성립한다거나 성립하지 아니한다고 단정할 수 없는 것이고, 배임죄의 성립 여부는 차입매수가 이루어지는 과정에서의 행위가 배임죄의 구성요건에 해당하는지 여부에 따라 개별적으로 판단되어야 한다."고 하면서, 원심이 위와 같이 인수 및 합병한 경위와 과정에 관한 사실을 인정한 다음 이는 피인수회사의 자산을 직접 담보로 제공하고 기업을 인수하는 방식과 다르고 위 합병의 실질이나 절차에 하자가 없다는 사정 등을 들어 위 합병으로 인하여 대상 회사가 손해를 입었다고 볼 수 없다고 판단한 것은 정당하다고 하여, 배임죄의 성립을 부정하였다.

267 **[대판 2013. 6. 13, 2011도524 - 이른바 '대선주조 사건', 위 ③의 유상감자 및 배당형 차입매수 유형[443]에 대하여 배임죄의 성립을 부정한 사안]**

본건은, A 회사의 B 회사 인수를 위한 대출금 변제를 목적으로 피고인들이 유상감자 및 이익배당을 실시하여 결국 614억 원을 회사에서 빼내어 감으로써 A 회사로 하여금 동액 상당의 이익을 취득하게 하고 B 회사에게 재산상 손해를 가하였다는 내용으로 공소제기 된 것이다.

이에 대하여 원심은, 피고인들이 B 회사의 이사로서 수행한 유상감자 및 이익배당으로 인하여

---

442 사실관계 및 원심판결의 요약 내용은 최승재(주 437), 48-49를 인용하였음.

443 이를 자산인출형 차입매수 유형이라고도 한다. 같은 취지로 대판 2011. 12. 22, 2011도1544.

B 회사의 적극재산이 감소하였다고 하더라도 이는 우리 헌법 및 상법 등 법률이 보장하는 사유재산제도, 사적자치의 원리에 따라 주주가 가지는 권리의 행사에 따르는 결과에 불과하고, 유상감자 당시 B 회사의 영업이익이나 자산규모 등에 비추어 볼 때 유상감자 절차에 있어서 절차상의 일부 하자로 인하여 B 회사의 채권자들에게 손해를 입혔다고 볼 수 없으며, 1주당 감자 환급금액과 B 회사의 배당가능이익을 감안하면 결국 이 사건 유상감자 및 이익배당으로 인하여 B 회사의 주주들에게 부당한 이익을 취득하게 함으로써 B 회사에 손해를 입혔다고 볼 수 없다고 판단하였고, 대법원은 이를 정당하다고 하면서 배임죄의 성립을 부정하였다.

[대판 2015. 3. 12, 2012도9148 - 이른바 '온세통신 사건', 위 ④의 복합형 차입매수 유형에 대하여 배임죄의 성립을 부정한 사안] 268

[사실관계][444] ㈜유비스타의 대표이사인 피고인은 온세통신의 자산을 담보로 제공하고 인수자금을 마련하여 온세통신을 인수하는 소위 차입매수 방식을 추진하기로 하고, 2006. 2.경 온세통신에 대한 매각입찰에 참여하면서 총 인수자금을 1,420억 원으로 하여 향후 온세통신을 인수하면 계속기업으로 유지하면서 온세통신의 경영을 정상화할 것이라는 취지로 인수제안을 하고, 2006. 3. 수원지방법원으로부터 우선협상대상자로 선정되었다. 피고인은 2006. 4.부터 두 달 사이에 유상증자 222억 원, 전환사채 발행 740억 원, 은행대출 950억 원 그리고 내부자금 71억 원을 동원하여 인수자금을 마련하였다. 이 과정에서 피고인은 온세통신의 경영권을 확보한 후에 온세통신이 보유하고 있는 예금채권(88억 원), 매출채권(100억 원) 및 전세보증금채권(90억 원) 등을 담보로 제공하겠다는 약정을 하였다. 2006. 7. 6.까지 유비스타는 인수대금 1,544억 원을 모두 납입함으로써 온세통신 주식 100%를 소유하게 되었다. 이후 2006. 9. 피고인은 온세통신의 대표이사로 취임하였고 곧바로 온세통신 주식회사에 대한 회사정리 절차가 종료되었다. 온세통신을 인수한 이후에 피고인은 온세통신 주식회사 소유의 부동산에 근저당권을 설정해주고 2006. 10.에 우리은행으로부터 834억 원을 장기대출 받았다. 이 834억 원으로 피고인은 온세통신의 사채 834억 원을 조기상환하였다. 그리고 2006. 12. 말 온세통신 사옥을 매각하여 그 대금을 우리은행에서 차입한 장기대출금과 이자를 모두 상환하였다. 유비스타와 온세통신의 합병을 전제로 인수계약이 논의되어 2006. 10. 2.경 금융감독원의 공정공시 등을 통하여 합병예정을 대외적으로 공시한 후 2007. 11. 12.경 유비스타가 온세통신을 흡수합병하였다.

피고인의 위와 같은 담보제공행위와 신주인수권부사채의 조기상환행위에 대하여 특정경제범죄법위반(배임)으로 기소되었다.

[판시 내용] 대법원은, 유비스타가 온세통신을 인수하는 과정에서 유비스타의 내부에 유보되어 있던 자금이나 유비스타의 유상증자 및 전환사채 발행 등에 의하여 자체적으로 마련한 자금도

---

444 사실관계는 원창연, "차입매수(LBO)와 배임죄의 성부", 연세글로벌비즈니스 법학연구 5-1, 연세대학교 법학연구원 글로벌비즈니스와 법센터(2013. 6), 102-103; 최승재(주 437), 1-2를 인용하였음.

상당 정도 투입하였으므로 인수자가 피인수회사에 아무런 반대급부를 제공하지 않고 임의로 피인수회사의 재산을 담보로 제공하게 한 경우와는 근본적으로 차이가 있는 점, 유비스타가 온세통신의 구주를 전부 소각하고 신주를 100% 취득하여 온세통신의 1인주주가 됨으로써 유비스타와 온세통신의 경제적인 이해관계가 일치하게 된 점, 유비스타는 온세통신 인수의 우선협상대상자로 지정받은 후 2006. 5. 23. 온세통신과 이 사건 투자계약을 체결할 당시부터 온세통신과 합병을 전제로 인수계약을 논의하였고, 2006. 10. 2. 합병예정을 대외적으로 공시한 후 2007. 11. 12.경 온세통신을 흡수합병함으로써 법률적으로도 합일하여 동일한 인격체가 되었으며, 이러한 인수합병의 실질이나 절차에 하자가 있다는 점을 기록상 찾아볼 수 없고, 위 합병의 효과에 의하여 인수자인 유비스타와 피인수자인 온세통신의 재산은 혼연일체가 되어 합병 전에 이루어진 온세통신의 그것으로 귀결된 점, 유비스타는 이 사건 투자계약 체결 시 온세통신의 기존 근로자들의 고용보장을 약정하였고 실제로 온세통신 인수 후 기존 근로자들의 고용 관계를 그대로 유지한 점 등의 사정을 종합하면, 피고인이 온세통신의 인수자금 또는 유비스타의 운영자금을 조달하면서 업무상 임무에 위배하여 온세통신의 부동산 등 자산을 담보로 제공하거나 신주인수권부사채를 조기 상환함으로써 유비스타로 하여금 이득을 취하게 하고 온세통신에게 손해를 가하였다고 볼 수 없을 뿐만 아니라 피고인에게 유비스타에게 이익을 주고 온세통신에 손해를 가하려는 의사, 즉 배임의 범의가 있었다고 볼 수 없다고 보았다.

269 위와 같은 유형별 대표적 판결 외에 차입매수와 관련된 판례를 살펴보면 다음과 같다.

270 **[배임죄의 성립을 인정한 판례]**

① 피고인이 지배하는 A 그룹의 계열회사인 B 회사가 정리회사인 C 회사를 인수함에 있어, 피고인이 B 회사를 통해 C 회사를 인수하는 데 필요한 자금을 마련하기 위하여 B 회사 명의로 금융기관으로부터 대출을 받고 이에 대한 담보로 C 회사의 부동산에 근저당권을 설정해 준 사안에서, 피인수회사인 C 회사로서는 주채무가 변제되지 아니할 경우에는 담보로 제공되는 자산을 잃게 되는 위험을 부담하게 되므로 인수자인 B 회사에게 담보 가치에 상응한 재산상 이익을 취득하게 하고 C 회사에 그 재산상 손해를 가한 것에 해당하고, C 회사가 금융기관에서 신용장을 개설할 때 B 회사가 근보증을 제공해 주었다는 등의 사정만으로는 인수자가 피인수회사의 위와 같은 담보제공으로 인한 위험 부담에 상응하는 대가를 지급하는 등의 반대급부를 제공한 것으로 볼 수 없다는 등의 이유로, 업무상배임죄에 해당한다고 판단한 원심판결은 정당하다고 판시하였다.[445]

② ㈜ 하이마트의 대표이사 겸 대주주였던 피고인이 ㈜ 하이마트를 매각하면서 다른 이사들과 공모하여, 인수자인 A 사모펀드가 특수목적법인(SPC)인 하이마트홀딩스㈜를 통해 대주단으

445 대판 2012. 6. 14, 2012도1283(담보제공형).

로부터 인수자금을 대출받을 때 피인수회사인 ㈜ 하이마트 소유의 부동산에 관하여 근저당권을 설정하게 한 사안에서, 피고인의 위 행위는 A의 ㈜ 하이마트 인수에 필요한 자금을 마련하기 위해 하이마트홀딩스 ㈜가 대주단과 사이에 체결한 대출계약에 따라 대출받은 인수자금 대출금 채무가 합병을 통하여 ㈜ 하이마트에 승계되고, 이로 인하여 ㈜ 하이마트로서는 보유 부동산 전부가 인수자금 대출금 채무를 위한 책임재산으로 제공되어 장차 이를 변제하지 못할 경우 환가처분될 수 있는 위험을 부담하게 한 것으로서, 이러한 담보제공에 따른 위험 부담에 상응하는 반대급부의 제공이 없어 LBO 관련 대표이사로서의 임무를 위배하는 행위에 해당한다고 판단한 원심판결은 정당하다고 판시하였다.[446]

(e) 가장납입행위의 임무위배성

주식회사의 설립업무 또는 증자업무를 담당한 사람과 주식인수인이 사전 공모하여 주금납입 취급은행 이외의 제3자로부터 납입금에 해당하는 금액을 차입하여 주금을 납입하고 납입취급은행으로부터 납입금보관증명서를 교부받아 회사의 설립등기절차 또는 증자등기절차를 마친 직후 이를 인출하여 위 차용금 채무의 변제에 사용하는 경우, 먼저 회사에 대한 업무상횡령 내지 업무상배임죄가 성립하는지 문제된다. 이에 대하여 판례는 위 행위는 실질적으로 회사의 자본을 증가시키는 것은 아니고, 등기를 위하여 납입을 가장하는 편법이므로 주금의 납입 및 인출 과정에서 회사의 자본금에는 실제 아무런 변동행위는 없다고 보아야 할 것이므로 행위자들에게 불법영득의사가 있다고 보기 어려워 회사에 대한 업무상횡령죄 또는 업무상배임죄는 성립하지 않는다는 입장이다.[447] 271

그리고 주주에 대한 업무상배임죄가 되는지에 관하여는, 신주발행은 주식회사의 자본조달을 목적으로 하는 것으로서 신주발행과 관련한 대표이사의 업무는 회사의 사무일 뿐이므로 신주발행에 있어서 대표이사가 납입한 주금을 회사를 위하여 사용하도록 관리·보관하는 업무 역시 회사에 대한 선관주의의무 내지 충실의무에 기한 것으로서 회사의 사무에 속하는 것이라고 본다. 또한, 신주발행에 있어서 대표이사가 일반 주주들에 대하여 그들의 신주인수권과 기존 272

---

446 대판 2022. 3. 31, 2021도11071(담보제공형). 같은 취지로 대판 2020. 10. 15, 2016도10654(위 재상고 판결 전 환송심 판결). 위 2016도10654 판결 평석은 송옥렬, "LBO에 대한 배임죄 판단기준", 민사판례연구 〔44〕, 박영사(2022).

447 대판 2004. 6. 17, 2003도7645(전). 본 판결 평석 및 해설은 이민걸, "가장납입과 형사책임", 형사재판의 제문제(5권): 이용우 대법관 퇴임기념 논문집, 박영사(2005), 310-349; 장상균, "상법상 납입가장죄와 업무상횡령죄", 해설 50, 법원도서관(2004), 736-752.

주식의 가치를 보존하는 임무를 대행한다거나, 주주의 재산보전 행위에 협력하는 자로서 타인의 사무를 처리하는 자의 지위에 없을 뿐만 아니라 납입을 가장하는 방법에 의하여 주금이 납입된 경우 회사의 재산에 대한 지분가치로서의 기존 주식의 가치가 감소하게 될 수는 있으나, 이는 가장납입에 의하여 회사의 실질적인 자본의 감소가 초래됨에 따른 것으로서 업무상배임죄에서의 재산상 손해에 해당된다고 보기는 어렵다고 하였다. 따라서 신주발행에 있어서 대표이사가 납입의 이행을 가장한 경우, 상법상 가장납입죄(상 § 628①)가 성립하는 이외에 주주에 대한 업무상배임죄는 성립하지 않는다고 하였다.[448] 회사 대표이사 등이 제3자 배정방식에 의한 유상증자에 따라 납입된 주금을 회사를 위하여 사용될 수 있도록 관리하는 업무 역시 이사의 주식회사에 대한 선관의무 내지 충실의무에 기한 것으로 대표이사 또는 회사의 사무에 속하는 것이므로, 대표이사가 주주에 대한 관계에서 직접 그들의 사무를 처리하는 자의 지위에 있지 않다. 따라서 유상증자에 있어서 주금납입을 가장하는 행위가 주주에 대한 관계에서 업무상배임죄에 해당되지도 않는다.[449]

273 구별하여야 할 것은, 전환사채의 발행업무를 담당하는 사람은 회사에 대하여 전환사채 인수대금이 모두 납입되어 실질적으로 회사에 귀속되도록 조치할 업무상의 임무를 부담한다는 점이다. 전환사채는 발행 당시에는 사채의 성질을 갖는 것으로서 사채권자가 전환권을 행사한 때에 비로소 주식으로 전환된다. 따라서 전환사채의 발행을 담당하는 사람과 전환사채 인수인이 사전 공모하여 제3자로부터 전환사채 인수금액에 해당하는 금액을 차용하여 전환사채 인수대금을 납입하고 전환사채 발행절차를 마친 직후 이를 인출하여 위 차용금채무의 변제에 사용하는 등 실질적으로 전환사채 인수대금이 납입되지 않았음에도 전환사채를 발행한 경우에는, 그와 같은 전환사채의 발행이 주식 발행의 목적을 달성하기 위한 수단으로 이루어졌고 실제로 그 목적대로 곧 전환권이 행사되어 주식이 발행됨에 따라 실질적으로 신주인수대금의 납입을 가장하는 편법에 불과하다고 평가될 수 있는 등의 특별한 사정이 없는 한, 전환사채 인수인으로 하

448 대판 2004. 5. 13, 2002도7340.

449 대판 2004. 6. 17, 2003도7645(전); 대판 2005. 4. 29, 2005도856; 대판 2007. 9. 6, 2005도1847; 대판 2011. 10. 27, 2011도8112(주식발행이라는 목적을 달성하기 위한 수단으로 한 가장납입에 의한 전환사채권을 발행한 사례).

여금 인수대금을 납입하지 않고서도 전환사채를 취득하게 하여 인수대금 상당의 이득을 얻게 하고, 회사로 하여금 사채상환의무를 부담하면서도 그에 상응하여 취득하여야 할 인수대금 상당의 금전을 취득하지 못하게 하여 같은 금액 상당의 손해를 입게 하였으므로 업무상배임죄가 성립한다.[450] 신주인수권부사채 발행의 경우도 마찬가지이다.[451]

(f) 그 밖의 법률적 쟁점

1) 대표권 남용이 법률상 무효인 경우

대표이사 등이 대표권을 남용하여 약속어음을 발행하거나 보증을 하는 등 회사로 하여금 의무를 부담하도록 하는 행위는 임무위배행위의 대표적 유형이라고 할 수 있다. 그런데 대표권 남용행위가 법률상 무효가 되는 경우에도 본죄가 성립하는지에 대한 논의가 있다. 일반적으로 임무위배행위는 법률상 유·무효를 불문한다고 해석되고 있으므로, 대표권 남용행위가 법률상 무효라고 하더라도 임무위배성이 부정될 수는 없을 것이다. 274

판례는 ① 회사 대표이사가 주주총회 의사록을 허위로 작성하고 이를 근거로 자신 및 임직원들과 주식매수선택권 부여 계약을 체결한 경우, 이 계약이 상법과 정관에 위배되어 무효라고 하더라도 임직원들이 이후 계약에 기초하여 회사에 주식매수선택권을 행사하고, 대표이사가 이에 호응하여 주식의 실질가치에 미달하는 금액만을 받고 신주를 발행한 특단의 사정이 있는 경우라면, 손해발생의 위험이 초래되었다고 보아 본죄의 기수가 된다고 하였다.[452] 275

그런데 ② 주식회사의 주주총회 결의에서 자신이 대표이사로 선임된 것으로 주주총회 의사록 등을 위조한 사람이 회사를 대표하여 한 대물변제 등의 행위는 법률상 효력이 없어 그로 인하여 회사에 어떠한 손해가 발생한다고 할 수 없으므로, 그 행위로 인하여 회사가 상법상 표현대표이사 책임을 부담하는 등의 276

450 대판 2015. 12. 10, 2012도235.

451 대판 2022. 6. 30, 2022도3784. 「신주인수권부사채 인수대금이 실질적으로는 납입되지 않았음에도 신주인수권부사채가 발행됨으로써 회사가 사채상환의무를 부담하게 된 이상, 설령 당시 인수인 등이 장차 사채상환기일에 사채상환금이 실질적으로 지급되지 않도록 할 계획을 갖고 있더라도 업무상배임죄에서의 고의나 불법영득의사가 부정될 수는 없고, 또 이후 실제로 그 계획이 실행되어 회사가 실질적으로 사채상환의무를 부담하지 않게 되었다고 하더라도 이러한 사정은 범죄 후의 정황에 불과하며, 업무상배임죄로 인한 손해액은 그대로 인수대금 상당액으로 보아야 한다.」

452 대판 2011. 11. 24, 2010도11394.

특별한 사정이 없는 한 그 대표이사를 사칭한 사람의 행위는 본죄를 구성하지 아니한다고 하고,[453] ③ 상호저축은행이 채무를 보증하거나 담보를 제공하는 행위를 규정은 효력규정으로서 이에 위배하는 상호저축은행 대표이사 등의 행위는 무효이므로, 그로 인하여 상호저축은행이 민법상 사용자책임 또는 법인의 불법행위책임을 부담하는 등의 특별한 사정이 없는 한 본죄는 성립하지 아니하고,[454] ④ 주식회사의 대표이사가 회사의 이익을 위해서가 아니라 자기 또는 제3자의 이익을 도모할 목적으로 대표권을 행사한 경우, 대표권의 남용으로서 상대방이 대표이사 등의 진의를 알거나 알 수 있었을 때[455] 혹은 반사회질서의 법률행위인 경우에는 그 행위는 회사에 대하여 무효가 되는데, 그러한 경우에는 특별한 사정이 없는 한 그로 인하여 법인에 어떠한 손해가 발생하거나 발생할 위험이 있다고 할 수 없으므로 본죄를 구성하지 않는다고 하였다.[456]

277 대표권 남용행위가 법률상 무효가 되는 경우로서 본죄를 무죄라고 판단한 위 판례들에서 쟁점이 된 것은 재산상 손해의 발생 요건과 관련된 것이므로, 임무위배성에 대한 일반적인 해석론과 다른 내용의 판시가 있었다고 보기는 어렵다. 다만 재산상 손해가 없다고 판단되는 경우, 본죄가 성립되지 않는 것인지 아니면 임무위배행위로서 본죄의 실행에 착수하였으므로 배임미수죄가 성립할 수 있는 것인지에 대하여는 위 판례들만으로는 분명하지 않았다.[457]

278 그 후 대법원은 주식회사의 대표이사가 대표권을 남용하는 등 임무에 위배하여 회사 명의로 의무를 부담하는 행위를 하더라도 일단 회사의 행위로 유효하고, 다만 상대방이 대표이사의 진의를 알았거나 알 수 있었을 때에는 회사에 대하여 무효가 되는데, 그 경우 경제적 관점에서 보아도 회사에 현실적인 손해가 발생하였다거나 실해발생의 위험이 초래되었다고 평가하기 어려우므로, 달

---

453 대판 2013. 3. 28, 2010도7439.

454 대판 2010. 9. 30, 2010도6490.

455 대판 1993. 6. 25, 93다13391.

456 대판 2010. 5. 27, 2010도1490(대표이사가 대표권을 남용하여 개인채무에 대하여 회사 명의의 차용증을 작성한 행위); 대판 2011. 7. 14, 2011도3180(회사를 채무자로 하는 금전소비대차계약 등의 약정을 체결한 행위); 대판 2012. 5. 24, 2012도2142(회사 명의의 금전소비대차 공정증서와 약속어음 공정증서를 작성해 준 행위).

457 배임미수죄 성립과 관련하여 위 판례들을 비판하는 취지로는 남기정, "대표권 남용과 배임미수", 사법 38, 사법발전재단(2016), 263-310 참조.

리 그 의무부담행위로 인하여 실제로 채무의 이행이 이루어졌거나 회사가 민법상 불법행위책임을 부담하게 되었다는 등의 사정이 없는 한 본죄의 기수에 이른 것이 아니라고 하고, 다만 이 경우에도 대표이사로서는 배임의 범의로 임무위배행위를 함으로써 실행에 착수한 것이므로 본죄의 미수범이 된다고 하였다. 또한, 주식회사의 대표이사가 대표권을 남용하는 등 그 임무에 위배하여 약속어음 발행을 한 행위가 본죄에 해당하는지도 원칙적으로 위에서 살펴본 의무부담행위와 마찬가지로 보아야 한다고 하였다.

다만 약속어음 발행의 경우 어음법상 발행인은 종전의 소지인에 대한 인적 279
관계로 인한 항변으로써 소지인에게 대항하지 못하므로(어음법 § 17, § 77), 어음발행이 무효라 하더라도 그 어음이 실제로 제3자에게 유통되었다면 회사로서는 어음채무를 부담할 위험이 구체적·현실적으로 발생하였다고 보아야 하고, 따라서 그 어음채무가 실제로 이행되기 전이라도 본죄의 기수범이 된다. 그러나 약속어음 발행이 무효일 뿐만 아니라 그 어음이 유통되지도 않았다면 회사는 어음발행의 상대방에게 어음채무를 부담하지 않기 때문에 특별한 사정이 없는 한 회사에 현실적으로 손해가 발생하였다거나 실해발생의 위험이 발생하였다고도 볼 수 없으므로, 이때에는 본죄의 기수범이 아니라 배임미수죄로 처벌하여야 한다고 판시하였다.[458]

결국, 대표권 남용행위가 법률상 무효로서 재산상 손해발생의 위험이 없다 280
고 판단되는 경우 본죄의 기수가 될 수는 없으나, 배임의 범의로 임무위배행위를 함으로써 실행에 착수한 것이므로, 본죄의 미수범이 성립할 수 있다고 볼 수 있을 것이다.[459]

2) 이사회 또는 주주총회의 결의에 의한 행위

대표이사는 이사회 또는 주주총회의 결의가 있더라도 그 결의내용이 회사 281
채권자를 해하는 불법한 목적이 있는 경우에는 이에 맹종할 것이 아니라 회사를 위하여 성실한 직무수행을 할 의무가 있으므로, 대표이사가 임무에 위배하는

458 대판 2017. 7. 20, 2014도1104(전). 본 판결 평석은 이현석, "대표권남용에 의한 약속어음 발행행위와 배임죄", 김신 대법관 재임기념 논문집, 사법발전재단(2018), 410-419; 홍승희, "대표권남용의 약속어음발행에 있어서 배임죄의 보호정도와 미수·기수성립범위", 법조 728, 법조협의(2018. 4), 630-666.

459 김성돈, 459-460.

행위를 함으로써 주주 또는 회사채권자에게 손해가 될 행위를 하였다면, 사실상 대주주의 양해를 얻었다거나 그 회사의 이사회 또는 주주총회의 결의가 있었다고 하여 그 배임행위가 정당화될 수는 없다.[460] 이는 사무처리에 대하여 본인의 동의가 있는 때와는 구별되는 것으로서, 본인이 사무처리의 내용에 대하여 진정한 동의를 한 경우에는 임무위배행위에 해당하지 않는다고 보아야 할 것이다(구성요건해당성의 배제)(통설[461]·판례[462]).

282 또한 행위자가 설령 본인을 위한다는 의사를 가지고 행위를 하였다고 하더라도 그 목적과 취지가 법령이나 사회상규에 위반된 위법한 행위로서 용인할 수 없는 경우에는, 그 행위의 결과가 일부 본인을 위하는 측면이 있다고 하더라도 이는 본인과의 신임관계를 저버리는 행위로서 본죄의 성립에 영향이 없다.[463]

(라) 업무상 비밀자료의 유출 및 부정사용행위의 임무위배성

283 ① 회사가 대외비로 관리하는 영업비밀을 다른 기업에 유출하거나 스스로의 이익을 위하여 이용할 목적으로 회사 밖으로 반출하는 행위,[464] ② 회사의 영업비밀을 유출하지 않을 것을 서약한 직원이 대가를 얻기 위하여 경쟁업체에 영업비밀을 유출한 행위,[465] ③ 회사 직원이 영업비밀이나 영업상 주요한 자산인 자료를 적법하게 반출하여 반출행위 자체는 임무위배행위에 해당하지 않더라도, 퇴사 시 그 영업비밀 등을 회사에 반환하거나 폐기할 의무가 있음에도 경쟁업체에 유출하거나 스스로의 이익을 위하여 이용할 목적으로 이를 반환하거나 폐기하지 않은 행위[466]는 모두 임무위배행위에 해당한다.

284 영업비밀이란 공연히 알려져 있지 아니하고 독립된 경제적 가치를 가지는 것으로서 상당한 노력에 의하여 비밀로 유지된 생산방법, 판매방법 그 밖에 영

---

460 대판 1989. 10. 13, 89도1012; 대판 2000. 5. 26, 99도2781; 대판 2000. 11. 24, 99도822; 대판 2005. 10. 28, 2005도4915.

461 김성돈, 450; 이재상·장영민·강동범, § 21/20; 임웅, 553.

462 대판 1983. 11. 8, 83도2309(계주인 피고인이 계원에게 100만 원의 곗돈을 부족되게 지급한 것이 사실이라 하더라도 그 당시 피고인이 100만 원을 다음 달에 주겠다고 말하고, 계원인 고소인이 처음에는 안 된다고 하다가 나중에는 다음 달에 달라고 승낙하였다면, 피고인의 위 소위를 가리켜 임무에 위배한 행위라고 할 수 없다고 한 사례).

463 대판 2002. 7. 22, 2002도1696; 대판 2013. 6. 27, 2013도1526.

464 대판 2003. 10. 30, 2003도4382.

465 대판 1999. 3. 12, 98도4704; 대판 2006. 10. 27, 2004도6876.

466 대판 2008. 4. 24, 2006도9089; 대판 2016. 7. 7, 2015도17628.

업활동에 유용한 기술상 또는 경영상의 정보를 말한다. 그리고 영업비밀에 해당하지 않더라도 불특정 다수의 사람에게 공개되지 않았고 사용자가 상당한 시간, 노력 및 비용을 들여 제작한 영업상 주요한 자산인 경우에도, 그 자료를 반출하는 행위는 업무상배임죄를 구성한다[467]고 할 것이다.[468]

한편, 영업비밀이나 업무상 비밀자료를 회사 밖으로 반출하여 집으로 가져와 보관한 때에 이미 업무상배임의 범의가 외부에 표출되고 회사의 재산상 손해 발생의 위험이 현실화되어 업무상배임죄의 기수에 이르렀다고 할 것이다.[469] 285

그러나 회사직원이 퇴사한 후에는 특별한 사정이 없는 한 더 이상 업무상 배임죄에서 타인의 사무를 처리하는 자의 지위에 있다고 볼 수 없고, 반환하거나 폐기하지 아니한 영업비밀 등을 경쟁업체에 유출하거나 스스로의 이익을 위하여 이용하더라도 이는 이미 성립한 업무상배임행위의 실행행위에 지나지 아니하므로 그 유출 내지 이용행위가 부정경쟁방지및영업비밀보호에관한법률위반(영업비밀누설등)죄에 해당하는지 여부는 별론으로 하더라도, 따로 업무상배임죄를 구성할 여지는 없다[470]고 보아야 한다.[471] 286

---

467 대판 2008. 4. 24, 2006도9089; 대판 2011. 7. 14, 2010도3043; 대판 2016. 7. 7, 2015도17628.

468 영업비밀 또는 영업상 주요자산이 아니어서 그 반출행위가 업무상배임죄를 구성하지 않는다는 취지의 판례는 대판 2011. 6. 30, 2009도3915(피고인들이 A 회사를 퇴사하면서 A 회사가 제조·판매하는 특정 단말기에 관한 회로도, 부품리스트, 다운로드 매뉴얼, 테스트 매뉴얼, 소프트웨어, 사양서 등이 저장된 CD와 컴퓨터를 반출하였다고 하여 업무상배임으로 기소된 사안에서, 기술자료 중 회로도는 이미 공개되어 있는 표준회로도와 매우 유사하고, 단말기는 피고인들이 자료 반출 당시 이미 판매되고 있었으며, 단말기를 구성하는 부품 자체는 모두 공지된 것이어서 자료의 부품리스트를 쉽게 알아낼 수 있었던 것이고, 다운로드 매뉴얼과 테스트 매뉴얼 및 사양서는 제품의 하드웨어 구조와 소프트웨어 기능이 확정되면 작성될 수 있는 것이어서, 위 자료는 A 회사의 '영업상 주요한 자산'에 해당한다고 볼 수 없다고 한 사례); 대판 2022. 6. 30, 2018도4794[피고인이 재직 중 반출하였던 드림레이 제품에 대한 정보는 관련 특허공보와 시중에 판매되었던 드림레이 제품으로부터 쉽게 입수 가능한 상태에 있는 정보 및 그 정보를 이용하여 쉽게 작성할 수 있는 내용으로, 상당한 시간과 노력 및 비용을 들이지 않고도 통상적인 역설계(reverse engineering) 등의 방법으로 쉽게 입수 가능한 상태에 있는 정보이므로 영업상 주요한 자산에 해당하지 않는다고 한 사례].

위 2009도3915 판결 평석은 김종석, "업무상배임죄에 있어서의 영업상 주요한 자산의 의미", 해설 88, 법원도서관(2011), 510-537.

469 대판 2003. 10. 30, 2003도4382(따라서 그 이후에 위 직원과 접촉하여 영업비밀을 취득하려고 한 사람은 업무상배임죄의 공동정범이 될 수 없다).

470 대판 2017. 6. 29, 2017도3808. 「피고인 乙이 이 사건 14번 파일을 사용할 당시에는 이미 피해자 회사를 퇴사하고 1년 정도 지난 후여서 다른 특별한 사정이 없는 한 피해자 회사의 사무를 처리하는 자의 지위에 있었다고 볼 수 없으므로, 피고인 乙의 이 사건 14번 파일 이용행위는 업

287 직무발명에 대하여 특허를 받을 수 있는 권리를 미리 사용자에게 승계시키는 계약이나 근무규정이 있거나 발명의 완성 후에 이를 승계시키는 계약이 있었다는 등 특별한 사정이 없는 한, 종업원이 직무발명을 사용자가 아닌 종업원의 이름으로 특허출원하더라도 이는 자신의 권리를 행사하는 것으로서 업무상배임죄가 성립할 여지는 없다. 그리고 종업원 등의 의사가 명시적으로 표시되거나 혹은 묵시적 의사를 추인할 수 있는 명백한 사정이 인정되는 경우 이외에는 직무발명에 대하여 그 특허 등을 받을 수 있는 권리나 특허권 등을 사용자 등에게 승계시키는 합의가 성립되었다고 쉽게 인정할 수 없다.[472]

288 반면, 직무발명에 대한 특허를 받을 수 있는 권리 등을 사용자 등에게 승계한다는 취지를 정한 약정 또는 근무규정의 적용을 받는 종업원 등은 사용자 등이 이를 승계하지 아니하기로 확정되기 전까지는 임의로 승계약정 또는 근무규정의 구속에서 벗어날 수 없는 상태에 있는 것이어서, 종업원 등이 그 발명의 내용에 관한 비밀을 유지한 채 사용자 등의 특허권 등 권리의 취득에 협력하여야 할 의무는 자기 사무의 처리라는 측면과 아울러 상대방의 재산보전에 협력하는 타인 사무의 처리라는 성격을 동시에 가지게 되므로, 이러한 경우 종업원 등은 본죄의 주체인 타인의 사무를 처리하는 자의 지위에 있다. 따라서 위와 같은 지위에 있는 종업원 등이 그 임무를 위반하여 직무발명을 완성하고도 그 사실을 사용자 등에게 알리지 않은 채 그 발명에 대한 특허를 받을 수 있는 권리를 제3자에게 이중으로 양도하여 제3자가 특허권 등록까지 마치도록 하는 등으로 그 발명의 내용이 공개되도록 하였다면, 이는 본죄를 구성한다.[473]

(마) 공적(公的) 사무에 관한 임무위배행위

289 타인의 사무에는 사적 사무뿐만 아니라 공적 사무도 포함되므로, 공적 사무

무상배임죄의 구성요건에 해당하지 않는다고 할 것이고, 따라서 피고인 甲이 이러한 피고인 乙의 행위에 공모·가담하였다고 하더라도 부정경쟁방지및영업비밀보호에관한법률위반(영업비밀누설등)죄 외에 따로 배임죄 등이 성립할 여지는 없다고 할 것이다.」

본 판결 평석은 이경렬, "퇴사시 영업비밀 반출과 업무상배임죄의 성부", 형사판례연구 [26], 한국형사판례연구회, 박영사(2018), 253-297.

471 따라서 제3자가 위와 같은 유출 내지 이용행위에 공모·가담하였다 하더라도 그 타인의 사무를 처리하는 자의 지위에 있다는 등의 사정이 없는 한 업무상배임죄의 공범 역시 성립할 수 없다.

472 대판 2011. 7. 28, 2010도12834; 대판 2012. 12. 27, 2011도15093.

473 대판 2012. 11. 15, 2012도6676.

에 관한 임무에 위배하여 국가 등에 재산상 손해를 가한 경우 본죄가 성립한다. 예를 들어, 국·공유재산의 매각 등 관리를 담당하는 공무원이 시가보다 현저하게 낮은 가격으로 국·공유재산을 매각함으로써 제3자에게 재산상 이익을 얻게 하고 국가에 재산상 손해를 가한 경우, 기금에 관한 대출이나 채권회수 업무 등에 관하여 규정 등에 위배하여 재산상 손해를 가한 경우, 물품구입·공사 등의 계약체결 및 집행에 있어서 법령 등에 위반하여 재산상 손해를 가한 경우 등이 임무위배행위가 될 수 있다. 공무상 비밀정보인 철도나 도로시설공사계획을 브로커 등에 누설함으로써 지가가 상승하여 국가에 재산상 손해를 입힌 경우에도, 정보의 누설과 지가의 상승 간에 인과관계가 인정된다면 임무위배행위로 인정될 수 있을 것이다.[474]

판례는 ① 영림서장인 피고인이 허가 없이 국유생 입목이 벌채되고 도벌혐 290
의가 있다는 보고를 받았고, 농림부장관으로부터 무허가 벌채사실을 의벌처리하라는 지시를 받았으므로, 국유임야의 산물에 관하여 맺은 매매계약을 해제하고 피의사실을 조사하여 입건해야 하는 것이 행정관례임에도 불구하고 단순히 매수인에게 가혹하다 하여 그 편의를 돌보아주기 위하여 범법행위를 묵살하고 정당한 직무수행을 하지 아니한 경우,[475] ② 식당의 주·부식 구입 업무를 담당하는 공무원이 과장의 자격을 모용하고 검수결과보고서를 위조하는 등의 방법으로 쌀 구매비 등에 대하여 재산상 이익을 취득한 경우,[476] ③ 공무원이 피고인들이 대통령 퇴임 후 사용할 사저부지와 경호부지를 일괄매수하는 사무를 처리하면서 매매계약 체결 후 그 매수대금을 대통령의 아들과 국가에 배분함에 있어, 사저부지 가격을 높게 평가하면 경호부지 가격이 내려가고 경호부지 가격을 높게 평가하면 사저부지 가격이 내려가는 관계에 있으므로, 이러한 경우 다른 특별한 대체수단이 없는 이상 공익사업을 위한 토지 등의 취득 및 보상에 관한 법률에서 정한 복수의 감정평가업자의 평가액의 산술평균액을 기준으로 하여 그 비율을 정하여 배분하는 것이 가장 합리적이고 객관적인 방법이라 할 것인데, 이미 복수의 감정평가업자에게 감정평가를 의뢰하여 그 결과를 통보받았

474 大塚 外, 大コン(3版)(13), 303(鳥戸 純).
475 대판 1965. 12. 10, 65도826(전).
476 대판 2008. 1. 17, 2007도6987.

음에도 군이 이를 무시하면서 인근 부동산업자들이나 인터넷, 지인 등으로부터의 불확실한 정보를 가지고 감정평가 결과와 전혀 다르게 상대적으로 사저부지 가격을 낮게 평가하고 경호부지 가격을 높게 평가하여 매수대금을 배분한 경우[477]는 임무위배행위에 해당한다고 하였다.

291 그런데 국가나 지방자치단체 등에 대하여 공적인 사무를 처리함에 있어서 정책판단과 선택이 문제되는 경우, 결과적으로 국가에 재산적 손해가 발생하였다고 하여 일률적으로 임무위배행위라고 할 수는 없을 것이다. 판례는 다수인의 이해관계가 나름대로의 근거를 가지면서 정면으로 충돌하고 법적으로 명쾌하게 해결하기도 어려워 사회적 물의와 공론이 계속되고 있는 고질적인 문제를 해소·수습하는 직무를 처리하는 과정에서, 담당공무원이 고질적인 문제의 발생 원인과 그 책임자, 이해관계인이 제시하는 근거, 재산적인 손익관계뿐 아니라 유형·무형의 모든 이해관계와 파급효과 등을 전반적으로 따져 그 해결책을 강구하여, 그 해결책이 맡은 직무를 집행·처리하는 가장 합리적인 방안으로서 직무의 본지에 적합하다는 신념하에 처리하고 그 내용이 직무범위 내에 속하는 것으로 인정된다면, 특별한 사정이 없는 한 이는 정책판단과 선택의 문제로서 그 방안의 시행에 의해 결과적으로 국가에 재산적 손해가 발생하거나 제3자에게 재산적 이익이 귀속되는 측면이 있다는 것만으로 임무위배가 있다고 할 수 없다고 하였다.[478] 또한 공무원이 공공기관 등으로부터 보유하는 주식의 매각 협상 등에 대한 위임을 받은 경우, 그 당시의 경제적 상황과 여건, 매각의 필요성, 매각 가격의 적정성 등을 종합적으로 고려하여 그 위임사무 및 직무의 본지에 적합하다는 판단하에 이를 처리하고 그 내용이 그 위임사무 및 직무 범위 내에 속하는 것으로 인정된다면, 특별한 사정이 없는 한 이는 정책판단과 선택의 문제로서 그 방안의 시행에 의해 결과적으로 공공기관 등에 재산적 손해가 발생하거나 제3자에게 재산적 이익이 귀속되는 측면이 있다는 것만으로 임무 위배가 있다 할 수 없으므로,

477 대판 2013. 9. 27, 2013도6835.

478 대판 2008. 6. 26, 2006도2222(불법매각된 국유지의 환수업무를 처리하는 공무원이 다수의 이해관계가 충돌하고 법적 해결이 용이하지 않은 상황에서 이를 해결하기 위하여 선의의 취득자 보호를 위한 국유재산법상 특례매각에 관한 규정을 유추적용하기로 하면서, 문제의 발생원인과 각종 이해관계 및 파급효과 등을 전반적으로 고려하고 내부 결재를 거쳐 특례매각의 범위를 확장하여 시행한 경우 업무상배임죄에 해당하지 않는다고 한 사례).

그 손해에 대해 행정적인 책임이나 그 밖의 다른 법령상의 책임을 묻는 것은 모르되 이로 인해 그 행위가 본죄에 해당한다고 할 수는 없다고 하였다.[479]

3. 재산상의 손해

(1) 일반론

본죄는 타인의 사무를 처리하는 자가 임무에 위배하는 행위로써 본인에게 292
손해를 가한 때[480]에 성립하는 범죄이다. 사기죄, 공갈죄 등 다른 재산범죄와 달리 '재산상의 손해'를 구성요건으로 명시하는 것에 대하여, 본죄의 적용을 신중하고 엄격하게 제한하기 위한 입법자의 의도이고, '재산상의 손해'는 기수와 미수의 경계가 되는 중요한 구성요건표지가 된다는 견해가 있다.[481] 임무위배행위와 재산상의 손해 사이에는 인과관계가 요구된다.

재산상의 손해란 본인의 전체적 재산 가치의 감소를 의미한다(전체계산원칙).[482] 293
재산 가치 또는 재산 상태를 어떻게 판단하는지에 대하여는 ① 법률적 재산개념설, ② 경제적 재산개념설 및 ③ 법률적·경제적 재산개념설 등이 있다.[483] 통설[484]과 판례[485]는 재산상 손해 유무에 대한 판단은 법률적 판단이 아니라 본인의 전(全)

---

479 대판 2010. 10. 14, 2010도387.

480 보다 정확하게는 '재산상의 이익을 취득하거나 제3자로 하여금 이를 취득하게 하여 본인에게 손해를 가한 때'이다. 다만, 논의의 편의상 '본인'에 대한 임무위배행위로 인한 '본인'에 대한 재산상 손해 발생을 먼저 살펴보고, 다음으로 '재산상의 이익' 요건을 검토하기로 한다.

481 류전철, "배임죄에서 재산상 손해발생의 위험", 법학논총 30-1, 전남대학교 법학연구소(2010), 113-115.

482 대판 2005. 4. 15, 2004도7053 등. 일본 판례로는 最決 昭和 58(1983). 5. 24. 刑集 37·4·437; 最決 平成 8(1996). 2. 6. 刑集 50·2·129.

483 위 ①의 법률적 재산개념설은 재산을 법률상 권리·의무의 총체로 파악하고, 권리의 사실이나 의무의 부담이 있을 때만 재산상 손해가 발생한 것으로 본다. 따라서 불법이익, 사실상 이익, 경제적 가치 등은 재산개념에서 제외한다. ②의 경제적 재산개념설은 사법상 권리가 아니더라도 경제적 가치가 있으면 재산이 된다고 한다. ③의 법률적·경제적 재산개념설은 법질서의 승인된 범위 내에서 개인이 가지고 있는 경제적 가치있는 모든 재화가 재산이라고 설명한다. 이 학설은 일차적으로 경제적 관점에서 재산개념을 파악하지만, 법질서 통일의 관점에서 법질서가 명백히 인정하지 않는 경우 형법의 재산개념에 포함시킬 수 없다고 한다. 이에 관한 자세한 설명은 선종수, "배임죄에서 재산상 손해발생과 손해액의 의미", 비교형사법연구 17-2, 한국비교형사법학회(2015), 147-152; 허일태, "배임죄 해석의 나아갈 방향", 형사법연구 26-1, 한국형사법학회(2015), 15-17.

484 박찬걸, 565; 손동권·김재윤, 463; 정웅석·최창호, 713; 최호진, 597; 홍영기, § 88/36; 주석형법[각칙(6)](5판), 458(노태악).

485 대판 1992. 5. 26, 91도2963; 대판 1995. 5. 23, 94도1375; 대판 2005. 4. 15, 2004도7053; 대판

재산상태를 고려하여 경제적 관점에서 판단하여야 한다고 본다(위 ②의 경제적 재산 개념설). 따라서 재산상의 손실을 야기한 임무위배행위가 동시에 그 손실을 보상할 만한 재산상의 이익을 준 경우, 예컨대 그 배임행위로 인한 급부와 반대급부가 상응하고 다른 재산상 손해(현실적인 손해 또는 재산상 실해 발생의 위험)도 없는 때에는 전체적 재산 가치의 감소, 즉 재산상 손해가 있다고 할 수 없게 된다.[486]

294 판례는 본죄에서 이득액 내지 손해액을 전체적인 재산가치의 관점에서 보다 실질적으로 파악하고 있다.[487] 여기에서의 '손실을 보상할 만한 재산상의 이익'이란 가해행위 자체로부터 취득한 이익을 말하며, 배임행위 결과 본인이 취득한 손해배상청구권이나 원상회복청구권을 의미하는 것은 아니다.[488] 그러나 일단 손해가 발생한 이상 사후에 담보를 취득하였거나 피해가 회복되었다 하여도 본죄의 성립에 영향을 주는 것은 아니다.[489]

295 현재 재산상 손해의 개념을 경제적 재산개념설의 관점에서 이해하는 것에 반대하는 견해는 거의 찾아볼 수 없다. 문제되는 것은 재산상 손해의 구체적인 내용과 인정 범위에 관한 것인데, 아래에서 살펴보듯이 판례는 본죄에서의 재산상 손해 개념에 재산상 실해발생의 위험까지 포함하면서 경제적 재산개념설을 그 근거 중 하나로 자주 인용하고 있다.

296 **[대판 1992. 5. 26, 91도2963]**

대표이사가 회사의 중요한 재산을 양도한 경우 이것이 회사의 유일 재산이고 처분 당시 주주총회의 특별결의를 거치지 아니한 이유로 위 매매계약 및 이에 따른 소유권이전등기는 법률상 당연무효라고 하더라도, 경제적 관점에서 볼 때 적어도 위 재산에 관한 소유권이전등기를 넘겨준 이상 위 처분행위로 인하여 위 회사에게 현실적인 손해를 가하지 아니하였다거나 재산상 실해 발생의 위험을 초래하지 아니하였다고 볼 수는 없다.

2005. 9. 29, 2003도4890; 대판 2022. 10. 14, 2018도13604. 일본 판례로는 最判 昭和 37(1962). 2. 13. 刑集 16·2·68; 最決 昭和 58(1983). 5. 24. 刑集 37·4·437.

486 대판 2005. 4. 15, 2004도7053; 대판 2011. 4. 28, 2009도14268.

487 대판 2021. 11. 25, 2016도3452.「업무상배임죄에서 본인에게 재산상 손해를 가한다 함은 총체적으로 보아 본인의 재산상태에 손해를 가하는 경우, 즉 본인의 전체적 재산가치의 감소를 가져오는 것을 말하고, 이와 같은 법리는 타인의 사무를 처리하는 자 내지 제3자가 취득하는 재산상 이익에 대하여도 동일하게 적용되는 것으로 보아야 한다」.

488 김일수·서보학, 393; 김성돈, 454; 손동권·김재윤, 463; 이재상·장영민·강동범, § 21/21; 정성근·박광민, 474.

489 대판 2000. 12. 8, 99도3338; 대판 2003. 2. 11, 2002도5679; 대판 2004. 3. 26, 2003도7878.

[대판 2005. 9. 29, 2003도4890] 297

배임죄에 있어 재산상의 손해를 가한 때라 함은 현실적인 손해를 가한 경우뿐만 아니라, 재산상 실해 발생의 위험을 초래한 경우도 포함되고, 재산상 손해의 유무에 대한 판단은 본인의 전재산 상태와의 관계에서 법률적 판단에 의하지 아니하고 경제적 관점에서 파악하여야 하며, 따라서 법률적 판단에 의하여 당해 배임행위가 무효라 하더라도 경제적 관점에서 파악하여 배임행위로 인하여 본인에게 현실적인 손해를 가하였거나 재산상 실해 발생의 위험을 초래한 경우에는 재산상의 손해를 가한 때에 해당되어 배임죄를 구성한다.

주식회사 대표이사가 주주들에게 법인의 가지급금을 지급하는 경우 가지급금에 대한 인정이자를 계산하여 익금에 산입하여야 함에도, 가지급금에 대한 인정이자 상당액을 주주들로부터 회수하여 공사비로 지급한 것처럼 대체전표를 작성하는 등 관련 회계서류를 조작하는 방법으로 인정이자 상당액을 지급받은 것처럼 처리하여 회수하지 않음으로써 주주들에게 동액 상당의 재산상 이익을 취득하게 하고, A 주식회사에 동액 상당의 재산상 손해를 가함으로써 배임죄가 성립한다.

(2) 재산상 손해의 내용과 손해발생의 위험

(가) 내용

재산상 손해는 기존 재산의 감소로 인한 적극적 손해와 장래 취득할 이익의 상실로 인한 소극적 손해를 모두 포함하는 개념이다. 소극적 손해는 재산증가를 객관적·개연적으로 기대할 수 있음에도 임무위배행위로 이러한 재산증가가 이루어지지 않은 경우를 의미하는 것으로, 임무위배행위가 없었다면 실현되었을 재산상태와 임무위배행위로 말미암아 현실적으로 실현된 재산상태를 비교하여 그 유무 및 범위를 산정하여야 한다.[490] 298

손해의 발생 여부와 손해액의 산정은 배임행위의 전후를 총체적으로 비교하여 배임행위 이전의 본인의 전체재산가액이 배임행위 이후의 본인의 전체재산가액보다 감소된 경우 재산상의 손해가 발생하였다고 할 수 있다.[491] 299

손해의 가액이 구체적으로 확정되어야만 하는 것은 아니다. 판례는 본죄의 공소사실에 피해자의 재산상 손해가 추상적으로 적시되어 있다고 하여 공소기각 사유가 되지는 않는다고 하고,[492] 회사 대표이사가 사료첨가제를 구매하면서 300

490 대판 2009. 5. 29, 2007도4949(전).
491 대판 1999. 4. 13, 98도4022.
492 대판 1983. 12. 27, 83도2602.

납품으로 발생하는 이익을 자신이 취득할 의도로 납품업자에게 가공의 납품업체를 만들게 하고, 그로부터 납품을 받음으로써 통상적인 납품가격과 가격협상을 통하여 더 낮은 수준에서 납품받을 수 있었던 납품가격의 차액 상당의 재산상 이익을 취득한 경우, 구체적 사정에 비추어 할인받을 수 있는 가격을 특정할 수 없는 등 특별한 사정이 있다면, 이사가 취득한 이익 전체를 회사에 발생한 재산상 손해액이라고 할 수는 없고, 회사에는 가액을 산정할 수 없는 손해가 발생한 것으로 보는 것이 상당하다고 판시하였다.[493]

301 본죄에 있어서 손해액이 구체적으로 명백하게 산정되지 않았더라도 본죄의 성립에는 영향이 없으나, 발생된 손해액을 구체적으로 산정하여 인정하는 경우에는 이를 잘못 산정하는 것은 위법하다.[494]

302 또한 손해의 발생 여부는 합리적인 의심이 없는 정도로 증명되어야 하며, 재산상 손해의 발생 여부가 충분히 입증되지 않았음에도 가볍게 액수 미상의 손해는 발생하였다고 인정하여서는 안 된다.[495] 예를 들어, 일반경쟁입찰에 의하여 체결하여야 할 공사도급계약을 수의계약에 의하여 체결하였다 하더라도, 적정한 공사대금 수준이나 일반 경쟁입찰에 의하여 체결할 경우 예상되는 공사대금의 범위가 전혀 특정되어 있지 아니하였을 뿐만 아니라, 수의계약에 의하여 체결된 공사대금이 일반 경쟁입찰에 비하여 부당하게 과대하여 그 차액 상당의 손해가 발생한 사실을 인정하기에 부족한 경우에는 본죄가 성립할 수 없다.[496]

(나) 재산상 손해와 손해발생의 위험

(a) 견해의 대립

303 재산상 손해에 현실적인 손해뿐만 아니라 재산상 손해(실해)발생의 위험도 포함하는지가 문제된다. 다수의 학설은 본죄의 본질에 관한 위험범설이나 침해범설의 입장과 관계없이 재산상의 손해의 개념에 반드시 현실적으로 손해를 가한 경우뿐만 아니라 손해발생의 위험성을 포함하는 것에 찬성한다.[497] 판례 또

---

493 대판 2009. 10. 15, 2009도5655.

494 대판 1999. 4. 13, 98도4202; 대판 2012. 1. 26, 2011도15179.

495 대판 2009. 10. 29, 2008도11036.

496 대판 2005. 3. 25, 2004도5731.

497 김일수·서보학, 393(다만, 실해발생의 위험이 아닌 구체적인 손해발생의 위험만이 야기된 경우에는 기수가 아닌 미수가 문제된다); 박상기·전지연, 698; 배종대, § 77/28; 이재상·장영민·강동범, § 21/22; 정성근·박광민, 475(재산권 실행을 불가능하게 할 상태를 초래한 경우도 포함하되,

한 일관되게 배임죄를 위험범으로 보고, 현실적인 손해뿐만 아니라 재산상 권리의 실행을 불가능하게 할 염려 있는 상태나 손해발생의 위험을 발생하게 하는 경우, 실해발생의 위험을 초래하는 경우도 포함된다고 한다.[498]

[대판 2000. 4. 11, 99도334] 304

배임죄는 현실적인 재산상 손해액이 확정될 필요까지는 없고 단지 재산상 권리의 실행을 불가능하게 할 염려 있는 상태 또는 손해 발생의 위험이 있는 경우에 바로 성립되는 위태범이므로 피고인이 그 업무상 임무에 위배하여 부당한 외상 거래행위를 함으로써 업무상 배임죄가 성립하는 경우, 담보물의 가치를 초과하여 외상 거래한 금액이나 실제로 회수가 불가능하게 된 외상거래 금액만이 아니라 재산상 권리의 실행이 불가능하게 될 염려가 있거나 손해 발생의 위험이 있는 외상 거래대금 전액을 그 손해액으로 보아야 하고, 그것을 제3자가 취득한 경우에는 그 전액을 특정경제범죄 가중처벌 등에 관한 법률 제3조에 규정된 제3자로 하여금 취득하게 한 재산상 이익의 가액에 해당하는 것으로 보아야 할 것이다.

[대판 1982. 11. 23, 82도2215] 305

중도금까지 수령한 토지매도인이 제3자에 대한 채무담보조로 그 토지에 관하여 가등기를 경료해준 행위에 대하여, 배임죄에 있어서 손해를 가한 때라 함은 재산적 가치의 감소를 뜻하고 그것이 현실적 실해를 가한 경우뿐만 아니라 실해발생의 위험을 초래한 경우도 포함하는 것이고, 매매계약이 제대로 이행되지 않은 상태에서 가등기권리자가 본등기를 경료한 경우에는 동 토지에 대한 이전등기청구권이 이행불능이 될 위험이 있다 할 것이고 또 그 등기청구권을 확보하기 위하여는 가등기담보로 차용한 조건에 따른 금원을 변제하여야 할 것이므로, 본인에게 손해를 가한 때에 해당한다고 하였다.[499]

[그 밖의 판례] 306

① 피해자가 1순위의 근저당권이 설정될 것으로 알고 금원을 대여하고 그 관계 근저당권 설정에 관한 문서작성을 위촉하였는데도 불구하고 피고인이 후순위인 제2 내지 제3번의 근저당권설정에 관한 문서를 작성하여 그에 따른 신청으로 등기가 경료되었다면 이는 피해자에게 손해를 가한 것이고,[500] ② 회사의 영업비밀에 해당하는 파일을 무단 반출한 행위는 회사에 현실적으로 손해를 가한 경우가 아니라고 하더라도 재산상 손해 발생의 위험을 초래한 경우에 해당하고,[501]

손해발생의 단순한 위험만 있고 손해발생이 없는 때에는 미수가 된다).

498 대판 1975. 12. 23, 74도2215; 대판 1982. 11. 23, 82도2215; 대판 1998. 2. 10, 97도2919; 대판 2000. 4. 11, 99도334; 대판 2022. 10. 14, 2018도13604.

499 유사한 취지로, 대판 1982. 2. 23, 81도3146; 대판 1998. 2. 10, 97도2919.

500 대판 1982. 11. 9, 81도2501.

501 대판 2011. 7. 28, 2010도9652.

③ 피해자 회사의 이익에 반하여 제3자를 위한 금원차용의 담보로 사용할 의도로 A 회사에 보관 중인 피해자 회사의 전환사채를 2회에 걸쳐 회수하는 행위는 피해자 회사의 재산을 무단으로 반출하는 때, 즉 전환사채를 회수할 당시에 이미 실해발생의 위험을 초래하는 것으로서 배임죄의 기수가 되며,[502] ④ 신용금고 대표이사가 예금이 실제로 입금되지 아니하였음에도 이미 입금된 듯이 입금전표와 거래원장을 작성하고 전산입력까지 마친 다음 예금통장을 명의자들에게 교부한 것이라면, 설사 신용금고와 명의자들 간에 민사상의 예금계약이 적법하게 체결된 것이 아니어서 신용금고에게 예금반환채무가 발생한 것은 아니라고 하더라도 그 허위의 예금은 신용금고로부터 언제든지 인출될 수 있는 상태에 있게 됨으로써 재산상 실해발생의 위험을 초래하였다고 보았다.[503]

307 이에 대하여, 재산상 손해에 손해발생의 위험을 포함시키는 것은 문언의 가능한 의미를 넘어서 피고인에게 불리한 유추해석이 되므로 죄형법정주의 원칙에 반하는 것이고, 현실적 손해를 가한 때로 한정해야 한다는 반대견해도 있다.[504] 반대견해는 본죄의 법익보호의 정도를 침해범으로 파악하는 이상, 현실적 손해가 발생한 경우 본죄의 기수가 되고, 손해발생의 위험만으로는 본죄의 미수범이 성립한다고 한다. 본죄를 위험범이라는 전제로 재산상 손해발생의 위험이 발생한 경우에도 기수가 된다는 해석론은,[505] 대부분의 배임행위는 이미 본인에게 재산상 손해발생의 위험을 내포하고 있는 행위이기 때문에 배임행위만으로 본죄의 기수에 이를 수 있다는 점에서, 형법의 규정해석론이라기보다 단순한 형사정책적 발상에 근거하여 처벌수위를 높이는 것에 불과하고, 배임의 본질을 변형시키고 민사의 형사화를 야기한다고 한다.[506] 또한 손해발생의 위험이 손해와 동등한 정도의 위험을 초래하였다면 그것은 이미 손해발생으로 파악해도 무방하

502 대판 2010. 12. 23, 2008도8851.

503 대판 1996. 9. 6, 96도1606.

504 오영근, 392-393; 임웅, 554-555.

505 물론, 재산상 손해에 손해발생의 위험을 포함하는데 찬성하는 견해가 모두 본죄를 위험범으로 파악하는 것은 아니다. 손해발생의 위험은 침해범·위험범과 연관시킬 필요가 없고, "손해를 가한 때"란 행위의 한 태양을 표현한 것이므로 손해가 발생한 경우뿐만 아니라 재산권 실행을 불가능하게 할 상태를 초래한 경우도 포함한다거나(정성근·박광민, 475), 본죄를 침해범으로 파악하더라도 현실적인 손해뿐만 아니라 손실발생의 구체적인 위험이 있기만 하여도 경제적 관점에서 재산의 가치가 감소한 것이고, 이는 이미 손해라는 본죄의 구성요건적 결과가 발생하였다고 볼 수 있으므로, 현실적인 손해의 발생만 재산상 손해에 포함되는 것은 아니라고 설명하는 〔안경옥, "판례에 나타난 배임죄의 손해 판단기준에 대한 검토", 경희법학 51-4(2016), 226-227〕 견해가 있다.

506 류전철(주 481), 115-116.

기 때문에, 손해를 사후에 보전하는 경우 등에 있어서 기수범으로 처벌할 수 없는 부당한 결과는 초래되지 않을 것인데, 본죄를 위험범으로 파악하고 손해발생의 막연한 위험까지도 손해발생과 동일하게 보게 되면, 미수범 처벌규정이 있음에도 미수범이 실제로 적용될 영역이 없어지는 지나친 해석이 된다고 한다.[507]

손해에 손해발생의 위험을 포함시키고, 더 나아가 본죄를 위험범으로 보는 해석론은 '본인에게 손해를 가할 때' 처벌하도록 하고 미수범 규정을 두고 있는 현행 규정의 문언에 배치된다는 점을 부인하기 어려울 것이다. 그러나 배임행위로 인하여 현실적 손해가 발생한 경우뿐만 아니라, 손해액 확정은 어렵더라도 손해발생의 개연성이나 위험이 명백한 경우에도 본죄의 기수범으로 처벌할 필요성이 있고, 손해를 경제적 관점에서 판단한다면 장차 있을 재산상 손해의 위험 역시 재산의 경제적 가치를 감소시키는 손해가 될 수 있을 것이므로,[508] 손해를 현실적 손해로만 제한하는 것은 타당하지 않다. 다만, 지금까지와 같이 단순히 '손해발생의 위험'으로만 보게 되면 본죄의 성립 범위가 지나치게 확장되고 기수와 미수의 구별이 없어질 위험이 있는 것이 사실이다. 일부 반대론자들의 주장과 같이, 독일의 해석론을 차용하여 단순한 '손해 또는 실해발생의 위험'이 아니라 '손해와 동등한 정도의 위험 발생'으로 그 범위를 제한하고 그 구체적인 기준을 정립할 필요가 있다.[509] 308

(b) 손해발생 위험의 정도 – 구체적·현실적 위험

대법원 역시 재산상 손해로 볼 수 있는 위험과 그렇지 않은 위험을 구별하면서[510] 점차 재산상 손해 여부에 대한 판단기준을 구체화하고 있다. 309

① 대법원은 처음에는 손해가 발생한 것과 사실상 같다고 평가될 정도여야 한다는 기준을 제시하였다. 즉 새마을금고 임직원이 동일인 대출한도 제한규정을 위반하여 초과대출행위를 한 사안에 대하여, "금융기관의 임직원이 대출규정을 위반하여 대출함으로써 그 임무에 위배되는 행위를 하였다고 하더라도 그 310

507 허일태, "배임죄에서의 행위주체와 손해의 개념", 비교형사법연구 6-2, 한국비교형사법학회(2004), 150-153.

508 안경옥(주 505), 216-220.

509 재산상의 손해발생의 위험을 재산상의 손해발생과 동일하게 인식하기 위해서는 배임행위 당시를 기준으로 그러한 위험이 구체적이어야 하고 또 손해전보의 가능성이 없어야 한다고 한다[류전철(주 481), 117-122 참조].

510 안경옥(주 505), 211.

대출행위를 업무상배임죄로 처벌하려면 그로 인하여 금융기관에 현실적인 손해가 발생하였거나 재산상 실해발생의 위험, 즉 경제적 관점에서 재산상 손해가 발생한 것과 사실상 같다고 평가될 정도의 위험이 발생하였다고 판단되어야 한다."고 판시하였다.[511] 위 사안에서 대법원은, 단순히 동일인 대출한도를 초과하여 대출하였다는 사정을 근거로 하여 대출금에 대한 회수 가능 여부나 담보의 적정 여부 등을 따져보지 아니한 채 당해 새마을금고에 재산상 손해를 가한 것으로 보았던 종래의 대법원 판례의 태도를 변경하여,[512] 초과대출이라는 임무위배만으로 업무상배임죄가 성립한다고 할 수 없고, 이에 더하여 대출 당시의 대출채무자의 재무상태, 다른 금융기관으로부터의 차입금이나 그 밖의 채무를 포함한 전반적인 금융거래상황, 사업현황 및 전망과 대출금의 용도, 소요기간 등에 비추어 볼 때 채무상환능력이 부족하거나 제공된 담보의 경제적 가치가 부실해서 대출채권의 회사에 문제가 있는 것으로 판단되는 경우에 재산상 손해가 발생하였다고 보아야 한다고 하였다.

311 ② 이후 대법원은, 재산상 손해 여부에 대한 판단기준을 보다 구체화하여 구체적·현실적 위험이 야기된 정도여야 한다면서, "재산상 손해가 발생하였다고 평가될 수 있는 재산상 실해 발생의 위험이란 본인에게 손해가 발생할 막연한 위험이 있는 것만으로는 부족하고 경제적인 관점에서 보아 본인에게 손해가 발생한 것과 같은 정도로 구체적인 위험이 있는 경우를 의미한다. 따라서 재산상 실해 발생의 위험은 구체적·현실적인 위험이 야기된 정도에 이르러야 하고 단지 막연한 가능성이 있다는 정도로는 부족하다."고 판시하였다.[513] 이러한 기준에 따라, ⓐ 은행 지점장이 업무상 임무에 위배하여 A 회사의 B 회사에 대한 보증금액 10억 원의 물품대금지급보증서를 작성하여 줌으로써 은행에 보증금액 상당의 재산상 손해를 가하였다고 기소된 사안에 대하여, 은행이 장래 부담하게 될 물품대금 채무에 대하여 지급보증을 하였다고 하더라도 A 회사와 B 회사 간

511 대판 2008. 6. 19, 2006도4876(전). 본 판결 해설은 유헌종, "동일인대출한도 초과대출행위와 업무상배임죄에서의 재산상 손해", 해설 76, 법원도서관(2008. 12), 641-667.

512 변경된 종전의 판례는, 대판 2003. 5. 16, 2002도2030; 대판 2004. 8. 20, 2004도3926; 대판 2004. 11. 25, 2004도5332; 대판 2006. 7. 28, 2005도6586 등이다.

513 대판 2015. 9. 10, 2015도6745; 대판 2017. 2. 3, 2016도3674; 대판 2017. 8. 24, 2017도22; 대판 2017. 10. 12, 2017도6151; 대판 2022. 10. 14, 2018도13604.

에 거래를 개시하지도 않았고 이에 따라 지급보증의 대상인 물품대금 지급채무 자체가 현실적으로 발생하지 않은 이상 은행에 경제적 관점에서 손해가 발생한 것과 같은 정도로 구체적인 위험이 발생하였다고 평가할 수는 없다고 하였다.[514]

또한, ⓑ 유치권자로부터 점유를 위탁받아 부동산을 점유하는 사람이 부동산의 소유자가 제기한 부동산인도소송에서 재판상 자백을 한 사안에서도, 그러한 재판상 자백이 손해 발생의 구체적·현실적인 위험을 초래하기에 이르렀는지를 판단함에 있어서는 재판상 자백이 인도소송 및 유치권의 존속·성립에 어떠한 영향을 미치는지, 소유자가 재판상 자백에 의한 판결에 기초하여 유치권자 등을 상대로 인도집행을 할 수 있는지, 유치권자가 그 집행을 배제할 방법이 있는지 등 여러 사정을 종합하여 신중하게 판단하여야 한다고 하였다.[515] 312

(다) 손해발생의 위험이 인정되지 않는 경우(일반)

재산상 손해의 구체적인 내용을 이해하기 위하여, 대법원이 손해발생의 위험도 인정되지 않는다고 판단한 몇 가지 사례를 먼저 살펴보면 아래와 같다. 손해발생 여부 및 그 범위가 주로 문제되는 대표적인 유형들에 대하여는 항목을 바꾸어 다음에 검토한다. 313

① 은닉신고된 국유부동산이 어차피 매각할 것으로서 국가가 매각하지 아니하고 보존할 부동산이 아닌 이상 이를 일반경쟁입찰에 의하여 매각하지 않고 수의계약으로 매각하였다고 하여 바로 그 부동산 자체를 상실하는 손해를 입었다고 볼 수는 없는 것이고, 수의계약에 의한 매각대금이 정당한 객관적인 시가가 아니고 일반경쟁입찰의 방식으로 매각할 경우의 예상대금보다 저렴한 금액인 경우에만 손해가 발생한 것으로 본다.[516] 314

② 명의신탁한 부동산의 신탁자가 그 부동산을 매도하고 수탁자로부터 직접 매수인에게 등기이전해주기로 하였는데 이를 자기 앞으로 가등기를 한 경우에는, 매수인이 가지고 있는 소유권이전등기청구권이 이행불능에 빠질 위험성이 있다고 볼 수 없으므로 본죄를 구성하지 아니한다.[517] 315

---

514 대판 2015. 9. 10, 2015도6745. 본 판결 평석은 곽병수, "업무상배임죄에 있어서의 재산상 손해", 재판과 판례 24, 대구판례연구회(2015), 331-348.

515 대판 2017. 2. 3, 2016도3674. 본 판결 해설은 지귀연(주 12), 406-426.

516 대판 1981. 6. 23, 80도2934.

517 대판 1985. 8. 20, 84도2109.

316 ③ 은행지점장인 피고인이 대여금채무에 대한 보장조로 실제로 보호예수물을 수령하지도 않고 정상적인 양식에 의하여 작성되지도 않은 보호예금증서를 채권자에게 작성·교부한 경우, 그 행위로 인하여 위 은행이 A에게 예금이나 보호예수물의 반환채무를 부담하게 되는 것이 아니고, 사용자책임 등에 따른 손해배상의무도 없다고 할 것이며, 위 각 보호예수증서의 액면금 상당액이 위 은행으로부터 언제든지 인출될 수 있는 상태에 있게 된 것도 아니라고 할 것이므로, 위 은행에게 현실적인 손해가 발생하였거나 재산상 실해 발생의 위험이 초래되었다고 볼 수 없다.[518]

317 ④ A 주식회사 직원인 피고인이 대표이사 B 등이 직무에 관하여 발명한 '재활용 통합 분리수거 시스템'의 특허출원을 하면서 임의로 특허출원서 발명자란에 B 외에 피고인의 성명을 추가로 기재하여 공동발명자로 등재되게 한 경우, 발명자에 해당하는지는 특허출원서 발명자란 기재 여부와 관계없이 실질적으로 정해지므로 피고인의 행위만으로 곧바로 A 회사의 특허권 자체나 그와 관련된 권리관계에 어떠한 영향을 미친다고 볼 수 없어, 결국 그로 인하여 A 회사에 재산상 손해가 발생하였다거나 재산상 손해발생의 위험이 초래되었다고 볼 수 없다.[519]

318 ⑤ 피고인들이 대표이사로 되어 있는 A 주식회사는 피보증인인 B 주식회사의 금융기관 채무를 연대보증하거나 백지어음을 담보로 제공한 상태인데, 피고인들이 B 회사가 C 상호신용금고로부터 자금을 차용할 때 A 회사의 예금을 담보로 제공한 뒤 그 신규자금을 기존에 A 회사가 보증한 위 금융기관 채무를 변제하도록 한 것은, 기왕의 보증채무와 별도로 새로운 손해를 발생시킬 위험을 가져온 것으로 볼 수 없어 업무상배임죄에 해당하지 않는다.[520]

319 ⑥ 피고인이 피해자 회사 체인점 점주들로부터 할인판매 등에 따른 누적된 손실금액의 보전을 요청받고 점주들이 요구하는 매출 할인금액 등이 정확한지 확인하지도 않고 회사가 운영하는 전산망에 입력된 체인점들의 전매출고, 전매입고 중 전매입고 금액만을 일방적으로 삭제하는 전산조작행위를 함으로써 전

518 대판 1997. 5. 30, 95도531.
519 대판 2011. 12. 13, 2011도10525.
520 대판 2010. 11. 25, 2009도9144.

산상 회사의 해당 체인점들에 대한 외상대금채권이 줄어든 것으로 처리한 경우, 피고인의 전산조작행위로 인하여 곧바로 회사의 외상대금채권 행사가 사실상 불가능해지거나 또는 현저히 곤란하게 되었다고 단정할 수 없고, 전표, 매출원장 등을 통하여 외상대금채권의 존재와 액수를 확인할 수 있는 방법들이 존재하고 삭제된 전매입고 금액을 기술적으로 용이하게 복구하는 것이 가능하다면, 위와 같은 전산조작행위로 말미암아 회사의 체인점들에 대한 외상대금채권 행사가 사실상 불가능해지거나 또는 현저히 곤란하게 된다고 할 수는 없을 것이므로 회사에게 재산상 실해 발생의 위험이 생기는 것도 아니다.[521]

⑦ A 주식회사는 도시개발사업의 시행자인 B 조합으로부터 기성금 명목으로 체비지를 지급받은 다음 이를 다시 C에게 매도하였는데, B 조합의 조합장인 피고인이 환지처분 전 체비지대장에 소유권 취득자로 등재된 A 회사와 C의 명의를 임의로 말소한 경우, B 조합이 시행한 도시개발사업은 도시개발법에 따라 이루어진 것이므로 체비지대장에의 등재가 환지처분 전 체비지 양수인이 취득하는 채권적 청구권의 공시방법이라고 볼 수 없고, 도시개발법에 따라 이루어진 도시개발사업에서 체비지 전매수인인 C는 자신에게 체비지를 매도한 A 회사에 대하여 매매계약에 따른 소유권이전등기청구권 등 채권적 청구권을 가질 뿐 B 조합과 사이에서 직접적인 권리를 가지는 것은 아니어서, C가 매매계약에 따라 취득한 권리를 행사하는 것은 체비지대장의 기재 여부와는 무관하므로 체비지대장상 취득자 란의 C 명의가 말소되었더라도 C의 A 회사에 대한 권리가 침해되거나 재산상 실해 발생의 위험이 있다고 볼 수 없다.[522] 320

(3) 재산상 손해의 인정 여부 · 인정 범위 · 손해액 산정이 문제되는 경우

(가) 법률상 무효인 행위

(a) 법률상 무효인 행위와 재산상 손해의 인정 여부

배임행위가 되는지 여부를 판단함에 있어 법률상 유·무효를 가리지 않는다. 그런데 임무위배행위가 법률적으로 무효라고 판단되는 경우, 재산상 손해가 발생하였다고 볼 수 있는가? 위에서 살펴보았듯이, 재산상 손해란 법률적 관점 321

521 대판 2006. 7. 27, 2006도3145. 본 판례 해설은 강윤구, "채권행사를 방해하는 사실상태를 초래하는 임무위배행위가 있는 경우 업무상 배임죄 성립의 요건", 해설 66, 법원도서관(2007), 413-430.
522 대판 2022. 10. 14, 2018도13604.

이 아닌 경제적 관점에서 판단하고, 판례 및 다수의 학설은 재산상 손해 발생의 위험까지도 포함하여 이해하고 있다. 따라서 법률적으로 당해 배임행위가 무효라고 하더라도, 경제적 관점에서 볼 때 배임행위로 인하여 본인에게 현실적인 손해를 가하였거나 손해발생의 위험을 초래한 경우에는 재산상 손해가 발생한 것으로 보아 본죄가 성립할 수 있다(통설[523]·판례[524]). 물론, 여기에서 손해발생의 위험이란 재산상 손해 발생의 추상적 위험을 의미하는 것이 아니고, 재산상 실해 발생의 위험, 즉 경제적 관점에서 재산상 손해가 발생한 것과 사실상 같다고 평가될 정도의 위험을 의미한다고 해석하여야 할 것이다. 대법원 역시 위험 발생 여부에 대한 판단기준을 구체화하면서, 손해발생의 위험을 구체적·현실적 위험 발생에 국한하는 엄격해석론의 입장을 취하고 있다.[525] 그러나 여전히 어떠한 경우 구체적·현실적 위험이 존재하는지에 대한 판단기준은 제시되지 않고 있기 때문에, 사례별로 판례의 기준을 검토하는 수밖에 없다.

1) 재산상 손해 발생을 인정한 판례

322 판례가 법률상 무효인 행위에 대하여 경제적 관점에서 재산상 손해의 발생을 인정한 예로는 다음과 같은 것들이 있다.

323 ① 피고인이 치안본부의 차량용 유류의 발주 및 수불업무를 담당하면서 치안본부와 유류공급계약을 체결해두고 있던 A 주식회사에 대하여 치안본부에 납품할 유류 일부를 지정된 납품장소 이외의 장소에 납품케 하여 이를 빼돌린 행위는, 본인인 치안본부에 대하여 법률상 유효한 납품인가 여부와 관계없이 배임행위가 되고, 치안본부가 그 대금지급채무를 부담하지 않는 것으로 볼 수 있고 A 주식회사에 대한 사기죄를 구성하게 되는 경우라 할지라도, 피고인의 행위는 그 직무집행과 관련하여 A 주식회사에게 손해를 가한 때임이 명백하여 치안본부에 국가배상법에 의하여 여전히 위 유류대금 상당을 배상할 채무를 부담하게 하므로 그 손해가 없다고 할 수 없다.[526]

324 ② 대표이사가 회사의 중요한 재산을 양도한 경우 이것이 회사의 유일 재

523 김성돈, 455; 배종대, §77/27; 신동운, 1262-1263; 이재상·장영민·강동범, §21/21; 정성근·박광민, 474-475; 주석형법 [각칙(6)](5판), 479(노태악).
524 대판 1992. 5. 26, 91도2963 등.
525 임웅, 554-556.
526 대판 1987. 4. 28, 83도1568.

산이고 처분 당시 주주총회의 특별결의를 거치지 아니한 이유로 위 매매계약 및 이에 따른 소유권이전등기는 법률상 당연무효라고 하더라도, 경제적 관점에서 볼 때 적어도 위 재산에 관한 소유권이전등기를 넘겨준 이상 위 처분행위로 인하여 위 회사에게 현실적인 손해를 가하지 아니하였다거나 재산상 실해 발생의 위험을 초래하지 아니하였다고 볼 수는 없다.[527]

③ 학교법인의 이사가 개인 명의의 당좌수표를 회수하기 위하여 학교법인 325
명의로 약속어음 6매를 발행하고 그중 5매에 대하여 강제집행인락 공증을 해준 경우, 어음 발행행위가 이사회의 적법한 결의 및 관할청의 허가를 받지 아니하여 법률상 무효라 하더라도 위와 같은 행위로 인하여 학교법인이 민법 제35조 제1항에 의한 손해배상의 책임을 부담할 수 있으므로 재산상 손해를 가한 것에 해당한다.[528]

④ 피고인이 C 회사의 대표이사로서, A 회사가 B 회사와 주식매수청구권 326
계약을 체결하고 장래에 B 회사의 주식매수청구권 행사에 응하여 주식재매수대금을 지급하게 될 경우 그로 인하여 A 회사가 부담하게 될 경제적 비용이나 손실 등을 C 회사가 연대하여 법률적으로 인수하겠다는 약정을 하는 내용이 담긴 각서를 작성하여 준 행위에 대하여, 위 약정은 C 회사 이사회의 결의가 없어 C 회사에 대하여 효력이 없으나, 이 사건 각서의 효력을 오신한 A 회사로 하여금 이 사건 주식의 재매수대금을 지급하게 하는 손해를 입혔으므로 이는 C 회사의 주식거래 중개 업무와 관련된 불법행위를 구성한다 할 것이고, C 회사는 A 회사에 민사소송에서 확정된 금액 상당의 불법행위로 인한 손해배상채무를 부담하는 손해를 입게 되었다는 이유로 본죄의 성립을 인정하였다.[529]

⑤ 주식회사의 실질적 경영자인 피고인이 자신의 개인사업체가 회사에 골 327
프장 조경용 수목을 매도하였다는 허위의 매매계약을 체결하고 그 매매대금 채권과 회사의 피고인에 대한 채권을 상계처리한 사안에서, 피고인의 수목 매매대금 채권이 존재하지 아니하여 상계가 법률상 무효라고 하더라도 회사에 재산상

527 대판 1992. 5. 26, 91도2963. 같은 취지로 대판 1995. 11. 21, 94도1375; 대판 2017. 10. 26, 2013도6896.
528 대판 1995. 12. 22, 94도3103.
529 대판 2009. 10. 29, 2009도7783.

실해 발생의 위험이 초래되었다고 보아 업무상배임죄의 성립을 인정하였다.[530]

328 ⑥ 피고인이 전세임대차계약을 체결할 권한이 없음에도 임차인들을 속이고 전세임대차계약을 체결하여 그 임차인들로부터 전세보증금 명목으로 돈을 교부받은 행위는, 건물주가 민사적으로 임차인들에게 전세보증금반환채무를 부담하는지 여부와 관계없이 사기죄에 해당하고, 이 사건 각 건물에 관하여 전세임대차계약이 아닌 월세임대차계약을 체결하여야 할 업무상 임무를 위반하여 전세임대차계약을 체결하여 그 건물주인 피해자 A로 하여금 전세보증금반환채무를 부담하게 한 행위는 위 사기죄와 별도로 업무상배임죄에 해당한다.[531]

2) 재산상 손해의 발생을 부정한 판례

329 판례는 대표이사 등이 법인 명의로 한 채무부담행위 등 임무위배행위가 법령에 위반하거나, 법인의 목적 범위를 넘어서거나, 반사회질서에 해당하는 등 법률상 무효로 되는 경우, 법인이 민법상 사용자책임이나 불법행위책임을 부담하는 등 특별한 사정이 없는 한, 재산상 손해를 가하였다고 볼 수 없다고 판시한다.

구체적인 판례를 살펴보면 다음과 같다.

330 ① 새마을금고 이사장인 피고인이 이사회의 의결 없이 개인으로부터 자금을 차입하거나 채무를 부담하는 행위는 당연무효이므로, 피고인이 금고 이사장으로서의 임무에 위배하여 개인 채권자에게 새마을금고 이사장 명의로 채무를 부담하는 각서를 작성·교부하였다 하더라도 이사회의 의결을 거치지 아니한 이상 채권자는 위 각서상의 채권을 취득할 수 없고 새마을금고도 채무를 부담하지 않으므로, 아무런 손해도 발생하지 아니한다.[532]

331 ② 대표이사가 개인의 차용금채무에 관하여 개인 명의로 작성하여 교부한 차용증에 추가로 회사의 법인 인감을 날인하였다고 하더라도 대표이사로서 행한 적법한 대표행위라고 할 수 없으므로 회사가 위 차용증에 기한 차용금채무를 부담하게 되는 것이 아님은 물론이고, 나아가 금원의 대여자는 위와 같은 행위가 적법한 대표행위가 아님을 알았거나 알 수 있었다 할 것이어서 회사가 대여자에 대하여 사용자책임이나 법인의 불법행위 등에 따른 손해배상의무도 부

530 대판 2012. 2. 23, 2011도15857.
531 대판 2010. 11. 11, 2010도10690.
532 대판 1987. 11. 19, 87도993.

담할 여지가 없으므로, 결국 회사에 재산상 손해가 발생하였다거나 재산상 실해 발생의 위험이 초래되었다고 볼 수 없다.[533]

③ 저축은행 대표이사가 임무에 위배하여 지급보증서를 발행한 사안에서, 332
상호저축은행이 채무를 보증하거나 담보를 제공하는 행위를 금지하는 구 상호저축은행법의 규정은 효력규정으로서 이에 위배하는 상호저축은행 대표이사 등의 행위는 무효이므로, 그로 인하여 상호저축은행이 민법상 사용자책임 또는 법인의 불법행위책임 등을 부담하는 등의 특별한 사정이 없는 한 본죄는 성립하지 않는다고 판시하였다.[534]

④ 조합 이사장이 조합 정관과 강행규정인 관련 법규에 위반하여 조합 이 333
사회의 의결을 거치지 아니한 채 임의로 어음 및 수표에 조합 명의의 배서를 하여 할인받은 경우, 피고인의 배서행위는 법률상 무효이므로 조합은 어음, 수표상의 책임을 지지 않음은 물론이고, 그밖에 사용자책임 또는 법인의 불법행위책임도 부담하지 않는 민사 판결이 확정되었다면 조합에 실해가 발생할 위험이 있다고 보기 어렵다.[535]

⑤ 재단법인 이사장이 자신이 별도로 대표이사로 있는 주식회사가 부담하는 334
퇴직금 채권 담보를 위한 연대보증을 하였다면, 이는 재단법인의 목적 범위를 넘어섰고 적법한 의결절차도 거치지 아니한 것으로 법률상 무효라고 할 것이므로 재단법인이 연대보증상 채무를 부담한다고 할 수 없고, 퇴직근로자들의 요구에 의한 것이라면 재단법인이 사용자책임 내지 법인의 불법행위책임도 부담하지 아니한다고 할 것이고, 그 밖에 경제적 관점에서 파악하여 피고인의 행위로 인하여 재단법인에게 현실적인 손해를 가하였거나 또는 재산상 실해 발생의 위험을 초래하였다고 인정할 아무런 증거가 없으므로 본죄가 성립할 수 없다.[536]

---

533 대판 2004. 4. 9, 2004도771.

534 대판 2010. 9. 30, 2010도6490. 또한, 지급보증서들이 이 사건 저축은행의 외부에 교부되었는지, 교부된 지급보증서가 어떤 경로를 거쳐 현재 누가 소지하고 있는지, 채무자로 기재되어 있는 사람에 대하여 구체적으로 얼마의 채무를 부담하고 있었는지 또는 위 지급보증서로 인하여 얼마의 채무를 부담하게 되었는지, 지급보증처로 기재되어 있는 사람이 지급보증서를 교부받으면서 저축은행의 관계자 등에게 문의를 한 바 있는지 문의를 하였다면 어떤 관계자 등에게 하였고 문의를 한 내용이 어떤 것인지 등에 관한 증명이 없다고 하였다.

535 대판 2000. 2. 11, 99도2983.

536 대판 2002. 6. 14, 2002도1791.

335 ⑥ 회사 명의의 단가조정행위, 대물변제계약이나 매매계약의 체결행위 등 법률행위가 법률상 무효로 되는 경우에도 같은 이유로 재산상 손해의 발생을 부정하였다. 예를 들어, ⓐ 배합사료 판매회사인 A 회사의 영업사원인 피고인이 B에게 배합사료를 공급하면서 A 회사의 내부 결재를 거치지 않고 장려금 등 명목으로 임의로 단가를 조정하거나 대금을 할인해 줌으로써 B에게 재산상 이익을 취득하게 하고 A 회사에 손해를 가하였다고 하여 특정경제범죄법위반(배임)으로 기소된 사안에서, 물품대금 소송의 제1심에서 A 회사가 승소하였지만 상대방의 항소로 항소심에 계속 중인 이상 사용자책임 등을 부담할 가능성을 완전히 배제하기 어렵다는 등의 원심이 설시한 사정만으로는 A 회사에 재산상 실해가 발생할 가능성이 생겼다고 말할 수는 있어도 나아가 그 실해 발생의 위험이 구체적·현실적인 정도에 이르렀다고 보기 어려운데도, 피고인의 행위가 A 회사의 재산 상태에 구체적으로 어떠한 영향을 미쳤는지, 위 물품대금 소송의 제1심 판결에도 불구하고 A 회사가 사용자책임을 부담한다고 볼 만한 사정이 있는지 등을 면밀히 심리하여 A 회사에 현실적인 손해가 발생하거나 실해 발생의 위험이 생겼다고 볼 수 있는지를 판단하지 아니한 채 공소사실을 유죄로 판단한 원심판결에 본죄의 재산상 손해 요건에 관한 법리를 오해하여 필요한 심리를 다하지 아니한 잘못이 있다고 하였다.[537]

336 또한, ⓑ 주식회사의 주주총회 결의에서 자신이 대표이사로 선임된 것으로 주주총회의사록을 위조한 사람이 회사를 대표하여 한 대물변제계약 등의 행위는 법률상 효력이 없어 그로 인하여 회사에 어떠한 손해가 발생한다고 할 수 없으므로, 그 행위로 인하여 회사가 상법 제395조의 표현대표이사책임을 부담하는 등의 특별한 사정이 없는 한 그 대표이사를 사칭한 사람의 행위는 본죄를 구성하지 아니한다.[538]

337 그리고 ⓒ A 주식회사의 대표이사가 주주총회 의사록을 허위로 작성하여 각 임직원들과 주식매수선택권부여계약을 체결한 행위에 대하여는, 상법 제340조의2 제1항, 제3항에 의하면 회사는 정관이 정한 바에 따라 상법 제434조의

537 대판 2017. 10. 12, 2017도6151.

538 대판 2013. 3. 28, 2010도7439. 법률상 무효가 되는 계약체결행위에 대하여 재산상 손해를 부정한 판례로는 대판 2017. 8. 24, 2017도22.

규정에 의한 주주총회의 특별결의로 이사·감사 또는 피용자에게 발행주식 총수의 100분의 10을 초과하지 아니하는 한도 내에서 주식매수선택권을 부여할 수 있으며, 회사 정관에도 같은 취지로 규정되어 있음을 알 수 있는데, 그렇다면 피고인이 위와 같이 허위로 만들어 낸 주주총회 특별결의를 빙자하여 자신을 포함한 임직원들과 주식매수선택권부여계약을 체결하였더라도 이는 상법과 정관에 위배되어 법률상 효력이 없고, 따라서 위와 같은 계약체결행위만으로 A 주식회사에 어떠한 현실적 손해가 발생할 수 없음은 물론이고 그러한 실해 발생의 위험조차 초래되었다고 볼 수 없다고 하였다.[539]

338 한편, ⑦ 반사회질서 법률행위에 기초한 무효인 배임행위에 대하여 재산상 손해 발생을 부정한 판례도 있다. A 주식회사 대표이사인 피고인이 B 주식회사 등의 주식에 대한 인위적 주가관리를 하는 과정에서 C에게서 필요한 자금을 제공받은 후 A 회사를 채무자로 하는 금전소비대차계약 등의 약정을 체결한 경우, 피고인이 A 회사로 하여금 약정에 따른 채무를 부담하게 하는 행위는 회사의 영리 목적 또는 경영상 필요와 관계없이 피고인 또는 제3자의 이익을 도모할 목적으로 권한을 남용한 것으로 상대방 C도 그와 같은 진의를 알았거나 알 수 있었다고 볼 여지가 있을 뿐만 아니라, 위 금전소비대차계약 자체가 사기적 부정거래 등을 통한 주가조작 범행을 공모하여 실행한 공범 사이에서 범행에 필요한 자금제공에 대한 대가를 지급하거나 그에 따른 손실을 보전하여 주기로 하는 반사회질서 법률행위에 기초한 것으로 볼 수도 있어 위 채무부담행위는 甲 회사에 대하여 무효이므로, 그로 인하여 A 회사에 어떠한 재산상 손해가 발생하거나 발생할 위험이 있다고 보기 어렵다고 하였다.[540]

339 또한, ⑧ 대표이사의 자기거래에 해당하는 배임행위에 대하여 재산상 손해 발생을 부정한 판례도 있다. 회사 대표이사인 피고인이 자신이 회사에 대하여

---

539 대판 2011. 11. 24, 2010도11394. 다만 위 사안에서는 공소시효의 완성 여부, 즉 기수시기가 문제되었다. 판례는 위와 같이 계약을 체결한 것만으로는 본죄의 구성요건이 완성되거나 범행이 종료되었다고 볼 수 없고, 계약체결 이후 계약내용에 따라 주식매수선택권을 행사하고 신주를 발행해 줌으로써 현실적 손해가 발생하거나 그러한 실해 발생의 위험이 초래되었다고 보아야 한다고 하였다.

본 판결 평석은 이동훈, "배임죄에서 무효인 배임행위로 인한 재산상 손해의 발생 여부 및 기수시기에 관한 판단기준", 재판실무연구 5, 수원지방법원(2013), 267-290.

540 대판 2011. 7. 14, 2011도3180.

가지고 있는 채권을 자신의 처 A에게 양도하고 그 채권담보를 위하여 A로부터 권한을 위임받은 다음, 회사의 이사회 결의 없이 회사를 대표하여 A와 회사 사이에 근저당권설정계약을 체결하고 이에 기하여 A 명의로 회사 소유의 부동산에 근저당권을 설정한 행위에 대하여, A를 대리하여 위 근저당권을 설정받은 것은 다름 아닌 피고인 자신이므로 위 근저당권설정행위는 피해자 회사 이사회의 결의 없이 이루어진 행위로서 무효이고, 피해자 회사로서는 위 무효에 따른 사용자책임이나 법인의 불법행위 등에 따른 손해배상의무를 부담할 여지도 없으므로, 회사에 재산상 손해가 발생하였다거나 재산상 실해 발생의 위험이 초래되었다고 보기 어렵다고 하였다.[541]

3) 법률상 무효인 행위로 인한 재산상 손해 발생의 판단기준

340 법률상 무효인 배임행위에 대하여 어떠한 경우 경제적 관점에서 재산상 손해가 발생하였다고 인정하는지는 결국 개별 사례에서 해결될 수밖에 없을 것이다. 다만, 일응의 기준으로 계약이 이행되거나 계약의 목적인 급부가 실현된 경우(예를 들어, 소유권이전등기절차가 이행된 경우)에는 원칙적으로 재산상의 손해가 발생하였다고 볼 수 있으나, 계약이 이행되지 아니하거나 계약의 목적인 급부가 실현되지 아니한 경우(예를 들어, 상대방에게 채무만을 부담하고 있는 외관이 형성되어 있는 경우)에는 원칙적으로 그러한 행위만으로 실해발생의 위험을 인정할 수 없고, 추가적으로 적어도 '본인이 배임행위자의 사용자로서 또는 그 밖의 원인에 의하여 상대방에 대하여 사용자책임 내지 불법행위책임을 부담하게 되었거나 부담하게 될 가능성이 있을 것'을 요구한다고 설명하는 견해[542]가 있고, 이를 참고할 만하다.

(b) 대표권 남용과 재산상 손해 발생 여부

1) 채무부담행위로 인한 재산상 손해 발생 여부

341 대표이사 등이 타인의 사무처리자로서 외견상 대표권 범위 내의 대표행위를 하였지만, 절차상 요건에 위반하거나, 주관적으로 회사의 이익에 반하여 자기 또는 제3자의 이익을 추구할 목적으로 임무에 위반하는 행위인 경우를 대표권 남용행위라고 할 수 있다. 대표권 남용행위는 효력규정이나 반사회질서에 해

541 대판 2012. 10. 11, 2012도4937.
542 이동훈(주 539), 283-284.

당하여 곧바로 무효가 되는 경우가 아닌 한, 회사 경영상의 목적이 아닌 개인의 이익을 도모할 목적으로 한 행위라고 하더라도 일단 회사의 행위로 유효하고,[543] 다만 그 행위의 상대방이 대표자의 진의를 알았거나 알 수 있었을 때에는 회사에 대하여 무효가 된다.[544] 이처럼 임무위배행위 중 대표권 남용에 해당하는 경우에, 상대방이 대표자의 진의를 알았거나 알 수 있었을 때에는 대표권 남용행위가 법률상 무효가 되므로, 그로 인하여 본죄에서의 재산상 손해가 발생하였다고 볼 수 있는지가 문제된다.

판례는 상대방이 진의를 알았거나 알 수 있었을 경우의 대표권 남용행위에 대하여, 효력규정이나 반사회질서에 해당하는 등 배임행위가 곧바로 법률상 무효로 평가될 수 있는 경우와 마찬가지의 기준을 가지고 판단하고 있다. 예를 들어 대표권을 남용하여 차용증을 작성하는 등 채무를 부담하는 행위를 하고 그 행위가 법률상 무효로 되는 경우, 대법원은 그 행위가 차용증 등에 기한 변제책임 내지 보증책임을 부담하지 않는 것이고 회사가 사용자책임 등에 따른 손해배상의무를 부담할 여지가 없다면, 재산상 손해가 발생하였다거나 재산상 실해 발생의 위험이 초래되었다고 볼 수 없다고 하였다. 342

[대판 2010. 5. 27, 2010도1490][545] 343

배임죄가 성립하려면 경제적 관점에서 파악하여 배임행위로 인하여 본인에게 현실적인 손해를 가하였거나 적어도 재산상 실해 발생의 위험을 초래하였다고 인정되어야 한다. 한편 대표이사가 대표권의 범위 내에서 한 행위는 설사 대표이사가 회사의 영리목적과 관계없이 자기 또는 제3자의 이익을 도모할 목적으로 그 권한을 남용한 것이라 할지라도 일단 회사의 행위로서 유효하지만, 그 행위의 상대방이 대표이사의 진의를 알았거나 알 수 있었을 때에는 회사에 대하여 무효가 되는 것이다. 원심판결 이유에 의하면 원심은, 피고인 乙이 2002. 10. 9.경 A로부터 3억 원을 차용하고 피고인 甲이 연대보증한 사실(다만, A의 요청으로 채권자 명의는 B로 하였다), 이 사건 회사의 주주들로서 대표이사 및 감사이던 피고인들은 2005. 4. 29.경 이 사건 회

543 안경옥, "회사 대표이사의 대표권 남용행위 중 법률상 무효행위에 대한 형법적 평가", 경희법학 48-3(2013), 148-149.

544 대판 1993. 6. 25, 93다13391.

545 유사한 취지로, ① 대표권을 남용하여 피고인 개인 채무를 담보하기 위하여 회사 소유 부동산에 회사 명의로 근저당권설정등기를 경료한 행위에 대하여 재산상 손해 발생을 부정한 판례로 대판 2012. 2. 23, 2011도15857; 대판 2012. 12. 27, 2011도7879. ② 회사를 채무자로 하는 금전소비대차계약 등의 약정을 체결한 행위로는 대판 2011. 7. 14, 2011도3180. ③ 회사 명의의 금전소비대차 공정증서와 약속어음 공정증서를 작성해 준 행위로는 대판 2012. 5. 24, 2012도2142.

사에 대하여 가지는 일체의 권리를 타인에게 양도하면서, 같은 날 A에게, 이 사건 회사가 2004. 6. 24. 3억 원을 B로부터 차용하였다는 취지의 이 사건 차용증을 작성하여 준 사실, A와 B는 이 사건 차용증을 근거로 이 사건 회사에 대하여 대여금 3억 원의 지급을 구하는 소를 제기하였다가 취하한 사실 등을 인정한 후, 그에 의하여 알 수 있는 판시와 같은 사정, 즉 피고인들이 A에게 이 사건 차용증을 작성하여 준 것은 대표이사인 피고인 乙의 개인채무 3억 원을 이 사건 회사가 직접 채무자로서 변제하도록 하거나 보증책임을 부담하도록 하려는 것으로서 대표이사인 피고인 乙의 대표권을 남용한 행위인 점, 그 상대방인 A로서도 피고인들의 위와 같은 진의를 알았거나 충분히 알 수 있었던 점, 그에 따라 이 사건 회사는 이 사건 차용증에 기한 변제책임 내지 보증책임을 부담하지 않는 것이고 달리 이 사건 회사가 사용자책임 등에 따른 손해배상 의무를 부담할 여지도 없는 점 등에 비추어 보면 피고인들이 A에게 이 사건 차용증을 작성하여 준 것만으로는 이 사건 회사에 재산상 손해가 발생하였다거나 재산상 실해 발생의 위험이 초래되었다고 볼 수 없어 피고인들에 대하여 업무상배임죄가 성립하지 않는다고 판단하였는바, 위와 같은 원심판단은 앞서 본 법리에 따른 것으로서 정당하고, 거기에 업무상배임죄의 성립에 관한 법리 등을 오해한 위법이 있다고 할 수 없다.

2) 약속어음 발행행위로 인한 재산상 손해 발생 여부

344 판례는 종래 개인채무의 담보 등을 목적으로 대표권을 남용하여 회사 명의로 어음을 발행하는 형태의 임무위배행위에 대하여는, 어음의 유통 가능성을 고려하여 보다 넓은 범위에서 재산상 손해 발생을 인정하는 취지로 판시하기도 하였다. 즉 대법원은, 약속어음은 원칙적으로 배서에 의하여 양도할 수 있고, 약속어음에 의하여 청구를 받은 사람은 그 소지인이 채무자를 해할 것을 알고 어음을 취득한 경우가 아니라면 발행인 또는 종전의 소지인에 대한 인적 관계로 인한 항변으로써 소지인에게 대항하지 못하므로, 대표이사가 대표권을 남용하여 회사 명의의 약속어음을 발행하였다면 비록 상대방이 그 사실을 알고 있었거나 중대한 과실로 알지 못하여 회사가 상대방에 대하여는 채무를 부담하지 아니한다 하더라도 약속어음이 제3자에게 유통될 경우 회사가 소지인에 대하여 어음금 채무를 부담할 위험은 이미 발생하였다 할 것이므로, 그 약속어음이 제3자에게 유통되지 아니한다는 특별한 사정이 없는 한 경제적 관점에서는 회사에 대하여 본죄에서의 재산상 실해 발생의 위험이 초래되었다고 보았다.[546] 약속어

546 대판 2012. 12. 27, 2012도12822. 같은 취지로 대판 2013. 2. 14, 2011도20302[위 두 판례는 대판 2017. 7. 20, 2014도1104(전)로 변경].

음의 발행과 같이 유통성이 강한 행위에 대하여는 원칙적으로 재산상 손해를 인정하고, 예외적으로 제3자에게 유통되지 아니한다는 특별한 사정[547]이 있는 경우에만 재산상 손해가 없는 것으로 본다는 것이다.

이는 채무부담행위 등이 대표권 남용으로서 무효가 되는 경우, 본인이 사용자책임이나 불법행위로 인한 손해배상책임을 부담하지 않는 한 (원칙적으로) 재산상 손해가 발생하지 않은 것으로 보는 판례의 태도에 비하여 손해발생의 범위를 넓게 인정하는 것이었다. 물론, 그렇다고 하여 대법원이 대표권 남용으로 인하여 법률상 무효가 되는 어음발행행위에 대하여 일관되게 위와 같은 판시를 유지한 것은 아니다. 주식회사 대표이사인 피고인이 자신의 채권자들에게 회사 명의의 금전소비대차 공정증서와 약속어음 공정증서를 작성해 준 사안에서 판례는, 피고인의 행위는 대표권을 남용한 행위로서 상대방들도 피고인이 회사의 이익과 관계없이 자기 또는 제3자의 이익을 도모할 목적으로 공정증서를 작성해준다는 사실을 알았거나 충분히 알 수 있었으므로 모두 무효이고, 그로 인하여 회사에 재산상 손해가 발생하였다거나 재산상 실해 발생의 위험이 초래되었다고 볼 수 없다고 하였다.[548] 이는 대판 2012. 12. 27, 2012도10822와는 달리, 어음의 유통위험성이 있는지에 대한 별도의 판단 없이 바로 손해발생의 위험을 부인한 것이다. 이와 같은 판례의 태도에 대하여, 약속어음 발행행위만으로 손해와 동등한 위험을 인정하기는 어렵다거나,[549] 일관된 기준을 제시하지 못한다[550]는 취지의 비판이 제기되어 왔다. 345

그런데 최근 대법원은 전원합의체 판결을 통하여 그 견해를 변경하였다. 346

사안은 회사 대표이사인 피고인이 자신이 별도로 대표이사를 맡고 있던 다른 회사의 저축은행에 대한 대출금채무를 담보하기 위해 저축은행에 회사 명의 347

547 특별한 사정이 있는지 여부는 어음의 발행인과 수취인 기타 관련자들의 관계 및 그들 사이의 종전 거래 실제, 유통하지 아니한다는 확약이 있는지 여부 등 약속어음 발행 전후의 구체적 경위와 사정, 발행된 어음의 문면·형식·재질 기타 유통성에 영향을 주는 어음의 외형적 요소, 나아가 약속어음 외에 다른 담보가 제공되었는지 여부, 그 담보의 종류 또는 내용, 어음수취인 기타 관련자들의 권리 추급 기타 그 권리관계의 전개 양상 등 여러 사정들을 종합적으로 고려하여 판단한다고 하였다(대판 2013. 2. 14, 2011도20302).

548 대판 2012. 5. 24 2012도2142.

549 안경옥(주 505), 223; 허일태, "대표이사의 대표권남용행위와 배임죄의 관계", 형사재판의 제문제(7권), 사법발전재단(2012), 190-191.

550 안경옥(주 543), 149.

로 약속어음을 발행하여 준 행위에 대한 것이었다.

348 이에 대하여 대법원은, "① 주식회사의 대표이사가 대표권을 남용하는 등 임무에 위배하여 회사 명의로 의무를 부담하는 행위를 하더라도 일단 회사의 행위로 유효하고, 다만 상대방이 대표이사의 진의를 알았거나 알 수 있었을 때에는 회사에 대하여 무효가 되는데, 그 경우 경제적 관점에서 보아도 회사에 현실적인 손해가 발생하였다거나 실해발생의 위험이 초래되었다고 평가하기 어려우므로, 달리 그 의무부담행위로 인하여 실제로 채무의 이행이 이루어졌거나 회사가 민법상 불법행위책임을 부담하게 되었다는 등의 사정이 없는 한 배임죄의 기수에 이른 것이 아니다. ② 이 경우에도 대표이사로서는 배임의 범의로 임무위배행위를 함으로써 실행에 착수한 것이므로 본죄의 미수범이 된다. ③ 그리고 상대방이 대표권남용 사실을 알지 못하였다는 등의 사정이 있어 그 의무부담행위가 회사에 대하여 유효한 경우에는 회사의 채무가 발생하고 회사는 그 채무를 이행할 의무를 부담하므로 이러한 채무의 발생은 그 자체로 현실적인 손해 또는 재산상 실해발생의 위험이라고 할 것이어서 그 채무가 현실적으로 이행되기 전이라도 본죄의 기수에 이르렀다고 보아야 한다. ④ 한편, 주식회사의 대표이사가 대표권을 남용하는 등 그 임무에 위배하여 약속어음 발행을 한 행위가 본죄에 해당하는지도 원칙적으로 위에서 살펴본 의무부담행위와 마찬가지로 보아야 한다. 다만 약속어음 발행의 경우 어음법상 발행인은 종전의 소지인에 대한 인적 관계로 인한 항변으로써 소지인에게 대항하지 못하므로(어음법 §17, §77), 어음발행이 무효라 하더라도 그 어음이 실제로 제3자에게 유통되었다면 회사로서는 어음채무를 부담할 위험이 구체적·현실적으로 발생하였다고 보아야 하고, 따라서 그 어음채무가 실제로 이행되기 전이라도 본죄의 기수범이 된다. ⑤ 그러나 약속어음 발행이 무효일 뿐만 아니라 그 어음이 유통되지도 않았다면 회사는 어음발행의 상대방에게 어음채무를 부담하지 않기 때문에 특별한 사정이 없는 한 회사에 현실적으로 손해가 발생하였다거나 실해발생의 위험이 발생하였다고도 볼 수 없으므로, 이때에는 본죄의 기수범이 아니라 배임미수죄로 처벌하여야 한다."는 취지로 판시하였다.[551]

551 대판 2017. 7. 20, 2014도1104(전). 본 판결 평석은 (주 458) 참조.

349 그 후 대법원은, 회사의 대표이사가 개인 채무를 담보하기 위하여 회사 명의로 차용증을 교부하고 약속어음 공정증서를 발행해 준 행위에 대하여, 상대방이 대표권 남용 사실을 알았거나 알 수 있었을 것으로 보이므로 법률상 무효가 되지만, 상대방이 약속어음 공정증서에 기하여 피해자 회사가 A 재단법인에 대하여 가지는 임대차보증금반환채권에 대하여 압류 및 전부명령을 받은 다음 확정된 압류 및 전부명령에 기하여 A 재단법인으로부터 임대차보증금 중 일부를 지급받은 사실이 인정된다면, 피해자 회사에 현실적인 손해가 발생하였거나 실해발행의 위험이 생겼다고 보아야 한다고 판시하였다.[552]

350 대표권 남용으로 법률상 무효가 되는 행위로 인한 재산상 손해의 발생 여부에 대한 대법원의 판시사항을 정리하면, ① 의무부담행위나 약속어음 발행행위가 유효로 되는 경우에는 그 채무가 현실적으로 이행되기 전이라도 기수가 되고, ② 무효인 경우에는 실행의 착수는 인정되어 원칙적으로 미수이고, ③ 무효인 경우라도 예외적으로 그로 인하여 실제로 채무의 이행이 이루어졌다거나 민법상 불법행위책임을 부담하게 되었다는 등의 사정이 있는 경우에는 기수가 되고, ④ 무효인 약속어음 발행행위라고 하더라도 그 어음이 실제로 제3자에게 유통되었다면 회사로서는 어음채무를 부담할 위험이 구체적·현실적으로 발생하였다고 보아야 하므로 그 어음채무가 실제로 이행되기 전이라도 기수가 성립하게 된다. 또한, 무효인 약속어음 공정증서에 기하여 압류 및 전부명령을 받아 피해자 회사 소유 재산에 이를 집행한 경우도 기수가 성립하게 된다.

351 대표권 남용으로 무효가 되는 배임행위로 인하여 재산상 손해의 발생을 인정할 수 있는지는 큰 실익이 없는 논쟁이라고도 할 수 있다. 본죄의 미수범을 처벌하는 이상 기수이든 미수이든 양자 모두 처벌된다는 점에서 차이가 없고, 미수범은 원칙적으로 임의적 감경사유에 불과하며, 본죄의 법정형 하한도 존재하지 않기 때문이다. 그러나 특정경제범죄법 제3조가 적용되는 경우를 생각해 보면, 그 적용대상에 본죄의 미수범은 포함되지 않고, 특정경제범죄법의 적용

552 대판 2017. 9. 21, 2014도9960. 대법원은 전부명령이 확정된 후 집행권원이 된 집행증서의 기초가 된 법률행위 중 전부 또는 일부에 무효사유가 있는 것으로 판명되어 집행채권자인 배임행위의 상대방이 피해자 회사에 부당이득 상당액을 반환할 의무를 부담하더라도 본죄의 성립을 부정할 수 없다고 하였다.

기준으로 작용하는 이득액은 기수시기를 기준으로 산정하고 있으므로, 특정경제범죄법의 적용 여부를 결정함에 있어 기수와 미수의 구별, 다시 말하면 재산상 손해의 발생 여부에 대한 판단은 중요한 역할을 한다.[553]

(나) 대출 관련 배임행위와 재산상 손해의 인정범위

352 이른바 불량·부실대출의 경우, 대출 당시에는 법률적 관점에서 보면 대출상대방에 대한 채권을 취득하였다는 점에서 재산상 손해가 발생하였다고 볼 수 있는지 문제될 수 있다. 그러나 경제적 관점에서 재산상 손해를 파악한다면, 변제자력이 없는 상대방에 대한 대출, 무담보 또는 불충분한 담보에 의한 대출, 법령 등에 위반한 대출행위 등으로 인하여 대출 시점 또는 그 이후 일정한 시점에 이미 채권의 회수가 불가능하거나 곤란하게 되었다면, 회수불능 상태가 현실적으로 발생하기 이전이라도 재산상 손해가 발생한 것으로 보아야 할 것이다.

353 **[대판 2003. 10. 10, 2003도3516]**

주식회사인 금융기관이 실질적으로 대출금을 회수할 가능성이 없음에도 불구하고 타인으로 하여금 장중에 있는 자기주식을 취득하게 하기 위하여 금원을 대출하는 것은 자본충실의 원칙에 반한다고 보아야 하므로 그와 같은 대출은 그 목적과 취지가 법령이나 사회상규에 위반되어 금융기관에 대한 배임에 해당한다고 할 것이며, 한편 배임죄에 있어서 '재산상의 손해를 가한 때'라 함은 현실적인 손해를 가한 경우뿐만 아니라 재산상 실해 발생의 위험을 초래한 경우도 포함되므로, 회사의 이사 등이 타인에게 회사자금을 대여함에 있어 그 타인이 이미 채무변제능력을 상실하여 그에게 자금을 대여할 경우 회사에 손해가 발생하리라는 정을 충분히 알면서 이에 나아갔거나, 충분한 담보를 제공받는 등 상당하고도 합리적인 채권회수조치를 취하지 아니한 채 만연히 대여해 주었다면, 그와 같은 자금대여는 타인에게 이익을 얻게 하고 회사에 손해를 가하는 행위로서 회사에 대하여 배임행위가 되고, 회사의 이사는 단순히 그것이 경영상의 판단이라는 이유만으로 배임죄의 죄책을 면할 수는 없으며, 이러한 이치는 그 타인이 자금지원 회사의 계열회사라 하여 달라지지 않는다.

354 판례는, ① 중소기업진흥이라는 특정한 목적을 위하여 조성되어 중소기업합리화사업의 실천계획의 승인을 받은 적격 중소기업 등에게 저리로 대출하도록 그 용도가 법정되어 있는 자금을 부적격 업체를 위하여 부당하게 지출되도

553 이주원, "특정경제범죄 가중처벌 등에 관한 법률위반(배임)죄에서 이득액 개념의 합리적 재해석", 인권과 정의 436, 대한변호사협회(2013. 9), 56.

록 한 경우,[554] ② 농어촌공사가 구 한국농어촌공사 및 농지관리기금법에서 정한 농지매매사업 등을 수행하기 위하여 정부로부터 위탁받아 운용하는 농지관리기금을 농지매매사업의 지원대상에 해당하지 아니하는 농지를 매입하는 데 사용하거나 지원요건을 갖추지 아니한 농업인을 위하여 부당하게 지원하게 한 경우,[555] ③ 관할군 내의 양축농가에 대하여 그 양축수에 따른 군조절용 사료의 적정한 배급을 위하여 양축수를 조사보고하고 사료를 배급하는 업무를 담당하고 있으면서 그 임무에 위배하여 정당한 배정대상 양축농가가 아닌 사람에게 배정되도록 지시한 경우,[556] ④ 정부양곡의 수매·가공·보관 및 방출 등 업무를 보조하던 군청직원이 위와 같은 목적을 위하여 비축 중인 정부양곡을 소정 목적 외의 용도로 자의로 방출한 경우[557]와 같이, 특정한 정책 목표의 달성을 위하여 조성된 자금의 대출 등에 있어서는 그 자금 운용규제나 정책 목표 달성이 저해되었다는 점 자체로 대금 납입 여부와에 관계없이 재산상 손해가 초래된 것으로 보았다. 또한, ⑤ 금융기관 직원이 허위의 분양계약자들을 내세운 주택건설업자나 하청업자에게 주택신용보증기금의 전자보증 아래 주택자금 융자를 해 준 행위에 대하여, 위 주택신용보증기금은 구 근로자의 주거안정과 목돈마련 지원에 관한 법률에 의하여, 정부의 출연금 등을 재원으로 하고, 보증대상은 주택수요자의 주택 취득 등의 자금융자를 전제로 하고 있으므로, 주택건설업자나 그 하청업자가 공사에 필요한 자금을 조달하기 위한 방편으로 허위의 분양계약자들을 내세워 주택자금 융자와 보증을 받았다면, 이는 주택수요자가 아닌 사람을 대상으로 한 것으로서 보증사고 발생 시 신용보증기금으로부터 대출금에 대한 보증금을 지급받지 못할 우려가 있어 위 보증으로 대출의 부실가능성을 봉쇄할 수 없고, 본죄가 성립한다고 판시하였다.[558]

한편, 새마을금고 등의 동일인 대출한도 제한규정 위반 대출의 경우에는, 355
부정대출만으로 곧바로 재산상 손해 또는 이와 동등한 가치의 실해발생 위험을 인정하던 과거의 판례를 변경하여, 동일인 대출한도를 초과하여 대출함으로써

554 대판 1997. 10. 24, 97도2042. 같은 취지로 대판 2007. 4. 27, 2007도1038.
555 대판 2015. 8. 13, 2014도5713.
556 대판 1982. 9. 14, 81도2024.
557 대판 1975. 11. 25, 73도1881.
558 대판 2006. 10. 26, 2004도8106.

구 새마을금고법을 위반하였다고 하더라도, 그 사실만으로 특별한 사정이 없는 한 업무상배임죄가 성립한다고 할 수 없고, 대출 당시의 대출채무자의 재무상태, 다른 금융기관으로부터의 차입금이나 그 밖의 채무를 포함한 전반적인 금융거래 상황, 사업현황 및 전망과 대출금의 용도, 소요기간 등에 비추어 채무상환능력이 부족하거나 제공된 담보의 경제적 가치가 부실해서 대출채권의 회수에 문제가 있는 경우로 판단되는 경우 재산상 손해가 발생한다고 보았다.[559]

356 반면, 금융기관이 거래처의 기존 대출금에 대한 원리금을 충당하기 위하여 거래처에 신규대출을 하면서 형식상 신규대출을 하는 것처럼 서류상 정리를 하였을 뿐 실제로 거래처에 대출금을 새로 교부하지 아니하였다면, 그로 인하여 금융기관에 새로운 손해가 발생하지 아니하므로 본죄가 성립하지 않는다고 할 것이다.[560] 또한, 회사가 행한 대출의 실질이 자금 이동 없는 서류상의 채무자 변경에 불과하고 실질적인 담보력에 변화가 없어 이로 인하여 대출 채권을 회수하지 못할 위험이 발생하였거나 발생할 염려가 생긴 것이 아니라면, 그 대출행위는 본죄를 구성하지 않는다고 보았다.[561] 그러나, 금융기관이 실제로 거래처에 대출금을 새로 교부한 경우에는, 거래처가 그 대출금을 임의로 처분할 수 없다거나 그밖에 어떠한 이유로든 그 대출금이 기존 대출금의 원리금으로 상환될 수밖에 없다는 등의 특별한 사정이 없는 한, 비록 새로운 대출금이 기존 대출금의 원리금으로 상환되도록 약정되어 있다고 하더라도 그 대출과 동시에 이미 손해발생의 위험은 발생하였다고 볼 수 있으므로 업무상배임죄는 성립된다고 할 것이다.[562]

357 재산상 손해 발생을 인정하여 본죄가 성립하는 경우 손해액에 관하여 판례는, 담보물의 가치를 초과하여 대출한 금액이나 실제로 회수가 불가능하게 된 금액만을 손해액으로 볼 수 있는 것이 아니고, 재산상 권리의 실행이 불가능하게 될 염려가 있거나 손해 발생의 위험이 있는 대출금 전액을 손해액으로 보고 있다.[563]

559 대판 2008. 6. 19, 2006도4876(전); 대판 2011. 12. 8, 2010도7372.
560 대판 1997. 9. 26, 97도1469. 같은 취지로 대판 2000. 6. 27, 2000도1155.
561 대판 2007. 6. 1, 2006도1813.
562 대판 2003. 10. 10, 2003도3516; 대판 2013. 10. 17, 2013도6826.
563 대판 1989. 4. 11, 88도1247; 대판 1996. 7. 12, 95도1043; 대판 2000. 3. 24, 2000도28; 대판 2006. 4. 27, 2004도1130; 대판 2013. 10. 17, 2013도6826. 이에 대하여는 담보 없는 부실·불량 대출의 경우에는 대출금 전액을 손해액으로 볼 수 있지만, 담보가 제공되었으나 그 담보물의 가

대출금 중 일부가 상환되었는지 여부는 본죄의 성립과 무관하다.[564]

358 판례는, ① 신규대출금이 대출명의자의 계좌에 입금되어 실제 차주 또는 그로부터 계좌관리를 위임받은 피고인들이 이를 사용할 수 있는 상태에 이른 이상, 그 대출에 따른 재산상 실해 발생의 위험은 초래되었다고 봄이 상당하므로 이로써 업무상배임행위는 완성된 것이어서, 그 후 신규 대출금의 일부가 기존 대출금의 이자 또는 신규 대출금의 이자 지급에 사용되었다고 하더라도 이를 업무상배임의 재산상 손해에서 제외할 것은 아니라고 하였다. 또한, ② 대출수수료 등과 같이 대출과 관련하여 발생하는 필요비는 원래 대출금과 별도로 지급되어야 할 것인데 편의상 대출금에서 이를 공제하는 것일 뿐이므로, 이는 재산상 손해액에 포함되어야 한다고 하였다.[565] 그리고 ③ 재산상의 손해는 장차 취득할 것이 기대되는 이익을 얻지 못하는 경우도 포함된다 할 것인바, 금융기관이 금원을 대출함에 있어 대출금 중 선이자를 공제한 나머지만 교부하거나 약속어음을 할인함에 있어 만기까지의 선이자를 공제한 경우, 금융기관으로서는 대출금채무의 변제기나 약속어음의 만기에 선이자로 공제한 금원을 포함한 대출금 전액이나 약속어음 액면금 상당액을 취득할 것이 기대된다 할 것이므로, 배임행위로 인하여 금융기관이 입는 손해는 선이자를 공제한 금액이 아니라 선이자로 공제한 금원을 포함한 대출금 전액이나 약속어음 액면금 상당액으로 본다.[566]

359 한편, ④ 피고인이 A에게 사업자금 대출을 하면서 A 등이 취득한 사업부지에 관한 부동산담보신탁계약상의 수익권증서를 담보물로 취득하였는데, A 등이 위 사업부지를 다른 금융기관에 담보로 제공하고 대출을 받을 수 있도록 하기 위하여, 사업의 전망이나 대출채권 회수가능성 등에 대한 충분한 검토를 하거나 대출규정에 정해진 바에 따라 대체담보를 취득하는 등 채권회수조치를 취하지 아니한 채 위 수익권증서의 기초가 되는 부동산 담보신탁계약 해지에 동의하는 방법으로 담보를 해지해 준 경우, 그와 같은 임무위배행위로 인한 재산상 손해

치를 초과한 불량대출인 경우에는 전체 대출금액이 아니라 초과한 금액을 손해액으로 보아야 한다는 견해도 있다[이승준, "배임죄의 손해 산정", 서울법학 24-3, 서울시립대학교 법학연구소(2016. 11), 95-96].

564 대판 1988. 4. 11, 88도1247.

565 대판 2007. 1. 12, 2006도6464.

566 대판 2003. 10. 10, 2003도3516.

액은 담보물 가액을 한도로 한 대출잔액이라고 보았다.[567] 따라서 담보물의 가액을 초과하는 대출잔액을 그대로 재산상 손해액으로 인정하는 것은 위법하다고 판시하였다.[568]

360 그리고 ⑤ 금융기관의 대출담당 직원이 아파트를 담보로 대출을 하면서 근저당권설정등기를 지연하여 접수하게 하여 그 사이에 임차인들이 임대보증금에 대한 대항력을 갖추도록 한 사안에서, 피해자인 금융기관이 입은 손해는 아파트에 대한 대출액수와 대출 당시 부동산 가액에서 대항력이 발생한 임대차보증금의 액수를 공제한 나머지 금액을 비교하여, 부동산 가액에서 위 임대차보증금 액수를 공제한 잔액, 즉 잔존 담보가치가 대출액수에 미달하는 때에 그 부족분에 해당하는 금액이라고 봄이 상당하다고 판시하였다.[569]

(다) 채무부담, 보증, 담보제공 관련 배임행위

361 타인의 사무처리자가 임무에 위배하여 본인에 대하여 채무를 부담하게 하거나, 지급보증 등 담보를 제공하게 하거나, 담보권이 상실되게 하는 등의 행위를 한 경우, 변제기가 도래하기 전이더라도 경제적 관점에서 보면 본인의 재산적 가치가 감소된 것으로 평가될 수 있으므로, 재산상 손해의 발생을 인정할 수 있을 것이다.

362 종래 판례는 피고인이 자신의 채권자와 부동산 양도담보설정계약을 체결하고 소유권이전등기를 경료해 주기 전에 임의로 기존의 근저당권자인 제3자에게 지상권설정등기를 경료하여 준 경우, 지상권의 설정이 새로운 채무부담행위에 기한 것이 아니라 기존의 저당권자가 가지는 채권을 저당권과 함께 담보하는 의미밖에 없다고 하더라도 이로써 양도담보권자의 채권에 대한 담보능력 감소

---

567 타인의 불법행위로 인하여 근저당권이 소멸된 경우, 근저당권자로서는 근저당권이 소멸하지 아니하였더라면 그 실행으로 피담보채무의 변제를 받았을 것임에도 불구하고 근저당권의 소멸로 말미암아 이러한 변제를 받게 되는 권능을 상실하게 되는 것이므로, 그 근저당권의 소멸로 인하여 근저당권자가 입게 되는 손해를 근저당 목적물인 부동산의 가액 범위 내에서 채권최고액을 한도로 하는 피담보채권액이라고 한다(대판 1997. 11. 25, 97도35771).

568 대판 2013. 1. 24, 2012도10629.

569 대판 2009. 7. 23, 2009도3712. 또한 위 판결은 담보물의 대출 당시의 시가를 해당 담보물의 객관적 가치로 보아야 하고, '시가'라 함은 정상적인 거래에 의하여 형성된 교환가격을 의미하는 것이고, 담보물의 시가는 해당 담보물에 대한 시가감정에 의하여 평가를 하는 것이 비교적 정확할 것이나, 반드시 그것에 한정되는 것이 아니고 합리적인 방법에 의한 것인 한 다른 방법에 의하여 시가를 판단하는 것도 가능하다고 하였다.

의 위험이 발생한 이상 재산상 손해가 발생한 것으로 보아 본죄의 성립을 인정하였다.[570] 다만 최근 부동산 이중저당의 본죄 성립을 부정한 대판 2020. 6. 18, 2019도14340(전)에서, "위와 같은 법리는, 채무자가 금전채무에 대한 담보로 부동산에 관하여 양도담보설정계약을 체결하고 이에 따라 채권자에게 소유권이전등기를 해 줄 의무가 있음에도 제3자에게 그 부동산을 처분한 경우에도 적용된다."고 밝히고 있으므로, 위 판례의 태도에 따르면 위와 같은 사안은 더 이상 본죄가 성립하지 않는다고 보아야 할 것이다.

한편 기왕에 한 담보제공행위로 인하여 이미 재산상 손해 발생의 위험이 363 발생하였다면, 그 후에 그 담보물을 다른 담보물로 교체한다 하여도 새로 제공하는 담보물의 가치가 기존 담보물의 가치보다 더 작거나 동일하면 회사에 새로운 손해발생의 위험이 발생하였다고 볼 수 없다. 제공된 전후의 담보방법이 다소 다른 경우에도 마찬가지이다. 따라서 동일 채무를 위해 기존의 담보방법을 새로운 담보방법으로 교체하는 행위가 본죄가 되기 위해서는 새로운 담보물의 가치가 기존의 담보물에 비해 더 크다거나 선행 담보제공에 의해 발생한 기존의 손해발생의 위험이 어떤 사유로 소멸하고 그 담보교체로 인해 기존 손해발생의 위험과는 다른 새로운 손해발생의 위험이 발생하였다고 평가할 수 있는 사정이 있어야 할 것이다.[571]

손해액은 피담보채무 상당액, 지급보증한 금액, 채무부담액 등이 되는 것이 364 원칙이다. 예를 들어, 부동산의 매도인이 매수인에 대한 소유권이전등기의무에 위반하여 매수인 앞으로 소유권이전등기를 경료하기 이전에 제3자로부터 금원을 차용하고 그 담보로 근저당권설정등기를 해 준 경우에는, 특별한 사정이 없는 한 그 근저당권에 의하여 담보되는 피담보채무 상당액의 손해를 가한 것이 된다.[572] 아파트 건축공사 시행사가 수분양자들에게 소유권이전등기절차를 이

570 대판 1997. 6. 24, 96도1218. 같은 취지로 대판 2010. 9. 9, 2010도5975는 차용금 또는 공사대금의 지급을 위하여 아파트 분양계약서를 작성해준 피고인이 관리신탁계약을 체결하여 신탁회사에 그 소유권을 이전한 행위 역시 본죄가 성립한다고 보았다.

571 대판 2008. 5. 8, 2008도484. 본 판결 해설은 차문호, "담보교체행위의 배임죄 성립 여부", 해설 76, 법원도서관(2008), 456-473.

572 대판 1989. 10. 24, 89도641; 대판 1998. 2. 10, 97도2919. 대판 1982. 11. 23, 82도2215는, 중도금까지 수령하고 소유권이전등기의무에 위배하여 제3자에게 채무담보조로 가등기를 설정해준 경우 제3자에 대한 채무상당액을 손해액으로 보았다. 매매계약이 제대로 이행되지 않은 상태에

행하지 않은 채 분양계약서에 기재된 대출한도금액을 초과한 근저당권설정등기를 경료한 경우, 대출한도액을 초과한 금액 상당의 재산상 이익을 취득하고 정당한 수분양자인 피해자에게 같은 금액 상당의 재산상 손해를 가하였다고 하였다.[573] 매도인이 부동산의 매도 후 그 부동산에 양도담보계약을 체결하고 제3자에게 돈을 차용한 경우, 매수인이 입은 손해액은 그 양도담보권에 의하여 담보되는 피담보채무 상당액이다.[574]

365 회사의 이사 등이 상당하고 합리적인 채권회수조치를 하지 아니한 채 이미 채무변제능력을 상실한 계열회사를 위하여 자금을 대여하거나 지급보증하는 행위가 배임행위가 될 경우, 그러한 자금 제공행위나 지급보증행위 자체가 당해 회사에 손해의 위험성을 발생시킨 행위로서 그 제공된 자금액 또는 지급보증금액 전체가 본죄에 있어서 손해 및 이득액이 된다.[575] 예를 들어, 우량회사인 A 주식회사의 대표이사인 피고인이 부실회사로서 이미 채무변제능력을 상실한 B 주식회사와 산업할부금융 사이에 체결된 한도금액 50억 원의 팩토링거래약정에 기한 채무를 연대보증한 사안에서, 손해의 위험성을 발생시킨 이상 사후에 담보를 취득하였거나 피해가 회복되었다 하여도 본죄의 성립에 영향을 주는 것은 아니라 할 것인바, 금융기관과 채무자 사이에 대출 등 여신한도 및 기간을 정하여 놓고 그 범위 내에서 채무자가 별도의 신청 및 심사절차를 거침이 없이 자금을 차입하거나 상환할 수 있는 내용의 여신한도거래약정에 기한 채무를 보증한 경우에는, 그 보증행위 자체가 손해의 위험성을 발생시킨 행위로서 그 한도금액 전체를 손해 및 이득액으로 하는 본죄가 성립한다고 보았다.[576]

366 그렇지만 이미 타인의 채무에 대하여 보증을 하였는데 피보증인이 변제자력이 없어 결국 보증인이 그 보증채무를 이행하게 될 우려가 있고, 보증인이 피보증인에게 신규로 자금을 제공하거나 피보증인이 신규로 차용하는 데 담보로

서 가등기권리자가 본등기를 경료한 경우에는 동 토지에 대한 이전등기청구권이 이행불능이 될 위험이 있고, 그 등기청구권을 확보하기 위하여는 가등기담보로 차용한 조건에 따른 금원을 변제하여야 할 것이므로 이 점에서 본인에게 손해를 가한 때에 해당한다고 보았다.

573 대판 2009. 5. 28, 2009도2086.

574 대판 2012. 1. 26, 2011도15179.

575 대판 2007. 6. 1, 2006도1813(사기의 이득액에 관한 같은 취지의 판시임); 대판 2013. 9. 26, 2013도5214.

576 대판 2007. 9. 7, 2007도3373.

제공하면서 그 신규자금이 이미 보증을 한 채무의 변제에 사용되도록 한 경우라면, 보증인으로서는 기보증채무와 별도로 새로 손해를 발생시킬 위험을 초래한 것이라고 볼 수 없다.[577]

(라) 주식, 전환사채의 부당한 거래 관련 배임행위

(a) 주식의 거래

회사의 대표이사 등이 그 임무에 위배하여 회사로 하여금 다른 회사의 주 367
식을 고가로 매수하게 한 경우, 회사에 가한 손해액은 통상 그 주식의 매매대금과 적정가액으로서의 시가 사이의 차액 상당이라고 볼 수 있을 것이다.[578] 증권거래소에 상장되지 않거나 증권업협회에 등록되지 않은 법인이 발행한 비상장주식의 경우에도 그에 관한 객관적 교환가치가 적정하게 반영된 정상적인 거래의 실례가 있는 경우에는, 그 거래가격을 시가로 보아 주식의 가액을 평가하여야 할 것이다.[579] 판례는 주식의 실질가치가 영(0)인 회사가 발행하는 신주를 액면가격으로 인수하였다면, 그 경우 손해액은 신주인수대금 전액 상당으로 볼 수 있다고 하였다.[580]

비상장주식을 거래한 경우 그 시가에 관하여 판례는, 그에 관한 객관적 교 368
환가치가 적정하게 반영된 정상적인 거래의 실례가 있는 경우에는 그 거래가격을 시가로 보아 주식의 가액을 평가하여야 할 것이나, 만약 그러한 거래사례가 없는 경우에는 보편적으로 인정되는 여러 가지 평가방법들을 고려하되 그러한 평가방법을 규정한 관련 법규들은 각 그 제정 목적에 따라 서로 상이한 기준을 적용하고 있음을 감안할 때 어느 한 가지 평가방법이 항상 적용되어야 한다고 단정할 수는 없고, 거래 당시 당해 비상장법인 및 거래당사자의 상황, 당해 업종의 특성 등을 종합적으로 고려하여 합리적으로 판단하여야 한다고 보았다.[581] 한편, 이사 또는 주주 등 내부자가 자신이 보유 중인 다른 회사의 비상장주식을 피해자 회사로 하여금 매수하게 한 사안에서, 비상장주식의 실거래가격이 시가와 근사하거나 적정한 가격으로 볼 수 있는 범위 내에 속하는 것으로 보여 실거

577 대판 2009. 7. 23, 2007도541; 대판 2010. 11. 25, 2009도9144; 대판 2013. 9. 26, 2013도5214.
578 대판 2005. 4. 29, 2005도856.
579 대판 2007. 3. 15, 2004도5742.
580 대판 2004. 6. 24, 2004도520; 대판 2007. 3. 15, 2004도5742.
581 대판 2005. 4. 29, 2005도856.

래가격과의 차액 상당의 손해가 있다고 할 수 없는 경우에 있어서도, 그 거래의 주된 목적이 비상장주식을 매도하려는 매도인의 자금조달에 있고 회사가 그 규모 및 재정상태에 비추어 과도한 대출을 일으켜 그 목적 달성에 이용된 것에 불과하다고 보이는 등의 특별한 사정이 있는 경우라면, 그와 같이 비상장주식을 현금화함으로써 매도인에게 유동성을 증가시키는 재산상의 이익을 취득하게 하고 반대로 회사에 그에 상응하는 재산상의 손해로서 그 가액을 산정할 수 없는 손해를 가한 것으로 볼 수 있다고 하였다.[582] 다만, 기업의 경영과 자금운영에 구체적 위험을 초래한 바가 없음에도 단지 현금유동성의 상실만을 이유로 재산상 위험이 발생하였다고 인정하는 것은 신중을 기여야 한다는 판시도 있다.[583]

369 판례는, ① 재벌그룹 소속 A 회사가 골프장 건설사업을 진행 중인 비상장회사 B의 주식 전부를 보유하고 B 회사를 위하여 수백 억의 채무보증을 한 상태에서, A 회사의 대표이사와 이사들이 B 회사의 주식 전부를 주당 1원으로 계산하여 C 그룹 대표이사 등에게 매도한 행위에 대하여, A 회사에 주식의 내재된 가치를 포기하면서 신용위험만을 부담시키는 것으로서, A 회사에 대하여 주식의 적정한 거래가격과 매도가격의 차액 상당에 해당하는 손해를 가하였다고 보았다.[584] 또한, ② 재벌그룹 소속 상장법인 회사의 이사들이, 대표이사이자 대주주인 A에게 자사주를 매각한 사안에서, A가 사실상 지배·보유하고 있는 의결권 있는 보통 주식의 일정 부분이 의결권이 제한된 상태에서 회사의 지배구조에 상당한 영향을 미칠 수 있는 정도의 자사주 매각거래를 하면서, 적절한 매각 상대방을 선정하고 매각조건 등을 결정하는 절차를 거치는 등의 노력을 하지 않은 채 회사에는 별다른 이익이 없는 반면 A에게 일방적으로 유리한 매각조건으로 자사주 매각을 단행한 점 및 매수인인 A의 이익과 편의를 가져온 거래의 제반 상황에 비추어 회사의 재산상태에 손해를 가하는 결과가 발생한 것으로 본 사례도 있다.[585]

582 대판 2005. 4. 29, 2005도856.
583 대판 2008. 5. 29, 2005도4640.
584 대판 2008. 5. 15, 2005도7911.
585 대판 2008. 5. 15, 2005도7911.

(b) 전환사채의 발행

전환사채의 저가발행행위와 관련하여 판례는, 비등록·비상장 법인의 대표이사가 시세차익을 얻을 의도로 주식시가보다 현저히 낮은 금액을 전환가격으로 한 전환사채를 발행하고, 제3자의 이름을 빌려 이를 인수한 후 전환권을 행사하여 인수한 주식 중 일부를 직원들에게 전환가격 상당에 배분한 경우, 전환사채의 발행·인수로써 회사에 주식 시가와 전환가격의 차액 상당의 손해를 가한 것으로서 업무상배임죄의 성립을 인정하였다.[586] 370

(c) 신주의 발행

회사의 이사가 제3자 배정방식에 의하여 신주 등을 발행하는 경우, 제3자는 신주 등을 인수함으로써 회사의 지분을 새로 취득하게 되므로, (주주배정방식과는 달리) 제3자에게 시가보다 현저하게 낮은 가액으로 신주 등을 발행하는 경우에는, 시가를 적정하게 반영하여 발행조건을 정하거나 또는 주식의 실질가액을 고려한 적정한 가격에 의하여 발행하는 경우와 비교하여 그 차이에 상당한 만큼 회사의 자산을 증가시키지 못하게 되는 결과가 발생하므로, 회사법상 공정한 발행가액과 실제 발행가액과의 차액에 발행주식수를 곱하여 산출된 액수만큼 회사가 손해를 입은 것으로 보아야 한다고 하였다. 물론, 그 경우 회사의 재무구조, 영업전망과 그에 대한 시장의 평가, 주식의 실질가액, 금융시장의 상황, 신주의 인수가능성 등 여러 사정을 종합적으로 고려하여 이사가 그 임무에 위배하여 신주의 발행가액 등을 공정한 가액보다 현저히 낮추어 발행한 경우에 해당하는지를 살펴야 한다.[587] 371

(d) 기업의 인수

이른바 LBO 방식의 기업인수 과정에서 인수자가 제3자가 주채무자인 대출금 채무에 대하여 아무런 대가 없이 피인수회사의 재산을 담보로 제공하였다면, 피인수회사로서는 이로 인하여 그 담보가치 상당의 재산상 손해를 입었다고 할 것이다.[588] 부도로 인하여 회사정리절차가 진행 중인 주식회사의 경우에도 그 회사의 주주나 채권자들의 잠재적 이익은 여전히 보호되어야 하므로, 피인수회 372

586 대판 2001. 9. 28, 2001도3191.
587 대판 2009. 5. 29, 2007도4949(전).
588 대판 2006. 11. 9, 2004도7027; 대판 2008. 2. 28, 2007도5987.

사가 회사정리절차를 밟고 있는 기업이라고 하더라도 결론에는 영향이 없고,[589] 인수자가 자신이 인수한 주식, 채권 등이 임의로 처분되지 못하도록 피인수회사 또는 금융기관에 담보로 제공됨으로써 피담보채무에 대한 별도의 담보를 제공한 경우도 마찬가지이다.[590]

(마) 그 밖의 사례

(a) 부동산 이중매매 등

373 부동산 이중매매의 경우 손해액은, 그 부동산에 아무런 부담이 없는 때에는 부동산의 시가 상당액, 그 부동산에 근저당권이 설정되어 있거나 압류 또는 가압류 등이 이루어져 있는 때에는, 특별한 사정이 없는 한 아무런 부담이 없는 상태에서의 부동산의 시가 상당액에서 근저당권의 채권최고액 범위 내에서의 피담보채권액, 압류에 걸린 집행채권액, 가압류에 걸린 청구금액 범위 내에서의 피보전채권액 등을 뺀 실제의 교환가치를 그 부동산의 가액으로 본다.[591]

374 변경되기 전 판례는 이중저당 등 부동산 매수인 등 부동산 거래에서 타인의 사무를 처리하는 자가 제3자에게 담보제공의 방법으로 배임행위를 한 경우에는 피담보채무 상당액이 손해가 된다고 보았다. 다만, 저당권은 여러 사람에게 순번에 따라 설정해 줄 수 있으므로 이중저당 자체는 법률적으로 유효하고, B에게 선순위 저당권을 설정해 줌으로써 A가 후순위 저당권자가 되더라도 담보로 제공된 부동산에 충분한 담보가치가 남아있어 A에 대한 담보능력 상실의 위험이 발생하지 않는다면, A에게 재산상 손해가 발생하였다고 볼 수 없으므로 본죄의 성립이 부정될 수 있다.[592] 타인에 대하여 근저당권설정의무를 부담하는 사람이 제3자에게 근저당권을 설정하여 주는 배임행위로 인하여 취득하는 재산상 이익 내지 그 타인의 손해는 그 타인에게 설정하여 주기로 한 근저당권의 담보가치 중 제3자와의 거래에 대한 담보로 이용함으로써 상실된 담보가치 상당으로서, 이를 산정함에 있어 제3자에 대한 근저당권 설정 이후에도 당해 부동산의 담보가치가 남아 있는 경우에는 그 부분을 재산상 이익 내지 손해에 포함시

589 대판 2006. 11. 9, 2004도7027.

590 대판 2008. 2. 28, 2007도5987.

591 대판 2007. 5. 31, 2005도3102; 대판 2011. 6. 30, 2011도1651.

592 김성돈, 468; 오영근, 385.

킬 수 없다.[593] 전세권설정의무를 부담하는 사람이 제3자에게 근저당권을 설정하여 준 경우, 그 행위가 본죄에 해당하는지 여부를 판단하기 위해서는 제3자에게 근저당권을 설정하여 준 당시 그 부동산의 시가 및 선순위담보권의 피담보채권액을 계산하여 그 행위로 인하여 당해 부동산의 담보가치가 상실되었는지를 밝혀 손해 발생 여부를 판단하여야 한다.[594]

다만, 위 논의는 대법원이 부동산 이중저당 사안에 대하여 사무처리의 타인성이 인정되지 않는다는 이유로 본죄의 성립을 부정하고, 그 취지에 반하는 종전 판례를 변경[595]하기 전의 논의이다. 따라서 향후에는 특별한 사정[596]이 없는 한 이중 담보제공 사안에 있어서 재산상 손해 발생 여부가 문제될 여지는 없을 것으로 생각된다. 375

(b) 소송행위

타인의 사무처리자가 소송행위와 관련하여 임무위배행위를 한 경우에도 재산상 손해의 발생이 인정된다. 판례는 주택조합 정산위원회 위원장이 해임되고 후임 위원장이 선출되었는데도 업무인계를 거부하고 있던 중 정산위원회를 상대로 제기된 소송의 소장부본 및 변론기일 소환장을 송달받고도 그 제소사실을 정산위원회에 알려주지도 않고 스스로 응소하지도 않아 의제자백에 의한 패소확정판결을 받게 된 사안에서, 정산위원회가 피고인의 대표권 흠결을 사유로 재심을 청구할 수 있는지에 관계없이 정산위원회에게 현실적인 재산상의 손해를 가한 것이라고 하였다.[597] 376

다만, 재산상 실해 발생의 위험이란 본인에게 손해가 발생할 막연한 위험이 있는 것만으로는 부족하고, 경제적인 관점에서 보아 본인에게 손해가 발생한 것과 같은 정도로 구체적인 위험이 있는 경우를 의미한다. 따라서 유치권자로부터 점유를 위탁받아 부동산을 점유하는 사람이 부동산의 소유자로부터 인도소송을 당하여 재판상 자백을 한 경우, 그러한 재판상 자백이 손해발생의 구체적·현실 377

593 대판 2009. 9. 24, 2008도9213.
594 대판 1990. 4. 24, 89도2281; 대판 2006. 6. 14, 2004도5102.
595 대판 2020. 6. 18, 2019도14340(전).
596 예를 들어, 구체적인 사안에서 전형적인 담보설정계약 이외에 담보제공을 약속한 채무자가 채권자에 대한 타인의 사무처리자임을 인정할만한 특별한 사정이 있는 경우에는 본죄의 성립이 가능할 수도 있을 것이다.
597 대판 1999. 6. 22, 99도1095.

적 위험을 초래하기에 이르렀는지를 판단함에 있어서는 재판상 자백이 인도소송 및 유치권의 존속·성립에 어떠한 영향을 미치는지, 소유자가 재판상 자백에 의한 판결에 기초하여 유치권자 등을 상대로 인도집행을 할 수 있는지, 유치권자가 그 집행을 배제할 방법이 있는지 등 여러 사정을 종합하여 신중하게 판단하여야 한다고 하였다.[598]

(c) 영업비밀의 침해

378 재산상의 손해에는 현실적인 손해뿐만 아니라 재산상 실해 발생의 위험을 초래한 경우도 포함하므로, 회사의 영업비밀에 해당하는 파일들을 무단으로 반출하는 행위는 피해자 회사에 현실적으로 손해를 가한 경우가 아니라고 하더라도 재산상 손해 발생의 위험을 초래한 경우에 해당한다.[599]

379 판례는 영업비밀 유출행위로 영업비밀을 취득한 사람의 이익은 그 자료를 가지고 스스로 또는 경쟁사 등 다른 업체에서 이와 유사한 제품을 만들 경우 그 영업비밀로 인하여 기술개발에 소요되는 비용이 감소되는 경우의 그 감소분 상당과 나아가 그 영업비밀을 이용하여 제품생산에까지 발전시킬 경우 제품판매 이익 중 그 자료가 제공되지 않았을 경우와의 차액 상당으로서 그러한 가치들을 감안하여 시장경제원리에 의하여 형성될 시장교환가격이라 할 것이고, 그로 인하여 피해자가 입게 되는 손해는 그러한 자료를 이용하는 다른 경쟁사의 제품개발 및 양산시기 단축으로 인한 경쟁력 강화와 그로 인하여 생길 공급과잉으로 인한 이익감소분이라고 판시하였다.[600]

(d) 소극적 손해의 손해액 산정

380 재산상 손해에는 적극적 손해뿐만 아니라 객관적으로 보아 취득할 것이 충분할 것이 기대되는데도 임무위배행위로 말미암아 이익을 얻지 못한 소극적 손해도 포함된다. 판례는 소극적 손해란 재산증가를 객관적·개연적으로 기대할 수 있음에도 임무위배행위로 이러한 재산증가가 이루어지지 않은 경우를 의미하므로, 소극적 손해의 유무 및 범위는 임무위배행위가 없었다면 실현되었을 재산상태와 임무위배행위로 말미암아 현실적으로 실현된 재산상태를 비교하여 산

598 대판 2017. 2. 3, 2016도3674(위와 같은 원심 판단이 정당하다고 판시).
599 대판 2011. 7. 28, 2010도9652.
600 대판 2003. 10. 30, 2003도4382.

정하여야 한다고 한다.

즉, 피고인이 피해자 회사의 부사장으로 대외적 영업활동을 하면서 그 활동 및 계약을 피해자 회사에 귀속시키기로 하고 피해자 회사에 귀속된 금형제작·납품계약을 이행하기 위한 금형제작물량 중 50%는 피고인이 운영하던 A 주식회사에서, 나머지 50%는 피해자 회사에서 제작하여 그 수익을 1/2씩 나누기로 하는 약정을 체결하였음에도, 피해자 회사에 알리지 않고 피고인 자신이 피해자 회사의 대표인 것처럼 가장하거나 피고인이 별도로 설립한 B 주식회사 명의로 금형제작·납품계약을 체결한 후 그 납품대금을 수령한 사안에서, 재산상 손해는 피고인이 위와 같은 임무위배행위로 금형제작·납품계약을 체결한 때에 발생되는 것이므로, 원칙적으로 계약체결 시를 기준으로 위 금형제작·납품계약 대금에 기초하여 산정하여야 할 것이며, 그 대금 중에서 사후적으로 발생되는 미수금이나 계약의 해지로 인해 받지 못하게 되는 나머지 계약대금 등은 특별한 사정이 없는 한 위 금형제작·납품계약 대금에서 공제할 것이 아니라고 판시하였다.[601] 381

(e) 1인 회사와 재산상 손해

판례는 주식회사의 주식이 사실상 1인 주주에 귀속하는 이른바 1인 회사에 있어서도 행위의 주체와 그 본인은 별개의 인격이므로, 1인 회사의 1인 주주가 임무에 위배하여 회사 소유의 돈을 개인채무의 변제에 사용하는 등 임무에 위배한 행위를 한 경우 본죄의 성립을 긍정해 오고 있다.[602] 이와 같은 대법원의 태도는 법률상 권리·의무의 주체로서의 법인격을 갖는 주식회사와 이윤 귀속의 주체로서의 주주를 동일시할 수는 없다는 입장(법인이익 독립론)으로서, 보호법익으로 주주의 이익 외에도 이해관계자, 즉 채권자의 이익까지 고려하기 때문으로 이해된다.[603, 604] 382

---

601 대판 2013. 4. 26, 2011도6798. 본 판결 해설은 우인성, "형법상 배임죄에 있어서 재산상 손해의 산정", 해설 98, 법원도서관(2013), 580-630.

602 대판 1983. 12. 13, 83도2330(전); 대판 2006. 6. 16, 2004도7585.

603 송옥렬, "주주의 부와 회사의 손해에 관한 판례의 재검토", 사법 2, 사법발전재단(2007), 58.

604 1인 회사에 대하여 본죄 성립을 인정하는 입장에 대하여, 완전모자회사 간의 계열회사 지원 거래에서는, 지원행위가 완전모회사가 소유한 완전자회사 지분의 가치에 반영되어 지원주체의 재산 범위 내에 머무는 결과가 초래되는 이른바 '하향식 지원'은 허용되어야 하며, 이에 대하여도 1인회사의 법리를 일괄 적용하여 본죄를 적용하는 것은 부당하다는 입장으로, 유주선·이정민, "1인 주식회사와 배임죄", 경영법률 28-4, 한국경영법률학회(2018), 123 이하 참조. 그리고 계열사 간 지원행위에 대하여 기업집단의 공동이익을 위한 합리적인 경영판단의 재량범위 내에서 행

(f) 임무위배행위가 동시에 그 손실을 보상할만한 재산상의 이익을 준 경우

383 판례는 피고인이 A와 공동으로 토지를 매수하여 그 지상에 창고사업을 하는 내용의 동업약정을 하고 동업재산이 될 토지에 관한 매매계약을 체결한 다음 매도인에게 계약금을 지급하였는데, 이후 A 몰래 제3자 명의로 소유권이전등기를 마치는 임무위배행위를 한 사안에서, 피해자인 조합으로서는 피고인의 배임행위에 의하여 장차 취득할 것이 기대되었던 위 토지의 가치에 상응하는 재산이 감소되었지만, 다른 한편으로는 위 토지의 잔금지급의무를 면하게 되었으므로, 위 토지의 매수대금 상당액이 조합의 재산상 손해액이 되는 것은 아니고, 피고인의 배임행위로 인하여 조합의 전체적 재산가치의 감소 유무 및 감소액을 재산상 손해액으로 인정하여야 한다고 판시하였다.[605]

4. 재산상 이익의 취득

(1) 일반론

384 본죄는 타인의 사무를 처리하는 자가 그 임무에 위배하는 행위로써 재산상의 이익을 취득하거나 제3자로 하여금 이를 취득하게 하는 것을 구성요건으로 한다. 재산상 이익이란 경제적 관점에서 모든 재산적 가치의 증가를 말하며, 적극적 이익뿐만 아니라 채무의 면제와 같은 소극적 이익도 포함한다. 다만, 사회적 지위나 신분상의 이익은 재산적 가치의 증가라고 볼 수 없으므로 재산상의 이익이 되지 않고,[606] 성적 향응은 사실상 재산상 이익으로 환산될 수 있는 경우에는 재산상 이익이 될 수 있다.[607]

385 재산상의 이익을 취득하는 행위, 즉 이득행위란 전체 재산 상태의 보다 유리한 형성을 의미한다. 이득의 의사로써 배임행위를 범하는 경우 피해자 측의 일정한 의사표시나 처분행위를 요하지 않는다는 점에서 피해자의 재산적 처분행위에 의해서만 범죄의 기수에 이를 수 있는 사기죄나 공갈죄와 구별된다.[608]

해진 것이라면 배임의 고의를 인정하기 어렵다는 판례로, 대판 2017. 11. 9, 2015도12633[이에 대한 상세는 위 2. (4). (**다**). (b). 4). **다) 계열사 간 지원행위와 기업집단의 공동이익** 참조].

605 대판 2011. 4. 28, 2009도14268. 본 판결 해설은 김경수, "민법상 조합계약을 체결한 후 배임행위를 한 경우 그 피해자 및 재산상 손해의 산정방법", 해설 88, 법원도서관(2011), 628-645.

606 김성돈, 454; 배종대, § 77/30; 오영근, 391; 이재상·장영민·강동범, § 21/24; 임웅, 553.

607 김성돈, 454; 오영근, 391.

608 김일수·서보학, 393.

독일형법상 배임죄는 재산상 손해의 발생만 요건으로 할 뿐 재산상 이익의 취득을 요구하지 않고, 일본형법상 배임죄는 자기 또는 제3자의 이익을 도모하거나 본인에게 손해를 가할 목적을 요건으로 할 뿐 재산상 이익의 취득은 요건으로 하지 않는다. 이러한 점에서 재산상 이익의 취득을 재산상 손해의 발생과 별도로 독립한 구성요건으로 하고 있는 우리 형법과는 구별된다. 재산상 이익은 행위자 본인뿐만 아니라 제3자로 하여금 취득하게 하는 경우도 포함하는데, 여기에서 제3자는 본인 이외의 자연인, 법인, 법인격없는 단체를 포함한다.[609]

우리 형법이 명시적으로 재산상 이익의 취득을 구성요건으로 하고 있는 이 386
상, 재산상 손해의 발생과 재산상 이익의 취득은 대등한 병렬적 구성요건 요소로 볼 수 있을 것이다.[610] 따라서 본인에게 재산상의 손해를 가했다고 하더라도 자신이나 제3자가 재산상의 이익을 취득하지 않으면 본죄가 성립하지 않고,[611] 그 반대의 경우도 마찬가지일 것이다.

판례가 재산상 이익을 취득하지 않았거나, 이를 입증하지 않았음을 이유로 387
본죄의 성립을 부정한 사례로는 아래와 같은 것들이 있다.

① 피고인이 피해자와 공동구입한 택시를 법정폐차 시한 전에 임의로 폐차 388
케 한 경우, 특단의 사정이 없는 한 그 폐차조치만으로써는 피해자에게 장차 얻을 수 있었을 수익금 상실의 손해는 발생하였을지언정 피고인이 피해자 몫에 해당하는 이익을 취득하였다고 볼 수는 없다.[612]

② 피해자 회사를 대표하여 기계 제작·설치 계약의 이행에 관한 업무를 처 389
리하는 사람이 고의로 기계 제작 의무를 이행하지 않아 계약이 해제됨으로써 상대방이 보증보험회사로부터 선급금반환 및 위약금 명목의 보험금을 수령한 경우, 상대방 피고인의 배임행위로 인하여 위 계약을 해제할 수 있는 권리를 가지게 되어 계약을 해제하고 회사에 대하여 선급금반환청구권 및 위약금청구권을 행사하였는데, 선급금은 피해자 회사가 위 계약에 따른 이행을 원활하게 할

609 임웅, 554.
610 대판 2022. 8. 25, 2022도3717. 판례와 같은 견해로는 이주원(주 553), 53. 이와는 달리 재산상 이익 취득은 부차적 요건이고, 재산상 손해 발생에 중점이 있다는 견해(박상기, 404)도 있다.
611 대판 1982. 2. 23, 81도2601; 대판 2006. 7. 27, 2006도3145; 대판 2009. 6. 25, 2008도3792; 대판 2009. 12. 24, 2007도2484; 대판 2021. 11. 25, 2016도3452.
612 대판 1982. 2. 23, 81도2601.

수 있도록 하기 위하여 미리 지급한 대금의 일부로서 계약이 이행되지 않은 상태에서는 피해자 회사에 확정적으로 귀속된 것으로 볼 수 없으므로 상대방이 계약을 해제하고 피해자 회사로부터 선급금을 반환받은 것으로 인하여 재산상의 이익을 취득한 것으로 볼 수 없다. 위약금 역시 그 성질상 피해자 회사의 채무불이행으로 인한 손해의 발생을 전제로 한 것이므로 상대방이 위약금을 지급받았다는 사실만으로 그에 해당하는 재산상의 이익을 취득하게 된 것으로 단정하기 어렵다. 상대방이 피해자 회사의 채무불이행으로 인하여 실제로는 아무런 손해를 입지 않았거나 위약금 액수보다 작은 손해를 입었다는 등의 특별한 사정이 인정되는 경우에 한하여 비로소 위약금 내지 위약금에서 실제 손해액을 공제한 차액에 해당하는 재산상의 이익을 취득한 것으로 볼 수 있을 뿐이라고 할 것인데, 그에 대한 입증책임은 검사에게 있다.[613]

390 ③ 피해자 회사의 사업부 영업팀장인 피고인이 체인점들에 대한 전매입고금액을 삭제하여 전산상 회사의 체인점들에 대한 외상대금채권이 줄어든 것으로 처리하는 전산조작행위를 한 경우, 피고인의 전산조작행위로 인하여 회사의 체인점들에 대한 외상대금채권 행사가 사실상 불가능해지거나 또는 현저히 곤란해진 것이 아니라면, 해당 체인점의 점주들이 그에 상응하는 재산상 이익을 취득하였다고 보기도 어려울 것이다.[614]

391 ④ 입주자대표회의 회장이 지출결의서에 날인을 거부함으로써 아파트 입주자들에게 그 연체료를 부담시킨 경우, 열 사용요금 납부 연체로 인하여 발생한 연체료는 금전채무 불이행으로 인한 손해배상에 해당하므로, 공급업체가 연체료를 지급받았다는 사실만으로 공급업체가 그에 해당하는 재산상의 이익을 취득하게 된 것으로 단정하기 어렵고, 나아가 공급업체가 열 사용요금 연체로 인하여 실제로는 아무런 손해를 입지 않았거나 연체료 액수보다 적은 손해를 입었다는 등의 특별한 사정이 인정되는 경우에 한하여 비로소 연체료 내지 연체료 금액에서 실제 손해액을 공제한 차액에 해당하는 재산상의 이익을 취득한 것으로 볼 수 있을 뿐이다.[615]

---

613 대판 2007. 7. 26, 2005도6439.

614 대판 2006. 7. 26, 2006도3145. 본 판결 해설은 강윤구, "채권행사를 방해하는 사실상태를 초래하는 임무위배행위가 있는 경우 업무상 배임죄 성립의 요건", 해설 66, 법원도서관(2007), 413- 430.

615 대판 2009. 6. 25, 2008도3792.

⑤ 피고인이 피해 회사의 승낙 없이 임의로 지정 할인율보다 더 높은 할인율을 적용하여 회사가 지정한 가격보다 낮은 가격으로 제품을 판매하는 이른바 덤핑판매로 총 11개 거래처에 그 차액에 상당하는 총 23,712,410원의 재산상 이익을 취득하게 하고, 피해 회사에 동액 상당의 재산상 손해를 가하였다는 내용으로 기소된 사안에서, 위 덤핑판매로 제3자인 거래처에 재산상의 이익이 발생하였는지 여부는 경제적 관점에서 실질적으로 판단하여야 할 것인데, 피고인이 피해 회사가 정한 할인율 제한을 위반하였다 하더라도 시장에서 거래되는 가격에 따라 제품을 판매하였다면 지정 할인율에 의한 제품가격과 실제 판매 시 적용된 할인율에 의한 제품가격의 차액 상당을 거래처가 얻은 재산상의 이익이라고 볼 수는 없고, 피고인의 위와 같은 판매행위로 인하여 제3자인 거래처가 시장에서 거래되는 가격보다도 더 저렴한 가격으로 제품을 구매함으로써 재산상 이익을 취득하였는지 여부를 따져보았어야 함에도, 만연히 피해 회사가 정한 할인율에 의한 제품가격과 그보다 높은 할인율이 적용된 판매가격의 차액 상당이 거래처의 재산상 이익이라고 본 것은 위법하다고 판시하였다.[616] 392

(2) 이득액의 산정

형법상 본죄가 성립함에 있어 재산상 이익의 취득 이외에 그 가액이 특정될 필요는 없다. 예를 들어 공소사실 및 제1심 판결의 범죄사실에서 업무상배임죄로 인한 재산상 이득 및 손해에 관하여, "피고인이 이 사건 각서를 제공함으로써 제3자인 B 회사(아래 A, B, C 회사는 각 같은 그룹 소속의 회사)로 하여금 이 사건 주식을 캐나다 임페리얼 상업은행(CIBC)에 매도함에 따른 유동성 확보라는 재산상의 이익을 취득하게 하는 한편, 본인인 C 회사에게 3년 후 CIBC의 주식환매청구권 행사에 기한 A 회사의 경제적 부담을 C 회사가 책임지게 됨에 따른 손해를 가하였다."고 적시하고 있고, 원심판결은 제1심 판결의 범죄사실을 인용하면서 그 판결 이유에서 "피고인이 이 사건 각서를 A 회사에게 작성·제공함으로써 C 회사는 A에게 민사소송에서 확정된 금액 상당의 불법행위로 인한 손해배상채무를 부담하는 손해를 입게 되었다."고 판시하였는데, 이에 대하여 대법원은, 원심 및 제1심이 피고인의 임무위배행위로 인하여 B 회사가 얻게 되는 이득과 C 회사가 입게 되는 손해에 관하여 위와 같이 설시하여 그 대상과 범위를 정해 놓았다면, 설사 그 각 액 393

616 대판 2009. 12. 24, 2007도2484.

수를 구체적으로 확정하지 않았다고 하여 위법하다고 보기는 어렵다고 하였다.[617]

394 그런데 특정경제범죄법 제3조는 본죄를 비롯하여 사기죄, 횡령죄, 공갈죄 등으로 취득한 재물 또는 재산상 이익의 가액(이득액)이 5억 원 이상인 경우에는 가중처벌하고 있다. 이와 같이 특정경제범죄법위반죄가 성립하는 경우 이득액은 구성요건 요소가 되고 가액에 따라 형벌도 가중되어 있으므로, 그 가액은 구체적으로 산정되어야 하며, 이득액을 산정함에는 엄격하고 신중하게 산정함으로써 죄형균형 원칙이나 책임주의 원칙이 훼손되지 않도록 유의하여야 한다.[618]

395 **[대판 2012. 9. 13, 2012도3840]**

대법원은, 피고인이 피해자 종중 소유의 토지 매도업무를 위임받아 처리하던 중, 인접한 피고인 소유의 토지는 평당 258만 원에 매매계약을 체결하였음에도 피해자 종중 소유의 토지는 평당 101만 원을 기준으로 매매계약을 체결한 것은, 피해자 종중으로부터 종중 소유 토지의 매도 여부 및 매매가격 결정에 관한 권한을 사실상 위임받은 자의 임무에 위배한 행위라고 판단하였다. 그러나, 이득액을 산정함에 있어서, 종중 소유 토지와 피고인 토지를 포함한 매매 대상 토지 전체를 합산하여 총 매수가격 또는 평당 가격을 정하였다고 인정할 증거가 없음에도 토지 전체의 산술평균액을 기준으로 하여 피해자 종중으로서 지급받을 수 있었던 매매대금과 실제 매매대금의 차액을 재산상 손해를 인정하거나, 피고인 소유 토지를 산술평균액을 기준으로 매도하였다면 받을 수 있었던 매매대금과 실제 매매대금의 차액을 재산상 이익으로 인정하는 것은 위법하다고 판시하였다.

396 특정경제범죄법위반(배임)죄는 이득액이 구성요건이므로 이득액을 구체적으로 산정할 수 없는 경우에는 이를 적용할 수 없고,[619] 형법상 본죄만 성립할

617 대판 2009. 10. 29, 2009도7783.

618 대판 2007. 4. 19, 2005도7288(전)(사기); 대판 2012. 9. 13, 2012도3840(배임). 위 2005도7288 전원합의체 판결 해설은 박길성, "부동산을 편취한 경위에 특정경제범죄 가중처벌 등에 관한 법률 제3조의 적용을 전제로 그 부동산의 가액을 산정함에 있어, 부동산의 시가 상당액에서 근저당권 등에 의한 부담에 상당하는 금액을 공제하여야 하는지 여부(적극)", 해설 70, 법원도서관(2007), 619-650.

619 대판 2022. 4. 14, 2017도19635. 삼성물산의 주주인 국민연금공단의 기금운용본부장 및 투자위원회 위원장인 피고인이 삼성물산과 제일모직 사이의 합병비율을 1(제일모직) : 0.35(삼성물산)로 하는 합병계약의 체결에 찬성함으로써 국민연금공단에 적정 합병비율과 위 합병비율 간 차이 상당의 손해(50억 원 이상)를 가하였다는 이유로 특정경제범죄법위반(배임)죄로 기소된 사안에서, ① 공정한 기업가치(Fair Value)는 일반적으로 재무회계정보에 따라 평가한 기업가치라고 할 수 있는데, 이는 평가자의 주관, 평가도구, 평가방법, 평가시점 등에 따라 평가과정에 오류가 없더라도 다양한 결론이 나올 수밖에 없으므로, 여러 평가액 중 하나를 공정한 기업가치로 인정하여 적정 합병비율을 산정하는 데에 신중하여야 하는 점, ② 기금운용본부 리서치팀은 삼성물산과 제일

수 있다.[620] 이득액은 단순일죄의 이득액 혹은 포괄일죄에 의한 이득액의 합산액을 의미하고, 경합범으로 처벌될 수죄에서의 이득액을 합산한 금액을 말하는 것은 아니다.[621] 수개의 업무상배임행위가 있더라도 피해법익이 단일하고 범죄의 태양이 동일할 뿐만 아니라, 그 수개의 배임행위가 단일한 범의에 기한 일련의 행위라고 볼 수 있는 경우에는 그 수개의 배임행위는 포괄하여 일죄를 구성한다. 예를 들어, 수개의 대출이 실질적으로는 A 주식회사의 신용에 근거한 약속어음 할인대출로서 단일한 범의에 기초한 것이고, 그 피해자 및 수익자, 범행의 태양도 모두 동일하다면, 수개의 대출로 인한 각각의 배임행위는 포괄하여 일죄를 구성하고, 그로 인한 이득액을 합산한 금액을 이득액으로 보아 특정경제범죄법 제3조를 적용할 수 있다는 것이 판례의 태도이다.[622]

특별한 사정이 없는 한 본인에 대한 손해액과 이득액의 총액은 동일할 것 397
이나, 손해액과 이득액이 서로 다른 경우 이득액을 기준으로 특정경제범죄법위반죄의 성립 여부를 판단하여야 한다. 이때 이득액은 손해액을 한도로 하여야 할 것이다.[623]

(3) 이득액의 구체적 산정방법

(가) 실질가치설의 입장

판례는 이득액의 산정을 전체가치설(취득한 재산상 이익의 전체를 하나의 단위로 398
파악)의 입장보다는 실질가치설(차액설)의 입장에서 파악한다. 실질가치설은 실질적인 관점에서 공적 부담이나 제한물권 등에 의하여 줄어든 가치를 제외하거나,

---

모직의 기업가치를 상이한 방법으로 산정하였고, 3회에 걸쳐 적정 합병비율을 달리 산정하였으며, ISS, 한국기업지배구조원 등 여러 기관들이 산정한 적정 합병비율과도 상당한 편차가 있는 점, ③ 특별검사는 2015. 6. 30.경 주가를 기준으로 합병 후 법인에 대한 보유 지분율의 가액을 평가하여 손해액을 산정하였으나, 그 기준 시점의 변동에 따라 손해액도 달라지는 점 등을 이유로 50억 원 이상의 손해 발생에 대한 입증은 부족하지만[특정경제범죄법위반(배임)죄 무죄], 국민연금공단에 캐스팅보트의 적극적 활용을 통하여 추가적으로 얻을 수 있었던 이익을 상실함으로 인한 가액 불상의 손해발생을 인정한(업무상배임죄 유죄) 원심판결이 정당하다고 판시하였다.

620 대판 2001. 11. 13, 2001도3531; 대판 2012. 8. 30, 2012도5220.

621 대판 1989. 6. 13, 89도582; 대판 2000. 3. 24, 2000도28; 대판 2000. 7. 7, 2000도1899; 대판 2011. 8. 18, 2009도7813.

622 대판 2011. 8. 18, 2009도7813.

623 이주원(주 553), 58-59. '본인에게 손해를 가한 때'를 구성요건으로 명시한 본죄의 보호목적은 본인의 재산이기 때문에, 본인의 손해액을 초과한 재산상의 이익을 이득액으로 인정하는 것은 구성요건 규범의 보호목적에 반한다고 설명한다.

실질적으로 취득한 경제적 이익에 한정하여 그 가액을 평가하는 입장이다.[624]

399 예를 들어, ① 조합장이 이사회 결의에 반하여 급여 등을 인상하여 지급한 경우, 그와 같이 지급한 금액에서 종전부터 유지되어 온 '정상적인 보수액'과의 차액 상당 금액만이 배임행위로 인하여 조합이 입은 손해라고 하고,[625] ② 주식을 부당하게 고가로 매수하거나 시세차익을 얻을 의도로 주식시가 보다 현저히 낮은 금액을 전환가격으로 한 전환사채를 발행한 경우, 적정가액 또는 적정한 시가와의 차액이 이득액(손해액)이 되며,[626] ③ 부당하게 높은 가격으로 도급계약을 체결하는 배임행위를 한 경우에는, 도급계약상 도급금액에서 정당한 도급금액을 공제한 금액이 손해액이 된다고 본다.[627]

400 한편, ④ 불량대출 배임의 경우, 예를 들어 담보물의 가치를 초과하여 대출 또는 외상거래를 함으로써 본죄가 성립하는 경우, 담보물의 가치를 초과한 금액이나 실제로 회수가 불가능하게 된 금액만을 손해액으로 보는 것이 아니고 대출금액 또는 외상거래금액 전체를 손해액(이득액)으로 본다.[628]

401 ⑤ 보상금이 부정하게 지급된 경우에도 그 전액을 손해액으로 보고, 그 대가로 피해자가 토지 등을 협의취득하게 되었다고 하더라도 그 가액을 손해액에서 공제하지 않는다.[629]

402 또한, ⑥ 배임행위로 채무를 부담하게 되는 경우, 채무부담계약 당시에는 채권액(또는 어음의 액면금액)만큼의 재산적 가치의 현실적 이동이 없다고 하더라도 계약 당시의 채권액(또는 어음의 액면금액) 상당을 손해액 또는 이득액으로 판단한다. 판례는 본죄의 구성요건으로서 재산상 손해의 범위에 구체적 실해발생의 위험까지 포함하고, 실해발생의 위험이 발생하였다고 판단되면 배임행위는 기수가 되고, 실해발생의 위험액이 손해액 또는 이득액이 되는 것으로 보고 있기 때문이다. 이와 같은 판례의 입장에 대하여, 재산가치 이동의 실질이 없음에도 위험액을 바로 이득액으로 보아서는 안 된다는 취지의 비판적 견해가 있다.[630]

---

624 이주원(주 553), 61.
625 대판 2009. 8. 20, 2008도12112.
626 대판 2007. 3. 15, 2004도5742; 대판 2001. 9. 28, 2001도3191.
627 대판 1999. 4. 27, 99도883.
628 대판 2006. 4. 27, 2004도1130.
629 대판 2005. 7. 29, 2004도5685.
630 이주원, 특별형법(8판), 412; 허일태(주 483), 24-25.

(나) 부동산 이중매매, 담보제공으로 인한 배임행위

(a) 이중매매

이중매매의 대상이 된 부동산의 가액을 산정함에 있어서는 그 부동산에 아무런 부담이 없는 때에는 부동산의 시가 상당액을 그 가액으로, 그 부동산에 근저당권설정등기가 경료되어 있거나 압류 또는 가압류 등이 이루어져 있는 때에는 특별한 사정이 없는 한 아무런 부담이 없는 상태에서의 부동산의 시가 상당액에서 근저당권의 채권최고액 범위 내에서의 피담보채권액, 압류에 걸린 집행채권액, 가압류에 걸린 청구금액 범위 내에서의 피보전채권액 등을 뺀 실제의 교환가치를 그 부동산의 가액으로 본다.[631] 403

(b) 담보제공[632]

부동산 소유권이전등기의무를 부담하는 매도인이 제3자로부터 금원을 차용하면서 그 담보로 근저당권설정등기를 해 주거나 부동산에 양도담보계약을 체결한 경우, 담보제공으로 인한 배임행위의 손해액은 원칙적으로 근저당권이나 404

---

631 대판 2007. 4. 19, 2005도7288(전); 대판 2007. 5. 31, 2005도3102; 대판 2011. 6. 30, 2011도1651.

632 종래 판례에 따라 이중저당행위가 본죄에 해당하는 경우, 예를 들어 타인에게 전세권설정의무나 근저당권설정의무를 부담하는 사람이 제3자에게 근저당권설정등기를 경료해주는 배임행위를 한 경우, 그 행위가 본죄에 해당하는지 여부를 판단하기 위해서는 당시 그 부동산의 시가 및 선순위담보권의 피담보채권액을 계산하여 그 행위로 인하여 당해 부동산의 담보가치가 상실되었는지를 따져보아야 한다. 따라서 이중저당으로 인한 배임행위로 인하여 취득하는 재산상 이익이나 손해액은, 그 타인에게 설정하여 주기로 한 근저당권의 담보가치 중 제3자와의 거래에 대한 담보로 이용함으로써 상실된 담보가치 상당으로서, 이를 산정함에 있어 제3자에 대한 근저당권 설정 이후에도 당해 부동산의 담보가치가 남아있는 경우에는 그 부분을 재산상 이익 내지 손해에 포함시킬 수 없다고 하였다(대판 2009. 9. 24, 2008도9213). 즉, 이득액은 타인(피해자)에게 설정해주기로 한 근저당권의 채권최고액 - (부동산의 시가 - 배임행위의 상대방이 되는 제3자의 채권최고액)으로 계산할 수 있고, 이 때 이득자는 배임행위의 상대방이 되는 제3자가 아니라 담보제공의 이익을 향유하는 배임행위자라는 것이다. 만약 수개의 부동산이 공동담보로 제공된 경우에는, 그중 한 개의 부동산에 대하여 먼저 담보권이 실행되었다면 그 매득금 중에서 선순위채권자는 담보최고액의 범위 내에서 채권 전액에 대하여 우선변제를 받을 권리가 있다고 할지라도, 공동담보가 된 부동산 간에 있어서는 그 가격의 비율에 따라 피담보채권을 각 부담하고 있으므로 공동담보가 된 부동산의 피담보채권에 대한 담보가치의 산정은 그 공동담보가 된 부동산의 가격 비율에 의하여 산정하여야 한다고 하였다(대판 2011. 1. 13, 2009도10541).

다만 대법원이 부동산 이중저당 사안에 대하여 사무처리의 타인성이 인정되지 않는다는 이유로 본죄의 성립을 부정하고 그 취지에 반하는 종전 판례를 변경함으로써[대판 2020. 6. 18, 2019도14340(전)], 위와 같은 부동산 이중저당에 관한 종래의 논의를 계속하여 적용하기는 어려워졌다[이에 대하여는 3. **재산상의 손해** (3) **(마)** (a) **부동산 이중매매** 참조].

양도담보권에 의하여 담보되는 피담보채무 상당액이다.[633]

405 그런데 담보제공되는 부동산에 선순위 근저당권이 있는 경우 등 물적 부담이 있는 경우에는, 선순위 근저당권의 담보가치를 공제한 나머지 담보가치 상당이 이득액이 된다. 판례는 근저당권 편취 사안에서, 타인을 기망하여 그 타인 소유의 부동산에 제3자 앞으로 근저당권을 설정케 한 사람이 그로 인하여 취득하는 재산상 이익은 그 타인 소유의 부동산을 자신의 제3자와의 거래에 대한 담보로 이용할 수 있는 이익이고, 그 가액(이득액)은 원칙적으로 그 부동산의 시가 범위 내의 채권 최고액 상당이라 할 것인데, 한편 그 부동산에 이미 다른 근저당권이 설정되어 있는 경우에, 그 부동산에 대하여 후순위 근저당권을 취득하는 사람으로서는 선순위 근저당권의 채권 최고액만큼의 담보가치가 이미 선순위 근저당권자에 의하여 파악되고 있는 것으로 인정하고 거래하는 것이 보통이므로, 원칙적으로 그 부동산의 시가에서 다시 선순위 근저당권의 채권 최고액을 공제한 잔액 상당액을 기망자가 얻는 이득액의 한도로 보아야 할 것이라고 하였다. 다만 그 부동산에 이미 다른 근저당권이 설정되어 있는 경우에도, 후순위 근저당권을 취득하는 사람으로서 선순위 근저당권의 담보가치가 실제 피담보채권액만큼만 파악되고 있는 것으로 인정하였다고 볼 수 있는 특별한 사정이 있는 경우에는, 근저당권 설정 당시의 그 부동산의 시가에서 그 선순위 근저당권의 실제 피담보채권액을 공제한 잔액 상당액을 그 이득액의 한도로 볼 수 있다고 한다.[634]

(다) 그 밖의 사례[635]

406 판례는 영업비밀을 취득함으로써 얻는 이익은 그 영업비밀이 가지는 재산가

---

633 대판 1998. 2. 10, 97도2919; 대판 2012. 1. 26, 2011도15179.

634 대판 2000. 4. 25, 2000도137; 대판 2010. 12. 9, 2010도12928.

635 주식의 이중양도담보 사안에서 종래 판례는, 피고인이 피해자로부터 차용금 전부를 교부받은 이상 피해자로 하여금 이 사건 주식에 대한 완전한 양도담보권을 취득할 수 있도록 그 주식교부절차에 협력할 임무가 있으므로, 피고인이 A와 사이에 다시 이 사건 주식 중 200만 주에 대하여 주식 교부의 방법으로 양도담보를 설정하기로 약정하고 A로부터 차용금을 교부받은 것은 피해자에 대한 양도담보권 취득을 위한 주식교부절차 협력의무 위배와 밀접한 행위로서 배임죄의 실행의 착수에 해당하여 배임미수죄가 성립한다고 하였다. 나아가, 피고인의 배임행위로 인하여 취득할 제3자인 A의 이득액은 배임행위의 실행에 착수한 시점의 이 사건 주식 중 200만 주의 가격인 26억 5,000만 원의 범위 내에서 피고인의 A에 대한 피담보채무액인 20억 원이라고 하였다(대판 2010. 5. 25, 2009도13187). 그러나 앞에서 살펴본 바와 같이 대법원은 최근 채무담보로

치 상당이고, 그 재산가치는 그 영업비밀을 가지고 경쟁사 등 다른 업체에서 제품을 만들 경우 그 영업비밀로 인하여 기술개발에 소요되는 비용이 감소되는 경우의 그 감소분 상당과 나아가 그 영업비밀을 이용하여 제품생산에까지 발전시킬 경우 제품판매이익 중 그 영업비밀이 제공되지 않았을 경우의 차액 상당으로서 그러한 가치를 감안하여 시장경제원리에 의하여 형성될 시장교환가격이라고 한다.[636] 그러나 경쟁사가 영업비밀을 가지고 다른 제품을 만들고, 기술개발에 소용되는 비용의 감소분 상당액, 제품판매가 되는 경우 제품판매이익 중 영업비밀이 제공되지 않은 경우와의 차액, 이러한 가치를 감안하여 형성될 시장교환가격을 입증하는 것은 불가능에 가깝다.[637] 따라서 실제 사안에서는 대부분 이득액에 대한 입증이 되지 않는다는 이유로 특정경제범죄법위반(배임)죄가 아니라 형법상 업무상배임죄를 적용하여 처벌된다.

(4) 재산상 이익과 손해 간의 관련성

본죄에서 재산상 이익 취득과 재산상 손해 발생은 대등한 범죄 성립요건으로서 이는 서로 대응하여 병렬적으로 규정되어 있으므로, 재산상 이익과 손해 사이에 서로 대응하는 관계에 있는 등 일정한 관련성이 인정되어야 할 것이다. 407

판례는, ① 새마을금고 임원인 피고인이 새마을금고의 여유자금 운용한도를 초과하여 금융기관으로부터 원금비보장형 금융상품을 매입함으로써 새마을금고에 액수 불상의 재산상 손해를 가하고, 금융기관에 수수료 상당의 재산상 이익을 취득하게 하였다는 내용으로 기소된 사안에서, 피고인의 임무위배행위로 새마을금고에 액수 불상의 재산상 손해가 발생하였더라도, 금융기관이 취득 408

동산이나 주식을 채권자에게 양도하기로 약정하거나 양도담보로 제공한 채무자는 채권자인 양도담보권자의 사무를 처리하는 자에 해당하지 않는다고 하고, 동산에 관하여 양도담보설정계약을 체결하여 이를 채권자에게 양도할 의무가 있음에도 제3자에게 처분한 경우나, 주식에 관하여 양도담보설정계약을 체결한 채무자가 제3자에게 해당 주식을 처분한 경우에 대하여, 본죄가 성립하는 것으로 보았던 종래 판례의 취지를 변경하여 본죄의 성립을 부정하였다[대판 2020. 2. 20, 2019도9756(전)]. 위 2019도9756 전원합의체 판결에 의하여 주식 이중양도담보에 관한 위 2009도13187 판결도 명시적으로 변경되었다[이에 대한 상세는 1. (3) **(나)** 4) **나)** a) **동산 양도담보설정자의 임의처분 행위** 참조].

636 대판 1999. 3. 12, 98도4704; 대판 2003. 10. 30, 2003도4382.

637 안성수, "형사상 영업비밀 침해에 있어서 이익과 손해액 산정 - 올바른 양형기준의 정립과 관련하여", 정보법학 11-1, 한국정보법학회(2007), 45.

한 수수료 상당의 이익이 그와 관련성 있는 재산상 이익이라고 인정할 수 없고, 수수료 상당의 이익이 본죄에서의 재산상 이익에 해당한다고 볼 수 없다는 이유로 피고인에 대한 업무상배임죄의 성립을 부정하였다.[638]

409 또한 판례는, ② 군위군수이자 사단법인 군위군교육발전위원회 이사장인 피고인이 군위축협조합원들이 군위군에서 추진하던 신공항 사업을 반대한다는 이유 등으로 위 위원회 명의로 군위축협에 예치된 20억 원 상당의 정기예금을 중도해지하고 그 돈을 군위농협에 재예치함으로써, 군위농협에 '20억 원의 자금을 운용할 수 있는 재산상 이익'을 취득하게 하고 위 위원회에 '정기예금 중도해지로 인해 만기 이자 일부를 지급받지 못하게 된 재산상 손해'를 가하였다는 내용으로 기소된 사안에서, 위 군위농협의 재산상 이익과 위 위원회의 재산상 손해 사이에 대응관계 등의 관련성이 인정된다고 볼 수 없고, 군위농협이 위 위원회에 통상적인 이율보다 지나치게 낮은 정기예금 이자를 지급하였다는 등의 특별한 사정이 없는 한 군위농협이 취득한 자금운용의 기회가 곧바로 피고인의 임무위배행위로 인하여 취득한 재산상 이익에 해당한다고 단정하기 어렵다는 이유로 업무상배임죄의 성립을 인정한 원심판결을 파기하였다.[639]

5. 기수시기

(1) 일반론

410 본죄는 임무위배행위의 결과 본인에게 손해를 재산상 손해를 가한 때 기수가 된다.[640] ① 판례와 다수의 학설은 재산상 손해의 개념에 손해발생의 위험을 포함시키므로 손해발생의 위험이 발생하는 때 기수가 될 것이다. 다만 판례는 최근 구체적 위험범설의 입장에서, 재산상 손해 발생의 위험을 재산상 실해 발생의 위험, 즉 경제적 관점에서 재산상 손해가 발생한 것과 사실상 같다고 평가될 정도의 위험으로 이해하고, 구체적·현실적 위험이 야기된 정도에 이르지 않고 단지 막연한 가능성이 있는 정도로는 재산상 손해 발생의 위험을 부정하고 있다[이에 대한 상세는 3. (2). **재산상 손해의 내용과 손해발생의 위험** 참조].

638 대판 2021. 11. 25, 2016도3452.
639 대판 2022. 8. 25, 2022도3717.
640 김일수·서보학, 394; 신동운, 1276; 오영근, 400; 정성근·정준섭, 325.

이에 대하여는, ② 본죄의 침해범적 성격을 고려하여 손해발생의 가능성이 나 위험만으로는 아직 기수라고 할 수 없다는 반대견해도 있다.[641] 배임행위가 당연히 본인에게 경제적 손해를 가하는 때에는 임무위배행위가 종료하는 시점에 기수가 될 것이다.[642] 이때 구체적 손해액이 확정되지 않는다고 하더라도 본죄의 성립에는 지장이 없다.[643] 411

한편, ③ 본죄의 기수시기를 행위자가 재산상 이익취득행위를 완료한 때로 보는 견해도 있다.[644] 그러나 판례는 회사 직원이 영업비밀을 경쟁업체에 유출하거나 스스로의 이익을 위하여 이용할 목적으로 무단으로 반출한 때, 이미 영업비밀에 관한 배임의 범의가 외부에 표출되고 본인에 대한 재산상 손해 발생의 위험이 현실화되어 업무상배임죄의 기수에 이르렀다고 본다.[645] 따라서 그 이후에 위 직원과 접촉하여 영업비밀을 취득하려고 한 사람은 업무상배임죄의 공동정범이 될 수 없다고 하였다.[646] 412

행위자에게 손해를 변상할 자격이 있는지 유무, 사후에 손해를 변상하였는지 유무는 기수의 인정에 영향이 없다. 예를 들어, 영업비밀 반출행위의 경우 반출 당시에 기수가 된다고 하였고, 수표나 어음을 발행하는 등 채무를 부담하는 행위를 통하여 재산상 손해 발생의 위험이 초래된 경우에는 수표나 어음을 발행하여 제3자에게 교부하는 때에, 불량대출로 인한 배임행위의 경우 대출 시점에 기수가 된다. 413

판례는 피고인들의 당좌대월행위는 대월 당시에 이미 실해발생의 위험을 초래한 것이었다고 볼 수 있어 피고인들의 업무상배임죄는 당좌대월행위에 의하여 기수가 된 것이라 할 것이어서, 그 후 대월금이 변제되었다거나, 상당한 후취담보를 확보하였다거나, 회사정리절차에 따라 대월금의 회수가능성이 있게 되었다는 사유 등은 어느 것이나 범죄성립 후의 사정에 불과하여 기수에 영향을 미치지 않는다고 하고,[647] A 주식회사의 이익에 반하여 C 주식회사를 위한 414

641 김일수·서보학, 395; 손동권·김재윤, 464; 임웅, 556.
642 신동운, 1276.
643 大塚 外, 大コン(3版)(13), 366(島戸 純).
644 배종대, § 77/31; 정성근·박광민, 474.
645 대판 2003. 10. 30, 2003도4382; 대판 2021. 5. 7, 2020도17853.
646 대판 2003. 10. 30, 2003도4382.
647 대판 1983. 3. 8, 82도2873.

금원차용의 담보에 사용할 의도로 B 종합금융 주식회사에 보관 중인 A 주식회사의 전환사채 100억 원을 회수한 경우, 그 회수 당시 이미 업무상배임죄의 기수에 이르며, 이로 인한 손해액은 위 전환사채의 권면액인 100억 원 상당이 된다고 하였다.[648]

415 부동산 이중매매의 경우 제3자에게 부동산 소유권이전등기를 경료한 때에 기수가 된다. 판례는 주식회사의 대표이사가 회사의 중요한 재산을 양도한 경우, 이것이 회사의 유일 재산이고 처분 당시 주주총회의 특별결의를 거치지 아니한 이유로 그 매매계약 및 소유권이전등기가 법률상 당연무효라고 하더라도 경제적 관점에서 볼 때 적어도 위 재산에 관한 소유권이전등기를 넘겨준 이상, 위 처분행위로 인하여 위 회사에서 현실적인 손해를 가하지 아니하였다거나 재산상 실해 발생의 위험을 초래하지 아니하였다고 볼 수 없다고 하였다.[649]

(2) 대표권 남용행위로 인한 경우

416 주식회사의 대표이사가 대표권을 남용하는 등 임무에 위배하여 회사 명의로 의무를 부담하는 행위를 한 경우, 상대방이 대표권 남용 사실을 몰랐던 경우에는 그 대표이사의 행위는 일단 회사의 행위로 유효하므로, 회사의 채무가 발생하는 것 자체로 회사에 현실적인 손해 또는 손해발생의 위험을 초래하는 것으로서 그 채무가 현실적으로 이행되기 전이라도 본죄는 이미 기수에 이른다고 볼 수 있을 것이다. 판례는 피고인이 A가 운영하는 B 회사의 부사장으로 대외영업활동을 하여 그 계약 등을 B 회사에 귀속시키기로 A와 약정하고도 피고인 자신이 B 회사의 대표인 것처럼 가장하고 계약을 체결한 사안에서, 재산상 손해는 피고인이 위와 같은 임무위배행위로 계약을 체결한 때에 발생하는 것이라고 보고, 계약대금을 기초로 손해액을 산정하였다.[650]

417 반면, 판례는 상대방이 대표권 남용 사실을 알았거나 알 수 있었던 경우 그 의무부담행위는 원칙적으로 회사에 대하여 효력이 없어 무효가 되어 회사에 현실적인 손해가 발생하였다거나 손해발생의 위험이 초래되었다고 평가하기 어려우므로 특별한 사정이 없는 한 본죄의 기수는 될 수 없다고 하고, 다만 이 경우

648 대판 2010. 12. 23, 2008도8851.
649 대판 1992. 5. 26, 91도2963.
650 대판 2013. 4. 26, 2011도6798. 본 판결 해설은 우인성(주 601), 580-630.

에도 대표이사는 배임의 범의로 임무위배행위를 함으로써 실행에 착수한 것이므로 본죄의 미수범이 성립한다고 하였다.[651]

418 문제되는 것은, 법률상 무효인 대표권 남용행위이지만 예외적으로 실제로 채무의 이행이 이루어졌다거나, 민법상 불법행위책임을 부담하게 되었거나, 발행한 약속어음이 실제로 제3자에게 유통되었거나, 약속어음 공정증서에 기하여 압류 및 전부명령을 받는 등의 특별한 사정이 인정되어 기수범이 성립하는 경우, 기수시기를 어느 시점으로 보아야 할 것인가이다.

419 판례는 회사 대표이사가 주주총회 의사록을 허위로 작성하고 이를 근거로 자신 및 임직원들과 주식매수선택권 부여 계약을 체결한 경우, 이 계약이 상법과 정관에 위배되어 무효라고 하더라도 임직원들이 이후 계약에 기초하여 회사에 주식매수선택권을 행사하고, 대표이사가 이에 호응하여 주식의 실질가치에 미달하는 금액만을 받고 신주를 발행한 특단의 사정이 있는 경우라면, 손해발생의 위험이 초래되었다고 보아 본죄의 기수가 된다고 하였다. 다만, 허위로 작성된 주주총회 의사록에 기하여 임직원들에게 주식매수선택권 부여계약을 체결한 것만으로는 회사에 어떠한 현실적 손해가 발생할 수 없음은 물론이고 실해발생의 위험조차 초래되었다고 볼 수 없어서, 계약을 체결한 것만으로는 본죄의 구성요건이 완성되거나 범행이 종료되었다고 볼 수 없다고 하였다. 이 사건 업무상배임죄의 기수시기는 계약 체결 시가 아니라, 그 이후 임직원들이 계약내용에 따라 주식매수선택권을 행사하고 피고인이 이에 호응하여 신주를 발행해 준 시기로 보아야 한다는 것이다.[652]

420 결국 법률상 무효가 되는 대표권 남용행위라고 하더라도 특별한 사정이 인정되어 기수가 되는 경우에는, 피해자에게 재산상 손해가 발생하거나 손해(실해) 발생의 위험이 발생한 시점을 특정하여 기수시기로 보아야 할 것이다. 기수시기의 특정은 대판 2011. 11. 24, 2010도11394의 사안에서 보는 바와 같이 공소시효의 완성 여부와 관련이 있다.[653]

---

651 대판 2017. 7. 20, 2014도1104(전). 미수로 인정된 일본 판례로는 大判 昭和 7(1932). 10. 31. 刑集 11·1541; 大判 昭和 9(1934). 12. 18. 法律新聞 3796·15; 東京高判 昭和 42(1967). 9. 14. 判タ 216·192; 甲府地判 昭和 43(1968). 12. 18. 下刑集 10·12·1239.

652 대판 2011. 11. 24, 2010도11394. 본 판결 평석은 이동훈(주 539), 267-290.

653 그렇지만 구체적으로 어떠한 시점을 실해발생의 위험이 발생한 시점으로 특정할지에 대하여는

(3) 부작위에 의한 본죄의 기수시기

421 본죄는 타인과의 신뢰관계에서 일정한 임무에 따라 사무를 처리할 법적 의무가 있는 사람이 그 상황에서 당연히 할 것이 법적으로 요구되는 행위를 하지 않는 부작위에 의해서도 성립할 수 있는데,[654] 그러한 부작위를 실행의 착수로 볼 수 있기 위해서는 작위의무가 이행되지 않으면 사무처리의 임무를 부여한 사람이 재산권을 행사할 수 없으리라고 객관적으로 예견되는 등으로 구성요건적 결과 발생의 위험이 구체화한 상황에서 부작위가 이루어져야 한다.[655]

(4) 그 밖의 경우

422 치안본부의 차량용 유류의 발주 및 수불업무를 담당하던 피고인 甲이 치안본부와 사이에 유류공급계약을 체결해 두고 있던 A 석유주식회사에 대하여 치안본부에 납품할 유류의 일부를 위 유류공급계약상 지정된 납품장소 이외의 장소에 납품케 하여 이를 빼돌린 사안에서, 대법원은 피고인 甲의 지시에 따른 A 석유주식회사의 납품이 본인인 치안본부에 대하여 법률상 유효한 납품인가 여부와 관계없이 피고인 甲이 처리하는 사무의 내용에 비추어 결코 행하여서는 아니 될 행위를 함으로써 본인인 치안본부와 사이의 신임관계를 저버린 배임행위에 해당한다고 하였다.[656] 그리고 피고인 甲이 위와 같이 빼돌린 유류가 법률상 치안본부에 유효하게 납품된 바 없는 것으로 판단되어 치안본부가 그 대금지

판례가 명확히 제시하지 않고 있다. 위 2010도11394 판결의 사안에서 판례는 재산상 손해에 대한 판단기준 시점을 제1차 신주발행 시로 보고 있는데, 제1차 주식매수선택권 행사 후 제1차 신주발행을 하였고 두 시점 간에 며칠의 차이가 있으므로, 과연 제1차 주식매수선택권 행사 시점이 아닌 제1차 신주발행 시점을 기수시기로 한 이유는 무엇인지, 제1차 주식매수선택권 행사 시점을 기준으로도 실해발생의 위험이 초래될 수 있는 것이 아닌지 등에 대하여는 구체적으로 판시하지 않고 있다. 공소제기 시점에 따라 공소시효의 완성 여부가 문제될 수 있으므로 이를 명확히 할 필요가 있다는 견해로는 이동훈(주 539), 289-290.

654 대판 2012. 11. 29, 2012도10139.

655 대판 2021. 5. 27, 2020도15529(환지 방식에 의한 도시개발사업의 시행자인 피해자 조합을 위해 환지계획수립 등의 업무를 수행하던 피고인이 사업 실시계획의 변경에 따른 일부 환지예정지의 가치상승을 청산절차에 반영하려는 조치를 취하지 않은 채 대행회사 대표이사직을 사임하였다는 이유로 업무상배임미수로 기소된 사안에서, 피해자 조합이 환지예정지의 가치 상승을 청산절차에 반영하지 못할 위험이 구체화한 상황에서 피고인이 자신에게 부여된 작위의무를 위반하였다고 인정하기 어려워 피고인이 부작위로써 업무상배임죄의 실행에 착수하였다고 볼 수 없다고 한 사례). 본 판결 해설은 하종민, "업무상배임죄에서 부작위를 실행의 착수로 인정하기 위한 요건", 해설 128, 법원도서관(2022), 408-428.

656 대판 1987. 4. 28, 83도1568.

급채무는 이를 부담하지 않는 것으로 볼 수 있고, 따라서 피고인 甲의 위 행위가 A 석유주식회사에 대한 사기죄를 구성하게 되는 경우라 할지라도 피고인 甲의 위 행위는 그 직무집행과 관련하여 A 석유주식회사에게 손해를 가한 때에 해당함이 명백하여 치안본부에 국가배상법에 의하여 여전히 위 유류대금 상당을 배상할 채무를 부담하게 되므로 그 손해가 없다고 할 수 없는 한편, 본인에 대한 배임행위가 본인 이외의 제3자에 대한 사기죄를 구성한다 하더라도 그로 인하여 본인에게 손해가 생긴 때에는 사기죄와 함께 본죄가 성립한다고 하였다. 또한 본죄는 본인에게 손해를 가한 때에 기수가 되는 것이고, 이 사건에 있어서 본인인 치안본부에게 손해가 발생한 시기는 A 석유주식회사가 피고인 甲의 지시에 응하여 유류를 제동주유소에 납품함으로써 치안본부가 실제로는 유류를 납품받은 바 없이 그 대금상당의 채무를 부담하게 된 때라고 판시하였다. 이 사안에서는 위 유류가 B 주유소에 납품되기 이전에 미리 이를 매수하기로 합의 내지는 응탁한 C, D 및 피고인 乙 등의 행위도 문제되었는데, 위와 같이 기수시기를 판단하고, 위와 같은 C 등의 행위는 피고인 甲이 배임으로 취득한 장물을 취득한 행위에 지나지 않는 것이 아니라 모두 배임행위 자체의 공동정범이 된다고 하였다.

Ⅱ. 주관적 구성요건

1. 고 의

(1) 고의의 내용

본죄는 고의범으로 객관적 구성요건요소에 대한 고의가 요구된다. 본죄에 423
서의 고의의 내용은 ① 자신이 타인의 사무처리자라는 점, ② 자신의 행위가 임무에 위배하는 행위라는 점, ③ 자기 또는 제3자가 재산상의 이익을 취득한다는 점, ④ 본인에게 손해를 가한다는 점,[657] ⑤ 배임행위와 재산상의 이익취득

657 판례 중에는 "배임죄의 범의는 자기의 행위가 그 임무에 위배한다는 인식으로 족하고 본인에게 손해를 가하려는 의사는 이를 필요로 하지 않는다."는 것도 있다〔대판 1983. 12. 13, 83도2330(전)〕. 그러나 대부분의 판례는 주관적 요건으로서 본인에게 재산상의 손해를 가한다는 인식을 요구한다(대판 1987. 3. 10, 81도2026; 대판 2006. 6. 27, 2005도2626; 대판 2007. 1. 26, 2004도1632 등). 위 83도2330 전원합의체 판결은 1인 주주에 대한 본죄의 성립을 인정하는 최초의 판결이며, 이를 따르는 판례 역시 1인 주주에 관한 것이므로, 위와 같은 취지는 1인 주주의 본죄

및 본인의 손해 발생 사이의 인과관계 등에 대한 인식이라고 할 수 있다. 부작위에 의한 본죄의 경우에도 행위자는 부작위 당시 자신에게 주어진 임무를 위반한다는 점과 그 부작위로 인해 손해가 발생할 위험이 있다는 점을 인식하였어야 한다.[658] 이러한 고의는 미필적 고의로도 가능하다.

424 우리 형법은 일본형법과는 달리 자기 또는 제3자에게 재산상의 이익을 도모하거나 본인에게 손해를 가할 목적을 요하지 않는다.[659] 또한, 본인을 이익되게 한다는 의사를 가지고 있었더라도 그와 같은 이익은 부수적일 뿐이고 자신 또는 제3자의 이득 또는 가해의 의사가 주된 것이면 본죄의 고의는 인정된다.[660] 피고인이 본인의 이익을 위하여 문제가 된 행위를 하였다고 주장하면서 범의를 부인하고 있는 경우에는, 사물의 성질상 고의와 상당한 관련성이 있는 간접사실을 증명하는 방법에 의하여 입증할 수밖에 없고, 무엇이 상당한 관련성이 있는 간접사실에 해당할 것인가는 정상적인 경험칙에 바탕을 두고 치밀한 관찰력이나 분석력에 의하여 사실의 연결상태를 합리적으로 판단하는 방법에 의하여야 하며, 피고인이 본인의 이익을 위한다는 의사도 가지고 있었다고 하더라도 위와 같은 간접사실에 의하여 본인의 이익을 위한다는 의사는 부수적일 뿐이고 이득 또는 가해의 의사가 주된 것임이 판명되면 본죄의 고의가 있었다고 할 것이다.[661]

(2) 임무위배행위에 대한 고의

425 본죄에서의 고의가 주로 문제되는 것은 자신의 행위가 임무에 위배된 것인지에 대한 인식, 즉 임무위배행위에 대한 고의가 될 것이다. 자기의 행위가 임무에 위배된다는 점에 대한 인식은, 임무위배가 되는 객관적 사실에 대한 인식

성립 여부와 관련된 범위 내에서만 제한적으로 받아들일 필요가 있다. 위 83도2330 전원합의체 판결이 본인에 대한 가해 의사가 불필요하다는 취지로 판시한 것은 잘못되었다는 비판적 견해로는 임웅, 557.

658 대판 2021. 5. 27, 2020도15529.

659 자기 또는 제3자의 이익을 위한 목적을 인정한 일본판례 大判 大正 3(1914). 10. 16. 刑録 20·1867; 最判 昭和 29(1954). 11. 5. 刑集 8·11·1675; 東京高判 昭和 30(1955). 12. 28. 高刑集 8·9·1188. 본인에게 손해를 가할 목적을 인정한 일본 판례로는 大判 大正 3(1914). 10. 16. 刑録 20·1867. 목적의 인식 정도에 관한 일본 판례로는 最決 昭和 63(1988). 11. 21. 刑集 42·9·1251.

660 대판 2000. 12. 8, 99도3338; 대판 2003. 2. 11, 2002도5679; 대판 2006. 6. 27, 2005도2626.

661 대판 2003. 2. 11, 2002도5679; 대판 2009. 2. 26, 2008도522. 자기의 행위가 임무의 목적에 맞는 것이라고 생각하고 행위를 한 때는 본죄의 고의가 없다고 한 일본 판례로는 大判 大正 3(1914). 2. 4. 刑録 20·119.

과 그 사실에 임무위배성이 있다는 점에 대한 규범적 인식을 모두 포함한다고 볼 수 있다.[662] 임무에 위배되지 않는 것으로 잘못 생각한 경우에는 사실의 착오로서 본죄의 고의가 인정되지 않을 것이고,[663] 배임행위를 해도 상관없다고 오신한 경우에는 위법성의 인식에 관한 문제가 될 것이다.[664]

(가) 고의 인정 사례

426 판례는 ① 금융기관의 직원들이 대출을 함에 있어 대출채권의 회수를 확실하게 하기 위하여 충분한 담보를 제공받는 등 상당하고도 합리적인 조치를 강구함이 없이 만연히 대출을 해 주었다면 업무위배행위로 제3자로 하여금 재산상 이득을 취득하게 하고 금융기관에 손해를 가한다는 인식이 없었다고 볼 수 없고,[665] ② 이익을 취득하는 제3자가 같은 계열회사이고, 계열그룹 전체의 회생을 위한다는 목적에서 이루어진 행위로서 그 행위의 결과가 일부 본인을 위한 측면이 있다 하더라도 본인의 이익을 위한다는 의사는 부수적일 뿐이고 이득 또는 가해의 의사가 주된 것임이 판명된다면 본죄의 고의를 부정할 수는 없다[666]고 하였다.

(나) 고의 부정 사례

427 판례는 ① 주택조합 조합장이 주택조합 측으로부터 아파트부지의 선정과 매입에 관한 일체의 권한을 위임받아 아파트부지를 구입하는 과정에서 공원용지지정의 해제가 없는 한 아파트를 건축할 수 없음에도 불구하고, 정치자금을 내면 권력층을 통하여 공원용지지정을 해제시켜 주겠다는 A 등의 계획적인 기망행위에 속아 용도지정의 해제가 가능할 것으로 믿고 용도지정의 해제에 필요하다는 경비조로 금원을 A 등에게 교부한 경우, 주택조합 조합장이 A 등의 계획적인 기망행위에 속아 공원용지의 용도지정이 해제될 것으로 믿고서 경비를 교부한 것이므로 동인에게 주택조합에 대한 신뢰관계에 위배하여 자신의 업무를 성실히 수행하지 않았다는 배임의 범의를 인정할 수 없고,[667] ② 새마을금고

662 大塚 外, 大コン(3版)(13), 322(島戸 純).
663 배종대, § 77/33.
664 大塚 外, 大コン(3版)(13), 324(島戸 純).
665 대판 2003. 2. 11, 2002도5679; 대판 2004. 3. 26, 2003도7878.
666 대판 2006. 6. 27, 2005도2626.
667 대판 1993. 1. 15, 92도166.

이사장이 대출과 관련하여 대출금의 일부만 변제받은 후 나머지 원리금채권의 보전에 지장이 없는 범위 내에서 담보 일부를 해지하였다 하여 그 해지 자체가 바로 본인인 새마을금고에게 손해를 가하는 배임행위라고 할 수는 없으므로, 그 이사장에게 대출금액의 전액을 회수할 때까지 담보 전부를 그대로 유지하여야 할 업무상의 임무가 있다고는 보기 어렵고, 나아가 담보 일부해지가 채권보전에 지장을 주는 것인지에 따라 배임행위 여부를 가려야 할 것이고, 또한 주관적으로 해지의 결과 새마을금고에게 재산상의 손해가 발생하거나 발생할 염려가 있다는 인식이 있어야 할 것이다고 하였다. 이때 담보물의 일부해지 당시의 가격이 담보취득 당시보다 특별히 하락하였다고 보여지는 사정이 엿보이지 않는 이상, 새마을금고 이사장이 일부해지 당시의 담보가치를 새로이 평가하지 아니하고, 담보취득 당시의 평가에 따랐다 하여 그것만으로 배임의 범의를 인정할 수 없다고 하였다.[668]

428 또한, ③ 대지 및 지상건물의 소유자가 대지를 매도하면서 잔대금 수령 후 일정 기간 내에 매수인을 위하여 그 지상건물을 스스로 철거하고 멸실등기절차를 해주기로 약정하였음에도 매수인으로부터 잔대금을 모두 수령한 뒤에 그 지상건물에 대하여 제3자 앞으로 소유권이전청구권 보전을 위한 가등기를 마쳐주었다면, 그와 같은 매도인의 행위는 대지에 대한 매수인의 소유권 행사에 지장을 초래케 하였다는 점에서 매수인 앞으로의 소유권이전등기임무에 위반되는 배임행위라고 할 것이지만, 매도인이 지상건물을 철거하기로 약속한 기한까지 위 가등기를 말소하고 건물철거의무를 이행할 수 있을 것으로 믿었고, 객관적으로도 그 이행이 가능하였다는 등의 특별한 사정이 있는 경우에는 본죄의 고의가 인정되지 않는다.[669]

(다) 비밀 유출로 인한 임무위배행위의 경우

429 업무상 비밀 유출로 인한 임무위배행위에 있어서도 본죄의 고의가 문제되는데, 고의를 인정한 사례와 부정한 사례를 비교하여 보면 다음과 같다.

---

668 대판 1994. 11. 8, 94도2123.
669 대판 2006. 12. 21, 2006도2684.

[대판 2011. 7. 28, 2010도9652] 430

피고인은 피해자 회사 재직 중에 '직원으로서 재직 중 취득하거나 알게 된 회사의 경영정보, 업무상 비밀 등을 회사의 사전 서면 승낙 없이 업무 이외의 목적이나 부정한 목적으로 근무지 외로 반출하거나 사용하지 않을 것' 등을 내용으로 하는 정보보호동의서를 작성하였고, 피해자 회사는 회사의 경영정보 등 영업비밀을 메신저 등을 통하여 외부로 유출하는 일체의 행위를 하여서는 아니된다는 내용의 정보보호규정과 외부발송메일관리요령에 관한 규정을 두고 있었으며, 피고인도 위와 같은 규정을 알고 있었던 점, 피고인이 이메일로 전송한 이 사건 파일들 중 제1, 2번 파일에는 비밀문서 표시가 기재되어 있어 이를 무단으로 반출하면 안 되는 파일임을 쉽게 알 수 있었던 점, 피고인은 이 사건 파일들을 개인 이메일로 전송한 이후에 자신의 집에 있는 외장하드디스크에 보관하고 있다가 피해자 회사의 보안담당자로부터 보안체크 확인서의 제출을 요구받고 나서야 이 사건 파일들을 삭제한 점, 피고인이 이 사건 파일들을 개인 이메일로 전송한 바로 당일 저녁에 피해자 회사와 경쟁업체인 A 회사에 인터넷으로 입사를 신청하였고, 그 후 A 회사에 입사하여 상품기획팀에서 피해자 회사에서의 업무와 유사한 업무를 담당하였는데, 이 사건 파일들에 있는 문서들은 A 회사에도 경제적 유용성이 있는 정보였던 점, 피고인은 '2009년도 ○○○ 사업계획서'를 작성하기 위해서 이 사건 파일들을 전송하였다고 주장하지만, 피고인이 위 사업계획서를 작성하지 않은 것으로 보아 업무상 필요에 의하여 이 사건 파일들을 반출한 것으로 보이지 않는 점 등을 종합할 때, 피고인은 이 사건 파일들을 피해자 회사의 외부로 반출할 당시 적어도 미필적으로나마 배임의 고의가 있었다고 보아야 할 것이다.

[대판 2010. 7. 15, 2008도9066] 431

피고인들이 A 주식회사를 퇴사하기 직전에야 이 사건 각 프로그램파일을 복사하여 취득하였음을 인정할 증거가 없고, 오히려 그 대부분은 공소외 주식회사에 근무하면서 프로그램 개발업무를 수행하는 과정에서 복사 및 취득한 것으로 보이는 점, A 주식회사에서는 이 사건 각 프로그램파일이 비밀로 관리되지 않은 채 피고인들과 같은 연구원들의 경우 별다른 제한 없이 이를 열람·복사할 수 있었고 복사된 저장매체도 언제든지 반출할 수 있었던 점, 피고인들이 이 사건 각 프로그램 파일을 복사하여 취득한 것은 업무인수인계를 위한 것이거나 자료정리 차원에서 관행적으로 행해진 것으로 볼 여지도 없지 않은 점, 피고인들이 A 주식회사를 퇴직한 후 개발한 B 증권분석 프로그램은 A 주식회사의 C 프로그램과 유사하거나 이를 변형 또는 참조하였다고 보기 어렵다는 컴퓨터프로그램보호위원회에 대한 감정촉탁회신결과에 의하면 피고인들은 실제로도 이 사건 각 프로그램파일을 B 프로그램을 개발하는 데 이용하지는 아니한 것으로 보이는 점 등 여러 사정들을 고려할 때, 이 사건 각 프로그램파일을 복사하여 취득할 당시 피고인들에게 업무상배임의 고의가 있었다고 단정하기 어렵다.

(3) 미필적 고의

432 미필적 고의, 특히 재산상 손해 발행의 위험에 대한 미필적 고의까지도 본죄의 고의에 포함시켜 인정하는 경우 문제되는 대표적인 사례로, 이사 등의 경영행위를 들 수 있다. 이사 등의 경영행위로 인하여 회사에 손해를 가하는 결과가 초래된 사안에서, 죄형법정주의 원칙에 반하여 본죄의 성립범위가 지나치게 확대되는 것을 억제하기 위하여, 미국 판례법에서 발전되어 온 경영판단의 원칙을 우리 형법의 해석론에 도입하고자 하는 논의가 있다(자세한 논의 및 판례의 사안은 **II. 2.** (4) **(다)** (b) **경영판단의 원칙** 참조).

433 판례는 경영판단의 원칙을 임무위배행위 요건뿐만 아니라 배임의 고의 인정범위를 제한할 수 있는 근거로 사용하고 있다. 즉, 기업의 경영에는 원천적으로 위험이 내재하여 있어서 경영자가 아무런 개인적인 이익을 취할 의도 없이 선의에 기하여 가능한 범위 내에서 수집된 정보를 바탕으로 기업의 이익에 합치된다는 믿음을 가지고 신중하게 결정을 내렸다 하더라도 그 예측이 빗나가 기업에 손해가 발생하는 경우가 있을 수 있는바, 이러한 경우에까지 고의에 관한 해석기준을 완화하여 업무상배임죄의 형사책임을 묻고자 한다면 이는 죄형법정주의의 원칙에 위배되는 것임은 물론이고, 정책적인 차원에서 볼 때에도 영업이익의 원천인 기업가 정신을 위축시키는 결과를 낳게 되어 당해 기업뿐만 아니라 사회적으로도 큰 손실이 될 것이라고 한다. 따라서 문제된 경영상의 판단에 이르게 된 경위와 동기, 판단 대상인 사업의 내용, 기업이 처한 경제적 상황, 손실 발생의 개연성과 이익획득의 개연성 등의 여러 사정을 고려하여 볼 때 자기 또는 제3자가 재산상 이익을 취득한다는 인식과 본인에게 손해를 가한다는 인식 하의 의도적 행위임이 인정되는 경우에 한하여 배임죄의 고의를 인정하여야 하고, 그러한 인식이 없는데도 본인에게 손해가 발생하였다는 결과만으로 책임을 묻거나 단순히 주의의무를 소홀히 한 과실이 있다는 이유로 책임을 물어서는 아니 된다고[670] 판시하였다.[671]

---

670 대판 2004. 7. 22, 2002도4229 등.

671 독일 판례 가운데에는 재산상 손해의 발생에 관하여, 재산에 대한 구체적 위험의 인식 내지 인용뿐만 아니라 위험의 현실화에 대한 인용까지 요구함으로써, 본죄 적용의 과도한 확장을 피하고자 한 것이 있다(BGH, 18.10.2006 - 2 StR 499/05).

또한, 이윤추구와 아울러 공공적 역할도 담당하는 각종 금융기관의 경영자가 금융거래와 관련한 경영상 판단을 함에 있어서 그 업무처리의 내용, 방법, 시기 등이 법령이나 당해 구체적 사정하에서 일의적인 것으로 특정되지 않는 경우에는 결과적으로 특정한 조치를 취하지 아니하는 바람에 본인에게 손해가 발생하였다는 사정만으로 책임을 물을 수는 없고, 그 경우 경영자에게 배임의 고의가 있었는지 여부를 판단함에 있어서는 문제된 경영상의 판단에 이르게 된 경위와 동기, 판단대상인 업무의 내용, 금융기관이 처한 경제적 상황, 손실 발생의 개연성 등 제반 사정에 비추어 자기 또는 제3자가 재산상 이득을 취득한다는 인식과 본인에게 손해를 가한다는 인식하의 의도적 행위임이 인정되는 경우에 한하여 본죄의 고의를 인정하는 엄격한 해석기준이 유지되어야 한다고 하였다.[672] 434

2. 불법이득의 의사

통설[673]과 판례[674]는 본죄의 주관적 구성요건요소로서 불법이득의 의사가 필요하다고 본다. 독일형법은 본죄를 순수한 재산침해범죄로 구성하였지만, 우리 형법은 본죄를 횡령죄와 같이 규정하고 횡령죄와는 그 객체에 의하여만 구별되는 이득죄에 해당한다는 점에서 불법이득의사가 필요하다고 보아야 할 것이다. 이에 대하여, 이익을 취득한다는 미필적 인식이 있으면 충분하고 불법이득의사가 필요한 것은 아니라는 견해,[675] 본죄는 자기 또는 제3자의 이익 취득이 객관적 구성요건요소로 규정되어 있기 때문에 불법이득의 의사가 고의의 한 내용 요소가 될 뿐 초과주관적 구성요건요소로 이해할 것은 아니라는 견해[676]가 있다. 435

대법원은 본죄에 있어서 불법이(영)득의 의사라 함은 자기 또는 제3자의 이 436

672 대판 2007. 1. 26, 2004도1632.

673 김신규, 496; 김일수·서보학, 395; 김혜정·박미숙·안경옥·원혜욱·이인영, 453; 박상기·전지연, 701; 배종대, §77/35; 손동권·김재윤, 466; 이상돈, 583; 이재상·장영민·강동범, §21/26; 이형국·김혜경, 494; 임웅, 557; 정웅석·최창호, 719; 주호노, 967; 홍영기, §88/48.

674 대판 1990. 7. 24, 90도1042; 대판 1992. 1. 17, 91도1675. 일본 판례로는 大判 大正 3(1914). 10. 16. 刑録 20·1867; 最判 昭和 29(1954). 11. 5. 刑集 8·11·1675; 東京高判 昭和 30(1955). 12. 28. 高刑集 8·9·1188.

675 정성근·박광민, 476; 정성근·정준섭, 326.

676 김성돈, 461.

익을 꾀할 목적으로 임무에 위배된 행위를 하는 의사를 의미하고,[677] 반드시 자기 스스로 재산상 이익을 취득해야만 하는 것은 아니라고 한다.[678] 그러나 본인의 이익을 위하여 사무를 처리한 때에는 불법이득의 의사가 없으므로 본죄는 성립하지 않는다. 본인의 이익을 위한 의사와 자기 또는 제3자가 재산상의 이익을 취득할 의사가 경합되는 때에는 그 가운데에 어느 의사가 주된 것인지에 따라 판단해야 한다. 그렇지만 그 외에 주관적 구성요건으로 본인에게 손해를 가할 목적이 필요하지는 않다.[679]

437 따라서 ① 예산을 본래의 취지대로 사용치 아니하였더라도 본인을 위하여 일시 유용한 경우는 그 유용자에게 불법이득의 의사가 있었다고 할 수 없고,[680] ② 전용하여 지출할 수 없는 육성회비 등 학교 교비를 전용하여 교직원의 연금 및 의료보험분담금으로 지출한 경우라도, 이 사건 학교법인은 그 수익사업운영이 매우 어려워 그 산하 학교들은 수년간 학교법인으로부터 전혀 수입금을 전입받지 못하여 위 각 부담금을 납부할 재원이 없어 부득이 육성회비등의 학교 교비에서 위 각 부담금을 지출하였다면 그 소위가 자기 또는 제3자를 위한 재산상의 이득의 의사에서 나온 것이라고 볼 수 없다고 하였다.[681]

438 또한, ③ 법인의 운영자 또는 관리자가 법인의 자금을 이용하여 비자금을 조성하였다고 하더라도 그것이 해당 비자금의 소유자인 법인 이외의 제3자가 이를 발견하기 곤란하게 하기 위한 장부의 분식에 불과하거나 법인의 운영에 필요한 자금을 조달하는 수단으로 인정되는 경우에는 불법이득의 의사를 인정하기 어렵다고 하였다. 그러나 법인의 운영자 또는 관리자가 법인을 위한 목적이 아니라 법인과는 아무런 관련이 없거나 개인적인 용도로 착복할 목적으로 법인의 자금을 빼내어 별도로 비자금을 조성하였다면, 그 조성행위 자체로 불법이득의 의사가 실현된 것으로 볼 수 있다. 이 때 그 행위자에게 법인의 자금을 빼내어 착복할 목적이 있었는지 여부는 그 법인의 성격과 비자금의 조성 동기, 방법, 규모, 기간, 비자금의 보관방법 및 실제 사용용도 등 제반 사정을 종합적

677 대판 2005. 7. 29, 2004도5685; 대판 2021. 10. 14, 2016도2982.
678 대판 2005. 7. 29, 2004도5685.
679 오영근, 395; 이재상·장영민·강동범, § 21/26.
680 대판 1974. 5. 14, 73도3208.
681 대판 1983. 7. 26, 83도819.

으로 고려하여 판단하여야 한다.[682] ④ 쌀이 저질이고 변질의 우려가 있어 시급히 처분해야 할 형편이나 일반품질의 쌀을 외상판매하는 경우와 같이 부동산 담보설정 또는 보증인을 세우는 등의 조치를 취하기 어려워서 단위농협직원인 피고인들이 조합장의 결제를 얻어 자력과 신용을 갖춘 확실한 거래인이라고 판단된 미곡상들에게 인수증 또는 보관증을 받고 쌀을 외상판매하고 그 대금을 즉일 또는 3, 4일이나 늦어도 10일 이내에 모두 지급받아 조합에 입금한 경우,[683] ⑤ 단위농업협동조합의 조합장이 조합규약에 따른 대금회수 확보를 위한 담보취득 등의 조치 없이 조합의 양곡을 외상판매함으로 인하여 위 조합에 손해가 발생하였지만, 당시 시장에 양곡의 물량이 많아 현금판매가 어려웠고 기온상승으로 양곡이 변질될 우려가 생겼으며 농협중앙회로부터 재고양곡의 조기판매 추진지시를 받는 등 사정으로 오로지 조합의 이익을 위하여 양곡을 신속히 처분하려다 손해가 발생한 경우[684]에는, 조합에 손해를 가하고 자기 또는 제3자에게 재산상의 이익을 취득하게 한다는 인식이 없다고 하였다.

불법이득의사를 실현하는 행위로서의 배임행위가 있었다는 사정은 검사가 법관으로 하여금 합리적인 의심을 할 여지가 없을 정도의 확신을 생기게 하는 증명력을 가진 엄격한 증거에 의하여 증명하여야 하므로, 그와 같은 증거가 없다면 피고인에게 유죄의 의심이 간다고 하더라도 피고인의 이익으로 판단하여야 한다.[685] 439

Ⅲ. 공 범

1. 비신분자와의 공범 일반론

본죄는 타인의 사무처리자가 행위주체가 되는 진정신분범이므로 신분이 없는 사람(비신분자)이 본죄의 공범이 될 수 있는지 문제된다. 440

① 다수설은 원칙적으로 형법총칙의 공범이론에 따라 본죄의 공범 성립 여 441

682 대판 2021. 10. 14, 2016도2982.
683 대판 1984. 7. 24, 84도1101.
684 대판 1992. 1. 17, 91도1675.
685 대판 2021. 10. 14, 2016도2982.

부를 판단한다. 따라서 비신분자에 대하여도 제33조 본문에 의하여 본죄의 공동정범, 교사범, 종범의 성립을 인정한다.[686] 이에 대하여, ② 본죄를 의무범적 신분범으로 보고 이 경우에는 제33조의 본문의 공동정범 조항을 제한적으로 적용하여 공동정범은 성립하지 않고 나머지 공범으로서의 가담만 인정하여야 한다거나,[687] ③ 본죄를 행위자 관련 신분범으로 보고 법률에 의하여 직무상 권한이 부여되지 아니한 비신분자는 그 스스로는 의무의 침해라는 결과를 야기할 수 없어 정범성의 표시를 가질 수 없으므로 방조 또는 교사범만 성립한다는 견해[688]도 있다.

442 판례는 대주주가 금융기관의 이사 등 임원의 초과대출이나 대출 관련 배임행위에 순차적·암묵적으로 공동 가담하여 그 범죄를 실현하려는 의사가 상통하고 그 의사의 결합이 이루어진 경우 업무상배임죄의 공범관계를 인정하고,[689] 동업관계에 있음을 이유로 본죄의 공동정범으로 기소된 사람에 대하여, 심리한 결과 동업관계는 인정되지 아니하나 동업관계 없는 사람이 비신분자로서 신분이 있는 사람과 공모하여 본죄를 저지른 사실이 인정되는 경우, 피고인이 방어권행사에 실질적인 불이익을 초래할 염려가 없다면 공소장변경 없이도 비신분자에 대하여 제33조 본문에 의하여 배임죄의 공범으로 처벌할 수 있다고 하였다.[690] 이는 위 ①의 다수설과 같이 형법총칙상 공범의 일반이론을 적용하여 비신분자에 대하여도 본죄의 공동정범이 성립할 수 있다는 입장이다.

2. 배임행위의 상대방과 공범

443 부당대출이나 부당지원 행위 등 배임행위의 상대방으로서 수익을 얻게 되는 제3자나, 이중매매와 같이 배임행위가 대향적 거래관계로 구성되는 경우의

---

686 김성돈, 462; 신동운, 1277; 오영근, 403; 주석형법 〔각칙(6)〕(5판), 568(노태악).

687 김일수·서보학, 396.

688 이태엽, "비신분자의 직권남용권리행사방해죄에 대한 공동정범 성립에 관한 판례평석", 한국형법학의 전망: 심온 김일수 교수 정년기념 논문집, 문형사(2011), 286-289.

689 대판 2003. 10. 10, 2003도3516.

690 대판 2003. 10. 24, 2003도4027. 판례는 이 사안에서 단순히 피고인이 A와 동업관계가 인정되지 않는다는 이유만으로 배임행위에의 가담정도가 아주 무거운 피고인을 처벌하지 아니하는 것은 적정절차에 의한 신속한 실체적 진실의 발견이라는 형사소송의 목적에 비추어 현저히 정의와 형평에 반한다고 할 것이므로, 따로 공소사실의 변경이 없었더라도 피고인을 제33조 본문에 의하여 본죄로 처단하였어야 할 것이라고 판시하였다.

거래상대방도 본죄의 공범이 될 수 있는지가 문제된다.[691]

배임행위의 상대방은 배임행위자와 독자적으로 자기의 경제적 이익을 추구할 자유를 가지므로, 배임행위자와 공범으로 처벌하게 되면 계약관계에 부당하게 개입하여 개인의 경제활동에 과다한 제약이 될 수 있다는 점, 배임행위의 상대방은 배임행위자와 타인 간의 내부적 신임관계의 존부나 구체적 내용, 임무위배행위 해당성 및 재산상 손해 발생 여부에 대하여 정확히 인식하기 어렵다는 점 등에서, 배임행위의 상대방이 단지 배임행위를 알고 수익을 얻었다고 하여 바로 본죄의 공범이 성립된다고 보기는 어려울 것이다.[692] 444

대법원은 배임적 거래의 상대방에 대하여는, 실행행위자의 배임행위를 교사·방조하거나 적극 가담한 경우에 한하여 가담 정도에 따라 본죄의 공동을 인정하고,[693] 업무상배임죄의 실행으로 이익을 얻게 되는 수익자는 업무상배임죄의 공범이라고 볼 수 없는 것이 원칙이라고 하여,[694] 공범의 성립범위를 제한한다.[695] 445

(1) 공범의 성립을 인정한 사례

판례가 공범 성립을 인정한 경우로는, ① 피고인이 배임행위자들이 관련 법령이나 업무처리규정에 반하여 피고인 회사에 대하여 채무인수와 자금대여를 하는 것을 알면서도 배임행위자들에게 집요하게 자금지원을 해 줄 것을 요구하고, 평소 알고 지내는 정치인이나 한국감정원 간부들에게 자금지원을 청탁하고 정치인들과의 친분관계를 과시하는 등, 단순히 배임행위에 편승하여 피고인 회사에 이익을 취득하게 한 정도를 넘어 배임행위를 교사하거나 배임행위의 전 446

691 이에 관하여는 신양균, "배임행위의 거래상대방의 형사책임", 형사판례연구 〔15〕, 한국형사판례연구회, 박영사(2007), 230-250 참조.

692 大塚 外, 大コン(3版)(13), 396-397(島戸 純); 강수진, "배임행위의 상대방에 대한 공범 성립 기준에 대한 검토", 형사법의 신동향 65, 대검찰청(2019. 12), 39-40.

693 대판 1999. 7. 23, 99도1911; 대판 2003. 10. 30, 2003도4382.

694 대판 2016. 10. 13, 2014도17211. 본 판결 평석은 강우예, "배임행위의 거래상대방의 공범성립 형태", 형사법연구 29-4, 한국형사법학회(2017), 255-298.

695 일본 판례는 거래의 상대방에 본죄의 공동정범이 성립하기 위해서는, ① 거래의 상대방이 임무자의 임무위배행위를 인식하고 있는 것을 전제로, ② 임무자와 이해관계가 공통되거나, 임무위배행위에 적극적으로 가담한 경우의 적어도 어느 하나에 해당되어야 한다는 입장이다. 이에 따라 공동정범의 성립을 인정한 판례〔最決 平成 20(2008). 5. 19. 刑集 62·6·1623〕도 있고, 방조범의 성립을 인정한 판례〔最判 昭和 57(1982). 4. 22. 判時 1042·147〕.

과정에 관여함으로써 적극 가담한 경우,[696] ② 피고인이 실질적으로 피해자 회사의 차기 대주주로서 배임행위자 등과 사이에 피해자 회사의 자산가치를 낮추는 방식을 협의하고 그 결과를 보고받는 등으로 배임행위에 적극 가담하여 피해자 회사의 주식을 적정가격보다 낮은 가격으로 취득하고, 피해자 회사의 주식매수대금에 사용할 생각으로 미리 대주주대여금 명목으로 부당하게 회사자금을 대여받는 배임행위의 전 과정에 적극 가담한 경우,[697] ③ 피고인이 자신의 남편인 배임행위자로부터 부당하게 과다산정된 손해배상액을 지급받은 사안에서, 피고인은 남편인 배임행위자가 대표이사로 있는 A 주식회사와 B 주식회사 사이의 추가 공사대금 협상에 상당 부분 관여하고 있었고, B 회사의 유치권 행사 및 시위 등으로 예식장 운영에 어려움에 처하자 그로 인한 손해를 만회하고 B 회사와의 분쟁에서도 유리한 위치에 서기 위하여 피고인에게 상당히 유리하게 체결된 A 회사와의 임대차계약서에 근거하여 A 회사에게 10억 원이 넘는 손해배상을 청구하였으며, A에 예식장 인테리어 비용 등 21억 원이 넘는 채무를 지고 있었음에도 오히려 A 회사로부터 자신의 채무를 변제받고 8억 원을 현실적으로 지급받는 등 남편의 배임행위에 적극 가담한 것으로 판단되는 경우[698] 등이 있다.

(2) 공범 성립을 부정한 사례

447 판례가 공범 성립을 부정한 사안을 살펴보면 다음과 같다.[699]

448 ① 주식매매대금 반환채무에 대한 담보로 피해 회사 주주로부터 피해자 회사의 유일한 재산인 부동산에 관하여 소유권이전청구권 가등기를 경료받은 사안에서, 거래상대방의 대향적 행위의 존재를 필요로 하는 유형의 본죄에 있어서 거래상대방으로서는 기본적으로 본죄의 실행행위자와는 별개의 이해관계를 가지고

---

696 대판 1999. 7. 23, 99도1911(공동정범).

697 대판 2007. 2. 8, 2006도483(공동정범).

698 대판 2013. 7. 11, 2011도5337(공동정범).

699 일본 판례 중에는 파탄상태인 주택금융전문회사 대표이사 등이 거래처인 부동산회사에 대하여 부정대출한 사안에서, 부정대출을 받은 부동산회사의 대표인사인 피고인이 그 대출에 지배적인 영향력을 행사하거나 사회통념상 허용될 수 없는 방법을 사용하는 등 적극적으로 관여하지 않았더라도 위 대출의 실현을 위하여 가담한 경우, 회사법상 특별배임죄(§ 960)의 공동정범이 성립한다고 판시한 것[最決 平成 15(2003). 2. 18. 刑集 57·2·161]이 있다. 위 사안보다 더 적극적으로 대출에 가담하여 공동정범이 인정된 사례로는 最決 平成 20(2008). 5. 19. 刑集 62·6·1623 참조.

반대편에서 독자적으로 거래에 임한다는 점을 감안할 때, 거래상대방이 배임행위를 교사하거나 그 배임행위의 전 과정에 관여하는 등으로 배임행위에 적극 가담함으로써 그 실행행위자와의 계약이 반사회적 법률행위에 해당하여 무효로 되는 경우 본죄의 교사범 또는 공동정범이 될 수 있음은 별론으로 하고, 관여의 정도가 거기까지는 이르지 아니하여 법질서 전체적인 관점에서 살펴볼 때 사회적 상당성을 갖춘 경우에 있어서는 비록 정범의 행위가 배임행위에 해당한다는 점을 알고 거래에 임하였다는 사정이 있어 외견상 방조행위로 평가될 수 있는 행위가 있었다 할지라도 범죄를 구성할 정도의 위법성은 없다고 보았다.[700]

② 부동산 이중매매에서 제2매수인에 대하여 공동정범이 성립하는지 문제 449
된 사안에서, 제2매수인이 매수 당시 이중매매 사실을 알지 못하였고, 자신의 민사상 권리를 실현하기 위하여 제기한 민사소송 중 임의조정이 이루어지는 과정에서 피고인(매도인)과 접촉하거나 피고인이 제2매수인에게 협조한 사실이 인정되더라도, 이는 수분양권에 대한 매수인으로서의 권리를 행사하는 과정에 발생한 것에 불과하고 교사하거나 적극 가담한 경우에 해당한다고 보기 어렵다는 이유로 공동정범의 성립을 부정하였다.[701]

③ 민사소송의 공동피고로서 원고 측과 소취하에 관한 합의를 한 당사자가 450
합의금을 지급하지 못하여 소취하서를 교부받지 못하고 있던 중, 피해자 일부승소 취지의 제1심 판결이 선고되자 합의금의 실질적 귀속자인 원고 측 소취하서 보관인에게 합의금 지급을 약속하고 그로부터 소취하서를 교부받아 법원에 제출한 사안에서, 위 합의 당사자는 소취하서 보관인의 소취하서 교부행위가 원고에 대한 배임행위에 해당한다는 점을 인식하였다거나, 나아가 그 배임행위를 교사하거나 전 과정에 관여하는 등 배임행위에 적극 가담한 경우에 해당한다고 볼수 없다는 이유로, 본죄의 공동정범의 성립을 부정하였다.[702]

④ 피해자들의 공동소유인 이 사건 특허권에 대하여 명의신탁을 받아 관리 451
하는 업무를 맡아오던 피고인 甲이 피고인 乙로부터 대금 1,000만 원을 지급받

---

700 대판 2005. 10. 28, 2005도4915(방조범).
701 대판 2009. 9. 10, 2009도5630(공동정범).
702 대판 2011. 5. 6, 2011도738(공동정범). 본 판결 해설은 김일윤, "배임죄의 실행으로 인하여 이익을 얻게 되는 수익자 등을 배임의 실행행위자에 대한 공동정범으로 인정하기 위한 요건", 해설 88, 법원도서관(2011), 541-557.

고 특허권을 피고인 乙 앞으로 이전등록한 사안에서, 원심은 피고인 乙이 이 사건 특허권이 피고인 甲의 소유가 아님을 잘 알고 있었거나 적어도 충분히 알 수 있었음에도 피고인 甲에게 이 사건 특허권을 이전해 달라고 적극적으로 제의하는 등 피고인 甲의 배임행위에 적극 가담하였다는 이유로 본죄의 공범 성립을 인정하였다. 그러나 대법원은, 거래상대방의 대향적 행위의 존재를 필요로 하는 유형의 본죄에서 거래상대방은 기본적으로 배임행위의 실행행위자와 별개의 이해관계를 가지고 반대편에서 독자적으로 거래에 임한다는 점을 고려하면, 업무상 본죄의 실행으로 인하여 이익을 얻게 되는 수익자는 본죄의 공범이라고 볼 수 없는 것이 원칙이고, 실행행위자의 행위가 피해자 본인에 대한 배임행위에 해당한다는 점을 인식한 상태에서 배임의 의도가 전혀 없었던 실행행위자에게 배임행위를 교사하거나 또는 배임행위의 전 과정에 관여하는 등으로 배임행위에 적극 가담한 경우에 한하여 배임의 실행행위자에 대한 공동정범을 인정할 수 있다고 하면서, 피고인 乙이 이 사건 특허권이 피고인 甲의 소유가 아니라는 사정을 알 수 있었던 상황에서 피고인 甲에게 특허권을 이전하라고 제의하였다고 하더라도, 배임행위의 실행행위자인 피고인 甲과는 별개의 이해관계를 가지고 대향적 지위에서 독자적으로 거래하면서 자신의 이익을 위하여 이 사건 특허권을 이전받은 것으로 보이고, 원심이 든 사정만으로 피고인 乙이 배임의 의사가 없었던 피고인 甲에게 배임의 결의를 하게 하여 교사하였다거나 배임행위의 전 과정에 관여하는 등 배임행위에 적극 가담하였다고 단정하기 어렵다고 하여 공범성립을 부인하였다.[703]

(3) 학설

452 학설도 배임행위의 상대방에 대하여 공범의 성립범위를 제한하는 판례의 태도에 대체로 찬성한다. 그 근거로는 ① 거래상대방의 대향적 행위의 존재를 필요로 하는 경우 본죄를 편면적 대향범으로 보고, 공범에 관한 형법총칙의 규정을 적용하지 않는 대향범 일반에 대한 판례의 태도와 마찬가지로 배임행위의 상대방에 대한 공범 성립도 원칙적으로 부정하여야 한다고 보는 견해,[704] ② 배임행위의 거래상대방이 대립적인 이해관계를 가지고 거래에 참여하여 배임행위

703 대판 2016. 10. 13, 2014도17211(공동정범).
704 김성돈, 461.

를 용이하게 하는 것은 통상의 방조행위와는 성격을 달리하고, 거래활동의 자유라는 일반적 행위 자유의 보장을 위하여 허용된 위험 내지 법적으로 중요하지 않은 위험의 창출로 보아야 한다는 중립적 행위의 방조이론에 의하여 설명하는 견해,[705] ③ 거래상대방은 본죄의 정범에 관한 인식, 특히 규범적 요소라고 할 수 있는 사무처리의 타인성이나 임무위배성에 관한 인식을 가지기 어려우므로, 공범으로서의 주관적 요건을 충족하기 어렵기 때문이라고 설명하는 견해[706] 등이 있다.

3. 공범의 성립 가능시기

판례는 회사 직원이 영업비밀을 경쟁업체에 유출하거나 스스로의 이익을 위하여 이용할 목적으로 무단으로 반출한 때 이미 영업비밀에 관한 배임의 범의가 외부에 표출되고 본인에 대한 재산상 손해발생의 위험이 현실화되어 업무상배임죄의 기수에 이르렀다고 본다. 따라서 그 이후에 위 직원과 접촉하여 영업비밀을 취득하려고 한 사람은 업무상배임죄의 공동정범이 될 수 없다고 하였다.[707] 453

Ⅳ. 죄 수

1. 죄수 산정의 기준과 포괄일죄

본죄의 죄수는 횡령죄와 마찬가지로 원칙적으로 신임관계를 침해하는 임무위배의 수를 기준으로 결정되어야 할 것이다.[708] 판례는 A 회사의 대표이사인 피고인이 각 별도로 아파트의 각 세대를 분양받은 각 피해자에 대하여 소유권이전등기절차를 이행하여 주어야 할 업무상 임무가 있다면, 각 피해자의 보호법익은 독립한 것이므로, 피고인의 범의가 단일하고, 제3자 앞으로 소유권이전등기 및 근저당권설정등기를 한 행위시기가 근접하여 있으며, 피해자들이 모두 A 454

705 신양균, "중립적 행위에 의한 방조", 형사법연구 26, 한국형사법학회(2006), 244-246.
706 강수진(주 692), 39-40.
707 대판 2003. 10. 30, 2003도4382.
708 김일수·서보학, 396; 배종대, § 77/37; 신동운, 1279; 최호진, 601; 주석형법 [각칙(6)](5판), 560(노태악). 일본 판례로는 最決 昭和 34(1959). 8. 8. 刑集 13·10·2747.

회사로부터 소유권이전등기를 받을 동일한 권리를 가진 사람이라고 하여도 위 범행을 포괄일죄라고 볼 수 없고, 피해자별로 독립한 수개의 업무상배임죄가 성립한다고 하고,[709] 부실한 담보를 받고 대출한도 거래약정 또는 여신한도 거래약정을 체결하면 (약정을 체결한) 그때 그 한도금액 범위 내에서 한 개의 본죄가 성립한다고 볼 것이며, 그 한도금액을 여러 번에 걸쳐 나누어 인출하였다고 하여 그 여러 번의 인출행위를 포괄하여 본죄의 일죄가 성립한다고 볼 것은 아니라고 하였다.[710]

455 그렇지만 수개의 배임행위가 있더라도 피해법익이 단일하고 범죄의 태양이 동일할 뿐만 아니라 그 수개의 배임행위가 단일한 범의에 기인한 일련의 행위라고 볼 수 있는 경우에는, 그 수개의 배임행위는 포괄하여 일죄를 구성한다고 볼 수 있을 것이다.[711]

456 판례 역시, ① 회사채 인수 및 자금지원행위에 대하여, 수회의 회사채 매입에 의한 배임행위는 회사채 발행 회사가 다르고, 또한 수회의 계열사 자금지원행위에 의한 배임행위 역시 자금대여 또는 담보의 이익을 받는 자를 달리하지만, 모두 피해자가 B 또는 C로서 동일하고, 또한, 그 배임행위로 인하여 이득을 얻은 자들이 서로 무관한 기업들이 아니라 A 그룹 내의 계열기업으로서, 단순히 개별기업에 대한 자금지원이 아니라 상호지급보증 관계에 있는 그룹 전체를 위한 행위였고, 그 범행도 B에 대한 배임행위는 1998년 3월 25일부터 1998년 3월 31일까지 1주일 사이에 집중적으로 이루어졌으며, C에 대한 배임행위는 1998년 3월 31일부터 1998년 5월 6일까지의 기간 동안 총 12회에 걸쳐 수시로 동일한 행위 태양으로 반복되었고, 개별기업마다 범의를 달리한다고 보기보다는 A 그룹 전체를 위한 단일한 범의를 지녔다고 보아야 하는 점 등을 종합하여 보면, 이 사건 수회의 회사채 인수행위나 자금지원행위는 포괄일죄에 해당한다고 하고,[712] ② 수회의 대출로 인한 업무상배임행위에 대하여, 피해자 은행지점장인 피고인 등이 A 주식회사가 B 유한회사로부터 건물을 매수한 데 따른 A 주

709 대판 1993. 6. 22, 93도743; 대판 1994. 5. 13, 93도3358.

710 대판 2001. 2. 9, 2000도5000.

711 김일수·서보학, 396; 김성돈, 462; 신동운, 1279; 주석형법 [각칙(6)](5판), 560(노태악). 일본 판례로는 東京高判 平成 5(1993). 11. 29. 高刑集 47·2·55.

712 대판 2004. 7. 9, 2004도810.

식회사의 매수자금을 지원하기 위하여 각 대출을 실행하고, 이어 위 건물 매수 후 B 유한회사 채권자들의 위 건물에 대한 처분금지가처분으로 그 분양이 어렵게 된 A 주식회사의 자금난을 해소하기 위하여 추가로 각 대출을 실행함으로써, 그 판시와 같은 각 업무상배임행위에 이르렀는바, 위 각 대출에 의한 업무상배임행위는 모두 위 피고인들이 우리은행의 B 유한회사에 대한 부실채권 문제를 해결하기 위한 일련의 과정에서 범한 것으로서 단일한 범의에 기초한다고 할 것이고, 그 피해자 및 수익자, 범행의 태양도 모두 동일하므로, 판시 각 업무상배임행위는 포괄하여 일죄를 구성한다고 판단하였다.[713] 또한, ③ 수회의 지원행위가 업무상배임을 구성하는 사안에서, 피고인들의 이 사건 각 지원행위가 그 구체적인 행위태양이 다소 다르기는 하나 이는 모두 A 주식회사에게 자금을 지원하여 A 주식회사의 부도를 막거나 지연시키기 위한 목적을 가진 유사한 형태의 자금지원행위이고, 그와 같은 행위로 인한 이익이 모두 A 주식회사에게 귀속되며 그로 인한 피해자는 모두 지원회사이고, 위 각 지원행위가 모두 A 주식회사의 부도를 방지하거나 이를 지연시키려는 단일한 의사에 따라 일정 기간 동안 지속적·반복적으로 행해진 일련의 행위라고 함이 상당하므로, 위 각 지원행위는 지원회사별로 포괄일죄의 관계에 있다고 하였다.[714]

2. 상상적 경합관계

457 하나의 배임행위로 수인에 대한 신임관계에 위배하여 재산상 손해를 가하는 경우 상상적 경합이 될 수 있다.[715] 예를 들어, 하나의 행위로 수인이 공동위탁한 사무에 대해 배임행위를 한 경우에는 하나의 본죄만이 성립하지만, 수인의 사무위탁자에게 손해를 가한 때에는 상상적 경합이 된다.[716] 다만, 위탁관계의 내용이나 태양에 따라 하나의 배임행위인지, 수개의 배임행위인지가 달라질 수 있으므로 배임행위의 개수를 평가할 때에 유의하여야 할 것이다.[717]

713 대판 2007. 1. 12, 2006도6464.
714 대판 2009. 7. 23, 2007도541.
715 주석형법 〔각칙(6)〕(5판), 560(노태악).
716 오영근, 401.
717 大塚 外, 大コン(3版)(13), 418-419(島戸 純).

3. 불가벌적 사후행위 및 공소장변경의 문제

(1) 불가벌적 사후행위

458 본죄는 상태범이므로 배임행위가 종료한 후 행하여진 이득의 처분행위는 새로운 법익을 침해하지 않는 한 불가벌적 사후행위로서 별도로 본죄를 구성하지 아니한다.

459 판례는 피고인이 A와 공동으로 불하받기로 하되 편의상 그 명의로 불하받은 부동산을 B에게 자의로 매도하여 A에 대한 배임행위로 처벌받은 후 B에 대한 소유권이전등기의무를 지닌 채 위 부동산을 두고 이해관계인 간에 민사소송이 제기되어 화해가 성립됨으로써 결국 피고인이 재매도하는 형식이 되었다 하여도, 이와 같은 재매도행위는 불가벌적 사후행위라고 하였다.[718] 또한, 피고인이 피해자 회사의 대표이사로서 자신의 채권자인 A에게 차용금 60억 원에 대한 담보로 피해자 회사 명의의 정기예금 60억 원에 질권을 설정해주었는데, 그 후 A가 피고인의 동의하에 위 정기예금 계좌에 입금되어 있던 50억 원을 전액 인출한 경우, 피고인의 위와 같은 예금인출에 대한 동의행위는 이미 배임행위로써 이루어진 질권설정행위의 사후조처에 불과하여 새로운 법익의 침해를 수반하지 않는 이른바 불가벌적 사후행위에 해당하고 별도의 횡령죄를 구성하지 않는다고 하였다.[719]

460 물론 본죄는 재산상 이익을 객체로 하는 범죄이므로, 부동산 담보 제공으로 인한 배임행위의 경우 선행 배임행위가 종료한 이후에도 잔존 담보가치가 있다면, 후행 배임행위로 인한 별개의 법익 침해가 가능하다.

461 판례는 ① 1인 회사의 주주가 자신의 개인채무를 담보하기 위하여 회사 소유의 부동산에 대하여 근저당권설정등기를 마쳐주어 본죄가 성립한 이후에, 그 부동산에 대하여 새로운 담보권을 설정해 주는 행위는 선순위 근저당권의 담보가치를 공제한 나머지 담보가치 상당의 재산상 이익을 침해하는 행위로서 별도의 본죄가 성립한다고 하였다.[720]

462 또한, ② 먼저 회사에 대한 관계에서 타인의 사무를 처리하는 자가 임무에

718 대판 1970. 11. 24, 70도1998.
719 대판 2012. 11. 29, 2012도10980.
720 대판 2005. 10. 28, 2005도4915.

위배하는 행위를 함으로써 회사로 하여금 자신의 채무에 관하여 연대보증채무를 부담하게 하는 행위를 하여 본죄가 성립하고, 다음으로 회사의 금전을 보관하는 자의 지위에서 소유자인 회사의 이익을 위한 것이 아니라 자신의 채무를 변제하려는 의사를 가지고 회사의 자금을 자기의 소유인 경우와 같이 임의로 인출한 후 개인채무의 변제에 사용하였다면, 그 행위는 연대보증채무 부담으로 인한 본죄와 다른 새로운 보호법익을 침해하는 행위로서, 배임범행의 불가벌적 사후행위가 되는 것이 아니라 별죄인 횡령죄를 구성한다고 보아야 한다고 하였다.[721]

③ 회사에 대한 관계에서 타인의 사무를 처리하는 자가 임무에 위배하는 행위로써 회사로 하여금 회사가 펀드운영사에 지급하여야 할 펀드출자금을 정해진 시점보다 선지급하도록 하여 본죄를 범한 다음, 그 선지급된 펀드출자금을 보관하는 자와 공모하여 펀드출자금을 임의로 송금하도록 한 행위 역시 펀드출자금 선지급으로 인한 본죄와는 다른 새로운 보호법익을 침해하는 행위로서, 배임 범행의 불가벌적 사후행위가 되는 것이 아니라 별죄로서 횡령죄를 구성한다고 하였다.[722] 463

(2) 공소장변경의 문제

(가) 피해자의 변경과 공소장변경

망 A는 망 B에게, 망 B는 C에게 각 토지에 관한 소유권이전등기절차를 순차 이행하여야 할 의무가 있고, A의 처인 피고인도 A의 위와 같은 의무를 상속하였음에도 그 임무에 위배하여 위 토지를 제3자에게 처분하고 소유권이전등기를 마침으로써 위 토지의 시가 상당의 재산상 이익을 취득하고 C에게 그에 해당하는 손해를 가하였다는 내용으로 기소된 사안에서, B와 C 사이의 토지 매매는 자경 또는 자영할 의사가 없었던 매매로서 C는 구 농지개혁법상 위 토지의 소유권을 취득할 수 없으므로, 피고인이 제3자에게 위 토지를 처분하고 소유권이전등기절차를 마쳤더라도 C에 대하여 본죄를 구성하지 아니하는 경우, 공소장변경 없이도 직권으로 피고인에 대한 배임의 공소사실에 피해자로 기재된 C가 아닌 B의 상속인들을 피해자로 보아 본죄 성립을 인정하였어야 하는지가 문 464

721 대판 2011. 4. 14, 2011도277(횡령죄로 인출한 자금이 선행 임무위배행위로 인하여 회사가 부담하게 된 연대보증채무의 변제에 사용되었다 하더라도 달리 볼 것은 아니다).

722 대판 2014. 12. 11, 2014도10036.

제되었다. 이에 대하여 대법원은 공소사실과 달리 B의 상속인들을 피해자로 인정할 경우 그에 대응할 피고인의 방어방법이 달라질 수밖에 없어 그의 방어권 행사에 실질적인 불이익을 초래할 염려가 있다고 보일 뿐만 아니라, 직권으로 B의 상속인들을 피해자로 인정하지 아니한 것이 현저하게 정의와 형평에 반한다고 볼 수도 없다고 하여, 공소제기된 대로 C를 피해자로 한 본죄에 관하여만 판단하여 무죄를 선고한 원심의 조치를 정당하다고 하였다.[723]

(나) 임무위배의 내용 변경과 공소장변경

465 피고인들이 이 사건 호텔에 관한 약정에 따라 피해자 측으로부터 계약금 및 중도금을 각 건네받고 '이 사건 호텔에 관한 근저당권 및 소유권이전청구권 가등기권을 이전해 주어야 할 임무'에 위배하여 위 가등기권을 A 주식회사, B 주식회사에 이전하였다는 내용으로 공소가 제기되었고, 이에 대하여 원심은, 위 피고인들이 '위 가등기에 의한 본등기를 경료하고 위 근저당권을 양수하여 이를 말소한 후 낙찰자인 C 주식회사의 동의 없이 임의경매절차를 취소시킴으로써 정상적으로 이 사건 호텔에 관하여 아무 부담 없는 소유권을 취득할 수 있도록 협력할 임무'에 위배하여 위 가등기를 A 주식회사, B 주식회사에 이전한 것으로 인정하였다.

466 그런데 원심이 그 채용 증거를 종합하여 인정한 사실관계에 의하면, 이 사건 호텔에 관한 약정은 실질적으로는 위 피고인들이 이 사건 호텔을 피해자 측에 매도하는 내용으로서, 구체적으로는 이 사건 호텔에 관한 임의경매절차에서 C 주식회사가 낙찰을 받았으나 아직 그 낙찰대금을 완납하지 못하고 있던 상황에서, 위 피고인들이 경매신청 채권자이자 최선순위 근저당권자인 D 주식회사로부터 이 사건 근저당권을 양수하여 두었고 이 사건 호텔에 관하여 E 등의 명의로 이 사건 가등기를 마쳐 둔 상태였으므로, 피해자 측으로 하여금 위 근저당권 및 가등기권을 양수하여 경매신청을 취하하고 위 가등기에 기한 본등기를 마치는 방법에 의하기로 한 것이었다. 그렇다면 원심이 공소사실과는 달리 위 피고인들의 임무 내용을 위와 같이 인정한 것은 임무의 구체적인 내용에 관한 기본적 사실관계를 공소사실과 같이하면서 다만 그 법률적 평가만을 달리 표현

723 대판 2011. 1. 27, 2009도10701.

한 것이거나 그 내용을 보다 명확히 하기 위하여 구체적으로 명시한 것에 불과할 뿐 기본적 사실의 동일성의 범위를 벗어나 공소사실에 없는 새로운 임무를 인정한 것은 아니라고 할 것이다. 더욱이 원심은 구체적인 임무위배행위에 관하여도 공소사실과 동일하게 이 사건 가등기를 A 주식회사, B 주식회사에 임의로 이전한 것만을 인정하고 있는 터이므로, 위와 같이 임무 내용을 달리 표현하였다고 하여 위 피고인들의 방어권 행사에 실질적 불이익이 초래되었다고 할 수도 없다고 판시하였다.[724]

(다) 본죄와 횡령죄 사이의 공소사실의 변경

467 판례는 횡령죄와 본죄는 모두 신임관계를 기본으로 하고 있는 같은 죄질의 재산범죄로서 그에 대한 형벌에도 경중의 차이가 없고 동일한 범죄사실에 대하여 단지 법률적용만을 달리하는 경우에 해당하므로, 특별한 사정이 없는 한 법원은 횡령죄로 기소된 공소사실에 대하여 공소장변경 없이도 본죄를 적용하여 처벌할 수 있다고 하고, 그 반대도 마찬가지이다.[725]

468 참고로, 대법원은 최근 동산을 양도담보로 제공한 채무자가 그 담보물을 제3자에게 처분하는 등으로 담보가치를 감소 또는 상실시켜 채권자의 담보권 실행이나 이를 통한 채권실현에 위험을 초래하더라도, 채무자를 타인의 사무를 처리하는 자에 해당한다고 볼 수 없다는 이유로 본죄의 성립을 부정하였다.[726] 위 전원합의체 판결의 다수의견에 대한 별개의견은, 본죄의 성립을 부정하는 점에 있어서 다수의견과 결론을 같이 하였으나, 다수의견과는 다른 근거를 제시하였다. 별개의견은, 동산 양도담보로 인하여 소유권이 완전히 채권자에게 이전하고, 점유개정에 따라 목적물을 직접 점유하고 있는 채무자는 '타인의 재물을 보관하는 자'에 해당하므로, 그가 채권자의 허락없이 목적물을 제3자에게 양도하는 등 처분한 경우에는 횡령죄가 성립한다고 보았다. 그러면서도 기존의 판례에 따라 곧바로 횡령죄를 유죄로 인정하면서 원심을 유지하는 것보다는 원심판결을 파기하여 환송 후 원심에서 피고인이 횡령죄의 성립 여부에 관하여 방어할

724 대판 2011. 6. 30, 2011도1651.

725 대판 1999. 11. 26, 99도2651(본죄 → 횡령죄); 대판 2008. 11. 13, 2008도6982(횡령죄 → 본죄); 대판 2015. 10. 29, 2013도9481(횡령죄 → 본죄).

726 대판 2020. 2. 20, 2019도 9756(전). 이에 대한 상세는 **II. 1. (3) (나) (b) 4) 나) 동산 양도담보 설정자의 사무** 참조.

수 있는 기회를 부여하는 것이 피고인의 방어권 보장에 부합한다고 하였다. 이 사건 양도담보계약의 법적 성격에 관하여 법리적으로 문제되고 있는 상황인데도 종래 같은 사안에서 일관되게 본죄로 유죄가 인정되는 등 횡령죄의 성립 여부에 대하여 피고인이 방어할 기회를 충분히 가졌다고 보기 어렵다는 점을 그 근거로 하고 있다.

V. 다른 죄와의 관계

1. 횡령죄와의 관계

(1) 학설 및 판례의 태도

469 본죄의 본질을 배신설에 따라 이해하면 횡령죄와 본죄는 신임관계를 위배한다는 점에서 본질이 같고, 객체의 성질에 따라 양자가 구별될 수 있을 뿐이라고 보는 견해가 다수설이다.[727] 이 견해에 의하면 횡령죄는 재물죄, 본죄는 이득죄이고, 두 죄의 관계는 특별법과 일반법의 관계로서 양자가 경합하는 경우에는 법조경합 중 특별관계가 되어 횡령죄만 성립하고 본죄는 별도로 성립하지 않게 된다. 판례는 횡령죄와 본죄는 다 같이 신임관계를 기본으로 하는 같은 죄질의 재산범죄로서 그 형벌에 있어서도 경중의 차이가 없고 동일한 범죄사실에 대하여 단지 법률의 적용만을 달리하는 경우에 해당한다고 한다.[728] 그리하여 업무상배임죄에 해당하는데도 이를 업무상횡령죄로 처벌하였다 하더라도 그와 같은 법령적용의 잘못은 판결 결과에 영향을 미치는 것이 아니라고 하였다.[729]

470 소수설이기는 하나 횡령죄와 본죄의 관계를 다르게 설명하는 견해도 있다.[730] 먼저, 횡령죄와 본죄는 특별법과 일반법의 관계가 아닌 서로 다른 별개의 독립한 범죄이며, 행위의 주체의 범위나 객체의 종류, 실행행위의 방법에서 부분

727 김성돈, 463; 김일수·서보학, 396; 배종대, § 77/39; 오영근, 401; 이재상·장영민·강동범, § 21/36.

728 대판 1999. 11. 26, 99도2651.

729 대판 2006. 6. 27, 2006도1187. 일본 판례로는 大判 大正 3(1914). 6. 13. 刑録 20·1174; 大判 昭和 9(1934). 7. 19. 刑集 13·983; 大判 昭和 10(1935). 7. 3. 刑集 14·745; 最判 昭和 33(1958). 10. 10. 刑集 12·14·3246.

730 횡령죄와 본죄의 관계에 관한 소수설의 견해는 강수진, "타인의 사무처리자의 횡령죄 성립에 관한 최근 대법원 판례의 검토 - 대법원 2015. 12. 10. 선고 2013도13444 판결에 대한 분석을 중심으로", 고려법학 90(2018. 9), 88-94 참조.

적으로만 공통성을 공유한다고 보는 견해가 있다.[731] 이 견해에 의하면, 본죄의 본질을 사무처리임무위배설로 이해하고, 본죄의 행위객체인 '재산상 이익'은 전체로서의 재산을 의미하기 때문에 '재물'과 '재산상 이익'의 명확한 구별도 어렵다고 한다. 다음으로, 횡령죄의 행위객체인 '재물'과 본죄의 행위객체인 '재산상 이익'은 상호 대칭적인 개념이고, 본죄에서 '재산상 이익'의 취득은 독일형법이나 일본형법과 우리 형법을 구별하는 특징으로서, 어느 하나의 객체에 대하여 재물의 영득이라는 표지가 인정되면 동시에 그 객체에 대하여 재산상 이익의 취득이라는 표지는 성립될 수 없으며 그 반대도 마찬가지라고 하면서, 횡령죄와 본죄를 택일관계로 파악하는 것이 타당하다는 견해도 있다.[732]

(2) 본죄와 횡령죄 사이의 공소사실의 동일성의 문제

판례는 특별한 사정이 없는 한 법원은 횡령죄로 기소된 공소사실에 대하여 471
공소장변경 없이도 본죄를 적용하여 처벌할 수 있다고 본다.[733]

다만, 공소장의 변경은 공소사실의 동일성이 인정되는 범위 내에서만 허용 472
되고, 공소사실의 동일성이 인정되지 아니한 범죄사실을 공소사실로 추가하는 취지의 공소장변경신청이 있는 경우에는 법원은 그 변경신청을 기각하여야 한다. 여기서 공소사실의 동일성은 그 사실의 기초가 되는 사회적 사실관계가 기본적인 점에서 동일하면 그대로 유지되는 것이나, 이러한 기본적 사실관계의 동일성을 판단함에 있어서는 그 사실의 동일성이 갖는 기능을 염두에 두고 피고인의 행위와 그 사회적인 사실관계를 기본으로 하되 규범적 요소도 아울러 고려하여야 한다.

검사가 원래 피고인들의 이 사건 비자금의 사용으로 인한 업무상횡령의 점 473
에 대하여 공소를 제기하였다가, 제1심에서 이 부분에 대하여 무죄판결이 선고된 후, 원심에서 종전의 공소사실을 그대로 유지한 채 선택적 공소사실로서 이 사건 비자금의 조성으로 인한 업무상배임의 점을 추가하는 내용으로 공소장변

731 문형섭, "횡령죄와 배임죄-명확한 구별을 위한 제언", 법조 560, 법조협회(2003), 13-14; 허일태, "위탁금전과 형법상 소유권 개념", 비교형사법연구 5-1, 한국비교형사법학회(2003), 269-274.

732 신동운, "횡령죄와 배임죄의 관계", 한국형사법학의 새로운 지평(유일당 오선주 교수 화갑기념논문집)(2000), 318-319.

733 대판 2015. 10. 29, 2013도9481. 이에 대한 상세는 위 **(다) 배임죄와 횡령죄 사이의 공소사실의 변경** 참조.

경신청을 한 사안에서 대법원은, 피고인들은 어느 특정한 사용 목적을 위하여 비자금을 조성·사용하기로 결심하고 그에 따른 일련의 과정으로서 특별히 비자금을 조성하여 그 조성된 비자금을 해당 특정 목적으로 사용한 것이 아니라, 향후 정상적인 회계처리절차에 의하지 아니한 채 A 회사의 자금을 사용할 필요가 있을 때를 대비하여 일반적, 포괄적, 지속적으로 비자금을 조성하여 왔고, 그와 같이 조성·관리하고 있던 비자금을 그때그때 필요에 따라 A 회사를 위하여, 또는 개인이나 제3자를 위하여 이를 사용하여 왔는바, 이러한 경우에는 비자금의 조성행위와 비자금의 사용행위 사이에서 그 기본적 사실관계의 동일성을 인정하기 어렵다고 하여 공소장변경신청을 허가하여서는 안 된다고 판시하였다.[734]

2. 사기죄와의 관계

(1) 기망의 방법으로 임무위배행위를 한 경우

474 타인의 사무처리자가 기망의 방법으로 임무위배행위를 하여 본인에게 손해를 가한 경우, 다수설은 본죄와 사기죄의 상상적 경합으로 본다.[735] 예를 들어, 보험회사의 보험설계사가 피보험자에 대하여 회사를 기망하고 보험계약을 체결하게 하여 피보험자에게 이익을 취득하게 한 경우가 이에 해당할 수 있을 것이다. 그 이유로는 본죄의 요건인 신임관계는 사기죄에서의 일반적인 신뢰와 구별되고, 본인에 대한 기망을 수반하지 않은 배임행위도 있기 때문이라고 설명한다.[736]

475 판례도 종래 사기죄만 성립한다는 견해를 변경하여 사기죄와 본죄의 상상적 경합을 인정하고 있다. 신용협동조합의 전무인 피고인이 조합의 담당직원을 기망하여 예금인출금 또는 대출금 명목으로 금원을 교부받은 사안에서, 상상적 경합은 1개의 행위가 실질적으로 수개의 구성요건을 충족하는 경우를 말하고 법조경합은 1개의 행위가 외관상 수개의 죄의 구성요건에 해당하는 것처럼 보이나 실질적으로 1죄만을 구성하는 경우를 말하며, 실질적으로 1죄인가 또는 수

734 대판 2009. 2. 26, 2007도4784.

735 김성돈, 463; 김신규, 502; 김일수·서보학, 396; 박찬걸, 572; 배종대, §77/38; 손동권·김재윤, 468; 신동운, 1279-1280; 이재상·장영민·강동범, §21/37; 이형국·김혜경, 497; 임웅, 565; 정성근·정준섭, 326; 홍영기, §88/55.

736 김성돈, 463; 주석형법 [각칙(6)](5판), 561(노태악).

죄인가는 구성요건적 평가와 보호법익의 측면에서 고찰하여 판단하여야 한다고 할 것인바, 이 사건과 같이 업무상배임행위에 사기행위가 수반된 때의 죄수관계에 관하여 보면, 사기죄는 사람을 기망하여 재물의 교부를 받거나 재산상의 이익을 취득하는 것을 구성요건으로 하는 범죄로서 임무위배를 그 구성요소로 하지 아니하고 사기죄의 관념에 임무위배행위가 당연히 포함된다고 할 수도 없으며, 업무상배임죄는 업무상 타인의 사무를 처리하는 자가 그 업무상의 임무에 위배하는 행위로써 재산상의 이익을 취득하거나 제3자로 하여금 이를 취득하게 하여 본인에게 손해를 가하는 것을 구성요건으로 하는 범죄로서 기망적 요소를 구성요건의 일부로 하는 것이 아니어서 두 죄는 그 구성요건을 달리하는 별개의 범죄이고 형법상으로도 각각 별개의 장(장)에 규정되어 있어, 1개의 행위에 관하여 사기죄와 업무상배임죄의 각 구성요건이 모두 구비된 때에는 두 죄를 법조경합 관계로 볼 것이 아니라 상상적 경합관계로 봄이 상당하다[737]고 판시하였다.[738]

이에 대하여, 본인을 기망하여 재산상의 처분행위를 한 것 자체가 배임행위가 되고 이는 사기죄에 흡수된다고 하여 사기죄만 성립된다는 견해도 있다.[739] 476

한편 타인의 사무처리자가 본인을 기망하여 본인으로부터 별도의 재물을 교부받은 때에는 사기죄만 성립하고,[740] 기망의 방법으로 임무위배행위를 한 경우에도 본인의 처분행위가 없는 경우에는 본죄만 성립한다고 할 것이다.[741] 477

(2) 임무위배행위가 제3자에 대한 사기죄를 구성하는 경우

본인에 대한 배임행위가 본인 이외의 제3자에 대한 사기죄를 구성하는 경우, 그로 인하여 본인에게 손해가 생긴 때에는 사기죄와 함께 본죄가 성립하고, 두 죄는 실체적 경합관계이다.[742] 478

---

737 대판 2002. 7. 18, 2002도669(전). 본 판결 평석은 이창한, "업무상배임행위에 사기행위가 수반된 경우, 사기죄와 업무상배임죄의 관계", 21세기사법의 전개: 송민 최종영 대법원장 재임 기념, 박영사(2005), 533-539.

738 일본 판례로는 大判 昭和 8(1933). 3. 8. 刑集 12·212; 最判 昭和 28(1953). 5. 8. 刑集 7·5·965.

739 오영근, 401-402.

740 김성돈, 463; 김신규, 562; 이재상·장영민·강동범, § 21/37; 정성근·정준섭, 326. 일본 판례로는 最判 昭和 28(1953). 5. 8. 刑集 7·5·965.

741 김성돈, 463.

742 대판 2010. 11. 11, 2010도10690(건물관리인이 건물주로부터 월세임대차계약 체결업무를 위임받

(3) 본죄와 사기죄 사이의 공소사실의 동일성의 문제

479 대법원은, 검사가 "피고인들은 공모하여, 2004. 8. 11. 피해자 B에게 D 소유의 광주시 오포읍 신현리 산 (지번 1 생략) 임야 613㎡, 산 (지번 2 생략) 임야 676㎡를 5억 1,260만 원에 매도하면서 매매대금 중 일부로 2억 7,640만 원을 지급받고, 같은 날 피해자 C에게 A 소유의 신현리 산 (지번 3 생략) 임야 734㎡를 3억 1,080만 원에 매도하고 그 매매대금을 전액 지급받았는데도, 그 소유권이전등기의무에 위배하여 2004. 8. 12. 수원지방법원 성남지원 광주등기소에서 신현리 산 (지번 3 생략) 임야 734㎡, 산 (지번 1 생략) 임야 613㎡, 산 (지번 2 생략) 임야 676㎡에 관하여 각각 채권최고액 2억 400만 원, 근저당권자 E로 하는 근저당권설정등기를 마쳐주어 그 채권최고액 합계 6억 1,200만 원 상당의 재산상 이득을 취득하고, 피해자 B에게 4억 800만 원, 피해자 C에게 2억 400만 원 상당의 재산상 손해를 가하였다."는 범죄사실로 공소를 제기하였다가, 2011. 1. 17. 원심에서 이 부분 공소사실에 "피고인들은 공모하여, 사실은 신현리 산 (지번 3 생략) 임야 734㎡, 산 (지번 1 생략) 임야 613㎡, 산 (지번 2 생략) 임야 676㎡를 A 등으로부터 매수함에 있어 필요한 계약금을 조달하기 위하여 이미 E에게 근저당권을 설정하여 주기로 한 상태였고 이를 전매하더라도 근저당권으로 담보된 채무를 변제하여 근저당권이 말소된 소유권이전등기를 넘겨줄 의사나 능력이 없었을 뿐 아니라 위 임야에 대하여 산지전용허가가 취소될 것이 예상되는 상태임을 잘 알고 있었음에도, 2004. 8. 11. 광주시 오포읍 신현리에 있는 F 공인중개사 사무실에서 피해자 B, C에게 이미 일부 산지전용허가가 나 있고 나머지 임야에 대하여도 산지전용허가를 정상적으로 받을 수 있으며 매매대금을 지급하는 대로 바로 소유권이전등기를 마쳐줄 것처럼 거짓말을 하여 이에 속은 피해자 B로부터 매매대금 명목으로 2억 7,640만 원을, 피해자 C로부터 3억 1,080만 원을 각각 교부받아 이를 편취하였다."는 범죄사실을 예비적으로 추가하는 내용의 이 사건 공소장변경신청을 한 사안에 대하여, 피고인들에 대하여

고도 임차인들을 속여 전세임대차계약을 체결하고 그 보증금을 편취한 경우, 사기죄와 별도로 업무상배임죄가 성립하고 두 죄가 실체적 경합범의 관계에 있다고 본 원심판단을 수긍한 사례). 본 판결 평석은 류전철, "배임죄와 사기죄의 경합관계", 형사판례연구 〔19〕, 한국형사판례연구회, 박영사(2011), 210-235.

공소가 제기된 당초의 배임 범죄사실과 검사가 공소장변경신청을 하여 예비적으로 추가한 사기 범죄사실은 그 범행 일시와 장소, 수단, 방법 등 범죄사실의 내용이나 행위태양이 다르고 범죄의 결과도 다르며 죄질에도 현저히 차이가 있으므로 그 기본적 사실관계가 동일하다고 할 수 없다고 하여 공소장변경을 허가한 원심을 파기하였다.[743]

3. 장물죄와의 관계

배임행위의 대상이 된 물건을 취득하는 행위가 장물죄를 구성할 것인지 문 480
제된다. 예를 들어, 부동산 이중매매로 본죄가 성립하는 경우 그 사정을 알고 부동산을 매수한 제2매수인에 대하여 장물죄의 성립을 인정할 수 있는지의 문제이다. 장물은 재산범죄로 인하여 영득한 재물을 의미하는데, 본죄는 이득죄로서 본죄에 의하여 취득한 것은 재산상의 이익일 뿐 재물은 배임행위에 제공된 물건에 지나지 않으므로 이를 취득하였더라도 장물죄가 성립하지는 않는다.[744] 판례도 같은 입장이다.[745] 다만, 배임행위가 기수에 이르기 전 상대방이 적극 가담하였다면 본죄의 공범이 성립될 수 있을 것이다. 예를 들어, 업무상배임행위로 취득할 유류를 그 배임행위자로부터 미리 이를 매수하기로 합의 내지 응낙한 피고인들의 행위는 배임으로 취득한 행위에 지나지 않는 것이 아니라 배임행위 자체의 공동정범이 된다.[746]

4. 재물손괴죄와의 관계

배임행위로 인하여 본인의 재물을 손괴한 경우, 본죄는 전체 재산에 대한 481
죄임에 반하여 재물손괴죄는 개별 재물의 효용을 해치는 죄로서 법익침해의 성질이 다른 점에 비추어, 상상적 경합관계라고 할 것이다.[747]

---

743 대판 2012. 4. 13, 2011도3469.

744 김신규, 503; 손동권·김재윤, 468; 정성근·정준섭, 326; 정웅석·최창호, 721; 최환, 602.

745 대판 1983. 11. 8, 82도2119. 다만, 대판 2020. 2. 20, 2019도9756(전)에서 동산 양도담보설정자의 임의처분 행위에 대하여는 본죄의 성립을 부정하였다(판례 변경).

746 대판 1987. 4. 28, 83도1568.

747 김신규, 503; 주석형법 〔각칙(6)〕(5판), 564(노태악). 일본에서의 다수설이다〔西田 外, 注釈刑法(4), 434(上嶌一高)〕.

5. 업무방해죄와의 관계

482 임무를 위배하여 본인에게 재산상 손해를 가하는 행위가 본인의 업무를 방해하는 행위인 때에는, 본죄와 업무방해죄의 상상적 경합이 된다.[748]

6. 뇌물죄와의 관계

483 공무원이 뇌물을 수수하고 본죄에 해당하는 행위를 한 경우 수뢰후부정처사죄(§ 131①)와 본죄의 상상적 경합이 되고,[749] 공무원이 배임행위를 한 후에 뇌물을 수수한 경우 부정처사후수뢰죄(§ 131②)와 본죄의 실체적 경합이 된다.[750]

7. 특별법위반의 죄와의 관계

(1) 상법상 특별배임죄

484 상법 제622조는 회사의 발기인, 업무집행사원, 이사, 집행임원, 감사위원회 위원, 감사 또는 직무대행자 등 회사임원이 그 임무에 위배한 행위로써 재산상 이익을 취하거나 제3자로 하여금 이를 취득하게 하여 회사에 손해를 가한 때에는 10년 이하의 징역 또는 3천만 원 이하의 벌금에 처한다고 규정한다. 상법상 특별배임죄는 형법상 배임죄와 그 본질, 행위 및 형벌이 거의 동일하고, 범죄의 주체 및 피해자만 한정되어 있으므로 형법상 배임죄에 대하여 특별법과 일반법의 법조경합관계에 있다. 다만, 배임행위로 취득한 이득액수에 따라 가중처벌되는 특정경제범죄법의 대상은 되지 않는다. 실무상으로는 대부분 일반 규범으로서의 효력을 가지는 업무상배임죄로 기소되고 있고, 특히 이득액이 5억 원을 넘는 경우에는 가중처벌이 가능한 특정경제범죄법을 적용하고 있으며, 1995년 12월 9일 형법 개정으로 형법상 업무상배임죄와 상법상 특별배임죄 간에 법정형도 동일해졌기 때문에 실제로 특별법으로서의 기능은 잃게 되었다.[751]

---

748 김신규, 503. 일본 판례로는 大判 大正 14(1925). 10. 21. 刑集 4·667(A 무역회사의 지배인인 A가 보유한 B 회사 제조 활동사진기의 독점판매권을 빼앗으려고 A 명의로 B에게 지배인 자신이 운영하는 무역업회사에 A가 영업을 양도한다는 취지의 허위 내용의 문서를 발송하여 B로 하여금 독점판매권을 박탈토록 한 사안에서, 본죄와 위계업무방해죄의 상상적 경합을 인정한 사례).

749 大判 大正 8(1919). 10. 21. 刑録 25·1029.

750 甲府地判 昭和 43(1968). 12. 18. 下刑集 10·12·1239.

751 신동운, "회사의 대표기관 등에 대한 형사책임과 배임죄", 상사판례연구 (I), 박영사(1996), 539-540.

(2) 부정수표단속법위반죄

485 부정수표단속법위반죄와 업무상배임죄가 상상적 경합관계에 있는 경우가 있다. 판례는 당좌수표를 조합 이사장 명의로 발행하여 그 소지인이 지급제시기간 내에 지급제시하였으나 거래정지처분의 사유로 지급되지 아니하게 한 사실과, 그와 같이 수표를 발행함으로써 임무에 위배하여 조합에 대하여 재산상 손해를 가한 사실은 1개의 행위가 수개의 죄에 해당하는 경우로서 상상적 경합관계에 있다고 하였다.[752]

(3) 상호저축은행법위반죄

486 동일인 대출한도 초과대출행위로 인하여 상호저축은행에 손해를 가함으로써 상호저축은행법위반죄와 업무상배임죄가 모두 성립한 경우, 위 두 죄는 상상적 경합관계에 있다.[753]

(4) 부정경쟁방지및영업비밀보호에관한법률위반죄

487 영업비밀 국외누설로 인한 부정경쟁방지및영업비밀보호에관한법률위반죄와 업무상배임죄 역시 상상적 경합관계에 있다.[754]

(5) 특정경제범죄가중처벌등에관한법률위반(수재등)죄

488 금융기관의 임직원이 대출상대방과 공모하여 임무에 위배하여 대출상대방에게 담보로 제공되는 부동산의 담보가치보다 훨씬 초과하는 금원을 대출하여 주고 대출금 중 일부를 되돌려받기로 한 다음 그에 따라 약정된 금품을 수수하는 것은, 부실대출로 인한 업무상배임죄의 공동정범들 사이의 내부적인 이익분배에 불과한 것이고, 별도로 그러한 금품 수수행위에 관하여 특정경제범죄법위반(수재등)죄가 성립하는 것은 아니라고 하였다.[755]

---

752 대판 2004. 5. 13, 2004도1299.

753 대판 2011. 2. 24, 2010도13801; 대판 2012. 6. 28, 2012도2087.

754 대판 2008. 12. 24, 2008도9169. 대법원은 이와 같은 경우, 제40조가 규정하는 1개의 행위가 수개의 죄에 해당하는 경우에는 "가장 무거운 죄에 대하여 정한 형으로 처벌한다."라 함은 그 수개의 죄명 중 가장 무거운 형을 규정한 법조에 의하여 처단한다는 취지와 함께 다른 법조의 최하한의 형보다 가볍게 처단할 수는 없다는 취지, 즉 각 법조의 상한과 하한을 모두 무거운 형의 범위 내에서 처단한다는 것을 포함하는 것으로 새겨야 할 것이므로, 상상적 경합의 관계에 있는 각 업무상배임죄와 각 영업비밀 국외누설로 인한 부정경쟁방지및영업비밀보호에관한법률위반죄에 대하여 각 업무상배임죄에 정한 징역형을 선택하면서도, 구 부정경쟁방지 및 영업비밀보호에 관한 법률 제18조 제4항에 의하여 벌금형을 병과한 조치는 정당하다고 하였다.

755 대판 2013. 10. 24, 2013도7201.

(6) 중소기업협동조합법위반죄

489 중소기업중앙회장 선거에서 회장으로 입후보한 사람을 당선시킬 목적으로 선거인들에게 식사 등 재산상 이익을 제공하였다는 중소기업협동조합법위반죄(동법 § 137①(i), § 53②(i))와 이로써 위 협동조합에 재산상 손해를 가하였다는 업무상배임죄는 각 범죄의 구성요건 및 행위의 태양과 보호법익을 달리하고 있어 실체적 경합관계에 있다.[756]

Ⅵ. 처 벌

490 5년 이하의 징역 또는 1천 500만 원 이하의 벌금에 처한다.

491 본죄에는 10년 이하의 자격정지를 병과할 수 있고(§ 358), 미수범은 처벌한다(§ 359).

492 본죄에 대해서는 친족 간의 범행에 관한 규정(§ 324)이 준용된다(§ 361).

〔강 수 진〕

756 대판 2023. 2. 23, 2020도12431(피고인이 특정인을 중소기업중앙회장으로 당선되도록 할 목적으로 선거인에게 재산상 이익을 제공하면서 그 비용을 자신이 이사장으로 있었던 협동조합의 법인카드로 결제한 사례).

第356条(업무상의 횡령과 배임)

업무상의 임무에 위배하여 제355조의 죄를 범한 자는 10년 이하의 징역 또는 3천만원 이하의 벌금에 처한다. 〈개정 1995. 12. 29.〉

〔업무상횡령죄〕

Ⅰ. 의 의

본죄(업무상횡령죄)는 타인의 물건을 보관하는 일이 업무상 임무와 연결되어 있는 경우에 가중처벌하는 범죄이다(§ 356, § 355①). 횡령죄도 신임관계에 의한 보관자라는 지위에 있는 경우에만 범할 수 있는 신분범이지만, 본죄는 여기에 다시 업무자라는 신분이 추가로 요구되므로 이중의 신분이 필요한 범죄라고 한다. 횡령에서의 보관자라는 신분은 구성적 신분(진정신분범)이지만, 본죄에서의 업무자라는 신분은 가중적 신분(부진정신분범)에 해당한다. 1

우리 형법이 일본형법과 달리 본죄를 단순횡령죄보다 가중처벌하는 이유는 횡령행위가 업무관계로 행해질 때 법익침해의 범위가 넓다는 점과 업무자의 횡령행위가 자주 일어나는 점을 고려한 결과이다. 2

업무상횡령의 경우에도 이득액이 5억 원 이상일 경우에는 특정경제범죄 가중처벌 등에 관한 법률이 적용되어 가중 처벌된다(특경 § 3①). 미수범을 처벌하며(§ 359), 친족상도례가 준용된다(§ 361). 3

Ⅱ. 업무상 보관

1. 업무의 의의

4 본죄에서 '업무'란 직업 혹은 직무라는 말과 같아 법령, 계약에 의한 것뿐만 아니라, 관례를 쫓거나 사실상의 것이거나를 묻지 않고 같은 행위를 반복할 지위에 따른 사무를 가리키는 것이다.[1] 위탁에 의한 업무일 경우에 특정인에 의한 위탁뿐만 아니라 불특정 다수인에 의한 위탁도 있을 수 있다.[2] 업무의 내용이 공적인 것이든, 사적인 것이든 묻지 않는다. 그리고 해당 타인의 재물을 보관하는 것을 내용으로 하는 것만이 아니라 다른 업무수행에 관련하여 관례상 타인의 재물을 보관하는 경우에도 업무가 될 수 있다.[3]

5 업무는 원칙적으로 적법하여야 하고, 사회질서에 반하거나 강행법규에 위반되는 등 법이 절대적으로 금지하는 행위는 비록 업무의 의사로 반복하더라도 본죄의 업무가 되지 못한다. 그러나 업무의 내용 자체가 위법하지 않는 한, 면허, 인허가를 취득하지 못한 경우처럼 행정절차상의 불법이라더라도 현재 반복, 계속하여 행하였다면 업무에 해당한다.[4]

6 업무와 관련된 판례를 살펴보면 아래와 같다.

7 ① 피고인이 등기부상으로 회사의 대표이사를 사임한 후에도 계속하여 사실상 대표이사 업무를 행하여 왔고, 회사원들도 피고인을 대표이사의 일을 하는 사람으로 상대해 왔다면, 피고인은 위 회사 소유 금전을 보관할 업무상의 지위에 있었다고 할 것이다.[5]

8 ② 피고인은 중학교 교장으로 승진되어 위 학교의 교무를 관장하고, 위 학교의 세입징수 및 지출명령자로서의 업무에 종사하여 온 사실을 인정할 수 있

---

1 대판 1982. 1. 12, 80도1970; 대판 1985. 2. 26, 84도1109; 대판 1988. 11. 22, 88도1523; 대판 2001. 7. 10, 2000도5597; 대판 2015. 2. 26, 2014도15182.

2 오영근, 형법각론(7판), 378; 임웅, 형법각론(11정판), 523; 주석형법 〔각칙(6)〕(5판), 576(노태악).

3 大判 大正 6(1917). 12. 3. 刑録 23·1470; 最判 昭和 23(1948). 6. 5. 刑集 2·7·647.

4 김성돈, 형법각론(8판), 471; 김일수·서보학, 새로쓴 형법각론(9판), 315; 배종대, 형법각론(14판), § 75/2; 이재상·장영민·강동범, 형법각론(13판), § 20/46; 주석형법 〔각칙(6)〕(5판), 577(노태악). 일본 판례로는 大判 明治 44(1911). 10. 26. 刑録 17·1795; 最判 昭和 25(1950). 3. 24. 裁判集(刑事) 16·895.

5 대판 1982. 1. 12, 80도1970.

으므로 학생들의 학력향상을 위한 교육이나 수학여행 및 그 부수비용의 관리, 법령에 위배되지 아니한 각종 기부금의 수령 등은 교장의 직무내용에 속하거나 직무수행과 관련된 업무라 할 것이다.[6]

③ 시내버스 운전사가 승객으로부터 요금을 받아 소지하고 있던 버스안내 9
원으로부터 건네받은 현금을 자신의 개인용도에 임의 소비한 경우라면, 위 버스 운전사가 징수한 버스요금 등을 받아 보관하고 있었다거나 또는 그 보관이 동인의 업무내용이라고 단정할 수 없어 동인을 본죄로 문죄할 수 없다.[7]

④ 피고인이 법인등기부상 A 상호신용금고의 임원으로 등기되지 않았고, 10
또한 A 금고에는 정관상 회장이라는 자리가 없었다 하여도, 원심이 확정한 바와 같이 회장이라는 직명하에 금고의 업무를 통할하고 금고의 임직원들도 피고인을 회장으로 상대해 온 이상 피고인도 금고의 사무를 처리하는 업무상의 지위에 있었다고 못 볼 바 아니다.[8]

⑤ 군의 재무회계규칙상 전도자금출납원은 부면장으로, 세입세출 외 현금 11
출납원은 총무계장으로 지정되어 있고, 실제로도 예산이 군에서 영달되어 면소속 금고인 단위농협에 예치되면 회계사무보조가 지출결의서를 기안·작성하여 소정의 결의를 받아 전도자금은 부면장이, 세입세출 외 현금의 경우는 총무계장이 각 지출원으로서 출금전표를 끊어주어 이를 단위농협에 제시하여 현금을 인출하여 왔다면, 회계사무보조와 총무계장은 전도자금에 대하여는 이를 업무상 직접 점유·보관하는 자라고 할 수 없고, 면장도 수입지출의 명령과 회계감독을 하는 지위에 있었음에 그치고 전도자금을 직접 점유·보관하는 자라고 할 수 없으니 본죄의 주체가 될 수 없다.[9]

2. 업무상 보관

업무상 보관이라 함은 업무자가 그 업무의 수행으로서 타인의 재물을 보관 12
하는 것을 말한다.[10] 업무상 지위에 기하여 당연히 재물을 보관하게 된 경우와

6 대판 1985. 2. 26, 84도1109.
7 대판 1985. 6. 25, 85도1036.
8 대판 1988. 11. 22, 88도1523.
9 대판 1989. 10. 10, 87도1901.
10 最判 昭和 27(1952). 2. 21. 裁判集(刑事) 61·279; 最判 昭和 43(1968). 7. 5. 刑集 22·7·588.

업무자에 대한 위탁자의 구체적 위탁행위에 의하여 재물을 보관하게 된 경우 모두 업무상 보관에 포함된다.[11]

13 업무자가 보관하는 재물이라도 그 업무의 수행과 관계없이 점유하게 타인의 재물은 본죄의 객체가 되지 않는다.

Ⅲ. 공범관계

14 단순 보관자 또는 신분 없는 사람(보관자의 지위에 있지 않은 사람)이 업무상 보관자의 범행에 가담하여 횡령행위를 한 경우에, 제33조의 적용과 그에 따른 처벌에 관하여 견해가 대립한다.

1. 학 설

15 ① 다수설은 제33조 단서에 따라 단순 보관자나 신분 없는 사람은 단순횡령죄의 책임을 지고 단순횡령죄로 처벌된다고 본다.[12]

16 이에 대하여, ② 소수설은 단순 보관자나 신분 없는 사람에 대하여도 업무상 보관자의 신분을 확장하여 본죄의 공범을 인정하되, 단순횡령죄의 법정형 범위 내에서 처단형을 결정하여야 한다고 한다.[13] 제33조가 독일형법이나 일본형법과 달리 진정신분범과 부진정신분범을 별도의 항으로 분리하여 규정하지 않고 본문과 단서의 규정형식을 취하고 있음을 이유로 든다.

2. 판 례

17 판례는 위 ②의 소수설과 같이, 본죄는 타인의 재물을 업무상 보관하는 자를 주체로 하는 신분범이므로, 신분 없는 사람이 신분 있는 사람과 공모하여 본죄를 저질렀다면, 신분 없는 사람에 대하여는 제33조 단서에 의하여 단순횡령죄

11 김성돈, 471; 주석형법 〔각칙(6)〕(5판), 578(노태악).

12 김신규, 형법각론 강의(2판), 480; 김일수·서보학, 316; 박상기, 형법각론(8판), 388; 배종대, § 74/41; 손동권·김재윤, 새로운 형법각론, § 24/66; 오영근, 378; 이영란, 형법학 각론강의(3판), 397; 이재상·장영민·강동범, § 20/45; 임웅, 523; 정성근·박광민, 형법각론(전정3판), 458; 홍영기, 형법(총론과 각론), § 85/49.

13 김성돈, 472; 권오걸, "이중 신분범과 형법 제33조 - 업무상횡령죄를 중심으로", 법학연구 42, 한국법학회(2011), 200-201

에 정한 형으로 처단하여야 한다[14]고 한다.[15]

Ⅳ. 죄 수

수개의 업무상 횡령행위가 피해법익이 단일하고, 범죄의 태양이 동일하며, 단일 범의의 발현에 기인하는 일련의 행위라고 인정되면, 포괄하여 하나의 범죄(포괄1죄)가 성립한다.[16] 18

Ⅴ. 처 벌

10년 이하의 징역 또는 3천만 원 이하의 벌금에 처한다. 19

본죄에는 10년 이하의 자격정지를 병과할 수 있고(§ 358), 미수범은 처벌한다(§ 359). 20

본죄에 대해서는 친족 간의 범행에 관한 규정(§ 324)이 준용된다(§ 361). 21

〔김 현 석〕

14 대판 1989. 10. 10, 87도1901; 대판 2015. 2. 26, 2014도15182.

15 일본의 판례는 위 ①의 다수설과 같은 입장이다[最判 昭和 32(1957). 11. 19. 刑集 11·12·3073; 最判 昭和 25(1950). 9. 19. 刑集 4·9·1664]. 이러한 입장에서 일본 판례는, 타인의 재물의 비점유자가 업무상 점유자와 공모하여 횡령한 경우, 비점유자에 대한 공소시효의 기간은 횡령죄(일형 § 252①)의 법정형을 기준으로 5년(일형소 § 250②(v))에 해당한다고 판시하였다[最判 令和 4(2022). 6. 9. 裁判所 Web]. 위 판례는 그 이유로서, ① 공소시효제도의 취지는 처벌의 필요성과 법적 안정성의 조화를 꾀하는 것인데, ② 형사소송법 제250조가 형의 경중에 따라 공소시효의 기간을 정하고 있는 것도 그 때문이며, ③ 처벌의 필요성(행위의 가벌성)은 범인에 대하여 과해지는 형에 반영된다는 것을 들고 있다.

16 대판 2005. 9. 28, 2005도3929; 대판 2011. 7. 28, 2009도8265 등.

第356條(업무상의 횡령과 배임)

업무상의 임무에 위배하여 제355조의 죄를 범한 자는 10년 이하의 징역 또는 3천만원 이하의 벌금에 처한다. 〈개정 1995. 12. 29.〉

〔업무상배임죄〕

Ⅰ. 의 의

1 본죄(업무상배임죄)는 업무상 타인의 사무를 처리하는 자가 그 임무에 위배하는 행위로써 재산상의 이익을 취득하거나 제3자로 하여금 이를 취득하게 하여 본인에게 손해를 가한 때에 성립하는 범죄이다(§ 356, § 355②).

2 타인의 사무를 처리하는 것이 업무로 되기 때문에 배임죄에 비하여 책임이 가중되는 가중적 구성요건이다. 따라서 본죄는 타인의 사무를 처리하는 자라는 신분과 업무자라는 신분, 즉 이중의 신분을 요구하는 신분범이다. 타인의 사무를 처리하는 자가 행위의 주체가 된다는 점에서 진정신분범(구성적 신분)이고, 업무상 타인의 사무를 처리하는 자에 대하여 그 책임이 가중된다는 점에서 부진정신분범(가감적 신분)이라고 할 수 있다.[1]

3 우리 형법은 일본형법과 달리 본죄를 가중처벌하고 있는데, 배임행위가 업무관계에 기하여 행하여지는 경우에는 그 법익침해가 광범위하여 사회적으로 신용침해의 정도가 크고, 실제 거래에서 업무자가 배임행위를 하는 경우가 적지

1 김신규, 형법각론 강의, 504; 김일수·서보학, 새로쓴 형법각론(9판), 397; 박상기·전지연, 형법학(총론·각론)(5판), 710; 배종대, 형법각론(14판), § 78/1; 손동권·김재윤, 새로운 형법각론(2판), 475; 이재상·장영민·강동범, 형법각론(13판), § 21/39; 이형국·김혜경, 형법각론, 500; 정성근·박광민, 형법각론(전정3판), 439; 정성근·정준섭, 형법강의 각론(2판), 329; 정영일, 형법각론, 370; 정웅석·최창호, 형법각론, 727; 최호진, 형법각론, 614; 한상훈·안성조, 형법개론(3판), 576; 주석형법 〔각칙(6)〕(5판), 574(노태악).

않은 점을 고려하였기 때문이라고 한다.[2]

4 회사의 발기인 등이 주체가 된 경우에는 상법상 특별배임죄(상 § 622)가 적용되고, 본죄에 의한 이득액이 5억 원 이상인 때에는 특정경제범죄 가중처벌 등에 관한 법률(이하, 특정경제범죄법이라 한다.)에 의해 가중처벌된다(§ 5). 다만, 상법상 특별배임죄는 본죄와 법정형이 같고 본죄만 특정경제범죄법의 적용대상이 된다는 점에서 실무상 사문화되어 있다.

Ⅱ. 구성요건

5 (1) 업무상 타인의 사무를 처리하는 자란 업무자가 업무의 수행으로서 타인의 사무를 처리하는 경우를 의미한다. 고유한 권한으로서 업무를 처리하는 경우에 한하지 않고 그 보조기관로서 직·간접적으로 그 처리에 관한 사무를 담당하는 사람도 포함한다.

6 (2) 업무의 개념은 **업무상횡령죄**(§ 356)에서의 업무와 같다. 법령, 계약, 관습 등을 불문하고 사실상의 것도 포함한다.

7 (3) 그 밖에 타인의 사무를 처리하는 자, 임무에 위배하는 행위, 재산상 이익의 취득, 본인에게 손해를 가하였을 것 등의 구성요건에 대하여는 **단순배임죄**(§ 355②)에서 살펴본 바와 같다.

Ⅲ. 공 범

8 타인의 사무처리자가 아닌 자 또는 타인의 사무처리자이지만 업무자가 아닌 사람이 업무상 배임행위에 가공한 경우에는 단순배임죄의 공범으로 처벌된다. 그 근거에 대하여, ① 다수설[3]은 제33조 본문과 단서에 의하여 단순배임죄의 공범이 성립하고, 단순배임죄의 공범으로 처벌된다고 한다. ② 판례[4]와 소수

---

2 신동운, 형법각론(2판), 1288.

3 김신규, 504; 손동권·김재윤, 475; 이재상·장영민·강동범, § 21/39.

4 대판 1996. 4. 27, 99도883. 「업무상배임죄는 업무상 타인의 사무를 처리하는 지위에 있는 사람이 그 임무에 위배하는 행위로써 재산상의 이익을 취득하거나 제3자로 하여금 이를 취득하게 하여 본인에게 손해를 가한 때에 성립하는 것으로서, 이는 타인의 사무를 처리하는 지위라는 점에

설[5]은 제33조 본문에 의하여 본죄의 공범이 성립하고, 제33조 단서에 의하여 단순배임죄의 공범으로 처벌된다고 한다.

9 단순배임죄의 공범이 성립하고 본죄의 공범이 성립하지 않는다는 견해 중에서는, 제33조 본문과 단서의 해석론의 관점이 아니라 본죄를 의무범의 일종으로 보고 설명하는 견해도 있다.[6] 이 견해는 공동정범이 되려면 사무관리자이건 보조기관이건 각자 타인에 대한 의무부담의 지위에 있어야 하며, 의무부담자가 아님에도 적극 가담만 있다면 공동정범이 될 수 있다는 판례의 태도는 본죄의 성격을 오해하였기 때문이라고 한다. 따라서 업무자들과 공모하여 배임죄를 범하였더라도 제33조 단서에 의하여 단순배임죄의 책임을 진다고 한다.

Ⅳ. 죄 수

10 수개의 업무상 배임행위가 피해법익이 단일하고, 범죄의 태양이 동일하며, 단일 범의의 발현에 기인하는 일련의 행위라고 인정되면, 포괄하여 하나의 범죄(포괄1죄)가 성립한다.[7]

11 수개의 범행 도중 공범자가 변동되더라도 그것이 단일하고 계속된 범의하에 같은 종류의 범행을 일정기간 반복하여 행하고, 그 피해법익도 동일하면, 마찬가지로 포괄1죄가 된다.[8]

Ⅴ. 처 벌

12 10년 이하의 징역 또는 3천만 원 이하의 벌금에 처한다.

서 보면 신분관계로 인하여 성립될 범죄이고, 업무상 타인의 사무를 처리하는 지위라는 점에서 보면 단순배임죄에 대한 가중규정으로서 신분관계로 인하여 형의 경중이 있는 경우라고 할 것이므로, 그와 같은 신분관계가 없는 자가 그러한 신분관계가 있는 자와 공모하여 업무상배임죄를 저질렀다면 그러한 신분관계가 없는 자에 대하여는 형법 제33조 단서에 의하여 단순배임죄에 정한 형으로 처단하여야 할 것이다.」

5 김성돈, 504, 472.

6 김일수·서보학, 398.

7 대판 2011. 8. 18, 2009도7813; 대판 2014. 6. 26, 2014도753 등.

8 대판 1999. 7. 23, 99도2051.

본죄에는 10년 이하의 자격정지를 병과할 수 있고(§ 358), 미수범은 처벌한다(§ 359). 13

본죄에 대해서는 친족 간의 범행에 관한 규정(§ 324)이 준용된다(§ 361). 14

〔강 수 진〕

第357條(배임수증재)

① 타인의 사무를 처리하는 자가 그 임무에 관하여 부정한 청탁을 받고 재물 또는 재산상의 이익을 취득하거나 제3자로 하여금 이를 취득하게 한 때에는 5년 이하의 징역 또는 1천만원 이하의 벌금에 처한다. 〈개정 2016. 5. 29.〉

② 제1항의 재물 또는 재산상 이익을 공여한 자는 2년 이하의 징역 또는 500만원 이하의 벌금에 처한다. 〈개정 2020. 12. 8.〉

③ 범인 또는 그 사정을 아는 제3자가 취득한 제1항의 재물은 몰수한다. 그 재물을 몰수하기 불가능하거나 재산상의 이익을 취득한 때에는 그 가액을 추징한다. 〈개정 2016. 5. 29., 2020. 12. 8.〉

구 조문

第357條(배임수증재) ② 제1항의 재물 또는 이익을 공여한 자는 2년 이하의 징역 또는 500만원 이하의 벌금에 처한다.

③ 범인 또는 정(情)을 아는 제3자가 취득한 제1항의 재물은 몰수한다. 그 재물을 몰수하기 불가능하거나 재산상의 이익을 취득한 때에는 그 가액을 추징한다.

Ⅰ. 개　설

1. 의의 및 성격

(1) 의의

1　본죄(배임수·증재죄)는 타인의 사무를 처리하는 자가 그 임무에 관하여 부정한 청탁을 받고 재물 또는 재산상의 이익을 취득하거나 제3자로 하여금 이를 취득하

게 함으로써(§ 357①)(배임수재죄), 또는 타인의 사무를 처리하는 자에게 그 임무에 관하여 부정한 청탁을 하고 재물 또는 재산상 이익을 공여함으로써(§ 357②)(배임증재죄) 성립하는 범죄이다. 배임수재죄와 배임증재죄는 필요적 공범의 관계에 있다.

2 본죄는 공무원 또는 중재인 이외에 사인(私人)의 뇌물수수를 규율하기 위한 일종의 사적 뇌물죄 또는 사인 간의 부패범죄라고 이해되고 있다.[1] 본죄의 규정체계는 뇌물죄와 유사한 구조를 가지고 있는데, 배임수재죄는 뇌물수수죄(§ 129)에, 배임증재죄는 뇌물공여죄(§ 133) 및 제3자뇌물제공죄(§ 130)[2]에 각 상응하는 범죄라고 볼 수 있으며, 뇌물죄와 마찬가지로 필요적 몰수·추징 규정(§ 357③)도 두고 있다.

(2) 성격

3 본죄는 배임죄와 같은 장에 규정되어 있고, 타인의 사무를 처리하는 자를 구성요건요소로 하며, 재산상 이익을 취득한 때에 성립한다는 점에서 배임죄와 공통점을 가지고 있다. 그러나 배임죄와 달리 임무위배행위를 필요로 하지 않고, '타인의 사무'가 재산권과 관련된 사무에 국한되지 않으며, 재산상 손해 발생이 필요하지도 않다. 또한, 부정한 청탁을 요건으로 하고 재산상 이익 이외에 재물도 객체로 규정되어 있다. 이러한 점에서 배임죄와 본죄는 구별되며, 통설[3]과 판례[4]는 본죄를 배임죄와는 별개의 독립적 범죄라고 이해한다.

4 한편, 본죄는 배임죄보다는 뇌물죄의 색채가 강한 범죄로 이해되고 있다. 그렇지만 이는 뇌물죄와 유사한 성격을 가지고 있다는 것이지, 공무원범죄로서의 뇌물죄와 대칭되는 사인(私人)의 수재죄에 대한 일반규정이라는 의미는 아니

1 김일수·서보학, 새로쓴 형법각론(9판), 398; 신동운, 형법각론(2판), 1290.

2 2016년 5월 29일 형법 일부개정을 통하여 제3자로 하여금 재물 또는 재산상 이익을 취득하게 하는 경우도 배임수재죄의 적용범위에 포함시키게 되었다. 따라서 뇌물죄의 경우 제3자뇌물제공죄(제130조)가 처벌되는 것과 보조를 맞추게 되었다.

3 한상훈·안성조, 형법개론(3판), 576; 주석형법 [각칙(6)](5판), 583(노태악).

4 대판 1984. 11. 27, 84도1906. 「형법 제357조 제1항의 배임수재죄는 타인의 사무를 처리하는 자가 그 임무에 관하여 부정한 청탁을 받고 재물 등을 취득함으로써 성립하는 것이고, 어떠한 임무위배행위나 본인에게 손해를 가한 것을 요건으로 하는 것이 아닌 데 대하여, 동법 제356조, 제355조 제2항의 배임죄는 타인의 사무를 처리하는 자가 그 임무에 위배하는 행위가 있어야 하고 그 행위로써 본인에게 손해를 가함으로써 성립하는 것이나 부정한 청탁을 받거나 금품을 수수한 것을 그 요건으로 하지 않고 있으므로, 이들 양 죄는 행위의 태양을 전연 달리하고 있어 일반법과 특별법 관계가 아닌 별개의 독립된 범죄라고 보아야 한다.」

다. 형법은 일정한 범위의 정부관리기업체의 간부직원에 대하여 제129조 내지 제132조의 뇌물죄 규정을 적용함에 있어 공무원으로 의제하거나(특경 §4), 금융회사 등 임직원의 수재행위를 공무원의 뇌물죄와 유사하게 처벌하고(특경 §5, §6) 있을 뿐, 사인의 뇌물수수죄에 대한 일반적 처벌규정을 두지 않고 있다. 배임수재죄는 행위주체를 타인의 사무처리자로 한정하고, 부정한 청탁이 있을 것을 요건으로 하며, 재물 또는 재산상 이익의 요구나 약속만으로는 부족하고 이를 취득해야 성립한다는 점에서, 부정한 청탁을 요건으로 하지 않고, 뇌물의 요구·약속도 처벌하며, 비재산상 이익의 취득만으로도 성립할 수 있는 뇌물죄보다 범죄 성립요건이 강화되어 있다고 할 것이다.

5 본죄를 뇌물죄에 상응하는 범죄로 이해한다고 하더라도, 공적 사무가 아닌 사적 사무의 청렴성을 보호법익으로 한다는 점에서 어떠한 범위까지 형사법적 판단이 개입되어야 할 것인지를 신중하게 고민하여야 할 필요가 있다. 자칫 확대 적용되는 경우, 개인적인 경제적 거래행위의 자유가 국가에 의하여 심각하게 훼손될 우려가 있기 때문이다.[5]

2. 연 혁

6 독일이나 일본에서는 본죄를 처벌하는 규정을 두지 않고 있는데, 우리 형법은 1940년 발표된 일본 개정형법가안[6]을 모델로 본조를 규정하게 되었다. 해방 후 조선법제편찬위원회 기초요강에는 각칙 제42장에 횡령 및 배임죄에 타인의 사무처리자의 수청탁이익수득(受請託利益收得)의 행위를 처벌하는 조문을 신설하기로 하였는데,[7] 이는 사립학교 교원 및 기타 사설단체의 직무자가 그 단체로부

5 강수진, "배임수재죄에서의 '부정한 청탁'의 의미 - 대법원 2011. 8. 18. 선고 2010도10290 판결 및 이른바 제약산업의 '리베이트 쌍벌제'에 대한 검토를 중심으로 -", 형사법의 신동향 33, 대검찰청(2011), 203.

6 일본 개정형법가안 각칙 제43장 횡령 및 배임의 죄
제444조 타인의 사무를 처리하는 자가 임무에 관하여 부정한 청탁을 받고 재산상의 이익을 얻은 때에는 3년 이하의 징역 또는 5천 엔 이하의 벌금에 처한다. 이익을 공여한 자도 마찬가지이다.
제445조 전조의 미수범은 이를 처벌한다.
제446조 제444조의 죄로 인하여 범인이 얻은 이익은 이를 몰수한다. 그 전부 또는 일부를 몰수할 수 없는 때는 그 가액을 추징한다.
제447조 제444조의 죄를 범한 자가 자수한 때는 그 형을 감경 또는 면제한다.

7 기초요강 제3(형법각칙요강) (을)(각론적 요강) 25[형법제정자료집, 한국형사정책연구원(1990),

터 수임(受任)한 취지에 위반하는 사무처리상의 청탁을 받고서 경제상의 이익을 수득(收得)하는 소행을 처벌하기 위함이었다.[8]

본조는 제정 후 3차례 개정되었다. 첫 번째는, 1995년 12월 9일 본조 제1항 7
의 법정형 중 벌금형이 '5만 환 이하'에서 '1천만 원 이하'로, 제2항의 벌금형이 '2만 5천 환 이하'에서 '500만 원 이하'로 개정되었다. 두 번째는, 2016년 5월 29일 본조 제1항의 배임수재죄의 구성요건을 '타인의 사무를 처리하는 자가 그 임무에 관하여 부정한 청탁을 받고 재물 또는 재산상의 이익을 취득하거나 제3자로 하여금 이를 취득하게 한 때'라고 규정함으로써 제3자로 하여금 재물이나 재산상 이익을 취득하게 하는 행위를 구성요건에 추가하고, 이에 따라 제3항에서 '정을 아는 제3자가 취득한 제1항의 재물'을 몰수대상으로 추가하였다. 이는 부패행위를 방지하고 「UN 부패방지협약」 등 국제적 기준에 부합하도록 하기 위함이었다.[9] 세 번째로, 2020년 12월 8일 이른바 알기 쉬운 형법 개정에 따라 본조 제2항의 '이익'을 '재산상 이익'으로, 제3항의 '정을' 아는 제3자를 '그 사정을' 아는 제3자로 개정하였다.

3. 보호법익 및 보호의 정도

(1) 보호법익

본죄의 보호법익에 대하여, ① 다수설은 본죄는 사적 사무처리의 공정성과 8
청렴성을 보호하는 데 그 목적이 있고, 본죄의 사무는 반드시 재산관리사무임을 요하지 않으며, 기수의 성립에 재산상 손해의 발생을 요하지 않기 때문에 타인의 재산권은 보호법익으로 포함되지 않으며, 거래의 청렴성 내지 사무처리의 청렴성을 보호법익으로 한다고 본다.[10] 이에 대하여, ② 본죄는 타인 사무처리의 공정성을 확보하여 타인의 재산을 보호하려는 것이므로 타인의 재산과 사무처

5-14; 신동운, 형법 제·개정 자료집, 한국형사정책연구원(2009), 12-18 참조].

8 엄상섭, "형법요강해설", 법정 3-9, 3-10(1948) 참조(신동운, 형법 제·개정 자료집, 30).

9 대판 2021. 9. 30, 2019도17102.

10 김성돈, 형법각론(5판), 470; 김신규, 형법각론 강의, 505; 김일수·서보학, 398; 박찬걸, 형법각론(2판), 581; 배종대, 형법각론(14판), § 78/2; 송동권·김재윤, 새로운 형법각론(2판), 480; 신동운, 1256; 이재상·장영민·강동범, 형법각론(13판), § 21/40; 임웅, 형법각론(12정판), 569; 주호노, 형법각론, 1045; 최호진, 형법각론, 616.

리의 공정성 내지 청렴성을 보호법익으로 보는 견해가 있다.[11] 이 견해는 본죄가 배임죄가 같은 죄질의 범죄로 규정되어 있고, 부정한 청탁을 받을 경우 타인의 재산보호 임무를 위배하는 행위를 할 위험성이 있으며, 본죄는 행위자가 재물 또는 재산상의 이익을 취득하였다는 것을 금지하기보다는 본인에게 재산상 피해를 주는 것을 금지하려는 것이라고 할 수 있으므로 타인의 재산도 보호법익이 된다는 것이다.

9 판례는 다수설과 같이 타인의 사무를 처리하는 자의 청렴성을 보호법익으로 보고 있다.[12]

(2) 보호의 정도

10 보호의 정도에 대하여는, ① 재물 또는 재산상 이익의 취득이 있어야 한다는 이유로 침해범으로 보는 견해[13]와, ② 사무처리의 청렴성 내지 공정성이 침해되지 않아도 부정한 청탁이 있고 재물 또는 재산상의 이익 취득이 있으면 본죄가 성립한다거나, 본죄의 성립을 위해 부정한 거래가 이루어지거나 본인에게 재산상 손해가 발생할 것을 요하지 않는다는 이유로 추상적 위험범으로 보는 견해[14]가 있다.

11 보호법익을 거래의 청렴성으로 본다면, 부정한 거래와 같은 청렴성에 대한 침해결과가 발생하거나, 본인에 대한 재산상 손해가 발생하지 않고도 거래의 청렴성에 대한 위험을 초래하는 행위가 있으면 범죄가 성립한다고 볼 수 있으므로, 위 ②의 추상적위험범설이 타당하다.

---

11 오영근, 형법각론(6판), 405; 이형국·김혜경, 형법각론(2판), 501; 정성근·박광민, 형법각론(전정2판), 483; 정성근·정준섭, 형법강의 각론(2판), 330; 정영일, 형법강의 각론(3판), 241; 정웅석·최창호, 형법각론, 729; 홍영기, 형법(총론과 각론), § 90/2.

12 대판 1984. 11. 27, 84도1906; 대판 1997. 10. 24, 97도2042.

13 김일수·서보학, 399; 박찬걸, 581; 배종대, § 78/2; 정성근·박광민, 483; 정성근·정준섭, 330; 한상훈·안성조, 577.

14 김성돈, 471; 오영근, 405; 이형국·김혜경, 501; 정웅석·최창호, 729; 주석형법 〔각칙(6)〕(5판), 586(노태악).

Ⅱ. 배임수재죄(제1항)

1. 행위의 주체

(1) 타인의 사무를 처리하는 자의 의미

배임수재죄는 타인의 사무를 처리하는 자가 행위주체가 되는 진정신분범이다. 이는 타인과의 대내관계에 있어서 그 사무를 처리할 신임관계가 존재하는 사람을 의미하며, 배임죄에서의 타인의 사무처리자와 마찬가지로, 제3자에 대한 관계에서 대외적으로 그 사무에 관한 권한이 존재할 것을 요하는 것은 아니다. 신임관계의 발생 근거는 법령의 규정이나 법률행위, 관습 또는 사무관리에 의하여도 발생할 수 있다.[15] 사무가 포괄적 위탁사무일 것을 요하는 것도 아니고, 사무처리를 업무로 하는지도 묻지 않는다. 12

배임수재죄는 재산을 보호법익으로 하지 않기 때문에 타인의 사무를 재산상의 사무로만 한정하여 해석할 필요가 없다.[16] 13

다만, 타인의 사무처리여야 하므로 단순히 타인에 대한 계약상의 채무를 부담하는 경우에는 자기의 사무이지 타인의 사무처리에 해당한다고 볼 수 없다. 판례는 일괄하도급이나 공사금액 일정 비율 이하 가액으로 하도급이 금지된 조건으로 공사를 수급받은 수급자가, 실제로는 하수급인에게 위 신축공사 전부를 81%의 공사금액에 일괄 하도급을 주면서 형식상 88%의 공사금액에 하도급을 주는 것처럼 계약서를 허위로 작성·제출한 후 발주청이 기성금을 입금하면 하수급인으로 하여금 그 차액 상당액을 교부하도록 하였다고 하더라도, 이는 수급인의 발주청에 대한 단순한 채무불이행에 불과하여 타인을 위한 사무처리가 아니라 바로 수급인 자신의 사무처리행위에 해당한다고 하였다.[17] 14

(2) 장래의 사무 해당 여부

타인의 사무처리자가 구성요건상 행위의 주체가 되는 이상, 타인의 사무처리자의 지위를 취득하기 전에 부정한 청탁을 받은 경우에는 원칙적으로 배임수재죄로 처벌할 수 없다고 해석하는 것이 죄형법정주의의 원칙에 부합할 것이다. 15

15 대판 2003. 2. 26, 2002도6834; 대판 2011. 8. 25, 2009도5618.
16 김성돈, 471; 배종대, § 78/6; 오영근, 405; 임웅, 569; 정성근·박광민, 483.
17 대판 2007. 6. 14, 2007도2178.

16 대법원은 피고인이 증재자로부터 경쟁업체보다 자신이 제출한 설계도면에 유리한 점수를 주어 자신이 낙찰을 받을 수 있도록 해 달라는 취지의 청탁을 받은 이후에 비로소 해당 건설사업의 평가위원으로 위촉된 사실을 인정할 수 있을 뿐이고, 평가위원으로 선임된 이후에 그 임무에 관하여 청탁을 받았다는 사실을 인정할 수 없는 경우에는 배임수재죄가 성립하지 않는다고 판시하였다.[18]

17 다만 장래에 담당할 사무와 관련하여 판례는, 타인의 사무를 처리하는 자가 그 신임관계에 기한 사무의 범위에 속한 것으로서 장래에 담당할 것이 합리적으로 기대되는 임무에 관하여 부정한 청탁을 받고 재물 또는 재산상 이익을 취득한 후 그 청탁에 관한 임무를 현실적으로 담당하게 되었다면, 이로써 타인의 사무를 처리하는 자의 청렴성은 훼손되는 것이어서 배임수재죄의 성립을 인정할 수 있다고 한다.[19] 예를 들어 피고인이 청탁을 받을 당시 아직 정식으로 평가위원에 선정되었다는 통보를 받지는 않았다고 하더라도 위촉될 것이 사실상 확정된 상태였다면, 피고인은 타인의 사무를 처리하는 자의 위치에 있다고 할 것이다.[20]

18 한편, 타인의 사무를 처리하는 자가 그 임무에 관하여 부정한 청탁을 받은 이상 반드시 수재 당시에도 그와 관련된 임무를 현실적으로 담당하고 있음을 요건으로 하는 것은 아니다. 타인의 사무를 처리하는 자가 그 임무에 관하여 부정한 청탁을 받은 이상 그 후 사직을 하거나, 사무분담이 변경되는 등으로 그 직무를 담당하지 아니하게 된 상태에서 재물이나 재산상 이익을 수수하였더라도, 그 재물 등의 수수가 부정한 청탁과 관련하여 이루어진 것이라면 배임수재죄가 성립한다.[21]

(3) 타인의 사무처리자 인정 여부 관련 구체적 사례

(가) 인정 사례

19 판례는 ① 주식회사의 이사는 주주총회에서 선임되며, 회사와 이사의 관계는 위임에 관한 규정을 준용하고, 이사는 법령과 정관의 규정에 따라 회사를 위

18 대판 2010. 7. 22, 2009도12878.
19 대판 2010. 4. 15, 2009도4791; 대판 2013. 3. 28, 2013도145; 대판 2013. 10. 11, 2012도13719.
20 대판 2013. 10. 11, 2012도13719.
21 대판 1984. 11. 27, 84도1906; 대판 1987. 4. 28, 87도414; 대판 1997. 10. 24, 97도2042.

하여 그 직무를 충실하게 수행하여야 할 의무가 있으므로, 주식회사의 이사는 법률의 규정에 의하여 '타인의 사무를 처리하는 자'로서 배임수재죄의 주체가 될 수 있고,[22] ② 관세사무소의 영업부장으로서 경영주인 관세사의 위임에 따라 수출업자로부터 의뢰받은 수출면장 발급신청업무를 관세사의 이름으로 처리하는 자라면 그 관세사와의 관계에 있어서 배임수재죄의 주체인 타인의 사무를 처리하는 자에 해당하고,[23] ③ 임대차계약을 체결함에 있어 임차인을 선정하거나 임대보증금 및 차임을 결정하는 권한이 없고 다만 상사에게 임차인을 추천할 수 있는 권한밖에 없다 하더라도, 업무과장으로서 점포 등의 임대 및 관리를 담당하고 있는 이상 타인의 사무를 처리하는 자에 해당한다고 하였다.[24]

20 그밖에 ④ 방송국 소속 가요담당·예능담당 프로듀서,[25] ⑤ 대학교수,[26] ⑥ 신문사의 기자 겸 지국장,[27] ⑦ 종합병원 의사,[28] ⑧ 의과대학 부대시설의 임차운영자를 설정할 권한을 가진 총장 겸 부속병원장의 직무를 보좌 또는 대행하거나 임차인을 추천할 권한을 가진 부원장,[29] ⑨ 아파트 위탁관리회사로부터 파견되어 아파트 관리업무를 수행하는 관리소장,[30] ⑩ 감정평가법인 지점을 독립채산제로 운영하면서 감정평가법인 명의로 감정평가업무를 수주하여 그 업무를 처리하는 자,[31] ⑪ 연합회 총회에서 총회의 구성원이 되어 전국화물자동차 운송사업연합회 회장 선출에 관한 선거권 내지 의결권을 행사하는

22 대판 2002. 4. 9, 99도2165.

23 대판 1982. 9. 28, 82도1656.

24 대판 1984. 8. 21, 83도2447.

25 대판 1991. 6. 11, 91도688(가요담당 방송프로듀서가 직무상 알고 지내던 가수매니저들로부터 많게는 100만 원 적게는 20만 원 정도의 금품을 28회에 걸쳐 받은 것을 가리켜 의례적이라거나 사회상규에 위반되지 아니한다고 할 수 없다고 한 사례); 대판 2010. 4. 15, 2009도4791.

26 대판 1996. 10. 11, 95도2090(대학교수가 특정출판사의 교재를 채택하여 달라는 청탁을 받고 교재 판매대금의 일정비율에 해당하는 금원을 받은 경우, 배임수재죄가 성립한다고 한 사례).

27 대판 1970. 9. 17, 70도1355(신문사의 지국장이 취재기사를 본사에 송고하지 말아 달라는 청탁을 받고 그 묵인사례조로 금품을 교부받은 경우, 배임수재죄가 성립한다고 한 사례).

28 대판 1991. 6. 11, 91도413(종합병원 또는 대학병원 소속 의사들이 의약품수입업자로부터 일정비율의 사례비를 줄터이니 수입하여 독점판매하고 있는 특정약을 본래의 적응증인 순환기질환뿐 아니라 내분비 등 거의 모든 병에 잘 듣는 약이니 그러한 환자에게 원외처방하여 그들로 하여금 위 약을 많이 사먹도록 해달라는 부탁을 받고 금원을 교부받은 경우, 배임수재죄가 성립한다고 한 사례).

29 대판 1991. 12. 10, 91도2543.

30 대판 2002. 9. 27, 2002도3074.

31 대판 2004. 10. 27, 2003도7340.

시·도 화물자동차 운송사업협회 대표자[32] 등은 타인의 사무처리자에 해당한다고 보았다.

(나) 부정 사례

21 ① 농협,[33] 수협[34] 또는 축협[35]의 총대는 조합의 의결기관인 총회의 구성원일 뿐 임원이나 그 밖의 업무집행기관이 아니고, 총회에서의 조합원과 같이 총대회에서의 의결권과 선거권을 갖는 등 총대회의 구성원에 불과하며, 비록 각 구역조합원의 호선에 의하여 선출되었다고 하더라도 선출지역조합원의 지시나 간섭을 받지 않고 스스로의 권한으로 총회에서 임원선거에 참여하고 의결권을 행사하는 등 자주적으로 업무를 수행하는 것이므로, 총회에서의 의결권 또는 선거권의 행사는 자기의 사무이고 이를 선출지역 조합원이나 조합의 사무라고 할 수 없는 것이라고 판시하였다.

22 또한, ② 대학원생들이 지도교수들을 통하여 다른 대학교 교수인 피고인에게 "학위논문 작성에 필요한 실험대행 및 논문의 주요부분 작성 등 편의를 제공하여 문제없이 학위를 취득하게 해 달라."는 청탁을 하고 금품을 교부한 사안에서, 피고인은 다른 대학의 대학원생들의 석·박사학위 논문 지도 및 심사에 영향을 미칠 수 있는 지위에 있지 아니하고, 부정한 청탁이나 금원의 지급이 피고인의 논문심사위원 업무와는 무관하게 실험의 대행 및 논문 주요부분의 작성과 관련하여 이루어진 이상, 피고인이 석·박사학위논문 작성에 필요한 실험대행 및 논문의 주요부분 작성과 관련하여 금품을 수수하였다고 하더라도 '타인의 사무를 처리하는 자'로서 그러한 행위를 하였다고 볼 수는 없다고 판시하였다.[36]

---

32 대판 2011. 8. 25, 2009도5618. 각 지역협회 대표자가 연합회 총회에서 총회의 구성원이 되어 회장 선출에 관한 선거권 내지 의결권을 행사하는 것은 연합회 회원인 각 지역협회 업무집행기관으로서 권한을 행사하는 것에 불과하므로, 이러한 대표자의 권한행사는 자기의 사무를 처리하는 것이 아니라 타인인 '지역협회'의 사무를 처리하는 것으로 보아야 한다고 판시하였다.

33 대판 1989. 10. 13, 89도563. 본 판결 해설은 김오수, "법인의 의사결정기관의 구성원(단위농협의 총대)이 배임수재죄의 주체가 될 수 있는지 여부", 해설 12, 법원행정처(1990), 591-601.

34 대판 1990. 2. 27, 89도970. 본 판결 해설은 민형기, "대의원의 의결권 행사의 법적 성격", 해설 13, 법원행정처(1991), 395-403.

35 대판 1990. 10. 12, 90도1477.

36 대판 2008. 3. 27, 2006도3504.

2. 행 위

배임수재죄는 임무에 관하여 부정한 청탁을 받고 재물 또는 재산상의 이익을 취득하거나 제3자로 하여금 취득하게 함으로써 성립한다. 23

(1) 임무관련성

배임수재죄에 있어 '임무에 관하여'라 함은 타인의 사무를 처리하는 자가 위탁받은 사무를 말하는 것이나, 이는 그 위탁관계로 인한 본래의 사무뿐만 아니라 그와 밀접한 관계가 있는 범위 내의 사무도 포함된다. 나아가 고유의 권한으로서 그 처리를 하는 자에 한하지 않고 그자의 보조기관으로서 직접 또는 간접으로 그 처리에 관한 사무를 담당하는 자도 포함된다.[37] 예를 들어, 학교 교사가 교장의 명령을 받아 교복이나 교재판매점을 지정하는 행위는 본래의 교육사무는 아니지만 그와 관련된 임무라고 할 수 있다.[38] 24

(가) 임무관련성을 인정한 사례

판례는 ① 재건축조합장이 재건축 현장의 철거공사 수주와 관련하여 철거업체로부터 금품을 수수한 경우, 재건축조합의 시공사에 대한 우월적 지위, 철거공사수주 과정 및 피고인의 금품수수 경위와 금액 등에 비추어, 비록 형식상으로는 철거업체의 선정권한이 시공사에게 있다고 하더라도, 철거업체 선정에 관한 사항은 피고인이 정관에 따라 조합장으로서 총괄하여 처리하는 조합의 사무와 밀접한 관계가 있는 사무로서, 조합에 대한 관계에서 피고인의 임무라고 봄이 상당하다고 판시하였다.[39] 25

또한, ② 노동조합과는 별개의 사업장 내 단체인 이른바 '현장조직'의 간부인 피고인이 회사 측으로부터 부정한 청탁을 받고 두 차례에 걸쳐 합계 5,000만원을 받은 사안에서, 위 현장조직은 현장 활동가들이 중심이 되어 조직한 자발적·비공식적 단체로서, 그 설립 목적 및 주된 활동은 노조 집행부 선거에서 그 소속 회원이 선출되도록 주력하며, 노조 집행부에 대한 평가를 수행하고, 노조의 의사결정과정에서 소속 대의원이나 교섭위원을 통하여 그리고 조합원들을 26

37 대판 1982. 2. 9, 80도2130; 대판 2000. 3. 14, 99도5195; 대판 2004. 12. 10, 2003도1435; 대판 2007. 6. 29, 2007도3096.

38 김성돈, 472; 김일수·서보학, 399; 정성근·박광민, 483.

39 대판 2007. 6. 29, 2007도3096.

상대로 한 선전·홍보를 통하여 영향력을 행사하는 것으로 알려져 있으며, 피고인이 그 간부로 있는 현장조직인 기아자동차 민주노동자회는 위 회사 내에 존재하는 여러 현장조직들 중 가장 유력하고 대표적인 조직이고, 자체 규약 및 독자적인 기관을 갖추고 있으며, 노조 임원선거의 참여, 조합원 교육 및 선전·홍보사업, 교섭위원 및 대의원과의 정책 협의 등의 활동을 조직적·체계적으로 수행하고 있음을 알 수 있고, 특히 이 사건에서 문제된 단체교섭절차에서 그 영향력을 확장하고 그 의견을 관철하고 있으므로, 위와 같은 여러 사업 및 활동을 총괄하고 이를 추진하는 사무를 처리해 온 피고인이 노동조합 활동이나 위 현장조직 소속 대의원 내지 교섭위원들에 대하여 사실상의 영향력을 행사하는 것을 단순히 친분관계를 이용하여 평소 알고 지내던 노조원들에게 부탁을 한 것이라거나 조합원 내지 소속 회원으로서 지지를 표방하거나 사업에 참여하는 등의 개인적 차원의 활동을 한 것이라고 볼 수는 없어, 위 청탁의 '임무관련성'을 충분히 인정할 수 있다고 판시하였다.[40]

27 ③ 시·도 화물자동차운송사업협회(이하 '지역협회'라 한다.) 대표자인 피고인들이 A로부터 전국화물자동차운송사업연합회(이하 '연합회'라 한다.) 회장 선거에서 자신을 지지해 달라는 취지의 부정한 청탁을 받고 돈을 수수하였다고 하여 배임수재죄로 기소된 사안에서, 구 화물자동차 운수사업법(2008. 2. 29. 법률 제8852호로 개정되기 전의 것) 및 연합회와 지역협회 각 정관규정 등에 의하면, 각 지역협회 대표자가 연합회 총회에서 총회의 구성원이 되어 회장 선출에 관한 선거권 내지 의결권을 행사하는 것은 연합회 회원인 각 지역협회 업무집행기관으로서 권한을 행사하는 것에 불과하므로, 이러한 대표자의 권한행사는 자기의 사무를 처리하는 것이 아니라 타인인 '지역협회'의 사무를 처리하는 것으로 보아야 한다고 판시하였다.[41]

(나) 임무관련성을 부정한 사례

28 판례는 ① 대학편입학 사무와 관련이 없는 학교법인의 상무이사가 학생의

---

40 대판 2010. 9. 9, 2009도10681. 본 판결 해설은 김민기, "노동조합과는 별개로 사업장 내에 자발적·비공식적으로 조직된, 이른바 '현장조직' 간부의 배임수재죄 성립 여부", 해설 86, 법원도서관(2011), 627-670.

41 대판 2011. 8. 25, 2009도5618.

편입학사무와 관련하여 금품을 수수한 경우,[42] ② KBO(한국야구위원회) 사무총장으로서 KBO 총재를 보좌하고 KBO의 행정적 운영과 예산의 집행을 담당하는 업무를 담당하던 피고인이 잠실야구장의 광고권자 선정과 관련하여 금품을 수수한 경우[43]에는 임무관련성을 부정하였다.

(2) 부정한 청탁

(가) 부정한 청탁의 개념

29 부정한 청탁이란 사회상규 또는 신의성실의 원칙에 반하는 것을 내용으로 하는 청탁을 의미한다.[44] 반드시 배임죄가 되는 정도의 내용에 이를 필요는 없고, 청탁받은 사람이 현실적으로 그 임무를 담당할 필요도 없다.

30 '청탁'이란 상대방에게 일정한 사항을 청하여 부탁하는 것을 의미한다. 작위뿐만 아니라 부작위에 의한 청탁, 명시적·묵시적 청탁이 모두 가능하다. 일정한 사항에 관하여 어떤 사람과 그 상대방 사이에서 중개하거나 편의를 도모하는 알선 속에 일방이 청탁한 취지를 상대방에게 전하거나, 일방을 대신하여 상대방에게 청탁을 하는 것도 포함한다.[45] 부정한 청탁을 '받고'란 반드시 명시적으로 찬성의 의사를 표시하는 것을 의미하는 것은 아니고 묵시적으로 의뢰에 대하여 승낙하거나 받아들이면 충분하다.[46]

31 부정한 청탁에 해당하는지 여부는 구체적으로 청탁의 내용과 이에 관련하여 공여한 재물의 액수, 형식, 보호법익인 거래의 청렴성 등을 종합적으로 고찰하여 판단한다.[47] 부정한 청탁이어야 하므로, 예를 들어 직무권한의 범위 안에서 제반 편의를 보아달라고 하거나,[48] 규정이 허용되는 범위 내에서 최대한의 선처를 바란다는 내용의 부탁,[49] 계약관계를 유지시켜 기존의 권리를 확보하기 위한 부탁[50]과 같은 경우에는 본죄가 성립하지 아니한다.

---

42 대판 1982. 4. 13, 81도2646; 대판 1999. 1. 15, 98도663.
43 대판 2006. 3. 24, 2005도6433.
44 대판 2021. 9. 30, 2019도17102.
45 정영일, 242.
46 대판 2021. 9. 30, 2019도17102.
47 대판 2015. 7. 23, 2015도3080. 본 판결 평석은 김성룡, "배임수증재죄에서 부정한 청탁", 법조 721, 법조협회(2017. 2), 703-731.
48 대판 1980. 4. 8, 79도3108.
49 대판 1982. 9. 28, 82도1656.
50 대판 1985. 10. 22, 85도465.

32 부정한 청탁은 개방적·추상적 구성요건요소에 해당하므로, 특히 통상 업무에 관한 청탁이 있는 경우 그것이 부정한 청탁인지 여부를 판단하기가 쉽지 않다. 그 판단기준으로 여러 견해가 제시되고 있는데, ① 사회상규 및 신의성실의 원칙이라는 규범적 요소에 의하여 부정한 청탁 여부를 판단하지만, 통상 업무임에도 이를 배임수재죄로 인정하는 근자의 경향을 설명하기 위해서 열려진 규범적 개념이 아닌 구체화된 비규범적 기준이 개발되었으며 그것이 바로 '교부받거나 공여한 재물의 액수, 형식, 보호법익인 사무처리자의 청렴성 등의 종합적 고찰'이라는 판례의 기준이라고 설명하는 견해,[51] ② 부정한 청탁을 유형화하여 ⓐ 특혜의 부탁, ⓑ 우선채택·선발의 부탁, ⓒ 위법·부당한 처리의 부탁, ⓓ 위법·부당 처리의 묵인 부탁으로 설명하고자 시도하는 견해,[52] ③ 배임수재죄에서의 부정한 청탁은 원칙적으로 타인에 대한 재산상 손해 발생의 위험이 있는 경우를 의미하며, 보충적으로 타인과 관계된 자 내지 제3자에 대한 재산상 손해 발생의 위험성이 있는 것으로서 이를 방치하는 경우 공정한 경제질서나 거래의 청렴성이 심각하게 손상될 위험을 초래하는 경우를 포함한다고 설명하는 견해[53] 등이 있다.

33 한편, 부정청탁 및 금품등 수수의 금지에 관한 법률(이하, 청탁금지법이라고 한다.)은 15개 유형의 부정청탁의 내용을 법률로 정하고, 위 유형에 해당하는 부정청탁을 하는 행위와 위 부정청탁에 따라 직무를 수행하는 행위를 금지한다. 청탁금지법 제5조 제1항이 정하는 부정청탁이란, 법령에 위반하거나 권한을 남용하여, 인허가 업무, 채용 등 인사업무, 계약 당사자를 선정하는 등의 업무, 보조금 등 지원 업무, 학교의 입시 관련 업무, 병역 판정 등 관련 업무, 사건 수사 등 관련 업무 등을 처리해 줄 것을 부탁하는 것을 내용으로 한다. 청탁금지법은 적용대상이 공무원, 공공기관의 장 및 임직원, 교원, 언론인 등(공직자등) 일정한 범위 내로 제한되고, 입법 취지가 공무원 등 일정 범위의 직종에 종사하는 사람들의 공정한 직무수행을 보장하고, 공공기관에 대한 국민의 신뢰를 확보하기 위

51 이승호, "배임수증재죄의 본질과 한계: 기업의 경영활동과 관련하여", 형사재판의 제문제(6권), 사법발전재단(2009), 379-383.
52 신용석, "배임수증재죄의 부정한 청탁 - 유형화의 시도 -", 형사판례연구 〔12〕, 한국형사판례연구회, 박영사(2003), 238-251.
53 강수진(주 5), 222-224.

한 것이라는 점, 뇌물죄나 본죄의 보충적 법률로서[54] 뇌물죄 등으로 처벌할 수 없는 부패현상에 대처하기 위하여 직무관련성이나 임무관련성을 불문하고 일정한 행위를 금지 및 처벌하는 것을 내용으로 한다는 점, 배임수재죄와 달리 부정청탁의 유형을 법률로써 제한적으로 열거하고, 재물 등의 수수 없이도 범죄의 성립이 가능하다는 점 등에서 배임수재죄와는 그 성격을 달리한다. 그렇지만 배임수재죄에 있어서의 부정한 청탁 요건을 해석함에 있어서 중요한 참고자료가 될 수 있다.[55]

(나) 구체적 사례의 검토

(a) 부정한 청탁을 인정한 사례

① 방송국에서 프로그램의 제작연출 등의 사무를 처리하는 프로듀서가 담당 방송프로그램에 특정 가수의 노래만을 자주 방송하여 달라는 청탁을 받고 사례금 명목으로 금원을 받은 경우[56] 34

② 마을 이장으로 재직하면서 수몰주민 이주 주택부지 선정, 주택조합 구성 등 사무를 처리하면서 건축업자로부터 조합이 발주하는 이주주택 건축공사를 우선적으로 도급받도록 해달라는 청탁을 받고 금원을 받은 경우[57] 35

③ 물품구매계약을 담당하고 있는 한국주택공사 자재과장과 직원에게 물품납품계약을 수의계약으로 체결하여 주고 편의를 보아주면 사례하겠다고 청탁하고 금원을 교부한 경우[58] 36

④ 대학교수들이 출판사 운영자로부터 해당 출판사에서 출판한 책자를 교재로 채택하거나 교재로 사용할 편집책자의 출판을 맡겨 달라는 취지의 청탁을 받고 학기마다 교재판매대금의 약 30-40%에 해당하는 금원을 받은 경우[59] 37

⑤ 아이스하키협회 회장 또는 부회장으로서 주니어 대표선수 선발이나 대학교 체육특기생 선발과 관련하여 실력보다 높은 점수를 주거나 영향을 행사하 38

---

54 신동운, 1294. 따라서 뇌물죄나 배임수증재죄가 성립하면 청탁금지법위반죄는 법조경합 관계에 있게 되어 별도로 성립하지 않는다고 한다.

55 신동운, 1298.

56 대판 1991. 1. 15, 90도2257.

57 대판 1987. 4. 28, 87도414.

58 대판 1990. 8. 10, 90도665. 본 판결 해설은 심재돈, "알선증수뢰죄에 있어서 「공무원이 그 지위를 이용하여」의 의미", 해설 14, 법원행정처(1991), 465-475.

59 대판 1996. 10. 11, 95도2090.

여 선발되도록 해달라는 청탁을 받고 금원을 받은 경우[60]

39 ⑥ 회원제 골프장의 예약업무 담당자가 부킹대행업자의 청탁에 따라 회원에게 제공해야 하는 주말부킹권을 부킹대행업자에게 판매하고 그 대금 명목의 금품을 받은 경우[61]

40 ⑦ 감정업에 종사하는 피고인이 감정물의 감정평가액을 낮추어 평가해 달라는 청탁을 받고 금원을 수령하는 경우[62]

41 ⑧ 한국전력공사 소속 송전배원으로 송전설비관리 및 송전선로 공사의 현장감독업무를 하던 피고인이 송전선로 철탑이설공사를 도급받아 시공하는 사람으로부터 공사시공에 하자가 있더라도 묵인하여 달라는 취지의 청탁을 받고 금원을 수령한 경우[63]

42 ⑨ 하도급받은 사람이 감독할 지위에 있는 사람에게 공사감독을 까다롭게 하지 말고 잘 보아 달라는 취지로 금원을 교부한 경우[64]

43 ⑩ 보험회사 지부장이 피보험자의 사인에 대하여 보험회사가 의심을 갖고 내사를 하는데도 보험금을 빨리 타도록 해 달라는 청탁을 받은 경우[65]

44 ⑪ ⓐ 취재기자를 겸하는 신문사 지국장이 무허가 벌채사건의 기사를 송고하지 않을 것을 청탁받은 경우,[66] ⓑ 기자단 간사인 피고인이 묵시적으로 부정적인 기사를 자제해 달라는 취지의 청탁을 받고 그와 관련한 돈을 공동광고비 명목으로 받은 경우,[67] ⓒ 언론사 기자가 이른바 '유료 기사(기사형 광고)'의 게재를 청탁받은 경우[68]

45 ⑫ 종중회관을 매수하는 사무처리자가 그 매매대금을 증액하여 주고 대금 지급기일 이전에 대금을 지급해 줄 것을 요청받은 경우[69]

---

60 대판 2000. 3. 14, 99도5195.
61 대판 2008. 12. 11, 2008도6987.
62 대판 1982. 7. 13, 82도925.
63 대판 1991. 11. 26, 91도2418.
64 대판 1988. 3. 8, 87도1445.
65 대판 1978. 11. 1, 78도2081.
66 대판 1970. 9. 17, 70도1355.
67 대판 2014. 5. 16, 2012도11259.
68 대판 2021. 9. 30, 2019도17102. 「설령 '유료 기사'의 내용이 객관적 사실과 부합하더라도, 언론 보도를 금전적 거래의 대상으로 삼은 이상 그 자체로 부정한 청탁에 해당한다.」
69 대판 1980. 10. 14, 79도190.

⑬ 아파트 입주자 대표가 건축회사 협상대표로부터 보상금을 대폭 감액하여 조속히 합의하여 달라고 부탁받고 약속어음을 받은 경우[70] 46

⑭ ⓐ 종합병원 의사들이 의료품수입업자들로부터 특정약을 본래의 적응증인 순환기질환뿐만 아니라 모든 병에 잘 듣는 약이라고 원외처방하여 달라는 청탁을 받은 경우,[71] ⓑ 대학병원 의사인 피고인이 제약회사 등으로부터 의약품이나 의료재료를 지속적으로 납품할 수 있도록 해 달라는 부탁을 받고 또는 의약품 등을 사용해 준 대가로 지속적으로 선물, 골프접대비, 회식비 등을 제공받은 경우[72] 47

⑮ 방송사 관계자에게 사례비를 지급하여서라도 특정회사의 이익을 위해 수능과외방송을 하는 내용의 방송협약을 체결해 달라고 광고대행주식회사의 대표이사에게 부탁하는 경우[73] 48

⑯ 세계태권도연맹 총재 겸 국기원 원장이 향후 세계태권도연맹을 비롯한 태권도단체의 주요 보직에 임명해 달라는 취지의 청탁 내지 대한체육회 스포츠 의류부분 공식공급업체로 지정해 달라는 부탁을 받은 경우[74] 49

⑰ 입찰의 평가위원으로 선정된 사람들에 대하여 자신들의 회사가 낙찰받을 수 있게 설계안에 대하여 좋은 점수를 부여해 달라고 청탁한 경우[75] 50

⑱ 특정인을 어떤 직위에 우선적으로 추천해 달라는 청탁을 받은 경우[76] 51

⑲ 은행장이 회수불능이 예상되는 회사로부터 거액의 불량대출을 청탁받은 경우[77] 52

⑳ 국회의원이 중앙당 당기위원의 수석부위원장에게 지구당 공천비리를 조사하지 말라고 한 경우[78] 53

㉑ 집행관사무소 사무원이 경매브로커들로부터 채권자들이 그들에게 채권 54

70 대판 1993. 3. 26, 92도2033.
71 대판 1991. 6. 11, 91도413.
72 대판 2011. 8. 18, 2010도10290.
73 대판 2002. 4. 9, 99도2165.
74 대판 2005. 1. 14, 2004도6646.
75 대판 2009. 5. 28, 2009도988.
76 대판 1989. 12. 12, 89도495.
77 대판 1983. 3. 8, 82도2873.
78 대판 1998. 6. 9, 96도837.

자들이 그들에게 부동산명도, 철거, 인도 등의 집행용역을 의뢰하도록 알선하여 주고 집행일정을 그들에게 편리하도록 결정하며, 집행비용을 신속하게 지급받도록 도와주고 유체동산 경매 시에는 경매정보 및 정확한 경매개시시각, 위치를 그들에게만 알려주어 저가에 경락받도록 도와주는 등 강제집행 전반에 관하여 편의를 보아달라는 취지로 부탁을 받은 경우[79]

55 ㉒ 노동조합과는 별개의 사업장 내 단체인 이른바 '현장조직'의 간부인 피고인이 회사 측으로부터 두 차례에 걸쳐 합계 5,000만 원을 받은 경우[80]

(b) 부정한 청탁을 부정한 사례

56 ① 농협 단위조합장이던 피고인이 조합을 위하여 예금유치를 하는 것은 정당한 업무에 속하고, 그를 위하여 청탁을 하는 것은 특단의 사정이 없는 한 부정한 것이 아니다.[81]

57 ② 피고인들이 대학교 졸업준비위원회 위원장과 총무에게 피고인이 경영하는 사진관을 졸업앨범 제작업자로 지정될 수 있도록 애써달라는 부탁을 하고 위 사진관의 선전을 하고 앨범 제작과정에 관한 자문에 응하기도 하면서 위원들에게 향응을 베풀고 금원을 제공한 것은 부정한 청탁이 아니다.[82]

58 ③ 피고인이 계약위반으로 인한 손해배상문제를 염려하여 종중의 대표자에게 가처분의 부당성을 지적하면서 가처분비용을 지급하고 그 신청을 취하하도록 한 행위는 피고인이 자기의 권리를 확보하기 위한 행위로서 부정한 청탁이 있었다고 할 수 없다.[83]

59 ④ 아파트개발사업의 시행업체 측은 피고인에게 사업부지 내 철거업체의 선정 권한을 부여함과 아울러 피고인이 그 명도·이주 업무를 책임지고 수행함으로써 철거업무를 원활히 진행되도록 하는 노력에 대한 대가를 고려하여 3.3m²당 15만 원(1차 부지) 또는 3.3m²당 14만 원(2차 부지)의 조건으로 철거공사 하도급

79 대판 2002. 7. 12, 2002도2036.

80 대판 2010. 9. 9, 2009도10681. 관련 진술 및 제반 정황을 종합할 때, 임금·단체협약 체결을 위한 교섭 등과 관련하여 현장조직 소속의 노조 대의원 등에게 영향력을 행사하여 협상이 원만하게 조속히 타결될 수 있도록 협조해 달라는 취지의 부정한 청탁을 인정할 수 있거나, 묵시적으로나마 이를 인정하기에 충분하다고 판시하였다.

81 대판 1979. 6. 12, 79도708.

82 대판 1987. 5. 12, 86도1682.

83 대판 1980. 8. 26, 80도19.

계약을 체결하도록 하였을 뿐만 아니라, 피고인이 그 철거업체로부터 3.3㎡당 5만 원 또는 4만 원에 해당하는 차액을 되돌려 받는 방법으로 명도·이주 업무 등의 보수를 지급받는 것을 허용하였고, A가 이러한 방법으로 철거공사 하도급 대금 중 일부를 피고인에게 지급해 주겠다고 약정한 후 피고인에게 철거업체로 선정되게 해 달라고 부탁한 것도 피고인에게 철거공사 하도급업체 선정을 위탁한 시행업체 측의 양해하에 그 철거업체 선정의 전제로 내세운 위 차액 반환이라는 계약조건을 받아들인 것에 불과하므로, 이를 타인의 위탁을 받아 계약과 관련된 사무를 처리하는 자가 특정인으로부터 계약체결의 상대방이 될 수 있게 해 달라는 부정한 청탁을 받고 그 대가를 받은 경우라고 보기는 어렵다.[84]

⑤ 대학병원의 영상의학과장 등이 제약업체 임직원으로부터 조영제의 선정 60
및 계속적인 사용을 청탁받고 '시판 후 조사'(Post Marketing Surveillance, PMS)라는 연구용역계약을 체결하고 그 대금 명목으로 금액을 수수한 것은 의학적 관점에서 그 필요성에 따라 근거와 이유를 가지고 정당하게 체결되어 수행된 것으로 봄이 상당하므로 부정한 청탁에 해당되지 아니한다.[85]

⑥ 공인회계사인 피고인이 A 주식회사 부사장 B에게서 "합병에 필요한 A 61
회사의 주식가치를 높게 평가해 달라."는 부정한 청탁을 받고 금품을 수수하였다는 내용으로 기소된 사안에서, 주식가치평가에 대한 언급은 사회상규에 반하는 부정한 청탁으로 보기 어렵다고 하였다.[86]

⑦ 사회복지법인의 대표이사가 그 법인의 운영을 원하는 사람을 대표이사 62
로 선출하여 주는 방식으로 사실상 사회복지법인의 운영권을 양도하고 그 대가로 사회복지법인에의 출연액 상당의 금원을 받은 행위[87]나, ⑧ 사립학교 법인의 운영권을 양도하고 양수인으로부터 양수인 측을 학교법인의 임원으로 선임하여 주는 대가로 양도대금을 받기로 한 행위[88]는 부정한 청탁에 해당하지 않는다.

---

84 대판 2011. 4. 14, 2010도8743.

85 대판 2011. 8. 18, 2010도10290. 본 판결 평석은 강수진(주 5), 199-244.

86 대판 2011. 9. 29, 2011도4397.

87 대판 2013. 12. 26, 2010도16681.

88 대판 2014. 1. 23, 2013도11735. 「학교법인의 이사장 또는 사립학교경영자가 학교법인 운영권을 양도하고 양수인으로부터 양수인 측을 학교법인의 임원으로 선임해 주는 대가로 양도대금을 받기로 하는 내용의 '청탁'을 받았다 하더라도, 그 청탁의 내용이 당해 학교법인의 설립 목적과 다른 목적으로 기본재산을 매수하여 사용하려는 것으로서 학교법인의 존립에 중대한 위협을 초래

(3) 재물 또는 재산상 이익의 취득

63 배임수재죄는 타인의 사무를 처리하는 자가 그 임무에 관하여 부정한 청탁을 받고 재물 또는 재산상 이익을 취득하거나 제3자로 하여금 이를 취득하게 한 때 성립한다. 재물 또는 재산상 이익의 취득은 부정한 청탁과 대가나 사례, 묵인 등 관련성이 있는 것이어야 한다. 부정한 청탁이 있었다 할지라도 그 청탁을 받아들이지 않고 청탁과 관계없이 금품을 받은 때에는 배임수재죄는 성립하지 않고,[89] 부정한 청탁을 받은 이상 사직한 후에 재물을 수수하더라도 그 재물의 수수가 부정한 청탁과 관련하여 이루어진 것이라면 성립한다.[90] 그리고 받은 금품에 부정한 청탁의 대가로서의 성질과 그 외의 행위에 대한 사례로서의 성질이 불가분적으로 결합되어 있는 경우에는, 그 전부가 불가분적으로 부정한 청탁의 대가로서의 성질을 갖는 것으로 보아야 한다.[91]

64 재물 또는 재산상 이익의 취득은 현실적으로 이루어져야 하며, 단순한 요구나 약속만으로는 배임수재죄가 성립하지 않는다. 따라서 골프장 회원권은 명의변경이 이루어져야 현실적으로 취득한 것이 되므로 명의변경이 이루어지지 아니하였다면 배임수재죄의 성립은 부정된다.[92] 이는 뇌물죄나 청탁금지법위반죄에서 수수뿐만 아니라 요구, 약속 행위도 처벌하는 것과 구별되는 점이다.

65 한편, 구 형법상의 배임수재죄의 구성요건에는 타인의 사무를 처리하는 자가 재물 또는 재산상의 이익을 취득하는 경우만 규정되어 있었고, 제3자로 하여금 이를 취득하게 하는 경우는 포함되지 않았다. 따라서 구 형법 당시 판례는 법문상 타인의 사무를 처리하는 자가 그 임무에 관하여 부정한 청탁을 받았다 하더라도 자신이 아니라 다른 사람으로 하여금 재물 또는 재산상의 이익을 취득하게 한 경우에는, 그 다른 사람이 부정한 청탁을 받은 사람의 사자 또는 대

할 것임이 명백하다는 등의 특별한 사정이 없는 한, 그 청탁이 사회상규 또는 신의성실의 원칙에 반하는 것을 내용으로 하는 것이라고 할 수 없으므로 이를 배임수재죄의 구성요건인 '부정한 청탁'에 해당한다고 할 수 없고, 나아가 학교법인의 이사장 또는 사립학교경영자가 자신들이 출연한 재산을 회수하기 위하여 양도대금을 받았다거나 당해 학교법인이 국가 또는 지방자치단체로부터 일정한 보조금을 지원받아 왔다는 등의 사정은 위와 같은 결론에 영향을 미칠 수 없다.」

89 대판 1982. 7. 13, 82도874.

90 대판 1997. 10. 24, 97도2042.

91 대판 2021. 9. 30, 2019도17102.

92 대판 1999. 1. 29, 98도4182.

리인으로서 재물 또는 재산상 이익을 취득한 경우나 그 밖에 평소 부정한 청탁을 받은 사람이 그 다른 사람의 생활비 등을 부담하고 있었다거나 혹은 그 다른 사람에 대하여 채무를 부담하고 있었다는 등의 사정이 있어 그 다른 사람이 재물 또는 재산상 이익을 받음으로써 부정한 청탁을 받은 사람이 그만큼 지출을 면하게 되는 경우 등 사회통념상 그 다른 사람이 재물 또는 재산상 이익을 받은 것을 부정한 청탁을 받은 사람이 직접 받은 것과 같이 평가할 수 있는 관계가 있는 경우가 아닌 한, 배임수재죄가 성립하지 않는 것으로 해석하였다.[93] 이는 재물 또는 재산상 이익을 취득하는 주체가 사무위탁자(타인)인 경우도 마찬가지였다.[94]

그러나 2016년 5월 29일 형법 개정으로 제3자로 하여금 재물 또는 재산상 이익을 취득하게 하는 행위도 배임수재죄가 성립하는 것으로 되었다. 뇌물죄에 있어서 제3자뇌물제공죄(§130)와 동일한 구성요건 구조를 가지게 된 것으로, 부정부패를 근절하는 법체계가 강화된 입법으로 평가되고 있다.[95] 이에 따라 법 개정 전과 같은 대법원의 해석론은 더이상 유지될 수 없게 되었다. 66

다만 재물 또는 재산상 이익을 취득하는 제3자가 사무위탁자(타인)인 경우, 여전히 배임수재죄의 성립을 부정해야 하는지에 대하여는 견해가 나뉠 수 있을 것이다. ① 배임수재죄를 긍정하는 견해는, 사무위탁자가 재물 또는 재산상 이익을 취득하는 경우도 제3자의 취득에 해당되므로 법문상 배임수재죄의 구성요건에 해당하고, 배임수재죄는 본인에게 손해가 발생하였는지 여부와 관계없으며 거래의 청렴성을 보호법익으로 한다는 점을 근거로 배임수재죄의 성립을 인정할 것이다. 반면, ② 사무위탁자가 재물 또는 재산상 이익을 취득하는 경우에는 타인의 사무처리자가 개인의 이익을 위한 것이 아니므로 부정한 청탁에 해당하지 않는다거나, 불법영득의사를 인정할 수 없다는 점 등을 근거로 하는 배 67

93 대판 2006. 12. 22, 2004도2581; 대판 2009. 6. 11, 2009도1518.
94 대판 2001. 2. 9, 2000도4700(학교법인의 이사장이 공사업체와 수의계약을 체결하는 대가로 학교법인 부담부분을 면제받은 경우, 재물이나 재산상 이익 취득의 주체는 이사장이 아닌 학교법인이라고 하여 배임수재죄의 성립을 부정한 사례); 대판 2008. 4. 24, 2006도1202(조합 이사장이 조합축제 대행기획사 선정과 관련하여 선정된 기획사로부터 조합운영비 지원금 명목으로 금원을 받고 실제로 조합비로 편입·사용한 경우, 배임수재죄의 성립을 부정한 사례).
95 김성돈, 474.

임수재죄 부정설의 견해도 가능하다. 배임수재죄의 보호법익, 개정법상 구성요건의 문언적 해석, 입법취지 등을 종합하여 보면, 배임수재죄의 성립을 인정하는 위 ①의 견해가 타당하다. 물론, 재물 또는 재산상의 이익을 받은 제3자가 부정한 청탁을 받은 사람의 대리인이나 사자 등에 불과한 경우에는 여전히 부정한 청탁을 받은 사람이 직접 재물 또는 재산상의 이익을 취득한 것으로 보아야 할 것이다.[96]

68 판례는 본조의 보호법익 및 체계적 위치, 개정 경위, 법문의 문언 등을 종합하여 볼 때, 다른 특별한 사정이 없는 한 '제3자'에는 사무처리를 위임한 타인은 포함되지 않는다고 한다.[97] 그러나 배임수재죄의 행위의 주체가 재물 또는 재산상 이익을 취득하였는지는 증거에 의하여 인정된 사실에 대한 규범적 평가의 문제이므로,[98] 부정한 청탁에 따른 재물이나 재산상 이익이 외형상 사무처리를 위임한 타인에게 지급된 것으로 보이더라도 사회통념상 그 타인이 재물 또는 재산상 이익을 받은 것을 부정한 청탁을 받은 사람이 직접 받은 것과 동일하게 평가할 수 있는 경우에는 배임수재죄가 성립될 수 있다고 한다.[99]

(4) 손해발생의 여부

69 배임죄는 본인에게 손해를 가함으로써 성립하는 범죄인데 반하여, 배임수재죄는 손해발생을 요건으로 하지 않는다.[100] 따라서 재물 또는 재산상의 이익의 취득이 있으면 성립하고, 그 후 청탁취지에 따른 배임행위를 하였음을 요하지 않는다.[101] 만약 배임행위를 하였다면, 배임수재죄와 배임죄의 경합범이 된다.[102]

---

96 김성돈, 474; 최호진, 621.

97 대판 2021. 9. 30, 2019도17102(신문사 기자들이 홍보성 기사를 작성해달라는 청탁을 받고 소속 신문사 계좌로 금원을 입금받은 행위는 본죄에서의 '부정한 청탁'의 요건에는 해당하나, '제3자'의 요건에 해당하지 않는다는 이유로 무죄를 선고한 원심판결을 수긍한 사례); 대판 2021. 9. 30, 2020도2641[신문사 기자들이 홍보성 기사를 게재하는 대가로 기자들이 소속된 신문사들이 피고인(보도의 대상이 되는 사람)으로부터 돈을 교부받은 행위는 사무처리자 또는 제3자가 돈을 교부받은 경우가 아니므로, 신문사들의 배임수재죄가 성립하지 않고 이를 전제로 하는 피고인의 배임증재죄 역시 성립하지 않는다는 이유로 무죄를 선고한 원심판결을 수긍한 사례].

98 대판 2017. 12. 7, 2017도12129.

99 대판 2021. 9. 30, 2019도17102.

100 대판 1983. 12. 23, 82도735.

101 대판 1982. 7. 13, 82도925.

102 대판 1984. 11. 27, 84도1906.

3. 고 의

배임수재죄가 성립하기 위해서는 타인의 사무처리자임을 인식하고 그 임무에 관하여 부정한 청탁을 받아 그 대가로 재물 또는 재산상 이익을 취득하거나 제3자로 하여금 재물 또는 재산상 이익을 취득하게 한다는 점에 대한 인식과 의사가 필요하다. 70

고의 이외에 불법영득의사 또는 불법(위법)이득의사가 필요한지에 대하여는 견해가 대립한다. ① 재물 또는 재산상의 이익을 취득한다는 것을 고의의 내용으로 하고 있기 때문에 불법영득(이득)의 의사를 고의 이외의 별도의 초과주관적 구성요건요소로 이해할 필요가 없다는 부정설[103]과 ② 구성요건 고의와 불법이득의 의사가 필요하다는 긍정설[104]이 있다. 위 ②의 긍정설에 의하더라도 위법이득의 의사는 자기를 위한 의사 외에 제3자로 하여금 취득케 할 의사라도 상관없으므로, 예를 들어 사립대 총장이 부정입학 청탁과 관련하여 개인이 착복하기 위한 의도가 아니라 오로지 빈약한 학교재정을 충당하기 위한 의도였거나, 일단 영득의사로 받은 이상 사후에 되돌려주지 않을 수 없는 사정변경이 생겨 반환했더라도 배임수재죄의 성립에는 영향이 없다고 한다. 71

판례는 임무에 관하여 부정한 청탁을 받고 4회에 걸쳐 합계 금 7,000,000원을 수수하였다면, 그 후에 그중 일부 금원을 다시 되돌려 준 것만으로 이를 수수할 당시에 영득의 의사가 없었다고 단정할 수 없다고 판시한 것도 있다.[105] 72

반면, 피고인이 증뢰자로부터 받은 100만 원짜리 수표 150매를 A를 통하여 은행에 맡기면서 누가 자기에게 일시보관을 위해 맡긴 것인데 곧 찾아갈 돈이니 맡아달라고 말한 사실이 인정되고, 또 피고인이 그 돈을 반환한 경위에 있어서도 영득의 의사로 받았다가 되돌려 줄 수밖에 없는 특단의 사정변경 사실을 찾아볼 수 없고 자발적으로 반환한 경우라면, 피고인에게 배임수재죄에 있어서의 영득의 의사가 있다고 단정할 수 없다고 하여 배임수재죄의 성립을 부정한 판례도 있다.[106] 73

---

103 김성돈, 474; 오영근, 408; 임웅, 573.

104 김신규, 507; 김일수·서보학, 401; 박찬걸, 585; 손동권, 484; 이형국·김혜경, 504; 주호노, 1061.

105 대판 1991. 6. 11, 91도413.

106 대판 1984. 3. 13, 83도1986. 위 수표들이 수표 100매 1억 원과 50매 5천만 원으로 나누어 다른

74 위와 같은 판례들을 근거로 판례 역시 불법영득의 의사가 필요하다고 보고 있다고 해석하는 견해[107]가 있고, 판례는 불법영득의사라는 표현을 쓰지 않고 '영득의 의사'라는 표현을 쓰고 있고, 영득은 고의의 내용이 되므로 판례도 영득의사 부정설의 입장이라고 설명하는 견해[108]도 있다.

75 위 ①의 부정설도 고의의 내용으로 영득 내지 이득을 필요로 하므로, 영득의사가 없이 일시 수령하였다가 즉시 반환하는 등의 경우에는 배임수재죄가 성립할 수 없다는 점에서는 어느 학설이나 모두 결론을 같이한다.

4. 기수시기와 미수범의 처벌

76 배임수재죄는 재물 또는 재산상 이익의 취득이 있으면 기수에 이르며,[109] 반드시 배임행위에 나아갈 것을 요하지 않는다. 배임행위까지 한 경우에는 배임수재죄와 배임죄의 경합범이 된다. 또한, 본인에게 손해가 발생하였을 것을 요구하지도 않는다.

77 배임수재죄의 미수는 처벌한다(§ 359). 미수범규정에 대하여는, 뇌물죄는 뇌물의 수수·요구·약속 전반을 처벌대상으로 명시하는 반면, 배임수재죄는 취득만을 처벌대상으로 명시하고 있는 대신 미수범의 처벌규정을 두고 있는 것으로 설명되고 있다.[110]

78 ① 다수설은 재물 또는 재산상 이익의 요구나 약속 또는 공여의 의사표시만 있고 취득이 없는 경우에 본죄의 미수범이 성립한다고 한다.[111] 이에 대하여, ② 형법이 배임수재죄에서 요구·약속을 규정하지 않은 것은 사인 간의 행위를 공무원의 행위와 동일하게 규제할 경우 처벌이 지나치게 확장되는 것을 우려하였기 때문이고, 재물 또는 재산상 이익의 취득을 요구 또는 약속하는 행위만으로는 아직 배임수재죄의 실행의 착수에 이르렀다고 볼 수 없다는 견해가

날짜에 가명으로 예금된 바 있다 하더라도 피고인에게 배임수재죄에 있어서의 영득의 의사가 있었다고 단정할 수 없다고 하였다.

107 임웅, 573.

108 오영근, 408.

109 손동권·김재윤, 484; 이형국·김혜경, 504; 정성근·정준섭, 334; 정웅석·최창호, 734; 최호진, 621.

110 신동운, 1303; 이재상·장영민·강동범, § 21/48.

111 김성돈, 474; 김신규, 508; 김일수·서보학, 401; 배종대, § 78/11; 박찬걸, 585; 오영근, 409; 이정원·류석준, 459; 임웅, 572; 이재상·장영민·강동범, § 21/48.

있다. 이 견해는 배임수재죄에서의 미수범 성립은 부정하고, 미수범 처벌규정은 배임증재죄의 경우에 실질적인 의미를 가진다고 한다.[112]

한편 위 ①의 다수설은 다시, ⓐ 실행의 착수시기를 재물 또는 재산상의 79
이익을 취득하기 위한 행위를 하는 시점으로 보는 견해와,[113] ⓑ 임무에 관하여 부정한 청탁을 받아들인 때로 보는 견해[114]가 있다. 수재행위에 착수한 시기를 실행의 착수로 보는 위 ⓐ의 견해가 타당하다고 할 것이므로, 재물 또는 재산상의 이익을 취득하기 위한 행위를 하는 시점을 실행의 착수시기로 보아야 할 것이다.

5. 죄수 및 다른 죄와의 관계

(1) 포괄일죄

타인의 사무를 처리하는 자가 동일인으로부터 그 직무에 관하여 부정한 청 80
탁을 받고 여러 차례에 걸쳐 금품을 수수한 경우에, 그것이 단일하고도 계속된 범의 아래 일정기간 반복하여 이루어진 것이고 그 피해법익도 동일한 때에는 이를 포괄일죄로 볼 수 있다.[115] 이는 뇌물수수죄에서의 포괄일죄 판단기준과 동일하다. 다만 여러 사람으로부터 각각 부정한 청탁을 받고 그들로부터 각각 금품을 수수한 경우에는, 비록 그 청탁이 동종의 것이라고 하더라도 단일하고 계속된 범의 아래 이루어진 범행으로 보기 어려워 그 전체를 포괄일죄로 볼 수 없다고 할 것이다.[116]

---

112 신동운, 1303.

113 박찬걸, 585; 손동권·김재윤, 484; 오영근, 408; 이형국·김혜경, 504; 정성근·정준섭, 334; 정웅석·최창호, 734; 최호진, 621.

114 배종대, § 78/11.

115 대판 2000. 6. 27, 2000도1155; 대판 2008. 12. 11, 2008도6987.

116 대판 2008. 12. 11, 2008도6987(포괄일죄로 본 사례). 「원심이 피고인 甲에 대한 이 부분 공소사실 즉, 피고인 甲이 피고인 乙, 피고인 丙으로부터 주말부킹권을 제공해 달라는 부정한 청탁을 받고 피고인 乙로부터 2005. 11. 11.경부터 2007. 10. 15.경까지 110회에 걸쳐 합계 5억 29,710,000원, 피고인 丙으로부터 2006. 10. 16.경부터 2007. 10. 15.경까지 46회에 걸쳐 합계 2억 89,025,000원의 각 금품을 수수한 행위를 배임증재자별로 각 포괄일죄로 본 다음 양 죄를 실체적 경합범으로 처벌한 것은 옳고, 거기에 상고이유의 주장과 같은 경합범에 관한 법리오해의 위법이 있다고 할 수 없다.」

(2) 다른 죄와의 관계

(가) 배임죄와의 관계

81 배임수재죄는 배임행위가 있을 것을 요건으로 하지 않으므로, 사무처리자가 부정한 청탁을 받고 재산상의 이익을 취득한 후 배임행위까지 나아가면 배임죄와 실체적 경합이 된다. 이에 대하여, ① 실체적 경합관계라는 견해,[117] ② 행위자가 부정한 청탁을 받고 배임행위까지 한 후 재물 또는 재산상의 이익을 취득한 경우에는 사무처리자의 배임행위가 배임수재죄의 구성요건과 배임죄의 구성요건을 모두 충족시키므로 상상적 경합이 된다는 견해[118]가 있다.

82 판례는 배임죄와 배임수재죄는 행위의 태양을 전혀 달리하고 있어 일반법과 특별법 관계가 아닌 별개의 독립된 범죄라고 보아야 하고, 제37조 전단의 경합범으로 의율하는 것은 정당하다고 판시하였다.[119]

(나) 배임증재죄와의 관계

83 통설[120]과 판례[121]는 배임수재죄와 배임증재죄는 필요적 공범관계로서 대향범의 관계에 있다고 본다. 다만, 증재자와 수재자가 반드시 같이 처벌받아야 한다는 뜻은 아니다. 수재자에 대하여는 부정한 청탁이 되어도 증재자에게는 부정한 청탁이 되지 않는 경우, 예를 들어 정당한 업무에 속하는 점이 인정되거나, 증재자에게 더 큰 손실을 피하기 위한 것이거나, 자신의 권리를 확보하기 위한 행위에 해당하여 사회상규나 신의칙에 위배된다고 볼 수 없는 경우에는 배임수재죄만 성립한다.[122] 증재자가 금품을 공여했으나 사무처리자가 부정한 청탁을 받아들이지 않거나 금품을 받지 않았다면, 배임수재죄는 성립하지 않고 공여자에게 배임증재죄의 미수범이 성립할 뿐이다.[123]

---

117 박찬걸, 586; 주호노, 1064; 한상훈·안성조, 578.

118 김성돈, 475; 임웅, 573.

119 대판 1984. 11. 27, 84도1906.

120 김신규, 509; 박찬걸, 580; 손동권·김재윤, 486; 정성근·정준섭, 334; 최호진, 623; 한상훈·안성조, 579.

121 대판 1991. 1. 15, 90도2257; 대판 2016. 10. 13, 2014도17211. 위 2014도17211 판결 평석은 김성돈, "대향범과 공범", 법조 720, 법조협회(2016. 12), 550-573.

122 대판 1980. 8. 20, 80도19; 대판 1991. 1. 15, 90도2257; 대판 2011. 10. 27, 2010도7624.

123 김일수·서보학, 402; 신동운, 1308.

(다) 사기죄와의 관계

공동의 사기 범행으로 인하여 얻은 돈을 공범자끼리 수수한 행위가 공동정범들 사이의 그 범행에 의하여 취득한 돈이나 재산상 이익의 내부적인 분배행위에 지나지 않는 것이라면, 그 돈의 수수행위가 따로 배임수·증재죄를 구성한다고 볼 수는 없다.[124] 판례는 공사 발주처의 입찰 업무를 처리하는 사람이 공사업자와 공모하여 부정한 방법으로 낙찰하한가를 알아낸 다음 이를 위 공사업자에게 알려주어 발주처로 하여금 위 공사업자를 낙찰자로 선정하도록 하여 공사계약의 체결에 이르게 하고 공사업자로부터 돈을 수수한 경우에, 그 돈의 성격을 타인의 업무에 관한 부정한 청탁의 대가로 볼 것인지, 아니면 공동의 사기 범행에 따라 편취한 것으로 볼 것인지 여부는 돈을 공여하고 수수한 당사자들의 의사, 공사계약 자체의 내용 및 성격, 계약금액과 수수된 금액 사이의 비율, 수수된 돈 자체의 액수, 그 계약이행을 통해 공사업자가 취득할 수 있는 적정한 이익, 공사업자가 발주처로부터 공사대금 등을 지급받은 시기와 공범인 입찰 업무를 처리하는 자에게 돈을 교부한 시간적 간격, 공사업자가 공범에게 교부한 돈이 발주처로부터 지급받은 바로 그 돈인지 여부, 수수한 장소 및 방법 등을 종합적으로 고려하여 객관적으로 평가하여 판단해야 한다고 하였다.[125] 84

(라) 특정경제범죄가중처벌등에관한법률위반(수재)죄와의 관계

금융기관의 임직원이 직무에 관하여 금품이나 그 밖의 이익을 수수·요구·약속한 행위 또는 이들에게 금품이나 그 밖의 이익을 공여하거나 공여를 요구·약속한 행위는 특정경제범죄 가중처벌 등에 관한 법률(이하, 특정경제범죄법이라 한다.)에 의하여 처벌된다(§ 5, § 6[126]). 85

124 대판 2016. 5. 24, 2015도18795.
125 대판 2016. 5. 24, 2015도18795.
126 특정경제범죄법 제5조(수재 등의 죄) ① 금융회사등의 임직원이 그 직무에 관하여 금품이나 그 밖의 이익을 수수(收受), 요구 또는 약속하였을 때에는 5년 이하의 징역 또는 10년 이하의 자격정지에 처한다.
② 금융회사등의 임직원이 그 직무에 관하여 부정한 청탁을 받고 제3자에게 금품이나 그 밖의 이익을 공여(供與)하게 하거나 공여하게 할 것을 요구 또는 약속하였을 때에는 제1항과 같은 형에 처한다.
③ 금융회사등의 임직원이 그 지위를 이용하여 소속 금융회사등 또는 다른 금융회사등의 임직원의 직무에 속하는 사항의 알선에 관하여 금품이나 그 밖의 이익을 수수, 요구 또는 약속하였을 때에는 제1항과 같은 형에 처한다.

86 금융회사 등의 임직원이 그 직무에 관하여 금품이나 그 밖의 이익을 수수한 경우(§5①, ②)를 처벌하는 특정경제범죄법위반(수재)죄는 배임수재죄와 유사한 조항이다. 다만 특정경제범죄법 제5조의 경우에는 금융회사 등의 임직원이 주체가 된다는 점에서 타인의 사무처리자가 행위주체가 되는 배임수재죄와 구별되며, 금융회사 등의 임직원이 금품을 수수하는 경우(§5①)에는 부정한 청탁을 요건으로 하지 않는다는 점에서 배임수재죄와 구별된다. 다만 금융회사 등의 임직원이 제3자에게 금품이나 그 밖의 이익을 공여하게 하는 경우(§5②)에는, 배임수재죄와 마찬가지로 부정한 청탁을 받을 것을 요건으로 한다. 또한 특정경제범죄법 제5조는 수수행위 이외에 요구 또는 약속한 경우도 포함한다는 점에서 배임수재죄와 구별된다.

87 특정경제범죄법위반(수재)죄 역시 금융회사 등의 임직원의 직무수행의 공정성과 직무행위의 불가매수성에 대한 공공의 신뢰를 보호하기 위한 것에 그 입법취지가 있다. 금융기관 등 임직원의 직무관련 수재행위로서 특정경제범죄법위반(수재)죄와 배임수재죄가 모두 성립할 수 있는 경우에는 특별법관계에 있는 특정경제범죄법위반(수재)죄만 성립한다고 볼 것이다.

88 수수·요구 또는 약속한 금품이나 그 밖의 이익의 가액이 3천만 원 이상 5천만 원 미만인 경우 5년 이상의 유기징역(§5④(iii)), 5천만 원 이상 1억 원 미만인 경우 7년 이상의 유기징역(§5④(ii)), 1억 원 이상인 경우 무기 또는 10년 이상의 징역(§5④(i))으로 가중처벌한다.

89 금융회사 등의 임직원이 그 직무에 관하여 금품이나 그 밖의 이익을 수수, 요구 또는 약속한 경우 이를 형사처벌하도록 정하고 있는 특정경제범죄법 제5조 제1항과, 수수액이 1억 원 이상인 경우를 가중처벌하도록 정하고 있는 같은

---

④ 제1항부터 제3항까지의 경우에 수수, 요구 또는 약속한 금품이나 그 밖의 이익의 가액(이하 이 조에서 "수수액"이라 한다)이 3천만원 이상일 때에는 다음 각 호의 구분에 따라 가중처벌한다.
1. 수수액이 1억원 이상일 때: 무기 또는 10년 이상의 징역
2. 수수액이 5천만원 이상 1억원 미만일 때: 7년 이상의 유기징역
3. 수수액이 3천만원 이상 5천만원 미만일 때: 5년 이상의 유기징역

⑤ 제1항부터 제4항까지의 경우에 수수액의 2배 이상 5배 이하의 벌금을 병과한다.
제6조(증재 등의 죄) ① 제5조에 따른 금품이나 그 밖의 이익을 약속, 공여 또는 공여의 의사를 표시한 사람은 5년 이하의 징역 또는 3천만원 이하의 벌금에 처한다.
② 제1항의 행위에 제공할 목적으로 제3자에게 금품을 교부하거나 그 정황을 알면서 교부받은 사람은 제1항과 같은 형에 처한다.

조 제4항 제1호, 수수액의 2배 이상 5배 이하의 벌금을 필요적으로 병과하도록 정하고 있는 조항이 책임과 형벌 간의 비례원칙에 위배되는지, 형벌체계상의 균형을 상실하여 평등원칙에 위배되는지 문제되었다.

이에 대하여 헌법재판소[127]는, ① 금융회사 등의 업무는 국가경제와 국민 90
생활에 중대한 영향을 미치므로 금융회사 등 임직원의 직무집행의 투명성과 공정성을 확보하는 것은 매우 중요하고, 이러한 필요성에 있어서는 임원과 직원 사이에 차이가 없다는 점, ② 금융회사 등 임직원이 금품 등을 수수, 요구, 약속하였다는 사실만으로 직무의 불가매수성은 심각하게 손상되고, 비록 그 시점에는 부정행위가 없었다고 할지라도 장차 실제 부정행위로 이어질 가능성도 배제할 수는 점 등을 이유로, 부정한 청탁이 있었는지 또는 실제 배임행위로 나아갔는지를 묻지 않고 금품 등을 수수·요구 또는 약속하는 행위를 처벌하고 있는 수재행위 처벌조항은 책임과 형벌 간의 비례원칙에 위배되지 아니한다고 하였다. 또한 파산관재인, 공인회계사 등 직무의 공공성이 인정되는 사인의 직무 관련 수재행위를 처벌하는 법률조항이 드물지 아니하고, 이 경우 입법자는 직무의 특성 등을 고려하여 부정한 청탁을 형사처벌의 요건으로 정하기도 하고, 정하지 아니하기도 하므로 우리 법체계 전반에 비추어 볼 때, 수재행위 처벌조항은 형벌체계상의 균형을 갖춘 것으로 평등원칙에도 위배되지 아니한다고 하였다.

가중처벌조항에 대하여도, 수재행위의 경우 수수액이 증가하면서 범죄에 대 91
한 비난가능성도 높아지므로 수수액을 기준으로 단계적 가중처벌을 하는 것에는 합리적 이유가 있다고 보았다. 나아가 금융회사 등 임직원에게는 공무원과 맞먹는 정도의 청렴성 및 업무의 불가매수성이 요구되므로, 그 수재행위를 공무원의 수뢰행위와 동일한 법정형으로 처벌한다거나 다른 사인들의 직무 관련 수재행위보다 중하게 처벌한다는 이유만으로 가중처벌조항이 형벌체계상 현저히 균형을 잃은 것으로 평등원칙에 위배된다고 볼 수도 없다고 하였다.

배수방식의 벌금형 부과를 정하고 있는 벌금병과 조항 역시 범죄수익의 박 92
탈은 물론 더 나아가 막대한 경제적 손실까지 입을 수 있다는 경고를 통해 금융회사 등 임직원의 수재행위를 근절하기 위한 것으로 합리적 이유가 있고, 법관은

127 헌재 2020. 3. 26, 2017헌바129, 2018헌바93(병합). 이에 대하여는 가중처벌조항에 대한 위헌의견(5명)와 벌금병과 조항에 대한 반대의견(재판관 3명)이 있다.

구체적 사건에서 정상에 따라 작량 감경을 통해 벌금형을 감액할 수 있고, 벌금형만의 선고유예가 불가능한 것도 아니므로 벌금병과조항이 과도한 형사처벌을 정하고 있다고 볼 수도 없으며, 몰수·추징과 벌금형은 전혀 다른 제도이므로 몰수·추징 규정이 있다는 이유만으로 벌금형의 부과가 과도한 이중의 제재가 되는 것도 아니라고 하였다.

93 특정경제범죄법에는 형법상 처벌되지 않는 알선수재행위에 대한 처벌규정도 있다. 첫 번째는 금융회사 등 임직원의 알선수재죄[§ 5③, ④(수수액에 따른 가중처벌 규정)]인데, 이는 금융회사 등 임직원의 다른 금융회사 등의 임직원의 직무에 속한 사항의 알선에 관한 금품 등의 수수·요구·약속 행위를 처벌하는 규정이다. 두 번째는 (누구든지) 금융회사 등의 임직원의 직무에 속한 사항의 알선에 관한 금품 등의 수수·요구·약속 행위를 처벌하는 규정이다(§ 7).[128]

94 참고로, 알선과 관련한 수재행위를 처벌하는 규정은 특정범죄 가중처벌 등에 관한 법률(이하, 특정범죄가중법이라 한다.)에도 있다. 특정범죄가중법 제3조는 (누구든지) 공무원의 직무에 속한 사항의 알선에 관하여 금품이나 이익을 수수·요구 또는 약속하는 행위를 한 경우에 대한 처벌규정이다(특가 § 3).[129] 특정범죄가중법상 알선수재죄는 형법상 알선수뢰죄(§ 132)와 유사한 구성요건이지만, 형법상 알선수뢰죄는 행위주체가 공무원에 한정되는 반면 특정범죄가중법상 알선수재죄는 행위의 주체에 제한이 없다는 점 등에서 구별된다. 특정범죄가중법상 알선수재죄와 유사한 규정으로서 공무원의 직무에 속한 사항에 관한 청탁, 알선을 처벌하는 변호사법 제111조[130]가 있다.

---

128 특정경제범죄법 제7조(알선수재의 죄) 금융회사등의 임직원의 직무에 속하는 사항의 알선에 관하여 금품이나 그 밖의 이익을 수수, 요구 또는 약속한 사람 또는 제3자에게 이를 공여하게 하거나 공여하게 할 것을 요구 또는 약속한 사람은 5년 이하의 징역 또는 5천만원 이하의 벌금에 처한다.

129 특정범죄가중법 제3조(알선수재) 공무원의 직무에 속한 사항의 알선에 관하여 금품이나 이익을 수수·요구 또는 약속한 사람은 5년 이하의 징역 또는 1천만원 이하의 벌금에 처한다.

130 변호사법 제111조(벌칙) ① 공무원이 취급하는 사건 또는 사무에 관하여 청탁 또는 알선을 한다는 명목으로 금품·향응, 그 밖의 이익을 받거나 받을 것을 약속한 자 또는 제3자에게 이를 공여하게 하거나 공여하게 할 것을 약속한 자는 5년 이하의 징역 또는 1천만원 이하의 벌금에 처한다. 이 경우 벌금과 징역은 병과할 수 있다.
② 다른 법률에 따라 「형법」 제129조부터 제132조까지의 규정에 따른 벌칙을 적용할 때에 공무원으로 보는 자는 제1항의 공무원으로 본다.

(마) 그 밖의 특별법위반의 죄와의 관계

상법 제630조는 회사의 발기인, 이사, 감사, 업무집행사원, 직무집행자, 지배인, 특별한 상업사용인, 사채권자집회의 대표자 및 그 결의집행자, 검사인 등이 그 직무에 관하여 부정한 청탁을 받고 재산상의 이익을 수수, 요구 또는 약속하는 행위를 처벌한다. 95

그 외에도 위에서 살펴본 청탁금지법을 비롯하여, 의료법[§ 88(ii), § 23의5(부당한 경제적 이익등의 취득 금지)[131]], 약사법[§ 94①(v의2), § 47(의약품등의 판매 질서)②, ③], 의료기기법[§ 53, § 18(판매업자 등의 준수사항)②], 건설산업기본법[§ 95의2(v), § 38의2(부정한 청탁에 의한 재물 등의 취득 및 제공 금지)[132]], 한국마사회법(§ 51(i), (ii)[133]), 증권 96

---

131 의료법 제23조의5(부당한 경제적 이익등의 취득 금지) ① 의료인, 의료기관 개설자(법인의 대표자, 이사, 그 밖에 이에 종사하는 자를 포함한다. 이하 이 조에서 같다) 및 의료기관 종사자는 「약사법」 제47조제2항에 따른 의약품공급자로부터 의약품 채택·처방유도·거래유지 등 판매촉진을 목적으로 제공되는 금전, 물품, 편익, 노무, 향응, 그 밖의 경제적 이익(이하 "경제적 이익등"이라 한다)을 받거나 의료기관으로 하여금 받게 하여서는 아니 된다. 다만, 견본품 제공, 학술대회 지원, 임상시험 지원, 제품설명회, 대금결제조건에 따른 비용할인, 시판 후 조사 등의 행위(이하 "견본품 제공등의 행위"라 한다)로서 보건복지부령으로 정하는 범위 안의 경제적 이익등인 경우에는 그러하지 아니하다.
② 의료인, 의료기관 개설자 및 의료기관 종사자는 「의료기기법」 제6조에 따른 제조업자, 같은 법 제15조에 따른 의료기기 수입업자, 같은 법 제17조에 따른 의료기기 판매업자 또는 임대업자로부터 의료기기 채택·사용유도·거래유지 등 판매촉진을 목적으로 제공되는 경제적 이익등을 받거나 의료기관으로 하여금 받게 하여서는 아니 된다. 다만, 견본품 제공등의 행위로서 보건복지부령으로 정하는 범위 안의 경제적 이익등인 경우에는 그러하지 아니하다.

132 건설산업기본법 제38조의2(부정한 청탁에 의한 재물 등의 취득 및 제공 금지) ① 발주자·수급인·하수급인(발주자, 수급인 또는 하수급인이 법인인 경우 해당 법인의 임원 또는 직원을 포함한다) 또는 이해관계인은 도급계약의 체결 또는 건설공사의 시공에 관하여 부정한 청탁을 받고 재물 또는 재산상의 이익을 취득하거나 부정한 청탁을 하면서 재물 또는 재산상의 이익을 제공하여서는 아니 된다.
② 국가, 지방자치단체 또는 대통령령으로 정하는 공공기관이 발주한 건설공사의 업체선정에 심사위원으로 참여한 자는 그 직무에 관하여 부정한 청탁을 받고 재물 또는 재산상의 이익을 취득하여서는 아니 된다.
③ 국가, 지방자치단체 또는 대통령령으로 정하는 공공기관이 발주한 건설공사의 업체 선정에 참여한 법인, 해당 법인의 대표자, 상업 사용인, 그 밖의 임원 또는 직원은 그 직무에 관하여 부정한 청탁을 받고 재물 또는 재산상의 이득을 취득하거나 부정한 청탁을 하면서 재물 또는 재산상의 이익을 제공하여서는 아니 된다.

133 한국마사회법 제51조(벌칙) 다음 각 호의 어느 하나에 해당하는 자는 5년 이하의 징역 또는 5천만원 이하의 벌금에 처한다.
1. 조교사·기수 및 말관리사가 그 업무와 관련하여 부정한 청탁을 받고 재물 또는 재산상의 이익을 수수·요구 또는 약속한 자
2. 조교사·기수 및 말관리사가 그 업무와 관련하여 부정한 청탁을 받고 제3자에게 재물 또는

관련 집단소송법(§60, §61[134]), 외국법자문사법[§46(i), (iii)], 국민체육진흥법[§48(i), (ii), §14의3(선수 등의 금지행위)], 전통 소싸움경기에 관한 법률(§25, §27[135]) 등에는 행위의 주체나 행위태양 등을 구체화하여 본죄와 유사한 구성요건을 규정하고 있다.

97 이와 같은 본죄의 변형 입법들은 개별 산업별로 실제로 일어나는 거래질서 침해사범들을 적시에 효과적으로 처벌하고, 본죄에 비하여 가중하여 처벌할 필요성이 있는 경우에 이를 반영하기 위함이라고 이해할 수 있다.[136] 그리고 위와

재산상의 이익을 공여(供與)하게 하거나 공여를 요구 또는 약속한 자

134 증권관련 집단소송법 제60조(배임수재) ① 제7조제1항에 따라 증권관련집단소송의 소를 제기하는 자, 대표당사자, 원고측 소송대리인 또는 분배관리인이 그 직무에 관하여 부정한 청탁을 받고 금품 또는 재산상의 이익을 수수(收受)·요구 또는 약속한 경우에는 다음 각 호의 구분에 따라 처벌한다.

1. 수수·요구 또는 약속한 금품 또는 재산상의 이익의 가액(이하 "수수액"이라 한다)이 1억원 이상인 경우: 무기 또는 10년 이상의 유기징역에 처하되, 수수액에 상당하는 금액 이하의 벌금을 병과(倂科)할 수 있다.
2. 수수액이 3천만원 이상 1억원 미만인 경우: 5년 이상의 유기징역에 처하되, 수수액에 상당하는 금액 이하의 벌금을 병과할 수 있다.
3. 수수액이 3천만원 미만인 경우: 7년 이하의 징역 또는 1억원 이하의 벌금에 처한다.

② 제7조제1항에 따라 증권관련집단소송의 소를 제기하는 자, 대표당사자, 원고측 소송대리인 또는 분배관리인이 그 직무에 관하여 부정한 청탁을 받고 제3자에게 금품 또는 재산상의 이익을 공여하게 하거나 공여하게 할 것을 요구 또는 약속한 경우에도 제1항과 같은 형에 처한다.

③ 제1항 및 제2항의 죄에 대하여는 10년 이하의 자격정지를 병과할 수 있다.

제61조(배임증재 등) ① 제7조제1항에 따라 증권관련집단소송의 소를 제기하는 자, 대표당사자, 원고측 소송대리인 또는 분배관리인에게 그 직무에 관하여 부정한 청탁을 하고 금품 또는 재산상의 이익을 약속 또는 공여한 자나 공여의 의사를 표시한 자는 7년 이하의 징역 또는 1억원 이하의 벌금에 처한다.

② 제1항의 행위에 제공할 목적으로 제3자에게 금품을 교부하거나 그 정을 알면서 교부받은 자도 제1항과 같은 형에 처한다.

135 전통 소싸움경기에 관한 법률 제25조(벌칙) ① 심판, 조교사 또는 싸움소 관리원이 다음 각 호의 어느 하나에 해당하는 행위를 하였을 때에는 5년 이하의 징역 또는 5천만원 이하의 벌금에 처한다.

1. 업무에 관하여 부정한 청탁을 받고 재물 또는 재산상의 이익을 수수(收受)·요구 또는 약속하였을 때
2. 업무에 관하여 부정한 청탁을 받고 제3자에게 재물 또는 재산상의 이익을 제공하게 하거나 그 제공을 요구 또는 약속하였을 때

② 심판, 조교사 또는 싸움소 관리원이 제1항제1호의 죄를 저질러 부정한 행위를 하였을 때에는 7년 이하의 징역 또는 7천만원 이하의 벌금에 처한다.

제27조(벌칙) 제25조에 따른 재물 또는 재산상의 이익을 약속·제공하거나 제공의 의사를 표시한 자는 2년 이하의 징역 또는 2천만원 이하의 벌금에 처한다.

136 강수진(주 5), 236.

같은 특별법위반죄와 본죄 사이의 관계에 대하여는, 각각의 입법취지나 보호법익, 행위의 주체나 행위태양 등 구체적인 구성요건의 차이 등을 고려하여 볼 때 각각 구성요건을 달리하는 별개의 범죄라고 보는 것이 타당하다.

판례도 건설산업기본법위반죄와 배임수재죄가 문제된 사안에서, "건설산업기본법 제95조의2는 "제38조의2의 규정을 위반하여 부정한 청탁에 의한 재물 또는 재산상의 이익을 취득하거나 공여한 자는 5년 이하의 징역 또는 5천만 원 이하의 벌금에 처한다."고 규정하고, 같은 법 제38조의2는 "도급계약의 체결 또는 건설공사의 시공과 관련하여 발주자, 수급인, 하수급인 또는 이해관계인은 부정한 청탁에 의한 재물 또는 재산상의 이익을 취득하거나 공여하여서는 아니된다."고 규정하고 있는바, 위 조항은 "개인적 법익에 대한 범죄가 아니라 건설업의 부조리를 방지하여 건설산업의 건전한 발전을 도모하고자 하는 사회적 법익을 그 보호법익으로 하는 것으로서, 그 행위 및 이익 귀속의 주체를 발주자, 수급인, 하수급인 또는 이해관계인으로 명시하고 있는 데다가 형법상 배임수재죄와 달리 필요적 몰수·추징에 관한 규정도 두지 않은 점 등 제반 사항을 종합적으로 고려하여 보면, 건설산업기본법 제95조의2 위반죄는 형법상 배임수재죄의 특별규정이 아니라 그와 구성요건을 달리하는 별개의 죄라고 보아야 할 것"이라고 판시하였다.[137] 그리고 판례는 건설산업기본법위반죄와 배임수재죄는 상상적 경합관계에 있다고 하였다.[138] 98

6. 몰수와 추징

범인 또는 그 사정을 아는 제3자가 배임수재행위로 취득한 재물은 몰수한다. 취득한 재물을 몰수하기 불가능하거나 재산상의 이익을 취득한 때에는 그 가액을 추징한다(§ 357③). 필요적 몰수·추징이라는 점에서 뇌물죄와 같다. 필요적 몰수·추징규정은 그 범행에 제공된 재물과 재산상 이익을 박탈하여 부정한 이익을 보유하지 못하게 하기 위한 것이다. 99

수재자가 받은 금액을 추후에 제공자에게 반환한 경우에도 추징할 수 없는 100

137 대판 2008. 9. 11, 2008도3932. 본 판결 평석은 김정환, "건설산업기본법 위반죄(부정취득)와 배임수재죄의 관계", 형사판례연구 〔19〕, 한국형사판례연구회, 박영사(2011), 참조.
138 대판 2008. 9. 11, 2008도3932.

것은 아니다.[139] 수재자가 증재자로부터 받은 재물을 그대로 가지고 있다가 증재자에게 반환하였다면, 증재자로부터 이를 몰수하거나 그 가액을 추징하여야 한다.[140] 그러나 수재자가 취득한 재물 또는 재산상의 이익을 그 받은 취지에 따라 타인에게 교부한 경우에는 그 부분 이익은 실질적으로 범인에게 귀속된 것이 아니어서 이를 범인으로부터 몰수하거나 그 가액을 추징할 수 없고, 타인에게 교부된 것인 처음부터 예정되어 있던 것이 아니라 그 세부적인 사용이 범인의 독자적 권한에 속해 있었던 것을 사용하는 경우에는 범인이 받은 금액 전부를 추징해야 한다.[141] 수재자가 취득하지 않은 공여된 재물에 대해서는 제48조 제1항 제1호, 제2호에 의하여 임의적 몰수를 할 수 있을 뿐이다.[142]

101 수인이 공모하여 금품을 수수한 경우에는 각자가 실제로 수수한 금품을 몰수하거나 몰수할 수 없을 때에는 추징해야 할 것이고, 개별적으로 몰수 또는 추징할 수 없을 때에는 평등하게 몰수·추징해야 한다. 수인 중 1인만이 피고인이 되어 있을 때에는, 수수금품을 피고인이 전부 소비한 것인지 혹은 수인과 분배 소비한 것인지, 한편 분배 소비한 것이라면 피고인은 그중 얼마나 소비한 것인지를 밝혀 피고인으로부터 추징할 금액을 확정하여야 한다.[143]

102 배임수재죄에서 행위자 또는 제3자가 취득한 것이 재물인지 재산상 이익인지는 몰수 또는 추징 여부와 관련하여 의미가 있다.[144] 판례는 돈이 입금된 계좌의 예금통장이나 이를 인출할 수 있는 현금카드나 신용카드를 교부받은 경우에는, 언제든지 그 예금통장이나 현금카드, 신용카드를 이용하여 예금된 돈을 인출할 수 있어 예금통장의 돈을 자신이 지배하고 입금된 돈에 대한 실질적인 사용권한과 처분권한을 가지고 있는 것으로 평가될 수 있다면, 예금된 돈인 재물을 취득한 것으로 보아야 한다고 판시하였다.[145]

---

139 대판 1983. 8. 23, 83도406.
140 대판 2017. 4. 7, 2016도18104.
141 대판 2008. 3. 13, 2006도3615.
142 김성돈, 476; 정성근·박광민, 488.
143 대판 1978. 2. 14, 77도3949.
144 신동운, 1300-1301.
145 대판 2017. 12. 5, 2017도11564.

Ⅲ. 배임증재죄(제2항)

1. 행위의 주체

배임증재죄는 타인의 사무를 처리하는 자에게 그 임무에 관하여 부정한 청탁을 하고 재물 또는 재산상의 이익을 공여하는 것을 구성요건으로 하므로, 배임수재죄와는 달리 주체에 제한이 없는 비신분범이다. 배임수재죄와 필요적 공범관계에 있지만, 그렇다고 하여 반드시 수재자와 증재자가 함께 처벌되어야 하는 것은 아니다.[146] 재물이나 재산상 이익의 공여가 증재자에 의해 일방적으로 행해진 때에는 배임증재죄만 성립할 수 있고, 수재자에 대하여는 부정한 청탁이 되어도 증재자에게는 부정한 청탁이라고 볼 수 있는 사정이 없으면 배임수재죄만 성립할 수도 있다. 103

2. 실행행위

타인의 사무를 처리하는 자에게 부정한 청탁을 하고 재물 또는 재산상의 이익을 공여하는 것이다. 104

증재자는 수재자에게 그 임무에 관한 부정한 청탁을 할 것을 요한다. 부정한 청탁의 의미는 **배임수재죄**에서와 같다고 할 것인데, 다만, 수재자에게는 부정한 청탁이 되어도 증재자에게는 부정한 청탁이 될 수 없는 경우에는 배임수재죄는 성립하지만 배임증재죄는 성립하지 않을 수 있다.[147] 105

배임수재죄와 마찬가지로 현실적인 공여가 있어야 한다. 공여의 의사표시만으로는 미수에 불과하다는 견해가 다수설이나,[148] 공여의 의사표시나 공여의 약속만 한 상태라면 예비단계에 불과하여 미수범으로도 처벌할 수 없다고 보는 견해도 있다.[149] 106

---

146 대판 2011. 10. 27, 2010도7624.

147 대판 1980. 8. 26, 80도19.

148 김성돈, 476; 김일수·서보학, 403; 오영근, 411; 임웅, 574; 이재상·장영민·강동범, § 21/52; 정성근·박광민, 488, 주석형법 〔각칙(6)〕(5판), 611(노태악).

149 신동운, 1308.

3. 다른 죄와의 관계

107 배임증재죄도 배임수재죄와 마찬가지로 배임죄와는 별개의 독립한 범죄이다. 따라서 배임증재죄를 범한 사람이라 할지라도 그와 별도로 타인의 사무를 처리하는 지위에 있는 사람과 공범으로 배임죄를 범할 수 있다.[150]

108 회사의 이사 등이 회사의 자금으로 부정한 청탁을 하고 배임증재를 하였다면 이는 오로지 회사의 이익을 도모할 목적이라기보다는 배임증재 상대방의 이익을 도모할 목적이나 그 밖의 다른 목적으로 행하여진 것이라고 봄이 상당하므로, 그 이사 등은 회사에 대하여 업무상횡령죄의 죄책을 면하지 못한다.[151] 이 경우 배임증재죄와 횡령죄는 실체적 경합의 관계에 있다고 할 것이다.

109 특정경제범죄법 제6조는 금융회사 등의 임직원의 직무에 관하여 금품이나 그 밖의 이익을 약속, 공여 또는 공여의 의사표시를 한 사람, 금융회사 등의 임직원의 직무에 관하여 부정한 청탁을 하고 제3자에게 금품이나 그 밖의 이익을 공여하거나 공여를 약속한 사람, 금융회사 등의 임직원에게 소속 금융회사 등 또는 다른 금융회사 등의 임직원의 직무에 속한 사항의 알선에 관하여 금품이나 그 밖의 이익을 약속, 공여 또는 공여의 의사표시를 한 사람을 처벌한다. 배임수재죄와 마찬가지로, 금융회사 등의 임직원에 대한 증재행위에 대한 특별규정이 된다고 볼 수 있다.

110 참고로, 특정경제범죄법 제7조에 의한 알선수재죄나 특정범죄가중법 제3조에 의한 알선수재죄와 관련하여서는 해당 법률에 공여자(증재자)에 대한 처벌규정이 존재하지 않는다. 따라서 위 두 법률에 의한 알선수재죄가 적용되는 경우 공여자는 필요적 공범 중 편면적 대향범에 해당하여 총칙상 공범규정을 적용할 수 없고, 공여행위를 교사·방조한 행위 역시 공범으로 처벌할 수 없다.[152]

Ⅳ. 처 벌

111 배임수재죄는 5년 이하의 징역 또는 1천만 원 이하의 벌금에 처하고(제1항),

---

150 대판 1999. 4. 27, 99도883.
151 대판 2013. 4. 25, 2011도9238.
152 이주원, 특별형법(8판), 321, 431.

배임증재죄는 2년 이하의 징역 또는 500만 원 이하의 벌금에 처한다(제2항).

위 각 죄에는 10년 이하의 자격정지를 병과할 수 있고(§ 358), 미수범은 처 112
벌한다(§ 359). 그리고 범인 또는 그 사정을 아는 제3자가 취득한 재물은 몰수하고, 그 재물을 몰수하기 불가능하거나 재산상의 이익을 취득한 때에는 그 가액을 추징한다(제3항).

본죄에 대해서는 친족 간의 범행에 관한 규정(§ 324)이 준용된다(§ 361). 113

〔강 수 진〕

제358조(자격정지의 병과)
전3조의 죄에는 10년 이하의 자격정지를 병과할 수 있다.

1 제355조의 단순횡령죄와 단순배임죄, 제356조의 업무상횡령죄와 업무상배임죄, 제357조의 배임수재죄와 배임증재죄에 대한 자격정지의 병과 규정이다. 즉, 위 죄를 범한 사람에 대하여는 해당 각조에 규정된 징역형 또는 벌금형 외에 본조에 의하여 10년 이하의 자격정지형을 병과할 수 있다.

2 횡령죄 및 배임죄 등이 지능범적 요소를 포함하는 이른바 의욕범에 속하므로 명예형의 일종인 자격정지형을 병과할 수 있게 하였다.[1] 다만, 재판실무에서는 자격정지형을 병과하는 예는 별로 없다.

〔김 현 석〕

1 주석형법 〔각칙(6)〕(5판), 613(노태악).

第359조(미수범)

제355조 내지 제357조의 미수범은 처벌한다.

제355조 내지 제357조의 미수범에 대한 처벌규정이다. 즉, 횡령죄(업무상횡령죄), 배임죄(업무상배임죄), 배임수·증재죄의 경우 미수범을 처벌한다. 1

종래 재판실무상 횡령죄나 배임죄의 미수를 인정하는 사례가 드문 편이었으나, 근래 대법원 판례 중에는 횡령죄를 구체적 위험범으로 본 다음 횡령미수죄를 인정한 하급심 판결[1]이 정당하다고 본 것도 있다.[2] 2

최근 배임죄의 미수에 관한 전원합의체 판결[3]은, 대표권 남용의 경우에 그 의무부담행위로 인하여 실제로 채무의 이행이 이루어졌다거나 회사가 민법상 불법행위책임을 부담하게 되었다는 등의 사정이 없는 이상 배임죄의 기수에 이른 것은 아니라고 판시하면서 배임죄의 미수범을 인정하였다(미수범에 대한 상세는 **각 해당 범죄의 미수 부분** 참조). 3

〔김 현 석〕

1 춘천지법 영월지판 2010. 3. 23, 2009고단474(피고인이 수목에 관하여 합유자인 피해자를 배제한 채 피고인의 단독 소유인 것처럼 행세하면서 제3자에게 매도하고 즉석에서 그 계약금을 교부받아 임의로 사용한 사례).

2 대판 2012. 8. 17, 2011도9113(횡령죄로 기소되었으나 횡령미수를 인정). 본 판결 평석은 김봉수, "횡령죄의 미수범 성립여부", 형사판례연구 〔21〕, 한국형사판례연구회, 박영사(2013), 225-251; 이용식, "횡령죄의 기수성립에 관한 논의 구조 - 횡령죄의 구조 -", 형사판례연구 〔21〕, 한국형사판례연구회, 박영사(2013), 253-285.

3 대판 2017. 7. 20, 2014도1104(전). 본 판결 평석은 이현석, "대표권남용에 의한 약속어음 발행행위와 배임죄", 김신 대법관 재임기념 논문집, 사법발전재단(2018), 410-419.

第360条(점유이탈물횡령)

① 유실물, 표류물 또는 타인의 점유를 이탈한 재물을 횡령한 자는 1년 이하의 징역이나 300만원 이하의 벌금 또는 과료에 처한다. 〈개정 1995. 12. 29.〉

② 매장물을 횡령한 자도 전항의 형과 같다.

Ⅰ. 의의 및 보호법익

1. 의 의

1 (1) 본조는 유실물, 표류물 또는 타인의 점유를 이탈한 재물(제1항)(점유이탈물횡령죄)과 매장물(제2항)(매장물횡령죄)를 횡령하는 사람을 처벌하는 규정이다. 타인의 점유를 침해하지 않는다는 점에서 절도죄와 구별되고, 타인과의 신임위탁관계를 전제로 하지 않는다는 점에서 횡령죄와 다르다. 본죄[(점유이탈물·매장물)횡령죄]는 타인의 점유에 대한 침해가 없고 신임위탁관계를 저버리는 면이 없을 뿐만 아니라 영득에 대한 유혹이 강하다는 점에서 책임비난이 적어 횡령죄보다 법정형이 낮다.

2 (2) 본죄와 횡령죄와의 관계에 관하여, ① 통설은 법적 성질을 달리하는 독립된 별개의 범죄라고 본다.[1] 이에 대하여, ② 본죄는 횡령죄와 보충관계에 있는 감경적 구성요건으로 보아야 한다는 견해가 있다.[2] 이 견해는 횡령죄와 본죄

1 김성돈, 형법각론(8판), 472; 김신규, 형법각론 강의(2판), 482; 김일수·서보학, 새로쓴 형법각론(9판), 317; 오영근, 형법각론(7판), 379; 이정원·류석준, 형법각론, 432; 임웅, 형법각론(11정판), 524; 정성근·정준섭, 형법강의 각론(2판), 313; 주호노, 형법각론, 907; 한상훈·안성조, 형법개론(3판), 565.

2 신동운, 형법각론(2판), 1230; 유기천, 형법학(각론강의 상)(전정신판), 284.

모두 소유권 또는 소유권에 준하는 권리(본권)를 보호하기 위하여 같은 장에 규정된 범죄유형이라는 점을 강조한다.

그러나 통설인 위 ①의 견해는 본죄는 신임관계의 침해를 내용으로 하지 않는 점에서 횡령죄와는 성질을 달리하는 영득죄이고, 횡령죄를 보관자라는 신분이 있어야만 성립하는 구성적 신분범으로 이해하면서, 신분이 없는 경우를 감경적 구성요건이라고 할 수 없는 점과 본죄를 기본적 구성요건으로 하면서 횡령죄를 가중적 구성요건으로 규정하고 있는 독일형법과 달리 본죄는 자기가 점유하는 재물에 대하여만 성립하는 것이 아니라는 점을 그 근거로 들고 있다. 3

2. 보호법익

본죄의 보호법익에 대해서는 소유권 외에 사실상의 소유도 포함된다는 견해[3]도 있으나, 횡령죄와 마찬가지로 소유권이라고[4] 할 것이다([**총설 1] IV. 보호법익** 참조). 4

보호의 정도에 대해서도 횡령죄의 경우([**총설 1] IV. 보호법익** 참조)와 마찬가지로 ① 위험범설[5]과 ② 침해범설[6]이 대립한다.[7] 위 ①의 위험범설은 이미 점유이탈상태에 있는 물건을 횡령하는 것이므로 횡령으로 인한 재산에 대한 현실적인 침해를 요하지 않고, 미수범 처벌규정을 두고 있지 않는 점 등을 그 근거로 들고 있다. 이에 대하여 위 ②의 침해범설은 본죄의 성립에는 보호법익의 침해가 그 요건임을 전제로 위험범설은 권리의 침해와 상실을 혼동한 것이라고 한다. 한편, 본죄는 상태범이다.[8] 5

3 오영근, 379.
4 김일수·서보학, 317; 임웅, 524; 홍영기, § 87/1.
5 김성돈, 472; 임웅, 524.
6 김일수·서보학, 316; 오영근, 379; 정성근·정준섭, 313.
7 주석형법 〔각칙(6)〕(5판), 618(노태악)은 이러한 대립은 실제 적용에 있어서는 큰 차이가 있을 것으로 보이지 않는다고 한다.
8 김성돈, 472; 김일수·서보학, 316; 이재상·장영민·강동범, 형법각론(13판), § 21/51; 정성근·정준섭, 313.

Ⅱ. 구성요건

1. 주 체

6 타인의 재물을 점유하지 않는 사람도 본죄의 주체가 될 수 있고, 타인의 재물을 점유하더라도 위탁관계에 의하지 않은 점유라면 본죄의 주체가 될 수 있다.

2. 객 체

(1) 개요

7 본죄의 객체는 타인의 소유인 유실물·표류물 또는 타인의 점유를 이탈한 재물, 즉 점유이탈물(제1항)과 매장물(제2항)이다. 타인 소유의 재물이어야 하므로 무주물은 본죄의 객체가 아니다. 무주물 선점의 대상이 될 수 있는지는 민사법에 의하여 판단되어야 한다. 동산뿐만 아니라 부동산도 이론상 본죄의 객체가 될 수 있다는 견해도 있다.[9] 점유이탈물은 타인의 소유라고 인정될 수 있으면 무방하고, 그 소유자가 누구인지 밝혀지지 않아도 된다. 행위자가 착오로 인하여 점유한 재물(잘못 배달된 우편물[10] 등), 타인이 놓고 간 재물, 우연히 행위자의 점유에 들어온 재물도 이에 포함된다.

(2) 점유이탈물 - 점유의 존부가 문제되는 경우

(가) 점유의 존부

8 점유이탈물은 원래 점유자의 의사에 기하지 않고 그의 점유를 벗어난 재물을 말하므로, 타인의 점유에 속하는 경우에는 점유이탈물이라 할 수 없다. 본래의 점유자의 점유를 벗어나면 충분하므로 아직 어느 누구의 점유에 속하지 않고 있는지 아니면 행위자의 점유에 속하게 되었는지는 묻지 않는다.

9 점유이탈물이 되려면 타인의 점유를 벗어났을 것을 요하므로 아직 타인의 점유를 벗어났다고 할 수 없는 재물은 점유이탈물이라 할 수 없다. 형법상 점유는 민법상의 점유와 달리 사실상 점유로서 점유이탈물에 해당하는지는 해당 물건을 특정인이 점유하고 있는가, 아니면 점유를 벗어났는가를 판단하는 점유의 존부의 관점에서 파악하게 된다. 타인의 점유가 인정되면 절도죄가 성립될 가능

---

9 주석형법 〔각칙(6)〕(5판), 619(노태악).
10 大判 大正 6(1917). 10. 15. 刑録 23·1113.

성이 높고, 타인의 점유를 벗어난 경우에는 본죄가 인정될 수 있다.

(a) 물리적 지배 = 관리범위

물건을 악지(握持)하는 경우와 같이 현실적인 물리적 지배를 하고 있는 경 10
우와 소지하고 있지는 않지만 물건이나 사람의 배타적 지배영역 내에 있는 물건, 예를 들면 집안에 보관하는 물건, 부재중에 배달된 택배, 여관의 숙박객이 자신의 방실에 보관하는 물건 등은 점유하는 재물에 해당한다.

(b) 사실적 관리가능성

노상에 잠시 자전거를 주차시켜 놓고 볼 일을 본 다음 되돌아 온 경우에는 11
점유가 유지되지만, 노상에 며칠 동안 자전거를 방치한 경우[11]는 점유를 인정하기 곤란하다. 그러나 자동차를 수일 동안 방치한 경우라면, 그 이동의 곤란성으로 인하여 점유 지속을 인정할 수 있다.[12] 다만, 피해자에 의해 물리적 지배가 재개될 가능성이 있으면 점유를 상실하였다고 볼 수 없다.[13]

[피해자가 졸도하여 의식을 상실한 경우: 절도죄 인정] 12
설사 피해자가 졸도하여 의식을 상실한 경우에도 현장에 일실된 피해자의 물건은 자연히 그 지배하에 있는 것으로 보아야 한다.[14]

[강간을 당한 피해자가 두고 간 손가방을 가져간 경우: 절도죄 인정] 13
강간을 당한 피해자가 도피하면서 현장에 놓아두고 간 손가방은 점유이탈물이 아니라 사회통념상 피해자의 지배하에 있는 물건이라고 보아야 할 것이므로, 피고인이 그 손가방 안에 들어 있는 피해자 소유의 돈을 꺼낸 소위는 절도죄에 해당한다.[15]

[사자의 사체와 함께 있는 재물: 절도죄 인정] 14
피해자를 살해한 방에서 사망한 피해자 곁에 4시간 30분쯤 있다가 그곳 피해자의 자취방 벽에 걸려 있던 피해자가 소지하는 물건들을 영득의 의사로 가지고 나온 경우, 피해자가 생전에 가진 점유는 사망 후에도 여전히 계속되는 것으로 보아야 한다.[16]

---

11 東京高判 昭和 36(1961). 8. 8. 高刑集 14·5·316.

12 김준호, "형법상 점유의 존부와 귀속에 관한 이론적 일고찰", 저스티스 144, 한국법학원(2014), 320-321.

13 김일수·서보학, 317. 일본 판례로는 最判 昭和 32(1957)·11·8 刑集 11·12·3061.

14 대판 1956. 8. 17, 4289형상170.

15 대판 1984. 2. 28, 84도38.

16 대판 1993. 9. 28, 93도2143. 본 판결 평석은 최철환, "사자의 점유및 사자명의의 문서", 형사판

15 **[결혼식장 접수처에 놓인 축의금 봉투를 가져간 사안: 절도죄 인정]**

피고인이 결혼예식장에서 신부 측 축의금 접수인인 것처럼 행세하여 축의금을 교부받아 가로챈 경우, 피해자의 교부행위의 취지는 피고인에게 그 처분권을 주는 것이 아니므로 피고인은 신부 측 접수처의 점유를 침탈하여 그 돈을 절취한 것이다.[17]

(나) 착오 교부물과 착오송금

16 거래의 상대방의 착오로 과다 지급된 매매잔대금이나 거스름 돈은 그 수령 당시에 과다지급 사실을 알지 못한 경우에는 점유이탈물이 된다.[18]

17 그러나 자신의 은행계좌로 착오로 송금된 돈을 임의로 인출하여 사용한 경우, 학설은 ① 횡령죄설,[19] ② 점유이탈물횡령죄설,[20] ③ 사기죄설[21]로 나뉜다 〔상세는 **§355 횡령죄 I. 1. (8) 착오송금** 참조〕. 판례는 일관하여 횡령죄가 성립한다고 한다(위 ①설).[22]

(3) 유실물

18 유실물은 원점유자가 잃어버린 물건으로서 분실물과 같은 의미이다. 유실물법상의 유실물과 반드시 일치하지는 않는다. 유실물법 제12조에서 말하는 준유실물〔착오로 점유한 물건, 타인이 놓고 간 물건이나 일실(逸失)한 가축〕은 점유이탈물에 속한다고 볼 수 있다.

19 유실물법 제10조는 "관리자가 있는 선박, 차량, 건축물, 그 밖에 일반인의 통행을 금지한 구내에서 타인의 물건을 습득한 자는 그 물건을 관리자에게 인

례연구 〔3〕, 한국형사판례연구회, 박영사(1996), 185-200.

17 대판 1996. 10. 15, 96도2227, 96감도94.

18 대판 2004. 5. 27, 2003도4531. 「매매잔금을 교부받기 전 또는 교부받던 중에 과다지급을 알게 되었을 경우에는 그 사실을 고지할 의무가 있으므로 그대로 과다지급 대금을 수령한 경우에는 부작위에 의한 사기죄가 성립될 수 있지만, 잔대금 교부를 마친 이후에야 비로서 알게 된 경우에는 점유이탈물횡령죄가 될 수 있음은 변론으로 하고 사기죄를 구성할 수는 없다.」

본 판결 평석은 원혜욱, "횡령죄에 있어서의 위탁관계", 형사판례연구 〔14〕, 한국형사판례연구회, 박영사(2006), 153-165.

19 박상기, 형법각론(8판), 384.

20 김일수·서보학, 288; 이정원·류석준, 418; 정성근·박광민, 형법각론(전정3판), 459.

21 이재상·장영민·강동범, §20/15; 진계호·이존걸, 형법각론(6판), 454. 일본 판례도 수취인에게 착오송금되었다는 사실을 은행에 고지해야 할 신의칙이나 사회생활상의 조리에 따른 고지의무가 인정된다고 하여 사기죄의 성립을 인정하였다〔最決 平成 15(2003). 3. 12. 刑集 57·3·322〕.

22 대판 1968. 7. 24, 66도1705; 대판 2005. 10. 28, 2005도5975; 대판 2006. 10. 12, 2006도3929; 대판 2010. 12. 9, 2010도891.

계하여야 한다."고 규정하고 있다. 이와 같은 유실물을 관리자에게 교부하지 않고 가져가면 본죄에 해당한다. 그러나 물건이 있는 장소적 특성에 비추어 아직 관리자의 점유하에 있다고 판단되는 경우에는 절도죄가 성립할 수 있다.

[불특정 다수가 모이는 장소에서 물건을 가져간 경우: 고속버스[23]나 열차[24] 내부는 점유이탈물 횡령죄 인정, 당구장[25]이나 PC방[26]은 절도죄 인정] 20

① 고속버스나 열차 내부와 같이 불특정 다수가 모이는 장소에서 물건을 잃어버린 채 재빨리 사회적 지배를 회복하지 못한 경우에는, 그 장소의 관리자의 점유를 인정하기 어렵다.[27] 그러나 ② 당구장이나 피씨방과 같이 관리자의 배타적 지배가 가능한 장소라면, 그 관리자에게 점유가 이전되었다고 보아야 한다.[28]

(4) 표류물

표류물은 원점유자의 점유를 이탈하여 수상에 떠 있거나 떠내려가고 있는 21
물건(전자)을 말한다. 수상에 가라앉은 물건(후자)은 표류물에 포함시키는 견해[29]와 매장물에 해당한다는 견해[30]가 있으나 본죄의 성립 여부에 영향을 미치는 것은 아니다. 수상에서의 수색·구조 등에 관한 법률은 위 전자를 표류물(§ 2(xii)), 후자를 침몰품(§ 2(xiii))이라 정의하고 있기는 하나, 법 적용에 큰 차이는 없다.

해난이나 항공기 추락 사고에 의하여 승무원이나 승객의 휴대품과 화물 등 22
은 현재 수색 중에 있더라도 점유를 벗어났다고 보아 표류물에 해당한다고 본

---

23 대판 1993. 3. 16, 92도3170. 본 판결 평석은 하태훈, "형법상의 점유개념", 형사판례연구 〔3〕, 한국형사판례연구회, 박영사(1996), 170-184.

24 대판 1999. 11. 26, 99도3963. 일본 판례로는 大判 大政 15(1926). 11. 2. 刑集 5·491(열차에 두고내린 모포).

25 대판 1988. 4. 25, 88도409.

26 대판 2007. 3. 15, 2006도9338.

27 김준호(주 12), 321(이는 원점유자가 물리적 지배를 재개할 가능성이 현실적으로 없다고 보았기 때문이다); 하태훈, "형법상의 점유개념", 형사판례연구 〔3〕, 한국형사판례연구회, 박영사(1996), 179-180(비판적인 입장으로, 버스회사나 철도청이 점유를 가지지 않는 이유에 대한 설명으로는 부족하다고 한다).

28 일본 판례는 숙박자가 여관 내에서 분실한 지갑〔大判 大正 9(1919). 4. 4. 刑録 25·382(여관주인이 그 사실을 알고 있는지를 불문하고 여관주인의 지배에 속함)〕, 공중전화기 안에 남아 있는 동전〔東京高判 昭和 33(1958). 3. 10. 裁特 5·3·89(전화국장의 관리에 속함)〕은 점유가 인정된다고 한다.

29 김성돈, 474; 김일수·서보학, 318.

30 배종대, 형법각론(14판), § 75/7; 이재상·장영민·강동범, § 21/50; 임웅, 527.

다. 소유자가 바다 속에 떨어진 물건의 대략적인 장소를 지적하여 그 부근에서 인양된 경우에는 소유자의 사실상 지배를 상실하지 않았다고 보아야 하지만,[31] 지적한 장소 부근에 해당 물건이 없을 경우에는 사실상 지배한다고 볼 수 없어 표류물에 해당한다.[32]

(5) 매장물

23 매장물이란 토지, 해저, 하상 또는 분묘, 건조물 속에 묻혀 있어 발굴 등의 작업에 의하지 않고는 획득이 곤란한 상태에 있는 물건을 말한다. 매장물에 관하여는 유실물법이 준용된다(유실물법 §13①). 매장물이 본죄의 객체가 되려면 소유권자가 판명될 필요는 없다고 하더라도 과거에 누군가가 소유하고 있었고 현재에도 그 소유가 상속인들에 의해서 계속될 가능성이 있어야 하고, 현재 누군가의 점유에 속하지 않아야 한다. 후손들에 의하여 직접 수호, 봉사되고 있는 분묘에 매장된 물건은 점유이탈물이 아니라 후손들에 의한 점유가 인정되므로 절도죄의 객체가 된다.

24 매장된 문화재의 경우, 매장문화재 보호 및 조사에 관한 법률(이하, 매장문화재법이라 한다.) 제20조[33]와 제22조[34] 등에 의하여 그 소유권자와 국가귀속 등이 결정되고, 그에 따라 재물의 타인성을 인정할 수 있다.

3. 행 위

25 본죄에서 횡령행위는 불법영득의 의사를 가지고 점유이탈물을 자기의 사실상 지배 아래 두는 행위를 말한다. 횡령죄와 마찬가지로 불법영득의 의사를 외

---

31 最決 昭和 32(1957). 1. 24. 刑集 11·1·270.

32 주석형법 [각칙(6)](5판), 622(노태악).

33 매장문화재법 제20조(발견신고된 문화재의 소유권 판정 및 국가귀속) ① 제18조제2항과 제19조제1항에 따라 경찰서장 또는 자치경찰단을 설치한 제주특별자치도지사가 공고한 후 90일 이내에 해당 문화재의 소유자임을 주장하는 자가 있는 경우 문화재청장은 대통령령으로 정하는 소유권 판정 절차를 거쳐 정당한 소유자에게 반환하고, 정당한 소유자가 없는 경우 국가에서 직접 보존할 필요가 있는 문화재가 있으면 「민법」 제253조 및 제254조에도 불구하고 국가에 귀속한다.
② 제1항에 따른 국가 귀속대상 문화재의 범위, 귀속절차, 보관·관리에 관하여 필요한 사항은 대통령령으로 정한다.

34 매장문화재법 제22조(문화재조사에 따른 발견 또는 발굴된 문화재의 처리 방법) 문화재청장은 지표조사와 제11조 및 제13조에 따른 발굴조사로 문화재가 발견 또는 발굴된 경우에는 「유실물법」 제13조제1항에서 준용하는 같은 법 제1조제2항에도 불구하고 해당 문화재의 발견 또는 발굴 사실을 대통령령으로 정하는 바에 따라 공고하여야 한다.

부에 표현하거나 실현하는 행위에 의하여 본죄가 완성된다.

처음에는 불법영득의사가 없이 유실자, 소유자 등에게 돌려주거나 경찰서 26
에 제출하려는 생각으로 물건을 습득하였으나, 이후 불법영득의사가 생겨 은닉, 소비, 매각 등 불법영득의사를 외부적으로 표현하는 행위를 하면, 그때 본죄는 기수에 이른다.[35]

타인이 점유하고 있는 재물을 점유이탈물이라고 오인하여 영득한 경우에, 27
① 사실의 착오에 관한 제15조 제1항의 해석과 관련하여 본죄가 성립한다는 견해[36]와 ② 절도죄를 본죄에 대하여 특별히 무거운 죄로 볼 수 없고 본죄의 미수범을 처리하는 규정이 없다는 이유로 무죄라는 견해[37]가 대립한다.

본죄의 미수범은 처벌하지 않는다. 자전거를 습득하여 소유자가 나타날 때 28
까지 보관하겠다고 하면서 수일간 보관하였다거나,[38] 유실물인 줄 알면서 즉시 당국에 신고하거나 피해자의 숙소로 가져가지 않고 친구의 집으로 가져갔다는 정도로는 불법영득의사가 인정되지 않거나 기수에 이르지 않는 것으로 보아 처벌되지 않는다.[39]

Ⅲ. 죄수 및 다른 죄와의 관계

1. 죄 수

본죄의 죄수 판단은 소유권 또는 소유권에 준하는 권리(본권) 침해의 개수 29
에 따라 결정된다.[40] 횡령죄와 달리 위탁신임관계의 문제가 없고, 절도죄와 달리 타인의 점유를 침해하는 일이 없으므로, 위탁관계나 점유의 개수와는 무관하게 소유권 등을 기준으로 죄수를 판단하게 된다.[41]

35 신동운, 1147; 정성근·정준섭, 315.
36 이재상·장영민·강동범, § 20/15.
37 신동운, 1148.
38 대판 1957. 7. 12, 4290형상104.
39 대판 1969. 8. 19, 69도1078.
40 주석형법 〔각칙(6)〕(5판), 623(노태악).
41 신동운, 1148; 大塚 外, 大コン(3版)(13), 696(矢野直邦).

2. 다른 죄와의 관계

(1) 사기죄와의 관계

30 금융기관 발행의 자기앞수표는 그 액면금을 즉시 지급받을 수 있는 점에서 현금에 대신하는 기능을 가지고 있어서 장물인 자기앞수표를 취득한 후 이를 현금 대신 교부한 행위는 장물취득에 대한 가벌적 평가에 당연히 포함되는 불가벌적 사후행위로서 별도의 사기죄(§ 347)를 구성하지 아니하므로,[42] 점유이탈물의 경우에도 본죄 이외에 별도의 범죄가 되지 않는다.

(2) 장물취득죄와의 관계

31 점유이탈물이 도품이라는 사실을 알면서 이를 취득한 때에는, 본죄만 성립할 뿐 장물취득죄(§ 362①)가 되는 것은 아니다.[43]

(3) 재물손괴죄와의 관계

32 횡령한 점유이탈물을 손괴한 경우, 본죄보다 재물손괴죄(§ 366. 3년 이하의 징역 또는 700만 원 이하의 벌금)를 무겁게 처벌하는 취지에 비추어 이는 불가벌적 사후행위에 해당된다.[44]

Ⅳ. 처 벌

33 1년 이하의 징역 또는 300만 원 이하의 벌금에 처한다.

34 본죄도 친족상도례가 준용되는데(§ 361), 신임관계가 문제가 되지 않으므로 행위자와 소유자(본권자) 사이에 친족관계만 있으면 된다.

〔김 현 석〕

---

42 대판 1980. 1. 15, 79도2948; 대판 1982. 7. 27, 82도822; 대판 1987. 1. 20, 86도1728; 대판 1993. 11. 23, 93도213.

43 最判 昭和 23. 12. 24. 刑集 2·14·1877.

44 주석형법 〔각칙(6)〕(5판), 623(노태악). 일본에서는 그 외에 포괄일죄로서 재물손괴죄가 성립한다는 견해도 있다고 한다〔大塚 外, 大コン(3版)(13), 698(矢野直邦)〕.

제361조(친족간의 범행, 동력)
제328조와 제346조의 규정은 본장의 죄에 준용한다.

Ⅰ. 친족상도례 규정의 준용

친족 간의 범행에 관한 규정(§ 328)은 다른 재산죄와 마찬가지로 횡령죄와 배임죄, 점유이탈물횡령죄에도 준용된다. 1

횡령죄의 경우, 친족상도례 규정은 범인과 피해물건의 소유자 및 위탁자 쌍방 사이에 제328조에 정한 친족관계가 있는 경우에만 적용되고, 단지 횡령범인과 피해물건의 소유자 간에만 친족관계가 있거나 횡령범인과 피해물건의 위탁자 간에만 친족관계가 있는 경우에는 적용되지 않는다.[1] 횡령죄에서는 소유권 침해뿐만 아니라 위탁신임관계의 위반도 중요한 의미가 있기 때문이다.[2] 점유이탈물횡령죄에서는 위탁자가 따로 존재하지 않으므로 행위자와 소유자 사이에 친족관계가 있으면 된다. 2

피해자와의 혼인이 무효인 경우, 피해자에 대한 재산범죄에서 친족상도례를 적용할 수 없다.[3] 친족관계는 원칙적으로 범행 당시에 존재하여야 하는 것이지만, 부가 혼인 외의 출생자를 인지하는 경우에 인지의 소급효는 친족상도례에 관한 규정의 적용에도 미친다고 보아야 할 것이므로, 인지가 범행 후에 이루어진 경우라고 하더라도 그 소급효에 따라 형성되는 친족관계를 기초로 하여 친족상도례의 규정이 적용된다.[4] 3

합유인 물건에 대한 재산범죄에서는 피해자인 합유자 전원에 대하여 친족 4

---

1 대판 2008. 7. 24, 2008도3438.
2 신동운, 형법각론(2판), 1073; 주석형법 〔각칙(6)〕(5판), 625(노태악); 김은효, "성년후견인의 공적 지위에 관한 고찰", 법률신문 3991(2011. 6. 13).
3 대판 2015. 12. 10, 2014도11533.
4 대판 1997. 1. 24, 96도1731.

관계가 있어야 친족상도례를 적용할 수 있다.[5]

5 형법상 횡령죄나 배임죄의 성질은 특정경제범죄 가중처벌 등에 관한 법률(이하, '특정경제범죄법'이라 한다.) 제3조 제1항에 의해 가중 처벌되는 경우에도 그대로 유지되고, 특정경제범죄법에 친족상도례에 관한 제361조, 제328조의 적용을 배제한다는 명시적인 규정이 없으므로, 제361조는 특정경제범죄법 제3조 제1항 위반죄에도 그대로 적용된다.[6]

6 가정법원에서 후견인으로 선임한 친족이 피후견인의 재물을 횡령하는 경우에, ① 후견인과 소유자인 피후견인 사이에 친족관계가 인정된다고 하더라도 위탁자인 법원과 후견인 사이에 위탁신임관계가 있으므로 친족상도례가 준용될 수 없다는 견해[7]와 ② 법률적으로 적용의 예외 규정이 없는 한 후견인이란 이유만으로 친족상도례의 규정 적용을 배제하는 것은 해석상 허용되지 않는다는 견해[8]가 대립한다. 일본 판례는 후견인의 사무가 공적인 성격을 가진다는 이유로 친족상도례의 규정 준용(일형 §255, §244)을 부정하고 있다.[9]

Ⅱ. 동력의 재물간주 규정의 준용

7 관리할 수 있는 동력을 재물로 간주하는 규정(§346)도 다른 재산죄와 마찬가지로 본장에 규정된 각 죄에 준용된다. 횡령죄에서 '타인의 재물'에 관리할 수 있는 동력이 포함되고, 배임수·증재죄에서도 '취득 또는 공여하는 재물'에 관리할 수 있는 동력이 포함된다. 그러나 배임죄는 재물을 객체로 하지 않으므로 재물간주규정이 적용될 여지가 없고, 점유이탈물횡령죄의 경우에도 이론상 적용 가능하기는 하지만, 동력이 관리자의 점유를 이탈하게 되거나 이를 횡령하는 것

5 대판 2015. 6. 11, 2015도3160.
6 대판 2010. 2. 11, 2009도12627; 대판 2013. 9. 13, 2013도7754.
7 신동운, 1073.
8 주석형법 [각칙(5)](5판), 330(이헌섭).
9 最決 平成 20(2008). 2. 18. 刑集 61·2·37(미성년후견인); 最決 平成 24(2012). 10. 9. 刑集 66·10·981(성년후견인)(친족관계를 양형상 참작사유로 고려하는 것도 상당하지 않다). 나아가 친족이 선임후견인과 공동하여 피후견인의 재산을 횡령한 경우에도, 후견인과 마찬가지로 가정에서의 자율에 맡긴다는 취지의 친족상도례의 규정은 준용되지 않는다고 판시하였다(東京高判 平成 25(2013). 10. 18. 高検速報 3511).

은 쉽사리 상정하기 어렵다.

재물과 재산상 이익을 구별하고 횡령과 배임을 별개의 죄로 규정한 현행 형법의 규정에 비추어 볼 때 물리적으로 관리할 수 있는 동력과는 달리 사무적으로 관리가 가능한 채권이나 그 밖의 권리 등은 재물에 포함된다고 해석할 수 없다.[10] 8

〔김 현 석〕

10 대판 1994. 3. 8, 93도2272; 대판 2014. 2. 27, 2011도832.

第41장 장물에 관한 죄

〔총 설〕

Ⅰ. 규 정

본장은 장물에 관한 죄에 대하여 규정하고 있는데, 구체적으로는 장물취득·양도·운반·보관죄(§ 362①) 장물알선죄(§ 362②), 이들 각 죄의 상습범(§ 363) 및 업무상과실 또는 중과실로 인한 제362조의 각 장물죄(§ 364)로 구성되어 있다. 본장의 조문 구성은 아래 [표 1]과 같다. 1

장물이란 절도·강도·사기·공갈·횡령 등 재산범죄에 의해 불법하게 영득한 재물을 말하고, 이때 장물을 발생시킨 영득죄 및 범인을 본범(本犯)이라고 한다. 장물의 죄는 본범을 전제로 하여 성립되는 범죄의 특성을 갖고 있어 형법상 위 재산범죄의 장 다음에 위치하고 있다. 2

우리 형법은 장물에 대한 정의규정을 따로 두고 않고, 장물의 취득 외에 장물의 양도·운반·보관·알선죄를 모두 같은 조문에 두어 동일한 형으로 처벌하고 있다. 한편, 업무상과실 또는 중대한 과실로 인한 장물죄를 처벌하는 규정도 두어 재산범죄 중 유일하게 과실범을 처벌하고 있다. 3

장물죄는 재물만을 객체로 하는 재물죄(財物罪)로, 장물범과 피해자 사이에 4

친족관계가 있는 경우에도 친족상도례 규정이 적용된다(§ 365①).

5 장물죄는 본범의 범행을 조장한다는 점에서 본범유발적인 성격을 가지며, 이러한 특징으로 인해 장물죄의 법정형은 본범인 절도죄 및 횡령죄의 각 법정형보다 높다.

6 또한 장물죄는 본범에 의해 유발된 위법한 상태를 은폐시키는 보호막으로서 기능한다는 점에서 본범은닉적인 성격을 가지며, 이러한 특징으로 인해 장물범과 본범 사이에 직계혈족, 배우자, 동거친족, 동거가족 또는 그 배우자 등 친족관계가 있는 경우에는 형을 법률상 감경하거나 면제하고 있다(§ 365②).

[표 1] 제41장 조문 구성

조 문		제 목	구성요건	죄 명	공소시효
§ 362	①	장물의 취득, 알선 등	ⓐ 장물을 ⓑ 취득, 양도, 운반 또는 보관	장물(취득, 양도, 운반, 보관)	7년
	②		①의 행위를 알선	장물알선	7년
§ 363	①	상습범	상습으로 § 362의 죄를 범함	상습(§ 362 각 죄명)	10년
	②		자격정지 또는 벌금(임의적 병과)		
§ 364		업무상과실, 중과실	ⓐ 업무상과실 또는 중과실로 ⓑ § 362의 죄를 범함	(업무상, 중) 과실장물(취득, 양도, 운반, 보관, 알선)	5년
§ 365	①	친족간의 범행	장물범과 피해자 간에 친족상도례(§ 328①, ②) 준용		
	②		장물범과 본범 간 § 328① 신분관계 있는 경우, 형의 필요적 감면(신분관계 없는 공범 예외)		

II. 연 혁

7 장물죄는 로마법에서는 강도 또는 절도를 은닉시켜 주는 범죄로 취급되었고, 중세 이탈리아법에서는 사후종범으로 이해되었으나, 19세기에 이르러 독일에서 장물죄의 독자성을 인정하게 되었다(1981년의 프로이센형법 § 237 이하 및 1871년의 독일제국형법 § 259).[1]

---

1 장물죄의 연혁에 관하여는 이재상·장영민·강동범, 형법각론(13판), § 22/2; 이형국·김혜경, 형

한편, 조선형사령에 의하여 의용된 일본형법 제256조 제1항은 장물수수죄를 3년 이하의 징역에, 제2항은 장물의 운반·기장(寄藏)(보관)·고매(故買)(유상취득) 및 아보(牙保)(알선)를 10년 이하의 징역 또는 1,000환 이하의 벌금에 처하는 규정을 두고 있었다. 8

해방 후 조선법제편찬위원회 기초요강에는 각칙 제43장에 장물에 관한 죄를 규정하면서 '업무에 관한 중대한 과실'의 경우를 처벌하는 일본형법가안 제451의 영향을 받아 '영업에 관한 중대한 과실로 인한 장물수득(장물수득)을 처벌하는 규정'을 신설하기로 하였으나,[2] 1953년 9월 18일 형법을 제정하면서 일반적인 다른 업무상과실의 경우와 통일하여 '업무상의 과실' 또는 '중대한 과실'을 동일한 평면에서 규정하였다.[3] 과실장물죄의 신설은 장물고매(贓物故買) 등의 범죄는 고물상 등이 교묘한 변명으로 장물에 관한 범의를 부인하면 범의에 관한 증명이 곤란하여 무죄가 되는 경우가 많은 점에 비추어, 중과실인 때는 처벌함이 타당하다는 의견에 따른 것이었다.[4] 9

형법 제정 이후 1995년 12월 29일 형법을 개정하면서, 제362조 제1항의 장물의 '양여'를 장물의 '양도'로 법문의 자구를 수정하였고, 제362조, 제363조 및 제364조의 벌금의 단위를 현실에 맞게 '환'에서 '원'으로 고치고 그 액수를 상향 조정하였다. 10

Ⅲ. 입법례

재산범죄로 인해 유발된 위법한 재산상태를 유지하고, 피해자의 피해 회복을 방해하는 행위를 처벌할 필요성은 어느 국가를 막론하고 공통적으로 있어왔다. 따라서 대부분의 국가는 형법에 장물의 죄와 유사한 규정을 두고 있다. 일본, 독일 또한 우리나라와 마찬가지로 장물죄에 관한 규정을 두고 있으나, 구체적인 내용에 있어서는 약간의 차이를 보이고 있다. 11

법각론(2판), 509; 주석형법 〔각칙(6)〕(5판), 630(권순형) 참조.

2 기초요강 제3(형법각칙요강) (을)(각론적 요강) 26〔형법제정자료집, 한국형사정책연구원(1990), 5-14; 신동운, 형법 제·개정 자료집, 한국형사정책연구원(2009), 12-18 참조〕.

3 유기천, 형법학(각론 상)(전정신판), 306.

4 엄상섭, "형법요강해설", 법정 3-9, 3-10(1948) 참조(신동운, 형법 제·개정 자료집, 30).

1. 일 본

12 일본은 형법 각칙 제2편 제39장에서 '도품(盜品) 등에 관한 죄'에 대하여 규정하고 있다. 우리 형법규정은 일본형법을 모델로 한 것이므로 두 나라의 규정을 비교해 보면 [표 2]와 같다.

[표 2] 우리나라와 일본의 형법규정 비교

우리나라		일본[5]	
각칙 제41장 장물에 관한 죄		각칙 제39장 도품 등에 관한 죄	
§ 362	(장물의 취득, 알선 등) ① 장물을 취득, 양도, 운반 또는 보관한 자는 7년 이하의 징역 또는 1천500만원 이하의 벌금에 처한다. ② 전항의 행위를 알선한 자도 전항의 형과 같다.	§ 256	(도품 양수 등) ① 도품 기타 재산에 대한 죄에 해당하는 행위에 의하여 영득된 물건을 무상으로 양수한 자는 3년 이하의 징역에 처한다. ② 전항에 규정한 물건을 운반, 보관, 유상양수하거나 그 유상처분을 알선한 자는 10년 이하의 징역 및 50만 엔 이하의 벌금에 처한다.
§ 363	(상습범) ① 상습으로 전조의 죄를 범한 자는 1년 이상 10년 이하의 징역에 처한다. ② 제1항의 경우에는 10년 이하의 자격정지 또는 1천500만원 이하의 벌금을 병과할 수 있다.		
§ 364	(업무상과실, 중과실) 업무상과실 또는 중대한 과실로 인하여 제362조의 죄를 범한 자는 1년 이하의 금고 또는 500만원 이하의 벌금에 처한다.		
§ 365	(친족간의 범행) ① 전3조의 죄를 범한 자와 피해자간에 제328조 제1항, 제2항의 신분관계가 있는 때에는 동조의 규정을 준용한다. ① 전3조의 죄를 범한 자와 본범간에 제328조 제1항의 신분관계가 있는 때에는 그 형을 감경 또는 면제한다. 단, 신분관계가 없는 공범에 대하여는 예외로 한다.	§ 257	(친족 등 간의 범죄에 관한 특례) ① 배우자 간 또는 직계혈족, 동거친족 또는 그들의 배우자 간에 전조의 죄를 범한 자는 그 형을 면제한다. ② 전항의 규정은 친족이 아닌 공범에 대하여는 적용하지 아니한다.

5 참고로 2022년 6월 17일 일본형법 개정(법률 제67호)으로 징역형과 금고형이 '구금형'으로 단일화되어 형법전의 '징역', '구금', '징역 또는 구금'은 모두 '구금형'으로 개정되었고, 부칙에 의하여 공포일로부터 3년 이내에 정령으로 정하는 날에 시행 예정이다. 그러나 현재 정령이 제정되지 않아 시행일은 미정이므로, 본장에서 일본형법 조문을 인용할 때는 현행 조문의 '징역' 등의 용어를 그대로 사용한다.

일본형법은 장물을 '도품 기타 재산에 대한 죄에 해당하는 행위에 의하여 영득된 물건'으로 규정하고, 장물의 무상양수(§ 256①)와 장물의 운반, 보관, 유상양수 및 유상처분알선(§ 256②)을 구분하여 형량을 달리 규정하고 있으며, 우리와는 달리 상습장물죄의 규정이나 업무상과실·중과실장물죄의 규정은 두고 있지 않다. 13

또한 장물죄에 대한 친족상도례를 규정하면서도(§ 257), 해당 규정이 장물범과 신분관계를 가지는 사람이 피해자인 경우 적용되는지, 본범인 경우 적용되는지에 대하여 명확하게 규정하지 않고 있다. 이에 대하여 일본의 판례[6]와 통설[7]은 해당 규정에서의 친족관계는 본범과 장물범 사이에 존재하여야 하는 것으로 해석하고 있다. 14

2. 독 일

독일형법은 각칙 제21장 '범인비호와 장물의 죄'의 장에서 범인비호죄와 장물죄를 함께 규정하고 있다. 15

독일형법은 장물을 '타인이 절취했거나 그 밖에 제3자의 재산에 대한 위법한 행위로 인하여 타인이 획득한 재물'이라고 규정하면서(§ 259①[8]), '장물을 자기 또는 제3자의 이익을 위하여 매입하거나 자기 또는 제3자로 하여금 취득하게 하거나, 매각하거나 또는 매각을 방조하는 행위'를 처벌하는 규정을 두고 있다. 16

또한, 조직적·영업적 장물죄를 가중처벌하는 규정(§ 260)을 두고 있다. 장물죄에 대해서는 친족상 특례규정이 적용되어 고소가 있어야 공소를 제기할 수 있고, 경미범죄 특례(공익목적의 예외적 소추 또는 친고죄)가 적용되며, 미수범을 처벌한다. 17

독일형법은 자금세탁 및 불법획득재산은닉죄(§ 261)를 두어, 범죄행위에 근거한 대상을 은닉하거나 자기 또는 제3자로 하여금 취득·보관하게 하거나 자기 또는 제3자를 위하여 사용(소비)하는 행위를 처벌하는 규정을 두고 있다. 이때 18

6 最決 昭和 38(1963). 11. 8. 刑集 17·11·2357.
7 西田 外, 注釈刑法(4), 581(上嶌一高).
8 독일형법 제259조 ① 타인이 절취한 재물 또는 그 밖에 다른 사람의 재산에 대한 위법행위로 인하여 타인이 획득한 재물을 자기 또는 제3자의 이익을 위하여 매입하거나 자기 또는 제3자로 하여금 취득하게 하거나, 매각 또는 매각을 방조한 자는 5년 이하의 자유형 또는 벌금에 처한다.

그 대상은 재물에 한정하지 않고, 은닉행위는 협의의 은닉은 물론 출처위장, 출처수사 방해, 대상물 발견 내지 압수 등을 방해하는 행위를 포함하고 있다. 또한 행위자가 중과실로 자금세탁의 대상임을 인식하지 못한 경우까지 처벌하는 규정(§ 261⑤)을 두어, 장물죄에서 포섭하지 못하는 '범죄로 인한 이익의 확보 내지 유지 행위'에 대한 처벌가능성을 열어두고 있다.[9]

Ⅳ. 보호법익

19 장물죄의 보호법익은 피해자의 재산권이다.[10] 장물죄와 유사하게 타인이 범한 범죄에 대한 범죄비호적 성격과 사후종범적 성격을 갖는 증거인멸죄(§ 155①)와 범인은닉죄(§ 151)가 국가의 형사사법 보호를 목적으로 하는 것과 다른 지점이다.

20 장물죄는 재산죄 중 타인이 범한 재산죄에 의하여 영득된 재물만을 행위의 객체로 한다는 점에서 재물죄이다. 다만, 장물죄도 사기, 공갈, 절도, 강도 등과 같이 재산죄의 가장 큰 특징 중 하나인 영득의사 내지 이득의사의 존재가 필요한지는 대해서는 견해의 대립이 있다(**§ 362의 III. 주관적 구성요건** 부분 참조). 독일의 입법례에서와 본 바와 같이 독일형법 제259조 제1항이 "자기 또는 제3자의 이익을 위하여"라는 이득의사를 명시적 요건으로 두고 있는 데 반하여 우리 형법은 이를 명문으로 두고 있지 않고 있어, 실무상으로도 장물취득죄 외에는 특별히 영득의사 내지 이득의사의 존재 여부를 판단하고 있지 않는 것으로 보인다.[11]

---

9 이정원, "장물죄의 구조와 문제점", 중앙법학 19-2(2017), 185-187.

10 김일수·서보학, 새로쓴 형법각론(9판), 404; 박상기·전지연, 형법학(총론·각론)(5판), 715; 배종대, 형법각론(14판), § 79/4; 손동권·김재윤, 새로운 형법각론(2판), 487; 원혜욱, 형법각론, 333; 유기천, 311; 이재상·장영민·강동범, § 22/4; 이정원·류석준, 형법각론, 462; 이형국·김혜경, 508; 정성근·정준섭, 형법강의 각론(2판), 338(재산권의 안전); 정영일, 형법각론, 385; 정웅석·최창호, 형법각론, 737; 주호노, 형법각론, 1077; 최호진, 형법각론, 624; 한상훈·안성조, 형법개론(3판), 580; 홍영기, 형법(총론과 각론), § 91/1; 주석형법 〔각칙(6)〕(5판), 630(권순형).

11 횡령의 본범인 대부 채무자들로부터 리스회사 소유인 리스 차량을 대부금 변제에 대한 담보로 제공받아 상습으로 장물을 취득하였다고 기소된 사례에서, 대부금 변제 시까지 자동차를 담보로 보관할 의사로 점유를 이전받았을 뿐 영득의사가 없었다는 피고인들의 주장에 대하여, 리스회사를 위하여 자동차를 보관 중인 사람이 적법하게 리스이용자 지위를 이전하는 것이 아니라 동산으로서의 자동차를 담보에 제공하는 행위는 자동차에 대한 처분행위로서 횡령에 해당함이 명백하고, 담보로 자동차를 받는다는 행위도 채무가 변제되지 않는 경우 환가 등으로 자동차를 처분하거나 대물변제로 소유권을 취득한다는 것을 전제로 하고 있어 '영득의사'가 인정된다고 판시한

보호의 정도에 대해서는 ① 장물죄의 보호법익은 재산권인데 이미 본범에 의하여 재산권이 침해되었고 장물죄에 의해서 직접 재산이 침해된 것은 아니므로 추상적 위험범이라고 하는 견해,[12] ② 장물에 대한 점유의 이전이 있어도 재산권 그 자체가 침해되는 것은 아니지만 재산권의 실질적 내용을 이루는 사용·수익·처분권이 계속 침해되기 때문에 침해범이라고 하는 견해,[13] ③ 장물알선죄는 추상적 위험범, 그 밖의 장물범죄는 침해범이라고 하는 견해[14]가 대립하고 있다. 장물죄의 본질에 비추어 볼 때, 위 ①의 견해가 타당하다. 21

V. 장물죄의 본질

장물죄의 본질에 대한 논의는 앞서 살펴본 장물죄의 보호법익뿐만 아니라 장물죄의 성립범위를 결정하는 데 있어 중요한 의미를 지닌다. 장물죄의 본질에 대해서는 추구권설, 위법상태유지설, 결합설, 이익설 내지 공범설이 대립되고 있다. 22

1. 추구권설

추구권설은 피해자가 점유를 상실한 피해품의 추구·회복을 곤란하게 하는 데에 장물죄의 본질이 있다는 견해이다.[15] 이때 '추구권'이란 소유권 등 본권에 기한 반환청구권을 의미한다.[16] 즉 장물범의 본질은 피해자가 피해품에 대하여 반환청구권을 행사하는 것을 불능·곤란케 하는 데 있으며, 따라서 피해자에게 추구권(반환청구권)이 인정되지 않는 경우에는 장물성이 상실된다. 23

하급심 판례(서울중앙지판 2017. 12. 28, 2017고단6334)가 있고, 유사한 사례에서 피고인들이 장물취득 당시 장물인 정을 알면서 이를 이득한 이상 피고인들에게 장물취득의 고의도 인정된다고 할 것이고, 피고인들이 장물을 취득한 이후 대여금을 변제받으면 그 장물을 반환할 의사가 있었다거나 실제로 대여금을 변제받아 그 장물을 반환하였다고 하여 달리 볼 수 없다고 판시하여 이득의사를 장물취득의 고의 판단 시 고려한 것으로 보이는 하급심 판례(의정부지판 2018. 7. 26, 2018노889) 등이 있다.

12 오영근, 형법각론(6판), 412; 이재상·장영민·강동범, § 22/4; 이영란, 형법학 각론강의(3판), 442; 정영일, 385; 한상훈·안성조, 580; 홍영기, § 91/1.

13 김성돈, 형법각론(5판), 477; 배종대, § 79/4; 손동권·김재윤, 487; 이상돈, 형법각론(4판), 590; 주호노, 1077.

14 김일수·서보학, 404; 박상기, 형법각론(8판), 421; 박상기·전지연, 715.

15 손동권·김재윤, 489.

16 박찬걸, 형법각론, 532.

24 추구권설에 따르면, 피해자가 반환청구권을 가지지 않는 불법원인급여와 반환청구권의 소멸시효가 완성된 물건, 상대방이 선의취득한 물건, 대체장물의 경우에는 장물성을 상실한다고 한다.

25 판례 중에는 형법상 장물죄의 객체인 장물이라 함은 재산권상의 침해를 가져올 위법한 행위로 인해 영득한 물건으로서 피해자가 반환청구권을 가지는 것을 말한다고 판시하거나,[17] 장물운반죄는 재산범죄의 피해자가 점유를 상실한 재물(장물)에 대하여 가지는 추구권을 보호법익으로 하는 것으로서 장물인 정을 아는 사람이 장물을 장소적으로 이전하는 경우 성립하는 범죄라고 판시하기도 하고,[18] 장물보관죄가 성립하는 때에는 이미 그 소유자의 소유물 추구권을 침해하였으므로 그 후 횡령행위는 불가벌적 사후행위에 불과하다고 판시하는[19] 등 추구권설의 입장을 취한 경우가 발견된다. 일본 판례는 추구권설의 입장이다.[20]

26 추구권설에 대하여는, 장물죄를 사법상의 반환청구권과 연결하여 해석한 결과 장물죄의 재산범죄성을 애매하게 만들 뿐만 아니라 장물의 성립범위를 과도하게 축소한다는 점이 지적되고 있다.[21]

2. 위법상태유지설

27 위법상태유지설은 본범에 의해 유발된 위법한 재산상태를 본범 또는 점유자와의 합의·협력 아래 유지하고 존속하는 데 장물죄의 본질이 있다는 견해이다.[22] 따라서 피해자에게 사법상 반환청구권이 있는지 여부는 장물죄의 성부와 무관하며, 장물의 본범이 반드시 재산범죄일 필요는 없으며, 문서·통화·유가증권위조죄, 도박죄, 뇌물죄 등에 의해 취득한 재물에 대해서도 장물죄의 성립을 인정할 수 있게 된다.

---

17 대판 1975. 12. 9, 74도2804.
18 대판 1999. 3. 26, 98도3030.
19 대판 2004. 4. 9, 2003도8219.
20 最決 昭和 34(1959). 2. 9. 刑集 13·1·76(피해자의 반환청구권의 행사를 불능케 하는 행위); 最決 平成 14(2002). 7. 1. 刑集 56·6·265(피해자에 의한 정상적인 회복을 곤란하게 할 뿐 아니라 본범을 조장하고 유발하는 행위).
21 박찬걸, 532; 오영근, 413; 임웅, 형법각론(10판), 560; 정성근·박광민, 형법각론(전정3판), 447; 정영일, 246.
22 이정원·류석준, 464; 홍영기, §91/4.

또한, 불법원인급여로 지급된 물건, 반환청구권의 소멸시효가 완성된 물건, 연쇄장물이나 대체장물에 해당하여 피해자의 추구권(반환청구권)이 인정되지 않는 경우에도 위법한 재산 상태는 계속될 수 있기 때문에 장물성이 인정될 수 있다고 한다. 28

독일형법 제259조 제1항은 장물죄의 객체를 '타인이 절취한 재물 또는 그 밖에 다른 사람의 재산에 대한 위법행위로 인하여 타인이 획득한 재물'이라고 규정하여 위법상태유지설의 입장에 있는 것으로 해석된다. 29

위법상태유지설은 '본범'의 범위를 어떻게 설정하느냐에 따라 장물의 성립범위가 과도하게 확대될 우려가 있고, 위법한 상태를 야기하는 절도죄 등 본범의 법정형보다 장물죄의 법정형을 높게 설정한 것을 설명하기 어려우며, 위법상태의 유지라는 개념이 불명확하여 장물죄의 성립범위가 모호해질 우려가 있다는 문제가 지적되고 있다.[23] 30

3. 결합설

결합설은 추구권설과 위법상태유지설은 서로 대립하는 개념이 아니고, 위법상태가 유지된다는 것은 곧 피해품의 추구·회복을 의미하는데, 장물죄의 본질은 피해품의 추구·회복을 곤란하게 하는 것과 본범에 의해 유발된 위법한 재산상태를 유지·존속하는 것 양자 모두에 있다는 견해이다. 31

결합설에는 ① 피해품의 추구·회복을 곤란하게 하는 것과 본범에 의해 유발된 위법한 재산상태를 유지·존속하는 것 모두를 충족시킬 것을 요구하는 견해[24]와 ② 위법상태유지설의 입장을 원칙으로 하면서도 구체적인 사례에서 추구권설의 입장을 고려하는 견해[25]가 있다. 32

결합설에 따르면, ① 선의취득 등으로 반환청구권을 행사할 수 없는 물건에 대해서는 장물성을 인정하지 않고, ② 연쇄장물은 장물죄를 본범으로 하는 새로운 장물로 장물성이 인정된다. 다만, 불법원인급여 및 대체장물의 장물성에 33

23 박찬걸, 533; 오영근, 413; 임웅, 561; 정성근·박광민, 448.
24 박상기·전지연, 716.
25 김성돈, 479; 김신규, 형법각론 강의, 515; 김일수·서보학, 406; 김혜정·박미숙·안경옥·원혜욱·이인영, 형법각론(3판), 471; 이재상·장영민·강동범, § 22/9; 이형국·김혜경, 511; 정영일, 387; 정성근·정준섭, 337; 최호진, 626.

대해서는 결합설을 따르는 학자들 사이에서도 장물성을 긍정하여야 한다는 견해와 장물성을 부정하여야 한다는 견해로 입장이 나뉘고 있다.

34 실무상으로는 민법 제746조의 불법원인급여에 해당하여 급여자가 수익자에 대한 반환청구권을 행사할 수 없다고 하더라도, 수익자인 본범의 영득죄가 성립하는 경우 본범이 재산범죄로 영득한 재물에 대한 장물성이 인정된다고 보고 있다.[26] 그러나 대체장물의 경우에는 장물성을 인정하지 않고 있다(§ 362의 II. 2. (5) '**장물의 동일성**' 부분 참조).

35 판례는 장물인 정을 모르고 이를 보관하던 중 장물인 정을 알게 된 사람이 장물을 반환하는 것이 불가능하지 않음에도 불구하고 계속 보관함으로써 피해자의 정당한 반환청구권 행사를 어렵게 하여 위법한 재산상태를 유지시킨 경우에는 장물보관죄가 성립한다고 판시하여,[27] 결합설을 취한 경우가 있다.

36 결합설에 대해서는 구체적인 사례에서 추구권설과 위법상태유지설 중 어느 입장에 따라 장물성을 판단할 것인지 여부가 불분명하다는 문제가 지적되고 있다.[28]

4. 이익설(공범설)

37 이익설(공범설)은 장물죄의 본질이 본범이 취득한 이익에 관여하여 그 이익을 함께 향유하는 데 있다는 견해이다.[29] 장물죄는 본범의 사후공범적 성격을 가지고 있으며, 장물죄가 성립하기 위해서는 본범에 의해 조성된 이익을 함께 향유하겠다는 '이익의 의사'가 필요하다고 한다. 장물죄가 가진 본범조장적·본범비호적 특징에 집중하는 견해로, 대체장물이나 장물의 매각대금은 물론 불법원인급여 또는 선의취득 등으로 피해자의 반환청구권이 없어진 경우에도 장물죄의 성립을 긍정하여 장물범의 성립범위를 확장하고 있다.

---

26 예를 들어, 민법 제746조의 불법원인급여에 해당하여 급여자가 수익자에 대한 반환청구권을 행사할 수 없다고 하더라도, 수익자가 기망을 통하여 급여자로 하여금 불법원인급여에 해당하는 재물을 제공하도록 하였다면 사기죄가 성립하는바(대판 2006. 11. 23, 2006도6795 등 참조), 설령 피해자의 본범에 대한 휴대전화 교부행위가 불법원인급여에 해당한다고 하더라도 본범의 피해자에 대한 사기죄의 성립에는 아무런 영향이 없는 이상 그 사기죄로 영득한 휴대전화에는 당연히 장물성이 인정된다(수원지판 2016. 9. 1, 2016노728).

27 대판 1987. 10. 13, 87도1633.

28 박찬걸, 534.

29 현재 이익설을 주장하는 견해는 사실상 없다고 한다(정성근·정준섭, 337).

이 견해에 대해서는, 형법이 장물의 무상 양도·운반·보관행위도 처벌하고 38
있는데, '이익의 의사'를 장물죄의 주관적 구성요건으로 볼 수 없고, 장물양도죄는 공범이 취득한 이익을 함께 향유하는 것으로 볼 수 없으며, 장물의 범위를 과도하게 확장할 위험이 있다는 비판이 있다.[30]

VI. 관련 특별법

(1) 특정범죄 가중처벌 등에 관한 법률(이하, 특정범죄가중법이라 한다.)은 장물 39
취득 등의 죄(§ 362) 또는 그 미수죄로 세 번 이상 징역형을 받은 사람이 다시 이들 죄를 범하여 누범으로 처벌하는 경우, 가중처벌하는 규정을 두고 있다(특가 § 5의4⑤(iii). 2년 이상 20년 이하의 징역).

(2) 관세법은 밀수품〔밀수출입죄(§ 269)에 해당되는 물품〕을 취득·양도·운반·보 40
관 또는 알선한 자를 처벌하는 규정(§ 274①(i). 3년 이하의 징역 또는 물품원가 이하에 상당하는 벌금)을 두고 있다. 이를 관세장물죄라고도 하는데, 관세장물범에 대해서는 정상에 따라 징역과 벌금을 병과할 수 있다(§ 275). 그리고 미수범(§ 274②)은 물론 예비범(§ 274③)도 처벌한다.

(3) 산림자원의 조성 및 관리에 관한 법률은 산림에서 그 산물(조림된 묘목을 41
포함)을 절취한 자를 처벌하고(§ 73①. 5년 이하의 징역 또는 5천만 원 이하의 벌금)(§ 73②은 미수범 처벌), 산림절도범이 절취한 산림, 즉 장물을 운반하기 위하여 차량이나 선박을 사용하거나 운반·조재(벌채한 나무를 마름질하여 재목을 만듦)의 설비를 한 경우에는 가중처벌한다(§ 73③(iii)).

(4) 송유관 안전관리법은 석유를 절취하기 위하여 송유관에 설치한 시설(§ 13 42
①(ii))을 이용하여 송유관에서 석유를 절취한 자를 처벌하고(§ 13의2①. 2년 이상 10년 이하의 징역 또는 1억 원 이하의 벌금)(§ 13의2②는 미수범 처벌), 나아가 송유관에서 절취된 석유임을 알면서 이를 취득·양도·운반·보관하거나 이러한 행위를 알선한 자도 처벌한다(§ 13의3. 1년 이상 10년 이하의 징역 또는 5천만 원 이하의 벌금).

〔김윤섭·최근영〕

30 박찬걸, 533; 배종대, § 79/6; 오영근, 414; 임웅, 562.

제362조(장물의 취득, 알선 등)

① 장물을 취득, 양도, 운반 또는 보관한 자는 7년 이하의 징역 또는 1천500만원 이하의 벌금에 처한다. 〈개정 1995. 12. 29.〉

② 전항의 행위를 알선한 자도 전항의 형과 같다.

Ⅰ. 의의 및 성격

1 본죄[장물(취득·양도·운반·보관·알선)죄]는 장물을 취득·양도·운반·보관하거나 (제1항) 그러한 행위를 알선함으로써(제2항) 성립하는 범죄이다. 이때 장물이란 재산범죄(영득죄)에 의하여 불법하게 영득한 재물을 말하고, 장물죄의 전제가 되는 영득죄 자체 또는 그 범인을 '본범'이라고 한다.

2 본죄의 보호법익은 피해자의 재산권이고, 보호의 정도에 대해서는 견해의 대립이 있으나 **[총설]**에서 살펴본 바와 같이 추상적 위험범으로 해석함이 타당하다.

Ⅱ. 객관적 구성요건

1. 주 체

3 본죄의 주체는 본범 이외의 모든 사람이다.

(1) 본범의 정범자

4 본범의 단독정범은 물론 합동범, 공동정범, 간접정범 등은 본죄의 주체가

될 수 없다. 예를 들어, 3인이 특수절도를 모의한 후 2명만이 직접 현장으로 가서 재물을 절취하고, 나머지 1명은 2명이 절취해 온 물건의 처분을 알선만 하였다고 하더라도, 그 나머지 1명에 대하여는 특수절도죄(합동범)가 성립할 뿐 별도로 장물알선죄가 성립하지는 않는다. 정범자들(합동범들, 공동정범들 등) 사이에 장물을 분배한 후 정범자가 다른 정범자가 배분받은 물건을 취득, 운반 또는 보관하거나 처분을 알선해 준 경우에도, 마찬가지로 본죄는 성립하지 않는다. 그러한 행위는 이미 본범의 불법성 평가에 포함된 것으로 불가벌적 사후행위가 되기 때문이다.[1]

판례도 본죄는 타인(본범)이 불법하게 영득한 재물의 처분에 관여하는 범죄이므로 자기의 범죄에 의하여 영득한 물건에 대하여는 성립하지 아니하고 이는 불가벌적 사후행위에 해당하나, 여기에서 자기의 범죄라 함은 정범자(공동정범과 합동범을 포함)에 한정되는 것이라고 판시하고 있다.[2] 5

단독정범이나 공동정범이 본죄의 주체가 될 수 없어 장물보관죄 등으로 처벌할 수 없다고 하더라도 특별법에 의한 처벌은 가능하다. 범죄수익은닉의 규제 및 처벌 등에 관한 법률(이하, 범죄수익은닉규제법이라 한다.)의 적용대상인 '중대범죄'에는 절도, 강도, 사기, 공갈, 횡령 등 재산범죄가 포함되어 있고(§ 2(i)), 범죄수익은닉규제법 제3조는 범죄수익 등의 은닉 및 가장행위를, 제4조는 범죄수익 등의 수수행위를 처벌하고 있다.[3] 따라서 본죄의 본범(공동정범 등을 포함)이 6

1 신동운, 형법각론(2판), 1316. 이러한 논거에 대하여 본범은 본죄의 주체가 될 수 없으므로 본범이 장물을 취득하는 등의 행위는 본죄의 구성요건해당성이 없는 것이지 불가벌적 사후행위라고 할 수 없다고 보는 견해가 있다[오영근, "장물죄에 관한 연구", 형사정책연구 13-2, 한국형사정책연구원(2002), 140].

2 대판 1986. 9. 9, 86도1273; 대판 2011. 2. 24, 2010도17390. 일본 판례도 같다[最判 昭和 24(1949). 10. 1. 刑集 3·10·1629].

3 범죄수익은닉규제법 제3조(범죄수익등의 은닉 및 가장) ① 다음 각 호의 어느 하나에 해당하는 자는 5년 이하의 징역 또는 3천만원 이하의 벌금에 처한다.
 1. 범죄수익등의 취득 또는 처분에 관한 사실을 가장한 자
 2. 범죄수익의 발생 원인에 관한 사실을 가장한 자
 3. 특정범죄를 조장하거나 적법하게 취득한 재산으로 가장할 목적으로 범죄수익등을 은닉한 자
② 제1항의 미수범은 처벌한다.
③ 제1항의 죄를 범할 목적으로 예비하거나 음모한 자는 2년 이하의 징역 또는 1천만원 이하의 벌금에 처한다.
제4조(범죄수익등의 수수) 그 정황을 알면서 범죄수익등을 수수(收受)한 자는 3년 이하의 징역 또는 2천만원 이하의 벌금에 처한다. 다만, 법령에 따른 의무 이행으로서 제공된 것을 수수한 자

영득한 재물을 마치 제3자가 적법하게 구매한 물건인 것처럼 가장하여 판매하고 그 대금을 제3자 명의 계좌로 교부받아 범죄수익 등의 취득 또는 처분에 관한 사실을 가장한 경우, 장물양도죄 또는 장물알선죄 등으로 처벌할 수는 없다고 하더라도 범죄수익은닉규제법 소정의 범죄수익 은닉·가장·수수죄 등이 성립할 경우 처벌할 수 있고, 이때 중대범죄에 해당하는 죄와 범죄수익은닉·가장·수수죄는 실체적 경합관계에 있게 된다.[4]

(2) 본범의 교사범·방조범

7 본범의 정범이 아닌 교사범·방조범(이른바 협의의 공범)은 자기의 범죄를 실행한 사람이 아니라 타인의 범죄에 가담한 사람이므로, 본죄의 주체가 될 수 있다. 이 경우 본범의 교사·방조죄와 본죄는 실체적 경합이 된다.[5] 예를 들어 정범에게 횡령할 것을 교사한 후 그 횡령한 물건을 취득한 때에는, 횡령교사죄와 장물취득죄의 실체적 경합범[6]이 성립된다.[7]

또는 계약(채권자가 상당한 재산상의 이익을 제공하는 것만 해당한다) 시에 그 계약에 관련된 채무의 이행이 범죄수익등에 의하여 행하여지는 것이라는 정황을 알지 못하고 그 계약과 관련된 채무의 이행으로서 제공된 것을 수수한 자의 경우에는 그러하지 아니하다.

제2조(정의) 이 법에서 사용하는 용어의 뜻은 다음과 같다.

2. "범죄수익"이란 다음 각 목의 어느 하나에 해당하는 것을 말한다.
   가. 중대범죄[주: 사형, 무기 또는 장기 3년 이상의 징역이나 금고에 해당하는 죄(제2호나목에 규정된 죄는 제외한다) 및 별표에 규정된 죄]에 해당하는 범죄행위에 의하여 생긴 재산 또는 그 범죄행위의 보수(報酬)로 얻은 재산
3. "범죄수익에서 유래한 재산"이란 범죄수익의 과실(果實)로 얻은 재산, 범죄수익의 대가(對價)로 얻은 재산 및 이들 재산의 대가로 얻은 재산, 그 밖에 범죄수익의 보유 또는 처분에 의하여 얻은 재산을 말한다.
4. "범죄수익등"이란 범죄수익, 범죄수익에서 유래한 재산 및 이들 재산과 그 외의 재산이 합쳐진 재산을 말한다.

4 대판 2012. 9. 27, 2012도6079. 그 밖에 하급심 판례로 서울남부지판 2018. 6. 21, 2017노661; 서울서부지판 2019. 7. 12, 2019고단1547 등 참조.

5 最判 昭和 33(1958). 2. 21. 刑集 12·2·468. 독일에서도 마찬가지로 이해되고 있는데, 그 이유에 관해 독일의 판례는 본범자의 영득의사는 본범에 의해 평가된 것이므로 사후의 처분을 독립해서 평가할 필요는 없는 것임에 반해, 본범의 교사행위 및 방조행위는 본범의 공범으로서 평가되는 데에 그치기 때문에 사후의 처분에 관여한 행위는 장물죄로서 독립해서 평가할 수 있다고 한다(BGH, 20.12.1954 - GSSt 1/54).

6 대판 1969. 6. 24, 69도692. 이에 대하여 장물죄의 본질 중에는 장물범이 본범을 유발하는 점도 있다면 교사행위에 의해 재산범죄는 이미 유발되었다고 할 수 있기 때문에 장물죄에 의해 다시 재산범죄가 유발되는 효과가 없고, 교사범도 정범과 같이 처벌하므로(§ 31) 교사범이 장물을 취득한 때에는 장물취득죄가 성립하지 않는다고 보는 견해가 있다[오영근(주 1), 141].

7 독일 판례 가운데에는 양도담보로 제공된 승용차를 A가 피고인에게 양도한 후 피고인이 이를 매

(3) 피해자

본범의 피해자는 본죄의 주체가 될 수 없다. 예를 들어 피해자의 재물을 절취한 사람이 점유하고 있던 절취품을 제3자가 다시 절취하여 피해자에게 무상양도하거나 매도한 경우, 피해자가 제3자의 절취행위를 알았다고 하더라도 장물취득죄가 성립할 수는 없을 것이다.[8] 8

2. 객 체

본죄의 객체는 장물이다. 9

장물이란 재산범죄에 의해 영득(領得)한 재물을 말한다.[9] 그러나 구체적인 사안에서 장물로 인정되는 범위를 어떻게 설정할 것인가는 본죄의 본질에 대한 견해에 따라 차이가 있다. ① 추구권설은 '장물'은 피해자가 반환청구권을 행사할 수 있는 물건일 것을 요한다고 하나, ② 결합설 중 다수설은 '장물'은 위법한 재산상태가 유지되고 있는 한 피해자가 반드시 반환청구권을 행사할 수 있는 물건일 것을 요하지는 않는다고 한다. 10

판례는 장물이란 영득죄에 의하여 취득한 물건으로 법률상 추구권, 즉 반환청구권을 가지는 것을 말한다고 판시하고 있다.[10] 11

(1) 재물

장물은 재산범죄에 의해 영득한 재물이어야 한다. 장물의 재물성을 둘러싸고 문제되는 것들을 살펴보면, 다음과 같다. 12

(가) 권리 또는 재산상 이익

설령 재산죄에 의하여 취득된 것이라도 재산상 이익이나 채권·무체재산권 등 권리, 정보는 장물이 될 수 없다. 판례는 전화가입권은 채권적 권리로서 재산상의 이익은 될지언정 재물이 아니므로, 본죄의 객체가 될 수 없다고 판시하였다.[11] 13

각한 사안에서, 피고인은 횡령에 관여한 사람으로서 피고인에 대하여 장물죄는 성립하지 않는다고 본 것이 있다(BGH, 28.11.2001 - 2 StR 477/01).

8 大塚 外, 大コン(3版)(13), 719(河上和雄=渡辺咲子).

9 김신규, 형법각론 강의, 517; 배종대, 형법각론(14판), § 80/3; 오영근, 형법각론(6판), 416; 이재상·장영민·강동범, 형법각론(13판), § 22/11; 주호노, 형법각론, 1077.

10 대판 1972. 2. 22, 71도2296; 대판 1975. 12. 9, 74도2840. 판례와 같이 장물의 개념을 정의하는 견해도 있다[주석형법 〔각칙(6)〕(5판), 638(권순형)].

11 대판 1971. 2. 23, 70도2589.

14 판례는 사기죄의 객체는 타인이 점유하는 타인의 재물 또는 재산상의 이익인바, 사기죄의 객체가 '재물'인지 '재산상의 이익'인지 여부는 피해자와의 관계에서 피해자가 소유하고 있던 '재물'인지, 피해자가 보유하는 재산상 이익인지에 따라 결정하여야 한다고 판시하면서, 피해자가 본범의 기망행위에 속아 현금을 피고인 명의의 은행 예금계좌로 송금하였다면, 재물을 교부받은 것으로 보아야 한다고 판시하였다.[12] 현금을 교부하는 방법이 예금계좌로 송금하는 형식으로 이루어진 것에 불과하여, 피해자의 은행에 대한 예금채권은 당초 발생하지 않는다고 본 것이다.

15 반면에 甲이 컴퓨터등사용사기죄의 범행으로 예금채권을 취득한 다음 자기의 현금카드를 사용하여 현금자동지급기에서 현금을 인출한 경우나 자신의 예금계좌로 돈을 이체한 후 그중 일부를 인출하여 그 사정을 아는 乙에게 교부한 경우, 이때 컴퓨터등사용사기죄에 의하여 취득한 예금채권은 재물이 아니라 재산상 이익이므로, 그가 자신의 예금계좌에서 돈을 인출하였더라도 장물을 금융기관에 예치하였다가 인출한 것으로 볼 수 없다는 이유로 乙에 대하여 장물취득죄의 성립을 부정하였다.[13] 이때 자신의 예금계좌에서 돈을 인출하거나 이체하는 행위는 현금카드 사용권한 있는 사람의 정당한 사용에 의한 것으로서 현금자동지급기 관리자의 의사에 반하거나 기망행위 및 그에 따른 처분행위도 없었으므로, 별도로 절도죄나 사기죄의 구성요건에 해당하지 않는다.

16 한편, 유가증권·어음·수표·선화증권·정기승차권 등 권리가 화체된 문서는 재물로서 장물의 객체가 될 수 있다.

(나) 부동산

17 장물은 재물인 이상 동산과 부동산을 묻지 않고,[14] 반드시 경제적인 가치를 지닐 필요가 없다.[15] 다만 부동산의 경우, 장물의 취득, 양도, 보관, 알선은 가능

12 대판 2010. 12. 9, 2010도6256.

13 대판 2004. 4. 16, 2004도353. 본 판결 평석은 천진호, "타인명의예금 인출행위의 형사책임과 장물죄", 형사판례연구 〔13〕, 한국형사판례연구회, 박영사(2005), 354-387.

14 김일수·서보학, 새로운 형법각론(9판), 407; 손동권·김재윤, 새로운 형법각론(2판), 493; 이재상·장영민·강동범, §22/12; 이정원·류석준, 형법각론, 465; 이형국·김혜경, 형법각론(2판), 513; 정영일, 형법각론, 389; 정웅석·최창호, 형법각론, 513; 정성근·정준섭, 형법강의 각론(2판), 339; 홍영기, 형법(총론과 각론), §91/10; 주석형법 〔각칙(6)〕(5판), 640(권순형).

15 이에 대하여 장물도 재물이고, 재물은 물건과 달리 재산적 내지 경제적 가치를 요한다는 견해도

하나, 성질상 장소적 이동을 통한 점유의 이전이 불가능하므로 장물운반죄의 객체가 될 수는 없을 것이다.

(다) 관리가능한 동력

제346조는 "본장(제38장 절도와 강조의 죄)의 죄에 있어서 관리할 수 있는 동력은 재물로 간주한다."는 규정을 두고 있는데, 해당 조항이 본죄에 대해서도 적용될 수 있는지 여부가 문제된다. 18

재물을 '관리가 가능한 물건'으로 정의하는 견해에 따르면 관리가 가능한 동력은 당연히 장물에 포함될 것이다.[16] 그러나 명시적인 준용규정이 없으므로 관리가 가능한 동력은 장물에 포함될 수 없다는 견해[17]도 있다. 19

판례는 "장물이란, 재산죄로 인하여 얻어진 재물(관리할 수 있는 동력도 포함된다)을 말하는 것"이라고 판시하여,[18] 관리할 수 있는 동력 또한 본죄의 객체가 될 수 있음을 명백히 하고 있다. 20

(라) 자기의 물건

자기의 물건에 대해서도 재산죄가 성립하는 경우가 있을 수 있고, 그 경우에는 자기의 물건도 장물이 될 수 있다. 예를 들어, 타인이 정당하게 점유하고 있는 자기의 재물을 재산죄에 의하여 취득한 사람으로부터 이를 다시 취득하거나, 위와 같이 취득한 물건을 운반, 보관 등을 하는 경우에는 본죄가 성립한다.[19] 21

(2) 본범의 성질

장물은 타인의 재산범죄에 의하여 영득한 재물을 의미하는바, 장물을 발생시키는 본범은 재산범죄여야 한다.[20] 22

이때 본범이 되는 재산범죄는 순수이득범죄인 단순배임죄와 영득행위가 없 23

있다(오영근, 416).

16 김일수·서보학, 407; 이재상·장영민·강동범, § 22/12; 이정원·류석준, 466; 이형국·김혜경, 513; 정영일, 형법각론, 386; 정웅석·최창호, 형법각론, 513; 정성근·정준섭, 339; 주석형법 [각칙(6)](5판), 640(권순형).

17 박상기·전지연 형법학(총론·각론)(5판), 717; 배종대, § 80/4; 손동권·김재윤, 493; 정영일, 389; 홍영기, 형법(총론과 각론), § 91/10.

18 대판 1971. 6. 13, 72도971.

19 주석형법 [각칙(6)](5판), 642(권순형).

20 신탁행위에서는 수탁자가 외부관계에 대하여 소유자로 간주되므로, 수탁자가 신탁자의 승낙 없이 신탁재산을 매각한 경우, 이를 취득한 제3자는 수탁자가 신탁자의 승낙 없이 매각하는 사정을 알고 있는 여부에 불구하고 장물취득죄가 성립하지 아니한다(대판 1979. 11. 27, 79도2410).

는 손괴죄를 제외한 모든 재산범죄(절도죄, 강도죄, 사기죄, 공갈죄, 횡령죄, 장물죄 등)를 의미하고(통설),[21] 특정범죄가중처벌등에관한법률위반(절도), 특정범죄가중처벌등에관한법률위반(강도), 특정경제범죄가중처벌등에관한법률위반(사기) 등 특별법에 의해 가중처벌되는 경우도 포함된다.

24 또한 재산범죄인 이상 형법상의 재산죄에 한정되지 않고, 특별법상의 재산범죄인 산림절도죄(산림자원의 조성 및 관리에 관한 법률 § 73①,[22] 산림보호법 § 54①[23]), 문화재절도죄(문화재보호법 § 92①, ②[24]) 등도 이에 해당한다.[25]

25 장물은 본범의 재산범죄 행위로 영득된 것이어야 한다. 여기서 '영득'이란 재산범죄로 직접 얻은 것을 말한다.[26] 따라서 만약 회사 기밀자료의 원본을 절취해 온 것이 아니라 이를 촬영하거나 복사해 가지고 온 경우, 회사 기밀자료의 촬영데이터나 복사본은 장물에 해당하지 않는다. 판례는 회사 직원이 업무와 관련하여 다른 사람이 작성한 회사의 문서를 복사기를 이용하여 복사를 한 후 원본은 제자리에 갖다 놓고 그 사본만 가져간 경우, 그것만으로는 절도죄가 성립하지 않는다고 판시하였다.[27] 위 사례에서 위와 같이 가져간 문서의 사본은 위 회사 직원이 그 복사용지를 절취하였거나, 사본에 대한 별도의 위법한 영득행위가 인정되지 않는 이상 장물에 해당하지 않는다.

---

21 배종대, § 80/9; 이재상·장영민·강동범, § 22/13. 이에 대하여, 이득죄인 배임죄도 장물죄의 본범이 될 수 있다는 견해[이상돈, 형법강론(4판), 592-593]도 있다.

22 산림자원의 조성 및 관리에 관한 법률 제73조(벌칙) ① 산림에서 그 산물(조림된 묘목을 포함한다. 이하 이 조에서 같다)을 절취한 자는 5년 이하의 징역 또는 5천만원 이하의 벌금에 처한다.
② 제1항의 미수범은 처벌한다.

23 산림보호법 제54조(벌칙) ① 보호수를 절취하거나 산림보호구역에서 그 산물을 절취한 자는 1년 이상 10년 이하의 징역에 처한다.

24 문화재보호법 제92조(손상 또는 은닉 등의 죄) ① 국가지정문화재(국가무형문화재는 제외한다)를 손상, 절취 또는 은닉하거나 그 밖의 방법으로 그 효용을 해한 자는 3년 이상의 유기징역에 처한다.
② 다음 각 호의 어느 하나에 해당하는 자는 2년 이상의 유기징역에 처한다.
1. 제1항에 규정된 것 외의 지정문화재 또는 임시지정문화재(건조물은 제외한다)를 손상, 절취 또는 은닉하거나 그 밖의 방법으로 그 효용을 해한 자
2. 일반동산문화재인 것을 알고 일반동산문화재를 손상, 절취 또는 은닉하거나 그 밖의 방법으로 그 효용을 해한 자

25 박찬걸, 형법각론, 536; 임웅, 형법각론(10판), 566.

26 大塚 外, 大コン(3版)(13), 721(河上和雄=渡辺咲子).

27 대판 1996. 8. 23, 95도192.

그러나 재산범죄에 의해 영득한 재물은 원본일 것을 요하지 않으므로, 회사원이 회사를 퇴사하면서 회사연구실에 보관 중이던 회사의 목적 업무상 기술 분야에 관한 문서사본을 취거하는 행위에 대해서는 절도죄가 성립하고,[28] 절취한 문서사본은 장물에 해당할 것이다. 26

재산범죄의 수단이거나 재산범죄에 제공된 물건은 재산범죄에 의해 영득한 물건이 아니어서 장물에 해당하지 않는다. 판례는 이중매매로 인한 배임행위에 의해 매도된 부동산도 장물이 될 수 없다고 판시하고 있다.[29] 27

한편 순수이득범죄인 배임죄가 아닌 배임수증죄로 영득한 물건, 권리행사방해죄, 점유강취·준점유강취죄, 강제집행면탈죄로 인해 영득한 물건을 장물로 볼 수 있을 것인지에 대해서는 이를 부정하는 견해도 있으나, 본죄의 본범에서 배제해야 할 이유는 없다고 할 것이다.[30] 28

실무례를 살펴보면, 배임증재자로부터 부정한 청탁을 받고 교부받은 돈(장물) 중 일부를 교부받아 취득한 사례에서 장물취득죄로 기소되어 유죄 판결이 선고된 후 확정된 사례[31]가 있다. 또한 권리행사방해죄로 영득한 자기 소유의 물건을 장물로 볼 수 있는지와 관련하여, 본범이 대부업체에 담보로 제공하였다가 채무를 변제하지 않은 채 몰래 취거해 온 차량을 피고인이 그 사정을 알면서 인도받아 장물보관죄로 기소된 사례에서, 권리행사방해죄 역시 타인의 소유권 이외의 제한물권 또는 채권을 보호법익으로 하는 재산범죄이고, 그로 인하여 취득한 물건은 권리행사방해죄 본범의 소유이기는 하나, 타인의 제한물권 또는 채권의 대상이 되는 물건으로서 역시 장물에 해당한다고 판시한 사례[32]가 있다. 29

컴퓨터등사용사기죄가 본죄의 본범이 될 수 있는가에 대해서는, 통설은 컴퓨터등사용사기죄는 재산상 이익을 취득하는 범죄이므로, 해당 행위로 인해 취득한 경제적인 이익은 장물이 될 수 없다고 보고 있다.[33] 그러나 재물을 재산상 이익에 포괄되는 개념으로 보아 컴퓨터등사용사기죄 또한 본죄의 본범이 될 수 30

28 대판 1986. 9. 23, 86도1205.
29 대판 1975. 12. 9, 74도2804.
30 예를 들어 권리행사방해죄에 관하여, 부정하는 견해(오영근, 417)와 긍정하는 견해(김일수·서보학, 408)가 대립한다.
31 부산지법 동부지판 2018. 5. 15, 2017고합260.
32 서울중앙지판 2011. 4. 1, 2010노4756.
33 오영근, 416; 이재상·장영민·강동범, § 22/12.

있다는 견해[34]도 있다. 이에 대하여 판례는 권한 없이 인터넷뱅킹을 이용해 타인의 예금계좌에서 자신의 예금계좌로 돈을 이체한 후 그중 일부를 인출한 경우, 컴퓨터등사용사기죄에 의하여 취득한 예금채권은 재물이 아니라 재산상 이익이므로, 그 결과 인출된 현금은 재산범죄에 의하여 취득한 재물이 아니어서 장물이 아니라고 판시하여,[35] 컴퓨터등사용사기죄는 본죄의 본범이 될 수 없다는 점을 명확히 하였다.

31 재산범죄가 아닌 범죄에 의하여 취득한 재물, 즉 수뢰죄에 의해 수수한 뇌물,[36] 도박죄에 의해 취득한 도금,[37] 통화위조죄에 의해 생성된 위조통화, 유가증권위조죄에 의해 생성된 위조유가증권,[38] 문서위조죄에 의해 생성된 위조문서 역시 그 자체로는 장물에 해당하지 않으나, 그 재물을 영득하는 행위가 재산범죄에 해당하는 경우에는 장물이 될 수 있다.

32 그러나 마약범죄에 있어서의 마약, 윤락범죄에 있어서의 화대, 수산업법위반죄로 얻은 불법어획물, 야생동식물보호법위반범죄로 얻은 야생동식물, 관세법위반죄에서의 밀수품, 문화재보호법위반으로 허가 없이 발굴한 문화재 등은 형법상 장물이 될 수 없다.[39]

33 본죄도 재산범죄에 해당하는바, 본죄로 인해 취득한 재물은 본죄의 객체가 되고, 이러한 경우 해당 장물을 '연쇄장물'이라고 한다.[40]

---

34 김일수·서보학, 408.

35 대판 2004. 4. 16, 2004도353.

36 대판 2015. 10. 29, 2015도12838 등. 판례는 공무원이 뇌물을 수수함에 있어서 공여자를 기망한 경우, 뇌물을 수수한 공무원에 대하여는 1개의 행위가 뇌물죄와 사기죄의 각 구성요건에 해당하여 상상적 경합으로 처단하여야 한다고 판시하고 있다.

37 대판 2011. 1. 13, 2010도9330 등. 판례는 도박에 의하여 재물을 취득하는 경우라도 이른바 사기도박과 같이 도박당사자의 일방이 사기의 수단으로써 승패의 수를 지배하는 경우에는, 도박에서의 우연성이 결여되어 오히려 사기죄만 성립하고 도박죄는 성립하지 아니한다고 보고 있다.

38 대판 1998. 12. 24, 98도2967. 판례는 발매기를 임의 조작하여 유가증권인 리프트 탑승권을 위조하는 행위와 발매기로부터 위조되어 나오는 리프트탑승권을 절취하는 행위는 유가증권위조와 절취행위가 결합된 것으로, 그와 같이 위조된 리프트탑승권을 판매하는 행위는 일면으로는 위조된 리프트탑승권을 행사하는 행위임과 동시에 절취한 장물인 위조 리프트탑승권의 처분행위에 해당하므로, 이때 위조된 리프트탑승권은 장물이라고 볼 수 있다고 판시하였다.

39 박찬걸, 536; 임웅, 566; 정성근·박광민, 형법각론(3판) 45; 주석형법 [각칙(6)](5판), 643(권순형).

40 김성돈, 형법각론(5판), 482; 임웅, 566.

(3) 본범의 실현 정도

(가) 범죄성립요건 – 위법성

34 재산범죄로 인해 영득한 재물이 장물이 되기 위해서는, 본범인 재산범죄는 위법한 것이어야 한다(통설[41]).[42] 그러나 형법상 성립요건인 책임까지 갖추었을 것을 요하지는 않는다. 따라서 본범이 형사미성년자(§ 9)이거나 심신장애로 인하여 사물을 변별할 능력이 없거나 의사를 결정할 능력이 없는 사람이어서 책임무능력자(§ 10①)인 경우에도, 그가 재산범죄로 영득한 재물은 장물이 될 수 있으며, 정당한 이유가 있는 금지착오에 의해 재물을 영득한 경우 또는 강요된 행위에 의하여 재물을 영득하였을 경우에도, 그가 영득한 재물은 장물이 될 수 있다.

(나) 처벌조건 등

35 본범의 공소시효가 완성되었거나,[43] 본범에게 친족상도례[44]가 적용되어 형이 면제되는 경우, 친고죄에 해당하나 고소가 없는 경우에도 본죄가 성립하는데 아무런 영향을 미치지 않는다. 또한, 본범이 반드시 기소되었거나 유죄판결을 받았을 것을 요하지도 않는다.[45]

36 그리고 '장물'이라 함은 재산범죄로 인하여 취득한 물건을 말하고 본범의 행위가 처벌의 대상이 될 것을 요하는 것이 아니므로, 범죄를 저지른 이후에 별도의 재산범죄의 구성요건에 해당하는 사후행위가 있었다면, 비록 그 행위가 불가벌적 사후행위로서 처벌의 대상이 되지 않는다고 할지라도 그 사후행위로 인하여 취득한 물건은 재산범죄로 인하여 취득한 물건으로서 장물이 될 수 있다.[46]

(다) 형법 내지 재판권이 미치지 아니하는 경우

37 본범에게 재판권이 미치지 않아 형법이 적용되지 않는 경우에도, 본범의 행위가 우리 형법상 절도죄 등의 구성요건에 해당하는 위법한 행위라고 인정되는 이상 이에 의하여 영득된 재물은 장물에 해당한다. 본범의 행위에 관한 법적 평가는 그 행위에 대하여 우리 형법이 적용되지 아니하는 경우에도 우리 형법을

---

41 김혜정·박미숙·안경옥·원혜욱·이인영, 형법각론(3판), 475; 오영근, 418; 이재상·장영민·강동범, § 22/17.
42 大判 大正 3(1914). 12. 7. 刑録 20·2382.
43 大判 明治 42(1909). 4. 15. 刑録 15·435.
44 最判 昭和 25(1950). 12. 12. 刑集 4·12·2543.
45 大判 大正 2(1913). 10. 30. 刑録 19·1080.
46 대판 2004. 4. 16, 2004도353.

기준으로 하여야 한다.

38 판례는 대한민국 국민 또는 외국인이 미국 캘리포니아주에서 미국 리스회사와 미국 캘리포니아주의 법에 따라 차량 이용에 관한 리스계약을 체결하면서 준거법에 관하여는 별도로 약정하지 아니하였는데, 이후 자동차수입업자인 피고인이 리스기간 중 위 리스이용자들이 임의로 처분한 리스계약의 목적물인 차량들을 수입한 사안에서, "국제사법에 따라 위 리스계약에 적용될 준거법인 미국 캘리포니아주의 법에 의하면, 위 차량들의 소유권은 리스회사에 속하고, 리스이용자는 일정 기간 차량의 점유·사용의 권한을 이전받을 뿐이어서(미국 캘리포니아주 상법 제10103조 제a항 제10호도 참조), 리스이용자들은 리스회사에 대한 관계에서 위 차량들에 관한 보관자로서의 지위에 있으므로, 위 차량들을 임의로 처분한 행위는 형법상 횡령죄의 구성요건에 해당하는 위법한 행위로 평가되고 이에 의하여 영득된 위 차량들은 장물에 해당한다."는 이유로, 피고인에게 장물취득죄를 인정하였다.[47]

39 한편 국내에서 재산범죄를 범한 외국인이 면책특권을 보유하고 있어 우리나라의 재판권이 미치지 않는 경우라도, 해당 재산범죄로 취득한 재물의 장물성을 인정할 수 있다.[48]

(4) 본범의 기수 여부

(가) 학설

40 장물죄가 성립하기 위해서 본범이 기수에 이르러야 하는지에 대해서는 견해가 대립한다. ① 장물죄가 성립하기 위해서는 본범의 행위가 기수에 도달하여야 한다는 견해,[49] ② 본범 자체의 미수·기수나 종료 여부는 문제되지 않고

---

47 대판 2011. 4. 28, 2010도15350. 본 판결 해설은 이미선, "장물죄에서 본범이 되는 범죄행위에 대하여 우리 형법이 적용되지 않는 경우 그 법적 평가 기준 및 장물에 해당하기 위한 요건과 횡령죄와 관련된 법률관계에 외국적 요소가 있는 경우 소유권 귀속관계 등의 판단 기준", 해설 88, 법원도서관(2011), 646-660.

48 주석형법 〔각칙(6)〕(5판), 646(권순형). 일본 판례 중에는 "재판권이 없는 점령군 군인이 일본 영토 내에서 점령군물자를 절취한 경우, 그 절취행위는 형법상 불법영득행위에 해당하지 아니한다든가, 절취한 점령군물자가 장물이 아니라고 할 수는 없다."고 판시한 것이 있다〔福岡高判 昭和27(1952). 1. 23. 特報 19·60〕.

49 김일수·서보학, 409; 배종대, §80/12; 손동권·김재윤, 492; 이형국·김혜경, 515; 정영일, 389; 정웅석·최창호, 742; 정성근·정준섭, 341; 최호진, 형법각론, 630; 한상훈·안성조, 형법개론(3판), 582; 홍영기, §91/7.

재물의 '영득행위'가 종료되었을 것을 요한다는 견해[50]가 대립되고 있다.

위 ①의 견해에 의하면, 본범의 행위가 기수에 이르기 전 개입하면 본죄가 아니라 본범의 공범이 성립할 뿐이다. 예컨대 甲이 乙이 절취해 오기로 한 재물의 매각을 알선하였으나 정작 乙의 절도가 미수에 그친 경우, 甲의 행위는 절도미수방조죄가 성립할 수 있을 뿐 장물알선죄는 성립하지 않는다. 다만 예외적으로 강도살인죄와 같은 결합범의 경우에는, 재산죄 부분이 기수에 이른 경우 결합범 전체에 대하여 미수에 그쳤다고 하더라도 장물죄가 성립할 수 있다고 한다.[51] 반면 ②의 견해에 의하면, 본범이 기수에 이르렀는지가 아니라 본범에 의한 재물의 영득행위가 종료되었는지를 기준으로 영득행위가 종료되기 전 개입하였다면, 본죄가 아니라 본범의 공범이 성립하게 된다. 따라서 공갈죄의 본범이 상대방을 외포시키기에 충분한 해악을 고지하였으나 상대방이 외포되지 않고 연민의 정으로 본범에게 재물을 교부하여 본범인 공갈죄가 미수에 그친 경우에도, 본범의 의해 재물을 영득한 이상 취득한 그 재물은 장물이 될 수 있다. 41

장물은 재산범죄에 의하여 영득된 재물이므로 재산범죄의 완성을 전제로 한다는 점에서 위 ①의 견해가 타당하다. 일본 판례는 절도죄의 실행을 결의한 사람의 의뢰에 따라 동인이 장차 절취해 올 물건의 매각을 알선하더라도 절도방조죄가 성립하는 것은 별론으로 하고 장물알선죄는 성립하지 않지만, 그 후 동인이 절취해 온 장물을 그 사정을 알면서 현실적으로 매각을 알선한 경우에는 장물알선죄가 성립한다고 판시하고 있다.[52] 42

(나) 본범이 횡령죄를 저지른 경우

본죄가 성립하기 위해서는 반드시 그 행위가 본범이 기수에 이른 후에 이루어져야 하는지 여부는 특히 본범이 횡령죄를 저지른 경우에 문제가 될 수 있다. 즉 자기가 보관하는 타인의 물건을 제3자에게 위법하게 매도한 경우, 이를 매수한 제3자는 어떤 죄책을 지는가 하는 것이다. 43

이때 본범의 횡령행위와 제3자의 취득행위는 동시에 행해지기 때문이다. 44

50 박찬걸, 537; 오영근, 418; 이영란, 형법학 각론강의(3판), 447; 이재상·장영민·강동범, § 22/18; 임웅, 567.

51 김일수·서보학, 409; 정성근·박광민, 453.

52 最決 昭和 35(1960). 12. 13. 刑集 14·13·1929.

이에 대하여, ① 본범의 매도행위가 있으면 횡령죄는 기수가 되므로 이를 매수한 제3자에게는 당연히 장물취득죄가 성립한다는 견해,[53] ② 본범의 매도신청에 대하여 제3자가 매도의 의사표시를 하는 것은 횡령죄의 방조행위가 되고, 본범이 현실로 이를 매도함으로써 횡령죄는 기수가 되므로 결국 제3자에게는 횡령죄의 방조범과 장물취득죄의 상상적 경합범이 성립한다는 견해,[54] ③ 본범의 횡령행위 즉, 영득행위가 종료하지 않은 이상 장물취득죄는 성립할 수 없고 제3자에게는 횡령죄의 방조범만 성립한다는 견해[55]가 대립하고 있다. 이러한 견해의 대립은 횡령죄의 기수시기에 관한 표현설과 실현설에 대응한다고 할 수 있다.

45 판례는 횡령죄는 타인의 재물을 보관하는 사람이 그 재물을 횡령하는 경우에 성립하는 범죄이고, 횡령죄의 구성요건으로서의 횡령행위란 불법영득의사를 실현하는 일체의 행위를 말하는 것으로서 불법영득의사가 외부에 인식될 수 있는 객관적 행위가 있을 때 횡령죄가 성립한다고 판시하면서, 甲이 회사 자금으로 乙에게 주식매각 대금조로 금원을 지급한 경우, 그 금원은 횡령행위에 의하여 영득된 장물에 해당하고, 나아가 설령 甲이 乙에게 금원을 교부한 행위 자체가 횡령행위라고 하더라도 이러한 경우 甲의 (업무상)횡령죄가 기수에 달하는 것과 동시에 그 금원은 장물이 된다고 판시하여,[56] 그 상대방인 乙의 장물취득죄의 성립을 인정하였다(위 ①의 견해). 실무상으로도 횡령행위의 상대방이 그 재물이 횡령행위에 의해 영득된 물건임을 알면서 취득한 경우 장물취득죄를 인정하고 있다. 이때 장물취득죄가 성립한다고 하여 본범의 공범 성립이 배제되는 것은 아니므로, 본범에게 횡령할 것을 교사한 후 그 횡령한 물건을 취득한 때에는 횡령교사죄와 장물취득죄의 경합범이 된다.[57]

(5) 장물의 동일성과 장물성의 상실

46 장물은 재산범죄에 의해 영득한 재물이거나 그것과 동일성이 유지되는 재물이어야 한다. 훔친 금반지를 녹여 금괴로 만든 경우,[58] 훔친 목재를 제재한 경우,

---

53 김일수·서보학, 410; 정성근·박광민, 453; 정성근·정준섭, 341; 한상훈·안성조, 583.
54 배종대, §80/13.
55 김성돈, 484; 오영근, 419; 이재상·장영민·강동범, §22/18; 이형국·김혜경, 515; 임웅, 562.
56 대판 2004. 12, 9, 2004도5904. 본 판결 평석은 김태명, "횡령죄의 기수시기와 장물죄의 성립여부", 형사법연구 23, 한국형사법학회(2006), 111-136.
57 대판 1969. 6. 24, 69도692.
58 大判 大正 4(1915). 6. 2. 刑録 21·721.

홈친 철판을 잘게 자른 경우, 훔친 물건을 소분(小分)하여 담은 경우에는 물질의 동일성이 유지되므로 장물성이 유지된다. 그러나 절취한 돈으로 구입한 물건, 장물을 처분하여 마련한 돈처럼 장물이 영득한 재물과 동일성을 상실한 경우에는 장물성을 잃게 된다. 절취한 문서 또는 녹음(녹화)테이프를 복사한 복사물 또한 장물과의 물질적인 동일성을 인정할 수 없으므로 장물이라고 할 수 없다.

장물의 동일성과 관련하여, 판례는 장물을 전당잡힌 전당표에 대하여 그것 47
이 장물 그 자체라고 볼 수 없음은 물론 그 장물과 동일성이 있는 변형된 물건이라고 볼 수 없다고 판시하였다.[59]

(가) 대체물

장물을 판매한 대금, 장물과 교환한 물건, 장물인 금전으로 구입한 물건과 48
같은 이른바 대체장물의 장물성이 인정되는지 문제된다. 이에 대하여 ① 공범설(이득설)은 대체장물 또한 본범의 행위로 인한 경제적 이익을 향유하는 것이므로 장물성을 인정하나, ② 추구권설 및 위법상태유지설은 장물성을 부정한다. 판례도 장물이란 영득죄에 의하여 취득한 물건 그 자체를 말하며 장물을 처분하여 얻어진 돈은 장물이 아니라고 판시하여,[60] 대체장물의 장물성을 부정하고 있다.

(나) 대체물 중 통화의 환전, 수표의 지급 등

장물이 금전인 경우, 다른 종류의 통화로 환전된 통화, 나아가 장물인 자기 49
앞수표를 지급제시하여 액면금으로 받은 현금, 장물인 금전을 금융기관에 예금하였다가 인출한 현금 또는 자기앞수표에 대해서 장물성을 인정할 수 있는지 여부에 대해서는 견해가 대립한다.

① 금전은 강한 대체성을 가지고 있으므로, 물질로서의 실물화폐 자체보다 50
액면금으로 표상되는 가치에 중요성이 있고, 금전을 다른 종류의 통화로 교환한 경우에도 가치는 동일하기 때문에 교환된 통화도 장물성을 유지한다는 긍정설[61]과 ② 가치는 물건이 아니므로 가치의 동일성을 장물의 동일성과 동일하게 평가하는 것은 유추해석이며, 가치의 동일성을 장물의 동일성으로 평가하는 경우

59 대판 1973. 3. 13, 73도58.
60 대판 1972. 2. 22, 71도2296; 대판 1972. 6. 13, 72도971.
61 김일수·서보학, 412; 배종대, § 80/6; 이정원·류석준, 469; 이형국·김혜경, 516.

화폐 외에 동일한 가치로 교환된 장물의 경우에도 장물성을 인정하게 되어 장물의 범위가 지나치게 확대되어 바람직하지 않으므로 교환된 통화는 장물성을 상실한다는 부정설[62]이 대립하고 있다.

51 판례는 장물인 현금 또는 수표를 금융기관에 예금의 형태로 보관하였다가 이를 반환받기 위하여 동일한 액수의 현금 또는 수표를 인출한 경우에, 예금계약의 성질상 그 인출된 현금 또는 수표는 당초의 현금 또는 수표와 물리적인 동일성은 상실되었지만 액수에 의하여 표시되는 금전적 가치에는 아무런 변동이 없으므로 장물로서의 성질은 그대로 유지된다고 판시하고,[63] 같은 취지로 자기앞수표도 그 액면금을 즉시 지급받을 수 있는 등 현금에 대신하는 기능을 가지고 거래상 현금과 동일하게 취급되고 있는 점에서 금전의 경우와 동일하게 보아야 한다고 판시하고,[64] 착오송금된 금전을 영득의사로 다른 계좌로 이체하면 횡령죄가 성립한다고 판시하여,[65] 위 ①의 긍정설의 입장을 취하고 있다.[66]

52 한편 절취하거나 강취한 장물인 예금통장을 이용하여 은행에서 예금을 인출한 경우에는, 그 행위가 은행원을 기망하여 진실한 명의인이 예금을 찾는 것으로 오신시켜 편취한 것이라면 별도의 사기죄를 구성하여 사기죄의 장물이 되고,[67] 그 행위가 현금자동지급기에서 현금을 인출하여 절취한 것이라면 별도의 절도죄를 구성하여 절도죄의 장물이 된다.

(다) 소유권의 선의취득

53 민법상 소유권 취득의 법리에 따라 장물성이 상실되거나 소멸되는 때도 있다. 장물의 동일성이 유지되더라도 민법 제249조 등에 의해 제3자가 동산인 재물의 소유권을 선의취득한 경우 그 재물의 장물성은 상실되고,[68] 그 후에 그 사정을 아는 사람이 이를 매수하더라도 장물취득죄가 성립하지 않는다.[69] 그 외에

62 정성근·정준섭, 343; 정영일, 390; 정웅석·최창호, 744; 홍영기, §91/12.

63 대판 2004. 4. 16, 2004도353.

64 대판 2000. 3. 10, 98도2579. 본 판결 평석은 여훈구, "장물인 현금 또는 자기앞수표의 예금과 장물성의 상실 여부", 형사판례연구 [9], 한국형사판례연구회, 박영사(2001), 299-314.

65 대판 2005. 10. 28, 2005도5975.

66 일본 판례도 마찬가지로 횡령한 지폐를 환전한 돈도 장물이라고 판시하였다[大判 大正 2(1913). 3. 25. 刑録 19·374.].

67 대판 1974. 11. 26, 74도2817; 대판 1990. 7. 10, 90도1176 등.

68 大判 大正 6(1917). 5. 23. 刑録 23·517.

69 같은 취지의 법리를 전제로 판시한 하급심 판례로 의정부지판 2015. 8. 26, 2015노174; 수원지

도 제3자가 민법 제245조에 의한 취득시효의 완성으로 장물인 부동산의 소유권을 취득하거나 민법 제246조에 의한 취득시효의 완성으로 장물인 동산의 소유권을 취득한 경우에는 장물성이 상실된다. 그러나 실제 사례에서 선의·무과실의 자주점유가 인정되거나 10년 또는 20년 간 평온, 공연하게 자주점유를 하여 취득시효기간이 완성되어 장물성이 문제가 되는 경우는 많지 않다.[70]

(라) 첨부에 의한 소유권취득

민법 제259조 제1항은 "타인의 동산에 가공한 때, 가공으로 인한 가액의 증가가 원재료의 가액보다 현저히 다액인 때에는 가공자의 소유로 한다."고 규정하고 있다. 따라서 재산범죄로 영득한 재물을 가공하여 가공자가 소유권을 취득하는 경우 장물의 동일성이 상실되고, 피해자는 더 이상 해당 물건에 대한 반환청구권을 행사할 수 없으므로 가공된 물건은 장물에 해당하지 않게 된다.[71] 장물이 민법상 부합(민 § 256 부동산에의 부합, § 257 동산 간의 부합),[72] 혼화(민 § 258)로 인하여 사회통념상 분리 불가능한 상태가 되어 소유권이 상실되는 때에도 마찬가지로 장물성이 상실된다.[73] 54

(마) 본범의 영득행위가 취소할 수 있는 법률행위인 경우

사기 또는 공갈에 의해 재물을 교부한 경우 사기 또는 강박에 의한 의사표시(민 § 110)로 취소하거나 계약을 해제할 수 있는데, 피해자가 계약을 취소·해제할 수 있는 단계에서의 재물의 점유도 위법한 점유상태라고 해야 하므로 장물이 된다.[74] 판례 중에는 본범이 피해자로부터 편취한 장물을 보관하여 달라는 부탁을 받고 장물인 사정을 알면서 보관해 준 사례에서 피해자가 사기로 인한 납품계약에 관하여 취소의 의사표시를 했는지 따로 살피지 않고 장물보관죄를 55

판 2014. 7. 10, 2014노1149; 인천지판 2011. 7. 14, 2011노39 등.

70 피해품이 민법 제246조 제1항에 따라 취득시효의 대상이 될 수 있어 장물이라고 단정할 수 없다고 판단한 원심에 대해 검사가 항소하였으나, 항소심에서는 다른 이유로 검사의 항소를 기각한 사례로는 수원지판 2014. 2. 12, 2013고정1882; 수원지판 2014. 7. 10, 2014노1149가 있다.

71 신동운, 1322; 정성근·박광민, 454; 정영일, 389.

72 일본 판례는 본범자가 절취한 여성용 자전거에서 바퀴와 안장을 떼어내 본범자가 가지고 있던 남성용 자건거에 교체한 경우, 양자는 원형 그대로 쉽게 분리할 수 상태이므로 부합이라고 할 수 없고, 가공이라고도 할 수 없으므로 위 바퀴와 안장은 장물성이 인정된다고 판시하였다〔最判 昭和 24(1949). 10. 20. 刑集 3·10·1660〕.

73 김성돈, 484; 정성근·박광민, 454; 정영일, 389.

74 오영근, 422; 이재상·장영민·강동범, § 22/16.

인정하거나,[75] 사기행위로 영득한 재물을 전당포영업자가 그것이 장물인 사정을 알면서 돈을 대여하고 물건을 전당잡는 행위(질권설정행위)를 하였다면 장물취득죄가 성립할 수 있다고 한 것[76]이 있다.[77]

56 다만 피해자가 소유권을 포기하거나 취소기간(민 §146)을 도과하여 취소권이 소멸된 경우에도 장물이라고 할 수 있는지에 관하여는, ① 장물성이 상실된다는 견해[78]와 ② 그래도 위법상태는 유지되는 것이므로 장물성이 상실되지 않는다는 견해[79]가 대립한다.

57 본범의 사기 또는 공갈로 인해 피해자가 의사표시를 한 법률행위의 상대방이 본범이 아닌 제3자이고 그 사실을 알지 못하였고 알지 못한 데에 과실이 없다면, 그 의사표시는 사기 또는 강박을 이유로 그 상대방에게 대항할 수 없으므로 취소할 수 없게 되는데(민 §110②), 이때도 장물성이 상실되는지에 대하여 마찬가지 문제가 발생할 수 있다. 예를 들어, 본범의 기망행위에 속아 피해자가 물건을 매도하였으나 정작 그 물건을 인도받은 제3자가 그 물건이 장물인 사정을 과실 없이 알지 못한 경우, 제3자는 정당한 점유권 또는 소유권을 취득하게 되므로 그 물건은 장물성을 상실할 수 있는 것이다. 실무에서는 위와 같은 경우 제3자가 취득한 물건이 장물인 여부보다는 해당 물건을 피해자에게 환부(형소 §333)할 수 있는지가 더 문제되는데, 이 경우는 피해자에게 환부할 이유가 명백한 때로 보기 어려워 피해자 환부의 대상이 되지 못한다고 봐야 할 것이다.

58 판례 중에는 매수인이 피해자로부터 물건을 매수함에 있어 사기행위로써 취득하였다 하더라도 피해자가 매수인에게 사기로 인한 매매의 의사표시를 취소하였는지 여부가 분명하지 않고, 위 매수인으로부터 위탁을 받은 A가 위 물건을 인도받아 B의 창고에 임치하여 B가 보관하게 되었고, 달리 B가 위 물건이 장물이라는 사정을 알았다고 확단할 자료가 없다면, B는 정당한 점유자라 할 것이고, 이를 보관시킨 매수인에 대해서는 임치료청구권이 있고 그 채권에 의하

75 수원지판 2015. 8. 6, 2015고단203.
76 대판 2006. 10. 13, 2004도6084.
77 일본 판례도 피해자에게 법률상의 회복청구권이 있는 것을 이유로 장물성을 인정하고 있다[大判 大正 12(1923). 4. 14. 刑集 2·336].
78 오영근, 422; 이재상·장영민·강동범, §22/16; 정성근·박광민, 454.
79 임웅, 573.

여 위 물건에 대한 유치권이 있다고 보여지므로, 피해자는 B에 대하여 위 물건의 반환청구권이 있음이 명백하다고 보기 어렵고, 따라서 이를 피해자에게 환부할 것이 아니라 민사소송에 의하여 해결함이 마땅하다고 판시한 것이 있다.[80]

(6) 불법원인급여로 지급된 재물인 경우

불법한 원인에 의하여 재물을 급여하여 민법 제746조에 따라 그 반환을 청구하지 못하는 경우에도 장물에 해당할 수 있는지에 관하여는, 장물의 본질에 대한 학설의 입장에 따라 결론을 달리하게 된다. 추구권설의 입장에서는, 피해자가 반환청구권을 가지지 않게 되는 경우 피해품의 장물성은 부인된다. 반면 위법상태유지설의 입장에서는, 불법원인급여로 지급된 물건에 대한 민법상 반환청구권이 인정되지 않는 경우에도 위법한 재산 상태는 계속될 수 있기 때문에 장물성이 인정될 수 있다. 59

판례를 살펴보면, 민법 제746조의 불법원인급여에 해당하여 급여자가 수익자에 대한 반환청구권을 행사할 수 없다고 하더라도, 수익자가 기망을 통하여 급여자로 하여금 불법원인급여에 해당하는 재물을 제공하도록 하였다면 사기죄가 성립하고, 그 사기죄로 영득한 재물에는 당연히 장물성이 인정된다고 판시한 하급심 사례가 있다.[81] 60

한편 신임관계에 기초하여 위탁된 타인의 재물을 위법하게 영득한 때 성립하는 횡령죄의 경우, 그 위탁관계는 규범적으로 횡령죄로 보호할 만한 가치 있는 신임에 의한 것으로 한정된다. 따라서 예컨대 명의신탁자가 매수한 부동산에 관하여 부동산실명법을 위반하여 명의수탁자와 맺은 명의신탁약정에 따라 매도인에게서 바로 명의수탁자 명의로 소유권이전등기를 마친 이른바 중간생략등기형 명의신탁을 한 경우, 명의신탁자는 신탁부동산의 소유권을 가지지 아니하고, 명의신탁자와 명의수탁자 사이에 보호할 만한 가치가 있는 위탁신임관계를 인정할 수도 없어 명의수탁자가 명의신탁자의 재물을 보관하는 자라고 할 수 없고, 명의수탁자가 신탁받은 부동산을 임의로 처분하여도 명의신탁자에 대한 관계에서 횡령죄가 성립하지 아니하므로,[82] 그로 인해 영득한 재물 역시 장물이 될 수 없게 된다. 61

80 대결 1984. 7. 16, 84모38.
81 수원지판 2016. 9. 1, 2016노728(대판 2016. 11. 25, 2016도14943의 원심판결).
82 대판 2016. 5. 19, 2014도6992(전).

62 즉 불법원인급여라고 하더라도 사기죄,[83] 공갈죄 등 본범이 성립할 수 있는 경우에는 장물이 될 수 있으나, 불법원인급여로 인해 본범인 재산범죄가 성립되지 않는 경우에는 본범의 성립을 전제로 하는 장물죄도 성립할 수 없다.

3. 행위태양

63 장물죄의 행위태양은 장물을 취득, 양도, 운반, 보관하거나(§ 362①), 이러한 행위를 알선하는(§ 362②) 것이다.

(1) 취득

64 장물의 취득이란 장물에 대한 점유를 이전받음으로써 사실상의 처분권을 획득하는 것을 말한다.[84] 이때 점유는 직접점유, 간접점유를 묻지 않으므로, 자물쇠로 잠긴 재물의 열쇠를 넘겨받거나 위탁된 장물을 인출할 수 있는 증서를 취득하는 경우와 같이 간접점유를 취득한 경우도 포함된다.[85]

65 본범에게 돈을 대여하고 본범이 횡령한 리스차량을 담보(매도담보)로 취득하는 행위도 그 차량에 대한 사실상 처분권을 획득하는 행위로서 장물취득죄에 있어서의 취득에 해당할 수 있고, 장물을 취득한 이후 대여금을 변제받으면 그 장물을 반환할 의사가 있었다거나 실제로 대여금을 변제받아 그 장물을 반환하였다고 하여 달리 볼 이유가 없다.[86] 장물범이 장물에 대한 점유를 이전받아 사실상의 처분권을 획득하면 충분한 것으로 이를 직접 취득할 필요는 없으며, 제3자를 통해 전매방식으로 취득하는 경우도 포함된다.[87] 예를 들어 甲이 본범으로부터 장물이 보관되어 있는 회사를 인수하는 형식으로 장물을 매수한 경우 장물취득죄가 성립할 수 있고, 乙이 그 장물을 본범으로부터 직접 매입하지 아니하고 위 회사로부터 장물을 전매로 취득한 경우에도 역시 장물취득죄가 성립할 수 있다.[88] 그리고 자기를 위해서가 아니라 제3자를 위해서 취득하는 경우도 포함된다.

---

83 대판 2004. 5. 14, 2004도677; 대판 2006. 11. 23, 2006도6795.

84 대판 2003. 5. 13, 2003도1366; 대판 2010. 12. 9, 2010도6256.

85 독일 판례 가운데에도 장물의 취득은 본범자로부터 독립한 현실의 처분력을 취득하면 되므로, 반드시 직접점유를 취득할 필요는 없고 간접점유의 취득으로도 충분하다고 본 것이 있다(BGH, 29.03.1977 - 1 StR 646/76).

86 의정부지판 2018. 7. 26, 2018노889.

87 大判 昭和 8(1933). 12. 11. 刑集 12·2304.

88 대구고판 2018. 11. 1, 2018노209.

여기서 취득은 유상인지 무상인지 여부를 불문한다. 장물을 증여(민 § 554), 무이자소비대차(민 § 598)로 취득하든 이자부소비대차(민 § 598)나 매매(민 § 563), 교환(민 § 596), 변제(민 § 460 등), 대물변제(민 § 466) 등으로 취득하든 장물에 대한 사실상의 처분권을 획득하였다면 장물취득죄가 성립할 수 있다. 이러한 점에서 장물을 사용·수익만 할 뿐 그 처분권을 취득하지 않는 임대차나 사용대차는 취득이 아니라 보관에 해당할 수 있을 뿐이다.[89] 66

취득은 현실적인 점유의 이전을 요하므로, 취득을 위한 약속이나 계약 체결[90]만으로 완성되지 않고, 동산인 장물의 점유를 이전받거나, 부동산인 장물의 등기를 이전받을 것을 요한다. 또한 장물죄는 미수범의 처벌규정을 두고 있지 않으므로, 장물의 점유를 이전하는 내용의 계약을 체결하거나 점유이전에 대한 약속을 받는 것만으로는 장물취득죄가 성립하지 않는다. 다만, 장물을 유상취득하기로 약속하였으나 대가를 지불하기 전이라고 하더라도 현실로 점유를 이전받은 이상 장물취득죄가 성립할 수 있다.[91] 67

또한 장물취득죄가 성립하기 위해서는 장물에 대한 사실상의 처분권을 획득하여야 하므로, 단순히 장물인 자동차에 함께 탑승하는 것처럼 장물을 함께 사용하거나 함께 소비하는 것만으로는 장물취득죄가 성립하지 않는다[92]고 할 것이다.[93] 68

판례는 장물취득죄에서 '취득'이라고 함은 점유를 이전받음으로써 그 장물에 대하여 사실상의 처분권을 획득하는 것을 의미하는 것이므로, 단순히 보수를 받고 본범을 위하여 장물을 일시 사용하거나 그와 같이 사용할 목적으로 장물을 건네받은 것만으로는 장물을 취득한 것으로 볼 수 없다고 판시하여,[94] 장물취득죄의 성립을 부정하였다. 또한 본범의 종범이 본범의 사기죄로 편취금이 본범에게 귀속되는 과정 없이 피해자로부터 종범의 예금계좌로 돈을 송금받음으로써 사기죄가 종료되는 경우, 종범이 자신의 계좌에서 위 돈을 인출하였다 하 69

89 김성돈, 487; 정성근·박광민, 457.

90 일본 판례는 처음에는 계약만으로 취득(유상양수)이 된다고 하였으나 그 후 판례를 변경하여 본죄의 본질에 비추어 계약만으로는 취득에 해당하지 않는다고 판시하고 있다[最判 昭和 24(1949). 7. 9. 刑集 3·8·1193 등].

91 예를 들어, 수량이나 가격에 관하여 구체적인 교섭이 이루어지지 않았더라도 이미 그 매수를 승낙하여 인도를 받은 이상 장물취득죄가 성립한다[最判 昭和 24(1949). 7. 9. 刑集 3·8·1193].

92 박상기, 형법각론(8판), 427; 오영근, 423.

93 독일 판례 가운데에도 마찬가지로 본 것이 있다(BGH, 11.09.1991 - 3 StR 345/91).

94 대판 2003. 5. 13, 2003도1366.

더라도 이는 예금명의인으로서 은행에 예금반환을 청구한 결과일 뿐 본범으로부터 위 돈에 대한 점유를 이전받아 사실상 처분권을 획득한 것은 아니므로 장물취득죄가 성립하지 않는다고 보았다.[95]

70 한편 장물취득죄가 성립하기 위해서는 적어도 취득 시에 장물이라는 것을 인식하여야 하는데, 취득 시는 장물인 사실을 몰랐다가 추후 이를 알게 되는 경우에도 장물취득죄는 성립하지 않는다.[96] 유상취득의 경우, 매수인이 매매계약을 체결할 당시에는 장물인 사실을 몰랐더라도 그 목적물을 인도받을 때에는 장물인 사실을 인식하였다면 장물취득죄가 성립할 수 있다.

71 하급심 판례 중에는 전당포 영업자가 재물을 전당잡으면서 인도받을 당시에 장물인 사정을 알지 못하였다면, 그 후 장물일지도 모른다고 의심하면서 소유권포기각서를 받았다고 하더라도 장물취득죄에 해당할 여지가 없다고 판시한[97] 것이 있다.

(2) 양도

72 장물의 양도란 장물을 제3자에게 유상 또는 무상으로 수여하는 행위이다. 장물양도죄가 성립하기 위해서는 장물에 대한 현실적인 교부가 있어야 하며, 장물취득의 경우와 같이 단순히 양도계약을 체결하는 것만으로는 부족하고 장물에 대한 현실적인 점유의 이전이 있어야 한다.

73 양도자가 장물을 취득한 경우, 점유를 이전받은 방법 등은 가리지 않으며, 양수인이 장물인 사정을 알았는지 여부는 불문한다.[98]

---

95 대판 2010. 12. 9, 2010도6256. 사기 범행에 이용되리라는 사정을 알고서도 자신의 명의로 새마을금고 예금계좌를 개설하여 甲에게 이를 양도함으로써 甲이 A를 속여 A로 하여금 1,000만 원을 위 계좌로 송금하게 한 사기 범행을 방조한 피고인이 위 계좌로 송금된 돈 중 140만 원을 인출하여 甲이 편취한 장물을 취득하였다는 공소사실에 대하여, 甲이 사기 범행으로 취득한 것은 재산상 이익이어서 장물에 해당하지 않는다는 원심 판단은 적절하지 아니하지만, 피고인의 위와 같은 인출행위를 장물취득죄로 벌할 수는 없으므로, 위 '장물취득' 부분을 무죄로 선고한 원심의 결론을 정당하다고 판시하였다.

96 대판 1971. 4. 20, 71도468. 장물취득죄는 취득 당시 장물인 줄을 알면서 취득하여야 성립하는 것이므로 피고인이 자전차의 인도를 받은 후에 비로소 장물이 아닌가 하는 의구심을 가졌다고 해서 그 자전차의 수수행위가 장물취득죄를 구성한다고는 할 수 없다고 판시하였다.

97 서울중앙지판 2004. 8. 26, 2002노5461.

98 판례는 절도범이 장물을 자기 것인 양 제3자에게 담보로 제공하고 금원을 편취하였다면 사기죄가 성립한다고 판시하여(대판 1980. 11. 25, 80도2310), 장물인 사정을 모르는 양수인에게 이를 판매하고 대금을 받은 경우에는 사기죄가 성립함을 명확히 하고 있다.

장물취득죄와 장물양도죄가 경합하는 경우, 즉 장물임을 알고 취득한 사람 이 이를 제3자에게 양도한 때 장물취득죄 외에 장물양도죄가 성립하는지가 문제된다. 이에 대해서는 ① 장물취득죄가 성립한 이후 이를 다른 사람에게 양도하는 것은 불가벌적 사후행위에 해당하여 별도로 장물양도죄가 성립하지 않는다는 견해(통설)와,[99] ② 처음부터 장물임을 알고 취득한 후 양도한 경우에는 장물양도죄의 구성요건해당성이 없어 협의의 포괄적 일죄로서 장물취득죄만 성립한다는 견해[100]가 있다. 판례는 장물을 취득한 사람이 이를 처분하였다고 하여도 장물취득죄가 성립하는 때에 이미 그 소유권의 추구권을 침해하였으므로 그 후의 양도행위는 불가벌적 사후행위에 불과하므로 별도로 장물양도죄가 성립하지 않는다고 판시하여,[101] 위 ①설의 입장이다. 74

따라서 장물양도죄가 성립하기 위해서는 장물을 취득할 때에는 장물인 사실을 몰랐다가 그 후에 장물인 사실을 알고서 제3자에게 양도한 경우여야 한다.[102] 75

(3) 운반

장물의 운반이란 장물을 장소적으로 이동시키는 것을 말한다. 장소적인 이동이 있으면 되고, 거리의 원근은 불문한다. 그러나 그 거리가 너무 짧아 추구권의 행사에 거의 영향이 없을 정도라면 운반이라고 하기 어려운 경우도 있을 것이다. 일본 판례 중에는 절취한 쌀을 약 1.5미터 이동한 경우,[103] 강취한 물건을 강취현장으로부터 약 25미터 가지고 간 경우,[104] 장물운반죄를 인정한 사례가 있다. 76

장물운반죄는 본범 또는 장물취득자의 범죄를 도와 위법한 재산상태를 유지한다는 점에 처벌의 근거가 있으므로, 본범 또는 장물취득자의 승낙이나 양해 아래 행해진 것이어야 하며,[105] 장물을 피해자에게 돌려주기 위해 운반하는[106] 77

99 김성돈, 488; 김일수·서보학, 413; 박상기, 428; 박찬걸, 541; 신동운, 1328; 오영근, 424; 이영란, 453; 정성근·박광민, 458.

100 임웅, 573.

101 서울남부지판 2019. 9. 20, 2019노678, 1021(병합); 의정부지판 2014. 8. 14, 2014노1225.

102 판례는 본죄에 있어서 장물의 인식은 확정적 인식임을 요하지 않으며 장물일지도 모른다는 의심을 가지는 정도의 미필적 인식으로도 충분하고, 수입자동차를 취득한 후 자신이 취득한 수입자동차가 장물일지도 모른다고 생각하면서도 이를 제3자에게 양도하였다면 장물양도죄가 성립한다고 판시하였다(대판 2011. 5. 13, 2009도3552).

103 福岡高判 昭和 25(1950). 11. 14. 特報 14·179.

104 仙台地判 昭和 61(1986). 12. 3. 刑事裁判資料 263·684.

105 김성돈, 488; 김일수·서보학, 414.

106 일본 판례 중에는 피해자로부터 절취품의 회수를 의뢰받아 돌려받도록 하였으나 절도범이 요구

등 위법상태를 제거하기 위한 운반행위는 장물운반죄에 해당하지 않는다.

78 본범이 장물을 스스로 운반하는 것은 불가벌적 사후행위이나, 본범과 제3자가 공동하여 장물을 운반한 경우에는 제3자에 대하여 장물운반죄가 성립한다.[107] 그러나 타인이 절취하여 온 승용차에 함께 편승하는 행위만으로는 장물운반죄에 해당하지 아니한다.[108]

79 장물의 운반은 유상이든 무상이든 가리지 않고, 수단과 방법에도 제한이 없는바, 장물이라는 사정을 모르는 제3자에게 운송을 부탁하는 간접정범 형태로도 범할 수 있다.

80 장물운반죄의 기수시기에 대하여, ① 운반의 목적을 달성하여야 비로소 기수가 된다는 견해[109]와 ② 사실상 운반행위가 개시되면 충분한 것으로 보는 견해[110]가 대립하고 있는데, 통설은 장물운반죄를 계속범으로 보아 후자의 견해를 취하고 있다.

81 장물운반죄는 계속범적인 성격을 지닌다. 운송하는 화물이 장물이라는 사정을 알지 못하고 장물을 운반하던 중 장물인 사정을 알게 되었다면, 장물인 사정을 안 후 행한 운반행위는 장물운반죄에 해당한다.

82 장물운반죄와 장물취득죄가 경합하는 경우, 즉 장물을 취득한 사람이나 본범 또는 이들의 공동정범, 합동범이 스스로 장물을 운반하는 것은 선행범죄에 의해 취득한 재물의 사후처분에 불과하여 장물운반죄가 성립하지 않는다.[111]

하는 돈을 피해자에게 주도록 하고 절취품에 관하여 공갈까지 한 사안에서, 절취품의 '운반'은 피해자를 위해서 한 것이 아니라 절도범의 이익을 위해서 한 것이라는 취지로 장물운반죄(일형 § 256②. 도품등운반죄)의 성립을 긍정한 것이 있다[最決 昭和 27(1952). 7. 10. 刑集 6·7·876]. 반면에 도둑맞은 사찰의 보물을 매수하라는 요청을 받은 피고인이 즉시 이를 매수하지 않으면 산일(散逸) 등의 우려가 있다고 생각하고 사찰에 돌려주기 위하여 이를 매수한 사안에서, 장물의 추구 회복을 곤란하게 하는 장물죄의 본질에 비추어 장물취득죄(일형 § 256②. 도품등유상양수죄)는 성립하지 않는다고 판시한 것이 있다[東京高判 昭和 28(1953). 1. 31. 東高刑時報 3·2·57].

107 대판 1999. 3. 26, 98도3030. 본범 이외의 사람이 본범이 절취한 차량이라는 사정을 알면서 본범의 강도행위를 위해 그 차량을 운전해 준 사례에서, 강도예비죄와 더불어 장물운반죄가 성립한다고 판시하였다.

108 대판 1983. 9. 13, 83도1146. 타인이 절취, 운전하는 승용차의 뒷좌석에 편승한 것만으로는 장물운반행위의 실행을 분담하였다고 할 수 없다고 판시하였다.

109 배종대, § 80/24.

110 김성돈, 489; 정성근·박광민, 458.

111 대판 1986. 9. 9, 86도1273. 장물죄는 타인(본범)이 불법하게 영득한 재물의 처분에 관여하는 범죄이므로 자기의 범죄에 의하여 영득한 물건에 대하여는 성립하지 아니하고, 이는 불가벌적 사

한편 산림자원의 조성 및 관리에 관한 법률은 산림에서 그 산물(조림된 묘목을 포함한다.)을 절취한 사람이 장물을 운반하기 위하여 차량이나 선박을 사용하거나 운반의 설비를 한 경우에는, 산림절도죄(5년 이하의 징역 또는 5천만 원 이하의 벌금)보다 가중처벌한다(§ 73③(iii). 1년 이상 10년 이하의 징역). 83

(4) 보관

장물의 보관이란 위탁을 받고 장물을 자기의 점유 아래에 두거나 은닉하는 것을 말한다. 유상·무상을 불문하며, 보관의 방법도 제한이 없다. 장물의 보관은 장물에 대한 사실상의 처분권을 갖지 않는다는 점에서 장물의 취득과 구별된다. 장물인 부동산을 임대차, 사용대차를 위해 받아 보관하거나, 장물인 동산을 사실상의 처분권을 갖지 않은 채 담보로 보관하는 행위 등이 이에 해당한다. 84

장물의 보관을 위탁한 사람은 반드시 본범일 필요가 없고, 장물을 취득·양도·운반한 사람도 보관을 위탁할 수 있다. 85

장물보관죄는 계속범적 성격을 가지며, 장물인 사정을 알면서도 보관을 개시한 때 기수가 되고, 보관이 종료되는 시점에 범죄가 종료된다. 86

장물보관죄에서 장물에 대한 인식은 반드시 보관개시 시에 있어야 하는 것은 아니다. 따라서 장물인 사정을 모르고 보관을 개시하였다가 사후에 장물인 사정을 알고도 계속 보관하는 경우, 장물인 사정을 안 때부터 장물보관죄가 성립한다. 판례는 구체적으로 '장물반환이 불가능하지 않음에도 보관을 계속하는 경우'에 장물보관죄가 성립한다고 하면서, 이 경우 피해자의 정당한 반환청구권 행사를 어렵게 하여 위법한 재산상태를 유지시키기 때문이라고[112] 한다.[113] 그러나 사후에 장물인 사정을 알게 된 경우에도 보관자에게 장물을 점유할 권한이 있다면, 이를 계속하여 보관하더라도 장물보관죄는 성립하지 않는다. 판례는 장물인 사정을 알지 못하고 채권의 담보로 수표들을 교부받은 후 장물인 사정을 알게 되었음에도 이를 보관한 행위,[114] 전당포영업자가 대여금채권의 담보로 87

후행위에 해당한다고 판시하였다.

112 대판 1987. 10. 13, 87도1633. 본 판결 해설은 이신섭, "장물죄에 있어서의 지정의 시기", 해설 8, 법원행정처(1988), 455-462.

113 일본 판례도 장물인 사정을 모르고 보관을 개시한 후, 나중에 장물인 사정을 알게 되었음에도, '본범을 위하여' 이를 보관한 경우에는, 장물보관죄(§ 256②)가 성립한다고 판시하였다[最決 昭和 50(1975). 6. 12. 刑集 29·6·365].

114 대판 1986. 1. 21, 85도2472.

보석들을 전당잡은 후 장물인 사정을 알게 되었음에도 계속 보관한 경우[115]는 점유권한이 있어 장물보관죄가 성립하지 않는다고 판시하였다.

88 다른 죄와의 관계와 관련하여, 장물을 위탁받아 보관하던 사람이 이를 횡령한 때에 어떤 죄가 성립할 것인지에 대하여 판례[116]는 장물보관죄에 의해 피해자의 소유권은 이미 침해되었으므로 횡령죄는 불가벌적 사후행위로서 별도의 처벌대상이 되지 않는다고 한다(아래 IV. 2. (3) 부분 참조).

(5) 알선

89 장물의 알선이란 장물의 취득·양도·운반·보관하려는 당사자 사이에 서서 이를 중개하거나 편의를 도모하는 것으로,[117] 유상·무상을 불문한다. 매개·주선의 대상은 매매·교환·담보설정·입찰 등의 법률행위는 물론, 운반·보관 등의 사실상의 처분행위도 포함된다. 장물의 알선은 본범 또는 장물취득자와의 합의 또는 추정적 승낙 아래 행해진 것이어야 하고, 일방적인 알선은 알선행위에 해당하지 않는다.

90 재산범죄의 피해자에게 알선한 경우에도 장물알선죄가 성립하는지 문제된다. 일본 판례는 절도의 피해품인 A 회사의 약속어음 131장(액면금 합계 5억 5,313만 4,290엔)을 A 회사 등 관련 회사에 매각(대금 합계 8,220만 엔)하도록 알선한 사안에서, 피해자에 의한 절취품의 '정상적인 회복을 곤란하게 할' 뿐만 아니라, 본범의 '범죄를 조장하고 유발할 우려가 있는 행위'라는 이유로 장물알선죄(일형 §256②. 도품유상처분알선죄)의 성립을 긍정하였다.[118]

91 장물알선죄의 기수시기에 대해서는 견해가 대립한다. ① 알선행위만으로도 추구권에 대한 위험을 가져올 수 있으므로 알선행위만 있으면 장물알선죄가 기수가 된다는 견해(알선행위시설),[119] ② 알선행위만으로는 본범을 유발하거나 피해자의 추구권에 대한 위험을 초래한다고 보기 어렵고, 장물취득죄 등에서는 현실적 점유의 이전을 필요로 하면서도 장물알선죄에 있어서는 알선행위만으로

---

115 대판 2006. 10. 13, 2004도6084. 전당포업자가 보석들을 전당잡으면서 인도받을 당시 장물인 사정을 몰랐다가 그 후 장물일지도 모른다고 의심하면서 소유권포기각서를 받은 행위는 장물취득죄에 해당하지 않는다고 판시하였다.

116 대판 1976. 11. 23, 76도3067.

117 대판 2009. 4. 23, 2009도1203.

118 最決 平成 14(2002). 7. 1. 刑集 56·6·265.

119 박상기, 429; 박찬걸, 543; 신동운, 1331; 정영일, 397.

기수가 된다고 하는 것은 균형에 맞지 않으므로 현실적인 점유의 이전은 요하지 않지만 계약이 성립될 것은 요한다는 견해(계약성립필요설),[120] ③ 장물알선의 위험성이 다른 행위들에 비해 크다고 할 수 없고, 장물 취득·양도·운반·보관죄 등과의 균형상 현실적 점유의 이전이 있어야 기수가 된다고 해석하여야 한다는 견해(점유이전필요설)[121]가 있다.[122]

판례는 장물인 사정을 알면서 장물의 취득, 양도, 운반, 보관하려는 당사자 사이에 서서 서로를 연결하여 장물의 취득, 양도, 운반, 보관행위를 중개하거나 편의를 도모하였다면, 그 알선에 의하여 당사자 사이에 실제로 장물의 취득·양도·운반·보관에 관한 계약이 성립하지 아니하였거나 장물의 점유가 현실적으로 이전되지 아니한 경우라도 장물알선죄가 성립한다고 판시하여,[123] 위 ①의 견해와 같은 입장이다.[124] 92

Ⅲ. 주관적 구성요건

1. 고 의

장물범은 원칙적으로 본죄의 구성요건요소가 되는 사실에 대한 고의가 있어야 성립하는 고의범으로, 장물인 사정에 대한 인식이 있음을 요한다. 다만, 우리 형법은 다른 입법례와는 달리 '업무상과실·중과실'에 의한 장물죄를 처벌하는 별도의 규정을 두고 있다. 93

본죄의 고의는 행위의 객체인 재물이 절도, 강도, 사기, 공갈, 횡령 등 재산죄에 의하여 영득한 물건이라는 사실을 아는 것으로 충분하고, 그중 어느 범죄 94

120 임웅, 575; 정성근·박광민, 460.

121 김성돈, 490; 배종대, §80/26; 오영근, 426; 이영란, 455.

122 각 견해의 세부적인 논거에 대해서는 정웅석·최창호, 746-747; 주석형법 〔각칙(6)〕(5판), 669-670 (권순형) 참조.

123 대판 2009. 4. 23, 2009도1203. 본 판결 해설은 서경환, "장물알선죄에서 '알선'의 의미 및 그 성립요건"해설 80, 법원도서관(2009), 708-719.

124 일본 판례도 같은 입장이다. 일본 판례는 장물알선죄의 사후종범적 성격을 강조하여 알선행위로 아직 장물의 매매가 완성되지 않고, 본범 피해자의 장물반환청구권 행사를 불능 또는 곤란하게 할 우려가 없다고 하더라도, 일반적으로 본범을 유발할 우려가 충분히 있으므로 장물알선죄가 성립한다고 판시하고 있다〔最判 昭和 26(1951). 1. 30. 刑集 5·1·117〕.

에 의하여 영득한 것인지까지 구체적으로 알아야 하는 것은 아니다.[125] 나아가 본범이 언제 발생하였고, 피해자가 누구인지 등 그 내용에 대해서도 구체적으로 알 필요가 없다.[126]

95 본죄의 고의는 확정적 인식임을 요하지 않고, 장물일지도 모른다는 의심을 가지는 정도의 미필적 인식으로도 충분하다.[127]

96 그리고 본죄의 고의는 취득, 양도, 운반, 보관, 알선 등의 행위 시에 존재하여야 한다.[128] 따라서 재물을 인도받은 후에 비로소 장물이 아닌가 하는 의구심을 가졌다고 하더라도 장물취득죄가 성립하지 않는다.[129]

2. 고의에 대한 판단

97 본죄의 고의에 대한 판단에 있어 장물인 사정을 알고 있었느냐의 여부는 장물 소지자의 신분, 재물의 성질, 거래의 대가나 그 밖의 상황을 참작하여 이를 인정할 수밖에 없다.[130]

(1) 고의를 인정한 사례

98 ① 피고인이 목재상을 경영하면서 피고인 점포에서 A 등이 신축공사장에서 절취하여 온 약 2트럭 반 가량의 송판 각재 등을 매수한 사안에서, 피고인은 본건 목재를 인근 건축장에서 건축용으로 제재한 것을 수회에 걸쳐 야간에 정문이 아닌 후문 판자나 철조망을 제거하고 운반하여 왔는데, 불과 100여 미터 거리에 있는 정문을 피하고 후문의 판자나 철조망을 제거하고 야간에 다량의 목재를 수차 반입한다는 것은 정상적인 거래사회에서는 존재할 수 없는 사례인 점에 비추어 장물인 사실을 충분히 알았다고 볼 수 있다고 판시하였다.[131]

99 ② 피고인 甲, 乙, 丙이 영도전매서의 창고수이던 A로부터 동인이 업무상 횡령한 연초를 매수한 사안에서, A는 전매서의 창고수로서 연초창고를 간수하

---

125 대판 1969. 1. 21, 68도1474; 대판 2000. 3. 24, 99도5274; 대판 2006. 10. 13, 2004도6084.
126 最判 昭和 24(1949). 10. 5. 刑集 3·10·1646.
127 대판 1987. 4. 14, 87도107; 대판 1995. 1. 20, 94도1968; 대판 2000. 9. 5, 99도3590; 대판 2004. 12. 9, 2004도5904.
128 대판 1971. 4. 20, 71도468.
129 대판 2006. 10. 13, 2004도6084.
130 대판 2004. 12. 9, 2004도5904.
131 대판 1960. 4. 6, 4292형상642.

고 물품출납공무원의 명에 의하여 연초를 수불하는 사무를 취급할 뿐 연초판매사무를 취급하는 사람이 아니고, 연초의 판매와 출고절차는 담당서기가 현장에 나아가서 각 소매상으로부터 하루 전날 주문을 받아오면 그것을 수불장에 기재하고 출고하거나, 소매인의 청구에 의하여 전매서원이 서매결의서를 작성하여 물품출납공무원과 서장의 결재를 얻어 이를 기초로 하여 매도전표를 작성하여 이전표에 대금을 받고 영수인을 날인하여 A에게 보내오면 출고하게 되어있는데, 연초소매인으로서 이러한 연초판매절차와 A의 직무를 알고 있는 피고인들이 그러한 절차를 밟지 않고 A로부터 연초를 매수하고, 피고인 甲에 대하여는 주문한 바도 없는 데 오후 8시에 판매원도 아닌 A가 연초를 운반하여 매도한 점 등에 비추어, 피고인들은 특별한 사정이 없는 한 위 연초 매수 당시 장물이라는 사정을 알았다고 볼 수 있다고 판시하였다.[132]

③ 피고인이 자신이 경영하는 섬유업체의 원단 나염임가공 거래처인 B 섬유에서 나염기술자로 근무하는 직원인 A(본범)으로부터 원단을 구입한 사안에서, 피고인으로서도 장물인 원단을 구입할 당시 A에게 원단을 처분할 수 있는 권한이 없다는 것을 알고 있었던 것으로 보이고, 또한 A로부터 위 원단을 취득한 시기와 장소가 오후 9시경 피고인의 집이며, 위 원단은 거의 정품에 가깝고, 위 원단의 시중 시세가 금 913,000원 정도인데도 이를 불과 금 720,000원에 매수한 것을 알 수 있고, A로부터 서명을 받아 놓았다는 입금표는 위 거래와는 무관한 것으로 보이는바, 피고인이 통상적인 원단 구입처가 아닌 나염공장 기술자에 불과한 A로부터 정품에 가까운 원단을 야간에 시중시세보다 저렴하게 다량 매수한다는 것은 정상적인 거래사회에서는 존재할 수 없어 특별한 사정이 없는 한 A가 위 원단을 부정처분하는 사정을 알았다고 보는 것이 경험칙에 합치된다고 판단하면서, 장물취득 공소사실에 대하여 무죄를 선고한 원심을 파기하였다.[133] 100

④ 피고인이 자신의 동업자인 A, B가 회사 자금을 횡령한 것과 관련하여 A와 다툼이 생기자 동업을 청산하면서 자신의 주식 인수 및 공로의 대가로 5억 원을 받은 사안에서, 위 회사의 인수 및 운영실태, 비자금 조성 및 관리경위, 피고인과 동업자인 A 사이의 합의 경위, 위 5억 원의 지급경과, 피고인의 진술내 101

132 대판 1970. 7. 29, 70도1678.
133 대판 1995. 1. 20, 94도1968.

용 등 제반 사정에 비추어 볼 때, 피고인으로서는 적어도 자신이 A로부터 지급받은 금원이 위 회사의 자금을 횡령한 것으로서 장물일지도 모른다는 의심을 가지는 정도의 미필적인 인식은 있었다고 봄이 상당하다고 인정하고, 피고인에 대하여 무죄를 선고한 원심을 파기하였다.[134]

102 ⑤ 피고인이 A(본범)로부터 그가 횡령한 리스회사 소유의 차량을 매수하여 장물을 취득하였다는 공소사실에 대하여, ⓐ 피고인은 속칭 대포차를 취득하여 다른 사람에게 판매하는 중고차유통업자로서, 리스 차량은 리스회사 소유이고 리스승계 등의 절차 없이는 담보제공이나 매매가 되지 않는다는 사실을 잘 알고 있었으며, 리스회사의 동의 없이 임의로 처분된 리스 차량을 매수하여 장물취득죄로 처벌받은 전력도 있었고, ⓑ 피고인은 A로부터 위 차량을 매수할 당시 위 차량이 리스 차량인데 A가 차량매매에 관하여 리스회사의 동의를 받거나 리스승계 절차를 이행하지 아니한 사실을 알고 있었으며, ⓒ A는 위 차량을 피고인에게 매각한 후 매도대금으로 리스료 잔금을 완납하거나 피고인 명의로의 리스승계 절차를 이행하지 아니하였고, 피고인 역시 A에게 위와 같은 절차의 이행을 독촉하지 아니한 사실을 인정하면서, 피고인으로서는 적어도 위 차량은 A가 리스계약의 목적물을 임의로 처분하여 횡령한 것으로서 장물일지도 모른다는 의심을 가지는 정도의 미필적인 인식은 있었다고 봄이 상당하다고 판단하고, 피고인에 대하여 무죄를 선고한 원심을 파기하였다.[135]

(2) 고의를 부정한 사례

103 ① 영업용택시 운전자인 피고인이 오전 4시 10분경 논산역전에서 성명불상자 2명이 대전까지 가자고 하여 대절료를 받고 그 승객이 가지고 온 짐 2개를 차에 적재하여 운반한 사안에서, 영업용택시를 이용하는 승객이 그 운전사에게 소지화물의 내용과 경력을 고지할 의무가 있거나 운전사가 승객의 소지화물을 조사할 권한이 있는 것이 아닌 이상, 운전사는 자신이 운전하는 택시를 이용하는 승객의 소지화물이 장물이였을 경우에 그 장물인 사정을 알었을 것이라고 추정할 수 없다고 판시하였다.[136]

---

134 대판 2004. 12. 9, 2004도5904.
135 대판 2016. 6. 9, 2015도20007.
136 대판 1959. 7. 20, 4291형상396(장물운반).

② 개장사인 피고인이 A로부터 개를 살 때에 그의 집에까지 가서 A가 가족과 일정한 주소에서 주거하고 있다는 사실을 확인하고, 또 A가 장꾼들과 같이 개를 팔러왔기 때문에 의심하지 않고 시세대로 샀다면, 피고인은 장물의 지정(知情)에 대한 미필적 고의가 있었다고 보기 어렵다고 판시하였다.[137] 104

③ 피고인이 군인으로부터 치료비조로 미제군용 가제, 탈지면, 비타민 등을 받은 사안에서, 이러한 물품이 반드시 절취 등 방법에 의하지 아니하고서는 수중에 넣을 수 없다고는 단정할 수 없는 것이므로 이러한 물건이 군수품이라는 사실만으로서 곧 피고인이 장물인 점을 알았다고 단정하기 어렵다고 판시하였다.[138] 105

④ 피고인이 금은방을 경영하면서 A 등으로부터 B 등이 소매치기한 다이아(3부) 반지 1개, 백금(3돈) 쌍반지 1개, 남자용 백금다이아(1부) 반지 1개 등 싯가 도합 금 1,155,000원 상당을 금 750,000원에 매입한 사안에서, 피고인이 A에게 주민등록증의 제시를 요구하였으나 주민등록증을 소지하고 있지 않아 이를 확인치 않았지만 전에 한 번 거래한바 있던 A의 일행의 인적사항을 확인하여 고물매입대장을 작성하였고, 위 매입가격도 당시 매입자시세로 보아 적절한 가격인 점에 비추어, 피고인이 장물인 사정을 알았다고 인정하기는 미흡하다고 판시하였다.[139] 106

⑤ 공사도급인인 피고인이 공사를 포기한 수급인으로부터 하수급인에 의하여 공사현장에 투입되어 사용되고 있던 자재들을 수급인이 횡령한다는 사정을 알면서 그 현장과 함께 인수하였다고 장물취득죄로 기소된 사안에서, 이 사건 공사계약의 체결에서부터 대금지급, 계약해제 및 공사인계에 이르기까지의 사실관계에 비추어 볼 때, 피고인으로서는 이 사건 공사현장을 수급인으로부터 인수함에 있어 수급인이 하수급인의 승낙을 받은 여부 등 그들 사이의 자세한 내부관계를 따져보아야 할 필요가 없었던 것이어서, 다른 특별한 자료가 없는 한 피고인이 수급인으로부터 공사를 인수함에 있어 그 현장에 투입되어 사용되고 있던 자재를 수급인이 함부로 횡령한다는 사실을 알았다고 보기가 어렵다고 판시하였다.[140] 107

⑥ 전당포영업자인 피고인이 보석판매상인 A에게 돈을 대여하고 그가 피해 108

137 대판 1965. 2. 4, 64도800.
138 대판 1970. 11. 24, 70도1938.
139 대판 1984. 2. 14, 83도3014.
140 대판 1984. 2. 14, 83도3014.

자들로부터 편취한 보석들을 전당잡은 후 그 보석이 장물일지 모른다고 의심하면서 소유권포기각서를 받아 장물을 취득하였다는 공소사실에 대하여, 전당포영업자가 돈을 대여하고 물건을 전당잡는 행위(질권설정행위)는 전당잡은 물건에 대하여 사실상의 처분권을 획득하는 행위로서 장물취득죄에 있어서의 취득행위에 해당하므로 장물취득죄에 있어서의 고의 유무는 이때를 기준으로 판단하여야 한다고 판시하면서, 피고인과 A 사이에 10여 년 전부터 연간 100여 회 이상 보석들을 담보로 돈을 대출하거나 매매알선을 부탁하는 보석들을 제3자에게 매각하여 주고 수수료를 받는 방법으로 보석거래를 해 온 거래관계, 거래기간 및 거래횟수에 A가 이 사건 발생 전에 다른 사람을 기망하여 보석을 편취하는 등으로 처벌받은 전력이 없는 점 등에 비추어, 피고인이 A로부터 보석들을 전당잡을 당시 위 보석들이 A가 피해자들로부터 편취한 장물이라는 사정을 알았다고 보기 어렵다고 본 원심의 판단이 정당하다고 본 다음, 이와 같이 피고인이 보석들을 전당잡으면서 인도받을 당시 장물이라는 사정을 알았다고 볼 증거가 없다면, 그 후 장물일지도 모른다고 의심하면서 소유권포기각서를 받은 행위가 장물취득죄에 해당한다고 볼 여지도 없다고 판시하였다.[141]

109 ⑦ 피고인이 보이스피싱 범죄조직원으로부터 원화를 중국 돈인 위안화로 환전하여 달라는 부탁을 받고, 국내에서 원화를 수령하고 중국에서 위안화를 송금하는 이른바 환치기의 방법으로 보이스피싱 범죄조직이 피해자들로부터 편취한 금원인 장물을 양도하는 행위를 알선하였다는 공소사실에 대하여, 피고인이 환치기 범행을 저질렀다는 사정만으로 환전을 의뢰받은 금원이 장물이라는 사정을 인식하면서 장물알선 범행을 저질렀다고 보기 어렵다고 판시하였다.[142]

3. 불법영득의사

110 본죄에 있어 주관적 구성요건으로 고의 이외에 불법영득의 의사를 요하는가에 대해서는, ① 무상으로 장물알선·보관·운반을 하는 것도 가능하므로 이득의 의사는 불필요하다는 견해,[143] ② 장물취득죄는 불법영득의사를 필요로

141 대판 2006. 10. 13, 2004도6084(원심판결 서울중앙지판 2004. 8. 26, 2002노5461).

142 의정부지판 2020. 2. 14, 2019노114.

143 김성돈, 491; 박상기, 430; 박찬걸, 543; 손동권·김재윤, 499; 오영근, 426; 이정원·류석준, 477;

하는 영득죄이지만, 장물양도·운반·보관·알선죄의 성립에는 불법영득의 의사 내지 이득의 의사가 불필요하다는 견해,[144] ③ 본죄도 고의 외에 초과주관적 불법요소를 필요로 하는 영득죄의 하나로 보아야 하고, 이를 부정하면 본죄의 성립범위가 부당하게 확대될 우려가 있으므로 장물취득죄의 경우 영득의사가, 장물 양도·운반·보관·알선의 경우에는 이득의 의사를 필요로 한다는 견해[145]가 대립하고 있다.

실무에서는 본죄가 본범의 성립(구성요건에 해당하고 위법한 것)을 전제로 하므로, 우선 본범에게 불법영득의 의사가 있었는지를 판단하고, 본범의 불법영득의사가 인정되는 경우 장물범의 고의 외에 불법영득의사는 따로 논하지 않는 것이 일반적이다.[146] 다만 장물취득죄의 경우, 개념상 당연히 장물에 대한 사실상 처분권을 획득하려는 의사는 필요할 것으로 보인다. 111

Ⅳ. 죄수 및 다른 죄와의 관계

1. 죄 수

장물에 대한 죄는 개개의 유형을 연동하여 범하는 경우가 많으므로 일련의 행위를 분해하여 개별적인 범죄로 평가하기 보다는 포괄하여 하나의 죄로 평가하는 것이 보다 적절한 경우가 많을 것이다.[147] 그러나 다음과 같이 구체적인 사례에서는 그 죄수가 문제되는 경우가 있다. 112

(1) 취득과 양도, 운반 및 보관

장물을 취득한 후 양도·운반·보관한 경우, 양도·운반[148]·보관은 불가벌적 사후행위이므로 장물취득죄만 성립한다. 따라서 장물인 사정을 알고 취득한 사람 113

정성근·박광민, 461; 정웅석·최창호, 748; 주호노, 1092.

144 이상돈, 599; 임웅, 575; 정영일, 393; 홍영기, § 91/17.

145 김일수·서보학, 417.

146 이런 점에서, 장물범은 본범 성립을 위해 요구되는 불법영득(이득)의 의사를 강화하는 작용을 하기 때문에 본죄를 실현하려는 고의에는 피해자의 소유자로서의 지위를 영구히 배제하려는 불법영득의사가 간접적으로 포함되어 있는 것으로 볼 수 있어, 학설의 대립은 실제로 큰 의미가 없다는 견해(손동권·김재윤, 499)도 있다.

147 주석형법 〔각칙(6)〕(5판), 676(권순형); 大塚 外, 大コン(3版)(13), 749(河上和雄=渡辺咲子).

148 最判 昭和 24(1949). 10. 1. 刑集 3·10·1629(운반죄는 불성립).

이 이를 제3자에게 양도한 경우, 양도행위는 불가벌적 사후행위가 되므로 장물취득죄만 성립하게 된다. 따라서 장물양도죄는 장물인 사정을 알지 못하고 취득하였다가 그 후 사정을 알고 제3자에게 양도하는 경우에만 성립할 수 있을 것이다.

(2) 보관 후 취득

114 장물인 사정을 알면서 보관하던 중 이를 취득한 경우, 보관죄는 취득에 대해서 보충관계에 있으므로 장물취득죄만 성립한다.[149]

(3) 운반과 보관

115 장물을 보관 후에 운반한 경우 장물보관죄만 성립하고 운반죄는 성립하지 않거나 불가벌적 사후행위가 된다는 견해[150]와 장물을 운반한 후 보관한 경우 장물운반죄에 해당한다는 견해[151]가 있으나, 범의가 독립적으로 발현된 것으로 인정되지 않는 한 운반과 보관은 일련의 행위로서 포괄일죄에 해당한다고 할 것이다.[152]

(4) 알선과 운반 및 보관

116 장물알선을 위해 운반·보관한 후 알선한 경우, 운반·보관은 알선의 목적을 달성하기 위한 수단에 불과하기 때문에 장물알선죄만이 성립한다.[153]

117 그러나 알선을 위하여 운반 또는 보관 중인 장물 중에서 일부에 대해서만 알선이 성립한 때에는, 알선과 운반·보관의 포괄일죄가 성립한다. 일본 판례 중에는 장물 4점의 매각을 의뢰받아 A 장소에서 B 장소로 이를 운반하고 그중 2점만 매각한 사안에서, 포괄일죄를 인정한 것이 있다.[154]

---

149 정웅석·최창호, 748; 최호진, 635; 주석형법 [각칙(6)](5판), 676(권순형).

150 오영근, 414.

151 김성돈, 492; 정웅석·최창호, 748; 최호진, 635.

152 東京高判 昭和 27(1952). 4. 9. 特報 29·127(운반 후 보관). 일본 하급심 판례 중에는 실체적 경합이라고 한 것[名古屋高判 昭和 25(1950). 6. 9. 特報 11·51], 운반은 보관의 지속상태로서 보관죄만인 성립한다고 한 것[福岡高判 昭和 25(1950). 4. 28. 特報 8·117]도 있다.

153 정웅석·최창호, 748; 최호진, 635; 주석형법 [각칙(6)](5판), 677(권순형). 일본 하급심 판례 중에는 ① 알선 목적의 운반이나[名古屋高判 昭和 24(1949). 11. 11. 特報 5·73], 운반이 알선과 불가분의 관계에 있는 경우[高松高判 昭和 26(1951). 4. 12. 高刑集 4·5·465]에는 알선죄만 성립하고, 알선 목적이 없는 때에는 운반죄와 알선죄는 실체적 경합이라고 한 것도 있고, ② 처음에 알선 목적이 있었는지 여부와 관계없이 같은 장물을 운반하고 이어서 알선을 하는 경우에는 일련의 행위를 전체적으로 관찰하여 포괄일죄가 성립한다고 한 것[福岡高判 昭和 28(1953). 6. 25. 高刑集 6·6·815]도 있다.

154 最決 昭和 32(1957). 4. 16. 刑集 11·4·1366.

2. 다른 죄와의 관계

(1) 본범과의 관계

본범의 정범(단독정범, 공동정범, 합동범, 간접정범 포함)은 본죄의 주체가 될 수 없으므로, 본범의 정범이 장물을 취득·양도·운반·보관 또는 알선하였다고 하더라도 별도로 본죄가 성립하지 않는다. 그러나 본범의 공범(교사범, 방조범 포함)은 본죄의 주체가 될 수 있으므로, 본범의 공범이 본죄를 저지른 경우, 본범의 공범과 본죄의 실체적 경합범이 성립한다.[155] 118

예를 들어 예금계좌의 명의인이 전기통신 금융사기(일명 '보이스피싱') 범죄조직원에게 사기피해금을 송금받는 데 이용할 계좌를 양도한 경우, ① 계좌명의인에게 사기방조죄가 성립한다면, 계좌명의인이 피해금을 계속 보관할 의사로 보관하면 별도로 장물보관죄가 성립하고, 이를 임의로 인출하면 횡령죄는 성립하지 않지만[156] 별도로 장물취득죄가 성립하고, 이들 범죄는 사기방조죄와 실체적 경합이 될 것이다. 그러나 ② 계좌명의인에게 사기방조죄가 성립하지 않는다면, 만일 계좌명의인이 나중에 위 금원이 사기피해금인 사정을 알고서도 계속 보관할 의사로 보관한 때에는 별도로 장물보관죄가 성립하고, 이를 임의로 인출한 때는 착오송금의 법리와 마찬가지로 금융사기 피해자에 대한 횡령죄가 성립하므로 별도로 장물취득죄가 성립할 여지는 없다. 119

한편 본범이 스스로 영득한 재물을 다른 사람과 공동하여 운반한 경우, 본범의 공동정범은 장물운반죄에 해당하지 않지만, 그 외의 사람의 행위는 장물운반죄를 구성한다.[157] 따라서 본범이 아닌 사람이 본범이 절취한 차량이라는 사정을 알면서도 본범으로부터 그가 위 차량을 이용하여 강도를 하려 함에 있어 120

155 김성돈, 492; 김일수·서보학, 418; 정성근·박광민, 461; 주석형법 〔각칙(6)〕(5판), 678(권순형).

156 대판 2018. 7. 19, 2017도17494(전)(피고인 乙, 丙이 공모하여, 피고인 甲 명의로 개설된 예금계좌의 접근매체를 보이스피싱 조직원 丙에게 양도함으로써 丙의 A에 대한 전기통신금융사기 범행을 방조하고, 사기피해자 A가 丙에게 속아 위 계좌로 송금한 사기피해금 중 일부를 별도의 접근매체를 이용하여 임의로 인출함으로써 주위적으로는 丙의 재물을, 예비적으로는 A의 재물을 횡령하였다는 내용으로 기소되었는데, 원심이 피고인들에 대한 사기방조 및 횡령의 공소사실을 모두 무죄로 판단한 사안에서, 피고인들에게 사기방조죄가 성립하지 않는 이상 사기피해금 중 일부를 임의로 인출한 행위는 사기피해자 A에 대한 횡령죄가 성립한다고 한 사례). 본 판결 해설은 배정현, "제3자 명의 사기이용계좌(이른바 대포통장) 명의인이 그 계좌에 입금된 보이스피싱 피해금을 인출한 경우 횡령죄 성립 여부", 해설 118, 법원도서관(2019), 621-645.

157 最判 昭和 30(1955). 7. 12. 刑集 9·9·1866.

차량을 운전해 달라는 부탁을 받고 위 차량을 운전해 준 경우, 강도예비죄와 아울러 장물운반죄가 성립한다.[158]

121 그리고 본범이 범죄를 실행하기 전에 취득이나 알선을 약속한 경우, 절도방조죄가 성립할 수는 있지만, 장물 자체가 존재하지 않기 때문에 장물취득죄나 장물알선죄가 성립할 여지는 없다.[159]

(2) 장물에 대한 재산범죄와의 관계

122 장물에 대하여 절도·강도·사기·공갈 등 재산범죄가 행해진 경우, 해당 재산범죄 이외에 본죄가 성립하는지에 대하여 견해가 대립하고 있다. ① 재산범죄로 인해 피해자의 추구권 행사가 더욱 곤란해졌으므로 본죄와 재산범죄의 상상적 경합이 된다는 견해[160]와 ② 장물범과 본범의 합의에 의해 위법한 재산상태를 유지하는 것이 본죄의 본질인데, 이 경우에는 본범과 장물범 사이에 합의가 없으므로 본죄는 성립하지 않고 재산범죄만 성립한다는 견해[161]가 대립하고 있다.

123 판례는 타인이 갈취한 재물을 그 타인의 의사에 반하여 절취하였다면, 절도죄를 구성하고 장물취득죄가 되지는 않는다고 판시하였다(위 ②의 입장).[162]

(3) 횡령죄와의 관계

(가) 장물인 줄 알고 보관한 경우

124 장물인 사정을 알고 이를 보관하던 중 이를 임의로 처분하는 경우 장물보관죄 이외에 횡령죄가 성립하는가에 대해서는, ① 장물보관죄가 성립한 때 이미 소유자의 추구권을 침해한 것이 되어 그 후 횡령행위는 불가벌적 사후행위에 불과하여 별도로 횡령죄가 성립하지 않는다는 견해[163]와 ② 보관과 횡령은

---

158 대판 1999. 3. 26, 98도3030.

159 最決 昭和 35(1960). 12. 13. 刑集 14·13·1929.

160 박상기, 430; 정영일, 395(두 죄의 고의 모두 존재하는 경우). 일본에서는 절도죄·강도죄의 경우와는 달리, 사기죄·공갈죄의 경우에는 사기죄·공갈죄 외에 본죄가 성립한다는 견해도 있고, 판례 중에도 장물을 소지한 사람을 공갈하여 이를 교부받은 경우에 공갈죄 외에 장물취득죄가 성립한다고 한 판례〔大判 昭和 6(1931). 3. 18. 刑集 10·109〕도 있으나, 다수 견해는 본죄는 성립하지 않는다는 입장이라고 한다〔西田 外, 注釈刑法(4), 576(上嶌一高)〕.

161 김일수·서보학, 418; 배종대, §81/34; 손동권·김재윤, 501; 신동운, 1332; 이영란, 456; 이재상·장영민·강동범, §22/30; 이형국·김혜경, 521; 임웅, 576; 정성근·박광민, 462; 정웅석·최창호, 748; 주석형법 〔각칙(6)〕(5판), 679(권순형).

162 대판 1966. 12. 20, 66도1437.

163 신동운, 1331.

별개의 행위이고, 불법원인급여물에 대한 횡령죄의 성립이 가능하다는 전제 아래 장물보관죄와 횡령죄의 실체적 경합범이 성립한다는 견해[164]가 있다.

판례는 위 ①설의 입장이다. 즉, 판례는 피고인이 A의 부탁을 받고 그가 절취하여 온 금반지 2개를 보관하고 있다가 이를 자기 마음대로 처분한 사안에서, 절도범인으로부터 장물보관을 의뢰받고 그 사정을 알면서 이를 인도받아 보관하고 있다가 자기 마음대로 이를 처분하였다 하여도 장물보관죄가 성립되는 때에는 이미 그 소유자의 소유물추구권을 침해하였으므로 그 후의 횡령행위는 불가벌적 사후행위에 불과하여 별도로 횡령죄가 성립하지 않는다고 판시하였다.[165] 125

나아가 판례는 피고인이 A로부터 장물인 고려청자 원앙형 향로 1점을 2억 5,000만 원에 매각하여 달라는 의뢰를 받음에 있어 위 향로가 장물인지 여부를 확인하여야 할 업무상주의의무가 있음에도 이를 게을리한 과실로 위 향로를 넘겨받아 장물을 보관하던 중, B로부터 금원을 차용하면서 위와 같이 보관 중이던 위 향로를 담보로 제공한 사안에서, 위 향로의 처분행위는 업무상과실장물보관죄(§ 364)의 가벌적 평가에 포함되고 별도로 횡령죄를 구성하지 않는다고 판시하였다.[166] 126

(나) 장물인 사정을 모르고 보관한 경우

장물인 사정을 모르고 보관하던 중 이를 임의로 처분한 경우, 예컨대 甲이 A로부터 절취한 수표를 乙에게 보관시켰는데, 乙은 위 수표가 훔친 수표인 줄 모르고 보관하고 있다가 임의로 소비한 경우, 乙에 대하여 장물보관죄가 성립하지 않는 것은 당연하지만 별도로 횡령죄가 성립하는지 문제된다. 127

먼저 위 수표를 보관시킨 위탁자 甲과의 관계에서 살펴보면, ① 횡령죄 성립 긍정설과 ② 횡령죄 성립 부정설이 있다. 위 ①의 긍정설에는 ⓐ 乙이 수표가 장물이라는 사실을 몰랐으므로 불법원인급여에 해당하지 않으므로 횡령죄가 128

164 임웅, 576.

165 대판 1976. 11. 23, 76도3067. 본 판결 평석은 김승진, "장물을 보관 횡령한 경우의 죄책", 법조 26-5, 법조협회(1977. 5), 130-140.

166 대판 2004. 4. 9, 2003도8219. 본 판결 해설은 윤병철, "업무상 과실로 장물을 보관하고 있다가 임의 처분한 경우 업무상과실장물보관죄 이외에 횡령죄가 성립하는지 여부(소극)", 해설 50, 법원도서관(2004), 674-688.

성립된다는 견해, ⓑ 불법원인급여에는 해당하지만 그 경우에도 보관자의 지위가 인정되어 횡령죄가 성립한다는 견해, ⓒ 장물보관죄가 성립하는 때에는 그 후의 횡령행위는 불가벌적 사후행위에 불과하여 별도로 횡령죄가 성립하지 않는다는 판례[167]의 취지에 비추어, 그 반대해석으로 장물인 사실을 모른 경우에는 횡령죄가 성립한다는 취지로 해석할 수 있다는 견해가 있을 수 있다.[168] 위 ②의 부정설에는 ⓐ 수표가 장물인 사실을 몰랐다 하더라도 불법원인급여에 해당되어 횡령죄가 성립하지 않는다는[169] 견해, ⓑ 위 위탁관계는 횡령죄로 보호할 만한 가치가 있는 위탁관계라고 볼 수 없으므로[170] 횡령죄가 성립되지 않는다는 견해, ⓒ 위 수표는 甲이 A로부터 절취한 수표로서 '타인인 甲의 재물'이라고 할 수 없어[171] 횡령죄가 성립하지 않는다는 견해, ⓓ 횡령죄가 성립한다고 하면 장물인 사실을 모른 경우에 그 처벌 상한이 징역 5년인데, 이것보다 범정이 무거운 장물인 사실을 알지 못한 데 업무상(중)과실이 있는 경우는 횡령죄가 아닌 업무상(중)과실장물보관죄가 성립하여[172] 처벌 상한이 징역 1년이 되어 형평에 맞지 않으므로[173] 횡령죄가 성립하지 않는다는 견해가 있을 수 있다. 생각건대, 위 ②의 부정설의 근거들(특히, ⓓ)에 비추어 위탁자인 甲과의 관계에서는 횡령죄가 성립하지 않는다고 할 것이다.

129 나아가 원소유자인 A와의 관계에서 살펴보면, ① 횡령죄 성립 긍정설, ② 횡

167 대판 1976. 11. 23, 76도3067.

168 일본 판례 중에도 횡령죄의 성립을 인정한 하급심 판례가 있다[東京高判 昭和 24(1949). 10. 22. 高刑集 2·2·203].

169 대판 1999. 6. 11, 99도275(불법원인급여물에 대한 횡령죄 부정).

170 대판 2016. 5. 19, 2014도6992(전)(중간생략형 명의신탁등기 사례).

171 대판 2012. 8. 30, 2012도6157.

172 대판 2004. 4. 9, 2003도8219.

173 법정형의 비교

장물인 사실	장물죄 여부	횡령죄 여부	처벌 상한	비고
안 경우(악의)	장물보관죄 성립	횡령죄 불성립	징역 7년	2003도8219 판결
모르는 데 업무상(중)과실 있는 경우	업무상(중)과실보관죄 성립	횡령죄 불성립	징역 1년	2003도8219 판결
모른 경우(선의)	장물보관죄 불성립	횡령죄 긍정설	징역 5년	
		횡령죄 부정설	불처벌	
		점유이탈물횡령죄설	징역 1년	

령죄 성립 부정설, ③ 점유이탈물횡령죄설이 있을 수 있다. 위 ①의 긍정설은 사실상의 위탁관계가 인정되므로 횡령죄가 성립한다고 한다. ②의 부정설은 횡령죄에서의 재물의 점유는 위탁관계에 의한 점유여야 하고,[174] 위탁관계는 적어도 소유자의 의사에 반하지 않아야 하는데, A와는 아무런 위탁관계가 없을 뿐 아니라 있다 하더라도 이는 의사에 반하는 위탁이므로[175] 횡령죄가 성립하지 않는다고 한다. 한편, 이처럼 횡령죄가 성립하지 않더라도 ③ 점유이탈물횡령죄는 성립한다는 견해도 있다. 생각건대, 위 ②의 부정설의 근거들에 비추어 A와의 관계에서도 횡령죄가 성립하지 않는다고 할 것이다.

(4) 사기죄와의 관계

장물을 취득한 사람이이 장물임을 속이고 이를 제3자에게 속이고 매도하여 대금을 받았다면, 새로운 법익이 침해되었으므로 별도로 사기죄가 성립하고, 이전의 장물취득죄와 사기죄는 실체적 경합관계가 될 것이다.[176] 130

한편 장물을 알선하여 그 사정을 모르는 매수인으로부터 대금을 받은 경우, 장물알선죄와는 별도로 사기죄가 성립하는지, 성립할 경우 죄수는 어떤지에 대해서는, ① 별도로 사기죄가 성립하지 않는다는 견해,[177] ② 사기죄가 성립하고 상상적 경합관계라는 견해,[178] ③ 사기죄가 성립하고 실체적 경합관계라는 견 131

---

174 판례도 재물의 소유자(또는 그 밖의 본권자)와 사이에 법률상 또는 사실상의 위탁신임관계가 있음을 요한다고 한다(대판 2007. 5. 31, 2007도1082).

175 이와는 달리 판례는 ① 송금의뢰인이 다른 사람의 예금계좌에 자금을 송금·이체한 경우, 특별한 사정이 없는 한 송금의뢰인과 계좌명의인 사이에 그 원인이 되는 법률관계가 존재하는지 여부에 관계없이 계좌명의인은 송금의뢰인에게 그 금액 상당의 돈을 반환하여야 하므로 그 돈에 대하여 송금의뢰인을 위하여 보관하는 지위에 있고, 따라서 계좌명의인이 그 돈을 영득할 의사로 인출하면 횡령죄가 성립하고(대판 1985. 9. 10, 84도2644), 마찬가지로 ② 계좌명의인이 개설한 예금계좌가 전기통신금융사기 범행에 이용되어 그 계좌에 피해자가 사기피해금을 송금·이체한 경우에도, 계좌명의인이 그 돈을 영득할 의사로 인출하면 피해자에 대한 횡령죄가 성립한다〔대판 2018. 7. 19, 2017도17494(전)〕고 판시하고 있다. 그러나 위 사례에서는 ⓐ 피해자의 사기로 인한 하자 있는 의사표시에 의하여 위 수표의 점유가 이전된 것이 아니라 A의 의사와는 아무 관계없이 甲의 범죄행위 자체에 의하여 절취를 당하게 된 것이고, ⓑ 乙은 피해자로부터 직접 받은 것이 아니므로 그 출처가 A라는 사실을 전혀 알지 못한 점에서 위 ①과 ② 판례의 사안과는 달라서 위 판례의 법리가 적용된다고 할 수는 없을 것이다.

176 대판 1980. 11. 25, 80도2310.

177 大判 大正 8(1919). 11. 19. 刑録 25·1133. 다만, 일본의 통설은 별도로 사기죄가 성립한다는 입장이다(실체적 경합인지 상상적 경합인지에 대해서는 견해 대립)〔西田 外, 注釈刑法(4), 576(上嶌一高)〕.

178 손동권·김재윤, 501; 이형국·김혜경, 522;

해[179]가 있다. 위에서 본바와 같이 새로운 법익을 침해하므로 별도로 사기죄가 성립하고, 두 죄는 그 보호법익과 행위태양이 다른 점에 비추어 위 ③의 견해가 타당하다고 할 것이다.

(5) 뇌물수수죄와의 관계

132 수수하는 재물이 장물인 사정을 알면서 이를 뇌물로 받은 때에는, 뇌물수수죄(§ 129①)와 장물취득죄의 상상적 경합범이 성립한다.[180]

(6) 증거인멸죄와의 관계

133 타인의 죄증을 인멸하기 위해 장물을 은닉한 경우, ① 장물에 관여하는 행위는 추구권의 실행을 곤란하게 하는 행위이므로 그 성질상 당연히 본범의 증거인멸에 도움이 되는 것이므로 장물보관죄만 성립한다는 견해[181]도 있으나, ② 증거인멸죄(§ 155①)와 장물보관죄의 보호법익이 서로 다른 점에 비추어 두 죄가 모두 성립하고 상상적 경합이 된다는 견해(통설)[182]가 타당하다.[183]

V. 처 벌

134 7년 이하의 징역 또는 1천 500만 원 이하의 벌금에 처한다.

135 본죄로 세 번 이상 징역형을 받은 사람이 다시 이들 죄를 범하여 누범으로 처벌하는 경우에는 가중하여 2년 이상 20년 이하의 징역형에 처한다(특가 § 5의4 ⑤(iii)).

〔김윤섭 · 최근영〕

179 김신규, 530; 김일수 · 서보학, 418; 정성근 · 정준섭, 347; 정웅석 · 최창호, 749; 주석형법[각칙(6)](5판), 680.

180 배종대, § 80/35; 오영근, 427; 주석형법 [각칙(6)](5판), 676(권순형). 일본 판례도 같은 입장이다[最判 昭和 23(1948). 3. 16. 刑集 2 · 3 · 232].

181 오영근, 425(법조경합); 大塚 外, 大コン(3版)(13), 753(河上和雄=渡辺咲子).

182 배종대, § 80/35; 이재상 · 장영민 · 강동범, § 22/25; 정웅석 · 최창호, 748.

183 大判 明治 44(1911). 5. 30. 刑録 17 · 981.

제363조(상습범)
① 상습으로 전조의 죄를 범한 자는 1년 이상 10년 이하의 징역에 처한다.
② 제1항의 경우에는 10년 이하의 자격정지 또는 1천500만원 이하의 벌금을 병과할 수 있다.

Ⅰ. 구성요건

1 본죄[상습장물(취득·양도·운반·보관·알선)죄]는 상습으로 장물을 취득·양도·운반 또는 보관하거나 이들의 행위를 알선하는 범죄이다. 행위자의 상습성으로 인해 책임이 가중하는 가중적 구성요건이다.[1]

2 상습성이란 행위를 반복하는 습벽으로, 반드시 직업적으로 장물죄를 범하여야 하는 것은 아니지만, 장물죄는 직업적으로 행해지는 경우가 많고, 직업범의 경우 상습성이 인정되는 경우가 많을 것이다.

3 상습장물취득죄에 있어 상습성이라 함은 반복하여 장물취득행위를 하는 습벽으로서 행위자의 속성을 말하고, 이러한 습벽의 유무를 판단함에 있어서는 강도의 상습성[2]이나 도박의 상습성[3]과 마찬가지로 장물취득의 전과가 중요한 판단자료가 되나, 장물취득의 전과가 없다고 하더라도 범행의 회수, 수단과 방법, 동기 등 제반 사정을 참작하여 장물취득의 습벽이 인정되는 경우에는 상습성을 인정하여야 할 것이다.[4] 따라서 동종의 전과가 있는 피고인이 약 6월간의 단시

1 김신규, 형법각론 강의, 531; 김일수·서보학, 새로쓴 형법각론(9판), 419; 배종대, 형법각론(14판), § 81/1; 손동권·김재윤, 새로운 형법각론(2판), 501; 이재상·장영민·강동범, 형법각론(13판), § 23/32; 이형국·김혜경, 형법각론(2판), 522; 정성근·정준섭, 형법강의 각론(2판), 347(부진정신분범); 정웅석·최창호, 형법각론, 750; 최호진, 형법각론, 637; 한상훈·안성조, 형법개론(3판), 588.

2 대판 1986. 6. 10, 86도778.

3 대판 1995. 7. 11, 95도955.

4 대판 2007. 2. 8, 2006도6955.

일 내에 동종의 범행을 19회나 저지른 경우에는 상습성을 인정할 수 있다.[5]

4 상습장물알선죄의 경우는 장물알선의 습벽이 있는 사람이 장물알선 범행을 저지르는 것으로, 그 습벽은 반드시 장물알선의 전과사실의 존재를 필요로 하는 것은 아니지만, 장물알선의 전과도 없는 피고인이 약 1주일의 간격으로 단 두 차례에 걸쳐 본범들이 절취해 온 승용차 각 1대씩을 매매주선한 행위만으로는 상습장물알선죄에 해당한다고 보기 어렵다고 판시하였다.[6]

5 본죄와 다른 유형의 장물죄의 죄수관계에 대하여, 판례는 장물취득죄는 상습장물알선죄와 포괄일죄의 관계에 있다고 판시하였고,[7] 상습장물알선죄는 상습장물취득죄에 포괄되어 상습장물취득죄만 성립한다고 판시하고 있다.[8]

6 2016년 개정 전의 특정범죄 가중처벌에 관한 법률(이하, 특정범죄가중법이라 한다.) 제5조의4 제4항은 상습장물죄를 범한 사람에 대하여 무기 또는 3년 이상의 징역으로 가중처벌하고 있었으나, 헌법재판소는 형법 조항과 똑같은 구성요건을 규정하면서 법정형만 상향 조정한 심판대상조항은 형사특별법으로서 갖추어야 할 형벌체계상의 정당성과 균형을 잃은 것이어서 인간의 존엄성과 가치를 보장하는 헌법의 기본원리에 위배될 뿐만 아니라 그 내용에 있어서도 평등원칙에 위반되어 위헌이라고 결정하였다.[9]

7 그러나 특정범죄가중법 제5조의4 제5항 제3호는 여전히 장물취득 등의 죄로 세 번 이상 징역형을 받은 사람이 다시 이들 죄를 범하여 누범으로 처벌하는 경우에는 2년 이상 20년 이하의 징역에 처한다고 규정하고 있다.

Ⅱ. 처 벌

8 10년 이하의 징역에 처한다.

9 이때 10년 이하의 자격정지 또는 1천 500만 원 이하의 벌금을 병과할 수 있다. 위 특정범죄가중법 제5조의4 제5항 제3호의 가중처벌 규정은 본조에 대

5 대판 1983. 10. 11, 83도2324, 83감도405.
6 대판 1972. 8. 31, 72도1472.
7 대판 1975. 1. 14, 73도1848.
8 대구고판 1971. 10. 8, 71노693.
9 헌재 2015. 2. 26, 2014헌가16.

한 특별규정이므로 자격정지 및 벌금병과 규정은 여기에 적용되지 않는다고 할 것이다.[10]

본죄의 미수나 예비·음모는 처벌되지 않고, 친족 간의 범행에 관한 특례(§ 365) 10
가 인정된다.

〔김윤섭·최근영〕

10 주석형법 〔각칙(6)〕(5판), 682(권순형).

第364條(업무상과실, 중과실)

업무상과실 또는 중대한 과실로 인하여 제362조의 죄를 범한 자는 1년 이하의 금고 또는 500만원 이하의 벌금에 처한다. 〈개정 1995. 12. 29.〉

Ⅰ. 의 의

1 업무상과실·중과실장물죄는 업무상과실 또는 중과실로 인하여 장물을 취득·양도·운반·보관하거나 이들의 행위를 알선함으로써 성립하는 범죄이다[장물, 취득 등의 개념에 관해서 §362(**장물의 취득, 알선 등**) **주해** 참조]. 본조는 재산죄 중 과실범을 처벌하는 유일한 규정이다.[1] 업무상과실·중과실장물죄에 대해서도 친족 간의 특례규정(§365)이 적용된다.

Ⅱ. 입법 취지

2 장물죄보다 법정형이 높은 강도죄, 사기죄, 공갈죄 등의 과실범은 벌하지 않으면서 장물죄의 과실범을 처벌하는 규정을 둔 것은, 중고물품상, 골동품상, 전당포와 같이 중고품을 대상으로 영업활동을 하여 영업상 장물을 취급하기 쉬운 업무자에게 업무처리에 있어서 주의의무를 강조하고 일반인의 중과실도 이와 같이 취급하며,[2] 나아가 장물의 점에 대한 고의를 부인하는 사람들에 대한 과실범 처벌의 여지를 둠으로써 장물의 단속과 본범 검거의 효과를 증대시키고자[3]

1 배종대, 형법각론(14판), §81/2; 손동권·김재윤, 새로운 형법각론(2판), 502.
2 이재상·장영민·강동범, 형법각론(13판), §23/34; 정성근·박광민, 형법각론(전정3판), 463; 진계호·이존걸, 형법각론(6판), 463; 주석형법 [각칙(6)](5판), 683(권순형).
3 오영근, 형법각론(7판), 428; 이형국·김혜경, 형법각론(2판), 523.

함에 있다.

Ⅲ. 업무상과실장물죄

1. 구성요건

본죄[업무상과실장물(취득·양도·운반·보관·알선)죄]에서의 업무상과실이란 업무상 요구되는 주의의무를 다하지 아니한 것을 말한다. 이때 '업무'란 사람의 사회생활면에서 하나의 지위로서 계속적으로 종사하는 사무를 말하고,[4] 본래의 업무는 물론 그에 부수되는 업무도 포함한다.[5] 따라서 창고업을 경영하는 사람이 본래의 업무로서 양곡을 보관하는 동시에 보관의뢰자들과 사이에 양곡의 매매 또는 그 알선을 하는 등 거래를 한 경우, 그 매매 또는 그 알선은 본래의 창고업에 부수된 업무라고 할 것이다.[6] 3

구성요건적 행위 중에 장물양도는 장물인 사정을 모르고 취득한 후에 그 사정을 알면서 처분하는 것을 말하므로 업무상과실 또는 중과실장물양도죄의 성립은 불가능하다는 견해가 있다.[7] 그러나 업무상과실 또는 중과실로 장물을 정상적 재물로 오인하고 양도하거나,[8] 취득 시나 보관 시에는 장물인 사정을 알지 못한 데 과실이 없다고 하더라도 장물인 사정을 인식할 수 있는 사정이 있었음에도 업무상과실 또는 중과실로 이를 알지 못한 채 타인에게 양도한 경우에는,[9] 업무상과실 또는 중과실장물양도죄가 성립할 수 있을 것이다. 4

판례는 금은방 운영자가 귀금속류를 매수함에 있어 매도자의 신원확인절차를 거쳤다고 하여도 장물인지의 여부를 의심할만한 특별한 사정이 있거나, 매수물품의 성질과 종류 및 매도자의 신원 등에 좀 더 세심한 주의를 기울였다면 그 물건이 장물임을 알 수 있었음에도 불구하고 이를 게을리하여 장물인 사정을 5

4 대판 2009. 5. 28, 2009도1040(업무상과실치상죄).
5 대판 1962. 5. 17, 4294형상596.
6 대판 1962. 5. 17, 4294형상596.
7 손동권·김재윤, 501; 이재상·장영민·강동범, § 22/33; 정성근·정준섭, 형법강의 각론(2판), 348; 정웅석·최창호, 형법각론, 751.
8 오영근, 429.
9 주석형법 [각칙(6)](5판), 683(권순형).

모르고 매수하여 취득한 경우에는 업무상과실장물취득죄가 성립한다고 판시하여,[10] 주의의무의 범위에 대하여 구체적으로 설시하고 있다.

6 다만 지나친 처벌 확대를 방지하기 위해서는 주의의무위반의 범위를 합리적으로 제한하여 해석함이 상당하고, 주의의무위반과 장물취득 등 사이에 인과관계가 명확하게 인정되는 경우여야 할 것이다.

7 판례는 영업용 택시운전사에게는 승객 소지품의 내용 및 내력 등을 물어보고 조사할 권한이나 의무가 없으므로, 택시운전사가 승객이 소지한 물건의 출처와 장물 여부를 확인하거나 신분에 적합한 소지인인가를 알아보는 등의 주의를 하지 않고 승객의 물건을 운반하였다고 하여도 업무상과실장물운반죄가 성립하지 않는다고 판시하였다.[11]

2. 구체적 사례

8 본죄의 성립 여부는 구체적인 사실관계를 토대로 개별적으로 판단하여야 한다.

(1) 귀금속점

9 금은방 운영자가 반지를 매수함에 있어 장물인 사정을 알 수 있었거나 장물인지의 여부를 의심할 만한 특별한 사정이 있었다면, 매도인의 신원확인 외에 반지의 출처 및 소지 경위 등에 대하여도 확인하여야 할 업무상주의의무가 있다고 할 것이고, 장물인지의 여부를 의심할 만한 특별한 사정이 있는지 여부나 그 물건이 장물임을 알 수 있었는지 여부는 매도자의 인적사항과 신분, 물건의 성질과 종류 및 가격, 매도자와 그 물건의 객관적 관련성, 매도자의 언동 등 일체의 사정을 참작하여 판단하여야 한다.[12]

(가) 인정 사례

10 위 판단기준에 따라 판례는, 14K 커플링반지를 매도한 19세의 소년이 얼마 지나지 아니하여 다시 판매가격이 54만 원이나 하는 반지 두 개를 가지고 와서 매수를 요청하면서 그 중량이나 가격조차 알지 못하였다면, 비록 반지의 매수시

10 대판 2003. 4. 25, 2003도348.
11 대판 1983. 6. 28, 83도1144.
12 대판 2003. 4. 25, 2003도348.

세가 17만 원 정도로 그다지 고가가 아니라고 하더라도 동일한 전과까지 있는 금은방 운영자인 피고인으로서는, 위 반지가 장물인 점을 알 수 있었거나 장물인지의 여부를 의심할 만한 특별한 사정이 있는 경우에 해당하여 업무상과실이 있다고 판시하였다.[13]

(나) 부정 사례

11 장물의 매도인을 다른 금은방의 소개로 알게 되었고, 매도인을 보석중간상인으로 알고 몇 차례 만난 일도 있으며, 장물인 6.2부 크기의 다이아몬드 반지는 그것이 흠이 있어 시가 1,000,000원 상당으로 판단되는데, 귀금속상이 통상의 시장 상인들이 구입하는 가격(속칭 나까마시세)에 맞추어 금 950,000원에 이를 매수하고, 또 매수할 당시에도 매도인의 신상을 파악하고자 주민등록증의 제시를 요구하여 성명과 주소 등을 확인하였다면, 업무상 요구되는 주의의무를 게을리하였다고 단정할 수 없으므로 업무상과실장물취득죄는 성립되지 않는다.[14]

(2) 전당포

12 전당포주가 물품을 전당잡고자 할 때는 전당물주의 주소, 성별, 직업, 연령과 그 물품의 출처, 특징 및 전당잡히려는 동기, 그 신분에 상응한 소지인인지 여부 등을 알아보아야 할 업무상의 주의의무가 있다.[15]

(가) 인정 사례

13 위 판단기준에 따라 판례는, ① 전당포주가 전당물주로부터 그가 강취하여 온 중고 로렉스 손목시계 1개를 전당잡음에 있어, 전당물주의 주소지가 전당포와는 멀리 떨어진 곳이고 나이는 20세에 불과하여 로렉스 손목시계를 소지하기에는 부적합함에도 불구하고, 전당물주의 직업, 물품의 특징 등을 물어 그 물품이 장물인지의 여부를 세심히 살피지 아니하고 단순히 주민등록증만 확인하고 이를 전당잡아 장물을 보관하였다면, 업무상과실장물취득죄가 성립한다고 판시하였다.[16]

14 ② 전당포주가 구 전당포영업법[17] 제15조 및 동법 시행령 제14조의 규정에 의한 전당물주의 신원확인절차를 거쳤다고 하더라도, 전당의 회수, 전당물의 성

13 대판 2003. 4. 25, 2003도348.
14 대판 1983. 3. 22, 83도47.
15 대판 1985. 2. 26, 84도2732, 84감도429.
16 대판 1985. 2. 26, 84도2732, 84감도429.
17 전당포영업법은 1999년 3월 31일 법률 제5936호로 폐지되었다.

질과 종류 및 전당물주의 신원 등에 좀 더 세심한 주의를 기울였다면 전당물이 장물임을 알 수 있었음에도 불구하고 이를 게을리하여 장물인 사정을 모르고 전당잡은 경우, 업무상과실장물취득의 죄책을 면할 수 없다.[18]

(나) 부정 사례

15 ① 다이아반지의 출처와 보증서의 소지 여부에 대하여 혼인할 때 시집에서 사준 것이고 또한 혼인한 지는 15년 이상이나 되어 보증서는 분실하였다고 대답한 경우, 전당잡는 사람은 전당물의 소유자라고 하는 사람의 전당물의 출처 및 소지 경위에 관한 말의 진부까지 확인하여야 할 업무상의 주의의무는 없다.[19]

16 ② 절도범이 장물을 전당하면서 전당포주에게 위조한 주민등록증을 제시하고 전당포주의 질문에 대하여 전당물의 취득 경위나 전당 이유 등을 그럴싸하게 꾸며서 진술하여 전당포주가 육안만으로는 위조 여부를 쉽게 식별할 수 없는 위 주민등록증과 절도범의 말을 진실한 것으로 믿고 전당물 대장에 소정 양식대로 기재한 후 통상의 경우와 같이 그 가격에 상응한 한도 내에서 위 절도범이 요구하는 금원을 대출하였다면, 전당포주로서는 장물인 여부의 확인에 관하여 의무상 요구되는 주의의무를 다하였다고 볼 것이다.[20]

17 ③ 전당포 경영자가 전당물을 전당잡으면서 구 전당포영업법 제15조 소정의 확인방법에 따라 의뢰자의 주민등록증을 제시받아 그의 주소, 성명, 직업, 연령 등 인적사항을 확인하고 전당물 대장에 전당물과 전당물주의 특징 등을 기재하는 한편 그의 전화번호까지 적어두었다면, 전당업무처리상의 주의의무를 다한 것으로 보아야 할 것이고, 더 나아가 전당물의 구입 경위나 출처, 전당의 동기까지 확인해야 할 주의의무는 없다.[21]

18 ④ 싯가 400,000원 상당의 금팔찌를 전당잡으면서 소유자라고 자칭하는 사람이 주민등록증을 분실하였다 하여 그 남편이라는 사람의 주민등록증을 제시받아 전당물대장에 동인의 주소, 성명, 연령과 전당물의 표시 등을 기재해 두었다면, 전당포업주로서는 그 업무상 요구되는 상당한 주의의무를 다한 것이라 볼

18 대판 1984. 11. 27, 84도1413.
19 대판 1978. 9. 26, 78도1902.
20 대판 1983. 9. 27, 83도1857.
21 대판 1984. 9. 25, 84도1488.

것이고, 더 나아가 그 팔찌의 소유자라고 하는 사람의 신분에 관한 사항이나 위 팔찌의 출처, 구입 경위, 매각 동기, 그 신분에 적합한 소지인지의 여부까지 확인할 주의의무는 없다.[22]

⑤ 전당포 경영자가 과거 5-6년간 한동네에서 살았고, 2회가량 자기 소유의 비디오를 전당잡혀 그 기간 내에 전당물을 찾아간 바 있던 사람으로부터 장물인 시가 720,000원 상당의 비디오를 입질받음에 있어 그 소유관계를 물으니 자기 소유라고 대답하여 주민등록증을 제시받아 전당물대장에 주소, 성명, 직업, 주민등록번호, 연령 등을 기재하고 금 150,000원을 대여한 경우, 전당포 경영자로서의 주의의무를 다한 것이고, 더 나아가 위 비디오가 실제로 입질자의 소유인지의 여부, 위 비디오의 출처, 전당잡히려는 동기 등을 확인하여야 할 주의의무까지는 없다.[23] 19

(3) 고물업자

(가) 인정 사례

고물상의 점원으로서는 그 상점에 도품인 중고녹음기를 매도하러 온 사람으로부터 동인의 신분, 직업, 연령, 거동, 원매가, 물품 내용, 취급 방법, 출처, 현시가 등을 신중한 주의를 다하여 확인하여야 함에도 불구하고, 전매이득에만 급급한 나머지 매도인이 제시하는 가주소, 가성명을 그대로 가볍게 믿고 물품매입장부에 이를 기입한 데 그친 경우에는 업무상과실이 인정된다.[24] 20

(나) 부정 사례

① 카메라 등을 매매하는 상인이 카메라를 매수할 때 평소에 안면이 있고 백화점 내에서 시계점을 경영하는 사람의 소개를 받았고, 그 물건의 출처와 매도인의 신분을 확인하기 위하여 매도인의 주소, 주민증록번호, 직업, 연령, 매입가격 등을 비치한 고물대장에 기입·확인한 후, 이를 타에 매도하면서 위 장부에 매수인의 성명, 주소, 직업, 연령, 매도가격을 기재하여 카메라의 매입·매도경로를 세밀하게 기재하였으며, 매입가격과 매도가격의 차액이 7,000원이고 당초의 매도인이 자기 형이 월남에 가 있는데 가족들의 생계에 보태 쓰라고 하여 21

22 대판 1985. 2. 26, 83도1215.
23 대판 1987. 2. 24, 86도2077.
24 대판 1960. 9. 14, 4293형상316.

파는 것이라고 말하였기에 매수한 것이라면, 그 카메라의 출처에 대하여 그 이상 확인하여야 할 주의의무가 있다고 할 수는 없다.[25]

22 ② 미싱 취급 고물업자가 마찬가지로 미싱 취급 고물영업허가를 받고 영업을 하다가 봉제공장을 경영하는 사람으로부터 그 공장에 설치되어 있던 미싱 50대를 구입함에 있어서, 위 공장에 새로운 설비를 하기 위하여 위 미싱을 처분하였다고 말하자 다른 고물영업자와 함께 만든 견적서에 의하여 그 대금을 결정하고 매매계약서를 작성함에 있어 사업자등록증과 주민등록증을 확인하고 위 물품을 인수한 후에 고물상 장부에 이를 모두 기재하였다면, 위 물품들이 장물인지의 여부의 확인에 관한 업무상 요구되는 주의의무를 다하였다고 할 것이다.[26]

(4) 중고물품업자

(가) 중고시계 매매업자의 업무상주의의무

23 판례는 시계점을 경영하면서 중고시계의 매매도 하고 있는 사람이 장물로 판정된 시계를 매입함에 있어 매도인에게 그 시계의 구입장소, 구입시기, 구입가격, 매각이유 등을 묻고 비치된 장부에 매입가격 및 주민등록증에 의해 확인된 위 매도인의 인적사항 일체를 사실대로 기재하였다면, 그 이상 위 매도인의 신분이나 시계 출처 및 소지 경위에 대한 위 매도인의 설명의 진부에 대해서까지 확인하여야 할 주의의무는 없다고 하면서, 시계점 경영자가 시계를 매입함에 있어 매도자에게 위 시계의 구입장소, 구입시기, 구입가격과 동인이 시계점이 있는 지역에 온 동기, 매각하게 된 이유를 묻고 시계의 진품 여부를 기술자에게 확인시킨 후 위 점포에 비치 사용하고 있는 고물상 장부의 매입란에 시계의 특징과 매입가격(금 300,000원)을 사실대로 기재한 경우, 업무상과실장물취득죄가 성립하지 않는다고 판시하였다.[27]

(나) 중고휴대전화 매매업자의 업무상주의의무

24 대법원은 중고휴대전화 매매업자인 피고인이 다른 휴대전화 판매점 점장인 A로부터 고객이 판매를 위탁한 가개통 휴대전화라면서 매입을 요청한 휴대전화 34대를 매수하면서 도난·분실된 전화가 아님을 확인하고 인적사항, 기종, 정상

25 대판 1970. 8. 31, 70도1489.
26 대판 1991. 11. 26, 91도2332.
27 대판 1984. 2. 14, 83도2982.

적인 휴대전화라는 취지 등을 기재한 매매계약서를 작성한 사안에서, 피고인이 휴대전화 개통 여부를 확인할 수 있는 권한이나 방법은 없더라도 A에게 휴대전화의 개통 여부 및 개통명의자, 정상적인 해지 여부 등을 쉽게 확인할 수 있었는데도 이를 하지 않았다고 보아 업무상과실장물취득죄를 인정한 원심에 대하여, 휴대전화의 개통 여부, 등록상 명의자, 정상적 해지 여부 등은 이동통신사가 보유하는 정보라고 하면서, 피고인과 같은 중고휴대전화 매입업무 종사자가 위 이동통신사가 보유하는 정보를 확인할 방법이 있는지, 이동통신사로부터 조회 권한을 부여받은 휴대전화 판매점 직원을 통해 정보를 확인하는 경우 개인정보보호법, 정보통신망 이용촉진 및 정보보호 등에 관한 법률에 위반될 여지는 없는지 심리했어야 할 것임에도 불구하고, 위와 같은 이유만으로 유죄를 인정한 것은 심리미진이라며 원심을 파기하였다.[28]

(5) 그 밖의 사업자 등

(가) 인정 사례

전자대리점 경영자가 그 취급물품의 판매회사 사원으로부터 그가 소개한 회사 보관창고의 물품반출 업무담당자가 그 창고에서 내어주는 회사소유 냉장고 20대를 반출하여 판매 후 그 대금을 달라는 부탁을 받고 이를 반출함에 있어서 그 대금도 확실히 정하지 않고, 인수증의 발행 등 정당한 출고절차를 거치지 아니하였다면 마땅히 그 회사관계자 등에게 위 물품이 정당하게 출고되는 것인지 여부를 확인하여야 할 업무상의 주의의무가 있음에도(이는 거래의 실정에 있어 판매회사의 자금 사정으로 인하여 시가보다 낮은 가격으로 은밀히 판매되는 소위 덤핑물품 내지 정책 물품이 판매회사로부터 시중에 나오는 경우가 있다 하더라도 마찬가지라고 할 것임) 불구하고 이를 게을리함으로써 위 물품을 반출하여 운반·보관한 경우에는, 업무상과실장물운반·보관의 책임을 면할 수 없다.[29] 25

(나) 부정 사례

① 우표상이 우표매입 시 매도인의 신상을 파악하기 위하여 주민등록증의 제시를 요구하여 이름, 주소, 주민등록번호를 확인한 후 이를 자신의 탁상일지에 기재하였으며, 매입가격도 우체국으로부터 매입하던 가격보다는 저렴하나 26

28 대판 2019. 6. 13, 2016도21178.
29 대판 1987. 6. 9, 87도915.

평소 일반인들로부터 매입하던 가격으로 매입하였다면, 우표상으로서 업무상 요구되는 장물 여부의 확인에 관한 주의의무를 게을리하였다고 볼 수 없다.[30]

27 ② 밀가루 및 전분 등을 구입·판매하는 상인이 같은 시내에서 같은 업종의 상회를 경영하고 있는 사람으로부터 수표 부도를 막기 위하여 공장출고 가격보다 염가로 팔려고 하니 밀가루 등을 사라는 권유를 받고 고시가격 또는 통상의 공장출고가격보다 다소 저렴한 가격으로 매수한 경우, 위 밀가루나 전분 등이 비수기에 대량으로 현금으로 매수할 때는 위 고시가격 또는 통상의 출고가격 이하로 얼마든지 거래가 이루어지고 있는 실정이었다면, 비록 밀가루 한 포당 공장출고가격이 4,650원 되는 것을 4,000원 또는 4,400원에, 전분 한 포당 공장출고가격이 6,050원인 것을 5,300원에 다소 저렴한 가격으로 매수하고 그 물건들의 출처나 수표 부도 여부를 확인하지 않고 세금계산서를 작성·교부받거나 기장처리를 하지 아니하였다 하더라도, 장물인지의 여부 확인을 위해 업무상 요구되는 주의의무를 게을리하였다고 할 수 없다.[31]

3. 다른 죄와의 관계

28 업무상과실로 장물을 보관하고 있다가 임의로 이를 처분한 경우, 업무상과실장물보관죄가 성립함으로써 그 소유자의 소유물 추구권을 침해하였으므로 그 후의 임의처분행위는 불가벌적 사후행위에 불과하여 별도로 횡령죄가 성립하지 않는다.[32]

Ⅳ. 중과실장물죄

29 본죄[중과실장물(취득·양도·운반·보관·알선)죄]에서의 중과실은 행위자가 조금만 주의를 하였다면 결과 발생을 예견할 수 있었음에도 불구하고 부주의로 이를 예견하지 못한 경우를 말하는 것으로서, 구체적인 경우에 사회통념을 고려하

---

30 대판 1986. 6. 24, 86도396.
31 대판 1986. 8. 19, 84도704.
32 대판 2004. 4. 9, 2003도8219. 본 판결 해설은 윤병철, "업무상 과실로 장물을 보관하고 있다가 임의 처분한 경우 업무상과실장물보관죄 이외에 횡령죄가 성립하는지 여부(소극)", 해설 50, 법원도서관(2004), 674-688.

여 결정하여야 한다.[33]

하급심 판례 중에는, ① 2개월에 걸쳐 본범으로부터 신형이거나 포장이 개봉되지도 않은 아이패드를 시가보다 33-35만 원 저렴한 가격으로 223대 구입한 피고인에 대하여, 피고인이 조금만 주의를 기울여 위 아이패드가 장물인지 여부를 확인하였더라면 장물이라는 것을 충분히 알 수 있었다는 이유로 중과실장물취득죄를 인정한 사례,[34] ② A에게 5,400만 원을 대여하면서 그로부터 BMW 승용차 시가 1억 2천만 원 상당을 담보로 받아 아파트 주차장에 보관한 피고인에 대하여, A에게 위 승용차의 자동차등록증이나 자동차등록원부를 요구하여 B 소유인 사실을 확인하고, 리스된 차량을 담보로 제공하는 이유를 문의하는 정도의 주의만 기울였어도 위 승용차가 장물(본범은 횡령죄)이라는 사실을 알 수 있었음에도 이를 확인하지 않았다는 이유로 중과실장물보관죄를 인정한 사례[35]가 있다.[36] 30

V. 처 벌

1년 이하의 금고 또는 500만 원 이하의 벌금에 처한다. 31

〔김윤섭 · 최근영〕

33 대판 1980. 10. 14, 79도305(중실화).

34 대전지판 2013. 12. 6, 2003고단995, 2013고단995, 1403, 2255, 3191, 4045, 4433(병합).

35 서울중앙지판 2016. 5. 3, 2016고정107.

36 그 밖에 하급심에서 중과실장물취득 등의 죄를 인정한 사례로는, ① 평소 알고 지내던 A가 400만 원 상당의 고가 자전거와 피고인 소유의 17만 원 상당의 자전거를 교환할 아무런 이유가 없음에도 피고인이 취득 경위 등을 확인하지 않은 채 이를 교환한 사례[부산지법 동부지판 2014. 5. 29, 2014고정479(중과실장물취득)], ② 매도를 부탁한 A가 차량에 대한 매도권한이 없을 가능성이 있다고 생각하였음에도 소유자인 B의 연락처를 묻거나 B에게 연락하여 매도의사 유무를 직접 확인하지 않는 채 차량판매업을 하는 C를 소개해 준 사례[의정부지판 2015. 4. 29, 2014노573(중과실장물알선)(대판 2015. 11. 12, 2015노7043으로 확정)]가 있다고 한다[주석형법 [각칙(6)](5판), 691-692(권순형) 참조].

第365條(친족간의 범행)

① 전3조의 죄를 범한 자와 피해자간에 제328조 제1항, 제2항의 신분관계가 있는 때에는 동조의 규정을 준용한다.

② 전3조의 죄를 범한 자와 본범간에 제328조 제1항의 신분관계가 있는 때에는 그 형을 감경 또는 면제한다. 단, 신분관계가 없는 공범에 대하여는 예외로 한다.

Ⅰ. 취 지

1 본조는 장물죄(§362-364)에서의 친족 간의 범행에 관한 특례규정으로서, 제1항은 장물범과 본범의 피해자 사이에 관한 규정이고, 제2항은 장물범과 본범 사이에 관한 규정이다.

2 장물죄에서의 친족 간의 범행에 관한 구 형법 제257조는 "① 직계혈족, 배우자, 동거의 친족 및 차등의 자의 배우자간에 있어서 전조의 죄를 범한 자는 그 형을 면제한다. ② 친족이 아닌 공범에 대하여는 전항의 예를 적용하지 아니한다."라고 규정되어 있어, 위 신분관계가 장물죄의 범인과 누구 사이에 있어야 하는지에 대해서 견해의 대립이 있었다.[1] 우리 구형법 제257조와 같은 내용으로 규정되어 있는 일본형법 제257조에 있어서도 마찬가지의 논의가 있다. 일본의 통설은 장물범과 본범 사이에 위 신분관계가 있어야 하고, 장물범과 본범의 피해자 사이의 신분관계는 우발적인 것이므로 위 조문이 정하는 바가 아니라는 입장이고,[2] 판례도 같은 입장이다.[3]

3 현행 형법은 이러한 구법에서의 논의를 입법적으로 해결하였다. 즉 장물범

1 통설과 판례는 장물범과 본범 사이의 신분관계에 대하여 적용된다는 입장이었다〔이재상·장영민·강동범, 형법각론(13판), §22/31 (주 1)〕.

2 大塚 外, 大コン(3版)(13), 761(河上和雄=渡辺咲子).

3 最判 昭和 38(1963). 11. 8. 刑集 17·11·2357.

과 본범의 피해자 사이에는 장물죄의 재산범적 성격을 고려하여[4] 친족상도례의 규정(§ 328①, ②)을 준용하는(§ 365①) 한편, 장물죄의 범인비호·은닉적 성격에 주목하여[5] 장물범과 본범 사이에 일정한 신분관계가 있는 경우에는 형을 감경 또는 면제하는 규정을 두었다(§ 365②).

친족상도례의 규정이 특별법상의 재산죄[6]나 절도죄[7]에 대해서 적용되는 것 4
과 마찬가지로, 본조의 규정은 특별한 규정이 없는 한 특별법상의 장물죄에 관해서도 적용된다.[8]

Ⅱ. 장물범과 본범의 피해자

장물범과 본범의 피해자 사이에 직계혈족·배우자·동거친족·동거가족 또 5
는 그 배우자인 신분관계가 있을 때에는 형을 면제하고(§ 365①, § 328①), 그 이외의 친족인 신분관계가 있을 때에는 고소가 있어야 공소를 제기할 수 있다(§ 365①, § 328②). 이처럼 장물범과 본범의 피해자 사이에는 친족상도례에 관한 규정을 준용한다(이에 관한 상세는 § 328 **주해** 참조).

친족상도례는 친족 내부의 재산범죄에 대해서는 '법은 가정에 들어가지 아 6
니한다.'는 관점에서 인정된다. 장물범과 본범의 피해자 사이는 친족 내부의 범죄로 보기는 어렵지만, 그 중간에 본범이 개입됨으로써 결과적으로 장물범과 본범의 피해자는 연결되게 된다. 나아가 장물죄는 피해자의 추구권을 침해하는 것을 본질로 하는 범죄인데, 이러한 피해자의 추구권을 곤란하게 한 사람이 친족(장물범)인 경우에는 친족상도례의 경우와 마찬가지로 피해자의 추구권을 보호할 필요가 없게 되는 측면이 있으므로, 친족상도례의 규정을 준용하는 것이다.

---

4 김일수·서보학, 새로쓴 형법각론(9판), 419; 손동권·김재윤, 새로운 형법각론(2판), 500; 오영근, 형법각론(6판), 427; 이용식, 형법각론, 76; 이재상·장영민·강동범, § 22/31; 주석형법 [각칙(6)](5판), 693(권순형).

5 김신규, 형법각론 강의, 530; 손동권·김재윤, 500; 오영근, 427; 이용식, 76; 이재상·장영민·강동범, § 22/31; 주석형법 [각칙(6)](5판), 693(권순형).

6 대판 2013. 9. 13, 2013도7754(특정경제범죄 가중처벌 등에 관한 법률 제3조 제1항 위반죄).

7 대판 1959. 9. 18, 4292형상290(산림절도).

8 最判 昭和 33(1958). 7. 11. 刑集 12·11·2518(산림절도의 장물).

Ⅲ. 장물범과 본범

1. 의의 및 효력

7 장물죄를 범한 자와 본범 사이에 직계혈족·배우자·동거친족·동거가족 또는 그 배우자인 신분관계가 있을 때에는 형을 감경 또는 면제한다(§ 365② 본문, § 328①).

8 형의 감면은 재량적 감면이 아니라 필요적 감면이다. 감면의 법적 성격에 관하여는 친족상도례의 경우와 마찬가지로, 대별하여 ① 친족이라는 신분에 의하여 형벌이 조각된다는 인적 처벌조각설과 ② 기대가능성이 없어 책임이 조각된다는 책임조각설이 있다(이에 관한 상세는 **§ 328 주해** 참조). 친족상도례에서의 형의 면제에 대하여 인적 처벌조각설이 통설인 것과 마찬가지로 본항의 형의 감면도 인적 처벌조각이라고 하는 것이 통설이다.[9]

9 이러한 친족관계는 객관적으로 존재하면 충분하고 행위자가 이것을 인식할 것을 요하지 않는다. 따라서 친족관계에 대한 착오는 고의에 영향을 미치지 않으며, 범죄의 성립에 지장을 주지 않는다.[10]

2. 공범관계

(1) 규정의 취지

10 신분관계가 없는 공범에 대해서는 형을 감경 또는 면제하지 아니한다(§ 365 ② 단서). 여기서의 '공범'은 '장물죄의 공범'으로, 공동정범, 교사범, 방조범 모두를 포함한다.[11] 즉, 본항 단서의 규정은 장물죄의 범인이 2인 이상의 공범인 경우에 적용되게 된다.

(2) 본범의 공범자 중에 신분관계가 있는 경우

11 본범의 공범자가 장물죄의 범인과 본항의 신분관계가 있으나 장물범이 그가 아닌 다른 공범으로부터 장물의 취득 등의 행위를 한 경우, 본항의 규정이

9 오영근, 427; 주석형법 〔각칙(6)〕(5판), 695(권순형). 일본에서도 같은 견해의 대립이 있으나, 일본에서도 인적처벌조각설이 다수설이라고 한다〔西田 外, 注釈刑法(4), 579(上嶌一高)〕.
10 주석형법 〔각칙(6)〕(5판), 695(권순형); 西田 外, 注釈刑法(4), 579(上嶌一高).
11 주석형법 〔각칙(6)〕(5판), 696(권순형); 西田 外, 注釈刑法(4), 579(上嶌一高).

적용될 수 있는지가 문제된다.

본범의 공범자 중 장물죄의 범인과 본항의 신분관계가 있는 사람이 있는 경 12
우, 그 공범자가 장물죄에 관여하지 않은 경우에는 본항을 적용할 여지가 없다.[12]
일본 판례도 같은 입장이다.[13]

한편 본범의 공범자 중에 위 신분관계가 있는 사람이 장물죄에 관여한 경 13
우에는, 신분관계가 없는 다른 본범의 공범자가 장물죄에 함께 관여하였더라도
장물죄의 범인에게 본항이 적용될 것이다.[14] 일본 판례도 같은 입장이다.[15]

그리고 장물죄의 범인 상호 사이에 본항의 신분관계가 있는 경우, 예를 들어 14
甲이 장물인 사정을 알면서 취득한 장물을 위 신분관계에 있는 乙에게 양도하고,
乙 또한 장물인 사정을 알면서 이를 취득한 경우에, 甲의 장물취득죄는 乙의 장
물취득죄에 있어서는 '본범'이 될 수 있으므로 본항이 적용된다고 할 것이다.[16]

〔김윤섭 · 최근영〕

---

12 주석형법 〔각칙(6)〕(5판), 695(권순형). 예을 들어 절도의 본범이 甲, 乙, 丙 3인에 의한 공모공동정범인 경우에, 그중 乙과 본항의 친족관계에 있는 A가 乙 아닌 甲으로부터 절취한 장물을 매수하였을 때에는, 위 甲의 매도행위가 甲의 단독처분행위인 이상 甲과 A 사이의 장물죄 범행에 대하여 본항을 적용할 수 없다고 한다.

13 最判 昭和 23(1948). 5. 6. 刑集 2·5·473. 「(일본형법 제257조 제1항의 법의 취지는) 동조 소정의 관계가 있는 사람들 사이에는 장물에 관한 범죄에 관하여 그러한 사람에게 형을 과하는 것은 정의상 지나치게 가혹하다는 것에 지나지 않는다. 따라서 절도 본범의 공범자 중에 예컨대 장물죄의 범인과 동조 소정의 관계에 있는 사람이 있다고 하더라도 그 사람이 장물죄에 관여하지 않은 경우에는, 동조항을 적용하여 형을 면제할 것은 아니다. 이것은 동조 제2항에서 친족관계가 아닌 장물죄의 공범에 대하여 전항의 예를 따르지 않는다는 취지로 규정하고 있는 것에 비추어 명백하다.」

14 주석형법 〔각칙(6)〕(5판), 695(권순형).

15 福岡高判 昭和 26(1951). 10. 11. 高刑集 4·10·1275.

16 주석형법 〔각칙(6)〕(5판), 696(권순형).

第42장 손괴의 죄

〔총 설〕

Ⅰ. 규 정

본장은 손괴의 죄에 관하여 규정하고 있는데, 구체적으로는 재물손괴등(§ 366), 공익건조물파괴(§ 367), 중손괴(§ 368), 특수손괴(§ 369), 경계침범(§ 370)이 규정되어 있다. 본장의 조문 구성은 아래 [표 1]과 같다. 1

손괴의 죄는 그 성질에 비추어 크게 재물 등 손괴죄(이하, 재물손괴죄로 약칭한다.), 공익건조물파괴죄로 나눌 수 있고, 독립된 구성요건으로 경계침범죄를 규정하고 있다. 중손괴죄와 특수손괴죄는 재물손괴죄와 공익건조물파괴죄의 가중적 구성요건이다. 중손괴죄는 결과적 가중범에 대하여 형을 가중한 것이고, 특수손괴죄는 행위의 방법에 의하여 형이 가중된 것이다. 손괴의 죄 중 중손괴죄와 경계침범죄를 제외하고 미수범을 처벌하고 있다. 2

재물손괴죄는 타인의 재물, 문서 또는 전자기록등 특수매체체기록을 손괴 또는 은닉 기타의 방법으로 그 효용을 해하는 것을 구성요건으로 한다. 재물손괴죄는 재산죄를 ① 재물죄와 이득죄로 분류하였을 경우 재물을 객체로 하는 '재물죄'에 해당하고, ② 영득죄와 손괴죄로 분류하였을 경우 영득의 의사를 요건으로 하지 않고 재물의 효용가치를 해하는 것을 내용으로 하는 '손괴죄'에 해 3

당한다. 즉 객체는 재물에 한하며 재산상의 이익을 포함하지 않고, 재산죄 중 유일하게 영득의 의사를 필요로 하지 않는다.[1]

[표 1] 제42장 조문 구성

<table>
<tr><th colspan="2">조 문</th><th>제 목</th><th>구성요건</th><th>죄 명</th><th>공소시효</th></tr>
<tr><td colspan="2">§ 366</td><td>재물손괴등</td><td>ⓐ 타인의 재물, 문서 또는 전자기록등 특수매체기록을
ⓑ 손괴, 은닉, 기타 방법으로 효용을 해함</td><td>(재물, 문서, 전자기록등)
(손괴, 은닉)</td><td>5년</td></tr>
<tr><td colspan="2">§ 367</td><td>공익건조물파괴</td><td>ⓐ 공익에 공하는 건조물을
ⓑ 파괴</td><td>공익건조물파괴</td><td>10년</td></tr>
<tr><td rowspan="2">§ 368</td><td>①</td><td rowspan="2">중손괴</td><td>ⓐ § 366, § 367의 죄를 범하여
ⓑ 사람의 생명 또는 신체에 대하여 위험을 발생하게 함</td><td>중손괴</td><td>10년</td></tr>
<tr><td>②</td><td>ⓐ § 366, § 367의 죄를 범하여
ⓑ 사람을 상해 또는 사망에 이르게 함</td><td>(§ 366조, § 367조 각 죄명)(치상, 치사)</td><td>10년</td></tr>
<tr><td rowspan="2">§ 369</td><td>①</td><td rowspan="2">특수손괴</td><td>ⓐ 단체 또는 다중의 위력을 보이거나 위험한 물건을 휴대하여
ⓑ § 366조의 죄를 범함</td><td>특수(재물, 문서, 전자기록등)
(손괴, 은닉)</td><td>7년</td></tr>
<tr><td>②</td><td>ⓐ 단체 또는 다중의 위력을 보이거나 위험한 물건을 휴대하여
ⓑ § 367조의 죄를 범함</td><td>특수공익건조물파괴</td><td>10년</td></tr>
<tr><td colspan="2">§ 370</td><td>경계침범</td><td>ⓐ 경계표를
ⓑ 손괴, 이동, 제거, 기타 방법으로 토지의 경계를 인식불능하게 함</td><td>경계침범</td><td>5년</td></tr>
<tr><td colspan="2">§ 371</td><td>미수범</td><td>§ 366, § 367, § 369의 미수</td><td>(§ 366조, § 367, § 369 각 죄명)미수</td><td></td></tr>
<tr><td colspan="2">§ 372</td><td>동력</td><td>본장의 죄에 § 346 준용</td><td></td><td></td></tr>
</table>

1 김신규, 형법각론 강의, 533; 김혜정·박미숙·안경옥·원혜욱·이인영, 형법각론(3판), 483; 박찬걸, 형법각론(2판), 603; 손동권·김재윤, 새로운 형법각론(2판), 504; 원혜욱, 형법각론, 341; 이상돈, 형법강론(4판), 607; 이재상·장영민·강동범, 형법각론(13판), § 23/1; 이정원·류석준, 형법각론, 481; 이형국·김혜경, 형법각론(2판), 526; 주호노, 형법각론, 1102; 홍영기, 형법(총론과 각론), § 92/1; 주석형법 〔각칙(6)〕(5판), 697(권순형).

Ⅱ. 연혁 및 개정 논의

1. 연 혁

4 재산범죄의 일종으로 손괴죄라는 구성요건이 만들어진 것은 현대적인 법 사고의 산물이다. 과거 로마법에서는 일부 공공물의 손괴만을, 중세 독일법에서는 장벽·목장·동물 등에 대한 손괴를 개별적으로 처벌하였다. 이후 1810년의 프랑스형법은 재산죄 가운데 파괴·훼기·손괴라는 죄목 아래 재물손괴죄를 규정하였고, 1871년의 독일제국형법이 제303조 이하에서 재산죄로서의 손괴죄를 규정하여 현재의 독일형법까지 이어지고 있다.[2]

5 우리나라에서는 구 형법 제40장에서 '훼기 및 은닉의 죄'라는 제목 아래에 손괴죄를 규정하였고, 1953년 형법 제정 이후 1995년 형법 일부 개정(1995. 12. 29. 법률 제5057호)에 의하여 손괴죄의 객체가 확대되고 벌금액 등이 조정된 이래, 조문의 내용 자체에는 현재까지 큰 변화가 없다. 즉 제366조의 규정은 재물, 문서만을 규정하고 있어 컴퓨터하드웨어가 아닌 특수매체기록을 손괴하는 행위도 처벌할 수 있는지 논란이 있어 왔는데, 이를 입법적으로 해결하기 위하여 손괴죄의 객체에 '전자기록등 특수매체기록'을 추가하였다.[3]

2. 개정 논의

6 본장의 죄와 관련하여 거론되는 개정사항들은 다음과 같다.

7 (1) 재물손괴죄에는 친족상도례 규정의 적용이 배제되는데, 이의 타당성에 대한 논의이다. 재물손괴죄와 경계침범죄는 재물을 대상으로 하는 범죄이며 절도죄에 비하여 현저히 경미한 범죄이므로 친족 간의 범행에 관한 규정을 준용할 필요가 있다는 견해가 있다.[4] 절도죄 등 다른 재산죄와 손괴죄를 비교하여

---

2 이재상·장영민·강동범, § 23/1.

3 이 밖의 주요 개정 내용으로는 제368조(중손괴) 제2항을 상해와 사망의 결과가 발생한 경우에 그 형을 달리 규정한 것이다. "전2조의 죄를 범하여 사람을 사상에 이르게 한 때에는 상해죄와 비교하여 중한 형으로 처단한다"고 규정되어 있던 것을 "제366조 또는 제367조의 죄를 범하여 사람을 상해에 이르게 한 때에는 1년 이상의 유기징역에 처한다. 사망에 이르게 한 때에는 3년 이상의 유기징역에 처한다."고 개정하였다.

4 김신규, 534; 손동권·김재윤, 505; 이재상·장영민·강동범, § 23/2; 이형국·김혜경, 526; 모성준, "형법상 친족상도례 규정의 문제점과 바람직한 개정방향", 법학논총 21-2, 조선대 법학연구원

봤을 때 그 불법이 더 중하다고 할 수 없으므로 손괴죄에 대하여 친족상도례 규정의 적용을 배제할 이유가 없는 점, 재물손괴가 다른 범죄와 결합된 경우(야간주거침입절도죄)나 손괴를 행위태양으로 하는 경우(특수절도죄)에도 친족상도례 규정이 적용되는 점과의 균형성 등을 그 근거로 한다.[5] 이에 대하여 손괴죄는 폭력범죄의 성격을 가진 범죄이므로 친족 간의 범행에 관한 규정을 준용해서는 안 된다는 견해도 있다. 손괴의 죄는 친족 사이의 재산적 질서를 파괴하는 데 그치지 않고 재물의 멸실 내지 효용까지 멸각시킴으로써 공동이용적 요소까지 상실시킨다는 점에서 다른 재산죄에 비하여 친족에 대한 해악성이 크다거나,[6] 이미 재물의 효용이 상실된 이상 더 이상 재물에 대한 원상회복의 가능성이 없다[7]는 점을 그 근거로 한다.

8 (2) 재물손괴죄를 친고죄 내지 반의사불벌죄로 규정하자는 논의이다. 단순손괴죄의 경우에는 다른 재산범죄와는 달리 인적 요소가 배제되어 있기 때문에 기본적으로 민사상의 해결에 맡기는 것이 타당하다는 것이 그 근거인데, 우리 형법상으로도 단순손괴죄는 법정형이 가장 가벼운 범죄유형으로서 친고죄로 개정하는 방향으로 검토가 필요하고, 적어도 반의사불벌죄로 규정하는 것이 타당하다[8]는 견해가 있다.[9]

9 (3) 제368조 제1항(중손괴)의 죄를 삭제하자는 논의이다. 중손괴죄는 '사람의 생명 또는 신체'에 대하여 위험을 발생하게 한 때에 성립하는데, 논리적으로 '사

(2014), 521.

5 김태수, "재물손괴죄에 있어 친족상도례 적용배제의 불합리성과 그 대안", 형사정책 26-1, 한국형사정책학회(2012), 177-178.

6 이형국, 형법각론, 332; 정성근, "친족상도례", 고시연구 21-5, 고시연구사(1994), 19.

7 권오걸, 형법각론, 428.

8 손동권·김재윤, 505; 이재상·장영민·강동범, § 23/2.

9 독일형법 제303조(재물손괴), 스위스형법 제144조 제1항, 일본형법 제259(사용문서등훼기)·제261조(기물손괴등)은 단순손괴죄의 구성요건을 담고 있는 죄는 친고죄로 규정하고 있다. 1992년 형법개정법률안 역시 주거침입죄와의 균형을 고려하고 친고죄의 범위를 확대할 것은 아니라는 이유에서 손괴죄를 반의사불벌죄로 규정하였고[법무부, 형법개정법률안 제안이유서(1992. 10), 191], 2009년 형법개정연구회 또한 "단순손괴죄는 기타 다른 재산범죄와는 달리 인적 요소가 배제되어 있기 때문에 기본적으로 민사상의 해결에 맡기는 것이 타당하고, 단순손괴죄는 법정형이 가장 가벼운 범죄유형으로서 친고죄화의 검토가 필요하며, 적어도 이를 반의사불벌죄로 규정하는 것이 타당하다."는 의견을 제시하였다[형법개정연구회, 형사법개정연구 (IV), 형법각칙개정안, 한국형사정책연구원(2009), 334].

람의 신체'에 대한 위험의 발생은 그 의미가 불명확하고, 만일 가중처벌의 필요성이 인정되는 경우에는 상해의 결과가 발생한 경우에 비로소 동조 제2항(재물손괴치사·상죄)에 의하여 재물손괴치상죄로 처벌하면 충분하다는 견해이다.[10]

(4) 第366조(재물손괴등)의 구성요건에서 '손괴, 은닉' 외의 행위태양인 '기타 방법'의 의미 및 '효용을 해한다'는 의미를 명확히 규정하자는 논의이다. 이에 대해서는 후술하는 낙서행위와 재물손괴죄와 관련된 대판 2007. 6. 28, 2007도2590 부분에서 더 자세히 살펴보기로 한다. 10

Ⅲ. 입법례

대부분의 나라에서는 우리나라의 손괴죄와 유사한 규정을 형법에 두고 있다. 일본, 독일, 오스트리아, 스위스 역시 '손괴' 내지 '훼기 및 은닉'이라는 제목 등으로 이를 규정하고 있는데, 손괴죄의 객체나 행위의 태양 면에서 우리나라의 규정과 차이가 있다. 위 나라들이 규정하고 있는 손괴죄의 구성요건과 비교하여 봤을 때, 우리 형법상 손괴죄의 구성요건이 객체와 행위의 태양 측면에서 포섭하는 범위가 넓은 편이라고 판단된다. 11

1. 일 본

일본형법상 손괴죄의 구성체계를 살펴보면, 각칙 제40장 '훼기 및 은닉의 죄'에서 재물손괴죄를 규정하고 있다.[11] 훼기 및 은닉의 죄는 손괴 또는 은닉의 방법으로 재물의 효용을 멸실시키거나 그 이용을 방해하는 죄로서, 공용문서등훼기죄(§ 258), 사용문서등훼기죄(§ 259), 건조물등손괴죄(§ 260), 기물손괴죄(§ 261), 12

10 이천현, "제2장 개인적 법인에 대한 죄 분야, 횡령과 배임의 죄, 장물죄, 손괴죄, 권리행사방해죄 규정의 개정방안", 형사법개정연구 (IV), 형법각칙개정연구안, 344. 또한, 중상해죄(§ 258①), 중유기죄(§ 271①)도 '사람의 생명'에 대한 위험발생의 경우에 가중처벌하고 있을 뿐이라는 점도 그 논거로 들고 있다.

11 참고로 2022년 6월 17일 일본형법 개정(법률 제67호)으로 징역형과 금고형이 '구금형'으로 단일화되어 형법전의 '징역', '구금', '징역 또는 구금'은 모두 '구금형'으로 개정되었고, 부칙에 의하여 공포일로부터 3년 이내에 정령으로 정하는 날에 시행 예정이다. 그러나 현재 정령이 제정되지 않아 시행일은 미정이므로, 본장에서 일본형법 조문을 인용할 때는 현행 조문의 '징역' 등의 용어를 그대로 사용한다.

신서은닉죄(§ 263)가 규정되어 있다. 그리고 자기의 물건이더라도 압류되고, 물권을 부담하거나 또는 임대한 것을 손괴하거나 또는 상해한 때에도 제259조 내지 제261조의 예에 의한다(§ 262. 자기 물건의 손괴 등). 이후 1960년 부동산침탈죄의 신설에 따라 경계손괴죄(§ 262의2)가 신설되었고, 1987년의 컴퓨터범죄에 대응하기 위한 개정의 일환으로서 제258조 및 제259조에 공용문서, 사용문서 외에도 전자적 기록이 추가되었다. 사용문서등훼기죄(§ 259), 기물손괴등(§ 261), 신서은닉죄(§ 263)에 관해서는 친고죄(§ 264)로 규정하고 있고, 미수범은 벌하지 않는다.

제40장 훼기 및 은닉의 죄

제258조(공용문서등훼기) 공무소의 용으로 제공하는 문서 또는 전자적 기록을 훼기한 자는 3월 이상 7년 이하의 징역에 처한다.

제259조(사용문서등훼기) 권리 또는 의무에 관한 타인의 문서 또는 전자적 기록을 훼기한 자는 5년 이하의 징역에 처한다.

제260조(건조물등 손괴 및 동치사상) 타인의 건조물 또는 선박을 손괴한 자는 5년 이하의 징역에 처한다. 이에 의해 사람을 사상시킨 자는 상해의 죄와 비교해서 중한 형에 의해 처단한다.

제261조(기물손괴등) 전3조에 규정한 것 외에 타인의 물건을 손괴하거나 또는 상해한 자는 3년 이하의 징역 또는 30만엔 이하의 벌금 혹은 과료에 처한다.

제262조(자기 물건의 손괴등) 자기의 물건이더라도 압류되고, 물권을 부담하거나 또는 임대한 것을 손괴하거나 또는 상해한 때에는 전3조의 예에 의한다.

제262조의2(경계손괴) 경계표를 손괴, 이동 혹은 제거하거나 또는 그 외의 방법에 의해 토지의 경계를 인식할 수 없도록 한자는 5년 이하의 징역 또는 50만엔 이하의 벌금에 처한다.

제263조(신서은닉) 타인의 신서를 은닉한 자는 6월 이하의 징역 혹은 금고 또는 10만 엔 이하의 벌금 혹은 과료에 처한다.

2. 독 일

13 독일형법은 각칙 제27장에서 '손괴의 죄'라는 제목 아래 재물손괴죄 등을 비롯한 컴퓨터업무방해, 건조물파괴죄 등을 규정하고 있다. 재물손괴죄의 기본적 구성요건을 규정하고 있는 제303조 제1항에서는 위법하게 재물을 훼손하거나 파괴한 경우를, 동조 제2항에서는 재물의 중대하고 영구적인 외관변경의 경우를 처벌하고 있다. 2005년 9월 1일 형법 개정으로 제303조 제2항이 신설되기 전에는 재물의 현저한 외관변경도 손괴에 해당하는지 여부에 대하여 학설의 대

립이 있었고, 독일의 판례는 재물의 단순한 외관변경인 때에는 그 변경이 현저한 경우라도 재물손괴가 되지 않는다고 보았으나, 위 조문의 신설로 이를 입법적으로 해결하였다.[12]

제27장 손괴의 죄

제303조 (재물손괴) ① 위법하게 타인의 재물을 손상 또는 파괴한 자는 2년 이하의 자유형 또는 벌금형에 처한다.

② 권한없이 타인의 재물의 외관을 중대하고 영구적으로 변경한 자도 전항과 같다.

③ 미수범은 처벌한다.

제303조a (데이터손괴) ① 컴퓨터데이터(제202조a 제2항)를 위법하게 소거, 은닉 또는 사용불능하게 하거나 이를 변작한 자는 2년 이하의 자유형 또는 벌금형에 처한다.

② 미수범은 처벌한다.

③ 제202조c는 제1항에 의한 범죄행위의 예비에 준용한다.

제303조b (컴퓨터업무방해) ① 다음 각호의 행위로써 타인의 중요한 정보처리를 현저하게 방해한 자는 3년 이하의 자유형 또는 벌금형에 처한다.

1. 제303조a 제1항의 범죄행위
2. 타인에게 손해를 가하려는 의도로 정보(제202조a 제2항)를 입력하거나 전송하는 행위
3. 정보처리장치 또는 전산자료가 입력된 물체를 파괴, 손상, 사용불능, 제거 또는 변작하는 행위

② 타인의 사업이나 타인의 기업 또는 관청에 중요한 의미를 가지는 정보처리가 관련된 경우에는 5년 이하의 자유형 또는 벌금형에 처한다.

③ 미수범은 처벌한다.

④ 제2항의 행위가 특히 중한 경우에는 6월 이상 10년 이하의 자유형에 처한다. 특히 중한 경우란 특별한 사정이 없는 한 다음 각호 1에 해당하는 경우를 말한다.

1. 당해 행위가 거대한 재산상의 손해를 초래하는 경우
2. 행위자가 영업적으로 또는 당해 행위의 계속적 수행을 목적으로 조직된 범죄조직의 구성원으로서 행위한 경우
3. 당해 행위를 통하여 국민생계를 위하여 중요한 재화나 서비스의 공급을 침해하거나 또는 독일연방공화국의 안전을 침해하는 경우

⑤ 제202조c는 제1항에 의한 범죄행위의 예비에 동일하게 적용된다.

제303조c (고소) 제303조, 제303조a 제1항 및 제2항, 제303조b 제1항 내지 제3항의 경우 각 행위는 형사소추기관이 형사소추에 관한 특별한 공익을 이유로 직권에 의한 개입이 필요하다고

12 조현욱, "재물손괴죄에 있어서 효용침해", 법학연구 30, 한국법학회(2008), 313.

확정하는 경우가 아닌 한 고소가 있어야만 형사소추된다.

제304조 (공공위해 재물손괴) ① 위법하게 국내 종교단체의 숭배물이나 예배에 공하는 물건 또는 묘비, 공공기념물, 천연기념물, 공공 박물관에 보관중이거나 공개 전시된 예술품·학술품·산업품, 공익에 공하는 물건이나 공공도로·광장·시설의 미화에 공하는 물건을 손괴 또는 파괴한 자는 3년 이하의 자유형 또는 벌금형에 처한다.

② 권한없이 제1항에 규정된 재물의 외관을 중대하고 영구적으로 변경한 자도 전항과 같다.

③ 미수범은 처벌한다.

제305조 (건조물파괴) ① 위법하게 타인 소유의 건조물, 선박, 교량, 댐, 축조된 도로, 철도, 기타 건축물의 전부 또는 일부를 파괴한 자는 5년 이하의 자유형 또는 벌금형에 처한다.

② 미수범은 처벌한다.

제305조a (주요산업수단 등 파괴) ① 위법하게 다음 각호의 1에 해당하는 대상물의 전부 또는 일부를 파괴한 자는 5년 이하의 자유형 또는 벌금형에 처한다.

1. 제316조b 제1항 제1호 또는 제2호의 시설이나 기업 또는 그러한 시설이나 기업의 운영이나 폐기물처리에 공하는 설비에 중요하고 고도의 가치를 지닌 타인의 기술적 산업수단
2. 경찰 또는 연방군의 차량

② 미수범은 처벌한다.

3. 오스트리아

14 오스트리아형법은 각칙 제7장 '재산에 관한 죄'의 첫 번째 조항으로 손괴죄를 규정하고 있고, 손괴죄의 유형으로 손괴, 중손괴, 데이터손괴, 컴퓨터시스템의 기능장애 야기, 컴퓨터프로그램 또는 접근데이터의 남용을 규정하고 있다.

15 기본적 구성요건을 규정하고 있는 제125조(손괴)에서 재물손괴죄의 객체를 '타인의 재물'로 규정하여 우리나라의 손괴죄와 동일하나, 행위의 태양을 '파괴, 훼손, 변형하거나 사용할 수 없게 함'이라고 규정하여 우리나라의 손괴죄보다 더 구체적으로 규정하고 있다. 또한, 중손괴죄에서 손괴를 범하여 일정한 금액 이상의 손해가 발생한 경우를 처벌하거나 가중처벌하고 있는 점에서 특색이 있다.

제125조(손괴) 타인의 재물을 파괴, 훼손, 변형하거나 사용할 수 없게 한 자는 6월 이하의 자유형 또는 360일수 이하의 벌금형에 처한다.

제126조(중손괴) ① 손괴를 범하면서

1. 국내에 소재한 교회 또는 종교단체가 예배 또는 경배에 사용하는 물건에 대하여 한 때
2. 분묘, 다른 매장지, 묘비 또는 묘지나 종교의식에 공하는 공간에 있는 사자추모장소에 대

하여 한 때

3. 공공기념물 또는 기념물로 보호받는 대상에 대하여 한 때
4. 일반적으로 학문적, 민속학적, 예술적 또는 역사적 가치를 인정받는 물건으로서 일반에 개방된 전시관 또는 유사한 장소 또는 공공건물에 있는 물건에 대하여 한 때
5. 공공안전, 재난방지와 그 대응, 공중보건, 물, 광선, 열 또는 동력의 공공 공급, 대중교통에 공하는 시설, 설비 또는 다른 물건에 대해서 또는 대중교통이나 다른 공적인 목적을 위한 통신시설에 대하여 한 때
6. 병기 또는 국가방위나 전쟁의 위험에서 시민을 보호하는데 전적으로 또는 주로 사용되는 시설이나 설비에 대하여 행위 하였고 그를 통해 국가방위 또는 연방군의 투입을 위태롭게 하거나 투입의 목적을 위태롭게 할 사람 또는 자재의 흠결을 야기하거나 시민의 보호를 위태롭게 한 때
7. 행위에 의해 3,000 유로 이상의 손해가 발생한 때에는 행위자를 2년 이하의 자유형 또는 360일수 이하의 벌금형에 처한다.

② 행위를 통해 50,000유로 이상의 손해가 발생한 때에는 6월 이상 5년 이하의 자유형에 처한다.

제126조a(데이터손괴) ① 처분권한이 없거나 독자적인 처분권한이 없는 자동적으로 처리되거나 전송된 데이터를 변경하거나 삭제하거나 다른 방법으로 사용할 수 없게 하거나 은닉함으로써 타인에게 손해를 입힌 자는 6월 이하의 자유형 또는 360일수 이하의 벌금형에 처한다.
② 범행을 통해 3,000유로 이상의 손해를 야기한 자는 2년 이하의 자유형 또는 360일수 이하의 벌금형에 처한다. 50,000유로 이상의 손해를 야기하였거나 범죄단체의 조직원으로서 범행한 자는 6월 이상 5년 이하의 자유형에 처한다.

제126조b(컴퓨터시스템의 기능장애의 야기) ① 데이터를 입력하거나 전송함으로써 처분권한이 없거나 독자적으로 처분권한이 없는 컴퓨터시스템의 기능을 중하게 침해한 자는 그 행위가 제126조a로 처벌되지 않는다면 6월 이하의 자유형 또는 360일수 이하의 벌금형에 처한다.
② 범행을 통해 장기간 지속되는 컴퓨터시스템의 기능장애를 야기한 자는 2년 이하의 자유형 또는 360일수 이하의 벌금형에 처한다. 범죄단체의 조직원으로서 범행한 자는 6월 이상 5년 이하의 자유형에 처한다.

제126조c(컴퓨터프로그램 또는 접근데이터의 남용) ① 1. 그 특성상 명백히 컴퓨터시스템에 대한 권한 없는 접근(제118조a), 통신비밀의 침해(제119조), 데이터의 남용적 수집(제119조a), 데이터손괴(제126조a), 컴퓨터시스템의 기능장애(제126조b) 또는 사기적 데이터처리(제148조a)를 위해 작성되거나 변경된 컴퓨터프로그램 또는 이와 유사한 장치나
2. 패스워드, 접근부호 또는 컴퓨터시스템이나 그 일부에 대한 접근을 가능하게 하는 유사한 데이터를 제1호에 적시한 범행에 사용할 고의로 작성하거나 수입하거나 판매하거나 양도하거나 다른 방법으로 접근가능하게 하거나 취득하거나 소지한 자는 6월 이하의 자유형 또는 360일수 이하의 벌금형에 처한다.(이하 중략)

4. 프랑스

16 프랑스형법은 제3권 재산에 대한 중죄 및 경죄 중 제2편 재산에 대한 기타 침해의 제2장에서 '손괴, 훼손 및 효용상실'이라는 제목 아래 손괴죄 등을 규정하고 있다. 그 구성체계를 살펴보면, 제1절에서 사람의 위험을 초래하지 않는 손괴, 제2절에서 사람의 위험을 초래하는 손괴, 제3절에서 손괴 등을 이용한 협박으로 세분하여 규정하고 있다.

17 재물손괴죄의 기본적 구성요건인 제322-1조에서 타인의 재물을 손괴, 훼손, 그 효용을 해하는 행위를 처벌하고 있고, 그 이하에서는 객체와 행위태양에 따라 가중하고 있다. 또한, 2003년 3월 18일 법률 개정으로 타인의 토지에 허락 없이 집단적인 주거지를 설치하거나 차량을 이용하여 타인의 대지를 점거하는 행위를 처벌하는 제322-4-1조(지역 및 타인소유의 토지점거)를 신설하였다.

제2장 손괴, 훼손 및 효용상실

제1절 사람의 위험을 초래하지 않는 손괴, 훼손 및 효용상실

제322-1조(재물 및 시설물손괴) ① 타인의 재물을 손괴, 훼손하거나 그 효용을 해하는 자는 2년의 구금형 및 30,000유로의 벌금에 처한다. 다만, 행위 결과 손해가 경미한 경우는 그러하지 아니하다.

② 사전에 허가를 받지 아니하고 건물의 외벽, 차량, 도로 또는 노상시설에 대하여 문자, 기호를 쓰거나 그림을 그리는 자는 행위 결과 손해가 경미한 경우 3,750유로의 벌금과 사회봉사형에 처한다.

제322-2조(객체에 의한 가중) ① 손괴, 훼손 또는 효용에 해를 입은 객체가 다음 각 호에 해당하는 경우 제322-1조 제1항의 죄를 범한 때에는 3년의 구금형 및 45,000유로의 벌금에, 동조 제2항의 죄를 범한 때에는 7,500유로의 벌금으로 각각 가중한다.

1. 공공기관이나 공공사무취급자에게 속하는 물건으로서 공용 또는 공용장식에 쓰이는 것
2. 공공기관의 등록부, 문서 또는 증서의 정본
3. 기념물로 분류되거나 등록된 부동산이나 동산, 발굴에 의하거나 우연한 발견에 의한 고고학적 물건, 고고학적 가치가 있는 유적, 공공기관이나 공공사무취급자 또는 공익성이 인정된 기관에 속하는 박물관이나 도서관 또는 문서보관소에 소장되거나 등록된 물품
4. 공공기관이나 공공사무취급자 또는 공익성이 인정된 기관이 기획하는 역사, 문화 또는 과학기술에 관한 전시회에 출품된 물건

② 전항 제3호의 경우 행위자가 손괴, 훼손 또는 효용이 상실된 물건의 소유자인 경우에도 범죄의 성립에 영향을 미치지 아니한다.

③ 제322-1조 제1항에 규정한 죄가 사실상 또는 예측으로 재물의 주인 또는 사용자가 일정한 민족, 국가, 인종 또는 종교에 속한다거나 또는 속하지 않는다는 이유로 해서 행해진 경우에도 마찬가지로 3년의 구금형 및 45,000유로의 벌금에 처한다.

제322-3조(행위태양에 의한 가중) ① 다음 각 호의 경우로 제322-1조 제1항의 죄를 범한 때에는 5년의 구금형 및 75,000유로의 벌금에, 동조 제2항의 죄를 범한 때에는 15,000유로의 벌금과 사회봉사형에 각각 처한다.

1. 수인이 정범 또는 공범으로서 죄를 범하는 경우
2. 타인의 연령, 질병, 신체나 정신적 장애 또는 임신으로 인한 자활능력의 미약함을 이용하거나 행위자가 그 정을 알고 이를 이용하여 범죄의 실행을 용이하게 한 경우
3. 사법관, 배심원, 변호사, 법률사무종사자, 기타 모든 공공사무취급자의 이익에 반하여 그 직무수행에 영향을 미칠 목적으로 죄를 범하는 경우
4. 증인, 피해자 또는 배상명령(부대사소) 신청자의 이익에 반하여 그 증언 고소·고발, 배상명령(부대사소) 신청을 방해할 목적으로 또는 이를 행하였음을 이유로 죄를 범하는 경우
5. 기망, 문호·장벽의 손괴 또는 무단침입의 방법으로 주거 또는 현금, 유가증권, 상품 또는 기타 자재의 보관 장소로 이용되거나 또는 그러한 용도에 충당된 장소에 들어가 죄를 범하는 경우

② 제322-1조 제1항의 죄를 종교장소, 학교, 취미교육장소, 어린이수송차량 내에서 죄를 범한 때에는 5년의 구금형 및 75,000유로의 벌금으로 가중한다.

제322-4조(미수) 본절의 죄의 미수범은 기수범과 동일한 형에 처한다.

제322-4-1조(지역 및 타인 소유의 토지점거) ① 여행자의 주거와 접객에 관한 2000년 7월 5일자 법률 제2000-614호 제2조에 의한 도 정비계획의 의무사항에 적합한 지방에 속하는 또는 설령 그 지방이 아닌 다른 소유주의 대지위에 비록 일시적으로라도 집단을 이루어 주거형태를 세우는 행위는 행위자가 그의 정당한 허가권한 또는 대지의 이용권을 증명하지 않는 한 6월의 구금형 및 3,750유로의 벌금에 처한다.

② 차량을 이용한 타인의 대지점거의 경우 그 차량이 전적으로 점거자의 주거용으로 사용되는 것이 아닌 경우 형사법원에서 몰수를 위해 압수할 수 있다.

제2절 사람의 위험을 초래하는 손괴, 훼손 및 효용상실

제322-5조(과실 폭발, 화염에 의한 손괴 등) ① 법령에 의한 안전의무나 주의의무를 태만히 하여 폭발 또는 화재를 발생시키고 그로 인하여 타인의 재물이 훼손, 파괴되거나 그 효용이 상실된 때에는 1년의 구금형 및 15,000 유로의 벌금에 처한다.

② 전항의 행위가 의도적으로 법령에 의한 안전의무 또는 주의의무를 태만히 한 때에는 그 형을 2년의 구금형 및 30,000유로의 벌금으로 가중한다.

제3절 손괴, 훼손 및 효용상실의 협박 등

제322-12조(손괴 등의 협박) 사람에게 위해를 가하는 손괴, 훼손 또는 효용상실 행위를 실행하

겠다는 취지의 협박을 반복하여 행하거나 그 취지를 문서나 영상 기타의 수단으로 표현하는 때에는 6개월의 구금형 및 7,500유로의 벌금에 처한다.

Ⅳ. 보호법익

18 본장은 전체적으로는 재산을 보호하기 위한 재산죄이다. 그러나 앞서도 살펴보았듯이 본장은 재물손괴죄, 공익건조물파괴죄 및 경계침범죄 등 개별적으로 서로 성질이 다른 범죄들로 규정되어 있다. 따라서 보호법익과 그 보호의 정도는 개별·구체적으로 파악하여야 할 것이다(각 범죄별로 후술).

〔김 지 언〕

第366條(재물손괴등)

타인의 재물, 문서 또는 전자기록등 특수매체기록을 손괴 또는 은닉 기타 방법으로 기 효용을 해한 자는 3년 이하의 징역 또는 700만원 이하의 벌금에 처한다. 〈개정 1995. 12. 29.〉

Ⅰ. 취 지

본죄[(재물·문서·전자기록등)(손괴·은닉)죄]는 타인의 재물, 문서 또는 전자기록 등 특수매체기록을 손괴 또는 은닉 기타 방법으로 그 효용을 해하는 경우 처벌하는 범죄이다. 본죄는 재물을 영득하는 것이 아니라, 그 효용을 해하는 범죄이므로 그 보호법익은 소유권의 이용가치 또는 기능으로서의 소유권이다.[1] 1

소유권의 이용가치 외에 용익물권 내지 점유권의 침해도 본죄를 구성하는지 여부에 관하여, ① 본죄는 본질상 소유권범죄이므로 순수한 용익물권이나 그 밖의 점유권의 침해는 본죄를 구성하지 않는다는 견해,[2] ② 효용을 해하는 2

1 김성돈, 형법각론(7판), 524; 김신규, 형법각론 강의, 533; 박찬걸, 형법각론(2판), 603; 배종대, 형법각론(14판), § 83/3; 손동권·김재윤, 새로운 형법각론(2판) 504; 원혜욱, 형법각론, 341; 이상돈, 형법강론(4판), 601; 이재상·장영민·강동범, 형법각론(13판), § 23/4; 이정원·류석준, 형법각론, 481; 이형국·김혜경, 형법각론(2판), 526; 정성근·정준섭, 형법강의 각론(2판), 350; 정영일, 형법각론(3판), 456; 정웅석·최창호, 형법각론, 752; 최호진, 형법각론, 640; 홍영기, 형법(총론과 각론), § 92/1; 주석형법 [각칙(6)](5판), 700(권순형).

2 이재상·장영민·강동범, § 23/4; 정웅석·최창호, 752; 홍영기, § 92/1.

것은 소유권의 한 측면일 뿐이고, 재물의 효용을 해하는 것은 소유권뿐만 아니라 제한물권이나 그 밖의 권리에 대한 경우도 포함된다는 견해[3]가 대립한다.

3 본죄의 보호의 정도는 침해범이다.[4]

Ⅱ. 객 체

4 본죄의 객체는 타인의 재물, 문서 또는 전자기록등 특수매체기록이다. 구 형법상의 사문서훼기(§ 259), 기물손괴죄(§ 261) 및 신서은닉죄(§ 263)의 객체를 통합하여 재물과 문서로 규정하였다. 또한, 가시성과 가독성이 인정되지 않기에 문서에 포함시킬지 여부에 관하여 논란이 있었던 특수매체기록도 1995년 12월 29일 형법 일부 개정에 의하여 객체에 추가되었다.[5]

1. 재 물

5 재물은 유체물뿐만 아니라 관리할 수 있는 동력을 포함한다(§ 372). 재물은 동산과 부동산[6]을 포함하며, 식물[7]이나 동물[8]도 여기에 포함된다. 시체에 대해서는 별개의 구성요건(§ 161. 시체 등의 유기 등)이 있으므로 본죄에 포함되지 않는다.[9]

6 일반건조물이 본죄에 객체에 해당한다는 데에는 의문이 없다. 판례는 재건축사업으로 철거할 예정이고 그 입주자들이 모두 이사하여 아무도 거주하지 않는 아파트도 본죄의 객체가 된다고 한다.[10] 건조물의 구성부분 중 손괴하지 않으면 자유롭게 분리할 수 없는 부분뿐 아니라 손괴하지 않고 분리할 수 있도록

3 오영근, 형법각론(6판), 430. 이 견해에 의하면 예컨대 B가 임대하여 사용하고 있는 A소유의 물건을 손괴한 때의 피해자는 A뿐만 아니라 B도 포함되어야 한다고 한다.

4 김성돈, 525; 김신규, 535; 김혜정·박미숙·안경옥·원혜욱·이인영, 형법각론(3판), 483; 박찬걸, 603; 오영근, 430; 정성근·정준섭, 350; 정웅석·최창호, 752; 주석형법 [각칙(6)](5판), 700(권순형).

5 이재상·장영민·강동범, § 23/7.

6 大判 昭和 4(1929). 10. 14. 刑集 8·477(타인의 부지를 파헤치거나 한 사례); 最決 昭和 35(1960). 12. 27. 刑集 14·14·2229(교정에 말뚝을 박거나 한 사례).

7 東京高判 昭和 31(1956). 11. 22. 高刑集 9·10·1148.

8 김성돈, 526; 배종대, § 83/2; 오영근, 431; 이재상·장영민·강동범, § 23/8; 주석형법 [각칙(6)](5판), 704(권순형). 한편 동물을 죽이거나 상해를 입히는 등 일정한 학대행위(동물보호법 § 18 ①-③)를 한 경우, 동물보호법위반으로 처벌된다(동법 § 46①, ②).

9 오영근, 432; 이재상·장영민·강동범, § 23/8; 정영일, 457; 주석형법 [각칙(6)](5판), 704(권순형).

10 대판 2007. 9. 20, 2007도5207; 대판 2010. 2. 25, 2009도8473.

기능적으로 예정되어 있는 부분도 건조물이라고 할 수는 없지만 그 일부로서 본죄의 객체가 된다.

7 한편, 공익 또는 공용건조물도 본죄의 객체에 해당하는지 여부에 대해서는 논란이 있다. 공익건조물의 경우는, ① 이를 파괴한 때에는 공익건조물파괴죄(§ 367)에 해당하여 가중처벌되나 그 정도에 이르지 않은 때에는 본조의 객체가 된다고 해석함이 상당하다는 견해(통설)[11]와 ② 공용물건무효죄(§ 141①)가 성립하므로 본죄의 객체에는 포함되지 않는다는 견해[12]가 대립한다. 그리고 공용건조물의 경우에는, 파괴에 이르면 공용물파괴죄(§ 141②)가 성립하지만 손괴에 그친 때에는 공용물건무효죄(§ 141①)가 성립하므로 본죄의 객체에는 포함되지 않는다.[13]

8 재물의 이용가치와 관련하여, 재산권의 목적이 될 수 있는 한 반드시 경제적 가치 또는 교환가치를 필요로 하지는 않지만,[14] 이용가치나 효용성이 전혀 없거나 소유자가 주관적 가치도 부여하지 않은 물건은 본죄의 객체로 볼 수 없다.[15]

9 재물의 이용가치와 관련하여 판례는, ① 포도주 원액이 부패하여 포도주 원료로서의 효용가치는 상실되었으나 그 산도가 1.8도 내지 6.2도에 이르고 있어 식초의 제조 등 다른 용도에 사용할 수 있는 경우,[16] ② 재건축사업으로 철거가 예정되어 있고 그 입주자들이 모두 이사하여 아무도 거주하지 않은 채 비어 있는 아파트라 하더라도 그 객관적 성상이 본래 사용목적인 주거용으로 쓰일 수 없는 상태라거나 재물로서의 이용가치나 효용이 없는 물건이라고 할 수 없는 경우,[17] ③ 무단으로 도로변에 설치된 불법광고물이나 불법게시물이라고 하더라도 재물로서의 가치가 있는 경우,[18] 모두 재물손괴죄의 객체가 된다고 보았다.

10 반면에, 굴취(掘取)된 나무가 4-5년간 관리되지 않고 방치되어 있었음이 명

---

11 김성돈, 526; 김일수·서보학, 새로쓴 형법각론(9판), 322; 오영근, 432; 이재상·장영민·강동범, § 23/9; 임웅, 형법각론(11정판), 588; 주석형법 [각칙(6)](5판), 705(권순형).

12 강구진, 형법강의 각론 I, 411.

13 김성돈, 526; 김일수·서보학, 322; 배종대, § 83/2; 이재상·장영민·강동범, § 23/9.

14 이재상·장영민·강동범, § 23/8.

15 김일수·서보학, 321.

16 대판 1979. 7. 24, 78도2138.

17 대판 2007. 9. 20, 2007도5207; 대판 2010. 2. 25, 2009도8473.

18 대판 1999. 6. 22, 99도899; 수원지판 2019. 5. 13, 2017노7606(상고기각으로 2019. 8. 14. 확정).

백한 경우 객관적 이용가치가 있는 물건에 해당한다고 보기 어려울 뿐만 아니라 피해자에게 위 나무가 어떠한 주관적인 이용가치가 있었다고 믿기도 어렵다는 이유로 재물손괴죄의 객체인 재물에 해당한다고 볼 수 없다[19]고 판시하였다.

2. 문 서

11 문서는 제141조 제1항의 공용서류에 해당하지 않는 모든 문서를 의미한다. 공문서이든 사문서이든 불문하고, 공문서라도 공무소에서 사용하는 공용서류에 해당하지 않는 한 본죄의 객체가 된다.[20] 사문서는 권리의무에 관한 것이든 사실증명에 관한 것이든 묻지 않으며, 작성명의인이 누구인지도 관계가 없다. 자기 명의의 문서라도 타인 소유이면 본죄의 객체가 될 수 있다.[21] 편지, 유가증권은 본죄의 문서에 해당하고, 도화나 유가증권도 포함된다.[22]

12 판례는 문서손괴죄의 객체인 문서는 거기에 표시된 내용이 적어도 법률상 또는 사회 생활상 중요한 사항에 관한 것이어야 한다고 한다.[23] 이러한 취지에서 판례는, ① 이미 작성되어 있던 장부의 기재를 새로운 장부로 이기하는 과정에서 누계 등을 잘못 기재하다가 그 부분을 찢어버리고 계속하여 종전 장부의 기재내용을 모두 이기하였다면, 그 당시 새로운 경리장부는 아직 작성 중에 있어서 손괴죄의 객체가 되는 문서로서의 경리장부가 아니라 할 것이고, 또 그 찢어버린 부분이 진실된 증빙내용을 기재한 것이었다는 등의 특별한 사정이 없는 한 그 이기 과정에서 잘못 기재되어 찢어버린 부분 그 자체가 문서손괴죄의 객체가 되는 재산적 이용가치 내지 효용이 있는 재물이라고도 볼 수 없고,[24] ② 피해자 협회의 회원들이 받아놓은 각서를 피고인이 찢어버린 사안에서, 위 각서에 동의자의 서명이 없었고, 동의자의 서명이 없는 '각서' 종이를 법률상 또는 사회생활상 중요한 사항에 관한 것이라고 볼 수 없는 점 등에 비추어 피고인

19 창원지판 2017. 11. 30, 2016노1559(2017. 1. 29. 확정).
20 김성돈, 526; 주석형법 [각칙(6)](5판), 706(권순형).
21 김성돈, 526.
22 김성돈, 526; 배종대, § 83/3; 이재상·장영민·강동범, § 23/10. 이에 대하여 도화나 유가증권은 문서라고 보기 어려우므로 문서가 아닌 재물에 포함된다는 견해(임웅, 588), 유가증권은 문서라고 할 수 있지만 도화는 문서가 아니라 재물이라는 견해(오영근, 432)도 있다.
23 대판 1989. 10. 24, 88도1296.
24 대판 1989. 10. 24, 88도1296.

이 손괴한 것은 타인의 재물임을 별론으로 하고 타인의 문서라고 볼 수는 없다[25] 고 판시하였다.

반면에 판례는, 계산서에 작성명의인의 표시가 없고 그 내용에 있어 표시가 부분적으로 생략되어 몇 개의 계산수식만 기재되어 있기는 하나 계산서의 내용, 형식, 필적 등을 종합하면 그 작성명의인을 쉽게 알 수 있을 뿐 아니라 위 계산서에 기재되어 있는 계산수식만으로서도 그 내용을 객관적으로 이해하기 충분하다면, 위 계산서는 그 작성명의인의 확정적인 의사가 표시된 것으로 문서에 해당한다고 판시하였다.[26] 13

또한 약속어음에 관하여 판례는, ① 채무담보조로 보관받은 약속어음의 지급일자를 지운 경우,[27] ② 약속어음의 발행인이 소지인으로부터 그 어음을 교부받아 수취인란에 타인의 이름을 기재함으로써 배서의 연속을 상실케 한 경우,[28] 모두 문서손괴죄에 해당한다고 보았다. 14

3. 특수매체기록

특수매체기록이란 정보처리에 있어서 컴퓨터 등 정보처리장치에 의하여 제공된 기록으로서, 전자기록, 전기기록, 광학기록과 같이 사람의 지각에 의하여 인식될 수 없는 방식으로 제공된 것을 의미한다. 15

기록이란 위와 같은 매체물이 담고 있는 정보나 데이터(software)를 의미하고, 기록을 담고 있는 매체물(hardware)은 재물에 해당한다고 본다. 따라서 컴퓨터 자체 또는 기록을 담고 있는 매체물(디스켓, USB 등)에 대한 손괴행위는 재물손괴죄가 성립하고,[29] 매체물에 담겨있는 정보(software)에 대한 손괴행위는 전자기록등손괴죄가 성립한다고 본다.[30] 16

마이크로필름은 문자를 축소한 것이므로 문서의 일종으로 보아야 하고, 영 17

25 서울중앙지판 2019. 4. 25, 2018노3428(2019. 5. 3. 확정).
26 대판 1985. 10. 22, 85도1677.
27 대판 1982. 7. 27, 82도223.
28 대판 1985. 2. 26, 84도2802.
29 김성돈, 526; 김일수·서보학, 322; 배종대, § 83/4; 정성근·박광민, 형법각론(전정3판), 469; 임웅, 589.
30 임웅, 589는 매체물 자체에 대한 손상이 특수매체기록의 손상을 수반하는 경우에 특수매체기록손괴죄는 매체물 자체에 대한 재물손괴죄에 흡수된다고 한다(법조경합 중 흡수관계).

상기록은 특수매체기록이 아니라 재물에 해당한다고 본다.[31]

18 특수매체기록에 해당 여부에 관하여 판례는, ① 피고인이 회사를 퇴사하면서 회사 컴퓨터 내에 저장되어 있던 경영성과 분석표 등 업무 관련 파일을 임의로 삭제한 경우,[32] ② 피해자의 휴대폰에 저장되어 있던 문자메시지, 전화번호, 사진 등을 임의로 삭제한 경우,[33] 모두 전자기록등손괴죄에 해당한다고 판시하였다.

4. 타인의 소유

19 본죄의 객체인 재물, 문서, 특수매체기록은 타인의 소유에 속하여야 한다. 자기소유물에 손괴행위는 권리행사방해죄(§ 323. 타인의 점유·권리의 목적이 된 자기의 물건 또는 전자기록등 특수매체기록을 취거, 은닉, 손괴) 또는 공무상보관물무효죄(§ 141 ①. 공무소에서 사용하는 서류 기타 물건, 전자기록등 특수매체기록을 손상, 은닉, 기타의 방법으로 효용을 해함)의 대상이 된다.

20 여기서 타인이란 자연인·법인·법인격 없는 단체·국가인지 여부를 불문한다.[34] 타인의 소유란 타인의 단독 또는 공동소유에 속하는 것을 말한다. 소유권의 귀속은 민법에 의하여 결정된다.[35] 어느 누구의 소유에도 속하지 않는 무주물은 타인의 소유가 아니다.

21 타인의 소유라면 점유관계는 자기가 점유하든 타인이 점유하든 불문한다. 문서의 경우도 타인의 소유이면 충분하고, 작성명의인을 불문하므로 자기 명의로 되어 있으나 타인의 소유인 문서를 소유자의 동의 없이 폐기하거나 그 내용을 변경하면 문서손괴죄가 성립한다.[36]

22 그리고 재물 등이 법에 저촉되더라도 타인의 소유인 한 본죄의 객체가 된다. 따라서 관리처분계획의 인가·고시 이후 분양처분의 고시 이전에 재개발구

---

31 김성돈, 526; 배종대, § 83/4; 임웅, 589; 정성근·박광민, 469.

32 대판 2007. 11. 15, 2007도5816. 위 파일들은 피고인이 작성한 것이라 하더라도 회사가 기록으로서의 효용을 지배관리하고 있는 것으로 전자기록등손괴죄에 해당한다고 판단하였다.

33 대구고판 2014. 1. 16, 2013노377(2014. 1. 24. 확정).

34 김성돈, 526; 배종대, § 83/5; 오영근, 433; 이재상·장영민·강동범, § 23/12; 주호노, 형법각론, 1104; 주석형법 [각칙(6)](5판), 709(권순형).

35 이재상·장영민·강동범, § 23/12.

36 김성돈, 530; 임웅, 589.

역 안의 무허가 건물을 제3자가 임의로 손괴할 경우, 특별한 사정이 없는 한 재물손괴죄가 성립한다.[37]

23 재물의 타인성과 관련하여 판례는, ① 재건축사업으로 철거가 예정되어 있었고 그 입주자들이 모두 이사하여 아무도 거주하지 않은 채 비어있는 아파트라 하더라도, 그 아파트 자체의 객관적 성상이 본래의 사용 목적인 주거용으로 사용될 수 없는 상태가 아니었고, 더욱이 그 소유자들이 재건축조합으로의 신탁등기 및 인도를 거부하는 방법으로 계속 그 소유권을 행사하고 있는 상황이었다면, 위와 같은 사정만으로는 위 아파트가 재물로서의 이용가치나 효용이 없는 물건으로 되었다고 할 수 없으므로, 위 아파트는 재물손괴죄의 객체가 된다고 보았으며,[38] ② 타인 소유의 토지에 사용수익의 권한없이 농작물을 경작한 경우 그 농작물의 소유권은 경작한 사람에게 귀속되므로, 타인이 경작한 콩을 뽑아버린 행위는 재물손괴죄에 해당한다고 판시하였다.[39]

24 문서의 타인성과 관련하여 판례는, ① 피해자로부터 전세금을 받고 영수증(문서 제목은 계약서)을 작성·교부한 뒤에 피해자에게 위 전세금을 반환하겠다고 말하여 피해자로부터 위 영수증을 교부받고 나서 전세금을 반환하기도 전에 이를 찢어버린 경우,[40] ② 비록 자기 명의의 문서라 할지라도 합법적인 절차에 따라 특정기관에 접수되어 있는 추천서에 대하여 함부로 이를 무효화시켜 그 용도에 사용하지 못하게 한 경우,[41] ③ 확인서가 피고인 명의로 작성된 것이고 또 그것이 진실에 반하는 허위내용을 기재한 것이라도 소유자의 의사에 반하여 확인서를 손괴한 경우,[42] 모두 문서손괴죄가 성립하다고 보았다.

---

37 대판 2004. 5. 28, 2004도434. 일본 판례로는 最判 昭和 25(1950). 3. 17. 刑集 4·3·378(소관 관청의 승인을 받지 않고 위법하게 시설된 전화설비); 最決 昭和 55(1980). 2. 29. 刑集 34·2·56 (공직선거법의 규정에 반하여 게시된 정당연설회 고지 포스터).

38 대판 2010. 2. 25, 2009도8473.

39 대판 1970. 3. 10, 70도82.

40 대판 1984. 12. 26, 84도2290.

41 대판 1987. 4. 14, 87도177. 본 판결은 문서손괴죄에 대한 직접적인 판결은 아니고, 피고인이 고소한 내용이 문서손괴죄의 구성요건에 해당하여 무고죄가 성립하는지 여부에 대한 내용이다.

42 대판 1982. 12. 28, 82도1807.

Ⅲ. 행 위

25 본죄의 행위는 손괴 또는 은닉 기타 방법으로 그 효용을 해하는 것이다. 여기서 재물의 효용을 해한다고 함은 사실상으로나 감정상으로 재물을 본래의 사용 목적에 제공할 수 없는 상태로 만드는 것을 말하고, 일시적으로 재물을 이용할 수 없는 상태로 만드는 것도 포함한다.[43] 이때 구체적으로 어떠한 행위가 재물의 효용을 해하는 것인지는, 재물 본래의 용도와 기능, 재물에 가해진 행위와 그 결과가 재물의 본래적 용도와 기능에 미치는 영향, 이용자가 느끼는 불쾌감이나 저항감, 원상회복의 난이도와 거기에 드는 비용, 그 행위의 목적과 시간적 계속성, 행위 당시의 상황 등 제반 사정을 종합하여 사회통념에 따라 판단하여야 한다.[44]

1. 손 괴

26 손괴란 타인의 재물, 문서 또는 특수매체기록에 직접적인 유형력을 행사하여 소유자의 이익의 반하는 상태의 변화를 가져오는 일체의 행위[45]를 의미한다.[46]

27 물체 자체가 소멸될 것을 요하지 않으며, 그 물체 원래의 목적에 사용할 수 없게 하는 것이면 충분하다.[47] 손괴의 정도와 관련하여, 반드시 영구적인 것임

---

43 대판 2020. 3. 27, 2017도20455; 대판 2021. 5. 7, 2019도13764; 대판 2022. 10. 27, 2022도8024.

44 대판 2007. 6. 28, 2007도2590; 대판 2021. 5. 7, 2019도13764.

45 김성돈, 527. 그 밖에 손괴의 개념에 대하여, 타인의 재물 등에 "직접 유형력을 행사하여 그 효용을 해하는 행위"(오영근, 433), "직접 유형력을 행사하여 그 이용가능성을 침해하는 행위"(이재상·장영민·강동범, § 23/14), "직접 유형력을 행사하거나 기계적 조작으로 이용가능성을 침해하는 일체의 행위"(배종대, § 83/7), "유형력을 행사하여 그 형상을 변경시켜 그 효용의 전부 또는 일부를 영구적 또는 일시적으로 멸실케 하는 행위"(정영일, 458), "직접 유형력을 행사하여 물질적 내지 물리적으로 훼손함으로써 그 원래의 효용을 멸실시키거나 감손시키는 행위"[주석형법[각칙(6)](5판), 712(권순형)] 등 다양한 견해가 있으나, 대체로 그 취지는 같은 것으로 보이며 '유형력의 행사'를 공통요소로 하고 있다.

46 일본의 기물손괴등죄(일형 § 261)는 '손괴' 또는 '상해'(동물을 객체로 하는 경우)만을 구성요건적 행위로 규정하고 있어, '손괴'란 물질적으로 재물의 형상을 변경하거나 없애는 외에 사실상 또는 감정상 그 재물을 다시 본래의 목적에 사용하게 할 수 없는 상태가 되도록 하는 경우를 포함하여, 널리 그 본래의 효용을 상실케 하는 행위라는 효용침해설이 통설과 판례[最判 昭和 32(1957). 4. 4. 刑集 11·4·1327]의 입장이라고 한다[大塚 外, 大コン(3版)(13), 807(名取俊也)].

47 이재상·장영민·강동범, § 23/14.

을 요하지 않고 일시적인 것도 충분하고,[48] 중요 부분을 훼손할 필요도 없으며,[49] 간단히 수리하여 원상회복할 수 있는 경우도 손괴에 해당한다.[50] 예를 들어, 기계나 시계 등을 분해하여 쉽게 결합할 수 없게 하거나, 우물의 물을 오물로 더럽히는 행위, 타인의 금반지를 금니를 만들기 위하여 녹이거나, 얼음을 먹기 위하여 녹이는 경우나 자동차 타이어의 바람을 빼어 버리는 것도 손괴행위에 해당한다.[51]

손괴는 재물 자체에 유형력을 행사할 것을 요하므로, 물체 자체의 상태 변화 없이 단순히 재물의 기능을 방해한 것은 손괴로 보기 어렵다. 예컨대, 텔레비전을 시청하지 못하게 하기 위하여 전파를 방해하는 것만으로는 손괴라고 할 수 없다.[52] 그러나 단순한 기능저하를 넘어서는 효용의 감소는 '기타 방법'에 의한 손괴에 해당할 수 있다(후술하는 3. **기타 방법에 의한 효용 침해** 참조).[53] 28

문서를 손괴하는 예로는, 문서를 훼손 내지 소각하거나 중요 사항이 기재된 부분의 일부를 뜯어내는 것을 들 수 있다. 29

전자기록등 특수매체기록의 손괴란 기록매체 자체를 파손하거나 정보의 소거를 말한다. 30

손괴의 의미와 관련하여 판례는, 재물손괴죄에 있어서 손괴라 함은 물질적인 파괴행위로 인하여 물건을 본래의 목적에 공할 수 없는 상태로 만드는 경우뿐만 아니라 일시적으로 그 물건의 구체적 역할을 할 수 없는 상태로 만드는 것도 효용을 해하는 경우도 포함된다고 일관되게 판시하고 있다.[54] 대표적인 예로, 폭행 과정에 수반하여 문, 탁자, 유치창 등을 내리치거나 부수어 수리비 미상의 수리비가 들도록 하는 경우, 핸드폰 등을 던져 깨버리는 경우 등[55]이 이에 31

48 김성돈, 527-528; 배종대, § 83/7; 오영근, 433; 이재상·장영민·강동범, § 23/14.

49 김성돈, 527; 오영근, 433.

50 김일수·서보학, 323에서는 손괴 개념은 물체침해설에서 출발했으나 그 후 기능방해설로 발전하였다가 오늘날에는 보존상태변경설이 유력해 지고 있는 실정으로, 이러한 경향에 따를 때 손괴의 의미가 반드시 물체 자체가 소멸될 필요는 없다고 설명하고 있다.

51 이재상·장영민·강동범, § 23/15.

52 임웅, 590.

53 김일수·서보학, 323.

54 대판 2006. 12. 22, 2006도7219.

55 다만 손괴란 앞에서 살펴본 바와 같이 물체 자치에 유형력을 행사한 것을 의미하고, 손괴와 관련된 판례에서는 통상 피고인의 행위가 '손괴'에 해당하는지, '기타 방법에 의한 효용침해'에 해

해당한다.[56]

2. 은 닉

32 은닉이란 재물 등의 소재를 불명하게 하여 그 발견을 곤란·불가능하게 하여 효용을 해하는 것을 말한다.[57] 재물의 점유가 행위자에게 이전될 것을 요건으로 하지 않으며, 행위자가 점유하고 있음을 피해자가 알더라도 발견이 곤란하다면 은닉에 해당한다.[58] 물건 자체에 어떠한 상태변화를 가져오는 것은 아니라는 점에서 손괴행위와 구별된다.

33 구체적으로 판례는, ① 회사의 비위를 고발하겠다는 구실로 회사에 비치된 매출계산서 등을 피고인의 집으로 반출하여 은닉 후 반환을 거부한 경우,[59] ② 우편함에 들어있던 아파트 입주민들 소유인 우편물 140통을 수거하여 간 경우,[60] ③ 피해자가 재판이 진행되는 것을 알지 못하도록 재판부가 피해자에게 송달한 서류를 피해자 모르게 전달받아 수령인으로 서명한 경우[61]에는 문서은닉죄 등이 성립한다고 판시하였다.

당하는지 여부에 관하여 명확하게 구분하여 판단을 하고 있지 않으므로, 물체 자체에 유형력을 행사한 외의 판례의 사안들에 대해서는 뒤에서 후술하는 '기타 방법에 의한 효용 침해'에서 상세히 살펴본다.

56 독일에서도 손괴란 물리적 작용에 의하여 물질적인 완전성이 상당한 정도로 감소되는 경우나 용법대로의 사용가치가 상당한 정도로 감소하는 경우를 말하는 것이 통설이고 판례의 입장이다. 판례 가운데에는 레일 위에 장애물을 고정하는 경우가 용법대로의 사용가치의 감소에 해당된다고 본 것이 있다(BGH, 12.02.1998 - 4 StR 428/97). 한편 수리 가능 여부는 손괴 해당 여부에 영향을 미치지는 않는데, 경미한 침해는 손괴에 해당되지 않는 것으로 이해된다. 판례 가운데에는 차량의 4개의 타이어 공기를 빼는 행위가 차량의 사용가치를 침해한 것으로서 손괴에 해당할 수 있다는 점을 전제로, 경미성의 판단은 사실관계에 따르므로, 예컨대 주유소 바로 옆에서 노력도 비용도 들이지 않고 타이어에 공기를 넣을 수 있는 경우에는 경미한 침해에 불과하다고 본 것이 있다(BGH, 14.07.1959 - 1 StR 296/59). 다른 한편으로 판례는, 물건의 기능 또는 특별한 미적(美的) 양식과 관계없이 외관을 변경하는 행위는 단지 물건의 형상을 자유로이 하는 권리를 침해하는 것일 뿐이고, 사용가치를 침해하는 것은 아니므로 손괴에 해당되지 않는다(BGH, 13.11.1979 - 5 StR 166/79).

57 김성돈, 528; 배종대, §83/10; 오영근, 434; 이재상·장영민·강동범, §23/15; 정영일, 460; 주석형법 〔각칙(6)〕(5판), 714(권순형).

58 김성돈, 528; 배종대, §83/10; 오영근, 434; 이재상·장영민·강동범, §23/15; 정영일, 460; 주석형법 〔각칙(6)〕(5판), 715(권순형).

59 대판 1971. 11. 23, 71도1576〔업무상횡령(예비적 문서은닉)〕.

60 대판 2019. 8. 14, 2019도9432.

61 대판 2018. 11. 30, 2018도16570.

반면에, ① 피고인이 자기가 속해 있는 종중 소유라고 믿고 있는 임야에 대한 A 명의의 등기권리증을 그 소지인이 제시하자 이를 가지고 가서 위 종중이 원고가 되어 그 말소등기를 구하는 민사사건에 증거로 제출한 행위는 문서은닉죄에 해당되지 아니하고,[62] ② 피고인이 피해자를 조금 더 호젓한 곳으로 데리고 가기 위하여 피해자의 가방을 빼앗고 따라오라고 하였는데 피해자가 따라오지 아니하고 그냥 돌아갔기 때문에 위 가방을 돌려주기 위하여 부근 일대를 돌아다니면서 피해자를 찾아 나선 경우 재물을 은닉하거나 그 효용을 해한 경우에 해당한다고 할 수 없다[63]고 판시한 바 있다. 34

3. 기타 방법에 의한 효용 침해

(1) 의미

'기타 방법'은 손괴·은닉 이외의 방법으로 재물 등의 이용가치나 효용을 해하는 일체의 행위를 의미한다. 좁은 의미의 손괴·은닉에 해당하지 않으면서 손괴의 적용범위를 확대시키는 규범적 표지로, 사실상·감정상 그 물건을 본래의 용법에 따라 사용할 수 없게 하는 일체의 행위를 말한다(통설[64]·판례[65]). 예를 들어, 새장의 새를 날려 보내는 행위처럼 유형력의 행사가 없는 행위, 시계의 분해나 전시장의 석고상에 페인트칠하기 등 물건 자체의 손상·소멸이 없는 경우도 이에 해당한다.[66] 35

이외에도 ① 식기에 방뇨하여 기분상 다시 사용할 수 없게 하는 경우,[67] ② 입고 있는 옷에 정액을 묻게 한 경우,[68] ③ 그림에 낙서하여 감정상 걸어 둘 36

62 대판 1979. 8. 28, 79도1266(문서은닉).

63 대판 1992. 7. 28, 92도1345.

64 김신규, 539; 박찬걸, 607; 이상돈, 605; 정성근·정준섭, 353; 한상훈·안성조, 형법개론(3판), 590; 홍영기, § 92/6; 주호노, 1106; 주석형법 〔각칙(6)〕(5판), 716(권순형).

65 대판 2007. 6. 28, 2007도2590.

66 배종대, § 83/11. 다만 기타 방법이 일반적으로 감정상의 사용 불가능을 포함할 수 있다고 해석하는 것은 상당한 문제가 있을 수 있다고 하면서, 손괴 개념을 '순수한 기능보호의 관점'으로 확대하는 것은 형법을 드러내지 않는 법정책의 수단으로 삼음으로써 죄형법정주의의 유추금지에 어긋날 수 있는 가능성이 있으며, 본질적 훼손에 해당하지 않는 것은 비범죄화하여 민사적인 방법으로 해결하는 것이 바람직하다는 입장을 피력하였다(배종대, § 83/12).

67 大判 明治 42(1909). 4. 16. 刑録 15·452.

68 奈良地判 平成 30(2018). 12. 25. LEX/DB 25561976. 본 판결은 주행 중인 전차 안에서 자고 있는 피해자를 향해 자위행위를 해서 정액이 피해자의 상의에 묻은 사안에서, 재물손괴죄의 미필

수 없게 한 경우,[69] ④ 타인의 앵무새에게 욕설을 가르치는 행위,[70] ⑤ 양어장의 수문을 열어 타인이 기르는 양어장의 잉어를 밖으로 유출시키는 행위,[71] ⑥ 자동차 열쇠구멍에 성냥개비를 꽂아두는 행위,[72] ⑦ 휘발유 탱크에 물이나 설탕을 집어넣은 행위,[73] ⑧ 경유와 휘발유를 바꾸어 주유하는 행위,[74] ⑨ 자동차의 손잡이 등에 인분을 바르는 행위,[75] ⑩ 타인의 간판을 떼어내거나 화물에 부착된 짐표를 떼어내서 가지고 간 행위,[76] ⑪ 타인에 속하는 자기명의의 문서인 퇴직원서의 일자를 고치는 행위,[77] ⑫ 석탄광시굴(石炭鑛試掘) 허가원서의 내용을 변경함이 없이 연명작성자 중 1명의 서명을 말소하고 다른 제3자로 하여금 새로 서명케 한 경우,[78] ⑬ 컴퓨터에 바이러스를 감염시켜 작동을 방해한 경우[79] 등이 여기에 해당한다.

(2) 판례

(가) 재물 - 사실상 본래의 용법에 따라 사용할 수 없게 하는 행위

(a) 본죄의 성립을 인정한 사례

37 ① 우물에 연결하고 땅속에 묻어서 수도관적인 역할을 하고 있는 고무호스 중 약 1.5미터를 발굴하여 우물가에 제쳐 놓음으로써 물이 통하지 못하게 한 행위는, 호스 자체를 물질적으로 손괴한 것은 아니라 할지라도 그 구체적인 역할을 하고 있는 고무호스의 효용을 해한 것이라고 볼 수 있다.[80]

38 ② 명도받은 토지의 경계에 설치해 놓은 철조망과 경고판을 치워 버린 경

적 고의를 인정한 것인데, 자전거 안장에 정액을 묻힌 행위에 대하여 재물손괴를 인정한 판례도 있다〔長野地判 平成 30(2018). 9. 3. LEX/DB 25561469〕.

69 이재상·장영민·강동범, §23/16. 일본 판례로는 大判 大正 10(1921). 3. 7. 刑録 27·158(잉어 등을 그린 그림에 '不', '吉' 2자를 묵으로 크게 쓴 사례).

70 배종대, §83/12.

71 大判 明治 44(1911). 2. 27. 刑録 17·197(일본형법 제261조의 '상해'에 해당).

72 배종대, §83/12.

73 배종대, §83/12.

74 배종대, §83/12.

75 東京高判 平成 12(2000). 8. 30. 東高刑時報 51·1=12·96.

76 最判 昭和 32(1957). 4. 4. 刑集 11·4·1327.

77 大判 大正 10(1921). 9. 24. 刑録 27·589.

78 大判 大正 11(1922). 1. 27. 刑集 1·16.

79 김성돈, 529.

80 대판 1971. 1. 26, 70도2378.

우, 철조망과 경고판이 물질적으로 손괴되지 아니하였으나 그 토지 경계에 설치된 울타리로서의 역할을 해한 것이라고 볼 수 있다.[81]

③ 타인 소유의 광고용 간판을 백색페인트로 도색하여 광고문안을 지워버 39
린 행위는 재물손괴죄를 구성한다.[82]

④ 나무들이 가식된 상태로 뽑힌 이후 그대로 다시 식재되어 위 나무들이 40
물질적으로는 손상되지 아니하였다 하더라도 토지에 식재된 수목으로서의 역할을 일시적으로 해한 것이라고 볼 수 있어 재물손괴죄가 성립한다.[83]

⑤ 자동문의 자동작동중지 예약기능을 이용하여 자동문이 자동으로 여닫히 41
지 않도록 설정하여 두는 등 건물의 1층 출입구 자동문이 일시적으로나마 자동으로 작동하지 않고 수동으로만 개폐가 가능하게 한 행위는, 위 자동문이 잠금장치로서 역할을 할 수 없는 상태가 초래되었으므로 재물손괴죄를 구성한다.[84]

⑥ 피해자가 홍보를 위해 광고판(홍보용 배너와 거치대)을 1층 로비에 설치해 42
두었는데, 피고인이 A에게 지시하여 A가 위 광고판을 그 장소에서 제거하여 컨테이너로 된 창고로 옮겨 놓아 피해자가 사용할 수 없도록 한 행위는, 비록 물질적인 형태의 변경이나 멸실, 감손을 초래하지 않은 채 그대로 옮겼더라도 위 광고판은 본래적 역할을 할 수 없는 상태로 되었으므로 피고인의 행위는 재물손괴죄에서의 재물의 효용을 해하는 행위에 해당한다.[85]

⑦ 평소 자신이 굴삭기를 주차하던 장소에 피해자의 차량이 주차되어 있는 43
것을 발견하고 피해자의 차량 앞에 철근콘크리트 구조물을, 뒤에 굴삭기 크러셔를 바짝 붙여 놓아 피해자가 17-18시간 동안 차량을 운행할 수 없게 한 행위는, 차량에 대한 유형력 행사로 보기에 충분하고, 차량 자체에 물리적 훼손이나 기능적 효용의 멸실 내지 감소가 발생하지 않았더라도 피해자가 위 구조물로 인해 차량을 운행할 수 없게 됨으로써 일시적으로 본래의 사용 목적에 이용할 수 없게 된 이상 차량 본래의 효용을 해한 경우라고 할 것이다.[86]

---

81 대판 1982. 7. 13, 82도1057.
82 대판 1991. 10. 22, 91도2090.
83 대판 2006. 12. 22, 2006도7219.
84 대판 2016. 11. 25, 2016도9219.
85 대판 2018. 7. 24, 2017도18807.
86 대판 2021. 5. 7, 2019도13764.

(b) 본죄의 성립을 부정한 판례

44 ① 피해자가 건물을 점유하기 위한 수단으로 놓아둔 시가 120만 원 상당의 컨테이너를 피해자의 동의 없이 다른 곳으로 옮겨 놓아 그 효용을 해하였다는 범죄사실로 기소된 사안에서, 컨테이너와 그 안에 있던 물건에 물질적인 형태의 변경이나 멸실, 감손을 초래하지 않은 채 위 컨테이너를 보관창고로 옮겼음을 알 수 있고, 사정이 이러하다면 위 컨테이너의 효용을 침해하여 본래의 사용 목적에 제공할 수 없는 상태로 만들었다고 단정할 수 없다고 판시하였다.[87]

45 ② 피고인이 피해자 운행의 승용차가 무단으로 주차되어 있는 것을 발견하고 주차장 내에 있던 쇠사슬을 위 승용차 앞바퀴 휠 부분에 묶어 차량을 운행하지 못하게 하는 방법으로 효용을 해하였다는 범죄사실로 기소된 사안에서, 피고인이 차량의 조수석 앞바퀴 휠 부분에 쇠사슬을 끼워 넣었다가 얼마 지나지 아니하여 그 쇠사슬을 뺐고, 피해자는 이를 인지하지 못하였을 뿐만 아니라 그동안 위 차량을 운행할 계획도 없었던 것으로 보이는 점, 별도의 견적서를 제출하지 않은 점 등을 더하여 보면, 피고인의 위 행위가 일시적으로나마 위 차량의 효용을 해하는 정도에 이르렀다고 단정하기 어렵다고 판단하였다.[88]

46 ③ 아파트 입주민으로 당해 아파트의 쓰레기 자동집하시설의 건립 반대를 위한 비상대책위원회의 위원장인 피고인이 아파트 관리사무소장이 엘리베이터 벽면에 게시한 '쓰레기 자동집하시설 공사 반대 탄원에 따른 회신 문서(시청으로부터 회신받은 문건)'를 임의로 제거한 사안에서, 문서의 효용을 해한다는 것은 문서를 본래의 사용 목적에 제공할 수 없게 하는 상태로 만드는 것은 물론 일시적으로 그것을 이용할 수 없는 상태로 만드는 것도 포함하므로 소유자의 의사에 따라 어느 장소에 게시 중인 문서를 소유자의 의사에 반하여 떼어내는 것과 같이 소유자의 의사에 따라 형성된 종래의 이용상태를 변경시켜 종래의 상태에 따른 이용을 일시적으로 불가능하게 하는 경우에도 문서손괴죄가 성립할 수 있으나, 문서손괴죄는 문서의 소유자가 문서를 소유하면서 사용하는 것을 보호하려는 것이므로, 어느 문서에 대한 종래의 사용상태가 문서 소유자의 의사에 반하여 또는 문서 소유자의 의사와 무관하게 이루어진 경우에 단순히 종래의 사

87 대판 2016. 8. 30, 2016도3369.
88 인천지판 2019. 7. 12, 2018노3851(2019. 7. 20. 확정).

용상태를 제거하거나 변경시키는 것에 불과하고 손괴, 은닉하는 등으로 새로이 문서 소유자의 문서 사용에 지장을 초래하지 않는 경우에는 문서의 효용, 즉 문서 소유자의 문서에 대한 사용가치를 일시적으로도 해하였다고 할 수 없어서 문서손괴죄가 성립하지 아니하므로, 아파트관리 사무소장에 의하여 아파트 엘리베이터 벽면에 게시한 위 게시물이 그 소유자의 의사에 반하여 또는 문서 소유자의 의사와 무관하게 이루어진 것이라면 피고인이 이를 떼어낸 행위만으로는 문서의 효용을 해하였다고 할 수 없다고 판시하였다.[89]

④ 타인 소유 토지에 무단으로 건물을 신축하는 행위는 이미 대지화된 토지에 건물을 지어 사용·수익함으로써 소유자를 배제한 채 그 이용가치를 영득한 것일 뿐, 소유자로 하여금 토지의 효용 자체를 누리지 못하게 한 것일 뿐, 토지의 효용을 해한 것은 아니므로 재물손괴죄는 성립하지 않는다.[90] 47

(나) 문서 - 무단 삭제, 첨삭 행위

작성명의인이 자기 명의의 사문서나 유가증권에 첨삭을 가하는 행위는 작성명의인의 행위여서 사문서나 유가증권의 위조 또는 변조에 해당하지 않는다. 그러나 사문서나 유가증권이 타인 소유의 문서라면 작성명의인의 무단 변경은 사문서나 유가증권의 효용을 행하는 행위로서 문서손괴죄에 해당한다. 예컨대, 채권자에게 써준 1,000만 원의 차용증서의 기재 내용을 100만 원으로 고친 경우나 변제일자를 늦춘 경우가 이에 해당한다.[91] 48

구체적으로 판례는, ① 교육위원회에 접수되어 이미 교육감의 결재까지 끝나 동 위원회에 비치된 학구 내 일반민가철거신청서의 건물소유자 표시를 문서 제출자의 요청에 따라 마음대로 삭제·정정한 경우,[92] ② 은행지점장이 약속어음의 수취인이 빌린 돈의 지급 담보를 위하여 은행에 보관시킨 약속어음을 발 49

89 대판 2015. 11. 27, 2014도13083(재물손괴).

90 대판 2022. 11. 30, 2022도1410. 재물손괴죄는 행위자에게 '불법영득의사'가 없다는 점에서 절도죄 등 영득죄와 구별되는데, 여기서 불법영득의사는 다른 사람의 재물을 자기 소유물처럼 그 경제적 용법 에 따라 이용·처분할 의사를 가리키므로, 재물손괴죄의 대상 재물이 토지인 경우, 토지의 객관적 가치나 효용을 저하시킨 것이 아니라 토지소유자에 대한 이용방해 행위는 재물손괴죄의 구성요건을 충족하지 않는다는 점을 명시적으로 선언한 최초의 사안이다(위 판결에 대한 2022. 12. 26. 대법원 보도자료 참조).

91 오영근, 435.

92 대판 1967. 7. 4, 67도416.

행인의 부탁을 받고 그 지급기일란의 일자를 지운 경우,[93] ③ 약속어음의 발행인이 소지인에게 어음의 액면과 지급기일을 개서하여 주겠다고 하여 위 어음을 교부받은 후 위 어음의 수취인란에 타인의 이름을 추가로 기입하여 위 어음배서의 연속성을 상실하게 한 경우,[94] 모두 문서손괴죄가 된다고 판시하였다.

(다) 건조물 등의 낙서, 오물 투척

50 벽면에 낙서를 하거나 오물을 투척하는 행위는 벽면이나 건조물 자체에 대한 물리적 훼손을 인정하기 어렵고, 본래의 용법에 따라 사용할 수 없게 한 것으로 보기도 어려운 측면이 있어, 재물손괴죄가 성립하는지 여부에 대하여 견해의 대립이 있다.

51 이에 대해서는, ① 본죄에서 '기타 방법'에는 사실상 또는 감정상 그 물건을 본래의 용도에 사용할 수 없게 하는 일체의 행위를 의미하므로 '기타 방법'에 의한 효용 침해에 해당한다는 견해,[95] ② 물건의 기능손상을 수반하지 않으면서 외관을 현저하게 변화시키는 행위는 '손괴'에 해당한다는 견해,[96] ③ 재물 본래의 기능적 효용 이외에 감정상 효용을 손괴죄의 보호대상으로 포함시키는 것은 효용을 해하는 경우에만 손괴죄의 성립을 인정하려는 입법취지를 지나치게 완화한 것으로, 벽면낙서행위의 경우도 이로 인하여 그 건조물의 기능적 효용이 현저하게 침해 내지 감소된 경우에만 '기타 방법'에 의한 효용 침해에 해당하여 본죄의 성립을 인정해야 한다는 견해[97]가 있다.

52 판례는 본죄는 "타인의 재물을 손괴 또는 은닉하거나 기타의 방법으로 그 효용을 해하는 경우에 성립하는바, 여기에서 재물의 효용을 해한다고 함은 사실상으로나 감정상으로 그 재물을 본래의 사용목적에 공할 수 없게 하는 상태로 만드는 것을 말하며, 일시적으로 그 재물을 이용할 수 없는 상태로 만드는 것도 여기에 포함된다."고 전제하면서, 건조물의 벽면에 낙서를 하거나 게시물을 부착하는 행위 또는 오물을 투척하는 행위 등이 그 건조물의 효용을 해하는 것에 해당하는지 여부는, "당해 건조물의 용도와 기능, 그 행위가 건조물의 채광·통

---

93 대판 1982. 7. 27, 82도223.

94 대판 1985. 2. 26, 84도2802.

95 김일수·서보학, 324; 박찬걸, 609; 이재상·장영민·강동범, § 23/16.

96 배종대, § 83/11.

97 조기영, "벽면낙서행위와 재물손괴죄", 형사법연구 25-1, 한국형사법학회(2013), 179.

풍·조망 등에 미치는 영향과 건조물의 미관을 해치는 정도, 건조물 이용자들이 느끼는 불쾌감이나 저항감, 원상회복의 난이도와 거기에 드는 비용, 그 행위의 목적과 시간적 계속성, 행위 당시의 상황 등 제반 사정을 종합하여 사회통념에 따라 판단하여야 할 것이다."고 한다.[98] 위 판례가 위 벽면낙서 등 행위를 '기타 방법에 의한 효용 침해'로 본 것인지 '손괴'로 본 것인지는 명확하게 판시하고 있지 않지만, 전체적인 취지에 비추어 보면, '기타 방법에 의한 효용 침해'로 파악하고 있는 것으로 보인다.[99]

(a) 재물손괴죄의 성립을 인정한 판례

① 시내버스 운수회사로부터 해고당한 피고인이 복직을 요구하는 집회를 개최하던 중, 래커 스프레이를 이용하여 회사 건물 외벽과 1층 벽면, 식당 계단 천장 및 벽면에 '자본똥개, 원직복직, 결사투쟁' 등의 내용으로 낙서를 함으로써 이를 제거하는데 약 341만 원 상당이 들도록 한 사안에서, 건물 외벽에 낙서를 함으로써 이를 제거하는데 약 341만 원 상당이 들도록 한 행위는, 그로 인하여 건물의 미관을 해치는 정도와 건물 이용자들의 불쾌감 및 원상회복의 어려움 등에 비추어 위 건물의 효용을 해한 것에 해당한다고 판시하였다.[100] 53

② 피해자가 공사장 소음을 막는 것뿐만 아니라 미관상 목적으로 철제 담장을 설치하였는데, 피고인이 단색 페인트로 담장 중 다른 그림이나 낙서가 없는 부분에 검은색이나 빨간색 스프레이 페인트를 이용하여 각 그림을 그린 사안에서, 피해자가 관리하기 어려운 시간에 그림을 그리는 행위를 막지 못하였을 뿐 이를 허락한 바 없고, 각 그림 위에 페인트를 덧칠하도록 하거나 담장 일부를 교체하는 방법으로 원상회복을 하였으며 그 과정에서 어느 정도의 비용을 지출하였고, 피고인이 현장 관리자들의 감시나 제지가 어려운 시간을 택하여 위 범행을 저지른 점 등에 비추어 재물손괴에 해당한다고 판시하였다.[101] 54

(b) 재물손괴죄의 성립을 부정한 판례

① 시내버스 운수회사로부터 해고당한 피고인이 복직을 요구하는 집회를 55

98 대판 2007. 6. 28, 2007도2590. 본 판결 평석은 조현욱, "재물손괴죄에 있어서 효용 침해", 법학연구 30, 한국법학회(2008), 301-326.
99 주석형법 〔각칙(6)〕(5판), 721; 조현욱(주 91), 319-320.
100 대판 2007. 6. 28, 2007도2590.
101 대판 2017. 12. 13, 2017도10474.

개최하던 중, 두 차례에 걸쳐 계란 40여 개를 위 회사 건물에 각 투척한 행위는, 비록 그와 같은 행위에 의하여 50만 원 정도의 비용이 드는 청소가 필요한 상태가 되었고, 또 유리문이나 유리창 등 건물 내부에서 외부를 관망하는 역할을 수행하는 부분 중 일부가 불쾌감을 줄 정도로 더럽혀졌다는 점을 고려해 보더라도, 그 건물의 효용을 해하는 정도의 것에 해당하지 않는다고 봄이 상당하다고 판시하였다.[102]

56 ② A 주식회사의 직원인 피고인들이 유색 페인트와 래커 스프레이를 이용하여 A 회사 소유의 도로 바닥에 직접 문구를 기재하거나 도로 위에 놓인 현수막 천에 문구를 기재하여 페인트가 바닥으로 배어 나와 도로에 배게 하는 방법으로 다중의 위력으로써 도로의 효용을 해하였다고 하여 특수재물손괴죄로 기소된 사안에서, 피고인들이 위와 같은 방법으로 도로 바닥에 여러 문구를 써놓은 행위가 위 도로의 효용을 해하는 정도에 이른 것이라고 보기 어렵다는 이유 재물손괴죄의 성립을 부정하였다.[103]

57 ③ 경계의 표시를 위하여 타인 소유의 석축 중 돌 3개에 빨간색 락카를 사용해 화살표 모양을 표시한 행위에 대하여 재물손괴죄로 기소된 사안에서, 위 석축의 용도와 기능, 낙서행위가 석축의 본래 사용 목적이나 기능에 미치는 영향, 석축의 미관을 해치는 정도, 석축 소유자가 느끼는 불쾌감과 저항감, 원상회복의 난이도와 거기에 드는 비용, 낙서행위의 목적과 시간적 계속성, 행위 당시

102 대판 2007. 6. 28, 2007도2590.

103 대판 2020. 3. 27, 2017도20455. ① 위 도로는 A 회사의 임원과 근로자들 및 거래처 관계자들이 이용하는 도로로 산업 현장에 위치한 위 도로의 주된 용도와 기능은 사람과 자동차 등이 통행하는 데 있고, 미관은 그다지 중요한 작용을 하지 않는 곳으로 보이는 점, ② 피고인들이 도로 바닥에 기재한 여러 문구들 때문에 도로를 이용하는 사람들과 자동차 등이 통행하는 것 자체가 물리적으로 불가능하게 되지는 않은 점, ③ A 회사의 정문 입구에 있는 과속방지턱 등을 포함하여 도로 위에 상당한 크기로 기재된 위 문구의 글자들이 차량운전자 등의 통행과 안전에 실질적인 지장을 초래하였다고 보기 어려운 점, ④ 도로 바닥에 기재된 문구에 A 회사 임원들의 실명과 그에 대한 모욕적인 내용 등이 여럿 포함되어 있지만, 도로의 이용자들이 이 부분 도로를 통행할 때 그 문구로 인하여 불쾌감, 저항감을 느껴 이를 본래의 사용 목적대로 사용할 수 없을 정도에 이르렀다고 보기 부족한 점, ⑤ 도로 바닥에 페인트와 래커 스프레이로 쓰여 있는 여러 문구는 아스팔트 접착용 도료로 덧칠하는 등의 방법으로 원상회복되었는데, 그다지 많은 시간과 큰 비용이 들었다고 보이지 않는 점 등을 종합하면, 피고인들이 위와 같은 방법으로 도로 바닥에 여러 문구를 써놓은 행위가 위 도로의 효용을 해하는 정도에 이른 것이라고 보기 어렵다는 이유로, 이와 달리 보아 공소사실을 유죄로 판단한 원심판결에 재물손괴죄에 관한 법리를 오해하는 등의 잘못이 있다는 이유로 파기환송하였다.

의 상황 등 제반 사정을 종합적으로 고려하여 피고인의 낙서 행위가 석축의 효용을 해하는 정도에 이르렀다고 단정하기 어렵다는 이유로 재물손괴죄의 성립을 부정하였다.[104]

(c) 일본 판례

58 일본 판례는 공원 안에 있는 공중화장실 벽면 전체에 스프레이로 '반전', '전쟁반대' 등의 낙서를 한 사안에서, 위 화장실의 본래의 기능은 손상하지 않더라도 건물을 보는 사람으로 하여금 공원관리가 잘 되지 않는다는 인상을 주고 화장실 이용에도 저항감과 불쾌감을 준다는 점에서, 위 낙서행위는 "건물의 외관 내지 미관을 현저히 오손(汚損)하고 원상회복을 상당히 곤란하게 하는 행위로, 그 효용을 감손시킨 것이라고 할 것이므로 손괴에 해당한다."고 판시하였다.[105]

Ⅳ. 주관적 구성요건

59 본죄가 성립하기 위해서는 고의가 있어야 한다. 과실에 의한 재물손괴는 처벌하지 않는다.

1. 고 의

60 본죄에 있어서 고의는 타인의 재물, 문서 또는 특수매체기록의 이용가치의 전부 또는 일부를 침해한다는 인식이다.[106] 고의는 미필적 고의로도 충분하다. 또한 앞서도 살펴보았듯이, 영득의사 또는 이득의사는 요하지 않는다.[107] 고의의 인식은 불법의 유형인바, 타인의 재물이라는 점만 알았다면 그 밖에 재물의 소유자, 재물의 성질·가격·내용 등에 관해서는 상세한 인식이 없더라도 고의 성립에 지장이 없다.[108]

---

104 대판 2022. 10. 27, 2022도8024. 원심은 재물손괴죄의 성립을 인정하였다.

105 最決 平成 18(2007). 1. 17. 刑集 60·1·29. 본 판결은 건물 본래의 기능뿐 아니라 주변 환경과의 관계에서 수행해야 할 건조물의 기능까지를 형법이 보호해야 할 건조물의 효용으로 확대한 것으로 평가받고 있다.

106 김성돈, 529(인식과 의사); 배종대, § 83/13(인식); 오영근, 433(의욕 또는 인용); 이재상·장영민·강동범, § 23/18(인식); 정영일, 461(인식); 주석형법 [각칙(6)](5판), 721(권순형)(인식).

107 最判 昭和 26(1951). 8. 17. 刑集 5·9·1789.

108 김일수·서보학, 326.

61 구체적으로 판례는, ① 선박의 닻줄을 7샤클(175미터)에서 5샤클(125미터)로 감아놓았고 그 경우에 피조개양식장까지의 거리는 약 30미터까지 근접한다는 것이므로 닻줄을 50미터 더 늘여서 7샤클로 묘박(錨泊)(배가 닻을 내리고 머무름)하였다면 선박이 태풍에 밀려 피조개양식장을 침범하여 물적 손해를 입히리라는 것은 당연히 예상되는 것이고, 그럼에도 불구하고 태풍에 대비한 선박의 안전을 위하여 선박의 닻줄을 7샤클로 늘여 놓았다면, 이는 피조개양식장의 물적 피해를 인용한 것이라 할 것이어서 재물손괴에 대한 미필적 고의를 인정할 수 있다고 판시하였고,[109] ② 피고인이 경락받은 농수산물 저온저장 공장건물 중 공냉식 저온창고를 수냉식으로 개조함에 있어 그 공장에 시설된 피해자 소유의 자재에 관하여 피해자에게 철거를 최고하는 등 적법한 조치를 취함이 없이 이를 일방적으로 철거하게 하여 손괴하였다면, 재물손괴의 범의가 있다고 판시하였다.[110]

62 반면에 판례는, ① 임차인이 가재도구를 그대로 둔 채 시골로 내려가 버린 사이에 임대인의 모친인 피고인이 임차인의 승낙 없이 가재도구를 옥상에 옮겨 놓으면서 그 위에다 비닐장판과 비닐 천 등을 덮어씌워 비가 스며들지 않게끔 하고 또한 다른 사람이 열지 못하도록 종이를 바르는 등 조치를 취하였다면, 설사 그 무렵 내린 비로 침수되어 그 효용을 해하였다 하더라도 손괴의 범의가 있다고 보기 어렵고,[111] ② 공중전화기가 고장난 것으로 생각하고 파출소에 신고하기 위하여 전화선 코드를 빼고 이를 떼어낸 것이라면, 위 전화기를 물질적으로 파괴하거나 또는 위 전화기를 떼어내 전화기의 구체적 역할인 통화를 할 수 없게 함으로써 그 효용을 해하려는 손괴의 범의가 있었다고 볼 수 없고,[112] ③ 인접한 대지를 임차하여 피고인의 집 마당으로 사용하던 중 생활하수 등을 처리하기 위하여 위 대지 중 피고인 집의 담에 인접한 구석 부분에 지름 약 3미터, 깊이 약 80센티미터의 구덩이를 파고 거기에 깨어진 콘크리트 조각 50개 가량을 집어넣었고, 피고인이 위 대지를 임차할 때부터 현재까지 위 대지가 다른 용도로는 사용되지 아니한 채 방치되어 있어 잡초가 곳곳에 나고 동네 사람들

109 대판 1987. 1. 20, 85도221. 본 판결은 재물손괴의 고의는 인정하되, 긴급피난을 인정하여 위법성을 조각하였다.
110 대판 1990. 5. 22, 90도700.
111 대판 1983. 5. 10, 83도595.
112 대판 1986. 9. 23, 86도941.

이 버린 쓰레기와 돌조각 등으로 덮여져 있었다면, 피고인이 위와 같이 구덩이를 판 것만을 들어 위 대지가 갖는 본래의 효용을 해한 것이라고 할 수 없을 뿐만 아니라 그 효용을 해한다는 인식이 있었다고도 볼 수 없고,[113] ④ 권리관계에 다툼이 생긴 토지상에서 甲이 버스공용터미널을 운영하고 있는데, A가 甲의 영업을 방해하기 위하여 철조망을 설치하려 하자 甲이 위 철조망을 가까운 곳에 마땅한 장소가 없어 터미널로부터 약 200 내지 300미터 가량 떨어진 甲 소유의 다른 토지 위에 옮겨놓았다면, 甲의 행위에는 재물의 소재를 불명하게 함으로써 그 발견을 곤란 또는 불가능하게 하여 그 효능을 해하게 하는 재물은닉의 범의가 있다고 할 수 없다[114]고 각 판시하였다.

2. 과 실

본죄의 과실범은 처벌하지 않지만, 도로교통법은 제151조에서 "차의 운전자가 업무상 필요한 주의를 게을리 하거나 중대한 과실로 다른 사람의 건조물이나 그 밖의 재물을 손괴한 때에는 2년 이하의 금고나 500만원 이하의 벌금에 처한다."고 규정하여 업무상과실손괴죄를 처벌하고 있다. 다만, 위 죄는 반의사불벌죄이다(교특 § 3② 본문[115]). 63

V. 위법성

본죄의 구성요건에 해당하는 행위도 제20조의 정당행위, 제21조의 정당방위, 제22조의 긴급피난, 제23조의 자구행위에 해당하거나, 제24조의 피해자의 64

113 대판 1989. 1. 31, 88도1592.

114 대판 1990. 9. 25, 90도1591.

115 교통사고처리 특례법 제3조(처벌의 특례) ② 차의 교통으로 제1항의 죄 중 업무상과실치상죄(業務上過失致傷罪) 또는 중과실치상죄(重過失致傷罪)와 「도로교통법」 제151조의 죄를 범한 운전자에 대하여는 피해자의 명시적인 의사에 반하여 공소(公訴)를 제기할 수 없다. 다만, 차의 운전자가 제1항의 죄 중 업무상과실치상죄 또는 중과실치상죄를 범하고도 피해자를 구호(救護)하는 등 「도로교통법」 제54조제1항에 따른 조치를 하지 아니하고 도주하거나 피해자를 사고 장소로부터 옮겨 유기(遺棄)하고 도주한 경우, 같은 죄를 범하고 「도로교통법」 제44조제2항을 위반하여 음주측정 요구에 따르지 아니한 경우(운전자가 채혈 측정을 요청하거나 동의한 경우는 제외한다)와 다음 각 호의 어느 하나에 해당하는 행위로 인하여 같은 죄를 범한 경우에는 그러하지 아니하다.

승낙이 있는 경우에는 위법성이 조각될 수 있다.

1. 정당행위

65 제20조에서 규정하는 '사회상규에 위배되지 아니하는 행위'라 함은 법질서 전체의 정신이나 그 배후에 놓여 있는 사회윤리 내지 사회통념에 비추어 용인될 수 있는 행위를 말하므로, 어떤 행위가 그 행위의 동기나 목적의 정당성, 행위의 수단이나 방법의 상당성, 보호이익과 침해이익의 법익 균형성, 긴급성, 그 행위 이외의 다른 수단이나 방법이 없다는 보충성 등의 요건을 갖춘 경우를 의미한다는 것이 판례[116]의 일관된 태도이다.

(1) 인정 사례

66 ① 피고인이 자신의 뽕밭을 유린하는 타인 소유의 소의 고삐가 나무에 얽혀 풀 수 없는 상황에서 고삐를 낫으로 끊고 소를 밭에서 끌어낸 행위는 사회상규상 용인된다.[117]

67 ② 재건축조합의 조합장이 조합탈퇴의 의사표시를 한 사람을 상대로 '사업시행구역 안에 있는 그 소유의 건물을 명도하고 이를 재건축사업에 제공하여 행하는 업무를 방해하여서는 아니 된다.'는 가처분의 판결을 받아 위 건물을 철거한 것은 업무로 인한 정당행위에 해당한다.[118]

68 ③ 피고인이 자물쇠 내지 전기선을 절단한 행위는 자신의 정당한 점유권 행사에 대한 부당한 점유침탈을 배제하고 A 측에서 잘못 연결한 전기선을 바로잡아 위험 발생을 방지하기 위한 것이고, 그 방법에 있어서도 피해자들의 권리를 합리적인 범위를 벗어나 과도하게 침해하거나 제한하는 것으로 사회통념상 현저하게 타당성을 잃은 것으로 보이지 아니하므로 정당행위에 해당한다.[119]

69 ④ 조합의 정관에 '조합은 재건축을 위한 사업계획승인을 받은 이튿날부터 사업시행지구 안의 건축물 또는 공작물 등을 철거할 수 있다.'고 규정하고 있고, 제1심에서 본건 아파트에 관한 소유권이전등기절차를 이행하고 조합목적 달성을

116 대판 2014. 1. 16, 2013도6761; 대판 2021. 12. 30, 2021도9680.
117 대판 1976. 12. 28, 76도2359.
118 대판 1998. 2. 13, 97도2877.
119 대판 2009. 12. 24, 2009도7284.

위한 건물 철거를 위하여 아파트를 인도하라는 취지의 가집행선고부 판결이 내려졌고 이 판결이 확정되었다면, 이에 따라 아파트를 철거한 것은 정당행위이다.[120]

⑤ 입주자대표회장이 분쟁 중에 있는 아파트 발전위원회 소속 피고인들이 주민회의실로 들어가는 것을 막기 위하여 시가 5천 원 상당의 자물쇠를 채워놓았는데 피고인들이 회의를 위해 들어가고자 자물쇠를 절단한 경우, 주민회의실은 관리사무소가 관리권을 가지고 있는 점, 피고인들이 입주자대표회장에게 열쇠를 관리사무소에 보관해줄 것을 수차례 요구하였음에도 거절한 점, 피고인들의 행위는 5천원 상당의 자물쇠를 부순 것에 불과하여 그 피해가 매우 적은 반면, 주민공동시설인 주민회의실을 사용하지 못하게 되는 주민들의 피해는 그에 비하여 더 큰 것으로 보이는 점, 이미 예정된 회의시간이 임박하였음에도 주민회의실의 출입문을 열 수 없었던 피고인들로서는 달리 취할 수 있는 방법이 없어 불가피하게 관리사무소 직원에게 알리고 자물쇠를 손괴할 수밖에 없었다고 보여지는 점 등에 비추어 정당행위에 해당한다.[121] 70

⑥ 아파트 부녀회장인 피고인이 아파트 엘리베이터에 부착된 '126동 동별대표자 해임 동의서 무효 처리의 건'이라는 제목의 위 아파트 선거관리위원회 위원장 명의의 공고문을 떼어낸 경우, 피고인이 126동 동별대표자의 해임을 요청하였는데 위원장이 거절한 점, 본건 공고물은 정당한 절차를 밟고 게시한 것이 아닌 점, 공고문의 내용을 읽어본 입주민들이 126동 대표에 대한 해임요청이 절차를 거쳐 적법하게 무효화된 것으로 오인할 가능성이 있어 피고인으로서는 이를 신속하게 방지할 필요가 있었고 관리사무소의 협조를 얻는 등 간이한 방법을 선택할 수 있었다고 볼 만한 사정이 없는 점 등에 비추어 정당행위에 해당한다.[122] 71

⑦ 피고인과 피해자는 함께 이용하는 관정(管井)(둥글게 판 우물)을 둘러싸고 분쟁을 벌이던 중, 피해자가 관정에 자물쇠를 설치하여 피고인이 이용하는 것을 방해하자 피고인이 대추농사업무를 진행하기 위하여 피해자가 설치한 자물쇠를 파손한 경우, 위 재물손괴행위 당시 피고인의 법익이 침해되고 있는 상태가 계 72

120 대판 2010. 2. 25, 2009도8473.
121 대판 2013. 10. 17, 2013도8683.
122 대판 2014. 1. 16, 2013도6761.

속 유지되고 있었고, 피해자는 민사소송을 포함한 장기간에 걸친 분쟁과정에서 피고인이 위 관정을 사용하는 것을 허용하지 않는다는 입장을 지속적으로 취하고 있는 상태였으므로, 사회통념상 피고인에게 더 이상 그와 같은 계속된 법익 침해를 감수하고 새로 민사소송을 제기하는 등 다른 조치를 취하거나 사전에 피해자에게 시정을 요구하는 등 사전 절차를 밟을 것까지 기대하기는 어렵다고 판단되고, 그 외 위 범행에 관한 행위의 동기나 목적, 수단이나 방법 및 법익의 균형성 등에 비추어 위 재물손괴행위에는 그 긴급성 및 보충성도 충족되었다고 볼 여지가 있다.[123]

73 ⑧ A 아파트 입주자대표회의 회장인 피고인이 자신의 승인 없이 동대표들이 관리소장과 함께 게시한 입주자대표회의 소집공고문을 뜯어내 제거함으로써 그 효용을 해하였다고 하여 재물손괴죄로 기소된 사안에서, A 아파트의 관리규약에 따르면 입주자대표회의는 회장이 소집하도록 규정되어 있으므로 입주자대표회의 소집공고문 역시 입주자대표회의 회장 명의로 게시되어야 하는 점, 위 공고문이 계속 게시되고 방치될 경우 적법한 소집권자가 작성한 진정한 공고문으로 오인될 가능성이 매우 높고, 이를 신뢰한 동대표들이 해당 일시의 입주자대표회의에 참석할 것으로 충분히 예상되는 상황이었던 점, 게시판의 관리주체인 관리소장이 위 공고문을 게시하였더라도 소집절차의 하자가 치유되지 않는 점, 피고인이 위 공고문을 발견한 날은 공휴일 야간이었고 그다음 날이 위 공고문에서 정한 입주자대표회의가 개최되는 당일이어서 시기적으로 달리 적절한 방안을 찾기 어려웠던 점 등을 종합하면, 피고인이 위 공고문을 손괴한 조치는 그에 선행하는 위법한 공고문 작성 및 게시에 따른 위법상태의 구체적 실현이 임박한 상황하에서 그 위법성을 바로잡기 위한 것으로 사회통념상 허용되는 범위를 크게 넘어서지 않는 행위로 볼 수 있다는 이유로, 이와 달리 본 원심 판단에 정당행위에 관한 법리오해의 잘못이 있다고 판시하였다.[124]

(2) 부정 사례

74 ① 쟁위행위 중 노조간부들이 노조원들을 인솔하여 본관 건물 각층으로 난입하여 노조원들과 함께 책상, 의자, 캐비넷 등 사무실 집기를 부수고, 미리 준

123 대판 2021. 3. 11, 2020도16527(원심판결은 정당행위 부정).
124 대판 2021. 12. 30, 2021도9680.

비한 적색 페인트 스프레이 40여 개로 복도 계단과 사무실 벽 등 200여 군데에 '노동해방' 등의 구호를 낙서하여 수리비 4,290만 원이 소요되도록 한 경우, 쟁의권행사는 그것이 정당한 때에 한하여 형법상의 위법성이 부정되어 처벌되지 않는 것이나 위 사무실 점거에 의한 업무방해행위, 무임승차운행에 의한 배임행위, 재물손괴에 의한 폭력행위등처벌에관한법률위반의 행위 등은 어느 것이나 폭력이나 파괴행위로서 쟁의행위의 정당성의 한계를 벗어난 것이므로 위법한 행위이다.[125]

② 채권자가 채권관리를 위하여 근저당권이 설정된 회사의 공장건물에 무단침입하고 건물에 부착되어 있던 자물쇠를 손괴한 행위는, 관리자와의 연락 가능성 및 용이성, 법적 절차를 통한 채권회수 가능성 등에 비추어 정당행위에 해당한다고 보기 어렵다.[126] 75

③ 피고인으로서는 피해자들을 상대로 하여 주위토지통행권의 존부 및 범위에 관한 확인 및 이 사건 옹벽 중 주위통행을 위한 부분에 관한 철거 판결을 받고, 이를 이행하지 않을 경우 법령에서 정하는 절차를 따라 강제집행할 수 있을 뿐인데, 피고인이 위와 같은 절차를 따르지 아니하고 임의로 피해자들의 옹벽을 철거한 행위는, 피고인에게 이 사건 도로에 관한 주위토지통행권을 인정할 수 있는지 여부와 관계없이 위법하므로 정당행위에 해당하지 않는다.[127] 76

2. 정당방위

제21조에서 규정하는 정당방위란 자기 또는 타인의 법익에 대한 현재의 부당한 침해를 방어하기 위한 것으로서 상당한 이유가 있는 행위를 의미하고, 위법하지 않은 정당한 침해에 대한 정당방위는 인정되지 아니한다. 방위행위가 사회적으로 상당한 것인지 여부는 침해행위에 의해 침해되는 법익의 종류, 정도, 77

---

125 대판 1990. 9. 28, 90도602. 일본에서도 노동쟁의의 투쟁수단으로 행해진 행위의 경우, 쟁의행위의 상당성의 범위를 벗어난 것이라는 이유로 정당성이 부정된 판례가 대부분이다[最決 昭和 46(1971). 3. 23. 刑集 25·2·239 등]. 다만, 회사 사무실의 벽 등에 유인물을 부착한 행위가 정당한 노동쟁의에 해당한다는 이유로 기물손괴죄(일형 § 261) 및 건조물손괴죄(일형 § 260)의 성립을 부정한 판례가 있다[最決 昭和 47(1972). 4. 13. 判時 667·95].

126 대판 2005. 4. 29, 2005도381.

127 대판 2008. 3. 27, 2007도7933.

침해의 방법, 침해행위의 완급과 방위행위에 의해 침해될 법익의 종류, 정도 등 일체의 구체적 사정들을 참작하여 판단하여야 한다는 것이 판례[128]의 일관된 태도이다.

78 판례는 아파드 게시판의 공고문은 입주자대표회의에서 발생한 여러 분쟁들을 아파트 주민들에게 알리려는 것에 불과하고, 거기에 입주자대표인 피고인의 명예를 훼손하는 내용도 없는 아파트 게시판의 공고문을 떼어간 피고인의 행위는 정당방위에 해당하지 않는다고 판시하였다.[129]

79 일본 판례 중에는 피고인 소유의 토지에 인접한 토지의 소유자인 A가 갑자기 불법으로 피고인의 소유지 내에 판자로 울타리를 설치하자 이를 손으로 떼어낸 사안에서, A의 위 설치행위는 급박부정한 침해로 피고인으로서 달리 적절한 방지수단이 없고, 바로 이를 제지하지 않고 방치해 두면 단시간에 울타리가 완성되어 토지소유권이 침해되어 쉽게 회복하기 어려운 손해를 입게 된다는 점에 비추어, 피고인의 행위는 자기의 권리를 방위하기 위하여 부득이하게 행한 행위로서 정당방위에 해당한다고 판시한[130] 것이 있다.

80 반면에, 밭을 매수한 새로운 소유자가 경작을 위하여 묘종을 심는 것은 대항력이 없는 소작권을 부정하게 침해하는 것은 아니므로 소작인이 소작권을 주장하여 묘종을 뽑아버린 행위는 정당방위에 해당하지 않는다고 판시한[131] 것이 있다.

3. 긴급피난

81 제22조의 긴급피난이란 자기 또는 타인의 법익에 대한 현재의 위난을 피하기 위한 상당한 이유 있는 행위를 말하고, 여기서 '상당한 이유 있는 행위'에 해당하려면, 첫째 피난행위는 위난에 처한 법익을 보호하기 위한 유일한 수단이어야 하고, 둘째 피해자에게 가장 경미한 손해를 주는 방법을 택하여야 하며, 셋째 피난행위에 의하여 보전되는 이익은 이로 인하여 침해되는 이익보다 우월해

128 대판 2003. 11. 13, 2003도3606.
129 대판 2006. 4. 27, 2003도4735.
130 東京高判 昭和 35(1960). 9. 27. 高刑集 13·7·526.
131 大判 昭和 3(1928). 5. 8. 法律新聞 2884·15.

야 하고, 넷째 피난행위는 그 자체가 사회윤리나 법질서 전체의 정신에 비추어 적합한 수단일 것을 요하는 등의 요건을 갖추어야 한다는 것이 판례[132]의 일관된 태도이다.

긴급피난을 인정한 판례로는, ① 태풍으로 인한 선박의 조난이나 전복을 피하기 위하여 선박의 양쪽에 두개의 닻을 내리고, 한쪽의 닻줄의 길이를 175미터(7샤클)로 늘여 놓아 인근 양식장을 침범하여 피해를 입힌 사안에서, 선박이동에도 새로운 공유수면점용허가가 있어야 하고 휴지선을 이동하는 데는 예인선이 따로 필요한 관계로 비용이 많이 들어 다른 해상으로 이동을 하지 못하고 있는 사이에 태풍을 만나게 되었다면 피고인들로서는 그와 같은 위급한 상황에서 선박과 선원들의 안전을 위하여 사회통념상 가장 적절하고 필요불가결하다고 인정되는 조치를 취하였다면 형법상 긴급피난으로서 위법성이 없어서 범죄가 성립되지 아니한다고 보아야 한다고 판시하였고,[133] ② 축산업에 종사하는 피고인이 피해자 소유의 토지에서 시청 공무원들로 하여금 구제역 돼지사체 매몰, 매몰지 보강공사 및 석축건축물 설치를 하게 하면서 피해자로부터 그에 대한 동의나 승낙을 받지 아니하여 무단으로 그 토지를 사용한 사안에서, 구제역에 걸린 돼지의 사체를 신속히 매몰하는 것이 공익상 필요했던 사실, 당시 피해자 소유 토지는 장기간 방치된 경사진 밭으로서 사실상 임야여서 매몰 시 피해자의 피해정도도 크지 않아 보였던 사실, 피고인이 피해자를 개인적으로 알지 못하였고 해당 토지의 부동산등기부 등본을 발급받는다고 하더라도 피해자의 연락처를 빠른 시간 내에 확인하는 것이 사실상 쉽지 않은 사실, 달리 구제역의 다른 지역 전염위험을 고려함과 동시에 구제역에 걸린 돼지사체를 매몰할 수 있는 적절한 장소가 없었던 사실 등에 비추어, 피고인의 위와 같은 행위는 자기의 법익 또는 타인의 법인(공익)에 대한 위난(국가적 재난)을 피하기 위한 행위로서 상당한 이유가 있는 때에 해당하거나 사회통념상 허용될 만한 정도의 상당성이 있는 행위에 해당한다고 판시하였다.[134] 82

반면에 판례는, 피고인이 이웃인 피해자의 주거지 옹벽에서 배수관 및 오수 83

132 대판 2006. 4. 13, 2005도9396.
133 대판 1987. 1. 20, 85도221.
134 대판 2014. 1. 29, 2013도14846.

관의 물이 자신의 주거지로 흘러나온다는 이유로 망치로 위 옹벽의 일부를 손괴한 사안에서, 평소 피고인과 피해자 간에 피고인이 위 옹벽을 통해 오수가 흘러나온다고 주장하면서 서로 심한 마찰을 빚어 왔던 점, 이로 인하여 피고인은 피해자 등을 상대로 손해배상청구소송을 제기하였고 동 사건에서의 감정결과에 의하면 피해자 주택의 옹벽 하부에서 유출되는 물은 피해자 주택에서 배수되는 물이 유입된 것이라고 볼 수 없고 지하수일 가능성이 크며, 오히려 옹벽 하부에서 흘러나온 물을 억지로 차단할 경우 수압으로 축대가 붕괴될 위험이 있을 수 있다고 감정되었던 점, 이 사건 범행 시점이 위 손해배상청구소송 후로서 피고인으로서는 소 제기 등의 정당한 방법으로 피고인이 주장하는 위난에 대응할 충분한 시간이 있었다고 보이는 점 등 여러 사정에 비추어 볼 때, 피고인의 위 행위가 긴급피난에 해당된다고 보기도 어렵다고 판시하였다.[135]

4. 자구행위

84 제23조의 자구행위라 함은 법정절차에 의하여 청구권을 보전할 수 없는 경우에 그 청구권의 실행이 불가능해지거나 현저히 곤란해지는 상황을 피하기 위하여 한 상당한 행위를 의미한다는 것이 판례[136]의 일관된 태도이다.

85 판례는 A 종중 대표자인 피고인이 임야의 소유명의자인 B와 소유권에 관한 분쟁 중인데도, B가 임야에 식재되어 있는 소나무를 반출하려고 하자 이를 저지할 목적으로 래커를 이용하여 B 소유인 소나무 31주에 종중재산이라는 취지의 문구를 기재함으로써 재물을 손괴하였다는 내용으로 기소된 사안에서, 소나무가 식재되어 있는 임야의 소유권에 관한 분쟁 및 A 종중이 가지는 분묘기지권의 범위 문제 등으로 소나무의 소유권 자체에 다툼의 여지가 있었던 점, A 종중이 B를을 상대로 소나무 등 반출금지가처분 결정을 받아둔 상태였고, 가처분에 반하여 일단 소나무가 반출되고 나면 양수인의 선의취득, 소나무의 고사 등으로 원상회복이 곤란할 수 있는 점 등을 종합하면, 피고인의 행위는 정당행위에 해당하거나 자구행위에 해당한다고 보아 무죄를 선고하였다.[137]

---

135 대판 2014. 10. 6, 2014도7485.
136 대판 2007. 3. 15, 2006도9418.
137 대판 2016. 12. 29, 2016도16968.

반면에 판례는, ① 피고인이 A에게 채무 없이 단순히 잠시 빌려준 피고인 발행 약속어음을 A가 B에게 배서양도하여 B가 소지 중 피고인이 이를 찢어버린 사안에서, 비록 피고인이 이 어음으로부터 오는 재산상의 손실을 방지하고자 한 행위였다 하더라도 피고인은 이러한 경우 적법한 절차에 의하여 이를 다툴 성질의 것이라 할 것이므로, 이에 의하지 아니한 피고인의 소위를 재산상의 손실을 방지하기 위한 긴급피난 또는 자구행위로 볼 수 없고,[138] ② 피고인을 상대로 부동산인도집행을 실시하자 피고인이 이에 불만을 품고 아파트 출입문과 잠금장치를 훼손하며 강제로 아파트에 들어간 경우, 피고인이 아파트에 들어갈 당시에는 이미 조합이 아파트를 인도받은 후 출입문의 잠금장치를 교체하는 등으로 그 점유가 확립된 상태여서 점유권 침해의 현장성 내지 추적가능성이 있다고 보기 어려워 점유를 실력에 의하여 탈환한 피고인의 행위가 민법상 자력구제에 해당하지 않으며,[139] ③ 피고인이 피해자들이 비용을 들여 작성한 후 각 세대의 우편함에 넣고 게시판, 엘리베이터에 부착하여 둔 공고문을 임의로 수거하고 떼어낸 경우, 설령 위 공고문이 정식 입주자대표회의의 공고문이 아닌 것으로 볼 여지가 있다거나 그 내용이 사실과 다른 부분이 있다고 하더라도, 피고인은 관리사무소를 통하여 이를 확인 또는 이의를 제기하거나 법정절차를 강구하지 않고 곧바로 위 공고문을 손괴하였는데, 피고인이 주장하는 사유만으로는 법정절차에 의하여 청구권을 보전할 수 없는 경우라고 보기 어려워 피고인의 행위가 자구행위에 해당한다고 할 수도 없다[140]고 각 판시하였다. 86

5. 피해자의 승낙

본죄에 있어서 피해자의 동의에 의한 손괴는 위법성조각사유가 아니라 구성요건해당성 배제사유로 보는 것이 타당하다는 견해가 있다.[141] 그러나 판례는 아래에서 살펴보는 바와 같이, 승낙에 의한 손괴는 위법성조각사유로 판단하고 있는 것으로 보인다. 87

제24조의 규정에 의하여 위법성이 조각되는 피해자의 승낙은 개인적 법익 88

138 대판 1975. 5. 27, 74도3559.
139 대판 2017. 9. 7, 2017도9999.
140 대판 2018. 3. 16, 2018도1793.
141 김성돈, 530; 오영근, 436; 정성근·박광민, 472.

을 훼손하는 경우에 법률상 이를 처분할 수 있는 사람의 승낙이어야 할 뿐만 아니라 그 승낙이 윤리적·도덕적으로 사회상규에 반하는 것이 아니어야 한다는 것이 판례[142]의 일관된 태도이다.

89 피해자의 승낙을 인정한 사례로는, 피고인이 A에게 피고인 소유의 농지를 쪽파 재배지로 임대하되 피고인도 파종을 하여야 하므로 특정 일자 이후에는 피고인이 쪽파를 임의로 처분하여도 이의를 제기하지 않기로 A와 약정하였고, A가 명인방법은 갖추지 않은 채 위 쪽파를 B에게 양도한 이후 피고인이 쪽파밭을 갈아엎은 사안에서, 쪽파와 같은 수확되지 아니한 농작물에 있어서는 명인방법을 실시함으로써 그 소유권을 취득한다고 해석하여야 하는데 B는 명인방법을 갖추지 아니한 이상 위 쪽파에 대한 소유권을 취득하였다고 볼 수 없다고 할 것이므로 피고인은 B 소유의 쪽파를 손괴하였다고 할 수 없고, 피고인과 A 사이에서는 특정 일자 이후에는 피고인이 이를 임의 처분하여도 이의를 제기하지 않기로 하는 약정이 있었으므로 위 일자 이후에 이루어진 피고인의 손괴행위는 소유자인 A의 승낙에 의한 것이라고 보아야 할 것이므로, 재물손괴죄가 성립하지 않는다고 판시하였다.[143]

90 반면에 판례는, 피고인이 피해자와 상가건물에 관하여 임대차계약을 체결한 후 피해자의 모친으로부터 잔금 지급기일 전에 인테리어 공사를 할 수 있도록 승낙을 받고 인테리어 공사를 하고 있던 중 아직 잔금을 지급하지 않았다는 이유로 나가 달라고 요구하는 피해자에게 화가 나 인근 바닥에 있던 도끼를 유리창에 집어 던져 유리창을 손괴한 사안에서, 피해자의 모친이 피고인의 유리창 손괴행위 전에 피고인에게 임대차보증금 잔금 미지급을 이유로 하여 위 상가에서의 공사중단 및 퇴거를 요구하는 취지의 의사표시를 하였다면, 위법성조각사유로서의 피해자의 승낙은 언제든지 자유롭게 철회할 수 있다고 할 것이고, 그 철회의 방법에는 아무런 제한이 없으므로, 이로써 피해자의 모친은 위 임대차계약을 체결하면서 피고인에게 한 이 사건의 시설물 철거에 대한 동의를 철회하였다고 봄이 상당하므로 제24조에 따라 위법성이 조각된다고 판단한 원심을 파기하였다.[144]

142 대판 1985. 12. 10, 85도1892.
143 대판 1996. 2. 23, 95도2754.
144 대판 2011. 5. 13, 2010도9962.

Ⅵ. 책 임

91 손괴행위가 법령에 의하여 죄가 되지 않는 것으로 오인하는 경우에는 일정한 경우 법률의 착오로 책임이 조각될 수 있다. 판례는 제16조가 "자기의 행위가 법령에 의하여 죄가 되지 아니하는 것으로 오인한 행위는 그 오인에 정당한 이유가 있는 때에 한하여 벌하지 아니한다."고 규정하고 있는 것은, 일반적으로 범죄가 되는 경우이지만 자기의 특수한 경우에는 법령에 의하여 허용된 행위로서 죄가 되지 아니한다고 그릇 인식하고 그와 같이 그릇 인식함에 정당한 이유가 있는 경우에는 벌하지 아니하고,[145] 이러한 정당한 이유가 있는지 여부는 행위자에게 자기 행위의 위법의 가능성에 대해 심사숙고하거나 조회할 수 있는 계기가 있어 자신의 지적능력을 다하여 이를 회피하기 위한 진지한 노력을 다하였더라면 스스로의 행위에 대하여 위법성을 인식할 수 있는 가능성이 있었음에도 이를 다하지 못한 결과 자기 행위의 위법성을 인식하지 못한 것인지 여부에 따라 판단하여야 할 것이고, 이러한 위법성의 인식에 필요한 노력의 정도는 구체적인 행위정황과 행위자 개인의 인식능력 그리고 행위자가 속한 사회집단에 따라 달리 평가되어야 한다[146]고 일관되게 판시하고 있다.

92 본죄에 있어서 법률의 착오를 부인한 사례로는, ① 피고인이 은행 채권관리팀 소속 직원으로서 피해자가 위 은행에 대한 대출금을 변제하지 않는다는 이유로 담보물을 확보하기 위하여 위 공장의 담을 넘어 안으로 들어가 그곳 공장건물에 부착되어 있던 자물쇠 6개 등을 절단한 사안에서, 피고인이 자기의 행위가 죄가 되지 아니한다고 그릇 인식하였다고 보기 어려울 뿐만 아니라, 피고인이 채권관리를 위하여 위 행위를 할 수 있다고 판단하였다 하더라도, 이는 피고인이 자신의 행위의 동기나 목적이 정당하므로 그 수단이나 방법까지 정당한 것으로 해석하였다고 보여질 뿐 그 판단에 정당한 이유가 있다고 볼 수 없어 법률의 착오로 벌하지 아니하는 경우에 해당하지 아니한다고 판시하였고,[147] ② 피고인이 아파트 엘리베이터 벽면에 피해자인 위 아파트 입주자대표회의 회장 직인과 위 아파

145 대판 1998. 10. 13, 97도3337. 본 판결 평석은 정현미, "법률의 착오에서 정당한 이유의 판단기준", 형사판례연구 [8], 한국형사판례연구회, 박영사(2000), 1-26.

146 대판 2006. 3. 24, 2005도3717; 대판 2021. 11. 25, 2021도10903.

147 대판 2005. 4. 29, 2005도381.

트 관리주체의 공고 확인 필 도장이 찍힌 상태로 부착되어 있는 공고문을 떼어낸 사안에서, 피고인은 위 아파트의 입주자대표회의 회장이 자신의 권한을 남용하여 정당한 절차도 거치지 않은 불법게시물을 게시하자 피고인이 관리규약을 제대로 준수할 것을 회장에게 항의해야겠다는 생각에 이를 제거한 것으로서 이러한 피고인의 행위는 제16조가 정한 법률의 착오에 해당할 뿐만 아니라 비난가능성이 없어 위법성 또는 책임이 조각되어 죄가 되지 아니한다는 취지로 주장하였으나, 관리주체의 승인을 받아 입주자대표회의 회장의 명의로 작성·게시된 사실이 있어 불법 광고물이라 단정하기 어렵고, 피고인이 위 각 공고문을 제거함에 있어 관리주체에 대하여 위 각 공고문의 수거를 청구하는 등의 적법한 절차를 통하지 아니한 채 만연히 입주자대표회의 회장에게 항의의 의사표시를 하겠다는 명목으로 임의로 위 각 공고문을 잡아 뜯어내어 손괴한 것이 법률의 착오에 있어서 정당한 이유 있는 오인에 기인한 것이라거나 비난가능성이 없는 행위에 해당한다고 보이지 않는다고 판시하였다.[148]

Ⅶ. 죄수 및 다른 죄와의 관계

1. 죄 수

93 본죄는 일신전속적인 법익을 침해하는 범죄가 아니므로 개개의 손괴행위별로 죄수를 정하는 것이 타당하다. 따라서 동일한 고의로 같은 현장에서 한 사람이 관리하는 수인의 재물을 손괴하더라도 재물손괴죄의 단순일죄가 된다.[149] 하나의 행위로 관리를 달리하는 수인의 재물을 손괴하였을 때에는, 수개의 재물손괴죄의 상상적 경합범이 성립한다.[150] 일시·장소가 다른 수개의 행위로 재물을 손괴하였을 때에는, 수개의 실체적 경합범이 성립한다.

148 대판 2015. 9. 10, 2015도11116.

149 김성돈, 530; 김일수·서보학, 326-327(동일한 손괴의 고의로 같은 현장에서 피해자가 다른 여러 사람의 재물을 손괴한 때에도 피해자는 타인이란 유형성만 갖추면 충분하고 개성은 중시되지 않으므로 단순일죄가 되고, 동일한 장소에 있는 동일한 피해자의 재물을 일정기간 동안 계속·반복하여 손괴한 경우에는 전체적으로 포괄일죄가 성립한다); 오영근, 437.

150 大阪高判 昭和 58(1983). 8. 26. 刑裁月報 15·7=8·376.

2. 다른 죄와의 관계

(1) 문서변조죄와의 관계

본죄의 객체인 문서는 작성 명의인이 누구인지를 불문하고 타인 소유의 문서를 그 객체로 하는 데 반해, 문서위조·변조죄의 객체는 타인 명의의 문서이다. 따라서 타인 명의 문서의 내용을 변경한 경우 그 문서가 자기의 소유인 경우에도 문서변조죄(§ 225, § 231)가 성립하고, 타인이 소유하고 있는 자기 명의의 문서의 내용을 변경하는 경우에는 문서손괴죄가 성립한다. 94

타인 소유의 타인 명의의 문서를 변경한 경우에는, 문서변조죄와 문서손괴죄는 법조경합 중 흡수관계에 있으므로 문서변조죄가 우선적으로 성립한다.[151] 95

(2) 업무방해죄와의 관계

컴퓨터 등 정보처리장치 혹은 전자기록 등 특수매체기록을 손괴하여 업무방해를 한 경우, ① 본죄와 컴퓨터등손괴등 업무방해죄(§ 314②)의 상상적 경합이 된다는 견해[152]가 있으나, ② 두 죄는 법조경합 중 흡수관계로서 컴퓨터등손괴등 업무방해죄만 성립한다는 견해[153]가 다수설이다. 96

그러나 업무방해의 과정에서 재물손괴를 한 경우에는 재물손괴죄와 업무방해죄가 모두 성립하고, 실체적 경합범이라는 것이 판례의 태도이다.[154] 97

(3) 비밀침해죄와의 관계

타인의 편지를 개봉하기 전에 찢어버린 경우에는 비밀침해죄(§ 316①)는 성 98

---

151 김성돈, 530; 김신규, 541; 김일수·서보학, 327; 이형국·김혜경, 533.

152 김선복, 신형법각론, 425; 한상훈·안성조, 591.

153 김성돈, 530; 김신규, 541; 김일수·서보학, 327; 손동권·김재윤, 513; 오영근, 437; 이형국·김혜경, 533; 정성근·정준섭, 354.

154 대판 2009. 10. 29, 2009도10340(아파트 공사현장에 침입하여 유리창 등을 때려 부수어 재물을 손괴하고, 공사를 하지 못하게 함으로써 위력으로 공사업무를 방해하였다는 범죄사실의 실체적 경합범으로 기소된 사안에서, 업무방해의 과정에서 행하여진 재물손괴나 손괴의 행위가 업무방해의 죄에 대하여 별도로 고려되지 않을 만큼 경미한 것이라고 할 수 없고, 원심이 피고인의 이 사건 재물손괴나 협박의 죄를 업무방해죄와 각 실체적 경합관계에 있다고 판단한 것은 정당한바, 그들 행위가 이른바 '불가벌적 수반행위'에 해당하여 처벌대상이 되지 않는다는 상고이유의 주장은 받아들일 수 없다고 판시); 대판 2003. 12. 26, 2001도3380(원심은 2000. 11. 22.부터 2001. 1. 19. 사이에 발생한 수차에 걸친 난방공급 중단에 따른 각종 시설물과 장비 손괴의 범죄사실을 2000. 12. 13.부터 2001. 1. 31.까지의 전면파업을 통한 과학기술원 업무방해의 범죄사실과 실체적 경합범으로 처단한 것인데, 원심 기록에 비추어 보면 이는 업무방해의 포괄일죄나 상상적 경합범으로 볼 수 없어 원심의 판단은 정당하다고 판시).

립하지 않고 문서손괴죄만 성립한다.[155]

99 편지의 겉봉투를 찢어 개봉하여 읽어본 경우, ① 손괴행위는 비밀침해죄에 흡수되어 비밀침해죄만 성립한다는 견해[156]와 ② 문서손괴죄의 법정형이 비밀침해죄보다 높으므로 비밀침해죄는 문서손괴죄에 흡수된다는 견해[157]가 대립한다.

100 손괴하지 않은 채 개봉한 이후 내용을 읽고 편지를 찢어버리거나 은닉한 경우에는, ① 비밀침해죄와 문서손괴·은닉죄의 실체적 경합이 된다는 견해[158]와 ② 두 죄의 상상적 경합이 된다는 견해[159]가 대립한다.

(4) 증거인멸죄와의 관계

101 증거를 인멸하기 위해 타인의 재물을 손괴한 경우, ① 증거인멸죄와 재물손괴죄의 상상적 경합이 된다는 견해[160]와 ② 재물손괴죄는 증거인멸죄의 불가벌적 수반행위이므로 증거인멸죄만 성립한다는 견해[161]가 대립한다.

(5) 그 밖의 죄와의 관계

102 (가) 타인의 사무처리자가 위탁 중인 재물을 손괴하면 배임죄와 재물손괴죄의 상상적 경합이 된다.[162]

103 (나) 살인행위에 따른 의복의 손괴는 불가벌적 수반행위로서 살인죄에 흡수된다고 본다.[163]

104 (다) 자신의 진돗개를 공격하던 피해견을 쫓아버리기 위하여 엔진톱으로 피해견의 척추를 포함한 등 부분에서부터 배 부분까지 절단함으로써 내장이 밖으로 다 튀어나올 정도로 죽인 행위는 동물보호법 제8조 제1항 제1호[164]에 의하여 금지되는 '목을 매다는 등의 잔인한 방법으로 죽이는 행위'에 해당하고, 이러

155 주석형법 〔각칙(6)〕(5판), 729(권순형).
156 임웅, 592; 한상훈·안성조, 591; 주석형법 〔각칙(6)〕(5판), 729(권순형).
157 오영근, 437.
158 김신규, 541; 오영근, 437; 한상훈·안성조, 591.
159 이형국·김혜경, 533; 정성근·박광민, 473; 정성근·정준섭, 354.
160 김신규, 541; 이형국·김혜경, 533; 정성근·박광민, 473; 정성근·정준섭, 354; 최호진, 646.
161 오영근, 437.
162 김신규, 541; 오영근, 437; 이형국·김혜경, 533; 정성근·정준섭, 354.
163 김신규, 542; 김일수·서보학, 327; 최호진, 646.
164 동물보호법 제8조(동물학대 등의 금지) ① 누구든지 동물에 대하여 다음 각 호의 행위를 하여서는 아니 된다.
1. 목을 매다는 등의 잔인한 방법으로 죽음에 이르게 하는 행위

한 동물보호법위반죄(§ 46①(i)[165])와 재물손괴죄는 상상적 경합관계에 있다.[166]

Ⅷ. 처 벌

3년 이하의 징역 또는 700만 원 이하의 벌금에 처한다. 105

본죄의 미수범은 처벌한다(§ 371). 본죄의 실행의 착수시기는 재물 등의 효용을 해하는 손괴행위를 개시한 때이고, 기수시기는 재물 등의 이용가치가 감소하거나 효용이 훼손된 때이다.[167] 106

폭력행위 등 처벌에 관한 법률(이하, 폭력행위처벌법이라 한다) 제2조 제2항에서는 2명 이상이 공동하여 손괴죄를 저지른 경우 형법에서 정한 형의 2분의 1까지 가중하도록 규정하고 있고, 제2조 제3항에서는 제2조 제2항을 위반하여 2회 이상 징역형을 받은 사람이 다시 제2조 제2항의 죄를 범하여 누범(累犯)으로 처벌할 경우에는 7년 이하의 징역으로 가중처벌한다고 규정하고 있다[이에 관한 상세는 **주해 VIII(각칙 5) 제25장 [특별법] 폭력행위처벌법** 부분 참조]. 107

〔김 지 언〕

165 동물보호법 제46조(벌칙) ① 다음 각 호의 어느 하나에 해당하는 자는 3년 이하의 징역 또는 3천만원 이하의 벌금에 처한다.
1. 제8조제1항을 위반하여 동물을 죽음에 이르게 하는 학대행위를 한 자

166 대판 2016. 1. 28, 2014도2477.

167 김혜정·박미숙·안경옥·원혜욱·이인영, 489; 이상돈, 608.

第367조(공익건조물파괴)

공익에 공하는 건조물을 파괴한 자는 10년 이하의 징역 또는 2천만원 이하의 벌금에 처한다. 〈개정 1995. 12. 29.〉

Ⅰ. 취 지

1 본죄(공익건조물파괴죄)는 공익에 사용되는 건조물을 파괴함으로써 성립하는 범죄이다. 본죄는 자기 소유의 건조물도 객체가 되므로 손괴죄의 불법가중 유형이라기보다는 손괴죄와 독립된 별개의 기본적 구성요건으로 형법에 신설된 것이고,[1] 사회적 법익에 대한 죄로서의 성격도 지닌다.

2 공익건조물 외에 '공용'의 건조물·선박·기차 또는 항공기의 파괴에 대해서는 국가의 기능에 대한 죄의 일종인 공용물파괴(§141②)에 별도로 규정되어 있다.

3 본죄의 보호법익은 공익에 공하는 건조물의 유지에 대한 일반적 이익, 즉 공공의 이익이고,[2] 보호의 정도는 침해범이다.[3] 본죄는 즉시범·상태범·결과범의 성격을 지닌다.[4]

---

1 김성돈, 형법각론(7판), 531; 김일수·서보학, 새로쓴 형법각론(9판), 327; 김혜정·박미숙·안경옥·원혜욱·이인영, 형법각론(3판), 484; 배종대, 형법각론(14판), §82/3; 오영근, 형법각론(6판), 437; 이재상·장영민·강동범, 형법각론(13판), §23/2; 주호노, 형법각론, 1112.

2 김신규, 형법각론 강의, 542; 손동권·김재윤, 새로운 형법각론(2판) 513; 이정원·류석준, 형법각론, 481(공공의 이용가치); 이형국·김혜경, 형법각론(2판), 526; 정성근·정준섭, 형법강의 각론(2판), 350(공공의 이용가치); 정웅석·최창호, 형법각론, 752; 최호진, 형법각론, 640; 홍영기, 형법(총론과 각론), §92/9; 주석형법 [각칙(6)](5판), 701(권순형).

3 이형국·김혜경, 533; 정성근·정준섭, 350; 정웅석·최창호, 752; 주석형법 [각칙(6)](5판), 701(권순형).

4 김일수·서보학, 327.

Ⅱ. 객 체

1. 건조물

본죄의 객체인 건조물은 가옥 그 밖에 이와 유사한 건축물로서, 학교, 도서 4
관, 박물관, 버스터미널, 지하철 역사(驛舍), 공중화장실 등과 같이 벽 또는 기둥과 지붕 또는 천정으로 구성된 구조물로서 사람이 기거하거나 출입할 수 있는 건축물을 의미한다.[5] 따라서 철도·교량·제방·전주·기념비·분묘·차량·항공기·선박 등은 건조물이 아니다.

건조물은 반드시 완성된 건조물임을 요하지 않지만, 단순히 상량만 마치고 5
지붕이나 벽 등을 갖추지 않은 정도라면 건조물이라고 할 수 없다.[6] 그리고 건조물의 일부[7]도 본죄의 객체가 된다.

2. 공익성

건조물은 공익(公益)에 사용되는 것이어야 하고, 일반인의 접근이 용이하여 6
야 한다. 본죄는 공익에 사용하는 건조물은 일반인들이 쉽게 접근할 수 있는 것이어서 파괴의 위험성이 크기 때문에 무겁게 벌하는 것이다.[8] 국유, 공유 혹은 사유를 불분한다. 따라서 공설운동장, 전철역, 마을회관, 교회 건물, 영화관, 고

---

5 김성돈, 531; 배종대, § 85/2; 오영근, 438; 이재상·장영민·강동범, § 23/20; 주석형법 [각칙(6)](5판), 731(권순형).

6 大判 昭和 4(1929). 10. 14. 刑集 8·477.

7 이에 관한 상세는 주석형법 [각칙(6)](5판), 732-733(권순형) 참조. 일본형법의 경우 건조물손괴죄(일형 § 260)와 여기에 해당하지 않는 기물손괴죄(일형 § 261)를 별도로 규정하고 있어, 건조물의 구성부분 중 ① 손괴하지 않으면 자유롭게 분리할 수 없는 부분은 건조물손괴죄의 객체가 되고, ② 손괴하지 않고 분리할 수 있도록 기능적으로 예정되어 있는 부분은 기물손괴죄의 객체가 된다는 것이 일반적인 견해이다[일본에서의 논의 및 판례에 대해서는 大塚 外, 大コン(3版)(13), 786-787(飯田英男=河村 博) 참조]. 일본 최고재판소는 "건조물손괴죄의 객체에 해당하는지 여부는 해당 물건과 건조물과의 접합의 정도 외에 해당 물건이 건조물에 있어 가지는 기능상 중요성도 종합적으로 고려하여 결정해야 한다."는 입장에서, 5층 시영주택의 1층 거실 출입부에 설치된 금속제 현관문에 대하여, "외벽과 접속되어 바깥과의 차단, 방범, 방풍, 방음 등의 중요한 역할을 하고 있기 때문에 건조물손괴죄의 객체에 해당하고, 적절한 공구를 사용하면 손괴하지 않고 분리할 수 있다고 하더라도 그 결론을 달리하는 것은 아니다."라고 판시하였다[最決 平成 16(2007). 3. 20. 刑集 61·2·66].

8 김성돈, 531; 배종대, § 85/2; 이재상·장영민·강동범, § 23/21; 주석형법 [각칙(6)](5판), 733(권순형).

속도로 휴게소, 공공박물관, 공공미술관, 공설체육관 등은 본죄의 객체가 된다.

7 제한된 범위의 사람에게만 그 접근이 허용되어 있는 건조물로서 일반인의 출입이 제한된 법원도서관, 국회나 대학의 도서관, 관공서의 구내식당 등도 여기에 해당된다는 견해[9]가 있으나, 이는 공용건조물로 볼 수는 있어도 공익건조물로 보기는 어렵다.[10] 공용건조물은 제141조 제2항의 공용건조물파괴죄의 객체가 된다.

Ⅲ. 행 위

8 본죄의 실행행위는 공익건조물을 '파괴(破壞)'하는 행위이다.

9 파괴란 공익건조물의 중요 부분을 손괴하여 전부 또는 일부를 그 용도에 따라 사용할 수 없게 하는 것을 말한다.[11] 파괴는 손괴보다 물질적 훼손의 정도가 더 크다는 점에서 구별된다.

10 공익건조물을 파괴의 정도에 이르지 않을 정도로 손상한 경우, ① 재물손괴죄가 성립한다는 견해[12]와 ② 본죄는 미수를 처벌하므로 본죄의 미수범이 성립한다는 견해(통설)[13]가 대립한다.

11 파괴의 방법에는 제한이 없다.

12 방화에 의한 파괴는 공익건조물방화죄(§ 165)가, 일수에 의한 파괴는 공익건조물일수죄(§ 178)가 성립하고, 이들의 죄는 본죄와 법조경합 중 특별관계에 있어 본죄는 성립하지 않는다.[14]

---

9 박찬걸, 형법각론(2판), 612; 오영근, 438.

10 배종대, § 85/3; 오영근, 438; 이재상·장영민·강동범, § 23/22; 주석형법 [각칙(6)](5판), 734(권순형).

11 김성돈, 531; 배종대, § 85/2; 이재상·장영민·강동범, § 23/21; 주석형법 [각칙(6)](5판), 733(권순형).

12 오영근, 438; 이정원·류석준, 488; 정웅석·최창호, 757.

13 김성돈, 532; 김신규, 543; 박찬걸, 612; 배종대, § 82/3; 이형국·김혜경, 534; 정성근·정준섭, 356; 홍영기, § 92/9. 파괴의 의사로 손괴에 그친 경우에는 본죄의 미수, 파괴의 의사 없이 손괴한 경우에는 재물손괴죄에 해당한다는 견해[한상훈·안성조, 형법개론(3판), 592]도 있다.

14 김성돈, 532; 이재상·장영민·강동범, § 23/22.

Ⅳ. 주관적 구성요건

본죄는 공익에 공하는 건조물을 파괴한다는 사실에 대한 인식과 의사가 필요하다. 13

Ⅴ. 처 벌

10년 이하의 징역 또는 2천만 원 이하의 벌금에 처하고, 본죄의 미수범은 처벌한다(§ 371). 14

일반재물손괴죄보다 행위불법 및 결과불법의 정도가 크다는 점에서 법정형을 더 무겁게 규정하고 있다. 15

〔김 지 언〕

第368條(중손괴)

① 전2조의 죄를 범하여 사람의 생명 또는 신체에 대하여 위험을 발생하게 한 때에는 1년 이상 10년 이하의 징역에 처한다.

② 제366조 또는 제367조의 죄를 범하여 사람을 상해에 이르게 한 때에는 1년 이상의 유기징역에 처한다. 사망에 이르게 한 때에는 3년 이상의 유기징역에 처한다. 〈개정 1995. 12. 29.〉

Ⅰ. 의의 및 보호법익

1. 의 의

1 본죄는 재물손괴등죄(§ 366)와 공익건조물파괴죄(§ 367)의 결과적 가중범이다.[1]

2 제1항의 중손괴죄는 재물손괴등죄와 공익건조물파괴죄를 범하여 생명, 신체에 대한 위험을 발생하게 한 때에 성립하는데, 중상해죄(§ 258①)와 마찬가지로 부진정결과적 가중범이다.[2]

3 제2항의 중손괴죄[(재물·문서·전자기록등)(손괴·은닉)·공익건조물파괴(치상·치사)죄]는 재물손괴등죄와 공익건조물파괴죄를 범하여 사람을 상해 또는 사망에 이르게 함으로써 성립하는데, ① 치사·치상죄 모두 진정결과적 가중범이라는 견

1 배종대, 형법각론(14판), § 84/1; 이재상·장영민·강동범, 형법각론(13판), § 23/23; 주호노, 형법각론, 1113; 주석형법 [각칙(6)](5판), 736(권순형). 이에 대하여 생명·신체에 대한 위험발생에 관하여 고의가 있는 때에 한하여 본죄가 성립하므로 결과적 가중범이 아니라는 견해도 있다[백형구, 형법각론(개정판), 257-258].

2 김성돈, 형법각론(7판), 532; 김신규, 형법각론 강의, 544; 김혜정·박미숙·안경옥·원혜욱·이인영, 형법각론(3판), 491; 박찬걸, 형법각론(2판), 612; 오영근, 형법각론(6판), 439; 이형국·김혜경, 형법각론(2판), 535; 정성근·정준섭, 형법강의 각론(2판), 356; 정웅석·최창호, 형법각론, 757; 최호진, 형법각론, 648.

해[3]와 ② 치사죄는 진정결과적 가중범이지만 치상죄는 부진정결과적 가중범이라는 견해[4]가 있다. 치상죄의 경우, 중한 결과인 상해의 고의로 재물손괴죄(3년 이하 징역)나 공익건조물파괴죄(10년 이하 징역)를 범하면 각 죄와 상해죄(§ 257①. 7년 이하 징역)의 상상적 경합이 되는데, 이는 과실로 상해를 입혀 치상죄(1년 이상 징역)가 성립하는 경우에 비하여 오히려 형벌이 가벼워진다는 면에서 부당하므로, 위 ②의 견해가 타당하다.

2. 보호법익

본죄의 보호법익은 소유권의 이용가치 및 생명·신체이다.[5] 보호의 정도는 제1항의 죄는 구체적 위험범이고,[6] 제2항의 죄는 침해범이다.[7] 4

Ⅱ. 구성요건

1. 주 체

주체와 관련하여, ① 재물손괴등죄와 공익건조물파괴죄는 미수범을 처벌하므로, 손괴 또는 파괴가 기수인지 미수인지를 불문하고 본죄가 성립한다는 견해(다수설)[8]와 ② 형법상 'ㅇ죄를 범한 자' 혹은 'ㅇ의 죄를 범하여'라고 규정된 때에는 기수범을 의미하므로 본죄의 행위의 주체는 기수범에 제한된다는 견해[9]가 대립하는데, 위 ①설이 타당하다. 5

2. 객관적 구성요건

본죄의 실행행위는 재물손괴등죄와 공익건조물파괴죄를 범하는 것이고, 이 6

3 김성돈, 532; 김신규, 544; 정웅석·최창호, 757; 최호진, 648.
4 박찬걸, 612; 오영근, 439; 이형국·김혜경, 535; 정성근·정준섭, 356.
5 김신규, 533; 주석형법 [각칙(6)](5판), 701(권순형).
6 김신규, 544, 배종대, § 84/1; 손동권·김재윤, 새로운 형법각론(2판) 515; 이재상·장영민·강동범, § 23/23; 이정원·류석준, 형법각론, 481; 이형국·김혜경, 526; 정성근·정준섭, 356; 한상훈·안성조, 형법개론(3판), 593; 주석형법 [각칙(6)](5판), 701(권순형).
7 주석형법 [각칙(6)](5판), 701(권순형).
8 김성돈, 532; 배종대, § 84/1; 이재상·장영민·강동범, § 23/23; 주석형법 [각칙(6)](5판), 736(권순형).
9 박찬걸, 612; 오영근, 439-440.

로 인하여 중한 결과, 즉 제1항의 경우는 사람의 생명 또는 신체에 대한 위험 발생, 제2항의 경우는 사상이라는 결과를 발생하게 하여야 한다.

7 생명의 위험이 손괴·파괴에 따른 신체상해로 말미암은 경우, 예컨대 치명상을 가함으로써 생명이 위독한 상태에 이르게 한 경우에는, 상해의 결과가 이미 발생한 것이므로 제2항에 해당되어 제1항을 적용할 것이 아니다.[10] 그리고 신체의 위험은 특히 공익건조물파괴인 때에는 언제나 발생할 수 있기 때문에 지나치게 그 개념이 넓어 삭제되어야 한다는 견해도 있다.[11]

8 이러한 실행행위와 중한 결과 사이에는 인과관계가 있어야 한다.

3. 주관적 구성요건

9 진정결과적 가중범인 제2항의 죄 중 손괴치사죄는 기본행위인 손괴·파괴의 고의로 충분하고, 중한 결과인 사망의 결과에 대해서는 결과에 대한 예견가능성, 즉 과실이 있어야 한다.

10 그러나 부진정결과적 가중범인 제1항의 죄 및 제2항의 죄 중 손괴치상죄는 기본행위에 대한 고의와 더불어 중한 결과에 대한 고의 또는 과실이 있어야 한다.[12]

Ⅲ. 처 벌

11 제1항의 중손괴죄는 1년 이상 10년 이하의 징역에 처하고, 제2항의 중손괴죄는 상해에 이르게 한 때는 1년 이상의 유기징역에, 사망에 이르게 한 때는 3년 이상의 유기징역에 처한다.

12 본죄는 미수범 처벌규정이 없다.

〔김 지 언〕

10 이재상·장영민·강동범, § 23/23; 주석형법 〔각칙(6)〕(5판), 736(권순형).
11 오영근, 440.
12 오영근, 440.

第369조(특수손괴)

① 단체 또는 다중의 위력을 보이거나 위험한 물건을 휴대하여 제366조의 죄를 범한 때에는 5년 이하의 징역 또는 1천만원 이하의 벌금에 처한다. 〈개정 1995. 12. 29.〉

② 제1항의 방법으로 제367조의 죄를 범한 때에는 1년 이상의 유기징역 또는 2천만원 이하의 벌금에 처한다. 〈개정 1995. 12. 29.〉

Ⅰ. 취 지

1 본죄는 단체 또는 다중의 위력을 보이거나 위험한 물건을 휴대하여 재물손괴등죄(§ 366)를 범하거나(제1항)[특수(재물·문서·전자기록등)(손괴·은닉)죄], 공익건조물파괴죄(§ 367)를 범한 때(제2항)(특수공익건조물파괴죄)에 성립하는 범죄이다. 본죄는 행위방법의 위험성으로 인하여 불법이 가중되는 가중적 구성요건이다.

Ⅱ. 구성요건

2 '단체 또는 다중의 위력', '위험한 물건의 휴대'의 의미에 관하여는, **특수공무집행방해죄**(§ 144)[**제5권(각칙 제2권)**], **특수상해죄**(§ 258의2)[**제10권(각칙 제5권)**] 등에서 설명한 바와 같다.

Ⅲ. 처 벌

3 제1항의 죄는 5년 이하의 징역 또는 1천만 원 이하의 벌금에, 제2항의 죄는 1년 이상의 유기징역 또는 2천만 원 이하의 벌금에 각 처한다.

4 본죄의 미수범은 처벌한다(§ 371).

〔김 지 언〕

第370條(경계침범)

경계표를 손괴, 이동 또는 제거하거나 기타 방법으로 토지의 경계를 인식불능하게 한 자는 3년 이하의 징역 또는 500만원 이하의 벌금에 처한다.

〈개정 1995. 12. 29.〉

Ⅰ. 취 지

1 본죄(경계침범죄)는 경계표(경계표시)를 손괴·이동·제거하거나 기타 방법으로 토지의 경계를 인식불능하게 함으로써 성립하는 범죄이다. 본죄의 보호법익은 소유권의 이용가치라는 견해[1]도 있으나, 토지에 대한 권리와 중요한 관계를 가진 토지경계의 명확성, 즉 토지소유권의 확보를 위한 토지경계의 명확성이라는 것이 통설[2]이다.[3] 판례 또한 본죄는 토지의 경계에 관한 권리관계의 안정을 확보하여 사권을 보호하고 사회질서를 유지하는 데 그 궁극적인 목적이 있다고 판시한 바 있다.[4]

1 유기천, 형법학(각론강의 상)(전정신판), 332.

2 김성돈, 형법각론(7판), 524; 김신규, 형법각론 강의, 545; 박찬걸, 형법각론(2판), 613; 배종대, 형법각론(14판), § 85/4; 손동권·김재윤, 새로운 형법각론(2판) 516; 오영근, 형법각론(6판), 441; 이상돈, 형법강론(4판), 610; 이재상·장영민·강동범, 형법각론(13판), § 23/25; 이정원·류석준, 형법각론, 481; 이형국·김혜경, 형법각론(2판), 536; 정성근·정준섭, 형법강의 각론(2판), 357; 정웅석·최창호, 형법각론, 752; 최호진, 형법각론, 640; 한상훈·안상조, 형법개론(3판), 594; 홍영기, 형법(총론과 각론), § 92/10; 주석형법 〔각칙(6)〕(5판), 740(권순형).

3 일본형법 제262조의2는 "경계표를 손괴, 이동하거나 제거 또는 그 밖의 방법으로 토지의 경계를 인식할 수 없도록 한 자는 5년 이하의 징역 또는 50만 엔 이하의 벌금에 처한다."고 규정하여 경계손괴죄를 규정하고 있는데, 일본의 통설도 토지경계의 명확성이 보호법익이라고 한다〔大塚 外, 大コン(3版)(13), 825(村中孝一)〕.

4 대판 2010. 9. 9, 2008도8973.

본죄는 도시에서처럼 토지경계가 체계적으로 관리되면 발생하기 어려운 범죄이지만, 농촌에서는 보다 흔하게 발생할 수 있는 범죄인 점에 비추어, '마을 공동체의 토지이용을 둘러싼 평화질서' 보호와 깊은 관련을 맺고 있다.[5] 따라서 ① '실체의 관리관계(실체법상 경계)'보다 '관습법(관습법상 경계)'을 더 중시하고,[6] ② '개인사법금지'의 의미를 담고 있다[7]고 할 수 있다.[8] 2

본죄의 보호법익의 보호의 정도는 침해범이다.[9] 3

Ⅱ. 주체 및 객체

1. 주 체

본죄의 주체에는 제한이 없다. 토지의 경계에 인접하고 있는 토지권리자 일방이나 이해관계자일 필요도 없고, 제3자도 무방하다.[10] 4

5 배종대, §85/5.

6 대판 1976. 5. 25, 75도2564. 「형법 제370조 소정 경계라 함은 소유권등 권리의 장소적 한계를 나타내는 지표를 말함이니 실체상의 권리관계에 부합하지는 않더라도 관습으로 인정되었거나 일반적으로 승인되어 왔다거나 이해관계인의 명시 또는 묵시의 합의에 의하여 정하여 진 것이거나 또는 권한있는 당국에 의하여 확정된 것이어야 함도 아니고 사실상의 경계표로 되어 있다면 침해의 객체가 되는 것이다.」

7 대판 1986. 12. 9, 86도1492. 「형법 제370조의 경계침범죄는 토지의 경계에 관한 권리관계의 안정을 확보하여 사권을 보호하고 사회질서를 유지하려는데 그 규정목적이 있으므로 비록 실체상의 경계선에 부합되지 않는 경계표라 할지라도 그것이 종전부터 일반적으로 승인되어 왔다거나 이해관계인들의 명시적 또는 묵시적 합의에 의하여 정하여진 것이라면 그와 같은 경계표는 위 법조 소정의 계표에 해당된다 할 것이고 반대로 기존경계가 진실한 권리상태와 맞지 않는다는 이유로 당사자의 어느 한쪽이 기존경계를 무시하고 일방적으로 경계측량을 하여 이를 실체권리관계에 맞는 경계라고 주장하면서 그 위에 계표를 설치하더라도 이와 같은 경계표는 위 법조에서 말하는 계표에 해당되지 않는다.」

8 배종대, §85/6.

9 김성돈, 524; 오영근, 441; 김혜정·박미숙·안경옥·원혜욱·이인영, 형법각론(3판), 493; 이상돈, 610. 이와 관련하여, "일각에서는 본죄의 보호법익을 소유권의 이용가치에서 찾고 있는데 만일 본죄의 보호법익을 소유권의 이용가치에서 찾고, 범죄의 성격을 추상적 위험범으로 파악하게 되면 예컨대 대나무 울타리를 경계로 삼고 있는 타인의 소유지 농토에 울타리를 젖히고 무단으로 들어가는 것조차 상황에 따라서는 소유권의 이용가치에 대한 추상적 위험의 야기로 파악할 수 있게 되어 이는 지나치다."는 견해도 있다[허일태, "지적도상의 경계와 경계침범죄의 성립 여부", 동아법학(2010), 191-191].

10 김성돈, 533; 주석형법 [각칙(6)](5판), 741(권순형).

2. 객 체

5 본죄의 객체는 토지의 경계이다.

(1) 토지

6 본조에서의 '토지'는 지상의 토지뿐만 아니라 하천·호수와 늪도 포함하고, 해역도 어업권의 구획 등이 문제되는 때에는 토지에 해당한다고 본다.[11]

(2) 토지의 경계

7 경계표를 손괴·이동 또는 제거하는 것은 토지의 경계를 인식불능하게 하는 행위의 예시에 불과하므로,[12] 토지의 경계에 대하여 먼저 살펴본다.

8 토지의 경계란 소유권 등 권리의 장소적 한계를 나타내는 지표를 말한다. 사법상 권리의 범위(소유권·지상권·임차권 등)를 표시하든 공법적 권리의 범위(도·시·군·읍·면의 경계)를 표시하든 가리지 않으며, 자연적 경계이든 인위적 경계이든 불문한다. 그 경계가 권한 있는 기관에 의하여 확정된 것이든 사인 간의 계약에 의하여 확정된 것인지 또는 관습상 인정된 것인지 여부도 불문한다. 또한 그 경계가 실체법상의 권리와 반드시 일치할 것을 요하지 않는데, 비록 실체상의 권리관계에 부합하지 않더라도 사실상 경계로 인정되어 온 것은 본죄의 객체인 경계에 해당한다.[13] 그러나 당사자 일방이 일방적으로 설정한 경계는 이에 해당하지 않는다.[14]

9 판례는 아래 사례에서는 본죄의 객체가 되는 경계에 해당한다고 판시하였다.

---

11 정성근·박광민, 형법각론(전정3판), 476; 주석형법 [각칙(6)](5판), 743(권순형).

12 김성돈, 505(본죄의 객체가 '토지의 경계'인지 '토지의 경계표'인지에 관하여, ① 경계표가 객체라는 견해, ② 경계표와 토지의 경계 모두가 객체라는 견해도 있지만, ③ '경계표'의 손괴나 이동 또는 제거는 토지의 경계를 인식불능하게 하는 행위를 예시한 것에 불과한 것이므로, 토지의 경계를 이 죄의 객체라고 보는 것이 타당하다); 배종대, §85/7; 오영근, 441; 이재상·장영민·강동범, §23/26.

13 대판 2010. 9. 9, 2008도8973. 피고인이 인접한 피해자 소유의 토지를 침범하여 나무를 심고 도랑을 파내는 등의 행위를 하더라도 토지가 이전부터 경계구분이 되어 있지 않아 본죄가 부정된 사례에서, 경계는 법률상의 정당한 경계인지 여부와는 상관없이 종래부터 경계로서 일반적으로 승인되어 왔거나 이해관계인들의 명시적 또는 묵시적 합의가 존재하는 등 어느 정도 객관적으로 통용되어 오던 사실상의 경계를 의미한다 할 것이므로, 설령 법률상의 정당한 경계를 침범하는 행위가 있었다 하더라도 그로 말미암아 위와 같은 토지의 사실상의 경계에 대한 인식불능의 결과가 발생하지 않는 한 본죄가 성립하지 아니한다고 판시하였다.

14 김일수·서보학, 새로쓴 형법각론(9판), 331; 이영란, 형법학 각론강의(3판), 475; 이재상·장영민·강동범 §23/27.

① 피고인이 피해자와 피고인의 집 사이의 경계가 되는 담벽 아래에 피해 10
자가 보일러를 설치하려고 한다는 이유로 위 담벽을 손괴한 사안에서, 피고인은 문제의 담벽은 자신들의 대지 위에 설치된 옛 부엌벽이지 경계를 표시하는 담벽이 아니라고 주장하였으나, 피고인이 손괴한 담벽은 비록 실제상의 경계선에 부합하지는 않더라도 기존 담벽으로서 경계표에 해당한다는 이유로 피고인의 주장을 배척하였다.[15]

② 피고인의 가옥이 바로 옆에 위치한 피해자 소유의 대지 중 약 27평방미 11
터를 침범하여 건축되어 있어 그 대지경계에 문제가 있다는 것을 미리 알고 있었음에도 불구하고, 위 가옥의 담벽을 기준으로 피해자 소유의 대지 위에 길이 4미터 높이 1.5미터의 브록크담을 추가로 쌓음으로써 위 피해자 소유 대지의 경계를 인식불능케 하였다는 범죄사실로 기소된 사안에서, 피고인이 1989년 7월경 위 대지와 주택을 매수한 이래 피해자와 피고인 쌍방 간에 위 담벽이 정당한 경계선인 것으로 알고 지내 오다가, 1989년 12월경에 이르러 피고인 소유의 위 가옥이 피해자 소유의 위 토지를 침범하여 건축되어 있는지 여부가 문제가 되어 분쟁이 있던 중, 피고인이 기왕에 설치된 담벽이 정당한 경계라고 주장하면서 위 가옥 옆의 통로로 사용되던 공터(과거에 경계표시로 나무가 심어져 있던 곳)에 위 담벽과 연결하여 위와 같이 추가로 브록크담을 쌓았고, 위 토지 일대는 지적도상의 경계와 현실의 경계가 일치하지 않는 곳으로서 지적도상의 경계에 의하면 피고인 소유의 위 가옥이 피해자 소유의 위 토지를 27평방미터 가량 침범하여 그 결과 피고인의 담벽도 피해자의 토지상에 건립되어 있는 사실을 인정할 수 있는바, 위 인정사실과 같이 위 담벽이 이해관계인 사이에 사실상 경계선으로 그동안 통용되어 왔다면, 오히려 위 담벽과 이를 기준으로 한 연장선을 지적도상의 경계와의 부합 여부에 관계없이 본죄의 객체로서의 경계인 것으로 보아야 할 것이지, 지적도상의 경계선을 본죄의 객체인 경계로 볼 수는 없다고 판시하였다.[16]

③ 피고인을 포함한 18명의 연고자들이 임야를 함께 불하받고 불하대금은 12

15 대판 1991. 9. 10, 91도856.

16 대판 1992. 12. 8, 92도1682. 위와 같은 사실상의 경계선이 법률적으로 정당하지 못하다면 피해자가 민사소송으로 권리구제를 받을 수 있음은 별론이다.

각 연고자들의 점유면적 비율대로 나누어 내기로 하고 각 점유면적을 알아보기 위하여 측량을 하고자 하였으나 측량사가 각 연고자의 점유부분의 경계가 불명확하니 우선 이를 특정할 수 있도록 경계를 설치하여 달라고 부탁하여 각 점유자들이 각자의 점유 부분을 표시하기 위하여 말목과 철조망을 경계지점에 설치하게 되었는데, 며칠 후 피고인이 점유자 중 한 명인 A의 입찰보증금을 피고인이 납부하였으므로 이를 피고인이 불하받아야 한다고 하면서 A와 피고인의 점유부분의 경계를 나타내기 위하여 설치한 말목과 철조망을 임의로 제거하여 토지의 경계를 인식불능하게 하였다는 범죄사실로 기소된 사안에서, 본죄에서 말하는 경계란 반드시 법률상의 정당한 경계를 말하는 것이 아니고 비록 법률상의 정당한 경계에 부합되지 아니하는 경계라고 하더라도 이해관계인들의 명시적 또는 묵시적 합의에 의하여 정하여진 것이면 이는 본조에서 말하는 경계라고 할 것이고, 또 그 경계표는 그것이 어느 정도 객관적으로 통용되는 사실상의 경계를 표시하는 것이라면 영속적인 것이 아니고 일시적인 것이라도 이 죄의 객체에 해당한다고 할 것이므로 피고인이 제거한 말뚝과 철조망은 본죄의 경계표에 해당한다고 판시하였다.[17]

13 ④ 피고인이 피고인 소유의 토지와 피해자 소유의 토지의 경계에 관하여 다툼이 있던 중에 그 경계선 부근에 심어져 있던 조형소나무 등을 뽑아내고 그 부근을 굴착함으로써 그 경계를 불분명하게 하였다는 범죄사실로 기소된 사안에서, 본죄에서 말하는 '경계'는 반드시 법률상의 정당한 경계를 가리키는 것은 아니고, 비록 법률상의 정당한 경계에 부합되지 않는 경계라 하더라도 그것이 종래부터 일반적으로 승인되어 왔거나 이해관계인들의 명시적 또는 묵시적 합의에 의하여 정해진 것으로서 객관적으로 경계로 통용되어 왔다면 이는 본죄에서 말하는 경계라 할 것이고, 그와 같이 종래 통용되어 오던 사실상의 경계가 법률상의 정당한 경계인지 여부에 대하여 다툼이 있다고 하더라도, 그 사실상의 경계가 법률상 정당한 경계가 아니라는 점이 이미 판결로 확정되었다는 등 경계로서의 객관성을 상실하는 것으로 볼 만한 특단의 사정이 없는 한, 여전히 본죄에서 말하는 경계에 해당되는 것이라고 보아야 할 것이므로 피고인의 행위는

17 대판 1999. 4. 9, 99도480.

본죄에 해당한다고 판시하였다.[18]

반면에, 아래 사례에서는 본죄의 객체가 되는 경계에 해당하지 않는다고 판시하였다. 14

① 피고인 측의 논과 고소인의 논이 논두렁을 경계로 맞붙어 있었는데, 고소인이 주택을 짓기 위하여 여러 차례 측량하여 본 후 종전경계가 자기 소유의 토지를 침범하였다 하여 그 소유지를 한계로 하는 선을 새로 설정하고 거기에 임의로 말뚝을 박아 놓자 피고인 측에서 종전 경계인 논두렁 위에 담을 축조한 사안에서, 본죄에서의 경계라 함은 소유권 등 권리의 장소적 한계를 나타내는 지표를 말함이니 실체상의 권리관계에 부합하지는 않더라도 관습으로 인정되었거나 일반적으로 승인되어 왔다거나 이해관계인의 명시 또는 묵시의 합의에 의하여 정하여진 것이거나 또는 권한 있는 당국에 의하여 확정된 것이어야 함도 아니고 사실상의 경계표로 되어 있다면 침해의 객체가 되는 것이므로, 기존 경계를 진실한 권리상태와 부합하지 않는다는 이유로 당사자의 한쪽이 측량 같은 방법을 써서 권리에 합치된 경계라고 주장하여 표시한 계표는 본죄에서 말하는 경계라고 할 수 없다고 판시하였다.[19] 15

② 피고인이 토지를 분할하여 A에게 매도하면서 그 즉시 소나무를 심어 경계를 표시하였는데, A의 아들인 B가 기존 경계는 진실한 권리상태와 맞지 않는다는 이유로 피고인과는 상의도 없이 일방적으로 경계측량을 한 후 기존 경계와는 달리 새로운 경계선을 설정하고 그 선 위에 임의로 말뚝을 세워놓자 피고인이 이에 승복할 수 없다 하여 그 말뚝을 뽑아 제거한 사안에서, 당사자의 한쪽이 기존 경계를 무시하고 일방적으로 설치한 위 말뚝은 본죄에서 말하는 경계표에는 해당되지 않는다고 판시하였다.[20] 16

Ⅲ. 행 위

본죄의 행위는 경계표를 손괴, 이동 또는 제거하거나 기타 방법으로 토지의 17

18 대판 2007. 12. 28, 2007도9181.
19 대판 1976. 5. 25, 75도2564.
20 대판 1986. 12. 9, 86도1492.

경계를 인식불능하게 하는 것이다.

1. 경계표

18 '경계표'란 권리자를 달리하는 토지의 경계를 표시하기 위하여 토지에 설치된 공작물이나 입목(立木) 등의 표지를 의미한다.[21] 지상에 설치된 것이건 땅속에 매몰된 것이든 묻지 않으며, 자기의 소유이든 무주물이든 불문한다. 인위적으로 설치된 것이건 자연적으로 존재하던 것이건 묻지 않고,[22] 경계를 정할 목적으로 설치된 것이 아니더라도 나중에 객관적인 경계표지로서 승인된 것도 포함한다.[23] 영구적인 것임을 요하지 않고 일시적인 것도 포함된다.[24]

19 또한 사법상의 권리관계를 표시하기 위한 것이든, 도경계표·국경계표와 같은 공법상·국제법상의 권리관계를 표시하기 위한 설치물이든 불문한다.[25]

20 경계표의 재료·구조·상태 여하도 불문하나, 용이하게 변질·붕괴되거나 용해되어 원형을 보존하지 못하는 물건, 예를 들어 임시로 쳐놓은 새끼줄이나 간단한 나무막대기 등은 경계표라고 보기 어렵다. 그리고 경계표는 반드시 표시하는 경계선상에 있어야 할 필요도 없다.[26]

2. 손괴, 이동, 제거

21 경계표의 손괴란 경계표를 물질적으로 훼손하여 그 효용을 해함으로써 경계를 인식하지 못하게 하는 것을 말하고, 경계표의 이동이란 경계표를 원래의 위치에서 다른 위치로 옮김으로써 새로운 경계를 만들어 원래의 경계를 인식하지 못하게 함을 말한다. 경계표의 제거란 원래의 경계표가 설치된 장소에서 취거(取去)하는 것을 말한다.[27]

21 김성돈, 534; 김일수·서보학, 331; 배종대, § 85/9; 오영근, 442; 이재상·장영민·강동범, § 23/27.
22 대판 2007. 12. 28, 2007도9181.「경계를 표시하는 경계표는 반드시 담장 등과 같이 인위적으로 설치된 구조물만을 의미하는 것으로 볼 것은 아니고, 수목이나 유수 등과 같이 종래부터 자연적으로 존재하던 것이라도 경계표지로 승인된 것이면 여기의 경계표에 해당한다고 할 것이다.」
23 東京高判 昭和 41(1966). 7. 19. 高刑集 19·4·463.
24 대판 1999. 4. 9, 99도480(영속적인 것이 아니고 일시적인 것이라도 본죄의 객체에 해당한다고 할 것이므로 피고인이 제거한 말뚝과 철조망은 본죄의 경계표에 해당한다고 한 사례).
25 김일수·서보학, 331.
26 김일수·서보학, 332; 배종대, § 85/9.
27 김성돈, 534; 배종대, § 85/10; 이재상·장영민·강동범, § 23/27; 주호노, 형법각론, 1116; 주석형

경계표의 손괴·이동·제거 행위는 토지경계의 인식불능의 한 예시로서, 경계표를 손괴·이동·제거하더라도 토지경계를 인식불능케 하는 정도에 이르지 않으면 본죄는 성립하지 않는다.[28] 22

3. 기타 방법

기타 방법으로 경계의 인식을 불능케 한다는 것의 예로는, 경계표를 매몰하거나, 경계에 물건을 짓거나, 새로운 경계표를 만들거나, 자연적인 경계인 수로(水路)를 변경하거나, 자연지형물인 골짜기를 매립하여 평지로 만들거나 경계로 구실하는 도랑을 메우거나, 경계를 이루는 산등성이를 깎아내려 형질을 변경하거나, 언덕을 깎아내려 경계와 다른 석축을 쌓은 경우 등을 말한다. 다만 위와 같은 기타 방법도 앞서 규정된 손괴, 이동, 또는 제거에 이르는 정도의 행위여야 하므로, 경계를 표시한 도면을 파기하는 정도의 행위로는 부족하다.[29] 23

4. 경계의 인식불능

본죄가 성립하기 위해서는 토지의 경계가 인식 불가능하게 되어야 한다. 즉 경계표를 손괴·이동·제거 행위가 있더라도 그 결과로 경계를 인식 불가능하게 하지 않는 한, 재물손괴죄가 성립할 수 있음은 별론으로 하고 본죄는 성립하지 않는다.[30] 24

경계를 인식불가능하게 하는 것은 종래의 사실상의 경계에 관한 것이므로 등기부의 조회나 지적도의 열람 내지 측량의 방법으로 정확한 경계 판단이 가 25

법 〔각칙(6)〕(5판), 744(권순형).

28 대판 1991. 9. 10, 91도856. 「본죄는 단순히 계표를 손괴하는 것만으로는 부족하고 계표를 손괴, 이동 또는 제거하거나 기타 방법으로 토지의 경계를 인식불능하게 함으로써 비로소 성립되며, 계표의 손괴, 이동 또는 제거 등은 토지의 경계를 인식불능케 하는 방법의 예시에 불과하여 이와 같은 행위의 결과로서 토지의 경계가 인식불능케 됨을 필요로 하고, 본죄에 대하여는 미수죄에 관한 규정이 없으므로 계표의 손괴 등의 행위가 있더라도 토지경계의 인식불능의 결과가 발생하지 않은 한 본죄가 성립될 수 없다.」

일본 판례도 같은 입장이다〔最判 昭和 43(1968). 6. 28. 刑集 22·6·569〕.

29 김일수·서보학, 333; 오영근, 442; 정성근·박광민, 478; 주석형법 〔각칙(6)〕(5판), 745(권순형).

30 오영근, 442; 정성근·박광민, 478; 주석형법 〔각칙(6)〕(5판), 745(권순형). 일본 판례도 같은 취지이다〔最判 昭和 43(1968). 6. 28. 刑集 22·6·569〕.

능하다고 하더라도 본죄의 성립에는 영향이 없다.[31] 또한 종래의 사실상의 경계를 인식할 방법이 전부 없어져야 하는 것은 아니며, 새로운 인식방법을 사용하지 않고는 종래의 경계를 확정할 수 없는 경우에는 인식 불가능한 상태가 되었다고 할 수 있다. 토지의 경계 전부에 대해서 인식 불가능하게 할 필요도 없고, 그 일부에 대하여 인식을 불가능하게 한 경우에도 본죄는 성립한다.[32]

Ⅳ. 고 의

26 본죄가 성립하기 위해서는 토지의 경계를 인식 불가능하게 한다는 인식과 의사가 있어야 한다. 토지의 경계를 인식불능하게 한다는 의사 없이 손괴한 때에는 재물손괴죄가 성립할 할 수는 있으나, 본죄는 성립하지 아니한다.[33]

27 또한, 정당한 경계가 아니라고 믿고서 원래의 경계를 인식 불가능하게 하고 새로운 경계를 설치하더라도 본죄의 고의는 조각되지 아니한다. 본죄는 영득죄가 아니므로 불법영득의사나 타인에게 손해를 가할 의사를 필요로 하지 않는다.[34] 부동산에 대한 불법영득의사를 가지고 경계침범행위를 한 때에는, 부동산에 대한 절도죄는 성립할 수 없기 때문에 본죄만이 성립한다.[35]

Ⅴ. 죄수 및 다른 죄와의 관계

1. 죄 수

28 본죄의 죄수는 경계의 수를 기준으로 결정된다는 것이 통설이다. 즉, 인접하는 토지경계의 한쪽 끝에서 다른 쪽 끝까지는 하나의 경계로 보아 죄수를 정하므로,[36] 경계가 한 개이면 당해 경계를 표시하기 위하여 설치된 수개의 경계표를 손괴하여도 일죄로 보아야 할 것이며, 반면 경계가 수개이면 한 개의 경계

31 주석형법 〔각칙(6)〕(5판), 746(권순형).
32 오영근, 442; 정성근·박광민, 479.
33 이재상·장영민·강동범 §23/30; 주석형법 〔각칙(6)〕(5판), 747(권순형).
34 이재상·장영민·강동범 §23/30; 정성근·박광민 479.
35 김성돈, 535; 배종대, §85/12; 이재상·장영민·강동범 §23/30.
36 김성돈, 536; 배종대, §85/13; 주석형법 〔각칙(6)〕(5판), 748(권순형).

표를 이동하여도 수개의 죄가 된다고 보아야 할 것이다.[37]

2. 다른 죄와의 관계

(1) 재물손괴죄과의 관계

타인 소유의 경계표를 손괴하는 방법으로 토지의 경계를 인식불가능하게 29
하는 경우, ① 재물손괴죄는 본죄에 흡수되어 본죄만 성립한다는 견해,[38] ② 두 죄는 보호법익이 다르기 때문에 별개의 죄가 성립하고 손괴라는 공통된 행위에 의한 것이므로 재물손괴죄와 본죄의 상상적 경합이 된다는 견해(통설)[39]가 대립한다.

(2) 절도죄와의 관계

타인의 토지를 영득할 의사로 경계를 침범한 경우, ① 부동산절도죄를 인 30
정하는 입장에서 절도죄만 성립하고 본죄는 흡수된다는 견해, ② 절도죄와 본죄의 상상적 경합이 된다는 견해,[40] ③ 부동산절도죄는 부정하는 것이 타당하므로 본죄만이 성립된다는 견해(통설)[41]가 대립한다.[42]

Ⅵ. 처 벌

3년 이하의 징역 또는 500만 원 이하의 벌금에 처한다. 31

〔김 지 언〕

37 김성돈, 535-536.
38 박상기, 형법각론(8판) 442.
39 김성돈, 536; 김일수·서보학, 335. 일본 판례로는 東京高判 昭和 41(1966). 7. 19. 高刑集 19·4·463.
40 임웅, 형법각론(11정판), 599; 정성근·박광민, 479.
41 김성돈, 536; 이영란, 453.
42 부동산절도죄를 인정하는지 여부와 관련된 문제로, 부동산절도죄를 인정하는 입장에서는 절도죄 내지 절도죄와 본죄의 상상적 경합을, 부동산절도죄를 부정하는 입장에서는 영득의 의사를 침범한 경우에도 본죄의 성립만을 인정하는 것이 논리적일 것이다(정성근·박광민, 479).

제371조(미수범)

제366조, 제367조와 제369조의 미수범은 처벌한다. 〈개정 1995. 12. 29.〉

1 손괴의 죄 중 제368조의 중손괴죄, 제370조의 경계침범죄를 제외한 재물손괴등죄(§ 366), 공익건조물파괴죄(§ 367) 및 특수손괴죄(§ 369)의 미수범은 처벌한다.

2 중손괴죄는 결과적 가중범이므로 미수범을 상정하기 어렵고, 경계침범죄의 경우 행위의 결과로 토지경계가 현실적으로 인식불능케 되지 않았다면 미수범 처벌규정이 없으므로 경계침범죄가 성립하지 않는다.[1]

〔김 지 언〕

1 대판 1991. 9. 10, 91도856.

제372조(동력)

본장의 죄에는 제346조를 준용한다. 〈개정 1995. 12. 29.〉

제346조는 '본장의 죄에 있어서 관리할 수 있는 동력은 재물로 간주한다.'고 규정하고 있다. 1

관리할 수 있는 동력에는 전기·수력·압력 등도 포함되나, 재물은 동력에 제한되므로 동력이 아닌 정보는 재물이 될 수 없다. 따라서 정보를 알아내거나 문서를 복사하여 원본은 두고 복사본만 가져간 경우, 컴퓨터에 저장된 정보만 출력하여 가져간 경우도 모두 절도죄가 성립하기 어렵다.[1] 그러나 1995년 12월 29일 형법 개정으로 '특수매체기록', 즉 매체물이 담고 있는 정보나 데이터가 손괴죄의 객체에 추가되었는바, 컴퓨터 자체 또는 기록을 담고 있는 매체물(디스켓, USB 등)에 대한 손괴행위가 재물손괴죄에 해당하는 것과 별도로 매체물에 담겨있는 정보(software)에 대한 손괴행위는 전자기록등손괴죄가 성립한다고 본다. 2

본조는 본장의 죄에는 제346조를 준용한다고 규정하고 있으나, 공익건조물파괴죄(§ 367)와 경계침범죄(§ 370)에 관하여는 위 규정이 준용되는 경우를 상정하기 어렵고, 재물손괴등죄(§ 366), 중손괴죄(§ 368), 특수손괴죄(§ 369)에 대하여 준용될 수 있을 것이다.[2] 3

〔김 지 언〕

1 대판 1996. 8. 23, 95도192; 대판 2002. 7. 12, 2002도745.
2 주석형법 〔각칙(6)〕(5판), 751(권순형).

[부록] 제12권(각칙 9) 조문 구성

Ⅰ. 제40장 횡령과 배임의 죄

조 문		제 목	구성요건	죄 명	공소시효
§355	①	횡령, 배임	ⓐ 타인의 재물을 보관하는 자가 ⓑ 그 재물을 ⓒ 횡령하거나 그 반환을 거부	횡령	7년
	②		ⓐ 타인의 사무를 처리하는 자가 ⓑ 그 임무에 위배하는 행위로써 ⓒ 재산상 이익을 취득하거나 제3자로 하여금 이를 취득하게 하여 ⓓ 본인에게 손해를 가함	배임	7년
§356		업무상의 횡령과 배임	ⓐ 업무상 임무에 위배하여 §355를 범함	업무상(횡령, 배임)	10년
§357	①	배임수증재	ⓐ 타인의 사무를 처리하는 자가 ⓑ 그 임무에 관하여 부정한 청탁을 받고 ⓒ 재물 또는 재산상 이익을 ⓓ 취득하거나 제3자로 하여금 취득하게 함	배임수재	7년
	②		ⓐ ①의 재물 또는 재산상 이익을 ⓑ 공여	배임증재	5년
§358		자격정지의 병과	§§355-357에 10년 이하 자격정지 병과(임의적)		
§359		미수범	§355 내지 §357의 미수	(§355 내지 §357 각 죄명)미수	
§360	①	점유이탈물횡령	ⓐ 유실물, 표류물 또는 타인의 점유를 이탈한 재물을 ⓑ 횡령	점유이탈물횡령	5년
	②		ⓐ 매장물을 ⓑ 횡령	매장물횡령	5년
§361		친족간의 범행, 동력	본장의 죄에 §328, §346 준용		

Ⅱ. 제41장 장물에 관한 죄

조 문		제 목	구성요건	죄 명	공소시효
§ 362	①	장물의 취득, 알선 등	ⓐ 장물을 ⓑ 취득, 양도, 운반 또는 보관	장물(취득, 양도, 운반, 보관)	7년
	②		①의 행위를 알선	장물알선	7년
§ 363	①	상습범	상습으로 § 362의 죄를 범함	상습(§ 362 각 죄명)	10년
	②		자격정지 또는 벌금(임의적 병과)		
§ 364		업무상과실, 중과실	ⓐ 업무상과실 또는 중과실로 ⓑ § 362의 죄를 범함	(업무상, 중) 과실장물(취득, 양도, 운반, 보관, 알선)	5년
§ 365	①	친족간의 범행	장물범과 피해자 간에 친족상도례(§ 328①, ②) 준용		
	②		장물범과 본범 간 § 328① 신분관계 있는 경우, 형의 필요적 감면(신분관계 없는 공범 예외)		

Ⅱ. 제42장 손괴의 죄

조 문		제 목	구성요건	죄 명	공소시효
§ 366		재물손괴등	ⓐ 타인의 재물, 문서 또는 전자기록등 특수매체기록을 ⓑ 손괴, 은닉, 기타 방법으로 효용을 해함	(재물, 문서, 전자기록등) (손괴, 은닉)	5년
§ 367		공익건조물파괴	ⓐ 공익에 공하는 건조물을 ⓑ 파괴	공익건조물파괴	10년
§ 368	①	중손괴	ⓐ § 366, § 367의 죄를 범하여 ⓑ 사람의 생명 또는 신체에 대하여 위험을 발생하게 함	중손괴	10년
	②		ⓐ § 366, § 367의 죄를 범하여 ⓑ 사람을 상해 또는 사망에 이르게 함	(§ 366조, § 367조 각 죄명)(치상, 치사)	10년
§ 369	①	특수손괴	ⓐ 단체 또는 다중의 위력을 보이거나 위험한 물건을 휴대하여 ⓑ § 366조의 죄를 범함	특수(재물, 문서, 전자기록등) (손괴, 은닉)	7년
	②		ⓐ 단체 또는 다중의 위력을 보이거나 위험한 물건을 휴대하여 ⓑ § 367조의 죄를 범함	특수공익건조물파괴	10년

조 문	제 목	구성요건	죄 명	공소시효
§ 370	경계침범	ⓐ 경계표를 ⓑ 손괴, 이동, 제거, 기타 방법으로 토지의 경계를 인식불능하게 함	경계침범	5년
§ 371	미수범	§ 366, § 367, § 369의 미수	(§ 366조, § 367, § 369 각 죄명)미수	
§ 372	동력	본장의 죄에 § 346 준용		

사항색인

(용어 옆의 §과 고딕 글자는 용어가 소재한 조문(또는 총설)의 위치를, 옆의 명조 숫자는 방주번호를 나타낸다. 예컨대, [40-총-1]은 '제40장 [총설 1]'을, [41-총]은 '제41장 [총설]'을 나타낸다.)

판례색인

(용어 옆의 § 과 고딕 글자는 용어가 소재한 조문(또는 총설)의 위치를, 옆의 명조 숫자는 방주번호를 나타낸다. 예컨대, [40-총-1]은 '제40장 [총설 1]'을, [41-총]은 '제41장 [총설]'을 나타낸다.)

[고등법원]

[지방법원]

[독일 판례]

[일본 판례]

[편집대표]

조균석 서울남부지방검찰청 차장검사, 한국형사판례연구회 회장
일본 케이오대학 법학부 특별초빙교수 · 대동문화대학 비상근강사
이화여자대학교 법학전문대학원 교수, 대검찰청 검찰정책자문위원회 위원장 (현)

[편집위원]

이상원 법학박사, 서울고등법원 판사(헌법재판소 파견), 대법원 재판연구관
미국 버클리대학 연수, 한국형사소송법학회 회장
서울대학교 법학전문대학원 교수, 대법원 양형위원회 위원장 (현)

김성돈 법학박사, 경북대학교 법과대학 부교수, 한국형사법학회 회장
독일 막스플랑크 외국 및 국제형법연구소 객원연구교수
성균관대학교 법학전문대학원 교수 (현)

강수진 서울중앙지방검찰청 검사
미국 하버드대학 로스쿨 LL.M., 공정거래위원회 송무담당관
고려대학교 법학전문대학원 교수, 대법원 양형위원회 위원 (현)

[집 필 자]

김현석 제40장 횡령, 공통 조문 — 법원행정처 정책총괄심의관, 서울고법 부장판사, 대법원 수석재판연구관, 법무법인 케이에이치엘 대표변호사 (현)

강수진 제40장 배임 — 대전지방검찰청 검사, 법무법인 율촌 변호사
고려대학교 법학전문대학원 교수 (현)

김윤섭 제41장 — 법무부 법무심의관, 인천지방검찰청 제2차장검사
광주지방검찰청 순천지청장 (현)

최근영 제41장 — 일본 중앙대 방문연구원, 연세대 등 로스쿨 파견검사
서울남부지방검찰청 부부장검사 (현)

김지언 제42장 — 서울중앙지방검찰청 검사, 주네덜란드 대한민국 대사관 법무협력관,
법무연수원 교수 (현)

(2023년 9월 1일 현재)

형법주해 XII – 각칙(9)

초판발행 2023년 10월 25일

편집대표 조균석
펴낸이 안종만 · 안상준

편 집 윤혜경
기획/마케팅 조성호
표지디자인 이영경
제 작 고철민 · 조영환

펴낸곳 (주) 박영사
서울특별시 금천구 가산디지털2로 53, 210호(가산동, 한라시그마밸리)
등록 1959. 3. 11. 제300-1959-1호(倫)
전 화 02)733-6771
f a x 02)736-4818
e-mail pys@pybook.co.kr
homepage www.pybook.co.kr
ISBN 979-11-303-4115-6 94360
979-11-303-4106-4 94360(세트)

정 가 66,000원

형법주해 [전 12권]

제 1 권 (총칙 1) 총칙 제1장 ~ 제2장 제1절 〔§§ 1 ~ 24〕

제 2 권 (총칙 2) 총칙 제2장 제2절 ~ 제3절 〔§§ 25 ~ 34〕

제 3 권 (총칙 3) 총칙 제2장 제4절 ~ 제4장 〔§§ 35 ~ 86〕

제 4 권 (각칙 1) 각칙 제1장 ~ 제6장 〔§§ 87 ~ 121〕

제 5 권 (각칙 2) 각칙 제7장 ~ 제11장 〔§§ 122 ~ 157〕

제 6 권 (각칙 3) 각칙 제12장 ~ 제17장 〔§§ 158 ~ 206〕

제 7 권 (각칙 4) 각칙 제18장 ~ 제23장 〔§§ 207 ~ 249〕

제 8 권 (각칙 5) 각칙 제24장 ~ 제26장 〔§§ 250 ~ 268〕

제 9 권 (각칙 6) 각칙 제27장 ~ 제32장 〔§§ 269 ~ 306〕

제10권 (각칙 7) 각칙 제33장 ~ 제36장 〔§§ 307 ~ 322〕

제11권 (각칙 8) 각칙 제37장 ~ 제39장 〔§§ 323 ~ 354〕

제12권 (각칙 9) 각칙 제40장 ~ 제42장 〔§§ 355 ~ 372〕